일반경찰　경찰간부　경찰승진

형사법의 정석

제2권 형법각론

경찰직 형사법의 **정확한 이해**와 **효율적 정리**　　2026 대비 최신판 | **문형석** 편저

··· 합격을 위한 경찰 형사법 필독서
··· 기출판례의 선별과 정리
··· 중요판례의 쟁점별 정리
··· 최신판례·기출문제 완벽반영
··· 주요개념 및 핵심이론 완벽정리

PREFACE

2026년판

I. 「형사법의 정석」을 출간하며

「좋은 기본서」란 무엇일까? 그 지향점에 대한 고민과 해결은 항상 끝내지 못한 숙제 같다. 강사는 수험생들이 최소한의 분량으로 최대한의 효과를 얻을 수 있도록 바른 전달자의 역할을 수행해야 한다. 이를 위해 우리가 앞으로 함께 할 과정에서 무엇보다 우선으로 이루어져야 할 일은 기출의 정확한 분석과 정리라고 생각한다.

수험생들의 needs와 스스로의 만족을 충족하는 과정에서 '불필요한 내용을 전달한 것은 아닐까'라는 끝없는 고민과 숙제는 이번 「형사법의 정석」을 출간하며 잠시 내려놓을까 한다. 부담스럽지 않은 분량에 빠짐없는 이론의 나열과 기출판례를 정리하는 것이 쉬운 작업은 아니었지만, 경찰직 시험을 준비하는 과정에 필수적으로 이해하고 정리해야 하는 내용을 기술하는 데 주력하였다.

II. 출간의 목적

누구나 고득점을 받고자 하고 그것을 기대한다. 그것이 집필하는 과정에서 가장 큰 고민거리였다. 빠짐없는 기출의 설명과 정리로 그 needs를 충족시키고자 노력하였다. 그러나 기출의 정리가 고민을 완벽히 해결해 주지는 않는다. 출제경향은 매년 달라지고 있고, 출제된 지문이 항상 동일하게 출제되는 것도 아니다. 고득점을 위해 공부를 해도 출제된 적이 없는 지문이 출제된다면 우리가 동행한 그 과정의 평가는 절하되는 것이다. 결국 스스로 그 조급함과 욕심을 버려야 한다.

본서를 집필하는 과정에서 가장 주안으로 삼았던 점은 ① **변화되는 경찰직 출제경향에 맞게 기출판례의 정확한 이해와 정리**, ② **중요판례의 사례 대비 및 쟁점별 정리**였다. 마구잡이식의 단순 암기를 통해서는 고득점을 달성하기는 힘들다. 형사법은 조문의 해석론이다. 범죄의 성립요건을 기초로 판례의 법리를 정확히 이해하고, 이를 바탕으로 개별 사안을 포섭하고 정리해야 한다. 그 단편적인 이해와 정리를 서로 연결하여 사례 문제에 적용하는 연습 과정이 필요하다. 본서를 통해 위 과정을 정립하고 「HYBRID 기출 지문 연습」의 연계를 통해 연습·응용하여 학습효과를 극대화 시켜야 한다. 우리는 needs와 만족이 아닌 최종 합격을 위해 공부를 하는 것임을 잊지 말아야 한다.

1 경찰청(중경)에서 주관하는 기출문제들을 모두 분석하여 중요이론과 판례를 기술하였다.

2 본문을 기출 지문과 판례의 표현으로 기술함으로써 최대한 수험 적합성을 높이고 분량을 줄이기 위해 노력하였다.

3 판례마다 판례 제목을 달아 보다 쉽게 이해하고 암기하는데 노력하였다.

4 빈출되는 중요판례는 별(★)을, 타 직렬 기출 또는 기출이지만 빈출되지 않는 판례는 빈별(☆)을 표기 하여 강약을 조절하는데 노력하였다.

5 법학전문대학원협의회에서 발표한 표준판례 중 기출 된 판례는 엄선하여 수록·표기하였다.

분량의 조절과 강약의 조절을 통해 빠른 시간 내에 형사법의 체계를 정립하고, 지문연습을 통해 적용하고 응용하고 무한 회독한다면 필기시험에서 필히 좋은 결과를 얻을 수 있을 것이다.

Ⅲ. 맺음말

본 교재를 출간하기까지 많은 분의 도움이 있었습니다. 먼저 강의와 저서를 아껴주시는 수강생분들에게 감사의 인사를 전합니다. 그리고 항상 묵묵히 응원해 주시는 부모님과 가족들, 윌비스 경찰 실무진에게 이 지면을 통해 감사한 마음을 전합니다. 출간에 아낌없는 지원을 해주신 출판기획팀 원성일 수석님과 권윤주 차장님 그리고 우경민 주임님 감사드립니다. 아무쪼록 본 교재가 경찰직 시험 등을 준비하는 수험생들의 합격에 큰 보탬이 되기를 기원합니다.

2025년 10월 21일

宣文齋 에서 문형석 드림

CONTENTS

제1편 개인적 법익에 대한 죄

제1장 ▶ 생명과 신체에 대한 죄 _2

제1절 살인의 죄 ─────────────────────── 2

| 제1관 | 총 설 ·· 2
      Ⅰ. 의 의 _2　　　　　　　　　Ⅱ. 보호법익 _2
      Ⅲ. 본장의 규정 체계 _2

| 제2관 | 살인과 존속살해 ·· 2
      Ⅰ. 보통살인죄 _3　　　　　　　　Ⅱ. 존속살해죄 _6

| 제3관 | 촉탁·승낙살인죄 ·· 8
      Ⅰ. 의 의 _8　　　　　　　　　Ⅱ. 객 체 _8
      Ⅲ. 행 위 _8　　　　　　　　　Ⅳ. 고 의 _8

| 제4관 | 자살교사·방조죄 ·· 9
      Ⅰ. 의 의 _9　　　　　　　　　Ⅱ. 객 체 _9
      Ⅲ. 행 위 _9　　　　　　　　　Ⅳ. 고 의 _10

| 제5관 | 위계·위력에 의한 살인죄 ·· 10
      Ⅰ. 의 의 _10　　　　　　　　　Ⅱ. 구성요건 _10
      Ⅲ. 처 벌 _11

| 제6관 | 살인예비·음모죄 ·· 11
      Ⅰ. 의 의 _11　　　　　　　　　Ⅱ. 행 위 _11
      Ⅲ. 목적 및 고의 _12

제2절 상해와 폭행의 죄 ─────────────────── 13

| 제1관 | 총 설 ·· 13
      Ⅰ. 의의 및 보호법익 _13　　　　Ⅱ. 구성요건의 체계 _13

| 제2관 | 상해, 존속상해 ·· 13
      Ⅰ. 단순상해죄 _14　　　　　　　Ⅱ. 존속상해죄 _17

| 제3관 | 중상해, 존속중상해죄 ·· 18
      Ⅰ. 의 의 _ 18　　　　　　　　　Ⅱ. 중한 결과 _ 18
      Ⅲ. 미 수 _ 18

| 제4관 | 특수상해죄 ··· 19
      Ⅰ. 의 의 _ 19　　　　　　　　　Ⅱ. 입법 연혁 _ 19

| 제5관 | 상해치사죄·존속상해치사죄 ··· 20
      Ⅰ. 의의 및 구별개념 _ 20　　　　Ⅱ. 구성요건 _ 20

| 제6관 | 폭행, 존속폭행죄 ··· 20
      Ⅰ. 의의 및 보호법익 _ 20　　　　Ⅱ. 행 위 _ 21
      Ⅲ. 소추조건(반의사불벌죄) _ 23　Ⅳ. 타죄와의 관계 _ 24

| 제7관 | 특수폭행죄 ··· 24
      Ⅰ. 의 의 _ 24　　　　　　　　　Ⅱ. 방 법 _ 24

| 제8관 | 상습상해·폭행죄 ··· 27

제3절 과실치사상의 죄 — 28

| 제1관 | 과실치상죄 ··· 28
      Ⅰ. 취 지 _ 28　　　　　　　　　Ⅱ. 구성요건 _ 28
      Ⅲ. 처 벌 _ 28

| 제2관 | 과실치사죄 ··· 29
      Ⅰ. 취 지 _ 29　　　　　　　　　Ⅱ. 구성요건 _ 29
      Ⅲ. 처 벌 _ 29

| 제3관 | 업무상과실·중과실치사상죄 ··· 29
      Ⅰ. 의 의 _ 29　　　　　　　　　Ⅱ. 업무의 개념 _ 30

제4절 낙태의 죄 — 34

CONTENTS

제5절 유기와 학대의 죄 — 35

제1관 | 총 설 — 35
   Ⅰ. 의의 및 보호법익 _35   Ⅱ. 구성요건의 체계 _35

제2관 | 유기죄, 존속유기죄 — 35
   Ⅰ. 단순유기죄 _36   Ⅱ. 존속유기죄 _38
   Ⅲ. 중유기죄 _38

제3관 | 학대죄, 존속학대 — 39
   Ⅰ. 의의 및 성격 _39   Ⅱ. 구성요건 _39

제4관 | 아동혹사죄 — 41

제5관 | 유기치사상죄 — 41

제2장 ▸ 자유에 대한 죄 _42

제1절 협박의 죄 — 42

제1관 | 총 설 — 42
   Ⅰ. 의 의 _42   Ⅱ. 구성요건체계 _42
   Ⅲ. 협박 개념 _42   Ⅳ. 보호의 정도 _43

제2관 | 협박죄, 존속협박죄 — 44
   Ⅰ. 협박죄 _44   Ⅱ. 존속협박죄 _50

제3관 | 특수협박죄 — 50

제2절 강요의 죄 — 51

제1관 | 총 설 — 51
   Ⅰ. 의 의 _51   Ⅱ. 본 질 _51

제2관 | 강요죄 — 51
   Ⅰ. 의 의 _51   Ⅱ. 구성요건 _51

제3관 | 특수강요죄 — 54

| 제4관 | 인질강요죄 ·· 55
   Ⅰ. 의 의 _ 55　　　　　　　　Ⅱ. 형의 감경 _ 55

제3절 체포와 감금의 죄 ─────────────────── 56

| 제1관 | 총 설 ·· 56
   Ⅰ. 의의 및 보호법익 _ 56　　　Ⅱ. 체포와 감금의 죄의 구성요건체계 _ 56

| 제2관 | 체포·감금죄, 존속 체포·감금죄 ··· 56
   Ⅰ. 의 의 _ 56　　　　　　　　Ⅱ. 구성요건 _ 57
   Ⅲ. 미수·기수시기 _ 59　　　　Ⅳ. 위법성 _ 59
   Ⅴ. 죄 수 _ 60

| 제3관 | 중체포·감금죄, 존속중체포·감금죄 ··· 60
   Ⅰ. 의 의 _ 60　　　　　　　　Ⅱ. 구성요건 _ 60
   Ⅲ. 가중규정 _ 60　　　　　　　Ⅳ. 미 수 _ 61

| 제4관 | 특수체포·감금죄 ··· 61

| 제5관 | 상습체포·감금죄 ··· 61

| 제6관 | 체포·감금치사상죄 ·· 61

제4절 약취·유인 및 인신매매의 죄 ───────────── 62

| 제1관 | 총 설 ·· 62
   Ⅰ. 의 의 _ 62　　　　　　　　Ⅱ. 본장의 구성 _ 62
   Ⅲ. 보호법익 _ 63

| 제2관 | 미성년자 약취·유인죄 ·· 64
   Ⅰ. 의 의 _ 64　　　　　　　　Ⅱ. 주 체 _ 64
   Ⅲ. 객 체 _ 64　　　　　　　　Ⅳ. 행 위 _ 65
   Ⅴ. 고 의 _ 68　　　　　　　　Ⅵ. 죄수 관계 _ 68
   Ⅶ. 미수, 예비·음모, 형의 감경, 세계주의 _ 69

| 제3관 | 추행·간음·결혼·영리목적 약취·유인죄 ·· 69

| 제4관 | 인신매매 ··· 69

CONTENTS

| 제5관 | 약취, 유인, 매매, 이송 등 상해·치상 ·· 70
| 제6관 | 약취, 유인, 매매, 이송 등 살인·치사 ··· 70
| 제7관 | 약취, 유인, 매매, 이송된 사람의 수수·은닉 ································· 70

제5절 강간과 추행의 죄 ──────────────────── 71

| 제1관 | 총 설 ··· 71
   Ⅰ. 의 의 _ 71   Ⅱ. 구성요건 체계 _ 71

| 제2관 | 강간죄 ··· 74
   Ⅰ. 의 의 _ 74   Ⅱ. 주 체 _ 74
   Ⅲ. 객 체 _ 74   Ⅳ. 행 위 _ 75
   Ⅴ. 고 의 _ 77

| 제3관 | 유사강간죄 ··· 77

| 제4관 | 강제추행죄 ··· 77
   Ⅰ. 의 의 _ 77   Ⅱ. 주체 및 객체 _ 77
   Ⅲ. 행 위 _ 78   Ⅳ. 고 의 _ 81

| 제5관 | 준강간, 준강제추행죄 ··· 82
   Ⅰ. 의 의 _ 82   Ⅱ. 주 체 _ 82
   Ⅲ. 객 체 _ 82   Ⅳ. 행 위 _ 84
   Ⅴ. 고 의 _ 84

| 제6관 | 미성년자의제강간, 강제추행죄 ·· 84
   Ⅰ. 의의 및 보호법익 _ 84   Ⅱ. 객 체 _ 84
   Ⅲ. 행 위 _ 85   Ⅳ. 고 의 _ 85

| 제7관 | 강간 등 상해·치상죄 ·· 86
   Ⅰ. 의 의 _ 86   Ⅱ. 주 체 _ 86
   Ⅲ. 상 해 _ 86

| 제8관 | 강간 등 살인·치사죄 ··· 88

| 제9관 | **미성년자·심신미약자 간음·추행죄** ·· 88
  Ⅰ. 의 의 _ 88　　　　　　　　　Ⅱ. 객 체 _ 89
  Ⅲ. 행 위 _ 89

| 제10관 | **업무상위력 등에 의한 간음죄** ·· 90
  Ⅰ. 피보호자간음죄 _ 90　　　　　Ⅱ. 피구금자간음죄 _ 91

| 제11관 | **상습범** ·· 91

제3장 ▶ 명예와 신용에 대한 죄 _92

제1절 명예에 관한 죄 ─────────────────────── 92

| 제1관 | **총 설** ·· 92
  Ⅰ. 의 의 _ 92　　　　　　　　　Ⅱ. 보호법익 _ 92

| 제2관 | **명예훼손죄** ·· 93
  Ⅰ. 의 의 _ 93　　　　　　　　　Ⅱ. 객관적 구성요건 _ 93
  Ⅲ. 주관적 구성요건 _ 104

| 제3관 | **사자의 명예훼손죄** ··· 105
  Ⅰ. 의 의 _ 105　　　　　　　　Ⅱ. 고 의 _ 105
  Ⅲ. 제310조의 적용여부 _ 106

| 제4관 | **출판물에 의한 명예훼손죄** ··· 106
  Ⅰ. 의 의 _ 106　　　　　　　　Ⅱ. 객관적 구성요건 _ 107
  Ⅲ. 주관적 구성요건 _ 107　　　　Ⅳ. 공범문제 _ 108
  Ⅴ. 제310조의 적용여부 _ 109
  Ⅵ. [후론] 정보통신망 이용촉진 및 정보보호 등에 관한 법률 _ 109

| 제5관 | **특별한 위법성조각사유** ·· 111
  Ⅰ. 의 의 _ 111　　　　　　　　Ⅱ. 요 건 _ 111
  Ⅲ. 효 과 _ 114　　　　　　　　Ⅳ. 착 오 _ 114

| 제6관 | **모욕죄** ··· 115
  Ⅰ. 의 의 _ 115　　　　　　　　Ⅱ. 객관적 구성요건 _ 115
  Ⅲ. 주관적 구성요건 _ 119　　　　Ⅳ. 위법성 _ 119

CONTENTS

| 후 론 | 상관모욕죄 121

| 제7관 | 소추조건 122

제2절 신용·업무와 경매에 관한 죄 ——————————————— 123

| 제1관 | 총 설 123

| 제2관 | 신용훼손죄 123
   Ⅰ. 의 의 _ 123   Ⅱ. 객 체 _ 123
   Ⅲ. 행 위 _ 124   Ⅳ. 고 의 _ 124

| 제3관 | 업무방해죄 125
   Ⅰ. 의 의 _ 125   Ⅱ. 객 체 _ 125
   Ⅲ. 행 위 _ 129   Ⅳ. 고 의 _ 136
   Ⅴ. 위법성 _ 136

| 제4관 | 컴퓨터업무방해죄 137
   Ⅰ. 의의 및 보호법익 _ 137   Ⅱ. 구성요건 _ 137

| 제5관 | 경매·입찰방해죄 139
   Ⅰ. 의 의 _ 139   Ⅱ. 객 체 _ 139
   Ⅲ. 행 위 _ 140   Ⅳ. 기수시기 _ 141
   Ⅴ. 담합행위 _ 141   Ⅵ. 타죄와의 관계 _ 142

제4장 ▶ 사생활의 평온에 대한 죄 _143

제1절 비밀침해의 죄 ——————————————————————— 143

| 제1관 | 총 설 143

| 제2관 | 비밀침해죄 143
   Ⅰ. 객 체 _ 143   Ⅱ. 행 위 _ 144
   Ⅲ. 고 의 _ 145

| 제3관 | 업무상비밀누설죄 145
   Ⅰ. 주 체 _ 145   Ⅱ. 객 체 _ 145
   Ⅲ. 행 위 _ 145   Ⅳ. 고 의 _ 146

제2절 주거침입의 죄 ——————————————————————— 147

|제1관| 총 설 ··· 147

|제2관| 주거침입죄 ··· 147
- Ⅰ. 보호법익 _ 147
- Ⅱ. 객 체 _ 149
- Ⅲ. 행 위 _ 152
- Ⅳ. 위법성 _ 157
- Ⅴ. 타죄와의 관계 _ 158

|제3관| 퇴거불응죄 ··· 159
- Ⅰ. 의 의 _ 159
- Ⅱ. 퇴거요구 _ 159
- Ⅲ. 퇴거불응 _ 159
- Ⅳ. 미수범 _ 160

|제4관| 특수주거침입죄 ··· 161
- Ⅰ. 의 의 _ 161
- Ⅱ. 위험한 물건의 휴대 _ 161

|제5관| 주거·신체수색죄 ··· 161

제5장 ▶ 재산에 대한 죄 _162

제1절 절도의 죄 ——————————————————————— 162

|제1관| 총 설 ··· 162
- Ⅰ. 보호법익 _ 162
- Ⅱ. 재 물 _ 162
- Ⅲ. 재산상 이익 _ 164
- Ⅳ. 고의와 불법영득의사 _ 165

|제2관| 절도죄 ··· 166
- Ⅰ. 의 의 _ 166
- Ⅱ. 객 체 _ 166
- Ⅲ. 절 취 _ 172
- Ⅳ. 불법영득의사와 사용절도 _ 174
- Ⅴ. 타죄와의 관계 _ 177

|제3관| 야간주거침입절도죄 ··· 178
- Ⅰ. 의 의 _ 178
- Ⅱ. 야 간(행위상황) _ 178
- Ⅲ. 주거 등에 침입 _ 178
- Ⅳ. 실행의 착수 _ 178
- Ⅴ. 기수시기 _ 179

|제4관| 특수절도죄 ··· 179
- Ⅰ. 의 의 _ 180
- Ⅱ. 손괴 후 야간주거침입절도(제1항) _ 180
- Ⅲ. 흉기휴대 및 합동절도(제2항) _ 181
- Ⅳ. 죄 수 _ 182

CONTENTS

| 제5관 | 자동차 등 불법사용죄 ··· 182
| 제6관 | 상습범 ··· 183

제2절 강도의 죄 ··· 184

| 제1관 | 강도죄 ··· 184
　　Ⅰ. 의 의 _ 184　　　　Ⅱ. 행 위 _ 184
　　Ⅲ. 실행의 착수 _ 187　　Ⅳ. 불법영득의사 _ 187

| 제2관 | 특수강도죄 ··· 188
　　Ⅰ. 야간주거침입강도 _ 188　　Ⅱ. 흉기휴대·합동강도 _ 188

| 제3관 | 준강도죄·준특수강도죄 ··· 189
　　Ⅰ. 의 의 _ 189　　　　Ⅱ. 주 체 _ 189
　　Ⅲ. 행 위 _ 190　　　　Ⅳ. 목 적 _ 192
　　Ⅴ. 공범관계 _ 192　　　Ⅵ. 타죄와의 관계 _ 193
　　Ⅶ. 처 벌 _ 193

| 제4관 | 인질강도죄 ··· 194

| 제5관 | 강도상해, 치상죄 ··· 194
　　Ⅰ. 의 의 _ 194　　　　Ⅱ. 주 체 _ 194
　　Ⅲ. 상해 또는 치상 _ 194　　Ⅳ. 기수·미수 시기 _ 195

| 제6관 | 강도살인, 치사죄 ··· 195
　　Ⅰ. 의 의 _ 196　　　　Ⅱ. 주 체 _ 196
　　Ⅲ. 성립요건 _ 196　　　Ⅳ. 기수·미수 시기 _ 196
　　Ⅴ. 고 의 _ 196　　　　Ⅵ. 공범관계 _ 196

| 제7관 | 강도강간죄 ··· 197
　　Ⅰ. 의 의 _ 197　　　　Ⅱ. 주 체 _ 197
　　Ⅲ. 행 위 _ 198

| 제8관 | 해상강도죄, 해상강도상해·치상·살인·치사·강간죄 ········· 198

| 제9관 | 상습강도죄 ··· 198

| 제10관 | 강도예비·음모죄 ··· 199

제3절 사기의 죄 ······ 200

| 제1관 | 총 설 ······ 200
  Ⅰ. 의 의 _ 200　　　　　　Ⅱ. 보호법익 _ 200
  Ⅲ. 구성요건 체계 _ 201

| 제2관 | 사기죄 ······ 201
  Ⅰ. 서 설 _ 201　　　　　　Ⅱ. 객 체 _ 201
  Ⅲ. 행 위 _ 203　　　　　　Ⅳ. 주관적 요건 _ 219
  Ⅴ. 소송사기 _ 220　　　　　Ⅵ. 불법원인급여와 사기죄 _ 227
  Ⅶ. 권리행사와 사기죄 _ 227　Ⅷ. 죄수 및 타죄와의 관계 _ 228

| 제3관 | 컴퓨터 등 사용사기죄 ······ 231
  Ⅰ. 의 의 _ 231　　　　　　Ⅱ. 객 체 _ 231
  Ⅲ. 행 위 _ 232　　　　　　Ⅳ. 실행의 착수 및 기수시기 _ 234
  Ⅴ. 죄수 및 타죄와의 관계 _ 234

| 제4관 | 신용카드 관련범죄 ······ 235
  Ⅰ. 신용카드의 의의 및 종류 _ 235　Ⅱ. 신용카드 부정사용에 대한 범죄 _ 236

| 제5관 | 준사기 ······ 240

| 제6관 | 편의시설부정이용죄 ······ 240
  Ⅰ. 의 의 _ 240　　　　　　Ⅱ. 구성요건 _ 240

| 제7관 | 부당이득죄 ······ 241

| 제8관 | 상습사기죄 ······ 241

제4절 공갈의 죄 ······ 242

| 제1관 | 공갈죄 ······ 242
  Ⅰ. 의 의 _ 242　　　　　　Ⅱ. 보호법익 _ 242
  Ⅲ. 객 체 _ 242　　　　　　Ⅳ. 행 위 _ 243
  Ⅴ. 처분행위 _ 245　　　　　Ⅵ. 손해의 발생 _ 245
  Ⅶ. 실행의 착수 및 기수시기 _ 246　Ⅷ. 권리행사와 공갈죄 _ 246
  Ⅸ. 타죄와의 관계 _ 247

CONTENTS

| 제2관 | 특수공갈죄 ··· 248
| 제3관 | 상습공갈죄 ··· 248

제5절 횡령의 죄 ─────────────────────── 249

| 제1관 | 총 설 ··· 249
      Ⅰ. 의 의 _ 249   Ⅱ. 본 질 _ 249
      Ⅲ. 구성요건의 체계 _ 249

| 제2관 | 횡령죄 ·· 250
      Ⅰ. 의 의 _ 250   Ⅱ. 객관적 구성요건 _ 250
      Ⅲ. 주관적 구성요건 _ 269   Ⅳ. 공 범 _ 272
      Ⅴ. 죄수 및 타죄와의 관계 _ 273

| 제3관 | 업무상횡령죄 ·· 273

| 제4관 | 점유이탈물횡령죄 ··· 274

제6절 배임의 죄 ─────────────────────── 275

| 제1관 | 총 설 ··· 275
      Ⅰ. 의 의 _ 275   Ⅱ. 본 질 _ 275

| 제2관 | 배임죄 ·· 276
      Ⅰ. 객관적 구성요건 _ 276   Ⅱ. 주관적 구성요건 _ 291
      Ⅲ. 공범관계 _ 293   Ⅳ. 죄수 및 타죄와의 관계 _ 293
      Ⅴ. 이중매매와 이중저당 _ 295

| 제3관 | 업무상 배임죄 ··· 299

| 제4관 | 배임수증재죄 ·· 300
      Ⅰ. 서 설 _ 300   Ⅱ. 성 격 _ 300
      Ⅲ. 배임수재죄 _ 301   Ⅳ. 배임증재죄 _ 306

제7절 장물의 죄 ─────────────────────── 308

| 제1관 | 총 설 ··· 308
      Ⅰ. 개 설 _ 308   Ⅱ. 보호법익 _ 308
      Ⅲ. 장물죄의 본질 _ 308

| 제2관 | 장물죄 ··· 309

    Ⅰ. 주 체 _309   Ⅱ. 객 체 _309

    Ⅲ. 행 위 _312   Ⅳ. 고 의 _315

    Ⅴ. 죄수 및 타죄와의 관계 _315

| 제3관 | 상습장물죄 ··· 315

| 제4관 | 업무상과실·중과실장물죄 ··· 316

제8절 손괴의 죄 ─────────────────────────── 317

| 제1관 | 총 설 ·· 317

    Ⅰ. 의 의 _317   Ⅱ. 보호법익 _317

| 제2관 | 재물손괴죄 ··· 317

    Ⅰ. 객 체 _317   Ⅱ. 행 위 _319

    Ⅲ. 고 의 _322   Ⅳ. 위법성 조각 _322

| 제3관 | 공익건조물파괴죄 ··· 324

| 제4관 | 중손괴죄·손괴치사상죄 ·· 324

| 제5관 | 특수손괴죄 ··· 324

| 제6관 | 경계침범죄 ··· 324

    Ⅰ. 개 설 _325   Ⅱ. 구성요건 _325

제9절 권리행사를 방해하는 죄 ─────────────────── 328

| 제1관 | 총 설 ·· 328

    Ⅰ. 의 의 _328   Ⅱ. 보호법익 _328

    Ⅲ. 구성요건의 체계 _328

| 제2관 | 권리행사방해죄 ··· 328

    Ⅰ. 의 의 _328   Ⅱ. 객관적 구성요건 _329

    Ⅲ. 주관적 구성요건 _333   Ⅳ. 죄 수 _333

| 제3관 | 점유강취죄 ··· 334

CONTENTS

| 제4관 | 준점유강취죄 ·· 334

| 제5관 | 중권리행사방해죄 ·· 334

| 제6관 | 강제집행면탈죄 ··· 334
   I. 의 의 _ 335   II. 보호법익 _ 335
   III. 객관적 구성요건 _ 335   IV. 주관적 구성요건 _ 342
   V. 죄수 및 타죄와의 관계 _ 342

| 제7관 | 친족상도례 ·· 343
   I. 친족상도례 _ 343   II. 친족의 의미 _ 344
   III. 친족관계의 범위 _ 345   IV. 적용효과 _ 347

제2편 사회적 법익에 대한 죄

제1장 ▶ 공공의 안전과 평온에 대한 죄 _350

제1절 공안을 해하는 죄 ─────────────────────────── 350

| 제1관 | 총 설 ··· 350
   I. 의 의 _ 350   II. 규정체계 _ 350

| 제2관 | 범죄단체 등 조직죄 ·· 350
   I. 의 의 _ 350   II. 입법취지 _ 351
   III. 객관적 구성요건 _ 351   III. 죄수관계 _ 352
   IV. 처 벌 _ 353

| 제3관 | 소요죄 ·· 353

| 제4관 | 다중불해산죄 ·· 354

| 제5관 | 전시공수계약불이행죄 ·· 354

| 제6관 | 공무원자격사칭죄 ·· 354
   I. 의 의 _ 354   II. 구성요건 _ 354

제2절 폭발물에 관한 죄 ─────────────── 356

|제1관| 총 설 ─────────────── 356
Ⅰ. 의 의 _ 356 Ⅱ. 보호법익 _ 356

|제2관| 폭발물사용죄 ─────────────── 356
Ⅰ. 의 의 _ 356 Ⅱ. 구성요건 _ 356

|제3관| 전시폭발물사용죄 ─────────────── 357

|제4관| 폭발물사용 예비·음모·선동죄 ─────────────── 357

|제5관| 전시폭발물 제조·수입·수출·수수·소지죄 ─────────────── 358

제3절 방화와 실화의 죄 ─────────────── 359

|제1관| 총 설 ─────────────── 359
Ⅰ. 의의 및 보호법익 _ 359 Ⅱ. 보호법익 _ 359

|제2관| 현주건조물 등 방화죄 ─────────────── 359
Ⅰ. 의 의 _ 359 Ⅱ. 객 체 _ 360
Ⅲ. 행 위 _ 361 Ⅳ. 고 의 _ 361

|제3관| 현주건조물 등 방화치사상죄 ─────────────── 362

|제4관| 공용건조물 등 방화죄 ─────────────── 362

|제5관| 일반건조물 등 방화죄 ─────────────── 362
Ⅰ. 의 의 _ 362 Ⅱ. 객 체 _ 363
Ⅲ. 고 의 _ 363

|제6관| 일반물건방화죄 ─────────────── 363
Ⅰ. 의 의 _ 364 Ⅱ. 객 체 _ 364

|제7관| 연소죄 ─────────────── 364

|제8관| 진화방해죄 ─────────────── 364

|제9관| 실화죄 ─────────────── 365

CONTENTS

| 제10관 | 업무상실화·중실화죄 ······································· 365
| 제11관 | 폭발성물건파열죄·치사상죄 ·································· 366
| 제12관 | 가스·전기 등 방류죄·치사상죄 ······························ 366
| 제13관 | 가스·전기 등 공급방해·치사상죄 ···························· 366
| 제14관 | 과실폭발성물건파열 등 죄 ··································· 367

제4절 일수와 수리에 관한 죄 ─────────────── 368

| 제1관 | 총 설 ··· 368
| 제2관 | 현주건조물일수죄·치사상죄 ·································· 368
| 제3관 | 공용건조물 등 일수죄 ······································ 368
| 제4관 | 일반건조물 등 일수죄 ······································ 368
| 제5관 | 방수방해죄 ·· 369
| 제6관 | 과실일수죄 ·· 369
| 제7관 | 수리방해죄 ·· 369
      Ⅰ. 의 의 _ 369   Ⅱ. 구성요건 _ 370

제5절 교통방해의 죄 ───────────────────── 371

| 제1관 | 총 설 ··· 371
| 제2관 | 일반교통방해죄 ·· 371
      Ⅰ. 의 의 _ 371   Ⅱ. 객 체 _ 371
      Ⅲ. 행 위 _ 372   Ⅳ. 죄수관계 _ 374
| 제3관 | 기차·선박 등 교통방해죄 ··································· 374
| 제4관 | 기차 등 전복죄 ·· 374
      Ⅰ. 의 의 _ 374   Ⅱ. 행 위 _ 374

| 제5관 | 교통방해치사상죄 ··· 375

| 제6관 | 과실·업무상과실·중과실교통방해죄 ····································· 375

제2장 ▶ 공공의 신용에 대한 죄 _376

제1절 통화에 관한 죄 — 376

| 제1관 | 총 설 ·· 376
      Ⅰ. 의 의 _376   Ⅱ. 보호법익과 적용범위 _376

| 제2관 | 내국통화 위조·변조죄 ·· 376
      Ⅰ. 의 의 _376   Ⅱ. 구성요건 _377

| 제3관 | 내국유통 외국통화 위조·변조죄 ·· 378

| 제4관 | 외국통용 외국통화 위조·변조죄 ·· 379

| 제5관 | 위조·변조통화 행사 등 죄 ··· 379
      Ⅰ. 의 의 _379   Ⅱ. 객관적 구성요건 _380

| 제6관 | 위조·변조통화취득죄 ·· 381

| 제7관 | 위조통화취득후지정행사죄 ·· 381

| 제8관 | 통화유사물제조·수입·수출죄 ··· 381

| 제9관 | 통화위조·변조 예비·음모죄 ··· 381

제2절 유가증권·인지와 우표에 관한 죄 — 382

| 제1관 | 총 설 ·· 382
      Ⅰ. 의 의 _382   Ⅱ. 보호법익 _382

| 제2관 | 유가증권 위조·변조죄 ·· 382
      Ⅰ. 의 의 _382   Ⅱ. 객관적 구성요건 _382
      Ⅲ. 주관적 구성요건 _385   Ⅳ. 죄 수 _386

| 제3관 | 자격모용에 의한 유가증권작성죄 ··· 386

CONTENTS

| 제4관 | 허위유가증권작성죄 ··· 387
      Ⅰ. 의 의 _ 387   Ⅱ. 객관적 구성요건 _ 387

| 제5관 | 위조 등 유가증권 행사·수입·수출죄 ··· 388
      Ⅰ. 의 의 _ 388   Ⅱ. 구성요건 _ 389

| 제6관 | 인지·우표 위조·변조죄 ·· 390

| 제7관 | 위조·변조 인지·우표 행사·수입·수출죄 ··· 390

| 제8관 | 위조·변조 인지·우표 취득죄 ··· 390

| 제9관 | 소인말소죄 ·· 391

| 제10관 | 인지·우표유사물 제조·수입·수출죄 ··· 391

제3절 문서에 관한 죄 ─────────────────────────── 392

| 제1관 | 총 설 ·· 392
      Ⅰ. 의 의 _ 392   Ⅱ. 보호법익 _ 392
      Ⅲ. 본 질 _ 392   Ⅳ. 문서의 개념 _ 392
      Ⅴ. 문서의 종류 _ 395

| 제2관 | 사문서위조·변조죄 ··· 397
      Ⅰ. 의 의 _ 397   Ⅱ. 객 체 _ 397
      Ⅲ. 행 위 _ 398   Ⅳ. 죄 수 _ 406

| 제3관 | 자격모용에 의한 사문서작성죄 ·· 406

| 제4관 | 사전자기록 위작·변작죄 ·· 407
      Ⅰ. 의 의 _ 407   Ⅱ. 객 체 _ 407
      Ⅲ. 행 위 _ 408   Ⅳ. 목 적 _ 408

| 제5관 | 공문서위조·변조죄 ··· 409

| 제6관 | 자격모용에 의한 공문서작성죄 ·· 410

| 제7관 | 공전자기록 위작·변작죄 ·· 411
      Ⅰ. 의 의 _ 411   Ⅱ. 객 체 _ 411
      Ⅲ. 행 위 _ 412

| 제8관 | 허위진단서 등 작성죄 ··· 412

　　Ⅰ. 의 의 _ 412　　　　　　　　　Ⅱ. 객관적 구성요건 _ 412
　　Ⅲ. 주관적 구성요건 _ 413

| 제9관 | 허위공문서작성죄 ··· 414

　　Ⅰ. 의 의 _ 414　　　　　　　　　Ⅱ. 객관적 구성요건 _ 414
　　Ⅲ. 주관적 구성요건 _ 417　　　　　Ⅳ. 간접정범의 성부 _ 417
　　Ⅴ. 타죄와의 관계 _ 419

| 제10관 | 공정증서원본 등 부실기재죄 ··· 419

　　Ⅰ. 의 의 _ 419　　　　　　　　　Ⅱ. 구성요건 _ 419

| 제11관 | 위조·변조·작성 사문서행사죄 ·· 427

　　Ⅰ. 의 의 _ 427　　　　　　　　　Ⅱ. 객관적 구성요건 _ 428
　　Ⅲ. 주관적 구성요건 _ 430

| 제12관 | 위조·변조 등 공문서행사죄 ··· 430

| 제13관 | 사문서부정행사죄 ··· 430

| 제14관 | 공문서부정행사죄 ··· 431

　　Ⅰ. 의 의 _ 431　　　　　　　　　Ⅱ. 구성요건 _ 431

제4절 인장에 관한 죄 ─────────────────────────── 434

| 제1관 | 총 설 ·· 434

　　Ⅰ. 의의 및 보호법익 _ 434　　　　　Ⅱ. 인장·서명·기명·기호의 개념 _ 434

| 제2관 | 사인 등 위조·부정사용죄 ·· 435

　　Ⅰ. 의 의 _ 435　　　　　　　　　Ⅱ. 객관적 구성요건 _ 435
　　Ⅲ. 주관적 구성요건 _ 436

| 제3관 | 위조사인 등 행사죄 ·· 436

| 제4관 | 공인 등 위조·부정사용죄 ·· 437

| 제5관 | 위조공인 등 행사죄 ·· 438

CONTENTS

제3장 ▸ 공중의 건강에 대한 죄 _439

제1절 먹는 물에 관한 죄 — 439
- 제1관 | 총 설 ··· 439
- 제2관 | 먹는물사용방해죄 ·· 439
- 제3관 | 수돗물사용방해죄 ·· 439
- 제4관 | 먹는물혼독치사상죄 ··· 440
- 제5관 | 수도불통죄 ··· 440

제2절 아편에 관한 죄 — 441
- 제1관 | 총 설 ··· 441
- 제2관 | 아편흡식죄 ··· 441
- 제3관 | 아편흡식장소제공죄 ··· 441
- 제4관 | 아편 등 제조·수입·판매·판매목적소지죄 ················· 441
- 제5관 | 아편흡식기 제조·수입·판매·판매목적소지죄 ·········· 442
- 제6관 | 세관공무원의 아편 등 수입·수입허용죄 ···················· 442
- 제7관 | 상습아편흡식·제조·수입·판매죄 ····························· 442
- 제8관 | 아편 등 소지죄 ·· 442

제4장 ▸ 사회의 도덕에 대한 죄 _443

제1절 성풍속에 관한 죄 — 443
- 제1관 | 총 설 ··· 443
- 제2관 | 음행매개죄 ··· 443

| 제3관 | 음화 등 반포·판매·임대·공연전시죄 ··· 443
　　　　Ⅰ. 의 의 _ 443　　　　　　　　Ⅱ. 구성요건 _ 444

| 제4관 | 음화 등 제조·소지·수입·수출죄 ·· 447

| 제5관 | 공연음란죄 ··· 447
　　　　Ⅰ. 의 의 _ 447　　　　　　　　Ⅱ. 구성요건 _ 447

제2절 도박과 복표에 관한 죄 ──────────────────── 450

| 제1관 | 총 설 ··· 450

| 제2관 | 도박죄 ··· 450
　　　　Ⅰ. 의 의 _ 450　　　　　　　　Ⅱ. 구성요건 _ 450
　　　　Ⅲ. 위법성 _ 451

| 제3관 | 상습도박죄 ··· 452

| 제4관 | 도박장소 등 개설죄 ··· 452
　　　　Ⅰ. 의 의 _ 452　　　　　　　　Ⅱ. 구성요건 _ 452
　　　　Ⅲ. 타죄와의 관계 _ 453

| 제5관 | 복표발매·중개·취득죄 ··· 453

제3절 신앙에 관한 죄 ──────────────────────── 454

| 제1관 | 총 설 ··· 454

| 제2관 | 장례식 등 방해죄 ··· 454

| 제3관 | 사체 등 오욕죄 ··· 454

| 제4관 | 분묘발굴죄 ··· 455

| 제5관 | 사체 등 손괴·유기·은닉·영득죄 ·· 455

| 제6관 | 변사체검시방해죄 ··· 455

CONTENTS

제3편 국가적 법익에 대한 죄

제1장 ▸ 국가의 존립과 권위에 대한 죄 _458

제1절 내란의 죄 ——————————————————————————— 458

| 제1관 | 총 설 ··· 458

| 제2관 | 내란죄 ·· 458
   Ⅰ. 의의 및 성격 _458   Ⅱ. 객관적 구성요건 _458
   Ⅲ. 주관적 구성요건 _459   Ⅳ. 죄 수 _459

| 제3관 | 내란목적살인죄 ··· 460

| 제4관 | 내란예비·음모·선동·선전죄 ·· 460

제2절 외환의 죄 ——————————————————————————— 461

| 제1관 | 총 설 ··· 461

| 제2관 | 외환유치죄 ·· 461

| 제3관 | 여적죄 ·· 461

| 제4관 | 간첩죄 ·· 461
   Ⅰ. 의 의 _462   Ⅱ. 객관적 구성요건 _462

제2장 ▸ 국가의 기능에 대한 죄 _464

제1절 공무원의 직무에 관한 죄 ——————————————————————— 464

| 제1관 | 총 설 ··· 464

| 제2관 | 직무유기죄 ·· 464
   Ⅰ. 의 의 _464   Ⅱ. 객관적 구성요건 _465
   Ⅲ. 주관적 구성요건 _467   Ⅳ. 죄수 및 타죄와의 관계 _468

| 제3관 | 피의사실공표죄 ··· 469

| 제4관 | 공무상비밀누설죄 ··· 469
  Ⅰ. 의의 및 보호법익 _ 469   Ⅱ. 객관적 구성요건 _ 470

| 제5관 | 직권남용죄 ··· 472
  Ⅰ. 의의 및 보호법익 _ 472   Ⅱ. 구성요건 _ 472

| 제6관 | 불법체포, 불법감금 ··· 476
  Ⅰ. 의 의 _ 476   Ⅱ. 행 위 _ 477

| 제7관 | 폭행·가혹행위죄 ··· 477

| 제8관 | 뇌물죄의 전론 ··· 477
  Ⅰ. 의의·보호법익 _ 477   Ⅱ. 구성체계 _ 478
  Ⅲ. 뇌물의 개념 _ 478

| 제9관 | 수뢰죄·사전수뢰죄 ··· 484
  Ⅰ. 단순수뢰죄 _ 484   Ⅱ. 사전수뢰죄 _ 488

| 제10관 | 제3자뇌물제공죄 ··· 488
  Ⅰ. 의 의 _ 488   Ⅱ. 부정한 청탁 _ 488
  Ⅲ. 제3자 _ 489

| 제11관 | 수뢰후부정처사죄·사후수뢰죄 ·· 491

| 제12관 | 알선수뢰죄 ··· 492
  Ⅰ. 의 의 _ 492   Ⅱ. 구성요건 _ 492

| 제13관 | 증뢰죄(뇌물공여죄) ··· 493
  Ⅰ. 의 의 _ 493   Ⅱ. 구성요건 _ 493

제2절 공무방해에 관한 죄 ——————————————————— 495

| 제1관 | 총 설 ··· 495

| 제2관 | 공무집행방해죄 ··· 495
  Ⅰ. 공무집행방해죄 _ 495

CONTENTS

| 제3관 | 위계에 의한 공무집행방해죄 ··· 503
    Ⅰ. 의 의 _503　　　　　　　　　Ⅱ. 객 체 _503
    Ⅲ. 행 위 _504　　　　　　　　　Ⅳ. 고 의 _509
    Ⅴ. 타죄와의 관계 _510

| 제4관 | 공무상 봉인 등 표시무효죄 ··· 510
    Ⅰ. 의 의 _510　　　　　　　　　Ⅱ. 구성요건 _510

| 제5관 | 부동산강제집행효용침해죄 ·· 513

| 제6관 | 공용서류 등 무효죄 ··· 514

제3절 도주와 범인은닉의 죄 ———————————————————— 515

| 제1관 | 총 설 ··· 515

| 제2관 | 도주죄, 집합명령위반죄 ·· 515
    Ⅰ. 도주죄 _515　　　　　　　　　Ⅱ. 집합명령위반죄 _516

| 제3관 | 특수도주죄 ·· 516

| 제4관 | 도주원조죄 ·· 516
    Ⅰ. 의 의 _516　　　　　　　　　Ⅱ. 객 체 _516

| 제5관 | 간수자의 도주원조죄 ··· 517

| 제6관 | 범인은닉죄와 친족간의 특례 ·· 517
    Ⅰ. 범인은닉죄 _517　　　　　　　　Ⅱ. 친족간의 특례 _522

제4절 위증과 증거인멸의 죄 ———————————————————— 524

| 제1관 | 총 설 ··· 524
    Ⅰ. 위증죄 _524　　　　　　　　　Ⅱ. 증거인멸의 죄 _524

| 제2관 | 위증죄, 모해위증죄 ··· 524
    Ⅰ. 위증죄 _524　　　　　　　　　Ⅱ. 모해위증죄 _531

| 제3관 | 자백, 자수의 특례 ··· 531

| 제4관 | 허위의 감정·통역·번역죄 ··· 531

| 제5관 | 증거인멸죄 등과 친족간의 특례 ··· 532
　　　Ⅰ. 증거인멸죄 _ 532　　　　　　　Ⅱ. 증인은닉죄 _ 535
　　　Ⅲ. 모해증거인멸죄, 모해증인은닉죄 _ 536　　Ⅳ. 친족간의 특례 _ 536

제5절 무고의 죄 ─────────────────────── 537

| 제1관 | 총 설 ·· 537

| 제2관 | 무고죄 ·· 537
　　　Ⅰ. 의 의 _ 537　　　　　　　　Ⅱ. 객관적 구성요건 _ 537
　　　Ⅲ. 주관적 구성요건 _ 542

| 제3관 | 자백·자수의 특례 ··· 546
　　　Ⅰ. 의 의 _ 546　　　　　　　　Ⅱ. 구성요건 _ 546

제4편 판례색인 _ 549

CRIMINAL LAW

**문형석
형사법의
정석**

제 01 편

개인적 법익에 대한 죄

제1장　생명과 신체에 대한 죄
제2장　자유에 대한 죄
제3장　명예와 신용에 대한 죄
제4장　사생활의 평온에 대한 죄
제5장　재산에 대한 죄

제1장 생명과 신체에 대한 죄

제1절 살인의 죄

제1관 총설

I. 의의

살인죄는 고의로 사람을 살해함으로써 생명을 침해하는 범죄를 말한다(침해범).

II. 보호법익

1. 보호법익

보호법익은 살아 있는 사람의 생명이다. 헌법은 사람의 존엄과 가치를 최고의 근본규범으로 보장하고 있고(헌법 10조), 사람의 생명은 어느 누구도 침해할 수 없는 절대적 법익이다.

III. 본장의 규정 체계

제24장 살인의 죄는 ① 보통살인죄(제250조 제1항), ② 존속살해죄(제250조 제2항), ③ 촉탁·승낙살인죄(제252조 제1항), ④ 자살교사·방조죄(제252조 제2항), ⑤ 위계·위력에 의한 촉탁·승낙살인죄와 위계·위력에 의한 자살교사죄(제253조)로 구성되어 있다.

이 중 보통살인죄가 기본적 구성요건이며, 위의 각 죄에 대하여는 미수범을 처벌한다(제254조). 본법 제250조, 제253조의 죄는 예비·음모를 벌하고 있다(본법 255조).[1]

제2관 살인과 존속살해

> **제250조 | 살인, 존속살해 |**
> ① 사람을 살해한 자는 사형, 무기 또는 5년 이상의 징역에 처한다.
> ② 자기 또는 배우자의 직계존속을 살해한 자는 사형, 무기 또는 7년 이상의 징역에 처한다.

---

1) **보충설명** 촉탁·승낙살인죄는 예비·음모 처벌규정이 없으나, 존속살해죄에는 예비·음모 처벌규정이 있다(제256조 참조).

Ⅰ. 보통살인죄

1. 의 의

살인죄는 고의로 사람을 살해하는 것을 말하는데, 그 피해자가 보통의 사람인 경우가 보통살인죄이고, 존속인 경우에는 존속살해죄로 형이 무거워진다. 보통살인죄는 살인죄의 기본유형이라고 할 수 있다.

2. 객 체

가. 사 람

살인죄의 행위 객체는 사람이다. 이는 살아 있는 자연인을 말하므로 피해자가 자살도중이라도 살인죄의 객체가 된다.[2] 다만, 살인죄의 객체인 사람은 타인을 의미하므로 자기 자신을 '사람'이라고 할 수 없다. 따라서 자살은 살인죄에 해당하지 않는다.

> ✔ **살인죄의 객체 : 자살 도중 살해 사건** 『피해자가 자살 도중이라도 이에 가공하여 목적을 달한 경우에는 살인죄가 된다』(대판 1948.5.14. 4281형상38)☆

살인죄의 객체가 되는 사람은 출생 후 사망에 이르기까지이다. 출생 전의 태아도 생명을 가지지만 낙태죄의 객체가 될 뿐이고 살인죄의 객체가 되지 않는다. 또한 사람이 사망함으로써 생명이 소멸된 사체는 사체유기죄 또는 사체은닉 등의 객체가 될 수 있을 뿐이다. 따라서 살인죄의 객체인 '사람'을 언제부터로 볼 것인지에 대하여가 문제 된다.

나. 사람의 시기

(1) 견해의 대립

사람은 출생한 때부터 사람이 된다. 사람의 시기는 태아가 사람으로 되는 시기를 말한다고 할 수 있다. 사람이 언제 출생한 것으로 볼 것인가에 대하여는 출산 과정과 관련하여 견해가 대립되고 있다. 규칙적 진통을 동반하면서 태아의 분만이 개시된 때를 사람의 시기라고 보는 진통설이 통설의 입장이다.

(2) 판 례

분만 중인 태아를 조산원이 질식사에 이르게 한 경우 업무상 과실치사죄의 성립 여부가 문제된 사건에서, 사람의 생명과 신체의 안전을 보호법익으로 하고 있는 형법상의 해석으로서는 사람의 시기는 규칙적인 진통을 동반하면서 태아가 태반으로부터 이탈하기 시작한 때 다시 말하여 분만이 개시된 때라고 하여 진통설의 입장을 취하고 있다.

> ✔ **사람의 시기 : 분만 중 태아 질식사 사건** 표준 『사람의 생명과 신체의 안전을 보호법익으로 하고 있는 형법상의 해석으로서는 사람의 시기는 규칙적인 진통을 동반하면서 태아가 태반으로부터 이탈하기 시작한 때 다시 말하여 분만이 개시된 때(소위 진통설 또는 분만개시설)라고 봄이 타당하며 이는 형법 제251조(영아살해)에서 분만 중의 태아도 살인죄의 객체가 된다고 규정하고 있는 점을 미루어 보아도 그 근거를 찾을 수 있는 바이니 조산원이 분만 중인 태아를 질식사에 이르게 한 경우에는 업무상 과실치사죄가 성립한다』(대판 1982.10.12. 81도2621)★

---

[2] **보충설명** 대판 1948.5.14. 4281형상38 참조.

자연분만이 아닌 제왕절개 방식에 따른 인공분만의 경우에는 사람의 시기가 언제인지가 문제될 수 있다. 이에 대해 견해의 대립은 있지만 판례는 산모에게 분만의 개시라고 할 수 있는 규칙적 진통이 시작된 바 없었으므로 태아가 아직 '사람'이 되었다고 볼 수 없다는 입장을 취하고 있다.

> ✓ **사람의 시기 : 거대 태아 방치 사건** 표준 『[1] 제왕절개 수술의 경우 '의학적으로 제왕절개 수술이 가능하였고 규범적으로 수술이 필요하였던 시기'는 판단하는 사람 및 상황에 따라 다를 수 있어, 분만개시 시점 즉, 사람의 시기도 불명확하게 되므로 이 시점을 분만의 시기로 볼 수는 없다.
> [2] 현행 형법이 사람에 대한 상해 및 과실치사상의 죄에 관한 규정과는 별도로 태아를 독립된 행위객체로 하는 낙태죄, 부동의 낙태죄, 낙태치상 및 낙태치사의 죄 등에 관한 규정을 두어 포태한 부녀의 자기낙태행위 및 제3자의 부동의 낙태행위, 낙태로 인하여 위 부녀에게 상해 또는 사망에 이르게 한 행위 등에 대하여 처벌하도록 한 점에 비추어 보면, 우리 형법은 태아를 임산부 신체의 일부로 보거나, 낙태행위가 임산부의 태아양육, 출산 기능의 침해라는 측면에서 낙태죄와는 별개로 임산부에 대한 상해죄를 구성하는 것으로 보지는 않는다고 해석된다. 따라서 태아를 사망에 이르게 하는 행위가 임산부 신체의 일부를 훼손하는 것이라거나 태아의 사망으로 인하여 그 태아를 양육, 출산하는 임산부의 생리적 기능이 침해되어 임산부에 대한 상해가 된다고 볼 수는 없다』(대판 2007.6.29. 2005도3832)★.

3. 행 위

살해란 살인의 고의로 사람의 생명을 자연적인 죽음에 앞서 단절시키는 것을 말한다.

가. 살해의 방식

살해의 수단과 방법에는 제한이 없다. 타살·독살·익살·추락사 등과 같은 유형적 방법에 의하건, 정신적 고통이나 충격을 주는 무형적 방법에 의하건 불문한다. 살해는 보통 작위에 의하여 행하여 지지만 부작위에 의한 살인도 가능하다. 보증인지위에 있는 자가 보증인의무를 다하지 아니하여 사람을 사망케 한 때에는 부작위에 의한 살인죄가 성립한다.

나. 실행의 착수 및 기수시기

살인죄는 행위자가 살해의 고의를 가지고 타인의 생명을 위태롭게 하는 행위를 개시한 때에 실행의 착수가 인정되고, 본죄는 침해범의 성격을 지니므로 살해행위에 의하여 사망이라는 결과가 발생 한 때에 기수가 된다. 실행행위에 착수하였으나 살인행위를 종료하지 못하거나, 살인행위는 종료하였지만 사망의 결과가 발생하지 않는 경우 또는 살해행위와 사망 사이에 인과관계가 없을 때에는 살인미수죄에 불과하다.

> ✓ **살인죄의 실행의 착수 : 마루밑 못그릇 낫 사건** 『피고인이 격분하여 피해자를 살해할 것을 마음먹고 밖으로 나가 낫을 들고 피해자에게 다가서려고 하였으나 제3자 이를 제지하여 그틈을 타서 피해자가 도망함으로써 살인의 목적을 이루지 못한 경우, 피고인이 낫을 들고 피해자에게 접근함으로써 살인의 실행행위에 착수하였다고 할 것이므로 이는 살인미수에 해당한다』(대판 1986.2.25. 85도2773)★.

4. 고 의

가. 일반론

살인죄의 고의는 사람을 살해한다는 인식과 의사를 의미한다. 따라서 살인의 고의 없이 사람을 사망에 이르게 한 때에는 과실치사죄(제267조)나 상해치사죄(제259조) 등이 성립할 수 있을 뿐 살인죄는 성립하지 않는다.

나. 고의의 인정 기준

살인사건과 관련하여 수사·재판 실무에서 가장 많이 문제되는 쟁점이 바로 살해의 고의가 있는지를 판단하는 것이다. 판례는 '살인죄에서 살인의 범의는 반드시 살해의 목적이나 계획적인 살해의 의도가 있어야 인정되는 것은 아니고, 자기의 행위로 인하여 타인의 사망이라는 결과를 발생시킬 만한 가능성 또는 위험이 있음을 인식하거나 예견하면 족한 것이며 그 인식이나 예견은 확정적인 것은 물론 불확정적인 것이라도 이른바 미필적 고의로 인정되는 것'으로 본다.

나아가 피고인이 범행 당시 살인의 고의를 부정하고 단지 상해 또는 폭행의 고의만 있었을 뿐이라고 주장하는 경우에 피고인에게 범행 당시 살인의 고의가 있었는지 여부는, 피고인이 범행에 이르게 된 경위, 범행의 동기, 준비된 흉기의 유무, 종류, 공격의 부위와 반복성, 사망의 결과발생 가능성 등 범행 전후의 객관적인 사정을 종합하여 판단할 수밖에 없다는 입장이다.

살인의 고의를 인정한 기출판례 정리
① ✔ **무술교관 울대 가격 사건** 『인체의 급소를 잘 알고 있는 무술교관 출신의 피고인이 무술의 방법으로 피해자의 울대(성대)를 가격하여 사망케 한 행위에 살인의 범의가 있다』(대판 2000.8.18. 2000도2231)☆.
② ✔ **병신새끼 격분 사건** 『피고인이 소란을 피우는 피해자를 말리다가 피해자가 욕하는 데 격분하여 예리한 칼로 피해자의 왼쪽 가슴부분에 길이 6cm, 깊이 17cm의 상처 등이 나도록 찔러 곧바로 좌측심낭까지 절단된 경우에 피고인에게 살인의 고의가 있다』(대판 1991.10.22. 91도2174)☆.
③ ✔ **평생 후회하도록 살아라 사건** 『피해자에 대한 가해행위를 직접 실행한 피고인 3, 4이 피해자의 머리나 가슴 등 치명적인 부위가 아닌 허벅지나 종아리 부위 등을 주로 찔렀다고 하더라도 칼로 피해자를 20여 회나 힘껏 찔러 그로 인하여 피해자가 과다실혈로 사망하게 된 이상 피고인 3, 4이 자기들의 가해행위로 인하여 피해자가 사망할 수도 있다는 사실을 인식하지 못하였다고는 볼 수 없다』(대판 2002.10.25. 2002도4089)☆.

5. 위법성

형법은 사람의 생명을 보호함에 있어 절대적 생명보호의 원칙을 따르고 있기 때문에 살인죄의 위법성 조각사유는 다른 범죄에 비하여 제한되어야 한다. ① 생명은 다른 법익보다 우월한 법익이며 생명과 생명은 동일한 가치를 가지므로 우월적 이익의 원칙을 요하는 긴급피난의 요건은 살인죄에 적용되기 어렵다. 따라서 다수의 생명을 구하기 위하여 소수를 살해하는 경우에도 긴급피난에 의하여 정당화될 수 없다. ② 사람의 생명은 처분할 수 있는 법익이 아니므로, 피해자의 승낙으로 살인죄의 위법성이 조각될 수 없다.

6. 죄수 및 타죄와의 관계

가. 죄 수

① 생명은 전속적 법익이므로 살인죄의 죄수는 피해자의 수에 따라 결정된다. 따라서 1개의 행위로 여러 사람을 살해한 때에는 수 개의 살인죄가 성립하고 상상적 경합관계에 있게 된다. 그러나 동일한 장소에서 동일한 방법에 의하여 시간적으로 접착되어 여러 사람을 살해한 때에는 수 개의 살인죄의 실체적 경합범이 된다.

② 동일인에 대한 살인예비와 살인미수 및 살인기수와 동일인에 대한 상해와 살인은 법조경합의 관계에 있으므로 하나의 살인죄만 성립한다.

나. 형법상 다른 죄와의 관계

① 살인행위에 수반된 재물손괴는 불가벌적 수반행위로서 재물손괴죄는 살인죄에 흡수된다.

② 사람을 살해한 자가 그 사체를 다른 장소로 옮겨 유기하였을 때에는 사체유기는 살인의 불가벌적 사후행위로 볼 수 없으므로 별도로 사체유기죄가 성립한다. 그러나 사람을 살해한 자가 그 살해의 목적을 수행함에 있어 사후 사체의 발견이 불가능 또는 심히 곤란하게 하려는 의사로 인적이 드문 장소로 피해자를 유인하거나 실신한 피해자를 끌고 가서 그곳에서 살해하고 사체를 그대로 둔 채 도주한 경우에는 비록 결과적으로 사체의 발견이 현저하게 곤란을 받게 되는 사정이 있다 하더라도 별도로 사체은닉죄는 성립되지 않는다.

Ⅱ. 존속살해죄

1. 의 의

존속살해죄는 자기 또는 배우자의 직계존속을 살해함으로써 성립하는 범죄를 말한다. 존속살해죄는 그 객체가 보통 사람이 아니라 자기 또는 배우자의 직계존속으로, 행위주체가 비속이라는 신분에 의하여 형이 가중되는 부진정신분범이다.

2. 주 체

존속살해죄의 주체는 피해자의 직계비속이거나 그 배우자인 관계에 있는 사람이다.

3. 객 체

존속살해죄의 객체는 자기 또는 배우자의 직계존속이다.

가. 자기의 직계존속

① 직계존속은 법률상 개념으로서 민법상 직계존속만을 의미하고 사실상 직계존속은 포함하지 않는다 (통설).

판례는 피살자가 그의 문전에 버려진 영아인 피고인을 주어다 기르고 그 부와의 친생자인 것처럼 출생신고를 하였으나 입양요건을 갖추지 아니하였다면 피고인과의 사이에 모자관계가 성립될 리 없으므로, 피고인이 동녀를 살해하였다고 하여도 존속살인죄로 처벌할 수 없다는 입장이다. 즉 입양 의사가 있었더라도 입양요건을 갖추지 않은 경우에는 직계존비속 관계에 해당하지 않는다. 다만 판례는 당사자 사이에 양친자 관계를 창설하려는 명백한 의사가 있고 기타 입양의 성립요건이 모두 구비된 경우에는 요식성을 갖춘 입양신고 대신 친생자 출생신고가 있더라도 입양의 효력이 있다고 보고 있다. 따라서 피고인이 입양의 의사로 친생자 출생신고를 하고 자신을 계속 양육하여 온 사람을 살해한 경우, 위 출생신고는 입양신고의 효력이 있으므로 존속살해죄가 성립한다.

> ✔ **입양의 효력 : 문전에 버려진 영아 사건** 『피살자(여)가 그의 문전에 버려진 영아인 피고인을 주어다 기르고 그 부와의 친생자인 것처럼 출생신고를 하였으나 입양요건을 갖추지 아니하였다면 피고인과의 사이에 모자관계가 성립될 리 없으므로, 피고인이 동녀를 살해하였다고 하여도 존속살인죄로 처벌할 수 없다』 (대판 1981.10.13. 81도2466)☆.

② 혼인외 출생자와 생모간에는 생모의 인지나 출생신고를 기다리지 않고 자의 출생으로 당연히 법률상의 친족관계가 생기므로 혼인외 출생자가 그의 생모를 살해한 때에는 존속살해가 성립한다. 그러나 혼인외 출생자와 생부간에는 인지절차를 거치지 않는 한 직계비속 관계가 아니므로, 인지 전에 혼인외 출생자가 그의 생부를 살해한 때에는 보통살인죄가 성립할 뿐이다.

> ✔ **혼외자와 직계존비속 : 혼외자 17만원 생모 살해 사건** 『혼인 외의 출생자와 생모간에는 생모의 인지나 출생신고를 기다리지 않고 자의 출생으로 당연히 법률상의 친족관계가 생기는 것이다』(대판 1980.9.9. 80도1731)☆.[3]

나. 배우자의 직계존속 및 배우자

민법상 배우자 일방의 직계존속과 상대방 배우자 사이에는 인척관계가 성립될 뿐 혈족관계가 성립하는 것은 아니다(민법 제769조). 형법은 혼인에 의한 부부의 결합관계를 중시하여 자기의 직계존속과 마찬가지로 배우자의 직계존속도 본죄의 독립된 행위객체로 삼고 있다. 배우자는 법률상 배우자만을 의미하고 사실상 배우자는 포함되지 않는다(통설).

4. 행 위

행위는 살해이다(이에 대하여는 「보통살인죄」에서 서술한 부분과 동일하다).

5. 고 의

존속살해죄 성립을 위해서는 자기 또는 배우자의 직계존속을 살해한다는 고의가 있어야 한다. 살해의 객체가 자기 또는 배우자의 직계존속임을 인식하지 못한 경우에는 제15조 제1항에 의해 보통살인죄의 죄책을 진다. 가중적 구성요건에 있어 형을 가중하는 사유를 인식하지 못한 때에는 가중적 구성요건으로 벌할 수 없고 기본적 구성요건에 의한 처벌만 가능하기 때문이다. 판례도 총론에서 서술한 「둥굴댁 사건」에서 직계존속임을 인식하지 못하고 살인을 한 경우는 제15조 소정의 특히 중한 죄가 되는 사실을 인식하지 못한 행위에 해당한다는 입장이다.

6. 죄 수

존속살해죄와 보통살인죄는 법조경합관계이므로, 존속살해죄가 성립하면 보통살인죄는 별도로 성립하지 않는다.

---

3) **보충설명** 직계존속은 법률상 개념으로 민법에 의하여 결정되는 것이고 생부는 인지한 경우에만 법률상의 직계존속이 된다.

제3관 촉탁·승낙살인죄

> **제252조 ▮촉탁, 승낙에 의한 살인 등▮**
> ① 사람의 촉탁이나 승낙을 받아 그를 살해한 자는 1년 이상 10년 이하의 징역에 처한다.

I. 의 의

피해자의 촉탁 또는 승낙을 받아 그를 살해하는 범죄이다. 형법은 촉탁 또는 승낙을 받아 사람을 살해한 때에는 보통살인죄에 비하여 그 형을 감경하고 있다.

II. 객 체

행위자나 그 배우자의 직계존속도 포함하므로, 직계존속의 촉탁 또는 승낙을 받아 직계존속을 살해한 경우에는 존속살해죄(제250조 제2항)가 아니라 본죄에 해당한다. 죽음과 그 촉탁·승낙의 의미를 알고 그에 따라 의사결정을 할 능력이 있는 사람의 촉탁·승낙만이 유효한 촉탁·승낙이 될 수 있으므로 본죄의 객체에는 이러한 능력이 있는 사람에 국한된다(통설).

III. 행 위

본죄가 성립하기 위해서는 살인죄의 구성요건을 충족하여야 하고, 그 외에 본인의 촉탁 또는 승낙이 있어야 한다.

1. 촉탁과 승낙의 의미

촉탁이란 이미 죽음을 결심한 피해자의 요구를 받고 살해의 결의를 하는 것을 말한다. 따라서 행위자가 촉탁 이전에 이미 살해의 결의를 하고 있을 때에는 촉탁이라 할 수 없다(통설). 촉탁은 피해자가 자신에 대한 살해를 타인에게 교사하는 것을 말하고, 승낙은 살해의 결의를 한 사람이 피해자로부터 동의를 받는 것을 말한다.

2. 촉탁·승낙의 요건

촉탁과 승낙은 진지한 것이어야 한다. 진지한 촉탁 또는 승낙이라 함은 하자 없는 자유의사에 의한 촉탁·승낙을 말한다. 따라서 촉탁·승낙은 피해자의 진의에 의한 것이어야 한다. 위계 또는 위력에 의하여 촉탁·승낙이 있을 때에는 본죄가 성립하는 것이 아니라 위계 등에 의한 살인죄(제253조)에 해당한다.

IV. 고 의

촉탁이나 승낙에 의해 사람을 살해한다는 고의가 있어야 본죄가 성립한다.

제4관 자살교사 · 방조죄

> **제252조** | 자살교사 · 방조죄 |
> ② 사람을 교사하거나 방조하여 자살하게 한 자도 제1항의 형에 처한다.

I. 의 의

자살교사 · 방조죄는 사람을 교사 · 방조하여 자살하게 함으로써 성립하는 범죄이다. 우리 형법은 자살을 벌하지 않더라도 자살을 교사 · 방조하는 행위는 처벌할 필요성이 있으므로 총론의 공범규정에 대하여 특별규정을 둔 것이다.

II. 객 체

자살교사 · 방조죄의 객체는 행위자 이외의 사람이다. 행위자 또는 그 배우자의 직계존속도 본죄의 사람에 해당한다.[4] 따라서 존속을 교사 또는 방조하여 자살 하게 한 때에도 본죄가 성립할 뿐이다. 다만 자살이란 자유로운 의사결정에 의하여 생명을 단절하는 것을 의미하므로, 이러한 의사결정 능력이 없는 유아나 정신병자는 본죄의 객체가 될 수 없다(통설, 판례).

> ✔ **피이용자의 자살을 이용하는 경우 살인죄의 간접정범 : 살해의도 자살 권유 사건** 표준 『피고인이 7세, 3세 남짓된 어린자식들에 대하여 함께 죽자고 권유하여 물속에 따라 들어오게 하여 결국 익사하게 하였다면 비록 피해자들을 물속에 직접 밀어서 빠뜨리지는 않았다고 하더라도 <u>자살의 의미를 이해할 능력이 없고 피고인의 말이라면 무엇이나 복종하는 어린 자식들을 권유하여 익사하게 한 이상 살인죄의 범의는 있었음이 분명하다</u>』(대판 1987.1.20. 86도2395)★.

III. 행 위

교사 또는 방조하여 자살하게 하는 것이다.

1. 교사와 방조

교사 또는 방조의 의미에 관해서는 이를 총론상의 교사 또는 방조를 의미하는 것이 아니라 널리 타인의 자살행위에 관여하는 일체의 행위를 포함한다는 견해도 있으나 본죄에 관하여 총론상 공범규정이 적용되지 않는다고 하여 교사 또는 방조의 의미까지 총론상의 그것과 구별해야 할 이유는 없다는 것이 통설의 입장이다. 따라서 ① 자살의 교사란 자살의 의사가 없는 자에게 자살을 결의하게 만드는 것을 말한다. 교사의 수단이나 방법에는 제한이 없다. 명시적이든 묵시적이든 묻지 않는다. 다만 위계 또는 위력에 의한 경우에는 본법 제253조의 죄가 성립한다. ② 자살의 방조란 이미 자살을 결의하고 있는 자에게 도움을 주어 자살을 용이하게 하는 것을 말한다. 그 수단이나 방법에는 제한이 없다. 물질적 방조와 정신적 방조, 유형적 방조와 무형적 방조를 포함한다.

---

[4] 보충설명 자살교사 · 방조죄의 객체인 사람이 자기 또는 배우자의 직계존속이라 하여도 형이 가중되지는 않는다.

2. 자 살

자살은 본인의 자유로운 의사에 의한 것이어야 한다. 따라서 자살의 의미를 이해할 능력이 없는 사람을 교사 또는 방조한 때에는 본죄가 아닌 보통살인죄가 된다.

Ⅳ. 고 의

자살교사·방조의 고의란 자살자로 하여금 자살을 결의하게 하거나 또는 용이하게 한다는 인식과 의사를 말한다.

> ✔ **자살방조의 고의 : 청산염 판매광고 사건** 『[1] 형법 제252조 제2항의 자살방조죄는 자살하려는 사람의 자살행위를 도와주어 용이하게 실행하도록 함으로써 성립되는 것으로서, 그 방법에는 자살도구인 총, 칼 등을 빌려주거나 독약을 만들어 주거나 조언 또는 격려를 한다거나 기타 적극적, 소극적, 물질적, 정신적 방법이 모두 포함된다 할 것이나, 이러한 자살방조죄가 성립하기 위해서는 그 방조 상대방의 구체적인 자살의 실행을 원조하여 이를 용이하게 하는 행위의 존재 및 그 점에 대한 행위자의 인식이 요구된다.
> [2] 피고인이 인터넷 사이트 내 자살 관련 카페 게시판에 청산염 등 자살용 유독물의 판매광고를 한 행위가 단지 금원 편취 목적의 사기행각의 일환으로 이루어졌고, 변사자들이 다른 경로로 입수한 청산염을 이용하여 자살한 사정 등에 비추어, 피고인의 행위는 자살방조에 해당하지 않는다』(대판 2005. 6. 10. 2005도1373)☆.

> ✔ **자살방조의 고의 : 죽고싶다 기름 사오라 사건** 『피해자가 피고인과 말다툼을 하다가 '죽고 싶다' 또는 '같이 죽자'고 하며 피고인에게 기름을 사오라고 하자 피고인이 휘발유 1병을 사다주었는데 피해자가 몸에 휘발유를 뿌리고 불을 붙여 자살한 사안에서, 자살방조죄를 인정한 원심판단을 수긍한 사례』(대판 2010. 4. 29. 2010도2328)☆.

제5관 위계·위력에 의한 살인죄

> **제253조 ▎위계·위력에 의한 살인죄 ▎**
> 전조의 경우에 위계 또는 위력으로써 촉탁 또는 승낙하게 하거나 자살을 결의하게 한 때에는 제250조의 예에 의한다.

Ⅰ. 의 의

본죄는 위계 또는 위력으로써 사람의 촉탁 또는 승낙을 받아 그를 살해하거나, 자살을 결의하게 하여 자살하게 함으로써 성립하는 범죄이다.

Ⅱ. 구성요건

1. 위 계

위계란 목적이나 수단을 상대방에게 알리지 않고 그의 부지나 착오를 이용하여 그 목적을 달성하는 것을 말한다. 기망뿐만 아니라 유혹도 포함된다. 예를 들어 합의동사의 의사가 없음에도 불구하고 합의동사 할 것처럼 가장하여 상대방을 자살하게 한 경우 등이 이에 해당된다.

2. 위 력

위력이란 사람의 의사를 제압할 수 있는 유형적·무형적인 힘을 말한다. 따라서 폭행·협박은 물론 사회적·경제적 지위를 이용하는 경우도 여기에 해당한다.

Ⅲ. 처 벌

'본법 제250조의 예에 의한다'는 것은 보통살인죄나 존속살해죄와 같이 벌한다는 의미이다. 따라서 본죄의 객체가 자기 또는 배우자의 직계존속인 때에는 존속살해죄, 그 밖의 사람인 때에는 보통살인죄의 형으로 처벌받게 된다.

제6관 살인예비·음모죄

> **제255조** | 살인예비·음모죄 |
> 제250조와 제253조의 죄를 범할 목적으로 예비 또는 음모한 자는 10년 이하의 징역에 처한다.

Ⅰ. 의 의

형법은 범죄의 음모 또는 예비행위가 실행의 착수에 이르지 않은 때에는 법률에 특별한 규정이 없는 한 벌하지 아니한다고 규정하여 예비·음모를 원칙적으로 처벌하지 않는다. 그러나 예비·음모한 범죄에 의하여 침해되는 법익의 가치와 행위자의 위험성 때문에 미리 형벌권을 발동 할 필요가 있는 때에는 형사정책적 근거에서 예비행위를 처벌할 수 있다. 이러한 이유에서 우리 형법은 보통살인죄, 존속살해죄와 위계·위력에 의한 살인죄는 그 미수범을 벌할 뿐 아니라 그 이전 단계인 예비·음모도 처벌규정을 두고 있다.

Ⅱ. 행 위

1. 예 비

예비란 범죄실현을 위한 준비행위로서 아직 실행의 착수에 이르지 않은 일체의 행위를 말한다. 예비의 수단과 방법에는 제한이 없으나 단순히 범죄를 실현할 의사나 계획만으로는 부족하고 객관적으로 실행행위를 가능하게 하거나 용이하게 하는 준비행위가 있어야 한다.

2. 음 모

음모란 2인 이상의 사람 사이에 성립하는 범죄실행의 합의를 말한다. 따라서 합의를 이루지 않은 이상 단순한 범죄의사의 표시만으로는 음모라고 할 수 없다. 음모도 실행의 착수 이전의 개념이라는 점에서 예비와 동일하며, 범죄수행에 대한 위험성의 정도도 예비와 본질적 차이가 없다.

Ⅲ. 목적 및 고의

살인예비·음모죄가 성립하기 위해서는 주관적 구성요건으로 살인죄라는 기본범죄를 범할 목적이 있어야 한다. 범죄의 시기는 미정이더라도 적어도 살해할 대상자가 누구인지는 구체적으로 확정되어 있는 사정 하에서의 준비행위만이 살인예비·음모에 해당할 수 있다. 아울러 살인예비죄가 성립하기 위해서는 살인죄를 범할 목적 외에도, 살인행위를 준비하고 있다는 살인의 준비에 관한 고의가 있어야 한다.

제2절 상해와 폭행의 죄

제1관 총 설

I. 의의 및 보호법익

상해와 폭행의 죄는 사람의 신체에 대한 침해를 내용으로 하는 범죄이다. 사람의 신체는 일상생활상 타인으로부터 가장 공격받기 쉬운 법익의 하나로서 개인적 법익 가운데 생명 다음으로 중요한 법익이자 생명보호를 위한 기초적 의미를 갖기 때문에 우리 형법은 그에 대한 침해행위를 처벌하도록 규정하고 있다.

II. 구성요건의 체계

상해죄와 폭행죄는 서로 독립된 구성요건이다. 상해의 죄에 관한 기본적 구성요건은 단순상해죄(제257조 제1항)이고, 가중적 구성요건으로는 존속상해죄(제257조 제2항), 중상해죄·존속중상해죄(제258조), 특수상해죄(제258조의2), 상해치사죄(제259조) 및 상습상해죄(제264조)가 있다. 상해죄의 미수는 처벌한다(제257조 제3항).

존속상해죄는 신분으로 인하여, 상습상해죄는 상습성으로 인하여 책임이 가중되는 가중적 구성요건이고, 특수상해죄는 행위방법의 위험성으로 인하여 불법이 가중되는 가중적 구성요건이다. 중상해죄와 상해치사죄는 결과적가중범에 관한 규정으로서 결과로 인하여 불법이 가중되는 가중적 구성요건이며, 존속중상해죄는 신분관계로 중상해죄에 대하여 책임이 가중되는 경우이다.

폭행의 죄에 관한 기본적 구성요건은 단순폭행죄(제260조 제1항)이다. 폭행죄에 대한 가중적 구성요건으로는 신분으로 인하여 책임이 가중되는 존속폭행죄(제260조 제2항), 상습성으로 인하여 책임이 가중되는 상습폭행죄(제264조), 행위방법의 위험성으로 인하여 불법이 가중되는 특수폭행죄(제261조)와 결과적가중범으로서 불법이 가중되는 폭행치사상죄(제262조)가 있다. 미수범 처벌 규정을 두고 있지 않다.

제2관 상해, 존속상해

> **제257조 ┃ 상해, 존속상해 ┃**
> ① 사람의 신체를 상해한 자는 7년 이하의 징역, 10년 이하의 자격정지 또는 1천만 원 이하의 벌금에 처한다.
> ② 자기 또는 배우자의 직계존속에 대하여 제1항의 죄를 범한 때에는 10년 이하의 징역 또는 1천500만 원 이하의 벌금에 처한다.
> ③ 전 2항의 미수범은 처벌한다.

Ⅰ. 단순상해죄

1. 의 의

상해죄는 고의로 사람의 신체를 상해함으로써 성립하는 범죄이다. 살인죄도 사람의 신체에 대한 침해를 그 수단으로 하지만 상해죄는 침해의 정도가 다르고 살인의 고의가 없다는 점에서 살인죄와 구별된다. 상해죄의 보호법익은 신체의 생리적 기능 및 건강이고, 보호의 정도는 침해범이다. 폭행죄와는 달리 반의사불벌죄가 아니다.

2. 객 체

행위의 객체는 타인의 신체이다. 법인은 신체를 지닌 자연인이 아니므로 상해죄의 객체에 포함되지 아니한다. 신체는 생명 있는 사람의 신체를 말하므로, 사체는 상해죄의 객체가 될 수 없다.

3. 행 위

상해죄의 실행행위는 「상해」하는 것이다.

가. 상해의 의의

형법상 상해의 의의에 대하여는 다음과 같은 견해의 대립이 있다.

(1) 신체의 완전성 침해설

상해를 신체의 완전성에 대한 침해라고 해석하는 견해이다. 광의의 상해개념으로서 신체의 외부적 완전성에 대한 침해만으로 상해가 된다는 입장을 말한다. 협의의 상해 개념인 생리적 기능장애는 당연히 여기에 포함된다. 상해죄와 폭행죄는 모두 신체의 완전성을 보호법익으로 하지만, 폭행죄는 형식범으로서 행위 자체를 범죄로 하는 것임에 반하여, 상해죄는 결과범·침해범으로서 이에 대한 내용의 침해를 의미하므로, 상해란 사람의 신체에 손상을 주는 것, 즉 신체의 완전성을 해하는 것으로 보아야 한다는 것이다.

(2) 생리적 기능훼손설

상해를 신체의 건강상태를 불량하게 변경하는 것 내지 신체의 생리적 기능에 장해를 일으키는 것이라고 보는 견해이다. 여기서 생리적 기능의 훼손이란 일반적으로 건강침해, 즉 육체적·정신적 상태의 악화를 말하므로 반드시 외부적인 상처가 있어야만 하는 것은 아니고, 생리적 기능에는 육체적 기능뿐만 아니라 정신적 기능도 포함된다.

(3) 절충설

상해죄의 보호법익을 신체의 완전성으로 보아 상해란 신체를 훼손하는 행위를 의미한다는 전제에서 생리적 기능을 훼손하는 행위뿐만 아니라 신체의 외모에 대한 중대한 변경이나 현저한 훼손을 가하는 행위도 포함된다고 해석하는 견해이다.

(4) 판례의 태도

판례는 신체의 완전성설과 생리적 기능훼손설에 의한 상해를 모두 포괄하여 상해의 개념으로 인정하고 있는 사례도 있지만, 주류적인 입장은 피해자 신체의 건강상태가 불량하게 변경되고 생활기능에 장애가 초래되는 것을 말하는 것이라고 하여 생리적 기능 훼손설의 입장을 취하고 있다.

✔ **상해의 개념(완전성 침해설) : 업무부장 부당해고 상해 사건** 『상해죄의 성립에는 상해의 고의와 신체의 완전성을 해하는 행위 및 이로 인하여 발생하는 인과관계 있는 상해의 결과가 있어야 한다』(대판 1982.12.28. 82도2588).

✔ **상해의 개념(생리적 기능훼손설) : 회칼 협박 실신 사건** 표준 『오랜 시간 동안의 협박과 폭행을 이기지 못하고 실신하여 범인들이 불러온 구급차 안에서야 정신을 차리게 되었다면, 외부적으로 어떤 상처가 발생하지 않았다고 하더라도 생리적 기능에 훼손을 입어 신체에 대한 상해가 있었다』(대판 1996.12.10. 96도2529)★.

✔ **상해의 개념(생리적 기능훼손설) : 음모 절단 사건** 『[1] 강제추행치상죄에 있어서의 상해는 피해자의 신체의 건강상태가 불량하게 변경되고 생활기능에 장애가 초래되는 것을 말하는 것으로서, 신체의 외모에 변화가 생겼다고 하더라도 신체의 생리적 기능에 장애를 초래하지 아니하는 이상 상해에 해당한다고 할 수 없다.
[2] 음모는 성적 성숙함을 나타내거나 치부를 가려주는 등의 시각적·감각적인 기능 이외에 특별한 생리적 기능이 없는 것이므로, 피해자의 음모의 모근 부분을 남기고 모간 부분만을 일부 잘라냄으로써 음모의 전체적인 외관에 변형만이 생겼다면, 이로 인하여 피해자에게 수치심을 야기하기는 하겠지만, 병리적으로 보아 피해자의 신체의 건강상태가 불량하게 변경되거나 생활기능에 장애가 초래되었다고 할 수는 없을 것이므로, 그것이 폭행에 해당할 수 있음은 별론으로 하고 강제추행치상죄의 상해에 해당한다고 할 수는 없다』(대판 2000.3.23. 99도3099)★.

✔ **상해의 개념(완전성침해설 및 생리적 기능훼손설) : 외상 후 스트레스 장애 사건** 『성폭력범죄의처벌및피해자보호등에관한법률 제9조 제1항의 상해는 피해자의 신체의 완전성을 훼손하거나 생리적 기능에 장애를 초래하는 것으로, 반드시 외부적인 상처가 있어야만 하는 것이 아니고, 여기서의 생리적 기능에는 육체적 기능뿐만 아니라 정신적 기능도 포함된다』(대판 1999.1.26. 98도3732)☆.

✔ **상해의 판단기준 : 우측 슬관절 찰과상 사건** 『상해죄의 상해는 피해자의 신체의 완전성을 훼손하거나 생리적 기능에 장애를 초래하는 것을 의미한다. 그리고 피해자의 신체의 완전성을 훼손하거나 생리적 기능에 장애를 초래하였는지는 객관적, 일률적으로 판단할 것이 아니라 피해자의 연령, 성별, 체격 등 신체, 정신상의 구체적 상태 등을 기준으로 판단하여야 한다』(대판 2016.11.25. 2016도15018)☆.

나. 상해 개념의 상대성

통상 상해죄의 인정 여부와 관련하여 상해가 인정되지 아니하는 경우에는 폭행죄로 의율 할 수 있고, 두 죄의 법정형에 큰 차이가 있는 것도 아니어서 실무상 단순상해죄의 경우에 상해의 인정 여부는 크게 문제가 되지 아니한다. 그러나 강간치상죄나 강도치상죄 등과 같이 상해의 결과가 발생한 경우 형벌이 가중되는 범죄는 상해에 해당하는지가 피고인의 처벌유무 또는 양형을 정하는 데에 중요한 요소로 작용하게 된다. 이에 따라 상해죄에서의 상해개념과 강간치상죄 등에서의 상해개념에 차이를 인정하여 후자의 경우 상해의 의미를 제한적으로 해석하자는 이른바 상대적 상해개념이 등장하게 되었다.

판례는 강간치상죄, 강제추행치상죄, 강도상해죄 등의 상해와 상해죄의 상해를 통일적으로 해석하되, 구체적인 사안에 따라 일상생활상 간과될 정도의 경미한 상해를 강간치상죄, 강도치상죄 등에서의 상해로부터 배제하는 결론을 도출하려는 입장을 취하고 있는 것으로 보인다. 즉 판례는 상대적 상해개념을 채택하고 있지는 않지만, 상처가 극히 경미하여 굳이 치료 할 필요가 없고, 치료를 받지 아니하더라도 일상생활을 하는 데 아무런 지장이 없으며, 시일이 경과함에 따라 자연적으로 치유될 수 있는 것은 신체의 건강상태가 불량하게 변경되었다거나 생활기능에 장애를 초래한 것으로 보기 어렵다는 이유로 상해에 해당하지 아니한다는 입장이다.

상해를 인정한 기출판례 정리

① ✔ **보행불능·수면장애·식욕감퇴 사건** 『타인의 신체에 폭행을 가하여 보행불능 수면장애 식욕감퇴 등 기능의 장해를 일으킨 때에는 형법상 상해를 입힌 경우에 해당한다』(대판 1969.3.11. 69도161)☆.

② ✔ **젖가슴 좌상 사건** 『피해자가 강제추행 과정에서 가해자로부터 왼쪽 젖가슴을 꽉 움켜잡힘으로 인하여 왼쪽 젖가슴에 약 10일간의 치료를 요하는 좌상을 입고, 심한 압통과 약간의 종창이 있어 그 치료를 위하여 병원에서 주사를 맞고 3일간 투약을 한 경우, 피해자는 위와 같은 상처로 인하여 신체의 건강상태가 불량하게 변경되고 생활기능에 장애가 초래되었다 할 것이어서 이는 강제추행치상죄에 있어서의 상해의 개념에 해당한다고 한 사례』(대판 2000.2.11. 99도4794)☆.

상해를 부정한 기출판례 정리

① ✔ **영장집행 실랑이 사건** 『피고인이 피해자와 연행문제로 시비하는 과정에서 치료도 필요 없는 가벼운 상처를 입었으나, 그 정도의 상처는 일상생활에서 얼마든지 생길 수 있는 극히 경미한 상처이므로 굳이 따로 치료할 필요도 없는 것이어서 그로 인하여 인체의 완전성을 해하거나 건강상태를 불량하게 변경하였다고 보기 어려우므로, 피해자가 약 1주간의 치료를 요하는 좌측팔 부분의 동전크기의 멍이 든 것이 상해죄에서 말하는 상해에 해당되지 않는다』(대판 1996.12.23. 96도2673)☆.

② ✔ **좌측 어깨 반상출혈상 사건** 『강간도중 흥분하여 피해자의 왼쪽 어깨를 입으로 빨아서 생긴 동전크기 정도의 반상출혈상은 보통 1주 정도가 지나면 자연치유되는 것으로서 인체의 생활기능에 장해를 주고 건강상태를 불량하게 변경하는 것이 아니어서 강간치상죄의 상해에 해당한다 할 수 없다』(대판 1986.7.8. 85도2042)☆.

다. 상해의 수단과 방법

상해의 수단이나 방법에는 제한이 없다. 통상적으로는 폭행 등 유형적 방법을 수단으로 사용하지만, 해악을 고지하여 사람을 공포, 경악하게 함으로써 정신장애를 일으키는 등 무형적 방법에 의한 상해도 가능하다. 따라서 수면제 등 약물을 투여하여 환각상태나 일시적인 의식불명 상태에 이르게 하는 행위가 상해에 해당한다.

4. 고 의

상해죄가 성립하기 위한 주관적 구성요건으로는 상해의 고의가 있어야 한다. 상해의 고의란 사람의 생리적 기능을 해한다는 인식·인용을 말한다. 반드시 확정적일 필요는 없고 미필적 고의로 충분하다. 상해의 고의는 폭행의 고의와 구별된다. 현행 형법은 상해죄를 폭행죄와는 별도의 고의범으로 규정하고 있으므로, 상해죄의 주관적 구성요건요소로는 상해의 고의가 필요하다고 보아야 한다. 그러므로 상해의 고의 없이 폭행의 고의로 상해의 결과가 발생하였다면 폭행치상죄가 성립한다. 이에 반하여 상해의 고의가 있었으나 사람을 상해에 이르지 못하고 폭행의 결과가 발생한 데 그쳤다면 상해미수죄가 될 것이다.

그러나 판례는 상해죄는 결과범이므로 상해죄의 성립에는 폭행에 대한 인식이 있으면 충분하고, 상해를 가할 의사의 존재는 필요하지 않다는 입장을 취하고 있다. 이에 관하여는 현행 형법의 해석과는 맞지 않는 이론이라는 비판이 상당하다.

> ✔ **상해의 고의 : 포장마차 팔씨름 사건** 표준 『상해죄는 결과범이므로 그 성립에는 상해의 원인인 폭행에 관한 인식이 있으면 충분하고 상해를 가할 의사의 존재는 필요하지 않으나, 폭행을 가한다는 인식이 없는 행위의 결과로 피해자가 상해를 입었던 경우에는 상해죄가 성립하지 아니한다』(대판 1983.3.22. 83도231)★.

5. 위법성

운동경기에 참가하는 자가 경기규칙을 준수하는 중에 또는 그 경기의 성격상 당연히 예상되는 정도의 경미한 규칙위반 속에 제3자에게 상해의 결과를 발생시킨 경우에는 상해가 부정된다.

> ✔ **골프 캐디 아랫배 상해 사건** 표준 『운동경기에 참가하는 자가 경기규칙을 준수하는 중에 또는 그 경기의 성격상 당연히 예상되는 정도의 경미한 규칙위반 속에 제3자에게 상해의 결과를 발생시킨 것으로서, 사회적 상당성의 범위를 벗어나지 아니하는 행위라면 과실치상죄가 성립하지 않는다. 그러나 골프경기를 하던 중 골프공을 쳐서 아무도 예상하지 못한 자신의 등 뒤편으로 보내어 등 뒤에 있던 경기보조원(캐디)에게 상해를 입힌 경우에는 주의의무를 현저히 위반하여 사회적 상당성의 범위를 벗어난 행위로서 과실치상죄가 성립한다』(대판 2008.10.23. 2008도6940)☆.

6. 죄 수

상해죄의 보호법익은 일신전속적 법익이므로 피해자의 수(침해법익의 수)에 따라 죄가 성립한다. 따라서 1개의 행위로 여러 사람을 상해하면 여러 개 상해죄의 상상적 경합이 된다. 상해를 입힌 행위가 동일한 일시 장소에서 동일한 목적으로 저질러진 것이라 하더라도 피해자가 다른 경우 피해자별로 별개의 상해죄를 구성한다.

> ✔ **상해죄의 죄수 : 수도파이프, 면도칼 상해 사건** 『상해를 입힌 행위가 동일한 일시, 장소에서 동일한 목적으로 저질러진 것이라 하더라도 피해자를 달리하고 있으면 피해자별로 각각 별개의 상해죄를 구성한다고 보아야 할 것이고 1개의 행위가 수개의 죄에 해당하는 경우라고 볼 수 없다』(대판 1983.4.26. 83도524)☆.

II. 존속상해죄

존속상해죄는 자기 또는 배우자의 직계존속의 신체를 상해함으로써 성립하는 범죄이다. 상해죄에 대하여 신분관계로 인하여 책임이 가중된 부진정신분범이다.

존속상해죄에서 말하는 배우자, 직계존속은 모두 법률상의 개념이고, 사실상의 배우자나 직계존속은 포함되지 않는다.

> ✔ **식모살이 중 출산 사건** 『친자관계라는 사실은 호적상의 기재여하에 의하여 좌우되는 것은 아니며 호적상 친권자라고 등재되어 있다 하더라도 사실에 있어서 그렇지 않은 경우에는 법률상 친자관계가 생길 수 없다 할 것인바, 피고인은 호적부상 피해자와 모 사이에 태어난 친생자로 등재되어 있으나 피해자가 집을 떠난 사이 모가 타인과 정교관계를 맺어 피고인을 출산하였다면 피고인과 피해자 사이에는 친자관계가 없으므로 존속상해죄는 성립될 수 없다』(대판 1983.6.28. 83도996)☆.

제3관 중상해, 존속중상해죄

> **제258조 ┃ 중상해, 존속중상해 ┃**
> ① 사람의 신체를 상해하여 생명에 대한 위험을 발생하게 한 자는 1년 이상 10년 이하의 징역에 처한다.
> ② 신체의 상해로 인하여 불구 또는 불치나 난치의 질병에 이르게 한 자도 전항의 형과 같다.
> ③ 자기 또는 배우자의 직계존속에 대하여 전2항의 죄를 범한 때에는 2년 이상 15년 이하의 징역에 처한다.

Ⅰ. 의 의

중상해죄는 사람의 신체를 상해하여 ① 생명에 대한 위험을 발생시키거나, ② 불구에 이르게 하거나, ③ 불치나 난치의 질병에 이르게 함으로써 성립하는 범죄를 말한다. ☆ 존속중상해죄는 자기 또는 배우자의 직계존속에 대하여 중상해죄를 범함으로써 신분관계로 인하여 책임이 가중되는 가중적 구성요건이다. 중상해죄를 가중처벌하는 이유는 피해자가 상해로 인하여 계속적으로 현저히 피해를 받는 중대한 결과가 발생하였다는 데에 있다.

Ⅱ. 중한 결과

중상해죄가 성립하기 위해서는 생명에 대한 위험, 불구, 불치 또는 난치의 질병이라는 중한 결과가 발생하여야 한다.

1. 생명에 대한 위험

생명에 대한 위험을 발생하게 한다는 것은 생명에 대한 구체적 위험을 의미하고, 통상 치명상을 가한 경우를 의미한다. 생명에 대한 위험 발생의 판단은 구체적으로 의학적 판단을 기초로 하지만, 최종적으로는 법관이 규범적으로 법률적 판단을 하게 된다. 판례는 칼로 피해자의 가슴을 찔러 3주간의 치료를 요하는 우측 흉부좌상을 입게 하거나, 1~2개월 입원할 정도로 다리가 부러진 상해를 입게 한 경우는 생명에 대한 위험을 발생하게 한 경우에 해당한다고 보기 어렵다는 입장이다.

> ✔ **생명에 대한 위험 여부 : 다리를 부러뜨려라 사건** 표준 『1 ~ 2개월간 입원할 정도로 다리가 부러진 상해 또는 3주간의 치료를 요하는 우측흉부자상이 중상해에 해당하지 않는다』(대판 2005.12.9. 2005도7527)☆.

2. 불 구

불구란 신체의 조직에서 고유한 기능을 가지고 있는 중요 부분이 상실된 경우를 말한다.

3. 불치 또는 난치의 질병

불치 또는 난치의 질병이란 치료의 가능성이 없거나 희박한 질병을 말한다.

Ⅲ. 미 수

중상해죄는 미수범 처벌규정을 두고 있지 않다.

제4관 특수상해죄

> **제258조의2 ┃특수상해죄┃**
> ① 단체 또는 다중의 위력을 보이거나 위험한 물건을 휴대하여 제257조 제1항 또는 제2항의 죄를 범한 때에는 1년 이상 10년 이하의 징역에 처한다.
> ② 단체 또는 다중의 위력을 보이거나 위험한 물건을 휴대하여 제258조의 죄를 범한 때에는 2년 이상 20년 이하의 징역에 처한다.
> ③ 제1항의 미수범은 처벌한다.

I. 의 의

단체 또는 다중의 위력을 보이거나 위험한 물건을 휴대하여 상해, 존속상해, 중상해, 존속중상해의 죄를 범함으로써 성립한다. ☆ 본죄는 행위방법의 위험성 때문에 가중된 구성요건이다.

II. 입법 연혁

종래 특수상해죄는 형법이 아닌 폭력행위 등 처벌에 관한 법률 제3조 제1항에 규정되어 있었다. 그런데 헌법재판소가 위 규정에 대하여 헌법에 위반되지 아니한다고 하면서도 다수의견에 대한 보충의견으로서 위 규정을 형법으로 통합하고, 법정형을 조정하는 등 폭력행위 등 처벌에 관한 법률의 각종 처벌조항에 대한 입법개선이 필요하다는 의견을 제시함에 따라 2016.1.6. 폭력행위 등 처벌에 관한 법률이 대폭 개정되면서 위 규정이 삭제되는 대신에, 같은 날 개정 시행된 형법에 동일한 구성요건이 신설된 것이다.[5]

> ✔ **위험한 물건을 실제로 범행에 사용하였을 것까지 요구되는지 여부 : 칼 휴대 사실혼 관계 배우자 상해 사건** 〈최신3년〉 『형법 제258조의2 제1항, 제257조 제1항, 제284조, 제283조 제1항은 위험한 물건을 휴대하여 사람의 신체를 상해한 자를 특수상해죄로, 사람을 협박한 자를 특수협박죄로 각 처벌하도록 규정하고 있다. 여기서 위험한 물건을 '휴대하여'는 범행 현장에서 사용하려는 의도 아래 위험한 물건을 소지하거나 몸에 지니는 경우를 의미한다. 범행 현장에서 위험한 물건을 사용하려는 의도가 있었는지는 피고인의 범행 동기, 위험한 물건의 휴대 경위 및 사용 방법, 피고인과 피해자와의 인적 관계, 범행 전후의 정황 등 모든 사정을 합리적으로 고려하여 판단하여야 한다. 피고인이 범행 현장에서 범행에 사용하려는 의도 아래 위험한 물건을 소지하거나 몸에 지닌 이상 피고인이 이를 실제로 범행에 사용하였을 것까지 요구되지는 않는다. 또한 위험한 물건을 휴대하였다고 하기 위하여는, 피고인이 범행 현장에 있는 위험한 물건을 사실상 지배하면서 언제든지 그 물건을 곧바로 범행에 사용할 수 있는 상태에 두면 충분하고, 피고인이 그 물건을 현실적으로 손에 쥐고 있는 등 피고인과 그 물건이 반드시 물리적으로 부착되어 있어야 하는 것은 아니다.』(대판 2024.6.13. 2023도18812) ☆

---

5) **보충설명** 형법 제1조 제2항의 「범죄 후 법률의 변경에 의하여 형이 구법보다 경한 때」에 해당한다.

제5관 상해치사죄·존속상해치사죄

> **제259조 ▮ 상해치사, 존속상해치사 ▮**
> ① 사람의 신체를 상해하여 사망에 이르게 한 자는 3년 이상의 유기징역에 처한다.
> ② 자기 또는 배우자의 직계존속에 대하여 전항의 죄를 범한 때에는 무기 또는 5년 이상의 징역에 처한다.

Ⅰ. 의의 및 구별개념

상해치사죄는 사람의 신체를 상해하여 사망에 이르게 함으로써 성립하는 범죄이다. 상해에 대하여는 고의가 있었으나 사망의 결과가 고의 없이 발생한 경우로서 상해죄에 대한 결과적가중범이다.
폭행의 고의로 사망의 결과를 야기한 경우에는 폭행치사죄가 되고, 폭행이나 상해의 고의가 없이 사망의 결과를 야기한 경우에는 과실치사죄로 될 뿐이다.

Ⅱ. 구성요건

결과적가중범이므로 상해 행위와 사망의 결과 사이에 인과관계가 있어야 한다. 판례는 상당인과관계설의 입장에서 인과관계와 객관적 귀속의 문제를 판단하고 있고, 상해치사죄와 같은 결과적가중범에 대하여는 인과관계와 별도로 예견가능성을 요구하는 입장을 취하고 있다. 상해행위가 피해자를 사망하게 한 직접적 원인은 아니었다 하더라도 다른 간접적 원인이 결합되어 사망의 결과를 발생하게 한 경우에도 인과관계를 인정하고 있다.

제6관 폭행, 존속폭행죄

> **제260조 ▮ 폭행, 존속폭행 ▮**
> ① 사람의 신체에 대하여 폭행을 가한 자는 2년 이하의 징역, 500만 원 이하의 벌금, 구류 또는 과료에 처한다.
> ② 자기 또는 배우자의 직계존속에 대하여 제1항의 죄를 범한 때에는 5년 이하의 징역 또는 700만 원 이하의 벌금에 처한다.
> ③ 제1항 및 제2항의 죄는 피해자의 명시한 의사에 반하여 공소를 제기할 수 없다.

Ⅰ. 의의 및 보호법익

폭행죄는 사람의 신체에 폭행을 가함으로써 성립하는 범죄이다. 널리 신체의 완전성을 보호하기 위한 범죄인 점에서 상해죄와 같지만, 신체의 건재성이 보호법익이라는 점에서 생리적 기능을 보호법익으로 하는 상해죄와 구별된다. 폭행죄는 폭행이라는 거동만으로 성립하고 신체의 완전성에 대한 침해나 구체적 위험이라는 결과 발생을 요하지 아니하므로 폭행죄는 거동범인 동시에 추상적 위험범의 성격을 가지는 범죄이다(통설).

우리 형법은 폭행죄를 반의사불벌죄로 규정하고 있고, 미수범 처벌규정은 존재하지 않는다.

Ⅱ. 행 위

1. 객 체

폭행죄의 객체는 사람의 신체이다. 여기서 사람이란 자연인인 타인을 의미한다. 다만 대한민국에 체재하는 외국원수에 대한 폭행의 경우에는 외국원수에 대한 폭행죄(제107조 제1항)가 성립하고, 대한민국에 파견된 외국사절에 대한 폭행의 경우에는 외국사절에 대한 폭행죄(제108조 제1항)가 성립한다.

2. 의미·내용

가. 형법상 폭행의 개념

일반적으로 폭행이란 유형력의 행사를 말한다. 이러한 폭행은 형법상 폭행죄의 구성요건 외에도 다른 범죄의 구성요건의 행위태양으로 규정되어 있다. 그러나 형법상의 폭행은 이를 수단으로 하는 해당 범죄 구성요건을 통해 보호하려는 법익이 무엇인가에 따라 그 의미와 해석이 달라진다. 통설은 폭행의 개념을 대상과 정도에 따라 네 가지로 분류하고 있다.

(1) 최광의의 폭행

대상이 무엇인가를 묻지 아니하고 일체의 유형력을 행사하는 경우를 말한다. 사람에 대한 것이거나 물건에 대한 것이거나 불문한다. 내란죄(제87조), 소요죄(제115조), 다중불해산죄(제116조) 등의 폭행이 여기에 해당한다. 이들 범죄의 경우 국가적 법익에 대한 죄로서 사회의 평온을 보호법익으로 하므로 이를 보호하기 위해서 폭행의 개념을 넓게 인정하고 있는 것이다.

(2) 광의의 폭행

사람에 대한 직접 또는 간접의 유형력의 행사를 말한다. 사람에 대한 유형력의 행사를 의미하지만 반드시 사람의 신체에 대하여 직접적인 유형력이 가하여질 필요가 없고, 물건에 대한 행사가 간접적으로 사람의 신체에 대하여 작용하면 충분하다. 공무집행방해죄(제136조), 특수도주죄(제146조), 강요죄(제324조), 외국사절에 대한 폭행죄(제108조) 등의 폭행이 여기에 해당한다.

(3) 협의의 폭행

사람의 신체에 대한 직접적인 유형력의 행사를 의미한다. 폭행죄와 독직폭행죄(제125조)의 폭행이 여기에 해당한다. 사람의 신체를 보호법익으로 하는 범죄의 폭행이기 때문에 반드시 신체에 접촉함을 필요로 하는 것은 아니지만 사람의 신체에 대해 직접성을 가져야 한다.

(4) 최협의의 폭행

상대방의 반항을 억압하거나 현저히 곤란하게 할 정도의 유형력의 행사를 말한다. 강간죄(제297조), 강도죄(제333조), 준강도죄(제335조) 등의 폭행이 여기에 해당한다. 이들 범죄는 사람의 의사결정의 자유도 보호하는 것이기 때문에 객체에 대한 가장 강력한 정도의 폭행을 필요로 한다.

나. 폭행의 의미

폭행죄의 폭행은 협의의 폭행을 의미하므로 사람의 신체에 대하여 직접적인 유형력을 행사하는 것을 말한다.

다만 단순히 사람의 신체에 향하여진 유형력의 행사이기만 하면 모두 폭행으로 되는 것은 아니고, 상해 결과가 생길 위험성을 가진다든가 혹은 적어도 신체적·생리적 고통이나 정신적 고통 내지 불쾌감을 야기할 만한 정도의 것이어야 한다. 즉 폭행죄에서 말하는 폭행은 일반적으로 사람의 신체에 대하여 육체적·정신적 고통을 주는 불법한 유형력을 행사하는 것을 의미하는 것이다.

> ✔ **폭행의 의미 : 팔 2~3회 끈 사건** 『상대방의 시비를 만류하면서 조용히 얘기나 하자며 그의 팔을 2, 3회 끈 사실만 가지고는 사람의 신체에 대한 불법한 공격이라고 볼 수 없어 형법 제260조 제1항 소정의 폭행죄에 해당한다고 볼 수 없다』(대판 1986.10.14. 86도1796)☆.

> ✔ **폭행의 의미 : 부둥켜 안은 사건** 『"甲"이 먼저 "乙"에게 덤벼들고, 뺨을 꼬집고, 주먹으로 쥐어 박았기 때문에 피고인이 상대방을 부둥켜 안은 행위를 유형력의 행사인 폭행으로 볼 수 없다』(대판 1977.2.8. 76도3758)☆.

폭행의 대상은 사람의 신체이므로 단순히 물건에 대하여 유형력을 행사하는 경우는 폭행이라고 할 수 없다. 따라서 타인의 집 마당에 인분을 던지거나, 폭언을 하면서 시정된 방문이나 집 대문을 발로 차는 것만으로는 폭행이라고 할 수 없다.

> ✔ **폭행의 대상 : 대문 발로 차기 사건** 『피고인이 피해자에게 욕설을 한 것만을 가지고 당연히 폭행을 한 것이라고 할 수는 없을 것이고, 피해자 집의 대문을 발로 찬 것이 막바로 또는 당연히 피해자의 신체에 대하여 유형력을 행사한 경우에 해당한다고 할 수도 없다』(대판 1991.1.29. 90도2153)☆.

> ✔ **폭행의 대상 : 다방 방문 발로 차기 사건** 『피고인을 만나주지 않는다는 이유로 시정된 탁구장문과 주방문을 부수고 주방으로 들어가 방문을 열어주지 않으면 모두 죽여버린다고 폭언하면서 시정된 방문을 수회 발로 찬 피고인의 행위는 재물손괴죄 또는 숙소안의 자에게 해악을 고지하여 외포케 하는 단순 협박죄에 해당함은 별론으로 하고, 단순히 방문을 발로 몇번 찼다고 하여 그것이 피해자들의 신체에 대한 유형력의 행사로는 볼 수 없어 폭행죄에 해당한다 할 수 없다』(대판 1984.2.14. 83도3186)☆.

사람의 신체를 향하여 행하여진 유형력의 행사라면 반드시 신체에 접촉할 필요는 없다. 따라서 차를 가로막는 피해자를 부딪치지는 아니하였으나 부딪힐 듯 이 차를 조금씩 전진시키는 것을 반복한 경우, 피해자에게 근접하여 욕설을 하면서 때릴 듯이 손발이나 물건을 휘두르거나 던진 경우도 폭행에 해당한다.

> ✔ **폭행의 접촉성 : 조금씩 전진 사건** 표준 『[1] 폭행죄에서 말하는 폭행이란 사람의 신체에 대하여 육체적·정신적으로 고통을 주는 유형력을 행사함을 뜻하는 것으로서 반드시 피해자의 신체에 접촉함을 필요로 하는 것은 아니고, 그 불법성은 행위의 목적과 의도, 행위 당시의 정황, 행위의 태양과 종류, 피해자에게 주는 고통의 유무와 정도 등을 종합하여 판단하여야 한다.
> [2] 피고인이 자신의 차를 가로막고 서 있는 피해자를 향해 차를 조금씩 전진시키고 피해자가 뒤로 물러나면 다시 차를 전진시키는 방식의 운행을 반복하였는데, 이는 그 자체로 피해자에 대한 유형력의 행사에 해당하고, 피고인 주장의 사정만으로는 차 앞에 서 있는 사람을 향해 차를 전진시킨 행위가 정당방위나 정당행위에 해당하지 않는다』(대판 2016.10.27. 2016도9302)★.

> ✔ **폭행의 접촉성 : 도둑놈 욕설 사건** 『피해자에게 근접하여 욕설을 하면서 때릴 듯이 손발이나 물건을 휘두르거나 던지는 행위는 직접 피해자의 신체에 접촉하지 않았다고 하여도 피해자에 대한 불법한 유형력의 행사로서 폭행에 해당한다』(대판 1990. 2. 13. 89도1406)☆

> ✔ **폭행의 접촉성 : 빚 독촉 중 딸(생후 7개월) 사망 사건** 『[1] 어린애를 업은 사람을 밀어 넘어뜨려 그 결과 어린애가 사망하였다면 폭행치사죄가 성립된다.
> [2] 채권자가 빚 독촉을 하다가 시비 중 멱살을 잡고 대드는 채무자의 손을 뿌리치고 그를 뒤로 밀어 넘어뜨려 아래로 뒹굴게 하여 그 순간 채무자의 등에 업힌 그의 딸에게 두개골 골절상을 입혀 사망하게 한 경우 폭행치사죄가 성립한다』(대판 1972. 11. 28. 72도2201)☆

소음이나 폭언이 폭행에 해당하는지 여부에 관하여 판례는 유형력의 행사가 신체적 고통을 주는 물리력의 작용을 의미하므로 신체의 청각기관을 자극하는 음향도 경우에 따라서는 유형력에 포함될 수 있다는 입장을 취하고 있다.

> ✔ **폭언이나 음향의 폭행여부 : 표절가수 전화 욕설(심수봉) 사건** 표준 『[1] 형법 제260조에 규정된 폭행죄는 사람의 신체에 대한 유형력의 행사를 가리키며, 그 유형력의 행사는 신체적 고통을 주는 물리력의 작용을 의미하므로 신체의 청각기관을 직접적으로 자극하는 음향도 경우에 따라서는 유형력에 포함될 수 있다.
> [2] 피해자의 신체에 공간적으로 근접하여 고성으로 폭언이나 욕설을 하거나 동시에 손발이나 물건을 휘두르거나 던지는 행위는 직접 피해자의 신체에 접촉하지 아니하였다 하더라도 피해자에 대한 불법한 유형력의 행사로서 폭행에 해당될 수 있는 것이지만, 거리상 멀리 떨어져 있는 사람에게 전화기를 이용하여 전화하면서 고성을 내거나 그 전화 대화를 녹음 후 듣게 하는 경우에는 특수한 방법으로 수화자의 청각기관을 자극하여 그 수화자로 하여금 고통스럽게 느끼게 할 정도의 음향을 이용하였다는 등의 특별한 사정이 없는 한 신체에 대한 유형력의 행사를 한 것으로 보기 어렵다』(대판 2003. 1. 10. 2000도5716)★

다. 기수시기

실행의 착수시기는 행위자가 폭행의 고의로 타인의 신체의 건재성을 해하는 유형력의 행사를 개시했을 때가 된다. 폭행죄는 형식범이자 거동범이므로 유형력의 행사만 있으면 곧바로 구성요건이 충족되어 기수에 이른다.

3. 고 의

타인의 신체에 대하여 유형력을 행사한다는 사실에 대한 인식과 의사로 하는 폭행의 고의가 있어야 한다. 따라서 상해의 고의로 폭행하여 폭행의 정도에 그쳤을 때에는 상해미수죄가 성립하고, 폭행의 고의로 상해의 결과가 발생한 때에는 폭행치상죄가 성립한다.

Ⅲ. 소추조건(반의사불벌죄)

폭행죄는 피해자의 명시한 의사에 반하여 공소를 제기할 수 없다. 따라서 처벌을 희망하는 의사표시가 없어도 공소를 제기할 수 있으나, 처벌을 희망하지 아니하는 의사표시가 있거나 처벌을 희망하는 의사표시를 철회하였을 때에는 공소를 제기할 수 없다. 이를 위반하여 공소를 제기한 때에는 공소기각의 판결을 선고하여야 한다(형소법 제327조 제2호).

✔ **반의사불벌죄 : 생일빵 사망 사건** 표준 『폭행죄는 피해자의 명시한 의사에 반하여 공소를 제기할 수 없는 반의사불벌죄로서 처벌불원의 의사표시는 의사능력이 있는 피해자가 단독으로 할 수 있는 것이고, 피해자가 사망한 후 그 상속인이 피해자를 대신하여 처벌불원의 의사표시를 할 수는 없다고 보아야 한다』(대판 2010.5.27. 2010도2680)☆.[6]

✔ **군형법상의 폭행 : 평택 미군기지 폭행 사건** 최신3년 『군형법 제60조의6 제1호, 군사기지 및 군사시설 보호법(이하 '군사기지법'이라 한다) 제2조 제1호의 문언과 내용, 입법 목적 및 관련 규정의 체계적 해석 등을 고려하면, 군인 등이 대한민국의 국군이 군사작전을 수행하기 위한 근거지에서 군인 등을 폭행했다면 그곳이 대한민국의 영토 내인지, 외국군의 군사기지인지 등과 관계없이 군형법 제60조의6 제1호에 따라 형법 제260조 제3항이 적용되지 않는다』(대판 2023.6.15. 2020도927)☆.

Ⅳ. 타죄와의 관계

폭행죄의 폭행에 해당하는 행위를 다른 범죄의 수단으로 할 때에는 폭행은 다른 범죄에 흡수되어 별죄가 성립하지 않는 것은 법조경합 중 이른바 불가벌적 수반행위에 해당한다. 따라서 다른 범죄가 주된 범죄로서 폭행을 흡수하려면 행위자가 그 주된 범죄를 범하는 경우에 비록 논리·필연적인 것은 아니지만 일반적·전형적으로 폭행의 구성요건을 충족함과 아울러 폭행의 불법 및 책임 내용이 주된 범죄에 비하여 무시할 수 있을 정도로 경미하여야 한다. 예컨대 폭행을 수단으로 한 공무집행방해죄는 폭행죄를 흡수하고, 강간의 수단으로 또는 그에 수반하여 저질러진 폭행은 강간죄의 구성요소로서 그에 흡수된다.

제7관 특수폭행죄

> **제261조 | 특수폭행 |**
> 단체 또는 다중의 위력을 보이거나 위험한 물건을 휴대하여 제260조 제1항 또는 제2항의 죄를 범한 때에는 5년 이하의 징역 또는 1천만 원 이하의 벌금에 처한다.

Ⅰ. 의 의

특수폭행죄는 단체 또는 다중의 위력을 보이거나 위험한 물건을 휴대하여 사람의 신체에 대하여 폭행을 가함으로써 성립하는 범죄이다. 폭행죄에 비해 행위방법의 위험성이 높기 때문에 불법이 가중되는 가중적 구성요건이다.

Ⅱ. 방 법

이 죄는 단체 또는 다중의 위력을 보이거나 위험한 물건을 휴대하고 사람의 신체에 대하여 폭행을 가함으로써 성립한다.

---

6) **보충설명** 생일빵을 한다는 명목으로 피해자를 가격한 경우 폭행죄가 성립하고, 정당행위에 해당하지 않는다.

1. 단체 또는 다중의 위력

첫 번째 실행방법은 단체 또는 다중의 위력을 보이는 경우이다.

가. 단 체

단체란 공동 목적을 가진 다수인의 계속적·조직적인 결합체를 말한다. 공동목적은 반드시 불법할 것을 요하지 않는다. 따라서 범죄를 목적으로 하는 단체뿐만 아니라 법인·노동조합·정당 그 밖의 사회단체도 여기에 포함된다.

나. 다 중

다중이란 단체를 이루지 못한 다수인의 단순한 집합을 말한다.

다. 위 력

위력이란 사람의 의사를 제압하기에 충분한 세력을 말한다. 유형력이든 무형력이든 묻지 않는다. 「위력을 보인다」는 것은 사람의 의사를 제압할만한 세력을 상대방에게 인식시키는 것을 말한다. 위력을 인식시킴으로써 충분하고 현실적으로 상대방의 의사가 제압되어야 하는 것은 아니지만, 상대방의 의사를 제압할 만한 세력을 인식시킬 정도는 되어야 한다.

> ✔ **다중의 의미와 위력의 의미 : 예산군 교육청 항의 방문 사건** 『'다중'이라 함은 단체를 이루지 못한 다수인의 집합을 말하는 것으로, 이는 결국 집단적 위력을 보일 정도의 다수 혹은 그에 의해 압력을 느끼게 해 불안을 줄 정도의 다수를 의미한다 할 것이고, 다중의 '위력'이라 함은 다중의 형태로 집결한 다수 인원으로 사람의 의사를 제압하기에 족한 세력을 지칭하는 것으로서 그 인원수가 다수에 해당하는가는 행위 당시의 여러 사정을 참작하여 결정하여야 할 것이며, 이 경우 상대방의 의사가 현실적으로 제압될 것을 요하지는 않는다고 할 것이지만 상대방의 의사를 제압할 만한 세력을 인식시킬 정도는 되어야 한다』(대판 2008.7.10. 2007도9885).

2. 위험한 물건의 휴대

두 번째 실행방법은 위험한 물건을 휴대하여 사람의 신체에 대하여 폭행한 경우이다.

가. 위험한 물건

위험한 물건이란 그 물건의 객관적 성질이나 사용방법에 따라서 사람을 살상 할 수 있는 물건을 말한다. 총기나 창검과 같이 본래적으로 사람에 대한 살상의 용도로 제작된 물건이나 식칼 등과 같이 그 물건의 성질상 위험성을 느낄 수 있는 물건을 포함한다.

어떤 물건이 위험한 물건에 해당하는지 여부는 구체적인 사안에서 사회통념에 비추어 그 물건을 사용하면 상대방이나 제3자가 생명 또는 신체에 위험을 느낄 수 있는지 여부에 따라 판단하여야 한다.

> ✔ **자동차의 위험한 물건의 여부 : 운전 시비 중 자동차 후진 사건** 표준 『피고인이 갑과 운전 중 발생한 시비로 한차례 다툼이 벌어진 직후 갑이 계속하여 피고인이 운전하던 자동차를 뒤따라온다고 보고 순간적으로 화가 나 갑에게 겁을 주기 위하여 자동차를 정차한 후 4 내지 5m 후진하여 갑이 승차하고 있던 자동차와 충돌한 사안에서, 본래 자동차 자체는 살상용, 파괴용 물건이 아닌 점 등을 감안하더라도, 위 충돌 당시와 같은 상황하에서는 갑은 물론 제3자라도 피고인의 자동차와 충돌하면 생명 또는 신체에 살상의 위험을

느꼈을 것이므로, 피고인이 자동차를 이용하여 갑에게 상해를 가하고, 갑의 자동차를 손괴한 행위는 폭력행위 등 처벌에 관한 법률 제3조 제1항이 정한 '위험한 물건'을 휴대하여 이루어진 범죄라고 봄이 상당하다』(대판 2010.11.11. 2010도10256)☆

✔ **소화기의 위험한 물건의 여부 : 경륜장 사무실 소화기 사건** 『경륜장 사무실에서 술에 취해 소란을 피우면서 '소화기'를 집어던졌지만 특정인을 겨냥하여 던진 것이 아닌 점 등을 종합하여, 위 '소화기'는 폭력행위 등 처벌에 관한 법률 제3조 제1항의 '위험한 물건'에 해당하지 않는다』(대판 2010.4.29. 2010도930)☆

나. 흉기와의 관계

형법은 위험한 물건과 흉기를 구별하여 사용하고 있으므로(제331조, 제334조에서는 흉기라는 용어를 사용하고, 제258조의2에서는 위험한 물건이라는 용어를 사용한다), 그 관계가 문제된다. 이에 관하여 견해의 대립이 있지만 흉기는 살상목적으로 제작된 것이지만 위험한 물건은 반드시 살상목적으로 제작될 것을 요하지 않으므로 흉기는 특수개념으로서 일반개념인 위험한 물건에 포함되어 위험한 물건의 일종이라는 구별설이 통설, 판례의 입장이다.

다. 휴 대

휴대한다는 것은 소지, 즉 몸에 지니는 것을 의미한다. 반드시 범행 전부터 몸에 지니고 있어야 하거나 상대방이 인식을 하고 있어야 하는 것도 아니다. 범행현장에서 범행에 사용하려는 의도 아래 소지하거나 몸에 지니는 경우를 포함한다.

✔ **휴대의 범위 : 술에 취해 호주머니 속 과도 사건** 『피고인이 폭력행위당시 과도를 범행현장에서 호주머니 속에 지니고 있었던 이상 이는 위험한 물건을 휴대한 경우로서 폭력행위등처벌에 관한 법률 제3조 제1항 소정의 죄에 해당한다』(대판 1984.4.10. 84도353)☆

자동차로 사람을 충격한 경우 위험한 물건을 휴대하여 폭행이나 상해를 한 것으로 볼 수 있는지에 관하여는 학설이 대립하고 있다. 판례는 긍정설의 입장에서 위험한 물건을 「휴대하여」라는 말은 소지뿐만 아니라 널리 이용한다는 뜻도 포함하고 있다고 해석하여, 자동차 견인료 납부를 요구하는 피해자를 들이받아 넘어지게 한 경우나 운전 중 발생한 시비로 다툼이 벌어진 직후 피해자에게 겁을 주기 위하여 자동차를 정차한 후 4~5m 후진하여 피해자의 자동차와 충돌한 경우에 위험한 물건을 휴대하여 이루어진 범죄라고 판시하고 있다.

✔ **휴대의 의미 : 견인료납부 요구 교통관리직원 충격 사건** 『[1] 폭력행위등처벌에관한법률 제3조 제1항에 있어서 '위험한 물건'이라 함은 … 본래 살상용·파괴용으로 만들어진 것뿐만 아니라 다른 목적으로 만들어진 칼·가위·유리병·각종공구·자동차 등은 물론 화학약품 또는 사주된 동물 등도 그것이 사람의 생명·신체에 해를 가하는 데 사용되었다면 본조의 '위험한 물건'이라 할 것이며, 한편 이러한 물건을 '휴대하여'라는 말은 소지뿐만 아니라 널리 이용한다는 뜻도 포함하고 있다.
[2] 견인료납부를 요구하는 교통관리직원을 승용차 앞범퍼 부분으로 들이받아 폭행한 사안에서, 승용차가 폭력행위등처벌에관한법률 제3조 제1항 소정의 '위험한 물건'에 해당한다』(대판 1997.5.30. 97도597)☆

제8관 상습상해·폭행죄

> **제264조** | **상습범** |
> 상습으로 제257조, 제258조, 제258조의2, 제260조 또는 제261조의 죄를 범한 때에는 그 죄에 정한 형의 2분의 1까지 가중한다. ☆[7]

　상습상해·폭행죄는 상습으로 상해죄, 존속상해죄, 중상해죄, 존속중상해죄, 특수상해죄, 폭행죄, 존속폭행죄, 특수폭행죄를 범한 때에 성립한다. 상습이란 동종의 행위를 반복하여 행하는 행위자의 습벽을 말한다. 따라서 상습이란 행위의 성질이 아니라 행위자의 특성을 이루는 성질이다.

　상습범은 집합범의 유형에 해당하므로 상습상해·폭행죄에 해당하는 때에는 포괄일죄의 관계가 인정된다는 것이 통설과 판례의 입장이다. 폭행의 경우 다른 범죄의 구성요건요소 내지 수단이 되므로, 폭행과 상해를 각각 상습적으로 범한 경우 상해죄의 상습범만이 성립하고, 존속에 대하여 폭행과 상해를 각각 상습적으로 범한 경우에도 마찬가지로 존속상해죄의 상습범만이 성립한다.

✔ **상습존속폭행·상해 : 직계존속 2회 폭행, 4회 상해 사건** 『직계존속인 피해자를 폭행하고, 상해를 가한 것이 존속에 대한 동일한 폭력습벽의 발현에 의한 것으로 인정되는 경우, 그 중 법정형이 더 중한 상습존속상해죄에 나머지 행위들을 포괄시켜 하나의 죄만이 성립한다』(대판 2003.2.28. 2002도7335)☆.

✔ **상습존속폭행·상해 : 상습으로 모친 폭행 사건** 표준 『폭행죄의 상습성은 폭행 범행을 반복하여 저지르는 습벽을 말하는 것으로서, 동종 전과의 유무와 그 사건 범행의 횟수, 기간, 동기 및 수단과 방법 등을 종합적으로 고려하여 상습성 유무를 결정하여야 하고, 단순폭행, 존속폭행의 범행이 동일한 폭행 습벽의 발현에 의한 것으로 인정되는 경우, 그중 법정형이 더 중한 상습존속폭행죄에 나머지 행위를 포괄하여 하나의 죄만이 성립한다고 봄이 타당하다』(대판 2018.4.24. 2017도10956)☆.

✔ **상습의 범위 : 재물손괴·주거침입 전과 사건** 『상해죄 및 폭행죄의 상습범에 관한 형법 제264조는 "상습으로 제257조, 제258조, 제258조의2, 제260조 또는 제261조의 죄를 범한 때에는 그 죄에 정한 형의 2분의 1까지 가중한다."라고 규정하고 있다. 형법 제264조에서 말하는 '상습'이란 위 규정에 열거된 상해 내지 폭행행위의 습벽을 말하는 것이므로, 위 규정에 열거되지 아니한 다른 유형의 범죄까지 고려하여 상습성의 유무를 결정하여서는 아니 된다』(대판 2018.4.24. 2017도21663)☆.

✔ **상습특수상해죄의 형 의미 : 빈 소주병 상습상해 사건** 표준 『형법은 제264조에서 상습으로 제258조의2의 죄를 범한 때에는 그 죄에 정한 형의 2분의 1까지 가중한다고 규정하고, 제258조의2 제1항에서 위험한 물건을 휴대하여 상해죄를 범한 때에는 1년 이상 10년 이하의 징역에 처한다고 규정하고 있다. 위와 같은 형법 각 규정의 문언, 형의 장기만을 가중하는 형법 규정에서 그 죄에 정한 형의 장기를 가중한다고 명시하고 있는 점, 형법 제264조에서 상습범을 가중처벌하는 입법 취지 등을 종합하면, 형법 제264조는 상습특수상해죄를 범한 때에 형법 제258조의2 제1항에서 정한 법정형의 단기와 장기를 모두 가중하여 1년 6개월 이상 15년 이하의 징역에 처한다는 의미로 새겨야 한다』(대판 2017.6.29. 2016도18194)☆.

---

[7] **보충설명** 상습적으로 상해죄를 범한 경우에는 형을 가중 처벌한다.

제3절 과실치사상의 죄

제1관 과실치상죄

> **제266조 ▮ 과실치상 ▮**
> ① 과실로 인하여 사람의 신체를 상해에 이르게 한 자는 500만 원 이하의 벌금, 구류 또는 과료에 처한다.
> ② 제1항의 죄는 피해자의 명시한 의사에 반하여 공소를 제기할 수 없다.

I. 취 지

본죄는 과실로 인하여 사람을 상해에 이르게 한 자에 대한 처벌을 규정한 것이다. 그렇지만 이러한 종류의 행위에 대하여는 민사상의 손해배상에 의하여 피해자의 구제를 도모함으로써 충분한 경우나 가해자에게 형사책임을 물어야 할 필요까지는 없는 경우도 적지 않으므로 형사제재는 벌금, 구류, 과료에 그치며 또한 피해자에 명시한 의사에 반하여 공소를 제기할 수 없는 반의사불벌죄로 규정하고 있다.

II. 구성요건

1. 의 의

과실치상죄는 행위자에게 결과예견·회피를 위한 주의의무의 준수가 요구되고 또한 그가 그것을 준수할 수 있었음에도 불구하고 이를 태만 하였다는 과실이 있음으로써 성립한다. 상해의 결과발생, 과실행위와 결과간의 인과관계와 주의의무위반(과실)을 그 요건으로 한다.

2. 상해의 결과발생

'상해'의 개념은 앞서 서술한 상해죄에 있어서와 마찬가지이다.

3. 행위자의 주의의무위반

행위자의 주의의무위반, 즉 과실의 의미에 대하여는 총론의 설명으로 대체한다.

III. 처 벌

본죄의 법정형은 500만 원 이하의 벌금 구류 또는 과료이다.

제2관 과실치사죄

> **제267조 | 과실치사 |**
> 과실로 인하여 사람을 사망에 이르게 한 자는 2년 이하의 금고 또는 700만 원 이하의 벌금에 처한다.

Ⅰ. 취 지

본죄는 과실로 인하여 사람을 사망에 이르게 한 경우의 처벌을 규정한 것이다. 과실치상죄에 비해 그 결과가 중함에 비추어 전조의 죄와 달리 반의사불벌죄가 아니다.

Ⅱ. 구성요건

행위자에게 결과예견·회피를 위한 주의의무의 준수가 요구되고 또한 그것을 준수할 수 있었음에도 불구하고 이를 태만히 하였다는 과실이 있음으로써 성립한다.

> ✔ **결과예견·회피의무 : 성덕여중 청소 사건** 『담임교사가 학교방침에 따라 학생들에게 교실청소를 시켜 왔고 유리창을 청소할 때는 교실안쪽에서 닦을 수 있는 유리창만을 닦도록 지시하였는데도 유독 피해자만이 수업시간이 끝나자마자 베란다로 넘어 갔다가 밑으로 떨어져 사망하였다면 담임교사에게 그 사고에 대한 어떤 형사상의 과실책임을 물을 수 없다』(대판 1989.3.28. 89도108).

Ⅲ. 처 벌

본죄의 법정형은 2년 이하의 금고 또는 700만 원 이하의 벌금이다.

제3관 업무상과실·중과실치사상죄

> **제268조 | 업무상과실·중과실 치사상 |**
> 업무상과실 또는 중대한 과실로 사람을 사망이나 상해에 이르게 한 자는 5년 이하의 금고 또는 2천만 원 이하의 벌금에 처한다.

Ⅰ. 의 의

업무상과실치사상죄는 제266조의 과실치상죄와 제267조의 과실치사죄의 신분에 의한 가중처벌 유형이다. 즉, 사람의 생명·신체에 대하여 위험성 있는 업무에 종사하는 자에게는 일반인과 달리 각별한 주의의무를 이행하도록 요구하고 하는 것이다.

> ✔ **교통사고의 의미 : 토마토 상자 사건** 『[1] 교통사고처리 특례법 제2조 제2호에서 '교통사고'란 차의 교통으로 인하여 사람을 사상하거나 물건을 손괴하는 것을 말한다고 규정하고 있는바, 교통사고를 일으킨 운전자에 대한 형사처벌의 특례를 정하는 것을 주된 목적으로 하는 교통사고처리 특례법의 입법 취지와 자동차 운행으로 인한 피해자의 보호를 주된 목적으로 하는 자동차손해배상 보장법의 입법 취지가 서로 다른 점, '교통'이란 원칙적으로 사람 또는 물건의 이동이나 운송을 전제로 하는 용어인 점 등에 비추어 보면, 교통사고처리 특례법 제2조 제2호에 정한 '교통'은 자동차손해배상 보장법 제2조 제2호에 정한 '운행'보다 제한적으로 해석하여야 한다.
> [2] 화물차를 주차하고 적재함에 적재된 토마토 상자를 운반하던 중 적재된 상자 일부가 떨어지면서 지나가던 피해자에게 상해를 입힌 경우, 교통사고처리 특례법에 정한 '교통사고'에 해당하지 않아 업무상과실치상죄가 성립한다.』(대판 2009. 7. 9. 2009도2390)☆

II. 업무의 개념

판례는 업무란 사람의 생명, 신체의 위험을 방지 하는 것을 의무내용으로 하는 업무도 포함된다 할 것이고, 더 나아가 사람의 사회생활면에 있어서의 하나의 지위로서 계속적으로 종사하는 사무를 말하고, 여기에는 수행하는 직무 자체가 위험성을 갖기 때문에 안전배려를 의무의 내용으로 하는 경우는 물론 사람의 생명·신체의 위험을 방지하는 것을 의무내용으로 하는 업무도 포함된다는 입장이다.

> ✔ **업무와 계속성 : 서예학원 화재 사건** 『업무상과실치상죄에 있어서의 '업무'란 사람의 사회생활면에서 하나의 지위로서 계속적으로 종사하는 사무를 말하고, 여기에는 수행하는 직무 자체가 위험성을 갖기 때문에 안전배려를 의무의 내용으로 하는 경우는 물론 사람의 생명·신체의 위험을 방지하는 것을 의무내용으로 하는 업무도 포함되는데, 안전배려 내지 안전관리 사무에 계속적으로 종사하여 위와 같은 지위로서의 계속성을 가지지 아니한 채 단지 건물의 소유자로서 건물을 비정기적으로 수리하거나 건물의 일부분을 임대하였다는 사정만으로는 업무상과실치상죄에 있어서의 '업무'로 보기 어렵다』(대판 2009. 5. 28. 2009도1040)☆

> ✔ **업무와 안전배려의무 : 수용자 휴일 사망 사건** 『[1] 업무상과실치사상죄에 있어서의 업무란 사람의 사회생활면에 있어서의 하나의 지위로서 계속적으로 종사하는 사무를 말하고, 여기에는 수행하는 직무 자체가 위험성을 갖기 때문에 안전배려를 의무의 내용으로 하는 경우는 물론 사람의 생명·신체의 위험을 방지하는 것을 의무내용으로 하는 업무도 포함된다 할 것이다.
> [2] 행형법 및 교도관직무규칙의 규정과 구치소라는 수용시설의 특성에 비추어 보면, 공휴일 또는 야간에는 소장을 대리하는 당직간부에게는 구치소에 수용된 수용자들의 생명·신체에 대한 위험을 방지할 법령상 내지 조리상의 의무가 있다고 할 것이고, 이와 같은 의무를 직무로서 수행하는 교도관들의 업무는 업무상과실치사죄에서 말하는 업무에 해당한다』(대판 2007. 5. 31. 2006도3493)★

아울러 업무상 과실치사상죄에서의 업무는 허가받은 적법한 업무에 한정되지 않는다.

> ✔ **업무의 범위 : 골재채취 사건** 『골재채취허가여부는 골재채취업무가 업무상과실치사상죄에 있어서의 업무에 해당하는 사실에 아무런 소장이 없다』(대판 1985. 6. 11. 84도2527)☆

자동차 운전자의 과실을 인정한 기출판례 정리

① ✔ **골프카트 업무상과실 사건** 『골프장의 경기보조원인 피고인이 골프 카트에 피해자 등 승객들을 태우고 진행하기 전에 안전 손잡이를 잡도록 고지하지도 않고, 또한 승객들이 안전 손잡이를 잡았는지 확인하지도 않은 상태에서 만연히 출발하였으며, 각도 70°가 넘는 우로 굽은 길을 속도를 충분히 줄이지 않고 급하게 우회전한 업무상 과실로, 피해자를 골프 카트에서 떨어지게 하여 두개골골절, 지주막하 출혈 등의 상해를 입게 하였다고 본 원심판단을 수긍한 사례』(대판 2010.7.22. 2010도1911)☆.

② ✔ **누워 있던 피해자 역과 사건** 『택시 운전자인 피고인이 심야에 밀집된 주택 사이의 좁은 골목길이자 직각으로 구부러져 가파른 비탈길의 내리막에 누워 있던 피해자의 몸통 부위를 자동차 바퀴로 역과하여 사망에 이르게 하고 도주한 사안에서, 피고인에게 무죄를 선고한 원심판결에 업무상과실치사죄의 구성요건에 관한 법리오해의 위법이 있다고 한 사례』(대판 2011.5.26. 2010도17506)☆.

③ ✔ **고개마루 내리막길 사건** 『앞차를 뒤따라 진행하는 차량의 운전자로서는 앞차에 의하여 전방의 시야가 가리는 관계상 앞차의 어떠한 돌발적인 운전 또는 사고에 의하여서라도 자기 차량에 연쇄적인 사고가 일어나지 않도록 앞차와의 충분한 안전거리를 유지하고 진로 전방좌우를 잘 살펴 진로의 안전을 확인하면서 진행할 주의의무가 있다』(대판 2001.12.11. 2001도5005)☆.

의사·간호사의 과실을 인정한 기출판례 정리

① ✔ **태반조기박리 사건** 『[1] 피고인이 제왕절개수술을 시행 중 태반조기박리를 발견하고도 피해자의 출혈 여부 관찰을 간호사에게 지시하였다가 수술 후 약 45분이 지나 대량출혈을 확인하고 전원 조치하였으나 그 후 피해자가 사망한 사안에서, 피고인에게 대량출혈 증상을 조기에 발견하지 못하고, 전원을 지체하여 피해자로 하여금 신속한 수혈 등의 조치를 받지 못하게 한 과실이 있다.
[2] 피고인이 전원 받는 병원 의료진에게 피해자가 고혈압환자이고 제왕절개수술 후 대량출혈이 있었던 사정을 설명하지 않은 사안에서, 피고인에게 전원과정에서 피해자의 상태 및 응급조치의 긴급성에 관하여 충분히 설명하지 않은 과실이 있다.
[3] 피고인이 제왕절개수술 후 대량출혈이 있었던 피해자를 전원 조치하였으나 전원받는 병원 의료진의 조치가 다소 미흡하여 도착 후 약 1시간 20분이 지나 수혈이 시작된 사안에서, 피고인의 전원지체 등의 과실로 신속한 수혈 등의 조치가 지연된 이상 피해자의 사망과 피고인의 과실 사이에 인과관계가 인정된다』(대판 2010.4.29. 2009도7070)★.

② ✔ **산후조리원 신생아 사망 사건** 『산후조리원에 입소한 신생아가 출생 후 10일 이상이 경과하도록 계속하여 수유량 및 체중이 지나치게 감소하고 잦은 설사 등의 이상증세를 보임에도 불구하고, 산후조리원의 신생아 집단관리를 맡은 책임자가 의사나 한의사 등의 진찰을 받도록 하지 않아 신생아가 탈수 내지 괴사성 장염으로 사망한 사안에서, 위 집단관리 책임자가 산모에게 신생아의 이상증세를 즉시 알리고 적절한 조치를 구하여 산모의 지시를 따른 것만으로는 업무상 주의의무를 다하였다고 볼 수 없다』(대판 2007.11.16. 2005도1796)☆.

의사·간호사의 과실을 부정한 기출판례 정리

① ✔ **봉침시술 사건** 표준 『한의사인 피고인이 피해자에게 문진하여 과거 봉침을 맞고도 별다른 이상반응이 없었다는 답변을 듣고 알레르기 반응검사(skin test)를 생략한 채 환부인 목 부위에 봉침시술을 하였는데, 피해자가 위 시술 직후 아나필락시 쇼크반응을 나타내는 등 상해를 입은 사안에서, 피고인에

게 과거 알레르기 반응검사 및 약 12일 전 봉침시술에서도 이상반응이 없었던 피해자를 상대로 다시 알레르기 반응검사를 실시할 의무가 있다고 보기는 어렵고, 설령 그러한 의무가 있다고 하더라도 제반 사정에 비추어 알레르기 반응검사를 하지 않은 과실과 피해자의 상해 사이에 상당인과관계를 인정하기 어렵다』(대판 2011.4.14. 2010도10104)★.

② ✔ **여호와의 증인 무수혈 수술 사건** 『환자의 명시적인 수혈 거부 의사가 존재하여 수혈하지 아니함을 전제로 환자의 승낙(동의)을 받아 수술하였는데 수술 과정에서 수혈을 하지 않으면 생명에 위험이 발생할 수 있는 응급상태에 이른 경우에, 환자의 생명을 보존하기 위해 불가피한 수혈 방법의 선택을 고려함이 원칙이라 할 수 있지만, 한편으로 환자의 생명 보호에 못지않게 환자의 자기결정권을 존중하여야 할 의무가 대등한 가치를 가지는 것으로 평가되는 때에는 이를 고려하여 진료행위를 하여야 한다. 다만, 환자의 생명과 자기결정권을 비교형량하기 어려운 특별한 사정이 있다고 인정되는 경우에 의사가 자신의 직업적 양심에 따라 환자의 양립할 수 없는 두 개의 가치 중 어느 하나를 존중하는 방향으로 행위하였다면 이러한 행위는 처벌할 수 없다』(대판 2014.6.26. 2009도14407)☆.[8]

③ ✔ **부러진 메스 사건** 『요추 척추후궁절제 수술도중에 수술용 메스가 부러지자 담당의사가 부러진 메스조각(3×5mm)을 찾아 제거하기 위한 최선의 노력을 다하였으나 찾지 못하여 부러진 메스조각을 그대로 둔 채 수술부위를 봉합한 경우, 같은 수술과정에서 메스 끝이 부러지는 일이 흔히 있고, 부러진 메스가 쉽게 발견되지 않을 경우 수술과정에서 무리하게 제거하려고 하면 부가적인 손상을 줄 우려가 있어 일단 봉합한 후에 재수술을 통하여 제거하거나 그대로 두는 경우가 있는 점에 비추어 담당의사의 과실을 인정할 수 없다』(대판 1999.12.10. 99도3711)☆.

④ ✔ **익수환자 앰부 배깅 사건** 『병원 인턴인 피고인이, 응급실로 이송되어 온 익수환자 갑을 담당의사 을의 지시에 따라 구급차에 태워 다른 병원으로 이송하던 중 산소통의 산소잔량을 체크하지 않은 과실로 산소 공급이 중단된 결과 갑을 폐부종 등으로 사망에 이르게 하였다는 내용으로 기소된 사안에서, 을에게서 이송 도중 갑에 대한 앰부 배깅(ambu bagging)과 진정제 투여 업무만을 지시받은 피고인에게 일반적으로 구급차 탑승 전 또는 이송 도중 구급차에 비치되어 있는 산소통의 산소잔량을 확인할 주의의무가 있다고 보기는 어렵고, 다만 피고인이 갑에 대한 앰부 배깅 도중 산소 공급 이상을 발견하고도 구급차에 동승한 의료인에게 기대되는 적절한 조치를 취하지 아니하였다면 업무상 과실이 있다고 할 것이나, 피고인이 산소부족 상태를 안 후 취한 조치에 어떠한 업무상 주의의무 위반이 있었다고 볼 수 없는데도, 피고인에게 산소잔량을 확인할 주의의무가 있음을 전제로 업무상과실치사죄를 인정한 원심판단에 응급의료행위에서 인턴의 주의의무 범위에 관한 법리오해 또는 심리미진의 위법이 있다고 한 사례』(대판 2011.9.8. 2009도13959)☆.

✔ **도급인과 수급인의 주의의무 : 가스누출 사망 사건** 『도급계약의 경우 원칙적으로 도급인에게는 수급인의 업무와 관련하여 사고방지에 필요한 안전조치를 취할 주의의무가 없으나, 법령에 의하여 도급인에게 수급인의 업무에 관하여 구체적인 관리·감독의무 등이 부여되어 있거나 도급인이 공사의 시공이나 개별 작업에 관하여 구체적으로 지시·감독하였다는 등의 특별한 사정이 있는 경우에는 도급인에게도 수급인의 업무와 관련하여 사고방지에 필요한 안전조치를 취할 주의의무가 있다』(대판 2016.3.24. 2015도8621)★.

---

8) **보충설명** 무수혈 인공고관절 수술의 위험성을 충분히 설명 받았으나, 진지한 의사결정에 의한 수혈 거부 의사가 존재하여 무수혈수술 동의 아래 수술을 진행하였는데 생명에 위험이 발생할 수 있는 응급상황이 발생하였음에도 환자의 자기결정권을 존중하여 수혈하지 않다가 환자가 과다출혈로 사망에 이른 경우 의사는 업무상과실치사의 죄책 지지 않는다.

공사 담당자의 과실을 인정한 기출판례 정리

① ✔ **제주관광개발공사 담당직원 사건** 『피고인이 사업 당시 공사현장감독인인 이상 그 공사의 원래의 발주자의 직원이 아니고 또 발주자에 의하여 현장감독에 임명된 것도 아니며, 건설업법상 요구되는 현장건설기술자의 자격도 없다는 등의 사유는 업무상과실책임을 물음에 아무런 영향도 미칠 수 없다』 (대판 1983.6.14. 82도2713)☆.

공사 담당자의 과실을 부정한 기출판례 정리

① ✔ **지하철 공사 라바콘 사건** 『지하철 공사구간 현장안전업무 담당자인 피고인이 공사현장에 인접한 기존의 횡단보도 표시선 안쪽으로 돌출된 강철빔 주위에 라바콘 3개를 설치하고 신호수 1명을 배치하였는데, 피해자가 위 횡단보도를 건너면서 강철빔에 부딪혀 상해를 입은 사안에서, 제반 사정에 비추어 피고인이 안전조치를 취하여야 할 업무상 주의의무를 위반하였다고 보기 어렵다』(대판 2014.4.10. 2012도11361)☆.

② ✔ **타워크레인 도급 사건** 『건설회사가 건설공사 중 타워크레인의 설치작업을 전문업자에게 도급주어 타워크레인 설치작업을 하던 중 발생한 사고에 대하여 건설회사의 현장대리인에게 업무상과실치사상의 죄책을 물을 수 없다』(대판 2005.9.9. 2005도3108)☆.

기타 과실을 부정한 기출판례 정리

① ✔ **회초리 실명 사건** 『교사가 회초리로 학생들의 손바닥을 때리기 위해 회초리를 들어올리는 순간 이를 구경하기 위해 옆으로 고개를 돌려 일어나는 다른 학생의 눈을 찔러 우안실명의 상해를 입게 한 경우, 직접 징계당하는 학생의 옆에 있는 다른 학생이 징계당하는 것을 구경하기 위하여 고개를 돌려 뒤에서 다가선다던가 옆자리에서 일어나는 것까지 예견할 수는 없다고 할 것이고 교사가 매질하는 경우에 반드시 한 사람씩 불러내어서 해야 할 주의의무가 있다고도 할 수 없어 교사의 행위를 업무상 과실치상죄에 문의할 수는 없다』(대판 1985.7.9. 84도822)☆.

② ✔ **설악워터피아 파도수영장 사건** 『파도수영장에서 물놀이하던 초등학교 6학년생이 수영장 안에 엎어져 있는 것을 수영장 안전요원이 발견하여 인공호흡을 실시한 뒤 의료기관에 후송하였으나 후송 도중 사망한 사고에 있어서 그 사망원인이 구체적으로 밝혀지지 아니한 상태에서 수영장 안전요원과 수영장 관리책임자에게 업무상 주의의무를 게을리 한 과실이 있고 그 주의의무 위반으로 인하여 피해자가 사망하였다고 인정한 원심판결을 업무상과실치사죄에 있어서의 과실 및 인과관계에 관한 법리오해 및 심리미진 등의 위법을 이유로 파기한 사례』(대판 2002.4.9. 2001도6601)☆.

제4절 낙태의 죄

헌법재판소는 임신한 여성의 자기낙태를 처벌하는 형법 제269조 제1항(자기낙태죄 조항)과 의사가 임신한 여성의 촉탁 또는 승낙을 받아 낙태하게 한 경우를 처벌하는 같은 법 제270조 제1항 중 '의사'에 관한 부분(의사낙태죄 조항)이 각각 임신한 여성의 자기결정권을 침해하는지 여부와 관련하여 헌법에 합치되지 아니한다고 선언하되, 2020.12.31.을 시한으로 입법자가 개선입법을 할 때까지 계속적용을 명하였다. 그 이유는 다음과 같다.

① 자기결정권에는 여성이 그의 존엄한 인격권을 바탕으로 하여 자율적으로 자신의 생활영역을 형성해 나갈 수 있는 권리가 포함되고, 여기에는 임신한 여성이 자신의 신체를 임신상태로 유지하여 출산할 것인지 여부에 대하여 결정할 수 있는 권리가 포함되어 있다.

② 자기낙태죄 조항은 모자보건법이 정한 예외를 제외하고는 임신기간 전체를 통틀어 모든 낙태를 전면적·일률적으로 금지하고, 이를 위반할 경우 형벌을 부과함으로써 임신의 유지·출산을 강제하고 있으므로, 임신한 여성의 자기결정권을 제한한다.

③ 자기낙태죄 조항은 태아의 생명을 보호하기 위한 것으로서 그 입법목적이 정당하고, 낙태를 방지하기 위하여 임신한 여성의 낙태를 형사처벌하는 것은 이러한 입법목적을 달성하는 데 적합한 수단이다.

④ 동일한 생명이라 할지라도 법질서가 생명의 발전과정을 일정한 단계들로 구분하고 그 각 단계에 상이한 법적 효과를 부여하는 것이 불가능하지 않다. 태아가 모체를 떠난 상태에서 독자적으로 생존할 수 있는 시점인 임신 22주 내외에 도달하기 전이면서 동시에 임신 유지와 출산 여부에 관한 자기결정권을 행사하기에 충분한 시간이 보장되는 시기까지의 낙태에 대해서는 국가가 생명보호의 수단 및 정도를 달리 정할 수 있다.

제5절 유기와 학대의 죄

제1관 총 설

I. 의의 및 보호법익

1. 의 의

유기죄는 노유·질병·기타 사유로 인하여 부조를 요하는 자를 보호할 법률상 또는 계약상 의무 있는 자가 요부조자를 유기함으로써 성립하는 범죄이고, 학대죄는 자기의 보호 또는 감독을 받는 사람을 학대함으로써 성립하는 범죄이다. 유기죄와 학대죄는 종교적, 도덕적인 비판을 많이 받는 범죄로 가족 관계의 변화와 개인주의의 확산으로 그 처벌의 중요성이 강조되고 있다.

2. 보호법익

유기죄의 보호법익은 부조를 요하는 자의 생명·신체의 안전이고, 학대죄의 보호법익은 생명·신체의 안전 및 인격권이다.

II. 구성요건의 체계

유기죄는 단순유기죄(제271조 제1항)를 기본적 구성요건으로 하여, 가중적 구성요건으로 존속유기죄(제271조 제2항), 중유기죄(제271조 제3항), 존속중유기죄(제271조 제4항)를 규정하고 있다. 결과적가중범으로 유기치사상죄(제275조 제1항), 존속유기치사상죄(제275조 제2항)를 규정하고 있다.

학대죄는 단순학대죄(제273조 제1항)를 기본적 구성요건으로 하여, 가중적 구성요건으로 존속학대죄(제273조 제2항)와 학대치사상죄(제275조 제1항), 존속학대치사상죄(제275조 제2항)를 규정하고, 별도로 아동혹사죄(제274조)를 규정하고 있다. 아울러 아동학대범죄자를 처벌하기 위한 특례법으로 아동학대범죄의 처벌 등에 관한 특례법이 있다.

제2관 유기죄, 존속유기죄

제271조 ｜ 유기, 존속유기 ｜

① 나이가 많거나 어림, 질병 그 밖의 사정으로 도움이 필요한 사람을 법률상 또는 계약상 보호할 의무가 있는 자가 유기한 경우에는 3년 이하의 징역 또는 500만 원 이하의 벌금에 처한다.
② 자기 또는 배우자의 직계존속에 대하여 제1항의 죄를 지은 경우에는 10년 이하의 징역 또는 1천500만 원 이하의 벌금에 처한다.
③ 제1항의 죄를 지어 사람의 생명에 위험을 발생하게 한 경우에는 7년 이하의 징역에 처한다.
④ 제2항의 죄를 지어 사람의 생명에 위험을 발생하게 한 경우에는 2년 이상의 유기징역에 처한다.

Ⅰ. 단순유기죄

1. 구성요건

가. 주 체

유기죄는 노유, 질병 기타 사정으로 인하여 부조를 요하는 자를 보호할 법률상 또는 계약상 의무 있는 자, 즉 보호의무자만이 주체가 될 수 있다. 따라서 사회상규·조리에 의해서는 보호의무가 인정될 수 없으며, 부진정부작위범에서 보증인의 작위의무와 유기죄에서 보호의무자의 작위의무 발생근거는 동일하지 않다.☆9)

> ✔ **사회상규상의 보호의무 부정 : 우연히 동행자한 자 추락 사망 사건** 『현행 형법은 유기죄에 있어서 구법과는 달리 보호법익의 범위를 넓힌 반면에 보호책임없는 자의 유기는 없애고 법률상 또는 계약상의 의무있는 자만을 그 유기죄의 주체로 규정하고 있어 명문상 사회상규상의 보호책임을 관념할 수 없다고 하겠으니 유기죄의 죄책을 인정하려면 보호책임이 있게된 경우 사정관계등을 설시하여 구성요건이 요구하는 법률상 또는 계약상 보호의무를 밝혀야 하고 설혹 동행자가 구조를 요하게 되었다 하여도 일정거리를 동행한 사실만으로서는 피고인에게 법률상 계약상의 보호의무가 있다고 할 수 없으니 유기죄의 주체가 될 수 없다』(대판 1977.1.11. 76도3419)☆.10)

> ✔ **사회상규상의 보호의무 부정 : 강간 피해자 실신 사건** 표준 『강간치상의 범행을 저지른 자가 그 범행으로 인하여 실신상태에 있는 피해자를 구호하지 아니하고 방치하였다고 하더라도 그 행위는 포괄적으로 단일의 강간치상죄만을 구성한다』(대판 1980.6.24. 80도726)☆.

(1) 법률상의 보호의무자

법률에 보호의무가 있는 자로 규정되어 있으므로 그 법률이 공법·사법인가를 묻지 아니한다. 따라서 공법에 보호의무가 규정된 경찰관직무집행법 제4조·도로교통법 제54조를 근거한 보호조치의무도 포함된다.11)

> ✔ **법률상의 보호의무 : 술에 만취된 자 방치 사건** 『경찰관인 피고인으로서는 술에 만취된 피해자가 향토예비군 4명에게 떼메어 운반되어 지서 나무의자 위에 눕혀 놓았을 때 숨이 가쁘게 쿨쿨 내뿜고 자신의 수족과 의사도 자제할 수 없는 상태에 있음에도 불구하고 근 3시간 동안이나 아무런 구호조치를 취하지 아니한 것은 유기죄에 대한 범의를 인정할 수 있다』(대판 1972.6.27. 72도863)☆.12)13)

---

9) 보충설명 유기죄의 보호의무는 법률상 또는 계약상 보호의무만 인정되고 부작위범에 있어 작위의무와는 달리 사무관리·관습·조리에 의해서는 인정되지 아니한다.
10) 보충설명 술에 취한 甲과 乙이 우연히 같은 길을 가다가 개울에 떨어져 甲은 가까스로 귀가하고 乙은 머리를 다쳐 앓다가 추운 날씨에 심장마비로 사망한 경우 甲은 무죄이다.
11) 도로교통법 제54조 ▮사고발생 시의 조치▮
  ① 차의 운전 등 교통으로 인하여 사람을 사상하거나 물건을 손괴(이하 "교통사고"라 한다)한 경우에는 그 차의 운전자나 그 밖의 승무원(이하 "운전자등"이라 한다)은 즉시 정차하여 다음 각 호의 조치를 하여야 한다.
    1. 사상자를 구호하는 등 필요한 조치
12) 보충설명 경찰관은 경찰관직무집행법 등에 의하여 머리를 심하게 다친 상태로 경찰서에 누워 있는 사람을 구조할 법률상 의무가 있기 때문에 유기죄의 주체가 될 수 있다.
13) 보충설명 경찰관 甲이 술에 만취된 A가 향토예비군 4명에게 경찰지구대로 운반되어 나무의자 위에 눕혀졌을 때 숨을 가쁘게 쿨쿨 내뿜고 자신의 수족과 의사도 자제할 수 없는 상태인 요부조자라는 점을 충분히 인식하였음을 인정할 수 있었는데도 3시간여 동안이나 아무런 구호조치를 취하지 않은 경우, 유기죄의 고의를 인정할 수 있다.

사법상의 보호의무로는 친권자의 자에 대한 보호의무(민법 제913조), 부부간 부양의무(민법 제826조)를 예로 들 수 있다. 부부간 부양의무에 관하여 부부에는 법률상 부부뿐만 아니라 사실혼 관계에 있는 부부도 포함된다. 다만 동거 또는 내연관계를 맺은 사정만으로는 사실혼 관계를 인정할 수 없다.

> ✔ **필로폰 과다 투여 동거녀 사망 사건** 표준 『형법 제271조 제1항에서 말하는 법률상 보호의무 가운데는 민법 제826조 제1항에 근거한 부부간의 부양의무도 포함되며, 나아가 법률상 부부는 아니지만 사실혼 관계에 있는 경우에도 위 민법 규정의 취지 및 유기죄의 보호법익에 비추어 위와 같은 법률상 보호의무의 존재를 긍정하여야 하지만, 사실혼에 해당하여 법률혼에 준하는 보호를 받기 위하여는 단순한 동거 또는 간헐적인 정교관계를 맺고 있다는 사정만으로는 부족하고, 그 당사자 사이에 주관적으로 혼인의 의사가 있고 객관적으로도 사회관념상 가족질서적인 면에서 부부공동생활을 인정할 만한 혼인생활의 실체가 존재하여야 한다』(대판 2008.2.14. 2007도3952)☆.[14]

(2) 계약상의 보호의무자

계약이 보호의무자와 요부조자 사이에서 이루어진 것이든, 보호의무자와 제3자 사이에서 이루어진 것이든 상관없다. 따라서 영·유가의 부모와 보모 사이에 아이의 보호에 관하여 계약을 체결하였을 경우 보모가 보호의무자가 된다.

> ✔ **만취 손님 방치 사건** 표준 『[1] '계약상 의무'는 간호사나 보모와 같이 계약에 기한 주된 급부의무가 부조를 제공하는 것인 경우에 반드시 한정되지 아니하며, 계약의 해석상 계약관계의 목적이 달성될 수 있도록 상대방의 신체 또는 생명에 대하여 주의와 배려를 한다는 부수적 의무의 한 내용으로 상대방을 부조하여야 하는 경우를 배제하는 것은 아니라고 할 것이다. 그러나 그 의무 위반의 효과로서 주로 손해배상책임이 문제되는 민사영역에서와는 달리 유기죄의 경우에는 당사자의 인적 책임에 대한 형사적 제재가 문제된다는 점 등을 고려하여 보면, 단지 위와 같은 부수의무로서의 민사적 부조의무 또는 보호의무가 인정된다고 해서 형법 제271조 소정의 '계약상 의무'가 당연히 긍정된다고는 말할 수 없고, 제반 사정을 고려하여 위 '계약상의 부조의무'의 유무를 신중하게 판단하여야 한다.
> [2] 피고인이 자신이 운영하는 주점에 손님으로 와서 수일 동안 식사는 한 끼도 하지 않은 채 계속하여 술을 마시고 만취한 피해자를 주점 내에 그대로 방치하여 저체온증 등으로 사망에 이르게 하였다는 내용으로 예비적으로 기소된 사안에서, 피해자가 피고인의 지배 아래 있는 주점에서 3일 동안 과도하게 술을 마시고 추운 날씨에 난방이 제대로 되지 아니한 주점 내 소파에서 잠을 자면서 정신을 잃은 상태에 있었다면, 피고인은 주점의 운영자로서 피해자의 생명 또는 신체에 대한 위해가 발생하지 아니하도록 피해자를 주점 내실로 옮기거나 인근에 있는 여관에 데려다 주어 쉬게 하거나 피해자의 지인 또는 경찰에 연락하는 등 필요한 조치를 강구하여야 할 계약상의 부조의무를 부담한다고 판단하여 유기치사죄를 인정한 원심판결을 수긍한 사례』(대판 2011.11.24. 2011도12302)☆.

나. 객 체

유기죄의 객체는 노유, 질병 기타 사정으로 인하여 부조를 요하는 자로 정신적·육체적 결함으로 인하여 다른 사람의 도움 없이는 자신의 일상생활에 필요한 기본적 동작을 할 수 없어서 자기의 생명·신체에 대한 위험을 스스로 극복할 수 없거나 그 극복이 현저히 곤란한 자를 말한다.

---

14) 보충설명 甲이 동거 또는 내연관계를 맺어온 내연녀 A가 치사량의 필로폰을 복용하여 부조를 요하는 상태에 있었음에도 돌보지 않아 A가 사망한 경우, 단순한 동거 또는 내연관계를 맺은 사정만으로는 사실혼 관계라고 볼 수 없으므로 유기치사죄가 성립하지 않는다.

다. 행 위

유기라 함은 보호를 요하는 자를 보호받지 못할 상태에 두어서 생명・신체에 위험을 가져오게 하는 행위를 말한다. 따라서 요부조자를 장소적으로 이동시켜 생명, 신체에 위험이 발생하게 하는 경우뿐만 아니라, 요부조자를 방치함으로써 요부조자에게 생명, 신체에 위험이 발생하게 하는 경우 모두가 유기행위에 해당한다고 보아야 한다.

> ✔ **여호와의 증인 수혈거부 사건** 『생모가 사망의 위험이 예견되는 그 딸에 대하여는 수혈이 최선의 치료방법이라는 의사의 권유를 자신의 종교적 신념이나 후유증 발생의 염려만을 이유로 완강하게 거부하고 방해하였다면 이는 결과적으로 요부조자를 위험한 장소에 두고 떠난 경우나 다름이 없다고 할 것이고 그때 사리를 변식할 지능이 없다고 보아야 마땅한 11세 남짓의 환자본인 역시 수혈을 거부하였다고 하더라도 생모의 수혈거부 행위가 위법한 점에 영향을 미치는 것이 아니다』(대판 1980.9.24. 79도1387)☆.15)

라. 고 의

유기죄는 자신에게 요부조자에 대한 부조의무가 존재하고 자신의 행위로 요부조자의 생명, 신체에 위험이 발생한다는 점에 대한 인식과 의사를 가지고 있어야 한다.

> ✔ **성관계 모면 추락 사건** 『유기죄에 있어서는 행위자가 요부조자에 대한 보호책임의 발행원인이 된 사실이 존재한다는 것을 인식하고 이에 기한 부조의무를 해태한다는 의식이 있음을 요한다. 피해자가 호텔 객실에서 뛰어내린 여부를 피고인이 전혀 알지 못하였다면 피고인의 범의를 인정할 수 없다』(대판 1988.8.9. 86도225)☆.16)

Ⅱ. 존속유기죄

존속유기죄는 자기 또는 배우자의 직계존속에 대하여 단순유기의 죄를 범한 자를 가중처벌하는 범죄이다. 유기죄에 대하여 신분으로 인하여 책임이 가중되는 가중적 구성요건이다.

Ⅲ. 중유기죄

중유기죄는 단순유기죄를 범하여 사람의 생명에 대한 위험을 발생하게 함으로써 성립하는 범죄이다. 사람의 생명에 대한 위험 발생을 요건을 한다는 점에서 구체적 위험범이고, 생명에 대한 위험발생이라고 하는 불법이 가중된 형태의 범죄유형이다.

---

15) **보충설명** 특정 종교의 신도인 甲이 교리에 어긋난다는 이유로 최선의 치료방법인 수혈을 요하는 수술을 거부하여 자신의 딸인 乙을 사망하게 한 경우에는 유기치사죄가 성립한다.
16) **보충설명** 甲은 호텔 객실에서 애인인 乙女에게 성관계를 요구하였는데, 乙女는 그 순간을 모면하기 위하여 甲이 모르는 사이에 7층 창문에서 뛰어내리다가 중상을 입었다. 그러나 이 사실을 모르는 甲이 빈사상태의 乙女를 방치하고 혼자서 호텔을 나온 경우 甲에게는 유기죄가 성립하지 않는다.

제3관 학대죄, 존속학대

> **제273조** ┃ 학대, 존속학대 ┃
> ① 자기의 보호 또는 감독을 받는 사람을 학대한 자는 2년 이하의 징역 또는 500만 원 이하의 벌금에 처한다.
> ② 자기 또는 배우자의 직계존속에 대하여 전항의 죄를 범한 때에는 5년 이하의 징역 또는 700만 원 이하의 벌금에 처한다.

I. 의의 및 성격

학대죄는 자기의 보호 또는 감독을 받는 사람을 학대함으로써 성립하는 범죄이고, 존속학대죄는 자기 또는 배우자의 직계존속을 학대한 경우 그 형이 가중되는 범죄이다. 학대죄는 학대행위를 함으로써 성립하는 거동범이고, 자기의 보호 또는 감독을 받는 사람에게 육체적으로 고통을 주거나 정신적으로 차별대우를 하는 행위가 있음과 동시에 범죄가 완성되는 상태범 또는 즉시범이다. 아동학대로 인하여 아동에게 사망, 생명에 대한 위험을 발생하게 하거나 불구 또는 난치의 질병에 이르게 한 경우 아동학대범죄의 처벌 등에 관한 특례법 제4조, 제5조에 의하여 가중처벌된다.

> ✔ **친권자의 벌주기 사건** 『학대죄는 자기의 보호 또는 감독을 받는 사람에게 육체적으로 고통을 주거나 정신적으로 차별대우를 하는 행위가 있음과 동시에 범죄가 완성되는 상태범 또는 즉시범이라 할 것이다』
> (대판 1986.7.8. 84도2922)☆.

II. 구성요건

1. 주 체

본죄의 주체는 타인을 보호 또는 감독하는 사람이다. 따라서 신분범이다. 존속학대죄는 자기 또는 배우자의 직계존속을 보호할 의무가 있는 직계비속이다.

2. 객 체

본죄의 객체는 행위자의 보호 또는 감독을 받는 사람이다. 따라서 보호관계에 있는 자가 행위객체에 해당한다. 존속학대죄의 행위객체는 행위주체의 보호 또는 감독을 받는 직계존속 또는 배우자의 직계존속이다.

3. 행 위

본죄의 행위는 학대이다. 학대란 자기의 보호 또는 감독을 받는 사람에게 육체적으로 고통을 주거나 정신적으로 차별대우를 하는 행위를 의미한다는 것이 통설·판례의 입장이다. 따라서 육체적 고통을 가하는 유형적 형태의 학대 이외에 폭언(언어적 학대)을 하거나, 구박, 어두운 곳에 가두는 등의 정신적 고통을 가하는 행위도 학대에 포함된다. 학대죄가 유기죄와 같은 장에 위치하고 있다는 점 등을 고려하면, 학대란 단순히 상대방의 인격에 대한 반인륜적 침해만으로는 부족하고 적어도 유기에 준할 정도에 이르러야 한다.

✓ **아동 성관계 8년 사건** 표조 『형법 제273조 제1항에서 말하는 '학대'라 함은 육체적으로 고통을 주거나 정신적으로 차별대우를 하는 행위를 가리키고, 이러한 학대행위는 형법의 규정체제상 학대와 유기의 죄가 같은 장에 위치하고 있는 점 등에 비추어 단순히 상대방의 인격에 대한 반인륜적 침해만으로는 부족하고 적어도 유기에 준할 정도에 이르러야 한다』(대판 2000. 4. 25. 2000도223)☆.

기타 학대를 인정한 기출판례의 정리

① ✓ **사촌오빠 추행 사건** 『아동복지법은 제3조 제7호에서 '아동학대'를 '보호자를 포함한 성인이 아동의 건강 또는 복지를 해치거나 정상적 발달을 저해할 수 있는 신체적·정신적·성적 폭력이나 가혹행위를 하는 것과 아동의 보호자가 아동을 유기하거나 방임하는 것'이라고 정의하면서, 제3장 제2절에서 아동학대의 예방 및 방지에 관한 각종 규정을 두고 있다. 한편 아동복지법은 제17조에서 '누구든지 다음 각호의 어느 하나에 해당하는 행위를 하여서는 아니 된다'고 하면서, 제2호로 '아동에게 음란한 행위를 시키거나 이를 매개하는 행위 또는 아동에게 성적 수치심을 주는 성희롱 등의 성적 학대행위'를 금지행위로 규정하고, 제71조 제1항에서 '제17조를 위반한 자를 처벌한다'고 규정하고 있다. 이러한 아동복지법 규정의 각 문언과 조문의 체계 등을 종합하여 보면, 누구든지 제17조 제2호에서 정한 금지행위를 한 경우 제71조 제1항에 따라 처벌되는 것이고, 성인이 아니라고 하여 위 금지행위규정 및 처벌규정의 적용에서 배제된다고 할 수는 없다』(대판 2020. 10. 15. 2020도6422)☆.

② ✓ **생후 3개월 방치 사건** 『아동 갑(당시 1세)의 친아버지인 피고인이 갑을 양육하면서 집안 내부에 먹다 남은 음식물 쓰레기, 소주병, 담배꽁초가 방치된 상태로 청소를 하지 않아 악취가 나는 비위생적인 환경에서 갑에게 제대로 세탁하지 않아 음식물이 묻어있는 옷을 입히고, 목욕을 주기적으로 시키지 않아 몸에서 악취를 풍기게 하는 등으로 갑을 방임하였다고 하여 아동복지법 위반으로 기소된 사안에서, 친권자인 피고인이 갑에 대하여 의식주를 포함한 기본적인 보호·양육·치료 및 교육을 소홀히 하는 방임행위를 하였다고 본 원심판단이 정당하다고 한 사례』(대판 2020. 9. 3. 2020도7625)☆.

③ ✓ **교장구 사건** 『어린이집 보육교사인 피고인이, 아동 갑(4세)이 창틀에 매달리는 등 위험한 행동을 한다는 이유로 갑을 안아 바닥에서 약 78cm 높이의 교구장 위에 올려둔 후 교구장을 1회 흔들고, 갑의 몸을 잡고는 교구장 뒤 창 쪽으로 흔들어 보이는 등 약 40분 동안 앉혀둠으로써 아동의 정신건강 및 발달에 해를 끼치는 정서적 학대행위를 하였다고 하여 아동복지법 위반(아동학대)으로 기소된 사안에서, 피고인이 갑을 정서적으로 학대하였다고 보아 유죄를 인정한 원심판단을 수긍한 사례』(대판 2020. 3. 12. 2017도5769)☆.

4. 주관적 구성요건

학대죄는 고의범이므로 자기의 보호·감독을 받는 자를 학대한다는 데에 대한 인식과 의사를 내용으로 하는 고의가 있어야 한다.

제4관 아동혹사죄

> **제274조 | 아동혹사 |**
> 자기의 보호 또는 감독을 받는 16세 미만의 자를 그 생명 또는 신체에 위험한 업무에 사용할 영업자 또는 그 종업자에게 인도한 자는 5년 이하의 징역에 처한다. 그 인도를 받은 자도 같다.

아동혹사죄는 자기의 보호 또는 감독을 받는 16세 미만의 자를 그 생명 또는 신체에 위험한 업무에 사용할 영업자 또는 종업자에게 인도하거나 인도받음으로써 성립한다. 보호법익은 아동의 복지권이다(통설). 따라서 본죄는 아동의 생명·신체 그 자체에 대한 위험이 아니라 그러한 위험을 수반하는 업무에의 접촉을 차단함으로써 간접적으로 아동의 복지와 안전을 도모하는데 그 의의가 있는 것이다.

제5관 유기치사상죄

> **제275조 | 유기 등 치사상 |**
> ① 제271조 또는 제273조의 죄를 범하여 사람을 상해에 이르게 한 때에는 7년 이하의 징역에 처한다. 사망에 이르게 한 때에는 3년 이상의 유기징역에 처한다.
> ② 자기 또는 배우자의 직계존속에 대하여 제271조 또는 제273조의 죄를 범하여 상해에 이르게 한 때에는 3년 이상의 유기징역에 처한다. 사망에 이르게 한 때에는 무기 또는 5년 이상의 징역에 처한다.

본죄는 유기죄 및 학대죄의 결과적 가중범을 규정한 것이다. 유기 등 치사상죄는 결과적가중범이므로 상해 또는 사망의 결과가 현실적으로 발생하여야 하고 결과발생에 고의를 요하지 아니한다(진정결과적 가중범).

제2장 자유에 대한 죄

제1절 협박의 죄

제1관 총설

I. 의의

협박죄는 개인의 의사결정의 자유를 보호하기 위한 범죄유형이다. 개인의 의사결정의 자유는 자유로운 활동의 전제가 되는 정신적 자유로, 외부로부터 부당한 영향을 받지 않는 상태에서 개인이 자유롭게 의사결정을 할 수 있는 자유를 말한다.

II. 구성요건체계

본장의 기본구성요건은 본법 제283조 제1항에서 정한 협박죄이다. 존속협박죄(제283조 제2항)는 신분관계로, 특수협박죄(제284조)는 행위방법으로, 상습협박죄(제285조)는 상습성으로 각 불법 내지 책임이 가중되는 가중구성요건이다.

III. 협박 개념

1. 학설

우리 형법은 폭행과 함께 협박이라는 용어를 여러 범죄에서 사용하고 있는데, 다수설은 일반적으로 협박을 다음과 같이 세 가지 의미로 분류하고 있다.

① 광의의 협박으로 공포심을 일으킬 목적으로 사람에게 해악을 고지하는 행위 일체를 말하고, 해악의 내용이나 성질 등은 불문하며 해악의 고지로 상대방에게 현실적으로 공포심이 일어났는가를 문제 삼지 않는다. 공무집행방해죄, 직무강요죄, 특수도주죄, 내란죄, 소요죄에서의 협박을 광의의 협박으로 분류한다.

② 협의의 협박으로 상대방에게 현실적으로 공포심을 일으킬 수 있는 정도의 해악을 고지하는 것을 말한다. 강요죄, 공갈죄에서의 협박을 협의의 협박으로 분류한다.

③ 최협의의 협박으로 사회통념상 객관적으로 상대방의 반항을 불가능하게 하거나 현저히 곤란하게 할 정도의 해악을 고지하는 것을 말한다. 강도죄, 강간죄에서의 협박을 최협의의 협박으로 분류한다.

2. 협박죄에서의 협박

협박죄의 실행행위인 협박은 일반적으로 보아 사람으로 하여금 공포심을 일으킬 수 있는 정도의 해악을 고지하는 것이다. 다수설은 협박죄를 침해범으로 파악하여 피해자가 현실적으로 공포심을 일으킨 때에 협박죄가 기수에 이른다고 보고, 협박죄에서의 협박을 협의의 협박개념으로 해석한다. 그러나 판례는 광의의 협박으로 보고 있다.

Ⅳ. 보호의 정도

1. 학 설

본장은 협박죄와 존속협박죄, 특수협박죄, 상습협박죄에 대한 미수범 처벌규정을 두고 있다. 이와 관련하여 협박죄를 침해범으로 볼 것인지, 위험범으로 볼 것인지에 대하여 견해의 대립이 있다.

가. 침해범설

침해범설은 우리 형법이 협박죄의 미수범 처벌규정을 두고 있다는 것을 근거로 협박죄를 침해범으로 보고, 피해자가 현실적으로 공포심을 일으킨 때에 협박죄가 기수에 이르며 피해자가 공포심을 일으키지 아니한 때에는 미수로 처벌된다는 견해이다(다수설).

나. 위험범설

위험범설은 협박죄를 위험범으로 보고, 해악의 고지가 상대방에게 도달하여 상대방이 그 의미를 인식한 이상 상대방이 현실적으로 공포심을 일으켰는지 여부와 관계없이 그로써 구성요건은 충족되어 기수에 이른다는 견해이다(판례).17)

> ✔ **협박죄의 보호정도(위험범) : 경찰관 집안 동생 사건** 표준 『[1] 협박죄가 성립하려면 고지된 해악의 내용이 행위자와 상대방의 성향, 고지 당시의 주변 상황, 행위자와 상대방 사이의 친숙의 정도 및 지위 등의 상호관계, 제3자에 의한 해악을 고지한 경우에는 그에 포함되거나 암시된 제3자와 행위자 사이의 관계 등 행위 전후의 여러 사정을 종합하여 볼 때에 일반적으로 사람으로 하여금 공포심을 일으키게 하기에 충분한 것이어야 하지만, 상대방이 그에 의하여 현실적으로 공포심을 일으킬 것까지 요구하는 것은 아니며, 그와 같은 정도의 해악을 고지함으로써 상대방이 그 의미를 인식한 이상, 상대방이 현실적으로 공포심을 일으켰는지 여부와 관계없이 그로써 구성요건은 충족되어 협박죄의 기수에 이르는 것으로 해석하여야 한다. 결국, 협박죄는 사람의 의사결정의 자유를 보호법익으로 하는 위험범이라 봄이 상당하고, 협박죄의 미수범 처벌조항은 해악의 고지가 현실적으로 상대방에게 도달하지 아니한 경우나, 도달은 하였으나 상대방이 이를 지각하지 못하였거나 고지된 해악의 의미를 인식하지 못한 경우 등에 적용될 뿐이다.
> [2] 정보보안과 소속 경찰관이 자신의 지위를 내세우면서 타인의 민사분쟁에 개입하여 빨리 채무를 변제하지 않으면 상부에 보고하여 문제를 삼겠다고 말한 사안에서, 객관적으로 상대방이 공포심을 일으키기에 충분한 정도의 해악의 고지에 해당하므로 현실적으로 피해자가 공포심을 일으키지 않았다 하더라도 협박죄의 기수에 이르렀다』(대판[전] 2007.9.28. 2007도606)★.

---

17) **보충설명** 폭행죄는 거동범으로 미수범 처벌규정이 없으나, 협박죄는 미수범 처벌규정이 있다(형법 제286조 참조).

제2관 협박죄, 존속협박죄

> **제283조 | 협박, 존속협박 |**
> ① 사람을 협박한 자는 3년 이하의 징역, 500만 원 이하의 벌금, 구류 또는 과료에 처한다.
> ② 자기 또는 배우자의 직계존속에 대하여 제1항의 죄를 범한 때에는 5년 이하의 징역 또는 700만 원 이하의 벌금에 처한다.
> ③ 제1항 및 제2항의 죄는 피해자의 명시한 의사에 반하여 공소를 제기할 수 없다.

Ⅰ. 협박죄

1. 객 체

협박죄의 객체는 사람이다. 여기서의 사람은 자연인을 말하고 법인은 이에 포함되지 않는다. 협박죄는 사람의 의사결정의 자유를 보호법익으로 하는 범죄이므로 협박죄는 자연인만을 그 대상으로 예정하고 있을 뿐이라고 보아야 한다. 다만 고지된 해악이 협박의 객체가 아닌 제3자에 대한 법익침해를 내용으로 하는 경우, 여기서의 '제3자'에는 자연인뿐만 아니라 법인도 포함될 수 있다.

2. 행 위

협박죄의 실행행위인 협박은 일반적으로 보아 사람으로 하여금 공포심을 일으킬 수 있는 정도의 해악을 고지하는 것을 말한다.

가. 해 악

(1) 해악의 내용

해악은 법익의 침해를 의미한다. 이에 대한 아무런 제한이 없으므로 고지되는 해악은 생명, 신체, 자유, 명예, 재산은 물론 성적자기결정권, 업무, 신용 등 일체의 법익에 관한 것을 포함한다.[18]

해악의 내용은 불법하거나 범죄가 되는 비위사실도 포함되며, 작위뿐만 아니라 부작위도 가능하다.

> ✔ **해악의 내용 : 비위사실 제출 사건** 『공군 중사가 상관인 피해자에게 그의 비위 등을 기록한 내용을 제시하면서 자신에게 폭언한 사실을 인정하지 않으면 그 내용을 상부기관에 제출하겠다는 취지로 말한 사안에서, 상관협박죄를 인정한 사례』(대판 2008.12.11. 2008도8922)☆

(2) 해악의 범위

협박죄는 의사결정의 자유를 보호법익으로 하고, 그 침해되는 법익의 향유 주체를 제한하고 있지 않다. 따라서 협박의 객체인 피해자 본인과 그 친족뿐만 아니라 그 밖의 제3자에 대한 법익 침해를 내용으로 하는 해악을 고지하는 경우에도 피해자 본인과 제3자가 밀접한 관계에 있어 그 해악의 내용이 피해자

---

18) **보충설명** 판례는 야구방망이로 때릴 듯이 피해자에게 "죽여 버린다고 말한 사안" 온몸에 연소성이 높은 고무놀을 바르고 라이터 불을 켜는 동작을 하면서 이를 말리려는 피해자에게 가위, 송곳을 휘두르며 "방에 불을 지르겠다. 가족 전부를 죽여 버리겠다."고 소리친 사안 등에서 협박죄의 성립을 인정하고 있다.

본인에게 공포심을 일으킬 만한 정도의 것이라면 협박죄가 성립하고, 여기서의 제3자에는 법인도 포함된다. 제3자에 대한 법익을 침해 하겠다는 내용의 해악을 고지한 것이 피해자 본인에게 공포심을 일으킬 만한 정도가 되는지 여부는 고지된 해악의 구체적 내용과 그 표현방법, 피해자와 제3자 의 관계, 해악의 고지에 이르게 된 경위 등 여러 사정을 종합하여 판단하여야 한다.

> ✔ **협박의 객체와 해악의 상대방 : 채권추심업체 지사장 사건** 표준 『[1] 협박죄에서 협박이란 일반적으로 보아 사람으로 하여금 공포심을 일으킬 정도의 해악을 고지하는 것을 의미하며, 그 고지되는 해악의 내용, 즉 침해하겠다는 법익의 종류나 법익의 향유 주체 등에는 아무런 제한이 없다. 따라서 피해자 본인이나 그 친족뿐만 아니라 그 밖의 '제3자'에 대한 법익 침해를 내용으로 하는 해악을 고지하는 것이라고 하더라도 피해자 본인과 제3자가 밀접한 관계에 있어 그 해악의 내용이 피해자 본인에게 공포심을 일으킬 만한 정도의 것이라면 협박죄가 성립할 수 있다. 이 때 '제3자'에는 자연인뿐만 아니라 법인도 포함된다 할 것이다. [2] 협박죄는 사람의 의사결정의 자유를 보호법익으로 하는 범죄로서 … 협박죄는 자연인만을 그 대상으로 예정하고 있을 뿐 법인은 협박죄의 객체가 될 수 없다.
> [3] 채권추심 회사의 지사장이 회사로부터 자신의 횡령행위에 대한 민·형사상 책임을 추궁당할 지경에 이르자 이를 모면하기 위하여 회사 본사에 '회사의 내부비리 등을 금융감독원 등 관계 기관에 고발하겠다'는 취지의 서면을 보내는 한편, 위 회사 경영지원본부장이자 상무이사에게 전화를 걸어 자신의 횡령행위를 문제삼지 말라고 요구하면서 위 서면의 내용과 같은 취지로 발언한 사안에서, 위 상무이사에 대한 협박죄를 인정된다』(대판 2010.7.15. 2010도1017)★.

> ✔ **협박의 객체와 해악의 상대방 : 정당폭파 중부경찰서 전화 사건** 『피고인이 혼자 술을 마시던 중 갑 정당이 국회에서 예산안을 강행처리하였다는 것에 화가 나서 공중전화를 이용하여 경찰서에 여러 차례 전화를 걸어 전화를 받은 각 경찰관에게 경찰서 관할구역 내에 있는 갑 정당의 당사를 폭파하겠다는 말을 한 사안에서, 피고인은 갑 정당에 관한 해악을 고지한 것이므로 각 경찰관 개인에 관한 해악을 고지하였다고 할 수 없고, 다른 특별한 사정이 없는 한 일반적으로 갑 정당에 대한 해악의 고지가 각 경찰관 개인에게 공포심을 일으킬 만큼 서로 밀접한 관계에 있다고 보기 어려운데도, 이와 달리 피고인의 행위가 각 경찰관에 대한 협박죄를 구성한다고 본 원심판결에 협박죄에 관한 법리오해의 위법이 있다』(대판 2012.8.17. 2011도10451)★.

(3) 해악 내용의 구체성 및 발생가능성

해악의 내용은 고지방법에 따라 구체적·명시적인 경우도 있고 추상적·암시적인 경우도 있다. 그러나 추상적 암시적인 경우라 할지라도 협박죄가 성립하려면 해악의 내용이 적어도 발생이 가능한 것으로 생각될 수 있는 정도의 구체성을 띠어야 한다. 또한 해악의 고지가 있다 하더라도 그것이 사회의 관습이나 윤리관념 등에 비추어 볼 때에 사회통념상 용인할 수 있을 정도의 것이라면 협박죄는 성립하지 아니한다.

> ✔ **해악의 구체성 : 간음(간통) 구실 협박 사건** 『협박죄에 있어서의 협박이라 함은 사람으로 하여금 공포심을 일으킬 수 있을 정도의 해악을 고지하는 것을 의미하고, 협박죄가 성립하기 위하여는 적어도 발생 가능한 것으로 생각될 수 있는 정도의 구체적인 해악의 고지가 있어야 한다. 또한 해악의 고지가 있다 하더라도 그것이 사회의 관습이나 윤리관념 등에 비추어 볼 때에 사회통념상 용인할 수 있을 정도의 것이라면 협박죄는 성립하지 아니한다』(대판 1998.3.10. 98도70)☆.

따라서 구체적인 해악의 고지가 없는 단순한 욕설이나 폭언은 협박에 해당하지 않는다. 판례는, 같은 동리에 사는 동년배간에 동장직을 못하게 하였다는 불만의 표시로 "두고 보자"고 폭언 등을 한 경우나 앞으로 "수박이 없어지면 네 책임으로 한다"고 말한 경우도 이러한 발언은 그 내용만으로는 구체적으로 어떠한 법익에 어떠한 해악을 가하겠다는 것인지를 알 수 없어 이를 해악의 고지로 보기 어렵다는 입장을 취하고 있다.

> ✔ **폭언·욕설과 해악의 고지 : 입을 찢어 버릴라 사건** 『피해자와 언쟁 중 "입을 찢어 버릴라"라고 한 말은 당시의 주위사정 등에 비추어 단순한 감정적인 욕설에 불과하고 피해자에게 해악을 가할 것을 고지한 행위라고 볼 수 없어 협박에 해당하지 않는다』(대판 1986.7.22. 86도1140)☆.

또한 고지된 해악이 현실로 발생할 가능성이 있거나 고지자에게 현실적으로 실현할 의사가 있어야 하는 것은 아니지만, 고지자가 해악의 실현을 직접 또는 간접적으로 좌우할 수 있어 해악이 발생할 가능성이 있는 것처럼 고지될 필요가 있다. 이러한 점에서 '협박'과 '경고'를 구분하고 있다. 경고는 해악의 발생에 대해 상대방의 경계를 촉구하는 것에 불과하여 협박에 해당하지 않는다. 예컨대 단순히 길흉화복이나 천재지변의 도래를 알리는 것은 경고에 불과할 뿐 협박에는 해당하지 않는다.

> ✔ **조상천도제 사건** 『[1] 공갈죄의 수단으로써의 협박은 객관적으로 사람의 의사결정의 자유를 제한하거나 의사실행의 자유를 방해할 정도로 겁을 먹게 할 만한 해악을 고지하는 것을 말하고, 그 해악에는 인위적인 것뿐만 아니라 천재지변 또는 신력이나 길흉화복에 관한 것도 포함될 수 있으나, 다만 천재지변 또는 신력이나 길흉화복을 해악으로 고지하는 경우에는 상대방으로 하여금 행위자 자신이 그 천재지변 또는 신력이나 길흉화복을 사실상 지배하거나 그에 영향을 미칠 수 있는 것으로 믿게 하는 명시적 또는 묵시적 행위가 있어야 공갈죄가 성립한다.
> [2] 조상천도제를 지내지 아니하면 좋지 않은 일이 생긴다는 취지의 해악의 고지는 길흉화복이나 천재지변의 예고로서 행위자에 의하여 직접, 간접적으로 좌우될 수 없는 것이고 가해자가 현실적으로 특정되어 있지도 않으며 해악의 발생가능성이 합리적으로 예견될 수 있는 것이 아니므로 협박으로 평가될 수 없다』(대판 2002.2.8. 2000도3245)★.

(4) 제3자에 의한 가해

해악의 고지자 자신이 직접 해악을 가하겠다고 고지할 필요는 없고, 제3자로 하여금 해악을 가하도록 하겠다고 고지하는 경우에도 협박이 될 수 있다. 다만 단지 해악이 발생할 것을 고지하는 것만으로는 부족하고, 고지자가 제3자의 행위를 사실상 지배하거나 제3자에게 영향을 미칠 수 있는 지위에 있는 것으로 믿게 하는 언동을 하거나, 상대방이 제3자의 행위가 고지자의 의사에 의하여 좌우될 수 있는 것으로 인식함으로써 고지자가 직접 해악을 가하겠다고 고지한 것과 마찬가지의 행위로 평가할 수 있어야 한다.

> ✔ **제3자에 의한 가해 : 지하철 폭파 허위신고 사건** 『협박의 경우 행위자가 직접 해악을 가하겠다고 고지하는 것은 물론, 제3자로 하여금 해악을 가하도록 하겠다는 방식으로도 해악의 고지는 얼마든지 가능하지만, 이 경우 고지자가 제3자의 행위를 사실상 지배하거나 제3자에게 영향을 미칠 수 있는 지위에 있는 것으로 믿게 하는 명시적·묵시적 언동을 하였거나 제3자의 행위가 고지자의 의사에 의하여 좌우될 수 있는 것으로 상대방이 인식한 경우에 한하여 비로소 고지자가 직접 해악을 가하겠다고 고지한 것과 마찬가지의 행위로 평가할 수 있고, 만약 고지자가 위와 같은 명시적·묵시적 언동을 하거나 상대방이 위와 같이 인식을

한 적이 없다면 비록 상대방이 현실적으로 외포심을 느꼈다고 하더라도 이러한 고지자의 행위가 협박죄를 구성한다고 볼 수는 없다』(대판 2006.12.8. 2006도6155)★.19)

✓ **제3자에 의한 가해 : 세무조사 받게 하겠다 사건** 『피고인이 피해자의 장모가 있는 자리에서 서류를 보이면서 "피고인의 요구를 들어주지 않으면 서류를 세무서로 보내 세무조사를 받게 하여 피해자를 망하게 하겠다"라고 말하여 피해자의 장모로 하여금 피해자에게 위와 같은 사실을 전하게 하고, 그 다음날 피해자의 처에게 전화를 하여 "며칠 있으면 국세청에서 조사가 나올 것이니 그렇게 아시오"라고 말한 경우, 위 각 행위는 협박죄에 있어서 해악의 고지에 해당한다』(대판 2007.6.1. 2006도1125)☆.

(5) 해악의 정도

협박죄가 성립되려면 고지된 해악의 내용이 일반적으로 사람으로 하여금 공포심을 일으키게 하기에 충분한 것이어야 한다. 누구라도 공포심을 일으킬 수 없을 정도의 사정을 고지하거나, 사람을 곤혹시키는 정도에 그치는 것은 협박이라고 할 수 없고, 단순한 불쾌감, 불안감을 느끼는 정도로는 부족하다. 그러나 공포심을 발생시키기에 충분한 것이라면 그 공포심의 정도는 묻지 않는다.

해악의 내용이 사람에게 공포심을 일으키기에 충분한 정도인지를 어떠한 기준으로 판단하여야 하는가의 문제라고 할 수 있다. 판례는 고지된 해악의 내용이 사람으로 하여금 공포심을 일으키기에 충분한 정도에 이르렀는지는 행위자와 상대방의 성향, 고지 당시의 주변 상황, 행위자와 상대방 사이의 관계 및 지위, 그 친숙의 정도, 제3자에 의한 해악을 고지한 경우에는 그에 포함되거나 암시된 제3자와 행위자 사이의 관계 등 행위 전후의 여러 사정을 종합하여 판단하여야 한다는 입장이다.

나. 해악 고지의 방법

(1) 언어에 의한 방법

해악 고지의 전형적인 방법으로 직접적으로 말을 하는 방법, 문서에 의한 방법, 전화·우편에 의한 방법 등 여러 가지 방법이 가능하다.

(2) 태도·동작에 의한 방법

해악의 고지는 태도 또는 동작 등의 방법으로도 할 수 있다. 상대방에게 폭행을 가할 태도를 나타내면 동작에 의한 가해의 고지로서 협박에 해당한다. 판례는 한마디 말도 없이 상대방에게 가위로 목을 찌를 듯이 겨눈 행위나 회칼을 들고 나와 죽어버리겠다며 자해한 행위도 상대방에게 위해를 가하려는 해악의 고지로 볼 수 있다는 입장이다.

✓ **해악고지의 방법 : 가위로 위협 사건** 『협박죄에 있어서의 해악을 가할 것을 고지하는 행위는 통상 언어에 의하는 것이나 경우에 따라서는 한마디 말도 없이 거동에 의하여서도 고지할 수 있는 것이다』(대판 1975.10.7. 74도2727). ※ 판결이유 중 : 가위로 목을 찌를 듯이 겨누었다면 신체에 대하여 위해를 가할 고지로 못볼바 아니므로 이를 협박죄로 단정한 동 판결의 조치는 정당하다. ☆

---

19) 보충설명 판례는 경찰청에 전화를 하여 내 휴대폰으로 역을 폭파시키겠다는 문자메시지를 받았나, 발신자 전화번호는 ○○○인데 알아봐 달라고 한 행위가 역사 관리자 측에 대한 협박에 해당하는지가 문제 된 사안에서, 이러한 내용의 고지는 피고인이 제3자가 피고인의 휴대전화에 역사를 폭파하겠다는 내용의 문자메시지를 보냈으니 알아서 하라는 취지의 고지를 한 것에 불과하고, 그 제3자의 행위에 의한 해악의 발생이 피고인의 의사에 좌우될 수 있다는 취지도 함께 고지되었다고 보기 어렵다는 이유로 협박죄의 성립을 부정하였다.

> ✔ **해악고지의 방법 : 회칼2자루 자해 사건** 『피고인은 피해자와 횟집에서 술을 마시던 중 피해자가 모래채취에 관하여 항의하는 데에 화가 나서, 횟집 주방에 있던 회칼 2자루를 들고 나와 죽어버리겠다며 자해하려고 하였다는 것이다. 이를 앞서 본 법리에 비추어 보면, 피고인의 행위는 단순한 자해행위 시늉에 불과한 것이 아니라 피고인의 요구에 응하지 않으면 피해자에게 어떠한 해악을 가할 듯한 위세를 보인 행위로서 협박에 해당한다고도 볼 수 있다』(대판 2011.1.27. 2010도14316)☆.

3. 고 의

가. 고의의 내용

협박죄의 고의는 행위자가 일반적으로 사람으로 하여금 공포심을 일으킬 수 있는 정도의 해악을 고지한다는 것을 인식, 인용하는 것을 그 내용으로 하고, 고지한 해악을 실제로 실현할 의도나 욕구는 필요로 하지 아니한다.

나. 판 례

판례는 행위자의 언동이 단순한 감정적인 욕설이나 일시적 분노의 표시에 불과하여 가해의 의사가 없다는 점이 객관적으로 명백할 때에는 협박의 의사를 인정할 수 없다고 하여 협박죄의 고의를 인정하지 않고 있다.

> ✔ **단순한 욕설과 해악의 고지의사 : 쥐도 새도 모르게 묻어버리겠다 사건** 『피고인이 피해자에게 한 말이 감정적인 욕설 내지 일시적인 분노 표시에 불과하고 해악을 고지한다는 인식을 갖고 한 것이라고 보기 어렵다』(대판 2006.8.25. 2006도546)☆.[20]

> ✔ **단순한 욕설과 해악의 고지의사 : 목을 자른다 사건** 『지서에 연행된 피고인이 경찰관으로부터 반공법위반 혐의사실을 추궁당하고 뺨까지 얻어맞게 되자 술김에 흥분하여 항의조로 "내가 너희들의 목을 자른다 내 동생을 시켜서라도 자른다"라고 말하였다 하여 당시 피고인에게 협박죄를 구성할 만한 해악을 고지할 의사가 있었다고 볼 수 없다』(대판 1972.8.29. 72도1565)☆.

> ✔ **협박죄의 고의 : 고무놀 방화 협박 사건** 『[1] 협박죄에 있어서의 협박이라 함은 일반적으로 보아 사람으로 하여금 공포심을 일으킬 수 있는 정도의 해악을 고지하는 것을 의미하므로 그 주관적 구성요건으로서의 고의는 행위자가 그러한 정도의 해악을 고지한다는 것을 인식, 인용하는 것을 그 내용으로 하고 고지한 해악을 실제로 실현할 의도나 욕구는 필요로 하지 아니하다.
> [2] 피고인이 피해자인 누나의 집에서 갑자기 온 몸에 연소성이 높은 고무놀을 바르고 라이타 불을 켜는 동작을 하면서 이를 말리려는 피해자 등에게 가위, 송곳을 휘두르면서 "방에 불을 지르겠다" "가족 전부를 죽여버리겠다"고 소리쳤고 피해자가 피고인의 행위를 약 1시간 가량 말렸으나 듣지 아니하여 무섭고 두려워서 신고를 하였다면, 피고인의 행위는 피해자 등에게 공포심을 일으키기에 충분할 정도의 해악을 고지한 것이고, 나아가 피고인에게 실제로 피해자 등의 신체에 위해를 가할 의사나 불을 놓을 의사가 없었다고 할지라도 위와 같은 해악을 고지한다는 점에 대한 인식, 인용은 있었다고 봄이 상당하고, 피해자가 그 이상의 행동에 이르지 못하도록 막은 바 있다 해도 피고인의 행위가 단순한 감정적 언동에 불과하거나 가해의 의사가 없음이 객관적으로 명백한 경우에 해당한다고는 볼 수 없다』(대판 1991.5.10. 90도2102)★.

---

20) **보충설명** 피고인이 자신의 동거남과 성관계를 가진 바 있던 피해자에게 "사람을 사서 쥐도 새도 모르게 파묻어버리겠다. 너까지 것 쉽게 죽일 수 있다."라고 말한 경우, 이는 언성을 높이면서 말다툼으로 흥분한 나머지 단순히 감정적인 욕설 내지 일시적 분노의 표시를 한 것에 불과하고 해악을 고지한다는 인식을 갖고 한 것이라고 보기 어렵다.

4. 미 수

판례는 위험범설을 취하고 있으므로 상대방이 고지된 해악의 의미를 인식한 이상 그로 인하여 실제로 공포심을 일으켰는지 여부와 관계없이 협박죄는 기수에 이르고, 해악의 고지가 현실적으로 상대방에게 도달하지 아니한 경우 또는 도달은 하였으나 상대방이 이를 지각하지 못하였거나 해악의 의미를 인식하지 못한 경우에 미수가 된다는 입장이다.

5. 위법성

권리행사 내지 권리실현의 수단 또는 업무행위의 일환으로 이루어진 해악의 고지가 사회통념상 용인할 수 있을 정도인 경우에는 협박죄가 성립하지 아니한다.

판례는 "해악의 고지가 있다 하더라도 그것이 사회의 관습이나 윤리관념 등에 비추어 볼 때에 사회통념상 용인할 수 있을 정도의 것이라면 협박죄는 성립하지 아니한다고 보아야 할 것이다."고 판시함으로서 위법성을 부정하는 것인지 아니면 구성요건해당성을 부정하는 것인지 명확하지 아니하다. 그런데 판례가 형법 제20조의 '사회상규에 위배되지 아니하는 행위를 법질서 전체의 정신이나 그 배후에 놓여 있는 사회윤리 내지 사회통념에 비추어 용인될 수 있는 행위'라고 개념정의하고 있고, 일상적 업무 범위에 속하는 행위는 사회통념상 용인되는 행위임을 전제로 그러한 일상적 업무 범위 내에서 이루어진 해악의 고지는 사회상규에 반하지 아니하는 행위라고 판시하고 있는 점 등에 비추어 보면, 해악의 고지가 형식적으로는 협박죄의 구성요건에 해당하더라도 사회통념상 용인되는 행위로 평가될 수 있는 경우에는 그 위법성을 부정하는 것으로 보인다.

✔ **권리행사의 수단으로 협박한 경우 : 여관 명도소송비용 갈취 사건** 『피해자가 甲을 대리하여 동인 소유의 여관을 피고인에게 매도하고 피고인으로부터 계약금과 잔대금 일부를 수령하였는데 그 후 위 甲이 많은 부채로 도피해 버리고 동인의 채권자들이 채무변제를 요구하면서 위 여관을 점거하여 피고인에게 여관을 명도하기가 어렵게 되자 피고인은 피해자에게 여관을 명도해 주던가 명도소송비용을 내놓지 않으면 고소하여 구속시키겠다고 말한 경우 피고인이 매도인의 대리인인 위 피해자에게 위 여관의 명도 또는 명도소송비용을 요구한 것은 매수인으로서 정당한 권리행사라 할 것이며 위와 같이 다소 위협적인 말을 하였다고 하여도 이는 사회통념상 용인될 정도의 것으로서 협박으로 볼 수 없다』(대판 1984.6.26. 84도648)☆.

✔ **해악의 고지와 협박죄의 위법성 조각 : 수박서리 의심 사건** 『"앞으로 수박이 없어지면 네 책임으로 한다"고 말하였다고 하더라도 그것만으로는 구체적으로 어떠한 법익에 어떠한 해악을 가하겠다는 것인지를 알 수 없어 이를 해악의 고지라고 보기 어렵고, … 피고인과 피해자의 나이 및 신분관계 등에 비추어 볼 때 이는 정당한 훈계의 범위를 벗어나는 것이 아니어서 사회상규에 위배되지 아니하므로 위법성이 없다고 봄이 상당하고, 그 후 피해자가 스스로 음독 자살하기에 이르렀다 하더라도 이는 피해자가 자신의 결백을 밝히려는 데 그 동기가 있었던 것으로 보일 뿐 그것이 피고인의 협박으로 인한 결과라고 보기도 어려우므로 그와 같은 결과의 발생만을 들어 이를 달리 볼 것은 아니다』(대판 1995.9.29. 94도2187)☆.

✔ **위법성이 조각되지 않는 경우 : 과거 행적과 사채 사건** 『사채업자인 피고인은 피해자에게, 채무를 변제하지 않으면 피해자가 숨기고 싶어하는 과거의 행적과 사채를 쓴 사실 등을 남편과 시댁에 알리겠다는 등의 문자메시지를 발송하였다는 것인바, 이는 피해자에게 공포심을 일으키기에 충분하다고 보아야 할 것이고, 그 밖에 피고인이 고지한 해악의 구체적인 내용과 표현방법, 피고인이 피해자에게 위와 같은 해악을 고지하게 된 경위와 동기 등 제반 사정 등을 종합하면, 피고인에게 협박의 고의가 있었음을 충분히 인정할

수 있으며, 피고인이 정당한 절차와 방법을 통해 그 권리를 행사하지 아니하고 피해자에게 위와 같이 해악을 고지한 것이 사회의 관습이나 윤리관념 등 사회통념에 비추어 용인할 수 있는 정도의 것이라고 볼 수는 없다』(대판 2011.5.26. 2011도2412)☆.

6. 타죄와의 관계

일반적으로 협박이 강도죄 등 다른 범죄의 수단으로 이용되는 경우에는 그 협박행위가 다른 범죄에 흡수되어 별도로 협박죄를 구성하지 않지만, 다른 범죄의 구성요건에 해당하지 않는 경우(수단으로 사용되지 않는 경우)에는 별죄를 구성한다.

✔ **슈퍼마켓 협박·업무방해 사건** 『피고인이 슈퍼마켓사무실에서 식칼을 들고 피해자를 협박한 행위와 식칼을 들고 매장을 돌아다니며 손님을 내쫓아 그의 영업을 방해한 행위는 별개의 행위이다』(대판 1991.1.29. 90도2445)☆.

Ⅱ. 존속협박죄

제2항은 자기 또는 배우자의 직계존속에 대한 협박죄를 가중처벌하고 있다. 배우자 및 직계존속은 법률상의 개념으로 존속살해죄의 내용과 동일하다.

제3관 특수협박죄

제284조 │ 특수협박 │
단체 또는 다중의 위력을 보이거나 위험한 물건을 휴대하여 전조 제1항, 제2항의 죄를 범한 때에는 7년 이하의 징역 또는 1천만 원 이하의 벌금에 처한다.

특수협박죄는 단체 또는 다중의 위력을 보이거나 위험한 물건을 휴대하여 협박죄 또는 존속협박죄를 범한 경우 가중처벌하고 있는 범죄이다.

✔ **위험한 물건의 휴대를 부정한 경우: 청산염 2그램 우송 사건** 『폭력행위등처벌에 관한 법률 제3조 제1항 소정의 위험한 물건의 "휴대"라 함은 범행현장에서 범행에 사용할 의도 아래 위험한 물건을 몸 또는 몸 가까이 소지하는 것을 말하므로 청산염 2그램 정도를 협박편지에 동봉 우송하여 피해자에게 도달케 하였다는 것만으로는 위 법조에서 말하는 위험한 물건의 휴대라고 할 수 없다』(대판 1985.10.8. 85도1851)☆.

제2절 강요의 죄

제1관 총 설

I. 의 의

강요죄란 폭행 또는 협박으로 사람의 권리행사를 방해하거나 의무 없는 일을 하게 함으로써 성립하는 범죄이다. 개인의 자유로운 활동의 전제가 되는 의사결정의 자유와 의사활동의 자유를 보호하는 범죄이다.

II. 본 질

협박죄가 개인의 의사의 자유 내지 의사결정의 자유를 보호법익으로 하는 죄임에 반해, 강요죄는 의사결정의 자유뿐만 아니라 그 활동의 자유도 보호법익으로 하는 범죄라는 점에 양자의 차이가 있다.

의사결정과 활동의 자유를 가진 사람은 무엇을 하고 무엇을 하지 않을 것인가, 그리고 그의 행위를 어떻게 형성할 것인가를 자유롭게 판단할 수 있어야 하며, 이러한 자유의 행사가 방해된 때에 강요죄의 보호법익이 침해되었다고 할 수 있다(침해범).

제2관 강요죄

> **제324조 | 강요 |**
> ① 폭행 또는 협박으로 사람의 권리행사를 방해하거나 의무 없는 일을 하게 한 자는 5년 이하의 징역 또는 3천만 원 이하의 벌금에 처한다.

I. 의 의

폭행 또는 협박으로 사람의 권리행사를 방해하거나 의무 없는 일을 하게 함으로써 성립하는 범죄이다. 사람의 의사결정의 자유와 그 활동의 자유를 보호법익으로 하는 침해범이다. 미수범 처벌규정을 두고 있다.

II. 구성요건

1. 행위의 객체

강요죄의 객체는 사람이다. 객체인 사람은 자연인인 타인을 의미하며, 의사의 자유를 가진 자에 제한된다.

2. 행 위

폭행 또는 협박으로 사람의 권리행사를 방해하거나 의무 없는 일을 하게 하는 것이다.

가. 폭 행

강요죄에서의 폭행이란 타인의 의사나 행동에 대하여 강제효과를 발생케 하는 유형력의 행사를 의미한다. 따라서 직접 사람에 대하여 행하여진 경우뿐만 아니라 물건에 대한 유형력의 행사도 강제효과에 있어서는 사람에 대한 폭행과 같은 의미를 가진다(광의의 폭행).

✓ **강요죄의 폭행 : 대문 앞 주차 사건** 『[1] 강요죄는 폭행 또는 협박으로 사람의 권리행사를 방해하거나 의무 없는 일을 하게 하는 범죄이다(형법 제324조 제1항). 여기에서 폭행은 사람에 대한 직접적인 유형력의 행사뿐만 아니라 간접적인 유형력의 행사도 포함하며, 반드시 사람의 신체에 대한 것에 한정되지 않는다. [2] 피고인은 이 사건 도로의 소유자인데, 피해자를 포함한 이 사건 도로 인접 주택 소유자들에게 도로 지분을 매입할 것을 요구하였음에도 피해자 등이 이를 거부하자, 피해자 주택 대문 바로 앞에 피고인의 차량을 주차하여 피해자가 자신의 차량을 주차장에 출입할 수 없도록 한 사안에서, 피고인이 피해자에 대하여 어떠한 유형력을 행사하였다고 보기 어려울 뿐만 아니라, 피해자는 주택 내부 주차장에 출입하지 못하는 불편을 겪는 외에 차량을 용법에 따라 정상적으로 사용할 수 있었다는 이유로, 강요죄의 성립을 인정한 원심을 파기한 사례.』(대판 2021. 11. 25. 2018도1346)☆

나. 협 박

강요죄에서의 협박이란 해악을 고지하여 객관적으로 사람의 의사결정의 자유를 제한하거나 의사실행의 자유를 방해할 정도로 겁을 먹게 할 만한 해악을 고지하는 것을 말하는바, 협박이 인정되기 위해서는 발생 가능한 것으로 생각할 수 있는 정도의 구체적인 해악의 고지가 있어야 한다. 또한 상대방의 반항을 불가능하게 하거나 곤란하게 할 정도에 이를 것을 요하지 아니하고, 적어도 상대방에게 그 의사결정과 활동에 영향을 미칠 정도에 이를 정도이면 충분하다.

✓ **강요죄의 협박 : 사직 권유 사건** 『강요죄라 함은 폭행 또는 협박으로 사람의 권리행사를 방해하거나 의무 없는 일을 하게 하는 것을 말하고, 여기에서의 협박은 객관적으로 사람의 의사결정의 자유를 제한하거나 의사실행의 자유를 방해할 정도로 겁을 먹게 할 만한 해악을 고지하는 것을 말하는바, 직장에서 상사가 범죄행위를 저지른 부하직원에게 징계절차에 앞서 자진하여 사직할 것을 단순히 권유하였다고 하여 이를 강요죄에서의 협박에 해당한다고 볼 수는 없다』(대판 2008. 11. 27. 2008도7018)☆

✓ **강요죄의 협박 : 화이트리스트 사건** 『강요죄는 폭행 또는 협박으로 사람의 권리행사를 방해하거나 의무 없는 일을 하게 하는 범죄이다. 여기에서 협박은 객관적으로 사람의 의사결정의 자유를 제한하거나 의사실행의 자유를 방해할 정도로 겁을 먹게 할 만한 해악을 고지하는 것을 말한다. 이와 같은 협박이 인정되기 위해서는 발생 가능한 것으로 생각할 수 있는 정도의 구체적인 해악의 고지가 있어야 한다』(대판 2020. 2. 13. 2019도5186)★

협박죄와 마찬가지로 일반적으로 사람으로 하여금 공포심을 일으키게 하는 정도의 해악을 고지하는 것으로 그 방법은 통상 언어에 의하는 것이나 경우에 따라서 한마디 말도 없이 거동에 의하여서도 할 수 있다.

> ✓ **협박의 방법 : 환경단체 회원 폐수 단속 사건** 『강요죄의 수단인 협박은 일반적으로 사람으로 하여금 공포심을 일으키게 하는 정도의 해악을 고지하는 것으로 그 방법은 통상 언어에 의하는 것이나 경우에 따라서 한마디 말도 없이 거동에 의하여서도 할 수 있다』(대판 2010.4.29. 2007도7064).[21]

다. 강요의 내용

강요죄는 위 행위로 사람의 권리행사를 방해하거나 의무 없는 일을 하게 함으로써 성립한다.

(1) 권리행사방해

「권리행사를 방해한다」는 것은 행사할 수 있는 권리를 행사할 수 없게 하는 것을 말한다. 권리를 행사하지 못하게 하는 것으로서 권리는 반드시 법적 근거가 있을 것을 요하지 않고, 재산적·비재산적 권리를 불문한다. 반드시 법령에 근거가 있을 것을 요하지 않는다.

> ✓ **권리행사의 방해 : 여권 강제회수 사건** 『형법 제324조 소정의 폭력에 의한 권리행사방해죄는 폭행 또는 협박에 의하여 권리행사가 현실적으로 방해되어야 할 것인바, 피해자의 해외도피를 방지하기 위하여 피해자를 협박하고 이에 피해자가 겁을 먹고 있는 상태를 이용하여 동인 소유의 여권을 교부하게 하여 피해자가 그의 여권을 강제 회수당하였다면 피해자가 해외여행을 할 권리는 사실상 침해되었다고 볼 것이므로 권리행사방해죄의 기수로 보아야 한다』(대판 1993.7.27. 93도901)☆.

(2) 의무 없는 일의 강요

의무 없는 일을 하게 한다는 것은 행위자에게 어떤 권리도 없고, 따라서 상대방에게 따라야 할 의무가 없음에도 불구하고 일정한 작위·부작위 또는 수인을 강요하는 것을 말한다.

> ✓ **의무 없는 일의 강요 : 리베라 컨트리클럽 특별회원 모집 사건** 『골프시설의 운영자가 골프회원에게 불리하게 변경된 내용의 회칙에 대하여 동의한다는 내용의 등록신청서를 제출하지 아니하면 회원으로 대우하지 아니하겠다고 통지한 것이 강요죄에 해당한다』(대판 2003.9.26. 2003도763)☆.

여기에서 '의무 없는 일'이란 법령, 계약 등에 기하여 발생하는 법률상 의무 없는 일을 말하므로, 법률상 의무 있는 일을 하게 한 경우에는 강요죄가 성립할 여지가 없다.

> ✓ **의무 있는 일의 강요 : 일지 형식 일기 사건** 표흡 『[1] 강요죄는 폭행 또는 협박으로 사람의 권리행사를 방해하거나 의무 없는 일을 하게 하는 것을 말하고, 여기에서 '의무 없는 일'이란 법령, 계약 등에 기하여 발생하는 법률상 의무 없는 일을 말하므로, 법률상 의무 있는 일을 하게 한 경우에는 강요죄가 성립할 여지가 없다. [2] 상관이 직무수행을 태만히 하거나 지시사항을 불이행하고 허위보고 등을 한 부하에게 근무태도를 교정하고 직무수행을 감독하기 위하여 직무수행의 내역을 일지 형식으로 기재하여 보고하도록 명령하는 행위는 직무권한 범위 내에서 내린 정당한 명령이므로 부하는 명령을 실행할 법률상 의무가 있고, 명령을 실행하지 아니하는 경우 군인사법 제57조 제2항에서 정한 징계처분이 내려진다거나 그에 갈음하여 얼차려의 제재가 부과된다고 하여 그와 같은 명령이 형법 제324조의 <u>강요죄를 구성한다고 볼 수 없다</u>』(대판 2012.11.29. 2010도1233)☆.

---

21) 보충설명 환경단체 소속 회원들이 마치 단속의 권한이 있는 것처럼 축산 농가들의 폐수배출 단속활동을 벌이면서, 폐수배출 현장을 사진 촬영하거나 폐수배출 사실확인서를 징구하는 과정에서 이에 서명하지 아니하면 법에 저촉된다고 겁을 주는 등의 행위를 한 경우 강요죄에 해당한다.

따라서 폭행 또는 협박으로 법률상 의무 있는 일을 하게 한 경우에는 폭행 또는 협박죄만 성립할 뿐 강요죄는 성립하지 아니한다.

3. 고 의

강요죄의 고의는 폭행 또는 협박에 의하여 타인의 권리행사를 방해하거나 의무 없는 일을 하게 한다는 인식와 의사이다.

> ✔ **강요죄의 고의 : 팬미팅 요구 사건** 『폭력조직 전력이 있는 피고인이 특정 연예인에게 팬미팅 공연을 하도록 강요하면서 만날 것을 요구하고, 팬미팅 공연이 이행되지 않으면 안 좋은 일을 당할 것이라고 협박한 사안에서, 위 연예인에게 공연을 할 의무가 없다는 점에 대한 미필적 인식 즉, 강요죄의 고의가 피고인에게 있었다고 단정하기 어렵다.』(대판 2008.5.15. 2008도1097)☆

4. 죄 수

강요죄는 개인의 자유를 보호하는 범죄 중 일반적인 범죄라고 할 수 있다. 따라서 체포와 감금의 죄, 약취·유인 및 인신매매의 죄 또는 강간죄나 강제추행죄가 성립하는 때에는 법조경합의 관계에 의하여 강요죄는 성립하지 않는다. 폭행·협박으로 권리행사를 방해하고 이를 통해 계속 갈취행위를 한 때에는 포괄하여 공갈죄 일죄를 구성한다.

> ✔ **강요죄와 공갈죄의 죄수 : 쪽제비 자인서 사건** 『피고인이 투자금의 회수를 위해 피해자를 강요하여 물품대금을 횡령하였다는 자인서를 받아낸 뒤 이를 근거로 돈을 갈취한 경우, 피고인의 주된 범의가 피해자로부터 돈을 갈취하는 데에 있었던 것이라면 피고인은 단일한 공갈의 범의하에 갈취의 방법으로 일단 자인서를 작성케 한 후 이를 근거로 계속하여 갈취행위를 한 것으로 보아야 할 것이므로 위 행위는 포함하여 공갈죄 일죄만을 구성한다고 보아야 한다.』(대판 1985.6.25. 84도2083)☆

제3관 특수강요죄

> **제324조 ┃특수강요┃**
> ② 단체 또는 다중의 위력을 보이거나 위험한 물건을 휴대하여 제1항의 죄를 범한 자는 10년 이하의 징역 또는 5천만 원 이하의 벌금에 처한다.

특수강요죄는 단체 또는 다중의 위력을 보이거나 위험한 물건을 휴대하여 강요죄를 범함으로써 성립한다. 강요죄에 대하여 행위불법이 가중된 범죄이다.

제4관 인질강요죄

> **제324조의2 ┃ 인질강요 ┃**
> 사람을 체포·감금·약취 또는 유인하여 이를 인질로 삼아 제3자에 대하여 권리행사를 방해하거나 의무 없는 일을 하게 한 자는 3년 이상의 유기징역에 처한다.

I. 의 의

인질강요죄는 사람을 체포·감금·약취 또는 유인하여 이를 인질로 삼아 제3자에 대하여 권리행사를 방해하거나 의무 없는 일을 하게 함으로써 성립하는 범죄이다. 체포·감금죄 또는 약취·유인죄와 강요죄의 결합범이며, 인질의 자유, 특히 장소선택의 자유와 피강요자의 의사결정의 자유를 보호법익으로 한다.

II. 형의 감경

본죄를 범한 자 및 그 죄의 미수범이 인질을 안전한 장소로 풀어준 때에는 그 형을 감경할 수 있다 (제324조의6). 이미 기수에 달하여 돌이킬 수 없는 상황에 있는 행위자에게도 중지의 유혹을 줌으로써 인질을 보호하고자 하는 형사정책적 목적을 가진 규정이다.

제3절 체포와 감금의 죄

제1관 총 설

I. 의의 및 보호법익

체포와 감금의 죄는 사람을 체포, 감금하여 그의 신체적 활동의 자유를 침해하는 것을 내용으로 하는 범죄이다. 신체적 활동의 자유라 함은 현실적인 자유뿐만 아니라 잠재적인 자유도 포함하는 개념이다. 따라서 현실적인 신체적 활동의 자유가 침해되지 아니하였다고 하더라도, 잠재적 활동의 자유가 침해되었다면 본죄가 성립할 수 있다.

II. 체포와 감금의 죄의 구성요건체계

제20장의 체포와 감금의 죄의 기본적 구성요건은 제276조 제1항이다. 체포·감금죄에 대한 가중적 구성요건은 존속체포 감금죄(제276조 제2항), 중체포·감금죄(제277조 제1항), 존속중체포·감금죄(제277조 제2항), 특수체포·감금죄(제278조), 상습체포·감금죄(제279조), 체포·감금 등 치사상죄(제281조)가 있다. 존속체포·감금죄는 신분으로 인하여 책임이 가중된 형태이고, 상습체포·감금죄는 상습성을 근거로 책임이 가중된 형태이며, 중체포·감금죄는 행위방법의 결합에 의하여, 특수체포·감금죄는 행위 태양에 의하여 불법이 가중된 형태이며, 체포·감금 등의 치사상죄는 불법이 가중된 결과적 가중범이다. 그밖에 재판·검찰·경찰 기타 인신구속에 관한 직무를 행하는 자가 그 직권을 남용하여 체포·감금한 때에는 제124조의 불법체포감금죄가 성립한다.

제2관 체포·감금죄, 존속 체포·감금죄

> **제276조** ∥ 체포, 감금, 존속체포, 존속감금 ∥
> ① 사람을 체포 또는 감금한 자는 5년 이하의 징역 또는 700만 원 이하의 벌금에 처한다.
> ② 자기 또는 배우자의 직계존속에 대하여 제1항의 죄를 범한 때에는 10년 이하의 징역 또는 1천500만 원 이하의 벌금에 처한다.

I. 의 의

체포·감금죄는 사람을 체포 또는 감금함으로써 성립하는 범죄이다. 본조 제1항은 기본적 구성요건이고, 제2항은 존속에 대한 체포·감금을 이유로 책임이 가중된 형태의 구성요건이다.

Ⅱ. 구성요건

1. 주 체

피해자 이외의 모든 자연인이 본죄의 주체가 될 수 있다. 다만 재판, 검찰, 경찰 기타 인신구속에 관한 직무를 행하는 자 또는 이를 보조하는 자가 그 직권을 남용하여 사람을 체포·감금하는 경우 공무원의 불법체포감금죄(제124조)가 성립한다.

2. 객 체

체포·감금죄 객체는 사람(자연인)이다. 법인의 경우에는 신체활동의 자유를 누리는 대상이 아니므로 본죄의 객체가 될 수 없다. 자연인이 본죄의 객체가 된다고 할 경우, 의사능력 내지 행위능력을 가진 사람만이 그 객체가 되는가, 아니면 영아나 정신병자처럼 의사능력이 없거나 행동을 할 수 있는 능력을 갖지 않더라도 객체가 될 수 있는가가 문제된다. 이에 대해 견해의 대립이 있지만, 통설·판례는 자연적·잠재적 의미에서 행동의 의사를 가질 수 있는 자연인은 모두 본죄의 객체가 될 수 있다는 입장이다.

따라서 현실적으로 의사능력이나 행동을 할 수 있는 능력이 없는 사람도 사실상 잠재적으로 그러한 능력을 가질 수 있다고 판단되면 행위의 객체가 될 수 있기 때문에, 정신병자, 명정자, 수면자 등에 대하여는 본죄가 성립할 수 있지만, 영아와 같이 장소를 이전할 의사나 능력이 잠재적으로도 인정될 수 없는 경우에는 본죄가 성립할 수 없다.

> ✓ **체포·감금죄의 객체 : 정신병자 감금치사 사건** 표준 『[1] 4일 가량 물조차 제대로 마시지 못하고 잠도 자지 아니하여 거의 탈진 상태에 이른 피해자의 손과 발을 17시간 이상 묶어 두고 좁은 차량 속에서 움직이지 못하게 감금한 행위와 묶인 부위의 혈액 순환에 장애가 발생하여 혈전이 형성되고 그 혈전이 폐동맥을 막아 사망에 이르게 된 결과 사이에는 상당인과관계가 있다고 인정한 사례.
> [2] 정신병자도 감금죄의 객체가 될 수 있다』(대판 2002.10.11. 2002도4315)★

3. 행 위

본죄의 행위는 사람을 체포 또는 감금 하는 것이다. 실행의 착수시기는 행위자가 체포·감금의 고의로 타인의 잠재적인 신체적 활동의 자유를 침해하는 행위를 개시하는 때이다.

가. 체 포

체포는 사람의 신체에 대하여 직접적, 현실적인 구속을 가함으로써 신체활동의 자유를 박탈하는 것을 말한다. 그 수단과 방법에 제한이 없다. 예를 들어 밧줄로 손발을 포승하여 자유를 구속하는 유형적 방법과 권총을 들이대고 일정시간 움직이지 못하게 하는 무형적 방법이 있다.

> ✓ **체포의 수단과 방법 및 성격 : 강간미수 후 체포미수 사건** 표준 『형법 제276조 제1항의 체포죄에서 말하는 '체포'는 사람의 신체에 대하여 직접적이고 현실적인 구속을 가하여 신체활동의 자유를 박탈하는 행위를 의미하는 것으로서 수단과 방법을 불문한다. 체포죄는 계속범으로서 체포의 행위에 확실히 사람의 신체의 자유를 구속한다고 인정할 수 있을 정도의 시간적 계속이 있어야 하나, 체포의 고의로써 타인의 신체적 활동의 자유를 현실적으로 침해하는 행위를 개시한 때 체포죄의 실행에 착수하였다고 볼 것이다』(대판 2018.2.28. 2017도21249)★[22]

나. 감 금

감금은 사람으로 하여금 일정한 구획된 장소 밖으로 나가는 것을 불가능하게 하거나 또는 현저히 곤란하게 함으로써 신체적 활동의 자유, 특히 장소적 선택의 자유를 제한하는 것을 말한다. 구획된 장소란 가옥, 방실, 차량과 같이 외부와 차단된 장소를 의미한다.

체포는 신체에 대한 직접적인 구속인 데 비하여 감금은 간접적인 구속이며 일정한 장소적 제한이 가하여진다는 점에서 차이가 있다. 체포와 마찬가지로 감금의 경우에도 그 수단과 방법에 제한이 없다.

> ✔ **감금의 수단과 방법 : 쪽제비 자인서 사건** 『형법 제276조 제1항에 규정된 감금죄에 있어서의 감금행위는 사람으로 하여금 일정한 장소 밖으로 나가지 못하도록 신체의 자유를 제한하는 행위를 가리키며 그 방법은 반드시 물리적인 장애를 사용하는 경우 뿐만 아니라 무형적인 수단으로서 공포심에 의하여 나갈 수 없게 한 경우도 포함한다』(대판 1985.6.25. 84도2083). ※ 판결이유 중 : 피고인의 협박과 폭행행위로 말미암아 야기된 공포심으로 피해자가 밖으로 나가지 못한 것이라면 피해자가 자발적인 것이고 또 시정장치 등 출입에 물리적인 장애사유가 없었다고 하여도 감금이 성립한다.☆

> ✔ **감금의 수단과 방법 : 경찰서 보호실 강제유치 사건** 『감금죄에 있어서의 감금행위는 사람으로 하여금 일정한 장소 밖으로 나가지 못하도록 하여 신체의 자유를 제한하는 행위를 가리키는 것이고, 그 방법은 반드시 물리적, 유형적 장애를 사용하는 경우뿐만 아니라 심리적, 무형적 장애에 의하는 경우도 포함되는 것이므로, 설사 그 장소가 경찰서 내 대기실로서 일반인과 면회인 및 경찰관이 수시로 출입하는 곳이고 여닫이 문만 열면 나갈 수 있도록 된 구조라 하여도 경찰서 밖으로 나가지 못하도록 그 신체의 자유를 제한하는 유형, 무형의 억압이 있었다면 이는 감금에 해당한다』(대판 1997.6.13. 97도877)☆.

> ✔ **감금의 수단과 방법 : 대한상이군경회원 출입문 봉쇄 사건** 『폭력행위등처벌에관한법률 제3조 제1항 소정의 감금죄는 단체나 다중의 위력으로 사람의 행동의 자유를 장소적으로 구속하는 경우를 처벌하는 규정임이 명백하므로 피고인들이 대한상이군경회원 80여명과 공동으로 호텔 출입문을 봉쇄하며 피해자들의 출입을 방해하였다면 위의 감금죄에 해당한다』(대판 1983.9.13. 80도277)☆.

> ✔ **감금의 수단과 방법 : 공포심 이용 감금 사건** 『피해자가 만약 도피하는 경우에는 생명 신체에 심한 해를 당할지도 모른다는 공포감에서 도피하기를 단념하고 있는 상태하에서 그를 호텔로 데리고 가서 함께 유숙한 후 그와 함께 항공기로 국외에 나간 행위는 감금죄를 구성한다』(대판 1991.8.27. 91도1604)☆.

감금을 위한 자유의 박탈이 전면적일 필요는 없으므로 방실의 내부에서 일상생활상 행동의 자유가 인정된다고 하더라도 감금이 될 수 있다.

> ✔ **감금의 정도 : 여관에서 8일간 감금 사건** 『감금죄는 사람의 행동의 자유를 그 보호법익으로 하여 사람이 특정한 구역에서 나가는 것을 불가능하게 하거나 또는 심히 곤란하게 하는 죄로서 이와 같이 사람이 특정한 구역에서 나가는 것을 불가능하게 하거나 심히 곤란하게 하는 그 장해는 물리적, 유형적 장해뿐만 아니라 심리적, 무형적 장해에 의하여서도 가능하고 또 감금의 본질은 사람의 행동의 자유를 구속하는 것으로

---

22) **보충설명** 피해자가 피고인으로부터 강간미수 피해를 입은 후 피고인의 집에서 나가려고 하였는데 피고인이 피해자가 나가지 못하도록 현관에서 거실 쪽으로 피해자를 세 번 밀쳤고, 피해자가 피고인을 뿌리치고 현관문을 열고 나와 엘리베이터를 누르고 기다리는데 피고인이 팬티 바람으로 쫓아 나왔으며, 피해자가 엘리베이터를 탔는데 피해자의 팔을 잡고 끌어내리려고 해서 이를 뿌리쳤고, 피고인이 닫히는 엘리베이터 문을 손으로 막으며 엘리베이터로 들어오려고 하자 피해자가 버튼을 누르고 손으로 피고인의 가슴을 밀어낸 경우, 체포죄의 실행의 착수가 인정된다.

행동의 자유를 구속하는 그 수단과 방법에는 아무런 제한이 없으므로 그 수단과 방법에는 유형적인 것이거나 무형적인 것이거나를 가리지 아니하며 감금에 있어서의 사람의 행동의 자유의 박탈은 반드시 전면적이어야 할 필요가 없으므로 감금된 특정구역 내부에서 일정한 생활의 자유가 허용되어 있었다고 하더라도 감금죄의 성립에는 아무 소장이 없다』(대판 1984.5.15. 84도655)★.

✔ **퇴원요구를 방치한 경우 : 서울역 노숙인 사건** 『구 정신보건법 제23조 제2항은 '정신의료기관의 장은 자의로 입원 등을 한 환자로부터 퇴원 신청이 있는 경우에는 지체 없이 퇴원을 시켜야 한다'고 정하고 있다(2016. 5. 29. 법률 제14224호로 전부 개정된 정신건강증진 및 정신질환자 복지서비스 지원에 관한 법률 제41조 제2항은 '정신의료기관 등의 장은 자의입원 등을 한 사람이 퇴원 등을 신청한 경우에는 지체 없이 퇴원 등을 시켜야 한다'고 정하고 있다). 환자로부터 퇴원 요구가 있는데도 구 정신보건법에 정해진 절차를 밟지 않은 채 방치한 경우에는 위법한 감금행위가 있다』(대판 2017.8.18. 2017도7134)☆.

4. 고 의

체포·감금죄가 성립하기 위하여는 타인의 현실적 또는 잠재적 신체활동의 자유를 침해한다는 사실에 대한 인식과 의사를 내용으로 하는 고의가 있어야 한다.

Ⅲ. 미수·기수시기

체포·감금의 죄의 기수시기는 신체적 활동의 자유가 현실적으로 침해되었을 때이다(침해범). 또한 본죄는 계속범의 성격을 지니므로 그 성질상 체포나 감금의 행위에 확실히 사람의 신체의 자유를 구속한다고 인정할 수 있을 정도의 시간적 계속이 있음을 요한다. 따라서 자유의 구속이 일시적인 것으로 그친 경우 미수범(제280조)이 될 수 있을 뿐이다.

본죄는 자유의 박탈상태가 다소 시간적으로 계속된 때 기수가 되고 자유가 회복된 때에 행위가 종료된다. 자유의 박탈상태가 계속되는 한 범죄가 계속되고, 따라서 그 동안은 언제라도 공범 성립이 가능하다.

Ⅳ. 위법성

정신병 상태에 있는 자를 그대로 방치하면 인신에 위해를 미칠 우려가 있는 경우 이를 방지하기 위하여 부득이 체포·감금하는 행위는 그 과정과 목적, 수단 및 행위자의 의사 등 제반사정에 비추어 사회적 상당성이 인정되면 정당행위로서 위법성이 조각될 수 있다.

✔ **정당행위로 위법성이 조각되는 경우 : 형제복지원 감금 사건** 『수용시설에 수용중인 부랑인들의 야간도주를 방지하기 위하여 그 취침시간중 출입문을 안에서 시정조치한 행위가 형법 제20조의 정당행위에 해당되어 위법성이 조각된다』(대판 1988.11.8. 88도1580)☆.

✔ **정당행위로 위법성이 조각되는 경우 : 정신병 환자 감금 사건** 『정신병자의 어머니의 의뢰 및 승낙하에 그 감호를 위하여 그 보호실 문을 야간에 한해서 3일간 시정하여 출입을 못하게 한 감금행위는 그 병자의 신체의 안정과 보호를 위하여 사회통념상 부득이 한 조처로서 수긍될 수 있는 것이면, 위법성이 없다』(대판 1980.2.12. 79도1349)☆.

V. 죄 수

1. 체포와 감금의 관계

체포와 감금은 연속적으로 행해지는 경우가 대부분이고 그 한계가 명백하지 않다. 아울러 양자는 동일 구성요건으로 규정된 동일성질의 것으로 행위태양이 다소 다른 것에 지나지 않기 때문에 양자를 강하게 구별할 필요는 없다. 따라서 피해자를 체포한 자가 계속해서 피해자를 감금한 때에는 포괄하여 하나의 감금죄가 성립한다.

2. 본죄의 죄수

보호법익인 신체활동의 자유는 일신전속적 법익이기 때문에 본죄는 피해자 1명마다 1죄가 성립한다. 따라서 1개의 행위로 동시에 동일한 장소에서 여러명의 사람들을 감금한 경우에는 피해자의 수만큼 감금죄가 성립하고 이는 상상적 경합이 된다.

제3관 중체포 · 감금죄, 존속중체포 · 감금죄

> **제277조** ┃ **중체포, 중감금, 존속중체포, 존속중감금** ┃
> ① 사람을 체포 또는 감금하여 가혹한 행위를 가한 자는 7년 이하의 징역에 처한다.
> ② 자기 또는 배우자의 직계존속에 대하여 전항의 죄를 범한 때에는 2년 이상의 유기징역에 처한다.

I. 의 의

중체포 · 감금죄, 존속중체포 · 감금죄는 사람 또는 자기나 배우자의 직계존속을 체포 · 감금하여 가혹한 행위를 함으로써 성립하는 범죄이다. 따라서 중감금죄는 결과적가중범, 구체적 위험범이 아니다.[23]

II. 구성요건

"가혹한 행위"라 함은 생명 · 신체에 위험을 줄 수 있는 육체적 또는 정신적 고통을 가하는 일체의 유형적 · 무형적 행위를 의미한다.

III. 가중규정

제2항은 자기 또는 배우자의 직계존속을 체포 또는 감금하여 가혹한 행위를 가함으로써 성립하는 것으로, 신분을 이유로 중체포 · 감금죄의 책임이 가중된 유형이다.

---

23) **보충설명** 중감금죄는 사람을 감금하여 가혹한 행위를 가한 때에 성립하는 범죄로서 생명 또는 신체에 대한 위험을 발생시킨 경우에 인정되는 범죄가 아니다

Ⅳ. 미 수

본죄는 미수범 처벌규정을 두고 있는데 본죄의 미수는 체포·감금은 하였으나, ① 가혹한 행위를 하지 못한 경우, ② 가혹한 행위가 미수에 그친 경우를 의미한다.

제4관 특수체포·감금죄

> **제278조** | 특수체포, 특수감금 |
> 단체 또는 다중의 위력을 보이거나 위험한 물건을 휴대하여 전 2조의 죄를 범한 때에는 그 죄에 정한 형의 2분의 1까지 가중한다.

제5관 상습체포·감금죄

> **제279조** | 상습범 |
> 상습으로 제276조 또는 제277조의 죄를 범한 때에는 전조의 예에 의한다.

상습으로 단순체포·감금죄, 존속체포·감금죄, 중체포·감금죄, 존속중체포·감금죄를 범한 경우에 성립한다.

제6관 체포·감금치사상죄

> **제281조** | 체포·감금 등의 치사상 |
> ① 제276조 내지 제280조의 죄를 범하여 사람을 상해에 이르게 한 때에는 1년 이상의 유기징역에 처한다. 사망에 이르게 한 때에는 3년 이상의 유기징역에 처한다.
> ② 자기 또는 배우자의 직계존속에 대하여 제276조 내지 제280조의 죄를 범하여 상해에 이르게 한 때에는 2년 이상의 유기징역에 처한다. 사망에 이르게 한 때에는 무기 또는 5년 이상의 징역에 처한다.

체포·감금치사상죄는 결과적가중범으로, 체포·감금의 죄(단순체포·감금죄, 존속체포·감금죄, 중체포·감금죄, 존속중체포·감금죄, 상습체포·감금죄 및 각 미수죄)를 범하여 사람을 사상에 이르게 할 경우 성립한다. 따라서 기본적 행위인 체포·감금죄와 중한 결과인 사상과의 사이에 상당인과관계가 존재할 것과 중한 결과에 관하여 과실이 존재할 것을 요한다.

제4절 약취·유인 및 인신매매의 죄

제1관 총 설

I. 의 의

약취·유인 및 인신매매의 죄는 사람을 약취·유인 또는 매매하여 자기 또는 제3자의 사실적 지배하에 둠으로써 개인의 자유를 침해하는 것을 내용으로 하는 범죄이다. 약취·유인 및 인신매매의 죄는 개인의 자유 가운데 신체활동의 자유를 제한한다는 점에서 체포·감금죄와 그 성질을 같이하나 체포·감금죄는 일정한 장소에 사람을 구속하거나 탈출하지 못하게 하는 것인 반면, 약취·유인 및 인신매매의 죄는 이러한 장소적 제한을 필요로 하지 않는다는 점에 양자의 차이가 있다.

II. 본장의 구성

1. 개정 경위

우리나라가 서명한 국제연합의 '인신매매방지의정서'의 국내적 이행을 위한 입법으로 본장은 2013.4.5. 법률 제11731호로 전면적으로 개정되었다.

주된 개정 내용을 보면, 인신매매죄를 신설하였다(제289조 제1항). 개정 전에는 국외에 이송할 목적으로 사람을 매매한 경우만을 처벌대상으로 삼았으나, 이러한 목적 없이 사람을 단순히 매매하는 경우도 처벌하도록 함으로써 인신매매라는 반인륜적인 범죄에 적극적으로 대처할 수 있도록 하였다.

개정 전 본법은 국외이송 목적의 약취·유인·매매 및 국외이송죄에 대해서만 예비·음모를 인정하였으나, 약취 등 치상죄 및 치사죄와 약취 등 목적 모집·운송·전달죄를 제외한 모든 죄에 대하여 예비·음모죄를 인정하는 것으로 개정되어 예비 음모죄의 처벌범위를 확대하였다(제296조).

나아가 약취·유인과 인신매매의 죄의 규정이 대한민국 영역 밖에서 죄를 범한 외국인에게도 적용될 수 있도록 세계주의 규정(제296조의2)을 도입하였다.

한편 종전 본법은 추행, 간음, 결혼 목적 약취 유인죄와 추행, 간음 목적으로 약취·유인된 사람의 수수·은닉죄는 고소가 있어야 공소를 제기할 수 있도록 하는 친고죄 규정을 두었으나 위 친고죄규정은 본법이 개정될 당시 삭제되었고, 현재 본장의 모든 죄는 비친고죄이다.

2. 구성요건체계

본장의 범죄유형은 크게 약취·유인의 죄와 인신매매의 죄로 나눠진다.

약취·유인의 죄는 다시 미성년자 약취·유인죄(제287조)와 추행, 간음, 결혼, 영리, 노동력 착취, 성매매와 성적 착취, 장기적출, 국외이송 목적 약취 유인죄(제288조)로 나누어진다. 행위 객체가 미성년자인 경우 미성년자 약취·유인죄가 기본적 구성요건에 해당하고, 추행 등 목적 약취·유인죄는 목적으로 인하여 불법이 가중되는 가중적 구성요건이 된다.

인신매매의 죄는 단순 인신매매죄(제289조 제1항)와 추행, 간음, 결혼, 영리, 노동력 착취, 성매매와 성적 착취, 장기적출, 국외이송 목적 인신매매죄(제289조 제2항)로 나누어진다. 단순 인신매매죄가 기본적 구성요건으로, 그 객체를 약취·유인죄와 같이 미성년자로 제한하지 않고 모든 사람을 객체로 한다. 따라서 추행 등 목적 인신매매죄는 단순 인신매매죄에 대하여 목적으로 인하여 불법이 가중되는 가중적 구성요건이 된다.

본장은 그밖에 결합범 및 결과적 가중범으로 약취 등 상해죄 및 치상죄(제290조), 살인죄 및 치사죄(제291조)를 규정하고 있고, 또한 약취 등 치상죄 및 치사죄와 약취 등 목적 모집·운송·전달죄를 제외한 모든 죄에 대한 예비·음모를 범죄로 규정하고 있다(제296조).

3. 임의적 감경사유

본법 제295조의2는 미성년자 약취·유인죄(제287조), 추행 등 목적 약취·유인죄(제288조), 인신매매의 죄(제289조), 약취 등 상해·치상죄(제290조), 약취, 유인, 매매, 이송된 사람의 수수·은닉죄 및 약취 등 목적 모집·운송·전달죄(제292조)와 이들 범죄의 미수죄(제294조)를 범한 사람이 약취, 유인, 매매 또는 이송된 사람을 안전한 장소로 풀어준 때에는 그 형을 감경할 수 있도록 하고 있다. 피해자를 보호하기 위하여 사후중지의 특례를 인정한 것이다.

▲ **해방감경규정 적용 여부 정리** ☆

해방감경규정이 존재하는 죄	• 미성년자약취·유인죄(제287조) • 추행등목적약취·유인죄, 피약취·유인자국외이송죄(제288조) • 인신매매죄(제289조 제1항) • 추행등목적인신매매죄, 피매매자국외이송죄(제289조 제2항부터 제4항) • 피약취·유인·매매·이송자상해·치상죄(제290조) • 피약취·유인·매매·이송자수수·은닉등죄(제292조) • 인질강요죄(제324조의2) • 인질상해·치상죄(제324조의3)
해방감경규정이 존재하지 않는 죄	• 체포·감금죄(제276조부터 제281조) • 피약취·유인·매매·이송자살인·치사죄(제291조) • 인질살해·치사죄(제324조의4) • 인질강도죄(제336조) • 인질강도상해·치상죄(제337조) • 인질강도살인·치사죄(제338조)

Ⅲ. 보호법익

약취·유인 및 인신매매의 죄의 보호법익은 약취, 유인, 매매된 사람의 거처의 자유 내지 자유로운 생활관계이다. 그런데 약취·유인의 대상이 미성년자인 경우 그 보호법익에 있어 약취·유인된 미성년자의 자유권과 보호감독자의 보호·양육권과의 관계가 문제된다. 이에 대해서는 견해가 대립하고 있으나, 통설·판례는 미성년자의 자유 외에 보호감독자의 보호·양육권도 보호법익으로 본다. 따라서 미성년자가 스스로 동의한 경우에도 보호감독자의 보호·양육권을 침해한 것이므로 본죄가 성립한다.

✓ **미성년자약취죄의 보호법익 : 미성년자 가출 동의 사건** 표준 『형법 제287조에 규정된 미성년자약취죄의 입법 취지는 심신의 발육이 불충분하고 지려와 경험이 풍부하지 못한 미성년자를 특별히 보호하기 위

하여 그를 약취하는 행위를 처벌하려는 데 그 입법의 취지가 있으며, 미성년자의 자유 외에 보호감독자의 감호권도 그 보호법익으로 하고 있다는 점을 고려하면, 피고인과 공범들이 미성년자를 보호·감독하고 있던 그 아버지의 감호권을 침해하여 그녀를 자신들의 사실상 지배하로 옮긴 이상 미성년자약취죄가 성립한다 할 것이고, 약취행위에 미성년자의 동의가 있었다 하더라도 본죄의 성립에는 변함이 없다』(대판 2003. 2. 11. 2002도7115)★.

제2관 미성년자 약취·유인죄

제287조 ┃ 미성년자의 약취, 유인 ┃
미성년자를 약취 또는 유인한 사람은 10년 이하의 징역에 처한다.24)

I. 의 의

본조는 미성년자를 약취 또는 유인하는 행위를 처벌하는 규정이다. 미성년자의 자유 외에 보호감독자의 보호·양육권도 보호법익이 됨은 앞에서 설명한 바와 같다.

II. 주 체

본죄의 주체에는 제한이 없다. 미성년자의 부모 등 보호감독자도 다른 보호감독자의 보호·양육권을 침해하거나 자신의 보호·양육권을 남용하여 미성년자 본인의 이익을 침해하는 경우에는 본죄의 주체가 될 수 있다.

✔ **친권자 약취·유인(내 딸 내가 키우겠다) 사건** 『[1] 미성년자를 보호감독하는 자라 하더라도 다른 보호감독자의 감호권을 침해하거나 자신의 감호권을 남용하여 미성년자 본인의 이익을 침해하는 경우에는 미성년자 약취·유인죄의 주체가 될 수 있다.
[2] 외조부가 맡아서 양육해 오던 미성년인 자를 자의 의사에 반하여 사실상 자신의 지배하에 옮긴 친권자에 대하여 미성년자 약취·유인죄를 인정한 사례』(대판 2008. 1. 31. 2007도8011)★.25)

III. 객 체

미성년자약취·유인의 객체는 미성년자이다. 여기서 미성년자는 민법상의 미성년자인 19세 미만의 사람을 말한다. 미성년자인 이상 성별이나 의사능력, 타인의 보호감독을 받고 있는지 여부를 불문한다.

---

24) [보충설명] 「형법」상 약취·유인의 죄는 모두 일정한 목적이 있는 경우에만 성립하는 목적범의 형태로 규정되어 있는 것은 아니다.
25) [보충설명] 아내가 교통사고로 사망한 후 장인에게 미성년인 아들의 양육을 맡겨 왔으나, 교통사고 배상금 등을 둘러싸고 장인과 분쟁이 발생하자 자신이 직접 아들을 양육하기로 마음먹고 하교하는 아들을 본인의 의사에 반하여 강제로 차에 태우고 외할아버지에게 간다는 등의 거짓말로 속인 후 사실상 자신의 지배하에 옮긴 경우 미성년자약취·유인죄가 성립한다.

Ⅳ. 행 위

1. 약취와 유인

가. 약 취

약취는 폭행, 협박 또는 사실상의 힘을 수단으로 사용하여 피해자를 그 의사에 반하여 자유로운 생활관계 또는 보호관계로부터 이탈시켜 자기 또는 제3자의 사실상 지배하에 옮기는 행위를 말한다. 약취행위는 적극적으로 보호관계로부터 이탈을 시키는 경우뿐만 아니라 양육친에게 돌려주지 않는 부작위를 통해서도 이루어질 수 있다.

> ✔ **면접교섭과 부작위에 의한 약취·유인 : 비양육친 프랑스 거주 아동 약취사건** 『[1] 형법 제287조의 미성년자약취죄의 구성요건요소로서 약취란 폭행, 협박 또는 불법적인 사실상의 힘을 수단으로 사용하여 피해자를 그 의사에 반하여 자유로운 생활관계 또는 보호관계로부터 이탈시켜 자기 또는 제3자의 사실상 지배하에 옮기는 행위를 의미하고, 구체적 사건에서 어떤 행위가 약취에 해당하는지 여부는 행위의 목적과 의도, 행위 당시의 정황, 행위의 태양과 종류, 수단과 방법, 피해자의 상태 등 관련 사정을 종합하여 판단하여야 한다.
> [2] 이혼소송 중 비양육친인 피고인(남, 한국인)이 면접교섭권을 행사하기 위하여 프랑스에서 양육친(여, 프랑스인)과 함께 생활하던 피해아동(만 5세)을 대한민국으로 데려온 후 면접교섭 기간이 종료하였음에도 프랑스에 있는 양육친에게 데려다 주지 않고 양육친과 연락을 두절한 후 가정법원의 유아인도명령 등에도 불응한 사안에서, 피고인의 행위는 그 목적과 의도, 행위 당시의 정황과 피해자의 상태, 결과적으로 피해아동의 자유와 복리를 침해한 점, 법원의 확정된 심판 등의 실효성을 확보할 수 없도록 만든 점 등을 종합해 보면, 불법적인 사실상의 힘을 수단으로 피해아동을 그 의사와 복리에 반하여 자유로운 생활 및 보호관계로부터 이탈시켜 자기의 사실상 지배하에 옮긴 적극적 행위와 형법적으로 같은 정도의 행위로 평가할 수 있으므로, 형법 제287조 미성년자약취죄의 약취행위에 해당한다고 봄이 타당하다고 한 사례』(대판 2021. 9. 9. 2019도16421)★

폭행 또는 협박, 사실상의 힘의 정도는 상대방을 실질적 지배하에 둘 수 있을 정도이면 족하고 반드시 상대방의 반항을 억압할 정도의 것임을 요하지 않는다.

> ✔ **약취의 정도 : 완월동 윤락녀 약취 사건** 『형법 제288조에 규정된 약취행위는 피해자를 그 의사에 반하여 자유로운 생활관계 또는 보호관계로부터 범인이나 제3자의 사실상 지배하에 옮기는 행위를 말하는 것으로서, 폭행 또는 협박을 수단으로 사용하는 경우에 그 폭행 또는 협박의 정도는 상대방을 실력적 지배하에 둘 수 있을 정도이면 족하고 반드시 상대방의 반항을 억압할 정도의 것임을 요하지는 아니한다』(대판 1991. 8. 13. 91도1184)☆

어떠한 행위가 약취행위에 해당하는지 여부는 행위의 목적과 의도, 행위 당시의 정황, 행위의 태양과 종류, 피해자의 의사 등을 종합하여 판단하여야 한다.

✓ **약취행위 여부 : 우리 집에 자러가자 사건** 『술에 만취한 피고인이 초등학교 5학년 여학생의 소매를 잡아끌면서 "우리 집에 같이 자러 가자"고 한 행위가 형법 제288조의 약취행위의 수단인 '폭행'에 해당한다』 (대판 2009.7.9. 2009도3816)☆.

의사능력이 없는 미성년자를 보호감독자 몰래 데려가는 것은 특별한 사정이 없는 이상 약취행위에 해당한다. 그러나 미성년의 자녀를 부모가 함께 동거하면서 보호·양육하여 오던 중 부모의 일방이 상대방 부모의 동의 없이 그 자녀를 데리고 종전거소를 벗어나 다른 곳으로 옮겨 자녀에 대한 보호·양육을 계속한 경우 판례는 상대방 부모나 그 자녀에게 폭행, 협박이나 불법적인 사실상의 힘을 행사하지 않고 자녀를 데리고 종전의 거소를 나와 다른 곳으로 옮겨 자녀에 대한 보호·양육을 계속 한 경우라면, 그 행위가 보호·양육권의 남용에 해당한다는 등의 특별한 사정이 없는 한 설령 이에 관하여 법원의 결정이나 상대방 부모의 동의를 얻지 아니하였다고 하더라도 그러한 행위를 '약취'로 볼 수 없다는 입장이다.

✓ **친권자의 약취행위 판단 : 베트남 여성 친정 사건** 표준 『[1] 형법 제287조의 미성년자약취죄, 제288조 제3항 전단[구 형법(2013. 4. 5. 법률 제11731호로 개정되기 전의 것을 말한다. 이하 같다) 제289조 제1항에 해당한다]의 국외이송약취죄 등의 구성요건요소로서 약취란 폭행, 협박 또는 불법적인 사실상의 힘을 수단으로 사용하여 피해자를 그 의사에 반하여 자유로운 생활관계 또는 보호관계로부터 이탈시켜 자기 또는 제3자의 사실상 지배하에 옮기는 행위를 의미하고, 한편 미성년자를 보호·감독하는 사람이라고 하더라도 다른 보호감독자의 보호·양육권을 침해하거나 자신의 보호·양육권을 남용하여 미성년자 본인의 이익을 침해하는 때에는 미성년자에 대한 약취죄의 주체가 될 수 있는데, 그 경우에도 해당 보호감독자에 대하여 약취죄의 성립을 인정할 수 있으려면 그 행위가 위와 같은 의미의 약취에 해당하여야 한다. 그렇지 아니하고 폭행, 협박 또는 불법적인 사실상의 힘을 사용하여 그 미성년자를 평온하던 종전의 보호·양육 상태로부터 이탈시켰다고 볼 수 없는 행위에 대하여까지 다른 보호감독자의 보호·양육권을 침해하였다는 이유로 미성년자에 대한 약취죄의 성립을 긍정하는 것은 형벌법규의 문언 범위를 벗어나는 해석으로서 죄형법정주의의 원칙에 비추어 허용될 수 없다. 따라서 부모가 이혼하였거나 별거하는 상황에서 미성년의 자녀를 부모의 일방이 평온하게 보호·양육하고 있는데, 상대방 부모가 폭행, 협박 또는 불법적인 사실상의 힘을 행사하여 그 보호·양육 상태를 깨뜨리고 자녀를 탈취하여 자기 또는 제3자의 사실상 지배하에 옮긴 경우, 그와 같은 행위는 특별한 사정이 없는 한 미성년자에 대한 약취죄를 구성한다고 볼 수 있다. 그러나 이와 달리 미성년의 자녀를 부모가 함께 동거하면서 보호·양육하여 오던 중 부모의 일방이 상대방 부모나 그 자녀에게 어떠한 폭행, 협박이나 불법적인 사실상의 힘을 행사함이 없이 그 자녀를 데리고 종전의 거소를 벗어나 다른 곳으로 옮겨 자녀에 대한 보호·양육을 계속하였다면, 그 행위가 보호·양육권의 남용에 해당한다는 등 특별한 사정이 없는 한 설령 이에 관하여 법원의 결정이나 상대방 부모의 동의를 얻지 아니하였다고 하더라도 그러한 행위에 대하여 곧바로 형법상 미성년자에 대한 약취죄의 성립을 인정할 수는 없다.
[2] 베트남 국적 여성인 피고인이 남편 갑의 의사에 반하여 생후 약 13개월 된 아들 을을 주거지에서 데리고 나와 약취하고 이어서 베트남에 함께 입국함으로써 을을 국외에 이송하였다고 하여 국외이송약취 및 피약취자국외이송으로 기소된 사안에서, 제반 사정을 종합할 때 피고인이 을을 데리고 베트남으로 떠난 행위는 어떠한 실력을 행사하여 을을 평온하던 종전의 보호·양육 상태로부터 이탈시킨 것이라기보다 친권자인 모로서 출생 이후 줄곧 맡아왔던 을에 대한 보호·양육을 계속 유지한 행위에 해당하여, 이를 폭행, 협박 또는 불법적인 사실상의 힘을 사용하여 을을 자기 또는 제3자의 지배하에 옮긴 약취행위로 볼 수는 없다는 이유로, 피고인에게 무죄를 인정한 원심판단을 정당하다고 한 사례』(대판[전] 2013.6.20. 2010도14328)★.

나. 유 인

유인은 기망 또는 유혹을 수단으로 사람을 꾀어 그 하자 있는 의사에 따라 그 사람을 자유로운 생활관계 또는 보호관계로부터 이탈시켜 자기 또는 제3자의 사실적 지배 아래로 옮기는 것을 말한다.

유인의 수단으로서의 기망이란 허위의 사실로 상대방을 착오에 빠뜨리는 것을 말하고, 유혹이란 기망의 정도에는 이르지 아니하나 감언이설로써 상대방을 현혹시켜 판단의 적정을 그르치게 하는 것을 말한다. 반드시 그 유혹의 내용이 허위일 것을 요하지는 않는다.

약취는 폭행, 협박 또는 불법적인 사실상의 힘을 수단으로 사용하여 피해자의 의사에 반하는 데 비해, 유인은 기망이나 유혹을 수단으로 사용하여 피해자의 하자 있는 의사를 이용한다는 점에서 양자는 구별된다.

> ✔ **유인의 의미 : 11세 아동 모델 301호 유인 사건** 『형법 제288조에서 말하는 '유인'이란 기망 또는 유혹을 수단으로 사람을 꾀어 그 하자 있는 의사에 따라 그 사람을 자유로운 생활관계 또는 보호관계로부터 이탈하게 하여 자기 또는 제3자의 사실적 지배 아래로 옮기는 행위를 말하고, 여기서 사실적 지배라고 함은 미성년자에 대한 물리적·실력적인 지배관계를 의미한다고 할 것이다』(대판 2007.5.11. 2007도2318)☆.

> ✔ **유인의 의미 : 저능아 유인 사건** 『미성년자유인죄라 함은 기망 또는 유혹을 수단으로 하여 미성년자를 꾀어 현재의 보호상태로부터 이탈케 하여 자기 또는 제3자의 사실적 지배하로 옮기는 행위를 말하고, 여기서의 유혹이라 함은 기망의 정도에는 이르지 아니하나 감언이설로써 상대방을 현혹시켜 판단의 적정을 그르치게 하는 것이므로 반드시 그 유혹의 내용이 허위일 것을 요하지는 않는다』(대판 1996.2.27. 95도2980).
> ※ 판결이유 중 : 피해자는 사고능력이 현저하게 떨어지는 미성년의 저능아로서 자신의 4촌 매형인 공소외 A가 경영하는 청소대행업체에서 일하면서 숙식을 해결하는 등 위 공소외인의 보호에 있었는데, 피고인들은 피해자의 위와 같은 사정을 알면서도 그로부터 약 8개월 후 피해자가 다시 서울로 돌아올 때까지도 위 공소외인에게 피고인들이 피해자를 제주도로 데려간 사실을 한번도 이야기하지 아니한 채 숨긴 사실을 인정할 수 있는바, 위에서 본 법리에 비추어 보면 피고인들이 피해자를 제주도로 데려간 행위는 미성년자를 유인한 행위에 해당됨이 명백하다.☆

> ✔ **하자있는 의사를 이용한 경우 : 복음전도회 가출(껌팔이) 사건** 『피해자가 스스로 가출하였다고는 하나 그것이 피고인의 독자적인 교리설교에 의하여 하자 있는 의사로써 이루어진 것이고, 동 피해자를 보호감독권자의 보호관계로부터 이탈시켜 피고인의 지배하에 옮긴이상 미성년자 유인죄가 성립한다』(대판 1982.4.27. 82도186)☆.[26]

2. 사실적 지배관계

약취·유인행위라고 하기 위해서는 미성년자를 종전의 자유로운 생활관계 또는 보호관계로부터 이탈하게 하여 자기 또는 제3자의 사실적 지배 아래로 옮겨야 하는데 미성년자의 장소적 이전을 필요로 하지는 않는다. 따라서 미성년자에 대한 장소적 이전 없이 기존의 자유로운 생활관계 또는 보호감독자의 보호관계로부터 이탈시켜 범인이나 제3자의 사실적 지배 아래에 두는 경우에도 약취·유인죄가 성립한다.

---

26) **보충설명** 甲이 자신의 교리설교에 속아 스스로 가출한 15세의 피해자를 보살피면서 '주의 일'(껌팔이) 등 행상을 시킨 경우 미성년자 약취·유인죄가 성립한다.

✔ **실력적 지배와 장소의 이전 : 도망친 엄마 사건** 『[1] 미성년자가 혼자 머무는 주거에 침입하여 그를 감금한 뒤 폭행 또는 협박에 의하여 부모의 출입을 봉쇄하거나, 미성년자와 부모가 거주하는 주거에 침입하여 부모만을 강제로 퇴거시키고 독자적인 생활관계를 형성하기에 이르렀다면 비록 장소적 이전이 없었다 할지라도 형법 제287조의 미성년자약취죄에 해당함이 명백하지만, 강도 범행을 하는 과정에서 혼자 주거에 머무르고 있는 미성년자를 체포·감금하거나 혹은 미성년자와 그의 부모를 함께 체포·감금, 또는 폭행·협박을 가하는 경우, 나아가 주거지에 침입하여 미성년자의 신체에 위해를 가할 것처럼 협박하여 부모로부터 금품을 강취하는 경우와 같이, 일시적으로 부모와의 보호관계가 사실상 침해·배제되었다 할지라도, 그 의도가 미성년자를 기존의 생활관계 및 보호관계로부터 이탈시키는 데 있었던 것이 아니라 단지 금품 강취를 위하여 반항을 제압하는 데 있었다거나 금품 강취를 위하여 고지한 해악의 대상이 그곳에 거주하는 미성년자였던 것에 불과하다면, 특별한 사정이 없는 한 미성년자를 약취한다는 범의를 인정하기 곤란할 뿐 아니라, 보통의 경우 시간적 간격이 짧아 그 주거지를 중심으로 영위되었던 기존의 생활관계로부터 완전히 이탈되었다고 평가하기도 곤란하다.
[2] 미성년자 혼자 머무는 주거에 침입하여 강도 범행을 하는 과정에서 미성년자와 그 부모에게 폭행·협박을 가하여 일시적으로 부모와의 보호관계가 사실상 침해·배제되었더라도, 미성년자가 기존의 생활관계로부터 완전히 이탈되었다거나 새로운 생활관계가 형성되었다고 볼 수 없고 범인의 의도도 위와 같은 생활관계의 이탈이 아니라 단지 금품 강취를 위한 반항 억압에 있었으므로, 형법 제287조의 **미성년자약취죄**가 성립하지 않는다.』(대판 2008.1.17. 2007도8485)★

3. 실행의 착수 및 기수시기

본죄는 폭행, 협박, 사실상의 힘, 기망, 유혹 등의 수단을 개시할 때에 실행의 착수가 있고, 피해자를 자기 또는 제3자의 사실적 지배 아래로 옮긴 때에 기수로 된다.

V. 고 의

미성년자 약취·유인죄가 성립하기 위해서는 폭행, 협박, 불법적인 사실상의 힘 또는 기망, 유혹을 수단으로 미성년자를 기존의 생활관계 내지 보호관계로부터 이탈시켜 자기 또는 제3자의 사실적 지배 아래로 옮긴다는 것을 내용으로 하는 고의가 있어야 한다. 유인하는 행위가 피해자의 의사에 반하는 것까지 인식할 필요는 없다.

✔ **미성년자 유인죄의 성립요건(고의) : 편지 쓰고 가출 사건** 『미성년자유인죄라 함은 기망 유혹과 같은 달콤한 말을 수단으로 하여 미성년자를 꾀어 현재의 보호상태로부터 이탈케 하여 자기 또는 제3자의 사실적 지배하에 옮기는 것으로서 사려 없고 나이어린 피해자의 하자있는 의사를 이용하는데 있는 것이며 본죄의 범의는 피해자가 미성년자임을 알면서 유인행위에 대한 인식이 있으면 족하고 유인하는 행위가 피해자의 의사에 반하는 것까지 인식할 필요는 없으며 또 피해자가 하자있는 의사로 자유롭게 승낙 하였다 하더라도 본죄의 성립에 소장이 없다.』(대판 1976.9.14. 76도2072)☆

VI. 죄수 관계

약취의 수단으로 체포 또는 감금이 행하여진 경우 그 죄수관계가 문제되는데 이에 관해 견해의 대립이 있다. 판례는 미성년자를 약취·유인한 후 계속하여 그 미성년자를 감금한 때에는 본죄와 감금죄의 실체적 경합관계를 인정하는 입장이다.

✔ **미성년자 유인죄와 감금죄의 죄수관계 : 특송차 운전기사 약취유인·감금 사건** 『미성년자를 유인한 자가 계속하여 미성년자를 불법하게 감금하였을 때에는 미성년자유인죄 이외에 감금죄가 별도로 성립한다』 (대판 1998.5.26. 98도1036)★

Ⅶ. 미수, 예비·음모, 형의 감경, 세계주의

본죄는 미수범 처벌규정을 두고 있고(제294조), 본죄를 범할 목적으로 예비 또는 음모 한 사람도 처벌한다(제296조). 본죄를 범한 사람이 약취·유인된 사람을 안전한 장소에 풀어준 때에는 형을 감경할 수 있고(제295조의2), 대한민국 영역 밖에서 죄를 범한 외국인에게도 적용된다(제296조의2).

제3관 추행·간음·결혼·영리목적 약취·유인죄

제288조 ┃ 추행 등 목적 약취, 유인 등 ┃
① 추행, 간음, 결혼 또는 영리의 목적으로 사람을 약취 또는 유인한 사람은 1년 이상 10년 이하의 징역에 처한다.27)28)
② 노동력 착취, 성매매와 성적 착취, 장기적출을 목적으로 사람을 약취 또는 유인한 사람은 2년 이상 15년 이하의 징역에 처한다.
③ 국외에 이송할 목적으로 사람을 약취 또는 유인하거나 약취 또는 유인된 사람을 국외에 이송한 사람도 제2항과 동일한 형으로 처벌한다.

제4관 인신매매

제289조 ┃ 인신매매 ┃
① 사람을 매매한 사람은 7년 이하의 징역에 처한다.
② 추행, 간음, 결혼 또는 영리의 목적으로 사람을 매매한 사람은 1년 이상 10년 이하의 징역에 처한다.
③ 노동력 착취, 성매매와 성적 착취, 장기적출을 목적으로 사람을 매매한 사람은 2년 이상 15년 이하의 징역에 처한다.
④ 국외에 이송할 목적으로 사람을 매매하거나 매매된 사람을 국외로 이송한 사람도 제3항과 동일한 형으로 처벌한다.

---

27) **보충설명** 영리목적약취죄는 존속에 대한 범죄에 대하여 가중처벌 규정이 없다.
28) **보충설명** 「형법」은 추행·간음·영리목적의 약취·유인과 결혼목적 약취·유인의 법정형을 상이하게 규정하고 있지 않다.

제5관 약취, 유인, 매매, 이송 등 상해·치상

제290조 ▎약취, 유인, 매매, 이송 등 상해·치상 ▎
① 제287조부터 제289조까지의 죄를 범하여 약취, 유인, 매매 또는 이송된 사람을 상해한 때에는 3년 이상 25년 이하의 징역에 처한다.
② 제287조부터 제289조까지의 죄를 범하여 약취, 유인, 매매 또는 이송된 사람을 상해에 이르게 한 때에는 2년 이상 20년 이하의 징역에 처한다.

제6관 약취, 유인, 매매, 이송 등 살인·치사

제291조 ▎약취, 유인, 매매, 이송 등 살인·치사 ▎
① 제287조부터 제289조까지의 죄를 범하여 약취, 유인, 매매 또는 이송된 사람을 살해한 때에는 사형, 무기 또는 7년 이상의 징역에 처한다.
② 제287조부터 제289조까지의 죄를 범하여 약취, 유인, 매매 또는 이송된 사람을 사망에 이르게 한 때에는 무기 또는 5년 이상의 징역에 처한다.

제7관 약취, 유인, 매매, 이송된 사람의 수수·은닉

제292조 ▎약취, 유인, 매매, 이송된 사람의 수수·은닉 등 ▎
① 제287조부터 제289조까지의 죄로 약취, 유인, 매매 또는 이송된 사람을 수수 또는 은닉한 사람은 7년 이하의 징역에 처한다.
② 제287조부터 제289조까지의 죄를 범할 목적으로 사람을 모집, 운송, 전달한 사람도 제1항과 동일한 형으로 처벌한다.

제5절 강간과 추행의 죄

제1관 총설

I. 의의

본장의 강간과 추행의 죄는 개인의 성적 자유 또는 성적 자기결정권을 보호하기 위한 범죄이다. '성적 자유'란 적극적으로 성행위를 할 수 있는 자유가 아니라 소극적으로 원치 않는 성행위를 하지 않을 자유를 의미한다. '성적 자기결정권'은 성행위를 할 것인가 여부, 성행위를 할 때 그 상대방을 누구로 할 것인가 여부, 성행위의 방법 등을 스스로 결정할 수 있는 권리를 의미한다.

II. 구성요건 체계

본장의 죄의 기본적 구성요건은 강간죄(제297조)와 강제추행죄(제298조)이고, 2012. 12. 18. 형법이 개정(법률 제11574호)되면서 유사강간죄(제297조의2)가 신설되었다. 준강간·준강제추행죄(제299조), 13세 미만의 미성년자에 대한 간음·추행죄(제305조)는 본래의 의미에 있어서 강간이나 강제추행은 아니지만 형법이 이에 준하여 처벌하도록 규정하고 있는 범죄이다. 강간죄와 강제추행죄에 대한 가중적 구성요건으로 강간 등 상해·치상죄(제301조)와 강간 등 살인·치사죄(제301조의2)가 있다. 그밖에 독립된 구성요건으로 미성년자·심신미약자 간음 또는 추행죄(제302조), 피보호자·피감독자 간음죄(제301조 제1항), 피감호자 간음죄(제301조 제2항)가 있다.

✔ **기타 특별법상의 성폭력 범죄 : 찜질방 수면실 추행 사건** 『[1] '공중이 밀집하는 장소'에는 현실적으로 사람들이 빽빽이 들어서 있어 서로간의 신체적 접촉이 이루어지고 있는 곳만을 의미하는 것이 아니라 이 사건 찜질방 등과 같이 공중의 이용에 상시적으로 제공·개방된 상태에 놓여 있는 곳 일반을 의미한다. [2] 찜질방 수면실에서 옆에 누워 있던 피해자의 가슴 등을 손으로 만진 행위가 성폭력범죄의 처벌 및 피해자보호 등에 관한 법률 제13조에서 정한 공중밀집장소에서의 추행행위에 해당한다』(대판 2009. 10. 29. 2009도5704)☆.

✔ **기타 특별법상의 성폭력 범죄 : 성관계 동영상 1인 전송 사건** 『성폭력범죄의 처벌 등에 관한 특례법 제14조 제2항은 카메라나 그 밖에 이와 유사한 기능을 갖춘 기계장치를 이용하여 성적 욕망 또는 수치심을 유발할 수 있는 다른 사람의 신체를 촬영한 촬영물이 촬영 당시에는 촬영대상자의 의사에 반하지 아니하는 경우에도 사후에 의사에 반하여 촬영물을 반포·판매·임대·제공 또는 공공연하게 전시·상영한 사람을 처벌하도록 규정하고 있다. 여기에서 '반포'는 불특정 또는 다수인에게 무상으로 교부하는 것을 말하고, 계속적·반복적으로 전달하여 불특정 또는 다수인에게 반포하려는 의사를 가지고 있다면 특정한 1인 또는 소수의 사람에게 교부하는 것도 반포에 해당할 수 있다. 한편 '반포'와 별도로 열거된 '제공'은 '반포'에 이르지 아니하는 무상 교부 행위를 말하며, '반포'할 의사 없이 특정한 1인 또는 소수의 사람에게 무상으로 교부하는 것은 '제공'에 해당한다』(대판 2016. 12. 27. 2016도16676)☆. ※ 판결이유 중 : 피고인은 피해자가 공소외인을 다시 만난 것을 알고 화가 나자 공소외인에게 피고인과 피해자의 관계를 분명히 알려 공소외인이 더 이상 피해자를 만나지 못하게 할 의도로 공소외인에게 이 사건 촬영물을 전송한 것으로 보이고, 불특정 또는 다수인에게 교부하거나 전달할 의사로 공소외인에게 이 사건 촬영물을 전송하였다고 보기는 어렵다.

✔ **기타 특별법상의 성폭력 범죄 : 초등학교 교사 성적행위 촬영 사건** 『제작한 영상물이 객관적으로 아동·청소년이 등장하여 성적 행위를 하는 내용을 표현한 영상물에 해당하는 한 대상이 된 아동·청소년의 동의하에 촬영한 것이라거나 사적인 소지·보관을 1차적 목적으로 제작한 것이라고 하여 구 아청법 제8조 제1항의 '아동·청소년이용음란물'에 해당하지 아니한다거나 이를 '제작'한 것이 아니라고 할 수 없다』(대판 2015.2.12. 2014도11501·2014전도197)☆

✔ **기타 특별법상의 성폭력 범죄 : 카메라등이용촬영죄의 실행의 착수(편의점 치마 도촬 사건)** 『[1]「성폭력범죄의 처벌 등에 관한 특례법」(이하 '성폭력처벌법'이라고 한다) 위반(카메라등이용촬영)죄는 카메라 등을 이용하여 성적 욕망 또는 수치심을 유발할 수 있는 타인의 신체를 그 의사에 반하여 촬영함으로써 성립하는 범죄이고, 여기서 '촬영'이란 카메라나 그 밖에 이와 유사한 기능을 갖춘 기계장치 속에 들어 있는 필름이나 저장장치에 피사체에 대한 영상정보를 입력하는 행위를 의미한다. 따라서 범인이 피해자를 촬영하기 위하여 육안 또는 캠코더의 줌 기능을 이용하여 피해자가 있는지 여부를 탐색하다가 피해자를 발견하지 못하고 촬영을 포기한 경우에는 촬영을 위한 준비행위에 불과하여 성폭력처벌법위반(카메라등이용촬영)죄의 실행에 착수한 것으로 볼 수 없다. 이에 반하여 범인이 카메라 기능이 설치된 휴대전화를 피해자의 치마 밑으로 들이밀거나, 피해자가 용변을 보고 있는 화장실 칸 밑 공간 사이로 집어넣는 등 카메라 등 이용 촬영 범행에 밀접한 행위를 개시한 경우에는 성폭력처벌법위반(카메라등이용촬영)죄의 실행에 착수하였다고 볼 수 있다. [2] 편의점에서 카메라 기능이 설치된 휴대전화를 손에 쥔 채 치마를 입은 피해자들을 향해 쪼그려 앉아 피해자의 치마 안쪽을 비추는 등 행위를 한 피고인에 대해 성폭력처벌법위반(카메라등이용촬영)죄의 실행의 착수를 인정한 사례』(대판 2021.8.12. 2021도7035)★

✔ **기타 특별법상의 성폭력 범죄 : 정신적 장애 사건** 『성폭력범죄의 처벌 등에 관한 특례법 제6조에서 정하는 '정신적인 장애가 있는 사람'이란 '정신적인 기능이나 손상 등의 문제로 일상생활이나 사회생활에서 상당한 제약을 받는 사람'을 가리킨다. 장애인복지법에 따른 장애인 등록을 하지 않았다거나 그 등록 기준을 충족하지 못하더라도 여기에 해당할 수 있다』(대판 2021.10.28. 2021도9051)☆

✔ **기타 특별법상의 성폭력 범죄 : 소아마비(지체장애 3급) 강간 사건** 『성폭력범죄의 처벌 등에 관한 특례법(이하 '성폭력처벌법'이라고 한다) 제6조는 신체적인 장애가 있는 사람에 대하여 강간의 죄 또는 강제추행의 죄를 범하거나 위계 또는 위력으로써 그러한 사람을 간음한 사람을 처벌하고 있다.
장애인복지법 제2조는 장애인을 '신체적·정신적 장애로 오랫동안 일상생활이나 사회생활에서 상당한 제약을 받는 자'라고 규정하고 있고, 성폭력처벌법과 유사하게 장애인에 대한 성폭력범행의 특칙을 두고 있는 아동·청소년의 성보호에 관한 법률 제8조는 장애인복지법상 장애인 개념을 그대로 가져와 장애 아동·청소년의 의미를 밝히고 있다. 장애인차별금지 및 권리구제 등에 관한 법률 제2조는 장애를 '신체적·정신적 손상 또는 기능상실이 장기간에 걸쳐 개인의 일상 또는 사회생활에 상당한 제약을 초래하는 상태'라고 규정하면서, 그러한 장애가 있는 사람을 장애인이라고 규정하고 있다. 이와 같은 관련 규정의 내용을 종합하면, 성폭력처벌법 제6조에서 규정하는 '신체적인 장애가 있는 사람'이란 '신체적 기능이나 구조 등의 문제로 일상생활이나 사회생활에서 상당한 제약을 받는 사람'을 의미한다고 해석할 수 있다.
한편 장애와 관련된 피해자의 상태는 개인별로 그 모습과 정도에 차이가 있는데 그러한 모습과 정도가 성폭력처벌법 제6조에서 정한 신체적인 장애를 판단하는 본질적인 요소가 되므로, 신체적인 장애를 판단함에 있어서는 해당 피해자의 상태가 충분히 고려되어야 하고 비장애인의 시각과 기준에서 피해자의 상태를 판단하여 장애가 없다고 쉽게 단정해서는 안 된다.
아울러 본 죄가 성립하려면 행위자도 범행 당시 피해자에게 이러한 신체적인 장애가 있음을 인식하여야 한다』
(대판 2021.2.25. 2016도4404·2016전도49 ; 2021.4.29. 2021도2778)☆

✔ **기타 특별법상의 성폭력 범죄 : 주거침입강간(여자화장실 유사강간 사건)** 『[1] 주거침입강제추행죄 및 주거침입강간죄 등은 사람의 주거 등을 침입한 자가 피해자를 간음, 강제추행 등 성폭력을 행사한 경우에 성립하는 것으로서, 주거침입죄를 범한 후에 사람을 강간하는 등의 행위를 하여야 하는 일종의 신분범이고, 선후가 바뀌어 강간죄 등을 범한 자가 그 피해자의 주거에 침입한 경우에는 이에 해당하지 않고 강간죄 등과 주거침입죄 등의 실체적 경합범이 된다. 그 실행의 착수시기는 주거침입 행위 후 강간죄 등의 실행행위에 나아간 때이다.
한편, 강간죄는 사람을 강간하기 위하여 피해자의 항거를 불능하게 하거나 현저히 곤란하게 할 정도의 폭행 또는 협박을 개시한 때에 그 실행의 착수가 있다고 보아야 할 것이지, 실제 간음행위가 시작되어야만 그 실행의 착수가 있다고 볼 것은 아니다. 유사강간죄의 경우도 이와 같다.
[2] 피해자를 주점의 여자화장실로 끌고 가 여자화장실의 문을 잠근 후 강제로 입맞춤을 하고 유사강간하려고 하였으나 미수에 그친 사안에서 피고인은 여자화장실에 들어가기 전에 이미 유사강간죄의 실행행위에 착수하였으므로 구「성폭력범죄의 처벌 등에 관한 특례법」위반(주거침입유사강간)죄를 범할 수 있는 지위 즉, '주거침입죄를 범한 자'에 해당되지 아니한다는 이유로 이 부분을 유죄로 판단한 원심을 파기한 사례』(대판 2021. 8. 12. 2020도17796)★.

✔ **기타 특별법상의 성폭력 범죄 : 동성 군인 합의 추행 사건** 최신3년 『군인인 피고인 갑은 자신의 독신자 숙소에서 군인 을과 서로 키스, 구강성교나 항문성교를 하는 방법으로 추행하고, 군인인 피고인 병은 자신의 독신자 숙소에서 동일한 방법으로 피고인 갑과 추행하였다고 하여 군형법 위반으로 기소된 사안에서, 피고인들과 을은 모두 남성 군인으로 당시 피고인들의 독신자 숙소에서 휴일 또는 근무시간 이후에 자유로운 의사를 기초로 한 합의에 따라 항문성교나 그 밖의 성행위를 한 점 등에 비추어 피고인들의 행위는 군형법 제92조의6에서 처벌대상으로 규정한 '항문성교나 그 밖의 추행'에 해당하지 않는다고 한 사례』(대판[전] 2022. 4. 21. 2019도3047)☆.

✔ **기타 특별법상의 성폭력 범죄 : 텔레그램 링크 사건** 최신3년 『아동·청소년의 성보호에 관한 법률 제11조 제3항은 "아동·청소년성착취물을 배포·제공하거나 이를 목적으로 광고·소개하거나 공연히 전시 또는 상영한 자는 3년 이상의 징역에 처한다."라고 규정하고 있다. 여기서 아동·청소년성착취물의 '배포'란 아동·청소년성착취물을 불특정 또는 다수인에게 교부하는 것을 의미하고, '공연히 전시'하는 행위란 불특정 또는 다수인이 실제로 아동·청소년성착취물을 인식할 수 있는 상태에 두는 것을 의미한다.
자신의 웹사이트에 아동·청소년성착취물이 저장된 다른 웹사이트로 연결되는 링크를 해 놓는 행위자의 의사, 그 행위자가 운영하는 웹사이트의 성격 및 사용된 링크기술의 구체적인 방식, 아동·청소년성착취물이 담겨져 있는 다른 웹사이트의 성격 및 다른 웹사이트 등이 아동·청소년성착취물을 실제로 전시한 방법 등 제반 사정을 종합하여 볼 때, 링크의 게시를 포함한 일련의 행위가 불특정 또는 다수인에게 다른 웹사이트 등을 단순히 소개·연결하는 정도를 넘어 링크를 이용하여 별다른 제한 없이 아동·청소년성착취물에 바로 접할 수 있는 상태를 실제로 조성한다면, 이는 아동·청소년성착취물을 직접 '배포'하거나 '공연히 전시'한 것과 실질적으로 다를 바 없다고 평가할 수 있으므로, 위와 같은 행위는 전체적으로 보아 아동·청소년성착취물을 배포하거나 공연히 전시한다는 구성요건을 충족한다』(대판 2023. 10. 12. 2023도5757)☆.

✔ **기타 특별법상의 성폭력 범죄 : 잠든 의붓딸 준강간 사건** 『성폭력범죄의 처벌 등에 관한 특례법(이하 '성폭력처벌법'이라 한다) 제5조 제3항은 "친족관계인 사람이 사람에 대하여 형법 제299조(준강간, 준강제추행)의 죄를 범한 경우에는 제1항 또는 제2항의 예에 따라 처벌한다."라고 규정하고 있고, 같은 조 제1항은 "친족관계인 사람이 폭행 또는 협박으로 사람을 강간한 경우에는 7년 이상의 유기징역에 처한다."라고 규정하고 있으며, 같은 조 제4항은 "제1항부터 제3항까지의 친족의 범위는 4촌 이내의 혈족·인척과 동거하는 친

족으로 한다."라고 규정하고 있다. 한편 민법 제767조는 "배우자, 혈족 및 인척을 친족으로 한다."라고 규정하고 있고, 같은 법 제769조는 "혈족의 배우자, 배우자의 혈족, 배우자의 혈족의 배우자를 인척으로 한다."라고 규정하고 있으며, 같은 법 제771조는 "인척은 배우자의 혈족에 대하여는 배우자의 그 혈족에 대한 촌수에 따르고, 혈족의 배우자에 대하여는 그 혈족에 대한 촌수에 따른다."라고 규정하고 있다. 따라서 의붓아버지와 의붓딸의 관계는 성폭력처벌법 제5조 제4항이 규정한 4촌 이내의 인척으로서 친족관계에 해당한다』(대판 2020.11.5. 2020도10806)☆

제2관 강간죄

> **제297조 │ 강간 │**
> 폭행 또는 협박으로 사람을 강간한 자는 3년 이상의 유기징역에 처한다.

Ⅰ. 의 의

강간죄는 폭행 또는 협박으로 '사람'을 강간함으로써 성립하는 범죄이다. 2012.12.18. 형법이 개정(법률 제11574호)되면서 본죄의 객체가 '부녀'에서 '사람'으로 변경되었다. 본죄의 보호법익은 사람의 성적 자기결정권이다. 본죄는 '폭행 또는 협박'을 그 수단으로 한다는 점, 그 객체가 '사람'인 점에서 강제추행죄와 동일하지만, 일반적으로 그 폭행 또는 협박의 정도가 더 강하다고 해석되고 있는 점(특히 '기습추행'의 경우와 비교)에서 강제추행죄와 차이가 있다.

Ⅱ. 주 체

강간죄의 주체에는 제한이 없다. 본죄의 객체를 '부녀'로 한정하던 개정 전에는 주체가 남성에 한정된다는 의견도 있었지만, 현재 본죄는 '사람'의 성적 자기결정권을 보호하기 위한 규정이므로 여성도 당연히 본죄의 주체가 될 수 있다.

Ⅲ. 객 체

강간죄의 객체는 '사람'이다. 객체가 '부녀'에서 '사람'으로 변경됨으로써 남성에서 여성으로 성전환수술을 받은 사람도 본죄의 객체가 되는가의 여부 등은 입법적으로 해결되었다.

> ✔ **성전환 수술을 받은 자의 객체성 : 30여 년간 무용수 사건** 표준 『성전환자를 여성으로 인식하여 강간한 사안에서, 피해자가 성장기부터 남성에 대한 불일치감과 여성으로의 성귀속감을 나타냈고, 성전환 수술로 인하여 여성으로서의 신체와 외관을 갖추었으며, 수술 이후 30여 년간 개인적·사회적으로 여성으로서의 생활을 영위해 가고 있는 점 등을 고려할 때, 사회통념상 여성으로 평가되는 성전환자로서 강간죄의 객체인 '부녀'에 해당한다』(대판 2009.9.10. 2009도3580)☆

아울러 객체가 '부녀'에서 '사람'으로 변경되었고, 최근 성폭력범죄에 대한 사회인식이 크게 변화하고 있는 점 등에 비추어 보면 실질적 부부관계의 유지여부를 불문하고 '법률상의 처'도 강간죄의 객체에 포함되는 것으로 해석된다.

> ✔ **법률상의 처의 객체성 : 옷가게 부부 강간 사건** 표준 『형법 제297조가 정한 강간죄의 객체인 '부녀'에는 법률상 처가 포함되고, 혼인관계가 파탄된 경우뿐만 아니라 혼인관계가 실질적으로 유지되고 있는 경우에도 남편이 반항을 불가능하게 하거나 현저히 곤란하게 할 정도의 폭행이나 협박을 가하여 아내를 간음한 경우에는 강간죄가 성립한다고 보아야 한다』(대판[전] 2013.5.16. 2012도14788)★.

Ⅳ. 행 위

본죄는 '폭행 또는 협박'으로 사람을 강간하는 것이다.

1. 폭행 또는 협박

가. 폭행·협박의 의의 및 정도

강간죄에 있어서 그 수단은 폭행 또는 협박이다. 일반적으로 폭행이란 사람의 신체에 대한 유형력의 행사 등 일체의 불법적인 공격을 말하고(폭행죄 단원 참조), '협박'은 일반적으로 보아 사람으로 하여금 공포심을 일으킬 수 있을 정도의 해악을 고지하는 것을 말한다(협박죄 단원 참조). 본죄가 성립하기 위한 요건으로서의 '폭행·협박의 정도'는, 상대방의 반항을 불가능하게 하거나 현저히 곤란하게 할 정도면 된다(통설, 판례).

> ✔ **폭행·협박의 정도 : 대학생이니 괜찮다 사건** 『강간죄에 있어서 폭행 또는 협박은 피해자의 항거를 불능하게 하거나 현저히 곤란하게 할 정도의 것이어야 한다』(대판 2000.6.9. 2000도1253)★.

나. 구체적인 판단 기준

그런데 실제 강간죄로 기소되는 유형은 아주 다양하고, 그에 따라 강간의 수단인 폭행·협박이 피해자의 항거를 불가능하게 하거나 현저히 곤란하게 할 정도의 것이었는지 여부를 판단하는 것이 쉽지 않은 경우가 많다. 이에 판례는 "유형력을 행사하게 된 경위, 피해자와의 관계, 성교 당시와 그 후의 정황 등 모든 사정을 종합하여, 피해자가 성관계 당시 처하였던 구체적인 상황을 기준으로 판단하여야 한다."고 판시하고 있다. 피해자가 성관계 당시 처하였던 구체적인 상황 외에 사후적으로 보아 피해자가 성관계 전에 범행 현장을 벗어날 수 있었다거나 피해자가 사력을 다하여 반항하지 않았다는 사정만으로 피고인의 폭행·협박이 피해자의 항거를 현저히 곤란하게 할 정도에 이르지 않았다고 섣불리 단정해서는 안 된다.

> ✔ **폭행·협박의 판단기준 : 밴드 동호회 강간 사건** 『강간죄가 성립하기 위한 가해자의 폭행·협박이 있었는지 여부는 그 폭행·협박의 내용과 정도는 물론 유형력을 행사하게 된 경위, 피해자와의 관계, 성교 당시와 그 후의 정황 등 모든 사정을 종합하여 피해자가 성교 당시 처하였던 구체적인 상황을 기준으로 판단하여야 하며, 사후적으로 보아 피해자가 성교 전에 범행 현장을 벗어날 수 있었다거나 피해자가 사력을 다하여 반항하지 않았다는 사정만으로 가해자의 폭행·협박이 피해자의 항거를 현저히 곤란하게 할 정도에 이르지 않았다고 섣불리 단정하여서는 안 된다』(대판 2012.7.12. 2012도4031)☆.

2. 인과관계

강간은 폭행·협박을 이용하여 상대방의 반항을 불가능하게 하거나 현저히 곤란하게 한 후 간음하는 것을 의미하므로, 폭행·협박과 간음 사이에는 인과관계가 존재하여야 한다. 폭행·협박과 간음 사이에 어느 정도 시간적 간격이 있거나, 폭행·협박이 간음행위보다 선행되지 않는 경우라도 폭행·협박에 의하여 간음이 이루어진 것으로 인정될 수 있는 한 본죄는 성립한다.

> ✓ **1인 2역 강간 사건** 『[1] 가해자가 폭행을 수반함이 없이 오직 협박만을 수단으로 피해자를 간음한 경우에도 그 협박의 정도가 피해자의 항거를 불가능하게 하거나 현저히 곤란하게 할 정도의 것이면 강간죄가 성립하고, 협박과 간음 또는 추행 사이에 시간적 간격이 있더라도 협박에 의하여 간음 또는 추행이 이루어진 것으로 인정될 수 있다면 달리 볼 것은 아니다.
> [2] 유부녀인 피해자에 대하여 혼인 외 성관계 사실을 폭로하겠다는 등의 내용으로 협박하여 피해자를 간음 또는 추행한 사안에서 위와 같은 협박이 피해자를 단순히 외포시킨 정도를 넘어 적어도 피해자의 항거를 현저히 곤란하게 할 정도의 것이었다고 보기에 충분하다는 이유로, 강간죄 및 강제추행죄가 성립한다』(대판 2007.1.25. 2006도5979)☆.[29]

> ✓ **폭행·협박과 간음행위의 인과관계(선후관계) : 동거남 자위행위 강간 사건** 『강간죄가 성립하려면 가해자의 폭행·협박은 피해자의 항거를 불가능하게 하거나 현저히 곤란하게 할 정도의 것이어야 한다. 폭행·협박이 피해자의 항거를 불가능하게 하거나 현저히 곤란하게 할 정도의 것이었는지 여부는 폭행·협박의 내용과 정도는 물론, 유형력을 행사하게 된 경위, 피해자와의 관계, 성교 당시와 그 후의 정황 등 모든 사정을 종합하여 판단하여야 한다. 또한 강간죄에서의 폭행·협박과 간음 사이에는 인과관계가 있어야 하나, 폭행·협박이 반드시 간음행위보다 선행되어야 하는 것은 아니다』(대판 2017.10.12. 2016도16948·2016전도156)★.

3. 기수 및 미수

가. 실행의 착수

피해자의 반항을 불가능하게 하거나 현저히 곤란하게 할 정도의 폭행·협박이 개시된 때에 실행의 착수가 있다고 보아야 한다. 실제로 그와 같은 폭행·협박에 의하여 피해자의 항거가 불가능하게 되거나 현저히 곤란하게 되어야만 실행의 착수가 있다고 볼 것은 아니다.

> ✓ **폭행·협박의 정도(실행의 착수) : 대학생이니 괜찮다 사건** 『강간죄는 부녀를 간음하기 위하여 피해자의 항거를 불능하게 하거나 현저히 곤란하게 할 정도의 폭행 또는 협박을 개시한 때에 그 실행의 착수가 있다고 보아야 할 것이고, 실제로 그와 같은 폭행 또는 협박에 의하여 피해자의 항거가 불능하게 되거나 현저히 곤란하게 되어야만 실행의 착수가 있다고 볼 것은 아니다』(대판 2000.6.9. 2000도1253)★.

> ✓ **강간죄의 실행의 착수 : 옆집 아저씨 강간 시도 사건** 표준 『피고인이 간음할 목적으로 새벽 4시에 여자 혼자 있는 방문 앞에 가서 피해자가 방문을 열어 주지 않으면 부수고 들어갈 듯한 기세로 방문을 두드리고 피해자가 위험을 느끼고 창문에 걸터 앉아 가까이 오면 뛰어 내리겠다고 하는데도 베란다를 통하여 창문

---

29) 참고 甲은 유부녀 A의 옛 애인인 B 행세를 하여 A와 1회 성관계를 가진 후 A에게 전화하여'B와의 성관계 사실을 폭로하겠다, 제3자가 성관계 당시 모텔 사진을 가지고 있다, 사진을 찍은 자가 성관계를 원하고, 그에게는 수명의 부하들이 있다'라는 등 A의 항거를 현저히 곤란하게 할 정도로 협박하여 A를 간음하였다면 간음 당시에는 일체의 폭행이나 협박이 없었던 경우라도, 甲의 행위는 강간죄를 구성한다.

으로 침입하려고 하였다면 강간의 수단으로서의 폭행에 착수하였다고 할 수 있으므로 강간의 착수가 있었다고 할 것이다』(대판 1991.4.9. 91도288)☆.

나. 기수시기

강간죄의 본질은 행위자의 성적 만족을 처벌하려는 데 있는 것이 아니라 피해자의 성적 자기결정권을 보호한다는 데에 있으므로, 남성의 성기가 여성의 성기에 삽입되기 시작하는 순간 기수가 된다.

V. 고 의

강간죄는 폭행·협박으로 피해자를 강간한다는 인식과 의사를 내용으로 하는 고의가 있어야 한다.

제3관 유사강간죄

> **제297조의2 ‖ 유사강간 ‖**
> 폭행 또는 협박으로 사람에 대하여 구강, 항문 등 신체(성기는 제외한다)의 내부에 성기를 넣거나 성기, 항문에 손가락 등 신체(성기는 제외한다)의 일부 또는 도구를 넣는 행위를 한 사람은 2년 이상의 유기징역에 처한다.

본죄는 폭행 또는 협박으로 사람에 대하여 구강, 항문 등 신체(성기는 제외한다)의 내부에 성기를 넣거나 성기, 항문에 손가락 등 신체(성기는 제외한다)의 일부 또는 도구를 넣는 행위를 함으로써 성립하는 범죄이다.

제4관 강제추행죄

> **제298조 ‖ 강제추행 ‖**
> 폭행 또는 협박으로 사람에 대하여 추행을 한 자는 10년 이하의 징역 또는 1천500만원 이하의 벌금에 처한다.

I. 의 의

강제추행죄는 폭행 또는 협박으로 사람에 대하여 추행을 함으로써 성립하는 범죄이다. 보호법익은 사람의 성적 자기결정권이다.

II. 주체 및 객체

주체에는 제한이 없다. 남자, 여자 모두 본죄의 주체가 될 수 있다. 다만 피해자와 사이에 4촌 이내의 혈족 인척과 동거하는 친족 또는 동거하는 사실상의 관계에 있는 친족 관계에 있는 자가 본죄를 범하였을 경우에는 성폭력범죄의 처벌 등에 관한 특례법 제5조 제2항으로 가중 처벌된다.

객체는 '사람'이다. 남녀를 불문하고 기혼, 미혼을 따지지 않는다.

Ⅲ. 행 위

본죄의 행위는 '폭행 또는 협박으로 사람에 대하여 추행'하는 것이다.

1. 폭행 또는 협박

가. 선행형 강제추행

강제추행죄는 폭행·협박을 수단으로 하는 범죄이다. 그런데 폭행·협박의 정도에 대하여는 견해의 대립이 있다. 판례는 선행형 강제추행에서 "강제추행죄의 '폭행 또는 협박'은 상대방의 항거를 곤란하게 할 정도로 강력할 것이 요구되지 아니하고, 상대방의 신체에 대하여 불법한 유형력을 행사(폭행)하거나 일반적으로 보아 상대방으로 하여금 공포심을 일으킬 수 있는 정도의 해악을 고지(협박)하는 것이라고 보아야 한다."는 입장을 취하고 있다.

✔ **선행형 강제추행의 폭행·협박의 정도: 4촌 여동생 강제추행 사건** 최신3년 『[1] [다수의견] 강제추행죄의 범죄구성요건과 보호법익, 종래의 판례 법리의 문제점, 성폭력범죄에 대한 사회적 인식, 판례 법리와 재판 실무의 변화에 따라 해석 기준을 명확히 할 필요성 등에 비추어 강제추행죄의 '폭행 또는 협박'의 의미는 다시 정의될 필요가 있다. 강제추행죄의 '폭행 또는 협박'은 상대방의 항거를 곤란하게 할 정도로 강력할 것이 요구되지 아니하고, 상대방의 신체에 대하여 불법한 유형력을 행사(폭행)하거나 일반적으로 보아 상대방으로 하여금 공포심을 일으킬 수 있는 정도의 해악을 고지(협박)하는 것이라고 보아야 한다.
어떠한 행위가 강제추행죄의 '폭행 또는 협박'에 해당하는지 여부는 행위의 목적과 의도, 구체적인 행위태양과 내용, 행위의 경위와 행위 당시의 정황, 행위자와 상대방과의 관계, 그 행위가 상대방에게 주는 고통의 유무와 정도 등을 종합하여 판단하여야 한다.
[2] 피고인이 자신의 주거지 방안에서 4촌 친족관계인 피해자 갑(여, 15세)의 학교 과제를 도와주던 중 갑을 양팔로 끌어안은 다음 침대에 쓰러뜨린 후 갑의 가슴을 만지는 등 강제로 추행하였다는 성폭력범죄의 처벌 등에 관한 특례법 위반(친족관계에의한강제추행)의 주위적 공소사실로 기소된 사안에서, 당시 피고인은 방안에서 갑의 숙제를 도와주던 중 갑의 왼손을 잡아 자신의 성기 쪽으로 끌어당겼고, 이를 거부하고 자리를 이탈하려는 갑의 의사에 반하여 갑을 끌어안은 다음 침대로 넘겨져 갑의 위에 올라탄 후 갑의 가슴을 만졌으며, 방문을 나가려는 갑을 뒤따라가 끌어안았는바, 이러한 피고인의 행위는 갑의 신체에 대하여 불법한 유형력을 행사하여 갑을 강제추행한 것에 해당한다고 볼 여지가 충분하다는 이유로, 이와 달리 피고인의 행위가 갑의 항거를 곤란하게 할 정도의 폭행 또는 협박에 해당하지 않는다고 보아 위 공소사실을 무죄로 판단한 원심의 조치에 강제추행죄의 폭행에 관한 법리오해 등의 잘못이 있다고 한 사례』(대판[전] 2023. 9. 21. 2018도13877)☆.

✔ **1인 2역 강간 사건** 『유부녀인 피해자에 대하여 혼인 외 성관계 사실을 폭로하겠다는 등의 내용으로 협박하여 피해자를 간음 또는 추행한 사안에서 위와 같은 협박이 피해자를 단순히 외포시킨 정도를 넘어 적어도 피해자의 항거를 현저히 곤란하게 할 정도의 것이었다고 보기에 충분하다는 이유로, **강간죄 및 강제추행죄가 성립한다**』(대판 2007. 1. 25. 2006도5979)☆.[30]

---

30) 보충설명 유부녀인 피해자에 대하여 성교 요구에 불응하면 혼인 외 성관계 사실을 폭로하겠으며 폭력조직 부하들을 동원하여 신체에 위해를 가할 수도 있다는 것을 암시하는 등 협박하여 피해자를 간음한 때에는 강간죄가 성립한다.

나. '기습추행'

판례는 폭행이 추행보다 시간적으로 앞서 그 수단으로 행해지는 선행형 강제추행의 경우에는 상대방의 항거를 곤란하게 할 정도에 이르지 않더라도 상대방의 신체에 대한 불법한 유형력을 행사한 이상 강제추행죄에서의 폭행에 해당한다는 입장을 취하고 있으나, 폭행행위 그 자체가 곧바로 추행행위에 해당하는 경우(이른바 '기습추행')에는 상대방의 의사에 반하는 유형력의 행사가 있는 이상 그 힘의 대소 강약을 불문하고 폭행이 있다고 보아야 한다."는 입장을 취하고 있다. 강간죄의 경우에는 '기습간음'이라는 형태의 범행이 이루어지기 어려운데 반해 추행의 경우에는 폭행행위 그 자체가 추행행위라고 인정되는 경우로서 '기습추행'이 얼마든지 발생할 수 있고 현실적으로 그러한 행위를 처벌하여야만 할 필요성이 있으므로 형사정책적 판단을 염두에 두고 폭행·협박의 개념을 다소 탄력적으로 해석하고 있는 것으로 보인다.

> ✔ **기습추행형 강제추행의 폭행·협박의 정도 : 식당 종업원 부루스 추행 사건** 『[1] 강제추행죄는 상대방에 대하여 폭행 또는 협박을 가하여 추행행위를 하는 경우뿐만 아니라 폭행행위 자체가 추행행위라고 인정되는 경우도 포함되는 것이며, 이 경우에 있어서의 폭행은 반드시 상대방의 의사를 억압할 정도의 것임을 요하지 않고 상대방의 의사에 반하는 유형력의 행사가 있는 이상 그 힘의 대소강약을 불문한다.
> [2] 피해자와 춤을 추면서 피해자의 유방을 만진 행위가 순간적인 행위에 불과하더라도 피해자의 의사에 반하여 행하여진 유형력의 행사에 해당하고 피해자의 성적 자유를 침해할 뿐만 아니라 일반인의 입장에서도 추행행위라고 평가될 수 있는 것으로서, 폭행행위 자체가 추행행위라고 인정되어 강제추행에 해당된다』 (대판 2002.4.26. 2001도2417)★.31)32)

> ✔ **기습추행과 강제추행 : 아저씨 왜 이러세요(기습추행) 사건** 표준 『피고인이 밤에 술을 마시고 배회하던 중 버스에서 내려 혼자 걸어가는 피해자 갑을 발견하고 마스크를 착용한 채 뒤따라가다가 인적이 없고 외진 곳에서 가까이 접근하여 껴안으려 하였으나, 갑이 뒤돌아보면서 소리치자 그 상태로 몇 초 동안 쳐다보다가 다시 오던 길로 되돌아갔다고 하여 아동·청소년의 성보호에 관한 법률 위반으로 기소된 사안에서, 피고인의 행위가 아동·청소년에 대한 **강제추행미수죄에 해당한다**』(대판 2015.9.10. 2015도6980)★.33)

2. 추 행

가. '추행'의 의미

'추행'이라 함은 객관적으로 일반인에게 성적 수치심이나 혐오감을 일으키게 하고 선량한 성적 도덕관념에 반하는 행위로서 피해자의 성적 자유를 침해하는 일체의 행위를 말한다.34) '추행'이라는 개념은 다소 추상적이고 포괄적인 의미를 가지므로, 과연 어떠한 행위를 추행으로 보아야 하는가의 문제가 생긴다.

---

31) 동지판례 교사 A가 제자인 중학생 B의 얼굴에 자신의 얼굴을 들이밀면서 비비는 행위나 B의 귀를 쓸어 만지는 행위는 B의 성적 자유를 침해할 뿐만 아니라 일반인에게도 성적 수치심이나 혐오감을 일으키게 하는 추행행위에 해당한다.
32) 동지판례 A가 자신의 집무실에서 아침 보고를 하는 자신의 비서 B에게 '이쁘다'고 칭찬하며 B의 허리를 손으로 껴안는 방법으로 포옹하고, 같은 날 퇴근 보고를 하는 B에게 '학원에 태워줄까'라고 하면서 양손으로 B를 포옹하였다면, 성적 수치심이나 혐오감을 일으키게 하는 추행행위에 해당한다.
33) 보충설명 추행의 고의로 상대방의 의사에 반하는 유형력의 행사, 즉 폭행행위를 하여 실행행위에 착수하였으나 추행의 결과에 이르지 못한 때에는 강제추행미수죄가 성립하며, 이러한 법리는 폭행행위 자체가 추행행위라고 인정되는 이른바 '기습추행'의 경우에도 마찬가지로 적용된다.
34) 보충설명 '추행'이란 일반인에게 성적 수치심이나 혐오감을 일으키고 선량한 성적 도덕관념에 반하는 행위인 것만으로는 부족하고 그 행위의 상대방인 피해자의 성적 자기결정의 자유를 침해하는 것이어야 한다.

'추행'의 의미에 대하여, 판례는 "개인의 성적 자유가 현저하게 침해되고, 일반인의 입장에서도 도덕적 비난을 넘어 추행행위라고 평가할 만한 것이어야 하는데, 구체적으로는 피해자의 의사, 성별, 연령, 행위자와 피해자의 이전부터의 관계, 그 행위에 이르게 된 경위, 구체적 행위태양 주위의 객관적 상황과 그 시대의 성적 도덕관념 등을 종합적으로 고려하여 신중히 결정하여야 한다."는 입장이다. 또한 "여성에 대한 추행에 있어서 신체 부위에 따라 본질적인 차이가 있다고 볼 수 없다."고 판시하여 그 범위를 상당히 넓게 해석하고 있다.

✔ **추행의 의미 : 보복목적 추행 사건** 『[1] '추행'이란 객관적으로 일반인에게 성적 수치심이나 혐오감을 일으키게 하고 선량한 성적 도덕관념에 반하는 행위인 것만으로는 부족하고 그 행위의 상대방인 피해자의 성적 자기결정의 자유를 침해하는 것이어야 한다. 강제추행죄의 성립에 필요한 주관적 구성요건으로 성욕을 자극·흥분·만족시키려는 주관적 동기나 목적이 있어야 하는 것은 아니다.
[2] 피고인이, 알고 지내던 여성인 피해자 갑이 자신의 머리채를 잡아 폭행을 가하자 보복의 의미에서 갑의 입술, 귀, 유두, 가슴 등을 입으로 깨무는 등의 행위를 한 사안에서, 객관적으로 여성인 피해자의 입술, 귀, 유두, 가슴을 입으로 깨무는 행위는 일반적이고 평균적인 사람으로 하여금 성적 수치심이나 혐오감을 일으키게 하고 선량한 성적 도덕관념에 반하는 행위로서, 갑의 성적 자유를 침해하였다고 보는 것이 타당하다는 이유로, 피고인의 행위가 강제추행죄의 '추행'에 해당한다』(대판 2013.9.26. 2013도5856)★.

✔ **추행의 의미 : 영업부 대리 어깨 추행 사건** 『직장 상사가 등 뒤에서 피해자의 의사에 명백히 반하여 어깨를 주무른 경우, 여성에 대한 추행에 있어 신체 부위에 따라 본질적인 차이가 있다고 볼 수 없으므로 추행에 해당한다』(대판 2004.4.16. 2004도52)☆.

추행을 인정한 기출판례 정리

① ✔ **엘리베이터 안 여아 추행 사건** 『피고인이 아파트 엘리베이터 내에 13세 미만인 갑(여, 11세)과 단둘이 탄 다음 갑을 향하여 성기를 꺼내어 잡고 여러 방향으로 움직이다가 이를 보고 놀란 갑 쪽으로 가까이 다가감으로써 위력으로 갑을 추행하였다고 하여 성폭력범죄의 처벌 등에 관한 특례법 위반으로 기소된 사안에서, 피고인은 나이 어린 갑을 범행 대상으로 삼아, 의도적으로 협소하고 폐쇄적인 엘리베이터 내 공간을 이용하여 갑이 도움을 청할 수 없고 즉시 도피할 수도 없는 상황을 만들어 범행을 한 점 등 제반 사정에 비추어 볼 때, 비록 피고인이 갑의 신체에 직접적인 접촉을 하지 아니하였고 엘리베이터가 멈춘 후 갑이 위 상황에서 바로 벗어날 수 있었다고 하더라도, 피고인의 행위는 갑의 성적 자유 의사를 제압하기에 충분한 세력에 의하여 추행행위에 나아간 것으로서 위력에 의한 추행에 해당한다』(대판 2013.1.16. 2011도7164)★.

② ✔ **엘리베이터 자위 사건** 『피고인이 엘리베이터 안에서 피해자를 칼로 위협하는 등의 방법으로 꼼짝하지 못하도록 하여 자신의 실력적인 지배하에 둔 다음 자위행위 모습을 보여준 행위가 강제추행죄의 추행에 해당한다』(대판 2010.2.25. 2009도13716)★.

③ ✔ **러브샷 사건** 『골프장 여종업원들이 거부의사를 밝혔음에도, 골프장 사장과의 친분관계를 내세워 함께 술을 마시지 않을 경우 신분상의 불이익을 가할 것처럼 협박하여 이른바 러브샷의 방법으로 술을 마시게 한 사안에서 강제추행죄를 인정한 사례』(대판 2008.3.13. 2007도10050)☆.

④ ✔ **미용업체 대표 추행 사건** 『미용업체인 甲 주식회사를 운영하는 피고인이 甲 회사의 가맹점에서 근무하는 乙(여, 27세)을 비롯한 직원들과 노래방에서 회식을 하던 중 乙을 자신의 옆자리에 앉힌 후 갑자기 乙의 볼에 입을 맞추고, 이에 乙이 '하지 마세요'라고 하였음에도 계속하여 오른손으로 乙의 오른쪽 허벅지를 쓰다듬어 강제로 추행하였다는 내용으로 기소되었는데, 원심이 공소사실 전부를 무죄로 판단한 사안에서, 공소사실 중 피고인이 乙의 허벅지를 쓰다듬은 행위로 인한 강제추행 부분에 대하여도 범죄의 증명이 없다고 본 원심의 판단에 기습추행 내지 강제추행죄의 성립에 관한 법리오해의 잘못이 있다고 한 사례』(대판 2020.3.26. 2019도15994)☆.

추행을 부정한 기출판례 정리

① ✔ **온천장(허심청) 성기노출 사건** 표준 『피고인이 피해자 갑(여, 48세)에게 욕설을 하면서 자신의 바지를 벗어 성기를 보여주는 방법으로 강제추행하였다는 내용으로 기소된 사안에서, 갑의 성별·연령, 행위에 이르게 된 경위, 갑에 대하여 어떠한 신체 접촉도 없었던 점, 행위장소가 사람 및 차량의 왕래가 빈번한 도로로서 공중에게 공개된 곳인 점, 피고인이 한 욕설은 성적인 성질을 가지지 아니하는 것으로서 '추행'과 관련이 없는 점, 갑이 자신의 성적 결정의 자유를 침해당하였다고 볼 만한 사정이 없는 점 등 제반 사정을 고려할 때, 단순히 피고인이 바지를 벗어 자신의 성기를 보여준 것만으로는 폭행 또는 협박으로 '추행'을 하였다고 볼 수 없다』(대판 2012.7.26. 2011도8805)★.[35]

3. 실행의 착수

강제추행죄는 피해자의 반항을 곤란하게 할 정도의 폭행·협박이 개시된 때, 그리고 폭행행위 그 자체가 추행행위라고 인정되는 경우(이른바 '기습추행')에는 상대방의 의사에 반하는 유형력의 행사가 있는 때에 실행의 착수가 인정된다.

Ⅳ. 고 의

강제추행죄는 폭행 또는 협박으로 사람에 대하여 추행하는 것에 대한 인식과 의사를 내용으로 하는 고의가 있어야 한다. 본죄의 성립에 성욕의 자극이나 만족을 구한다는 주관적 요소는 필요하지 않는다. 아울러 행위 당시에 피해자가 추행행위를 인식하지 못한 경우에도 추행이 인정된다.

✔ **추행의 인식여부 : 머리 위 소변 사건** 『[1] 추행 행위에 해당하기 위해서는 객관적으로 일반인에게 성적 수치심이나 혐오감을 일으키게 할 만한 행위로서 선량한 성적 도덕관념에 반하는 행위를 행위자가 대상자를 상대로 실행하는 것으로 충분하고, 그 행위로 말미암아 대상자가 성적 수치심이나 혐오감을 반드시 실제로 느껴야 하는 것은 아니다.
[2] 피고인이 아파트 놀이터의 의자에 앉아 전화통화를 하고 있던 갑(녀, 18세)의 뒤로 몰래 다가가 갑의 머리카락 및 옷 위에 소변을 보아 강제추행하였다는 내용으로 기소된 사안에서, 피고인이 처음 보는 여성인 갑의 뒤로 몰래 접근하여 성기를 드러내고 갑을 향한 자세에서 갑의 등 쪽에 소변을 본 행위는 객관적으로 일반인에게 성적 수치심이나 혐오감을 일으키게 하고 선량한 성적 도덕관념에 반하는 행위로서 갑의 성적 자기결정권을 침해하는 추행행위에 해당한다고 볼 여지가 있고, 행위 당시 갑이 이를 인식하지 못하였더라도 마찬가지라는 이유로, 이와 달리 보아 공소사실을 무죄로 판단한 원심판결에 법리오해 및 심리미진의 잘못이 있다고 한 사례』(대판 2021.10.28. 2021도7538).

---

35) 보충설명 공연음란죄에서 정하는 '음란한 행위'를 특정한 사람을 상대로 한다고 해서 반드시 강제추행죄가 성립하는 것은 아니다.

제5관 준강간, 준강제추행죄

> **제299조 ┃ 준강간, 준강제추행 ┃**
> 사람의 심신상실 또는 항거불능의 상태를 이용하여 간음 또는 추행을 한 자는 제297조, 제297조의2 및 제298조의 예에 의한다.

I. 의 의

준강간, 준강제추행죄는 사람의 심신상실 또는 항거불능의 상태를 이용하여 간음 또는 추행함으로써 성립하는 범죄이다. 폭행 또는 협박의 방법으로 간음 또는 추행한 것은 아니지만 심신상실 또는 항거불능의 상태를 이용하여 동일한 결과를 초래한 때에 이를 강간 또는 강제추행죄의 예로 처벌하는 것이다.

II. 주 체

본죄의 주체에는 아무런 제한이 없다. 남자뿐만 아니라 여자도 본죄의 주체가 된다. 다만 피해자와 4촌 이내의 혈족·인척과 동거하는 친족 또는 동거하는 사실상의 관계에 있는 친족관계에 있는 자가 본죄를 범하였을 경우에는 성폭력범죄의 처벌 등에 관한 법률 제5조 제3항이 적용될 수 있다.

III. 객 체

1. 사 람

본죄의 객체는 「심신상실 또는 항거불능」의 상태에 있는 「사람」이다.

2. 심신상실 또는 항거불능의 상태

사람이 '심신상실 또는 항거불능의 상태'에 빠져 있어야 한다. 아래에서 보는 바와 같이 '심신상실'과 '항거불능'의 구별이 반드시 명확한 것은 아니고, 양자를 엄격하게 구별할 만한 실익도 없다.

가. 심신상실

'심신상실'이란 정신장애 또는 의식장애 때문에 성적행위에 관하여 정상적인 판단을 할 수 없는 상태를 말한다. 따라서 본조의 '심신상실'의 개념은 제10조 제1항의 '심신장애로 인하여 사물을 변별할 능력이 없거나 의사를 결정할 능력이 없는 자'와는 그 의미가 다르다(통설). 예를 들어 피해자가 깊은 잠에 빠져 있는 상태 또는 일시적으로 의식을 잃은 상태 등을 들 수 있다.

> ✔ **블랙아웃과 심신상실의 의미 : 알코올 블랙아웃 사건** 『[1] 준강간죄에서 '심신상실'이란 정신기능의 장애로 인하여 성적 행위에 대한 정상적인 판단능력이 없는 상태를 의미하고, '항거불능'의 상태란 심신상실 이외의 원인으로 심리적 또는 물리적으로 반항이 절대적으로 불가능하거나 현저히 곤란한 경우를 의미한다. 이는 준강제추행죄의 경우에도 마찬가지이다. 피해자가 깊은 잠에 빠져 있거나 술·약물 등에 의해 일시적으로 의식을 잃은 상태 또는 완전히 의식을 잃지는 않았더라도 그와 같은 사유로 정상적인 판단능력과 대응·조절능력을 행사할 수 없는 상태에 있었다면 준강간죄 또는 준강제추행죄에서의 심신상실 또는 항거불능 상태에 해당한다.

[2] (가) 의학적 개념으로서의 '알코올 블랙아웃(black out)'은 중증도 이상의 알코올 혈중농도, 특히 단기간 폭음으로 알코올 혈중농도가 급격히 올라간 경우 그 알코올 성분이 외부 자극에 대하여 기록하고 해석하는 인코딩 과정(기억형성에 관여하는 뇌의 특정 기능)에 영향을 미침으로써 행위자가 일정한 시점에 진행되었던 사실에 대한 기억을 상실하는 것을 말한다.
알코올 블랙아웃은 인코딩 손상의 정도에 따라 단편적인 블랙아웃과 전면적인 블랙아웃이 모두 포함한다. 그러나 알코올의 심각한 독성화와 전형적으로 결부된 형태로서의 의식상실의 상태, 즉 알코올의 최면진정 작용으로 인하여 수면에 빠지는 의식상실(passing out)과 구별되는 개념이다.
(나) 따라서 음주 후 준강간 또는 준강제추행을 당하였음을 호소한 피해자의 경우, 범행 당시 알코올이 위의 기억형성의 실패만을 야기한 알코올 블랙아웃 상태였다면 피해자는 기억장애 외에 인지기능이나 의식 상태의 장애에 이르렀다고 인정하기 어렵지만, 이에 비하여 피해자가 술에 취해 수면상태에 빠지는 등 의식을 상실한 패싱아웃 상태였다면 심신상실의 상태에 있었음을 인정할 수 있다.
또한 '준강간죄 또는 준강제추행죄에서의 심신상실·항거불능'의 개념에 비추어, 피해자가 의식상실 상태에 빠져 있지는 않지만 알코올의 영향으로 의사를 형성할 능력이나 성적 자기결정권 침해행위에 맞서려는 저항력이 현저하게 저하된 상태였다면 '항거불능'에 해당하여, 이러한 피해자에 대한 성적 행위 역시 준강간죄 또는 준강제추행죄를 구성할 수 있다.
또한 피해사실 전후의 객관적 정황상 피해자가 심신상실 등이 의심될 정도로 비정상적인 상태에 있었음이 밝혀진 경우 혹은 피해자와 피고인의 관계 등에 비추어 피해자가 정상적인 상태하에서라면 피고인과 성적 관계를 맺거나 이에 수동적으로나마 동의하리라고 도저히 기대하기 어려운 사정이 인정되는데도, 피해자의 단편적인 모습만으로 피해자가 단순히 '알코올 블랙아웃'에 해당하여 심신상실 상태에 있지 않았다고 단정하여서는 안 된다」(대판 2021. 2. 4. 2018도9781)☆.

✔ **애인으로 착각 간음 사건** 「피고인이 술에 취하여 안방에서 잠을 자고 있던 피해자를 발견하고 갑자기 욕정을 일으켜 피해자의 옆에 누워 피해자의 몸을 더듬다가 피해자의 바지를 벗기려는 순간 피해자가 어렴풋이 잠에서 깨어났으나 피해자는 잠결에 자신의 바지를 벗기려는 피고인을 자신의 애인으로 착각하여 반항하지 않고 응함에 따라 피해자를 1회 간음한 사실을 인정한 다음, 이와 같이 피해자가 잠결에 피고인을 자신의 애인으로 잘못 알았다고 하더라도 피해자의 위와 같은 의식상태를 심신상실의 상태에 이르렀다고 보기 어렵다」(대판 2000. 2. 25. 98도4355)☆.

나. 항거불능의 상태

'항거불능의 상태'라 함은 심신상실 이외의 원인 때문에 심리적 또는 물리적으로 반항이 불가능한 경우를 말한다. 또한 '항거불능'이라는 표현을 사용하고 있지만, 강간죄 및 강제추행죄와의 균형상, 항거가 절대적으로 불가능하거나 현저히 곤란한 경우를 의미한다.

✔ **항거불능의 의미 : 가족 병 치유 간음 사건** 「형법 제299조(준강간, 준강제추행)에서의 항거불능의 상태라 함은 같은 법 제297조(강간죄), 제298조(강제추행죄)와의 균형상 심신상실 이외의 원인 때문에 심리적 또는 물리적으로 반항이 절대적으로 불가능하거나 현저히 곤란한 경우를 의미한다」(대판 2000. 5. 26. 98도3257)★.

✔ **성폭력범죄의 처벌 등에 관한 특례법에서의 항거불능의 의미 : 정신지체 3급 간음 사건** 「구 성폭력범죄의 처벌 등에 관한 특례법 제6조의 '신체적인 또는 정신적인 장애로 항거불능인 상태'란 신체적 또는 정신적 장애 그 자체로 항거불능의 상태에 있는 경우뿐 아니라 신체장애 또는 정신적인 장애가 주된 원인이 되어 심리적 또는 물리적으로 반항이 불가능하거나 현저히 곤란한 상태에 이른 경우를 포함하는 것으로 보아야 한다」(대판 2014. 2. 13. 2011도6907)☆.

Ⅳ. 행 위

본죄는 사람의 심신상실 또는 항거불능의 상태를 '이용'하여 '간음'이나 또는' 추행' 등을 하는 것이다. 이용이라 함은 행위자가 심신상실이나 항거불능의 상태에 있는 피해자를 인식하고 또한 그러한 상태 때문에 간음이나 추행이 용이하게 되었음을 의미한다.

실행의 착수시기는 심신상실 또는 항거불능의 상태를 이용하여 간음이나 추행 행위를 하기 위한 행동을 개시한 때이다. 예를 들어 잠자고 있는 피해자의 몸을 더듬거나 피해자의 옷을 벗기는 등 구체적인 행위를 개시한 경우를 들 수 있다.

> ✔ **실행의 착수시기 : 잠에서 깬 피해자 사건** 『피고인이 피해자가 잠을 자는 사이에 피해자의 바지와 팬티를 발목까지 벗기고 윗옷을 가슴 위까지 올린 다음, 피고인의 바지를 아래로 내린 상태에서 피해자의 가슴, 엉덩이, 음부 등을 만지고 성기를 음부에 삽입하려고 하였으나 피해자가 잠에서 깨어 거부하는 듯 한 기색을 보이자 더 이상 간음행위에 나아가는 것을 포기한 경우, 피고인이 잠을 자고 있는 피해자의 옷을 벗기고 자신의 바지를 내린 상태에서 피해자의 음부 등을 만지는 행위를 한 시점에서 준강간죄의 실행에 착수하였다고 보아야 한다』(대판 2000.1.14. 99도5187)☆.

Ⅴ. 고 의

피해자가 심신상실 또는 항거불능의 상태에 있고 그러한 상태를 이용하여 간음이나 추행한다는 사실에 대한 인식과 의사를 내용으로 하는 고의가 있어야 한다.

제6관 미성년자의제강간, 강제추행죄

> **제305조 | 미성년자에 대한 간음, 추행 |**
> ① 13세 미만의 사람에 대하여 간음 또는 추행을 한 자는 제297조, 제297조의2, 제298조, 제301조 또는 제301조의2의 예에 의한다.
> ② 13세 이상 16세 미만의 사람에 대하여 간음 또는 추행을 한 19세 이상의 자는 제297조, 제297조의2, 제298조, 제301조 또는 제301조의2의 예에 의한다.

Ⅰ. 의의 및 보호법익

미성년자의제강간·강제추행죄는 정신적·육체적으로 아직 성적 자기결정권의 의미를 제대로 알지 못하는 16세 미만의 미성년자를 특별히 보호하기 위하여 마련한 규정이다.

Ⅱ. 객 체

미성년자의제강간·강제추행죄의 객체는 13세 미만의 사람 또는 범행주체가 19세 이상인 경우 13세 이상 16세 미만의 사람이다.

Ⅲ. 행 위

본죄는 그 범행수단으로 폭행이나 협박, 위계나 위력을 사용하지 않더라도 성립하고, 미성년자의 동의(승낙)가 있더라도 성립한다.

> ✔ **간음의 수단 : 초등학생 팔 추행 사건** 『형법 제305조에 규정된 13세미만 부녀에 대한 의제강간, 추행죄는 그 성립에 있어 위계 또는 위력이나 폭행 또는 협박의 방법에 의함을 요하지 아니하며 피해자의 동의가 있었다고 하여도 성립하는 것이다』(대판 1982.10.12. 82도2183)☆.

> ✔ **간음의 수단 : 육군 미성년자 강간 사건** 『형법 305조 소정의 미성년자에 대한 강간죄는 13세미만의 부녀라는 사실을 알고 간음을 하면 성립되는 것이고 간음을 함에 있어서 피해자에게 폭행, 협박을 가하거나 피해자의 의사에 반하여야 하는 것은 아니다』(대판 1975.5.13. 75도855)☆.

> ✔ **제305조의 미수범 인정 여부 : 11세 간음 미수 사건** 『미성년자의제강간·강제추행죄를 규정한 형법 제305조가 "13세 미만의 부녀를 간음하거나 13세 미만의 사람에게 추행을 한 자는 제297조, 제298조, 제301조 또는 제301조의2의 예에 의한다"로 되어 있어 강간죄와 강제추행죄의 미수범의 처벌에 관한 형법 제300조를 명시적으로 인용하고 있지 아니하나, 형법 제305조의 입법 취지는 성적으로 미성숙한 13세 미만의 미성년자를 특별히 보호하기 위한 것으로 보이는바 이러한 입법 취지에 비추어 보면 동조에서 규정한 형법 제297조와 제298조의 '예에 의한다'는 의미는 미성년자의제강간·강제추행죄의 처벌에 있어 그 법정형뿐만 아니라 미수범에 관하여도 강간죄와 강제추행죄의 예에 따른다는 취지로 해석되고, 이러한 해석이 형벌법규의 명확성의 원칙에 반하는 것이거나 죄형법정주의에 의하여 금지되는 확장해석이나 유추해석에 해당하는 것으로 볼 수 없다』(대판 2007.3.15. 2006도9453)☆.

Ⅳ. 고 의

본죄는 고의범이므로, 상대방이 13세 미만의 사람 또는 13세 이상 16세 미만의 사람을 간음·추행한다는 인식과 의사를 가지고 있어야 한다. 주관적 구성요건요소는 고의만으로 충분하고, 성욕을 자극·흥분·만족시키려는 주관적 동기 등이 있어야 하는 것은 아니다.

> ✔ **주관적 구성요건요소 : 고추 만지기 사건** 『[1] 형법 제305조의 미성년자의제강제추행죄는 '13세 미만의 아동이 외부로부터의 부적절한 성적 자극이나 물리력의 행사가 없는 상태에서 심리적 장애 없이 성적 정체성 및 가치관을 형성할 권익'을 보호법익으로 하는 것으로서, 그 성립에 필요한 주관적 구성요건요소는 고의만으로 충분하고, 그 외에 성욕을 자극·흥분·만족시키려는 주관적 동기나 목적까지 있어야 하는 것은 아니다.
> [2] 초등학교 4학년 담임교사(남자)가 교실에서 자신이 담당하는 반의 남학생의 성기를 만진 행위가 미성년자의제강제추행죄에서 말하는 '추행'에 해당한다』(대판 2006.1.13. 2005도6791)★.[36]

---

36) **동지판례** 『초등학교 기간제 교사가 다른 학생들이 지켜보는 가운데 건강검진을 받으러 온 학생의 옷 속으로 손을 넣어 배와 가슴 등의 신체 부위를 만진 행위는, 설사 성욕을 자극·흥분·만족시키려는 주관적 동기나 목적이 없었더라도 객관적으로 일반인에게 성적 수치심이나 혐오감을 불러일으키고 선량한 성적 도덕관념에 반하는 행위라고 평가할 수 있고 그로 인하여 피해 학생의 심리적 성장 및 성적 정체성의 형성에 부정적 영향을 미쳤다고 판단되므로, 성폭력범죄의 처벌 및 피해자보호 등에 관한 법률 제8조의2 제5항에서 말하는 '추행'에 해당한다고 한 사례』(대판 2009.9.24. 2009도2576).

제7관 강간 등 상해·치상죄

> **제301조 ┃ 강간 등 상해·치상 ┃**
> 제297조, 제297조의2 및 제298조부터 제300조까지의 죄를 범한 자가 사람을 상해하거나 상해에 이르게 한 때에는 무기 또는 5년 이상의 징역에 처한다.

Ⅰ. 의 의

강간상해·치상죄는 강간 등으로 인한 사람을 상해하거나 상해에 이르게 한 때에 성립하는 범죄이다. 강간상해죄는 강간죄와 상해죄의 결합범이고, 강간치상죄는 강간죄에 상해의 중한 결과가 발생한 결과적 가중범이다.

Ⅱ. 주 체

본죄의 주체는 강간죄, 유사강간죄, 강제추행죄, 준강간죄, 준강제추행죄, 미성년자의제강간·강제추행죄를 범한 자 또는 미수에 그친 자이다.

Ⅲ. 상 해

1. 상해의 결과 발생

위 죄가 성립하기 위해서는 기본행위로서 강간 등의 죄 외에 상해의 결과가 발생하여야 한다. 상해라는 결과가 간음이나 추행행위 그 자체에 기인하는 경우는 물론이고 그 수단으로 행해진 폭행으로 인하여 발생한 경우에도 성립한다.

> ✔ **상해의 결과발생 : 애향공원 화장실 용변칸 노크 사건**　『강간이 미수에 그친 경우라도 그로 인하여 피해자가 상해를 입었으면, 강간치상죄가 성립하는 것이고, 강간치상죄에 있어 상해의 결과는 강간의 수단으로 사용한 폭행으로부터 발생한 경우뿐만 아니라 간음행위 그 자체로부터 발생한 경우나 강간에 수반하는 행위에서 발생한 경우도 포함된다』(대판 2003. 5. 30. 2003도1256)★

2. 상해의 의의 및 발생 여부

판례는 앞서 본 바와 같이 상해에 대하여 신체의 건강상태가 불량하게 변경되고 생활기능에 장애가 초래되는 것 또는 신체의 완전성을 훼손하거나 생리적 기능에 장애를 초래하는 것이라고 판시하여 기본적으로 생리적 기능훼손설의 입장과 신체 완전성설의 입장을 모두 고려하는 관점에서 상해의 의의를 파악하고 있다.

그러나 상해는 여러 범죄에서 다양한 형태로 발생하므로 '상해' 여부를 판단하는 것은 쉽지 않다. 판례는 기본적으로 "피해자가 입은 상처가 극히 경미하여 굳이 치료할 필요가 없고, 치료를 받지 않더라도 일상생활을 하는 데 아무런 지장이 없으며, 시일이 경과함에 따라 자연적으로 치유될 수 있는 정도라면, 그로 인하여 피해자의 신체의 건강상태가 불량하게 변경되었다거나 생활기능에 장애가 초래된 것으로 보기 어려워 상해에 해당하지 않는다."고 판시함으로서 경미한 상처를 상해의 개념에서 제외하고 있다. 그리고 '피해자의 건강상태가 나쁘게 변경되고 생활기능에 장애가 초래되었는지' 여부에 대하여는 이를 객관적 일률적으로 판단할 것이 아니라 피해자의 연령, 성별, 체격 등 신체 정신상의 구체적 상태 등을 종합하여 판단하여야 한다는 입장이다.

상해를 인정한 기출판례의 정리

① **✔ 졸피뎀 사용 강간 사건** 『강간치상죄나 강제추행치상죄에 있어서의 상해는 피해자의 신체의 완전성을 훼손하거나 생리적 기능에 장애를 초래하는 것, 즉 피해자의 건강상태가 불량하게 변경되고 생활기능에 장애가 초래되는 것을 말하는 것으로, 여기서의 생리적 기능에는 육체적 기능뿐만 아니라 정신적 기능도 포함된다. 따라서 수면제와 같은 약물을 투약하여 피해자를 일시적으로 수면 또는 의식불명 상태에 이르게 한 경우에도 약물로 인하여 피해자의 건강상태가 불량하게 변경되고 생활기능에 장애가 초래되었다면 자연적으로 의식을 회복하거나 외부적으로 드러난 상처가 없더라도 이는 강간치상죄나 강제추행치상죄에서 말하는 상해에 해당한다』(대판 2017.6.29. 2017도3196)★

② **✔ 우측 슬관절 찰과상 사건** 표준 『피해자가 소형승용차 안에서 강간범행을 모면하려고 저항하는 과정에서 피고인과의 물리적 충돌로 인하여 입은 '우측 슬관절 부위 찰과상' 등이 강간치상죄의 상해에 해당하지 않는다고 본 원심판결을 파기한 사례이다』(대판 2005.5.26. 2005도1039)☆

③ **✔ 처녀막 파열 사건** 『처녀막은 부녀자의 신체에 있어서 생리조직의 일부를 구성하는 것으로서, 그것이 파열되면 정도의 차이는 있어도 생활기능에 장애가 오는 것이라고 보아야 하고, 처녀막 파열이 그와 같은 성질의 것인 한 비록 피해자가 성경험을 가진 여자로서 특이체질로 인해 새로 형성된 처녀막이 파열되었다 하더라도 강간치상죄를 구성하는 상처에 해당된다』(대판 1995.7.25. 94도1351)☆

④ **✔ 손바닥 넓이 코피 사건** 『피고인이 강간하려고 피해자의 반항을 억압하는 과정에서 주먹으로 피해자의 얼굴과 머리를 몇 차례 때려 피해자가 코피를 흘리고(흘린 코피가 이불에 손바닥 만큼의 넓이로 묻었음) 콧등이 부었다면 비록 병원에서 치료를 받지 않더라도 일상생활에 지장이 없고 또 자연적으로 치료될 수 있는 것이라 하더라도 강간치상죄에 있어서의 상해에 해당한다』(대판 1991.10.22. 91도1832)☆

상해를 부정한 기출판례의 정리

① **✔ 술값시비 이중상해 사건** 『피고인이 피해자를 폭행하여 비골 골절 등의 상해를 가한 다음 강제추행한 사안에서, 피고인의 위 폭행을 강제추행의 수단으로서의 폭행으로 볼 수 없어 위 상해와 강제추행 사이에 인과관계가 없다는 이유로, 폭력행위 등 처벌에 관한 법률 위반죄로 처벌한 상해를 다시 결과적 가중범인 강제추행치상죄의 상해로 인정한 원심판결을 파기한 사례이다』(대판 2009.7.23. 2009도1934)[37]★

② **✔ 손바닥 2센티미터 긁힌 사건** 『피고인이 피해자를 강간하려다가 미수에 그치고 그 과정에서 위 피해자의 왼쪽 손바닥에 약 2센티미터 정도의 긁힌 가벼운 상처가 발생한 경우라면 그 정도의 상처(소상)는 일상생활에서 얼마든지 생길 수 있는 극히 경미한 상처로서 굳이 치료할 필요도 없는 것이어서 그로 인하여 인체의 완전성을 해하거나 건강상태를 불량하게 변경하였다고 보기 어려우므로 피해자가 입은 위 소상을 가지고서 강간치상죄의 상해에 해당된다고는 할 수 없다』(대판 1987.10.26. 87도1880)☆

---

[37] **관련판례** 『강제추행치상죄에서 상해의 결과는 강제추행의 수단으로 사용한 폭행이나 추행행위 그 자체 또는 강제추행에 수반하는 행위로부터 발생한 것이어야 한다. 따라서 상해를 가한 부분을 고의범인 상해죄로 처벌하면서 이를 다시 결과적 가중범인 강제추행치상죄의 상해로 인정하여 이중으로 처벌할 수는 없다』(대판 2009.7.23. 2009도1934).

제8관 강간 등 살인·치사죄

> **제301조의2 ┃ 강간 등 살인·치사 ┃**
> 제297조, 제297조의2 및 제298조부터 제300조까지의 죄를 범한 자가 사람을 살해한 때에는 사형 또는 무기징역에 처한다. 사망에 이르게 한 때에는 무기 또는 10년 이상의 징역에 처한다.

강간살인·치사죄는 강간 등의 죄를 범한 자가 사람을 살해하거나 사망에 이르게 한 때 성립하는 범죄이다. 강간 등 살인죄는 강간 등 죄와 살인죄의 결합범이고, 강간 등 치사죄는 강간 등 죄에 사망의 중한 결과가 발생한 결과적 가중범이다. 결과적 가중범에서 사형을 배제하기로 한 형법의 기본 방침에 따라 본조는 위와 같이 고의범인 '강간 등 살인죄'와 결과적 가중범인 '강간 등 치사죄'를 구별하면서 그 법정형에 차이를 두고 있다.

제9관 미성년자·심신미약자 간음·추행죄

> **제302조 ┃ 미성년자 등에 대한 간음·추행 ┃**
> 미성년자 또는 심신미약자에 대하여 위계 또는 위력으로써 간음 또는 추행을 한 자는 5년 이하의 징역에 처한다.

Ⅰ. 의 의

미성년자·심신미약자 간음·추행죄는 '미성년자'나 '심신미약자'와 같이 판단능력이나 대처능력이 일반인에 비하여 낮은 경우 경미한 유형력의 행사에 의해서도 저항을 제대로 하지 못하고 피해를 입을 가능성이 있으므로 간음·추행으로 인한 범죄의 성립요건을 완화하여 규정한 것이다.

> ✓ **입법취지 및 의의 : 필로폰 제공 추행 사건** 『형법 제302조는 "미성년자 또는 심신미약자에 대하여 위계 또는 위력으로써 간음 또는 추행을 한 자는 5년 이하의 징역에 처한다."라고 규정하고 있다. 형법은 제2편 제32장에서 '강간과 추행의 죄'를 규정하고 있는데, 이 장에 규정된 죄는 모두 개인의 성적 자유 또는 성적 자기결정권을 침해하는 것을 내용으로 한다. 여기에서 '성적 자유'는 적극적으로 성행위를 할 수 있는 자유가 아니라 소극적으로 원치 않는 성행위를 하지 않을 자유를 말하고, '성적 자기결정권'은 성행위를 할 것인가 여부, 성행위를 할 때 상대방을 누구로 할 것인가 여부, 성행위의 방법 등을 스스로 결정할 수 있는 권리를 의미한다. 형법 제32장의 죄의 기본적 구성요건은 강간죄(제297조)나 강제추행죄(제298조)인데, 이 죄는 미성년자나 심신미약자와 같이 판단능력이나 대처능력이 일반인에 비하여 낮은 사람은 낮은 정도의 유·무형력의 행사에 의해서도 저항을 제대로 하지 못하고 피해를 입을 가능성이 있기 때문에 범죄의 성립요건을 보다 완화된 형태로 규정한 것이다』(대판 2019.6.13. 2019도3341).

Ⅱ. 객 체

본죄의 객체는 '미성년자' 또는 '심신미약자'이다.

Ⅲ. 행 위

본죄가 성립하기 위해서는 간음이나 추행의 수단으로 '위계' 또는 '위력'이 사용되어야 한다.

1. 위 계

'위계'라 함은 행위자가 간음 또는 추행의 목적으로 상대방에게 기망·유혹 등의 방법으로 오인, 착각, 부지를 일으키게 하고 상대방의 그러한 심적 상태를 이용하여 간음이나 추행의 목적을 달성하는 것을 말한다. 여기서 '오인, 착각, 부지'란 그 대상이 간음행위 자체일 수도 있고, 간음행위에 이르게 된 동기이거나 간음행위와 결부된 금전적·비금전적 대가와 같은 요소일 수도 있다.

> ✔ **위계의 의미 및 인과관계 : 남친 선배인척 간음 사건** 표준 『[1] 성적 자기결정권은 스스로 선택한 인생관 등을 바탕으로 사회공동체 안에서 각자가 독자적으로 성적 관념을 확립하고 이에 따라 사생활의 영역에서 자기 스스로 내린 성적 결정에 따라 자기책임하에 상대방을 선택하고 성관계를 가질 권리로 이해된다. 여기에는 자신이 하고자 하는 성행위를 결정할 권리라는 적극적 측면과 함께 원치 않는 성행위를 거부할 권리라는 소극적 측면이 함께 존재하는데, 위계에 의한 간음죄를 비롯한 강간과 추행의 죄는 소극적 성적 자기결정권을 침해하는 것을 내용으로 한다.
> [2] 위계에 의한 간음죄가 보호대상으로 규정한 미성년자, 심신미약자, 피보호자·피감독자, 장애인 등도 나이, 정신기능 등의 장애, 행위자와 피해자 사이의 종속적인 관계 등으로 인해 피해자가 행위자를 비롯한 외부의 영향으로부터 자신을 방어하기 어렵고 성적 자기결정권 행사 과정에서 내부 정신작용이 왜곡되기 쉽다는 점에서는 앞서 본 아동·청소년의 경우와 본질적인 차이가 없다.
> [3] 행위자의 위계적 언동이 존재하였다는 사정만으로 위계에 의한 간음죄가 성립하는 것은 아니므로 위계적 언동의 내용 중에 피해자가 성행위를 결심하게 된 중요한 동기를 이룰 만한 사정이 포함되어 있어 피해자의 자발적인 성적 자기결정권의 행사가 없었다고 평가할 수 있어야 한다. 이와 같은 인과관계를 판단할 때에는 피해자의 연령 및 행위자와의 관계, 범행에 이르게 된 경위, 범행 당시와 전후의 상황 등 여러 사정을 종합적으로 고려하여야 한다.
> [4] 위계에 의한 간음죄에서 '위계'란 행위자의 행위목적을 달성하기 위하여 피해자에게 오인, 착각, 부지를 일으키게 하여 이를 이용하는 것을 말한다. 이러한 위계의 개념 및 성폭력범행에 특히 취약한 사람을 보호하고 행위자를 강력하게 처벌하려는 입법 태도, 피해자의 인지적·심리적·관계적 특성으로 온전한 성적 자기결정권 행사를 기대하기 어려운 사정 등을 종합하면, 행위자가 간음의 목적으로 피해자에게 오인, 착각, 부지를 일으키고 피해자의 그러한 심적 상태를 이용하여 간음의 목적을 달성하였다면 위계와 간음행위 사이의 인과관계를 인정할 수 있고, 따라서 위계에 의한 간음죄가 성립한다. 왜곡된 성적 결정에 기초하여 성행위를 하였다면 왜곡이 발생한 지점이 성행위 그 자체인지 성행위에 이르게 된 동기인지는 성적 자기결정권에 대한 침해가 발생한 것은 마찬가지라는 점에서 핵심적인 부분이라고 하기 어렵다. 피해자가 오인, 착각, 부지에 빠지게 되는 대상은 간음행위 자체일 수도 있고, 간음행위에 이르게 된 동기이거나 간음행위와 결부된 금전적·비금전적 대가와 같은 요소일 수도 있다.
> [5] 한편 위계에 의한 간음죄가 보호대상으로 삼는 아동·청소년, 미성년자, 심신미약자, 피보호자·피감독자, 장애인 등의 성적 자기결정 능력은 그 나이, 성장과정, 환경, 지능 내지 정신기능 장애의 정도 등에 따라 개인별로 차이가 있으므로 간음행위와 인과관계가 있는 위계에 해당하는지 여부를 판단할 때에는 구체적인 범행 상황에 놓인 피해자의 입장과 관점이 충분히 고려되어야 하고, 일반적·평균적 판단능력을 갖춘 성인 또는 충분한 보호와 교육을 받은 또래의 시각에서 인과관계를 쉽사리 부정하여서는 안 된다』(대판[전] 2020.8.27. 2015도9436)★ 38)39)

2. 위력

'위력'이라 함은 피해자의 자유의사를 제압하기에 충분한 세력을 말하고 그것이 유형적이든 무형적이든 묻지 않는다. 따라서 폭행·협박뿐만 아니라 사회적·경제적·정치적인 지위나 권세를 이용하는 것도 가능하다.

제10관 업무상위력 등에 의한 간음죄

> **제303조 ▮ 업무상위력 등에 의한 간음 ▮**
> ① 업무, 고용 기타 관계로 인하여 자기의 보호 또는 감독을 받는 사람에 대하여 위계 또는 위력으로써 간음한 자는 7년 이하의 징역 또는 3천만 원 이하의 벌금에 처한다.
> ② 법률에 의하여 구금된 사람을 감호하는 자가 그 사람을 간음한 때에는 10년 이하의 징역에 처한다.

I. 피보호자간음죄

1. 의 의

본조는 업무, 고용 기타 관계로 인하여 타인의 보호 또는 감독을 받는 사람의 성적 자기결정권이 부당하게 침해되는 것을 방지하기 위한 규정이다. 따라서 피보호자간음죄의 객체는 업무, 고용 기타 관계로 인하여 행위자의 보호 또는 감독을 받는 사람이다.

2. 보호 또는 감독

보호·감독의 원인은 업무, 고용에 한정되지 않고 신분관계 등 그 범위는 다양하다. 따라서 보호·감독 관계는 법률상의 것임을 요하지 않고 사실상의 것으로도 족하다.

> ✔ **미장원 종업원 간음 사건** 『형법 303조 1항 규정 중 기타 관계로 자기의 보호 또는 감독을 받는 부녀라 함은 사실상의 보호 또는 감독을 받는 상황에 있는 부녀인 경우도 이에 포함되는 것이다.』(대판 1976. 2. 10. 74도1519)☆

> ✔ **편의점 점주 사건** 『[1] 성폭력범죄의 처벌 등에 관한 특례법 제10조는 '업무상 위력 등에 의한 추행'에 관한 처벌 규정인데, 제1항에서 "업무, 고용이나 그 밖의 관계로 인하여 자기의 보호, 감독을 받는 사람에 대하여 위계 또는 위력으로 추행한 사람은 3년 이하의 징역 또는 1천 500만 원 이하의 벌금에 처한다."라고

---

38) **보충설명** 정신적 장애인의 경우 피해자의 지적 능력을 비롯한 구체적인 상태, 행위자와의 관계, 범행에 이르게 된 경위, 범행 당시와 전후의 상황 등을 종합적으로 고려하여 피해자의 성적 자기결정권이 침해되었다고 규범적으로 평가할 수 있는지에 따라 간음행위와 인과관계 있는 위계에 해당하는지 여부를 판단하여야 하고, 비장애인의 시각과 기준에서 행위자의 언행을 판단하여 '인과관계 있는 위계'에 해당하지 않는다고 쉽게 단정해서는 아니 된다.
39) **보충설명** 甲이 스마트폰 채팅 애플리케이션을 통하여 알게 된 14세의 피해자에게 자신을 '고등학교 2학년인 乙'이라고 거짓으로 소개하고 채팅을 통해 교제하던 중 자신을 스토킹하는 여성 때문에 힘들다며 그 여성을 떼어내려면 자신의 선배와 성관계를 하여야 한다는 취지로 피해자에게 이야기하고, 甲과 헤어지는 것이 두려워 甲의 제안을 승낙한 피해자를 마치 자신이 乙의 선배인 것처럼 행세하여 간음한 경우, 甲의 위 행위는 아동·청소년의 성보호에 관한 법률 제7조 제5항에서의 위계에 해당한다.

> 정하고 있다. '업무, 고용이나 그 밖의 관계로 인하여 자기의 보호, 감독을 받는 사람'에는 직장 안에서 보호 또는 감독을 받거나 사실상 보호 또는 감독을 받는 상황에 있는 사람뿐만 아니라 채용 절차에서 영향력의 범위 안에 있는 사람도 포함된다.
> [2] 편의점 업주인 피고인이 아르바이트 구인 광고를 보고 연락한 갑을 채용을 빌미로 불러내 면접을 한 후 자신의 집으로 유인하여 갑의 성기를 만지고 갑에게 피고인의 성기를 만지게 하였다고 하여 성폭력범죄의 처벌 등에 관한 특례법 위반(업무상위력등에의한추행)으로 기소된 사안에서, 피고인이 채용 권한을 가지고 있는 지위를 이용하여 갑의 자유의사를 제압하여 갑을 추행하였다고 본 원심판단이 정당하다고 한 사례』(대판 2020.7.9. 2020도5646).

Ⅱ. 피구금자간음죄

1. 의 의

본죄는 법률에 의하여 구금된 사람의 성적 자기결정권을 보호함과 아울러 인신구속업무를 수행하는 자에 대한 일반인의 신뢰성을 보호하기 위한 규정이다.

2. 주체 및 객체

본죄의 주체는 법률에 의하여 구금된 사람을 감호하는 자이다(진정신분범). 일시적으로 감호하는 위치에 있게 된 자도 포함된다. 본죄의 객체는 법률에 의하여 구금된 사람이다. 확정판결에 의하여 형 집행이나 보안처분의 집행 중에 있거나 노역장에 유치된 사람은 물론 체포, 구금, 구인 등 법률상의 강제처분에 의하여 신체의 자유가 제한된 사람을 모두 포함한다.

제11관 상습범

> **제305조의2 ｜ 상습범 ｜**
> 상습으로 제297조, 제297조의2, 제298조부터 제300조까지, 제302조, 제303조 또는 제305조의 죄를 범한 자는 그 죄에 정한 형의 2분의 1까지 가중한다.

본조는 2010.4.15. 형법 개정(법률 제1259호)으로 신설되었다. 강간 등 성폭력 범죄를 범하는 경향이 있는 사람은 다시 성폭력범죄를 저지를 가능성이 대단히 높으므로, 성폭력범죄를 억제하고 그 잠재적 피해자를 보호하는 차원에서 성폭력 범죄의 상습범을 가중 처벌하기 위해 신설한 것이다. 본조의 적용대상이 되는 성폭력범죄는 제297조, 제297조의2, 제298조부터 제300조까지, 제302조, 제303조 또는 제305조의 죄이다.

상습이란 동종의 범죄를 계속적 반복적으로 행하는 행위자의 습벽을 말하는데, 행위자의 어떤 버릇이나 범죄의 경향을 의미하는 것으로서 행위의 본질을 이루는 성질이 아니고, 행위자의 특성을 이루는 성질을 의미한다.

제3장 명예와 신용에 대한 죄

제1절 명예에 관한 죄

제1관 총설

Ⅰ. 의의

형법 제33장에서 규정하고 있는 명예에 관한 죄는 공연히 사실을 적시하여 사람의 명예를 훼손하거나 사람을 모욕하는 것을 내용으로 하는 범죄이다. 형법은 공연히 사실 또는 허위사실을 가지고 명예훼손을 한 경우, 공연히 허위사실을 가지고 사자의 명예훼손을 한 경우, 비방할 목적으로 출판물에 의하여 사실 또는 허위사실을 적시하여 명예훼손을 한 경우, 사실적시 없이 공연히 모욕한 경우를 나누어 규정하고 있다. 또한 단순명예훼손의 행위에 대한 특별한 위법성조각사유(제310조)를 규정하여 언론의 자유와 균형을 도모하고, 사자명예훼손죄와 모욕죄는 친고죄(제312조 제1항), 단순명예훼손죄·허위사실명예훼손죄와 출판물명예훼손죄는 반의사불벌죄(제312조 제2항)로 규정하고 있다. 한편, 정보통신망 이용촉진 및 정보보호 등에 관한 법률에는 비방할 목적으로 정보통신망을 이용하여 공연히 사실 또는 거짓의 사실을 드러내어 명예를 훼손한 죄(제70조), 공직선거법에는 허위사실공표죄(제250조 제2항)와 후보자비방죄(제251조)에 관한 규정을 두고 있다.

Ⅱ. 보호법익

1. 명예의 의의

명예에 관한 죄의 보호법익은 사람의 외부적 명예이다. 외부적 명예란 인격에 대해 타인에 의해 주어지는 사회적 평가(타인에 의한 평판)를 말한다.

2. 보호법익과 보호의 정도

명예훼손죄와 모욕죄 양자 모두 외부적 명예를 보호법익으로 한다(통설, 판례).

판례는 명예훼손죄의 경우 사실의 적시가 있어야 하고 적시된 사실은 이로써 특정인의 사회적 가치 내지 평가가 침해될 가능성이 있을 정도로 구체성을 띠어야 한다고 판시함으로서 그로 인해 구체적 위험이 발생하였어야 함을 요구하지는 않고 있고, 모욕죄의 경우는 사람의 외부적 명예를 저하시킬 만한 추상적·경멸적 표현을 공연히 표시하는 것으로 족하므로, 표시 당시에 제3자가 이를 인식할 수 있는 상태에 있으면 되고 반드시 제3자가 인식함을 요하지 않는다고 하여 추상적 위험범이라는 입장을 취하고 있다.

✓ **명예훼손죄의 법적성격** 『추상적 위험범으로서 명예훼손죄는 개인의 명예에 대한 사회적 평가를 진위에 관계 없이 보호함을 목적으로 하고, 적시된 사실이 특정인의 사회적 평가를 침해할 가능성이 있을 정도로 구체성을 띠어야 하나, 위와 같이 침해할 위험이 발생한 것으로 족하고 침해의 결과를 요구하지 않으므로, 다수의 사람에게 사실을 적시한 경우뿐만 아니라 소수의 사람에게 발언하였다고 하더라도 그로 인해 불특정 또는 다수인이 인식할 수 있는 상태를 초래한 경우에도 공연히 발언한 것으로 해석할 수 있다』(대판[전] 2020.11.19. 2020도5813)☆

✓ **명예훼손죄와 모욕죄의 보호법익 : 늙은 화냥년 사건** 표준 『명예훼손죄와 모욕죄의 보호법익은 다같이 사람의 가치에 대한 사회적 평가인 이른바 외부적 명예인 점에서는 차이가 없으나 다만 명예훼손은 사람의 사회적 평가를 저하시킬 만한 구체적 사실의 적시를 하여 명예를 침해함을 요하는 것으로서 구체적 사실이 아닌 단순한 추상적 판단이나 경멸적 감정의 표현으로서 사회적 평가를 저하시키는 모욕죄와 다르다』(대판 1987.5.12. 87도739)★

제2관 명예훼손죄

제307조 ┃ 명예훼손 ┃
① 공연히 사실을 적시하여 사람의 명예를 훼손한 자는 2년 이하의 징역이나 금고 또는 500만 원 이하의 벌금에 처한다.
② 공연히 허위의 사실을 적시하여 사람의 명예를 훼손한 자는 5년 이하의 징역, 10년 이하의 자격정지 또는 1천만 원 이하의 벌금에 처한다.

I. 의 의

명예훼손죄는 공연히 사실을 적시하거나 또는 허위의 사실을 적시하여 사람의 명예를 훼손함으로써 성립하는 범죄이다. 반의사불벌죄이다.

II. 객관적 구성요건

본법 제307조 제1항은 공연히 사실을 적시하여 사람의 명예를 훼손하는 것이고 제2항은 공연히 허위의 사실을 적시하여 사람의 명예를 훼손하는 것이다.

1. 공연성

가. 공연성의 의미

명예훼손죄의 구성요건인 공연성의 의미를 통설·판례는 '불특정 또는 다수인이 인식할 수 있는 상태'로 해석하고 있다. 따라서 불특정의 경우에는 다수가 아니어도 상관없으며, 다수인인 경우에는 불특정이 아닌 특정된 다수라도 상관없다.

나. 인식할 수 있는 상태

불특정 또는 다수인이 인식할 수 있는 상태의 의미를 어떻게 해석할 것인가에 대하여 판례는 전파성 이론을 취하고 있다. 전파성 이론이란 사실을 적시한 상대방이 한 사람이라고 하더라도 그 말을 들은 사람이 불특정 또는 다수인에게 그 말을 전파할 가능성이 있을 때에는 공연성이 인정된다는 것을 말한다. 따라서 비록 개별적으로 한 사람에 대하여 사실을 유포하였다고 하더라도 이로부터 불특정 또는 다수인에게 전파될 가능성이 있다면 공연성의 요건은 충족한다. 다만 이 이론을 취할 경우 공연성의 범위가 지나치게 확대될 염려가 있으므로 전파가능성의 여부는 발언자와 상대방간의 특별한 신분관계 등에 의해 엄격하게 판단하여야 한다. 예를 들어 비밀이 보장되거나 상대방이 힐책이나 만류 등과 같이 전파될 가능성이 없는 특수한 경우에는 공연성이 부정된다.

> ✔ **전파성 이론 및 제310조의 적용 확대 : 징역 살다온 전과자 사건** 『[1] [다수의견] 명예훼손죄의 관련 규정들은 명예에 대한 침해가 '공연히' 또는 '공공연하게' 이루어질 것을 요구하는데, '공연히' 또는 '공공연하게'는 사전적으로 '세상에서 다 알 만큼 떳떳하게', '숨김이나 거리낌이 없이 그대로 드러나게'라는 뜻이다. 공연성을 행위 태양으로 요구하는 것은 사회에 유포되어 사회적으로 유해한 명예훼손 행위만을 처벌함으로써 개인의 표현의 자유가 지나치게 제한되지 않도록 하기 위함이다. 대법원 판례는 명예훼손죄의 구성요건으로서 공연성에 관하여 '불특정 또는 다수인이 인식할 수 있는 상태'를 의미한다고 밝혀 왔고, 이는 학계의 일반적인 견해이기도 하다.
> 대법원은 명예훼손죄의 공연성에 관하여 개별적으로 소수의 사람에게 사실을 적시하였더라도 그 상대방이 불특정 또는 다수인에게 적시된 사실을 전파할 가능성이 있는 때에는 공연성이 인정된다고 일관되게 판시하여, 이른바 전파가능성 이론은 공연성에 관한 확립된 법리로 정착되었다. 이러한 법리는 정보통신망 이용촉진 및 정보보호 등에 관한 법률(이하 '정보통신망법'이라 한다)상 정보통신망을 이용한 명예훼손이나 공직선거법상 후보자비방죄 등의 공연성 판단에도 동일하게 적용되어, 적시한 사실이 허위인지 여부나 특별법상 명예훼손 행위인지 여부에 관계없이 명예훼손 범죄의 공연성에 관한 대법원 판례의 기본적 법리로 적용되어 왔다.
> (가) 공연성은 명예훼손죄의 구성요건으로서, 특정 소수에 대한 사실적시의 경우 공연성이 부정되는 유력한 사정이 될 수 있으므로, 전파될 가능성에 관하여는 검사의 엄격한 증명이 필요하다.40) 나아가 대법원은 '특정의 개인이나 소수인에게 개인적 또는 사적으로 정보를 전달하는 것과 같은 행위는 공연하다고 할 수 없고, 다만 특정의 개인 또는 소수인이라고 하더라도 불특정 또는 다수인에게 전파 또는 유포될 개연성이 있는 경우라면 공연하다고 할 수 있다'고 판시하여 전파될 가능성에 대한 증명의 정도로 단순히 '가능성'이 아닌 '개연성'을 요구하였다.
> (나) 공연성의 존부는 발언자와 상대방 또는 피해자 사이의 관계나 지위, 대화를 하게 된 경위와 상황, 사실적시의 내용, 적시의 방법과 장소 등 행위 당시의 객관적 제반 사정에 관하여 심리한 다음, 그로부터 상대방이 불특정 또는 다수인에게 전파할 가능성이 있는지 여부를 검토하여 종합적으로 판단하여야 한다. 발언 이후 실제 전파되었는지 여부는 전파가능성 유무를 판단하는 고려요소가 될 수 있으나, 발언 후 실제 전파 여부라는 우연한 사정은 공연성 인정 여부를 판단함에 있어 소극적 사정으로만 고려되어야 한다. 따라서 전파가능성 법리에 따르더라도 위와 같은 객관적 기준에 따라 전파가능성을 판단할 수 있고, 행위자도 발언 당시 공연성 여부를 충분히 예견할 수 있으며, 상대방의 전파의사만으로 전파가능성을 판단하거나 실제 전파되었다는 결과를 가지고 책임을 묻는 것이 아니다.
> (다) 특정 소수에게 전달한 경우에도 그로부터 불특정 또는 다수인에 대한 전파가능성 여부를 가려 개인의 사회적 평가가 침해될 일반적 위험성이 발생하였는지를 검토하는 것이 실질적인 공연성 판단에 부합되고, 공연성의 범위를 제한하는 구체적인 기준이 될 수 있다. 이러한 공연성의 의미는 형법과 정보통신망법 등의 특별법에서 동일하게 적용되어야 한다.

---

40) **동지판례 최신3년** 『공연성은 명예훼손죄와 모욕죄의 구성요건으로서, 명예훼손이나 모욕에 해당하는 표현을 특정 소수에게 한 경우 공연성이 부정되는 유력한 사정이 될 수 있으므로, 전파될 가능성에 관해서는 검사의 엄격한 증명이 필요하다』(대판 2022.7.28. 2020도8336).

[2] 사실적시의 내용이 사회 일반의 일부 이익에만 관련된 사항이라도 다른 일반인과의 공동생활에 관계된 사항이라면 공익성을 지닌다고 할 것이고, 이에 나아가 개인에 관한 사항이더라도 그것이 공공의 이익과 관련되어 있고 사회적인 관심을 획득한 경우라면 직접적으로 국가·사회 일반의 이익이나 특정한 사회 집단에 관한 것이 아니라는 이유만으로 형법 제310조의 적용을 배제할 것은 아니다. 사인이라도 그가 관계하는 사회적 활동의 성질과 사회에 미칠 영향을 헤아려 공공의 이익에 관련되는지 판단하여야 한다』(대판[전] 2020.11.19. 2020도5813)★.[41]

✓ **전파성 이론 : 주간지 인터뷰 사건** 표준 『[1] 명예훼손죄의 구성요건인 공연성은 불특정 또는 다수인이 인식할 수 있는 상태를 의미하고, 비록 개별적으로 한사람에 대하여 사실을 유포하였다고 하더라도 그로부터 불특정 또는 다수인에게 전파될 가능성이 있다면 공연성의 요건을 충족하지만 이와 달리 전파될 가능성이 없다면 특정한 한 사람에 대한 사실의 유포는 공연성을 결한다.
[2] 통상 기자가 아닌 보통 사람에게 사실을 적시할 경우에는 그 자체로서 적시된 사실이 외부에 공표되는 것이므로 그 때부터 곧 전파가능성을 따져 공연성 여부를 판단하여야 할 것이지만, 그와는 달리 기자를 통해 사실을 적시하는 경우에는 기사화되어 보도되어야만 적시된 사실이 외부에 공표된다고 보아야 할 것이므로 기자가 취재를 한 상태에서 아직 기사화하여 보도하지 아니한 경우에는 전파가능성이 없다고 할 것이어서 공연성이 없다고 봄이 상당하다.』(대판 2000.5.16. 99도5622)★.

공연성을 인정한 기출판례 정리

① ✓ **개인 블로그 일대일 대화 사건** 표준 『개인 블로그의 비공개 대화방에서 상대방으로부터 비밀을 지키겠다는 말을 듣고 일대일로 대화하였다고 하더라도, 그 사정만으로 대화 상대방이 대화내용을 불특정 또는 다수에게 전파할 가능성이 없다고 할 수 없으므로, 명예훼손죄의 요건인 공연성을 인정할 여지가 있다.』(대판 2008.2.14. 2007도8155)★.

② ✓ **보험공단 전자게시판 사건** 『직장의 전산망에 설치된 전자게시판에 타인의 명예를 훼손하는 내용의 글을 게시한 행위가 명예훼손죄를 구성한다.』(대판 2000.5.12. 99도5734)★.

③ ✓ **현역 시의원 비방 사건** 『피고인의 말을 들은 사람은 한 사람씩에 불과하였으나 그들은 피고인과 특별한 친분관계가 있는 자가 아니며, 그 범행의 내용도 지방의회 의원선거를 앞둔 시점에 현역 시의회 의원이면서 다시 그 후보자가 되고자 하는 자를 비방한 것이어서 피고인이 적시한 사실이 전파될 가능성이 많을 뿐만 아니라, 결과적으로 그 사실이 피해자에게 전파되어 피해자가 고소를 제기하기에 이른 사정 등을 참작하여 볼 때, 피고인의 판시 범행은 행위 당시에 이미 공연성을 갖추었다.』(대판 1996.7.12. 96도1007)☆.

④ ✓ **피해자 부부 전과가 많다 사건** 『명예훼손의 발언(피해자들이 전과가 많다는 내용)을 들은 사람들이 피해자들과는 일면식이 없다거나 이미 피해자들의 전과사실을 알고 있었다고 하더라도 공연성 즉 발언이 전파될 가능성이 없다고 볼 수 없다.』(대판 1993.3.23. 92도455)☆.

---

41) 보충설명 甲이 집 뒷길에서 자신의 남편과 A의 친척이 듣는 가운데 다른 사람들이 들을 수 있을 정도의 큰 소리로 A에게 "저것이 징역 살다온 전과자다."고 말한 경우, 자신의 남편과 A의 친척에게 말한 것이라 할지라도 명예훼손죄의 구성요건요소인 '공연성'이 인정된다.

⑤ ✔ **처자식 있는 남자와 살고 있다 사건** 『명예훼손죄의 구성요건인 공연성은 불특정 또는 다수인이 인식할 수 있는 상태를 의미하므로 비록 개별적으로 한 사람에 대하여 사실을 유포하였다 하더라도 그로부터 불특정 또는 다수인에게 전파될 가능성이 있다면 공연성의 요건을 충족한다』(대판 1985.4.23. 85도431)☆. ※ 판결이유 중 : 피고인이 사실을 적시한 장소가 유정만이라는 행정서사의 사무실내이었기는 하나 그의 사무원인 윤 국용과 동인의 처 오 정숙이 함께 있는 자리였고, 그들은 모두 피해자와 같은 교회에 다니는 교인들일 뿐 피해자에 관한 소문을 비밀로 지켜줄 만한 특별한 신분관계는 없었던 사정을 규지할 수 있어 피고인이 그들에게 적시한 사실은 그들을 통하여 불특정 또는 다수인에게 전파될 가능성이 충분히 있었다고 보기에 넉넉하므로 원심판결에 공연성에 관한 법리오해가 있다는 논지도 받아들일 수 없다.

⑥ ✔ **시커멓게 생긴 놈이랑 붙어 다닌다 사건** 『피고인이 공소외 갑의 집앞에서 공소외 을 및 피해자의 시어머니 병이 있는 자리에서 피해자의 명예를 훼손하는 말을 한 사실이 인정된다면, 말의 전파가능성이 없어서 공연성이 결여되었다는 주장은 허용될 수 없다』(대판 1983.10.11. 83도2222)☆.

공연성을 부정한 기출판례 정리

① ✔ **정신병이 있었다 사건** 『피고인이 자신의 아들 등에게 폭행을 당하여 입원한 피해자의 병실로 찾아가 그의 모 갑과 대화하던 중 갑의 이웃 을 및 피고인의 일행 병 등이 있는 자리에서 "학교에 알아보니 피해자에게 원래 정신병이 있었다고 하더라."라고 허위사실을 말하여 피해자의 명예를 훼손하였다는 내용으로 기소된 사안에서, 피고인이 병과 함께 피해자의 병문안을 가서 피고인·갑·을·병 4명이 있는 자리에서 피해자에 대한 폭행사건에 관하여 대화를 나누던 중 위 발언을 한 것이라면 불특정 또는 다수인이 인식할 수 있는 상태라고 할 수 없고, 또 그 자리에 있던 사람들의 관계 등 여러 사정에 비추어 피고인의 발언이 불특정 또는 다수인에게 전파될 가능성이 있다고 보기도 어려워 공연성이 없다는 이유로, 이와 달리 보아 피고인에게 유죄를 인정한 원심판단에 법리오해 및 심리미진의 위법이 있다고 한 사례』(대판 2011.9.8. 2010도7497)☆.

② ✔ **전과자이고 나쁜 년 사건** 『피고인이 갑으로부터 취득한 을의 범죄경력기록을 병에게 보여주면서 "전과자이고 나쁜 년"이라고 사실을 적시하여 을의 명예를 훼손하였다는 공소사실에 대하여, 위 유포 사실이 불특정 또는 다수인에게 전파될 가능성이 없다』(대판 2010.11.11. 2010도8265)☆.

③ ✔ **귓엣말 신도 사건** 『어느 사람에게 귓엣말 등 그 사람만 들을 수 있는 방법으로 그 사람 본인의 사회적 가치 내지 평가를 떨어뜨릴 만한 사실을 이야기하였다면, 위와 같은 이야기가 불특정 또는 다수인에게 전파될 가능성이 있다고 볼 수 없어 명예훼손의 구성요건인 공연성을 충족하지 못하는 것이며, 그 사람이 들은 말을 스스로 다른 사람들에게 전파하였더라도 위와 같은 결론에는 영향이 없다』(대판 2005.12.9. 2004도2880)★.

④ ✔ **남편 친구(대학교수)에게 서신 사건** 『이혼소송 계속중인 처가 남편의 친구에게 서신을 보내면서 남편의 명예를 훼손하는 문구가 기재된 서신을 동봉한 경우, 공연성이 결여되었다고 본 사례』(대판 2000.2.11. 99도4579)★.

⑤ ✔ **다방 힐책 사건** 『비밀이 보장되거나 전파될 가능성이 없는 경우는 특정한 사람에 대한 사실의 유포는 공연성을 결여한 것이라고 아니할 수 없는바, 피고인이 다방에서 피해자와 동업관계로 친한 사이인 공소외인에 대하여 피해자의 험담을 한 경우에 있어서 다방내의 좌석이 다른 손님의 자리와 멀리 떨어져 있고 그 당시 공소외인은 피고인에게 왜 피해자에 관해서 그런 말을 하느냐고 힐책까지 한 사실이 있다면 전파될 가능성이 있다고 볼 수 없다』(대판 1984.2.28. 83도891)☆.

⑥	✔ **유병언 비리 발설 유도 사건** 『피고인을 명예훼손죄로 고소할 수 있도록 그 증거자료를 미리 은밀하게 수집, 확보하기 위하여 피고인의 발언을 유도하였다고 의심되는 사람들에게 한 피해자의 여자 문제 등 사생활에 관한 피고인의 발언은 이들이 수사기관 이외의 다른 사람들에게 전파할 가능성이 있다고 단정하기는 어렵다』(대판 1996.4.12. 94도3309)☆.
⑦	✔ **성교 요구한 더러운 놈 사건** 『명예훼손죄에 있어서의 공연성이라 함은 불특정 또는 다수인이 인식할 수 있는 상태를 가리키는 것인바, 피고인이 자기 집에서 피해자와 서로 다투다가 피해자에게 한 욕설을 피고인의 남편외에 들은 사람이 없다고 한다면 그 욕설을 불특정 또는 다수인이 인식할 수 있는 상태였다고 할 수는 없으므로 공연성을 인정하기 어렵다』(대판 1985.11.26. 85도2037)☆.
⑧	✔ **악덕교사 사건** 『중학교 교사에 대해 "전과범으로서 교사직을 팔아가며 이웃을 해치고 고발을 일삼는 악덕 교사" 라는 취지의 진정서를 그가 근무하는 학교법인 이사장 앞으로 제출한 행위 자체는 위 진정서의 내용과 진정서의 수취인인 학교법인 이사장과 위 교사의 관계등에 비추어 볼 때 위 이사장이 위 진정서 내용을 타에 전파할 가능성이 있다고 보기 어려우므로 명예훼손죄의 구성요건인 공연성이 있다고 보기 어렵다』(대판 1983.10.25. 83도2190)☆.

2. 사실의 적시

가. 사 실

(1) 사실과 의견의 구별

명예훼손죄가 성립하려면 사실의 적시가 있어야 한다. 표현이 사실의 적시인지 의견표현인지의 여부를 구별하고 그 한계를 설정하는 것은 어려운 일이다. 판례는 명예훼손죄에서 '사실의 적시'란 가치판단이나 평가를 내용으로 하는 의견표현에 대치되는 개념으로서 시간과 공간적으로 구체적인 과거 또는 현재의 사실관계에 관한 보고 내지 진술을 의미하는 것이며, 표현내용이 증거에 의해 증명이 가능한 것을 의미한다는 입장이다.

✔ **사실의 적시와 의견표현의 구별 : 종원지위부존재확인소송 사건** 『[1] 명예훼손죄가 성립하기 위해서는 사실의 적시가 있어야 하고, 적시된 사실은 이로써 특정인의 사회적 가치 내지 평가가 침해될 가능성이 있을 정도로 구체성을 띠어야 한다. 이때 사실의 적시란 가치판단이나 평가를 내용으로 하는 의견표현에 대치되는 개념으로서 시간과 공간적으로 구체적인 과거 또는 현재의 사실관계에 관한 보고 내지 진술을 의미하며, 그 표현내용이 증거에 의한 입증이 가능한 것을 말한다. 다른 사람의 말이나 글을 비평하면서 사용한 표현이 겉으로 보기에 증거에 의해 입증 가능한 구체적인 사실관계를 서술하는 형태를 취하고 있더라도, 글의 집필의도, 논리적 흐름, 서술체계 및 전개방식, 해당 글과 비평의 대상이 된 말 또는 글의 전체적인 내용 등을 종합하여 볼 때, 평균적인 독자의 관점에서 문제 된 부분이 실제로는 비평자의 주관적 의견에 해당하고, 다만 비평자가 자신의 의견을 강조하기 위한 수단으로 그와 같은 표현을 사용한 것이라고 이해된다면 명예훼손죄에서 말하는 사실의 적시에 해당한다고 볼 수 없다. 그리고 이러한 법리는 어떠한 의견을 주장하기 위해 다른 사람의 견해나 그 근거를 비판하면서 사용한 표현의 경우에도 다를 바 없다.
[2] 민사재판에서 법원은 당사자 사이에 다툼이 있는 사실관계에 대하여 처분권주의와 변론주의, 그리고 자유심증주의의 원칙에 따라 신빙성이 있다고 보이는 당사자의 주장과 증거를 받아들여 사실을 인정하는 것이어서, 민사판결의 사실인정이 항상 진실한 사실에 해당한다고 단정할 수는 없다. 따라서 다른 특별한 사정이 없는 한, 그 진실이 무엇인지 확인할 수 없는 과거의 역사적 사실관계 등에 대하여 민사판결을 통하여 어떠한 사실인정이 있었다는 이유만으로, 이후 그와 반대되는 사실의 주장이나 견해의 개진 등을 형법상 명예훼손죄 등에 있어서 '허위의 사실 적시'라는 구성요건에 해당한다고 쉽게 단정하여서는 아니 된다. 판결

에 대한 자유로운 견해 개진과 비판, 토론 등 헌법이 보장한 표현의 자유를 침해하는 위헌적인 법률해석이 되어 허용될 수 없기 때문이다』(대판 2017.12.5. 2017도15628)★.42)

✔ **사실의 적시와 의견표현의 구별 : 이단 중에 이단 사건** 『목사가 예배중 특정인을 가리켜 "이단 중에 이단이다"라고 설교한 부분이 명예훼손죄에서 말하는 '사실의 적시'에 해당하지 않는다』(대판 2008.10.9. 2007도1220)★.

✔ **사실의 적시와 의견표현의 구별 : 당산제(마을제사) 사건** 최신3년 『피고인이 피해자의 이혼 경위나 사유, 혼인관계 파탄의 책임 유무를 언급하지 않고 이혼 사실 자체만을 언급한 것은 피해자의 사회적 가치나 평가를 떨어뜨린다고 볼 수 없고, ② 이 사건 발언 배경과 내용 등에 비추어 보면, 이 사건 발언은 피해자에 관한 과거의 구체적인 사실을 진술하기 위한 것이 아니라 피해자의 당산제 참석에 대한 부정적인 가치판단이나 평가를 표현하고 있을 뿐이므로, 이 사건 발언은 피해자의 사회적 가치나 평가를 침해하는 구체적인 사실의 적시에 해당하지 않고 피해자의 마을제사 참여에 관한 의견표현에 지나지 않아 명예훼손죄의 '사실의 적시'에 해당하지 않는다고 보아 유죄를 인정한 원심을 파기한 사례』(대판 2022.5.13. 2020도15642)☆.43)

✔ **공적 인물에 대한 명예훼손 : 대통령 보톡스 의혹제기 사건** 『[1] 공론의 장에 나선 전면적 공적 인물의 경우에는 비판과 의혹의 제기를 감수해야 하고 그러한 비판과 의혹에 대해서는 해명과 재반박을 통해서 이를 극복해야 하며 공적 관심사에 대한 표현의 자유는 중요한 헌법상 권리로서 최대한 보장되어야 한다. 따라서 공적 인물과 관련된 공적 관심사에 관하여 의혹을 제기하는 형태의 표현행위에 대해서는 일반인에 대한 경우와 달리 암시에 의한 사실의 적시로 평가하는 데 신중해야 한다.
[3] 피고인이 세월호 참사 국민대책회의 공동위원장이자 '4월 16일의 약속 국민연대'(이하 '4·16 연대'라 한다) 상임운영위원으로서 언론사 기자와 시민 등을 상대로 기자회견을 하던 중 '세월호 참사 당일 7시간 동안 대통령 갑이 마약이나 보톡스를 했다는 의혹이 사실인지 청와대를 압수·수색해서 확인했으면 좋겠다.'는 취지로 발언함으로써 마치 갑이 세월호 사건 발생 당일 마약을 하거나 피부미용, 성형수술을 위한 보톡스 주사를 맞고 있어 직무수행을 하지 않았던 것처럼 허위사실을 적시하여 갑의 명예를 훼손하였다는 내용으로 기소된 사안에서, 제반 사실에 비추어 위 발언은 피고인과 4·16 연대 사무실에 대한 압수·수색의 부당성과 갑의 행적을 밝힐 필요성에 관한 의견을 표명하는 과정에서 세간에 널리 퍼져 있는 의혹을 제시한 것으로 '갑이 마약을 하거나 보톡스 주사를 맞고 있어 직무수행을 하지 않았다.'는 구체적인 사실을 적시하였다고 단정하기 어렵고, 피고인이 공적 인물과 관련된 공적 관심사항에 대한 의혹 제기 방식으로 표현행위를 한 것으로서 대통령인 갑 개인에 대한 악의적이거나 심히 경솔한 공격으로서 현저히 상당성을 잃은 것으로 평가할 수 없어 명예훼손죄로 처벌할 수 없다는 이유로, 이와 달리 본 원심판단에 형법 제307조 제2항에서 정한 명예훼손죄의 사실 적시, 전면적 공적 인물에 대한 명예훼손죄의 위법성 판단에 관한 법리오해의 잘못이 있다고 한 사례』(대판 2021.3.25. 2016도14995)☆.

---

42) 동지판례 『다른 사람의 말이나 글을 비평하면서 사용한 표현이 겉으로 보기에 증거에 의해 입증 가능한 구체적인 사실관계를 서술하는 형태를 취하고 있더라도, 글의 집필의도, 논리적 흐름, 서술체계 및 전개방식, 해당 글과 비평의 대상이 된 말 또는 글의 전체적인 내용 등을 종합하여 볼 때, 평균적인 독자의 관점에서 문제 된 부분이 실제로는 비평자의 주관적 의견에 해당하고, 다만 비평자가 자신의 의견을 강조하기 위한 수단으로 그와 같은 표현을 사용한 것이라고 이해된다면 명예훼손죄에서 말하는 사실의 적시에 해당한다고 볼 수 없다』(대판 2017.5.11. 2016도19255).
43) 보충설명 부산 00구 00동장인 피고인이 00구 주민자치위원인 A에게 전화를 걸어 "어제 열린 00동 마을제사 행사에 남편과 이혼한 피해자도 참석을 하여, 이에 대해 행사에 참여한 사람들 사이에 안 좋게 평가하는 말이 많았다."고 말하고, 00동 주민들과 함께한 저녁식사 자리에서 "피해자는 이혼했다는 사람이 왜 마을제사에 왔는지 모르겠다."고 말하여 공연히 사실을 적시하여 피해자의 명예를 훼손하였다고 기소된 사안이다.

(2) 사회적 가치나 평가를 저하시킬 만한 사실

적시된 사실은 사람의 외부적·사회적 가치 내지 평가를 저하시킬 만한 것이어야 한다. 따라서 사실을 적시하였더라도 특정인의 사회적 가치 내지 평가를 침해할 수 있는 내용이 아니라면 명예훼손죄는 성립하지 않는다. 어떤 표현이 사람의 사회적 가치 내지 평가를 침해할 만한 것인지는 그 표현에 대한 사회 통념에 따른 객관적 평가에 의하여 판단하여야 한다. 따라서 가치중립적인 표현을 사용하였다 하더라도 사회통념상 그로 인하여 특정인의 사회적 평가가 저하되었다고 판단되는 경우에는 명예훼손죄가 성립할 수 있다.

> ✔ **가치중립적 표현을 사용한 경우 : 참이슬 불매 권유 사건** 『명예훼손죄가 성립하기 위하여는 특정인의 사회적 가치 내지 평가가 침해될 가능성이 있는 구체적인 사실을 적시하여야 하는바, 어떤 표현이 명예훼손적인지 여부는 그 표현에 대한 사회통념에 따른 객관적 평가에 의하여 판단하여야 하고, 가치중립적인 표현을 사용하였다 하여도 사회통념상 그로 인하여 특정인의 사회적 평가가 저하되었다고 판단된다면 명예훼손죄가 성립할 수 있다』(대판 2008.11.27. 2008도6728)☆. ※ 판결이유 중 : '(주)진로가 일본 아사히 맥주에 지분이 50% 넘어가 일본 기업이 됐다'는 부분은 가치중립적인 표현으로서, 우리나라와 일본의 특수한 역사적 배경과 소주라는 상품의 특수성 때문에 '참이슬' 소주를 생산하는 공소사실 기재 피해자 회사의 대주주 내지 지배주주가 일본 회사라고 적시하는 경우 일부 소비자들이 '참이슬' 소주의 구매에 소극적이 될 여지가 있다 하더라도 이를 사회통념상 공소사실 기재 피해자 회사의 사회적 가치 내지 평가가 침해될 가능성이 있는 명예훼손적 표현이라고 볼 수 없다.

> ✔ **가치중립적 표현을 사용한 경우 : 후임병 게이 사건** 『피해자가 동성애자라는 내용의 글을 인터넷사이트에 게시한 행위가 명예훼손에 해당한다』(대판 2007.10.25. 2007도5077)☆.

(3) 구체적인 사실

적시된 사실은 특정인의 사회적 가치 내지 평가가 침해될 가능성이 있을 정도로 구체성을 띠어야 한다. 따라서 구체적인 사실을 적시하지 않고 모욕적인 추상적 판단이나 경멸적 표현을 사용하는 것은 명예훼손죄를 구성하지 않는다.

> ✔ **구체적인 사실의 적시 : 검찰청 번호 허위문자 사건** 『명예훼손죄가 성립하기 위하여는 사실의 적시가 있어야 하고, 적시된 사실은 이로써 특정인의 사회적 가치 내지 평가가 침해될 가능성이 있을 정도로 구체성을 띠어야 한다』(대판 2011.8.18. 2011도6904)★.

(가) 감정이나 판단의 표현

> ✔ **추상적·경멸적 표현을 사용한 경우 : 똥꼬다리 같은 놈 앰프방송 사건** 『"아무것도 아닌 똥꼬다리 같은 놈"이라는 구절은 모욕적인 언사일 뿐 구체적인 사실의 적시라고 할 수 없고 "잘 운영되어 가는 어촌계를 파괴하려 한다"는 구절도 구체적인 사실의 적시라고 할 수 없으므로 명예훼손죄에 있어서의 사실의 적시에 해당한다고 볼 수 없다』(대판 1989.3.14. 88도1397)☆.

> ✔ **추상적·경멸적 표현을 사용한 경우 : 개같은 잡년 사건** 『피해자에 대하여 "야 이 개같은 잡년아, 시집을 열두번을 간 년아, 자식도 못 낳는 창녀같은 년"이라고 큰소리 친 경우, 위 발언내용은 그 자체가 피해자의 사회적 평가를 저하시킬 만한 구체적 사실이라기 보다는 피해자의 도덕성에 관하여 가지고 있는 추상적 판단이나 경멸적인 감정표현을 과장되게 강조한 욕설에 지나지 아니하여 형법 제311조의 모욕에는 해당할지언정, 형법 제307조 제1항의 명예훼손에 해당한다고 보기 어렵다』(대판 1985.10.22. 85도1629)☆.

(나) 적시한 사실로부터 명예훼손적 내용을 곧바로 유추할 수 있는지 여부

✔ **명예훼손적 내용의 유추 : 검찰청 가장 문자메시지 발신 사건** 『명예훼손죄가 성립하기 위하여는 사실의 적시가 있어야 하고, 적시된 사실은 이로써 특정인의 사회적 가치 내지 평가가 침해될 가능성이 있을 정도로 구체성을 띠어야 한다. 특정인의 사회적 가치나 평가를 저하시키기에 충분한 구체적인 사실의 적시가 있다고 하기 위해서는, 반드시 그러한 구체적인 사실이 직접적으로 명시되어 있을 것을 요구하는 것은 아니지만, 적어도 적시된 내용 중의 특정 문구에 의하여 그러한 사실이 곧바로 유추될 수 있을 정도는 되어야 한다』(대판 2011.8.18. 2011도6904)★.

✔ **고발사실을 알린 경우 : 무허가 직업소개소 고발 사건** 『[1] 누구든지 범죄가 있다고 생각하는 때에는 고발할 수 있는 것이므로, 어떤 사람이 범죄를 고발하였다는 사실이 주위에 알려졌다고 하여 그 고발사실 자체만으로 고발인의 사회적 가치나 평가가 침해될 가능성이 있다고 볼 수는 없을 터이고, 다만 그 고발의 동기나 경위가 불순하다거나 온당하지 못하다는 등의 사정이 있고 이러한 사정이 함께 알려진 경우에 고발인의 명예가 침해될 가능성이 있다.
[2] 피고인이 다만 피해자가 피고인의 범죄를 고발하였다는 내용의 언사만을 하고 그 고발의 동기나 경위에 관하여는 전혀 언급을 하지 아니하였다면, 그와 같은 언사만으로는 피해자의 사회적 가치나 평가를 침해하기에 충분한 구체적인 사실이 적시되었다고 보기는 어렵다』(대판 1994.6.28. 93도696)★.

✔ **고발사실을 알린 경우 : 선거법위반 고발 사건** 『갑이 제3자에게 을이 병을 선거법 위반으로 고발하였다는 말만 하고 그 고발의 동기나 경위에 관하여 언급하지 않았다면, 그 자체만으로는 을의 사회적 가치나 평가를 침해하기에 충분한 구체적 사실이 적시되었다고 보기 어렵다』(대판 2009.9.24. 2009도6687)☆.

(다) 타 종교를 비판한 경우

✔ **타 종교를 비판한 경우 : 냉면 급체교 사건** 『[1] 종교적 목적을 위한 언론·출판의 자유를 행사하는 과정에서 타 종교의 신앙의 대상을 우스꽝스럽게 묘사하거나 다소 모욕적이고 불쾌하게 느껴지는 표현을 사용하였더라도 그것이 그 종교를 신봉하는 신도들에 대한 증오의 감정을 드러내는 것이거나 그 자체로 폭행·협박 등을 유발할 우려가 있는 정도가 아닌 이상 허용된다고 보아야 한다.
[2] 비록 허위의 사실을 적시하였더라도 허위의 사실이 특정인의 사회적 가치 내지 평가를 침해할 수 있는 내용이 아니라면 형법 제307조의 명예훼손죄는 성립하지 않고, 사회 평균인의 입장에서 허위의 사실을 적시한 발언을 들었을 경우와 비교하여 오히려 진실한 사실을 듣는 경우에 피해자의 사회적 가치 내지 평가가 더 크게 침해될 것으로 예상되거나, 양자 사이에 별다른 차이가 없을 것이라고 보는 것이 합리적인 경우라면, 형법 제307조 제2항의 허위사실 적시에 의한 명예훼손죄로 처벌할 수는 없다』(대판 2014.9.4. 2012도13718)★.

(라) 간접적이고 우회적 표현에 의하여 사실을 암시하는 경우

✔ **간접적·우회적 표현을 사용한 경우 : 이성관계 암시발언 사건** 『[1] 명예훼손죄에 있어서의 사실의 적시는 사실을 직접적으로 표현한 경우에 한정될 것은 아니고, 간접적이고 우회적인 표현에 의하더라도 그 표현의 전취지에 비추어 그와 같은 사실의 존재를 암시하고, 또 이로써 특정인의 사회적 가치 내지 평가가 침해될 가능성이 있을 정도의 구체성이 있으면 족한 것이다.
[2] 교수가 학생들 앞에서 피해자의 이성관계를 암시하는 발언을 한 것에 대하여 명예훼손죄의 성립을 인정한 사례』(대판 1991.5.14. 91도420)★.

(4) 이미 알려진 공지의 사실

판례는 이미 알려진 공지의 사실이거나 상대방이 알고 있는 사실이라도 이를 적시하여 그 사람이 가지는 사회적 가치를 저하시킬 가능성이 있는 경우 명예훼손죄가 성립할 수 있다는 입장이다.

✔ **공지의 사실을 알린 경우 : 일간신문 소개 사건** 『명예훼손죄가 성립하기 위하여는 반드시 숨겨진 사실을 적발하는 행위만에 한하지 아니하고 이미 사회의 일부에 잘 알려진 사실이라고 하더라도 이를 적시하여 사람의 사회적 평가를 저하시킬 만한 행위를 한 때에는 명예훼손죄를 구성한다』(대판 1994.4.12. 93도3535)☆.

(5) 장래의 사실

판례는 명예훼손죄에서 적시의 대상이 되는 사실이란 "현실적으로 발생하고 증명할 수 있는 과거 또는 현재의 사실을 말하며, 장래의 일을 적시하더라도 그것이 과거 또는 현재의 사실을 기초로 하거나 이에 대한 주장을 포함하는 경우에는 명예훼손죄가 성립할 수 있다"는 입장을 취하고 있다.

✔ **장래의 사실을 적시한 경우 : 내사종결 구속영장 발부 사건** 『[1] 명예훼손죄가 성립하기 위하여는 사실의 적시가 있어야 하는데, 여기에서 적시의 대상이 되는 사실이란 현실적으로 발생하고 증명할 수 있는 과거 또는 현재의 사실을 말하며, 장래의 일을 적시하더라도 그것이 과거 또는 현재의 사실을 기초로 하거나 이에 대한 주장을 포함하는 경우에는 명예훼손죄가 성립한다고 할 것이고, 장래의 일을 적시하는 것이 과거 또는 현재의 사실을 기초로 하거나 이에 대한 주장을 포함하는지 여부는 그 적시된 표현 자체는 물론 전체적인 취지나 내용, 적시에 이르게 된 경위 및 전후 상황, 기타 제반 사정을 종합적으로 참작하여 판단하여야 한다.
[2] 피고인이 경찰관을 상대로 진정한 사건이 혐의인정되지 않아 내사종결 처리되었음에도 불구하고 공연히 "사건을 조사한 경찰관이 내일부로 검찰청에서 구속영장이 떨어진다."고 말한 것은 현재의 사실을 기초로 하거나 이에 대한 주장을 포함하여 장래의 일을 적시한 것으로 볼 수 있어 명예훼손죄에 있어서의 사실의 적시에 해당한다』(대판 2003.5.13. 2002도7420)★.

(6) 진실한 사실과 허위의 사실

적시된 사실이 진실한 사실인 때에는 제307조 제1항에 해당하고 허위의 사실이면 동조 제2항의 죄가 성립한다. 적시된 사실이 진실인지 허위인지 여부를 판단함에 있어서는, 적시된 사실의 내용 전체의 취지를 살펴볼 때 세부적인 내용에서 진실과 약간 차이가 나거나 다소 과장된 표현이 있는 정도에 불과하다면 이를 허위라고 볼 수 없으나, 중요한 부분이 객관적 사실과 합치하지 않는다면 이를 허위라고 보아야 한다는 것이 판례의 입장이다.

✔ **진실한 사실과 허위의 사실의 판단방법 : 이단 중에 이단 사건** 표준 『형법 제307조 제2항을 적용하기 위하여 적시된 사실이 허위의 사실인지 여부를 판단하는 경우, 적시된 사실의 내용 전체의 취지를 살펴볼 때 중요한 부분이 객관적 사실과 합치되면 세부에 있어서 진실과 약간 차이가 나거나 다소 과장된 표현이 있다 하더라도 이를 허위의 사실이라고 볼 수 없다』(대판 2008.10.9. 2007도1220)☆.

✔ **다소 과장한 경우 : 축산업협동조합중앙회장 광고게재 사건** 『허위사실 적시로 인한 출판물에 의한 명예훼손과 관련하여, 타인의 발언을 비판할 의도로 출판물에 그 타인의 발언을 그대로 소개한 후 그 중 일부분을 부각, 적시하면서 이에 대한 다소 과장되거나 편파적인 내용의 비판을 덧붙인 경우라 해도 위 소

개된 타인의 발언과의 전체적, 객관적 해석에도 불구하고 위 비판적 내용의 사실적시가 허위라고 읽혀지지 않는 한 위 일부 사실적시 부분만을 따로 떼어 허위사실이라고 단정하여서는 안된다』(대판 2007.1.26. 2004도1632)☆.

소문이나 제3자의 말을 인용한 언론보도가 허위사실을 적시한 것인지 판단하려면 원칙적으로 그 보도내용의 주된 부분인 암시된 사실 자체를 기준으로 그것이 진실인지 여부를 살펴보아야 하며, 그러한 소문, 제3자의 말 등의 존부를 기준으로 보도가 허위사실인지를 판단해서는 안 된다.

✔ **소문이나 제3자의 말을 인용한 경우 : 럭셔리 바 욕설 사건** 『[1] 객관적으로 피해자의 사회적 평가를 저하시키는 사실에 관한 보도내용이 소문이나 제3자의 말, 보도를 인용하는 방법으로 단정적인 표현이 아닌 전문 또는 추측한 것을 기사화한 형태로 표현하였지만, 그 표현 전체의 취지로 보아 그 사실이 존재할 수 있다는 것을 암시하는 방식으로 이루어진 경우에는 사실을 적시한 것으로 보아야 한다.
[2] 독자, 시청자, 청취자 등은 언론매체의 보도내용을 진실로 신뢰하는 경향이 있고, 언론매체는 이러한 신뢰를 기반으로 사회에 대한 비판·감시기능을 수행하는 것이라는 점 등을 고려하면, 언론매체가 피해자의 명예를 현저하게 훼손할 수 있는 보도내용의 주된 부분이 허위임을 충분히 인식하면서도 이를 보도하였다면 특별한 사정이 없는 한 거기에는 사람을 비방할 목적이 있다고 볼 것이다』(대판 2008.11.27. 2007도5312)★.

(7) 피해자의 특정

적시된 사실에 대한 피해자가 특정되어야 한다. 그러나 반드시 사람의 성명을 명시하여야 하는 것은 아니고, 그 표현의 내용을 주위사정과 종합하여 어느 특정인을 지목하는 것인가를 알 수 있는 경우에는 그 특정인에 대한 명예훼손죄가 성립할 수 있다. 따라서 두문자나 이니셜만 사용한 경우라도 본죄의 성립은 가능하다. 피해자의 특정과 관련하여 집단표시에 의한 명예훼손에 관한 부분은 명예의 주체에 대한 부분에서 후술하기로 한다.

✔ **피해자의 특정성 : 신씨 종중재산 착복 사건** 『명예훼손죄가 성립하려면 반드시 사람의 성명을 명시하여 허위의 사실을 적시하여야만 하는 것은 아니므로 사람의 성명을 명시한 바 없는 허위사실의 적시행위도 그 표현의 내용을 주위사정과 종합 판단하여 그것이 어느 특정인을 지목하는 것인가를 알아차릴 수 있는 경우에는 그 특정인에 대한 명예훼손죄를 구성한다』(대판 1982.11.9. 82도1256)☆.

3. 사람의 명예훼손

가. 명예의 주체

(1) 자연인

명예에 관한 죄의 보호법익은 사람의 외부적 명예이므로 그 명예를 누리는 주체는 사람이다. 따라서 모든 자연인은 명예의 주체가 될 수 있다.

(2) 법인 기타의 단체

자연인 외에 법인도 명예의 주체가 될 수 있다는 것이 통설·판례의 입장이다. 판례는 민사판결에서 법인격이 없는 종친회와 노동조합에 대한 명예훼손이 가능하다고 판시한 바 있다. 그러나 취미생활을 위한 사교단체의 경우는 명예의 주체가 될 수 없다. 이러한 모임이나 단체는 통일된 의사를 가지고 대외적으로 활동하는 단체라 고 볼 수 없기 때문이다.

(3) 국가 또는 지방자치단체

판례는 국가, 정부, 국가기관, 지방자치단체는 명예의 주체가 될 수 없다는 입장을 취하고 있다.44)

> ✔ **국가·지방자치단체의 명예주체성 : 고흥군 고흥군수 모욕 사건** 『형법이 명예훼손죄 또는 모욕죄를 처벌함으로써 보호하고자 하는 사람의 가치에 대한 평가인 외부적 명예는 개인적 법익으로서, 국민의 기본권을 보호 내지 실현해야 할 책임과 의무를 지고 있는 공권력의 행사자인 국가나 지방자치단체는 기본권의 수범자일 뿐 기본권의 주체가 아니고, 정책결정이나 업무수행과 관련된 사항은 항상 국민의 광범위한 감시와 비판의 대상이 되어야 하며 이러한 감시와 비판은 그에 대한 표현의 자유가 충분히 보장될 때에 비로소 정상적으로 수행될 수 있으므로, 국가나 지방자치단체는 국민에 대한 관계에서 형벌의 수단을 통해 보호되는 외부적 명예의 주체가 될 수는 없고, 따라서 명예훼손죄나 모욕죄의 피해자가 될 수 없다』(대판 2016. 12. 27. 2014도15290)★.

(4) 집단표시에 의한 명예훼손

(가) 요 건

집단표시에 의한 명예훼손이 집단 구성원 개개인에 대한 명예훼손죄를 구성하려면 ① 그 집단이 특정되어야 한다. 단순히 서울시민 또는 경기도민 등과 같은 막연한 표시나 명칭만으로는 그 집단이 특정되었다고 할 수 없다. ② 그 구성원의 수가 소규모로서 어느 정도 제한되어야 한다. ③ 명예훼손이나 모욕의 표현도 집단의 구성원을 모두 지적하는 내용이어야 한다.45)46) 따라서 막연한 표시에 의해서는 명예훼손죄를 구성하지 않지만, 집합적 명사를 쓴 경우에도 그것에 의하여 그 범위에 속하는 특정인을 가리키는 것이 명백하여, 이들 각자의 명예를 훼손하는 행위라고 볼 수 있는 경우에는 해당 구성원 모두의 명예가 집단표시에 의하여 훼손될 수 있다.

> ✔ **단체·집합명칭에 의한 명예훼손 : 3.19 동지회 사건** 『명예훼손죄는 어떤 특정한 사람 또는 인격을 보유하는 단체에 대하여 그 명예를 훼손함으로써 성립하는 것이므로 그 피해자는 특정한 것임을 요하고, 다만 서울시민 또는 경기도민이라 함과 같은 막연한 표시에 의해서는 명예훼손죄를 구성하지 아니한다 할 것이지만, 집합적 명사를 쓴 경우에도 그것에 의하여 그 범위에 속하는 특정인을 가리키는 것이 명백하면, 이를 각자의 명예를 훼손하는 행위라고 볼 수 있다』(대판 2000. 10. 10. 99도5407)★.

---

44) [보충설명] 정부와 국가기관, 국가와 지방자치단체의 정책결정 또는 업무수행과 관련된 사항을 주된 내용으로 하는 언론보도가 문제된 경우에는 정부와 국가기관 등의 명예가 아니라 관련 공직자 개인의 명예가 훼손되었는지 여부가 문제될 뿐이다. 이로 인해 공직자 개인에 대한 명예훼손이 성립하는지 여부에 관하여 판례는 정부 또는 국가기관의 정책결정 또는 업무수행과 관련된 사항을 주된 내용으로 하는 언론보도로 인하여 그 정책결정이나 업무수행에 관여한 공직자에 대한 사회적 평가가 다소 저하될 수 있더라도, 그 보도의 내용이 공직자 개인에 대한 악의적이거나 심히 경솔한 공격으로서 현저히 상당성을 잃은 것으로 평가되지 않는 한, 그 보도로 인하여 곧바로 공직자 개인에 대한 명예훼손이 된다고 할 수 없다는 입장을 취하고 있다.
45) [보충설명] 집단표시에 의한 모욕의 경우에도 마찬가지이다.
46) [동지판례] 『모욕죄는 특정한 사람 또는 인격을 보유하는 단체에 대하여 사회적 평가를 저하시킬 만한 경멸적 감정을 표현함으로써 성립하므로 그 피해자는 특정되어야 한다. 그리고 이른바 집단표시에 의한 모욕은, 모욕의 내용이 그 집단에 속한 특정인에 대한 것이라고는 해석되기 힘들고 집단표시에 의한 비난이 개별구성원에 이르러서는 비난의 정도가 희석되어 구성원 개개인의 사회적 평가에 영향을 미칠 정도에 이르지 않는 것으로 평가되는 경우에는 구성원 개개인에 대한 모욕이 성립되지 않는다고 할 것이지만, 구성원 개개인에 대한 것으로 여겨질 정도로 구성원 수가 적거나 당시의 주위 정황 등으로 보아 집단 내 개별구성원을 지칭하는 것으로 여겨질 수 있는 때에는 집단 내 개별구성원이 피해자로서 특정된다고 보아야 하고, 그 구체적 기준으로는 집단의 크기, 집단의 성격과 집단 내에서의 피해자의 지위 등을 들 수 있다』(대판 2013. 1. 10. 2012도13189 ; 2014. 3. 27. 2011도15631).

> ✔ **단체·집합명칭에 의한 명예훼손 : 시사매거진 2580 기동수사대 명예훼손 사건** 『이른바 집단표시에 의한 명예훼손은, 명예훼손의 내용이 그 집단에 속한 특정인에 대한 것이라고 해석되기 힘들고 집단표시에 의한 비난이 개별구성원에 이르러서는 비난의 정도가 희석되어 구성원 개개인의 사회적 평가에 영향을 미칠 정도에 이르지 아니하는 것으로 평가되는 경우에는 구성원 개개인에 대한 명예훼손이 성립되지 아니한다. 다만 명예훼손의 내용이 구성원 개개인에 대한 것으로 여겨질 정도로 구성원의 수가 적거나 당시 주위 정황 등으로 보아 집단 내 개별구성원을 지칭하는 것으로 여겨질 수 있는 때에는 집단 내 개별구성원이 피해자로서 특정된다고 보아야 할 것이고, 그 구체적 기준으로는 집단의 크기, 집단의 성격과 집단 내에서의 피해자의 지위 등을 들 수 있다』(대판 2014.4.24. 2013다74837 ; 2006.5.12. 2004다35199)★.

Ⅲ. 주관적 구성요건

1. 고 의

본죄가 성립하기 위하여는 공연히 타인의 명예를 훼손할 만한 사실 또는 허위의 사실을 적시한다는 고의가 있어야 한다. 명예훼손의 목적 또는 비방의 목적이 있음을 요하지는 않는다.

전파가능성의 인식과 관련하여 판례는 전파가능성을 이유로 명예훼손죄의 공연성을 인정하는 경우에는 적어도 범죄구성요건의 주관적 요소로서 전파가능성에 대한 인식이 있음은 물론 나아가 그 위험을 용인하는 내심의 의사가 있어야 하고, 그 행위자가 전파가능성을 용인하고 있었는지의 여부는 외부에 나타난 행위의 형태와 행위의 상황 등 구체적인 사정을 기초로 하여 일반인이라면 그 전파가능성을 어떻게 평가할 것인가를 고려하면서 행위자의 입장에서 그 심리상태를 추인하여야 한다는 입장을 취하고 있다.

> ✔ **명예훼손죄의 고의 : 메디슨 파기환송심 사건** 표준 『전파가능성을 이유로 명예훼손죄의 공연성을 인정하는 경우에는 적어도 범죄구성요건의 주관적 요소로서 미필적 고의가 필요하므로 전파가능성에 대한 인식이 있음은 물론 나아가 그 위험을 용인하는 내심의 의사가 있어야 하고, 그 행위자가 전파가능성을 용인하고 있었는지의 여부는 외부에 나타난 행위의 형태와 행위의 상황 등 구체적인 사정을 기초로 하여 일반인이라면 그 전파가능성을 어떻게 평가할 것인가를 고려하면서 행위자의 입장에서 그 심리상태를 추인하여야 한다』(대판 2004.4.9. 2004도340)☆.

> ✔ **명예훼손죄의 고의가 부정된 경우 : 마트 입점비 사건** 『명예훼손죄가 성립하기 위해서는 주관적 구성요소로서 타인의 명예를 훼손한다는 고의를 가지고 사람의 사회적 평가를 저하시키는 데 충분한 구체적 사실을 적시하는 행위를 할 것이 요구된다. 따라서 불미스러운 소문의 진위를 확인하고자 질문을 하는 과정에서 타인의 명예를 훼손하는 발언을 하였다면 이러한 경우에는 그 동기에 비추어 명예훼손의 고의를 인정하기 어렵다』(대판 2018.6.15. 2018도4200)★.

> ✔ **명예훼손죄의 고의가 부정된 경우 : 김일성 밑에 김정일 사건** 『명예훼손사실을 발설한 것이 사실이냐는 질문에 대답하는 과정에서 타인의 명예를 훼손하는 사실을 발설하게 된 것이라면, 그 발설내용과 동기에 비추어 명예훼손의 범의를 인정할 수 없고, 질문에 대한 단순한 확인대답이 명예훼손에서 말하는 사실적시라고도 할 수 없다』(대판 2008.10.23. 2008도6515 ; 대판 1983.8.23. 83도1017)☆.

> ✔ **명예훼손죄의 고의가 부정된 경우 : 작업장 성추행 사건** 최신3년 『작업장의 책임자인 피고인이 甲으로부터 작업장에서 발생한 성추행 사건에 대해 보고받은 사실이 있음에도, 직원 5명이 있는 회의 자리에서

상급자로부터 경과보고를 요구받으면서 과태료 처분에 관한 책임을 추궁받자 이에 대답하는 과정에서 '甲은 성추행 사건에 대해 애초에 보고한 사실이 없다. 그런데도 이를 수사기관 등에 신고하지 않았다고 과태료 처분을 받는 것은 억울하다.'는 취지로 발언한 경우 피고인에게 명예훼손의 고의를 인정하기 어렵다』(대판 2022.4.14. 2021도17744)☆.

2. 착 오

허위의 사실을 진실한 사실로 오인하고 적시한 때에는 허위사실명예훼손죄의 결과가 발생하였지만 단순명예훼손죄의 고의였으므로 이른바 사실의 착오(구성요건적 착오)로서 본법 제15조 제1항이 적용되어 단순명예훼손죄의 죄책을 부담할 뿐이다.

✔ **허위성에 대한 인식이 없는 경우 : 한센인 강제추방 호소문 사건** 『형법 제307조 제1항, 제2항, 제310조의 체계와 문언 및 내용에 의하면, 제307조 제1항의 '사실'은 제2항의 '허위의 사실'과 반대되는 '진실한 사실'을 말하는 것이 아니라 가치판단이나 평가를 내용으로 하는 '의견'에 대치되는 개념이다. 따라서 제307조 제1항의 명예훼손죄는 적시된 사실이 진실한 사실인 경우이든 허위의 사실인 경우이든 모두 성립될 수 있고, 특히 적시된 사실이 허위의 사실이라고 하더라도 행위자에게 허위성에 대한 인식이 없는 경우에는 제307조 제2항의 명예훼손죄가 아니라 제307조 제1항의 명예훼손죄가 성립될 수 있다. 제307조 제1항의 법정형이 2년 이하의 징역 등으로 되어 있는 반면 제307조 제2항의 법정형은 5년 이하의 징역 등으로 되어 있는 것은 적시된 사실이 객관적으로 허위일 뿐 아니라 행위자가 그 사실의 허위성에 대한 주관적 인식을 하면서 명예훼손행위를 하였다는 점에서 가벌성이 높다고 본 것이다』(대판 2017.4.26. 2016도18024)★.

제3관 사자의 명예훼손죄

제308조 | 사자의 명예훼손 |
공연히 허위의 사실을 적시하여 사자의 명예를 훼손한 자는 2년 이하의 징역이나 금고 또는 500만 원 이하의 벌금에 처한다.

Ⅰ. 의 의

사자명예훼손죄는 공연히 허위의 사실을 적시하여 사자의 명예를 훼손함으로써 성립하는 범죄이다. 허위의 사실을 적시할 것이 요건이므로 진실한 사실을 적시한 때에는 본죄가 성립 하지 않는다.[47]

Ⅱ. 고 의

사자명예훼손죄는 사자에 대한 명예를 훼손할 만한 허위의 사실을 적시한다는 인식과 의사를 내용으로 하는 고의가 있어야 한다.

---

[47] 사실을 적시한 때에도 본죄가 성립한다면 역사적 인물에 대한 객관적이고 공정한 평가도 처벌받게 되어 역사의 정확성과 진실이 은폐될 가능성이 있기 때문이다.

> ✔ **허위사실에 대한 인식 : 조현오 전 경찰청장 사건** 『형법 제307조 제2항의 허위사실 적시에 의한 명예훼손죄에서 적시된 사실이 허위인지 여부를 판단함에 있어서는 적시된 사실의 내용 전체의 취지를 살펴볼 때 세부적인 내용에서 진실과 약간 차이가 나거나 다소 과장된 표현이 있는 정도에 불과하다면 이를 허위라고 볼 수 없으나, 중요한 부분이 객관적 사실과 합치하지 않는다면 이를 허위라고 보아야 한다. 나아가 행위자가 그 사항이 허위라는 것을 인식하였는지 여부는 성질상 외부에서 이를 알거나 증명하기 어려우므로, 공표된 사실의 내용과 구체성, 소명자료의 존재 및 내용, 피고인이 밝히는 사실의 출처 및 인지 경위 등을 토대로 피고인의 학력, 경력, 사회적 지위, 공표 경위, 시점 및 그로 말미암아 예상되는 파급효과 등의 여러 객관적 사정을 종합하여 판단할 수밖에 없으며, 범죄의 고의는 확정적 고의뿐만 아니라 결과 발생에 대한 인식이 있고 그를 용인하는 의사인 이른바 미필적 고의도 포함하므로 허위사실 적시에 의한 명예훼손죄 역시 미필적 고의에 의하여도 성립하고, 위와 같은 법리는 형법 제308조의 사자명예훼손죄의 판단에서도 마찬가지로 적용된다』(대판 2014.3.13. 2013도12430)☆.

Ⅲ. 제310조의 적용여부

사자명예훼손죄는 허위사실의 적시를 요하므로 행위자가 허위사실을 인식하였을 때에는 제310조가 적용되지 아니하고, 인식하지 못하였을 때에는 본죄가 성립하지 아니하므로 결국 본법 제310조는 본죄에 적용될 여지가 없다.

제4관 출판물에 의한 명예훼손죄

> **제309조 ▎출판물 등에 의한 명예훼손 ▎**
> ① 사람을 비방할 목적으로 신문, 잡지 또는 라디오 기타 출판물에 의하여 제307조 제1항의 죄를 범한 자는 3년 이하의 징역이나 금고 또는 700만 원 이하의 벌금에 처한다.
> ② 제1항의 방법으로 제307조 제2항의 죄를 범한 자는 7년 이하의 징역, 10년 이하의 자격정지 또는 1천500만 원 이하의 벌금에 처한다.

Ⅰ. 의 의

출판물에 의한 명예훼손죄는 사람을 비방할 목적으로 출판물에 의하여 사실 또는 허위의 사실을 적시하여 사람의 명예를 훼손함으로써 성립한다. 형법이 본죄를 일반 명예훼손죄보다 무겁게 처벌하는 이유는 단순한 고의를 넘어서 주관적 구성요건으로 비방의 목적을 가지고 있어야 하는 점과 출판물 등의 이용이 그 성질상 높은 전파성과 신뢰성, 장기간의 보존가능성 등 피해자에 대한 법익침해의 정도가 더욱 크다는 점에 있다. 따라서 출판물 등에 의한 사실적시로 명예를 훼손하였더라도 비방할 목적이 없거나 비방할 목적이 있더라도 사실적시가 출판물에 의한 것이 아니라면 제307조가 성립함은 별론으로 하고 본죄는 성립하지 않는다.

Ⅱ. 객관적 구성요건

1. 행 위

출판물에 의한 명예훼손죄는 신문, 잡지 또는 라디오 기타 출판물에 의하여 사실 또는 허위의 사실을 적시하는 것이다. "사실", "허위", "적시"의 의미는 앞에서 서술한 바와 같다.

2. 출판물의 범위

판례는 형법 제309조 제1항 소정의 '기타 출판물'에 해당하기 위해서는 그것이 등록·출판된 제본인쇄물이나 제작물은 아니라고 할지라도 적어도 그와 같은 정도의 효용과 기능을 가지고 사실상 출판물로 유통·통용될 수 있는 외관을 가진 인쇄물로 볼 수 있어야 한다는 입장이다.

> ✔ 출판물 여부 : A4용지 7쪽 인쇄물 사건 표준 『컴퓨터 워드프로세서로 작성되어 프린트된 A4 용지 7쪽 분량의 인쇄물이 형법 제309조 제1항 소정의 '기타 출판물'에 해당하지 않는다』(대판 2000.2.11. 99도3048)☆.

3. 기수시기

본죄는 추상적 위험범이므로 타인의 명예를 훼손할 만한 사실 또는 허위사실을 출판물 등에 의하여 적시하고 출판물 등이 배포되거나 청취할 수 있도록 전파되었으면 기수로 된다. 불특정 또는 다수인이 이를 인식하였을 것을 필요로 하지 않는다.

Ⅲ. 주관적 구성요건

1. 고 의

출판물에 의한 명예훼손죄는 출판물 등에 의하여 사실 또는 허위사실을 적시하고 그로 인하여 타인의 명예를 훼손한다는 인식과 의사를 내용으로 하는 고의가 있어야 한다.

2. 비방할 목적

가. 의 의

목적범이므로 고의 외에 비방의 목적을 필요로 한다. 판례는 '비방할 목적'을 가해의 의사 내지 목적으로 해석하고 있다.[48] 출판물 등의 수단을 사용하는 언론매체는 그 속성상 타인의 명예에 관련된 사실을 보도할 수밖에 없으므로 언론보도에 대해 그 공공성에도 불구하고 타인의 명예를 훼손하였다 하여 이를 처벌한다면 헌법상 언론·출판의 자유를 보장할 수 없게 된다. 따라서 비방할 목적을 구성요건으로 정함으로써 언론의 자유와 명예보호라는 상반되는 두 가지 가치의 조화를 추구하는 것이다.

---

[48] 참고 『공직선거법 제93조 제1항에서 '선거에 영향을 미치게 하기 위하여'라는 전제 아래 그에 정한 행위를 제한하고 있는 것은 고의 이외에 초과주관적 요소로서 '선거에 영향을 미치게 할 목적'을 범죄성립요건으로 하는 목적범으로 규정한 것이라 할 것인바, 그 목적에 대하여는 적극적 의욕이나 확정적 인식을 필요로 하는 것이 아니라 미필적 인식만으로도 족하고, 그 목적이 있었는지 여부는 피고인의 사회적 지위, 피고인과 후보자·경쟁 후보자 또는 정당과의 관계, 행위의 동기 및 경위와 수단 및 방법, 행위의 내용과 태양, 행위 당시의 사회상황 등 여러 사정을 종합하여 사회통념에 비추어 합리적으로 판단하여야 할 것이다』(대판 2009.5.28. 2008도11857).

나. 판단 방법

판례는 적시한 사실이 공공의 이익에 관한 것인 경우에는 특별한 사정이 없는 한 비방할 목적은 부인된다는 입장을 취하고 있다. '사람을 비방할 목적'은 행위자의 주관적 의도에 있어 공공의 이익을 위한 것과는 서로 상반되는 관계에 있기 때문이라고 한다.

> ✔ **공공의 이익과 비방할 목적의 관계 : 국립대학 교수 제자 성추행 사건** 『[1] 형법 제309조 제1항 소정의 출판물에 의한 명예훼손죄는 타인을 비방할 목적으로 신문, 잡지 또는 라디오 기타 출판물에 의하여 사실을 적시하여 타인의 명예를 훼손할 경우에 성립되는 범죄로서, 여기서 '비방할 목적'이란 가해의 의사 내지 목적을 요하는 것으로서 공공의 이익을 위한 것과는 행위자의 주관적 의도의 방향에 있어 서로 상반되는 관계에 있다고 할 것이므로, 적시한 사실이 공공의 이익에 관한 것인 경우에는 특별한 사정이 없는 한 비방할 목적은 부인된다고 봄이 상당하다.
> [2] 국립대학교 교수가 자신의 연구실 내에서 제자인 여학생을 성추행하였다는 내용의 글을 지역 여성단체가 자신의 인터넷 홈페이지 또는 소식지에 게재한 사안에서, 국립대학교 교수인 피해자의 지위, 적시사실의 내용 및 성격, 표현의 방법, 동기 및 경위 등 제반 사정을 종합하여 볼 때, 비록 성범죄에 관한 내용이어서 명예의 훼손정도가 심각하다는 점까지를 감안한다 할지라도 인터넷 홈페이지 또는 소식지에 위와 같은 내용을 게재한 행위는 학내 성폭력 사건의 철저한 진상조사와 처벌 그리고 학내 성폭력의 근절을 위한 대책마련을 촉구하기 위한 목적으로 공공의 이익을 위한 것으로서 달리 비방의 목적이 있다고 단정할 수 없다』(대판 2005.4.29. 2003도2137)★.

그리고 여기에서 공공의 이익이라 함은 널리 국가·사회 기타 일반 다수인의 이익에 관한 것뿐만 아니라 특정한 사회집단이나 그 구성원 전체의 관심과 이익에 관한 것도 포함되고, 행위자의 주요한 동기 내지 목적이 공공의 이익을 위한 것이라면 부수적으로 다른 사익적 목적이나 동기가 내포되어 있더라도 비방할 목적은 부인되는 것이다.

Ⅳ. 공범문제

1. 기자에게 제보한 경우

출판물에 의한 명예훼손죄는 간접정범에 의하여 범하여질 수도 있으므로 타인을 비방할 목적으로 허위의 기사 재료를 그 정을 모르는 기자에게 제공하여 신문 등에 보도되게 한 경우에도 성립할 수 있다.

2. 기자가 아닌 사람에게 제보한 경우

판례는 제보자가 기사의 취재 작성과 직접적인 연관이 없는 자에게 허위의 사실을 알렸을 뿐인 경우에는, 제보자가 피제보자에게 그 알리는 사실이 기사화되도록 특별히 부탁하였다거나 피제보자가 이를 기사화 할 것이 고도로 예상되는 등의 특별한 사정이 없는 한, 피제보자가 언론에 공개하거나 기자들에게 취재됨으로써 그 사실이 신문에 게재되어 일반 공중에게 배포되더라도 제보자에게 출판물에 의한 명예훼손죄의 책임을 물을 수는 없다는 입장이다.

> ✔ **기자가 아닌 자에게 제보한 경우 : 메디슨 사건** 표준 『의사가 의료기기 회사와의 분쟁을 정치적으로 해결하기 위하여 국회의원에게 허위의 사실을 제보하였을 뿐인데, 위 국회의원의 발표로 그 사실이 일간신문에 게재된 경우 출판물에 의한 명예훼손이 성립하지 아니한다』(대판 2002.6.28. 2000도3045)★.49)

---

49) 보충설명 허위사실적시명예훼손죄가 인정되는 사안이다.

V. 제310조의 적용여부

위에서 살펴본 것처럼 판례는 형법 제309조 제1항 소정의 사람을 비방할 목적이란 공공의 이익을 위한 것과는 상반되는 관계에 있다는 입장이므로, 비방할 목적이 있어야 하는 제309조 제1항 소정의 행위에 대하여는 제310조가 적용되지 않는다. 다만 적시한 사실이 공공의 이익에 관한 것이라면 특별한 사정이 없는 한 비방 목적은 부인된다고 봄이 상당하므로 이와 같은 경우에는 제307조 제1항 소정의 명예훼손죄의 성립 여부가 문제 될 수 있고 이에 대하여는 제310조에 의한 위법성 조각 여부가 문제 될 수 있을 뿐이다.

> ✔ **제310조의 적용여부 : 교육감 출마예상자 사건** 『형법 제307조 제1항의 명예훼손행위가 진실한 사실로서 오로지 공공의 이익에 관한 때에는 위법성이 조각되나 형법 제309조 제1항의 출판물 등에 의한 명예훼손행위는 그것이 오로지 공공의 이익을 위한 행위였다고 하더라도 위법성이 조각되지 않음은 형법 제310조의 규정에 비추어 명백하다』(대판 1995. 6. 30. 95도1010 ; 2005. 6. 10. 2005도2316) ☆.

VI. [후론] 정보통신망 이용촉진 및 정보보호 등에 관한 법률

제70조 | 벌칙 |
① 사람을 비방할 목적으로 정보통신망을 통하여 공공연하게 사실을 드러내어 다른 사람의 명예를 훼손한 자는 3년 이하의 징역 또는 3천만 원 이하의 벌금에 처한다.
② 사람을 비방할 목적으로 정보통신망을 통하여 공공연하게 거짓의 사실을 드러내어 다른 사람의 명예를 훼손한 자는 7년 이하의 징역, 10년 이하의 자격정지 또는 5천만 원 이하의 벌금에 처한다.
③ 제1항과 제2항의 죄는 피해자가 구체적으로 밝힌 의사에 반하여 공소를 제기할 수 없다.

1. 의 의

정보통신망 이용촉진 및 정보보호 등에 관한 법률 제70조는 인터넷이나 인트라넷·코트넷과 같은 정보통신망 상의 명예훼손 행위를 처벌하는 규정이다.

2. 구성요건

신문·잡지·라디오 기타 출판물을 수단으로 비방의 목적이 있을 때에는 제309조의 출판물에 의한 명예훼손죄가 성립하고, 정보통신망을 이용하면서 비방의 목적이 있을 때에는 정보통신망 이용촉진 및 정보보호 등에 관한 법률 제70조의 죄가 성립한다. 즉, 본죄는 명예훼손의 수단이 정보통신망이라는 점 말고는 제309조의 출판물 등에 의한 명예훼손죄와 동일하다.[50]

> ✔ **SNS 학교폭력 접촉금지 사건** 『피고인이 초등학생인 딸 갑에 대한 학교폭력을 신고하여 교장이 가해학생인 을에 대하여 학교폭력대책자치위원회의 의결에 따라 '피해학생에 대한 접촉, 보복행위의 금지' 등의 조치를 하였는데, 그 후 피고인이 자신의 카카오톡 계정 프로필 상태메시지에 "학교폭력범은 접촉금지!!!"

---

50) **보충설명** 사이버대학교 학생 甲이 학과 학생들만 가입할 수 있는 네이버 밴드 게시판에 A의 "총학생회장 출마자격에 관하여 조언을 구한다."는 글에 대한 댓글로 직전 회장 선거에 입후보하였다가 중도 사퇴한 친구 B의 실명을 거론하며, 객관적 사실에 부합 하는 "B 학우가 학생회비도 내지 않고 총학생회장 선거에 출마하려 했다가 상대방 후보를 비방하고 이래저래 학과를 분열시키고 개인적인 감정을 표한 사례가 있다."고 언급한 다음 "그러한 부분은 지양했으면 한다."는 의견을 덧붙인 경우, 甲의 주요한 동기와 목적은 공공의 이익을 위한 것으로서 甲에게 B를 비방할 목적이 있다고 보기 어렵다.

라는 글과 주먹 모양의 그림말 세 개를 게시함으로써 을의 명예를 훼손하였다고 하여 정보통신망 이용촉진 및 정보보호 등에 관한 법률 위반(명예훼손)으로 기소된 사안에서, 제반 사정에 비추어 피고인이 위 상태메시지를 통해 을의 사회적 가치나 평가를 저하시키기에 충분한 구체적인 사실을 드러냈다고 볼 수 없는데도, 이와 달리 본 원심판결에 법리오해 등의 잘못이 있다고 한 사례』(대판 2020. 5. 28. 2019도12750)☆.

✔ **공공의 이익과 비방할 목적의 관계 : Bad Fathers 사건** 최신3년 『[1] 정보통신망 이용촉진 및 정보보호 등에 관한 법률 제70조 제1항은 "사람을 비방할 목적으로 정보통신망을 통하여 공공연하게 사실을 드러내어 다른 사람의 명예를 훼손한 자는 3년 이하의 징역 또는 3천만 원 이하의 벌금에 처한다."라고 정한다. 이 규정에 따른 범죄가 성립하려면 피고인이 공공연하게 드러낸 사실이 다른 사람의 사회적 평가를 떨어트릴 만한 것임을 인식해야 할 뿐만 아니라 사람을 비방할 목적이 있어야 한다. 비방할 목적이 있는지는 피고인이 드러낸 사실이 사회적 평가를 떨어트릴 만한 것인지와 별개의 구성요건으로서, 드러낸 사실이 사회적 평가를 떨어트리는 것이라고 해서 비방할 목적이 당연히 인정되는 것은 아니다. 그리고 이 규정에서 정한 모든 구성요건에 대한 증명책임은 검사에게 있다.
[2] 정보통신망 이용촉진 및 정보보호 등에 관한 법률위반(명예훼손)죄의 '비방할 목적'이란 공공의 이익을 위한 것과는 행위자의 주관적 의도의 방향에서 서로 상반되는 관계에 있으므로, 적시한 사실이 공공의 이익에 관한 것인 경우에는 특별한 사정이 없는 한 비방할 목적은 부인된다.
[3] 피고인 갑은 양육비채권자의 제보를 받아 양육비 미지급자의 신상정보를 공개하는 인터넷 사이트 'Bad Fathers'의 운영에 관계된 사람이고, 피고인 을은 위 사이트에 자신의 전 배우자 병을 제보한 사람인데, 피고인들은 각자 또는 공모하여 위 사이트에 병을 비롯한 피해자 5명의 이름, 얼굴 사진, 거주지, 직장명 등 신상정보를 공개하는 글이 게시되게 하고, 피고인 을은 자신의 인스타그램에 위 사이트 게시 글의 링크 주소를 첨부하고 병에 대하여 '미친년'이라는 표현 등을 덧붙인 글을 게시함으로써 피해자들을 비방할 목적으로 사실을 적시하였다는 정보통신망 이용촉진 및 정보보호 등에 관한 법률 위반(명예훼손)의 공소사실로 기소된 사안에서, 제반 사정을 종합하면, 피고인들에게 피해자들을 '비방할 목적'이 인정된다는 이유로, 같은 취지에서 위 공소사실을 모두 유죄로 판단한 원심판결이 정당하다고 한 사례』(대판 2024. 1. 4. 2022도699)☆.

✔ **주요한 동기나 목적이 공공의 이익을 가지고 있는 경우 : 산후조리원 막장대응 사건** 『甲 운영의 산후조리원을 이용한 피고인이 인터넷 카페나 자신의 블로그 등에 자신이 직접 겪은 불편사항 등을 후기 형태로 게시하여 甲의 명예를 훼손하였다고 하여 정보통신망 이용촉진 및 정보보호 등에 관한 법률 위반으로 기소된 사안에서, 제반 사정에 비추어 볼 때 피고인에게 甲을 비방할 목적이 있었다고 보기 어려운데도, 이와 달리 보아 유죄를 인정한 원심판결에 '사람을 비방할 목적'에 관한 법리오해의 위법이 있다고 한 사례』(대판 2012. 11. 29. 2012도10392)☆.[51]

✔ **주요한 동기나 목적이 공공의 이익을 가지고 있는 경우 : 사이버대학교 법학과 사건** 『사이버대학교 학생 甲이 학과 학생들만 가입할 수 있는 네이버 밴드 게시판에 A의 "총학생회장 출마자격에 관하여 조언을 구한다."는 글에 대한 댓글로 직전 회장 선거에 입후보하였다가 중도 사퇴한 친구 B의 실명을 거론하며, 객관적 사실에 부합하는 "B 학우가 학생회비도 내지 않고 총학생회장 선거에 출마하려 했다가 상대방 후보를 비방하고 이래저래 학과를 분열시키고 개인적인 감정을 표한 사례가 있다."고 언급한 다음 "그러한 부분은 지양했으면 한다."는 의견을 덧붙인 경우, 甲의 주요한 동기와 목적은 공공의 이익을 위한 것으로서 甲에게 B를 비방할 목적이 있다고 보기 어렵다』(대판 2020. 3. 2. 2018도15868)☆.

---

51) 보충설명 甲이 산후조리원을 이용한 후, 9회에 걸쳐 임신, 육아 등에 관한 인터넷 카페나 자신의 블로그 등에 자신이 직접 겪은 불편사항 등을 후기 형태로 게시한 경우, 이는 실제 이용하면서 느낀 주관적 평가이고 다소 과장되기는 했지만 대체로 객관적 사실에 부합되는 점 등 제반 사정에 비추어 볼 때 산후조리원 정보를 구하는 다른 임산부의 의사결정에 도움을 주는 정보 제공 등 공공의 이익에 관한 것이라고 봄이 타당하고, '비방할 목적'이 있었다고 보기 어렵다.

3. 위법성

정보통신망 이용촉진 및 정보보호 등에 관한 법률 제70조의 명예훼손 행위에는 위법성 조각에 관한 제310조가 적용될 수 없다. 이에 관해서는 전술한 제309조의 위법성에 관한 설명과 같다.

> ✔ **제310조의 적용여부 : 조아세 사건** 『정보통신망을 통한 명예훼손이나 허위사실적시 명예훼손 행위에는 위법성 조각에 관한 형법 제310조가 적용될 수 없다』(대판 2006.8.25. 2006도648)☆.[52]

4. 종료시기

> ✔ **통신망을 이용한 범죄행위의 종료시기** 『정보통신망을 이용한 명예훼손의 경우에도 게재행위의 종료만으로 범죄행위가 종료하는 것이 아니고 원래 게시물이 삭제되어 정보의 송수신이 불가능해지는 시점을 범죄의 종료시기로 보아서 이 때부터 공소시효를 기산하여야 한다는 검사의 주장을 배척하고, 이 경우도 게재행위 즉시 범죄가 성립하고 종료한다고 판단하였다』(대판 2007.10.25. 2006도346)☆.

제5관 특별한 위법성조각사유

> **제310조 ┃ 위법성의 조각 ┃**
> 제307조 제1항의 행위가 진실한 사실로서 오로지 공공의 이익에 관한 때에는 처벌하지 아니한다.

I. 의 의

본조는 언론·출판과 표현의 자유를 보장한 헌법 제21조를 고려하여 명예훼손죄의 특수한 위법성조각사유를 규정한 것이다. 제307조 제1항의 행위가 진실한 사실로서 오로지 공공의 이익에 관한 때에는 처벌하지 아니한다고 규정함으로써 개인의 명예보호와 표현의 자유를 조화시키려는데 그 입법목적이 있다.

II. 요 건

1. 제307조 제1항의 행위

본조는 제307조 제1항의 공연히 진실한 사실을 적시하여 사람의 명예를 훼손하는 행위에 대해서만 적용된다. 제307조 제2항의 행위에 대하여는 본조가 적용될 여지가 없다.

> ✔ **제307조 제2항과 제310조와의 관계** 『형법 제310조에 의하여 위법성이 조각되는 경우는 형법 제307조 제1항의 행위가 진실한 사실로서 오로지 공공의 이익에 관한 때에 한하며, 형법 제307조 제2항에 해당하는 행위에 대하여는 위법성조각에 관한 형법 제310조는 적용될 여지가 없다』(대판 1993.4.13. 92도234)☆.

---

[52] **동지판례** 『공직선거법 제250조 제2항의 허위사실공표죄가 성립하는 경우에는 그 행위가 공공의 이익을 위한 것이라고 하여 위법성이 조각된다고 볼 수 없다』(대판 2011.12.22. 2008도11847).

2. 진실한 사실

'진실한 사실'이란 그 내용 전체의 취지를 살펴볼 때 중요한 부분이 객관적 사실과 합치되는 사실이라는 의미로서 세부에 있어 진실과 약간 차이가 나거나 다소 과장된 표현이 있더라도 무방하다. 자유로운 견해의 개진과 토론 과정에서 다소 잘못되거나 과장된 표현은 피할 수 없기 때문이다.

3. 오로지 공공의 이익에 관한 때

가. 공공의 이익에 관한 때

(1) 의 의

공공의 이익이란 문언상으로 국가나 사회의 다수의 사람의 이익을 의미하겠지만 판례는 특정한 사회집단이나 그 구성원 전체의 관심과 이익에 관한 것도 포함된다고 판시하고 있다. 따라서 특정 단체의 구성원들, 아파트 입주민들, 조합의 조합원들도 여기에 해당한다.

> ✔ **공공의 이익의 의미 : 반포 프라자 종합상가 사건** 『공연히 사실을 적시하여 사람의 명예를 훼손한 행위가 형법 제310조에 따라서 위법성이 조각되어 처벌되지 않기 위해서는 적시된 사실이 객관적으로 볼 때 공공의 이익에 관한 것으로서 행위자도 공공의 이익을 위하여 그 사실을 적시한 것이어야 하는데, 여기서 공공의 이익에 관한 것이라 함은 널리 국가·사회 기타 일반 다수인의 이익에 관한 것뿐만 아니라 특정한 사회집단이나 그 구성원 전체의 이익에 관한 것도 포함된다』(대판 2008.11.13. 2008도6342)★

사실적시는 공공의 이익에 관한 것임을 요하지만 반드시 공적 생활에 관한 사실에 한하지 아니하고 사적 행동에 관한 사실이라도 그것이 공공의 이익이 되는 경우를 포함한다. 공적 생활에 관한 사실은 물론 개인의 사적인 신상에 관한 사실이라도 그가 관계하는 사회적 활동의 성질이나 이를 통하여 사회에 미치는 영향력의 정도의 여하에 따라서는 그 사회적 활동에 대한 비판 내지 평가의 한 자료가 될 수 있으므로 공공의 이익에 관한 것이 될 수 있다.

> ✔ **공공의 이익의 의미 : 유병언 비리 발설 유도 사건** 『개인의 사적인 신상에 관한 사실이라고 하더라도 그가 관계하는 사회적 활동의 성질이나 이를 통하여 사회에 미치는 영향력의 정도 등의 여하에 따라서는 그 사회적 활동에 대한 비판 내지 평가의 한 자료가 될 수 있는 것이므로 개인의 사적인 신상에 관하여 적시된 사실도 그 적시의 주요한 동기가 공공의 이익을 위한 것이라면 위와 같은 의미에서 형법 제310조 소정의 공공의 이익에 관한 것으로 볼 수 있는 경우가 있다』(대판 1996.4.12. 94도3309)☆

기타 공공의 이익을 인정한 기출판례 정리
① ✔ **반포 프라자 종합상가 사건** 『특정 상가건물관리회의 회장이 위 관리회의 결산보고를 하면서 전 관리회장이 체납관리비 등을 둘러싼 분쟁으로 자신을 폭행하여 유죄판결을 받은 사실을 알린 사안에서, 건물관리회원 전체의 관심과 이익에 관한 것으로서 형법 제310조에 의하여 위법성이 조각된다』(대판 2008.11.13. 2008도6342)☆
② ✔ **향교재단 이사장 사건** 『재단법인 이사장 甲이 전임 이사장 乙에 대하여 재임 기간 중 재단법인의 재산을 횡령하였다고 고소하였다가 무고죄로 유죄판결을 받자, 피고인들이 甲의 퇴진을 요구하는 시위를 하면서 甲이 유죄판결을 받은 사실 등을 적시하여 명예훼손으로 기소된 사안에서, 피고인들이 갑의

③ 범행전력을 적시함으로써 사회적 평가를 저하시키는 행위를 하였지만, 적시된 주된 사실이 진실에 부합하고 오로지 공공의 이익에 관한 것으로 위법성이 조각된다고 볼 여지가 충분하다』(대판 2017.6.15. 2016도8557)☆.

③ ✔ **아가씨 차 좀 주지 사건** 『피고인이 시의원들이 학교에서 교사들에게 무례한 행동을 한 것을 알리고 이에 대하여 항의함으로써 교사의 권익을 지킨다는 취지에서 '시의원이 여교사를 아가씨라고 부르며 차를 달라고 한 것, 교감 책상에 앉아 있는 시의원에게 항의한 교사에게 일부 시의원이 고함을 지르는 등 무례한 행동을 한 것, 해운대교육구청이 시의원의 추궁을 받고 교사들에게 경위서를 제출하도록 한 것' 등의 내용이 들어 있는 보도자료를 만들어 배포한 경우, 전체적으로 그 기재 내용이 진실하고 공공의 이익을 위한 것이라면 명예훼손죄의 위법성이 조각된다』(대판 2001.10.9. 2001도3594)☆.

④ ✔ **부산 개인택시운송조합 이사장 사건** 『개인택시운송조합 전임 이사장이 새로 취임한 이사장의 비리에 관한 사실을 적시하여 조합원들에게 유인물을 배포한 행위가 진실한 사실로서 공공의 이익에 관한 것이므로 위법성이 조각된다』(대판 2007.12.14. 2006도2074)☆.

⑤ ✔ **농활 사전답사 음주 사건** 최신3년 『갑 대학교 총학생회장인 피고인이 총학생회 주관의 농활 사전답사 과정에서 을을 비롯한 학생회 임원진의 음주 및 음주운전 사실이 있었음을 계기로 음주운전 및 이를 묵인하는 관행을 공론화하여 '총학생회장으로서 음주운전을 끝까지 막지 못하여 사과드립니다.'라는 제목의 글을 써 페이스북 등에 게시함으로써 음주운전자로 특정된 을의 명예를 훼손하였다는 내용으로 기소된 사안에서, 게시글의 전체적인 취지·내용에 비추어 중요한 부분이 '진실한 사실'에 해당하고, 게시글은 주된 의도·목적의 측면에서 공익성이 충분히 인정되는 점 등을 종합하면, 피고인의 행위는 형법 제310조에 따라 위법성이 조각된다고 봄이 타당하다고 한 사례』(대판 2023.2.2. 2022도13425)☆.

기타 공공의 이익을 부정한 기출판례 정리

① ✔ **무지개마을 플랜카드 사건** 『학교운영의 공공성, 투명성의 보장을 요구하여 학교가 합리적이고 정상적으로 운영되게 할 목적으로 공연히 사실을 적시하였더라도, 피해자들의 거주지 앞에서 그들의 주소까지 명시하여 명예를 훼손하였다면, 이는 공공의 이익을 위한 사실의 적시로 볼 수 없어 위법성이 조각되지 아니한다』(대판 2008.3.14. 2006도6049)☆.

② ✔ **징계 회부 사실 사건** 『징계 업무 담당 직원인 피고인이 피해자에 대한 징계절차 회부 사실이 기재된 문서를 근무현장 방재실 등의 게시판에 게시함으로써 공연히 피해자의 명예를 훼손하였다는 내용으로 기소된 사안에서, 피해자에 대한 징계절차 회부 사실을 공지하는 것이 회사 내부의 원활하고 능률적인 운영의 도모라는 공공의 이익에 관한 것으로 볼 수 없다는 이유로, 이와 달리 본 원심판단에 명예훼손죄에서의 '공공의 이익'에 관한 법리오해의 잘못이 있다고 한 사례』(대판 2021.8.26. 2021도6416)☆.

나. 오로지

사실적시는 '오로지' 공공의 이익에 관한 것이어야 한다. 여기서의 '오로지'는 유일하다는 의미가 아니고 주로라는 의미로 해석된다. 판례도 주요한 동기 내지 목적이 공공의 이익을 위한 것이라면 부수적으로 다른 사익적 목적이나 동기가 내포되어 있더라도 형법 제310조의 적용을 배제할 수 없다는 입장이다.

✔ **오로지의 의미 : 목회자 안하무인 사건** 『형법 제310조는 "제307조 제1항의 행위가 진실한 사실로서 오로지 공공의 이익에 관한 때에는 처벌하지 아니한다."고 규정하고 있으므로, 공연히 사실을 적시하여 사

람의 명예를 훼손하였다고 하더라도, 그 사실이 공공의 이익에 관한 것으로서 공공의 이익을 위할 목적으로 그 사실을 적시한 경우에는 그 사실이 진실한 것임이 증명되면 위법성이 조각되어 그 행위를 처벌하지 아니하는 것인바, 행위자의 주요한 동기 내지 목적이 공공의 이익을 위한 것이라면 부수적으로 다른 사익적 목적이나 동기가 내포되어 있더라도 형법 제310조의 적용을 배제할 수 없다』(대판 1999.6.8. 99도1543)★.

✔ **오로지의 의미 : 출교처분 판결문 배포 사건** 『피고인들의 소행에 피해자를 비방할 목적이 함께 숨어 있었다고 하더라도 그 주요한 동기가 공공의 이익을 위한 것이라면 형법 제310조의 적용을 배제할 수 없다』 (대판 1989.2.14. 88도899)★.[53]

Ⅲ. 효 과

1. 실체법적 효과

제310조의 요건에 해당하는 행위는 처벌하지 아니한다는 의미는 위법성이 조각되어 처벌하지 않는다는 의미이다.

2. 소송법적 효과

제310조의 요건을 검사와 피고인 중 누가 입증하여야 하고, 그 증명의 정도는 어떠한가가 문제된다. 판례는 공연히 사실을 적시하여 사람의 명예를 훼손한 행위가 형법 제310조의 규정에 따라서 위법성이 조각되어 처벌대상이 되지 않기 위해서는 그것이 진실한 사실로서 오로지 공공의 이익에 관한 때에 해당된다는 점을 행위자인 피고인이 증명하여야 한다고 본다.

✔ **거증책임의 전환 : 아파트 재건축조합 유인물 배포 사건** 『공연히 사실을 적시하여 사람의 명예를 훼손한 행위가 형법 제310조의 규정에 따라서 위법성이 조각되어 처벌대상이 되지 않기 위하여는 그것이 진실한 사실로서 오로지 공공의 이익에 관한 때에 해당된다는 점을 행위자가 증명하여야 하는 것이나, 그 증명은 유죄의 인정에 있어 요구되는 것과 같이 법관으로 하여금 의심할 여지가 없을 정도의 확신을 가지게 하는 증명력을 가진 엄격한 증거에 의하여야 하는 것은 아니므로, 이 때에는 전문증거에 대한 증거능력의 제한을 규정한 형사소송법 제310조의2는 적용될 여지가 없다』(대판 1996.10.25. 95도1473)☆.

Ⅳ. 착 오

1. 사실의 진실성에 대한 착오

가. 진실한 사실을 허위라고 오신한 경우

제310조는 위법성조각사유에 해당하므로 사실의 진실성과 공익성을 인식하는 것은 주관적 정당화요소가 된다. 따라서 행위자가 진실한 사실을 허위라고 오신하고 적시한 때에는 본조에 해당할 여지가 없어 위법성이 조각되지 않고, 제307조 제1항의 죄가 성립한다.

---

53) **보충설명** 교회담임목사를 출교처분 한다는 취지의 교단산하 재판위원회의 판결문을 복사하여 소속 신자들에게 배포한 경우 피해자를 비방할 목적이 함께 숨어 있었다고 하더라도 그 주요한 동기가 공공의 이익을 위한 것이라면 형법 제310조의 적용을 배제할 수 없다.

나. 허위의 사실을 진실이라고 오신한 경우

허위의 사실을 진실이라고 오신하고 공익을 위하여 적시한 때에는 어떻게 해결할 것인지의 문제에는 견해의 대립이 있다. 판례는 적시된 사실이 진실한 것이라는 증명이 없더라도 행위자가 진실한 것으로 믿었고 또 그렇게 믿을 만한 상당한 이유가 있는 경우에는「형법」제310조에 의하여 위법성이 조각된다는 입장을 취하고 있다.

> ✔ **진실성에 대한 착오 : 안기부 요원 동행 사건** 『명예훼손죄에 있어서는 개인의 명예보호와 정당한 표현의 자유보장이라는 상충되는 두 법익의 조화를 꾀하기 위하여 형법 제310조를 규정하고 있으므로 적시된 사실이 공공의 이익에 관한 것이면 진실한 것이라는 증명이 없다 할지라도 행위자가 진실한 것으로 믿었고 또 그렇게 믿을 만한 상당한 이유가 있는 경우에는 위법성이 없다』(대판 1996.8.23. 94도3191)☆.

제6관 모욕죄

> **제311조 | 모욕죄 |**
> 공연히 사람을 모욕한 자는 1년 이하의 징역이나 금고 또는 200만 원 이하의 벌금에 처한다.

I. 의 의

모욕죄는 공연히 사람을 모욕함으로써 성립하는 범죄이다. 보호법익은 명예훼손죄와 마찬가지로 외부적 명예이다. 본죄의 보호정도는 추상적 위험범으로 해석된다.

II. 객관적 구성요건

본죄의 행위는 공연히 사람을 모욕하는 것이다.

1. 공연성

명예훼손죄와 마찬가지로 모욕죄도 공연성을 요건으로 한다.

> ✔ **모욕죄의 공연성 : 자율방범대 사건** 최신3년 『[1] 모욕죄의 구성요건인 '공연성'에 관하여도 명예훼손죄의 '공연성'에 관한 법리가 동일하게 적용되므로, 개별적으로 소수의 사람에게 발언하였더라도 그 상대방이 불특정 또는 다수인에게 해당 내용을 전파할 가능성이 객관적으로 인정되는 경우에는 공연성을 인정할 수 있지만, 특정한 소수에게만 발언하였다는 점은 공연성이 부정되는 유력한 사정이 될 수 있으므로, 그와 같은 사정하에서의 전파가능성에 관하여는 검사의 엄격한 증명이 필수적이다.
> 구체적인 사안에서 공연성이 인정되는지 여부는 발언을 하게 된 경위와 당시 상황, 발언의 내용·방법, 행위자의 의도, 행위자·상대방의 태도, 행위자·상대방·피해자의 관계와 지위 등 행위 당시의 구체적인 사정을 심리한 후 상대방이 불특정 또는 다수인에게 전파할 가능성이 있는지 등을 종합하여 객관적으로 판단하여야 한다.

[2] 전파가능성을 이유로 모욕죄의 공연성이 인정될 수 있는 경우에도 범죄구성요건의 주관적 요소로서 미필적 고의는 필수적이므로, 행위자가 당시에 전파가능성에 대한 인식을 전제로 그 위험을 용인하는 내심의 의사가 존재한다는 사실 및 그에 대한 증명이 있어야 한다. 행위자가 전파가능성을 용인하였는지 여부는 외부에 나타난 행위의 형태·상황 등 구체적 사정을 기초로 하여 일반인이라면 전파가능성을 어떻게 평가할 것인가를 고려하면서 행위자의 입장에서 심리상태를 추인하여야 하므로, 행위자의 고의를 인정함에 있어 신중할 필요가 있다. 한편 발언 후 실제로 전파되었는지 여부는 전파가능성 유무를 판단함에 있어 소극적 사정으로 고려될 수 있다.

특히 발언의 내용 역시 피해자의 외부적 명예나 인격적 가치에 대한 사회적 평가를 저하시키거나 인격을 허물어뜨릴 정도로 모멸감을 주는 혐오스러운 표현이라기보다는 전체적으로 피해자의 입장에서 불쾌함을 느낄 정도의 부정적·비판적 의견이나 불편한 감정을 거칠게 나타낸 정도의 표현에 그치는 것으로서, 발언에 담긴 취지가 아니라 그와 같은 조악한 표현 자체를 피해자에게 그대로 옮겨 전파하리라는 사정을 쉽게 예상하기 어려운 경우에는 전파가능성을 인정함에 더욱 신중을 기할 필요가 있다」(대판 2024.1.4. 2022도14571)★.

2. 모 욕

가. 의 의

모욕죄의 '모욕'이란 사실을 적시하지 아니하고 사람의 사회적 평가를 저하시킬 만한 추상적 판단이나 경멸적 감정을 표현하는 것을 의미한다. 진위여부는 문제되지 않으며 사람의 사회적 평가를 저하시킬 만한 것이면 충분하다.

나. 방 법

모욕의 수단·방법은 언어와 거동, 서면 등 제한이 없다. 언어적 수단이 아닌 비언어적·시각적 수단만을 사용하여 표현을 하더라도 그것이 사람의 사회적 평가를 저하시킬 만한 추상적 판단이나 경멸적 감정을 전달하는 것이라면 모욕죄가 성립한다.

언어와 거동 등이 사람의 사회적 평가를 저하시킬 만한 경멸적 감정을 표현하는 것에 해당하는지는 상대방 개인의 주관적 감정이나 정서상 어떠한 표현을 듣고 기분이 나쁜지 등 명예감정을 침해할 만한 표현인지를 기준으로 판단할 것이 아니라 당사자들의 관계, 해당 표현에 이르게 된 경위, 표현방법, 당시 상황 등 객관적인 제반 사정에 비추어 상대방의 외부적 명예를 침해할 만한 표현인지를 기준으로 엄격하게 판단하여야 한다.54) 따라서 단순히 무례하거나 저속한 표현, 타인에게 실례되는 행동, 부주의한 농담, 불친절은 모욕이 아니다. 결국 모욕에 해당하는 경멸적인 감정표현이냐 아니면 무례하거나 저속한 표현이냐의 구별은 사회통념에 의해 객관적으로 결정해야 한다.

✔ **모욕의 의미 : 동신아파트 재건축조합 사건** 『형법 제311조의 모욕죄는 사람의 가치에 대한 사회적 평가를 의미하는 외부적 명예를 보호법익으로 하는 범죄로서, 모욕죄에서 말하는 모욕이란 사실을 적시하지 아니하고 사람의 사회적 평가를 저하시킬 만한 추상적 판단이나 경멸적 감정을 표현하는 것을 의미한다. 따라서 어떠한 표현이 상대방의 인격적 가치에 대한 사회적 평가를 저하시킬 만한 것이 아니라면 설령 그 표현이 다소 무례한 방법으로 표시되었다 하더라도 이를 두고 모욕죄의 구성요건에 해당한다고 볼 수 없다』(대판 2018.11.29. 2017도2661)★.55)

---

54) 참고 최신3년 대판 2022.8.31. 2019도7370.
55) 보충설명 노동조합 사무장인 피고인이 노사 관계자 140여 명이 있는 가운데 피고인보다 15세 연장자인 회사 부사장에게

✔ 모욕의 의미와 보호의 정도 : 순대국집 순경새끼 사건

『모욕죄는 공연히 사람을 모욕하는 경우에 성립하는 범죄로서(형법 제311조), 사람의 가치에 대한 사회적 평가를 의미하는 외부적 명예를 보호법익으로 하고, 여기에서 '모욕'이란 사실을 적시하지 아니하고 사람의 사회적 평가를 저하시킬 만한 추상적 판단이나 경멸적 감정을 표현하는 것을 의미한다. 그리고 모욕죄는 피해자의 외부적 명예를 저하시킬 만한 추상적 판단이나 경멸적 감정을 공연히 표시함으로써 성립하므로, 피해자의 외부적 명예가 현실적으로 침해되거나 구체적·현실적으로 침해될 위험이 발생하여야 하는 것도 아니다.』(대판 2016.10.13. 2016도9674)★. ※ 판결이유 중 : 피고인은 업무방해와 폭행의 범법행위를 한 자로서 이를 제지하는 등 법집행을 하려는 경찰관 개인을 향하여 경멸적 표현을 담은 욕설을 함으로써 경찰관 개인의 인격적 가치에 대한 평가를 저하시킬 위험이 있는 모욕행위를 하였다고 볼 것이고, 이를 단순히 당면 상황에 대한 분노의 감정을 표출하거나 무례한 언동을 한 정도에 그친 것으로 평가하기는 어렵다. 그리고 설사 그 장소에 있던 사람들이 전후 경과를 지켜보았기 때문에 피고인이 근거 없이 터무니없는 욕설을 한다는 사정을 인식할 수 있었다고 하더라도, 그 현장에 식당 손님이나 인근 상인 등 여러 사람이 있어 공연성 및 전파가능성도 있었다고 보이는 이상, 피해자인 경찰관 개인의 외부적 명예를 저하시킬 만한 추상적 위험을 부정할 수는 없다고 할 것이다.

✔ 비언어적·시각적 수단의 표현 : '개' 얼굴을 합성 사건 [최신3년]

『[1] 모욕의 수단과 방법에는 제한이 없으므로 언어적 수단이 아닌 비언어적·시각적 수단만을 사용하여 표현을 하더라도 그것이 사람의 사회적 평가를 저하시킬 만한 추상적 판단이나 경멸적 감정을 전달하는 것이라면 모욕죄가 성립한다. 최근 영상 편집·합성 기술이 발전함에 따라 합성 사진 등을 이용한 모욕 범행의 가능성이 높아지고 있고, 시각적 수단만을 사용한 모욕이라 하더라도 그 행위로 인하여 피해자가 입는 피해나 범행의 가벌성 정도는 언어적 수단을 사용한 경우와 비교하여 차이가 없다.
[2] 피고인이 자신의 유튜브 채널에 갑의 방송 영상을 게시하면서 갑의 얼굴에 '개' 얼굴을 합성하는 방법으로 갑을 모욕하였다는 내용으로 기소된 사안에서, 원심판단 중 피고인이 갑을 '개'로 지칭하지는 않은 점 및 효과음, 자막을 사용하지 않았다는 사정을 무죄의 근거로 든 것은 적절하지 않으나, 영상의 전체적인 내용을 살펴볼 때, 피고인이 갑의 얼굴을 가리는 용도로 동물 그림을 사용하면서 갑에 대한 부정적인 감정을 다소 해학적으로 표현하려 한 것에 불과하다고 볼 여지도 상당하므로, 해당 영상이 갑을 불쾌하게 할 수 있는 표현이기는 하지만 객관적으로 갑의 인격적 가치에 대한 사회적 평가를 저하시킬 만한 모욕적 표현을 한 경우에 해당한다고 단정하기 어렵다는 취지에서 공소사실을 무죄로 판단한 것은 수긍할 수 있다고 한 사례.』(대판 2023.2.2. 2022도4719)★.

모욕적 언사를 인정한 기출판례의 정리

① **✔ 듣보잡, 함량미달 사건** 『피고인이 자신의 인터넷 블로그에 '듣보잡', '함량미달', '함량이 모자라도 창피한 줄 모를 정도로 멍청하게 충성할 사람', '싼 맛에 갖다 쓰는 거죠' 등이라고 한 부분은 피해자를 비하하여 사회적 평가를 저하시킬만한 추상적 판단이나 경멸적 감정을 표현한 것으로 모욕죄에 해당한다.』(대판 2011.12.22. 2010도10130)☆.

② **✔ 망할년 저기 오네 사건** 『동네사람 4명과 구청직원 2명 등이 있는 자리에서 피해자가 듣는 가운데 구청직원에게 피해자를 가리키면서 '저 망할년 저기 오네'라고 피해자를 경멸하는 욕설 섞인 표현을 하였다면 피해자를 모욕하였다고 볼 수 있다.』(대판 1990.9.25. 90도873)☆.

"야 ○○아, 니 이름이 ○○이잖아, ○○아 나오니까 좋지?" 등 반말로 여러 차례 이름을 부른 경우 모욕적 언사에 해당하지 않는다.

모욕적 언사를 부정한 기출판례의 정리

① ✔ **아이 씨발 사건** 『피고인의 발언은 구체적으로 상대방을 지칭하지 않은 채 단순히 발언자 자신의 불만이나 분노한 감정을 표출하기 위하여 흔히 쓰는 말로서 상대방을 불쾌하게 할 수 있는 무례하고 저속한 표현이기는 하지만 직접적으로 甲을 특정하여 그의 인격적 가치에 대한 사회적 평가를 저하시킬 만한 경멸적 감정을 표현한 모욕적 언사에 해당한다고 단정하기는 어렵다』(대판 2015.12.24. 2015도6622)☆.

② ✔ **나이 처먹은 게 자랑이냐 사건** 『피고인의 발언은 상대방을 불쾌하게 할 수 있는 무례하고 저속한 표현이기는 하지만 객관적으로 甲의 인격적 가치에 대한 사회적 평가를 저하시킬 만한 모욕적 언사에 해당한다고 보기는 어렵다』(대판 2015.9.10. 2015도2229)☆.

③ ✔ **순천시 아파트 관리사무소 방송 사건** 『피고인이 한 표현은 직접적으로 전임회장을 겨냥하여 그의 사회적 평가를 저하시킬 만한 추상적 판단이나 그에 대한 경멸적 감정을 표현한 것으로 보기 어려워 모욕죄의 '모욕'에 해당하지 않는다』(대판 2008.12.11. 2008도8917)☆.

④ ✔ **포털 사이트 공황장애 사건** 『피고인이 댓글로 게시한 '공황장애 ㅋ'라는 표현이 상대방을 불쾌하게 할 수 있는 무례한 표현이기는 하나, 상대방의 인격적 가치에 대한 사회적 평가를 저하시킬 만한 표현에 해당한다고 보기는 어렵다』(대판 2018.5.30. 2016도20890)☆.

⑤ ✔ **우체국시설관리단 사건** 최신3년 『사업소 소장인 피고인이 직원들에게 甲이 관리하는 다른 사업소의 문제를 지적하는 내용의 카카오톡 문자메시지를 발송하면서 "甲은 정말 야비한 사람인 것 같습니다."라고 표현하여 甲을 모욕하였다는 내용으로 기소된 사안에서, 피고인과 甲의 관계, 문자메시지의 전체적 맥락 안에서 위 표현의 의미와 정도, 표현이 이루어진 공간 및 전후의 정황, 甲의 인격권으로서의 명예와 피고인의 표현의 자유의 조화로운 보호 등 제반 사정에 비추어 볼 때, 위 표현은 피고인의 甲에 대한 부정적·비판적 의견이나 감정이 담긴 경미한 수준의 추상적 표현에 불과할 뿐 甲의 외부적 명예를 침해할 만한 표현이라고 단정하기 어렵다』(대판 2022.8.31. 2019도7370)☆.

⑥ ✔ **"꼰대로 돌아가자면 어린놈의 색이가" 사건** 최신3년 『성명불상자가 인터넷 ○○일보 자유게시판에 "오늘 A 이틀 연속.. 어쩌구한 △△일보 기자 면상"이라는 제목으로 A가 작성한 기사들의 제목과 A의 사진, 이름이 나온 기자 정보란을 캡처한 게시물을 작성·게시하자 甲이 그 게시물에 "꼰대로 돌아가자면 어린놈의 색이가"라는 댓글을 작성한 경우, 甲에게는 모욕죄가 성립하지 않는다』(대판 2024.9.27. 2023도17996)☆.56)

⑦ ✔ **"와 인성 저런데 친구는 있으시네요" 사건** 최신3년 『甲은 대학교 동창인 A가 SNS에서 자신의 팔로우를 해제한 것에 불만을 가지고 있던 중 A가 친구들과 촬영한 사진이 포함된 글을 작성·게시한 것을 보고 거기에 "와 인성 저런데 친구는 있으시네요, 잘 봤습니다, 안녕히 계세요"라는 내용의 댓글을 게시하였다가 곧 삭제하였으나 A가 SNS의 댓글 미리알림 기능을 통해 이를 알게 된 경우, 甲에게는 모욕죄가 성립하지 않는다』(대판 2024.5.9. 2024도2879)☆.57)

---

56) [참고] 성명불상자(닉네임 '생략')가 인터넷 ○○일보 자유게시판에 「오늘 공소외인 이틀연속.. 어쩌구한 △△일보 기자 면상」이라는 제목으로 피해자가 작성한 기사들의 제목과 피해자의 사진, 이름이 나온 기자 정보란을 캡처한 게시물을 작성·게시한 사실, 피고인이 2020. 11. 10. 12:44 무렵 위 게시물에 "꼰대로 돌아가자면 어린놈의 색이가"라는 댓글(이하 '이 사건 댓글'이라 한다)을 작성한 사실을 알 수 있다. 위 사실관계와 기록에 따라 알 수 있는 피고인과 피해자의 지위와 그 관계, 피고인이 이 사건 댓글을 작성하게 된 동기와 경위 및 배경, 전체적인 맥락과 표현방법 및 의미와 정도, 전후의 정황 등을 앞서 본 법리에 비추어 살펴보면, 이 사건 댓글은 피해자에 대한 부정적·비판적 의견이나 감정을 나타내는 것으로서 피해자를 불쾌하게 할 수 있는 무례하고 저속한 표현이기는 하지만 객관적으로 피해자의 인격적 가치에 대한 사회적 평가를 저하시킬 만한 모욕적 언사에 해당한다고 보기는 어렵다.

Ⅲ. 주관적 구성요건

모욕죄는 공연히 사람을 모욕한다는 인식과 의사를 가지고 있어야 한다.

Ⅳ. 위법성

모욕죄에 제310조가 본죄에 적용될 것인가에 대하여 견해의 대립이 있지만, 통설과 판례는 제310조의 문언과 규정 위치로 보아 형법 제310조는 모욕죄에는 적용되지 않는다는 입장이다. 다만 사회상규에 위반하지 아니하는 행위라면 제20조에 의하여 위법성이 조각될 수 있다.

> ✔ **위법성이 조각되는 경우 : 벌당 벌금제도 사건** 『[1] 모욕죄에서 말하는 모욕이란, 사실을 적시하지 아니하고 사람의 사회적 평가를 저하시킬 만한 추상적 판단이나 경멸적 감정을 표현하는 것으로, 어떤 글이 특히 모욕적인 표현을 포함하는 판단 또는 의견의 표현을 담고 있는 경우에도 그 시대의 건전한 사회통념에 비추어 그 표현이 사회상규에 위배되지 않는 행위로 볼 수 있는 때에는 형법 제20조에 의하여 예외적으로 위법성이 조각된다.
> [2] 골프클럽 경기보조원들의 구직편의를 위해 제작된 인터넷 사이트 내 회원 게시판에 특정 골프클럽의 운영상 불합리성을 비난하는 글을 게시하면서 위 클럽담당자에 대하여 한심하고 불쌍한 인간이라는 등 경멸적 표현을 한 사안에서, 게시의 동기와 경위, 모욕적 표현의 정도와 비중 등에 비추어 사회상규에 위배되지 않는다고 보아 모욕죄의 성립을 부정한 사례』(대판 2008.7.10. 2008도1433)☆.

> ✔ **위법성이 조각되는 경우 : MBC 우리시대 사건** 『피고인이 방송국 홈페이지의 시청자 의견란에 작성·게시한 글 중 일부의 표현은 이미 방송된 프로그램에 나타난 기본적인 사실을 전제로 한 뒤, 그 사실관계나 이를 둘러싼 문제에 관한 자신의 판단과 나아가 이러한 경우에 피해자가 취한 태도와 주장한 내용이 합당한가 하는 점에 대하여 자신의 의견을 개진하고, 피해자에게 자신의 의견에 대한 반박이나 반론을 구하면서, 자신의 판단과 의견의 타당함을 강조하는 과정에서 부분적으로 그와 같은 표현을 사용한 것으로서 사회상규에 위배되지 않는다고 봄이 상당하다.』(대판 2003.11.28. 2003도3972)☆.58)

> ✔ **위법성이 조각되는 경우 : 기레기 사건** [최신3년] 『[1] 모욕죄에서 말하는 모욕이란 사실을 적시하지 아니하고 사람의 사회적 평가를 저하시킬 만한 추상적 판단이나 경멸적 감정을 표현하는 것을 의미한다. 다만 어떤 글이 모욕적 표현을 담고 있는 경우에도 그 글이 객관적으로 타당성이 있는 사실을 전제로 하여 그 사실관계나 이를 둘러싼 문제에 관한 자신의 판단과 피해자의 태도 등이 합당한가 하는 데 대한 자신의 의견을 밝히고, 자신의 판단과 의견이 타당함을 강조하는 과정에서 부분적으로 모욕적인 표현이 사용된 것에 불과하다면 사회상규에 위배되지 않는 행위로서 형법 제20조에 의하여 위법성이 조각될 수 있다. 그리고 특정 사안에 대한 의견을 공유하는 인터넷 게시판 등의 공간에서 작성된 단문의 글에 모욕적 표현이 포함되어 있더라도, 그 글이 동조하는 다른 의견들과 연속적·전체적인 측면에서 볼 때, 그 내용이 객관

---

57) [참고] 피고인은 대학교 동창인 피해자가 인스타그램에서 피고인의 팔로우를 해제한 것에 불만을 가지고 있던 중 피해자가 친구들과 촬영한 사진이 포함된 글을 작성·게시한 것을 보고 거기에 "와 인성 저런데 친구는 있으시네요, 잘 봤습니다, 안녕히 계세요."라는 내용의 댓글을 게시하였다가 곧 삭제하였는데 피해자가 인스타그램의 댓글 미리알림 기능을 통해 이를 알게 된 사실을 알 수 있다. 이러한 사실관계와 함께 기록에 의하여 인정되는 피고인과 피해자의 관계, 댓글의 작성 경위, 전체 내용과 표현 방식 및 수준 등을 앞서 본 법리에 비추어 살펴보면, 이 사건 댓글이 피해자의 인성에 대한 부정적 의견이나 감정을 나타내는 것으로서 피해자를 불쾌하게 할 수 있는 무례한 표현이기는 하지만 객관적으로 피해자의 인격적 가치에 대한 사회적 평가를 저하시킬 만한 모욕적 언사에 해당한다고 보기는 어렵다.

58) [보충설명] 피고인이 방송국 시사프로그램을 시청한 후 방송국 홈페이지의 시청자 의견란에 작성·게시한 글에서 "그렇게 소중한 자식을 범법행위 변명의 방패로 쓰시다니 정말 대단하십니다."라고 말한 경우 모욕죄가 성립하지 않는다.

적으로 타당성이 있는 사정에 기초하여 관련 사안에 대한 자신의 판단 내지 피해자의 태도 등이 합당한가 하는 데 대한 자신의 의견을 강조하거나 압축하여 표현한 것이라고 평가할 수 있고, 그 표현도 주로 피해자의 행위에 대한 것으로서 지나치게 악의적이지 않다면, 다른 특별한 사정이 없는 한 그 글을 작성한 행위는 사회상규에 위배되지 않는 행위로서 위법성이 조각된다고 보아야 한다.
[2] 자동차 정보 관련 인터넷 신문사 소속 기자 갑이 작성한 기사가 인터넷 포털 사이트의 자동차 뉴스 '핫이슈' 난에 게재되자, 피고인이 "이런 걸 기레기라고 하죠?"라는 댓글을 게시함으로써 공연히 갑을 모욕하였다는 내용으로 기소된 사안에서, '기레기'는 기자인 갑의 사회적 평가를 저하시킬 만한 추상적 판단이나 경멸적 감정을 표현한, 모욕적 표현에 해당하나, 피고인은 기사를 본 독자들이 자신의 의견을 자유롭게 펼칠 수 있도록 마련된 '네티즌 댓글' 난에 위 댓글을 게시한 점, 위 기사는 특정 제조사 자동차 부품의 안전성에 대한 논란이 많은 가운데 이를 옹호하는 제목으로 게시되었는데, 위 기사가 게재되기 직전 다른 언론사에서 이와 관련한 부정적인 내용을 방송하였고, 위 기사를 읽은 상당수의 독자들은 위와 같은 방송 내용 등을 근거로 위 기사의 제목과 내용, 이를 작성한 갑의 행위나 태도를 비판하는 의견이 담긴 댓글을 게시하였으므로 이러한 의견은 어느 정도 객관적으로 타당성 있는 사정에 기초한 것으로 볼 수 있는 점, 위 댓글의 내용, 작성 시기와 위치, 위 댓글 전후로 게시된 다른 댓글의 내용과 흐름 등에 비추어 볼 때, 위 댓글은 그 전후에 게시된 다른 댓글들과 같은 견지에서 방송 내용 등을 근거로 위 기사의 제목과 내용, 이를 작성한 갑의 행위나 태도를 비판하는 의견을 강조하거나 압축하여 표현한 것이라고 평가할 수 있고, '기레기'는 기사 및 기자의 행태를 비판하는 글에서 비교적 폭넓게 사용되는 단어이며, 위 기사에 대한 다른 댓글들의 논조 및 내용과 비교할 때 댓글의 표현이 지나치게 악의적이라고 하기도 어려운 점을 종합하면, 위 댓글을 작성한 행위는 사회상규에 위배되지 않는 행위로서 형법 제20조에 의하여 위법성이 조각된다고 한 사례』(대판 2021.3.25. 2017도17643)★.

✔ **위법성이 조각되지 않는 경우 : 어용노조 사건** 『피고인들이 소속 노동조합 위원장 甲을 '어용', '앞잡이' 등으로 지칭하여 표현한 현수막, 피켓 등을 장기간 반복하여 일반인의 왕래가 잦은 도로변 등에 게시한 사안에서, '어용'이란 자신의 이익을 위하여 권력자나 권력 기관에 영합하여 줏대 없이 행동하는 것을 낮잡아 이르는 말, '앞잡이'란 남의 사주를 받고 끄나풀 노릇을 하는 사람을 뜻하는 말로서 언제나 위 표현들이 지칭된 상대방에 대한 모욕에 해당한다거나 사회상규에 비추어 허용되지 않는 것은 아니지만, 제반 사정에 비추어 피고인들의 위 행위는 甲에 대한 모욕적 표현으로서 사회상규에 위배되지 않는 행위로 보기 어렵다고 한 사례』(대판 2021.9.9. 2016도88)☆.

✔ **위법성이 조각되지 않는 경우 : 국민호텔녀(수지) 사건** 최신3년 『피고인이 인터넷 포털사이트 뉴스 댓글난에 연예인인 피해자를 '국민호텔녀'로 지칭하는 댓글을 게시하여 모욕죄로 기소된 사안에서, '국민호텔녀'라는 표현은 피해자의 사생활을 들추어 피해자가 종전에 대중에게 호소하던 청순한 이미지와 반대의 이미지를 암시하면서 피해자를 성적 대상화하는 방법으로 비하하는 것으로서 여성 연예인인 피해자의 사회적 평가를 저하시킬 만한 모멸적인 표현으로 평가할 수 있고, 정당한 비판의 범위를 벗어난 것으로서 정당행위로 보기도 어렵다고 한 사례』(대판 2022.12.15. 2017도19229)☆.

[후 론] 상관모욕죄

> **군형법**
> **제64조 ┃상관 모욕 등┃**
> ① 상관을 그 면전에서 모욕한 사람은 2년 이하의 징역이나 금고에 처한다.
> ② 문서, 도화 또는 우상을 공시하거나 연설 또는 그 밖의 공연한 방법으로 상관을 모욕한 사람은 3년 이하의 징역이나 금고에 처한다.
> ③ 공연히 사실을 적시하여 상관의 명예를 훼손한 사람은 3년 이하의 징역이나 금고에 처한다.
> ④ 공연히 거짓 사실을 적시하여 상관의 명예를 훼손한 사람은 5년 이하의 징역이나 금고에 처한다.

✔ **상관모욕죄에서의 상관의 의미 : 분대원 분대장 모욕 사건** 『[1] 군형법 제64조 제1항은 "상관을 그 면전에서 모욕한 사람은 2년 이하의 징역이나 금고에 처한다."라고 규정하고, 제2조 제1호는 "'상관'이란 명령복종 관계에서 명령권을 가진 사람을 말한다. 명령복종 관계가 없는 경우의 상위 계급자와 상위 서열자는 상관에 준한다."라고 규정하고 있다.
군형법 제64조 제1항에서 규정한 상관모욕죄는 상관의 명예 등의 개인적 법익뿐만 아니라 군 조직의 위계질서 및 통수체계 유지도 보호법익으로 한다.
'명령복종 관계'는 구체적이고 현실적인 관계일 필요까지는 없으나 법령에 의거하여 설정된 상하의 지휘계통 관계를 말한다. 한편 명령복종의 관계에 있는지를 따져 명령권을 가지면 상관이고 이러한 경우 계급이나 서열은 문제가 되지 아니한다. 군의 직무상 하급자가 명령권을 가질 수도 있기 때문이다.
[2] 군형법 제2조 제1호, 제64조 제1항, 국방부 부대관리훈령 제2조 제5호, 제4조, 제9조 제2항, 제17조 제1호, 제2호, 제18조 제1항, 육군규정 120 병영생활규정 제20조 제2항, 제43조 제1항, 제43조의2 등 제반 규정의 취지, 내용 등을 종합하면, 부대지휘 및 관리, 병영생활에 있어 분대장과 분대원은 명령복종 관계로서 분대장은 분대원에 대해 명령권을 가진 사람 즉 상관에 해당하고, 이는 분대장과 분대원이 모두 병이라 하더라도 달리 볼 수 없다』(대판 2021. 3. 11. 2018도12270)☆.

✔ **위법성이 조각되는 경우 : 단체 채팅방 도라이 사건** 『[1] 공연히 타인을 모욕한 경우에 이를 처벌하는 것은 사람의 인격적 가치에 대한 사회적 평가 즉 외부적 명예를 보호하기 위함이다. 반면에 모욕죄의 형사처벌은 표현의 자유를 제한하고 있으므로, 어떠한 글이 모욕적 표현을 포함하는 판단이나 의견을 담고 있을 경우에도 그 시대의 건전한 사회통념에 비추어 살펴보아 그 표현이 사회상규에 위배되지 않는 행위로 볼 수 있는 때에는 형법 제20조의 정당행위에 해당하여 위법성이 조각된다고 보아야 하고, 이로써 표현의 자유로 획득되는 이익 및 가치와 명예 보호에 의하여 달성되는 이익 및 가치를 적절히 조화할 수 있다.
군형법상 상관모욕죄를 적용할 때에도 충돌하는 기본권이 적절히 조화되고 상관모욕죄에 의한 처벌이 필요 최소한의 범위 내에서 표현의 자유를 제한하도록 하여야 한다. 다만 군형법상 상관모욕죄는 상관에 대한 사회적 평가의 보호에 더하여 군 조직의 질서 및 통수체계 유지를 보호법익으로 하므로, 해당 표현이 형법 제20조에 의하여 위법성이 조각될 수 있는지 여부는 피해자 및 피고인의 지위와 역할, 해당 표현으로 인한 군의 조직질서와 정당한 지휘체계의 침해 여부와 그 정도 등을 함께 고려하여 구체적·개별적으로 판단하여야 한다.
[2] 피고인이 해군 부사관 동기생의 단체채팅방에서, 피고인의 직속상관인 피해자가 목욕탕 청소담당 교육생들에게 과실 지적을 많이 한다는 이유로, "도라이 ㅋㅋㅋ 습기가 그렇게 많은데"라고 게시함으로써 공연히 상관인 피해자를 모욕하였다는 이유로 상관모욕죄로 기소된 사건에서, ① 이 사건 표현은 장마철에 습기가 많은 목욕탕을 청소하여야 하는 피고인의 입장에서 피해자의 청소상태 점검방식과 그에 따른 과실 지

적에 대한 불만을 토로하는 과정에서 즉흥적이고 우발적으로 이루어진 것으로 보이는 점, ② 이 사건 단체 채팅방은 소셜네트워크서비스(SNS)상에서 피고인을 포함한 263기 동기생들만 참여대상으로 하는 비공개채팅방으로, 교육생들 사이의 의사소통을 위한 목적으로 개설되어 교육생 신분에서 가질 수 있는 불평불만을 토로하는 공간으로서의 역할도 하고 있었고, 교육생 상당수가 별다른 거리낌 없이 욕설을 포함한 비속어를 사용하여 대화하고 있었던 점, ③ 당시 목욕탕 청소를 담당했던 다른 교육생들도 이 사건 단체채팅방에서 피고인과 비슷한 불만을 토로하고 있었는데, 피고인의 이 사건 표현은 단 1회에 그쳤고, 그 부분이 전체 대화 내용에서 차지하는 비중도 크지 않은 점, ④ 이 사건 표현은 근래 비공개적인 상황에서는 일상생활에서 드물지 않게 사용되고 그 표현이 내포하는 모욕의 정도도 경미한 수준인 점 등의 사정에 비추어 볼 때, 피고인의 이 사건 표현은 동기 교육생들끼리 고충을 토로하고 의견을 교환하는 사이버공간에서 상관인 피해자에 대하여 일부 부적절한 표현을 사용하게 된 것에 불과하고 이로 인하여 군의 조직질서와 정당한 지휘체계가 문란하게 되었다고 보이지 않으므로, 이러한 행위는 사회상규에 위배되지 않는다고 보는 것이 타당하다는 이유로, 이 사건 표현이 형법 제20조의 정당행위에 해당하지 않는다고 본 원심을 파기환송한 사례』 (대판 2021.8.19. 2020도14576)☆

제7관 소추조건

제312조 ｜ 고소와 피해자의 의사 ｜
① 제308조와 제311조의 죄는 고소가 있어야 공소를 제기할 수 있다.
② 제307조와 제309조의 죄는 피해자의 명시한 의사에 반하여 공소를 제기할 수 없다.

사자명예훼손죄와 모욕죄는 친고죄로, 명예훼손죄와 출판물에 의한 명예훼손죄는 반의사불벌죄로 규정하고 있다. 정보통신망 이용촉진 및 정보보호 등에 관한 법률 제70조 제3항은 비방할 목적으로 정보통신망을 통하여 명예를 훼손한 죄를 반의사불벌죄로 정하고 있다. 이 규정들은 명예훼손이나 모욕에 따른 형사처벌 여부를 피해자의 의사에 맡긴다는 취지에서 친고죄 또는 반의사불벌죄로 정하여 피해자의 고소나 처벌의사가 존재하는 것을 형사처벌의 전제로 삼고 있다.

제2절 신용·업무와 경매에 관한 죄

제1관 총 설

　신용, 업무와 경매에 관한 죄란 사람의 신용을 훼손하거나 업무를 방해하거나 경매·입찰의 공정을 침해하는 것을 내용으로 하는 범죄로서 신용훼손죄(제313조), 업무방해죄(제314조), 경매·입찰방해죄(제315조)를 규정하고 있다.

제2관 신용훼손죄

> **제313조 | 신용훼손 |**
> 허위의 사실을 유포하거나 기타 위계로써 사람의 신용을 훼손한 자는 5년 이하의 징역 또는 1천500만 원 이하의 벌금에 처한다.59)60)

Ⅰ. 의 의

　신용훼손죄는 허위의 사실을 유포하거나 기타 위계로써 사람의 신용을 훼손하는 범죄이다. 사람의 사회적 평가를 저하시킨다는 점에서 명예훼손죄와 동일하지만, 개인이 갖는 사회적 신뢰가치(경제적 지급능력)를 보호하기 위한 범죄라는 점에서 차이가 있다.

Ⅱ. 객 체

　신용훼손죄의 객체는 사람의 신용이다.
　본죄에서의 '신용'이란 사람의 경제적 활동에 대한 평가로서 그 사람의 경제적 신용, 즉 지불능력 또는 지불의사에 대한 사회적 신뢰를 의미한다.

> ✔ **신용의 의미 : 퀵서비스 영수증 사건** 표조 『[1] 형법 제313조의 신용훼손죄에서 '신용'은 경제적 신용, 즉 사람의 지급능력 또는 지급의사에 대한 사회적 신뢰를 의미한다.
> [2] 퀵서비스 운영자인 피고인이 배달업무를 하면서, 손님의 불만이 예상되는 경우에는 평소 경쟁관계에 있는 피해자 운영의 퀵서비스 명의로 된 영수증을 작성·교부함으로써 손님들로 하여금 불친절하고 배달을 지연시킨 사업체가 피해자 운영의 퀵서비스인 것처럼 인식하게 한 사안에서, 퀵서비스의 주된 계약내용이 신속하고 친절한 배달이라 하더라도, 그와 같은 사정만으로 위 행위가 피해자의 경제적 신용, 즉 지급능력이나 지급의사에 대한 사회적 신뢰를 저해하는 행위에 해당한다고 보기는 어렵다는 이유로, 피고인에 대한 신용훼손의 주위적 공소사실을 무죄로 인정한 원심판단을 수긍한 사례』(대판 2011.5.13. 2009도5549)★

---

59) 보충설명 신용훼손죄는 허위의 사실을 유포하는 경우에 성립하는 것이므로 진실한 사실을 공연히 유포한 경우에는 명예훼손죄가 성립할 수는 있어도 신용훼손죄는 성립하지 않는다.
60) 보충설명 행위태양에 위력은 포함되지 않는다.

Ⅲ. 행 위

1. 허위사실 유포

사실이란 가치판단이나 평가를 내용으로 하는 의견에 대치되는 개념으로서 증거에 의한 입증이 가능한 구체적인 사실관계를 의미하고, '허위의 사실'은 객관적 진실과 다른 내용의 사실을 의미한다.

> ✔ **남편 없는 과부 사건** 표준 『[1] 형법상 신용훼손죄는 허위사실의 유포 기타 위계로써 사람의 신용을 훼손할 것을 요하고, 여기서 허위사실의 유포라 함은 객관적으로 진실과 부합하지 않는 과거 또는 현재의 사실을 유포하는 것으로서 (미래의 사실도 증거에 의한 입증이 가능할 때에는 여기의 사실에 포함된다고 할 것이다.) 피고인의 단순한 의견이나 가치판단을 표시하는 것은 이에 해당하지 않는다고 할 것이다.
> [2] 공소외 (갑)은 8년전부터 남편없이 3자녀를 데리고 생계를 꾸려왔을 뿐 아니라 피고인에 대한 다액의 채무를 담보하기 위해 동녀의 아파트와 가재도구까지를 피고인에게 제공한 사실이 인정되니 위 공소외 (갑)이 집도 남편도 없는 과부라고 말한 것이 허위사실이 될 수 없고 또 공소외 (갑)이 계주로서 계불입금을 모아서 도망가더라도 책임지고 도와줄 사람이 없다는 취지의 피고인의 말은 피고인의 위 공소외 (갑)에 대한 개인적 의견이나 평가를 진술한 것에 불과하여 허위사실의 유포라고 볼 수 없다』(대판 1983.2.8. 82도2486)☆.

2. 위 계

'위계'는 행위자의 행위목적을 달성하기 위하여 상대방에게 오인착각 또는 부지를 일으키게 하여 이를 이용하는 것을 말한다.

> ✔ **위계의 의미 : 연체이자 투서 사건** 『형법 제313조의 신용훼손죄는 허위의 사실을 유포하거나 기타 위계로써 사람의 신용을 저하시킬 염려가 있는 상태를 발생시키는 경우에 성립하는 것으로서, 여기서 '허위사실의 유포'라 함은 객관적으로 보아 진실과 부합하지 않는 과거 또는 현재의 사실을 불특정 또는 다수인에게 전파시키는 것을 말하고, '위계'라 함은 행위자의 행위목적을 달성하기 위하여 상대방에게 오인·착각 또는 부지를 일으키게 하여 이를 이용하는 것을 말한다. 그리고 신용훼손죄에 있어서의 범의는 반드시 확정적인 고의를 요하는 것은 아니고, 허위사실을 유포하거나 기타 위계를 사용한다는 점과 그 결과 다른 사람의 신용을 저하시킬 염려가 있는 상태가 발생한다는 점에 대한 미필적 인식으로도 족하다 할 것이다』(대판 2006.12.7. 2006도3400)☆.

3. 신용훼손

신용훼손의 결과가 실제로 발생함을 요하는 것이 아니고, 신용훼손의 결과를 초래할 위험이 발생하면 족하다. (추상적 위험범).

Ⅳ. 고 의

신용훼손죄는 허위사실을 유포하거나 기타 위계로서 다른 사람의 신용을 저하시킬 위험이 있는 상태가 발생한다는 점에 대한 인식과 의사를 가지고 있어야 한다.

제3관 업무방해죄

> **제314조 │ 업무방해 │**
> ① 제313조의 방법 또는 위력으로써 사람의 업무를 방해한 자는 5년 이하의 징역 또는 1천 500만 원 이하의 벌금에 처한다.

Ⅰ. 의 의

업무방해죄는 허위의 사실을 유포하거나 위계 또는 위력으로써 사람의 업무를 방해함으로써 성립하는 범죄이다. 본죄는 재산죄적 성격과 사회적 활동의 자유에 대한 죄로서의 성격을 함께 가지고 있는 범죄 형태이다.

Ⅱ. 객 체

사람(타인)의 업무이다.

1. 타 인

업무방해죄에서의 타인이란 범인 이외의 자를 말하고, 자연인, 법인 그리고 법인격 없는 단체도 포함한다.

자기의 업무인 경우에는 본죄가 성립하지 아니하고, 법적 성질이 영조물에 불과한 대학교 자체는 자연인, 법인, 법인격 없는 단체 중 어느 것에 해당하지 않으므로 업무방해죄에 있어서의 업무의 주체가 될 수 없다.

> ✔ **업무의 타인성 : 사회체육학과 편입학 사건** 『업무방해죄에 있어서의 행위의 객체는 타인의 업무이고, 여기서 타인이라 함은 범인 이외의 자연인과 법인 및 법인격 없는 단체를 가리키므로, 법적 성질이 영조물에 불과한 대학교 자체는 업무방해죄에 있어서의 업무의 주체가 될 수 없다.』(대판 1999.1.15. 98도663)☆

> ✔ **업무의 타인성 : 신입생 사정업무 사건** 『V대 학칙 등에 따라 V대의 입학에 관한 업무가 총장인 피고인 C의 권한에 속한다고 하더라도, 그중 면접업무는 면접위원들에게, 신입생 모집과 사정업무는 교무위원들에게 각 위임되었고, 그 수임자들은 각자의 명의와 책임으로 수임받은 권한을 행사하여야 한다. 따라서 위와 같이 위임된 업무는 면접위원들 및 교무위원들의 독립된 업무에 속하고, 총장인 피고인 C와의 관계에서도 타인의 업무에 해당한다.』(대판 2018.5.15. 2017도19499)☆

2. 업 무

가. 의 의

업무방해죄에서의 업무란 직업 또는 사회생활상의 지위에 기하여 계속적으로 종사하는 사무나 사업의 일체를 의미한다. 그 업무가 주된 것이든 부수적인 것이든 가리지 아니하며, 본래의 업무의 준비행위나 밀접불가분의 관계에 있는 업무도 포함한다.

> ✔ **업무의 의미 : 안산공장 이전 사건** 『업무방해죄에 있어서의 업무란 직업 또는 사회생활상의 지위에 기하여 계속적으로 종사하는 사무나 사업의 일체를 의미하고, 그 업무가 주된 것이든 부수적인 것이든 가리지 아니하며, 일회적인 사무라 하더라도 그 자체가 어느 정도 계속하여 행해지는 것이거나 혹은 그것이 직업 또는 사회생활상의 지위에서 계속적으로 행하여 온 본래의 업무수행과 밀접불가분의 관계에서 이루어진 경우에도 이에 해당한다』(대판 2005.4.15. 2004도8701)★.

나. 직업 또는 사회생활상의 지위에 기한 것

법인이나 단체는 원래 특정의 사회활동을 하는 것을 목적으로 조직되므로 그 목적 수행을 위한 활동은 대체로 사회활동상의 지위에 기한 것으로 인정할 수 있으나, 자연인의 경우에는 사회생활과 개인생활을 구분하기가 반드시 명확하지는 않다.

다. 계속성

계속성이 있어야 하므로 일회적인 사무인 공장이전, 조경공사 등은 업무가 아니다. 그러나 일회성 사무인 경우에도 그 사무가 사회생활상의 지위에서 계속적으로 행하여 온 본래의 업무수행과 밀접분가분의 관계에서 이루어진 경우에는 업무에 해당한다.

업무를 인정한 기출판례 정리

①	✔ **종중 정기총회 방해 사건** 『종중 정기총회를 주재하는 종중 회장의 의사진행업무 자체는 1회성을 갖는 것이라고 하더라도 그것이 종중 회장으로서의 사회적인 지위에서 계속적으로 행하여 온 종중 업무수행의 일환으로 행하여진 것이라면, 그와 같은 의사진행업무도 형법 제314조 소정의 업무방해죄에 의하여 보호되는 업무에 해당되고, 또 종중 회장의 위와 같은 업무는 종중원들에 대한 관계에서는 타인의 업무라고 한 사례』(대판 1995.10.12. 95도1589)★.
②	✔ **대학원 입학전형 방해 사건** 『대학원 입학전형 업무를 방해함에 있어서 피고인들이 공모하여 방조한 이상 대학원 입학전형 업무는 업무방해죄의 객체인 '업무'에 해당된다』(대판 1995.12.5. 94도1520)☆.

업무를 부정한 기출판례 정리

①	✔ **초등학교 교실 내 학부모 욕설 사건** 『형법상 업무방해죄의 보호대상이 되는 '업무'라 함은 직업 기타 사회생활상의 지위에 기하여 계속적으로 종사하는 사무 또는 사업을 말하는 것인데, 초등학생들이 학교에 등교하여 교실에서 수업을 듣는 것은 헌법 제31조가 정하고 있는 무상으로 초등교육을 받을 권리 및 초·중등교육법 제12, 13조가 정하고 있는 국가의 의무교육 실시의무와 부모들의 취학의무 등에 기하여 학생들 본인의 권리를 행사하는 것이거나 국가 내지 부모들의 의무를 이행하는 것에 불과할 뿐 그것이 '직업 기타 사회생활상의 지위에 기하여 계속적으로 종사하는 사무 또는 사업'에 해당한다고 할 수 없다』(대판 2013.6.14. 2013도3829)★.
②	✔ **주주총회 의결권 방해 사건** 『형법상 업무방해죄의 보호대상이 되는 '업무'라 함은 직업 기타 사회생활상의 지위에 기하여 계속적으로 종사하는 사무 또는 사업을 말하는 것인데, 주주로서 주주총회에서 의결권 등을 행사하는 것은 주식의 보유자로서 그 자격에서 권리를 행사하는 것에 불과할 뿐 그것이 '직업 기타 사회생활상의 지위에 기하여 계속적으로 종사하는 사무 또는 사업'에 해당한다고 할 수 없다』(대판 2004.10.28. 2004도1256)★.

라. 업무의 보호가치

업무방해죄에서의 업무는 형법상 보호할 가치가 있는 업무를 의미한다. 업무의 기초가 되는 계약 또는 행정행위 등이 반드시 적법하지 않더라도 보호할 필요가 있다고 인정되는 때에는 그 업무도 본죄의 대상이 된다. 그러나 그 자체가 범죄에 해당하는 경우나 법원의 결정 등에 위반하는 경우에는 보호할 가치가 없으므로 본죄의 업무에 해당하지 않는다.

> ✓ **업무의 보호가치의 의미 : 원풍아파트 재건축조합장 사건** 『형법상 업무방해죄의 보호대상이 되는 '업무'라 함은 직업 또는 계속적으로 종사하는 사무나 사업을 말하는 것으로서 타인의 위법한 행위에 의한 침해로부터 보호할 가치가 있는 것이면 되고, 그 업무의 기초가 된 계약 또는 행정행위 등이 반드시 적법하여야 하는 것은 아니며, 다만 어떤 사무나 활동 자체가 위법의 정도가 중하여 사회생활상 도저히 용인될 수 없는 정도로 반사회성을 띠는 경우에는 업무방해죄의 보호대상이 되는 '업무'에 해당한다고 볼 수 없다』(대판 2002.8.23. 2001도5592)★

보호가치를 인정한 기출판례 정리

① ✓ **수도권철도차량정비단 특별교육 방해 사건** 『전국철도노동조합이 파업을 예고한 상황에서 파업 예정일 하루 전에 사용자인 한국철도공사 측 교섭위원 갑이 산하 차량정비단 직원들을 상대로 설명회 등 특별교육을 실시하려고 하자, 노동조합 간부인 피고인들 등이 직원들의 교육장 진입을 막는 등 위력으로 갑의 업무를 방해하였다는 내용으로 기소된 사안에서, 위 특별교육이 노동조합 운영에 대한 지배·개입의 부당노동행위로서 '업무'에 해당하지 않는다는 등의 이유로 피고인들에게 무죄를 선고한 원심판결에 법리오해 등 위법이 있다』(대판 2013.1.31. 2012도3475)☆

② ✓ **지하실 무단 전차 사건** 『건물의 전차인이 임대인의 승낙없이 전차하였다고 하더라도 전차인이 불법침탈등의 방법에 의하여 위 건물의 점유를 개시한 것이 아니고 그동안 평온하게 음식점등 영업을 하면서 점유를 계속하여 온 이상 위 전차인의 업무를 업무방해죄에 의하여 보호받지 못하는 권리라고 단정할 수 없다』(대판 1986.12.23. 86도1372)☆

③ ✓ **고흥군 선착장 폐석 운반 사건** 『공유수면관리법 제4조에 의하면 공유수면을 점용하려는 자는 관리청으로부터 점용허가를 받도록 규정되어 있고, 이 사건에 있어서 위 회사는 관리청으로부터 위 선착장에 대한 공유수면점용허가를 받지 아니하기는 하였으나, 기록에 의하면 위 회사는 관리청인 고흥군으로부터 따로 선착장에 대한 점용허가를 받음이 없이 고흥군의 지시에 따라 선착장점용허가권자인 마을주민 대표들과 임대차계약을 체결하고 위 선착장을 이용하여 왔던 사실을 알 수 있음에 비추어, 위 회사의 폐석운반 업무를 업무방해죄에 의하여 보호하여야 할 대상이 되지 못하는 업무라고 단정하기는 어렵다고 할 것이다』(대판 1996.11.12. 96도2214)☆

④ ✓ **사무장 병원 11차례 큰소리(진찰 방해) 사건** 최신3년 『의료인이나 의료법인이 아닌 자가 의료기관을 개설하여 운영하는 행위는 업무방해죄의 보호대상이 되는 업무에 해당하지 않는다. 그러나 무자격자에 의해 개설된 의료기관에 고용된 의료인이 환자를 진료한다고 하여 그 진료행위 또한 당연히 반사회성을 띠는 행위라고 볼 수는 없다. 이때 의료인의 진료 업무가 업무방해죄의 보호대상이 되는 업무인지는 의료기관의 개설·운영 형태, 해당 의료기관에서 이루어지는 진료의 내용과 방식, 피고인의 행위로 인하여 방해되는 업무의 내용 등 사정을 종합적으로 고려하여 판단해야 한다』(대판 2023.3.16. 2021도16482)★

보호가치를 부정한 기출판례 정리

① ✔ **성매매업소 앞 병풍치기(수원역전파) 사건** 표조 『폭력조직 간부인 피고인이 조직원들과 공모하여 갑이 운영하는 성매매업소 앞에 속칭 '병풍'을 치거나 차량을 주차해 놓는 등 위력으로써 업무를 방해하였다는 내용으로 기소된 사안에서, 성매매업소 운영업무가 업무방해죄의 보호대상인 업무라고 볼 수 없는데도, 이와 달리 보아 피고인에게 유죄를 인정한 원심판결에 법리오해의 위법이 있다고 한 사례』 (대판 2011.10.13. 2011도7081)★.

② ✔ **부동산중개업 동업 사건** 『공인중개사가 아닌 피해자가 주도적으로 운영하는 형식으로 동업하여 중개사무소를 운영하다가 위 동업관계가 피해자의 귀책사유로 종료되고 피고인이 동업관계의 종료로 부동산중개업을 그만두기로 한 경우, 피해자의 중개업은 법에 의하여 금지된 행위로서 형사처벌의 대상이 되는 범죄행위에 해당하는 것으로서 업무방해죄의 보호대상이 되는 업무라고 볼 수 없다』(대판 2007.1.12. 2006도6599)★.

③ ✔ **원풍아파트 재건축조합장 사건** 『법원의 직무집행정지 가처분결정에 의하여 그 직무집행이 정지된 자가 법원의 결정에 반하여 직무를 수행함으로써 업무를 계속 행하는 경우 그 업무는 국법질서와 재판의 존엄성을 무시하는 것으로서 사실상 평온하게 이루어지는 사회적 활동의 기반이 되는 것이라 할 수 없고, 비록 그 업무가 반사회성을 띠는 경우라고까지는 할 수 없다고 하더라도 법적 보호라는 측면에서는 그와 동등한 평가를 받을 수밖에 없으므로, 그 업무자체는 법의 보호를 받을 가치를 상실하였다고 하지 않을 수 없어 업무방해죄에서 말하는 업무에 해당하지 않는다』(대판 2002.8.23. 2001도5592)★.

④ ✔ **김포 한일의원 사건** 『의료인이나 의료법인이 아닌 자가 의료기관을 개설하여 운영하는 행위는 그 위법의 정도가 중하여 사회생활상 도저히 용인될 수 없는 정도로 반사회성을 띠고 있으므로 업무방해죄의 보호대상이 되는 '업무'에 해당하지 않는다』(대판 2001.11.30. 2001도2015)★.

⑤ ✔ **백화점 농성 단전조치 사건** 『백화점 입주상인들이 영업을 하지 않고 매장 내에서 점거 농성만을 하면서 매장 내의 기존의 전기시설에 임의로 전선을 연결하여 각종 전열기구를 사용함으로써 화재위험이 높아 백화점 경영 회사의 대표이사인 피고인이 부득이 단전조치를 취하였다면, 그 단전조치 당시 보호받을 업무가 존재하지 않았을 뿐만 아니라 화재예방 등 건물의 안전한 유지 관리를 위한 정당한 권한 행사의 범위 내의 행위에 해당하므로 피고인의 단전조치가 업무방해죄를 구성한다고 볼 수 없다』 (대판 1995.6.30. 94도3136)☆.

마. 공무의 포함 여부

본죄의 업무는 '직업 또는 사회생활상의 지위에 기하여 계속하여 행하는 사무의 일체'를 의미하므로 문언 그대로 본다면 공무도 업무에 포함된다고 볼 수 있지만, 우리 형법은 업무방해죄와 별도로 공무집행방해죄를 규정되어 있기 때문에 공무를 업무에 포함시킬 것인가에 대해 견해의 대립이 있다.

판례는 형법이 업무방해죄와는 별도로 공무집행방해죄를 규정하고 있는 것은 사적 업무와 공무를 구별하여 공무에 관해서는 공무원에 대한 폭행, 협박 또는 위계의 방법으로 그 집행을 방해하는 경우에 한하여 처벌하겠다는 취지라고 보아야 하므로, 공무원이 직무상 수행하는 공무를 방해하는 행위에 대해서는 업무방해죄로 의율 할 수는 없다는 입장이다.

✔ **공무의 포함 여부 : 경찰민원실 소란 사건** 표조 『[1] 형법상 업무방해죄의 보호법익은 업무를 통한 사람의 사회적·경제적 활동을 보호하려는 데 있으므로, 그 보호대상이 되는 '업무'란 직업 또는 계속적으로 종사하는 사무나 사업을 말하고, 여기서 '사무' 또는 '사업'은 단순히 경제적 활동만을 의미하는 것이 아니라

널리 사람이 그 사회생활상의 지위에서 계속적으로 행하는 일체의 사회적 활동을 의미한다. 한편, 형법상 업무방해죄와 별도로 규정한 공무집행방해죄에서 '직무의 집행'이란 널리 공무원이 직무상 취급할 수 있는 사무를 행하는 것을 의미하는데, 이 죄의 보호법익이 공무원에 의하여 구체적으로 행하여지는 국가 또는 공공기관의 기능을 보호하고자 하는 데 있는 점을 감안할 때, 공무원의 직무집행이 적법한 경우에 한하여 공무집행방해죄가 성립하고, 여기에서 적법한 공무집행이란 그 행위가 공무원의 추상적 권한에 속할 뿐 아니라 구체적 직무집행에 관한 법률상 요건과 방식을 갖춘 경우를 가리키는 것으로 보아야 한다. 이와 같이 업무방해죄와 공무집행방해죄는 그 보호법익과 보호대상이 상이할 뿐만 아니라 업무방해죄의 행위유형에 비하여 공무집행방해죄의 행위유형은 보다 제한되어 있다. 즉 공무집행방해죄는 폭행, 협박에 이른 경우를 구성요건으로 삼고 있을 뿐 이에 이르지 아니하는 위력 등에 의한 경우는 그 구성요건의 대상으로 삼고 있지 않다. 또한, 형법은 공무집행방해죄 외에도 여러 가지 유형의 공무방해행위를 처벌하는 규정을 개별적·구체적으로 마련하여 두고 있으므로, 이러한 처벌조항 이외에 공무의 집행을 업무방해죄에 의하여 보호받도록 하여야 할 현실적 필요가 적다는 측면도 있다. 그러므로 형법이 업무방해죄와는 별도로 공무집행방해죄를 규정하고 있는 것은 사적 업무와 공무를 구별하여 공무에 관해서는 공무원에 대한 폭행, 협박 또는 위계의 방법으로 그 집행을 방해하는 경우에 한하여 처벌하겠다는 취지라고 보아야 한다. 따라서 공무원이 직무상 수행하는 공무를 방해하는 행위에 대해서는 업무방해죄로 의율할 수는 없다고 해석함이 상당하다.
[2] 지방경찰청 민원실에서 민원인들이 진정사건의 처리와 관련하여 지방경찰청장과의 면담 등을 요구하면서 이를 제지하는 경찰관들에게 큰소리로 욕설을 하고 행패를 부린 행위에 대하여, 경찰관들의 수사 관련 업무를 방해한 것이라는 이유로 업무방해죄의 성립을 인정한 원심판결에, 업무방해죄의 성립범위에 관한 법리를 오해한 위법이 있다고 한 사례』(대판[전] 2009.11.19. 2009도4166)★.

✔ **업무를 부정한 경우 : 경찰청 민원실 말똥 사건** 『형법이 업무방해죄와는 별도로 공무집행방해죄를 규정하고 있는 것은 사적 업무와 공무를 구별하여 공무에 관해서는 공무원에 대한 폭행, 협박 또는 위계의 방법으로 그 집행을 방해하는 경우에 한하여 처벌하겠다는 취지라고 보아야 할 것이고, 따라서 공무원이 직무상 수행하는 공무를 방해하는 행위에 대해서는 업무방해죄로 의율할 수는 없다고 해석함이 상당하다』(대판 2010.2.25. 2008도9049). ※ 판결이유 중 : 경찰청 민원실에서 말똥을 책상 및 민원실 바닥에 뿌리고 소리를 지르는 등 난동을 부린 행위가 '위력'으로 경찰관의 민원접수 업무를 방해한 것이라는 이유로 업무방해에 해당한다고 본 원심판결에 법리오해의 위법이 있다. ☆

✔ **업무를 부정한 경우 : STX조선소 기자회견 사건** 『피고인이 갑 등과 공모하여 위력으로 시장(市長) 을 및 병 회사 관계자 등의 기자회견 업무를 방해하였다는 내용으로 기소된 사안에서, 공소사실 중 공무원 을의 기자회견 업무에 대한 업무방해의 점을 유죄로 인정한 원심판결에 업무방해죄 성립범위에 관한 법리오해의 위법이 있다고 한 사례』(대판 2011.7.28. 2009도11104)☆.

Ⅲ. 행 위

1. 허위사실 유포

허위의 사실은 신용훼손죄에서 서술한 바와 같이 객관적 진실과 다른 내용의 사실을 말한다.

2. 위 계

가. 총 설

위계 역시 신용훼손죄의 위계와 마찬가지로 행위자의 행위목적을 달성하기 위하여 상대방에게 오인·착각 또는 부지를 일으키게 하여 이를 이용하는 것을 말한다. 위계에 의한 행위의 상대방은 업무방해의 피해자와 동일인이 아니어도 상관이 없다. 따라서 컴퓨터 등 정보처리장치에 정보를 입력하는 등의 행위가 그 입력된 정보 등을 바탕으로 업무를 담당하는 사람의 오인, 착각 또는 부지를 일으킬 목적으로 행해진 경우에는 그 행위가 업무를 담당하는 사람을 직접적인 대상으로 이루어진 것이 아니할지라도 위계가 인정된다.

✔ **위계의 의미와 위계의 상대방 : 경선과정 대리투표 사건** 『[1] 위계에 의한 업무방해죄에서 '위계'란 행위자가 행위목적을 달성하기 위하여 상대방에게 오인, 착각 또는 부지를 일으키게 하여 이를 이용하는 것을 말하고, 업무방해죄의 성립에는 업무방해의 결과가 실제로 발생함을 요하지 않고 업무방해의 결과를 초래할 위험이 발생하면 족하며, 업무수행 자체가 아니라 업무의 적정성 내지 공정성이 방해된 경우에도 업무방해죄가 성립한다. 나아가 컴퓨터 등 정보처리장치에 정보를 입력하는 등의 행위가 그 입력된 정보 등을 바탕으로 업무를 담당하는 사람의 오인, 착각 또는 부지를 일으킬 목적으로 행해진 경우에는 그 행위가 업무를 담당하는 사람을 직접적인 대상으로 이루어진 것이 아니라고 하여 위계가 아니라고 할 수는 없다.
[2] 갑 정당의 제19대 국회의원 비례대표 후보자 추천을 위한 당내 경선과정에서 피고인들이 선거권자들로부터 인증번호만을 전달받은 뒤 그들 명의로 특정 후보자에게 전자투표를 함으로써 위계로써 갑 정당의 경선관리 업무를 방해하였다는 내용으로 기소된 사안에서, … 당내 경선에도 직접·평등·비밀투표 등 일반적인 선거원칙이 그대로 적용되고 대리투표는 허용되지 않는다는 이유로 피고인들에게 유죄를 인정한 사례』(대판 2013.11.28. 2013도5117)★.

✔ **위계의 의미와 위계의 여부 : 쪼개기 송금 사건** 최신3년 『[1] 위계에 의한 업무방해죄에서 '위계'란 행위자가 행위 목적을 달성하기 위하여 상대방에게 오인, 착각 또는 부지를 일으키게 하여 이를 이용하는 것을 말한다. 컴퓨터 등 정보처리장치에 정보를 입력하는 등의 행위도 그 입력된 정보 등을 바탕으로 업무를 담당하는 사람의 오인, 착각 또는 부지를 일으킬 목적으로 행해진 경우에는 여기서 말하는 위계에 해당할 수 있으나, 위와 같은 행위로 말미암아 업무와 관련하여 오인, 착각 또는 부지를 일으킨 상대방이 없었던 경우에는 위계가 있었다고 볼 수 없다.
[2] 전화금융사기 조직의 현금 수거책인 피고인이 무매체 입금거래의 '1인 1일 100만 원' 한도 제한을 회피하기 위하여 은행 자동화기기에 제3자의 주민등록번호를 입력하는 방법으로 이른바 '쪼개기 송금'을 한 것이 은행에 대한 업무방해죄로 기소된 사안에서, 피고인의 행위가 업무방해죄에서 말하는 위계에 해당하지 않는다는 전제에서 위계에 의한 업무방해죄가 성립하지 않는다고 본 원심판단을 수긍한 사례』(대판 2022.2.11. 2021도12394)★.

위계를 인정한 기출판례 정리

① ✔ **수협 필기시험 조작 사건** 『수산업협동조합의 신규직원 채용에 응시한 갑과 을이 필기시험에서 합격선에 못 미치는 점수를 받게 되자, 채점업무 담당자들이 조합장인 피고인의 지시에 따라 점수조작 행위를 통하여 이들을 필기시험에 합격시킴으로써 필기시험 합격자를 대상으로 하는 면접시험에 응시할 수 있도록 한 사안에서, 위 점수조작행위에 공모 또는 양해하였다고 볼 수 없는 일부 면접위원들이 조합의 신규직원 채용업무로서 수행한 면접업무는 위 점수조작행위에 의하여 방해되었다』(대판 2010.3.25. 2009도8506)★.

② ✔ **허위학력·경력 제출 사건** 『피고인이 노동운동을 하기 위하여 노동현장에 취업하고자 하나, 자신이 대학교에 입학한 학력과 국가보안법위반죄의 처벌 전력 때문에 쉽사리 입사할 수 없음을 알고, 타인 명의로 허위의 학력과 경력을 기재한 이력서를 작성하고, 동인의 고등학교 생활기록부 등 서류를 작성 제출하여 시험에 합격하였다면, 피고인은 위계에 의하여 위 회사의 근로자로서의 적격자를 채용하는 업무를 방해하였다』(대판 1992.6.9. 91도2221)☆.

③	✔ **체육대회 유급휴일 사건** 『회사와 위 회사 노동조합에서는 위 당일에 정상 근무를 하도록 통보하였음에도 불구하고, 위 회사 인천공장 근로자들로서 위 회사 노동조합 인천지부 지부장, 부지부장, 사무장, 또는 대의원들이 공동하여 체육대회 전날 위 회사 인천공장에서 위 회사 노동조합 인천지부 대의원회를 개최하여 일방적으로 체육대회 날을 휴무로 결정한 후, 같은 취지의 유인물을 참석 대의원들에게 배포하여 위 회사 인천공장 소속 근로자들로 하여금 당일을 유급휴일로 오인하여 출근하지 않도록 함으로써 위 회사 인천공장의 정상 가동을 불능케 하였다면, 이는 위계에 의한 업무방해죄를 구성한다고 보아야 할 것이다』(대판 1992.3.31. 92도58)☆.
④	✔ **석사논문 대작 사건** 『전체 논문의 초안작성을 의뢰하고, 그에 따라 작성된 논문의 내용에 약간의 수정만을 가하여 제출하였음이 인정된다는 이유로 업무방해죄에 대하여 무죄를 선고한 원심판결을 파기한 사례이다』(대판 1996.7.30. 94도2708)☆.
⑤	✔ **84시간 봉사활동 위조 사건** 『피고인 갑, 을이 공모하여, 피고인 갑은 병 고등학교의 학생 정이 약 10개월 동안 총 84시간의 봉사활동을 한 것처럼 허위로 기재된 봉사활동확인서를 발급받아 피고인 을에게 교부하고, 피고인 을은 이를 정의 담임교사를 통하여 병 학교에 제출하여 정으로 하여금 2010년도 학교장 명의의 봉사상을 수상하도록 하는 방법으로 위계로써 학교장의 봉사상 심사 및 선정 업무를 방해하였다는 내용으로 기소된 사안에서, 피고인들에게 무죄를 선고한 원심판단에 업무방해죄의 성립에 관한 법리오해의 위법이 있다고 한 사례』(대판 2020.9.24. 2017도19283)☆.

위계를 부정한 기출판례 정리

①	✔ **다음카페 전국감리원모임 사건** 『형법 제314조 제1항 소정의 위계에 의한 업무방해죄에 있어서의 '위계'라 함은 행위자의 행위목적을 달성하기 위하여 상대방에게 오인·착각 또는 부지를 일으키게 하여 이를 이용하는 것을 말하므로, 인터넷 자유게시판 등에 실제의 객관적인 사실을 게시하는 행위는, 설령 그로 인하여 피해자의 업무가 방해된다고 하더라도, 위 법조항 소정의 '위계'에 해당하지 않는다』(대판 2007.6.29. 2006도3839)★.
②	✔ **지방공사 6급채용 사건** 『[1] 지방공사 사장이 신규직원 채용권한을 행사하는 것은 공사의 기관으로서 공사의 업무를 집행하는 것이므로, 위 권한의 귀속주체인 사장 본인에 대한 관계에서도 업무방해죄의 객체인 타인의 업무에 해당한다. [2] 신규직원 채용권한을 가지고 있는 지방공사 사장이 시험업무 담당자들에게 지시하여 상호 공모 내지 양해하에 시험성적조작 등의 부정한 행위를 한 경우, 법인인 공사에게 신규직원 채용업무와 관련하여 오인·착각 또는 부지를 일으키게 한 것이 아니므로, '위계'에 의한 업무방해죄에 해당하지 않는다』(대판 2007.12.27. 2005도6404)★.
③	✔ **금성어장 사건** 『소외 어장의 대표자였던 피고인이 어장측에 대한 허위의 채권을 주장하면서 후임 대표자에게 그 인장을 인도하기를 거절함으로써 후임대표자가 만기도래한 어장소유의 수산업협동조합 예탁금을 인출하지 못하였고 어장소유 선박의 검사를 받지 못한 결과를 초래하였다 하여, 피고인의 위 허위주장을 가리켜 허위사실을 유포하거나 기타 위계로써 타인의 업무를 방해한 경우에 해당한다고는 할 수 없다』(대판 1984.7.10. 84도638)☆.
④	✔ **고등학교 2학년 수학시험문제 사건** 『시험의 출제위원이 문제를 선정하여 시험실시자에게 제출하기 전에 이를 유출하였다고 하더라도 이러한 행위 자체는 위계를 사용하여 시험실시자의 업무를 방해하는 행위가 아니라 그 준비단계에 불과한 것이고, 그 후 그와 같이 유출된 문제가 시험실시자에게 제출되지도 아니하였다면 그러한 문제유출로 인하여 시험실시 업무가 방해될 추상적인 위험조차 있다고 할 수 없으므로 업무방해죄가 성립한다고 할 수 없다』(대판 1999.12.10. 99도3487)☆.

⑤ ✔ **인사 분야 신규채용 사건** 『甲 주식회사의 상무이사인 피고인이 甲 회사의 신규 직원 채용 과정에서, 면접위원인 乙이 면접이 끝난 후 인사 담당 직원에게 채점표를 작성하여 제출하고 면접장소에서 먼저 퇴장하자, 남은 면접위원들과 협의하여 피고인이 지정한 응시자를 최종합격자로 선정함으로써 피해자 乙의 공정하고 객관적인 직원채용에 관한 업무를 위계로써 방해하였다는 내용으로 기소된 사안에서, 乙에 대한 업무방해의 점을 유죄로 인정한 원심판단에 법리오해의 잘못이 있다고 한 사례』(대판 2017. 5. 30. 2016도18858) ☆

나. 허위자료 제출과 위계

허위의 신청사유나 소명자료가 제출된 경우에 관하여 위계에 의한 공무집행방해죄와 같은 법리를 취하여, 업무담당자가 관계 규정이 정한 바에 따라 그 요건의 존부에 관하여 나름대로 충분히 심사를 하였으나 신청사유 및 소명자료가 허위임을 발견하지 못하여 그 신청을 수리하게 될 정도에 이르면 이는 업무담당자의 불충분한 심사가 아니라 신청인의 위계행위에 의하여 업무방해의 위험성이 발생된 것이어서 위계에 의한 업무방해죄가 성립된다.

✔ **허위의 자료제출과 위계 : 84시간 봉사활동 위조 사건** 『상대방으로부터 신청을 받아 상대방이 일정한 자격요건 등을 갖춘 경우에 한하여 그에 대한 수용 여부를 결정하는 업무에 있어서는 신청서에 기재된 사유가 사실과 부합하지 않을 수 있음을 전제로 자격요건 등을 심사·판단하는 것이므로, 업무담당자가 사실을 충분히 확인하지 않은 채 신청인이 제출한 허위의 신청사유나 허위의 소명자료를 가볍게 믿고 이를 수용하였다면 이는 업무담당자의 불충분한 심사에 기인한 것으로서 신청인의 위계가 업무방해의 위험성을 발생시켰다고 할 수 없어 위계에 의한 업무방해죄를 구성하지 않는다. 그러나 신청인이 업무담당자에게 허위의 주장을 하면서 이에 부합하는 허위의 소명자료를 첨부하여 제출한 경우 그 수리 여부를 결정하는 업무담당자가 관계 규정이 정한 바에 따라 그 요건의 존부에 관하여 나름대로 충분히 심사를 하였으나 신청사유 및 소명자료가 허위임을 발견하지 못하여 신청을 수리하게 될 정도에 이르렀다면 이는 업무담당자의 불충분한 심사가 아니라 신청인의 위계행위에 의하여 업무방해의 위험성이 발생된 것이어서 이에 대하여 위계에 의한 업무방해죄가 성립된다.』(대판 2020. 9. 24. 2017도19283) ☆

✔ **허위의 자료제출과 위계 : 계좌 허위개설 사건** 최신3년 『계좌개설 신청인이 접근매체를 양도할 의사로 금융기관에 법인 명의 계좌를 개설하면서 예금거래신청서 등에 금융거래의 목적이나 접근매체의 양도의사 유무 등에 관한 사실을 허위로 기재하였으나, 계좌개설 심사업무를 담당하는 금융기관의 업무담당자가 단순히 예금거래신청서 등에 기재된 계좌개설 신청인의 허위 답변만을 그대로 믿고 그 내용의 진실 여부를 확인할 수 있는 증빙자료의 요구 등 추가적인 확인조치 없이 법인 명의의 계좌를 개설해 준 경우 그 계좌개설은 금융기관 업무담당자의 불충분한 심사에 기인한 것이므로, 계좌개설 신청인의 위계가 업무방해의 위험성을 발생시켰다고 할 수 없어 위계에 의한 업무방해죄를 구성하지 않는다고 보아야 한다』(대판 2023. 8. 31. 2021도17151) ☆

✔ **허위의 자료제출과 위계 : 신정아 허위 이력서 제출 사건** 『대학교 시간강사 임용과 관련하여 허위의 학력이 기재된 이력서만을 제출한 사안에서, 임용심사업무 담당자가 불충분한 심사로 인하여 허위 학력이 기재된 이력서를 믿은 것이므로 위계에 의한 업무방해죄를 구성하지 않는다』(대판 2009. 1. 30. 2008도6950) ☆

3. 위 력

가. 총 설

업무방해죄의 구성요건의 일부인 '위력'이란 사람의 자유의사를 제압·혼란케 할 만한 일체의 세력을 말하고 유형적이든 무형적이든 묻지 아니하며, 폭행·협박은 물론 사회적·경제적·정치적 지위와 권세에 의한 압박 등도 포함되는 개념이다. 현실적으로 피해자의 자유의사가 제압되는 것을 필요로 하는 것은 아니지만, 범인의 위세, 사람 수, 주위의 상황 등에 비추어 피해자의 자유의사를 제압하기 족한 세력을 의미한다.

> ✔ **위력의 의미 : 철도공사 파업 사건** 『업무방해죄의 '위력'이란 사람의 자유의사를 제압·혼란케 할 만한 일체의 세력으로, 유형적이든 무형적이든 묻지 아니하므로, 폭력·협박은 물론 사회적·경제적·정치적 지위와 권세에 의한 압박 등도 이에 포함되고, 현실적으로 피해자의 자유의사가 제압될 것을 필요로 하는 것은 아니지만, 범인의 위세, 사람 수, 주위의 상황 등에 비추어 피해자의 자유의사를 제압하기에 충분한 세력을 의미하는 것이다.』(대판 2013.5.23. 2011도12440)★

나. 위력의 상대방

업무방해죄의 위력은 원칙적으로 피해자에게 행사되어야 하므로, 그 위력 행사의 상대방이 피해자가 아닌 제3자인 경우 그로 인하여 피해자의 자유의사가 제압될 가능성이 직접적으로 발생함으로써 이를 실질적으로 피해자에 대한 위력의 행사와 동일시할 수 있는 특별한 사정이 있는 경우가 아니라면 피해자에 대한 업무방해죄가 성립한다고 볼 수 없다.

> ✔ **위력의 상대방 : 광고중단 불매운동 사건** 『[1]업무방해죄의 위력은 원칙적으로 피해자에게 행사되어야 하므로, 그 위력 행사의 상대방이 피해자가 아닌 제3자인 경우 그로 인하여 피해자의 자유의사가 제압될 가능성이 직접적으로 발생함으로써 이를 실질적으로 피해자에 대한 위력의 행사와 동일시할 수 있는 특별한 사정이 있는 경우가 아니라면 피해자에 대한 업무방해죄가 성립한다고 볼 수 없다.
> [2] 인터넷카페의 운영진인 피고인들이 카페 회원들과 공모하여, 특정 신문들에 광고를 게재하는 광고주들에게 불매운동의 일환으로 지속적·집단적으로 항의전화를 하거나 항의글을 게시하는 등의 방법으로 광고중단을 압박함으로써 위력으로 광고주들 및 신문사들의 업무를 방해하였다는 내용으로 기소된 사안에서, 피고인들의 행위가 광고주들에 대하여는 업무방해죄의 위력에 해당하지만, 신문사들에 대하여는 직접적인 위력의 행사가 있었다고 보기에 부족하다.』(대판 2013.3.14. 2010도410)☆

> ✔ **파업과 위력 : 철도노조 출근거부 사건** 표준 『[1] 업무방해죄는 위계 또는 위력으로써 사람의 업무를 방해한 경우에 성립하며(형법 제314조 제1항), '위력'이란 사람의 자유의사를 제압·혼란케 할 만한 일체의 세력을 말한다. 쟁의행위로서 파업(노동조합 및 노동관계조정법 제2조 제6호)도, 단순히 근로계약에 따른 노무의 제공을 거부하는 부작위에 그치지 아니하고 이를 넘어서 사용자에게 압력을 가하여 근로자의 주장을 관철하고자 집단적으로 노무제공을 중단하는 실력행사이므로, 업무방해죄에서 말하는 위력에 해당하는 요소를 포함하고 있다.
> [2] 근로자는 원칙적으로 헌법상 보장된 기본권으로서 근로조건 향상을 위한 자주적인 단결권·단체교섭권 및 단체행동권을 가지므로(헌법 제33조 제1항), 쟁의행위로서 파업이 언제나 업무방해죄에 해당하는 것으로 볼 것은 아니고, 전후 사정과 경위 등에 비추어 사용자가 예측할 수 없는 시기에 전격적으로 이루어져 사용자의 사업운영에 심대한 혼란 내지 막대한 손해를 초래하는 등으로 사용자의 사업계속에 관한 자유의사가 제압·혼란될 수 있다고 평가할 수 있는 경우에 비로소 집단적 노무제공의 거부가 위력에 해당하여 업무방해죄가 성립한다고 보는 것이 타당하다.』(대판[전] 2011.3.17. 2007도482)★

다. 정당한 권한 행사와 위력

업무방해죄의 수단인 위력은 사람의 자유의사를 제압·혼란하게 할 만한 일체의 억압적 방법을 말하는 것으로, 이는 제3자를 통하여 간접적으로 행사하는 것도 포함될 수 있다. 그러나 행위자가 가지는 정당한 권한을 행사한 것으로 볼 수 있는 경우에는, 행위의 내용이나 수단 등이 사회통념상 허용될 수 없는 등 특별한 사정이 없는 한 업무방해죄를 구성하는 위력을 행사한 것이라고 볼 수 없다.

> ✔ **권한 행사와 위력 : 택시신문 광고 중단 사건** 『업무방해죄의 수단인 위력은 사람의 자유의사를 제압·혼란하게 할 만한 일체의 억압적 방법을 말하고, 이는 제3자를 통하여 간접적으로 행사하는 것도 포함될 수 있다. 그러나 어떤 행위의 결과 상대방의 업무에 지장이 초래되었다 하더라도 행위자가 가지는 정당한 권한을 행사한 것으로 볼 수 있는 경우에는, 행위의 내용이나 수단 등이 사회통념상 허용될 수 없는 등 특별한 사정이 없는 한 업무방해죄를 구성하는 위력을 행사한 것이라고 할 수 없다. 따라서 제3자로 하여금 상대방에게 어떤 조치를 취하게 하는 등으로 상대방의 업무에 곤란을 야기하거나 그러한 위험이 초래되게 하였다 하더라도, 행위자가 제3자의 의사결정에 관여할 수 있는 권한을 가지고 있거나 그에 대하여 업무상 지시를 할 수 있는 지위에 있는 경우에는 특별한 사정이 없는 한 업무방해죄를 구성하지 아니한다』(대판 2013. 2. 28. 2011도16718)☆.

위력을 인정한 기출판례 정리

①	✔ **간판철거 출입문 봉쇄 사건** 『임대인이 임차인의 물건을 임의로 철거·폐기할 수 있다는 임대차계약 조항에 따라 임대인인 피고인이 간판업자를 동원하여 임차인인 피해자가 영업 중인 식당 점포의 간판을 철거하고 출입문을 봉쇄하는 등의 행위는 위력을 사용하여 피해자의 업무를 방해한 행위에 해당한다』(대판 2005. 3. 10. 2004도341)★.
②	✔ **퍼스트머니 460통 전화독촉 사건** 『대부업체 직원이 대출금을 회수하기 위하여 소액의 지연이자를 문제삼아 법적 조치를 거론하면서 소규모 간판업자인 채무자의 휴대전화로 수백 회에 이르는 전화공세를 한 것이 사회통념상 허용한도를 벗어난 채권추심행위로서 채무자의 간판업 업무가 방해되는 결과를 초래할 위험이 있었다고 보아 업무방해죄를 구성한다』(대판 2005. 5. 27. 2004도8447)☆.
③	✔ **음악학원 전대 사건** 『피고인이 자신의 명의로 등록되어 있는 피해자 운영의 학원에 대하여 피해자의 승낙을 받지 아니하고 폐원신고를 하였다고 하더라도 피해자에게 사전에 통고를 한 뒤 폐원신고를 하였다면 피해자에게 오인·착각 또는 부지를 일으켜 이를 이용하여 피해자의 업무를 방해한 것으로 보기는 어렵고, 오히려 피해자가 운영하고 있는 학원이 자신의 명의로 등록되어 있는 지위를 이용하여 임의로 폐원신고를 함으로써 피해자의 업무를 위력으로써 방해한 것이라고 한 사례』(대판 2005. 3. 25. 2003도5004)★. [61]
④	✔ **씹할 새끼 맞아봐야 사건** 『주주가 주주총회에 참석하면서 소유 주식 중 일부에 관한 의결권의 대리행사를 타인들에게 나누어 위임하여 주주총회에 참석한 그 의결권 대리인들이 대표이사의 주주총회장에서의 퇴장 요구를 거절하면서 고성과 욕설 등을 사용하여 대표이사의 주주총회의 개최, 진행을 포기하게 만든 경우, 그와 같은 의결권 대리행사의 위임은 위세를 과시하여 정상적인 주주총회의 진행을 저해할 의도이고 주주총회에서 그 의결권 대리인들이 요구한 사항은 의결권 대리행사를 위한 권한 범위에 속하지 않으므로, 대표이사는 그 대리인들이 주주총회에 참석하는 것을 적법하게 거절할 수 있었다는 이유로, 업무방해죄가 성립한다』(대판 2001. 9. 7. 2001도2917)☆.

---

61) **보충설명** 위력에 의한 업무방해죄는 성립하는 사안이다.

| ⑤ | ✔ **시장번영회 권한 없이 단전조치 사건** 『피해자가 시장번영회를 상대로 잦은 진정을 하고 협조를 하지 않는다는 이유로 시장번영회 총회결의에 의하여 피해자 소유점포에 대하여 정당한 권한 없이 단전조치를 한 것이라면 이 경우에는 그 결의에 참가한 회원의 위력에 의한 업무방해 행위가 성립하고 피해자에게 사전통고를 한 여부나 피고인이 회장의 자격으로 단전조치를 한 여부는 위 죄의 성립에 영향이 없다』(대판 1983. 11. 8. 83도1798)★. |

위력을 부정한 기출판례 정리

| ① | ✔ **휴원신고 연장 사건** 『임대인 갑으로부터 건물을 임차하여 학원을 운영하던 피고인이 건물을 인도한 이후에도 자신 명의로 된 학원설립등록을 말소하지 않고 휴원신고를 연장함으로써 새로운 임차인 을이 그 건물에서 학원설립등록을 하지 못하도록 하여 위력에 의한 업무방해로 기소된 사안에서, 피고인의 휴원연장신고와 을이 학원설립등록을 하지 못한 점 사이에 인과관계가 있다고 단정하기 어렵고, 피고인의 행위가 을의 자유의사를 제압·혼란케 할 정도의 위력에 해당한다고 보기 어렵다』(대판 2010. 11. 25. 2010도9186)☆. |

4. 업무방해

판례는 업무방해죄를 추상적 위험범으로 해석하고 있다. 따라서 업무를 방해한다 함은 단지 업무의 집행 자체를 방해하는 경우뿐만 아니라 널리 사업의 경영을 저해하는 것도 포함하며 업무의 집행을 불능케 하거나 방해하는 결과가 발생할 것을 요구하지 않고 업무에 지장을 줄 위험만 발생하면 기수에 해당한다는 입장이다.

✔ **업무방해의 의미 : 영문종교전단 발송 사건** 『[1] 업무방해죄에 있어 업무를 '방해한다'함은 업무의 집행 자체를 방해하는 것은 물론이고 널리 업무의 경영을 저해하는 것도 포함한다.
[2] 피고인이 서류배달업 회사가 고객으로부터 배달을 의뢰받은 서류의 포장 안에 특정종교를 비방하는 내용의 전단을 집어 넣어 함께 배달되게 한 경우, 위 회사의 서류배달업무를 방해한 것으로 업무방해죄가 성립한다』(대판 1999. 5. 14. 98도3767)★.

나아가 업무수행 자체가 아니라 업무의 적정성 내지 공정성이 방해된 경우에도 업무방해죄가 성립한다.

✔ **업무방해죄의 성격과 기수시기 : 경선과정 대리투표 사건** 『업무방해죄의 성립에는 업무방해의 결과가 실제로 발생함을 요하지 않고 업무방해의 결과를 초래할 위험이 발생하면 족하며, 업무수행 자체가 아니라 업무의 적정성 내지 공정성이 방해된 경우에도 업무방해죄가 성립한다』(대판 2013. 11. 28. 2013도5117)★.

위험성 인정한 기출판례 정리

| ① | ✔ **조선이공대학 승진심사 사건** 『다른 사람이 작성한 논문을 피고인 단독 혹은 공동으로 작성한 논문인 것처럼 학술지에 제출하여 발표한 논문연구실적을 부교수 승진심사 서류에 포함하여 제출한 사안에서, 당해 논문을 제외한 다른 논문만으로도 부교수 승진 요건을 월등히 충족하고 있었다는 등의 사정만으로는 승진심사 업무의 적정성이나 공정성을 해할 위험성이 없었다고 단정할 수 없으므로, 위계에 의한 업무방해죄를 구성한다』(대판 2009. 9. 10. 2009도4772)☆. |

| 위험성 부정한 기출판례 정리 |

① ✔ **콘테이너 박스 이전 사건** 『도급인의 공사계약 해제가 적법하고 수급인이 스스로 공사를 중단한 상태에서 도급인이 공사현장에 남아 있는 수급인 소유의 공사자재 등을 다른 곳에 옮겨 놓았다고 하여 도급인이 수급인의 공사업무를 방해한 것으로 볼 수는 없다』(대판 1999.1.29. 98도3240)☆.

Ⅳ. 고 의

업무방해죄는 허위사실유포·위계·위력으로 타인의 업무를 방해한다는 사실에 대한 인식과 의사를 내용으로 하는 고의가 있어야 한다. 또한 업무방해죄에서 업무방해의 범의는 반드시 업무방해의 목적이나 계획적인 업무방해의 의도가 있어야 인정되는 것은 아니고, 자기의 행위로 인하여 타인의 업무가 방해될 것이라는 결과를 발생시킬 만한 가능성 또는 위험이 있음을 인식하거나 예견하면 족하다.

✔ **업무방해죄의 고의 : 큐빅넷 접속권한 차단 사건** 『업무방해죄의 성립에 있어서 업무방해의 결과가 실제로 발생하여야만 하는 것은 아니고 업무방해의 결과를 초래할 위험이 있으면 충분하므로, 고의 또한 반드시 업무방해의 목적이나 계획적인 업무방해의 의도가 있어야만 하는 것은 아니고, 자신의 행위로 인하여 타인의 업무가 방해될 가능성 또는 위험에 대한 인식이나 예견으로 충분하며, 그 인식이나 예견은 확정적인 것은 물론 불확정적인 것이라도 이른바 미필적 고의로 인정된다』(대판 2012.5.24. 2009도4141)★.

✔ **업무방해죄의 고의 : 한양대 가정대학 교수 사건** 『허위사실을 유포하는 방법에 의하여 타인의 업무를 방해함으로써 성립하는 업무방해죄에 있어, 허위사실을 유포한다고 함은 실제의 객관적 사실과 서로 다른 사항을 내용으로 하는 사실을 불특정 다수인에게 전파시키는 것을 말하고, 특히 이러한 경우 그 행위자에게 행위 당시 자신이 유포한 사실이 허위라는 점을 적극적으로 인식하였을 것을 요한다』(대판 1994.1.28. 93도1278)☆.

Ⅴ. 위법성

업무방해죄는 정당방위, 긴급피난, 자구행위, 피해자의 승낙, 정당행위에 의해 위법성이 조각될 수 있다.

✔ **업무방해죄의 위법성조각 여부 : 대구 중구청 종민실 앞 시위 사건** 『신고한 옥외집회에서 고성능 확성기 등을 사용하여 발생된 소음이 82.9dB 내지 100.1dB에 이르고, 사무실 내에서의 전화통화, 대화 등이 어려웠으며, 밖에서는 부근을 통행하기조차 곤란하였고, 인근 상인들도 소음으로 인한 고통을 호소하는 정도에 이르렀다면 이는 위력으로 인근 상인 및 사무실 종사자들의 업무를 방해한 업무방해죄를 구성한다』(대판 2004.10.15. 2004도4467)☆.

제4관 컴퓨터업무방해죄

> **제314조 ┃ 업무방해 ┃**
> ② 컴퓨터 등 정보처리장치 또는 전자기록 등 특수매체기록을 손괴하거나 정보처리장치에 허위의 정보 또는 부정한 명령을 입력하거나 기타 방법으로 정보처리에 장애를 발생하게 하여 사람의 업무를 방해한 자도 제1항의 형과 같다.

Ⅰ. 의의 및 보호법익

컴퓨터에 의한 사무처리가 현저히 확대되어 종래 사람에 의해 행하여졌던 사무처리의 대부분이 컴퓨터에 의해 행하여지게 되었고, 컴퓨터 등 정보처리장치를 파괴하거나 기타 불법적인 방법으로 정보처리에 장애를 발생시키는 행위는 현행의 업무방해죄와 그 본질이 동일하므로 컴퓨터에 의한 업무방해행위를 처벌하는 별개의 구성요건을 신설한 것이다.

본죄는 정보처리장치 등에 대한 손괴 등 불법적인 방법으로 정보처리에 장애를 발생하게 하고, 그 결과로서 당해 정보처리장치 등에 의한 업무를 방해한다는 것을 구성요건으로 하고 있으며, 보호법익은 사람의 경제적 활동으로서의 업무수행의 안전이다.

Ⅱ. 구성요건

1. 객 체

가. 컴퓨터 등 정보처리장치

컴퓨터 등 정보처리장치란 자동적으로 계산이나 데이터처리를 행하는 장치로서, 처리장치, 기억장치, 입·출력장치로 구성된 컴퓨터 시스템을 의미한다. 판례는 하드웨어는 물론 소프트웨어도 포함된다고 보고 있다.

나. 전자기록 등 특수매체기록

전자기록 등 특수매체기록이란 사람의 지각에 의하여서는 인식할 수 없는 방식으로 만들어진 기록으로서 정보처리의 용도에 제공되는 것을 말한다.

2. 행 위

컴퓨터 등 정보처리장치 또는 전자기록 등 특수매체기록을 손괴하거나 정보처리장치에 허위의 정보 또는 부정한 명령을 입력하거나 기타 방법으로 정보처리에 장애를 일으켜 타인의 업무를 방해하는 것이다.

가. 정보처리장치 또는 특수매체기록에 대한 가해

(1) 손 괴

유형력을 행사하여 물리적으로 파괴·멸실시키는 것뿐만 아니라 본래 기능을 다하지 못하게 하는 것이나 전자기록의 소거나 교란도 포함된다.

(2) 허위의 정보·부정한 명령의 입력

허위의 정보 또는 부정한 명령의 입력이란 객관적으로 진실에 반하는 내용의 정보를 입력하거나 정보처리장치를 운영하는 본래의 목적과 상이한 명령을 입력하는 것을 말한다.

> ✔ **허위의 정보·부정한 명령의 입력 : 허위의 정보대학 서버 관리자 전보발령 사건** 『대학의 컴퓨터시스템 서버를 관리하던 피고인이 전보발령을 받아 더 이상 웹서버를 관리 운영할 권한이 없는 상태에서, 웹서버에 접속하여 홈페이지 관리자의 아이디와 비밀번호를 무단으로 변경한 행위는, 피고인이 웹서버를 관리 운영할 정당한 권한이 있는 동안 입력하여 두었던 홈페이지 관리자의 아이디와 비밀번호를 단지 후임자 등에게 알려 주지 아니한 행위와는 달리, 정보처리장치에 부정한 명령을 입력하여 정보처리에 현실적 장애를 발생시킴으로써 피해 대학에 업무방해의 위험을 초래하는 행위에 해당하여 컴퓨터 등 장애 업무방해죄를 구성한다』(대판 2006.3.10. 2005도382)☆.

(3) 기타 방법

기타 방법이란 컴퓨터의 정보처리에 장애를 초래하는 가해수단으로서 컴퓨터의 작동에 직접·간접으로 영향을 미치는 일체의 행위를 말한다. 예를 들어 전원의 절단, 통신회선의 절단 등이 있다.

나. 정보처리의 장애의 발생

본죄는 컴퓨터 자체를 보호하려는 것이 아니고 어디까지나 컴퓨터를 통하여 행하여지는 사람의 업무를 보호하기 위한 목적에서 구성요건으로 '장애의 발생'을 규정하고 있으므로, 죄가 성립하기 위해서는 위 가해행위로 인해 결과 정보처리장치가 그 사용목적에 부합하는 기능을 하지 못하거나 사용목적과 다른 기능을 하는 등 정보처리에 장애가 현실적으로 발생하여야 한다. 따라서 단순히 메인 컴퓨터의 비밀번호를 알려주지 아니 한 것만으로는 정보처리장치의 작동에 직접 영향을 주어 그 사용목적에 부합하는 기능을 하지 못하게 하거나 사용목적과 다른 기능을 하게 하였다고 볼 수 없어 본죄로 의율할 수 없다.

> ✔ **정보처리의 장애가 발생하지 않은 경우 : 비밀번호 미고지 사건** 『메인 컴퓨터의 비밀번호는 시스템관리자가 시스템에 접근하기 위하여 사용하는 보안 수단에 불과하므로, 단순히 메인 컴퓨터의 비밀번호를 알려주지 아니한 것만으로는 정보처리장치의 작동에 직접 영향을 주어 그 사용목적에 부합하는 기능을 하지 못하게 하거나 사용목적과 다른 기능을 하게 하였다고 볼 수 없어 형법 제314조 제2항에 의한 컴퓨터등장애 업무방해죄로 의율할 수 없다 할 것이다』(대판 2004.7.9. 2002도631)☆.

다. 업무를 방해할 것

가해행위에 의하여 정보처리에 장애가 발생하여 '업무를 방해'하여야 한다. 여기서 방해한다 함은 단순히 업무의 집행 자체를 방해하는 것에 한정하는 것이 아니라 업무의 정상적 운영을 저해하는 일체의 행위를 가리키는 것이므로 업무에 어떤 지장을 주거나 지장을 초래할 위험을 발생하게 하는 행위로 충분하다(추상적 위험범).

> ✔ **기수시기 : 포털사이트 허위 클릭정보 사건** 『형법 제314조 제2항의 '컴퓨터 등 장애 업무방해죄'가 성립하기 위해서는 가해행위 결과 정보처리장치가 그 사용목적에 부합하는 기능을 하지 못하거나 사용목적과 다른 기능을 하는 등 정보처리에 장애가 현실적으로 발생하였을 것을 요하나, 정보처리에 장애를 발생하게 하여 업무방해의 결과를 초래할 위험이 발생한 이상, 나아가 업무방해의 결과가 실제로 발생하지 않더라도 위 죄가 성립한다. 따라서 포털사이트 운영회사의 통계집계시스템 서버에 허위의 클릭정보를 전송하여 검

> 색순위 결정 과정에서 위와 같이 전송된 허위의 클릭정보가 실제로 통계에 반영됨으로써 정보처리에 장애가 현실적으로 발생하였다면, 그로 인하여 실제로 검색순위의 변동을 초래하지는 않았다 하더라도 '컴퓨터 등 장애 업무방해죄'가 성립한다』(대판 2009.4.9. 2008도11978)★.

3. 고 의

컴퓨터업무방해죄는 행위자는 컴퓨터 등 정보처리장치 또는 전자기록 등 특수매체기록을 손괴하거나 정보처리장치에 허위의 정보 또는 부정한 명령을 입력하거나 기타 방법으로 정보처리에 장애를 발생하게 하여 사람의 업무를 방해한다는 점에 대한 인식과 의사를 내용으로 하는 고의가 있어야 한다.

제5관 경매·입찰방해죄

> **제315조 ▮ 경매, 입찰의 방해 ▮**
> 위계 또는 위력 기타 방법으로 경매 또는 입찰의 공정을 해한 자는 2년 이하의 징역 또는 700만원 이하의 벌금에 처한다.

Ⅰ. 의 의

경매·입찰방해죄는 위계 또는 위력 기타 방법으로 경매 또는 입찰의 공정을 해한 자를 벌하는 범죄이다. 본죄는 경매와 입찰의 공정을 보호하기 위한 범죄이다. 추상적 위험범으로서 결과의 불공정이 현실적으로 나타나는 것을 요하는 것은 아니다.

Ⅱ. 객 체

본죄의 객체는 경매와 입찰이다.

1. 의 의

경매란 매도인이 매수하려는 다수인으로 하여금 매수할 가격을 구두로써 다투어 높여 부르게 하고 최고가액의 청약자에게 승낙을 하여 매매하는 것을 말한다. 입찰이란 경쟁계약에 있어서 경쟁에 참가한 다수인으로 하여금 계약의 내용을 주로 문서로써 제출하게 하여 입찰실시자에게 가장 유리한 청약자와 계약을 체결하는 것을 말한다. 공정한 자유경쟁을 통한 적정한 가격형성을 목적으로 하는 입찰절차가 아니라 공적·사적 경제주체의 임의의 선택에 따른 계약체결의 과정에 공정한 경쟁을 해하는 행위가 개재되었다 하여 입찰방해죄로 처벌할 수는 없다.

2. 범 위

본죄는 적법하고 유효한 경매·입찰의 절차가 존재함을 요한다. 따라서 그 절차가 부존재하거나 중대한 절차의 하자로 무효가 되는 경우나 공정한 자유경쟁을 통한 적정한 가격형성을 목적으로 하는 입찰절차가 아니라 공적·사적 경제주체의 임의의 선택에 따른 계약체결의 과정에 공정한 경쟁을 해하는 행위가 개재된 경우에는 입찰방해죄로 처벌할 수는 없다.

> ✔ **입찰절차가 존재하지 않는 경우 : 폐기물처리시설 부지 사건** 표준 『[1] 한국토지공사 지사가 폐기물최종처리시설 부지를 분양하면서 일정 요건을 갖춘 분양신청자를 대상으로 추첨을 통해 1인의 분양대상자를 선정하는 방식으로 분양절차를 진행한 사안에서, 이는 입찰방해죄의 입찰절차에 해당하지 않는다.
> [2] 공정한 자유경쟁을 통한 적정한 가격형성을 목적으로 하는 입찰절차가 아니라 공적·사적 경제주체의 임의의 선택에 따른 계약체결의 과정에 공정한 경쟁을 해하는 행위가 개재되었다 하여 입찰방해죄로 처벌할 수는 없다 할 것이다』(대판 2008.12.24. 2007도9287)☆

> ✔ **입찰절차가 존재하지 않는 경우 : 체육관 공사 수의계약 사건** 『건설산업기본법 제95조 제3호에서 규정하고 있는 입찰방해 행위가 있다고 인정하기 위하여는 그 방해의 대상인 입찰이 현실적으로 존재하여야 한다고 볼 것이므로, 실제로 실시된 입찰절차에서 실질적으로는 단독입찰을 하면서 마치 경쟁입찰을 한 것처럼 가장하는 경우와는 달리, 실제로는 수의계약을 체결하면서 입찰절차를 거쳤다는 증빙을 남기기 위하여 입찰을 전혀 시행하지 아니한 채 형식적인 입찰서류만을 작성하여 입찰이 있었던 것처럼 조작한 행위는 위 규정에서 말하는 입찰방해 행위에 해당한다고 할 수 없다』(대판 2001.2.9. 2000도4700)☆

Ⅲ. 행 위

본죄의 행위는 위계·위력 기타 방법으로 경매·입찰의 공정을 해하는 것이다.

'위계'와 '위력'의 개념은 앞서 살펴본 신용훼손죄와 업무방해죄와 같다.

> ✔ **위력의 의미 : 오렌지수입대행계약 사건** 『형법 제315조 소정의 입찰방해죄에 있어 '위력'이란 사람의 자유의사를 제압, 혼란케 할 만한 일체의 유형적 또는 무형적 세력을 말하는 것으로서 폭행, 협박은 물론 사회적, 경제적, 정치적 지위와 권세에 의한 압력 등을 포함하는 것이다』(대판 2000.7.6. 99도4079)☆

경매와 입찰의 공정을 해하는 행위이어야 한다. 여기서 공정을 해하는 행위란 공정한 자유경쟁을 방해할 염려가 있는 상태를 발생시키는 것, 즉 공정한 자유경쟁을 통한 적정한 가격형성에 부당한 영향을 주는 상태를 발생시키는 것으로, 그 행위에는 적정한 가격형성에 부당한 영향을 주는 것뿐 아니라 적법하고 공정한 경쟁방법을 해하거나 공정한 경쟁구도 형성을 저해하는 행위도 포함된다.

> ✔ **졸업앨범 제작 입찰 사건** 표준 『[1] 입찰방해죄는 위태범으로서 결과의 불공정이 현실적으로 나타나는 것을 요하는 것이 아니고, 그 행위에는 가격을 결정하는 데 있어서뿐 아니라, 적법하고 공정한 경쟁방법을 해하는 행위도 포함되므로, 그 행위가 설사 동종(동종)업자 사이의 무모한 출혈경쟁을 방지하기 위한 수단에 불과하여 입찰가격에 있어 입찰실시자의 이익을 해하거나 입찰자에게 부당한 이익을 얻게 하는 것이 아니었다 하더라도 실질적으로는 단독입찰을 하면서 경쟁입찰인 것같이 가장하였다면 그 입찰가격으로써 낙찰하게 한 점에서 경쟁입찰의 방법을 해한 것이 되어 입찰의 공정을 해한 것으로 되었다 할 것이다.
> [2] 형법 제315조의 입찰방해죄는 입찰의 공정을 해하는 죄인바, 입찰의 공정을 해하는 행위란 '공정한 자유경쟁을 방해할 염려가 있는 상태를 발생시키는 것, 즉, 공정한 자유경쟁을 통한 적정한 가격형성에 부당한 영향을 주는 상태를 발생시키는 것'을 의미하며 한편, 입찰방해미수죄는 따로 처벌규정이 없어 처벌되지 아니한다』(대판 2003.9.26. 2002도3924 ; 대판 1990.1.23. 87도2625)★

Ⅳ. 기수시기

본죄는 추상적 위험범이므로 결과의 불공정성이 현실적으로 나타나는 것을 요하지 아니하고 공정을 해하는 행위가 있으면 기수가 된다.

Ⅴ. 담합행위

담합이란 경매·입찰에 참가하는 사람들이 서로 통모하여 특정인을 경락자·낙찰자로 만들기 위하여 나머지 사람들은 일정한 가격 이상이나 이하로 호가 또는 응찰하지 않을 것을 협정하는 것을 말한다. 단독입찰이면서 경쟁입찰인 것처럼 가장하는 가장입찰의 경우뿐만 아니라 여러 명의 입찰희망자 가운데 1명만 입찰하게 하고 나머지 사람들은 아예 입찰을 포기하기로 모의하는 경우도 포함한다.

입찰방해죄가 성립하는 기출판례 정리

① ✔ **음성유도기 입찰 사건** 『입찰자들 상호간에 특정업체가 낙찰받기로 하는 담합이 이루어진 상태에서 그 특정업체를 포함한 다른 입찰자들은 당초의 합의에 따라 입찰에 참가하였으나 일부 입찰자는 자신이 낙찰받기 위하여 당초의 합의에 따르지 아니한 채 오히려 낙찰받기로 한 특정업체보다 저가로 입찰하였다면, 이러한 일부 입찰자의 행위는 위와 같은 담합을 이용하여 낙찰을 받은 것이라는 점에서 적법하고 공정한 경쟁방법을 해한 것이 되고, 따라서 이러한 일부 입찰자의 행위 역시 입찰방해죄에 해당한다』(대판 2010.10.14. 2010도4940)☆.

② ✔ **조달청 전자입찰 사건** 『일부 입찰참가자들이 가격을 합의하고, 낙찰이 되면 특정 업체가 모든 공사를 하기로 합의하는 등 담합하여 투찰행위를 한 사안에서, 이는 '적법하고 공정한 경쟁방법'을 해하는 행위로서 입찰의 공정을 해하는 경우에 해당하며, 결과적으로 위 투찰에 참여한 업체의 수가 많아서 실제로 가격형성에 부당한 영향을 주지 않았다고 하더라도 입찰방해죄가 성립한다』(대판 2009.5.14. 2008도11361)☆.

③ ✔ **덕봉정사 보수공사 입찰 사건** 『입찰방해죄는 위태범으로서 결과의 불공정이 현실적으로 나타나는 것을 요하는 것이 아니고, 그 행위에는 가격을 결정하는 데 있어서뿐 아니라, 적법하고 공정한 경쟁방법을 해하는 행위도 포함되므로, 그 행위가 설사 동종업자 사이의 무모한 출혈경쟁을 방지하기 위한 수단에 불과하여 입찰가격에 있어 입찰실시자의 이익을 해하거나 입찰자에게 부당한 이익을 얻게 하는 것이 아니었다 하더라도 실질적으로는 단독입찰을 하면서 경쟁입찰인 것같이 가장하였다면 그 입찰가격으로써 낙찰하게 한 점에서 경쟁입찰의 방법을 해한 것이 되어 입찰의 공정을 해한 것으로 되었다 할 것이다』(대판 2003.9.26. 2002도3924)☆.

④ ✔ **물품보관함 입찰 사건** 『담합행위가 입찰방해죄로 되기 위하여는 반드시 입찰참가자 전원과의 사이에 담합이 이루어져야 하는 것은 아니고, 입찰참가자들 중 일부와의 사이에만 담합이 이루어진 경우라고 하더라도 그것이 입찰의 공정을 해하는 것으로 평가되는 이상 입찰방해죄는 성립한다』(대판 2006.6.9. 2005도8498)☆.

⑤ ✔ **고속도로 휴게소 입찰 사건** 『고속도로 휴게소 운영권 입찰에서 여러 회사가 각자 입찰에 참가하되 누구라도 낙찰될 경우 동업하여 새로운 회사를 설립하고 그 회사로 하여금 휴게소를 운영하기로 합의한 후 입찰에 참가한 경우 입찰방해죄가 성립한다』(대판 2006.12.22. 2004도2581)☆.

입찰방해죄가 성립하지 않는 기출판례 정리

① ✔ **입찰양보 거절 사건** 표준 『입찰자들의 전부 또는 일부 사이에서 담합을 시도하는 행위가 있었을 뿐 실제로 담합이 이루어지지 못하였고, 또 위계 또는 위력 기타의 방법으로 담합이 이루어진 것과 같은 결과를 얻어내거나 다른 입찰자들의 응찰 내지 투찰행위를 저지하려는 시도가 있었지만 역시 그 위계 또는 위력 등의 정도가 담합이 이루어진 것과 같은 결과를 얻어내거나 그들의 응찰 내지 투찰행위를 저지할 정도에 이르지 못하였고 또 실제로 방해된 바도 없다면, 이로써 공정한 자유경쟁을 방해할 염려가 있는 상태 즉, 공정한 자유경쟁을 통한 적정한 가격형성에 부당한 영향을 주는 상태를 발생시켜 그 입찰의 공정을 해하였다고 볼 수 없어, 이는 입찰방해미수행위에 불과하고 입찰방해죄의 기수에 이르렀다고 할 수는 없다』(대판 2003.9.26. 2002도3924)☆.

② ✔ **국유림 매각 경쟁입찰 사건** 『담합이 있고 그에 따른 담합금이 수수되었다 하더라도 입찰시행자의 이익을 해함이 없이 자유로운 경쟁을 한 것과 동일한 결과로 되는 경우에는 입찰의 공정을 해할 위험성이 없다고 할 것인바, 이 사건 입찰에 참가한 (갑), (을), (병), (정), (무)의 5개 회사 중에서 (갑)회사의 전무인 피고인이 담합한 것은 (을)회사가 들러리로 세운 (병)회사 뿐이며 (을), (무)회사와는 담합이 이루어지지 아니하여 그들의 투찰가격은 모두 입찰예정가격을 넘고 있으며, 피고인 역시 (을)회사 등으로부터 확답을 못얻어 불안한 나머지 당초 예정한 것보다 훨씬 높은 가격으로 응찰하였고, (병)회사 등이 (을)회사의 들러리로 입찰에 참가하게 된 사정을 몰랐다면 비록 피고인이 담합을 제의하였으나 실질적인 입찰참가자인 (을), (무)회사 등이 이를 받아들이지 않은 이상 그들을 형식적으로 입찰에 참가하게 하여 피고인의 실질적인 단독입찰을 경쟁입찰로 가장한 것이라고 볼 수 없고 결국은 자유경쟁을 한 것과 동일한 결과로 되어 위 (병)회사가 부정한 이익을 받았다 하더라도 그것만으로는 입찰방해죄가 성립한다고 볼 수 없다』(대판 1983.1.18. 81도824)☆.

Ⅵ. 타죄와의 관계

범죄행위가 법원경매업무를 담당하는 집행관의 구체적인 직무집행을 저지하거나 현실적으로 곤란하게 하는 데까지는 이르지 않고 경매의 공정을 해하는 정도의 행위라면 경매·입찰방해죄만 성립하고 위계에 의한 공무집행방해죄에는 성립하지 않는다.

✔ **위계에 의한 공무집행방해죄와의 관계 : 조폭 입찰가액 알아내기 사건** 『범죄행위가 법원경매업무를 담당하는 집행관의 구체적인 직무집행을 저지하거나 현실적으로 곤란하게 하는 데까지는 이르지 않고 입찰의 공정을 해하는 정도의 행위라면 형법 제315조의 경매·입찰방해죄에만 해당될 뿐, 형법 제137조의 위계에 의한 공무집행방해죄에는 해당되지 않는다』(대판 2000.3.24. 2000도102)☆.

제4장 사생활의 평온에 대한 죄

제1절 비밀침해의 죄

제1관 총 설

본장의 죄는 개인의 사생활에 있어서의 비밀을 보호하기 위하여 규정된 것이다. 헌법 제17조는 "모든 국민은 사생활의 비밀과 자유를 침해받지 아니한다."고 규정하여 프라이버시권을 기본권으로 인정하고 있으며 제18조는 "모든 국민은 통신의 비밀을 침해받지 아니한다"고 규정하여 통신의 자유를 보장하고 있다. 이와 같이 헌법이 사생활의 비밀과 자유 및 통신의 자유를 특별히 보장하는 것은 사람이 가지는 일신상, 가정상 또는 사회생활상의 비밀이 폭로되지 않고 유지되는 것이 인간으로서의 존엄을 유지하는 데 불가결의 전제가 되기 때문이다.

본장의 죄는 봉함된 편지를 개봉하는 행위를 처벌대상에 포함하고 있어서 사생활의 평온을 보호하는 외에 통신의 자유를 보호하는 죄로서의 성질을 부차적으로 가지고 있다.

제2관 비밀침해죄

> **제316조 ▮ 비밀침해 ▮**
> ① 봉함 기타 비밀장치한 사람의 편지, 문서 또는 도화를 개봉한 자는 3년 이하의 징역이나 금고 또는 500만 원 이하의 벌금에 처한다.
> ② 봉함 기타 비밀장치한 사람의 편지, 문서, 도화 또는 전자기록등 특수매체기록을 기술적 수단을 이용하여 그 내용을 알아낸 자도 제1항의 형과 같다.

Ⅰ. 객 체

1. 편지, 문서, 도화

본죄의 객체는 우선 봉함 기타 비밀장치한 사람의 편지 문서 또는 도화이다. 문서란 서면이나 기타 물체 위에 문자 등 가독적 부호로 사람의 생각을 기록한 것을 말한다. 공문서이든 사문서이든 상관없고, 증명적 기능을 요하지 않는다. '편지'는 특정인으로부터 다른 특정인에게 사람의 생각을 전하는 문서를 말한다. 도화란 문자 이외의 상형적 부호로 사람의 생각을 표현한 것을 말한다.

2. 전자기록 등 특수매체기록

제2항의 객체에는 편지, 문서, 도화 등 제1항의 객체 이외에 전자기록 등 특수매체기록이 포함된다. 전자기록은 전기적 기록과 자기적 기록을 모두 포함하며, 특수매체기록에는 전자기록 이외에 광기술이나 레이저기술을 이용한 기록도 포함된다. 특수매체기록은 사람의 생각이 기록되어 있다는 점에서 문서와 비슷하지만 문자 또는 가독적 기호가 아니라 전기적 또는 자기적 신호 등에 의하여 기록된 것이라는 점에서 문서와 구별된다.

3. 봉함 기타 비밀장치

제1항과 제2항을 불문하고 본죄의 객체가 되려면, 비밀의 주체가 비밀유지의 이익을 지키기 위하여 문서 등에 외부자의 접근을 차단하는 장치(비밀장치)를 하여야 한다. 봉함이란 비밀장치의 예로서 봉투를 풀이나 테이프로 붙인 경우와 같이 그 외부포장을 망가뜨리지 않고는 내용을 알 수 없도록 하는 것을 말한다. 기타 비밀장치라 함은 봉함 이외의 방법으로 외부포장을 만들어서 그 안의 내용을 알 수 없게 만드는 일체의 장치를 의미한다. 따라서 편지를 책상 서랍 등에 넣어 시정한 경우에는 봉함은 아니더라도 기타 비밀장치에는 해당 할 수 있다.

> ✔ **비밀장치의 의미 : 서랍 아래 칸 사건** 표준 『'봉함 기타 비밀장치가 되어 있는 문서'란 '기타 비밀장치'라는 일반 조항을 사용하여 널리 비밀을 보호하고자 하는 위 규정의 취지에 비추어 볼 때, 반드시 문서 자체에 비밀장치가 되어 있는 것만을 의미하는 것은 아니고, 봉함 이외의 방법으로 외부 포장을 만들어서 그 안의 내용을 알 수 없게 만드는 일체의 장치를 가리키는 것으로, 잠금장치 있는 용기나 서랍 등도 포함한다』 (대판 2008.11.27. 2008도9071)☆.

> ✔ **카톡 등 아이디 및 비밀번호 알아냄 사건** 최신3년 『[1] 형법 제316조 제2항 소정의 전자기록등내용탐지죄는 봉함 기타 비밀장치한 전자기록 등 특수매체기록을 기술적 수단을 이용하여 그 내용을 알아낸 자를 처벌하는 규정인바, 전자기록 등 특수매체기록에 해당하더라도 봉함 기타 비밀장치가 되어 있지 아니한 것은 이를 기술적 수단을 동원해서 알아냈더라도 전자기록등내용탐지죄가 성립하지 않는다.
> [2] 아이디 등은 전자방식에 의하여 피해자의 노트북 컴퓨터에 저장된 기록으로서 형법 제316조 제2항의 '전자기록 등 특수매체기록'에 해당한다』(대판 2022.3.31. 2021도8900)☆.

II. 행 위

본죄의 행위는 개봉(제1항)과 기술적 수단을 이용하여 그 내용을 알아내는 행위(제2항)의 두 가지이다.

1. 개 봉

'개봉'이란 봉함 기타 비밀장치를 파기하여 편지, 문서 또는 도화의 내용을 알 수 있는 상태에 두는 것을 말한다.

2. 기술적 수단을 이용하여 그 내용을 알아내는 것

'기술적 수단을 이용하여 그 내용을 알아내는 행위'란 봉함 기타 비밀장치 한 타인의 편지·문서·도화 또는 전자기록 등 특수매체기록을 개봉하지 않고 원형 그대로 둔 채 투시장치에의 투과, 화학적 반응의 이용 컴퓨터의 사용 등 물리적·화학적 방법을 사용하여 내용을 인식하는 행위를 말한다.

Ⅲ. 고 의

비밀침해죄는 행위자가 봉함 기타 비밀장치 된 타인의 편지 등을 개봉하거나, 기술적 수단을 이용하여 그 내용을 탐지한다는 사실에 대한 인식과 의사를 내용으로 하는 고의가 있어야 한다.

제3관 업무상비밀누설죄

> **제317조 | 업무상비밀누설 |**
> ① 의사, 한의사, 치과의사, 약제사, 약종상, 조산사, 변호사, 변리사, 공인회계사, 공증인, 대서업자나 그 직무상 보조자 또는 차등의 직에 있던 자가 그 직무처리 중 지득한 타인의 비밀을 누설한 때에는 3년 이하의 징역이나 금고, 10년 이하의 자격정지 또는 700만 원 이하의 벌금에 처한다.
> ② 종교의 직에 있는 자 또는 있던 자가 그 직무상 지득한 사람의 비밀을 누설한 때에도 전항의 형과 같다.

Ⅰ. 주 체

본죄의 주체는 의사, 한의사, 치과의사, 약제사, 약종상, 조산사, 변호사, 변리사, 공인회계사, 공증인, 대서업자나 그 직무상 보조자 또는 이와 같은 직에 있던 자, 종교의 직에 있는 자 또는 있던 자 등으로서 대체로 형사소송법 제149조에 의하여 증언거부자로 규정되어 있다. 이러한 사람들은 직무의 성질상 타인의 비밀을 지득할 기회가 많을 뿐만 아니라 직무를 수행하려면 의뢰자의 비밀을 알아야 할 경우도 많다. 따라서 이러한 사람들이 지득한 비밀을 누설하게 되면 개인의 사생활이 현저히 침해되는 것 이외에도 일반인들이 이들의 직무를 믿고 이용할 수 없게 될 것이다.

Ⅱ. 객 체

본죄의 객체는 업무처리 중 지득한 타인의 비밀이다.

1. 비 밀

비밀이란 일반적으로 알려져 있지 아니한 사실로서 이를 타인에게 알리지 않는 것이 본인에게 이익이 되는 것을 말한다.

2. 업무처리 중 또는 직무상 지득한 비밀

비밀은 그 업무처리 중 지득한 것(제1항)이거나 그 직무상 지득한 것(제2항)이어야 한다. 업무처리 중 또는 직무상 알게 된 비밀인 이상, 그 비밀을 알게 된 기회나 방법은 묻지 않는다.

Ⅲ. 행 위

본죄의 행위는 지득한 사람의 비밀을 누설하는 것이다.

누설이란 비밀을 알지 못하는 타인에게 이를 알려주는 행위를 말한다. 누설의 방법에는 제한이 없으므로, 구두나 서면에 의한 통지 등을 통해서도 가능하다.

> ✔ **증거제출행위와 누설 : 분실된 진료기록 사건** 『병원에서 분실된 진료기록의 일부를 당사자가 증거로 제출하는 것이 형법 제317조 제1항 소정의 업무상비밀누설죄에 해당된다고 볼 수 없다』(대판 1992.5.22. 91다39320)☆.

Ⅳ. 고 의

업무상비밀누설죄는 행위자가 업무자로서의 신분이 있음을 인식하고 업무자로서 지득한 비밀을 누설한다는 점에 대한 인식과 의사를 내용으로 하는 고의가 있어야 한다.

제2절 주거침입의 죄

제1관 총 설

주거침입의 죄는 개인의 생활 또는 업무의 근거가 되는 일정한 구획된 장소의 평온과 안전을 침해하거나 위협하는 것을 보호하기 위한 범죄이다. 헌법 제16조도 모든 국민은 주거의 자유를 침해받지 아니한다고 규정하여 국민의 주거의 자유와 침해의 배제를 규정하고 있다. 의용형법에서는 주된 범죄와 그 수단인 주거침입죄를 과형상 일죄로 보았으나 우리형법은 주된 범죄와 주거침입죄는 원칙적으로 실체적 경합관계로 보고 있다. 다만 야간주거침입절도죄(제330조), 특수절도죄(제331조 제1항), 특수강도죄(제334조 제1항) 등과 같이 입법자가 주거침입죄를 다른 범죄와 결합하여 일죄로 구성하고 있는 경우에는 단순일죄가 성립한다.

본장에서는 주거침입죄(제319조 제1항), 퇴거불응죄(제319조 제2항), 특수주거침입·퇴거불응죄(제320조), 주거·신체수색죄(제321조)의 규정을 두고 있다. 본장의 죄는 미수범은 처벌하나(제322조), 친고죄는 아니다.

제2관 주거침입죄

> **제319조 | 주거침입 |**
> ① 사람의 주거, 관리하는 건조물, 선박이나 항공기 또는 점유하는 방실에 침입한 자는 3년 이하의 징역 또는 500만 원 이하의 벌금에 처한다.

Ⅰ. 보호법익

본죄의 보호법익을 어떻게 해석할 것인가에 대해서는 견해의 대립이 있다. 통설과 판례는 본죄의 보호법익은 권리로서의 주거권이 아니라 주거를 지배하고 있는 사실관계, 즉 주거에 대한 공동생활자 전원의 사실상의 평온상태라는 입장을 취하고 있다. 따라서 점유할 권리 없는 자의 점유라 하더라도 그 주거의 평온은 보호되어야 할 것이므로, 권리자가 그 권리를 실행함에 있어 법에 정하여진 절차에 의하지 아니하고 그 건조물 등에 침입한 경우 주거침입죄가 성립한다.

> ✔ **주거침입죄의 보호법익(사실상의 평온) : 폭행 목적 지점장실 침입 사건** 『주거침입죄는 사실상의 주거의 평온을 보호법익으로 하는 것이므로 그 거주자 또는 관리자가 건조물 등에 거주 또는 관리할 권한을 가지고 있는가 여부는 범죄의 성립을 좌우하는 것이 아니다.』(대판 1995.9.15. 94도3336 ; 1955.12.23. 4288형상25)★

✔ **사실상의 평온이 인정되는 경우 : 사찰 경내 난입 사건** 『주거침입죄는 사실상의 주거의 평온을 보호법익으로 하는 것이므로 그 거주자 또는 간수자가 건조물 등에 거주 또는 간수할 법률상 권한을 가지고 있는 여부는 범죄의 성립을 좌우하는 것이 아니며 일단 적법하게 거주 또는 간수를 개시한 후에 그 권한을 상실하여 사법상 불법점유가 되더라도 권리자가 이를 배제하기 위하여 정당한 절차에 의하지 아니하고 그 주거 또는 건조물을 침입한 경우에는 주거침입죄가 성립한다』(대판 1983.3.8. 82도1363)★.

✔ **사실상의 평온이 인정되는 경우 : 경락허가결정 무효 사건** 『근저당권설정등기가 되어 있지 아니한 별개 독립의 이 사건 건물이 근저당권의 목적으로 된 대지 및 건물과 일괄하여 경매된 경우 이 사건 건물에 대한 경락허가결정이 당연무효라고 하더라도 이에 기한 인도명령에 의한 집행으로서 일단 이 사건 건물의 점유가 경락인에게 이전된 이상 이 사건 건물의 소유자인 피고인이 위 무효인 인도집행에 반하여 위 건물에 들어간 경우에도 주거침입죄는 성립한다』(대판 1984.4.24. 83도1429)☆.

✔ **사실상의 평온이 인정되는 경우 : 경락허가결정 무효 사건** 『주거침입죄는 사실상의 주거의 평온을 보호법익으로 하는 것이므로 그 거주자 또는 간호자가 건조물등에 거주 또는 간수할 권리를 가지고 있는가의 여부는 범죄의 성립을 좌우하는 것이 아니며, 점유할 권리 없는 자의 점유라고 하더라도 그 주거의 평온은 보호되어야 할 것이므로, 권리자가 그 권리실행으로서 자력구제의 수단으로 건조물에 침입한 경우에도 주거침입죄가 성립한다』(대판 1985.3.26. 85도122 ; 1987.11.10. 87도1760)☆.

✔ **사실상의 평온이 인정되지 않는 경우 : 주택에 대한 권리포기 사건** 『주택의 매수인이 계약금과 중도금을 지급하고서 그 주택을 명도받아 점유하고 있던 중 위 매매계약을 해제하고 중도금반환청구소송을 제기하여 얻은 그 승소판결에 기하여 강제집행에 착수한 이후에, 매도인이 매수인이 잠그어 놓은 위 주택의 출입문을 열고 들어간 경우라면 매도인으로서는 매수인이 그 주택에 대한 모든 권리를 포기한 것으로 알고 그 주택에 들어간 것이라고 할 수 있을 뿐만 아니라 또한 그 주택에 대하여 보호받아야 할 피해자의 주거에 대한 평온상태는 소멸되었다고 볼 수 있으므로 매도인의 위 소위는 주거침입죄를 구성하지 아니한다』(대판 1987.5.12. 87도3)☆.

✔ **사실상의 평온을 침해하는 경우가 아닌 경우 : 가정불화 남편 출입 사건** 『1. 공동거주자 각자는 특별한 사정이 없는 한 공동주거관계의 취지 및 특성에 맞추어 공동주거 중 공동생활의 장소로 설정한 부분에 출입하여 공동의 공간을 이용할 수 있는 것과 같은 이유로, 다른 공동거주자가 이에 출입하여 이용하는 것을 용인할 수인의무도 있다. 이처럼 공동거주자 각자가 공동생활의 장소에서 누리는 사실상 주거의 평온이라는 법익은 공동거주자 상호간의 관계로 인하여 일정 부분 제약될 수밖에 없고, 공동거주자는 이러한 사정에 대한 상호 용인 하에 공동주거관계를 형성하기로 하였다고 보아야 한다. 따라서 공동거주자 상호간에는 특별한 사정이 없는 한 다른 공동거주자가 공동생활의 장소에 자유로이 출입하고 이를 이용하는 것을 금지할 수 없다.
2. 공동거주자 중 한 사람이 법률적인 근거 기타 정당한 이유 없이 다른 공동거주자가 공동생활의 장소에 출입하는 것을 금지한 경우, 다른 공동거주자가 이에 대항하여 공동생활의 장소에 들어갔더라도 이는 사전 양해된 공동거주의 취지 및 특성에 맞추어 공동생활의 장소를 이용하기 위한 방편에 불과할 뿐, 그의 출입을 금지한 공동거주자의 사실상 주거의 평온이라는 법익을 침해하는 행위라고는 볼 수 없으므로 주거침입죄는 성립하지 않는다. 설령 그 공동거주자가 공동생활의 장소에 출입하기 위하여 다소간의 물리력을 행사하여 그 출입을 금지한 공동거주자의 사실상 평온상태를 해쳤더라도 주거침입죄는 성립하지 않는다.
3. 외부인이 공동거주자 중 한 사람의 승낙에 따라서 공동생활의 장소에 함께 출입한 것이 다른 공동거주자의 주거의 평온을 침해하는 행위가 된다고 볼 수 있는지 여부도 이러한 측면에서 살펴볼 필요가 있다. 공동

거주자 중 한 사람의 승낙에 따른 외부인의 공동생활 장소의 출입 및 이용행위가 외부인의 출입을 승낙한 공동거주자의 통상적인 공동생활 장소의 출입 및 이용행위의 일환이자 이에 수반되는 행위로 평가할 수 있는 경우에는 이러한 외부인의 행위는 전체적으로 그 공동거주자의 행위와 동일하게 평가할 수 있다.
4. 공동거주자 중 한 사람이 법률적인 근거 기타 정당한 이유 없이 다른 공동거주자가 공동생활의 장소에 출입하는 것을 금지하고, 이에 대항하여 다른 공동거주자가 공동생활의 장소에 들어가는 과정에서 그의 출입을 금지한 공동거주자의 사실상 평온상태를 해쳤더라도, 그 공동거주자의 승낙을 받아 공동생활의 장소에 함께 들어간 외부인의 출입 및 이용행위가 전체적으로 그의 출입을 승낙한 공동거주자의 통상적인 공동생활 장소의 출입 및 이용행위의 일환이자 이에 수반되는 행위로 평가할 수 있는 경우에는 그 외부인에 대하여도 역시 주거침입죄가 성립하지 않는다』(대판[전] 2021.9.9. 2020도6085)★.

Ⅱ. 객 체

본죄의 객체는 사람의 주거, 관리하는 건조물, 선박이나 항공기 또는 점유하는 방실이다.

1. 사람의 주거

주거는 타인이 거주하는 공간을 의미한다. 따라서 타인과 공동으로 생활하고 있는 자가 행위자인 경우 당해 주거공간은 본죄의 객체가 되지 않는다. 다만, 다른 사람과 공동으로 주거에 거주하거나 건조물을 관리하던 사람이 공동생활관계에서 이탈하거나 주거 등에 대한 사실상의 지배·관리를 상실한 경우 등 특별한 사정이 있는 경우에 주거침입죄가 성립할 수 있다.

✔ **다른 사람과 공동으로 거주 또는 관리하는 경우 : 스마트 키 교부 사건** 최신3년 『형법은 제319조 제1항에서 '사람의 주거, 관리하는 건조물, 선박이나 항공기 또는 점유하는 방실에 침입한 자'를 주거침입죄로 처벌한다고 규정하였는바, 주거침입죄는 주거에 거주하는 거주자, 건조물이나 선박, 항공기의 관리자, 방실의 점유자 이외의 사람이 위 주거, 건조물, 선박이나 항공기, 방실(이하 '주거 등'이라 한다)에 침입한 경우에 성립한다. 따라서 주거침입죄의 객체는 행위자 이외의 사람, 즉 '타인'이 거주하는 주거 등이라고 할 것이므로 행위자 자신이 단독으로 또는 다른 사람과 공동으로 거주하거나 관리 또는 점유하는 주거 등에 임의로 출입하더라도 주거침입죄를 구성하지 않는다. 다만 다른 사람과 공동으로 주거에 거주하거나 건조물을 관리하던 사람이 공동생활관계에서 이탈하거나 주거 등에 대한 사실상의 지배·관리를 상실한 경우 등 특별한 사정이 있는 경우에 주거침입죄가 성립할 수 있을 뿐이다』(대판 2023.6.29. 2023도3351)☆.

주거는 단순히 가옥 자체만을 말하는 것이 아니라 그 위요지를 포함하는 개념이다. 위요지라고 함은 건조물에 인접한 그 주변의 토지로서[62] 외부와의 경계에 담 등이 설치되어 그 토지가 건조물의 이용에 제공되고 또 외부인이 함부로 출입할 수 없다는 점이 객관적으로 명확하게 드러난 공간을 의미한다. 따라서 건조물의 이용에 기여하는 인접의 부속토지라고 하더라도 인적 또는 물적 설비 등에 의한 구획 내지 통제가 없어 통상의 보행으로 그 경계를 쉽사리 넘을 수 있는 경우라면 일반적으로 외부인의 출입이 제한된다는 사정이 객관적으로 명확하게 드러났다고 보기 어려우므로, 이는 다른 특별한 사정이 없는 한 주거침입죄의 객체에 속하지 않는다.

---

[62] 비교판례 『관리자가 일정한 토지와 외부의 경계에 인적 또는 물적 설비를 갖추고 외부인의 출입을 제한하고 있더라도 그 토지에 인접하여 건조물로서의 요건을 갖춘 구조물이 존재하지 않는다면 이러한 토지는 건조물침입죄의 객체인 위요지에 해당하지 않는다고 봄이 타당하다』(대판 2017.12.22. 2017도690).

✔ **위요지의 의미와 위요지에 해당되지 않는 경우 : 축사 4동 및 비닐하우스 2동 사건**　『[1] 주거침입죄에서 침입행위의 객체인 '건조물'은 주거침입죄가 사실상 주거의 평온을 보호법익으로 하는 점에 비추어 엄격한 의미에서의 건조물 그 자체뿐만이 아니라 그에 부속하는 위요지를 포함한다고 할 것이나, 여기서 위요지라고 함은 건조물에 인접한 그 주변의 토지로서 외부와의 경계에 담 등이 설치되어 그 토지가 건조물의 이용에 제공되고 또 외부인이 함부로 출입할 수 없다는 점이 객관적으로 명확하게 드러나야 한다. 따라서 건조물의 이용에 기여하는 인접의 부속 토지라고 하더라도 인적 또는 물적 설비 등에 의한 구획 내지 통제가 없어 통상의 보행으로 그 경계를 쉽사리 넘을 수 있는 정도라고 한다면 일반적으로 외부인의 출입이 제한된다는 사정이 객관적으로 명확하게 드러났다고 보기 어려우므로, 이는 다른 특별한 사정이 없는 한 주거침입죄의 객체에 속하지 아니한다고 봄이 상당하다.
[2] 차량 통행이 빈번한 도로에 바로 접하여 있고, 도로에서 주거용 건물, 축사 4동 및 비닐하우스 2동으로 이루어진 시설로 들어가는 입구 등에 그 출입을 통제하는 문이나 담 기타 인적·물적 설비가 전혀 없고 노폭 5m 정도의 통로를 통하여 누구나 축사 앞 공터에 이르기까지 자유롭게 드나들 수 있는 사실 등을 이유로, 차를 몰고 위 통로로 진입하여 축사 앞 공터까지 들어간 행위가 주거침입에 해당한다고 본 원심판단에 법리오해 등의 위법이 있다고 한 사례』(대판 2010.4.29. 2009도14643)★.

✔ **위요지에 해당되는 경우 : 병원 위요지 사건**　『화단의 설치, 수목의 식재 등으로 담장의 설치를 대체하는 경우에도 건조물에 인접한 그 주변 토지가 건물, 화단, 수목 등으로 둘러싸여 건조물의 이용에 제공되었다는 것이 명확히 드러난다면 위요지가 될 수 있다』(대판 2010.3.11. 2009도12609)☆.

다가구용 단독주택이나 다세대주택·연립주택 아파트 등 공동주택 안에서 공용으로 사용하는 엘리베이터, 계단과 복도는 주거로 사용하는 각 가구 또는 세대의 전용부분에 필수적으로 부속하는 부분으로서 그 거주자들에 의하여 일상생활에서 감시·관리가 예정되어 있고 사실상의 주거의 평온을 보호할 필요성이 있는 부분이므로, 특별한 사정이 없는 한 주거침입죄의 객체인 사람의 주거에 해당한다.

✔ **주거의 범위 : 지하주차장 무단 침입 사건** 최신3년　『다가구용 단독주택이나 다세대주택·연립주택·아파트와 같은 공동주택 내부의 엘리베이터, 공용 계단, 복도 등 공용 부분도 그 거주자들의 사실상 주거의 평온을 보호할 필요성이 있어 주거침입죄의 객체인 '사람의 주거'에 해당한다. 거주자가 아닌 외부인이 공동주택의 공용 부분에 출입한 것이 공동주택 거주자들에 대한 주거침입에 해당하는지 여부를 판단함에 있어서도 그 공용 부분이 일반 공중에 출입이 허용된 공간이 아니고 주거로 사용되는 각 가구 또는 세대의 전용 부분에 필수적으로 부속하는 부분으로서 거주자들 또는 관리자에 의하여 외부인의 출입에 대한 통제·관리가 예정되어 있어 거주자들의 사실상 주거의 평온을 보호할 필요성이 있는 부분인지, 공동주택의 거주자들이나 관리자가 평소 외부인이 그곳에 출입하는 것을 통제·관리하였는지 등의 사정과 외부인의 출입 목적 및 경위, 출입의 태양과 출입한 시간 등을 종합적으로 고려하여 '주거의 사실상의 평온상태를 침해하였는지'의 관점에서 객관적·외형적으로 판단하여야 한다.
따라서 아파트 등 공동주택의 공동현관에 출입하는 경우에도, 그것이 주거로 사용하는 각 세대의 전용 부분에 필수적으로 부속하는 부분으로 거주자와 관리자에게만 부여된 비밀번호를 출입문에 입력하여야만 출입할 수 있거나, 외부인의 출입을 통제·관리하기 위한 취지의 표시나 경비원이 존재하는 등 외형적으로 외부인의 무단출입을 통제·관리하고 있는 사정이 존재하고, 외부인이 이를 인식하고서도 그 출입에 관한 거주자나 관리자의 승낙이 없음은 물론, 거주자와의 관계 기타 출입의 필요 등에 비추어 보더라도 정당한 이유 없이 비밀번호를 임의로 입력하거나 조작하는 등의 방법으로 거주자나 관리자 모르게 공동현관에 출입한 경우와 같이, 그 출입 목적 및 경위, 출입의 태양과 출입한 시간 등을 종합적으로 고려할 때 공동주택 거주자의 사실상 주거의 평온상태를 해치는 행위태양으로 볼 수 있는 경우라면 공동주택 거주자들에 대한 주거침입에 해당할 것이다』(대판 2022.1.27. 2021도15507)★.[63]

✔ **주거의 범위 : 엘리베이터 안 폭행 사건** 표준 『다가구용 단독주택이나 다세대주택·연립주택·아파트 등 공동주택의 내부에 있는 엘리베이터, 공용 계단과 복도는 특별한 사정이 없는 한 주거침입죄의 객체인 '사람의 주거'에 해당하고, 위 장소에 거주자의 명시적, 묵시적 의사에 반하여 침입하는 행위는 주거침입죄를 구성한다』(대판 2009.9.10. 2009도4335)★.

✔ **주거의 범위 : 다가구 주택 계단 침입 사건** 『다가구용 단독주택인 빌라의 잠기지 않은 대문을 열고 들어가 공용 계단으로 빌라 3층까지 올라갔다가 1층으로 내려온 사안에서, 주거인 공용 계단에 들어간 행위가 거주자의 의사에 반한 것이라면 주거에 침입한 것이라고 보아야 한다는 이유로, 주거침입죄를 구성하지 않는다고 본 원심판결을 파기한 사례』(대판 2009.8.20. 2009도3452)★.

✔ **주거의 범위 : 창문 통해 엿본 사건** 표준 『이미 수일 전에 2차례에 걸쳐 피해자를 강간하였던 피고인이 대문을 몰래 열고 들어와 담장과 피해자가 거주하던 방 사이의 좁은 통로에서 창문을 통하여 방안을 엿본 경우, 주거침입죄에 해당한다』(대판 2001.4.24. 2001도1092)☆.

2. 관리하는 건조물, 선박이나 항공기

관리라 함은 타인이 함부로 침입하는 것을 방지할 만한 인적·물적 설비를 갖추어 사실상 사람이 지배·관리하는 것으로 평가할 수 있는 것을 말한다. 사실상 지배 관리하지 않고 사무적으로만 관리되는 건조물 등은 본죄의 객체가 될 수 없다.

건조물은 벽 또는 기둥과 지붕 또는 천정으로 구성된 구조물로서 사람이 기거하거나 출입할 수 있는 장소를 말하며 반드시 영구적인 구조물일 것을 요하지 않는다.

✔ **건조물의 의미 : 지하수 물탱크시설 사건** 『건조물침입죄의 객체인 관리하는 건조물은 주위 벽, 기둥과 지붕 또는 천정으로 구성된 구조물로서 사람이 기거하거나 출입할 수 있는 장소를 말하므로, 물탱크시설은 이에 해당하지 않는다』(대판 2007.12.13. 2007도7247)☆.

✔ **건조물에 해당하지 않는 경우 : 타워크레인 농성 사건** 『피고인들이 건물신축 공사현장에 무단으로 들어간 뒤 타워크레인에 올라가 이를 점거한 사안에서, 타워크레인은 건설기계의 일종으로서 작업을 위하여 토지에 고정되었을 뿐이고 운전실은 기계를 운전하기 위한 작업공간 그 자체이지 건조물침입죄의 객체인 건조물에 해당하지 아니한다』(대판 2005.10.7. 2005도5351)★.

✔ **건조물에 해당되는 경우 : 골리앗크레인 농성 사건** 『선박건조자재운반용으로 도크에 고정되어 82m 높이에 설치되어 있으며 약 10평 정도되는 방실 등이 있고 평소 그 운전을 위해 1, 2명의 직원이 근무하며 인가자 이외의 출입이 금지되는 "골리앗크레인"에 출입통제를 위해 출입문이 잠긴 채 간수인이 없었다 하여도 피고인 등 70명 정도의 근로자가 함께 위 "골리앗크레인"에 들어가서 농성을 하였다면, 피고인 등이 다중의 위력을 보여 간수하는 건조물에 침입한 것이라고 본 사례』(대판 1991.6.11. 91도753)☆.

---

63) 보충설명 甲이 교제하다 헤어진 A가 거주하는 아파트 109동 305호에 들어가려고 아파트 지하 주차장에서 위 305호가 있는 109동으로 연결된 출입구의 공동출입문에 A나 다른 입주자의 승낙 없이 무단으로 비밀번호를 입력하여 아파트의 공용 부분에 들어가 위 305호 현관문 앞까지 출입한 경우, A와 같은 109동에 거주하는 다른 입주자들의 사실상 주거의 평온상태를 해한 것으로 볼 수 있다면 주거침입죄가 성립한다.

3. 점유하는 방실

'점유하는 방실'이란 건조물 내에서 사실상 지배·관리하는 구획을 말한다. 예를 들어 건조물 내에 있는 점포, 사무실, 연구실, 호텔이나 여관의 투숙 중인 객실 등이 있다.

Ⅲ. 행 위

1. 침 입

가. 침입의 개념

침입이라 함은 거주자가 주거에서 누리는 사실상의 평온상태를 해치는 행위태양으로 주거에 들어가는 것을 의미한다. 단순히 주거에 들어가는 행위 자체가 거주자의 의사에 반한다는 거주자의 주관적 사정만으로 바로 침입에 해당한다고 볼 수는 없다.

> ✔ **침입의 의미 및 공동주거의 침입 : 혼외 성관계 목적 출입 사건** 『주거침입죄의 보호법익은 사적 생활관계에 있어서 사실상 누리고 있는 주거의 평온, 즉 '사실상 주거의 평온'이다. 주거침입죄의 구성요건적 행위인 침입은 주거침입죄의 보호법익과의 관계에서 해석하여야 한다. 따라서 침입이란 '거주자가 주거에서 누리는 사실상의 평온상태를 해치는 행위태양으로 주거에 들어가는 것'을 의미한다. 침입에 해당하는지 여부는 출입 당시 객관적·외형적으로 드러난 행위태양을 기준으로 판단함이 원칙이다. 단순히 주거에 들어가는 행위 자체가 거주자의 의사에 반한다는 거주자의 주관적 사정만으로 바로 침입에 해당한다고 볼 수는 없다.
> 외부인이 공동거주자의 일부가 부재중에 주거 내에 현재하는 거주자의 현실적인 승낙을 받아 통상적인 출입방법에 따라 공동주거에 들어간 경우라면 그것이 부재중인 다른 거주자의 추정적 의사에 반하는 경우에도 주거침입죄가 성립하지 않는다고 보아야 한다.[64] 구체적인 이유는 다음과 같다.
> 주거침입죄의 보호법익은 사적 생활관계에 있어서 사실상 누리고 있는 주거의 평온, 즉 '사실상 주거의 평온'으로서, 주거를 점유할 법적 권한이 없더라도 사실상의 권한이 있는 거주자가 주거에서 누리는 사실적 지배·관리관계가 평온하게 유지되는 상태를 말한다. 외부인이 무단으로 주거에 출입하게 되면 이러한 사실상 주거의 평온이 깨어지는 것이다. 이러한 보호법익은 주거를 점유하는 사실상태를 바탕으로 발생하는 것으로서 사실적 성질을 가진다.
> 한편 공동주거의 경우에는 여러 사람이 하나의 생활공간에서 거주하는 성질에 비추어 공동거주자 각자는 다른 거주자와의 관계로 인하여 주거에서 누리는 사실상 주거의 평온이라는 법익이 일정 부분 제약될 수밖에 없고, 공동거주자는 공동주거관계를 형성하면서 이러한 사정을 서로 용인하였다고 보아야 한다』(대판 [전] 2021.9.9. 2020도12630)★.[65]

---

64) 동지판례 최신3년 『관리자에 의해 출입이 통제되는 건조물에 관리자의 승낙을 받아 건조물에 통상적인 출입방법으로 들어갔다면, 이러한 승낙의 의사표시에 기망이나 착오 등의 하자가 있더라도 특별한 사정이 없는 한 형법 제319조 제1항에서 정한 건조물침입죄가 성립하지 않는다. 이러한 경우 관리자의 현실적인 승낙이 있었으므로 가정적·추정적 의사는 고려할 필요가 없다. 단순히 승낙의 동기에 착오가 있다고 해서 승낙의 유효성에 영향을 미치지 않으므로, 관리자가 행위자의 실제 출입 목적을 알았더라면 출입을 승낙하지 않았을 사정이 있더라도 건조물침입죄가 성립한다고 볼 수 없다. 나아가 관리자의 현실적인 승낙을 받아 통상적인 출입방법에 따라 건조물에 들어간 경우에는 출입 당시 객관적·외형적으로 드러난 행위태양에 비추어 사실상의 평온상태를 해치는 모습으로 건조물에 들어간 것이라고 평가할 수도 없다』(대판 2022.3.31. 2018도15213).

65) 보충설명 피고인이 甲의 부재중에 甲의 처 乙과 혼외 성관계를 가질 목적으로 乙이 열어 준 현관 출입문을 통하여 甲과 乙이 공동으로 거주하는 아파트에 들어갔다면, 피고인이 乙로부터 현실적인 승낙을 받아 통상적인 출입방법에 따라 주거에 들어갔으므로 주거의 사실상 평온상태를 해치는 행위태양으로 주거에 들어간 것이 아니어서 주거에 침입한 것으로 볼 수 없어 주거침입죄는 성립하지 않는다.

✔ **피해자 아들과 성관계 목적 출입 사건** 『피고인이 피해자의 부재중에 출입문을 통하여 통상적인 출입방법에 따라 피해자의 주거지에 들어간 사실을 인정할 수 있고, 달리 피고인이 피해자의 사실상 평온상태를 해치는 행위태양으로 위 주거지에 들어간 사정은 보이지 않는다. 그렇다면 앞서 본 법리에 비추어 피고인에 대하여는 주거침입죄가 성립하지 않는다고 보아야 한다』(대판 2021.12.10. 2019도13818)☆.

나. 침입의 태양

침입은 신체적 침해를 가리키므로 행위자의 신체가 주거에 들어가야 한다. 따라서 밖에서 물건 등을 던지는 행위는 침입에 해당하지 않는다. 침입은 통상적인 출입방법이 아닌 방법으로 주거자 등의 의사에 반하여 주거 등에 들어가는 행위이면 족하고 외부에 있는 사람만이 할 수 있는 것이므로 이미 주거 내부에 있는 사람은 주거침입죄를 범할 수 없고, 퇴거불응죄를 범할 수 있을 뿐이다.

사실상의 평온상태를 해치는 행위 태양으로 주거에 들어가는 것이라면 대체로 거주자의 의사에 반하겠지만, 단순히 주거에 들어가는 행위 자체가 거주자의 의사에 반한다는 주관적 사정만으로는 바로 침입에 해당한다고 볼 수 없다. 거주자의 의사에 반하는지는 사실상의 평온상태를 해치는 행위 태양인지를 평가할 때 고려할 요소 중 하나이지만 주된 평가 요소가 될 수는 없다. 따라서 침입행위에 해당하는지는 거주자의 의사에 반하는지가 아니라 사실상의 평온상태를 해치는 행위 태양인지에 따라 판단되어야 한다.

✔ **침입의 의미 및 판단기준 : 기자 접대 사건** 최신3년 『[1] [다수의견] (가) 주거침입죄는 사실상 주거의 평온을 보호법익으로 한다. 주거침입죄의 구성요건적 행위인 침입은 주거침입죄의 보호법익과의 관계에서 해석하여야 하므로, 침입이란 주거의 사실상 평온상태를 해치는 행위 태양으로 주거에 들어가는 것을 의미하고, 침입에 해당하는지는 출입 당시 객관적·외형적으로 드러난 행위 태양을 기준으로 판단함이 원칙이다. 사실상의 평온상태를 해치는 행위 태양으로 주거에 들어가는 것이라면 대체로 거주자의 의사에 반하겠지만, 단순히 주거에 들어가는 행위 자체가 거주자의 의사에 반한다는 주관적 사정만으로는 바로 침입에 해당한다고 볼 수 없다. 거주자의 의사에 반하는지는 사실상의 평온상태를 해치는 행위 태양인지를 평가할 때 고려할 요소 중 하나이지만 주된 평가 요소가 될 수는 없다. 따라서 침입행위에 해당하는지는 거주자의 의사에 반하는지가 아니라 사실상의 평온상태를 해치는 행위 태양인지에 따라 판단되어야 한다.
(나) 행위자가 거주자의 승낙을 받아 주거에 들어갔으나 범죄나 불법행위 등(이하 '범죄 등'이라 한다)을 목적으로 한 출입이거나 거주자가 행위자의 실제 출입 목적을 알았더라면 출입을 승낙하지 않았을 것이라는 사정이 인정되는 경우 행위자의 출입행위가 주거침입죄에서 규정하는 침입행위에 해당하려면, 출입하려는 주거 등의 형태와 용도·성질, 외부인에 대한 출입의 통제·관리 방식과 상태, 행위자의 출입 경위와 방법 등을 종합적으로 고려하여 행위자의 출입 당시 객관적·외형적으로 드러난 행위 태양에 비추어 주거의 사실상 평온상태가 침해되었다고 평가되어야 한다. 이때 거주자의 의사도 고려되지만 주거 등의 형태와 용도·성질, 외부인에 대한 출입의 통제·관리 방식과 상태 등 출입 당시 상황에 따라 그 정도는 달리 평가될 수 있다. 일반인의 출입이 허용된 음식점에 영업주의 승낙을 받아 통상적인 출입방법으로 들어갔다면 특별한 사정이 없는 한 주거침입죄에서 규정하는 침입행위에 해당하지 않는다. 설령 행위자가 범죄 등을 목적으로 음식점에 출입하였거나 영업주가 행위자의 실제 출입 목적을 알았더라면 출입을 승낙하지 않았을 것이라는 사정이 인정되더라도 그러한 사정만으로는 출입 당시 객관적·외형적으로 드러난 행위 태양에 비추어 사실상의 평온상태를 해치는 방법으로 음식점에 들어갔다고 평가할 수 없으므로 침입행위에 해당하지 않는다.
[2] 피고인들이 공모하여, 갑, 을이 운영하는 각 음식점에서 인터넷 언론사 기자 병을 만나 식사를 대접하면서 병이 부적절한 요구를 하는 장면 등을 확보할 목적으로 녹음·녹화장치를 설치하거나 장치의 작동 여부 확인 및 이를 제거하기 위하여 각 음식점의 방실에 들어감으로써 갑, 을의 주거에 침입하였다는 내용으로

기소된 사안에서, 피고인들은 병을 만나 식사하기에 앞서 병과의 대화 내용과 장면을 녹음·녹화하기 위한 장치를 설치하기 위해 각 음식점 영업주로부터 승낙을 받아 각 음식점의 방실에 미리 들어간 다음 녹음·녹화장치를 설치하고 그 작동 여부를 확인하거나 병과의 식사를 마친 후 이를 제거하였는데, 피고인들이 각 음식점 영업주로부터 승낙을 받아 통상적인 출입방법에 따라 각 음식점의 방실에 들어간 이상 사실상의 평온상태를 해치는 행위태양으로 음식점의 방실에 들어갔다고 볼 수 없어 주거침입죄에서 규정하는 침입행위에 해당하지 아니하고, 설령 다른 손님인 병과의 대화 내용과 장면을 녹음·녹화하기 위한 장치를 설치하거나 장치의 작동 여부 확인 및 이를 제거할 목적으로 각 음식점의 방실에 들어간 것이어서 음식점 영업주가 이러한 사정을 알았더라면 피고인들의 출입을 승낙하지 않았을 것이라는 사정이 인정되더라도, 그러한 사정만으로는 사실상의 평온상태를 해치는 행위태양으로 각 음식점의 방실에 출입하였다고 평가할 수 없어 피고인들에게 주거침입죄가 성립하지 않는다고 한 사례』(대판[전] 2022.3.24. 2017도18272)★

✔ **CCTV 카메라 부착한 TV 사건** 최신3년 『피고인이 피해자의 안방에 CCTV 카메라와 동영상 저장장치를 부착한 TV인 사실을 숨기고 피해자에게 TV를 설치해주겠다면서 안방까지 들어가 피해자의 주거에 침입하였다는 내용으로 기소된 사안에서, 피해자의 사실상 평온상태가 침해되었다고 볼 만한 사정이 없다는 이유로, 피고인의 출입이 비록 범죄 등의 목적을 숨기고 한 것이라도 주거침입죄가 성립하지 않는다고 한 사례』(대판[전] 2022.4.28. 2022도1717)☆

✔ **침입의 의미 : 접근금지 명령 불법침입 사건** 최신3년 『[1] 주거침입죄는 사실상 주거의 평온을 보호법익으로 한다. 주거침입죄의 구성요건적 행위인 침입은 주거침입죄의 보호법익과의 관계에서 해석하여야 하므로, 침입이란 주거의 사실상 평온상태를 해치는 행위태양으로 주거에 들어가는 것을 의미하고, 침입에 해당하는지는 출입 당시 객관적·외형적으로 드러난 행위태양을 기준으로 판단함이 원칙이다. 이때 거주자의 의사도 고려되지만 주거 등의 형태와 용도·성질, 외부인에 대한 출입의 통제·관리 방식과 상태 등 출입 당시 상황에 따라 그 정도는 달리 평가될 수 있다. 사생활 보호의 필요성이 큰 사적 주거, 외부인의 출입이 엄격히 통제되는 건조물에 거주자나 관리자의 승낙 없이 몰래 들어간 경우 또는 출입 당시 거주자나 관리자가 출입의 금지나 제한을 하였음에도 이를 무시하고 출입한 경우에는 사실상의 평온상태가 침해된 경우로서 침입행위가 될 수 있다.
[2] 피고인이 '갑에게 100m 이내로 접근하지 말 것' 등을 명하는 법원의 접근금지가처분 결정이 있는 등 피고인이 갑을 방문하는 것을 갑이 싫어하는 것을 알고 있음에도 임의로 갑이 근무하는 사무실 안으로 들어감으로써 건조물에 침입하였다는 공소사실로 기소된 사안에서, 법원이 접근금지가처분 결정정본에 기하여 피고인에게 '갑의 의사에 반하여 갑에게 100m 이내로 접근하여서는 아니 되고, 갑에게 면담을 요구하여서는 아니 되며, 전화를 걸거나 편지, 문자메시지, 이메일을 보내는 방법으로 갑의 평온한 생활 및 업무를 방해하여서는 아니 된다. 위 각 의무를 위반할 때에는 갑에게 그 위반이 있을 때마다 1회에 10만 원을 지급하라.'는 내용의 간접강제결정을 고지하였고, 피고인은 위 간접강제결정에서 정한 부작위의무를 위반하여 갑의 사무실에 들어간 사정에 비추어 보면, 피고인이 위 간접강제결정에 반하여 갑이 근무하는 사무실에 출입한 것은 갑의 명시적인 의사에 반하는 행위일 뿐만 아니라, 출입의 금지나 제한을 무시하고 출입한 경우로서 출입 당시 객관적·외형적으로 드러난 행위태양을 기준으로 보더라도 사실상 평온상태가 침해된 것으로 볼 수 있으므로 건조물침입죄가 성립한다는 이유로, 이와 달리 보아 공소사실을 무죄로 판단한 원심판결에 건조물침입죄의 성립에 관한 법리오해의 잘못이 있다고 한 사례』(대판 2024.2.8. 2023도16595)☆

✔ **안산시의회 본회 방해 사건** 최신3년 『지방의회 본회의 방청 중 회의 진행을 방해하고 퇴거 요구에 불응한 사건 등으로 지방의회 출입제한 조치를 받은 피고인이 며칠 뒤 의회 1층 출입구 앞에서 출입을 제지하는 방호요원들을 밀치면서 의회 청사 로비로 들어가 타인이 관리하는 건조물에 침입하였다는 공소사실로 기소된 사안에서, 관리자의 명시적인 의사에 반하여 물리력을 행사하여 건조물에 출입한 경우로서 출입 당시 객

관적·외형적으로 드러난 행위태양을 기준으로 보더라도 사실상 평온상태가 침해되었다고 볼 수 있는데도, 이와 달리 공소사실을 무죄로 판단한 원심판결에 법리오해의 잘못이 있다고 한 사례』(대판 2024.3.12. 2023도9571)☆.

✔ **출입이 일반적으로 개방되어 있는 경우 : 대신저축은행 사건** 최신3년 『주거침입죄는 사실상 주거의 평온을 보호법익으로 한다. 주거침입죄의 구성요건적 행위인 침입은 주거침입죄의 보호법익과의 관계에서 해석하여야 하므로, 침입이란 주거의 사실상 평온상태를 해치는 행위 태양으로 주거에 들어가는 것을 의미하고, 침입에 해당하는지는 출입 당시 객관적·외형적으로 드러난 행위 태양을 기준으로 판단함이 원칙이다. 사실상의 평온상태를 해치는 행위 태양으로 주거에 들어가는 것이라면 대체로 거주자의 의사에 반하겠지만, 단순히 주거에 들어가는 행위 자체가 거주자의 의사에 반한다는 주관적 사정만으로는 바로 침입에 해당한다고 볼 수 없다. 따라서 침입행위에 해당하는지는 거주자의 의사에 반하는지가 아니라 사실상의 평온상태를 해치는 행위 태양인지에 따라 판단되어야 한다. 한편 업무시간 중 출입자격 등의 제한 없이 일반적으로 개방되어 있는 장소에 들어간 경우, 관리자의 명시적 출입금지 의사 및 조치가 없었던 이상 그 출입행위가 결과적으로 관리자의 추정적 의사에 반하였다는 사정만으로는 사실상의 평온상태를 해치는 행위 태양으로 출입하였다고 평가할 수 없다』(대판 2024.1.4. 2022도15955)☆.

주거침입죄는 계속범 성격을 가지고 있는 범죄이므로 침입이후에도 퇴거 전까지 범죄행위는 계속된다. 따라서 다른 사람의 주택에 무단 침입한 범죄사실로 이미 유죄판결을 받은 사람이 그 판결이 확정된 후에도 퇴거하지 않은 채 계속하여 당해 주택에 거주한 경우 위 판결 확정 이후의 행위는 별도의 주거침입죄를 구성한다.

✔ **주거침입 이후의 침입상태 : 주택 무단입주 사건** 『다른 사람의 주택에 무단 침입한 범죄사실로 이미 유죄판결을 받은 사람이 그 판결이 확정된 후에도 퇴거하지 않은 채 계속하여 당해 주택에 거주한 사안에서, 위 판결 확정 이후의 행위는 별도의 주거침입죄를 구성한다』(대판 2008.5.8. 2007도11322)★.[66]

다. 실행의 착수와 기수시기

본죄는 미수범 처벌규정을 두고 있으므로 이에 관해 실행의 착수시기 및 기수시기가 문제된다.

(1) 실행의 착수

실행의 착수시점을 언제로 볼 것인가에 대하여 견해의 대립이 있지만, 판례는 주거침입죄의 실행의 착수는 주거자, 관리자, 점유자 등의 의사에 반하여 주거나 관리하는 건조물 등에 들어가는 행위, 즉 구성요건의 일부를 실현하는 행위까지 요구하는 것은 아니지만, 주거침입의 범의로 주거로 들어가는 문의 시정장치를 부수거나 문을 여는 등 침입을 위한 구체적 행위를 시작함으로써 범죄구성요건의 실현에 이르는 현실적 위험성을 포함하는 행위를 개시할 경우 인정된다는 입장이다.

✔ **주거침입죄의 실행의 착수 : 빌라 출입문 당겨보기 사건** 『주거침입죄의 실행의 착수는 주거자, 관리자, 점유자 등의 의사에 반하여 주거나 관리하는 건조물 등에 들어가는 행위, 즉 구성요건의 일부를 실현하는 행위까지 요구하는 것은 아니고 범죄구성요건의 실현에 이르는 현실적 위험성을 포함하는 행위를 개시하는 것으로 족하므로, 출입문이 열려 있으면 안으로 들어가겠다는 의사 아래 출입문을 당겨보는 행위는

---

[66] **보충설명** 주거침입죄는 계속범 성격을 가지고 있는 범죄이므로 침입이후에도 퇴거 전까지 범죄행위는 계속된다. 따라서 다른 사람의 주택에 무단 침입한 범죄사실로 이미 유죄판결을 받은 사람이 그 판결이 확정된 후에도 퇴거하지 않은 채 계속하여 당해 주택에 거주한 경우 위 판결 확정 이후의 행위는 별도의 주거침입죄를 구성한다.

바로 주거의 사실상의 평온을 침해할 객관적인 위험성을 포함하는 행위를 한 것으로 볼 수 있어 그것으로 주거침입의 실행에 착수한 것으로 보아야 한다』(대판 2006.9.14. 2006도2824)★.

✔ **실행의 착수가 인정되는 경우 : 202호 철제난간 사건** 『주거침입죄의 경우 주거침입의 범의로써 예컨대, 주거로 들어가는 문의 시정장치를 부수거나 문을 여는 등 침입을 위한 구체적 행위를 시작하였다면 주거침입죄의 실행의 착수는 있었다고 보아야 한다』(대판 2003.10.24. 2003도4417)★.

✔ **실행의 착수가 인정되지 않는 경우 : 자장면 시키신 분 사건** 표흐 『침입 대상인 아파트에 사람이 있는지를 확인하기 위해 그 집의 초인종을 누른 행위만으로는 침입의 현실적 위험성을 포함하는 행위를 시작하였다거나, 주거의 사실상의 평온을 침해할 객관적인 위험성을 포함하는 행위를 한 것으로 볼 수 없다 할 것이므로 주거침입의 실행의 착수에 해당하는 행위를 하였다고 볼 수 없다』(대판 2008.4.10. 2008도1464)★.

(2) 기수시기

본죄의 기수시기에 대하여는 신체의 일부가 주거나 건조물 등에 들어감으로써 기수에 이른다는 일부침입설과 신체의 전부가 들어가야 기수에 이른다는 전부 침입설이 대립하고 있다. 판례는 주거침입죄가 사실상 주거의 평온을 보호법익으로 하고 있다는 점에 비추어 신체의 일부만 타인의 주거 안으로 들어갔다고 하더라도 거주자가 누리는 사실상의 주거의 평온을 해할 수 있는 정도에 이르렀다면 주거침입의 구성요건을 충족하는 것이라고 보아야 하고, 따라서 야간에 타인의 집의 창문을 열고 집 안으로 얼굴을 들이미는 등의 행위를 한 경우 본죄의 기수에 이른다는 입장을 취하고 있다.

✔ **주거침입죄의 기수시기 : 얼굴만 들이밀기 사건** 표흐 『[1] 주거침입죄는 사실상의 주거의 평온을 보호법익으로 하는 것이므로, 반드시 행위자의 신체의 전부가 범행의 목적인 타인의 주거 안으로 들어가야만 성립하는 것이 아니라 신체의 일부만 타인의 주거 안으로 들어갔다고 하더라도 거주자가 누리는 사실상의 주거의 평온을 해할 수 있는 정도에 이르렀다면 범죄구성요건을 충족하는 것이라고 보아야 하고, 따라서 주거침입죄의 범의는 반드시 신체의 전부가 타인의 주거 안으로 들어간다는 인식이 있어야만 하는 것이 아니라 신체의 일부라도 타인의 주거 안으로 들어간다는 인식이 있으면 족하다.
[2] [1]의 범의로써 예컨대 주거로 들어가는 문의 시정장치를 부수거나 문을 여는 등 침입을 위한 구체적 행위를 시작하였다면 주거침입죄의 실행의 착수는 있었다고 보아야 하고, 신체의 극히 일부분이 주거 안으로 들어갔지만 사실상 주거의 평온을 해하는 정도에 이르지 아니하였다면 주거침입죄의 미수에 그친다.
[3] 야간에 타인의 집의 창문을 열고 집 안으로 얼굴을 들이미는 등의 행위를 하였다면 피고인이 자신의 신체의 일부가 집 안으로 들어간다는 인식하에 하였더라도 주거침입죄의 범의는 인정되고, 또한 비록 신체의 일부만이 집 안으로 들어갔다고 하더라도 사실상 주거의 평온을 해하였다면 주거침입죄는 기수에 이르렀다』(대판 1995.9.15. 94도2561)★.

2. 주거자 등의 승낙

주거자가 여러 사람인 경우에 그 중 1인의 승낙을 받아 타인의 주거에 들어갔으나 다른 주거자의 의사에 반하는 때에도 주거침입죄가 성립하는지와 관련하여, 판례는 공동거주자의 일부가 부재중에 주거 내에 현재하는 거주자의 현실적인 승낙을 받아 통상적인 출입방법에 따라 공동주거에 들어간 경우라면 그것이 부재중인 다른 거주자의 추정적 의사에 반하는 경우에도 주거침입죄가 성립하지 않는다는 입장을 취하고 있다.

일반적으로 개방되어 있는 장소라도 필요가 있을 때에는 관리자가 그 출입을 금지하거나 제한할 수 있으므로, 시설의 일부를 파괴하거나 흉기를 소지하거나 다수의 위력으로써 무리하게 들어간다면 주거침입죄가 성립한다.

> ✔ **부당한 행위로 침입한 경우 : 인천 연안여객터미널 침입 사건** 『일반적으로 출입이 허가된 건물이라 하여도 피고인이 출입이 금지된 시간에 그 건물담벽에 있던 드럼통을 딛고 담벽을 넘어 들어간 후 그곳 마당에 있던 아이스박스통과 삽을 같은 건물 화장실 유리창문 아래에 놓고 올라가 위 창문을 연 후 이를 통해 들어간 것이라면 그 침입방법 자체가 일반적인 허가에 해당되지 않는 것이 분명하게 나타난 것이므로 건조물침입죄가 성립되는 것이다』(대판 1990.3.13. 90도173)☆.

주거의 출입과 관리 등을 결정할 권리가 있는 자의 승낙을 받아 출입한 경우에는 주거침입죄는 성립하지 않는다.

> ✔ **학생회관 침입 사건** 『학생회관의 관리권은 그 대학 당국에 귀속된다고 보아야 하므로 학생회의 동의가 있어 그 침입이 위법하지 않다고 믿었다 하더라도 이에 정당사유가 있다고 볼 수 없어 주거침입죄를 구성한다』(대판 1995.4.14. 95도12)☆.

Ⅳ. 위법성

1. 사회상규에 위배되지 않는 행위

사회상규에 반하지 않는 주거침입행위는 정당행위로서 위법성이 조각될 수 있다.

> ✔ **정당행위 : 상수도관 밸브 사건** 『연립주택 아래층에 사는 피해자가 위층 피고인의 집으로 통하는 상수도관의 밸브를 임의로 잠근 후 이를 피고인에게 알리지 않아 하루 동안 수돗물이 나오지 않은 고통을 겪었던 피고인이 상수도관의 밸브를 확인하고 이를 열기 위하여 부득이 피해자의 집에 들어간 행위가 정당행위에 해당한다』(대판 2004.2.13. 2003도7393)☆.

2. 노동쟁의행위

사용자가 제3자와 공동으로 관리 사용하는 공간을 사용자에 대한 쟁의행위를 이유로 관리자의 의사에 반하여 침입·점거한 경우, 비록 그 공간의 점거가 사용자에 대한 관계에서 정당한 쟁의행위로 평가될 여지가 있다 하여도 이를 공동으로 관리·사용하는 제3자의 명시적 또는 추정적인 승낙이 없는 이상 제3자에 대하여서는 주거침입죄가 성립한다.

> ✔ **쟁의행위 : 한국거래소 로비 점거 사건** 『2인 이상이 하나의 공간에서 공동생활을 하고 있는 경우에는 각자 주거의 평온을 누릴 권리가 있으므로, 사용자가 제3자와 공동으로 관리·사용하는 공간을 사용자에 대한 쟁의행위를 이유로 관리자의 의사에 반하여 침입·점거한 경우, 비록 그 공간의 점거가 사용자에 대한 관계에서 정당한 쟁의행위로 평가될 여지가 있다 하여도 이를 공동으로 관리·사용하는 제3자의 명시적 또는 추정적인 승낙이 없는 이상 위 제3자에 대하여서까지 이를 정당행위라고 하여 주거침입의 위법성이 조각된다고 볼 수는 없다』(대판 2010.3.11. 2009도5008)☆.

사용자의 직장폐쇄가 정당한 쟁의행위로 인정되지 아니하는 때에는 다른 특별한 사정이 없는 한 근로자가 평소 출입이 허용되는 사업장 안에 들어가는 행위는 주거침입죄를 구성하지는 아니한다.

> ✔ **쟁의행위 : 남서울대학교 직장폐쇄 사건** 『사용자의 직장폐쇄가 정당한 쟁의행위로 인정되지 아니하는 때에는 다른 특별한 사정이 없는 한 근로자가 평소 출입이 허용되는 사업장 안에 들어가는 행위가 주거침입죄를 구성하지 아니한다』(대판 2002.9.24. 2002도2243)☆.

V. 타죄와의 관계

1. 절도죄와의 관계

제331조 제2항의 특수절도에 있어서 주거침입은 그 구성요건이 아니므로, 절도범인이 그 범행수단으로 주거침입을 한 경우에 그 주거침입행위는 절도죄에 흡수되지 아니하고 별개로 주거침입죄를 구성하고 양죄는 실체적 경합의 관계에 있게 된다. 그러나 야간을 구성요건요소로 하는 야간주거침입절도(제330조), 특수절도(제331조 제1항), 특수강도(제334조 제1항) 등의 경우에는 본죄가 이들 범죄에 법조경합의 관계로 흡수된다.

> ✔ **절도죄와의 죄수 관계 : 주간 스톤아일랜드 절취 사건** 『형법 제330조에 규정된 야간주거침입절도죄 및 같은 법 제331조 제1항에 규정된 손괴특수절도죄를 제외하고 일반적으로 주거침입은 절도죄의 구성요건이 아니므로 절도범인이 그 범행수단으로 주거침입을 한 경우에 그 주거침입행위는 절도죄에 흡수되지 아니하고 별개로 주거침입죄를 구성하여 절도죄와는 실체적 경합의 관계에 서는 것이 원칙이다』(대판 2015.10.15. 2015도9049)★.

> ✔ **특수절도와의 죄수 관계 : 주간 아파트 시정장치 손괴 사건** 『[1] 형법 제331조 제2항의 특수절도에 있어서 주거침입은 그 구성요건이 아니므로, 절도범인이 그 범행수단으로 주거침입을 한 경우에 그 주거침입행위는 절도죄에 흡수되지 아니하고 별개로 주거침입죄를 구성하여 절도죄와는 실체적 경합의 관계에 있게 되고, 2인 이상이 합동하여 야간이 아닌 주간에 절도의 목적으로 타인의 주거에 침입하였다 하여도 아직 절취할 물건의 물색행위를 시작하기 전이라면 특수절도죄의 실행에는 착수한 것으로 볼 수 없는 것이어서 그 미수죄가 성립하지 않는다.
> [2] '주간에' 아파트 출입문 시정장치를 손괴하다가 발각되어 도주한 피고인들이 특수절도미수죄로 기소된 사안에서, '실행의 착수'가 없었다는 이유로 형법 제331조 제2항의 특수절도죄의 점에 대해 무죄를 선고한 원심 판단을 수긍한 사례』(대판 2009.12.24. 2009도9667)★.

2. 상습절도죄와의 관계

죄수와 관련하여 특히 문제되는 것은 본죄와 상습절도와의 관계이다.

> ✔ **주거침입죄가 성립하는 경우 : 형법상 상습절도 주거침입 사건** 『상습으로 단순절도를 범한 범인이 상습적인 절도범행의 수단으로 주간(낮)에 주거침입을 한 경우에 주간 주거침입행위의 위법성에 대한 평가가 형법 제332조, 제329조의 구성요건적 평가에 포함되어 있다고 볼 수 없다. 그러므로 형법 제332조에 규정된 상습절도죄를 범한 범인이 범행의 수단으로 주간에 주거침입을 한 경우 주간 주거침입행위는 상습절도죄와 별개로 주거침입죄를 구성한다. 또 형법 제332조에 규정된 상습절도죄를 범한 범인이 그 범행 외에 상습적인 절도의 목적으로 주간에 주거침입을 하였다가 절도에 이르지 아니하고 주거침입에 그친 경우에도 주간 주거침입행위는 상습절도죄와 별개로 주거침입죄를 구성한다』(대판 2015.10.15. 2015도8169)★.

> ✔ **주거침입죄가 성립하지 않는 경우 : 특가법상 상습절도 주거침입 사건** 『특정범죄 가중처벌 등에 관한 법률 제5조의4 제6항에 규정된 상습절도 등 죄를 범한 범인이 그 범행의 수단으로 주거침입을 한 경우에 주거침입행위는 상습절도 등 죄에 흡수되어 위 조문에 규정된 상습절도 등 죄의 1죄만이 성립하고 별개로 주거침입죄를 구성하지 않으며, 또 위 상습절도 등 죄를 범한 범인이 그 범행 외에 상습적인 절도의 목적으로 주거침입을 하였다가 절도에 이르지 아니하고 주거침입에 그친 경우에도 그것이 절도상습성의 발현이라고 보이는 이상 주거침입행위는 다른 상습절도 등 죄에 흡수되어 위 조문에 규정된 상습절도 등 죄의 1죄만을 구성하고 상습절도 등 죄와 별개로 주거침입죄를 구성하지 않는다』(대판 2017.7.11. 2017도4044)☆.

제3관 퇴거불응죄

> **제319조 | 퇴거불응 |**
> ② 전항의 장소에서 퇴거요구를 받고 응하지 아니한 자도 전항의 형과 같다.

Ⅰ. 의 의

퇴거불응죄는 행위자가 일단 거주자나 관리자 등의 의사에 반하지 아니하고 적법하게 주거 등에 들어갔으나 퇴거요구를 받고 응하지 아니한 경우 성립하는 범죄이다. 따라서 처음부터 거주자 등의 의사에 반하여 들어간 경우에는 주거침입죄가 성립하고, 사후에 퇴거요구에 불응하더라도 주거침입죄만 성립한다. 주거침입죄와 퇴거불응죄는 모두 사실상의 주거의 평온을 그 보호법익으로 하고, 주거침입죄에서의 침입이 신체적 침해로서 행위자의 신체가 주거에 들어가야 함을 의미하는 것과 마찬가지로 퇴거불응죄의 퇴거 역시 행위자의 신체가 주거에서 나감을 의미하므로, 건물에 가재도구 등을 남겨두었다는 사정은 퇴거불응죄의 성부에 영향이 없다.

> ✔ **퇴거불응죄의 의미 : 열쇠 반환 가재도구 사건** 표준 『정당한 퇴거요구를 받고 건물에서 나가면서 가재도구 등을 남겨둔 경우 퇴거불응죄를 구성하지 않는다』(대판 2007.11.15. 2007도6990)☆.

Ⅱ. 퇴거요구

퇴거요구를 받고 응하지 아니한다 함은 사람의 주거 등에 들어간 자가 퇴거요구를 받고 그 장소에서 퇴거하지 아니하는 것을 말한다.

Ⅲ. 퇴거불응

본 죄는 퇴거요구를 받고 이에 응하여야 할 책임 있는 행위자가 거주자나 관리자·점유자로부터 주거나 건조물·방실 등에서 퇴거요구를 받고도 응하지 아니하면 성립하게 된다. 일단 퇴거요구를 받은 자는 비록 그때까지 적법하게 주거공간에 머무르던 자라도 즉시 퇴거해야 한다.

✔ **숙박계약과 퇴거불응죄 : 모텔 301호실 퇴거불응 사건** 최신3년 『[1] 형법 제319조 제2항의 퇴거불응죄는 주거나 건조물·방실 등의 사실상 주거의 평온을 보호법익으로 하는 것으로, 거주자나 관리자·점유자로부터 주거나 건조물·방실 등에서 퇴거요구를 받고도 응하지 아니하면 성립하는데, 이때 주거 등에 관하여 거주·관리·점유할 법률상 정당한 권한을 가지고 있어야만 거주자나 관리자·점유자가 될 수 있는 것은 아니다. 이는 숙박업자가 고객에게 객실을 제공하여 일시적으로 이를 사용할 수 있도록 하고 고객으로부터 사용에 따른 대가를 지급받는 숙박계약이 종료됨에 따라 고객이 숙박업소의 관리자 등으로부터 퇴거요구를 받은 경우에도 원칙적으로 같다.
[2] 다만 숙박계약에서 숙박업자는 통상적인 임대차계약과는 달리 다수의 고객에게 반복적으로 객실을 제공하여 영업을 영위하고, 객실이라는 공간 외에도 객실 안의 시설이나 서비스를 함께 제공하여 객실 제공 이후에도 필요한 경우 객실에 출입하기도 하며, 사전에 고객과 사이에 대실기간을 단기간으로 정하여 대실기간 경과 후에는 고객의 퇴실 및 새로운 고객을 위한 객실 정비를 예정한다. 이와 같은 숙박계약의 특수성을 고려하면, 고객이 개별 객실을 점유하고 있더라도 숙박업소 및 객실의 구조 및 성격, 고객이 개별 객실을 점유하게 된 경위 및 점유 기간, 퇴실시간의 경과 여부, 숙박업자의 관리 정도, 고객에 대한 퇴거요구의 사유 등에 비추어 오히려 고객의 개별 객실에 대한 점유가 숙박업자의 전체 숙박업소에 대한 사실상 주거의 평온을 침해하는 것으로 평가할 수 있는 특별한 사정이 있는 경우에는 숙박업자가 고객에게 적법하게 퇴거요구를 하였음에도 고객이 응하지 않을 때 퇴거불응죄가 성립할 수 있다』(대판 2023.12.14. 2023도9350)☆

근로자들의 직장점거가 개시 당시에는 적법한 것이었다 하더라도 사용자가 이에 대응하여 적법하게 직장폐쇄를 하게 되면, 사용자의 사업장에 대한 물권적 지배권이 전면적으로 회복되는 결과 사용자는 점거 중인 근로자들에 대하여 정당하게 사업장으로부터의 퇴거를 요구할 수 있고 퇴거를 요구받은 이후의 직장점거는 위법하게 되므로, 적법하게 직장폐쇄를 단행한 사용자로부터 퇴거요구를 받고도 불응한 채 직장점거를 계속한 행위는 퇴거불응죄를 구성한다. 반대로 사용자의 직장폐쇄가 정당한 쟁의행위로 인정되지 아니하는 때에는 적법한 쟁의행위로서 사업장을 점거 중인 근로자들이 직장폐쇄를 단행한 사용자로부터 퇴거요구를 받고 이에 불응한 채 직장점거를 계속하더라도 퇴거불응죄가 성립하지 아니한다.

✔ **직장폐쇄가 정당한 쟁의행위가 아닌 경우 : 축산업협동조합 직장폐쇄 사건** 『사용자의 직장폐쇄가 정당한 쟁의행위로 인정되지 아니하는 때에는 적법한 쟁의행위로서 사업장을 점거 중인 근로자들이 직장폐쇄를 단행한 사용자로부터 퇴거 요구를 받고 이에 불응한 채 직장점거를 계속하더라도 퇴거불응죄가 성립하지 아니한다』(대판 2007.3.29. 2006도9307 ; 2005.6.9. 2004도7218)☆

Ⅳ. 미수범

퇴거불응죄의 미수범을 처벌하는 것으로 규정을 두고 있다. 이 조문의 해석과 관련하여 다수설은 본죄는 진정부작위범으로서 거동범의 성격을 지니므로 일단 퇴거요구에 불응하는 순간 본죄가 성립하여 미수범은 처음부터 성립할 여지가 없다는 입장이다.

제4관 특수주거침입죄

> **제320조 ┃ 특수주거침입 ┃**
> 단체 또는 다중의 위력을 보이거나 위험한 물건을 휴대하여 전조의 죄를 범한 때에는 5년 이하의 징역에 처한다.

Ⅰ. 의 의

특수주거침입죄는 단체 또는 다중의 위력을 보이거나 위험한 물건을 휴대하여 주거침입죄를 범한 경우 성립하는 범죄이다.

Ⅱ. 위험한 물건의 휴대

본죄는 위험한 물건을 휴대하여 타인의 주거나 건조물 등에 침입함으로써 성립하는 범죄이므로, 수인이 흉기를 휴대하여 타인의 건조물에 침입하기로 공모한 후 그 중 일부는 밖에서 망을 보고 나머지 일부만이 건조물 안으로 들어갔을 경우에 있어서 특수주거침입죄의 구성요건이 충족되었다고 볼 수 있는지의 여부는 직접 건조물에 들어간 범인을 기준으로 하여 그 범인이 흉기를 휴대하였다고 볼 수 있느냐의 여부에 따라 결정되어야 한다.

> ✔ **낫 3자루 도끼 2자루 사건** 『폭력행위등처벌에관한법률 제3조 제1항, 제2조 제1항, 형법 제319조 제1항 소정의 특수주거침입죄는 흉기 기타 위험한 물건을 휴대하여 타인의 주거나 건조물 등에 침입함으로써 성립하는 범죄이므로, 수인이 흉기를 휴대하여 타인의 건조물에 침입하기로 공모한 후 그중 일부는 밖에서 망을 보고 나머지 일부만이 건조물 안으로 들어갔을 경우에 있어서 특수주거침입죄의 구성요건이 충족되었다고 볼 수 있는지의 여부는 직접 건조물에 들어간 범인을 기준으로 하여 그 범인이 흉기를 휴대하였다고 볼 수 있느냐의 여부에 따라 결정되어야 한다』(대판 1994.10.11. 94도1991)☆.

제5관 주거·신체수색죄

> **제321조 ┃ 주거·신체 수색 ┃**
> 사람의 신체, 주거, 관리하는 건조물, 자동차, 선박이나 항공기 또는 점유하는 방실을 수색한 자는 3년 이하의 징역에 처한다.

제 5 장 재산에 대한 죄

제1절 절도의 죄

제1관 총 설

I. 보호법익

절도의 보호법익을 타인의 소유권으로 볼 것인가 또는 단순한 점유권으로 볼 것인가에 대하여는 견해의 대립이 있다. 통설은 절도죄의 본질이 타인의 소유권을 침해하거나 위태롭게 하는 데 있으므로 보호법익을 소유권으로 보는 입장이다. 그러나 판례는 재물의 소유자뿐만 아니라 점유자도 피해자가 된다는 입장으로 절충설의 입장을 취하고 있다.

II. 재 물

형법은 재산죄의 객체를 '재물'과 '재산상의 이익'으로 구분하여 재산죄 중 절도죄(제329조 등), 횡령죄(제355조 제2항 등), 장물죄(제362조 등) 및 손괴죄(제366조 등)는 재물만을, 배임죄(제355조 제2항 등)는 재산상의 이익만을, 강도죄(제333조 등), 사기죄(제347조 등) 및 공갈죄(제350조 등)는 위 양자 모두를 그 객체로 규정하고 있다.

재산범죄의 해석상 중요한 것은 재산죄의 객체로서의 '재물'의 개념이고 이를 어떻게 해석할 것인가가 문제 된다.

1. 유체성설과 관리가능성설

재물은 일정한 공간을 가지고 있는 유체물에 한하는가 아니면 배타적으로 관리 가능한 것이면 재물에 포함하는가에 관하여 유체성설과 관리가능성설이 대립되고 있다. 판례는 관리가능성설의 입장을 취하고 있다.

여기서 '관리'라 함은 물리적 관리만을 의미하는가 또는 사무적 관리도 포함하는가에 관하여 권리절도의 성립 여부와 관련하여 견해가 나누어져 있다. 사무적 관리도 포함된다는 입장에서는 관리가능 한 이익 내지 가치도 재물이라고 하여 채권과 같은 권리까지도 재물에 포함시켜 권리의 절도도 가능하다는 입장이다. 그러나 권리는 물질성을 갖고 있다고 할 수 없을 뿐 만 아니라 재물과 재산상의 이익을 구별하는 형법의 태도에 비추어 보면 관리란 물리적 관리를 의미하고 사무적 관리는 포함되지 않는다. 따라서 물리적인 관리가 불가능한 정보나 기획, 채권 등은 재물이 아니다.

✓ **재물의 의미 및 정보의 재물성 여부 : 고무코팅시스템 설계도면 출력 사건** 표준 『[1] 절도죄의 객체는 관리가능한 동력을 포함한 '재물'에 한한다 할 것이고, 또 절도죄가 성립하기 위해서는 그 재물의 소유자 기타 점유자의 점유 내지 이용가능성을 배제하고 이를 자신의 점유하에 배타적으로 이전하는 행위가 있어

야만 할 것인바, 컴퓨터에 저장되어 있는 '정보' 그 자체는 유체물이라고 볼 수도 없고, 물질성을 가진 동력도 아니므로 재물이 될 수 없다 할 것이며, 또 이를 복사하거나 출력하였다 할지라도 그 정보 자체가 감소하거나 피해자의 점유 및 이용가능성을 감소시키는 것이 아니므로 그 복사나 출력 행위를 가지고 절도죄를 구성한다고 볼 수도 없다.
[2] 피고인이 컴퓨터에 저장된 정보를 출력하여 생성한 문서는 피해 회사의 업무를 위하여 생성되어 피해 회사에 의하여 보관되고 있던 문서가 아니라, 피고인이 가지고 갈 목적으로 피해 회사의 업무와 관계없이 새로이 생성시킨 문서라 할 것이므로, 이는 피해 회사 소유의 문서라고 볼 수는 없다 할 것이어서, 이를 가지고 간 행위를 들어 피해 회사 소유의 문서를 절취한 것으로 볼 수는 없다』(대판 2002.7.12. 2002도745)★.

> ✔ **재물성이 부정되는 경우 : 타인 전화기 무단 사용 사건** 『타인의 전화기를 무단으로 사용하여 전화통화를 하는 행위는 전기통신사업자가 그가 갖추고 있는 통신선로, 전화교환기 등 전기통신설비를 이용하고 전기의 성질을 과학적으로 응용한 기술을 사용하여 전화가입자에게 음향의 송수신이 가능하도록 하여 줌으로써 상대방과의 통신을 매개하여 주는 역무, 즉 전기통신사업자에 의하여 가능하게 된 전화기의 음향송수신기능을 부당하게 이용하는 것으로, 이러한 내용의 역무는 무형적인 이익에 불과하고 물리적 관리의 대상이 될 수 없어 재물이 아니라고 할 것이므로 절도죄의 객체가 되지 아니한다』(대판 1998.6.23. 98도700)☆.

2. 재산적 가치의 요부

재산죄의 객체로서의 재물성을 인정하기 위해서는 어느 정도의 재산적 가치를 가지고 있어야 한다. 재산적 가치라 함은 물건의 사용가치를 금전적으로 평가한 것을 말하므로, 재물은 재산권, 특히 소유권의 객체로 될 수 있는 물건임으로써 족하고 반드시 객관적인 금전적 교환가치를 가질 필요는 없다. 따라서 형법적 보호를 받을 상당한 이유가 있는 한 주관적·개인적 가치만 있어도 재물성은 인정되는 것이다.

> ✔ **재물의 재산적 가치 : 세 조각으로 찢어버린 약속어음 사건** 표준 『재산죄의 객체인 재물은 반드시 객관적인 금전적 교환 가치를 가질 필요는 없고 소유자 점유자가 주관적인 가치를 가지고 있음으로서 족하고 주관적 경제적 가치 유무의 판별은 그것이 타인에 의하여 이용되지 않는다고 하는 소극적 관계에 있어서 그 가치가 성립하는 경우가 있을 수 있는 것이니 발행자가 회수하여 세조각으로 찢어버림으로서 폐지로 되어 쓸모없는 것처럼 보이는 약속어음의 소지를 침해하여 가져갔다면 절도죄가 성립한다』(대판 1976.1.27. 74도3442)★.

재물(재산적 가치)을 인정한 기출판례 정리
① ✔ **부동산매매계약서 사본 절취 사건** 『사실상 퇴사하면서 회사의 승낙 없이 가지고 간 부동산매매계약서 사본들이 절도죄의 객체인 재물에 해당한다』(대판 2007.8.23. 2007도2595)☆.
② ✔ **구월동 주공아파트 심문기일소환장 절취 사건** 『법원으로부터 송달된 심문기일소환장은 재산적 가치가 있는 물건으로서 형법상 재물에 해당한다』(대판 2000.2.25. 99도5775)☆.
③ ✔ **주권포기각서 절취 사건** 『주권포기각서는 주권을 포기한다는 의사표시가 담긴 처분문서로서 그 경제적 가치가 있어 재물성이 있다』(대판 1996.9.10. 95도2747)☆.

3. 금제품의 재물성

법률에 의하여 일반적으로 소유 또는 소지가 금지되어 있는 물건을 금제품이라 한다. 이러한 금제품이 재산죄의 객체인 재물에 포함되는지가 문제된다. 판례는 금제품이라 할지라도 절차에 따라 몰수되기까지는 소지자의 점유를 보호하여야 하므로 재물이 된다는 입장을 취하고 있다.

> ✔ **금제품의 재물성 : 리프트 탑승권 사건** 표준 『[1] 스키장의 리프트탑승권이 형법상 유가증권이라고 본 사례.
> [2] 유가증권도 그것이 정상적으로 발행된 것은 물론 비록 작성권한 없는 자에 의하여 위조된 것이라고 하더라도 절차에 따라 몰수되기까지는 그 소지자의 점유를 보호하여야 한다는 점에서 형법상 재물로서 절도죄의 객체가 된다.
> [3] 리프트탑승권 발매기를 전산조작하여 위조한 탑승권을 발매기에서 뜯어 간 행위는 탑승권 위조행위와 위조탑승권 절취행위가 결합된 것이라는 이유로, 위조탑승권의 장물성을 인정한 사례』(대판 1998.11.24. 98도2967)★.

4. 부동산의 재물성

부동산이 절도죄, 강도죄와 같은 도취죄의 객체인 재물에 포함되는가에 관하여는 견해의 대립이 있다. 절취 및 강취라는 관념은 재물의 장소적 이전을 전제로 하는 것이므로 부동산은 절도죄의 객체인 재물이 될 수 없다. 다만 부동산의 구성부분이 분리된 경우에 한해 객체가 될 수 있을 뿐이다.

> ✔ **식재된 입목의 재물성 : 영산홍 절취 사건** 『입목을 절취하기 위하여 캐낸 때에 소유자의 입목에 대한 점유가 침해되어 범인의 사실적 지배하에 놓이게 되므로 범인이 그 점유를 취득하고 절도죄는 기수에 이른다. 이를 운반하거나 반출하는 등의 행위는 필요하지 않다』(대판 2008.10.23. 2008도6080)★.

Ⅲ. 재산상 이익

강도 등의 객체인 재산상의 이익이란 재물이외의 일체의 재산적 가치와 이득을 말하며, 여기에는 적극적 이익(채권이나 권리등의 취득)이나 소극적 이익(채무면제나 부채감소), 또는 영구적 이익(채무면제)과 일시적 이익(변제의 연기)을 모두 포함한다.

판례는 강도죄에 있어서 재산상의 이득은 반드시 사법상 유효한 재산상의 이득만을 의미하는 것이 아니라 외견상 재산상의 이득을 얻을 것이라고 인정할 수 있는 사실관계만 있으면 되므로, 피고인들이 폭행·협박으로 피해자로 하여금 매출전표에 서명을 하게 하였으나 피해자가 허위 서명하여 교부한 경우라도 이를 교부받아 소지함으로써 이미 외관상 각 매출전표를 제출하여 신용카드 회사들로부터 그 금액을 지급받을 수 있는 상태가 되었다면 신용카드 가맹점 규약 또는 약관의 규정을 들어 그 금액의 지급을 거절할 가능성이 있다고 하더라도 외견상 여전히 그 금액을 지급받을 가능성이 있으므로 '재산상이익'을 취득하였다는 입장이다.

> ✔ **재산상 이익의 의미 : 허위서명 매출전표 사건** 『[1] 형법 제333조 후단의 강도죄(이른바 강제이득죄)의 요건이 되는 재산상의 이익이란 재물 이외의 재산상의 이익을 말하는 것으로서, 그 재산상의 이익은 반드시 사법상 유효한 재산상의 이득만을 의미하는 것이 아니고 외견상 재산상의 이득을 얻을 것이라고 인정할 수 있는 사실관계만 있으면 여기에 해당된다.

[2] 피고인들이 폭행·협박으로 피해자로 하여금 매출전표에 서명을 하게 한 다음 이를 교부받아 소지함으로써 이미 외관상 각 매출전표를 제출하여 신용카드회사들로부터 그 금액을 지급받을 수 있는 상태가 되었는바, 피해자가 각 매출전표에 허위 서명한 탓으로 피고인들이 신용카드회사들에게 각 매출전표를 제출하여도 신용카드회사들이 신용카드 가맹점 규약 또는 약관의 규정을 들어 그 금액의 지급을 거절할 가능성이 있다 하더라도, 그로 인하여 피고인들이 각 매출전표 상의 금액을 지급받을 가능성이 완전히 없어져 버린 것이 아니고 외견상 여전히 그 금액을 지급받을 가능성이 있는 상태이므로, 결국 피고인들이 '재산상 이익'을 취득하였다고 볼 수 있다』(대판 1997.2.25. 96도3411)★.

✓ **재산상 이익의 의미 : 화대 편취 사건** 표준 『사기죄의 객체가 되는 재산상의 이익이 반드시 사법(私法)상 보호되는 경제적 이익만을 의미하지 아니하고 부녀가 금품 등을 받을 것을 전제로 성행위를 하는 경우 그 행위의 대가는 사기죄의 객체인 경제적 이익에 해당하므로, 부녀를 기망하여 성행위 대가의 지급을 면하는 경우 사기죄가 성립한다』(대판 2001.10.23. 2001도2991)☆.

Ⅳ. 고의와 불법영득의사

1. 고 의

절도·강도죄가 성립하기 위하여는 타인이 점유하는 타인의 재물을 절취·강취한다는 인식과 의사를 내용으로 하는 고의가 있어야 한다.

2. 불법영득의사

절도·강도죄는 고의 이외에 소유권자를 배제하고(소극적 요소) 자기의 소유물과 같이 이용·처분할 의사(적극적 요소),[67] 즉 불법영득의 의사를 필요로 한다. 불법영득의 의사는 절도·강도죄 뿐만 아니라 대부분의 재산범죄에서 공통적으로 필요한 요소이나 특히 절도죄에 있어서 그 중요성이 매우 크다.

그러나 불법영득의사에 관해 아무런 명문의 규정이 없는 현행 형법에서는 그 해석에 대하여 견해가 대립하고 있다.

통설·판례는 영득의 의사란 권리자를 배제하고 타인의 물건을 자기의 소유물과 같이 그 경제적 용법에 따라 이용·처분하는 의사라는 입장을 취하고 있다. 따라서 ① 단순히 손괴 또는 은닉할 의사로 타인의 지배하에 있는 물건을 탈취하는 행위는 불법영득의 의사가 없으므로 절도·강도죄를 구성하지 않는다. ② 일시사용의 의사로 타인의 물건을 절취하는 이른바 사용절도에 있어서는 불법영득의 의사가 없으므로 절도죄가 성립하지 않는다.

---

[67] 보충설명 영구적 의사는 필요 없고 일시적이어도 무방하다.

제2관 절도죄

> **제329조 | 절도 |**
> 타인의 재물을 절취한 자는 6년 이하의 징역 또는 1천만 원 이하의 벌금에 처한다.

Ⅰ. 의 의

절도죄는 타인이 점유하는 타인의 재물을 절취함으로써 성립하는 범죄이다. 절도의 죄의 기본적 구성요건이다.

Ⅱ. 객 체

절도죄의 객체는 '타인의 재물'이다. 여기서 타인의 재물이라 함은 타인의 점유 하에 있는 타인소유의 재물을 의미한다. 따라서 자기소유의 재물로서 타인의 점유 하에 있거나 타인소유의 재물이라도 자기점유 하에 있는 것에 대하여는 권리행사방해죄 또는 횡령죄를 구성함을 별론으로 하고 절도죄가 성립되지 않는다. 재물의 개념에 관하여는 이미 총설에서 전술하였으므로 생략하고, 이하 타인의 소유 및 타인의 점유의 개념에 관하여 살펴보기로 한다.

1. 타인의 소유

가. 타 인

타인이란 범인 이외의 자를 말한다. 자기 소유의 물건은 원칙적으로 절도죄의 객체가 되지 못하는데 그 소유권의 귀속은 민법 기타 법령에 의하여 정해진다.

권원 없이 타인소유의 부동산에 물건을 부합시킨 경우에 그 물건의 소유권은 부동산 소유자에게 귀속하는 것이므로(민법 256조), 타인소유의 임야에 권원 없이 식재한 입목의 소유권은 임야소유자에게 귀속한다고 보는 것이지만, 농작물에 있어서는 타인의 토지에 권한 없이 경작한 경우에도 그 소유권은 경작자에게 있다.

> ✔ **수목의 소유관계 : 권원 없이 식재한 감나무 사건** 『타인의 토지상에 권원 없이 식재한 수목의 소유권은 토지소유자에게 귀속하고 권원에 의하여 식재한 경우에는 그 소유권이 식재한 자에게 있으므로, 권원 없이 식재한 감나무에서 감을 수확한 것은 절도죄에 해당한다』(대판 1998.4.24. 97도3425)☆.[68]

자동차, 중기 등 등록이 필요한 동산의 명의신탁관계에서는 외부적으로는 명의수탁자가 소유권을 보유하게 된다고 하더라도 내부적으로는 명의신탁자가 소유자가 된다. 또한 당사자 사이에 그 소유권을 그 등록 명의자 아닌 자가 보유하기로 약정하였다는 등의 특별한 사정이 있는 경우에는 그 내부관계에 있어서는 그 등록 명의자 아닌 자가 소유권을 보유하게 된다.

---

[68] **보충설명** 타인의 토지상에 권원 없이 식재한 수목의 소유권은 토지소유자에게 귀속되고, 권원에 의하여 식재한 경우에는 그 소유권이 식재한 자에게 있다.

✔ **명의신탁재산의 소유관계 : 친정엄마 명의 자동차 사건** 『[1] 자동차나 중기(또는 건설기계)의 소유권의 득실변경은 등록을 함으로써 그 효력이 생기고 그와 같은 등록이 없는 한 대외적 관계에서는 물론 당사자의 대내적 관계에 있어서도 그 소유권을 취득할 수 없는 것이 원칙이지만, 당사자 사이에 그 소유권을 그 등록명의자 아닌 자가 보유하기로 약정하였다는 등의 특별한 사정이 있는 경우에는 그 내부관계에 있어서는 그 등록 명의자 아닌 자가 소유권을 보유하게 된다.
[2] 자동차 명의신탁관계에서 제3자가 명의수탁자로부터 승용차를 가져가 매도할 것을 허락받고 인감증명 등을 교부받아 위 승용차를 명의신탁자 몰래 가져간 경우, 위 제3자와 명의수탁자의 공모·가공에 의한 절도죄의 공모공동정범이 성립한다』(대판 2007.1.11. 2006도4498)★

✔ **명의신탁재산의 소유관계 : 모친 명의 그랜저 절취 사건** 『[1] 당사자 사이에 자동차의 소유권을 등록명의자 아닌 자가 보유하기로 약정한 경우, 약정 당사자 사이의 내부관계에서는 등록명의자 아닌 자가 소유권을 보유하게 된다고 하더라도 제3자에 대한 관계에서는 어디까지나 등록명의자가 자동차의 소유자라고 할 것이다.
[2] 피고인이 자신의 모 갑 명의로 구입·등록하여 갑에게 명의신탁한 자동차를 을에게 담보로 제공한 후 을 몰래 가져가 절취하였다는 내용으로 기소된 사안에서, 을에 대한 관계에서 자동차의 소유자는 갑이고 피고인은 소유자가 아니므로 을이 점유하고 있는 자동차를 임의로 가져간 이상 절도죄가 성립한다』(대판 2012.4.26. 2010도11771)★

✔ **특별한 약정이 있는 경우 : 위자료 명목 증여 사건** 『피고인이 자신의 명의로 등록된 자동차를 사실혼 관계에 있던 갑에게 증여하여 갑만이 이를 운행·관리하여 오다가 서로 별거하면서 재산분할 내지 위자료 명목으로 갑이 소유하기로 하였는데, 피고인이 이를 임의로 운전해 간 사안에서, 자동차 등록명의와 관계없이 피고인과 갑 사이에서는 갑을 소유자로 보아야 한다는 이유로 절도죄를 인정한 사례이다』(대판 2013.2.28. 2012도15303)☆

금전채무를 담보하기 위하여 채무자가 그 소유의 동산을 채권자에게 양도하되 점유개정에 의하여 채무자가 이를 계속 점유하기로 한 경우, 특별한 사정이 없는 한 동산의 소유권은 신탁적으로 이전되고, 채권자와 채무자 사이의 대내적 관계에서 채무자는 의연히 소유권을 보유하나 대외적인 관계에 있어서 채무자는 동산의 소유권을 이미 채권자에게 양도한 무권리자가 된다. 따라서 동산에 관하여 양도담보계약이 이루어지고 채권자가 점유개정의 방법으로 인도를 받았다면, 그 정산절차를 마치기 전이라도 양도담보권자인 채권자는 제3자에 대한 관계에 있어서는 담보목적물의 소유자로서 그 권리를 행사할 수 있다.

✔ **동산양도담보의 소유관계 : 통발어구 사건** 『양도담보권자인 채권자가 제3자에게 담보목적물인 동산을 매각한 경우, 제3자는 채권자와 채무자 사이의 정산절차 종결 여부와 관계없이 양도담보 목적물을 인도받음으로써 소유권을 취득하게 되고, 양도담보의 설정자가 담보목적물을 점유하고 있는 경우에는 그 목적물의 인도는 채권자로부터 목적물반환청구권을 양도받는 방법으로도 가능하다. 채권자가 양도담보 목적물을 위와 같은 방법으로 제3자에게 처분하여 그 목적물의 소유권을 취득하게 한 다음 그 제3자로 하여금 그 목적물을 취거하게 한 경우, 그 제3자로서는 자기의 소유물을 취거한 것에 불과하므로, 채권자의 이 같은 행위는 절도죄를 구성하지 않는다』(대판 2008.11.27. 2006도4263)☆

나. 타인과의 공유물

공유물은 공유자의 한 사람으로부터 볼 때는 자기의 소유임과 동시에 다른 공유자의 소유에도 속하는 것이므로 공유자 중 1인이 다른 공유자가 점유하거나 또는 제3자로 하여금 점유시키고 있는 공유물을 임의로 탈취할 때는 절도죄가 성립한다. 타인과의 합유물과 총유물의 경우도 동일하다.[69]

> ✓ **공동소유물 : 공유관계 물건 절취 사건** 『타인과 공유관계에 있는 물건도 절도죄의 객체가 되는 타인의 재물에 속한다』(대판 1994.11.25. 94도2432)★.

> ✓ **공동소유물 : 다이야포크레인 절취 사건** 『피고인이 피고인과 피해자의 동업자금으로 구입하여 피해자가 관리하고 있던 다이야포크레인 1대를 그의 허락 없이 공소외인으로 하여금 운전하여 가도록 한 행위는 절도죄를 구성한다』(대판 1990.9.11. 90도1021)★.

다만 두 사람으로 된 동업 관계에서 1인이 탈퇴하면 조합관계는 해산 없이 종료되므로 절도죄가 성립하지 아니한다.

> ✓ **동업관계 탈퇴 : 생강농사 사건** 『두 사람으로 된 생강농사 동업관계에 불화가 생겨 그 중 1인이 나오지 않자, 남은 동업인이 혼자 생강 밭을 경작하여 생강을 반출한 행위가 절도죄를 구성하지 않는다고 한 사례』 (대판 2009.2.12. 2008도11804)☆.

기타 타인 소유를 인정한 기출판례 정리
① ✓ **자기명의 영업허가증 절취 사건** 『명의대여 약정에 따른 신청에 의하여 발급된 영업허가증과 사업자등록증은 피해자가 인도받음으로써 피해자의 소유가 되었다고 할 것이므로, 이를 명의대여자가 가지고 간 행위가 절도죄에 해당한다』(대판 2004.3.12. 2002도5090)☆.
② ✓ **교회 분열 건축헌금 · 현수막 사건** 『하나의 교회가 두 개 이상으로 분열된 경우 그 재산의 처분에 관하여 교회 장정 등에 규정이 없는 한 분열 당시 교인들의 총의에 따라 그 귀속을 정하여야 하고 그와 같은 절차 없이 위 재산에 대하여 다른 교파의 점유를 배제하고 자기 교파만의 지배에 옮긴다는 인식 아래 이를 가지고 갔다면 절도죄를 구성한다』(대판 1998.7.10. 98도126)☆.

2. 타인의 점유

가. 민법상의 점유와 비교

형법상 점유개념은 재물에 대한 사실상의 지배를 말한다. 이는 민법상의 점유개념과 반드시 일치하는 것은 아니다. 특히 ① 민법상 점유는 상속에 의하여 이전되나, 형법상으로는 상속인의 이전점유가 인정되지 않는다.

> ✓ **상속인의 이전점유 여부 : 사망 동거남 가방 사건** 『[1] 절도죄란 재물에 대한 타인의 점유를 침해함으로써 성립하는 것이다. 여기서의 '점유'라고 함은 현실적으로 어떠한 재물을 지배하는 순수한 사실상의 관계

---

[69] 보충설명 동업자, 조합원, 부부 사이와 같이 수인이 대등하게 재물을 점유하는 공유물, 합유물 그리고 총유물의 경우에도 공동점유자 상호간에 점유의 타인성이 인정되므로 그 중 1인이 다른 공동점유자의 점유를 배제하고 단독점유로 옮긴 때에는 절도죄가 성립한다.

를 말하는 것으로서, 민법상의 점유와 반드시 일치하는 것이 아니다. 그렇게 보면 종전 점유자의 점유가 그의 사망으로 인한 상속에 의하여 당연히 그 상속인에게 이전된다는 민법 제193조는 절도죄의 요건으로서의 '타인의 점유'와 관련하여서는 적용의 여지가 없고, 재물을 점유하는 소유자로부터 이를 상속받아 그 소유권을 취득하였다고 하더라도 상속인이 그 재물에 관하여 위에서 본 의미에서의 사실상의 지배를 가지게 되어야만 이를 점유하는 것으로서 그때부터 비로소 상속인에 대한 절도죄가 성립할 수 있다.
[2] 피고인이 내연관계에 있는 갑과 아파트에서 동거하다가, 갑의 사망으로 갑의 상속인인 을 및 병 소유에 속하게 된 부동산 등기권리증 등 서류들이 들어 있는 가방을 위 아파트에서 가지고 가 절취하였다는 내용으로 기소된 사안에서, 피고인이 갑의 사망 전부터 아파트에서 갑과 함께 거주하였고, 갑의 자식인 을 및 병은 위 아파트에서 전혀 거주한 일이 없이 다른 곳에서 거주·생활하다가 갑의 사망으로 아파트 등의 소유권을 상속하였으나, 을 및 병이 갑 사망 후 피고인이 가방을 가지고 가기까지 그들의 소유권 등에 기하여 아파트 또는 그곳에 있던 가방의 인도 등을 요구한 일이 전혀 없는 사정 등에 비추어, 피고인이 가방을 들고 나온 시점에 을 및 병이 아파트에 있던 가방을 사실상 지배하여 점유하고 있었다고 볼 수 없어 피고인의 행위가 을 등의 가방에 대한 점유를 침해하여 절도죄를 구성한다고 할 수 없다』(대판 2012.4.26. 2010도6334)★.

② 민법상 점유보조자는 점유의 주체가 될 수 없으나, 형법상으로는 실력적 지배를 가지는 한 점유자로 볼 수 있다.

✔ **점유보조자의 점유 : 20만원 및 오토바이 절취 사건** 『민법상 점유보조자(점원)라고 할지라도 그 물건에 대하여 사실상 지배력을 행사하는 경우에는 형법상 보관의 주체로 볼 수 있으므로 이를 영득한 경우에는 절도죄가 아니라 횡령죄에 해당한다』(대판 1982.3.9. 81도3396).

나. 점유의 범위

점유는 현실적이어야 하지만 반드시 점유자가 현실적으로 소지하고 있어야 하는 것은 아니고, 사회통념상 점유자의 실력적 지배하에 있다고 보여지는 경우라면 점유는 유지되고 있다고 보아야 한다.

✔ **점유개념의 확대 : 손가방 2천원 절취 사건** 『강간을 당한 피해자가 도피하면서 현장에 놓아두고 간 손가방은 점유이탈물이 아니라 사회통념상 피해자의 지배하에 있는 물건이라고 보아야 할 것이므로 피고인이 그 손가방안에 들어 있는 피해자 소유의 돈을 꺼낸 소위는 절도죄에 해당한다』(대판 1984.2.28. 84도38)★.

✔ **타인 점유가 인정되는 경우 : 석등·문관석 절취 사건** 『산지기로서 종중 소유의 분묘를 간수하고 있는 자는 그 분묘에 설치된 석등이나 문관석 등을 점유하고 있다고는 할 수 없으므로 이러한 물건 등을 반출하여 가는 행위는 횡령죄가 아니고 절도죄를 구성한다』(대판 1985.3.26. 84도3024·84감도474)☆.

이 밖에도 집이나 기타 점유자가 지배·관리하는 장소 내에 있는 물건은 그 소유자가 일시적으로 그 물건의 소재를 잃어버렸다 하여도 점유를 잃지 않는다. 그러나 물건을 잃어버린 장소가 타인의 관리 하에 있을 때는 그 관리자의 점유에 속하고 위 물건을 제3자가 취거하는 경우에는 절도죄가 성립한다.

✔ **PC방 핸드폰 절취 사건** 『피해자가 피씨방에 두고 간 핸드폰은 피씨방 관리자의 점유하에 있어서 제3자가 이를 취한 행위는 절도죄를 구성한다』(대판 2007.3.15. 2006도9338)☆.

✔ **당구장 금반지 사건** 『어떤 물건을 잃어버린 장소가 당구장과 같이 타인의 관리 아래 있을 때에는 그 물건은 일응 그 관리자의 점유에 속한다 할 것이고, 이를 그 관리자 아닌 제3자가 취거하는 것은 유실물횡령이 아니라 절도죄에 해당한다』(대판 1988.4.25. 88도409)☆.

한편 고속버스나 지하철에서 승객이 물건을 잊고 내린 경우에 고속버스 운전사나 지하철의 승무원은 관수자로서 당연히 차내에 있는 승객의 물건을 점유하는 것이 아니라 승객이 잊고 내린 유실물을 습득자로부터 교부받을 권능을 가질 뿐이므로(유실물법 제10조), 운전사가 그 유실물을 현실적으로 발견하지 아니하는 한 이에 대한 점유를 개시하였다고 할 수 없다. 따라서 다른 승객이 이를 발견하고 가져갔다면 절도죄가 아니라 점유이탈물횡령죄가 성립한다.

✔ **지하철 분실물 사건** 『승객이 놓고 내린 지하철의 전동차 바닥이나 선반 위에 있던 물건을 가지고 간 경우, 지하철의 승무원은 유실물법상 전동차의 관수자로서 승객이 잊고 내린 유실물을 교부받을 권능을 가질 뿐 전동차 안에 있는 승객의 물건을 점유한다고 할 수 없고, 그 유실물을 현실적으로 발견하지 않는 한 이에 대한 점유를 개시하였다고 할 수도 없으므로, 그 사이에 위와 같은 유실물을 발견하고 가져간 행위는 점유이탈물횡령죄에 해당함은 별론으로 하고 절도죄에 해당하지는 않는다』(대판 1999.11.26. 99도3963)☆.

✔ **고속버스 유실물 사건** 『고속버스 운전사는 고속버스의 관수자로서 차내에 있는 승객의 물건을 점유하는 것이 아니고 승객이 잊고 내린 유실물을 교부받을 권능을 가질 뿐이므로 유실물을 현실적으로 발견하지 않는 한 이에 대한 점유를 개시하였다고 할 수 없고, 그 사이에 다른 승객이 유실물을 발견하고 이를 가져갔다면 절도에 해당하지 아니하고 점유이탈물횡령에 해당한다』(대판 1993.3.16. 92도3170)★.

다. 점유의사

형법상 점유가 인정되기 위해서는 사실상의 지배라는 물리적 요소 외에 정신적 요소로서 점유의 의사가 있어야 한다.[70]

✔ **점유의사가 부정되는 경우 : 태안반도 내파수도 광산개발 사건** 『육지로부터 멀리 떨어진 섬에서 광산을 개발하기 위하여 발전기, 경운기 엔진을 섬으로 반입하였다가 광업권 설정이 취소됨으로써 광산개발이 불가능하게 되자 육지로 그 물건들을 반출하는 것을 포기하고 그대로 유기하여 둔채 섬을 떠난 후 10년 동안 그 물건들을 관리하지 않고 있었다면, 그 섬에 거주하는 피고인이 그 소유자가 섬을 떠난지 7년이 경과한 뒤 노후된 물건들을 피고인 집 가까이에 옮겨 놓았다 하더라도, 그 물건들의 반입 경위, 그 소유자가 섬을 떠나게 된 경위, 그 물건들을 옮긴 시점과 그간의 관리상황 등에 비추어 볼 때 피고인이 그 물건들을 옮겨 갈 당시 원소유자나 그 상속인이 그 물건들을 점유할 의사로 사실상 지배하고 있었다고는 볼 수 없으므로, 그 물건들을 절도죄의 객체인 타인이 점유하는 물건으로 볼 수 없다』(대판 1994.10.11. 94도1481)☆.

라. 사자의 점유

형법상 점유개념은 민법상의 점유와는 달리 보다 현실적인 관념이므로, 판례는 피해자가 사망한 후에도 그 점유는 계속된다고 보아 사자로부터의 재물의 탈취는 바로 사자의 점유를 침해하는 것이라는 입장이다. 다만 사자의 점유는 피해자의 사망 직후에 있어 피해자의 점유를 계속 보호함이 범죄의 구체적 사실과 현실적인 사회관념에 합치되는 경우에 인정한다는 것이지, 사망 후 상당 시일이 경과한 경우에 대하여도 점유의 계속을 인정하는 취지는 아니다.

✔ **사자의 점유(생전점유계속설) : 자취방 살해 사건** 『[1] 피해자를 살해한 방에서 사망한 피해자 곁에 4시간 30분쯤 있다가 그곳 피해자의 자취방 벽에 걸려 있던 피해자가 소지하는 물건들을 영득의 의사로

---

[70] 보충설명 망부석을 30여 년간 방치한 경우에는 망부석을 지배할 의사가 없는 것이므로 관리인이 처분한 경우 절도죄가 성립되지 않는다.

가지고 나온 경우 피해자가 생전에 가진 점유는 사망 후에도 여전히 계속되는 것으로 보아야 한다. [2] 사망자 명의로 된 문서라고 할지라도 그 문서의 작성일자가 명의자의 생존중의 날짜로 된 경우 일반인으로 하여금 사망자가 생존중에 작성한 것으로 오신케 할 우려가 있으므로, 비록 시간적으로 피해자의 사망 이후에 피해자 명의의 문서를 위조하고 이를 행사한 것이라 하더라도 사문서위조죄와 동행사죄가 성립한다』(대판 1993.9.28. 93도2143)★.

마. 점유보조자의 점유

민법상으로는 타인의 지시를 받아 물건에 대한 사실상의 지배를 하는 이른바 점유보조자는 점유의 주체가 되지 못하고 그 타인만이 점유자가 된다. 그러나 전술한 바와 같이 민법상 점유의 개념과 형법상의 점유개념은 반드시 일치하지 않으며 민법상의 점유보조자라고 할지라도 물건에 대하여 사실상 지배력을 행사하고 있을 때는 형법상 점유자로 보아야 한다. 재물의 운반 등을 위탁받은 경우 위탁자의 감독·통제가 불가능하다면 타인을 위하여 물건을 사실상 지배하는 점유보조자로서 단독점유를 인정할 수 있다.

✔ **점유보조자의 독립적 점유 : 20만원 및 오토바이 절취 사건** 『민법상 점유보조자(점원)라고 할지라도 그 물건에 대하여 사실상 지배력을 행사하는 경우에는 형법상 보관의 주체로 볼 수 있으므로 이를 영득한 경우에는 절도죄가 아니라 횡령죄에 해당한다』(대판 1982.3.9. 81도3396)☆. ※ 판결이유 중 : 피고인은 점원으로서는 평소는 점포 주인인 위 피해자의 점유를 보조하는 자에 지나지 않으나 위 범행 당시는 위 피해자의 위탁을 받아 금고 안의 현금과 오토바이를 사실상 지배하에 두고 보관한 것이라고 보겠으니, 피고인의 위 범행은 자기의 보관하에 있는 타인의 재물을 영득한 것으로서 횡령죄에 해당한다고 보아야 할 것이다.

✔ **단독점유가 인정된 경우 : 다방 주인 오토바이 사건** 『피해자가 그 소유의 오토바이를 타고 심부름을 다녀오라고 하여서 그 오토바이를 타고 가다가 마음이 변하여 이를 반환하지 아니한 채 그대로 타고 가버렸다면 횡령죄를 구성함은 별론으로 하고 적어도 절도죄를 구성하지는 아니한다』(대판 1986.8.19. 86도1093)☆.

✔ **단독점유가 인정된 경우 : 대흥2동 사무소 사환 사건** 『동회의 사환이 동직원으로부터 시청금고에 입금하도록 교부 받은 현금과 예금에서 찾은 돈을 사생활비에 소비한 경우에는 절도죄가 아니라 횡령죄가 성립된다』(대판 1968.10.29. 68도1222)☆.

✔ **단독점유가 부정된 경우 : 한국은행 전주지점 돈뭉치 바꿔치기 사건** 『은행에서 찾은 현금을 운반하기 위하여 소지하게 된 자가 그 금원 중 일부금을 꺼내어 이를 영득한 경우에는 피고인의 운반을 위한 소지는 피고인의 독립적인 점유에 속하는 것이 아니고 피해자의 점유에 종속하는 점유의 기관으로서 소지함에 지나지 않으므로 이를 영득한 행위는 피해자의 점유를 침탈함에 돌아가기 때문에 절도죄가 성립한다고 해석함이 정당하다』(대판 1966.1.31. 65도1178)☆.

바. 공동점유

수인이 공동하여 타인의 재물을 보관하고 있는 경우에 공동보관자 중 1인이 다른 공동보관자의 동의 없이 불법영득의 의사로 재물을 자기단독의 점유로 옮겼을 때는 다른 보관자의 점유를 침해하여 타인의 재물을 자기의 지배하에 옮긴 것이므로 절도죄가 성립한다. 그러나 공동소유의 재물이라도 공동점유 하에 있지 않고 공동소유자 중 1인이 단독으로 보관하고 있는 경우에는 그 보관자의 영득행위는 절도죄가 아니라 횡령죄 성립한다.

✔ **공동점유 : 창고 안 합유물 사건** 『조합원의 1인이 조합원의 공동점유에 속하는 합유의 물건을 다른 조합원의 승낙없이 조합원의 점유를 배제하고 단독으로 자신의 지배하에 옮긴다는 인식이 있었다면 절도죄에 있어서의 불법영득의 의사가 있었다고 볼 것이다』(대판 1982.12.28. 82도2058)★.

✔ **공동점유 : 제조공구 절취 사건** 『동업체에 제공된 물품은 동업관계가 청산되지 않는 한 동업자들의 공동점유에 속하므로, 그 물품이 원래 피고인의 소유라거나 피고인이 다른 곳에서 빌려서 제공하였다는 사유만으로는 절도죄의 객체가 됨에 지장이 없다』(대판 1995.10.12. 94도2076)☆.

타인 점유를 부정한 기출판례 정리

① ✔ **모시조개 양식장 사건** 『[1] 어업권자와 어업권행사계약을 체결하고 어업권을 행사하는 피해자의 양식장에서 모시조개를 채취한 경우 절도죄가 성립하기 위해서는 그 채취한 모시조개가 자연 번식하는 것이 아니라 그 피해자가 양식하는 것으로서 피해자의 소유임이 인정되어야 한다.
[2] 어업권자와 어업권행사계약을 체결하고 어업권을 행사하는 피해자의 양식장에서 '자연산' 모시조개를 무단 채취한 행위가 절도죄에 해당하지 아니한다고 한 사례』(대판 2010.4.8. 2009도11827)☆.

② ✔ **냉장고 전기 사용 사건** 『임차인이 퇴거 후에도 냉장고에 관한 점유·관리를 그대로 보유하고 있었다고 보아야 하므로, 냉장고를 통하여 전기를 계속 사용하였다고 하더라도 이는 당초부터 자기의 점유·관리하에 있던 전기를 사용한 것일 뿐 타인의 점유·관리하에 있던 전기가 아니어서 절도죄가 성립하지 않는다』(대판 2008.7.10. 2008도3252)★.

③ ✔ **강남지점 영업과장 사건** 『상사와의 의견 충돌 끝에 항의의 표시로 사표를 제출한 다음 평소 피고인이 전적으로 보관, 관리해 오던 이른바 비자금 관계 서류 및 금품이 든 가방을 들고 나온 경우, 불법영득의 의사가 있다고 할 수 없을 뿐만 아니라 그 서류 및 금품이 타인의 점유하에 있던 물건이라고도 볼 수 없다』(대판 1995.9.5. 94도3033)☆.

Ⅲ. 절 취

1. 의 의

절취란 불법영득의 의사로 폭행이나 협박 또는 사기의 방법에 의하지 아니하고 타인의 점유 하에 있는 타인 소유물을 점유자의 의사에 반하여 자기 또는 제3자의 점유 하로 옮기는 행위를 말한다.

본래 절취의 뜻은 몰래 훔친다는 것이지만 반드시 은밀하게 행하여질 필요는 없으며 피해자의 면전에서 재물을 탈취해 달아나는 이른바 날치기도 절취에 해당될 수 있다. 폭행·협박의 방법에 의한 경우에는 그 정도에 따라 강도 또는 공갈이 되고 절도는 되지 않는다.

✔ **절취의 의미 : 창고패널 절취사건** 『형법상 절취란 타인이 점유하고 있는 자기 이외의 자의 소유물을 점유자의 의사에 반하여 그 점유를 배제하고 자기 또는 제3자의 점유로 옮기는 것을 말한다』(대판 2006.9.28. 2006도2963)★.

✔ **현금인출행위와 절도죄 : 처 명의 모용 삼성카드 발급·사용 사건** 『피고인이 타인의 명의를 모용하여 발급받은 신용카드를 사용하여 현금자동지급기에서 현금대출을 받는 행위는 카드회사에 의하여 미리 포괄

적으로 허용된 행위가 아니라, 현금자동지급기의 관리자의 의사에 반하여 그의 지배를 배제한 채 그 현금을 자기의 지배하에 옮겨 놓는 행위로서 절도죄에 해당한다.』(대판 2006.7.27. 2006도3126)★.

✔ **현금인출행위와 절도죄 : 계좌이체 후 인출 사건** 『절취한 타인의 신용카드를 이용하여 현금지급기에서 계좌이체를 한 행위는 컴퓨터등사용사기죄에서 컴퓨터 등 정보처리장치에 권한 없이 정보를 입력하여 정보처리를 하게 한 행위에 해당함은 별론으로 하고 이를 절취행위라고 볼 수는 없고, 한편 위 계좌이체 후 현금지급기에서 현금을 인출한 행위는 자신의 신용카드나 현금카드를 이용한 것이어서 이러한 현금인출이 현금지급기 관리자의 의사에 반한다고 볼 수 없어 절취행위에 해당하지 않으므로 절도죄를 구성하지 않는다.』(대판 2008.6.12. 2008도2440)★.

2. 절취와 사취의 구별

기망의 방법에 의하여 타인으로 하여금 재물을 교부케 하여 그 점유를 취득하는 것은 절취가 아니라 사기에 해당한다. 다만 기망행위가 있더라도 그것이 점유 침탈의 한 가지 방법에 불과하고 기망으로 인하여 재물의 교부, 즉 종국적 처분행위가 있었다고 보기 어려운 경우에는 사기죄가 아니라 절도죄가 성립한다(이른바 책략 절도).

✔ **절취와 사취의 구별 : 금방 순금목걸이 절취 사건** 『피고인이 피해자 경영의 금방에서 마치 귀금속을 구입할 것처럼 가장하여 피해자로부터 순금목걸이 등을 건네받은 다음 화장실에 갔다 오겠다는 핑계를 대고 도주한 것이라면 위 순금목걸이 등은 도주하기 전까지는 아직 피해자의 점유하에 있었다고 할 것이므로 이를 절도죄로 의율 처단한 것은 정당하다.』(대판 1994.8.12. 94도1487)★.

✔ **절취를 인정한 경우 : 결혼식 접수인 행세 사건** 『피해자가 결혼예식장에서 신부측 축의금 접수인인 것처럼 행세하는 피고인에게 축의금을 내어 놓자 이를 교부받아 가로챈 사안에서, 피해자의 교부행위의 취지는 신부측에 전달하는 것일 뿐 피고인에게 그 처분권을 주는 것이 아니므로, 이를 피고인에게 교부한 것이라고 볼 수 없고 단지 신부측 접수대에 교부하는 취지에 불과하므로 피고인이 그 돈을 가져간 것은 신부측 접수처의 점유를 침탈하여 범한 절취행위라고 보는 것이 정당하다.』(대판 1996.10.15. 96도2227)☆.

3. 착수시기

절도죄의 실행의 착수시기는 점유침해 행위가 개시된 시점이다. 판례는 피해자의 재물에 대한 사실상 지배를 침해하는데 밀접한 행위를 개시하거나 목적물을 물색한 때 실행의 착수가 있다고 본다. 어떠한 행위가 사실상 지배를 침해하는 밀접한 행위에 해당하는지는 구체적인 사정에 따라 판단하여야 한다.

실행의 착수를 인정한 기출판례 정리
① ✔ **거실·안방 두리번 사건** 『[1] 야간이 아닌 주간에 절도의 목적으로 다른 사람의 주거에 침입하여 절취할 재물의 물색행위를 시작하는 등 그에 대한 사실상의 지배를 침해하는 데에 밀접한 행위를 개시하면 절도죄의 실행에 착수한 것으로 보아야 한다. [2] 주간에 절도의 목적으로 방 안까지 들어갔다가 절취할 재물을 찾지 못하여 거실로 돌아나온 경우, 절도죄의 실행 착수가 인정된다.』(대판 2003.6.24. 2003도1985)★.

②	✔ **부엌에서 금품 물색 사건** 『금품을 훔칠 목적으로 피해자의 집에 담을 넘어 침입하여 그집 부엌에서 금품을 물색하던 중에 발각되어 도주한 것이라면 이는 절취행위에 착수한 것이라고 보아야 한다』(대판 1987.1.20. 86도2199, 86감도245)☆.
③	✔ **구리 절취 사건** 『범인들이 함께 담을 넘어 마당에 들어가 그 중 1명이 그곳에 있는 구리를 찾기 위하여 담에 붙어 걸어가다가 잡혔다면 절취대상품에 대한 물색행위가 없었다고 할 수 없다』(대판 1989.9.12. 89도1153)☆.
④	✔ **운전석 손잡이 사건** 『야간에 손전등과 박스 포장용 노끈을 이용하여 도로에 주차된 차량의 문을 열고 현금 등을 훔치기로 마음먹고, 차량의 문이 잠겨 있는지 확인하기 위해 양손으로 운전석 문의 손잡이를 잡고 열려고 하던 중 경찰관에게 발각된 사안에서, 절도죄의 실행에 착수한 것으로 보아야 한다』(대판 2009.9.24. 2009도5595)★.

실행의 착수를 부정한 기출판례 정리

①	✔ **물색 전 도망 사건** 『절도죄의 실행의 착수시기는 재물에 대한 타인의 사실상의 지배를 침해하는 데에 밀접한 행위를 개시한 때라고 보아야 하므로, 야간이 아닌 주간에 절도의 목적으로 타인의 주거에 침입하였다고 하여도 아직 절취할 물건의 물색행위를 시작하기 전이라면 주거침입죄만 성립할 뿐 절도죄의 실행에 착수한 것으로 볼 수 없는 것이어서 절도미수죄는 성립하지 않는다』(대판 1992.9.8. 92도1650)★.
②	✔ **전화채권 골목길 유인 사건** 『평소 잘 아는 피해자에게 전화채권을 사주겠다고 하면서 골목길로 유인하여 돈을 절취하려고 기회를 엿본 행위만으로는 절도의 예비행위는 될지언정 행위의 방법, 태양 및 주변상황 등에 비추어 볼때 타인의 재물에 대한 사실상 지배를 침해하는데 밀접한 행위가 개시되었다고 단정할 수 없다』(대판 1983.3.8. 82도2944)☆.

4. 기수시기

절도죄는 타인의 점유를 침해하여 재물을 자기 또는 제3자의 사실상 지배하에 둠으로써 배타적으로 자유로이 처분할 수 있는 상태에 있으면 기수가 된다(취득설). 통설·판례의 입장이다.

> ✔ **기수시기 : 그레이스 승합차 핸드브레이크 사건** 『자동차를 절취할 생각으로 자동차의 조수석문을 열고 들어가 시동을 걸려고 시도하는 등 차 안의 기기를 이것저것 만지다가 핸드브레이크를 풀게 되었는데 그 장소가 내리막길인 관계로 시동이 걸리지 않은 상태에서 약 10미터 전진하다가 가로수를 들이받는 바람에 멈추게 되었다면 절도의 기수에 해당한다고 볼 수 없을 뿐 아니라 도로교통법 제2조 제19호 소정의 자동차의 운전에 해당하지 아니한다』(대판 1994.9.9. 94도1522)☆.

Ⅳ. 불법영득의사와 사용절도

1. 의미와 내용

절도죄와 강도죄의 성립에는 주관적 위법요소로서 불법영득의 의사가 있음을 요하고 영득의 의사가 없는 경우에는 점유자의 의사에 반하여 그 점유를 침해하고 목적물을 자기 또는 제3자의 점유 하에 옮겼다 하더라도 죄가 성립되지 않는다.[71] 특히 절도죄에 있어서 목적물을 단순히 일시 사용하기 위하여 불법영득의 의사 없이 점유의 침탈을 하는 이른바 사용절도는 권리자의 권리를 계속적으로 배제한다는 소극적 요소를 결여 하고 있으므로 절도죄가 되지 않는다.72)

판례는 일시사용의 목적으로 타인의 점유를 침탈한 경우나 타인의 물건을 점유자의 승낙 없이 무단사용하는 경우에 있어서 그 사용으로 물건 자체가 가지는 경제적 가치가 상당한 정도로 소모되거나 또는 사용 후 본래의 장소가 아닌 다른 곳에 버리거나 곧 반환 하지 아니하고 장시간 점유하고 있었다면 그 소유권 또는 본권을 침해할 의사가 있었다고 보아야 하므로 불법영득의 의사를 인정할 수 있다는 입장이다.

불법영득의사를 부정한 기출판례 정리

① ✔ **화장대 안 도장 몰래 사용 사건** 『피해자의 승낙 없이 혼인신고서를 작성하기 위하여 피해자의 도장을 몰래 꺼내어 사용한 후 곧바로 제자리에 갖다 놓은 경우, 도장에 대한 불법영득의 의사가 있었다고 볼 수 없다』(대판 2000.3.28. 2000도493)☆.

② ✔ **책상서랍 안 인감도장 몰래 사용 사건** 『타인의 물건을 점유자의 승낙없이 무단사용하는 경우에 있어서 그 사용으로 물건자체가 가지는 경제적 가치가 상당한 정도로 소모되거나 또는 사용후 본래의 장소가 아닌 다른 곳에 버리거나 곧 반환하지 아니하고 장시간 점유하고 있었다면 그 소유권 또는 본권을 침해할 의사가 있다고 보아 불법영득의 의사를 인정할 수 있을 것이나 그렇지 아니하고 그 사용으로 인한 가치의 소모가 무시할 수 있을 정도로 경미하고 또 사용후 곧 반환하였다면 그 소유권 또는 본권을 침해할 의사가 있다고 할 수 없어 불법영득의 의사를 인정할 수 없다』(대판 1987.12.8. 87도1959)★.

③ ✔ **내연녀 패물 보관 사건** 『내연관계에 있던 여자가 계속 회피하며 만나 주지 않자 내연관계를 회복시켜 볼 목적으로 그녀의 물건을 가져 와 보관한 후 이를 찾으러 오면 그 때 그 물건을 반환하면서 타일러 다시 내연관계를 지속시킬 생각으로 물건을 가져 왔고 그녀의 가족에게 그 사실을 그녀에게 연락하라고 말하였으며 그 후 이를 보관하고 있으면서 이용 내지 소비하지 아니한 경우 불법영득의 의사가 있다고 할 수 없다』(대판 1992.5.12. 92도280).

④ ✔ **군무이탈 중 총기휴대 사건** 『피고인이 군무를 이탈할 때 총기를 휴대하고 있는지 조차 인식할 수 없는 정신상태에 있었고 총기는 어떤 경우라도 몸을 떠나서는 안된다는 교육을 지속적으로 받아왔다면 사격장에서 군무를 이탈하면서 총기를 휴대하였다는것만 가지고는 피고인에게 총기에 대한 불법영득의 의사가 있었다고 할 수 없다』(대판 1992.9.8. 91도3149)☆.

⑤ ✔ **지갑 증거인멸 소각 사건** 『[1] 절도죄의 성립에 필요한 불법영득의 의사라 함은 권리자를 배제하고 타인의 물건을 자기의 소유물과 같이 그 경제적 용법에 따라 이용, 처분하려는 의사를 말한다. [2] 피고인이 살해된 피해자의 주머니 에서 꺼낸 지갑을 살해도구로 이용한 골프채와 옷 등 다른 증거품들과 함께 자신의 차량에 싣고 가다가 쓰레기 소각장에서 태워버린 경우, 살인 범행의 증거를 인멸하기 위한 행위로서 불법영득의 의사가 있었다고 보기 어렵다』(대판 2000.10.13. 2000도3655)☆.

⑥ ✔ **도난 LG신용카드 현금서비스 사건** 『[1] 타인의 재물을 점유자의 승낙 없이 무단사용하는 경우에 있어서 그 사용으로 인하여 물건 자체가 가지는 경제적 가치가 상당한 정도로 소모되거나 또는 사용 후 그 재물을 본래 있었던 장소가 아닌 다른 장소에 버리거나 곧 반환하지 아니하고 장시간 점유하고

---

71) 보충설명 불법영득의 의사라 함은 타인의 물건을 그 권리자를 배제하고 자기의 소유물과 같이 그 경제적 용법에 따라 이용·처분하고자 하는 의사를 말한다.
72) 보충설명 사용절도가 절도죄를 구성하지 않는다고 하여 처벌되지 않는 것은 아니고 권리자의 동의 없이 타인의 자동차, 선박, 항공기 또는 원동기장치자전거를 일시 사용 한 경우에는 제331조의2(자동차 등의 불법사용죄)로 벌할 수 있다.

있는 것과 같은 때에는 그 소유권 또는 본권을 침해할 의사가 있다고 보아 불법영득의 의사를 인정할 수 있을 것이나, 그렇지 않고 그 사용으로 인한 가치의 소모가 무시할 수 있을 정도로 경미하고, 또한 사용 후 곧 반환한 것과 같은 때에는 그 소유권 또는 본권을 침해할 의사가 있다고 할 수 없어 불법영득의 의사가 있다고 인정할 수 없다.

[2] 신용카드업자가 발행한 신용카드는 이를 소지함으로써 신용구매가 가능하고 금융의 편의를 받을 수 있다는 점에서 경제적 가치가 있다 하더라도, 그 자체에 경제적 가치가 화체되어 있거나 특정의 재산권을 표창하는 유가증권이라고 볼 수 없고, 단지 신용카드회원이 그 제시를 통하여 신용카드회원이라는 사실을 증명하거나 현금자동지급기 등에 주입하는 등의 방법으로 신용카드업자로부터 서비스를 받을 수 있는 증표로서의 가치를 갖는 것이어서, 이를 사용하여 현금자동지급기에서 현금을 인출하였다 하더라도 신용카드 자체가 가지는 경제적 가치가 인출된 예금액만큼 소모되었다고 할 수 없으므로, 이를 일시 사용하고 곧 반환한 경우에는 불법영득의 의사가 없다』(대판 1999.7.9. 99도857)★

⑦ ✔ **중소기업은행 직불카드 이체 사건** 『은행이 발급한 직불카드를 사용하여 타인의 예금계좌에서 자기의 예금계좌로 돈을 이체시켰다 하더라도 직불카드 자체가 가지는 경제적 가치가 계좌이체된 금액만큼 소모되었다고 할 수는 없으므로, 이를 일시 사용하고 곧 반환한 경우에는 그 직불카드에 대한 불법영득의 의사는 없다고 보아야 한다』(대판 2006.3.9. 2005도7819)☆

⑧ ✔ **외환은행 현금카드 인출 사건** 『피해자로부터 지갑을 잠시 건네받아 임의로 지갑에서 현금카드를 꺼내어 현금자동인출기에서 현금을 인출하고 곧바로 피해자에게 현금카드를 반환한 경우, 현금카드에 대한 불법영득의사가 없다』(대판 1998.11.10. 98도2642)☆

⑨ ✔ **2~3시간 차량 운행 반환 사건** 『동네 선배로부터 차량을 빌렸다가 반환하지 아니한 보조열쇠를 이용하여 그 후 3차례에 걸쳐 위 차량을 2-3시간 정도 운행한 후 원래 주차된 곳에 갖다 놓아 반환한 경우 피해자와의 친분관계, 차량의 운행경위, 운행시간, 운행 후의 정황 등에 비추어 불법영득의 의사가 있었다고 볼 수 없다』(대판 1992.4.24. 92도118)☆.73)74)

불법영득의사를 인정한 기출판례 정리

① ✔ **BMW X5 절취 사건** 『절도죄의 성립에 필요한 불법영득의 의사란 타인의 물건을 그 권리자를 배제하고 자기의 소유물과 같이 그 경제적 용법에 따라 이용·처분하고자 하는 의사를 말하는 것으로서, 단순히 타인의 점유만을 침해하였다고 하여 그로써 곧 절도죄가 성립하는 것은 아니나, 재물의 소유권 또는 이에 준하는 본권을 침해하는 의사가 있으면 되고 반드시 영구적으로 보유할 의사가 필요한 것은 아니며, 그것이 물건 자체를 영득할 의사인지 물건의 가치만을 영득할 의사인지를 불문한다. 따라서 어떠한 물건을 점유자의 의사에 반하여 취거하는 행위가 결과적으로 소유자의 이익으로 된다는 사정 또는 소유자의 추정적 승낙이 있다고 볼 만한 사정이 있다고 하더라도, 다른 특별한 사정이 없는 한 그러한 사유만으로 불법영득의 의사가 없다고 할 수는 없다』(대판 2014.2.21. 2013도14139)★

② ✔ **현장소장 예금통장 반환 사건** 『예금통장은 예금채권을 표창하는 유가증권이 아니고 그 자체에 예금액 상당의 경제적 가치가 화체되어 있는 것도 아니지만, 이를 소지함으로써 예금채권의 행사자격을 증명할 수 있는 자격증권으로서 예금계약사실 뿐 아니라 예금액에 대한 증명기능이 있고 이러한 증명기

---

73) 보충설명 자동차등 불법사용죄로 처벌될 수 있다.
74) 관련판례 『불법영득의 의사 없이 타인의 자동차를 일시사용 한 경우, 이에 따른 유류소비행위는 위 자동차의 일시사용에 필연적으로 부수되어 생긴 결과로서 절도죄를 구성하지 않는 위 자동차의 일시사용행위에 포함된 것이라 할 것이므로 자동차 자체의 일시사용과 독립하여 별개의 절도죄를 구성하지 않는다』(대판 1985.3.26. 84도1613).

능은 예금통장 자체가 가지는 경제적 가치라고 보아야 하므로, 예금통장을 사용하여 예금을 인출하게 되면 그 인출된 예금액에 대하여는 예금통장 자체의 예금액 증명기능이 상실되고 이에 따라 그 상실된 기능에 상응한 경제적 가치도 소모된다. 그렇다면 타인의 예금통장을 무단사용하여 예금을 인출한 후 바로 예금통장을 반환하였다 하더라도 그 사용으로 인한 위와 같은 경제적 가치의 소모가 무시할 수 있을 정도로 경미한 경우가 아닌 이상, 예금통장 자체가 가지는 예금액 증명기능의 경제적 가치에 대한 불법영득의 의사를 인정할 수 있으므로 절도죄가 성립한다』(대판 2010.5.27. 2009도9008)★.

③ ✔ **중국집 오토바이 이용 도주 사건** 『소유자의 승낙 없이 오토바이를 타고 가서 다른 장소에 버린 경우, 자동차등불법사용죄가 아닌 절도죄가 성립한다』(대판 2002.9.6. 2002도3465)☆.

④ ✔ **스포츠 피부샵 휴대전화 사건** 『피고인이 갑의 영업점 내에 있는 갑 소유의 휴대전화를 허락 없이 가지고 나와 사용한 다음 약 1~2시간 후 위 영업점 정문 옆 화분에 놓아두고 가 절취하였다는 내용으로 기소된 사안에서, 피고인이 갑의 휴대전화를 자신의 소유물과 같이 경제적 용법에 따라 이용하다가 본래의 장소와 다른 곳에 유기하여 불법영득의사가 있었다고 할 것인데도, 이와 달리 보아 무죄를 선고한 원심판결에 법리오해의 위법이 있다고 한 사례』(대판 2012.7.12. 2012도1132)★.

⑤ ✔ **오토바이 7, 8미터 방치 사건** 『절도죄에 있어서의 불법영득의 의사는 영구적으로 그 물건의 경제적 이익을 보유할 의사가 필요치 아니하여도 소유권 또는 이에 준하는 본권을 침해하는 의사, 즉 목적물의 물질을 영득할 의사나 물질의 가치만을 영득할 의사라도 영득의 의사가 있다고 할 것인바, 피고인이 길가에 세워져 있는 오토바이를 소유자의 승낙없이 타고가서 용무를 마친 약시간 30분 후 본래 있던 곳에서 약 7,8미터 되는 장소에 방치하였다면 불법영득의 의사가 있었다고 할 것이다』(대판 1981.10.13. 81도2394)☆.

⑥ ✔ **문신 협박 사건** 『절도죄에 있어 영득의 의사라 함은 권리자를 배제하고 타인의 물건을 자기 소유물과 같이 그 경제적 용법에 따라 이용·처분할 의사를 말하는 것이므로, 피고인이 현금 등이 들어 있는 피해자의 지갑을 가져갈 당시에 피해자의 승낙을 받지 않았다면 가사 피고인이 후일 변제할 의사가 있었다고 하더라도 불법영득의사가 있었다고 할 것이다』(대판 1999.4.9. 99도519)☆.

V. 타죄와의 관계

신용카드를 절취한 후 이를 사용하여 현금인출기에서 현금을 인출하는 경우의 절도죄 또는 카드가맹점에서 물건을 구입하는 경우의 사기죄 역시 새로운 법익을 침해하는 행위로서 별도로 범죄가 성립하며 절도죄의 불가벌적 사후행위가 되는 것은 아니다.

> ✔ **BC카드 절취 후 TV구입 사건** 『신용카드를 절취한 후 이를 사용한 경우 신용카드의 부정사용행위는 새로운 법익의 침해로 보아야 하고 그 법익침해가 절도범행보다 큰 것이 대부분이므로 위와 같은 부정사용행위가 절도범행의 불가벌적 사후행위가 되는 것은 아니다』(대판 1996.7.12. 96도1181)☆.

제3관 야간주거침입절도죄

> **제330조 │ 야간주거침입절도 │**
> 야간에 사람의 주거, 관리하는 건조물, 선박, 항공기 또는 점유하는 방실에 침입하여 타인의 재물을 절취한 자는 10년 이하의 징역에 처한다.

Ⅰ. 의 의

야간주거침입절도는 야간에 사람의 주거, 간수하는 저택, 건조물이나 선박 또는 점유하는 방실에 침입하여 타인의 재물을 절취한 경우 성립하는 범죄이다. '야간'이라는 일정한 상황(시간적 제한)과 사람의 주거, 간수하는 저택, 건조물이나 선박 또는 점유하는 방실이라는 장소적 제한이 가하여짐으로써 일반절도보다 위험성이 있으므로 불법이 가중되는 범죄이다.

Ⅱ. 야 간(행위상황)

야간이란 일몰 후부터 일출 전까지를 의미한다. 본죄는 야간이라는 심리적 불안상태를 이용하여 범하는 것이고, 이에 비추어 단순 절도죄보다 중하게 처벌하고자 하는 것이 그 입법 취지이므로 주거침입과 절취행위 양자 모두 야간에 이루어져야 한다.

> ✔ **야간의 의미와 적용범위 : 주간침입 야간 절취(장안동 모텔) 사건** 『형법은 제329조에서 절도죄를 규정하고 곧바로 제330조에서 야간주거침입절도죄를 규정하고 있을 뿐, 야간절도죄에 관하여는 처벌규정을 별도로 두고 있지 아니하다. 이러한 형법 제330조의 규정형식과 그 구성요건의 문언에 비추어 보면, 형법은 야간에 이루어지는 주거침입행위의 위험성에 주목하여 그러한 행위를 수반한 절도를 야간주거침입절도죄로 중하게 처벌하고 있는 것으로 보아야 하고, 따라서 주거침입이 주간에 이루어진 경우에는 야간주거침입절도죄가 성립하지 않는다고 해석하는 것이 타당하다』(대판 2011. 4. 14. 2011도300)[75] ★

Ⅲ. 주거 등에 침입

사람의 주거, 간수하는 저택, 건조물이나 선박 또는 점유하는 방실의 개념이나 침입의 개념은 주거침입죄 단원에서 설명한 바와 동일하다.[76]

Ⅳ. 실행의 착수

본죄는 절도와 주거침입의 결합범으로서 타인의 주거 등에 침입하여 절취행위를 하는 것이므로, 시간적으로 절취행위보다 주거침입행위가 선행되어야 한다. 따라서 주거침입을 한 때에 실행에 착수한 것으로 본다.

---

75) [보충설명] 甲이 2024. 1. 1. 15:40경 문이 열려 있는 A의 주거에 침입하여 머물러 있다가, 같은 날 21:00경 그곳에 있던 A 소유의 시가 100만 원 상당 노트북 1대를 가지고 나와 절취한 경우, 甲에게는 야간주거침입절도죄가 성립하지 않는다.

76) [보충설명] 객체인 건조물이란 반드시 영구적인 구조물일 필요가 없으므로 알루미늄 샷시로 벽과 지붕을 지은 가로 230cm 세로 110cm 정도의 담배가게 구조물에 들어가서 행한 절취한 행위도 본죄에 해당한다.

판례도 주거침입죄의 실행의 착수는 주거자, 관리자, 점유자 등의 의사에 반하여 주거나 관리하는 건조물 등에 들어가는 행위 즉, 구성요건의 일부를 실현하는 행위까지 요구하는 것은 아니고, 범죄구성요건의 실현에 이르는 현실적 위험성을 포함하는 행위를 개시하는 것이라고 판시하고 있다.

> ✔ **실행의 착수 : 빌라 출입문 당겨보기 사건** 『야간에 타인의 재물을 절취할 목적으로 사람의 주거에 침입한 경우에는 주거에 침입한 단계에서 이미 형법 제330조에서 규정한 야간주거침입절도라는 범죄행위의 실행에 착수한 것이라고 보아야 한다』(대판 2006.9.14. 2006도2824)★.

> ✔ **실행의 착수가 인정된 경우 : 202호 철제난간 사건** 『야간에 아파트에 침입하여 물건을 훔칠 의도하에 아파트의 베란다 철제난간까지 올라가 유리창문을 열려고 시도하였다면 야간주거침입절도죄의 실행에 착수한 것으로 보아야 한다』(대판 2003.10.24. 2003도4417)★.

> ✔ **실행의 착수가 부정된 경우 : 가스배관 발각 사건** 『[1] 피고인이 이 사건 다세대주택 2층의 불이 꺼져 있는 것을 보고 물건을 절취하기 위하여 가스배관을 타고 올라가다가, 발은 1층 방범창을 딛고 두 손은 1층과 2층 사이에 있는 가스배관을 잡고 있던 상태에서 순찰 중이던 경찰관에게 발각되자 그대로 뛰어내린 경우, 이러한 피고인의 행위만으로는 주거의 사실상의 평온을 침해할 현실적 위험성이 있는 행위를 개시한 때에 해당한다고 보기 어렵다.
> [2] 야간에 다세대주택에 침입하여 물건을 절취하기 위하여 가스배관을 타고 오르다가 순찰 중이던 경찰관에게 발각되어 그냥 뛰어내렸다면, 야간주거침입절도죄의 실행의 착수에 이르지 못했다고 한 사례』(대판 2008.3.27. 2008도917)★.

V. 기수시기

기수시기는 재물에 대한 점유를 침해하고, 피고인 자신의 지배 내에 옮겨 왔을 때이다. 즉, 절취행위가 완료한 때이다.

> ✔ **장식장 안 적금통장 절취 사건** 『피고인이 피해자 경영의 까페에서 야간에 아무도 없는 그 곳 내실에 침입하여 장식장 안에 들어 있던 정기적금통장 등을 꺼내 들고 까페로 나오던 중 발각되어 돌려 준 경우 피고인은 피해자의 재물에 대한 소지(점유)를 침해하고, 일단 피고인 자신의 지배 내에 옮겼다고 볼 수 있으니 절도의 미수에 그친 것이 아니라 야간주거침입절도의 기수라고 할 것이다』(대판 1991.4.23. 91도476)☆.

제4관 특수절도죄

제331조 ┃ 특수절도 ┃
① 야간에 문이나 담 그 밖의 건조물의 일부를 손괴하고 제330조의 장소에 침입하여 타인의 재물을 절취한 자는 1년 이상 10년 이하의 징역에 처한다.
② 흉기를 휴대하거나 2명 이상이 합동하여 타인의 재물을 절취한 자도 제1항의 형에 처한다.

I. 의 의

본죄는 야간주거침입절도가 침입의 방법으로 건조물 일부의 손괴를 수반하는 경우 및 절도(야간주거침입절도도 포함한다)가 흉기를 휴대하거나 2인 이상이 합동하여 범행을 한 경우에 그 폭력성과 집단성에 대처하기 위해 그 형을 가중한 범죄이다.

II. 손괴 후 야간주거침입절도(제1항)

이후에는 전술한 야간주거침입절도죄와 중복되는 부분은 생략하고 특유한 요건만을 설명하고자 한다.

1. 문이나 담 그 밖의 건조물의 일부

문이나 담은 주거 등에 대한 침입을 방지하기 위하여 설치된 일체의 위장시설을 말한다. 건조물은 지붕과 벽 그리고 기둥으로 구성되어 그 내부에 사람이 출입할 수 있는 토지의 정착물을 말한다.

주거 등에의 침입을 방지하기 위하여 문호 등에 장치한 잠금장치나 시정장치 등도 건조물의 일부로 보아야 하므로, 이를 손괴한 후 주거 등에 침입하여 절도를 범한 경우에는 재물손괴와 야간주거침입절도의 경합범이 아니라 본죄만이 성립한다.

2. 손 괴

손괴란 물리적으로 문호, 장벽 기타 건조물의 일부를 훼손하여 그 효용을 상실시키는 것을 말한다. 따라서 식당의 창문과 방충망을 창틀에서 분리하고 침입한 경우와 같이 물리적으로 훼손함이 없는 경우에는 손괴로 볼 수 없다.

> ✔ **손괴의 의미 : 창문・방충망 분리 사건** 『피고인이 야간에 피해자들이 운영하는 식당의 창문과 방충망을 손괴하고 침입하여 현금을 절취하였다는 내용으로 형법 제331조 제1항의 특수절도로 기소된 사안에서, 피고인은 창문과 방충망을 창틀에서 분리하였을 뿐 물리적으로 훼손하여 효용을 상실하게 한 것은 아니라는 이유로 무죄를 인정한 사례』(대판 2015.10.29. 2015도7559)☆.

3. 실행의 착수 및 기수시기

실행의 착수시기는 문호 또는 장벽 기타 건조물의 일부를 손괴하기 시작한 때이다. 기수시기는 절취행위가 완료된 때이다.

> ✔ **실행의 착수시기 : 문고리 손괴 사건** 『현실적으로 절취목적물에 접근하지 못하였다 하더라도 야간에 타인의 주거에 침입하여 건조물의 일부인 방문고리를 손괴하였다면 형법 제331조의 특수절도죄의 실행에 착수한 것이다』(대판 1977.7.26. 77도1802)☆.

> ✔ **실행의 착수시기 : 편의점 담배 절취 사건** 『야간에 불이 꺼져 있는 상점의 출입문을 손으로 열어보려고 하였으나 출입문의 하단에 부착되어 있던 잠금 고리가 잠겨져 있어 열리지 않았는데, 출입문을 발로 걷어차자 잠금 고리의 아래쪽 부착 부분이 출입문에서 떨어져 출입문과의 사이가 뜨게 되면서 출입문이 열려 상점 안으로 침입하여 재물을 절취하였다면, 이는 물리적으로 위장시설을 훼손하여 그 효용을 상실시키는 행위에 해당한다고 한 사례』(대판 2004.10.15. 2004도4505)☆.

Ⅲ. 흉기휴대 및 합동절도(제2항)

1. 흉 기

흉기란 살상용으로 사용하기 위하여 제조된 것에 국한되지 않고 그 용법에 따라 살상을 가할 수 있는 물건을 포함하는 것이지만 적어도 사회통념상 일반인이 그 용법에 따라 위험을 느낄 만한 것이어야 한다.

2. 휴 대

몸 또는 몸 가까이에 소지하는 것을 말한다. 직접 소지하거나 품속에 지니는 것뿐만 아니라 손가방에 넣어 가지고 있거나 자기가 타고 있는 차에 적재한 경우를 포함한다.

3. 합동범(합동절도)

2인 이상이 합동하여 타인의 재물을 절취한 경우의 특수절도죄가 성립하기 위하여는 주관적 요건으로서의 공모와 객관적 요건으로서의 실행행위의 분담이 있어야 하고 그 실행행위에 있어서는 시간적으로나 장소적으로 협동관계에 있음을 요한다.

> ✔ **합동절도의 성립요건(현장설) : 한인은행 가계수표 절취 사건** 『[1] 형법 제331조 제2항 후단의 2인 이상이 합동하여 타인의 재물을 절취한 경우의 특수절도죄가 성립하기 위하여는 주관적 요건으로서의 공모와 객관적 요건으로서의 실행행위의 분담이 있어야 하고 그 실행행위에 있어서는 시간적으로나 장소적으로 협동관계에 있음을 요한다.
> [2] 피고인이 피해자의 형과 범행을 모의하고 피해자의 형이 피해자의 집에서 절취행위를 하는 동안 피고인은 그 집 안의 가까운 곳에 대기하고 있다가 절취품을 가지고 같이 나온 경우 시간적, 장소적으로 협동관계가 있었다』(대판 1996.3.22. 96도313)☆.

> ✔ **합동절도의 한계 : 영산홍 절취 사건** 『[1] 입목을 절취하기 위하여 캐낸 때에 소유자의 입목에 대한 점유가 침해되어 범인의 사실적 지배하에 놓이게 되므로 범인이 그 점유를 취득하고 절도죄는 기수에 이른다. 이를 운반하거나 반출하는 등의 행위는 필요하지 않다.
> [2] 절도범인이 혼자 입목을 땅에서 완전히 캐낸 후에 비로소 제3자가 가담하여 함께 입목을 운반한 사안에서, <u>특수절도죄의 성립을 부정한 사례</u>』(대판 2008.10.23. 2008도6080)★. ※ 판결이유 중 : 피고인 1이 영산홍을 땅에서 캐낸 그 시점에서 이미 피해자의 영산홍에 대한 점유가 침해되어 그 사실적 지배가 피고인 1에게 이동되었다고 봄이 상당하므로, 그때 피고인 1의 영산홍 절취행위는 기수에 이르렀다고 할 것이고, 이와 같이 보는 이상 그 이후에 피고인 2가 영산홍을 피고인 1과 함께 승용차까지 운반하였다고 하더라도 그러한 행위가 다른 죄에 해당하는지의 여부는 별론으로 하고, 피고인 2가 피고인 1과 합동하여 영산홍 절취행위를 하였다고 볼 수는 없다고 할 것이다.

4. 실행의 착수 및 기수시기

원칙적으로 절도죄와 동일하나, 야간에 주거에 침입하여 이루어진 경우에는 야간주거침입절도와 동일하다.

> ✔ **주간인 경우 실행의 착수 : 주간 아파트 시정장치 손괴 사건** 『[1] 형법 제331조 제2항의 특수절도에 있어서 주거침입은 그 구성요건이 아니므로, 절도범이 그 범행수단으로 주거침입을 한 경우에 그 주거침입행위는 절도죄에 흡수되지 아니하고 별개로 주거침입죄를 구성하여 절도죄와는 실체적 경합의 관계에 있

게 되고, 2인 이상이 합동하여 야간이 아닌 주간에 절도의 목적으로 타인의 주거에 침입하였다 하여도 아직 절취할 물건의 물색행위를 시작하기 전이라면 특수절도죄의 실행에는 착수한 것으로 볼 수 없는 것이어서 그 미수죄가 성립하지 않는다.
[2] '주간에' 아파트 출입문 시정장치를 손괴하다가 발각되어 도주한 피고인들이 특수절도미수죄로 기소된 사안에서, '실행의 착수'가 없었다』(대판 2009.12.24. 2009도9667)★.

✔ 야간인 실행의 착수 : 특수절도 야간 자물쇠 손괴 사건 『두사람이 공모 합동하여 타인의 재물을 절취하려고 한 사람은 망을 보고 또 한 사람은 기구를 가지고 출입문의 자물쇠를 떼어내거나 출입문의 환기창문을 열었다면 특수절도죄의 실행에 착수한 것이다』(대판 1986.7.8. 86도843)☆.

✔ 야간인 실행의 착수 : 공사현장 동파이프 사건 『피고인이 아파트 신축공사 현장 안에 있는 건축자재 등을 훔칠 생각으로 공범과 함께 위 공사현장 안으로 들어간 후 창문을 통하여 신축 중인 아파트의 지하실 안쪽을 살핀 행위가 특수절도죄의 실행의 착수에 해당하지 않는다』(대판 2010.4.29. 2009도14554)☆.

Ⅳ. 죄 수

제1항의 죄는 주거침입과 절도의 결합범 형식으로 이루어지며, 손괴는 주거침입의 유형적 방법으로서 규정된 것이므로 주거침입죄나 손괴죄는 흡수된다. 제2항의 죄에 있어서는 주거침입이나 손괴는 그 요건이 아니므로 주간에 건조물의 일부를 손괴하고 이에 침입하여 제2항의 죄를 범한 경우에 주거침입죄와 손괴죄는 본죄와 경합범관계에 있다.

✔ 주거침입죄와의 관계 : 전 여자친구 착각 금목걸이 절취 사건 『형법 제330조의 야간주거침입절도죄 및 제331조 제1항의 손괴특수절도죄를 제외하고 일반적으로 주거침입은 절도죄의 구성요건이 아니므로, 절도범인이 그 범행수단으로 주거침입을 한 경우에 그 주거침입행위는 절도죄에 흡수되지 아니하고 별개로 주거침입죄를 구성하여 절도죄와는 실체적 경합의 관계에 서는 것이 원칙이다』(대판 2008.11.27. 2008도7820)★.
※ 주거침입과 손괴는 제331조 제2항의 구성요소가 아니므로 주거침입죄·손괴죄와 특수절도죄는 실체적 경합관계가 된다.

제5관 자동차 등 불법사용죄

제331조의2 ❘ 자동차 등 불법사용 ❘
권리자의 동의 없이 타인의 자동차, 선박, 항공기 또는 원동기장치자전거를 일시 사용한 자는 3년 이하의 징역, 500만 원 이하의 벌금, 구류 또는 과료에 처한다.

자동차 등 불법사용죄는 사용절도행위 중 타인의 자동차, 선박, 항공기 또는 원동기장치자전거를 사용권리자의 동의 없이 일시 사용하는 행위를 통상의 절도죄로부터 분리하여 가벼운 형으로 처벌하는 범죄를 말한다.

제6관 상습범

> **제332조** ▮ **상습범** ▮
> 상습으로 제329조 내지 제331조의2의 죄를 범한 자는 그 죄에 정한 형의 2분의 1까지 가중한다.

제2절 강도의 죄

제1관 강도죄

> **제333조 | 강도 |**
> 폭행 또는 협박으로 타인의 재물을 강취하거나 기타 재산상의 이익을 취득하거나 제3자로 하여금 이를 취득하게 한 자는 3년 이상의 유기징역에 처한다.

Ⅰ. 의 의

강도죄는 타인이 점유하는 재물을 그 의사에 반하여 탈취하는 점에 있어서 절도죄와 동일하나 재물 외에 재산상 이익을 객체로 포함하고 있는 점과 탈취 또는 취득의 방법이 사람의 반항을 억압할 정도의 폭행 또는 협박에 의하는 점 및 친족상도례에 관한 규정(제328조)이 적용되지 않는 점 등에 있어 절도죄와 차이가 있다.

본죄의 주된 보호법익은 절도죄와 같이 마찬가지로 타인의 재산권이지만 폭행·협박을 범행의 방법으로 하고 있기 때문에 타인의 생명·신체의 자유도 보호법익에 포함된다.

Ⅱ. 행 위

강도죄의 행위는 「폭행·협박으로 타인의 재물을 강취하거나 기타 재산상의 이익을 취득하거나 제3자로 하여금 이를 취득하게 하는 것」이다.

1. 폭행·협박

가. 개 념

폭행과 협박에 대한 일반적 개념은 이미 폭행죄와 협박죄 단원에서 설명한 바와 같다. 그러나 본죄에 있어서의 폭행·협박은 재물탈취를 위해 행하여지는 점에서 폭행죄·협박죄에서의 폭행·협박과는 달리 상대방의 반항을 억압할 정도의 것임을 요건으로 하고 있다.

> ✔ **폭행의 의미 : 날치기 사람 살려 사건** 『[1] 소위 '날치기'와 같이 강제력을 사용하여 재물을 절취하는 행위가 때로는 피해자를 넘어뜨리거나 상해를 입게 하는 경우가 있고, 그러한 결과가 피해자의 반항 억압을 목적으로 함이 없이 점유탈취의 과정에서 우연히 가해진 경우라면 이는 강도가 아니라 절도에 불과하지만, 그 강제력의 행사가 사회통념상 객관적으로 상대방의 반항을 억압하거나 항거 불능케 할 정도의 것이라면 이는 강도죄의 폭행에 해당한다. 그러므로 날치기 수법의 점유탈취 과정에서 이를 알아채고 재물을 빼앗기지 않으려는 상대방의 반항에 부딪혔음에도 계속하여 피해자를 끌고 가면서 억지로 재물을 빼앗은 행위는 피해자의 반항을 억압한 후 재물을 강취한 것으로서 강도에 해당한다.
> [2] 날치기 수법으로 피해자가 들고 있던 가방을 탈취하면서 가방을 놓지 않고 버티는 피해자를 5m 가량 끌고 감으로써 피해자의 무릎 등에 상해를 입힌 경우, 반항을 억압하기 위한 목적으로 가해진 강제력으로서 그 반항을 억압할 정도에 해당한다고 보아 **강도치상죄**의 성립을 인정한 사례』(대판 2007.12.13. 2007도7601)★

나. 혼 취

혼취란 의식을 상실하거나 기타 의식작용의 장애로 물건에 대한 유효한 지배력을 행사할 수 없는 상태를 말하며, 재물탈취의 목적으로 피해자를 졸음에 빠트리기 위해 신경안정제를 탄 우유를 마시게 하거나 중독성 있는 약품을 탄 주스를 마시게 하는 경우에도 본죄의 폭행에 포함된다.

> ✔ **혼취와 강도죄에서의 폭행 : 아리반(신경안정제) 사건** 『"아리반"(신경안정제) 4알을 탄 우유나 사와가 들어 있는 갑을 휴대하고 다니다가 사람에게 마시게 하여 졸음에 빠지게 하고 그 틈에 그 사람의 돈이나 물건을 빼앗은 경우에 그 수단은 강도죄에서 요구하는 남의 항거를 억압할 정도의 폭행에 해당된다』(대판 1979.9.25. 79도1735)☆.

다. 피해자의 반항억압

강도죄의 성립에는 피해자의 반항을 억압할 정도의 폭행·협박의 수단을 사용하여 재물을 탈취하였음을 요하므로 재물절취시에 폭행·협박을 가한 사실이 있다고 하여도 그것이 상대방의 반항을 억압할 정도의 것이 되지 못한 경우나 또는 재물탈취 후 피해자의 저항을 억압 할 목적 없이 폭행·협박을 가한 때는 폭행 또는 협박죄와 절도죄의 두 죄가 성립할 뿐이다.

2. 강 취

강취란 피해자의 반항을 억압하기 위한 폭행·협박의 방법으로 피해자의 의사에 반하여 재물의 점유를 탈취하여 자기 또는 제3자의 지배하에 이전하는 것을 말한다.

가. 점유탈취

점유탈취는 폭행·협박과 인과관계가 있음을 요한다.

피해자가 반항을 억압당한 상태에 빠져 있는 중에 피해자 모르게 그의 물건 등을 영득하는 행위는 당초부터 강도의 의사로 폭행·협박을 가하여 반항억압의 상태에 이르게 한 이상 폭행·협박을 방법으로 한 강취와 다를 바 없다. 따라서 강간행위 종료 전 반항억압상태가 계속 중임을 이용하여 재물을 탈취한 이상은 재물탈취를 위한 새로운 폭행 협박이 필요하지 않고, 우연히 피해자가 재물탈취 사실을 몰랐다고 하더라도 강도죄가 성립한다.

> ✔ **재물탈취의 개념 : 강간 후 강도 후 강간 사건** 『강도죄는 재물탈취의 방법으로 폭행, 협박을 사용하는 행위를 처벌하는 것이므로 폭행, 협박으로 타인의 재물을 탈취한 이상 피해자가 우연히 재물탈취 사실을 알지 못하였다고 하더라도 강도죄는 성립하고, 폭행, 협박당한 자가 탈취당한 재물의 소유자 또는 점유자일 것을 요하지도 아니하며, 강간범인이 부녀를 강간할 목적으로 폭행, 협박에 의하여 반항을 억압한 후 반항억압 상태가 계속 중임을 이용하여 재물을 탈취하는 경우에는 재물탈취를 위한 새로운 폭행, 협박이 없더라도 강도죄가 성립한다』(대판 2010.12.9. 2010도9630)☆.

피해자에 대하여 반항을 억압함에 충분한 폭행·협박이 가해진 경우라도 애초에 범인이 그 폭행·협박을 재물탈취의 방법으로 행사한 것이 아니고, 객관적으로도 재물탈취의 방법으로 사용되었다고 인정될 수 없을 때에는 폭행·협박과 재물탈취 사이에 인과관계가 부정되므로 강도죄가 성립하지 않는다. 또한 폭행·협박이 있은 후 상당한 시간이 경과한 후 다른 장소에서 재물을 교부 받은 경우에도 강도죄는 성립되지 않는다.

> ✔ **인과관계 : 과격한 성교행위 사건**　『형법 제333조의 강도죄는 사람의 반항을 억압함에 충분한 폭행 또는 협박을 사용하여 타인의 재물을 강취하거나 재산상의 이익을 취득함으로써 성립하는 범죄이므로, 피고인이 타인에 대하여 반항을 억압함에 충분한 정도의 폭행 또는 협박을 가한 사실이 있다 해도 그 타인이 재물 취거의 사실을 알지 못하는 사이에 그 틈을 이용하여 피고인이 우발적으로 타인의 재물을 취거한 경우에는 위 폭행이나 협박이 재물 탈취의 방법으로 사용된 것이 아님은 물론, 그 폭행 또는 협박으로 조성된 피해자의 반항억압의 상태를 이용하여 재물을 취득하는 경우에도 해당하지 아니하여 양자 사이에 인과관계가 존재하지 아니한다 할 것이므로, 위 폭행 또는 협박에 의한 반항억압의 상태가 처음부터 재물 탈취의 계획하에 이루어졌다거나 양자가 시간적으로 극히 밀접되어 있는 등 전체적·실질적으로 단일한 재물 탈취의 범의의 실현행위로 평가할 수 있는 경우에 해당하지 아니하는 한 강도죄의 성립을 인정하여서는 안 될 것이다』(대판 2009.1.30. 2008도10308)★.

> ✔ **꼬치마당 금원 교부 사건**　『반항 불가능한 정도에 이른 폭행, 협박이 있은 후 그로부터 상당한 시간이 경과한 후 폭행, 협박이 있은 곳과는 다른 장소에서 금원을 교부받은 범죄사실을 특수강도죄의 기수로 처벌한 원심판결을 심리미진·법리오해의 위법을 이유로 파기한 사례』(대판 1995.3.28. 95도91)☆.

3. 재산상이익의 취득(강제이득죄)

가. 재산상 이익의 개념

　강도의 요건인 재산상 이익은 사기죄나 공갈죄에 있어서의 재산상 이익과 동일한 개념이나, 다만 그 취득의 방법이 상대방의 반항을 억압할 정도의 폭행·협박에 의하는 점에서 기망 또는 반항 억압에 이르지 않는 협박을 방법으로 하는 두 죄와 구별된다. 즉 재산상의 이익이란 재물이외의 일체의 재산적 가치와 이득을 말하며, 적극적 이익이나 소극적 이익, 또는 영구적 이익과 일시적 이익을 모두 포함한다.

> ✔ **재산상 이익의 의미 : 룸싸롱 지불각서 사건**　『형법 제333조 후단의 강도죄, 이른바 강제이득죄의 요건인 재산상의 이익이란 재물 이외의 재산상의 이익을 말하는 것으로서 적극적 이익(적극적인 재산의 증가)이든 소극적 이익(소극적인 부채의 감소)이든 상관없는 것이고, 강제이득죄는 권리의무관계가 외형상으로라도 불법적으로 변동되는 것을 막고자함에 있는 것으로서 항거불능이나 반항을 억압할 정도의 폭행 협박을 그 요건으로 하는 강도죄의 성질상 그 권리의무관계의 외형상 변동의 사법상 효력의 유무는 그 범죄의 성립에 영향이 없고, 법률상 정당하게 그 이행을 청구할 수 있는 것이 아니라도 강도죄에 있어서의 재산상의 이익에 해당하는 것이며, 따라서 이와 같은 재산상의 이익은 반드시 사법상 유효한 재산상의 이득만을 의미하는 것이 아니고 외견상 재산상의 이득을 얻을 것이라고 인정할 수 있는 사실관계만 있으면 된다』(대판 1994.2.22. 93도428)★.

나. 이득과 처분행위의 요부

　재산상 이익의 취득은 상대방의 의사를 억압한 상태에서 이루어지는 것이므로 재산상 이익의 취득은 피해자의 일정한 의사표시나 처분행위에 의한 것일 필요는 없다. 따라서 채무자가 채무를 면탈할 목적으로 채권자를 살해한 경우 재산상의 이익을 취득한 것이라 볼 수 있고 강도살인죄가 성립한다.

　그러나 상속인에 의해 채무의 존재가 명백할 뿐 아니라 채권자의 상속인이 존재하고 그 상속인에게 채권증서 등 채권의 존재를 확인할 방법이 확보되어 있는 경우에는 채권자를 살해하였다 하더라도 일시적으로 채권자의 추급을 면한 것에 불과할 뿐이므로 재산상 이익을 취득하였다고 보기 어려우므로 이러한 경우에는 단순한 살인죄만이 성립할 뿐, 강도살인죄를 구성한다고 볼 수는 없다.

✔ **채무면탈목적 살인(강도살인죄가 성립하는 경우) : 술값 허리잡기 사건** 『술집에 피고인과 술집 주인 두 사람밖에 없는 상황에서 술값의 지급을 요구하는 술집 주인을 살해하고 곧바로 피해자가 소지하던 현금을 탈취한 경우 강도살인죄가 성립한다』(대판 1999.3.9. 99도242)☆

✔ **채무면탈목적 살인(강도살인죄가 성립하지 않는 경우) : 월악산 계곡 사건** 『[1] 강도살인죄가 성립하려면 먼저 강도죄의 성립이 인정되어야 하고, 강도죄가 성립하려면 불법영득의 의사가 있어야 하며, 형법 제333조 후단 소정의 이른바 강제이득죄의 성립요건인 '재산상 이익의 취득'을 인정하기 위하여는 재산상 이익이 사실상 피해자에 대하여 불이익하게 범인 또는 제3자 앞으로 이전되었다고 볼 만한 상태가 이루어져야 하는데, 채무의 존재가 명백할 뿐만 아니라 채권자의 상속인이 존재하고 그 상속인에게 채권의 존재를 확인할 방법이 확보되어 있는 경우에는 비록 그 채무를 면탈할 의사로 채권자를 살해하더라도 일시적으로 채권자측의 추급을 면한 것에 불과하여 재산상 이익의 지배가 채권자측으로부터 범인 앞으로 이전되었다고 보기는 어려우므로, 이러한 경우에는 강도살인죄가 성립할 수 없다.
[2] 피고인이 피해자 소유의 돈과 신용카드에 대하여 불법영득의 의사를 갖게 된 것이 살해 후 상당한 시간이 지난 후로서 살인의 범죄행위가 이미 완료된 후의 일이라면, 살해 후 상당한 시간이 지난 후에 별도의 범의에 터잡아 이루어진 재물 취거행위를 그보다 앞선 살인행위와 합쳐서 강도살인죄로 처단할 수 없다』(대판 2004.6.24. 2004도1098)★

Ⅲ. 실행의 착수

본죄의 실행의 착수는 재물탈취 또는 재산상의 불법이득을 목적으로 피해자의 반항을 억압할 정도의 폭행·협박을 개시한 때이다. 그러므로 사회통념상 피해자의 반항을 억압함에 족한 폭행·협박을 가한 이상 현실적으로 피해자의 반항을 억압하지 못하고 재물탈취나 재산상 불법이득의 목적을 이루지 못한 경우에도 강도미수죄가 성립한다.

Ⅳ. 불법영득의사

강도죄는 절도죄와 마찬가지로 고의 이외에 불법영득의 의사를 필요로 한다. 불법영득의 의사라 함은 권리자를 배제하고 타인의 물건을 자기의 소유물과 같이 그 경제적 용법에 따라 이용·처분할 의사를 말하는 것이다.

✔ **불법영득의사 : 매너 좋은 사람 사건** 『불법영득의 의사라 함은 권리자를 배제하여 타인의 물건을 자기의 물건과 같이 그 경제적 용법에 따라 이용처분하는 의사를 말하는 것이므로 강간하는 과정에서 피해자들이 도망가지 못하게 하기 위해 손가방을 빼앗은 것에 불과하다면 이에 불법영득의 의사가 있었다고 할 수 없다』(대판 1985.8.13. 85도1170)☆

제2관 특수강도죄

> **제334조 | 특수강도 |**
> ① 야간에 사람의 주거, 관리하는 건조물, 선박이나 항공기 또는 점유하는 방실에 침입하여 제333조의 죄를 범한 자는 무기 또는 5년 이상의 징역에 처한다.
> ② 흉기를 휴대하거나 2인 이상이 합동하여 전조의 죄를 범한 자도 전항의 형과 같다.

Ⅰ. 야간주거침입강도

1. 의의

야간주거침입강도는 야간에 사람의 주거, 관리하는 건조물, 선박이나 항공기 또는 점유하는 방실에 침입하여 강도죄를 범함으로써 성립하는 범죄이다.

2. 실행의 착수

야간주거침입강도죄는 주거침입과 강도의 결합범으로서, 시간적으로 주거침입행위가 선행되는 것이므로 주거침입을 한 때에 그 죄의 실행에 착수한 것으로 보아야 한다. 그러나 판례는 같은 취지에서 형법 제334조 제1항의 야간주거침입강도죄는 시간적으로 주거침입행위가 선행되는 것이므로 주거침입을 한 때에 실행에 착수한 것이라고 본 경우도 있고, 형법 제334조 제1항, 제2항 소정의 특수강도의 실행의 착수는 반항을 억압할 수 있는 정도의 폭행 또는 협박에 나아갈 때에 있다고 본 경우도 있어 그 일관성이 없다.

> ✔ **주거침입시에 실행의 착수를 인정한 경우 : 시아버지 헛기침 사건** 『형법 제334조 제1항 소정의 야간주거침입강도죄는 주거침입과 강도의 결합범으로서 시간적으로 주거침입행위가 선행되므로 주거침입을 한 때에 본죄의 실행에 착수한 것으로 볼 것인바, 같은 조 제2항 소정의 흉기휴대 합동강도죄에 있어서도 그 강도행위가 야간에 주거에 침입하여 이루어지는 경우에는 주거침입을 한 때에 실행에 착수한 것으로 보는 것이 타당하다』(대판 1992.7.28. 92도917)☆.

> ✔ **폭행·협박시에 실행의 착수를 인정한 경우 : 여아 강간 사건** 『형법 제334조 제1, 2항 소정의 특수강도의 실행의 착수는 강도의 실행행위 즉 사람의 반항을 억압할 수 있는 정도의 폭행 또는 협박에 나아갈 때에 있다 할 것이고, 야간에 흉기를 휴대한 채 타인의 주거에 침입하여 집안의 동정을 살피는 것만으로는 특수강도의 실행에 착수한 것이라고 할 수 없으므로 특수강도에 착수하기도 전에 저질러진 강간행위는 구 특가법 제5조의6 제1항[개정법 성폭법 제3조 제2항] 소정의 특수강도강간죄에 해당한다고 할 수 없다』(대판 1991.11.22. 91도2296)☆.[77]

Ⅱ. 흉기휴대·합동강도

흉기휴대의 개념과 합동의 의미 등 구성요건의 설명은 특수절도죄 중 흉기휴대 및 합동절도(제331조 제2항)에 관하여 설명한 바와 같으므로 생략한다.

---

77) **보충설명** 강도를 하기 위한 폭행·협박을 개시한 바 없어 실행의 착수를 부정한 사안이다.

> ✔ **합동범에 있어서 공모나 모의의 의의**   『형법 제334조 제2항 소정의 "합동하여"라 함은 주관적 요건으로서의 공모와 객관적 요건으로서의 범행현장에서의 범행의 실행의 분담이 있어야 하나, 그 공모나 모의는 반드시 사전에 이루어진 것만을 필요로 하는 것이 아니고 범행현장에서 암묵리에 의사상통하는 것도 포함된다』(대판 1988.11.22. 88도1557)☆.

제3관 준강도죄·준특수강도죄

> **제335조 ┃ 준강도**
> 절도가 재물의 탈환에 항거하거나 체포를 면탈하거나 범죄의 흔적을 인멸할 목적으로 폭행 또는 협박한 때에는 제333조 및 제334조의 예에 따른다.

Ⅰ. 의 의

준강도죄는 절도가 재물의 탈환을 항거하거나 체포를 면탈하거나 죄적을 인멸할 목적으로 폭행 또는 협박을 가한 경우 성립하는 범죄이다. 본죄는 재물탈취의 방법으로 폭행·협박을 사용하는 일반강도죄와 비교하여 볼 때 재물탈취 및 폭행·협박의 시간적 순서에 전후의 차이가 있을 뿐 그 실질적 위법성은 동일한 것이므로 강도에 준하여 처벌규정을 둔 것이다.

Ⅱ. 주 체

주체는 '절도'이다. 절도의 실행에 착수한 이상 미수이거나 기수이거나를 불문한다. 따라서 주간에 절도의 목적으로 타인의 주거에 침입하다가 발각되어 체포를 면탈하고자 폭행을 가한 경우에는 아직 절취행위의 착수가 없으므로 단순한 주거침입죄와 폭행죄의 경합범관계가 인정되나, 야간에 절도의 목적으로 주거침입을 하다가 폭행을 한 경우에는 야간주거침입절도죄의 실행의 착수가 있으므로 본죄를 구성한다. 단순절도 외에 야간주거침입절도, 특수절도를 범하는 자도 본죄의 주체에 포함된다.

> ✔ **준강도의 주체 : 야간에 주거침입 후 폭행·협박 사건**   『형법 제335조의 조문 가운데 "절도" 운운함은 절도기수범과 절도미수범을 모두 포함하는 것이고, 준강도가 사람을 상해했을 때에는 형법 제337조의 강도상해죄가 성립된다』(대판 1990.2.27. 89도2532)★.

> ✔ **준강도의 주체가 부정되는 경우 : 외상술값 26만원 면탈 사건**   『피고인이 갑에게 지급해야 할 술값의 지급을 면하여 재산상 이익을 취득하고 갑을 폭행하였다'는 범죄사실로 인정하여 준강도죄를 적용한 사안에서, 원심이 인정한 범죄사실에는 그 자체로 절도의 실행에 착수하였다는 내용이 포함되어 있지 않음에도 준강도죄를 적용하여 유죄로 인정한 원심판결에 준강도죄의 주체에 관한 법리오해의 잘못이 있다고 한 사례이다』(대판 2014.5.16. 2014도2521)★.

Ⅲ. 행 위

준강도죄의 행위는 폭행·협박을 가하는 것이다.

1. 폭행·협박의 정도

준강도죄가 성립하는 경우 강도의 예로 벌하므로, 강도죄와의 균형상 본죄의 폭행·협박의 정도는 강도의 폭행·협박과 같이 사람의 반항을 억압할 정도의 것을 요한다. 반드시 현실적으로 제압할 수 있는 것이거나 또는 실제 제압하였음을 요하지는 않는다.

✔ **폭행·협박의 정도 : 과도로 찌를 듯이 위협 사건** 『준강도죄에 있어서의 폭행이나 협박은 상대방의 반항을 억압하는 수단으로서 일반적 객관적으로 가능하다고 인정하는 정도의 것이면 되고 반드시 현실적으로 반항을 억압하였음을 필요로 하는 것은 아니다』(대판 1981.3.24. 81도409)☆.

✔ **폭행을 인정하지 않은 경우 : 처 맞다가 솥뚜껑 사건** 『준강도죄의 구성요건인 폭행, 협박은 일반강도죄와의 균형상 사람의 반항을 억압할 정도의 것임을 요하므로, 일반적, 객관적으로 체포 또는 재물탈환을 하려는 자의 체포의사나 탈환의사를 제압할 정도라고 인정될 만한 폭행, 협박이 있어야만 준강도죄가 성립한다고 할 것인 바, 피고인을 체포하려는 피해자가 체포에 필요한 정도를 넘어서서 발로 차며 늑골 9, 10번 골절상, 좌폐기흉증, 좌흉막출혈 등 전치 3개월을 요하는 중상을 입힐 정도로 심한 폭력을 가해오자 피고인이 이를 피하기 위하여 엉겁결에 솥뚜껑을 들어 위 폭력을 막아 내려다가 그 솥뚜껑에 스치어 피해자가 상처를 입게 되었다면 피고인의 위 행위는 일반적, 객관적으로 피해자의 체포의사를 제압할 정도의 폭행에 해당하지 않는다고 할 것이므로 준강도상해죄는 성립되지 않는다』(대판 1990.4.24. 90도193)☆.

✔ **폭행을 인정하지 않은 경우 : 목욕탕 도망 사건** 『형법 제335조의 준강도죄의 구성요건인 폭행은 같은 법 제333조의 폭행의 정도와의 균형상 상대방의 반항(항쟁)을 억압할 정도 즉 반항을 억압하는 수단으로서 일반적, 객관적으로 가능하다고 인정하는 정도면 족하다 할 것이고 이는 체포되려는 구체적 상황에 비추어 체포의 공격력을 억압함에 족한 정도의 것인 여부에 따라 결정되어야 할 것이므로 피고인이 옷을 잡히자 체포를 면하려고 충동적으로 저항을 시도하여 잡은 손을 뿌리친 정도의 폭행을 준강도죄로 의율할 수는 없다』(대판 1985.5.14. 85도619)☆.

✔ **폭행을 인정하지 않은 경우 : 이마 맞고 잠 깬 사건** 『절도 피해자가 잠을 자다가 이마를 맞고 잠이 깨어 비로소 맞은 것을 알았다고 진술할 뿐, 피해자가 소리를 지르므로 피고인이 체포를 면탈하기 위하여 피해자를 때린 것이라고 인정할 수 없다면 피고인에게는 준강도 상해의 죄책을 지울 수 없다』(대판 1984.6.5. 84도460)☆.

2. 폭행·협박의 상대방

폭행·협박의 상대방은 절도의 피해자에 한정되지 않는다. 재물의 탈환을 항거 하거나 체포를 면탈하거나 또는 죄적을 인멸할 목적의 달성을 위하여 필요한 공격대상이 되는 모든 사람을 포함한다. 예를 들어 체포하려는 경찰관이나 범인을 체포하여 연행하던 경비원 등과 같다.

3. 폭행·협박의 시점

폭행·협박은 절도행위와 접착한 기회에 이루어져야 한다. 즉, 절도의 기회(계속하여 추적되고 있는 경우를 포함)나 절도의 현장 등과 같이 절도와 시간적·장소적 근접성이 있어야 한다.

준강도가 성립하면 강도의 예로 처벌받는 것은 실질적으로 재물탈취의 방법으로써 폭행·협박을 가한 경우와 동일한 위법성을 가지고 있다고 평가되기 때문이다. 따라서 이러한 평가를 할 수 있으려면 적어도 폭행·협박이 절도행위의 종료직후 또는 절도의 범의의 포기직후로서 사회통념상 범죄 행위가 아직 완료되지 않았다고 인정될만한 단계(즉 아직 절도범인이라고 볼 수 있는 단계)에서 행사되어야 하는 것이다.

✔ **절도의 기회의 의미 : 보안사무실 폭행 사건** 『[1] 준강도는 절도범인이 절도의 기회에 재물탈환의 항거 등의 목적으로 폭행 또는 협박을 가함으로써 성립되는 것으로서, 여기서 절도의 기회라고 함은 절도범인과 피해자측이 절도의 현장에 있는 경우와 절도에 잇달아 또는 절도의 시간·장소에 접착하여 피해자측이 범인을 체포할 수 있는 상황, 범인이 죄적인멸에 나올 가능성이 높은 상황에 있는 경우를 말하고, 그러한 의미에서 피해자측이 추적태세에 있는 경우나 범인이 일단 체포되어 아직 신병확보가 확실하다고 할 수 없는 경우에는 절도의 기회에 해당한다.
[2] 절도범인이 일단 체포되었으나 아직 신병확보가 확실하지 않은 단계에서 체포 상태를 면하기 위해 폭행하여 상해를 가한 경우, 그 행위는 절도의 기회에 체포를 면탈할 목적으로 폭행하여 상해를 가한 것으로서 강도상해죄에 해당한다』(대판 2001.10.23. 2001도4142)★.

✔ **절도의 기회가 인정되는 경우 : 1km 추격 사건** 『절도범행의 종료 후 얼마되지 아니한 단계이고 안전지대에로 이탈하지 못하고 피해자측에 의하여 체포될 가능성이 남아있는 단계에서 추적당하여 체포되려 하자 구타한 경우에는 절도행위와 그 체포를 면탈하기 위한 구타행위와의 사이에 시간상 및 거리상 극히 근접한 관계에 있다 할 것이므로, 준강도죄가 성립한다』(대판 1982.7.13. 82도1352)☆.

✔ **절도의 기회가 인정되지 않는 경우 : 200m 버스정류장 폭행 사건** 『피해자의 집에서 절도범행을 마친 지 10분 가량 지나 피해자의 집에서 200m 가량 떨어진 버스정류장이 있는 곳에서 피고인을 절도범인이라고 의심하고 뒤쫓아 온 피해자에게 붙잡혀 피해자의 집으로 돌아왔을 때 비로소 피해자를 폭행한 경우, 그 폭행은 사회통념상 절도범행이 이미 완료된 이후에 행하여졌다는 이유로 준강도죄가 성립하지 않는다』(대판 1999.2.26. 98도3321)☆.

4. 미수와 기수의 판단기준

95년 형법 개정으로 인하여 준강도 미수범 규정이 신설되었는데, 본죄의 기수·미수를 정하는 표준을 절도행위로 할 것인가 또는 폭행·협박행위로 할 것인가에 관하여 견해의 대립이 있다.

통설과 판례는 절도행위를 표준으로 하여 절도가 미수인 경우에는 준강도도 미수라는 입장을 취하고 있다(절취행위 기준설).

✔ **미수와 기수의 판단기준(절취행위 기준설) : 양주 빈 바구니 사건** 『[1] 형법 제335조에서 절도가 재물의 탈환을 항거하거나 체포를 면탈하거나 죄적을 인멸할 목적으로 폭행 또는 협박을 가한 때에 준강도로서 강도죄의 예에 따라 처벌하는 취지는, 강도죄와 준강도죄의 구성요건인 재물탈취와 폭행·협박 사이에 시간적 순서상 전후의 차이가 있을 뿐 실질적으로 위법성이 같다고 보기 때문인바, 이와 같은 준강도죄의 입법 취지, 강도죄와의 균형 등을 종합적으로 고려해 보면, 준강도죄의 기수 여부는 절도행위의 기수 여부를 기준으로 하여 판단하여야 한다.

[2] 절도미수범이 체포를 면탈할 목적으로 폭행한 행위에 대하여 준강도미수죄로 의율한 원심판결을 수긍한 사례』(대판[전] 2004.11.18. 2004도5074)★.

Ⅳ. 목 적

본죄는 재물탈환에 항거하거나 체포를 면탈하거나 죄적을 인멸할 목적을 가지고 폭행·협박을 가할 것을 요하는 목적범이다.

1. 재물탈환에 항거

탈취한 재물을 피해자 측으로부터 탈환당하지 않기 위하여 대항하는 것을 말한다.

> ✔ 재물탈환에 항거 목적 : 손가방 1개 날치기 사건 『준강도죄에 있어서의 '재물의 탈환을 항거할 목적'이라 함은 일단 절도가 재물을 자기의 배타적 지배하에 옮긴 뒤 탈취한 재물을 피해자측으로부터 탈환당하지 않기 위하여 대항하는 것을 말한다』(대판 2003.7.25. 2003도2316)☆.

2. 체포의 면탈

체포당하는 것을 방지함을 말하며 자기뿐만 아니라 공범자의 체포를 면탈케 하는 경우도 포함한다. 재물탈환의 항거를 목적으로 하는 경우와는 달리 재물에 대한 배타적 지배를 요건으로 하지 않는다.

3. 죄적인멸

증거물이 될 수 있는 것을 피해자로부터 탈취하거나 기타 증거를 인멸하는데 장애가 되는 자에 대하여 폭행·협박을 가하는 것을 말한다.

4. 목적의 달성

준강도죄는 목적범으로 재물탈환거부·체포면탈·죄적인멸의 목적이 있어야 하지만, 그 목적의 달성 여부는 본죄의 성립에 영향이 없다.

Ⅴ. 공범관계

절도의 공동정범 중 한 사람이 준강도죄를 범한 경우에 다른 공범자에게도 준강도죄의 성립을 인정할 수 있는지에 대하여 견해의 대립이 있다. 이에 대하여 판례는 절도의 범행 중에 다른 공범자도 이를 예견할 수 있었다면 준강도죄의 성립을 인정하고 있는 입장이다.

> ✔ 폭행·협박을 예견하지 못한 경우 : 담배가게 절취 사건 『[1] 준강도가 성립하려면 절도가 절도행위의 실행중 또는 실행직후에 체포를 면탈할 목적으로 폭행, 협박을 한 때에 성립하고 이로써 상해를 가하였을 때에는 강도상해죄가 성립되는 것이고, 공모합동하여 절도를 한 경우 범인중의 하나가 체포를 면탈할 목적으로 폭행을 하여 상해를 가한 때에는 나머지 범인도 이를 예기하지 못한 것으로 볼 수 없다면 강도상해죄의 죄책을 면할 수 없다.
> [2] 절도를 공모한 피고인이 다른 공모자 (甲)의 폭행행위에 대하여 사전양해나 의사의 연락이 전혀 없었고, 범행장소가 빈 가게로 알고 있었고, 위 (甲)이 담배창구를 통하여 가게에 들어가 물건을 절취하고 피고인은

밖에서 망을 보던 중 예기치 않았던 인기척 소리가 나므로 도주해버린 이후에 위 (甲)이 창구에 몸이 걸려 빠져 나오지 못하게 되어 피해자에게 붙들리자 체포를 면탈할 목적으로 피해자에게 폭행을 가하여 상해를 입힌 것이고, 피고인은 그동안 상당한 거리를 도주하였을 것으로 추정되는 상황하에서는 피고인이 위 (甲)의 폭행행위를 전연 예기할 수 없었다고 보여지므로 피고인에게 준강도상해죄의 공동책임을 지울 수 없다』(대판 1984.2.28. 83도3321)☆.

✔ **폭행·협박을 예견한 경우 : 서점 절취 후 면도칼 상해 사건** 『2인 이상이 합동하여 절도를 한 경우 범인중의 1인이 체포를 면탈할 목적으로 폭행을 하여 상해를 가한 때에는 나머지 범인도 이를 예기하지 못한 것으로 볼 수 없으면 강도상해죄의 죄책을 면할 수 없다』(대판 1988.2.9. 87도2460)☆.

Ⅵ. 타죄와의 관계

1. 공무집행방해죄와의 관계

체포를 면탈할 목적으로 경찰관에 대하여 폭행·협박을 가한 때는 준강도죄와 동시에 공무집행방해죄를 구성하고 양죄는 상상적 경합의 관계에 있다.

2. 강도상해죄와의 관계

폭행·협박으로 사람을 상해하거나 사망케 한 경우에는 강도상해치상죄(제337조) 또는 강도살인치사죄(제338조)가 성립되는데, 이 경우 본조는 위 각조에 흡수된다.

✔ **강도상해죄와의 관계 : 평화빌라 절취 사건** 『절도범이 체포를 면탈할 목적으로 체포하려는 여러 명의 피해자에게 같은 기회에 폭행을 가하여 그 중 1인에게만 상해를 가하였다면 이러한 행위는 포괄하여 하나의 강도상해죄만 성립한다』(대판 2001.8.21. 2001도3447)☆.[78]

Ⅶ. 처 벌

준강도가 성립하는 경우 전2조의 예에 의하여 처벌한다. 일반강도의 예인가 특수강도의 예인가의 판단은 폭행·협박의 행위 태양에 따라 판단한다.

✔ **특수강도의 준강도 : 절도범 주운 칼 사건** 『절도범인이 처음에는 흉기를 휴대하지 아니하였으나, 체포를 면탈할 목적으로 폭행 또는 협박을 가할 때에 비로소 흉기를 휴대 사용하게 된 경우에는 형법 제334조의 예에 의한 준강도 (특수강도의 준강도)가 된다』(대판[전] 1973.11.13. 73도1553)★.

---

78) **보충설명** 절도범인 甲이 체포를 면탈할 목적으로 체포하려는 A, B, C에게 동일한 기회에 폭행을 가하여 그 중 A에게만 상해를 가한 경우, 甲에게는 하나의 강도상해죄만 성립한다.

제4관 인질강도죄

> **제336조 | 인질강도 |**
> 사람을 체포·감금·약취 또는 유인하여 이를 인질로 삼아 재물 또는 재산상의 이익을 취득하거나 제3자로 하여금 이를 취득하게 한 자는 3년 이상의 유기징역에 처한다.

　인질강도죄는 사람을 체포·감금·약취 또는 유인하여 이를 인질로 삼아 재물 또는 재산상의 이익을 취득하거나 제3자로 하여금 이를 취득하게 함으로써 성립하는 범죄이다. 약취·유인죄와 공갈죄의 경합범으로 해석되고 있다. 본죄는 인질강요죄와는 달리 해방감경규정이 적용되지 않는다.

제5관 강도상해, 치상죄

> **제337조 | 강도상해, 치상 |**
> 강도가 사람을 상해하거나 상해에 이르게 한때에는 무기 또는 7년 이상의 징역에 처한다.

Ⅰ. 의 의

　강도상해·치상죄는 강도가 사람을 상해하거나 상해에 이르게 함으로써 성립하는 범죄이다. 강도살인·치사죄와 함께 강도의 범행에 있어서는 상해·치상 등의 잔혹한 행위를 수반하는 경우가 많으므로 가중유형으로 규정한 것이다. 강도죄와 상해죄(또는 과실치상죄)의 결합범이다.

Ⅱ. 주 체

　본죄의 주체는 '강도'이다. 따라서 강도의 기수와 미수를 불문하며, 단순강도죄 뿐만 아니라 특수강도죄(제334조), 준강도죄(제335조), 인질강도죄(제336조)의 강도범인도 본죄의 주체가 될 수 있다.

> ✔ **준강도의 주체성 : 찹쌀 절취 중 상해 사건** 『절도가 절도행위의 기회계속중이라고 볼 수 있는 그 실행 중 또는 실행직후에 체포를 면탈할 목적으로 폭행을 가한 때에는 준강도죄가 성립되고 이로써 상해를 입혔을 때는 강도상해죄가 성립된다』(대판 1987.10.26. 87도1662)★.[79]

Ⅲ. 상해 또는 치상

　본죄의 행위는 사람을 상해하거나 상해에 이르게 하는 것이다.

---

79) **보충설명** 야간이 아닌 주간에 절도의 목적으로 다른 사람의 주거에 침입하여 절취할 재물의 물색행위를 한 경우에는 절도죄의 실행에 착수하였다고 볼 수 있으므로, 피고인이 피해자의 주택에 절취할 재물을 찾으려고 침입하여 둘러보던 중 피해자와 마주치게 되자 체포를 면탈할 목적으로 피해자를 때려 상해를 가하였다면, 피고인에게 강도상해죄가 성립한다.

상해는 상해에 대한 인식 즉 고의가 있는 경우이고 치상은 상해의 고의 없이 상해의 결과를 발생케 한 경우이다. 상해나 치상의 결과는 반드시 강도의 수단으로서 행사된 폭행·협박으로 인하여 발생된 것임을 요하지 않으며, 적어도 강도의 기회에 발생한 것이면 족하다.

✔ **강도의 기회의 의미 : 택시강도 현금인출 사건** 『형법 제337조의 강도상해죄는 강도범인이 강도의 기회에 상해행위를 함으로써 성립하므로 강도범행의 실행 중이거나 실행 직후 또는 실행의 범의를 포기한 직후로서 사회통념상 범죄행위가 완료되지 아니하였다고 볼 수 있는 단계에서 상해가 행하여짐을 요건으로 한다. 그러나 반드시 강도범행의 수단으로 한 폭행에 의하여 상해를 입힐 것을 요하는 것은 아니고 상해행위가 강도가 기수에 이르기 전에 행하여져야만 하는 것은 아니므로, 강도범행 이후에도 피해자를 계속 끌고 다니거나 차량에 태우고 함께 이동하는 등으로 강도범행으로 인한 피해자의 심리적 저항불능 상태가 해소되지 않은 상태에서 강도범인의 상해행위가 있었다면 강취행위와 상해행위 사이에 다소의 시간적·공간적 간격이 있었다는 것만으로는 강도상해죄의 성립에 영향이 없다』(대판 2014.9.26. 2014도9567)★

✔ **강도상해죄가 성립하는 경우 : 30m 끌고 상해 사건** 『강도가 재물강취의 수단으로서 한 폭행에 의하여 상해를 입힌 경우가 아니라도 강도의 기회에 상해를 입힌 것이라면 강도상해죄가 성립한다 할 것인바, 강취현장에서 피고인의 발을 붙잡고 늘어지는 피해자를 30미터쯤 끌고가서 폭행함으로써 상해한 피고인의 소위는 강도상해죄에 해당한다』(대판 1984.6.26. 84도970)☆

✔ **강도치상죄가 성립하는 경우 : 택시기사 과도 위협 사건** 『강도치상죄에 있어서의 상해는 강도의 기회에 범인의 행위로 인하여 발생한 것이면 족한 것이므로, 피고인이 택시를 타고 가다가 요금지급을 면할 목적으로 소지한 과도로 운전수를 협박하자 이에 놀란 운전수가 택시를 급우회전하면서 그 충격으로 피고인이 겨누고 있던 과도에 어깨부분이 찔려 상처를 입었다면, 피고인의 위 행위를 강도치상죄에 의율함은 정당하다』(대판 1985.1.15. 84도2397)☆

✔ **강도상해죄가 성립하는 경우 : 도둑이야 상해 사건** 『피고인이 절취품을 물색중 피해자가 잠에서 깨어나 "도둑이야"고 고함치자 체포를 면탈할 목적으로 그녀에게 이불을 덮어 씌우고 입과 목을 졸라 상해를 입혔다면 절도의 목적달성여부에 관계없이 강도상해죄가 성립한다』(대판 1985.5.28. 85도682)☆

Ⅳ. 기수·미수 시기

강도상해·치상죄는 상해의 결과가 발생함으로써 기수가 되며 강도의 기수·미수는 불문한다.

제6관 강도살인, 치사죄

제338조 | 강도살인·치사 |
강도가 사람을 살해한 때에는 사형 또는 무기징역에 처한다. 사망에 이르게 한 때에는 무기 또는 10년 이상의 징역에 처한다.

I. 의 의

강도살인·치사죄는 강도가 사람을 살해하거나 사망에 이르게 함으로써 성립하는 범죄이다. 강도살인죄는 강도의 실행 중 또는 그 기회에 사람을 고의로 살해함으로써 성립하고, 강도치사죄는 강도치상죄와 같이 결과적 가중범으로 과실로 사람을 사망에 이르게 한 때 성립한다.

II. 주 체

강도살인·치사죄의 주체는 전조의 강도상해·치상죄와 같이 '강도'이다.

> ✔ **강도살인죄의 주체 : 체포면탈 살해 사건** 『강도살인죄(형법 제338조)의 주체인 강도는 준강도죄(형법 제335조)의 강도범인을 포함한다고 할 것이므로 절도가 체포를 면탈할 목적으로 사람을 살해한 때에는 강도살인죄가 성립한다』(대판 1987.9.22. 87도1592).

III. 성립요건

강도상해·치상죄와 동일하게 살해·치사행위는 강도의 기회에 이루어져야 한다. 따라서 강도범행 직후 차를 타고 도주하다가 약 150m지점에서 출동경찰관에게 붙들려 순찰차에 강제로 태워졌으나 그 순간 체포를 면하기 위하여 소지하고 있던 과도로 옆에 앉아 있던 경찰관을 찔러 사망케 하였다면 그 살인행위와 강도행위는 시간상 및 거리상 극히 근접하여 사회통념상 범죄행위가 완료되지 아니한 상태에서 이루어진 것이라고 하여 강도살인죄에 해당한다고 할 것이다.

IV. 기수·미수 시기

강도살인·치사죄는 살인 또는 사망의 결과가 발생한 때에 기수가 된다. 따라서 강도가 살의를 가지고 가해행위를 하였으나 살해의 목적을 이루지 못한 경우에는 강도살인죄의 미수가 된다.

V. 고 의

강도살인죄는 강도 및 살인에 대한 고의와 불법영득의사를 가지고 있어야 한다.

> ✔ **강도살인의 고의 : 베개로 살해 후 위장 사건** 『강도가 베개로 피해자의 머리부분을 약 3분간 누르던 중 피해자가 저항을 멈추고 사지가 늘어졌음에도 계속하여 누른 행위에 살해의 고의가 있었다고 인정된다』(대판 2002.2.8. 2001도6425)☆.

VI. 공범관계

강도의 공모범인 중 1인이 강도의 기회에 살인의 범의를 가지고 사람을 살해한 경우에 다른 공범자도 살인의 책임을 질 것인가에 대하여 판례는 강도살인죄는 고의범이고 강도치사죄는 결과적 가중범으로서 살인의 고의까지 요하는 것이 아니므로 수인이 합동하여 강도를 한 경우 그 중 1인이 사람을 살해하는 행위를 하였다면 그 범인은 강도살인죄의 죄책을 지는 것이고, 다른 공범자도 살해행위에 관한 고의의 공동이 있었으면 그 또한 강도살인죄의 죄책을 지는 것이 당연하겠지만, 고의의 공동이 없었으면 강도치사의 죄책을 진다는 입장이다.

> ✔ **강도살인·치사의 판단기준 : 유흥비 마련 강도 사건** 『[1] 강도의 공범자 중 1인이 강도의 기회에 피해자에게 폭행 또는 상해를 가하여 살해한 경우, 다른 공모자가 살인의 공모를 하지 아니하였다고 하여도 그 살인행위나 치사의 결과를 예견할 수 없었던 경우가 아니면 강도치사죄의 죄책을 면할 수 없다고 할 것이나, 피고인이나 변호인이 항소이유로서 이를 전혀 예견할 수 없었다고 주장하는 경우, 이에 관하여는 사실심인 항소심이 판단을 하여야 한다.
> [2] 강도살인죄는 고의범이고 강도치사죄는 이른바 결과적가중범으로서 살인의 고의까지 요하는 것이 아니므로, 수인이 합동하여 강도를 한 경우 그 중 1인이 사람을 살해하는 행위를 하였다면 그 범인은 강도살인죄의 기수 또는 미수의 죄책을 지는 것이고 다른 공범자도 살해행위에 관한 고의의 공동이 있었으면 그 또한 강도살인죄의 기수 또는 미수의 죄책을 지는 것이 당연하다 하겠으나, 고의의 공동이 없었으면 피해자가 사망한 경우에는 강도치사의, 강도살인이 미수에 그치고 피해자가 상해만 입은 경우에는 강도상해 또는 치상의, 피해자가 아무런 상해를 입지 아니한 경우에는 강도의 죄책만 진다고 보아야 할 것이다』(대판 1991. 11. 12. 91도2156)☆.

제7관 강도강간죄

> **제339조 ┃강도강간┃**
> 강도가 사람을 강간한 때에는 무기 또는 10년 이상의 징역에 처한다.

Ⅰ. 의 의

강도강간죄는 강도가 사람을 강간함으로써 성립하는 범죄이다. 본죄는 강도죄와 강간죄의 결합범으로서, 강도범인이 강도의 기회에 저항불능상태에 있는 사람을 강간하는 것은 그 폭행·협박의 강도가 클 뿐만 아니라 재물의 탈취와 신체적 및 성적 자유의 침해를 야기하고 그로인해 수사기관에의 신고를 지연시킬 우려가 있기 때문에 가중 처벌하는 것이다.

Ⅱ. 주 체

강도강간죄의 주체는 강도이다. 따라서 단순강도, 특수강도죄, 준강도죄, 약취강도죄의 강도 범인이 모두 포함된다. 강도의 실행에 착수한 이상 그 기수·미수를 불문한다. 주체가 강도 범인이므로 강간 범인이 강도하는 것은 강도강간죄가 아니다. 그러므로 강간 범인이 간음행위 종료 후 부녀자가 공포상태에 있음을 기화로 재물탈취의 범의가 생겨 그 부녀자의 소지품을 강취한 경우에는 강간죄와 강도죄의 실체적 경합범이 된다.

> ✔ **강도강간죄의 의미 : 강간 중 핸드백 강취 사건** 『강간범이 강간행위 후에 강도의 범의를 일으켜 그 부녀의 재물을 강취하는 경우에는 강도강간죄가 아니라 강간죄와 강도죄의 경합범이 성립될 수 있을 뿐이

> 지만, 강간행위의 종료 전 즉 그 실행행위의 계속 중에 강도의 행위를 할 경우에는 이때에 바로 강도의 신분을 취득하는 것이므로 이후에 그 자리에서 강간행위를 계속하는 때에는 강도가 부녀를 강간한 때에 해당하여 형법 제339조에 정한 **강도강간죄를 구성하고**, 다른 특별한 사정이 없는 한 특수강간범이 강간행위 종료 전에 특수강도의 행위를 한 이후에 그 자리에서 강간행위를 계속하는 때에도 특수강도가 부녀를 강간한 때에 해당하여 구 성폭력범죄의 처벌 및 피해자보호 등에 관한 법률 제5조 제2항에 정한 **특수강도강간죄로 의율할 수 있다**』(대판 2010.12.9. 2010도9630)★

Ⅲ. 행 위

강도강간죄의 행위는 사람을 강간하는 것이다. 강간행위는 강도의 기회에 이루어져야 하고, 강간의 피해자와 강도의 피해자가 동일인임을 요하지 않는다.

> ✔ **강도와 강간의 피해자가 다른 경우 : 커플 강도강간 사건** 『피고인이 강도하기로 모의를 한 후 피해자 갑남으로부터 금품을 빼았고 이어서 피해자 을녀를 강간하였다면 **강도강간죄를 구성한다**』(대판 1991.11.12. 91도2241)☆

제8관 해상강도죄, 해상강도상해 · 치상 · 살인 · 치사 · 강간죄

제340조 | 해상강도 |
① 다중의 위력으로 해상에서 선박을 강취하거나 선박 내에 침입하여 타인의 재물을 강취한 자는 무기 또는 7년 이상의 징역에 처한다.
② 제1항의 죄를 범한 자가 사람을 상해하거나 상해에 이르게 한때에는 무기 또는 10년 이상의 징역에 처한다.
③ 제1항의 죄를 범한 자가 사람을 살해 또는 사망에 이르게 하거나 강간한 때에는 사형 또는 무기징역에 처한다.

제9관 상습강도죄

제341조 | 상습범 |
상습으로 제333조, 제334조, 제336조 또는 전조 제1항의 죄를 범한 자는 무기 또는 10년 이상의 징역에 처한다.

제10관 강도예비·음모죄

> **제343조 ▮예비, 음모▮**
> 강도할 목적으로 예비 또는 음모한 자는 7년 이하의 징역에 처한다.

제3절 사기의 죄

제1관 총설

I. 의의

사기죄는 사람을 기망하여 재물을 편취하거나 재산상 이익을 취득하거나 타인으로 하여금 취득하게 함으로써 성립하는 범죄다. 사기죄는 재물죄인 동시에 이득죄이다. 객체가 타인이 점유하는 재물이라는 점에서 절도죄, 강도죄와 같고 횡령죄와 구별된다. 재물취득방법이 상대방의 하자 있는 의사에 의한 것이라는 점에서 공갈죄와 같지만 공갈죄는 행위수단이 공갈이고 사기죄는 기망이다.

II. 보호법익

1. 재산권

사기죄의 보호법익은 전체로서의 재산권이다(다수설). 판례는 재물편취죄에서 상당한 대가가 지급되었다거나 피해자의 전체 재산상에 손해가 없다 하여도 사기죄의 성립에는 그 영향이 없다고 판시함으로써 본죄의 보호법익을 재산권으로 보고 있다.

2. 국가적·사회적 법익 포함 여부

사기죄는 개인적 법익에 대한 죄이기 때문에 기망 행위에 의하여 국가적·사회적 법익이 침해된 경우에는 본죄가 성립하지 않는다.

✔ **국가적·사회적 법익의 포함 여부 : 면세유류공급확인서 사건** 『기망행위에 의하여 국가적 또는 공공적 법익을 침해한 경우라도 그와 동시에 형법상 사기죄의 보호법익인 재산권을 침해하는 것과 동일하게 평가할 수 있는 때에는 당해 행정법규에서 사기죄의 특별관계에 해당하는 처벌규정을 별도로 두고 있지 않는 한 사기죄가 성립할 수 있다. 그런데 기망행위에 의하여 조세를 포탈하거나 조세의 환급·공제를 받은 경우에는 조세범처벌법 제9조에서 이러한 행위를 처벌하는 규정을 별도로 두고 있을 뿐만 아니라, 조세를 강제적으로 징수하는 국가 또는 지방자치단체의 직접적인 권력작용을 사기죄의 보호법익인 재산권과 동일하게 평가할 수 없는 것이므로 조세범처벌법 위반죄가 성립함은 별론으로 하고, 형법상 사기죄는 성립하지 않는다』(대판 2008.11.27. 2008도7303)★.

✔ **국가적·공공적 법익을 침해하는 경우 : 농지보전부담금 사건** 『중앙행정기관의 장, 지방자치단체의 장 등 법률에 따라 금전적 부담의 부과권한을 부여받은 자(이하 '부과권자'라 한다)가 재화 또는 용역의 제공과 관계없이 특정 공익사업과 관련하여 권력작용으로 부담금을 부과하는 것은 일반 국민의 재산권을 제한하는 침해행정에 속한다. 이러한 침해행정 영역에서 일반 국민이 담당 공무원을 기망하여 권력작용에 의한 재산권 제한을 면하는 경우에는 부과권자의 직접적인 권력작용을 사기죄의 보호법익인 재산권과 동일하게 평가할 수 없는 것이므로, 행정법규에서 그러한 행위에 대한 처벌규정을 두어 처벌함은 별론으로 하고, 사기죄는 성립할 수 없다』(대판 2019.12.24. 2019도2003)★. ※ 판결이유 중 : 피고인이 담당 공무원을 기망하여 납부의무가 있는 농지보전부담금을 면제받아 재산상 이익을 취득하였다는 이 사건 공소사실에 대하여 범죄로 되지 아니하는 경우에 해당한다고 보아, 이를 무죄로 판단한 제1심판결을 그대로 유지하였다. 원심판결 이유를 위 법리에 비추어 살펴보면, 원심의 판단에 사기죄의 성립에 관한 법리를 오해한 잘못이 없다.

3. 침해범

사기죄는 피해자의 하자 있는 의사에 의한 재물 또는 재산의 처분을 요건으로 하므로 침해범이다. 재물 또는 재산에 대한 침해로서 피해자의 재산상의 손해가 현존함을 요하는가에 관하여는 손해의 개념을 어떻게 이해할 것인가의 문제로서 뒤에서 설명하기로 한다.

Ⅲ. 구성요건 체계

본법 제347조의 단순사기죄가 기본적 구성요건이다 수정된 구성요건으로 준사기죄(본법 제348조), 부당이득죄(본법 제349조)가 있다. 1995년 형법개정으로 컴퓨터등사용사기죄(본법 제347조의2), 편의시설부정이용죄(본법 제348조의2)가 추가되었다. 가중적 구성요건으로 상습사기죄(본법 제351조)가 있다. 미수범은 처벌되며(본법 제352조), 자격정지를 병과 할 수 있다(본법 제353조). 친족상도례가 적용된다(본법 제354조).

제2관 사기죄

> **제347조 ∥사기∥**
> ① 사람을 기망하여 재물의 교부를 받거나 재산상의 이익을 취득한 자는 10년 이하의 징역 또는 2천만 원 이하의 벌금에 처한다.
> ② 전항의 방법으로 제3자로 하여금 재물의 교부를 받게 하거나 재산상의 이익을 취득하게 한 때에도 전항의 형과 같다.

Ⅰ. 서 설

1. 의 의

사기죄는 타인을 기망하여 착오를 발생케 하고 그 착오에 기하여 재물의 교부 또는 기타 재산적 처분행위를 하게 함으로써 재물을 취득하거나 재산상의 이익을 취득하는 범죄이다. 피기망자의 착오에 기한 처분행위에 의하여 재물이나 재산상의 이익을 취득 한다는 점에서 본죄는 절도죄·강도죄 등과 구별된다.

2. 성립요건

사기죄의 객관적 구성요건은 ① 기망 - ② 착오 - ③ 재산적 처분행위 - ④ 재산상 손해의 발생 - ⑤ 재물 또는 재산상의 이익의 취득 - ⑥ 순차적 인과관계이고, 주관적 구성요건은 ⑦ 고의와 불법영득의 의사이다.

Ⅱ. 객 체

사기죄의 객체는 타인이 점유하는 타인의 재물 및 재산상의 이익이다. 본조의 재물은 타인의 재물을 의미한다. 따라서 자기의 재물로서 타인의 점유에 속하는 물건은 권리행사방해죄(본법 제223조)의 객체가 될 수 있을 뿐이다.

1. 재물

타인소유·타인이 점유하는 재물을 말한다. 재물의 일반적 개념은 앞에서 설명한 절도죄와 동일하다.

✔ **재물에 해당되는 경우 : 인감증명서 및 서류 사건** 『인감증명서는 인감과 함께 소지함으로써 인감 자체의 동일성을 증명함과 동시에 거래행위자의 동일성과 거래행위가 행위자의 의사에 의한 것임을 확인하는 자료로서 개인의 권리의무에 관계되는 일에 사용되는 등 일반인의 거래상 극히 중요한 기능을 가진다. 따라서 그 문서는 다른 특별한 사정이 없는 한 재산적 가치를 가지는 것이어서 형법상의 '재물'에 해당한다고 할 것이다. 이는 그 내용 중에 재물이나 재산상 이익의 처분에 관한 사항이 포함되어 있지 아니하다고 하여 달리 볼 것이 아니다. 따라서 위 용도로 발급되어 그 소지인에게 재산적 가치가 있는 것으로 인정되는 인감증명서를 그 소지인을 기망하여 편취하는 것은 그 소지인에 대한 관계에서 사기죄가 성립한다고 할 것이다』(대판 2011.11.10. 2011도9919)☆.

✔ **재물에 해당되는 경우 : 자금부족 약속어음 사건** 『약속어음은 그 자체가 재산적 가치를 지닌 유가증권으로서 만기에 지급장소에서 어음금이 지급되지 아니하는 때라도 소지인은 배서인, 발행인 기타 어음채무자에 대하여 소구권을 행사할 수 있어서 그 효용이 소멸된 것이 아니므로 발행인의 자금부족으로 지급장소에서 지급되지 아니하는 약속어음이라도 사기죄의 객체가 된다』(대판 1985.3.9. 85도951)☆.

✔ **재물에 해당되지 않는 경우 : LG화재 보험가입사실증명원 사건** 『보험가입사실증명원은 교통사고를 일으킨 차가 교통사고처리특례법 제4조에서 정한 취지의 보험에 가입하였음을 보험회사가 증명하는 내용의 문서일 뿐이고 거기에 재물이나 재산상의 이익의 처분에 관한 사항을 포함하고 있는 것은 아니므로, 이러한 문서의 불법취득에 의해 침해된 또는 침해될 우려가 있는 법익은 보험가입사실증명원인 서면 그 자체가 아니고 그 문서가 교통사고처리특례법 제4조에 정한 보험에 가입한 사실의 진위에 관한 내용이라고 할 것이고, 따라서 이러한 증명에 의하여 사기죄에서 말하는 재물이나 재산상의 이익이 침해된 것으로 볼 것은 아니어서 보험가입사실증명원은 사기죄의 객체가 되지 아니한다』(대판 1997.3.28. 96도2625)☆.

2. 재산상의 이익

재산상의 이익은 재물 이외의 재산상의 이익으로서 재산의 경제적 가치의 증가를 말한다. 적극적 이익이든 소극적 이익이든 일시적 이익이든 영구적 이익이든 모두 재산상의 이익에 해당한다. 재산상의 이익은 숫자로 산출할 수 있는 이익에 한정되지 않는다.

✔ **재산상 이익의 의미 : 매매대금 상계 사건** 『[1] 사기죄에서 '재산상의 이익'이란 채권을 취득하거나 담보를 제공받는 등의 적극적 이익뿐만 아니라 채무를 면제받는 등의 소극적 이익까지 포함하며, 채무자의 기망행위로 인하여 채권자가 채무를 확정적으로 소멸 내지 면제시키는 특약 등 처분행위를 한 경우에는 채무의 면제라고 하는 재산상 이익에 관한 사기죄가 성립하고, 후에 재산적 처분행위가 사기를 이유로 민법에 따라 취소될 수 있다고 하여 달리 볼 것은 아니다.
[2] 피고인이 피해자들을 기망하여 부동산을 매도하면서 매매대금 중 일부를 피해자들의 피고인에 대한 기존 채권과 상계하는 방법으로 지급받아 채무 소멸의 재산상 이익을 취득하였다는 내용으로 기소된 사안에서, 피고인이 상계에 의하여 기존 채무가 소멸되는 재산상 이익을 취득하였다고 보아 사기죄를 인정한 원심 판단을 정당하다고 한 사례』(대판 2012.4.13. 2012도1101)☆.

> ✔ **재산상 이익에 해당되는 경우 : 주식운용프로그램 사건** 『경제적 이익을 기대할 수 있는 자금운용의 권한 내지 지위의 획득도 그 자체로 경제적 가치가 있는 것으로 평가할 수 있다면 사기죄의 객체인 재산상의 이익에 포함된다』(대판 2012.9.27. 2011도282)☆

> ✔ **재산상 이익에 해당되는 경우 : 비트코인 편취 사건** 『비트코인은 경제적인 가치를 디지털로 표상하여 전자적으로 이전, 저장과 거래가 가능하도록 한 가상자산의 일종으로 사기죄의 객체인 재산상 이익에 해당한다』(대판 2021.11.11. 2021도9855)★

> ✔ **재산상 이익에 해당되는 경우 : 약속어음 지급기일 연장 사건** 『사기죄에 있어서 재산상의 이익은 계산적으로 산출할 수 있는 이익에 한정하지 아니하므로 범죄사실을 판시함에 있어서도 그 이익의 수액을 명시하지 않았다 하더라도 위법이라고 할 수 없다』(대판 1997.7.25. 97도1095)☆

> ✔ **재산상 이익에 해당되지 않는 경우 : 어음 미결제 사건** 『위조된 약속어음을 진정한 약속어음인 것처럼 속여 기왕의 물품대금채무의 변제를 위하여 채권자에게 교부하였다고 하여도 어음이 결제되지 않는 한 물품대금채무가 소멸되지 아니하므로 사기죄는 성립되지 않는다』(대판 1983.4.12. 82도2938)☆

Ⅲ. 행 위

1. 기 망

가. 의 의

기망이란 널리 거래관계에서 지켜야 할 신의칙에 반하는 행위로서 사람으로 하여금 착오를 일으키게 하는 것을 말한다. 그 착오는 사실에 관한 것이거나 법률관계에 관한 것이거나 법률효과에 관한 것이거나를 묻지 않고, 반드시 법률행위의 내용의 중요부분에 착오가 있을 것을 요하지 않는다. 단지 상대방이 재산적 처분행위를 하기 위한 판단의 기초사실에 관한 기망행위이면 충분하다.

> ✔ **기망의 의미 : 라벨인쇄 도급 사건** 『기망이라 함은 사람으로 하여금 착오를 일으키게 하는 것으로서 그 착오는 사실에 관한 것이거나 법률관계에 관한 것이거나 법률효과에 관한 것이거나를 묻지 않고 반드시 법률행위의 내용의 중요부분에 관한 것일 필요도 없으며 그 수단과 방법에도 아무런 제한이 없으나 널리 거래관계에서 지켜야 할 신의칙에 반하는 행위로서 사람으로 하여금 착오를 일으키게 하는 것을 말한다』(대판 1984.2.14. 83도2995)☆

사기죄의 기망은 편취 또는 이득의 수단으로서 행하여지는 것이므로 피기망자의 재산적 처분행위를 행하게 하는 행위가 아니면 아니 된다. 그러므로 상대방을 착오에 빠지게 하였다 할지라도 그 착오에 기하여 상대방으로 하여금 재산적 처분행위를 행하게 한 행위가 아니면 그 행위는 사기죄의 실행행위로서의 기망이라고 할 수 없다.

나. 기망의 수단

기망의 수단에는 제한이 없다. 사기죄의 요건으로서의 기망은 널리 재산상의 거래관계에 있어서 상호 간 지켜야 할 신의와 성실의 의무를 저버리는 것을 말한다. 따라서 언어에 의하든, 문서에 의하든, 적극적으로 사실을 주장하든, 소극적으로 사실을 묵비하든, 작위에 의하든 부작위에 의하든, 명시적이든 묵시적이든 이를 불문한다.

(1) 명시적 기망행위

언어에 의한 기망행위를 말한다.

기망행위를 인정한 기출판례 정리

① ✔ **기도비 명목 편취 사건** 『사기죄의 구성요건인 편취의 범의는 피고인이 자백하지 아니하는 이상 범행 전후의 피고인의 재력, 환경, 범행의 내용, 기망 대상 행위의 이행가능성 및 이행과정 등과 같은 객관적인 사정 등을 종합하여 판단할 수밖에 없다. 그리고 피고인이 피해자에게 불행을 고지하거나 길흉화복에 관한 어떠한 결과를 약속하고 기도비 등의 명목으로 대가를 교부받은 경우에 전통적인 관습 또는 종교행위로서 허용될 수 있는 한계를 벗어났다면 사기죄에 해당한다』(대판 2017.11.9. 2016도12460)★.

② ✔ **비의료인 개설 요양급여 청구 사건** 『비의료인이 개설한 의료기관이 마치 의료법에 의하여 적법하게 개설된 요양기관인 것처럼 국민건강보험공단에 요양급여비용의 지급을 청구하는 것은 국민건강보험공단으로 하여금 요양급여비용 지급에 관한 의사결정에 착오를 일으키게 하는 것으로서 사기죄의 기망행위에 해당하고, 이러한 기망행위에 의하여 국민건강보험공단에서 요양급여비용을 지급받을 경우에는 사기죄가 성립한다』(대판 2015.7.9. 2014도11843)80)★.

③ ✔ **비 약사 요양급여 청구 사건** 최신3년 『약사가 아닌 자가 개설한 약국이 마치 약사법에 의하여 적법하게 개설된 요양기관인 것처럼 국민건강보험공단에 요양급여비용의 지급을 청구하는 것은 국민건강보험공단으로 하여금 요양급여비용 지급에 관한 의사결정에 착오를 일으키게 하는 것으로서 사기죄의 기망행위에 해당하고, 이러한 기망행위에 의하여 국민건강보험공단으로부터 요양급여비용을 지급받을 경우에는 사기죄가 성립하며, 설령 그 약국의 개설 명의인 약사가 직접 의약품을 조제·판매하고 환자들을 상대로 복약지도를 하였다 하여 달리 볼 것은 아니다』(대판 2022.6.30. 2022도4108)★.

④ ✔ **왜소한 말 사건** 『보험계약자가 보험계약 체결 시 보험금액이 목적물의 가액을 현저하게 초과하는 초과보험 상태를 의도적으로 유발한 후 보험사고가 발생하자 초과보험 사실을 알지 못하는 보험자에게 목적물의 가액을 묵비한 채 보험금을 청구하여 보험금을 교부받은 경우, 보험자가 보험금액이 목적물의 가액을 현저하게 초과한다는 것을 알았더라면 같은 조건으로 보험계약을 체결하지 않았을 뿐만 아니라 협정보험가액에 따른 보험금을 그대로 지급하지 아니하였을 관계가 인정된다면, 보험계약자가 초과보험 사실을 알지 못하는 보험자에게 목적물의 가액을 묵비한 채 보험금을 청구한 행위는 사기죄의 실행행위로서의 기망행위에 해당한다』(대판 2015.7.23. 2015도6905)★.

⑤ ✔ **전화진찰 요양급여 청구 사건** 『의사인 피고인이 전화를 이용하여 진찰한 것임에도 내원 진찰인 것처럼 가장하여 국민건강보험관리공단에 요양급여비용을 청구함으로써 진찰료 등을 편취하였다는 내용으로 기소된 사안에서, 당시에 시행되던 구 '국민건강보험 요양급여의 기준에 관한 규칙'에 기한 보건복지부장관의 고시는 내원을 전제로 한 진찰만을 요양급여의 대상으로 정하고 있고 전화 진찰이나 이에 기한 약제 등의 지급은 요양급여의 대상으로 정하고 있지 아니하므로, 전화 진찰이 구 의료법 제17조 제1항에서 정한 '직접 진찰'에 해당한다고 하더라도 그러한 사정만으로 요양급여의 대상이 된다고 할 수 없는 이상, 전화 진찰을 요양급여대상으로 되어 있던 내원 진찰인 것으로 하여 요양급여비용을 청구한 것은 기망행위로서 사기죄를 구성한다』(대판 2013.4.26. 2011도10797)★.

---

80) 관련판례 최신3년 『적법하게 개설되지 아니한 의료기관의 실질 개설·운영자가 적법하게 개설된 의료기관인 것처럼 의료급여비용의 지급을 청구하여 이에 속은 국민건강보험공단으로부터 의료급여비용 명목의 금원을 지급받아 편취한 경우, 국민건강보험공단을 피해자로 보아야 한다. 의료급여비용이 시·도에 설치된 의료급여기금을 재원으로 지급된다거나, 의료급여비

⑥ ✔ **파산신청 직전 차용 사건** 『차용금 사기죄로 기소된 피고인이 파산신청을 하여 면책허가결정이 확정된 사안에서, 피고인이 파산신청 2년 전부터 불과 40여 일 전까지 여러 사람들로부터 돈을 빌려서 채무변제와 생활비 등으로 사용한 것은 사기죄를 구성한다』(대판 2007.11.29. 2007도8549)☆

⑦ ✔ **골재채취·운송권 약속어음 편취 사건** 『편취한 약속어음을 그와 같은 사실을 모르는 제3자에게 편취사실을 숨기고 할인받는 행위는 당초의 어음 편취와는 별개의 새로운 법익을 침해하는 행위로서 기망행위와 할인금의 교부행위 사이에 상당인과관계가 있어 새로운 사기죄를 구성한다 할 것이고, 설령 그 약속어음을 취득한 제3자가 선의이고 약속어음의 발행인이나 배서인이 어음금을 지급할 의사와 능력이 있었다 하더라도 이러한 사정은 사기죄의 성립에 영향이 없다』(대판 2005.9.30. 2005도5236)★

기망행위를 부정한 기출판례 정리

① ✔ **GPS 사건** 『피고인 등이 피해자 甲등에게 자동차를 매도하면서 그 자동차를 인도하고 소유권이전등록에 필요한 일체의 서류를 교부하였으나 자동차에 미리 부착해 놓은 GPS로 위치를 추적하여 그 자동차를 절취한 경우, 자동차를 인도하고 소유권이전등록에 필요한 일체의 서류를 교부함으로써 甲등이 언제든지 소유권이전등록을 마칠 수 있게 된 이상, 甲등에게 자동차의 소유권을 이전하여 줄 의사가 없었다고 볼 수는 없고 또한 자동차를 매도할 당시 곧바로 다시 절취할 의사를 가지고 있으면서도 이를 숨긴 것을 기망이라고 할 수도 없어 특수절도죄만 성립할 뿐 사기죄는 성립하지 아니한다』(대판 2016. 3.24. 2015도17452)★

② ✔ **단국대 연구용역 보고서 사건** 『피고인들이 매수인들에게 토지의 매수를 권유하면서 언급한 내용이 객관적 사실에 부합하거나 비록 확정된 것은 아닐지라도 연구용역 보고서와 신문스크랩 등에 기초한 것으로서 사기죄에 있어서 기망행위에 해당한다고 보기는 어렵다』(대판 2007.1.25. 2004도45)☆

③ ✔ **공사대금채권 임대차보증금반환채권으로 전환 사건** 『공사대금채권과 대여금채권을 합산하여 임대차보증금반환채권으로 전환하기로 합의하여 임대차계약을 체결하고, 실제로 임차인이 임대차목적물에 거주하면서 주민등록전입신고를 하고 확정일자를 받은 경우, 임차인이 이에 기하여 경매법원으로부터 배당을 받은 행위를 사기죄로 의율할 수 없다』(대판 2004.7.22. 2003도6412)☆

④ ✔ **전화 무단 이용 사건** 『사기죄가 성립하기 위하여는 기망행위와 이에 기한 피해자의 처분행위가 있어야 할 것인바, 타인의 일반전화를 무단으로 이용하여 전화통화를 하는 행위는 전기통신사업자인 한국전기통신공사가 일반전화 가입자인 타인에게 통신을 매개하여 주는 역무를 부당하게 이용하는 것에 불과하여 한국전기통신공사에 대한 기망행위에 해당한다고 볼 수 없을 뿐만 아니라, 이에 따라 제공되는 역무도 일반전화 가입자와 한국전기통신공사 사이에 체결된 서비스이용계약에 따라 제공되는 것으로서 한국전기통신공사가 착오에 빠져 처분행위를 한 것이라고 볼 수 없으므로, 결국 위와 같은 행위는 형법 제347조의 사기죄를 구성하지 아니한다』(대판 1999.6.25. 98도3891)☆

⑤ ✔ **문화재 수리공사 낙찰 사건** 『사기죄의 보호법익은 재산권이므로, 기망행위에 의하여 국가적 또는 공공적 법익이 침해되었다는 사정만으로 사기죄가 성립한다고 할 수 없다. 따라서 공사도급계약 당시 관련 영업 또는 업무를 규제하는 행정법규나 입찰 참가자격, 계약절차 등에 관한 규정을 위반한 사정이 있는 때에는 그러한 사정만으로 공사도급계약을 체결한 행위가 기망행위에 해당한다고 단정해서는 안 되고, 그 위반으로 말미암아 계약 내용대로 이행되더라도 공사의 완성이 불가능하였다고 평가할 수 있을 만큼 그 위법이 공사의 내용에 본질적인 것인지 여부를 심리·판단하여야 한다』(대판 2019.12.27. 2015도10570)★

용 편취 범행으로 인한 재산상 손해가 최종적으로 국민건강보험공단에 귀속되지 않는다고 하여 달리볼 것은 아니다』(대판 2023.10.26. 2022도90).

⑥ ✔ **교량 가설 공사 사건** 최신3년 『피고인이 설립한 甲 주식회사는 설립 자본금을 가장납입하고, 자격증 대여자를 보유 건설기술자로 등록하는 등 자본금 요건과 기술자 보유 요건을 가장하여 전문건설업을 부정 등록한 무자격 건설업자로 전문공사를 하도급받을 수 없었음에도, 이를 바탕으로 공사 발주기관을 기망하여 특허 사용협약을 체결하고, 해당 공사를 낙찰받은 건설회사 담당자를 기망하여 하도급계약을 체결한 후, 각 계약들에 따른 공사대금을 지급받아 편취하였다는 이유로 특정경제범죄 가중처벌 등에 관한 법률 위반(사기) 및 사기죄로 기소된 사안에서, 피고인이 발주기관 또는 건설회사들로부터 공사대금을 지급받은 행위가 사기죄에서의 기망행위로 인한 재물의 편취에 해당한다고 보기 어려우므로, 이와 달리 공소사실을 유죄로 본 원심판단에 법리오해의 잘못이 있다고 한 사례』(대판 2023.1.12. 2017도14104)☆.

⑦ ✔ **타인명의 치과의원 개설 · 운영 사건** 『의료인으로서 자격과 면허를 보유한 사람이 의료법에 따라 의료기관을 개설하여 건강보험의 가입자 또는 피부양자에게 국민건강보험법에서 정한 요양급여를 실시하고 국민건강보험공단으로부터 요양급여비용을 지급받았다면, 설령 그 의료기관이 다른 의료인의 명의로 개설 · 운영되어 의료법 제4조 제2항을 위반하였더라도 그 자체만으로는 국민건강보험법상 요양급여비용을 청구할 수 있는 요양기관에서 제외되지 아니하므로, 달리 요양급여비용을 적법하게 지급받을 수 있는 자격 내지 요건이 흠결되지 않는 한 국민건강보험공단을 피해자로 하는 사기죄를 구성한다고 할 수 없다』(대판 2019.5.30. 2019도1839)★.

(2) 묵시적 기망행위

묵시적 기망행위는 언어에 의하지 아니하고 행동을 통하여 허위의 주장을 하는 것을 말한다.

(3) 부작위에 의한 기망

기망행위는 부작위에 의해서도 가능하다. 법률상 고지의무 있는 자가 일정한 사실을 고지하지 아니함으로써 상대방이 착오에 빠진 상태를 계속시키고 이것을 이용하는 경우에 부작위에 의한 기망이라 할 수 있다.

사기죄의 요건으로서의 기망은 널리 재산상의 거래관계에서 서로 지켜야 할 신의와 성실의 의무를 저버리는 모든 적극적 또는 소극적 행위를 말하는 것이고, 이러한 소극적 행위로서의 부작위에 의한 기망은 법률상 고지의무 있는 자가 일정한 사실에 관하여 상대방이 착오에 빠져 있음을 알면서도 이를 고지하지 않는 것을 말한다. 여기에서 법률상 고지의무는 법령, 계약, 관습, 조리 등에 의하여 인정되는 것으로서 문제가 되는 구체적인 사례에 즉응하여 거래실정과 신의성실의 원칙에 의하여 결정되어야 한다.

✔ **부작위에 의한 기망의 의미 : 여관 경매 진행 중 임차 사건** 『[1] 사기죄의 요건으로서의 기망은 널리 재산상의 거래관계에 있어 서로 지켜야 할 신의와 성실의 의무를 저버리는 모든 적극적 또는 소극적 행위를 말하는 것이고, 이러한 소극적 행위로서의 부작위에 의한 기망은 법률상 고지의무 있는 자가 일정한 사실에 관하여 상대방이 착오에 빠져 있음을 알면서도 이를 고지하지 아니함을 말하는 것으로서, 일반거래의 경험칙상 상대방이 그 사실을 알았더라면 당해 법률행위를 하지 않았을 것이 명백한 경우에는 신의칙에 비추어 그 사실을 고지할 법률상 의무가 인정되는 것이다.
[2] 임대인이 임대차계약을 체결하면서 임차인에게 임대목적물이 경매진행중인 사실을 알리지 아니한 경우, 임차인이 등기부를 확인 또는 열람하는 것이 가능하더라도 사기죄가 성립한다』(대판 1998.12.8. 98도3263)★.

✔ **부작위에 의한 기망의 의미 : 산학협력단 연구비 사건** 『[1] 사기죄의 요건으로서의 기망은 널리 재산상의 거래관계에서 서로 지켜야 할 신의와 성실의 의무를 저버리는 적극적 또는 소극적 행위를 말하는 것으로서, 상대방을 착오에 빠지게 하여 행위자가 희망하는 재산적 처분행위를 하도록 하기 위한 판단의 기초 사실에 관한 것이어야 하고, 그 중 소극적 행위로서의 부작위에 의한 기망은 일반거래의 경험칙상 상대방이 그 사실을 알았더라면 당해 법률행위를 하지 아니하였을 것이 명백한 경우에는 신의칙에 비추어 그 사실을 고지할 법률상 의무가 인정된다고 할 것이다. 나아가 사기죄는 보호법익인 재산권이 침해되었을 때 성립하는 범죄이므로, 사기죄의 기망행위라고 하려면 불법영득의 의사 내지 편취의 범의를 가지고 상대방을 기망한 것이어야 한다.

이러한 법리는 국가연구개발사업 등에 있어 연구책임자가 산학협력단으로부터 학생연구비의 사용 용도와 귀속 여부를 기망하여 편취하는 경우에도 마찬가지로 적용된다. 즉, 연구책임자가 처음부터 소속 학생연구원들에 대한 개별 지급의사 없이 공동관리계좌를 관리하면서 사실상 그 처분권을 가질 의도 하에 이를 숨기고 산학협력단에 연구비를 신청하여 이를 지급받았다면 이는 산학협력단에 대한 관계에 있어 기망에 의한 편취행위에 해당한다. 다만 연구책임자가 원래 용도에 부합하게 학생연구원들의 사실상 처분권 귀속 하에 학생연구원들의 공동비용 충당 등을 위하여 학생연구원들의 자발적인 의사에 근거하여 공동관리계좌를 조성하고 실제로 그와 같이 운용한 경우라면, 비록 공동관리계좌의 조성 및 운영이 관련 법령이나 규정 등에 위반되더라도 그러한 사정만으로 불법영득의사가 추단되어 사기죄가 성립한다고 단정할 수 없다. 이 경우 사기죄 성립 여부는 공동관리계좌 개설의 경위, 실질적 관리 및 처분권의 귀속, 연구비가 온전히 법률상 귀속자인 학생연구원들의 공동비용을 위하여 사용되었는지 여부 등을 종합적으로 고려하여 판단하여야 한다.

[2] 의과대학 교수로서 연구책임자인 대학교수가 대학교 산학협력단 등으로부터 지급받은 학생연구비 중 일부를 실질적으로 자신이 관리하는 공동관리계좌에 귀속시킨 후 개인적인 용도 등으로 사용한 경우 산학협력단에 대한 관계에서 부작위에 의한 기망행위 및 불법영득의사가 모두 인정되어 사기죄가 성립된다고 본 원심판결을 수긍한 사례』(대판 2021.9.9. 2021도8468)☆.

고지의무를 인정한 기출판례 정리
① ✔ **기왕증 사건** 『부작위에 의한 기망은 보험계약자가 보험자와 보험계약을 체결하면서 상법상 고지의무를 위반한 경우에도 인정될 수 있다. 다만 보험계약자가 보험자와 보험계약을 체결하더라도 우연한 사고가 발생하여야만 보험금이 지급되는 것이므로, 고지의무 위반은 보험사고가 이미 발생하였음에도 이를 묵비한 채 보험계약을 체결하거나 보험사고 발생의 개연성이 농후함을 인식하면서도 보험계약을 체결하는 경우 또는 보험사고를 임의로 조작하려는 의도를 가지고 보험계약을 체결하는 경우와 같이 '보험사고의 우연성'이라는 보험의 본질을 해할 정도에 이르러야 비로소 보험금 편취를 위한 고의의 기망행위에 해당한다』(대판 2017.4.26. 2017도1405)★.[81]
② ✔ **증자 후 주식 거래 사건** 『주식매도인이 주식매수인에게 주식거래의 목적물이 증자 전의 주식이 아니라 증자 후의 주식이라는 점을 제대로 알리지 않은 것이 사기죄의 기망행위에 해당한다』(대판 2006.10.27. 2004도6503)☆.

---

81) **보충설명** 보험계약 체결 당시 이미 발생한 교통사고 등으로 생긴 '요추, 경추, 사지' 부분의 질환과 관련하여 입·통원치료를 받고 있었을 뿐 아니라 그러한 기왕증으로 인해 유사한 상해나 질병으로 보통의 경우보다 입원치료를 더 받게 될 개연성이 농후하다는 사정을 인식하고 있었음에도 자신의 과거 병력과 치료이력을 모두 묵비한 채 보험계약을 체결하였다면 부작위에 의한 기망에 해당한다.

③ ✔ 레조 자동차 대출 신청 사건 『사채업자가 대출희망자로부터 대출을 의뢰받은 다음 대출희망자가 자동차의 실제 구입자가 아니어서 자동차할부금융의 대상이 되지 아니함에도 그가 실제로 자동차를 할부로 구입하는 것처럼 그 명의의 대출신청서 등 관련 서류를 작성한 후 이를 할부금융회사에 제출하여 자동차할부금융으로 대출금을 받은 경우, … 사채업자로서는 신의성실의 원칙상 사전에 할부금융회사에게 자동차를 구입하여 보유할 의사 없이 자동차할부금융대출의 방법으로 자금을 융통하려는 사정을 고지할 의무가 있다 할 것이고, 그럼에도 불구하고 이를 고지하지 아니한 채 대출의뢰인들 명의로 자동차할부금융을 신청하여 그 대출금을 지급하도록 한 행위는 고지할 사실을 묵비함으로써 거래상대방인 할부금융회사를 기망한 것이 되어 사기죄를 구성한다』(대판 2004.4.9. 2003도7828)☆.

④ ✔ 아들 낳는 시술 사건 『특정 시술을 받으면 아들을 낳을 수 있을 것이라는 착오에 빠져있는 피해자들에게 그 시술의 효과와 원리에 관하여 사실대로 고지하지 아니한 채 아들을 낳을 수 있는 시술인 것처럼 가장하여 일련의 시술과 처방을 행한 의사에 대하여 사기죄의 성립을 인정한 사례』(대판 2000. 1.28. 99도2884)☆.

⑤ ✔ 공장 명도소송 및 점유이전금지가처분 사건 『제3자가 매도인을 상대로 대지 및 지상건물에 대한 명도소송을 제기하여 계속중이고 점유이전금지가처분까지 되어 있는 사실을 매수인이 알았다면 거래의 경험칙상 위 대지를 매수하지 아니하였을 것이 분명하므로 신의성실의 원칙에 따라 매도인은 위와 같은 소송관계를 매수인에게 고지할 법률상 의무가 있다』(대판 1985.3.26. 84도301)☆.

⑥ ✔ 가등기 근저당권설정등기 미고지 사건 『토지를 매도함에 있어서 채무담보를 위한 가등기와 근저당권설정등기가 경료되어 있는 사실을 숨기고 이를 고지하지 아니하여 매수인이 이를 알지 못한 탓으로 그 토지를 매수하였다면 이는 사기죄를 구성한다』(대판 1981.8.20. 81도1638)☆.

고지의무를 부정한 기출판례 정리

① ✔ 장지지구 아파트 입주권 사건 『부동산중개업자인 피고인이 아파트 입주권을 매도하면서 그 입주권을 2억 5,000만 원에 확보하여 2억 9,500만 원에 전매한다는 사실을 매수인에게 고지하지 않은 사안에서, 피고인이 매수인을 기망하여 차액 4,500만 원을 편취하였다고 보기 어려워 사기죄가 성립하지 않는다』(대판 2011.1.27. 2010도5124)☆.

② ✔ 오산시 상가건물 이중매매 사건 『부동산의 이중매매에 있어서 매도인이 제1의 매매계약을 일방적으로 해제할 수 없는 처지에 있었다는 사정만으로는, 바로 제2의 매매계약의 효력이나 그 매매계약에 따르는 채무의 이행에 장애를 가져오는 것이라고 할 수 없음은 물론, 제2의 매수인의 매매목적물에 대한 권리의 실현에 장애가 된다고 볼 수도 없는 것이므로 매도인이 제2의 매수인에게 그와 같은 사정을 고지하지 아니하였다고 하여 제2의 매수인을 기망한 것이라고 평가할 수는 없을 것이다』(대판 2012.1.26. 2011도15179)☆.

③ ✔ 친정엄마 명의 자동차 사건 『부동산의 명의수탁자가 부동산을 제3자에게 매도하고 매매를 원인으로 한 소유권이전등기까지 마쳐 준 경우, 명의신탁의 법리상 대외적으로 수탁자에게 그 부동산의 처분권한이 있는 것임이 분명하고, 제3자로서도 자기 명의의 소유권이전등기가 마쳐진 이상 무슨 실질적인 재산상의 손해가 있을 리 없으므로 그 명의신탁 사실과 관련하여 신의칙상 고지의무가 있다거나 기망행위가 있었다고 볼 수도 없어서 그 제3자에 대한 사기죄가 성립될 여지가 없고, 나아가 그 처분시 매도인(명의수탁자)의 소유라는 말을 하였다고 하더라도 역시 사기죄가 성립하지 않으며, 이는 자동차의 명의수탁자가 처분한 경우에도 마찬가지이다』(대판 2007.1.11. 2006도4498)★.

④ ✔ **오피스텔 신탁계약 사건** 『피고인이 부동산에 대해 甲과 신탁금지약정을 체결한 사실을 乙은행에 알리지 아니한 채 위 부동산을 담보신탁하고 乙은행에서 대출을 받아 대출금을 편취하였다고 하여 구 특정경제범죄 가중처벌 등에 관한 법률 위반(사기)으로 기소된 사안에서, 신탁금지약정 사실을 고지하지 아니하였다고 하여 乙은행을 기망하였다고 평가할 수 없는데도, 이와 달리 보아 유죄를 인정한 원심판결에 법리오해의 위법이 있다고 한 사례』(대판 2012.4.13. 2011도2989)☆.

다. 기망의 정도

(1) 판단기준

어떤 행위가 타인을 착오에 빠지게 한 기망행위에 해당하는가의 여부는 거래의 상황, 상대방의 지식, 성격, 경험, 직업 등 행위 당시의 구체적 사정을 고려하여 일반인을 기준으로 객관적으로 판단해야 한다. 따라서 구체적 사정 하에서 누구나 그 허위를 쉽게 알 수 있는 단순한 거짓말은 기망에 해당하지 않는다.

(2) 과장 광고

일상생활에 있어서 판매자가 상품을 판매할 때에 상품의 광고·선전에 다소의 과장이 수반되는 것이 보통이므로 사회생활에 있어서 일반적으로 시인되는 정도의 선전이나 광고는 사기죄를 구성하지는 않는다. 따라서 최상품이다. 최고품질을 자랑한다. 등과 같은 어느 정도 추상적인 과장광고는 허용되지만, 이러한 범위를 넘어서 구체적으로 증명할 수 있는 사실을 들어 허위광고를 하는 것은 기망행위에 해당한다.

✔ **과장광고의 기망행위 판단기준 : 한우 광고·선전판 사건** 『사기죄의 요건으로서의 기망은 널리 재산상의 거래관계에 있어서 서로 지켜야 할 신의와 성실의 의무를 저버리는 모든 적극적 및 소극적 행위로서 사람으로 하여금 착오를 일으키게 하는 것을 말하며 사기죄의 본질은 기망에 의한 재물이나 재산상 이익의 취득에 있고, 상대방에게 현실적으로 재산상 손해가 발생함을 그 요건으로 하지 아니하는바, 일반적으로 상품의 선전, 광고에 있어 다소의 과장, 허위가 수반되는 것은 그것이 일반 상거래의 관행과 신의칙에 비추어 시인될 수 있는 한 기망성이 결여된다고 하겠으나 거래에 있어서 중요한 사항에 관하여 구체적 사실을 거래상의 신의성실의 의무에 비추어 비난받을 정도의 방법으로 허위로 고지한 경우에는 과장, 허위광고의 한계를 넘어 사기죄의 기망행위에 해당한다』(대판 1997.9.9. 97도1561)☆.

기망행위를 인정한 기출판례 정리

① ✔ **한우 광고·선전판 사건** 『식육식당을 경영하는 자가 음식점에서 한우만을 취급한다는 취지의 상호를 사용하면서 광고선전판, 식단표 등에도 한우만을 사용한다고 기재한 경우, '한우만을 판매한다'는 취지의 광고가 식육점 부분에만 한정하는 것이 아니라 음식점에서 조리·판매하는 쇠고기에 대한 광고로서 음식점에서 쇠고기를 먹는 사람들로 하여금 그 곳에서는 한우만을 판매하는 것으로 오인시키기에 충분하므로, 이러한 광고는 진실규명이 가능한 구체적인 사실인 쇠갈비의 품질과 원산지에 관하여 기망이 이루어진 경우로서 그 사술의 정도가 사회적으로 용인될 수 있는 상술의 정도를 넘는 것이고, 따라서 피고인의 기망행위 및 편취의 범의를 인정하기에 넉넉하다고 본 사례』(대판 1997.9.9. 97도1561)☆.

② ✔ **바코드라벨 가공일자 사건** 『백화점의 식품매장에서 당일 판매되지 못하고 남은 생식품들에 대하여 그 다음날 아침 포장지를 교체하면서 가공일자가 재포장일자로 기재된 바코드라벨을 부착하여 재판매하는 행위 내지 판매기법은 제품의 신선도에 대한 소비자들의 신뢰를 배신하고 그들의 생식품 구매 동기에 있어서 중요한 요소인 가공일자에 관한 착오를 이용하여 재고상품을 종전 가격에 판매하고자

하는 것으로서 그 사술의 정도가 사회적으로 용인될 수 있는 상술의 정도를 넘은 기망행위라고 한 사례』(대판 1995. 7. 28. 95도1157)☆.

③ ✔ **백화점 변칙세일 사건** 『종전에 출하한 일이 없던 신상품에 대하여 첫 출하시부터 종전가격 및 할인가격을 비교표시하여 막바로 세일에 들어가는 이른바 변칙세일은 진실규명이 가능한 구체적 사실인 가격조건에 관하여 기망이 이루어진 경우로서 그 사술의 정도가 사회적으로 용인될 수 있는 상술의 정도를 넘은 것이어서 사기죄의 기망행위를 구성한다』(대판 1992. 9. 14. 91도2994)☆.

라. 기망의 상대방

① 기망의 상대방은 타인이다. 타인에는 법인도 포함된다. 법인도 사기죄의 피해자가 될 수 있고, 사기죄의 피해자가 법인이나 단체인 경우에 기망행위로 인한 착오, 인과관계 등이 있었는지 여부는 법인이나 단체의 대표 등 최종 의사결정권자 또는 내부적인 권한 위임 등에 따라 실질적으로 법인의 의사를 결정하고 처분을 할 권한을 가지고 있는 사람을 기준으로 판단하여야 한다.

✔ **법인에 대한 사기죄의 판단 : 연구용역 인건비 사건** 『사기죄의 피해자가 법인이나 단체인 경우에 기망행위로 인한 착오, 인과관계 등이 있었는지는 법인이나 단체의 대표 등 최종 의사결정권자 또는 내부적인 권한 위임 등에 따라 실질적으로 법인의 의사를 결정하고 처분을 할 권한을 가지고 있는 사람을 기준으로 판단하여야 한다. 따라서 피해자 법인이나 단체의 대표자 또는 실질적으로 의사결정을 하는 최종결재권자 등이 기망행위자와 동일인이거나 기망행위자와 공모하는 등 기망행위임을 알고 있었던 경우에는 기망행위로 인한 착오가 있다고 볼 수 없고, 재물 교부 등의 처분행위가 있었더라도 기망행위와 인과관계가 있다고 보기 어렵다. 이러한 경우에는 사안에 따라 업무상횡령죄 또는 업무상배임죄 등이 성립하는 것은 별론으로 하고 사기죄가 성립한다고 볼 수 없다.
반면에 피해자 법인이나 단체의 업무를 처리하는 실무자인 일반 직원이나 구성원 등이 기망행위임을 알고 있었더라도, 피해자 법인이나 단체의 대표자 또는 실질적으로 의사결정을 하는 최종결재권자 등이 기망행위임을 알지 못한 채 착오에 빠져 처분행위에 이른 경우라면, 피해자 법인에 대한 사기죄의 성립에 영향이 없다』(대판 2017. 9. 26. 2017도8449 ; 2017. 8. 29. 2016도18986)★.

✔ **사람에 대한 기망 : 대포폰 유심칩 읽기 사건** 『피고인이 이동통신 판매대리점의 컴퓨터를 이용하여 이동통신회사들의 전산망에 접속한 다음 전산상으로 사용정지된 휴대전화를 사용할 수 있도록 하거나 유심칩 읽기를 통해 문자메시지 발송한도를 해제한 것은 전산상 자동으로 처리된 것일 뿐 사기죄 구성요건인 '사람을 기망하여 재산상 이득을 취득한 경우'에 해당한다고 볼 수 없다』(대판 2011. 7. 28. 2011도5299)☆.

② 행위의 객체와 보호의 객체는 별개이므로 기망의 상대방과 재산상의 피해자는 동일인임을 요하지 않는다. 피기망자와 재산상의 피해자가 동일인이 아닌 경우에는 피기망자는 사기의 목적이 된 재물 혹은 재산상의 이익을 사실상 또는 법률상 처분할 수 있는 권한을 갖고 있어야 한다.

✔ **피기망자와 처분권한 : 등기서류 위조, 신청 사건** 『[1] 타인 명의의 등기서류를 위조하여 등기공무원에게 제출함으로써 피고인 명의로 소유권이전등기를 마쳤다고 하여도 피해자의 처분행위가 없을 뿐 아니라 등기공무원에게는 위 부동산의 처분권한이 있다고 볼 수 없어 사기죄가 성립하지 않는다.
[2] 위조사문서행사죄와 이로 인한 사기죄와는 상상적 경합관계에 있다고 볼 수 없다』(대판 1981. 7. 28. 81도529)★.

마. 실행의 착수

사람을 기망하는 행위를 개시한 때에 사기죄의 실행의 착수가 인정된다.

> ✔ **실행의 착수가 인정된 경우 : 결핵균 미고지 사건** 『특정 질병을 앓고 있는 사람이 보험회사가 정한 약관에 그 질병에 대한 고지의무를 규정하고 있음을 알면서도 이를 고지하지 아니한 채 그 사실을 모르는 보험회사와 그 질병을 담보하는 보험계약을 체결한 다음 바로 그 질병의 발병을 사유로 하여 보험금을 청구하였다면 특별한 사정이 없는 한 사기죄에 있어서의 기망행위 내지 편취의 범의를 인정할 수 있고, 보험회사가 그 사실을 알지 못한 데에 과실이 있다거나 고지의무위반을 이유로 보험계약을 해제할 수 있다고 하여 사기죄의 성립에 영향이 생기는 것은 아니다』(대판 2007.4.12. 2007도967)★.

> ✔ **실행의 착수가 부정된 경우 : 장애인단체 허위의 정산보고서 사건** 『장애인단체의 지회장이 지방자치단체로부터 보조금을 더 많이 지원받기 위하여 허위의 보조금 정산보고서를 제출한 경우, 보조금 정산보고서는 보조금의 지원 여부 및 금액을 결정하기 위한 참고자료에 불과하고 직접적인 서류라고 할 수 없다는 이유로 보조금 편취범행(기망)의 실행에 착수한 것으로 보기 어렵다』(대판 2003.6.13. 2003도1279)★.

> ✔ **실행의 착수가 부정된 경우 : 태풍 피해복구보조금 사건** 『태풍 피해복구보조금 지원절차가 행정당국에 의한 실사를 거쳐 피해자로 확인된 경우에 한하여 보조금 지원신청을 할 수 있도록 되어 있는 경우, 피해신고는 국가가 보조금의 지원 여부 및 정도를 결정함에 있어 그 직권조사를 개시하기 위한 참고자료에 불과하다는 이유로 허위의 피해신고만으로는 위 보조금 편취범행의 실행에 착수한 것이라고 볼 수 없다』(대판 1999.3.12. 98도3443)★.

2. 기망과 착오의 관계

가. 착오의 의미

착오란 현실의 사실과 인식이 일치하지 않는 것을 말한다. 착오는 피기망자가 재산적 처분행위를 하게끔 동기를 유발시키는 것이므로, 법률행위의 내용에 관한 착오이든 동기에 관한 착오이든 불문한다.

> ✔ **용도사기 : 효자프라자 전기요금 사건** 『타인으로부터 금전을 차용함에 있어서 그 차용한 금전의 용도나 변제할 자금의 마련방법에 관하여 사실대로 고지하였더라면 상대방이 응하지 않았을 경우에 그 용도나 변제자금의 마련방법에 관하여 진실에 반하는 사실을 고지하여 금전을 교부받은 경우에는 사기죄가 성립하고, 이 경우 차용금채무에 대한 담보를 제공하였다는 사정만으로는 결론을 달리 할 것은 아니다』(대판 2005.9.15. 2003도5382)☆.

> ✔ **용도사기 : 그린벨트 해제 접대비용 사건** 『사기죄의 실행행위로서의 기망은 반드시 법률행위의 중요부분에 관한 허위표시임을 요하지 아니하고 상대방을 착오에 빠지게 하여 행위자가 희망하는 재산적 처분행위를 하도록 하기 위한 판단의 기초가 되는 사실에 관한 것이면 족한 것이므로, 용도를 속이고 돈을 빌린 경우에 있어서 만일 진정한 용도를 고지하였더라면 상대방이 돈을 빌려 주지 않았을 것이라는 관계에 있는 때에는 사기죄의 실행행위인 기망은 있는 것으로 보아야 한다』(대판 1996.2.27. 95도2828)☆.

나. 기망과 착오의 인과관계

착오는 기망행위에 의해서 야기되어야 한다. 따라서 사기죄의 성립을 위해서는 기망행위와 상대방의 착오 및 재물의 교부 또는 재산상 이익의 공여와의 사이에는 순차적으로 인과관계가 필요하다. 기망행위만을 유일한 원인으로 하는 것을 필요로 하지는 않으므로, 착오에 빠진 원인 중에 피기망자 측에 과실이 있어도 사기죄의 성립에는 영향이 없다.

✔ **기망과 착오의 인과관계 : 사채업자 새마을금고 대출 사건** 『사기죄가 성립하기 위해서는 기망행위와 상대방의 착오 및 재물의 교부 또는 재산상의 이익의 공여와의 사이에 순차적인 인과관계가 있어야 하지만, 착오에 빠진 원인 중에 피기망자 측에 과실이 있는 경우에도 사기죄가 성립한다』(대판 2009.6.23. 2008도1697)★.

✔ **인과관계를 인정한 경우 : "진행 중인 대출 없다" 사건** 『피고인이 갑 저축은행에 대출을 신청하여 심사를 받을 당시 동시에 다른 저축은행에 대출을 신청한 상태였는데도 갑 저축은행으로부터 다른 금융회사에 동시에 진행 중인 대출이 있는지에 대하여 질문을 받자 '없다'고 답변하였고, 갑 저축은행으로부터 대출을 받은 지 약 6개월 후에 신용회복위원회에 대출 이후 증가한 채무를 포함하여 프리워크아웃을 신청한 사안에서, 피고인은 갑 저축은행에 대하여 다른 금융회사에 동시에 진행 중인 대출이 있는지를 허위로 고지하였고, 갑 저축은행이 제대로 된 고지를 받았더라면 대출을 해주지 않았을 것으로 판단되며, 그 밖에 피고인의 재력, 채무액, 대출금의 사용처, 대출일부터 약 6개월 후 프리워크아웃을 신청한 점과 그 경위 등의 사정을 종합하면, 기망행위, 기망행위와 처분행위 사이의 인과관계와 편취의 고의가 인정된다고 볼 여지가 있다는 이유로, 이와 달리 보아 피고인에 대한 사기 공소사실을 무죄라고 판단한 원심판결에 사기죄에서 기망행위, 기망행위와 처분행위 사이의 인과관계와 편취의 고의에 관한 법리를 오해한 잘못이 있다고 한 사례』(대판 2018.8.1. 2017도20682)☆.

✔ **인과관계를 부정한 경우 : 지주명의 전매 사건** 『피고인이 전매사실을 숨기고 지주명의로 위장하여 대지에 관한 매매계약을 체결하였으나 그 이행에 아무런 영향이 없었다면 사기죄는 성립하지 아니한다』(대판 1985.5.14. 84도2751)☆.

✔ **인과관계를 부정한 경우 : 임대주택건설자금 대출 신청 사건** 『갑 주식회사의 실질적 운영자이자 을 주식회사의 대표이사인 피고인 병 및 피고인 정 등이 공모하여, 갑 회사가 시행하고 을 회사가 시공하는 아파트 중 임대아파트 부분의 신축과 관련하여 무 은행에 임대주택건설자금 대출을 신청하면서 아파트 부지의 매매가격을 부풀린 매매계약서 등을 제출하는 방법으로 무 은행을 기망하여 국민주택기금 대출금을 편취하였다는 내용으로 기소된 사안에서, 피고인들이 아파트 부지의 매매가격을 부풀린 매매계약서 등을 제출한 행위와 무 은행의 대출 사이에 인과관계가 존재한다고 보기 어렵다고 한 사례』(대판 2016.7.14. 2015도20233)☆.

3. 처분행위

가. 의 의

사기죄는 피기망자의 착오에 기한 재산적 처분행위에 의하여 본인 또는 제3자가 재물을 교부 받거나 재산상의 이익을 취득하는 것이다. 처분행위라 함은 범인 등에게 재물을 교부하거나 재산상의 이익을 부여하는 행위를 의미하며, 그것은 피기망자가 처분의사를 가지고 그 의사에 지배된 행위여야 한다.

✔ **처분행위의 의미와 절도죄와의 구별 : 「내것이 맞다」사건** 최신3년 『[1] 형법상 절취란 타인이 점유하고 있는 자기 이외의 자의 소유물을 점유자의 의사에 반하여 점유를 배제하고 자기 또는 제3자의 점유로 옮기는 것을 말한다. 이에 반해 기망의 방법으로 타인으로 하여금 처분행위를 하도록 하여 재물 또는 재산상 이익을 취득한 경우에는 절도죄가 아니라 사기죄가 성립한다.

사기죄에서 처분행위는 행위자의 기망행위에 의한 피기망자의 착오와 행위자 등의 재물 또는 재산상 이익의 취득이라는 최종적 결과를 중간에서 매개·연결하는 한편, 착오에 빠진 피해자의 행위를 이용하여 재산을 취득하는 것을 본질적 특성으로 하는 사기죄와 피해자의 행위에 의하지 아니하고 행위자가 탈취의 방법으로 재물을 취득하는 절도죄를 구분하는 역할을 한다. 처분행위가 갖는 이러한 역할과 기능을 고려하면 피기망자의 의사에 기초한 어떤 행위를 통해 행위자 등이 재물 또는 재산상의 이익을 취득하였다고 평가할 수 있는 경우라면, 사기죄에서 말하는 처분행위가 인정된다. 한편 사기죄가 성립되려면 피기망자가 착오에 빠져 어떠한 재산상의 처분행위를 하도록 유발하여 재산적 이득을 얻을 것을 요하고, 피기망자와 재산상의 피해자가 같은 사람이 아닌 경우에는 피기망자가 피해자를 위하여 그 재산을 처분할 수 있는 권능을 갖거나 그 지위에 있어야 한다.

[2] 피해자 갑은 드라이버를 구매하기 위해 특정 매장에 방문하였다가 지갑을 떨어뜨렸는데, 10분쯤 후 피고인이 같은 매장에서 우산을 구매하고 계산을 마친 뒤, 지갑을 발견하여 습득한 매장 주인 을로부터 "이 지갑이 선생님 지갑이 맞느냐?"라는 질문을 받자 "내 것이 맞다."라고 대답한 후 이를 교부받아 가지고 간 사안에서, 을은 지갑을 습득하여 진정한 소유자에게 돌려주어야 하는 지위에 있으므로 갑을 위하여 이를 처분할 수 있는 권능을 갖거나 그 지위에 있었으며, 이러한 처분 권능과 지위에 기초하여 지갑의 소유자라고 주장하는 피고인에게 지갑을 교부하였고 이를 통해 피고인이 지갑을 취득하여 자유로운 처분이 가능한 상태가 되었으므로, 을의 행위는 사기죄에서 말하는 처분행위에 해당하고 피고인의 행위를 절취행위로 평가할 수 없다는 이유로, 피고인에 대한 주위적 공소사실인 절도 부분을 이유에서 무죄로 판단하면서 예비적 공소사실인 사기 부분을 유죄로 인정한 원심의 판단이 정당하다고 한 사례』(대판 2022.12.29. 2022도12494)★.

처분행위를 인정한 기출판례 정리

① ✔ **기망하여 가압류 해제 사건** 『부동산가압류결정을 받아 부동산에 관한 가압류집행까지 마친 자가 그 가압류를 해제하면 소유자는 가압류의 부담이 없는 부동산을 소유하는 이익을 얻게 되므로, 가압류를 해제하는 것 역시 사기죄에서 말하는 재산적 처분행위에 해당하고, 그 이후 가압류의 피보전채권이 존재하지 않는 것으로 밝혀졌다고 하더라도 가압류의 해제로 인한 재산상의 이익이 없었다고 할 수 없다.』(대판 2007.9.20. 2007도5507)★.

② ✔ **배당이의 항소취하 사건** 『사기죄는 타인을 기망하여 착오에 빠뜨리게 하고 그 처분행위를 유발하여 재물이나 재산상의 이득을 얻음으로써 성립하는 것이므로 여기에 처분행위라고 하는 것은 재산적 처분행위를 의미하는 것이라고 할 것인바, 배당이의 소송의 제1심에서 패소판결을 받고 항소한 자가 그 항소를 취하하면 그 즉시 제1심판결이 확정되고 상대방이 배당금을 수령할 수 있는 이익을 얻게 되는 것이므로 위 항소를 취하하는 것 역시 사기죄에서 말하는 재산적 처분행위에 해당한다』(대판 2002.11.22. 2000도4419)☆.

③ ✔ **채권 추심 취득 사건** 『채권자에게 채권을 추심하여 줄 것 같이 속여 채권의 추심승낙을 받아 그 채권을 추심하여 이를 취득하였다면 이는 채권자의 착오에 기한 재산처분행위라고 할 것이므로 이는 사기죄를 구성한다 할 것이다』(대판 1983.10.25. 83도1520)☆.

	처분행위를 부정한 기출판례 정리
①	✔ **예금채권자 20만원 인출 사건** 『예금주인 피고인이 제3자에게 편취당한 송금의뢰인으로부터 자신의 은행계좌에 계좌송금된 돈을 출금한 사안에서, 피고인은 예금주로서 은행에 대하여 예금반환을 청구할 수 있는 권한을 가진 자이므로, 위 은행을 피해자로 한 사기죄가 성립하지 않는다』(대판 2010.5.27. 2010도3498)★
②	✔ **사업자등록 명의 대여 호텔 운영 사건** 『피고인이 갑에게 사업자등록 명의를 빌려주면 세금이나 채무는 모두 자신이 변제하겠다고 속여 그로부터 명의를 대여받아 호텔을 운영하면서 갑으로 하여금 호텔에 관한 각종 세금 및 채무 등을 부담하게 함으로써 재산상 이익을 편취하였다는 내용으로 기소된 사안에서, 갑이 명의를 대여하였다는 것만으로 피고인이 위와 같은 채무를 면하는 재산상 이익을 취득하는 갑의 재산적 처분행위가 있었다고 보기 어렵다』(대판 2012.6.28. 2012도4773)★
③	✔ **인출 한 현금 집안 보관 사건** 『피고인과 공범들이 피해자 공소외 A, 공소외 B에게 예금을 인출하고 인출한 현금을 집에 보관하도록 거짓말을 하였다고 하더라도, 이것을 피해자들로 하여금 현금을 타인에게 교부하거나 처분하는 행위를 하도록 한 것이라고 볼 수 없다는 사정을 들어, 피고인과 공범들이 사기죄의 기망행위를 하였다는 점에 대한 증명이 없다는 이유로 이 사건 공소사실 중 사기미수의 점에 대하여 무죄를 선고하였다』(대판 2017.4.28. 2017도1544)☆

나. 방 법

처분행위는 직접 재산상의 손해를 초래하는 작위 또는 부작위를 말한다. 피해자가 착오에 빠진 결과 채권의 존재를 알지 못하여 채권을 행사하지 아니하였다면 그와 같은 부작위도 재산의 처분행위에 해당한다.

✔ **부작위에 의한 처분행위 : 오락실 권리금 편취 사건** 『피고인이 점포에 대한 권리금을 지급한 것처럼 허위의 사용내역서를 작성·교부하여 동업자들을 기망하고 출자금 지급을 면제받으려 하였으나 미수에 그친 사안에서, 동업자들이 피고인에 대한 출자의무를 명시적으로 면제하지 않았더라도, 착오에 빠져 이를 면제해 주는 결과에 이를 수 있어, 이는 부작위에 의한 처분행위에 해당한다』(대판 2009.3.26. 2008도6641)☆

✔ **부작위에 의한 처분행위 : 1/3 인세 지급 사건** 『출판사 경영자가 출고현황표를 조작하는 방법으로 실제출판부수를 속여 작가에게 인세의 일부만을 지급한 사안에서, 작가가 나머지 인세에 대한 청구권의 존재 자체를 알지 못하는 착오에 빠져 이를 행사하지 아니한 것이 사기죄에 있어 부작위에 의한 처분행위에 해당한다』(대판 2007.7.12. 2005도9221)★

다. 처분의사

처분행위에는 처분의사를 필요로 한다. 즉 재산적 처분행위가 인정되려면 처분의사가 있어야 하는데, 그러한 처분의사는 착오에 빠진 피기망자가 어떤 행위를 한다는 인식이 있으면 충분하고, 그 행위가 가져오는 결과에 대한 인식까지 필요하다고 볼 것은 아니다.

✔ **처분의사의 의미 : 서명사취 사건** 『[1] [다수의견] 처분의사는 착오에 빠진 피기망자가 어떤 행위를 한다는 인식이 있으면 충분하고, 그 행위가 가져오는 결과에 대한 인식까지 필요하다고 볼 것은 아니다. 사기죄의 성립요소로서 기망행위는 널리 거래관계에서 지켜야 할 신의칙에 반하는 행위로서 사람으로 하여금 착오를 일으키게 하는 것을 말하고, 착오는 사실과 일치하지 않는 인식을 의미하는 것으로, 사실에 관한

것이든, 법률관계에 관한 것이든, 법률효과에 관한 것이든 상관없다. 또한 사실과 일치하지 않는 하자 있는 피기망자의 인식은 처분행위의 동기, 의도, 목적에 관한 것이든, 처분행위 자체에 관한 것이든 제한이 없다. 따라서 피기망자가 기망당한 결과 자신의 작위 또는 부작위가 갖는 의미를 제대로 인식하지 못하여 그러한 행위가 초래하는 결과를 인식하지 못하였더라도 그와 같은 착오 상태에서 재산상 손해를 초래하는 행위를 하기에 이르렀다면 피기망자의 처분행위와 그에 상응하는 처분의사가 있다고 보아야 한다.

피해자의 처분행위에 처분의사가 필요하다고 보는 근거는 처분행위를 피해자가 인식하고 한 것이라는 점이 인정될 때 처분행위를 피해자가 한 행위라고 볼 수 있기 때문이다. 다시 말하여 사기죄에서 피해자의 처분의사가 갖는 기능은 피해자의 처분행위가 존재한다는 객관적 측면에 상응하여 이를 주관적 측면에서 확인하는 역할을 하는 것일 뿐이다. 따라서 처분행위라고 평가되는 어떤 행위를 피해자가 인식하고 한 것이라면 피해자의 처분의사가 있다고 할 수 있다. 결국 피해자가 처분행위로 인한 결과까지 인식할 필요가 있는 것은 아니다.

[2] [다수의견] 이른바 '서명사취' 사기는 기망행위에 의해 유발된 착오로 인하여 피기망자가 내심의 의사와 다른 처분문서에 서명 또는 날인함으로써 재산상 손해를 초래한 경우이다.

이러한 서명사취 사안에서 피기망자가 처분문서의 내용을 제대로 인식하지 못하고 처분문서에 서명 또는 날인함으로써 내심의 의사와 처분문서를 통하여 객관적·외부적으로 인식되는 의사가 일치하지 않게 되었더라도, 피기망자의 행위에 의하여 행위자 등이 재물이나 재산상 이익을 취득하는 결과가 초래되었다고 할 수 있는 것은 그러한 재산의 이전을 내용으로 하는 처분문서가 피기망자에 의하여 작성되었다고 볼 수 있기 때문이다. 이처럼 피기망자가 행위자의 기망행위로 인하여 착오에 빠진 결과 내심의 의사와 다른 효과를 발생시키는 내용의 처분문서에 서명 또는 날인함으로써 처분문서의 내용에 따른 재산상 손해가 초래되었다면 그와 같은 처분문서에 서명 또는 날인을 한 피기망자의 행위는 사기죄에서 말하는 처분행위에 해당한다. 아울러 비록 피기망자가 처분결과, 즉 문서의 구체적 내용과 법적 효과를 미처 인식하지 못하였더라도, 어떤 문서에 스스로 서명 또는 날인함으로써 처분문서에 서명 또는 날인하는 행위에 관한 인식이 있었던 이상 피기망자의 처분의사 역시 인정된다.

[3] 피고인 등이 토지의 소유자이자 매도인인 피해자 갑 등에게 토지거래허가 등에 필요한 서류라고 속여 근저당권설정계약서 등에 서명·날인하게 하고 인감증명서를 교부받은 다음, 이를 이용하여 갑 등의 소유 토지에 피고인을 채무자로 한 근저당권을 을 등에게 설정하여 주고 돈을 차용하는 방법으로 재산상 이익을 취득하였다고 하여 특정경제범죄 가중처벌 등에 관한 법률 위반(사기) 및 사기로 기소된 사안에서, 갑 등은 피고인 등의 기망행위로 착오에 빠진 결과 토지거래허가 등에 필요한 서류로 잘못 알고 처분문서인 근저당권설정계약서 등에 서명 또는 날인함으로써 재산상 손해를 초래하는 행위를 하였으므로 갑 등의 행위는 사기죄에서 말하는 처분행위에 해당하고, 갑 등이 비록 자신들이 서명 또는 날인하는 문서의 정확한 내용과 문서의 작성행위가 어떤 결과를 초래하는지를 미처 인식하지 못하였더라도 토지거래허가 등에 관한 서류로 알고 그와 다른 근저당권설정계약에 관한 내용이 기재되어 있는 문서에 스스로 서명 또는 날인함으로써 그 문서에 서명 또는 날인하는 행위에 관한 인식이 있었던 이상 처분의사도 인정됨에도, 갑 등에게 그 소유 토지들에 근저당권 등을 설정하여 줄 의사가 없었다는 이유만으로 갑 등의 처분행위가 없다고 보아 공소사실을 무죄로 판단한 원심판결에 사기죄의 처분행위에 관한 법리오해의 잘못이 있다고 한 사례이다.』(대판[전] 2017. 2. 16. 2016도13362)★.

라. 처분효과의 직접성

처분행위로부터 직접 재물의 교부나 재산의 감소가 야기되어야 한다. 따라서 행위자의 별도의 행위에 의하여 재산의 감소 등이 이루어지는 경우에는 사기죄는 성립되지 않는다.

✔ **처분효과의 직접성 : 형질변경 및 건축허가 사건** 『사기죄는 타인을 기망하여 착오에 빠뜨리고 그로 인한 처분행위로 재물의 교부를 받거나 재산상의 이익을 취득한 때에 성립하는 것이므로, 피고인이 피해자에게 부동산매도용인감증명 및 등기의무자본인확인서면의 진실한 용도를 속이고 그 서류들을 교부받아 피

> 고인 등 명의로 위 부동산에 관한 소유권이전등기를 경료하였다 하여도 피해자의 위 부동산에 관한 처분행위가 있었다고 할 수 없을 것이고 따라서 사기죄를 구성하지 않는다』(대판 2001.7.13. 2001도1289)★.[82]

마. 처분행위자와 피해자 또는 피기망자(삼각사기)[83]

(1) 처분행위자와 피해자

피기망자와 재산상의 피해자는 동일인임을 요하지 않는다. 따라서 피해자와 처분행위자도 동일인일 필요는 없다. 양자가 다른 경우를 삼각사기라고 한다. 처분행위자와 피해자 사이에 어떠한 관계가 있어야 하는가에 관하여는 견해의 대립이 있다. 판례는 처분행위자에게 법률·계약 또는 위임에 의하여 피해자의 재물을 처분 할 수 있는 법적 권한이 있어야 한다는 법적 권한설을 취한 경우도 있고, 타인의 재산을 사실상 처분할 수 있는 지위가 있으면 된다는 사실상의 지위설의 입장을 취한 경우도 있다.

> ✔ **처분행위자의 의미 : 승낙하지 않은 토지 매매 사건**　『사기죄가 성립되려면 피기망자가 착오에 빠져 어떠한 재산상의 처분행위를 하도록 유발하여 재산적 이득을 얻을 것을 요하고, 피기망자와 재산상의 피해자가 같은 사람이 아닌 경우에는 피기망자가 피해자를 위하여 그 재산을 처분할 수 있는 권능을 갖거나 그 지위에 있어야 하지만, 여기에서 피해자를 위하여 재산을 처분할 수 있는 권능이나 지위라 함은 반드시 사법상의 위임이나 대리권의 범위와 일치하여야 하는 것은 아니고 피해자의 의사에 기하여 재산을 처분할 수 있는 서류 등이 교부된 경우에는 피기망자의 처분행위가 설사 피해자의 진정한 의도와 어긋나는 경우라고 할지라도 위와 같은 권능을 갖거나 그 지위에 있는 것으로 보아야 한다』(대판 1994.10.11. 94도1575 ; 1991.1.11. 90도2180)☆.

(2) 처분행위자와 피기망자

피기망자와 재산상의 피해자는 동일인임을 요하지 않으나, 피기망자와 처분행위자는 동일인임을 요한다.

4. 재산상의 손해

사기죄를 재산에 대한 침해범으로 본다면 사기죄가 성립하기 위해서는 피해자의 재산에 손해가 발생하여야 할 것이고, 손해의 발생이 사기죄 성립요건인지 관해 견해의 대립이 있으나, 판례는 재물편취죄에 관하여 기망 당하지 않았으면 교부하지 않았을 재물을 기망당한 결과 교부하게 된 것, 즉 재물의 교부 자체를 재산상의 손해로 해석하고 있다. 따라서 재물편취의 경우에는 피해자의 전체재산에 손해가 없다 하더라도 사기죄가 성립한다.

> ✔ **재산상 손해의 의미 : 레조 자동차 대출 신청 사건**　『사기죄는 타인을 기망하여 그로 인한 하자 있는 의사에 기하여 재물의 교부를 받거나 재산상의 이득을 취득함으로써 성립되는 범죄로서 그 본질은 기망행위에 의한 재산이나 재산상 이익의 취득에 있는 것이고 상대방에게 현실적으로 재산상 손해가 발생함을 요건으로 하지 아니한다』(대판 2004.4.9. 2003도7828)☆.

---

82) [보충설명] 부동산매도용인감증명 및 등기의무자본인확인서면에 대한 사기죄를 묻는 사안이 아니다. 피해자는 부동산 자체에 대한 지배력을 넘긴 것이 아니므로 부동산 자체에 대한 처분행위가 부정되어 부동산에 대한 사기죄가 성립되지 않는 사안이다.
83) 소송사기의 자세한 논의는 별도의 목차에서 후술하기로 한다.

✔ **분식회계 대출 사건** 『사기죄는 상대방을 기망하여 하자 있는 상대방의 의사에 의하여 재물을 교부받음으로써 성립하는 것이므로 분식회계에 의한 재무제표 등으로 금융기관을 기망하여 대출을 받았다면 사기죄는 성립하고, 변제의사와 변제능력의 유무 그리고 충분한 담보가 제공되었다거나 피해자의 전체 재산상에 손해가 없고, 사후에 대출금이 상환되었다고 하더라도 사기죄의 성립에는 영향이 없다』(대판 2005.4.29. 2002도7262)☆.

5. 재물의 교부, 재산상 이익의 취득(처분행위의 결과)

사기죄에 있어서 '재물의 교부'란 범인의 기망에 따라 피해자가 착오로 재물에 대한 사실상의 지배를 범인에게 이전하는 것을 의미한다. 재물의 교부가 있었다고 하기 위해서 반드시 재물의 현실의 인도가 필요한 것은 아니고 재물이 범인의 사실상의 지배 아래에 들어가 그의 자유로운 처분이 가능한 상태에 놓인 경우에도 재물의 교부가 있었다고 보아야 한다.

✔ **재물교부의 의미 : 백두산 미륵불상 홍보 도자기 사건** 『사기죄에 있어서 '재물의 교부'란 범인의 기망에 따라 피해자가 착오로 재물에 대한 사실상의 지배를 범인에게 이전하는 것을 의미하는데, 재물의 교부가 있었다고 하기 위하여 반드시 재물의 현실의 인도가 필요한 것은 아니고 재물이 범인의 사실상의 지배 아래에 들어가 그의 자유로운 처분이 가능한 상태에 놓인 경우에도 재물의 교부가 있었다고 보아야 한다』(대판 2003.5.16. 2001도1825)★.

✔ **재물교부를 인정한 경우 : 코스닥 투자 송금 사건** 『타인의 명의를 빌려 예금계좌를 개설한 후, 통장과 도장은 명의인에게 보관시키고 자신은 위 계좌의 현금인출카드를 소지한 채, 명의인을 기망하여 위 예금계좌로 돈을 송금하게 한 경우, 자신은 통장의 현금인출카드를 소지하고 있으면서 언제든지 카드를 이용하여 차명계좌 통장으로부터 금원을 인출할 수 있었고, 명의인을 기망하여 위 통장으로 돈을 송금받은 이상, 이로써 송금받은 돈을 자신의 지배하에 두게 되어 편취행위는 기수에 이르렀다고 할 것이고, 이후 편취금을 인출하지 않고 있던 중 명의인이 이를 인출하여 갔다 하더라도 이는 범죄성립 후의 사정일 뿐 사기죄의 성립에 영향이 없다』(대판 2003.7.25. 2003도2252)☆.

재산상 이익에 대한 처분행위로는 계약의 체결, 노무의 제공, 채무면제의 의사표시 등 이익을 취득하게 하는 일체의 행위가 포함된다.[84]

✔ **재산상의 이익을 취득한 경우 : 대한주택보증 사건** 『갑 주식회사의 실질적 운영자인 피고인 등이 공모하여, 회사에 대한 곧 부도 준비 사실 등을 숨긴 채 갑 회사 명의로 대한주택보증 주식회사와 임대보증금 보증약정을 체결하여 재산상 이익을 취득하였다고 하여 구 특정경제범죄 가중처벌 등에 관한 법률 위반(사기)으로 기소된 사안에서, 대한주택보증의 임대보증금 보증서 발급이 피고인 등의 기망행위에 의하여 이루어졌다면 그로써 사기죄는 성립하고, 피고인 등이 취득한 재산상 이익은 대한주택보증이 보증한 임대보증금 상당액이다』(대판 2013.11.28. 2011도7229)☆.

---

84) **보충설명** 배당이의소송의 제1심에서 패소판결을 받고 항소한 자가 그 항소를 취하하면 그 즉시 제1심판결이 확정되고 상대방이 배당금을 수령할 수 있는 이익을 얻게 되는 것이므로 위 항소를 취하하는 것 역시 사기죄에서 말하는 재산적 처분행위에 해당한다. 부동산가압류결정을 받아 부동산에 관한 가압류집행까지 마친 자가 그 가압류를 해제하면 소유자는 가압류의 부담이 없는 부동산을 소유하는 이익을 얻게 되므로, 가압류를 해제하는 것 역시 사기죄에서 말하는 재산적 처분 행위에 해당하고, 그 이후 가압류의 피보전채권이 존재하지 않는 것으로 밝혀졌다고 하더라도 가압류의 해제로 인한 재산상의 이익이 없었다고 할 수 없다.

6. 편취이득액 산정

이득액이란 범죄행위로 인하여 취득하게 된 재물이나 재산상 이익의 가액의 합계를 의미한다. 판례는 재물에 관하여 대가가 지급된 경우에도 이를 공제할 것은 아니고 교부받은 재물 전부가 편취액이 되는 것이고, 기망에 의한 금융대출에 있어서 담보권설정이 되어 있어도 사기죄의 이득액에서 담보물의 가액을 공제하여야 하는 것은 아니라는 입장이다.

✔ **편취액의 계산 : 피라미드(다단계 판매) 수당지급 사건** 『금원 편취를 내용으로 하는 사기죄에서는 기망으로 인한 금원 교부가 있으면 그 자체로써 피해자의 재산침해가 되어 바로 사기죄가 성립하고, 상당한 대가가 지급되었다거나 피해자의 전체 재산상에 손해가 없다 하여도 사기죄의 성립에는 영향이 없다. 그러므로 사기죄에서 그 대가가 일부 지급되거나 담보가 제공된 경우에도 편취액은 피해자로부터 교부된 금원으로부터 그 대가 또는 담보 상당액을 공제한 차액이 아니라 교부받은 금원 전부라고 보아야 한다』(대판 2007.1.25. 2006도7470 ; 2018.4.12. 2017도21196)★.

✔ **어음 할인에 대한 편취액 : 어음 할인 편취 사건** 『어음·수표의 할인에 의한 사기죄에서 피고인이 피해자로부터 수령한 현금액이 피고인이 피해자에게 교부한 어음 등의 액면금보다 적을 경우, 피고인이 취득한 재산상의 이익액은, 당사자가 선이자와 비용을 공제한 현금액만을 실제로 수수하면서도 선이자와 비용을 합한 금액을 대여원금으로 하기로 하고 대여이율을 정하는 등의 소비대차특약을 한 경우 등의 특별한 사정이 없는 한, 위 어음 등의 액면금이 아니라 피고인이 수령한 현금액이다』(대판 2009.7.23. 2009도2384)☆.

✔ **부동산에 대한 편취액 : 근저당권 설정 대지 가액 사건** 『사람을 기망하여 부동산의 소유권을 이전받거나 제3자로 하여금 이전받게 함으로써 이를 편취한 경우에 특정경제범죄 가중처벌 등에 관한 법률 제3조의 적용을 전제로 하여 그 부동산의 가액을 산정함에 있어서는, 그 부동산에 아무런 부담이 없는 때에는 그 부동산의 시가 상당액이 곧 그 가액이라고 볼 것이지만, 그 부동산에 근저당권설정등기가 경료되어 있거나 압류 또는 가압류 등이 이루어져 있는 때에는 특별한 사정이 없는 한 아무런 부담이 없는 상태에서의 그 부동산의 시가 상당액에서 근저당권의 채권최고액 범위 내에서의 피담보채권액, 압류에 걸린 집행채권액, 가압류에 걸린 청구금액 범위 내에서의 피보전채권액 등을 뺀 실제의 교환가치를 그 부동산의 가액으로 보아야 한다』(대판[전] 2007.4.19. 2005도7288)☆.

✔ **재투자에 대한 편취액 : 전자지갑 재투자 사건** 『재물을 편취한 후 현실적인 자금의 수수 없이 형식적으로 기왕에 편취한 금원을 새로이 장부상으로만 재투자하는 것으로 처리한 경우, 그 재투자금액은 이를 편취액의 합산에서 제외하여야 한다』(대판 2007.1.25. 2006도7470)☆.

위와 같은 법리는 사기로 인한 특정경제범죄 가중처벌 등에 관한 법률(특정경제범죄법) 위반죄에 있어서도 마찬가지로 적용된다.

✔ **재편취액의 산정 및 재산상 이익의 가액을 구체적으로 산정할 수 없는 경우 : 화물자동차 157대 사건** [최신3년] 『금원 편취를 내용으로 하는 사기죄에 있어서는 기망으로 인한 금원 교부가 있으면 그 자체로써 피해자의 재산침해가 되어 바로 사기죄가 성립하고, 상당한 대가가 지급되었다거나 피해자의 전체 재산상에 손해가 없다 하여도 사기죄의 성립에는 영향이 없으므로 사기죄에 있어서 그 대가가 일부 지급된 경우에도 편취액은 피해자로부터 교부된 금원으로부터 그 대가를 공제한 차액이 아니라 교부받은 금원 전부이고, 이는 사기로 인한 특정경제범죄 가중처벌 등에 관한 법률(이하 '특정경제범죄법'이라 한다) 위반죄에 있어서도 마찬가지다.

그러나 다른 한편으로, 사기로 인한 특정경제범죄법 위반죄는 편취한 재물이나 재산상 이익의 가액이 5억 원 이상 또는 50억 원 이상인 것이 범죄구성요건의 일부로 되어 있고 가액에 따라 그 죄에 대한 형벌도 가중되어 있으므로, 이를 적용할 때에는 편취한 재물이나 재산상 이익의 가액을 엄격하고 신중하게 산정함으로써 범죄와 형벌 사이에 적정한 균형이 이루어져야 한다는 죄형균형 원칙이나 형벌은 책임에 기초하고 그 책임에 비례하여야 한다는 책임주의 원칙이 훼손되지 않도록 유의하여야 한다.
그리고 그 이익의 가액을 구체적으로 산정할 수 없는 경우에는 재산상 이익의 가액을 기준으로 가중 처벌하는 특정경제범죄법 제3조를 적용할 수 없다』(대판 2024.4.25. 2023도18971)☆.

Ⅳ. 주관적 요건

1. 고 의

고의라고 함은 사기죄의 객관적 구성요건에 대한 인식을 의미한다. 사기죄의 고의는 범행 전후의 객관적 사정을 종합하여 판단하여야 하고, 고의의 판단 시점은 행위 당시를 기준으로 한다. 따라서 차용 당시에 진실로 변제할 의사로써 금전을 대여 받은 후에 변제할 수 없게 된 경우에는 이른바 단순채무불이행에 불과하고 사기죄가 성립되지 않는다.

✔ **고의의 판단 기준 : 계속적 거래관계 사건** 『사기죄가 성립하는지는 행위 당시를 기준으로 판단하여야 하므로, 소비대차 거래에서 차주가 돈을 빌릴 당시에는 변제할 의사와 능력을 가지고 있었다면 비록 그 후에 변제하지 않고 있더라도 이는 민사상 채무불이행에 불과하며 형사상 사기죄가 성립하지는 아니한다. 따라서 소비대차 거래에서, 대주와 차주 사이의 친척·친지와 같은 인적 관계 및 계속적인 거래 관계 등에 의하여 대주가 차주의 신용 상태를 인식하고 있어 장래의 변제 지체 또는 변제불능에 대한 위험을 예상하고 있었거나 충분히 예상할 수 있는 경우에는, 차주가 차용 당시 구체적인 변제의사, 변제능력, 차용 조건 등과 관련하여 소비대차 여부를 결정지을 수 있는 중요한 사항에 관하여 허위 사실을 말하였다는 등의 다른 사정이 없다면, 차주가 그 후 제대로 변제하지 못하였다는 사실만을 가지고 변제능력에 관하여 대주를 기망하였다거나 차주에게 편취의 범의가 있었다고 단정할 수 없다』(대판 2016.4.2. 2012도14516 ; 2016.6.9. 2015도18555)★.

✔ **사기죄의 고의가 인정된 경우 : 농어촌구조개선 정책자금 사건** 『농어촌구조개선 특별회계기금을 재원으로 하여 임업후계자육성을 위해 이루어지는 정책자금대출로서 그 대출의 조건 및 용도가 임야매수자금으로 한정되어 있는 정책자금을 대출받음에 있어 임야매수자금을 실제보다 부풀린 허위의 계약서를 제출함으로써 대출취급기관을 기망하였다면, 피고인에게 대출받은 자금을 상환할 의사와 능력이 있었는지 여부를 불문하고 편취의 고의가 인정된다』(대판 2007.4.27. 2006도7634)☆.

✔ **사기죄의 고의가 부정된 경우 : 부도상태 어음 교환 사건** 『어음의 발행인이 그 지급기일에 결제되지 않으리라는 점을 예견하였거나 지급기일에 지급될 수 있다는 확신이 없으면서도 그러한 내용을 상대방에게 고지하지 아니한 채 이를 속여 어음을 발행·교부하고 상대방으로부터 그 대가를 교부받았다면 사기죄가 성립하는 것이지만, 이와 달리 어음의 발행인들이 각자 자력이 부족한 상태에서 자금을 편법으로 확보하기 위하여 서로 동액의 융통어음을 발행하여 교환한 경우에는, 특별한 사정이 없는 한 쌍방은 그 상대방의 부실한 자력상태를 용인함과 동시에, 상대방이 발행한 어음이 지급기일에 결제되지 아니할 때에는 자기가 발행한 어음도 결제하지 않겠다는 약정 하에 서로 어음을 교환하는 것이므로, 자기가 발행한 어음이 그 지급기일에 결제되지 않으리라는 점을 예견하였거나 지급기일에 지급될 수 있다는 확신 없이 상대방으로부터 어음을 교부받았다고 하더라도 사기죄가 성립하는 것은 아니다』(대판 2002.4.23. 2001도6570)☆.

2. 불법영득의사

사기죄의 주관적 요건으로 고의 외에 불법영득의 의사를 요하는가에 관하여 견해의 대립이 있으나, 판례는 사기죄의 주관적 요건으로서 고의 외에 불법영득의 의사를 필요로 한다고 한다는 입장이다.

범인이 기망행위에 의해 스스로 재물을 취득하지 않고 제3자로 하여금 재물의 교부를 받게 한 경우에 사기죄가 성립하려면, 그 제3자가 범인과 사이에 정을 모르는 도구 또는 범인의 이익을 위해 행동하는 대리인의 관계에 있거나, 그렇지 않다면 적어도 불법영득의사와의 관련상 범인에게 그 제3자로 하여금 재물을 취득하게 할 의사가 있어야 한다.

> ✔ **불법영득의사와 제3자의 취득 : 택지분양권 이중매도 사건** 『[1] 범인이 기망행위에 의해 스스로 재물을 취득하지 않고 제3자로 하여금 재물의 교부를 받게 한 경우에 사기죄가 성립하려면, 그 제3자가 범인과 사이에 정을 모르는 도구 또는 범인의 이익을 위해 행동하는 대리인의 관계에 있거나, 그렇지 않다면 적어도 불법영득의사와의 관련상 범인에게 그 제3자로 하여금 재물을 취득하게 할 의사가 있어야 한다. 위와 같은 의사는 반드시 적극적 의욕이나 확정적 인식이어야 하는 것은 아니고 미필적 인식이 있으면 충분하며, 그 의사가 있는지 여부는 범인과 그 제3자 및 피해자 사이의 관계, 기망행위 혹은 편취행위의 동기, 경위와 수단·방법, 그 행위의 내용과 태양 및 당시의 거래관행 등 여러 사정을 종합하여 사회통념에 비추어 합리적으로 판단하여야 한다. 한편, 재물편취를 내용으로 하는 사기죄에 있어서는 기망으로 인한 재물교부가 있으면 그 자체로써 피해자의 재산침해가 되어 곧 사기죄는 성립하는 것이고, 그로 인한 이익이 결과적으로 누구에게 귀속하는지는 사기죄의 성부에 아무런 영향이 없다.
> [2] 갑이 을에게 이중매도한 택지분양권을 순차 매수한 병·정에게 이중매도 사실을 숨긴 채 자신의 명의로 형식적인 매매계약서를 작성해 준 사안에서, 갑이 직접 매매대금을 수령하지 않았더라도 병·정에 대한 사기죄가 성립한다』(대판 2009.1.30. 2008도9985)☆.

V. 소송사기

1. 의 의

소송사기는 법원을 기망하여 자기에게 유리한 판결을 얻고 이에 기하여 상대방으로부터 재물 혹은 재산상의 이익을 취득하는 것을 말한다. 판례는 소송사기에 대하여 사기죄의 성립을 인정하고 있다. 그러나 법원을 기망하여 제3자의 재물을 편취하는 것을 소송사기죄로 인정하는 것은 민사재판에서 유리한 주장을 하여 권리구제를 받으려는 민사소송제도와 상치되므로 이와 조정을 위하여 그 적용에 있어 엄격 해석을 필요로 한다.

2. 성립요건

가. 주 체

적극적 소송당사자인 원고뿐만 아니라 방어적인 위치에 있는 피고라 하더라도 허위내용의 서류를 작성하여 이를 증거로 제출하거나 적극적인 방법으로 법원을 기망하여 착오에 빠지게 한 결과 승소확정판결을 받음으로써 자기의 재산상의 의무이행을 면하게 된 경우에는 사기죄가 성립한다.

> ✔ **소송사기죄의 주체 : 원우종합건설 어음금청구 사건** 『적극적 소송당사자인 원고뿐만 아니라 방어적인 위치에 있는 피고라 하더라도 허위내용의 서류를 작성하여 이를 증거로 제출하거나 위증을 시키는 등의 적극적인 방법으로 법원을 기망하여 착오에 빠지게 한 결과 승소확정판결을 받음으로써 자기의 재산상의 의무이행을 면하게 된 경우에는 그 재산가액 상당에 대하여 사기죄가 성립한다』(대판 2004.3.12. 2003도333)★.

나. 방 법

　소송사기는 법원을 속여 자기에게 유리한 판결을 얻음으로써 상대방의 재물 또는 재산상 이익을 취득하는 범죄로서, 이를 쉽사리 유죄로 인정하게 되면 누구든지 자기에게 유리한 주장을 하고 소송을 통하여 권리구제를 받을 수 있는 민사재판제도의 위축을 가져올 수밖에 없다. 따라서 피고인이 범행을 인정한 경우 외에는 소송절차나 조정절차에서 행한 주장이 사실과 다름이 객관적으로 명백하고 피고인이 그 주장이 명백히 거짓인 것을 인식하였거나 증거를 조작하려고 하였음이 인정되는 때와 같이 범죄가 성립하는 것이 명백한 경우가 아니면 이를 유죄로 인정하여서는 안 된다.

> ✔ **조정절차에서 소송사기 판단기준 : 약정금 반환 조정 사건** 최신3년 『소송사기는 법원을 속여 자기에게 유리한 판결을 얻음으로써 상대방의 재물 또는 재산상 이익을 취득하는 범죄로서, 이를 쉽사리 유죄로 인정하게 되면 누구든지 자기에게 유리한 주장을 하고 소송을 통하여 권리구제를 받을 수 있는 민사재판제도의 위축을 가져올 수밖에 없다. 이러한 위험성은 당사자 간 합의에 의하여 소송절차를 원만하게 마무리하는 민사조정에서도 마찬가지로 존재한다. 따라서 피고인이 범행을 인정한 경우 외에는 소송절차나 조정절차에서 행한 주장이 사실과 다름이 객관적으로 명백하고 피고인이 그 주장이 명백히 거짓인 것을 인식하였거나 증거를 조작하려고 하였음이 인정되는 때와 같이 범죄가 성립하는 것이 명백한 경우가 아니면 이를 유죄로 인정하여서는 안 된다.
> 　소송당사자들은 조정절차를 통해 원만한 타협점을 찾는 과정에서 자신에게 유리한 결과를 얻기 위하여 노력하고, 그 과정에서 다소간의 허위나 과장이 섞인 언행을 하는 경우도 있다. 이러한 언행이 일반 거래관행과 신의칙에 비추어 허용될 수 있는 범위 내라면 사기죄에서 말하는 기망행위에 해당한다고 볼 수는 없다. 통상의 조정절차에서는 조정채무 불이행에 대한 제재수단뿐만 아니라 소송비용의 처리 문제나 청구취지에 포함되지 않은 다른 잠재적 분쟁에 관한 합의내용도 포함될 수 있고, 소송절차를 단축시켜 집행권원을 신속히 확보하기 위한 목적에서 조정이 성립되는 경우도 있다. 소송당사자가 조정에 합의한 것은 이러한 부수적 사정에 따른 이해득실을 모두 고려한 이성적 판단의 결과로 보아야 하고, 변호사 등 소송대리인이 조정절차에 참여하여 조정이 성립한 경우에는 더욱 그러하다.
> 　따라서 조정에 따른 이행의무를 부담하는 피고가 조정성립 이후 청구원인에 관한 주된 조정채무를 제때 이행하지 않았다는 사정만으로 원고에게 신의칙상 주의의무를 다하지 아니하였다거나 조정성립과 상당인과관계 있는 손해가 발생하였다고 쉽사리 단정하여서는 아니 된다』(대판 2024.1.25. 2020도10330)★.

　① 소송사기죄가 성립되기 위해서는 제소당시 그 주장과 같은 권리가 존재 하지 않는다는 것만으로는 부족하고 이러한 사실을 알면서 증거를 조작하거나 허위 주장과 입증으로 법원을 기망한다는 인식이 필요하고, 단순히 사실을 잘못 인식하거나 법률적 평가를 잘못하여 없는 권리를 있는 것으로 오인하여 표현을 과장한 경우에는 소송사기죄의 성립이 부정된다.

> ✔ **증거조작의 의미 : 일방적 권리주장 통고서 사건** 『소송사기에서 말하는 증거의 조작이란 처분문서 등을 거짓으로 만들어내거나 증인의 허위 증언을 유도하는 등으로 객관적·제3자적 증거를 조작하는 행위를 말하는 것이므로, 피고인이 소송 제기에 앞서 그 명의로 피해자에 대한 일방적인 권리주장을 기재한 통고서 등을 작성하여 내용증명우편으로 발송한 다음, 이를 법원에 증거로 제출하였다 하더라도, 증거를 조작하였다고 볼 수는 없다』(대판 2004.3.25. 2003도7700)☆.

> ✔ **적극적인 사술과 고의 : 소송사기의 물품대금 청구소송 사건** 『소송사기는 법원을 기망하여 제3자의 재물을 편취할 것을 기도하는 것을 내용으로 하는 것으로서, 사기죄로 인정하기 위하여는 제소 당시 그 주장과 같은 권리가 존재하지 않는다는 것만으로는 부족하고, 그 주장의 권리가 존재하지 않는 사실을 잘 알

고 있으면서도 허위의 주장과 입증으로 법원을 기망한다는 인식을 요한다. 그러나 허위의 내용으로 소송을 제기하여 법원을 기망한다는 고의가 있는 경우에 법원을 기망하는 것은 반드시 허위의 증거를 이용하지 않더라도 당사자의 주장이 법원을 기망하기에 충분한 것이라면 기망수단이 된다』(대판 2011.9.8. 2011도7262)☆.

✔ **적극적인 사술과 고의 : 아파트 분양잔대금 사건** 『법원을 기망하여 승소판결을 받아 패소한 상대방으로부터 재물의 교부를 받거나 재산상 이익을 취득하는 이른바 소송사기가 사기죄를 구성하려면, 제소 당시 주장한 권리가 존재하지 않는다는 것만으로는 부족하고, 그와 같은 권리가 존재하지 않는다는 사실을 알고 있으면서도 허위 주장을 하여 법원을 기망한다는 사실을 인식하여야만 된다 할 것이므로, 단순히 사실을 잘못 인식하거나 법률적인 평가를 잘못하여 존재하지도 않는 권리를 존재한다고 믿고 제소한 경우에는 사기죄가 성립되지 않는다』(대판 1993.9.28. 93도1941)☆.

✔ **적극적인 사술과 고의 : 지출하지 않은 변호사비용 사건** 최신3년 『소송비용부담의 재판은 소송비용상환의무의 존재를 확정하고 그 지급을 명하는 데 그치고, 구체적인 소송비용의 액수는 민사소송법 제110조 제1항에 의한 소송비용액확정결정을 통하여 확정되며, 소송비용의 상환을 구하는 자는 소송비용액확정결정에 집행문을 부여받아 그 확정된 소송비용액에 관하여 강제집행을 할 수 있는바, 허위 내용으로 법원을 기망하여 자기에게 유리한 소송비용액확정결정을 받는 행위는 사기죄를 구성할 수 있다. 한편 소송비용액확정결정을 신청할 때에는 비용계산서, 그 등본과 비용액을 소명하는 데 필요한 서면을 제출하여야 하므로(민사소송법 제110조 제2항), 당사자가 단순히 실제 사실과 다른 비용액에 관한 주장만 한 경우를 사기죄로 인정하는 것에는 신중하여야 한다. 소송비용 중 당사자 등이 소송 기타 절차를 수행하기 위하여 법원에 납부하는 인지액 및 민사예납금 등 이른바 '재판비용'은 관할법원이 스스로 보존하고 있는 재판서 및 소송기록 등에 의하여 계산할 것이 예정되어 있고, 당사자가 소송 등 수행을 위하여 제3자에게 직접 지출하는 이른바 '당사자비용'은 신청인이 반드시 소명하여야 하므로, 소명자료 등을 조작하거나 허위의 소명자료 등을 제출함이 없이 단지 실제 사실과 다른 비용액에 관한 주장만 하는 경우에는 특별한 사정이 없는 한 법원을 기망하였다고 단정하기 어렵기 때문이다』(대판 2024.6.27. 2021도2340)★.

✔ **기망에 해당하는 경우 : 허위의 물품공급계약서 사건** 『甲 주식회사의 경영자인 피고인이, 甲 회사와 乙 주식회사 사이에 허위로 작성된 물품공급계약서에 따른 공급을 완료하였음을 전제로 乙 회사를 상대로 물품대금 청구소송을 제기하면서 증거자료로 위 물품공급계약서를 제출하였다가 그 후 소송을 취하한 사안에서, 피고인의 행위가 사기미수죄에 해당한다고 본 원심판단을 수긍한 사례』(대판 2011.9.8. 2011도7262)☆.

② 단순히 상대방에게 유리한 증거를 제출하지 않거나 상대방에게 유리한 사실을 진술하지 않은 행위만으로는 사기죄가 성립하지 않는다. 그러나 허위의 내용으로 소송을 제기하여 법원을 기망한다는 고의가 있는 경우에 법원을 기망하는 것은 반드시 허위의 증거를 이용하지 않더라도 당사자의 주장이 법원을 기망하기에 충분한 것이라면 기망수단이 된다.

✔ **적극적인 사술 : 수표금 1억 원 지급 청구 사건** 『당사자주의 소송구조하에서는 자기에게 유리한 주장이나 증거는 각자가 자신의 책임하에 변론에 현출하여야 하는 것이고, 비록 자기가 상대방에게 유리한 증거를 가지고 있다거나 상대방에게 유리한 사실을 알고 있다고 하더라도 상대방을 위하여 이를 현출하여야 할 의무가 있다고 보기는 어려울 것이므로 상대방에게 유리한 증거를 제출하지 않거나 상대방에게 유리한 사실을 진술하지 않는 행위만으로는 소송사기에 있어 기망이 된다고 할 수 없다』(대판 2002.6.28. 2001도1610)☆.

③ 소송사기죄는 자수범이 아니므로 간접정범 형태의 소송사기도 가능하다. 자기에게 유리한 판결을 얻기 위해 소송상의 주장이 사실과 다름이 객관적으로 명백하거나 증거가 조작되어 있다는 정을 인식하

지 못하는 제3자를 이용하여 그로 하여금 소송의 당사자가 되게 하고 법원을 기망하여 소송 상대방의 재물 또는 재산상 이익을 취득하려 하였다면 간접정범의 형태에 의한 소송사기죄가 성립한다.

> ✔ **소송사기의 간접정범 : 차용증 위조 양수금 청구소송 사건** 『[1] 자기에게 유리한 판결을 얻기 위하여 소송상의 주장이 사실과 다름이 객관적으로 명백하거나 증거가 조작되어 있다는 정을 인식하지 못하는 제3자를 이용하여 그로 하여금 소송의 당사자가 되게 하고 법원을 기망하여 소송 상대방의 재물 또는 재산상 이익을 취득하려 하였다면 간접정범의 형태에 의한 소송사기죄가 성립하게 된다.
> [2] 갑이 을 명의 차용증을 가지고 있기는 하나 그 채권의 존재에 관하여 을과 다툼이 있는 상황에서 당초에 없던 월 2푼의 약정이자에 관한 내용 등을 부가한 을 명의 차용증을 새로 위조하여, 이를 바탕으로 자신의 처에 대한 채권자인 병에게 차용원금 및 위조된 차용증에 기한 약정이자 2,500만 원을 양도하고, 이러한 사정을 모르는 병으로 하여금 을을 상대로 양수금 청구소송을 제기하도록 한 사안에서, 적어도 위 약정이자 2,500만 원 중 법정지연손해금 상당의 돈을 제외한 나머지 돈에 관한 갑의 행위는 병을 도구로 이용한 간접정범 형태의 소송사기죄를 구성한다』(대판 2007.9.6. 2006도3591)★

다. 판결의 처분행위성

소송사기에 있어 피기망자인 법원의 재판은 피해자의 처분행위에 갈음하는 내용과 효력이 있어야 한다. 따라서 ① 타인과 공모하여 그 공모자를 상대로 제소한 경우나 법원을 기망하여 얻으려고 한 판결의 내용이 소송 상대방의 의사에 부합하는 것일 때에는, 착오에 의한 재물의 교부행위가 있다고 할 수 없어 소송사기죄가 성립되지 않는다.

> ✔ **공모자에 대한 소송 : 사전승낙 소 제기 사건** 『소송사기에 있어서 피기망자인 법원의 재판은 피해자의 처분행위에 갈음하는 내용과 효력이 있는 것이어야 하므로, 피고인들이 타인과 공모하여 그 공모자를 상대로 제소한 경우나 피고인들이 법원을 기망하여 얻으려고 한 판결의 내용이 소송 상대방의 의사에 부합하는 것일 때에는, 착오에 의한 재물의 교부행위가 있다고 할 수 없어 소송사기죄가 성립되지 아니한다』(대판 1996.8.23. 96도1265)★

> ✔ **공모자에 대한 소송 : 의제자백 승소 사건** 『소송사기에 있어 피기망자인 법원의 재판은 피해자의 처분행위에 갈음하는 내용과 효력이 있는 것이어야 하므로, 피고인이 타인과 공모하여 그 공모자를 상대로 제소하여 의제자백의 판결을 받아 이에 기하여 부동산의 소유권이전등기를 하였다고 하더라도 이는 소송 상대방의 의사에 부합하는 것으로서 착오에 의한 재산적 처분행위가 있다고 할 수 없어 동인으로부터 부동산을 편취한 것이라고 볼 수 없고, 또 그 부동산의 진정한 소유자가 따로 있다고 하더라도 피고인이 의제자백판결에 기하여 그 진정한 소유자로부터 소유권을 이전받은 것이 아니므로 그 소유자로부터 부동산을 편취한 것이라고 볼 여지도 없다』(대판 1997.12.23. 97도2430)★

② 사자·허무인·무권한자를 상대로 한 판결은 그 내용에 따른 효력이 생기지 아니하므로 소송사기가 성립되지 않는다.

> ✔ **사자에 대한 소송 : 소유자 전원 사망 사건** 『피고인의 제소가 사망한 자를 상대로 한 것이라면 이와 같은 사망한 자에 대한 판결은 그 내용에 따른 효력이 생기지 아니하여 상속인에게 그 효력이 미치지 아니하고 따라서 사기죄를 구성한다고는 할 수 없고, 나아가 피고인의 행위가 소송사기죄의 불능미수에 해당한다고 볼 수도 없으므로 법원은 무죄판결을 선고하여야 한다』(대판 2002.1.11. 2000도1881)☆

> ✔ **무권한자에 대한 소송 : 소유권확인등의 청구소송 사건** 『소송사기에 있어서 피기망자인 법원의 재판은 피해자의 처분행위에 갈음하는 내용과 효력이 있는 것이어야 하고 그렇지 않은 경우에는 착오에 의한 재물의 교부행위가 있다고 할 수 없을 것인바, 피고인이 타인소유의 부동산에 관하여 아무런 권한이 없는 사람을 상대로 소유권확인등의 청구소송을 제기함으로써 법원을 기망하여 승소판결을 받고 그 확정판결을 이용하여 동 부동산에 대한 소유권보존등기를 경료했다 하여도, 위 판결의 효력은 소송당사자들 사이에만 미치고 제3자인 부동산소유자에게는 미치지 아니하여 위 판결로 인하여 위 부동산에 대한 제3자의 소유권이 피고인에게 이전되는 것도 아니므로 사기죄를 구성한다고 볼 수 없다』(대판 1985.10.8. 84도2642)★.

3. 실행의 착수 및 기수시기

가. 실행의 착수

원고의 경우에는 원칙적으로 소를 제기한 때, 피고의 경우에는 허위의 증거를 제출하거나 허위의 준비서면 등을 제출한 때 실행의 착수가 인정된다. 소송사기죄의 실행의 착수는 법원을 착오에 빠트리기 위한 적극적인 사술행위로서 청구의 의사표시를 의미한다. 따라서 경매신청이나 임차권등기명령을 신청한 경우에도 배당, 등기와 우선변제권이라는 피해자의 처분행위에 갈음하는 판결내용을 이끌어 내는 청구의 의사를 표시하는 것이므로 실행의 착수가 인정된다. 그러나 가압류나 가처분, 압류 및 추심명령을 신청하는 것은 보전수단에 그치는 것이므로 본안소송에 나아가기 전까지는 청구의 표시로서 소제기가 아니므로 실행의 착수가 부정된다.

소송사기의 실행의 착수를 인정한 기출판례 정리

① ✔ **부동산소유권이전등기청구권에 대한 압류신청(대전 동구청) 사건** 『[1] 강제집행절차를 통한 소송사기는 집행절차의 개시신청을 한 때 또는 진행 중인 집행절차에 배당신청을 한 때에 실행에 착수하였다고 볼 것이다.
[2] 소유권이전등기청구권에 대한 압류는 당해 부동산에 대한 경매의 실시를 위한 사전 단계로서의 의미를 가지나 전체로서의 강제집행절차를 위한 일련의 시작행위라고 할 수 있으므로 허위 채권에 기한 공정증서를 집행권원으로 하여 채무자의 소유권이전등기청구권에 대하여 압류신청을 한 시점에 소송사기의 실행에 착수하였다고 볼 것이다』(대판 2015.2.12. 2014도10086)★.

② ✔ **신축빌라 유치권 경매신청 사건** 『유치권에 의한 경매를 신청한 유치권자는 일반채권자와 마찬가지로 피담보채권액에 기초하여 배당을 받게 되는 결과 피담보채권인 공사대금 채권을 실제와 달리 허위로 크게 부풀려 유치권에 의한 경매를 신청할 경우 정당한 채권액에 의하여 경매를 신청한 경우보다 더 많은 배당금을 받을 수도 있으므로, 이는 법원을 기망하여 배당이라는 법원의 처분행위에 의하여 재산상 이익을 취득하려는 행위로서, 불능범에 해당한다고 볼 수 없고, 소송사기죄의 실행의 착수에 해당한다』(대판 2012.11.15. 2012도9603)★.

---

85) **비교판례** 『기한 미도래의 채권을 소송에 의하여 청구함에 있어서 기한의 이익이 상실되었다는 허위의 증거를 조작하는 등의 적극적인 사술을 사용하지 아니한 채 단지 즉시 지급을 구하는 취지의 지급명령신청은 법원을 기망하여 부당한 이득을 편취하려는 기망행위에 해당하지 아니한다』(대판 1982.7.27. 82도1160).

③ ✔ **허위의 부동산임대차계약서 사건** 『[1] 임대차계약이 통정허위표시로서 무효라 하더라도, 장차 피신청인의 이의신청 또는 취소신청에 의한 법원의 재판을 거쳐 그 임차권등기가 말소될 때까지는 신청인은 외형상으로 우선변제권 있는 임차인으로서 부동산 담보권에 유사한 권리를 취득하게 된다 할 것이니, 이러한 이익은 재산적 가치가 있는 구체적 이익으로서 사기죄의 객체인 재산상 이익에 해당한다고 봄이 상당하다.
[2] 진정한 임차권자가 아니면서 허위의 임대차계약서를 법원에 제출하여 임차권등기명령을 신청하면 그로써 소송사기의 실행행위에 착수한 것으로 보아야 하고, 나아가 그 임차보증금 반환채권에 관하여 현실적으로 청구의 의사표시를 하여야만 사기죄의 실행의 착수가 있다고 볼 것은 아니다』(대판 2012.5.24. 2010도12732)★.

④ ✔ **허위주소 송달 사건** 『소송사기는 법원을 기망하여 자기에게 유리한 판결을 얻고 이에 터잡아 상대방으로부터 재물의 교부를 받거나 재산상 이익을 취득하는 것을 말하는 것으로서 소송에서 주장하는 권리가 존재하지 않는 사실을 알고 있으면서도 법원을 기망한다는 인식을 가지고 소를 제기하면 이로써 실행의 착수가 있고 소장의 유효한 송달을 요하지 아니한다고 할 것인바, 이러한 법리는 제소자가 상대방의 주소를 허위로 기재함으로써 그 허위주소로 소송서류가 송달되어 그로 인하여 상대방 아닌 다른 사람이 그 서류를 받아 소송이 진행된 경우에도 마찬가지로 적용된다』(대판 2006.11.10. 2006도5811)★.

⑤ ✔ **부도수표 허위의 지급명령 신청 사건** 『[1] 지급명령신청에 대해 상대방이 이의신청을 하면 지급명령은 이의의 범위 안에서 그 효력을 잃게 되고 지급명령을 신청한 때에 소를 제기한 것으로 보게 되는 것이지만 이로써 이미 실행에 착수한 사기의 범행 자체가 없었던 것으로 되는 것은 아니다.[85]
[2] 허위의 내용으로 신청한 지급명령이 그대로 확정된 경우에는 소송사기의 방법으로 승소 판결을 받아 확정된 경우와 마찬가지로 사기죄는 이미 기수에 이르렀다고 볼 것이다』(대판 2004.6.24. 2002도4151)☆.

⑥ ✔ **소유자로 등기된 적 있는 자의 말소 청구 사건** 『소송사기는 법원을 기망하여 자기에게 유리한 재판을 얻고 이에 기하여 상대방으로부터 재물의 교부를 받거나 재산상 이익을 취득하는 것을 말하는 것인바, 부동산등기부상 소유자로 등기된 적이 있는 자가 자기 이후에 소유권이전등기를 경료한 등기명의인들을 상대로 허위의 사실을 주장하면서 그들 명의의 소유권이전등기의 말소를 구하는 소송을 제기한 경우 그 소송에서 승소한다면 등기명의인들의 등기가 말소됨으로써 그 소송을 제기한 자의 등기명의가 회복되는 것이므로 이는 법원을 기망하여 재물이나 재산상 이익을 편취한 것이라고 할 것이고 따라서 등기명의인들 전부 또는 일부를 상대로 하는 그와 같은 말소등기청구 소송의 제기는 사기의 실행에 착수한 것이라고 보아야 한다』(대판 2003.7.22. 2003도1951)☆.

⑦ ✔ **대여금청구소송 허위서류 제출 사건** 『적극적 소송당사자인 원고뿐만 아니라 방어적인 위치에 있는 피고라 하더라도 허위내용의 서류를 작성하여 이를 증거로 제출하거나 위증을 시키는 등의 적극적인 방법으로 법원을 기망하여 착오에 빠지게 한 결과 승소확정판결을 받음으로써 자기의 재산상의 의무이행을 면하게 된 경우에는 그 재산가액 상당에 대하여 사기죄가 성립한다고 할 것이고, 그와 같은 경우에는 적극적인 방법으로 법원을 기망할 의사를 가지고 허위내용의 서류를 증거로 제출하거나 그에 따른 주장을 담은 답변서나 준비서면을 제출한 경우에 사기죄의 실행의 착수가 있다고 볼 것이다』(대판 1998.2.27. 97도2786)☆.

소송사기의 실행의 착수를 부정한 기출판례 정리

① ✔ **유치권 신고 사건** 『부동산 경매절차에서 피고인들이 허위의 공사대금채권을 근거로 유치권 신고를 한 경우, 소송사기의 실행의 착수가 있다고 볼 수 없다』(대판 2009.9.24. 2009도5900)★. ※ 판결이유 중 : 유치권자가 경매절차에서 유치권을 신고하는 경우 법원은 이를 매각물건명세서에 기재하고 그 내용을 매각기일 공고에 적시하나, 이는 경매목적물에 대하여 유치권 신고가 있음을 입찰예정자들에게 고지하는 것에 불과할 뿐 처분행위로 볼 수는 없고, 또한 유치권자는 권리신고 후 이해관계인으로서 경매절차에서 이의신청권 등 몇 가지 권리를 얻게 되지만 이는 법률의 규정에 따른 것으로서 재물 또는 재산상 이득을 취득하는 것으로 볼 수도 없다는 점을 근거로 들어, 허위 공사대금채권을 근거로 유치권 신고를 하였더라도 이를 소송사기 실행의 착수가 있다고 볼 수는 없다.

② ✔ **가압류만 한 사건** 『가압류는 강제집행의 보전방법에 불과한 것이어서 허위의 채권을 피보전권리로 삼아 가압류를 하였다고 하더라도 그 채권에 관하여 현실적으로 청구의 의사표시를 한 것이라고는 볼 수 없으므로, 본안소송을 제기하지 아니한 채 가압류를 한 것만으로는 사기죄의 실행에 착수하였다고 할 수 없다』(대판 1988.9.13. 88도55)★.

③ ✔ **압류 및 추심명령 신청 사건** 『피고인(갑 회사 운영자)이 '갑회사의 을에 대한 채권'이 존재하지 않는다는 사실을 알면서 그 사실을 모르는 병(갑 회사에 대한 채권자)에게 '갑 회사의 을에 대한 채권'의 압류 및 전부(추심)명령을 신청하게 하여 그 명령을 받게 한 사안에서, 병이 갑 회사에 대하여 진정한 채권을 가지고 있는 이상, 위와 같은 사정만으로는 법원을 기망하였다고 볼 수 없고, 병이 을을 상대로 전부(추심)금 소송을 제기하지 않은 이상 소송사기의 실행에 착수하였다고 볼 수도 없다』(대판 2009.12.10. 2009도9982)☆.

④ ✔ **이전등기말소청구 사건** 『피고인이 갑이 부동산을 매수한 일이 없음에도 매수한 것처럼 허위의 사실을 주장하여 위 부동산에 대한 소유권이전등기를 거친 사람을 상대로 그 이전등기의 원인무효를 내세워 그 이전등기의 말소를 구하는 소송을 갑 명의로 제기하고 그 소송의 결과 원고로 된 갑이 승소한다고 가정하더라도 그 피고의 등기가 말소될 뿐이고 이것만으로 피고인이 위 부동산에 관한 어떠한 권리를 취득하거나 의무를 면하는 것은 아니므로 법원을 기망하여 재물이나 재산상 이익을 편취한 것이라고 보기 어렵고, 따라서 위 소제기 행위를 가리켜 사기의 실행에 착수한 것이라고 할 수 없다』(대판 2009.4.9. 2009도128)☆.

나. 기수시기

소송사기는 소송의 판결이 확정된 때 기수가 된다.

✔ **소송사기의 기수 : 보존등기 말소 사건** 『피고인 또는 그와 공모한 자가 자신이 토지의 소유자라고 허위의 주장을 하면서 소유권보존등기 명의자를 상대로 보존등기의 말소를 구하는 소송을 제기한 경우 그 소송에서 위 토지가 피고인 또는 그와 공모한 자의 소유임을 인정하여 보존등기 말소를 명하는 내용의 승소확정판결을 받는다면, 이에 터 잡아 언제든지 단독으로 상대방의 소유권보존등기를 말소시킨 후 위 판결을 부동산등기법 제130조 제2호 소정의 소유권을 증명하는 판결로 하여 자기 앞으로의 소유권보존등기를 신청하여 그 등기를 마칠 수 있게 되므로, 이는 법원을 기망하여 유리한 판결을 얻음으로써 '대상 토지의 소유권에 대한 방해를 제거하고 그 소유명의를 얻을 수 있는 지위'라는 재산상 이익을 취득한 것이고, 그 경우 기수시기는 위 판결이 확정된 때이다』(대판[전] 2006.4.7. 2005도9858)★.

> ✔ **기수가 인정되는 경우 : 제권판결 사건** 『주권을 교부한 자가 이를 분실하였다고 허위로 공시최고신청을 하여 제권판결을 선고받아 확정되었다면, 그 제권판결의 적극적 효력에 의해 그 자는 그 주권을 소지하지 않고도 주권을 소지한 자로서의 권리를 행사할 수 있는 지위를 취득하였다고 할 것이므로, 이로써 사기죄에 있어서의 재산상 이익을 취득한 것으로 보기에 충분하고, 이는 제권판결이 그 신청인에게 주권상의 권리를 행사할 수 있는 형식적 자격을 인정하는 데 그치며 그를 실질적 권리자로 확정하는 것이 아니라고 하여 달리 볼 것은 아니다』(대판 2007.5.31. 2006도8488)☆

기타 소송사기를 인정한 기출판례 정리

① > ✔ **빌딩공사대금 약속어음 사건** 『채무자가 강제집행을 승낙한 취지의 기재가 있는 약속어음 공정증서에 있어서 그 약속어음의 원인관계가 소멸하였음에도 불구하고, 약속어음 공정증서 정본을 소지하고 있음을 기화로 이를 근거로 하여 강제집행을 하였다면 사기죄를 구성한다』(대판 1999.12.10. 99도2213)☆

② > ✔ **전화가입권 편취 사건** 『민사판결의 주문에 표시된 채권을 변제받거나 상계하여 그 채권이 소멸되었음에도 불구하고, 판결정본을 소지하고 있음을 기화로 이를 근거로 하여 강제집행을 하였다면 사기죄를 구성한다』(대판 1992.12.22. 92도2218)☆

Ⅵ. 불법원인급여와 사기죄

불법원인에 기하여 급여를 한 자는 급여한 물건의 반환을 청구할 수 없으므로(민법 제746조) 기망을 당하여 재물을 급여한 것이 불법원인에 기한 급여인 경우에 사기죄가 성립될 수 있을 것인가에 관해 견해의 대립이 있다.86) 판례는 불법원인급여에 해당하여 급여자가 수익자에 대한 반환청구권을 행사 할 수 없다고 하더라도, 수익자가 기망을 통하여 급여자로 하여금 불법원인급여 에 해당하는 재물을 제공하도록 하였다면 사기죄가 성립한다는 입장이다.

> ✔ **불법원인급여와 사기죄** 『민법 제746조의 불법원인급여에 해당하여 급여자가 수익자에 대한 반환청구권을 행사할 수 없다고 하더라도, 수익자가 기망을 통하여 급여자로 하여금 불법원인급여에 해당하는 재물을 제공하도록 하였다면 사기죄가 성립한다』(대판 2006.11.23. 2006도6795)☆

Ⅶ. 권리행사와 사기죄

타인으로부터 재물의 교부를 받거나 재산상의 이익을 취득할 수 있는 권리를 가지고 있는 자가 타인을 기망하여 재물의 교부를 받거나 재산상의 이익을 취득한 경우에 사기죄가 성립하느냐에 관해 견해의 대립이 있다. 판례는 기망행위를 수단으로 한 권리행사의 경우라 할지라도 그 권리행사에 속하는 행위와 그 수단에 속하는 기망행위를 전체적으로 관찰하여 그와 같은 기망행위가 사회통념상 권리행사의 수단으로서 용인할 수 있는 정도라면 그 중 권리행사 자체에 속하는 행위만은 범죄를 구성하지 않는 정당행위로 볼 수 있으나 그 정도를 넘어 용인할 수 없는 정도라면 그 행위 자체가 위법한 것으로서 사기죄가 성립한다는 입장이다.

---

86) 보충설명 이 문제는 공갈죄의 경우에도 같다.

✔ **권리행사와 사기죄 : 자기앞수표 분실 사건** 『[1] 자기앞수표를 교부한 자가 이를 분실하였다고 허위로 공시최고신청을 하여 제권판결을 선고받아 확정되었다면, 그 제권판결의 적극적 효력에 의해 그 자는 그 수표상의 채무자인 은행에 대하여 수표를 소지하지 않고도 수표상의 권리를 행사할 수 있는 지위를 취득하였다고 할 것이므로, 이로써 사기죄에 있어서의 재산상 이익을 취득한 것으로 보기에 충분하다고 할 것이고, 이는 제권판결이 그 신청인에게 수표상의 권리를 행사할 수 있는 형식적 자격을 인정하는 데 그치고, 그를 실질적 권리자로 확정하는 것이 아니라는 점만으로 달리 볼 수는 없다.
[2] 자기앞수표를 갈취당한 자가 이를 분실하였다고 허위로 공시최고신청을 하여 제권판결을 선고받은 경우, 그 수표를 갈취하여 소지하고 있는 자에 대한 사기죄가 성립된다』(대판 2003.12.26. 2003도4914)☆.

기타 사기죄를 인정한 기출판례 정리

① ✔ **경매개시결정 수령 위임 사건** 『근저당권자의 대리인인 피고인이 채무자 겸 소유자인 피해자를 대리하여 경매개시결정 정본을 받을 권한이 없음에도, 경매개시결정 정본 등 서류의 수령을 피고인에게 위임한다는 내용의 피해자 명의의 위임장을 위조하여 법원에 제출하는 방법으로 경매개시결정 정본을 교부받은 사안에서, 위 행위는 사회통념상 도저히 용인될 수 없으므로 비록 근저당권이 유효하다고 하더라도 사기죄의 기망행위에 해당한다』(대판 2009.7.9. 2009도295)☆.

② ✔ **요양급여 과다 청구 사건** 『[1] 보험금을 지급받을 수 있는 사유가 있다 하더라도 이를 기화로 실제 지급받을 수 있는 보험금보다 다액의 보험금을 편취할 의사로 장기간의 입원 등을 통하여 과다한 보험금을 지급받는 경우에는 지급받은 보험금 전체에 대하여 사기죄가 성립한다.
[2] 환자들의 건강상태에 맞게 적정한 진료행위를 하지 않은 채 입원의 필요성이 적은 환자들에게까지 입원을 권유하고 퇴원을 만류하는 등으로 장기간의 입원을 유도하여 국민건강보험공단에 과다한 요양급여비를 청구한 행위는 사회통념상 권리행사의 수단으로 용인할 수 없는 것이어서, 비록 그 중 일부 기간에 대하여 실제 입원치료가 필요하였다고 하더라도 그 부분을 포함한 당해 입원기간의 요양급여비 전체에 대하여 사기죄가 성립한다』(대판 2009.5.28. 2008도4665)☆.

기타 사기죄를 부정한 기출판례 정리

① ✔ **넘어져서 상해 입었다 사건** 『타인의 폭행으로 상해를 입고 병원에서 치료를 받으면서, 상해를 입은 경위에 관하여 거짓말을 하여 국민건강보험공단으로부터 보험급여 처리를 받아 사기죄로 기소된 사안에서, 위 상해는 '전적으로 또는 주로 피고인의 범죄행위에 기인하여 입은 상해'라고 할 수 없다고 보아 위 공소사실을 무죄로 판단한 원심을 수긍한 사례』(대판 2010.6.10. 2010도1777)★.

Ⅷ. 죄수 및 타죄와의 관계

1. 죄 수

본죄는 피해자의 수에 따라 죄수관계를 판단한다. 수인의 피해자에 대하여 각별로 기망행위를 하여 각각 재물을 편취한 경우에는 범의가 단일하고 범행방법이 동일하더라도 각 피해자의 피해법익은 독립한 것이므로 이를 포괄일죄로 파악할 수 없고 피해자별로 독립한 사기죄가 성립된다.

✔ **죄수의 판단기준 : 어음편취 사출원료 편취 사건** 『단일한 범의의 발동에 의하여 상대방을 기망하고 그 결과 착오에 빠져 있는 동일인으로부터 일정 기간 동안 동일한 방법에 의하여 금원을 편취한 경우에는 이를

포괄적으로 관찰하여 일죄로 처단하는 것이 가능할 것이나, 범의의 단일성과 계속성이 인정되지 아니하거나 범행방법이 동일하지 않은 경우에는 각 범행은 실체적 경합범에 해당한다』(대판 2004.6.25. 2004도1751)☆.

✔ **일죄가 되는 경우 : 선거비용 편취 사건** 『피고인이 수개의 선거비용 항목을 허위기재한 하나의 선거비용 보전청구서를 제출하여 대한민국으로부터 선거비용을 과다 보전받아 이를 편취하였다면 이는 일죄로 평가되어야 하고, 각 선거비용 항목에 따라 별개의 사기죄가 성립하는 것은 아니다』(대판 2017.5.30. 2016도21713)☆.

✔ **실체적 경합이 되는 경우 : 엑스박스 360 게임기 사건** 『사기죄에서 피해자에게 그 대가가 지급된 경우, 피해자를 기망하여 그가 보유하고 있는 그 대가를 다시 편취하거나 피해자로부터 그 대가를 위탁받아 보관 중 횡령하였다면, 이는 새로운 법익의 침해가 발생한 경우이므로, 기존에 성립한 사기죄와는 별도의 새로운 사기죄나 횡령죄가 성립한다』(대판 2009.10.29. 2009도7052)☆.

다만 피해자들의 피해법익이 동일하다고 볼 수 있는 사정이 있는 경우에는 이들에 대한 사기죄를 포괄하여 일죄로 볼 수 있다.

✔ **피해자들이 다수지만 피해법익이 동일하다고 볼 수 있는 경우 : 부부 분양사기 사건** 최신3년 『[1] 다수의 피해자에 대하여 각각 기망행위를 하여 각 피해자로부터 재물을 편취한 경우에는 범의가 단일하고 범행방법이 동일하더라도 각 피해자의 피해법익은 독립한 것이므로 이를 포괄일죄로 파악할 수 없고 피해자별로 독립한 사기죄가 성립된다. 다만 피해자들의 피해법익이 동일하다고 볼 수 있는 사정이 있는 경우에는 이들에 대한 사기죄를 포괄하여 일죄로 볼 수 있다.
[2] 피고인이 부부인 피해자 갑과 을에게 '토지를 매수하여 분필한 후 이를 분양해서 원금 및 수익금을 지급하겠다.'면서 기망한 후, 이에 속아 피고인에게 투자하기 위해 공동재산인 건물을 매도하여 돈을 마련한 피해자들로부터 피해자 갑 명의 예금계좌에서 1억 원, 피해자 을 명의 예금계좌에서 4억 7,500만 원, 합계 5억 7,500만 원을 송금받아 이를 편취하였다는 이유로 특정경제범죄 가중처벌 등에 관한 법률 위반(사기)죄로 기소된 사안에서, 피해자들에 대한 사기죄의 피해법익이 동일하다고 평가될 수 있어 이들에 대한 사기죄가 포괄일죄를 구성한다고 한 사례』(대판 2023.12.21. 2023도13514)☆.

2. 타죄와의 관계

가. 뇌물죄

공무원이 직무에 관하여 타인을 기망하여 재물을 편취하는 경우에는 수뢰죄와 사기죄의 상상적 경합이 된다.[87]

✔ **사기죄와 수뢰죄의 관계 : 총기분실 오인 금원 수수 사건** 『뇌물을 수수함에 있어서 공여자를 기망한 점이 있다 하여도 뇌물수수죄, 뇌물공여죄의 성립에는 영향이 없고, 이 경우 뇌물을 수수한 공무원에 대하여는 한 개의 행위가 뇌물죄와 사기죄의 각 구성요건에 해당하므로 형법 제40조에 의하여 상상적 경합으로 처단하여야 할 것이다』(대판 2015.10.29. 2015도12838 ; 1977.6.7. 77도1069)★.

---

87) 보충설명 타인을 기망하여 그로부터 뇌물을 수수한 경우라도 뇌물수수죄, 뇌물공여죄가 성립할 수 있고, 이 경우 뇌물을 수수한 공무원에 대하여는 뇌물죄와 사기죄의 상상적 경합범이 성립한다.

나. 횡령죄

✔ **횡령죄만 성립하는 경우 : 30만원 처분 기망 사건** 『자기가 점유하는 타인의 재물을 횡령하기 위하여 기망수단을 쓴 경우에는 피기망자에 의한 재산처분행위가 없으므로 일반적으로 횡령죄만 성립되고 사기죄는 성립되지 아니한다』(대판 1980.12.9. 80도1177)★

✔ **사기죄만 성립하는 경우 : 약속어음 변제충당 사건** 『피고인이 당초부터 피해자를 기망하여 약속어음을 교부받은 경우에는 그 교부받은 즉시 사기죄가 성립하고 그 후 이를 피해자에 대한 피고인의 채권의 변제에 충당하였다 하더라도 불가벌적 사후행위가 됨에 그칠 뿐, 별도로 횡령죄를 구성하지 않는다』(대판 1983.4.26. 82도3079)★

✔ **사기죄만 성립하는 경우 : 금융감독원 가장 보이스피싱 사건** 『[1] 간접정범을 통한 범행에서 피이용자는 간접정범의 의사를 실현하는 수단으로서의 지위를 가질 뿐이므로, 피해자에 대한 사기범행을 실현하는 수단으로서 타인을 기망하여 그를 피해자로부터 편취한 재물이나 재산상 이익을 전달하는 도구로서만 이용한 경우에는 편취의 대상인 재물 또는 재산상 이익에 관하여 피해자에 대한 사기죄가 성립할 뿐 도구로 이용된 타인에 대한 사기죄가 별도로 성립한다고 할 수 없다.
[2] 전기통신금융사기(이른바 보이스피싱 범죄)의 범인이 피해자를 기망하여 피해자의 자금을 사기이용계좌로 송금·이체받으면 사기죄는 기수에 이르고, 범인이 피해자의 자금을 점유하고 있다고 하여 피해자와의 어떠한 위탁관계나 신임관계가 존재한다고 볼 수 없을 뿐만 아니라, 그 후 범인이 사기이용계좌에서 현금을 인출하였더라도 이는 이미 성립한 사기범행이 예정하고 있던 행위에 지나지 아니하여 새로운 법익을 침해한다고 보기도 어려우므로, 위와 같은 인출행위는 사기의 피해자에 대하여 별도의 횡령죄를 구성하지 아니한다. 이러한 법리는 사기범행에 이용되리라는 사정을 알고서 자신 명의 계좌의 접근매체를 양도함으로써 사기범행을 방조한 종범이 사기이용계좌로 송금된 피해자의 자금을 임의로 인출한 경우에도 마찬가지로 적용된다』(대판 2017.5.31. 2017도3894)★

✔ **사기죄만 성립하는 경우 : 종친회 수용보상금 편취 사건** 『갑 종친회 회장인 피고인이 위조한 종친회 규약 등을 공탁관에게 제출하는 방법으로 갑 종친회를 피공탁자로 하여 공탁된 수용보상금을 출급받아 편취하고, 이를 종친회를 위하여 업무상 보관하던 중 반환을 거부하여 횡령하였다는 내용으로 기소된 사안에서, 피고인이 공탁관을 기망하여 공탁금을 출급받음으로써 갑 종친회를 피해자로 한 사기죄가 성립하고, 그 후 갑 종친회에 대하여 공탁금 반환을 거부한 행위는 새로운 법익의 침해를 수반하지 않는 불가벌적 사후행위에 해당할 뿐 별도의 횡령죄가 성립하지 않는다』(대판 2015.9.10. 2015도8592)★

✔ **사기죄 횡령죄 모두 성립하는 경우 : 쇼핑몰 상가분양대금 횡령 사건** 『대표이사가 회사의 상가분양 사업을 수행하면서 수분양자들을 기망하여 편취한 분양대금은 회사의 소유로 귀속되는 것이므로, 대표이사가 그 분양대금을 횡령하는 것은 사기 범행이 침해한 것과는 다른 법익을 침해하는 것이어서 회사를 피해자로 하는 별도의 횡령죄가 성립된다』(대판 2005.4.29. 2005도741)☆

✔ **사기죄 횡령죄 모두 성립하는 경우 : 사기 분양 사건** 『대표이사 등이 회사의 대표기관으로서 피해자들을 기망하여 교부받은 금원은 그 회사에 귀속되는 것인데, 그 후 대표이사 등이 이를 보관하고 있으면서 횡령한 것이라면 이는 위 사기범행과는 침해법익을 달리하므로 횡령죄가 성립되는 것이고, 이를 단순한 불가벌적 사후행위로만 볼 수 없다』(대판 1989.10.24. 89도1605)☆

> ✔ **사기죄 횡령죄 모두 성립하는 경우 : 신주인수대금 횡령 사건** 『주식회사의 대표이사가 타인을 기망하여 회사가 발행하는 신주를 인수하게 한 다음 그로부터 납입받은 신주인수대금을 보관하던 중 횡령한 행위는 사기죄와는 전혀 다른 새로운 보호법익을 침해하는 행위로서 별죄를 구성한다』(대판 2006.10.27. 2004도6503)☆.

제3관 컴퓨터 등 사용사기죄

> **제347조의2** ┃ 컴퓨터등사용사기 ┃
> 컴퓨터 등 정보처리장치에 허위의 정보 또는 부정한 명령을 입력하거나 권한 없이 정보를 입력·변경하여 정보처리를 하게 함으로써 재산상의 이익을 취득하거나 제3자로 하여금 취득하게 한 자는 10년 이하의 징역 또는 2천만 원 이하의 벌금에 처한다.

Ⅰ. 의 의

컴퓨터 등 사용사기죄는 컴퓨터 등 정보처리장치에 '허위의 정보' 또는 '부정한 명령'을 입력하거나 '권한 없이 정보를 입력·변경'하여 정보처리를 하게하고 이로써 재산상의 이익을 취득하거나, 제3자로 하여금 재산상의 이익을 취득하게 함으로써 성립하는 범죄이다. 재산변동에 관한 사무가 사람의 개입 없이 컴퓨터 등에 의하여 기계적·자동적으로 처리되는 경우가 증가함에 따라 이를 악용하여 불법적인 이익을 취하는 행위가 증가하였고, 이러한 행위는 사람에 대한 기망행위나 상대방의 처분행위 등을 수반하지 않으므로 기존 사기죄로는 처벌할 수 없는 문제가 있어 이를 고려하여 신설한 규정이다.

Ⅱ. 객 체

사기죄의 객체가 재물과 재산상의 이익인 것과는 달리 본죄의 객체는 재산상의 이익에 한정된다.

> ✔ **재산상 이익 : 신용정보 조회 사건** 『타인의 인적 사항을 도용하여 타인 명의로 발급받은 신용카드의 번호와 그 비밀번호를 인터넷사이트에 입력함으로써 재산상 이익을 취득한 행위가 구 형법 제347조의2 소정의 컴퓨터등사용사기죄에 해당하지 않는다고 무죄를 선고한 원심판결을 파기한 사례』(대판 2003.1.10. 2002도2363)☆.

재물이 본죄의 객체에 포함될 것인가에 관하여는 견해의 대립이 있지만, 판례는 우리 형법은 컴퓨터등사용사기죄의 객체를 재물이 아닌 재산상의 이익으로만 한정하여 규정하고 있으므로, 절취한 타인의 신용카드로 현금자동지급기에서 현금을 인출하는 행위는 재물에 관한 범죄임이 분명한 이상 이를 컴퓨터등사용사기죄로 처벌할 수는 없다고 판시하여 객체를 재산상 이익에 한정하고 있는 입장이다.

> ✔ **현금자동지급기에서 현금을 인출한 경우 : 절취한 신용카드 현금인출 사건** 『형법 제347조가 일반 사기죄를 재물죄 겸 이득죄로 규정한 것과 달리 형법 제347조의2는 컴퓨터등사용사기죄의 객체를 재물이 아닌 재산상의 이익으로만 한정하여 규정하고 있으므로, 절취한 타인의 신용카드로 현금자동지급기에서 현

금을 인출하는 행위가 재물에 관한 범죄임이 분명한 이상 이를 위 컴퓨터등사용사기죄로 처벌할 수는 없다』 (대판 2003.5.13. 2003도1178)★.

✔ **현금자동지급기에서 현금대출(현금을 인출)한 경우 : 모용한 신용카드 현금인출 사건** 『피고인이 타인의 명의를 모용하여 발급받은 신용카드를 사용하여 현금자동지급기에서 현금대출을 받는 행위는 카드회사에 의하여 미리 포괄적으로 허용된 행위가 아니라, 현금자동지급기의 관리자의 의사에 반하여 그의 지배를 배제한 채 그 현금을 자기의 지배하에 옮겨 놓는 행위로서 절도죄에 해당한다고 봄이 상당하다』(대판 2002.7.12. 2002도2134)★.

✔ **권한을 초과하여 현금 인출을 한 경우 : 3만원 삥땅 사건** 『예금주인 현금카드 소유자로부터 일정한 금액의 현금을 인출해 오라는 부탁을 받으면서 이와 함께 현금카드를 건네받은 것을 기화로 그 위임을 받은 금액을 초과하여 현금을 인출하는 방법으로 그 차액 상당을 위법하게 이득할 의사로 현금자동지급기에 그 초과된 금액이 인출되도록 입력하여 그 초과된 금액의 현금을 인출한 경우에는 그 인출된 현금에 대한 점유를 취득함으로써 이 때에 그 인출한 현금 총액 중 인출을 위임받은 금액을 넘는 부분의 비율에 상당하는 재산상 이익을 취득한 것으로 볼 수 있으므로 이러한 행위는 그 차액 상당액에 관하여 형법 제347조의2(컴퓨터등사용사기)에 규정된 '컴퓨터 등 정보처리장치에 권한 없이 정보를 입력하여 정보처리를 하게 함으로써 재산상의 이익을 취득'하는 행위로서 컴퓨터 등 사용사기죄에 해당된다』(대판 2006.3.24. 2005도3516)★.

Ⅲ. 행 위

본죄의 행위는 컴퓨터 등 정보처리장치에 허위의 정보 또는 부정한 명령을 입력하거나 권한 없이 정보를 입력·변경하여 정보처리를 하게 하는 것이다. 허위정보나 부정한 명령의 입력 그리고 권한 없이 정보를 입력·변경하는 것은 사기죄의 기망행위에 상응하는 것이고, 정보처리를 하게 함은 사기죄에서 피해자의 재산처분행위에 상응하는 것이다.

1. 정보처리장치

'컴퓨터 등 정보처리장치'는 컴퓨터와 같이 자동적으로 계산이나 자료처리를 행하는 전자장치를 말한다.

2. 허위정보의 입력

허위의 정보를 입력한다고 함은 당해 사무처리 시스템에 예정되어 있는 사무처리의 목적이나 진실한 내용에 반하는 자료를 정보처리장치에 입력시키는 것을 말한다.

3. 부정한 명령의 입력

부정한 명령을 입력한다는 것은 당해 사무처리 시스템에 예정되어 있는 사무 처리의 목적에 비추어 지시해서는 안 될 명령을 입력하는 것을 의미한다.

✔ **부정한 명령의 입력 : 엔젤복권 프로그램 오류 사건** 『[1] '부정한 명령의 입력'은 당해 사무처리시스템에 예정되어 있는 사무처리의 목적에 비추어 지시해서는 안 될 명령을 입력하는 것을 의미한다. 따라서 설령 '허위의 정보'를 입력한 경우가 아니라고 하더라도, 당해 사무처리시스템의 프로그램을 구성하는 개개의 명령을 부정하게 변개·삭제하는 행위는 물론 프로그램 자체에서 발생하는 오류를 적극적으로 이용하여 그

사무처리의 목적에 비추어 정당하지 아니한 사무처리를 하게 하는 행위도 특별한 사정이 없는 한 위 '부정한 명령의 입력'에 해당한다고 보아야 한다.
[2] 피고인이 갑 주식회사에서 운영하는 전자복권구매시스템에서 은행환불명령을 입력하여 가상계좌 잔액이 1,000원 이하로 되었을 때 복권 구매명령을 입력하면 가상계좌로 복권 구매요청금과 동일한 액수의 가상현금이 입금되는 프로그램 오류를 이용하여 잔액을 1,000원 이하로 만들고 다시 복권 구매명령을 입력하는 행위를 반복함으로써 피고인의 가상계좌로 구매요청금 상당의 금액이 입금되게 한 사안에서, 피고인의 행위는 형법 제347조의2에서 정한 '허위의 정보 입력'에 해당하지는 않더라도, 프로그램 자체에서 발생하는 오류를 적극적으로 이용하여 사무처리의 목적에 비추어 정당하지 아니한 사무처리를 하게 한 행위로서 '부정한 명령의 입력'에 해당한다』(대판 2013.11.14. 2011도4440)☆.

✔ **부정한 명령의 입력 : 절취한 휴대전화 인터넷 사용 사건** 『휴대전화의 경우 그 사용시마다 사용자가 정당한 사용권자인지에 관한 정보를 입력하는 절차가 없고, 이동통신회사가 서비스를 제공하는 과정에서 휴대전화를 통하여 입력된 신호에 대하여 신원확인절차를 거치지는 않는 점 등에 비추어 보면 휴대전화의 통화 또는 인터넷접속 버튼을 누르는 경우 기계적 또는 전자적 작동 과정에 따라 그대로 일정한 서비스가 제공되는 것이므로, 휴대전화기의 통화버튼이나 인터넷접속버튼을 누르는 것만으로 사용자에 의한 정보 혹은 명령의 입력이 행하여졌다고 보기 어렵고, 따라서 휴대전화 또는 이동통신회사에 의하여 그 입력된 정보 혹은 명령에 따른 정보처리가 이루어진 것으로 보기도 어렵다는 이유로 컴퓨터사용사기죄의 성립을 부정하였다』(대판 2010.9.9. 2008도128)☆.

4. 권한 없는 정보의 입력·변경

권한 없이 정보를 입력한다는 것은 타인의 진정한 정보를 권한 없는 자가 타인의 승낙 없이 사용하는 것을 말한다.

✔ **권한 없이 정보를 입력한 경우 : 전 처 명의 신용카드 사건** 『[1] 타인의 명의를 모용하여 발급받은 신용카드의 번호와 그 비밀번호를 이용하여 ARS 전화서비스나 인터넷 등을 통하여 신용대출을 받는 방법으로 재산상 이익을 취득하는 행위 역시 미리 포괄적으로 허용된 행위가 아닌 이상, 컴퓨터 등 정보처리장치에 권한 없이 정보를 입력하여 정보처리를 하게 함으로써 재산상 이익을 취득하는 행위로서 컴퓨터 등 사용사기죄에 해당한다.
[2] 타인의 명의를 모용하여 발급받은 신용카드를 이용하여 현금자동지급기에서 현금을 인출한 행위와 ARS 전화서비스 등으로 신용대출을 받은 행위를 포괄적으로 카드회사에 대한 사기죄가 된다고 판단한 원심판결을 파기한 사례』(대판 2006.7.27. 2006도3126)★.

5. 정보처리

'정보처리를 하게 한다'는 것은 허위의 자료나 부정한 명령을 입력하거나 권한 없이 정보를 입력·변경함에 따라 진실에 반하거나 정당하지 아니한 기록을 만들거나 정당하지 아니한 사무처리를 하게 하는 것을 말한다. 사기죄에 있어서 피해자의 재산 처분행위와 유사한 성격을 가진다.

✔ **정보처리의 의미 : 악성프로그램 낙찰 하한가 사건** 『형법 제347조의2는 컴퓨터 등 정보처리장치에 허위의 정보 또는 부정한 명령을 입력하거나 권한 없이 정보를 입력·변경하여 정보처리를 하게 함으로써 재산상의 이익을 취득하거나 제3자로 하여금 취득하게 하는 행위를 처벌하고 있다. 여기서 '정보처리'는 사

기죄에서 피해자의 처분행위에 상응하므로 입력된 허위의 정보 등에 의하여 계산이나 데이터의 처리가 이루어짐으로써 직접적으로 재산처분의 결과를 초래하여야 하고, 행위자나 제3자의 '재산상 이익 취득'은 사람의 처분행위가 개재됨이 없이 컴퓨터 등에 의한 정보처리 과정에서 이루어져야 한다」(대판 2014.3.13. 2013도16099)☆.88)

Ⅳ. 실행의 착수 및 기수시기

컴퓨터 등 사용사기죄는 미수범 처벌규정을 두고 있다. 본죄의 행위는 기계에 대하여 행하여지는 것이므로 실행의 착수시기에 대하여 견해의 대립이 있지만, 컴퓨터에 허위정보나 부정명령 또는 권한 없이 명령을 입력하기 시작한 때 실행의 착수가 인정되고 피해자에게 재산상의 손해가 발생한 때 기수가 된다.

✔ **기수시기 : 봉평농협 단말기 송금 사건** 『금융기관 직원이 전산단말기를 이용하여 다른 공범들이 지정한 특정계좌에 돈이 입금된 것처럼 허위의 정보를 입력하는 방법으로 위 계좌로 입금되도록 한 경우, 이러한 입금절차를 완료함으로써 장차 그 계좌에서 이를 인출하여 갈 수 있는 재산상 이익을 취득하였으므로 형법 제347조의2에서 정하는 컴퓨터 등 사용사기죄는 기수에 이르렀고, 그 후 그러한 입금이 취소되어 현실적으로 인출되지 못하였다고 하더라도 이미 성립한 컴퓨터 등 사용사기죄에 어떤 영향이 있다고 할 수는 없다」(대판 2006.9.14. 2006도4127)★.

Ⅴ. 죄수 및 타죄와의 관계

1. 죄 수

여러 번에 걸쳐 컴퓨터 등 정보처리장치에 허위의 정보를 입력하여 재산상 이익을 취득한 때에는 본죄의 포괄일죄가 된다.

2. 타죄와의 관계

절취한 타인의 신용카드를 이용하여 현금지급기에서 계좌이체를 한 경우 컴퓨터등사용사기죄에 해당함은 별론으로 하고 이를 절취행위라고 볼 수는 없고, 위 계좌이체 후 현금지급기에서 현금을 인출한 행위는 자신의 신용카드나 현금카드를 이용한 것이어서 현금지급기 관리자의 의사에 반한다고 볼 수 없어 절도죄를 구성하지 않는다.

✔ **컴사 범행 이후 현금을 인출한 경우 : 국민카드 500만 원 이체 인출 사건** 『절취한 타인의 신용카드를 이용하여 현금지급기에서 계좌이체를 한 행위는 컴퓨터등사용사기죄에서 컴퓨터 등 정보처리장치에 권한 없이 정보를 입력하여 정보처리를 하게 한 행위에 해당함은 별론으로 하고 이를 절취행위라고 볼 수는 없고, 한편 위 계좌이체 후 현금지급기에서 현금을 인출한 행위는 자신의 신용카드나 현금카드를 이용한 것이어서 이러한 현금인출이 현금지급기 관리자의 의사에 반한다고 볼 수 없어 절취행위에 해당하지 않으므로 절도죄를 구성하지 않는다」(대판 2008.6.12. 2008도2440)★.

---

88) **보충설명** 컴퓨터 등 사용사기죄에서의 '정보처리'는 입력된 허위의 정보 등에 의하여 계산이나 데이터의 처리가 이루어짐으로써 직접적으로 재산처분의 결과를 초래하여야 하고, 행위자나 제3자의 '재산상 이익 취득'은 사람의 처분행위가 개재됨이 없이 컴퓨터 등에 의한 정보처리과정에서 이루어져야 하므로, 지방자치단체 컴퓨터시스템에 악성프로그램을 설치하여 낙찰하한가를 미리 알아낸 다음 특정 건설사에 낙찰이 가능한 입찰금액을 알려주어 건설사가 낙찰 받게 한 경우, 컴퓨터 등 사용사기죄는 성립하지 않는다.

> ✔ **컴사 범행 이후 현금을 인출한 경우 : 계좌자금 교부 사건** 『컴퓨터등사용사기죄의 범행으로 예금채권을 취득한 다음 자기의 현금카드를 사용하여 현금자동지급기에서 현금을 인출한 경우, 현금카드 사용권한 있는 자의 정당한 사용에 의한 것으로서 현금자동지급기 관리자의 의사에 반하거나 기망행위 및 그에 따른 처분행위도 없었으므로, 별도로 절도죄나 사기죄의 구성요건에 해당하지 않는다 할 것이고, 그 결과 그 인출된 현금은 재산범죄에 의하여 취득한 재물이 아니므로 장물이 될 수 없다』(대판 2004.4.16. 2004도353)★.

제4관 신용카드 관련범죄

I. 신용카드의 의의 및 종류

1. 신용카드의 의의

신용카드란 이를 제시함으로써 반복하여 신용카드가맹점에서 물품의 구입 또는 용역의 제공을 받을 수 있는 증표로서 신용카드업자가 발행한 것을 말한다(여신전문금융업법 제2조 제3호).

2. 신용카드의 종류 및 구별개념

가. 신용카드의 종류

신용카드에는 삼당사자카드와 양당사자카드가 있다. 전자는 비씨카드와 같이 카드발행회사, 카드소지인 그리고 카드가맹점의 삼당사자에 의해서 이루어지는 거래관계에 사용되는 카드를 말한다. 그리고 후자의 양당사자카드는 백화점카드와 같이 자체적으로 카드를 발행·사용하는 백화점과 카드소지인의 양당사자 사이에서 거래가 이루어지는 것을 의미한다. 신용카드와 구별할 개념에는 직불카드, 선불카드, 현금카드 등이 있다.

나. 구별개념

(1) 직불카드

"직불카드"는 직불카드회원과 신용카드가맹점간에 전자 또는 자기적 방법에 의하여 금융거래계좌에 이체하는 등의 방법으로 물품 또는 용역의 제공과 그 대가의 지급을 동시에 이행할 수 있도록 신용카드업자가 발행한 증표를 말한다(여신전문금융업법 제2조 제6호). 직불카드는 신용카드에 준하는 법적 규제를 받는다.

(2) 선불카드

"선불카드"는 신용카드업자가 대금을 미리 받고 이에 상당하는 금액을 기록(전자 또는 자기적 방법에 의한 기록)하여 발행한 증표로서 선불 카드소지자의 제시에 따라 신용카드가맹점이 그 기록된 금액의 범위 내에서 물품 또는 용역을 제공할 수 있게 한 증표를 말한다(여신전문금융업법 제2조 제8호). 예를 들어 버스카드, 지하철정액승차권, 전화카드 등이 있다.

(3) 현금카드

"현금카드"는 예금 잔고의 범위 안에서 예금인출기로부터 현금을 인출하는 용도로 사용되는 카드를 말한다. 현금카드는 신용기능이 없다는 점에서 신용카드와 구별되며, 따라서 여신전문금융업법상의 신용카드에 포함되지 않는다.

Ⅱ. 신용카드 부정사용에 대한 범죄

신용카드와 관련된 범죄는 크게 신용카드자체에 대한 범죄행위와 신용카드의 부정사용행위로 나누어질 수 있으나 본서에서는 신용카드 부정사용행위와 관련된 내용을 중심으로 설명하고자 한다.

1. 자기명의 신용카드 부정사용

가. 변제의사나 능력 없이 카드를 발급받아 사용한 경우

대금결제의 의사와 능력이 없이 자기명의 신용카드를 발급받아 물품을 구입한 경우에는 카드회사가 피기망자이고 피해자가 된다. 따라서 카드회사에 대한 사기죄가 성립하는 것이다.

> ✓ 변제할 의사 없이 부정발급 받은 경우 : 현금서비스, 전자제품 구입 사건 『피고인이 카드사용으로 인한 대금결제의 의사와 능력이 없으면서도 있는 것 같이 가장하여 카드회사를 기망하고, 카드회사는 이에 착오를 일으켜 일정 한도 내에서 카드사용을 허용해 줌으로써 피고인은 기망당한 카드회사의 신용공여라는 하자 있는 의사표시에 편승하여 자동지급기를 통한 현금대출도 받고, 가맹점을 통한 물품구입대금 대출도 받아 카드발급회사로 하여금 같은 액수 상당의 피해를 입게 함으로써, 카드사용으로 인한 일련의 편취행위가 포괄적으로 이루어지는 것이다. 따라서 카드사용으로 인한 카드회사의 손해는 그것이 자동지급기에 의한 인출행위이든 가맹점을 통한 물품구입행위이든 불문하고 모두가 피해자인 카드회사의 기망당한 의사표시에 따른 카드발급에 터잡아 이루어지는 사기의 포괄일죄이다』(대판 1996.4.9. 95도2466)☆.

나. 정상발급 후 부정사용한 경우

카드발급 이후 사용 중에 결제의사나 능력이 없어진 경우 사기죄의 성립 여부가 문제된다. 이에 관하여는 견해의 대립이 있다. 판례는 사기죄의 성립을 긍정하는 입장이다.

> ✓ 발급 이후 결제능력이 없어진 경우 : 현금서비스, 바다소리 음식대금 사건 『신용카드의 거래는 신용카드업자로부터 카드를 발급받은 사람(카드회원)이 신용카드를 사용하여 가맹점으로부터 물품을 구입하면 신용카드업자는 그 카드를 소지하여 사용한 사람이 신용카드업자로부터 신용카드를 발급받은 정당한 카드회원인 한 그 물품구입대금을 가맹점에 결제하는 한편, 카드회원에 대하여 물품구입대금을 대출해 준 금전채권을 가지는 것이고, 또 카드회원이 현금자동지급기를 통해서 현금서비스를 받아 가면 현금대출관계가 성립되어 신용카드업자는 카드회원에게 대출금채권을 가지는 것이므로, 궁극적으로는 카드회원이 신용카드업자에게 신용카드 거래에서 발생한 대출금채무를 변제할 의무를 부담하게 되고, 그렇다면 이와 같이 신용카드 사용으로 인한 신용카드업자의 금전채권을 발생케 하는 행위는 카드회원이 신용카드업자에 대하여 대금을 성실히 변제할 것을 전제로 하는 것이므로, 카드회원이 일시적인 자금궁색 등의 이유로 그 채무를 일시적으로 이행하지 못하게 되는 상황이 아니라 이미 과다한 부채의 누적 등으로 신용카드 사용으로 인한 대출금채무를 변제할 의사나 능력이 없는 상황에 처하였음에도 불구하고 신용카드를 사용하였다면 사기죄에 있어서 기망행위 내지 편취의 범의를 인정할 수 있다』(대판 2005.8.19. 2004도6859)☆.

2. 타인명의 신용카드 부정사용

가. 신용카드 명의자의 승낙 없이 사용한 경우

신용카드 명의자의 승낙이 흠결된 경우, 즉 위조, 변조, 분실, 도난되었거나, 강취 또는 타인 명의를 모용하여 부정하게 발급 받은 신용카드를 사용하여 가맹점에서 물품을 구입하거나 현금자동지급기에서 현금을 인출한 경우의 형사책임이 문제된다.

(1) 물품을 구입하거나 용역을 제공받은 경우

분실·도난당한 신용카드, 직불카드를 사용하거나, 강취하여 취득한 신용카드, 직불카드를 사용한 경우에는 사기죄 이외에 신용카드부정사용죄가 성립한다.

✔ **신용카드부정사용죄가 성립하는 경우 : 강취 신용카드 주류결제 사건** 『강취한 신용카드를 가지고 자신이 그 신용카드의 정당한 소지인인양 가맹점의 점주를 속이고 그에 속은 점주로부터 주류 등을 제공받아 이를 취득한 것이라면 신용카드부정사용죄와 별도로 사기죄가 성립한다』(대판 1997.1.21. 96도2715)☆.

✔ **신용카드부정사용죄가 성립하지 않는 경우 : 양주 5병 갈취 청구 사건** 『유흥주점 업주가 과다한 술값 청구에 항의하는 피해자들을 폭행 또는 협박하여 피해자들로부터 일정 금액을 지급받기로 합의한 다음, 피해자들이 결제하라고 건네준 신용카드로 합의에 따라 현금서비스를 받거나 물품을 구입한 경우, 신용카드에 대한 피해자들의 점유가 피해자들의 의사에 기하지 않고 이탈하였거나 배제되었다고 보기 어려워 여신전문금융업법상의 신용카드 부정사용에 해당하지 않는다』(대판 2006.7.6. 2006도654)☆.

✔ **비교판례 신용카드부정사용죄가 성립하는 경우 : 성공사례비 사건** 최신3년 『여신전문금융업법 제70조 제1항 제4호에서는 '강취·횡령하거나, 사람을 기망하여 공갈하여 취득한 신용카드나 직불카드를 판매하거나 사용한 자'를 처벌하도록 규정하고 있는데, 여기에서 '사용'은 강취·횡령, 기망 또는 공갈로 취득한 신용카드나 직불카드를 진정한 카드로서 본래의 용법에 따라 사용하는 경우를 말한다. 그리고 '기망하거나 공갈하여 취득한 신용카드나 직불카드'는 문언상 '기망이나 공갈을 수단으로 하여 다른 사람으로부터 취득한 신용카드나 직불카드'라는 의미이므로, '신용카드나 직불카드의 소유자 또는 점유자를 기망하거나 공갈하여 그들의 자유로운 의사에 의하지 않고 점유가 배제되어 그들로부터 사실상 처분권을 취득한 신용카드나 직불카드'라고 해석되어야 한다』(대판 2022.12.16. 2022도10629).

✔ **신용카드부정사용죄의 기수시기 : 신용카드 서명 직전 발각 사건** 『[1] 신용카드의 사용이라 함은 신용카드의 소지인이 신용카드의 본래 용도인 대금결제를 위하여 가맹점에 신용카드를 제시하고 매출전표에 서명하여 이를 교부하는 일련의 행위를 가리키므로, 단순히 신용카드를 제시하는 행위만으로는 신용카드부정사용죄의 실행에 착수한 것이라고 할 수는 있을지언정 그 사용행위를 완성한 것으로 볼 수 없다.
[2] 피고인이 절취한 신용카드로 대금을 결제하기 위하여 신용카드를 제시하고 카드회사의 승인까지 받았으나 나아가 매출전표에 서명을 한 사실을 인정할 증거는 없고, 카드가 없어진 사실을 알게 된 피해자에 의해 거래가 취소되어 최종적으로 매출취소로 거래가 종결된 경우, 피고인의 행위는 신용카드 부정사용의 미수행위에 불과하다』(대판 2008.2.14. 2007도8767)☆.

신용카드부정사용죄는 신용카드를 사용한 거래의 안전 및 이에 대한 공중의 신뢰라는 사회적 법익을 보호하기 위한 것으로 범의의 단일성이 인정되는 경우에는 포괄하여 일죄에 해당하고, 신용카드부정사용죄와 사기죄는 그 보호법익이나 행위의 태양이 전혀 달라 실체적 경합관계에 있다.

✔ **사기죄와 신용카드부정사용죄의 관계 : BC카드 절취 후 TV구입 사건** 『피고인은 절취한 카드로 가맹점들로부터 물품을 구입하겠다는 단일한 범의를 가지고 그 범의가 계속된 가운데 동종의 범행인 신용카드 부정사용행위를 동일한 방법으로 반복하여 행하였고, 또 위 신용카드의 각 부정사용의 피해법익도 모두 위 신용카드를 사용한 거래의 안전 및 이에 대한 공중의 신뢰인 것으로 동일하므로, 피고인이 동일한 신용카드를 위와 같이 부정사용한 행위는 포괄하여 일죄에 해당하고, 신용카드를 부정사용한 결과가 사기죄의 구성요건에 해당하고 그 각 사기죄가 실체적 경합관계에 해당한다고 하여도 신용카드부정사용죄와 사기죄는 그 보호법익이나 행위의 태양이 전혀 달라 실체적 경합관계에 있으므로 신용카드 부정사용행위를 포괄일죄로 취급하는데 아무런 지장이 없다』(대판 1996.7.12. 96도1181)☆.

타인의 신용카드를 부정사용하여 매출전표에 서명을 하여 이를 가맹점에 교부하는 경우에는 신용카드부정사용죄와 별도로 사문서위조, 동행사의 구성요건을 충족하지만 이는 신용카드부정사용죄에 흡수된다.

✔ **신용카드부정사용죄와 사문서위조의 관계 : 세종회관 신용카드부정사용 사건** 『부정사용죄의 구성요건적 행위인 신용카드의 사용이라 함은 신용카드의 소지인이 신용카드의 본래 용도인 대금결제를 위하여 가맹점에 신용카드를 제시하고 매출표에 서명하여 이를 교부하는 일련의 행위를 가리키고 단순히 신용카드를 제시하는 행위만을 가리키는 것은 아니라고 할 것이므로, 위 매출표의 서명 및 교부가 별도로 사문서위조 및 동행사의 죄의 구성요건을 충족한다고 하여도 이 사문서위조 및 동행사의 죄는 위 신용카드부정사용죄에 흡수되어 신용카드부정사용죄의 1죄만이 성립하고 별도로 사문서위조 및 동행사의 죄는 성립하지 않는다』(대판 1992.6.9. 92도77)☆.

(2) 현금자동지급기에서의 현금 인출이나 현금대출을 받은 경우

신용카드를 이용하여 현금자동지급기에서 현금을 인출이나 현금대출 한 행위가 절도죄를 구성하는가에 대하여는 견해의 대립이 있다. 판례는 절취한 신용카드를 사용한 경우나 타인 명의를 모용하여 발급받은 신용카드를 사용한 경우에 절도죄의 성립을 인정하고 있다.

✔ **현금대출을 받은 경우 : 비밀번호 지정 인출사건** 『피고인이 타인의 명의를 모용하여 발급받은 신용카드를 사용하여 현금자동지급기에서 현금대출을 받는 행위는 카드회사에 의하여 미리 포괄적으로 허용된 행위가 아니라, 현금자동지급기의 관리자의 의사에 반하여 그의 지배를 배제한 채 그 현금을 자기의 지배하에 옮겨 놓는 행위로서 절도죄에 해당한다』(대판 2002.7.12. 2002도2134)★.

신용카드부정사용죄와 절도죄는 그 보호법익이나 행위의 태양이 전혀 달라 실체적 경합관계에 있다.

✔ **신용카드부정사용죄와 절도죄와의 관계 : 서랍 속 삼성카드 사건** 『피해자 명의의 신용카드를 부정사용하여 현금자동인출기에서 현금을 인출하고 그 현금을 취득까지 한 행위는 신용카드업법 제25조 제1항의 부정사용죄에 해당할 뿐 아니라 그 현금을 취득함으로써 현금자동인출기 관리자의 의사에 반하여 그의 지배를 배제하고 그 현금을 자기의 지배하에 옮겨 놓는 것이 되므로 별도로 절도죄를 구성하고, 위 양 죄의 관계는 그 보호법익이나 행위태양이 전혀 달라 실체적 경합관계에 있는 것으로 보아야 한다』(대판 1995.7.28. 95도997)☆.[89]

---

89) **보충설명** 현금카드 겸용 신용카드에 의한 인출은 신용카드가 아니라 현금카드의 기능만을 사용한 것이므로 신용카드부정사용죄가 성립하지 않는다.

나. 신용카드 명의자의 하자있는 승낙에 기하여 사용한 경우

신용카드 명의자의 하자 있는 승낙에 기한 사용의 경우 절도죄의 죄책이 문제된다. 갈취한 현금카드를 이용하여 현금을 여러 번 인출한 경우 포괄하여 하나의 공갈죄를 구성할 뿐 별도로 절도죄는 성립하지 않는다. 이러한 해석은 신용카드를 편취하여 사용한 경우에도 그대로 적용된다. 그러나 피해자로부터 카드를 강취한 경우에는 갈취 또는 편취의 경우와는 달리 사용권한을 부여받은 경우라고 볼 수 없으므로 현금자동지급기에서 인출한 경우 절도죄가 별도로 성립한다.

> ✔ **갈취한 카드로 인출한 경우 : 같은 학원 친구 갈취 사건** 『예금주인 현금카드 소유자를 협박하여 그 카드를 갈취하였고, 하자 있는 의사표시이기는 하지만 피해자의 승낙에 의하여 현금카드를 사용할 권한을 부여받아 이를 이용하여 현금을 인출한 이상, 피해자가 그 승낙의 의사표시를 취소하기까지는 현금카드를 적법, 유효하게 사용할 수 있고, 은행의 경우에도 피해자의 지급정지 신청이 없는 한 피해자의 의사에 따라 그의 계산으로 적법하게 예금을 지급할 수밖에 없는 것이므로, 피고인이 피해자로부터 현금카드를 사용한 예금인출의 승낙을 받고 현금카드를 교부받은 행위와 이를 사용하여 현금자동지급기에서 예금을 여러 번 인출한 행위들은 모두 피해자의 예금을 갈취하고자 하는 피고인의 단일하고 계속된 범의 아래에서 이루어진 일련의 행위로서 포괄하여 하나의 공갈죄를 구성한다고 볼 것이지, 현금지급기에서 피해자의 예금을 취득한 행위를 현금지급기 관리자의 의사에 반하여 그가 점유하고 있는 현금을 절취한 것이라 하여 이를 현금카드 갈취행위와 분리하여 따로 절도죄로 처단할 수는 없다』(대판 1996.9.20. 95도1728)★.

> ✔ **편취한 카드로 인출한 경우 : 혼인가장 현금카드 편취 사건** 『예금주인 현금카드 소유자로부터 그 카드를 편취하여, 비록 하자 있는 의사표시이기는 하지만 현금카드 소유자의 승낙에 의하여 사용권한을 부여받은 이상, 그 소유자가 승낙의 의사표시를 취소하기까지는 현금카드를 적법, 유효하게 사용할 수 있으며, 은행 등 금융기관은 현금카드 소유자의 지급정지 신청이 없는 한 카드 소유자의 의사에 따라 그의 계산으로 적법하게 예금을 지급할 수밖에 없는 것이므로, 피고인이 현금카드의 소유자로부터 현금카드를 사용한 예금인출의 승낙을 받고 현금카드를 교부받은 행위와 이를 사용하여 현금자동지급기에서 예금을 여러 번 인출한 행위들은 모두 현금카드 소유자의 예금을 편취하고자 하는 피고인의 단일하고 계속된 범의 아래에서 이루어진 일련의 행위로서 포괄하여 하나의 사기죄를 구성한다고 볼 것이지, 현금자동지급기에서 카드 소유자의 예금을 인출, 취득한 행위를 현금자동지급기 관리자의 의사에 반하여 그가 점유하고 있는 현금을 절취한 것이라 하여 이를 현금카드 편취행위와 분리하여 따로 절도죄로 처단할 수는 없다』(대판 2005.9.30. 2005도5869)★.

> ✔ **강취한 카드로 인출한 경우 : 강취카드 대 갈취카드 사건** 『강도죄는 공갈죄와는 달리 피해자의 반항을 억압할 정도로 강력한 정도의 폭행·협박을 수단으로 재물을 탈취하여야 성립하므로, 피해자로부터 현금카드를 강취하였다고 인정되는 경우에는 피해자로부터 현금카드의 사용에 관한 승낙의 의사표시가 있었다고 볼 여지가 없다. 따라서 강취한 현금카드를 사용하여 현금자동지급기에서 예금을 인출한 행위는 피해자의 승낙에 기한 것이라고 할 수 없으므로, 현금자동지급기 관리자의 의사에 반하여 그의 지배를 배제하고 그 현금을 자기의 지배하에 옮겨 놓는 것이 되어서 **강도죄와는 별도로 절도죄를 구성한다**』(대판 2007.5.10. 2007도1375)★.

제5관 준사기

> **제348조 | 준사기 |**
> ① 미성년자의 사리분별력 부족 또는 사람의 심신장애를 이용하여 재물을 교부받거나 재산상 이익을 취득한 자는 10년 이하의 징역 또는 2천만 원 이하의 벌금에 처한다.
> ② 제1항의 방법으로 제3자로 하여금 재물을 교부받게 하거나 재산상 이익을 취득하게 한 경우에도 제1항의 형에 처한다.

제6관 편의시설부정이용죄

> **제348조의2 | 편의시설부정이용 |**
> 부정한 방법으로 대가를 지급하지 아니하고 자동판매기, 공중전화 기타 유료자동설비를 이용하여 재물 또는 재산상의 이익을 취득한 자는 3년 이하의 징역, 500만 원 이하의 벌금, 구류 또는 과료에 처한다.

I. 의 의

편의시설부정이용죄는 부정한 방법으로 대가를 지급하지 아니하고 자동판매기, 공중전화 기타 유료자동설비를 이용하여 재물 또는 재산상의 이익을 취득함으로써 성립하는 범죄다. 자동판매기나 공중전화 기타 유료자동설비의 사회적 기능을 보호하기 위하여 규정되었다.

II. 구성요건

본죄의 대가를 지급하지 않고 자동판매기, 공중전화, 기타 유료자동설비를 부정하게 이용하여 재물 또는 재산상 이익을 취득하는 것이다. 따라서 타인의 KT전화카드(후불식 통신카드)를 절취하여 전화통화에 이용한 경우에 통신카드서비스 이용계약을 한 피해자가 그 통신요금을 납부할 책임을 지게 되므로, 이러한 경우에는 피고인이 대가를 지급하지 아니하고 공중전화를 이용한 경우에 해당한다고 볼 수 없으므로 본죄가 성립하지 않는다.

> ✔ **대가를 지급한 경우 : 후불식 공중전화카드 사건** 『형법 제348조의2에서 규정하는 편의시설부정이용의 죄는 부정한 방법으로 대가를 지급하지 아니하고 자동판매기, 공중전화 기타 유료자동설비를 이용하여 재물 또는 재산상의 이익을 취득하는 행위를 범죄구성요건으로 하고 있는데, 타인의 전화카드(한국통신의 후불식 통신카드)를 절취하여 전화통화에 이용한 경우에는 통신카드서비스 이용계약을 한 피해자가 그 통신요금을 납부할 책임을 부담하게 되므로, 이러한 경우에는 피고인이 '대가를 지급하지 아니하고' 공중전화를 이용한 경우에 해당한다고 볼 수 없어 편의시설부정이용의 죄를 구성하지 않는다』(대판 2001.9.25. 2001도3625)[90] ☆

---

[90] **보충설명** 사문서부정행사죄는 성립될 수 있다.

제7관 부당이득죄

> **제349조 ▮ 부당이득 ▮**
> ① 사람의 곤궁하고 절박한 상태를 이용하여 현저하게 부당한 이익을 취득한 자는 3년 이하의 징역 또는 1천만 원 이하의 벌금에 처한다.
> ② 제1항의 방법으로 제3자로 하여금 부당한 이익을 취득하게 한 경우에도 제1항의 형에 처한다.

제8관 상습사기죄

> **제351조 ▮ 상습범 ▮**
> 상습으로 제347조 내지 전조의 죄를 범한 자는 그 죄에 정한 형의 2분의 1까지 가중한다.

✔ **상습사기죄에 있어서 상습성의 의미** 『상습사기죄에 있어서의 상습성이라 함은 반복하여 사기행위를 하는 습벽으로서 행위자의 속성을 말하고, 여기서 말하는 사기행위의 습벽은 행위자의 사기습벽의 발현으로 인정되는 한 동종의 수법에 의한 사기범행의 습벽만을 의미하는 것이 아니라 이종의 수법에 의한 사기범행을 포괄하는 사기의 습벽도 포함하는 것이다』(대판 1999.11.26. 99도3929・99감도97)☆

제4절 공갈의 죄

제1관 공갈죄

> **제350조 ▎공갈 ▎**
> ① 사람을 공갈하여 재물의 교부를 받거나 재산상의 이익을 취득한 자는 10년 이하의 징역 또는 2천만원 이하의 벌금에 처한다.
> ② 전항의 방법으로 제3자로 하여금 재물의 교부를 받게 하거나 재산상의 이익을 취득하게 한 때에도 전항의 형과 같다.

Ⅰ. 의 의

공갈죄는 사람을 공갈하여 재물의 교부 또는 재산상 이익을 얻거나 제3자로 하여금 이익을 얻게 함으로써 성립하는 범죄다. 공갈을 수단으로 하여 상대방의 하자있는 의사를 형성하고 이에 기하여 상대방이 재산적 처분행위를 하게 하여 재물을 교부 받거나 또는 재산상의 이익을 취득하는 것이다. 이러한 점에서 공갈죄는 상대방의 의사에 반하여 행하여지는 절도, 강도, 횡령죄와 다르고 사기죄와 유사한 성격을 가진다.

Ⅱ. 보호법익

공갈죄의 보호법익은 제1차적으로 타인의 재산권이며, 제2차적으로 의사결정의 자유이다. 따라서 피공갈자도 피해자가 된다. 공갈죄는 침해범이다.

Ⅲ. 객 체

공갈죄의 객체는 타인의 재물 또는 재산상의 이익이다. 법문에 '타인'이라고 규정되어 있지 않으나 자기의 재물 또는 재산상의 이익을 취득하게 되는 경우에는 권리행사방해죄 성립이 가능할 뿐 본죄는 성립되지 않는다.

> ✔ **공갈죄의 객체(재산상 이익) : 나체쇼 접대부 사건** 『공갈죄는 재산범으로서 그 객체인 재산상 이익은 경제적 이익이 있는 것을 말하는 것인바, 일반적으로 부녀와의 정부 그 자체는 이를 경제적으로 평가할 수 없는 것이므로 부녀를 공갈하여 정교를 맺었다고 하여도 특단의 사정이 없는 한 이로써 재산상 이익을 갈취한 것이라고 볼 수는 없는 것이며, 부녀가 주점접대부라 할지라도 피고인과 매음을 전제로 정교를 맺은 것이 아닌 이상 피고인이 매음대가의 지급을 면하였다고 볼 여지가 없으니 공갈죄가 성립하지 아니한다』(대판 1983.2.8. 82도2714)☆.

> ✔ **공갈죄의 객체(재물) : 도박사이트 금고 절취 사건** 『[1] 공갈죄의 대상이 되는 재물은 타인의 재물을 의미하므로, 사람을 공갈하여 자기의 재물을 교부받는 경우에는 공갈죄가 성립하지 아니한다. 그리고 타인의 재물인지는 민법, 상법, 기타의 실체법에 의하여 결정되는데, 금전을 도난당한 경우 절도범이 절취한

금전만 소지하고 있는 때 등과 같이 구체적으로 절취된 금전을 특정할 수 있어 객관적으로 다른 금전 등과 구분됨이 명백한 예외적인 경우에는 절도 피해자에 대한 관계에서 그 금전이 절도범인 타인의 재물이라고 할 수 없다.
[2] 갑이 을의 돈을 절취한 다음 다른 금전과 섞거나 교환하지 않고 쇼핑백 등에 넣어 자신의 집에 숨겨두었는데, 피고인이 을의 지시로 폭력조직원 병과 함께 갑에게 겁을 주어 쇼핑백 등에 들어 있던 절취된 돈을 교부받아 갈취하였다고 하여 폭력행위 등 처벌에 관한 법률 위반(공동공갈)으로 기소된 사안에서, 피고인 등이 갑에게서 되찾은 돈은 절취 대상인 당해 금전이라고 구체적으로 특정할 수 있어 객관적으로 갑의 다른 재산과 구분됨이 명백하므로 이를 타인인 갑의 재물이라고 볼 수 없고, 따라서 비록 피고인 등이 갑을 공갈하여 돈을 교부받았더라도 <u>타인의 재물을 갈취한 행위로서 공갈죄가 성립된다고 볼 수 없다</u>』(대판 2012.8.30. 2012도6157)★.

Ⅳ. 행 위

공갈행위는 폭행·협박을 의미한다. 여기서의 폭행이나 협박은 상대방의 반항을 억압할 정도에 이르지 아니하여야 한다. 상대방의 반항을 억압할 정도에 이른 때에는 공갈죄가 아니고 강도죄가 성립하게 된다.

1. 협 박

공갈죄의 수단으로서 협박은 사람의 의사결정의 자유를 제한하거나 의사실행의 자유를 방해할 정도로 겁을 먹게 할 만한 해악을 고지하는 것을 말한다. 해악은 사람으로 하여금 일반적으로 실현가능하다고 믿을 수 있는 것이면 족하므로 해악의 내용은 반드시 실현가능해야 하는 것은 아니다. 또한 해악의 실현은 그 자체가 위법한 것임을 요하지 않는다.

✔ **해악고지의 의미 : 영화 친구 사건** 『[1] 공갈죄의 수단으로서 협박은 사람의 의사결정의 자유를 제한하거나 의사실행의 자유를 방해할 정도로 겁을 먹게 할 만한 해악을 고지하는 것을 말하고, 해악의 고지는 반드시 명시의 방법에 의할 것을 요하지 아니하며 언어나 거동 등에 의하여 상대방으로 하여금 어떠한 해악을 입을 수 있을 것이라는 인식을 갖게 하는 것이면 족하고, 또한 직접적이 아니더라도 피공갈자 이외의 제3자를 통해서 간접적으로 할 수도 있으며, 행위자가 그의 직업, 지위, 불량한 성행, 경력 등에 기하여 불법한 위세를 이용하여 재물의 교부나 재산상 이익을 요구하고 상대방으로 하여금 그 요구에 응하지 아니할 때에는 부당한 불이익을 초래할 위험이 있을 수 있다는 위구심을 야기하게 하는 경우에도 해악의 고지가 된다.
[2] 피해자들이 제작·투자한 영화의 소재로 삼은 폭력조직의 두목 또는 조직원이 피해자들에게 그 영화의 감독을 통해 조직폭력배의 불량한 성행, 경력 등을 이용하여 재물의 교부를 요구하고 피해자들로 하여금 그 요구에 응하지 아니할 때에는 부당한 불이익을 초래할 위험이 있을 수 있다는 위구심을 야기하게 하였고, 피해자들도 돈을 요구하는 상대방이 자신들이 영화의 소재로 삼았던 폭력조직의 두목 또는 조직원이므로 이에 응하지 않을 경우 자신들이 받을 불이익을 두려워하거나 또는 곤경에 빠진 위 영화감독을 위해서라도 돈을 지급하지 않을 수 없다고 판단하여 마지못해 돈을 준 경우, 공갈죄의 성립을 긍정한 사례』(대판 2005.7.15. 2004도1565)☆.

✔ **해악고지의 방법 및 상대방 : 광고편중 소비자 불매운동(팝업창 사과) 사건** 표준 『[1] 강요죄나 공갈죄의 수단인 협박은 사람의 의사결정의 자유를 제한하거나 의사실행의 자유를 방해할 정도로 겁을 먹게 할 만한 해악을 고지하는 것을 말하는데, 해악의 고지는 반드시 명시적인 방법이 아니더라도 말이나 행동을

통해서 상대방으로 하여금 어떠한 해악에 이르게 할 것이라는 인식을 갖게 하는 것이면 족하고, 피공갈자 이외의 제3자를 통해서 간접적으로 할 수도 있다.
[2] 피고인이, 갑 주식회사가 특정 신문들에 광고를 편중했다는 이유로 기자회견을 열어 갑 회사에 대하여 불매운동을 하겠다고 하면서 특정 신문들에 대한 광고를 중단할 것과 다른 신문들에 대해서도 특정 신문들과 동등하게 광고를 집행할 것을 요구하고 갑 회사 인터넷 홈페이지에 '갑 회사는 앞으로 특정 언론사에 편중하지 않고 동등한 광고 집행을 하겠다'는 내용의 팝업창을 띄우게 한 사안에서, 피고인의 행위는 갑 회사의 의사결정권자로 하여금 그 요구를 수용하지 아니할 경우 불매운동이 지속되어 영업에 타격을 입게 될 것이라는 겁을 먹게 하여 의사결정 및 의사실행의 자유를 침해한 것으로 강요죄나 공갈죄의 수단으로서의 협박에 해당한다.
[3] 공갈죄는 다른 사람을 공갈하여 그로 인한 하자 있는 의사에 기하여 자기 또는 제3자에게 재물을 교부하게 하거나 재산상 이익을 취득하게 함으로써 성립되는 범죄로서, 공갈의 상대방이 재산상의 피해자와 같아야 할 필요는 없고, 피공갈자의 하자 있는 의사에 기하여 이루어지는 재물의 교부 자체가 공갈죄에서의 재산상 손해에 해당하므로, 반드시 피해자의 전체 재산의 감소가 요구되는 것도 아니다』(대판 2013.4.11. 2010도13774)★.

2. 폭 행

폭행이란 상대방의 의사형성에 영향을 줄 수 있는 유형력의 행사를 의미한다.

공갈행위를 부정한 기출판례 정리
① ✔ **광고의뢰, 직보배정 사건** 『지역신문의 발행인이 시정에 관한 비판기사 및 사설을 보도하고 관련 공무원에게 광고의뢰 및 직보배정을 타신문사와 같은 수준으로 높게 해달라고 요청한 사실만으로 공갈죄의 수단으로서 그 상대방을 협박하였다고 볼 수 없다』(대판 2002.12.10. 2001도7095)☆.
② ✔ **경찰서 신청사 사건** 『처분권주의, 변론주의의 원리를 채택하고 있는 민사소송에 있어 부당한 제소나 그 소송의 유지가 있다 하더라도 상대방은 이에 응소하여 방어권을 충분히 행사할 수 있는 것이고 소의 취하는 상대방이 이를 강제할 수 없는 것이므로, 토지매도인이 그 매매대금을 지급받기 위하여 매수인을 상대로 하여 당해토지에 관한 소유권이전등기말소청구소송을 제기하고 위 대금을 변제받지 못하면 위 소송을 취하하지 아니하고 예고등기도 말소하지 않겠다는 취지를 알렸다고 하여 이를 지목하여 공갈행위라고 단정할 수는 없다』(대판 1989.2.28. 87도690)☆.
③ ✔ **구두닦이 가출자 사건** 『가출자의 가족에 대하여 가출자의 소재를 알려주는 조건으로 보험가입을 요구한 피고인의 소위는 가출자를 찾으려고 하는 그 가족들의 안타까운 심정을 이용하여 보험가입을 권유 내지 요구하는 언동으로 도의상 비난할 수 있을지언정 그로 인하여 가족들에 새로운 외포심을 일으키게 되거나 외포심이 더하여 진다고는 볼 수 없으므로 이를 공갈죄에 있어서의 협박이라고 단정할 수 없다』(대판 1976.4.27. 75도2818)☆.

3. 공갈의 상대방

공갈의 상대방(피공갈자)은 재산상의 피해자와 동일인임을 요하지 않는다. 다만 피공갈자와 재산상의 피해자가 동일인이 아닌 경우에는 피공갈자는 공갈의 목적이 된 재물 또는 재산상의 이익을 처분할 수 있는 사실상 또는 법률상의 권한을 갖거나 그러한 지위에 있음을 요한다.

> ✔ **공갈의 상대방과 피해자 : 랑데부 룸살롱 종업원 공갈 사건** 표준 『[1] 공갈죄에 있어서 공갈의 상대방은 재산상의 피해자와 동일함을 요하지는 아니하나, 공갈의 목적이 된 재물 기타 재산상의 이익을 처분할 수 있는 사실상 또는 법률상의 권한을 갖거나 그러한 지위에 있음을 요한다.
> [2] 주점의 종업원에게 신체에 위해를 가할 듯한 태도를 보여 이에 겁을 먹은 위 종업원으로부터 주류를 제공받은 경우에 있어 위 종업원은 주류에 대한 사실상의 처분권자이므로 공갈죄의 피해자에 해당된다고 보아 공갈죄가 성립한다』(대판 2005.9.29. 2005도4738)★.

V. 처분행위

공갈죄가 성립하기 위해서는 행위자의 공갈행위로 인하여 상대방이 외포되어 재산적 처분행위를 하여야 한다. 그로 인하여 행위자나 제3자가 재물의 교부를 받거나 재산상의 이익을 취득하여야 한다.

> ✔ **처분행위 : 택시기사 폭행 도주 사건** 표준 『[1] 재산상 이익의 취득으로 인한 공갈죄가 성립하려면 폭행 또는 협박과 같은 공갈행위로 인하여 피공갈자가 재산상 이익을 공여하는 처분행위가 있어야 한다. 물론 그러한 처분행위는 반드시 작위에 한하지 아니하고 부작위로도 족하여서, 피공갈자가 외포심을 일으켜 묵인하고 있는 동안에 공갈자가 직접 재산상의 이익을 탈취한 경우에도 공갈죄가 성립할 수 있다. 그러나 폭행의 상대방이 위와 같은 의미에서의 처분행위를 한 바 없고, 단지 행위자가 법적으로 의무 있는 재산상 이익의 공여를 면하기 위하여 상대방을 폭행하고 현장에서 도주함으로써 상대방이 행위자로부터 원래라면 얻을 수 있었던 재산상 이익의 실현에 장애가 발생한 것에 불과하다면, 그 행위자에게 공갈죄의 죄책을 물을 수 없다.
> [2] 피고인이 피해자가 운전하는 택시를 타고 간 후 최초의 장소에 이르러 택시요금의 지급을 면할 목적으로 다른 장소에 가자고 하였다면서 택시에서 내린 다음 택시요금 지급을 요구하는 피해자를 때리고 달아나자, 피해자가 피고인이 말한 다른 장소까지 쫓아가 기다리다 그곳에서 피고인을 발견하고 택시요금 지급을 요구하였는데 피고인이 다시 피해자의 얼굴 등을 주먹으로 때리고 달아난 사안에서, 피해자가 피고인에게 계속해서 택시요금의 지급을 요구하였으나 피고인이 이를 면하고자 피해자를 폭행하고 달아났을 뿐, 피해자가 폭행을 당하여 외포심을 일으켜 수동적·소극적으로라도 피고인이 택시요금 지급을 면하는 것을 용인하여 이익을 공여하는 처분행위를 하였다고 할 수 없는데도, 이와 달리 보아 공갈죄를 인정한 원심판결에 법리오해 등 위법이 있다고 한 사례』(대판 2012.1.27. 2011도16044)★.

VI. 손해의 발생

공갈죄가 성립하기 위해서는 상대방에 재산상의 손해가 발생하여야 하는가의 문제는 사기죄에 설명한 부분과 동일하다. 피공갈자의 하자 있는 의사에 기하여 이루어지는 재물의 교부 자체가 공갈죄에서의 재산상 손해에 해당하므로, 반드시 피해자의 전체 재산의 감소가 요구되는 것이 아니다. 타인을 공갈하여 재물 또는 재산상의 이익을 취득함에 있어 그 수단으로서 대가가 지급되었을 경우라도 이를 공제하지 아니한 그 전부가 갈취이득액이다.[91]

---

91) 관련판례 대판 1995.6.30. 95도825 참조.

Ⅶ. 실행의 착수 및 기수시기

1. 실행의 착수

공갈죄의 실행의 착수시기는 공갈행위가 개시된 때이다.

2. 기수시기

기수시기는 객체가 재물인 경우에는 재물의 교부를 받은 때이고, 객체가 재산상의 이익인 경우에는 재산상의 이익을 취득한 때이다. 부동산갈취의 기수시기에 관하여 견해의 대립이 있다. 판례는 소유권이전등기를 경료 받은 때를 기수시점으로 보고 있는 입장이다.

> ✔ **기수시기 : 부동산 갈취 사건** 『부동산에 대한 공갈죄는 그 부동산에 관하여 소유권이전등기를 경료받거나 또는 인도를 받은 때에 기수로 되는 것이고, 소유권이전등기에 필요한 서류를 교부 받은 때에 기수로 되어 그 범행이 완료되는 것은 아니다』(대판 1992.9.14. 92도1506)★.

Ⅷ. 권리행사와 공갈죄

정당한 권리 실현의 수단으로 사회통념상 용인되기 어려운 정도를 넘는 협박을 사용하여 상대방을 외포케 하여 재물을 교부받은 경우에 공갈죄가 성립하는가에 관하여 논의가 있으나, 판례는 비록 정당한 권리의 실현 수단으로 사용된 경우라고 하여도 그 권리실현의 수단·방법이 사회통념상 허용되는 정도나 범위를 넘는다면 공갈죄를 구성한다는 입장이다.

> ✔ **권리행사와 공갈죄 : 여행사 점포임대 사건** 『공갈죄의 수단으로서 협박은 사람의 의사결정의 자유를 제한하거나 의사실행의 자유를 방해할 정도로 겁을 먹게 할 만한 해악을 고지하는 것을 말하고, 해악의 고지는 반드시 명시의 방법에 의할 것을 요하지 않고 언어나 거동에 의하여 상대방으로 하여금 어떠한 해악에 이르게 할 것이라는 인식을 갖게 한 것이면 족한 것이며, 이러한 해악의 고지가 비록 정당한 권리의 실현수단으로 사용된 경우라고 하여도 그 권리실현의 수단방법이 사회통념상 허용되는 정도나 범위를 넘는 것인 이상 공갈죄의 실행에 착수한 것으로 보아야 하고, 여기서 어떠한 행위가 구체적으로 사회통념상 허용되는 정도나 범위를 넘는 것이냐의 여부는 그 행위의 주관적인 측면과 객관적인 측면, 즉 추구된 목적과 선택된 수단을 전체적으로 종합하여 판단하여야 한다』(대판 1995.3.10. 94도2422)☆.[92]

> ✔ **공갈죄가 성립하는 경우 : 자동차 부품 생산라인 중단 사건** 표준 『피고인은 피해자 회사들에 6~8일간의 유예기간을 두고 돈을 요구하면서 그때까지 돈이 지급되지 않으면 자동차 부품 생산라인을 중단하여 자동차 부품 공급 중단으로 큰 손실을 입게 만들겠다는 태도를 보였다. 이러한 언행은 피해자 회사들의 자유로운 의사결정을 제한하거나 의사실행의 자유를 방해할 정도에 이르는 해악의 고지에 해당하고 공갈죄가 성립한다』(대판 2019.2.14. 2018도19493)☆.

---

92) 보충설명 피고인이 장시간에 걸쳐 피해자의 건물건축공사 현장사무실에서 일행 3인과 합세하여 과격한 언사와 함께 집기를 손괴하고 건물 창문에 피해자의 신용을 해치는 불온한 내용을 기재하거나, 같은 취지의 현수막을 건물 외벽에 게시할 듯한 태도를 보인 것은 점포임대차계약의 해제에 따른 원상회복 및 손해배상청구권이라는 권리를 실현할 목적으로 이루어졌더라도 사회통념상 허용될 수 있는 범위를 넘어서 공갈죄를 구성한다.

> ✔ **공갈죄가 성립하는 경우 : 동거 정산 갈취 사건** 『피고인이 피해자와의 동거를 정산하는 과정에서 피해자에 대하여 금전채권이 있다고 하더라도, 그 권리행사를 빙자하여 사회통념상 용인되기 어려운 정도를 넘는 협박을 수단으로 사용하였다면, 공갈죄가 성립한다』(대판 1996.9.24. 96도2151)☆.

IX. 타죄와의 관계

1. 수뢰죄와의 관계

공무원이 직무행위에 관하여 상대방을 공갈하여 재물을 취득한 경우에는 수뢰죄와 공갈죄와의 죄수관계가 문제 된다.

① 공무원이 직무집행의 의사 없이 타인을 공갈하여 재물을 교부하게 한 경우에는 공갈죄만이 성립한다.

② 직무집행의 의사가 있고 그의 직무집행에 관하여 타인을 공갈하여 재물을 교부하게 한 경우에는 공갈죄와 수뢰죄의 상상적 경합이 인정된다.

이 경우 피공갈자에게 뇌물공여죄의 성립을 인정할 것인가에 관하여 판례는 공무원이 직무집행의 의사 없이 또는 직무처리와 대가적 관계없이 타인을 공갈하여 재물을 교부하게 한 경우에는 공갈죄만이 성립하고, 이러한 경우 재물의 교부자는 공갈죄의 피해자가 될 것이고 뇌물공여죄는 성립될 수 없다는 입장이다.

> ✔ **수뢰죄와의 죄수관계 : 세무조사 묵인조건 뇌물 사건** 『공무원이 직무집행의 의사 없이 또는 직무처리와 대가적 관계없이 타인을 공갈하여 재물을 교부하게 한 경우에는 공갈죄만이 성립하고, 이러한 경우 재물의 교부자가 공무원의 해악의 고지로 인하여 외포의 결과 금품을 제공한 것이라면 그는 공갈죄의 피해자가 될 것이고 뇌물공여죄는 성립될 수 없다고 하여야 할 것이다』(대판 1994.12.22. 94도2528)★.

2. 도박죄와의 관계

공갈죄와 도박죄는 그 구성요건과 보호법익이 다르고, 공갈죄의 성립에 도박행위를 수반하는 것은 아니므로 도박행위가 공갈죄의 수단이 되었다 하여 그 도박행위가 공갈죄에 흡수되어 별도의 범죄를 구성하지 않는다고 볼 수 없다.

> ✔ **도박죄와의 죄수관계 : 도박이용 공갈 사건** 표준 『공갈죄와 도박죄는 그 구성요건과 보호법익을 달리하고 있고, 공갈죄의 성립에 일반적·전형적으로 도박행위를 수반하는 것은 아니며, 도박행위가 공갈죄에 비하여 별도로 고려되지 않을 만큼 경미한 것이라고 할 수도 없으므로, 도박행위가 공갈죄의 수단이 되었다 하여 그 도박행위가 공갈죄에 흡수되어 별도의 범죄를 구성하지 않는다고 할 수 없다』(대판 2014.3.13. 2014도212)☆.

제2관 특수공갈죄

> **제350조의2 ┃ 특수공갈 ┃**
> 단체 또는 다중의 위력을 보이거나 위험한 물건을 휴대하여 제350조의 죄를 범한 자는 1년 이상 15년 이하의 징역에 처한다.

제3관 상습공갈죄

> **제351조 ┃ 상습범 ┃**
> 상습으로 제347조 내지 전조의 죄를 범한 자는 그 죄에 정한 형의 2분의 1까지 가중한다.

제5절 횡령의 죄

제1관 총설

Ⅰ. 의 의

횡령죄란 타인의 재물을 보관하는 자가 그 재물을 횡령하거나 반환을 거부하여 불법하게 영득하는 것을 내용으로 하는 범죄이다. 자기가 점유하는 재물을 영득한다는 점에서 타인이 점유하는 재물을 영득하는 것을 내용으로 하는 절도죄·강도죄·사기죄 및 공갈죄 등과 구별된다. 횡령죄는 자기가 점유하는 것을 요건으로 하므로 타인의 점유를 침해하지 않는 점에서 절도죄와 구별된다. 따라서 횡령죄의 보호법익은 타인의 소유권이며, 보호의 정도는 위험범이다.

Ⅱ. 본 질

횡령죄는 타인에 대한 신임관계를 위반한다는 점에서 배임죄와 같은 성질을 가지는 범죄이다. 다만 횡령죄의 객체는 재물임에 반해 배임죄의 객체는 재산상의 이익이라는 점에서 차이가 있다. 횡령이란 위탁된 타인의 물건을 불법하게 영득하는 것을 의미하는 것이므로, 횡령죄가 성립하기 위해서는 불법영득의사가 존재해야 한다.

> ✔ **횡령죄의 본질(영득행위설)** 『횡령죄의 구성요건으로서의 횡령행위란 불법영득의사를 실현하는 일체의 행위를 말하는 것으로서 불법영득의사가 외부에 인식될 수 있는 객관적 행위가 있을 때 횡령죄가 성립한다』
> (대판 2004.12.9. 2004도5904)[93] ☆.

Ⅲ. 구성요건의 체계

우리 형법은 횡령의 죄에 관하여 횡령죄(제355조 제1항), 업무상횡령죄(제356조), 점유이탈물횡령죄(제360조)의 세 가지 태양을 규정하고 있다. 제355조 제1항의 단순횡령죄가 기본적 구성요건이다. 횡령죄는 타인의 재물을 점유하는 자만이 주체가 될 수 있으므로 진정신분범이다. 업무상 횡령죄는 횡령죄의 가중적 구성요건이고, 책임이 가중되는 경우이다. 점유이탈물횡령죄는 횡령죄와는 그 성질을 달리하는 독립된 구성요건이다."

---

93) [보충설명] 영득행위설의 입장에 따르면 위탁물을 불법하게 영득하는데 횡령죄의 본질이 있는 것이므로, 불법영득의사가 있는 경우에 횡령죄가 성립한다. 따라서 불법영득의사 없이 일시적으로 사용, 처분하는 경우에는 횡령죄가 성립하지 않는다.

제2관 횡령죄

> **제355조 ∥ 횡령 ∥**
> ① 타인의 재물을 보관하는 자가 그 재물을 횡령하거나 그 반환을 거부한 때에는 5년 이하의 징역 또는 1천 500만 원 이하의 벌금에 처한다.

Ⅰ. 의 의

횡령죄는 타인의 재물을 보관하는 자가 그 재물을 횡령하거나 그 반환을 거부함으로써 성립하는 범죄이다. (횡령의 죄의 기본적 구성요건이며) 진정신분범의 성격을 가지는 범죄이다.

Ⅱ. 객관적 구성요건

1. 주 체

본죄의 주체는 위탁관계에 의하여 타인의 재물을 보관하는 자이다. 보관이란 점유 또는 소지와 같이 재물에 대한 사실상·법률상의 지배를 말한다. 앞서 설명한 형법상의 점유개념을 의미하는 것으로 민법상의 점유와는 구별된다.

가. 보 관

절도죄는 타인의 점유를 침해함으로써 소유권을 취득하는 범죄이므로 절도죄의 점유는 사실상의 지배를 의미하지만 횡령죄는 위탁관계를 통해 타인의 재물을 자기가 점유하고 있는 것이므로 여기서의 점유는 사실상의 지배 이외에 법률상의 지배까지 포함하는 개념이다. 법률상의 지배를 통해 보관이 인정될 수 있느냐의 문제는 다음과 같다.

(1) 부동산의 점유

① 횡령죄의 객체에는 부동산도 포함되므로 부동산에 대한 보관자의 지위는 사실상의 점유가 아니라 그 부동산을 제3자에게 유효하게 처분할 수 있는 권능의 유무에 따라 결정한다.

✔ **부동산의 보관 : 특별수선충당금, 지하주차장 횡령 사건** 『부동산에 관한 횡령죄에 있어서 타인의 재물을 보관하는 자의 지위는 동산의 경우와는 달리 부동산에 대한 점유의 여부가 아니라 부동산을 제3자에게 유효하게 처분할 수 있는 권능의 유무에 따라 결정하여야 하므로, 부동산의 공유자 중 1인이 다른 공유자의 지분을 임의로 처분하거나 임대하여도 그에게는 그 처분권능이 없어 횡령죄가 성립하지 아니한다. 구분소유자 전원의 공유에 속하는 공용부분인 지하주차장 일부를 그 중 1인이 독점 임대하고 수령한 임차료를 임의로 소비한 경우 횡령죄가 성립하지 아니한다』(대판 2004.5.27. 2003도6988)★.

✔ **부동산의 보관 : 상속 건물 계모 횡령 사건** 『부동산에 관한 횡령죄에 있어서 타인의 재물을 보관하는 자의 지위는 동산의 경우와는 달리 부동산에 대한 점유의 여부가 아니라 부동산을 제3자에게 유효하게 처분할 수 있는 권능의 유무에 따라 결정하여야 하므로, 부동산을 공동으로 상속한 자들 중 1인이 부동산을 혼자

점유하던 중 다른 공동상속인의 상속지분을 임의로 처분하여도 그에게는 그 처분권능이 없어 횡령죄가 성립하지 아니한다』(대판 2000.4.11. 2000도565)★.94)95)

② 부동산을 현실적으로 사실상 지배하고 있는 자는 등기명의의 여하를 불문하고 그 부동산에 있어 보관자의 지위가 인정된다.

✔ **부동산의 보관 : 미등기건물 관리인 횡령 사건** 『부동산의 보관은 원칙으로 등기부상의 소유명의인에 대하여 인정되지만 등기부상의 명의인이 아니라도 소유자의 위임에 의거해서 실제로 타인의 부동산을 관리, 지배하면 부동산의 보관자라 할 수 있고, 미등기건물에 대하여는 위탁관계에 의하여 현실로 부동산을 관리, 지배하는 자가 보관자라고 할 수 있다』(대판 1993.3.9. 92도2999)☆.

③ 부동산에 대하여 사실상의 지배가 없는 경우에도 등기명의인은 부동산의 보관자가 되지만 원인무효인 소유권이전등기의 명의자는 타인의 재물을 보관하는 자에 해당한다고 할 수 없다.

✔ **부동산의 보관 : 농지취득 원인무효 사건** 『횡령죄의 주체는 타인의 재물을 보관하는 자이어야 하고, 여기서 보관은 위탁관계에 의하여 재물을 점유하는 것을 의미하므로, 횡령죄가 성립하기 위하여는 그 재물의 보관자와 재물의 소유자 사이에 법률상 또는 사실상의 위탁신임관계가 존재하여야 하고, 나아가 부동산의 경우 보관자의 지위는 점유를 기준으로 할 것이 아니라 그 부동산을 제3자에게 유효하게 처분할 수 있는 권능의 유무를 기준으로 결정하여야 하므로, 원인무효인 소유권이전등기의 명의자는 횡령죄의 주체인 타인의 재물을 보관하는 자에 해당한다고 할 수 없다』(대판 2010.6.24. 2009도9242)☆.

✔ **부동산의 보관 : 허위 보증서 사건** 『횡령죄가 성립하기 위해서는 우선 타인의 재물을 보관하는 자의 지위에 있어야 하고, 부동산에 대한 보관자의 지위는 부동산에 대한 점유가 아니라 부동산을 제3자에게 유효하게 처분할 수 있는 권능의 유무를 기준으로 결정해야 한다. 타인 소유의 토지에 관하여 허위의 보증서와 확인서를 발급받아 「부동산소유권 이전등기 등에 관한 특별조치법」에 따른 소유권이전등기를 임의로 마친 사람은 그와 같은 원인무효 등기에 따라 토지에 대한 처분권능이 새로이 발생하는 것이 아니므로 토지에 대한 보관자의 지위에 있다고 할 수 없다. 타인 소유의 토지에 대한 보관자의 지위에 있지 않은 사람이 그 앞으로 원인무효의 소유권이전등기가 되어 있음을 이용하여 토지소유자에게 지급될 보상금을 수령하였더라도 보상금에 대한 점유 취득은 진정한 토지소유자의 위임에 따른 것이 아니므로 보상금에 대하여 어떠한 보관관계가 성립하지 않는다』(대판 2021.6.30. 2018도18010)☆.

(2) 은행예금에 대한 점유

타인의 돈을 위탁받아 은행에 예금한 경우에도 그 돈에 대한 법률상의 지배가 인정되므로 보관자의 지위가 인정된다.

✔ **은행예금에 대한 보관 : 금전 반환요구 거부 사건** 『[1] 횡령죄에 있어서 보관이라 함은 재물이 사실상 지배하에 있는 경우뿐만 아니라 법률상의 지배·처분이 가능한 상태를 모두 가리키는 것으로 타인의 금전을 위탁받아 보관하는 자는 보관방법으로 이를 은행 등의 금융기관에 예치한 경우에도 보관자의 지위를 갖는 것이다.

---

94) 비교판례 『공동상속인 중 1인이 상속재산인 임야를 보관 중 다른 상속인들로부터 매도 후 분배 또는 소유권이전등기를 요구받고도 그 반환을 거부한 경우 이때 이미 횡령죄가 성립하고, 그 후 그 임야에 관하여 다시 제3자 앞으로 근저당권설정등기를 경료해 준 행위는 불가벌적 사후행위로서 별도의 횡령죄를 구성하지 않는다』(대판[전] 2010.2.25. 2010도93).
95) 보충설명 위 비교판례는 양형부당을 이유로 죄수관계에 대한 문제만 항소(상고)이유로 판단한 사안이다. 죄수관계가 쟁점이다.

[2] 타인의 금전을 위탁받아 보관하는 자가 보관방법으로 금융기관에 자신의 명의로 예치한 경우, 금융실명 거래및비밀보장에관한긴급재정경제명령이 시행된 이후 금융기관으로서는 특별한 사정이 없는 한 실명확인을 한 예금명의자만을 예금주로 인정할 수밖에 없으므로 수탁자 명의의 예금에 입금된 금전은 수탁자만이 법률상 지배·처분할 수 있을 뿐이고 위탁자로서는 위 예금의 예금주가 자신이라고 주장할 수는 없으나, 그렇다고 하여 보관을 위탁받은 위 금전이 수탁자 소유로 된다거나 위탁자가 위 금전의 반환을 구할 수 없는 것은 아니므로 수탁자가 이를 함부로 인출하여 소비하거나 또는 위탁자로부터 반환요구를 받았음에도 이를 영득할 의사로 반환을 거부하는 경우에는 횡령죄가 성립한다』(대판 2000.8.18. 2000도1856)★.

(3) 유가증권 등 소지인의 점유

유가증권의 소지인은 재물을 자유롭게 처분할 수 있는 법률상 지배가 인정되므로 보관자의 지위가 인정된다.

✔ **보관자의 지위가 인정되는 경우 : 330억 인수대금 사건** 『주식회사는 주주와 독립된 별개의 권리주체로서 이해가 반드시 일치하는 것은 아니므로, 주주나 대표이사 또는 그에 준하여 회사 자금의 보관이나 운용에 관한 사실상의 사무를 처리하는 자가 회사 소유 재산을 제3자의 자금 조달을 위하여 담보로 제공하는 등 사적인 용도로 임의 처분하였다면 그 처분에 관하여 주주총회나 이사회의 결의가 있었는지 여부와는 관계없이 횡령죄의 죄책을 면할 수는 없다』(대판 2011.3.24. 2010도17396)☆.

✔ **보관자의 지위가 인정되지 않는 경우 : 보충권 한도 초과 사건** 『발행인으로부터 일정한 금액의 범위 내에서 액면을 보충·할인하여 달라는 의뢰를 받고 액면 백지인 약속어음을 교부받아 보관중이던 자가 발행인과의 합의에 의하여 정해진 보충권의 한도를 넘어 보충을 한 경우에는 발행인의 서명날인 있는 기존의 약속어음 용지를 이용하여 새로운 별개의 약속어음을 발행한 것에 해당하여 이러한 보충권의 남용행위로 인하여 생겨난 새로운 약속어음에 대하여는 발행인과의 관계에서 보관자의 지위에 있다 할 수 없으므로, 설사 그 약속어음을 자신의 채무변제조로 제3자에게 교부하여 임의로 사용하였다고 하더라도, 발행인으로 하여금 제3자에 대하여 어음상의 채무를 부담하는 손해를 입게 한 데에 대한 배임죄가 성립될 수 있음은 별론으로 하고, 보관자의 지위에 있음을 전제로 횡령죄가 성립될 수는 없다』(대판 1995.1.20. 94도2760)★.

✔ **보관자의 지위가 인정되지 않는 경우 : 매매목적물 담보 차용 임의사용 사건** 『부동산 매수인이 매매대금의 완납전에 그 매매목적물을 담보로 하여 금전을 차용함에 있어 매도인의 승낙을 받는 한편 매도인과 사이에 그 차용금액의 일부는 매도인에게 매매대금으로 우선 교부하여 주기로 약정한 다음 금전을 차용하여 이를 전부 임의로 소비한 경우에 매도인과 매수인 사이의 위의 약정은 매매잔대금의 지급방법의 하나를 정한 것에 불과한 것이므로 이로써 매수인이 대금완납시까지 매도인을 위하여 위 매매목적물을 관리하거나 담보제공하여 차용한 금전을 보관하여야 하는 지위에 있다고 볼 수 없으므로 매수인이 차용금액의 일부를 매도인에게 지급하지 아니하였다고 하더라도 이는 단순한 민사상의 채무불이행에 지나지 아니할 뿐 횡령죄는 성립하지 아니한다』(대판 2005.9.29. 2005도4809)☆.

(4) 차량의 점유

종래 판례는 소유권의 취득에 등록이 필요한 차량의 경우에 부동산과 같이 등록에 의하여 차량을 제3자에게 법률상 유효하게 처분할 수 있는 권능 유무에 따라 보관자의 지위를 인정하는 입장이었으나, 판례의 변경으로 차량을 인도 받아 보관하고 있는 사람이 이를 사실상 처분하면 보관자의 지위가 인정되어 횡령죄가 성립한다. 그 보관 위임자나 보관자가 차량의 등록명의자일 필요가 없다.

✔ **차량의 점유 : 지입차량 보관 사건** 표준 『[1] 소유권의 취득에 등록이 필요한 타인 소유의 차량을 인도받아 보관하고 있는 사람이 이를 사실상 처분하면 횡령죄가 성립하며, 그 보관 위임자나 보관자가 차량의 등록명의자일 필요는 없다.
[2] 지입회사에 소유권이 있는 차량에 대하여 지입회사로부터 운행관리권을 위임받은 지입차주가 지입회사의 승낙 없이 그 보관 중인 차량을 사실상 처분하거나 지입차주로부터 차량 보관을 위임받은 사람이 지입차주의 승낙 없이 보관 중인 차량을 사실상 처분한 경우 횡령죄가 성립한다』(대판[전] 2015.6.25. 2015도1944)★.

나. 위탁관계에 의한 보관

횡령죄의 본질은 위탁관계를 통한 신임관계를 위배하여 타인의 재물을 영득한다는 신뢰위배에 있다. 따라서 점유는 위탁관계에 의한 것임을 요하고, 보관이란 바로 위탁관계에 의한 점유를 의미한다.

(1) 위탁관계

횡령죄의 보관은 위탁관계에 의한 것임을 요한다. 따라서 위탁관계에 근거하지 않고 타인의 점유를 떠나 우연히 자기의 점유에 있게 된 재물을 영득한 경우에는 점유이탈물횡령죄가 성립될 뿐 횡령죄는 성립되지 않는다.

그러나 횡령죄의 보관이 위탁관계를 전제로 하는가에 대하여 판례의 입장은 일관성이 없다. 위탁관계가 필요하다는 판례도 있고, 때로는 위탁행위에 기인한 것임을 필요로 하지 않는다는 판례도 있다. 따라서 횡령죄에 있어서 타인을 위하여 재물을 보관하게 된 원인은 반드시 소유자의 위탁행위에 기인한 것임을 필요로 하는 것은 아니다.

✔ **위탁관계의 필요 : 검사 사칭 보이스피싱 사건** 표준 『[다수의견] 송금의뢰인이 다른 사람의 예금계좌에 자금을 송금·이체한 경우 특별한 사정이 없는 한 송금의뢰인과 계좌명의인 사이에 그 원인이 되는 법률관계가 존재하는지 여부에 관계없이 계좌명의인(수취인)과 수취은행 사이에는 그 자금에 대하여 예금계약이 성립하고, 계좌명의인은 수취은행에 대하여 그 금액 상당의 예금채권을 취득한다. 이때 송금의뢰인과 계좌명의인 사이에 송금·이체의 원인이 된 법률관계가 존재하지 않음에도 송금·이체에 의하여 계좌명의인이 그 금액 상당의 예금채권을 취득한 경우 계좌명의인은 송금의뢰인에게 그 금액 상당의 돈을 반환하여야 한다. 이와 같이 계좌명의인이 송금·이체의 원인이 되는 법률관계가 존재하지 않음에도 계좌이체에 의하여 취득한 예금채권 상당의 돈은 송금의뢰인에게 반환하여야 할 성격의 것이므로, 계좌명의인은 그와 같이 송금·이체된 돈에 대하여 송금의뢰인을 위하여 보관하는 지위에 있다고 보아야 한다. 따라서 계좌명의인이 그와 같이 송금·이체된 돈을 그대로 보관하지 않고 영득할 의사로 인출하면 횡령죄가 성립한다.
이러한 법리는 계좌명의인이 개설한 예금계좌가 전기통신금융사기 범행에 이용되어 그 계좌에 피해자가 사기피해금을 송금·이체한 경우에도 마찬가지로 적용된다. 계좌명의인은 피해자와 사이에 아무런 법률관계 없이 송금·이체된 사기피해금 상당의 돈을 피해자에게 반환하여야 하므로, 피해자를 위하여 사기피해금을 보관하는 지위에 있다고 보아야 하고, 만약 계좌명의인이 그 돈을 영득할 의사로 인출하면 피해자에 대한 횡령죄가 성립한다. 이때 계좌명의인이 사기의 공범이라면 자신이 가담한 범행의 결과 피해금을 보관하게 된 것일 뿐이어서 피해자와 사이에 위탁관계가 없고, 그가 송금·이체된 돈을 인출하더라도 이는 자신이 저지른 사기범행의 실행행위에 지나지 아니하여 새로운 법익을 침해한다고 볼 수 없으므로 사기죄 외에 별도로 횡령죄를 구성하지 않는다. 한편 계좌명의인의 인출행위는 전기통신금융사기의 범인에 대한 관계에서는 횡령죄가 되지 않는다』(대판[전] 2018.7.19. 2017도17494)★.

✓ **위탁관계의 불요 : 300만 달러 착오송금 사건** 표준 『어떤 예금계좌에 돈이 착오로 잘못 송금되어 입금된 경우에는 그 예금주와 송금인 사이에 신의칙상 보관관계가 성립한다고 할 것이므로, 피고인이 송금절차의 착오로 인하여 피고인 명의의 은행 계좌에 입금된 돈을 임의로 인출하여 소비한 행위는 횡령죄에 해당하고, 이는 송금인과 피고인 사이에 별다른 거래관계가 없다고 하더라도 마찬가지이다.』(대판 2010.12.9. 2010도891)★

(2) 발생원인

위탁관계는 일반적으로 사용대차·임대차·위임·임치·고용 등의 계약에 의하여 발생하는 것이지만 널리 사무관리, 관습, 신의칙에 의해서도 인정될 수 있다.

✓ **위탁관계를 인정한 경우 : 분배해야 할 금전 사건** 『횡령죄에 있어서의 재물의 보관이라 함은 재물에 대한 사실상 또는 법률상 지배력이 있는 상태를 의미하므로 그 보관이 위탁관계에 기인하여야 할 것임은 물론이나 그것이 반드시 사용대차, 임대차, 위임 등의 계약에 의하여 설정되는 것임을 요하지 아니하고 사무관리, 관습, 조리, 신의칙에 의해서도 성립된다.』(대판 1987.10.13. 87도1778)☆

✓ **위탁관계를 인정한 경우 : 지불각서 사건** 『채무자가 채무총액에 관한 지불각서를 써 줄 것으로 믿고, 채권자가 채무자에게 그 액면금 등을 확인할 수 있도록 가계수표들을 교부하였다면, 채권자와 채무자 사이에는 만약 합의가 결렬되어 채무자가 채권자에게 지불각서를 써 주지 아니하는 경우에는 곧바로 그 가계수표들을 채권자에게 반환하기로 하는, 횡령죄에 있어서 조리에 의한 위탁관계가 발생하였다.』(대판 1996.5.14. 96도410)☆

✓ **위탁관계를 부정한 경우 : 이태원동 임야 사건** 『임야의 진정한 소유자와는 전혀 무관하게 신탁자로부터 임야 지분을 명의신탁받아 지분이전등기를 경료한 수탁자가 신탁받은 지분을 임의로 처분한 사안에서, 소유자와 수탁자 사이에 위 임야 지분에 관한 법률상 또는 사실상의 위탁신임관계가 성립하였다고 할 수 없고, 또한 어차피 원인무효인 소유권이전등기의 명의자에 불과하여 위 임야 지분을 제3자에게 유효하게 처분할 수 있는 권능을 갖지 아니한 수탁자로서는 위 임야 지분을 보관하는 자의 지위에 있다고도 할 수 없으므로, 그 처분행위가 신탁자에 대해서나 또는 소유자에 대하여 위 임야 지분을 횡령한 것으로 된다고 할 수 없다.』(대판 2007.5.31. 2007도1082)☆

✓ **위탁관계를 부정한 경우 : 갈취 후 임야 매각 사건** 『형법 제355조 제1항의 횡령죄는 불법영득의 의사 없이 목적물의 점유를 시작한 경우라야 하고 타인을 공갈하여 재물을 교부케 한 경우에는 공갈죄를 구성하는 외에 그것을 소비하고 타에 처분하였다 하더라도 횡령죄를 구성하지는 않는다.』(대판 1986.2.11. 85도2513)☆

(3) 불법원인급여와 횡령죄

불법한 목적으로 위탁관계가 이루어져 민법상 급여자가 수탁자에게 반환청구를 할 수 없는 재물을(불법원인급여) 수탁자가 이를 임의로 소비한 경우에 횡령죄가 성립하는가에 대하여는 견해의 대립이 있다. 판례는 불법원인급여의 경우에 급여자는 반환청구권을 행사 할 수 없기 때문에 수탁자는 그 재물을 반환할 법률상의 의무가 없으므로 수탁자에게 소유권이 귀속되므로 타인의 재물이라고 할 수 없으므로 횡령죄의 성립을 부정하는 입장이다. 다만 불법원인급여라 할지라도 수익자의 불법성이 급여자의 불법성보다 현저히 더 큰 경우에는 급여자의 반환청구를 행사할 수 있으므로 수익자에게 횡령죄가 성립할 수 있다.

> ✔ **횡령죄가 성립하지 않는 경우 : 19억 2천만 원 수표 사건** 『피고인이 갑으로부터 수표를 현금으로 교환해 주면 대가를 주겠다는 제안을 받고 위 수표가 을 등이 사기범행을 통해 취득한 범죄수익 등이라는 사실을 잘 알면서도 교부받아 그 일부를 현금으로 교환한 후 병, 정과 공모하여 아직 교환되지 못한 수표 및 교환된 현금을 임의로 사용하여 횡령하였다고 하여 특정경제범죄 가중처벌 등에 관한 법률 위반으로 기소된 사안에서, 피고인이 갑으로부터 범죄수익 등의 은닉범행 등을 위해 교부받은 수표는 불법의 원인으로 급여한 물건에 해당하여 소유권이 피고인에게 귀속되므로 횡령죄가 성립하지 않는다』(대판 2017.4.26. 2016도18035)☆.

> ✔ **횡령죄가 성립하지 않는 경우 : 뇌물 전달 교부 사건** 『민법 제746조에 불법의 원인으로 인하여 재산을 급여하거나 노무를 제공한 때에는 그 이익의 반환을 청구하지 못한다고 규정한 뜻은 급여를 한 사람은 그 원인행위가 법률상 무효임을 내세워 상대방에게 부당이득반환청구를 할 수 없고, 또 급여한 물건의 소유권이 자기에게 있다고 하여 소유권에 기한 반환청구도 할 수 없어서 결국 급여한 물건의 소유권은 급여를 받은 상대방에게 귀속된다는 것이므로 조합장이 조합으로부터 공무원에게 뇌물로 전달하여 달라고 금원을 교부받은 것은 불법원인으로 인하여 지급 받은 것으로서 이를 뇌물로 전달하지 않고 타에 소비하였다고 해서 타인의 물을 보관중 횡령하였다고 볼 수는 없다』(대판 1988.9.20. 86도628)★.

> ✔ **횡령죄가 성립하지 않는 경우 : 외국인산업연수생 관리업체 선정 뇌물 사건** 『갑이 을로부터 제3자에 대한 뇌물공여 또는 배임증재의 목적으로 전달하여 달라고 교부받은 금전은 불법원인급여물에 해당하여 그 소유권은 갑에게 귀속되는 것으로서 갑이 위 금전을 제3자에게 전달하지 않고 임의로 소비하였다고 하더라도 횡령죄가 성립하지 않는다』(대판 1999.6.11. 99도275)☆.

> ✔ **횡령죄가 성립하는 경우 : 화대 절반 횡령 사건** 『[1] 수익자의 불법성이 급여자의 그것보다 현저히 큰 데 반하여 급여자의 불법성은 미약한 경우에도 급여자의 반환청구가 허용되지 않는다면 공평에 반하고 신의성실의 원칙에도 어긋나므로, 이러한 경우에는 민법 제746조 본문의 적용이 배제되어 급여자의 반환청구는 허용된다.
> [2] 포주가 윤락녀와 사이에 윤락녀가 받은 화대를 포주가 보관하였다가 절반씩 분배하기로 약정하고도 보관중인 화대를 임의로 소비한 경우, 포주와 윤락녀의 사회적 지위, 약정에 이르게 된 경위와 약정의 구체적 내용, 급여의 성격 등을 종합해 볼 때 포주의 불법성이 윤락녀의 불법성보다 현저히 크므로 화대의 소유권이 여전히 윤락녀에게 속한다는 이유로 횡령죄를 구성한다』(대판 1999.9.17. 98도2036)★.

> ✔ **횡령죄가 성립하는 경우 : 약국장 기부금 횡령 사건** 『병원에서 의약품 선정·구매 업무를 담당하는 약국장이 병원을 대신하여 제약회사로부터 의약품 제공의 대가로 기부금 명목의 돈을 받아 보관중 임의소비한 사안에서, 위 돈은 병원이 약국장에게 불법원인급여를 한 것에 해당하지 않아 여전히 반환청구권을 가지므로, 업무상 횡령죄가 성립한다』(대판 2008.10.9. 2007도2511)☆.

2. 객 체

본죄의 객체는 자기가 점유하는 「타인의 재물」이다.

가. 타인의 재물

(1) 타인성

타인의 재물이란 재물의 소유권이 자기 이외의 타인에게 속하는 경우를 말한다. 여기서 타인이란 행위자 이외의 자연인·법인·법인격 없는 단체 또는 조합을 포함한다. 앞서 전술한 바와 같이 공유·합유·총유관계에 있는 공동소유물도 타인의 재물에 해당한다.

> ✔ **타인 소유 재물 : 자회사 명의 납품대금 사건** 『횡령죄는 타인의 재물에 대한 재산범죄로서 재물의 소유권 등 본권을 보호법익으로 하는 범죄이다. 따라서 횡령죄의 객체가 타인의 재물에 속하는 이상 구체적으로 누구의 소유인지는 횡령죄의 성립 여부에 영향이 없다.
> 주식회사는 주주와 독립된 별개의 권리주체로서 그 이해가 반드시 일치하는 것은 아니므로, 주주나 대표이사 또는 그에 준하여 회사 자금의 보관이나 운용에 관한 사실상의 사무를 처리하는 자가 회사 소유의 재산을 사적인 용도로 함부로 처분하였다면 횡령죄가 성립한다』(대판 2019.12.24. 2019도9773)☆.

> ✔ **공동소유물의 소유관계 : 조계종 횡령 사건** 『공유물의 매각대금도 정산하기까지는 각 공유자의 공유에 귀속한다고 할 것이므로 공유자 1인이 그 매각대금을 임의로 소비하였다면 횡령죄가 성립된다』(대판 1983.8.23. 80도1161)☆.

> ✔ **동업재산의 소유관계 : 공사대금 횡령 사건** 『동업자 사이에 손익분배의 정산이 되지 아니하였다면 동업자의 한 사람이 임의로 동업자들의 합유에 속하는 동업재산을 처분할 권한이 없는 것이므로, 동업자의 한 사람이 동업재산을 보관 중 임의로 횡령하였다면 지분비율에 관계없이 임의로 횡령한 금액 전부에 대하여 횡령죄의 죄책을 부담하는 것이다』(대판 2000.11.10. 2000도3013)★.[96]

> ✔ **동업재산의 소유관계 : 교회 매각대금 횡령 사건** 『동업관계에 있는 피고인과 피해자 사이에 손익분배의 정산이 되지 아니하였다면 동업자의 한 사람인 피고인은 피고인과 피해자의 합유에 속하는 동업재산이나 동업재산의 매각대금에 대한 지분을 처분할 권한이 없는 것이므로, 피고인이 동업재산인 교회건물의 매각대금을 매수인으로부터 받아 보관 중 임의로 소비하였다면 지분 비율에 관계없이 임의로 소비한 금액 전부에 대해 횡령죄의 죄책을 부담한다』(대판 1996.3.22. 95도2824)★.

> ✔ **조합재산의 소유관계 : 5천만원 부동산 투자 일임 사건** 『[1] 조합재산은 조합원의 합유에 속하므로 조합원 중 한 사람이 조합재산 처분으로 얻은 대금을 임의로 소비하였다면 횡령죄의 죄책을 면할 수 없고, 이러한 법리는 내부적으로는 조합관계에 있지만 대외적으로는 조합관계가 드러나지 않는 이른바 내적 조합의 경우에도 마찬가지이다.
> [2] 조합 또는 내적 조합과 달리 익명조합의 경우에는 익명조합원이 영업을 위하여 출자한 금전 기타의 재산은 상대편인 영업자의 재산이 되므로 영업자는 타인의 재물을 보관하는 자의 지위에 있지 않고, 따라서 영업자가 영업이익금 등을 임의로 소비하였더라도 횡령죄가 성립할 수는 없다』(대판 2011.11.24. 2010도5014)★.

---

96) [비교판례] 『2인의 조합관계에 있어서 1인의 조합원이 탈퇴의 의사를 표시하였을 경우 조합관계는 그 성질상 종료되나 특별한 사정이 없는 한 조합은 해산되지 아니하며 따라서 청산도 개시되지 아니하고 조합원의 합유에 속하였던 조합재산은 탈퇴하지 않은 남은 조합원의 단독소유에 속하게 되어 탈퇴한 사람과 남은 사람사이에는 탈퇴에 따른 투자금의 환급등 계산만이 남는다고 할 것이므로, (갑)과 (을)이 당구장을 동업하기로 약정하였다가 공동으로 운영하지도 못한채 (갑)이 동업조건에 불만을 갖고 약정투자금의 일부만을 지급한 후 동업계약을 해지하고 탈퇴해버린 경우에 (을)이 동 당구장을 단독처분하였다 해도 횡령죄를 구성하지 아니한다』(대판 1983.2.22. 82도3236).

✔ **프랜차이즈 계약상 소유관계 : 미니스톱 사건** 『가맹점주인 피고인이 판매하여 보관 중인 물품판매 대금은 피고인의 소유라 할 것이어서 피고인이 이를 임의 소비한 행위는 프랜차이즈 계약상의 채무불이행에 지나지 아니하므로, 결국 횡령죄는 성립하지 아니한다』(대판 1998.4.14. 98도292)☆.

✔ **입찰 부동산의 소유관계 : 3인 공동출자 낙찰 사건** 『부동산 입찰절차에서 수인이 대금을 분담하되 그 중 1인 명의로 낙찰받기로 약정하여 그에 따라 낙찰이 이루어진 경우, 그 입찰절차에서 낙찰인의 지위에 서게 되는 사람은 어디까지나 그 명의인이므로 입찰목적부동산의 소유권은 경락대금을 실질적으로 부담한 자가 누구인가와 상관없이 그 명의인이 취득한다 할 것이므로 그 부동산은 횡령죄의 객체인 타인의 재물이라고 볼 수 없어 명의인이 이를 임의로 처분하더라도 횡령죄를 구성하지 않는다』(대판 2000.9.8. 2000도258)☆.

✔ **수표의 소유관계 : 가계수표 담보 사건** 『채권자가 그 채권의 지급을 담보하기 위하여 채무자로부터 수표를 발행·교부받아 이를 소지한 경우에는, 단순히 보관의 위탁관계에 따라 수표를 소지하고 있는 경우와는 달리 그 수표상의 권리가 채권자에게 유효하게 귀속되고, 채권자와 채무자 사이의 수표 반환에 관한 약정은 원인관계상의 인적 항변사유에 불과하므로, 채권자는 횡령죄의 주체인 타인의 재물을 보관하는 자의 지위에 있다고 볼 수 없다』(대판 2000.2.11. 99도4979)★.

✔ **회사재산의 소유관계 : 상무대이전공사 사건** 『주식회사의 주식이 사실상 1인의 주주에 귀속하는 1인 회사에 있어서도 회사와 주주는 분명히 별개의 인격이어서 1인 회사의 재산이 곧바로 그 1인 주주의 소유라고 볼 수 없으므로, 회사의 사실상 1인 주주라고 하더라도 회사의 금원을 업무상 보관중 이를 임의로 처분한 소위는 업무상횡령죄를 구성한다』(대판 1995.3.14. 95도59)☆.

✔ **계약상의 소유관계 : 택시기사 운송수입금 횡령 사건** 『운송회사와 소속 근로자 사이에 근로자가 운송회사로부터 일정액의 급여를 받으면서 당일 운송수입금을 전부 운송회사에 납입하되, 운송회사는 근로자가 납입한 운송수입금을 월 단위로 정산하여 그 운송수입금이 월간 운송수입금 기준액인 사납금을 초과하는 경우에는 그 초과금액에 대하여 운송회사와 근로자에게 일정 비율로 배분하여 정산하고, 사납금에 미달되는 경우에는 그 부족금액에 대하여 근로자의 급여에서 공제하여 정산하기로 하는 약정이 체결되었다면, 근로자가 사납금 초과 수입금을 개인 자신에게 직접 귀속시키는 경우와는 달리, 근로자가 애초 거둔 운송수입금 전액은 운송회사의 관리와 지배 아래 있다고 봄이 상당하므로 근로자가 운송수입금을 임의로 소비하였다면 횡령죄를 구성한다. 이는 근로자가 운송회사에 대하여 사납금을 초과하는 운송수입금의 일부를 배분받을 권리를 가지고 있다고 하더라도 다른 특별한 사정이 없는 한 다를 바 없다고 할 것이다』(대판 2014.4.30. 2013도8799)★.

✔ **징수한 금전의 소유관계 : 국민연금 기여금 횡령 사건** 『사용자는 매월 임금에서 국민연금 보험료 중 근로자가 부담할 기여금을 원천공제하여 근로자를 위하여 보관하고, 국민연금관리공단에 위 보험료를 납부하여야 할 업무상 임무를 부담하게 되며, 사용자가 이에 위배하여 근로자의 임금에서 원천공제한 기여금을 위 공단에 납부하지 아니하고, 나아가 이를 개인적 용도로 소비하였다면 업무상횡령죄의 책임을 면할 수 없다』(대판 2011.2.10. 2010도13284)☆.

(2) 재 물

재물의 개념은 앞에서 설명한 바와 같다. 동산, 부동산을 불문한다.

> ✔ **재물의 의미 : 사금채취광업권 사건** 『[1] 횡령죄에 있어서의 재물은 동산, 부동산의 유체물에 한정되지 아니하고 관리할 수 있는 동력도 재물로 간주되지만, 여기에서 말하는 관리란 물리적 또는 물질적 관리를 가리킨다고 볼 것이고, 재물과 재산상 이익을 구별하고 횡령과 배임을 별개의 죄로 규정한 현행 형법의 규정에 비추어 볼 때 사무적으로 관리가 가능한 채권이나 그 밖의 권리 등은 재물에 포함된다고 해석할 수 없다. [2] 광업권은 재물인 광물을 취득할 수 있는 권리에 불과하지 재물 그 자체는 아니므로 횡령죄의 객체가 된다고 할 수 없다』(대판 1994.3.8. 93도2272)☆.

> ✔ **도매시장 주주총회 사건** 『주권은 유가증권으로서 재물에 해당되므로 횡령죄의 객체가 될 수 있으나, 자본의 구성단위 또는 주주권을 의미하는 주식은 재물이 아니므로 횡령죄의 객체가 될 수 없다』(대판 2005.2.18. 2002도2822)☆.

> ✔ **LPK 주식 반환 거부 사건** 최신3년 『상법상 주식은 자본구성의 단위 또는 주주의 지위(주주권)를 의미하고, 주주권을 표창하는 유가증권인 주권과는 구분된다. 주권은 유가증권으로서 재물에 해당되므로 횡령죄의 객체가 될 수 있으나, 자본의 구성단위 또는 주주권을 의미하는 주식은 재물이 아니므로 횡령죄의 객체가 될 수 없다. 따라서 예탁결제원에 예탁되어 계좌 간 대체 기재의 방식에 의하여 양도되는 주권은 유가증권으로서 재물에 해당되므로 횡령죄의 객체가 될 수 있으나, 주권이 발행되지 않은 상태에서 주권불소지 제도, 일괄예탁 제도 등에 근거하여 예탁결제원에 예탁된 것으로 취급되어 계좌 간 대체 기재의 방식에 의하여 양도되는 주식은 재물이 아니므로 횡령죄의 객체가 될 수 없다』(대판 2023.6.1. 2020도2884)☆.

나. 구체적 고찰

타인의 재물인가에 대하여는 특히 다음과 같은 여섯 문제를 검토할 필요가 있다.

(1) 양도담보・매도담보

(가) 부동산의 양도담보・매도담보

1) 채무자가 담보목적물을 처분한 경우

채무자가 금전채무에 대한 담보로 부동산에 관하여 양도담보설정계약을 체결하고 이에 따라 채권자에게 소유권이전등기를 해 줄 의무가 있음에도 제3자에게 그 부동산을 처분한 경우 배임죄가 성립하지 않는다.

> ✔ **채무자의 처분 : 아파트 근저당 사건** 『채무자가 저당권설정계약에 따라 채권자에 대하여 부담하는 저당권을 설정할 의무는 계약에 따라 부담하게 된 채무자 자신의 의무이다. 채무자가 위와 같은 의무를 이행하는 것은 채무자 자신의 사무에 해당할 뿐이므로, 채무자를 채권자에 대한 관계에서 '타인의 사무를 처리하는 자'라고 할 수 없다. 따라서 채무자가 제3자에게 먼저 담보물에 관한 저당권을 설정하거나 담보물을 양도하는 등으로 담보가치를 감소 또는 상실시켜 채권자의 채권실현에 위험을 초래하더라도 배임죄가 성립한다고 할 수 없다.
> 위와 같은 법리는, 채무자가 금전채무에 대한 담보로 부동산에 관하여 양도담보설정계약을 체결하고 이에 따라 채권자에게 소유권이전등기를 해 줄 의무가 있음에도 제3자에게 그 부동산을 처분한 경우에도 적용된다』(대판[전] 2020.6.18. 2019도14340)★.

2) 채권자가 담보목적물을 처분한 경우

① 변제기일 이전에 처분한 경우

채권의 담보를 목적으로 부동산의 소유권이전등기를 경료 받은 채권자가 그 변제기일 이전에 채무자의 승낙 없이 이를 제3자에게 처분한 경우에는 배임죄가 성립한다.

> ✔ **변제기 전 채권자의 처분 : 변제 시 등기 환원 사건** 『채권의 담보를 목적으로 부동산의 소유권이전등기를 경료받은 채권자는 채무자가 변제기일까지 그 채무를 변제하면 채무자에게 그 소유 명의를 환원하여 주기 위하여 그 소유권이전등기를 이행할 의무가 있으므로 그 변제기일 이전에 그 임무에 위배하여 이를 제3자에게 처분하였다면 변제기일까지 채무자의 변제가 없었다 하더라도 배임죄는 성립된다』(대판 1992. 7. 14. 92도753)☆.

② 변제기일 이후에 처분한 경우

양도담보권자인 채권자가 변제기 경과 후에 담보권을 실행하여 그 환가대금 또는 평가액을 채권원리금과 담보권 실행비용 등의 변제에 충당하고 환가대금 또는 평가액의 나머지가 있어 이를 담보제공자에게 반환할 의무는 담보계약에 따라 부담하는 자신의 정산의무이므로 그 정산의무를 이행하지 아니한 경우 배임죄가 성립하지 않는다. 아울러 양도담보권자가 변제기 경과 후에 담보권을 실행하기 위하여 담보목적물을 처분함에 있어서 부당하게 염가로 처분한 경우에도 배임죄는 성립하지 않는다.

> ✔ **변제기 이후 채권자의 처분 : 정산반환 거부 사건** 『양도담보가 처분정산형의 경우이건 귀속정산형의 경우이건 간에 담보권자가 변제기 경과후에 담보권을 실행하여 그 환가대금 또는 평가액을 채권원리금과 담보권 실행비용 등의 변제에 충당하고 환가대금 또는 평가액의 나머지가 있어 이를 담보제공자에게 반환할 의무는 담보계약에 따라 부담하는 자신의 정산의무이므로 그 의무를 이행하는 사무는 곧 자기의 사무처리에 속하는 것이라 할 것이고 이를 부동산매매에 있어서의 매도인의 등기의무와 같이 타인인 채무자의 사무처리에 속하는 것이라고 볼 수는 없어 그 정산의무를 이행하지 아니한 소위는 배임죄를 구성하지 않는다』 (대판[전] 1985. 11. 26. 85도1493)☆.

다만 변제기 이후 채권변제와는 아무런 관련없이 다른 목적을 위해 처분행위를 하는 경우에는 배임죄가 성립한다.

> ✔ **변제기 이후 다른 목적으로 처분 : 동생 위해 처분 사건** 『부동산양도담보권자는 채권회수를 위하여 그 담보부동산을 환가처분할 권리를 가지지만 그 처분은 채권의 변제충당을 위한 환가방법으로서 적절한 처분을 하여야 할 의무가 있다 할 것이므로 채권변제와는 아무런 관계도 없이 제3자의 채무를 위하여 근저당권을 설정해 준 소위는 채무자에 대한 배임행위가 된다』(대판 1977. 5. 24. 76도4180)☆.

(나) 동산의 양도담보·매도담보

1) 양도담보

① 채무자가 담보목적물을 처분한 경우

이익대립관계에 있는 통상의 계약관계에서 채무자의 성실한 급부이행에 의해 상대방이 계약상 권리의 만족 내지 채권의 실현이라는 이익을 얻게 되는 관계에 있다거나, 계약을 이행함에 있어 상대방을 보호하거나 배려할 부수적인 의무가 있다는 것만으로는 채무자를 타인의 사무를 처리하는 자라고 할 수 없다.

따라서 금전채무를 담보하기 위하여 그 소유의 동산을 채권자에게 양도담보로 제공한 채무자는 배임죄의 주체인 '타인의 사무를 처리하는 자'에 해당한다고 할 수 없으므로 채무자가 담보목적물을 처분한 경우에도 배임죄가 성립하지 않는다.

> ✔ **채무자의 처분 : 골재생산기기 크러셔 사건** 『[다수의견] '타인의 사무를 처리하는 자'라고 하려면, 타인의 재산관리에 관한 사무의 전부 또는 일부를 타인을 위하여 대행하는 경우와 같이 당사자 관계의 전형적·본질적 내용이 통상의 계약에서의 이익대립관계를 넘어서 그들 사이의 신임관계에 기초하여 타인의 재산을 보호 또는 관리하는 데에 있어야 한다. 이익대립관계에 있는 통상의 계약관계에서 채무자의 성실한 급부이행에 의해 상대방이 계약상 권리의 만족 내지 채권의 실현이라는 이익을 얻게 되는 관계에 있다거나, 계약을 이행함에 있어 상대방을 보호하거나 배려할 부수적인 의무가 있다는 것만으로는 채무자를 타인의 사무를 처리하는 자라고 할 수 없고, 위임 등과 같이 계약의 전형적·본질적인 급부의 내용이 상대방의 재산상 사무를 일정한 권한을 가지고 맡아 처리하는 경우에 해당하여야 한다.
> 채무자가 금전채무를 담보하기 위하여 그 소유의 동산을 채권자에게 양도담보로 제공함으로써 채권자인 양도담보권자에 대하여 담보물의 담보가치를 유지·보전할 의무 내지 담보물을 타에 처분하거나 멸실, 훼손하는 등으로 담보권 실행에 지장을 초래하는 행위를 하지 않을 의무를 부담하게 되었더라도, 이를 들어 채무자가 통상의 계약에서의 이익대립관계를 넘어서 채권자와의 신임관계에 기초하여 채권자의 사무를 맡아 처리하는 것으로 볼 수 없다. 따라서 채무자를 배임죄의 주체인 '타인의 사무를 처리하는 자'에 해당한다고 할 수 없고, 그가 담보물을 제3자에게 처분하는 등으로 담보가치를 감소 또는 상실시켜 채권자의 담보권 실행이나 이를 통한 채권실현에 위험을 초래하더라도 배임죄가 성립한다고 할 수 없다. 위와 같은 법리는, 채무자가 동산에 관하여 양도담보설정계약을 체결하여 이를 채권자에게 양도할 의무가 있음에도 제3자에게 처분한 경우에도 적용되고, 주식에 관하여 양도담보설정계약을 체결한 채무자가 제3자에게 해당 주식을 처분한 사안에도 마찬가지로 적용된다』(대판[전] 2020. 2. 20. 2019도9756) ★

> ✔ **채무자의 처분 : 자동차 양도담보 사건** 최신3년 『채무자가 양도담보설정계약에 따라 부담하는 의무, 즉 동산을 담보로 제공할 의무, 담보물의 담보가치를 유지·보전하거나 담보물을 손상, 감소 또는 멸실시키지 않을 소극적 의무, 담보권 실행 시 채권자나 그가 지정하는 자에게 담보물을 현실로 인도할 의무와 같이 채권자의 담보권 실행에 협조할 의무 등은 모두 양도담보설정계약에 따라 부담하게 된 채무자 자신의 급부의무이다. 또한 양도담보설정계약은 피담보채권의 발생을 위한 계약에 종된 계약으로, 피담보채무가 소멸하면 양도담보설정계약상의 권리의무도 소멸하게 된다. 양도담보설정계약에 따라 채무자가 부담하는 의무는 담보목적의 달성, 즉 채무불이행 시 담보권 실행을 통한 채권의 실현을 위한 것이므로 담보설정계약의 체결이나 담보권설정 전후를 불문하고 당사자 관계의 전형적·본질적 내용은 여전히 금전채권의 실현 내지 피담보채무를 변제하는 것이다. 따라서 채무자가 위와 같은 급부의무를 이행하는 것은 채무자 자신의 사무에 해당할 뿐이고, 채무자가 통상의 계약에서 이익대립관계를 넘어서 채권자와 신임관계에 기초하여 채권자의 사무를 맡아 처리한다고 볼 수 없으므로 채무자를 채권자에 대한 관계에서 '타인의 사무를 처리하는 자'라고 할 수 없다. 위와 같은 법리는, 권리이전에 등기·등록을 요하는 동산에 관한 양도담보설정계약에도 마찬가지로 적용된다. 따라서 자동차 등에 관하여 양도담보설정계약을 체결한 채무자는 채권자에 대하여 그의 사무를 처리하는 지위에 있지 아니하므로, 채무자가 채권자에게 양도담보설정계약에 따른 의무를 다하지 아니하고 이를 타에 처분하였다고 하더라도 배임죄가 성립하지 아니한다』(대판[전] 2022. 12. 22. 2020도8682) ☆

양도담보로 제공된 동산은 채무자와 채권자 사이에서는 채무자에게 소유권이 유보되어 있는 것이어서 타인소유가 부정되어 횡령죄가 성립하지 않는다.

✓ **채무자의 처분 : 양도담보 쇼트기 처분 사건** 『채무자가 채권자에게 동산을 양도담보로 제공하고 점유개정의 방법으로 점유하고 있는 경우에는 그 동산의 소유권은 여전히 채무자에게 유보되어 있는 것이어서 채무자는 자기의 물건을 보관하고 있는 셈이 되므로, 양도담보의 목적물을 제3자에게 처분하거나 담보로 제공하였다 하더라도 횡령죄를 구성하지 아니한다』(대판 2009. 2. 12. 2008도10971)☆.

② 채권자가 담보목적물을 처분한 경우

채무자가 채무이행의 담보를 위하여 동산에 관한 양도담보계약을 체결하고 점유개정의 방법으로 여전히 그 동산을 점유하는 경우 그 동산을 다른 사유에 의하여 보관하게 된 채권자는 타인 소유의 물건을 보관하는 자로서 횡령죄의 주체가 될 수 있다.

✓ **채권자의 처분 : 상회 포목 사건** 『채무자가 채무이행의 담보를 위하여 동산에 관한 양도담보계약을 체결하고 점유개정의 방법으로 여전히 그 동산을 점유하는 경우 그 계약이 채무의 담보를 위하여 양도의 형식을 취하였을 뿐이고 실질은 채무의 담보와 담보권실행의 청산절차를 주된 내용으로 하는 것이라면 별단의 사정이 없는 한 그 동산의 소유권은 여전히 채무자에게 남아 있고, 채권자는 단지 양도담보물권을 취득하는 데 지나지 않으므로 그 동산을 다른 사유에 의하여 보관하게 된 채권자는 타인 소유의 물건을 보관하는 자로서 횡령죄의 주체가 될 수 있다』(대판 1989. 4. 11. 88도906)☆.

2) 매도담보

매도담보로 제공한 동산은 채권자에게 소유권이 인정되므로, 채무자가 타인에게 매도담보로 제공한 동산을 그대로 계속하여 점유하고 있다가 임의로 처분한 경우 횡령죄가 성립된다.

✓ **매도담보로 제공한 경우의 소유관계** 『타인에게 매도담보로 제공한 동산을 그대로 계속하여 점유하고 있는 경우에 그 동산을 임의로 처분하였다면 횡령죄가 되는 것이고 권리행사방해죄는 성립하지 않는다』(대판 1962. 2. 8. 4294형상470)☆. [97]

(2) 할부매매

할부판매의 경우에는 비록 목적물의 인도를 받았다 할지라도 그 대금을 완납시까지는 소유권이 매도인에게 유보되어 있으므로 매수인이 대금완납 전에 이를 처분하면 횡령죄가 성립한다.

(3) 위탁매매

위탁매매에 있어서 위탁품의 소유권은 위임자에게 있고 그 판매대금은 이를 수령함과 동시에 위탁자에게 귀속한다 할 것이므로, 특별한 사정이 없는 한 위탁매매인이 위탁품이나 그 판매대금을 임의로 사용·소비한 때에는 횡령죄가 성립한다.

✓ **위탁판매대금을 소비한 경우 : 금 매매 위탁 사건** 표도 『금은방을 운영하는 피고인이, 갑이 맡긴 금을 시세에 따라 사고파는 방법으로 운용하여 매달 일정한 이익금을 지급하는 한편 갑의 요청이 있으면 언제든지 보관 중인 금과 현금을 반환하기로 갑과 약정하였는데, 그 후 경제사정이 악화되자 이를 자신의 개인채

---

97) **비교판례** 『채무의 담보로 하기 위하여 매매의 형식을 취하여 동산을 담보로 제공하고 이를 계속 사용하고 있다가 채권자의 승락을 받고 이를 매각하였다면 그 매각대금은 채무자의 소유이므로 이를 채무자가 소비하였다 하더라도 횡령죄가 성립하지 아니한다』(대판 1977. 11. 8. 77도1715).

무 변제 등에 사용한 사안에서, 갑이 매매를 위탁하거나 피고인이 그 결과로 취득한 금이나 현금은 모두 갑의 소유라는 이유로 횡령죄를 인정한 사례이다』(대판 2013.3.28. 2012도16191)☆.

✔ **위탁판매대금을 소비한 경우 : 토지매매거래 포괄적 위임 사건** 『통상 위탁판매의 경우에 위탁판매인이 위탁물을 매매하고 수령한 금원은 위탁자의 소유에 속하여 위탁판매인이 함부로 이를 소비하거나 인도를 거부하는 때에는 횡령죄가 성립한다고 할 것이나, 위탁판매인과 위탁자간에 판매대금에서 각종 비용이나 수수료 등을 공제한 이익을 분배하기로 하는 등 그 대금처분에 관하여 특별한 약정이 있는 경우에는 이에 관한 정산관계가 밝혀지지 않는 한 위탁물을 판매하여 이를 소비하거나 인도를 거부 하였다 하여 곧바로 횡령죄가 성립한다고는 할 수 없다』(대판 1990.3.27. 89도813)☆.

(4) 용도가 특정된 금전

목적, 용도를 정하여 위탁한 금전은 정해진 목적, 용도에 사용할 때까지는 이에 대한 소유권이 위탁자에게 유보되어 있는 것이므로 수탁자가 그 위탁의 취지에 반하여 다른 용도에 소비한 경우 횡령죄가 성립한다.

✔ **용도가 특정되어 있는 금전 : 자동차 매매센터 건축비용 사건** 『목적, 용도를 정하여 위탁한 금전은 정해진 목적, 용도에 사용할 때까지는 이에 대한 소유권이 위탁자에게 유보되어 있는 것으로서, 특히 그 금전의 특정성이 요구되지 않는 경우 수탁자가 위탁의 취지에 반하지 않고 필요한 시기에 다른 금전으로 대체시킬 수 있는 상태에 있는 한 이를 일시 사용하더라도 횡령죄를 구성한다고 할 수 없고, 수탁자가 그 위탁의 취지에 반하여 다른 용도에 소비할 때 비로소 횡령죄를 구성한다』(대판 2002.10.11. 2002도2939)★.

✔ **용도나 목적이 소멸된 경우의 소유관계** 『타인으로부터 용도가 엄격히 제한된 자금을 위탁받아 보관하는 자가 그 자금을 제한된 용도 이외의 목적으로 사용하는 것은 횡령죄가 되는 것이고, 이와 같이 용도나 목적이 특정되어 보관된 금전은 그 보관 도중에 특정의 용도나 목적이 소멸되었다고 하더라도 위탁자가 이를 반환받거나 그 임의소비를 승낙하기까지는 횡령죄의 적용에 있어서는 여전히 위탁자의 소유물이라고 할 것이다』(대판 2002.11.22. 2002도4291)☆.

횡령죄가 성립하는 기출판례 정리

① ✔ **부동산 매각대금 횡령 사건** 『[1] 금전의 수수를 수반하는 사무처리를 위임받은 자가 그 행위에 기하여 위임자를 위하여 제3자로부터 수령한 금전은, 목적이나 용도를 한정하여 위탁된 금전과 마찬가지로, 달리 특별한 사정이 없는 한 그 수령과 동시에 위임자의 소유에 속하고, 위임을 받은 자는 이를 위임자를 위하여 보관하는 관계에 있다고 보아야 한다.
[2] 매도인은 피해자로부터 이 사건 대지를 타에 매각하여 달라는 요청을 받고 이에 따라 이 사건 대지를 매각, 그 대금을 수령하였다는 것이므로, 피해자가 매도인에게 이 사건 대지의 매각을 요청하고 이에 따라 매도인이 매각한 것을 가지고 피해자와 매도인이 그들 사이에 맺어진 당초의 매매계약을 합의해제하기로 한 것이라고 볼 수 있다는 등의 특별한 사정이 없는 한, 비록 피해자가 이 사건 대지의 매각을 의뢰한 상대방이 바로 이 사건 대지의 소유자로서 피해자에게 이를 매도하였던 자였다고 하더라도, 그 매각대금은 피해자의 소유에 속하며, 매도인은 이를 그를 위하여 보관하는 관계에 있다고 볼 것이어서, 매도인이 그 매각대금을 임의로 소비하였다면 횡령죄가 성립한다』(대판 1995.11.24. 95도1923)☆.

②	✔ **상가 위탁계약(특별수선충당금) 사건** 『금전의 수수를 수반하는 사무처리를 위임받은 사람이 그 행위에 기하여 위임자를 위하여 제3자로부터 수령한 금전은, 목적이나 용도를 한정하여 위탁된 금전과 마찬가지로, 달리 특별한 사정이 없는 한 그 수령과 동시에 위임자의 소유에 속하고, 위임을 받은 사람은 이를 위임자를 위하여 보관하는 관계에 있다고 보아야 한다. 따라서 위임을 받은 사람이 위 금전을 그 위임의 취지대로 사용하지 아니하고 마음대로 자신의 위임자에 대한 채권에 상계충당하는 것은 상계정산하기로 하였다는 특별한 약정이 없는 한 당초 위임한 취지에 반하므로 횡령죄를 구성한다』(대판 2017.11.29. 2015도18253)☆.
③	✔ **환전 상계충당 사건** 『환전하여 달라는 부탁과 함께 교부받은 돈을 그 목적과 용도에 사용하지 않고 마음대로 피고인의 위탁자에 대한 채권에 상계충당함은, 상계정산하기로 하였다는 특별한 약정이 없는 한, 당초 위탁한 취지에 반하는 것으로서 횡령죄를 구성한다』(대판 1997.9.26. 97도1520)☆.

횡령죄가 성립하지 않는 기출판례 정리

①	✔ **구조진단 견적비, 변호사 선임료 사건** 『갑 아파트의 입주자대표회의 회장인 피고인이, 일반 관리비와 별도로 입주자대표회의 명의 계좌에 적립·관리되는 특별수선충당금을 아파트 구조진단 견적비 및 시공사인 을 주식회사에 대한 손해배상청구소송의 변호사 선임료로 사용함으로써 아파트 관리규약에 의하여 정하여진 용도 외에 사용하였다고 하여 업무상횡령으로 기소된 사안에서, 특별수선충당금은 갑 아파트의 주요시설 교체 및 보수를 위하여 별도로 적립한 자금으로 원칙적으로 그 범위 내에서 사용하도록 용도가 제한된 자금이나, 당시에는 특별수선충당금의 용도 외 사용이 관리규약에 의해서만 제한되고 있었던 점, 피고인이 구분소유자들 또는 입주민들로부터 포괄적인 동의를 얻어 특별수선충당금을 위탁의 취지에 부합하는 용도에 사용한 것으로 볼 여지가 있는 점 등 제반 사정을 종합하면, 피고인이 특별수선충당금을 위와 같이 지출한 것이 위탁의 취지에 반하여 자기 또는 제3자의 이익을 위하여 자기의 소유인 것처럼 처분하였다고 단정하기 어려우므로, 피고인의 불법영득의사를 인정한 원심판결에 업무상횡령죄의 불법영득의사에 관한 법리오해의 잘못이 있다고 한 사례』(대판 2017.2.15. 2013도14777)☆.
②	✔ **골프회원권 매입대금 사건** 『골프회원권 매매중개업체를 운영하는 자가 매수의뢰와 함께 입금받아 보관하던 금원을 일시적으로 다른 회원의 매입대금 등으로 임의로 소비한 경우, 위 매입대금은 그 목적과 용도를 정하여 위탁된 금전으로서 골프회원권 매입시까지 그 소유권이 위탁자에게 유보되어 있으나 다른 회사자금과 함께 보관된 이상 그 특정성을 인정하기 어렵고, 피고인의 불법영득의사를 추단할 수 없으므로 횡령죄를 구성하지 아니한다』(대판 2008.3.14. 2007도7568)☆.
③	✔ **시책비 임의 소비 사건** 『피고인들이 보험을 유치하면서 보험회사로부터 지급받은 시책비 중 일부를 개인적인 용도로 사용한 행위가 횡령죄를 구성하지 않는다』(대판 2006.3.9. 2003도6733)☆.

(5) 채권양도

판례는 채권양도인이 채무자에게 채권양도 통지를 하는 등으로 채권양도의 대항요건을 갖추어 주지 않은 채 채무자로부터 채권을 추심하여 금전을 수령한 경우, 특별한 사정이 없는 한 금전의 소유권은 채권양수인이 아니라 채권양도인에게 귀속하고, 채권양도인이 위와 같이 양도한 채권을 추심하여 수령한 금전에 관하여 채권양수인을 위해 보관하는 자의 지위에 있다고 볼 수 없으므로 채권양도인이 금전을 임의로 처분하더라도 횡령죄는 성립하지 않는다는 입장이다.

✔ **채권 양도계약에서의 채무자의 지위 : 임대차보증금 양도 사건** 최신3년 『채권양도인이 채무자에게 채권양도 통지를 하는 등으로 채권양도의 대항요건을 갖추어 주지 않은 채 채무자로부터 채권을 추심하여 금전을 수령한 경우, 특별한 사정이 없는 한 금전의 소유권은 채권양수인이 아니라 채권양도인에게 귀속하고 채권양도인이 채권양수인을 위하여 양도 채권의 보전에 관한 사무를 처리하는 신임관계가 존재한다고 볼 수 없다. 따라서 채권양도인이 위와 같이 양도한 채권을 추심하여 수령한 금전에 관하여 채권양수인을 위해 보관하는 자의 지위에 있다고 볼 수 없으므로, 채권양도인이 위 금전을 임의로 처분하더라도 횡령죄는 성립하지 않는다.

채권양도에 의하여 양도된 채권이 동일성을 잃지 않고 채권양도인으로부터 채권양수인에게 이전되더라도, 채권양도인이 양도한 채권을 추심하여 금전을 수령한 경우 금전의 소유권 귀속은 채권의 이전과는 별개의 문제이다. 채권 자체와 채권의 목적물인 금전은 엄연히 구별되므로, 채권양도에 따라 채권이 이전되었다는 사정만으로 채권의 목적물인 금전의 소유권까지 당연히 채권양수인에게 귀속한다고 볼 수 없다』(대판[전] 2022. 6. 23. 2017도3829)★.

✔ **채권 양도담보계약에서의 채무자의 지위 : 22억 채권 양도 사건** 『채무자가 기존 금전채무를 담보하기 위하여 다른 금전채권을 채권자에게 양도하는 경우, 채무자가 채권자에 대하여 부담하는 '담보 목적 채권의 담보가치를 유지·보전할 의무'는 채권 양도담보계약에 따라 부담하게 된 채무의 한 내용에 불과하다. 또한 통상의 채권양도계약은 그 자체가 채권자 지위의 이전을 내용으로 하는 주된 계약이고, 그 당사자 사이의 본질적 관계는 양수인이 채권자 지위를 온전히 확보하여 채무자로부터 유효하게 채권의 변제를 받는 것이다. 그런데 채권 양도담보계약은 피담보채권의 발생을 위한 계약(예컨대 금전소비대차계약 등)의 종된 계약으로, 채권 양도담보계약에 따라 채무자가 부담하는 위와 같은 의무는 담보 목적을 달성하기 위한 것에 불과하고, 그 당사자 사이의 본질적이고 주된 관계는 피담보채권의 실현이다. 이처럼 채권 양도담보계약의 목적이나 본질적 내용을 통상의 채권양도계약과 같이 볼 수는 없다.

따라서 채무자가 채권 양도담보계약에 따라 담보 목적 채권의 담보가치를 유지·보전할 의무는 계약에 따른 자신의 채무에 불과하고, 채권자와 채무자 사이에 채무자가 채권자를 위하여 담보가치의 유지·보전사무를 처리함으로써 채무자의 사무처리를 통해 채권자가 담보 목적을 달성한다는 신임관계가 존재한다고 볼 수 없다. 그러므로 채무자가 제3채무자에게 채권양도 통지를 하지 않은 채 자신이 사용할 의도로 제3채무자로부터 변제를 받아 변제금을 수령한 경우, 이는 단순한 민사상 채무불이행에 해당할 뿐, 채무자가 채권자와의 위탁신임관계에 의하여 채권자를 위해 위 변제금을 보관하는 지위에 있다고 볼 수 없고, 채무자가 이를 임의로 소비하더라도 횡령죄는 성립하지 않는다』(대판 2021. 2. 25. 2020도12927)★.

(6) 부동산 명의신탁

명의신탁이란 대내적 관계에서는 신탁자가 소유권을 가지면서 등기부상의 소유명의는 수탁자 명의로 등재하는 것을 말한다. 즉 대내적으로는 신탁자의 소유에 속하지만 대외적으로는 수탁자에게 소유권이 이전된다. 앞서 설명한 바와 같이 횡령죄에서 보관이란 위탁관계에 의하여 재물을 점유하는 것을 뜻하므로 횡령죄가 성립하기 위하여는 재물의 보관자와 재물의 소유자(또는 기타의 본권자) 사이에 법률상 또는 사실상의 위탁관계가 존재하여야 한다. 횡령죄의 본질이 신임관계에 기초하여 위탁된 타인의 물건을 위법하게 영득하는 데 있음에 비추어 볼 때 위탁관계는 횡령죄로 보호할 만한 가치 있는 신임에 의한 것으로 한정함이 타당하다.

부동산 실권리자명의 등기에 관한 법률(이하 '부실법')에 따라 종중부동산이나 부부간의 경우 등을 제외하고는 명의신탁약정에 따른 물권변동의 효력은 무효가 된다. 따라서 신탁자와 수탁자 사이에서는 법률상 보호할 만한 위탁관계가 존재한다고 볼 수 없으므로 횡령죄의 성립이 부정된다. 명의신탁은 다음의 세 가지 유형으로 나눌 수 있다.

㈎ 2자간 명의신탁

부동산의 소유자가 수탁자와 명의신탁약정을 맺고 그 등기명의를 수탁자 앞으로 이전하는 명의신탁을 말한다.

✔ **2자간 명의신탁 : 명의신탁 된 아파트 임의처분 사건** 『[1] 형법 제355조 제1항이 정한 횡령죄에서 보관이란 위탁관계에 의하여 재물을 점유하는 것을 뜻하므로 횡령죄가 성립하기 위하여는 재물의 보관자와 재물의 소유자(또는 기타의 본권자) 사이에 법률상 또는 사실상의 위탁관계가 존재하여야 한다. 이러한 위탁관계는 사용대차·임대차·위임 등의 계약에 의하여서뿐만 아니라 사무관리·관습·조리·신의칙 등에 의해서도 성립될 수 있으나, 횡령죄의 본질이 신임관계에 기초하여 위탁된 타인의 물건을 위법하게 영득하는데 있음에 비추어 볼 때 위탁관계는 횡령죄로 보호할 만한 가치 있는 신임에 의한 것으로 한정함이 타당하다. 위탁관계가 있는지 여부는 재물의 보관자와 소유자 사이의 관계, 재물을 보관하게 된 경위 등에 비추어 볼 때 보관자에게 재물의 보관 상태를 그대로 유지하여야 할 의무를 부과하여 그 보관 상태를 형사법적으로 보호할 필요가 있는지 등을 고려하여 규범적으로 판단하여야 한다.
[2] 부동산실명법에 의하면, 누구든지 부동산에 관한 물권을 명의신탁약정에 따라 명의수탁자의 명의로 등기하여서는 아니 되고(제3조 제1항), 명의신탁약정과 그에 따른 등기로 이루어진 부동산에 관한 물권변동은 무효가 되며(제4조 제1항, 제2항 본문), 명의신탁약정에 따른 명의수탁자 명의의 등기를 금지하도록 규정한 부동산실명법 제3조 제1항을 위반한 경우 명의신탁자와 명의수탁자 쌍방은 형사처벌된다(제7조).
이러한 부동산실명법의 명의신탁관계에 대한 규율 내용 및 태도 등에 비추어 보면, 부동산실명법을 위반하여 명의신탁자가 그 소유인 부동산의 등기명의를 명의수탁자에게 이전하는 이른바 양자간 명의신탁의 경우, 계약인 명의신탁약정과 그에 부수한 위임약정, 명의신탁약정을 전제로 한 명의신탁 부동산 및 그 처분대금 반환약정은 모두 무효이다.
나아가 명의신탁자와 명의수탁자 사이에 무효인 명의신탁약정 등에 기초하여 존재한다고 주장될 수 있는 사실상의 위탁관계라는 것은 부동산실명법에 반하여 범죄를 구성하는 불법적인 관계에 지나지 아니할 뿐 이를 형법상 보호할 만한 가치 있는 신임에 의한 것이라고 할 수 없다.
명의수탁자가 명의신탁자에 대하여 소유권이전등기말소의무를 부담하게 되나, 위 소유권이전등기는 처음부터 원인무효여서 명의수탁자는 명의신탁자가 소유권에 기한 방해배제청구로 말소를 구하는 것에 대하여 상대방으로서 응할 처지에 있음에 불과하다. 명의수탁자가 제3자와 한 처분행위가 부동산실명법 제4조 제3항에 따라 유효하게 될 가능성이 있다고 하더라도 이는 거래 상대방인 제3자를 보호하기 위하여 명의신탁약정의 무효에 대한 예외를 설정한 취지일 뿐 명의신탁자와 명의수탁자 사이에 위 처분행위를 유효하게 만드는 어떠한 위탁관계가 존재함을 전제한 것이라고는 볼 수 없다. 따라서 말소등기의무의 존재나 명의수탁자에 의한 유효한 처분가능성을 들어 명의수탁자가 명의신탁자에 대한 관계에서 '타인의 재물을 보관하는 자'의 지위에 있다고 볼 수도 없다.
그러므로 부동산실명법을 위반한 양자간 명의신탁의 경우 명의수탁자가 신탁받은 부동산을 임의로 처분하여도 명의신탁자에 대한 관계에서 횡령죄가 성립하지 아니한다.
이러한 법리는 부동산 명의신탁이 부동산실명법 시행 전에 이루어졌고 같은 법이 정한 유예기간 이내에 실명등기를 하지 아니함으로써 그 명의신탁약정 및 이에 따라 행하여진 등기에 의한 물권변동이 무효로 된 후에 처분행위가 이루어진 경우에도 마찬가지로 적용된다』(대판[전] 2021. 2. 18. 2016도18761)★.

✔ **상호명의신탁 관계 : 남양주시 구분소유적 공유 사건** 『구분소유적 공유관계에서 각 공유자 상호 간에는 각자의 특정 구분부분을 자유롭게 처분함에 서로 동의하고 있다고 볼 수 있으므로, 공유자 각자는 자신의 특정 구분부분을 단독으로 처분하고 이에 해당하는 공유지분등기를 자유로이 이전할 수 있는데, 이는 공유지분등기가 내부적으로 공유자 각자의 특정 구분부분을 표상하기 때문이다. 그러나 구분소유하고 있는 특정 구분부분별로 독립한 필지로 분할되는 경우에는 특별한 사정이 없는 한 각자의 특정 구분부분에 해당하는 필지가 아닌 나머지 각 필지에 전사된 공유자 명의의 공유지분등기는 더 이상 당해 공유자의 특정 구

분부분에 해당하는 필지를 표상하는 등기라고 볼 수 없고, 각 공유자 상호 간에 상호명의신탁관계만이 존속하므로, 각 공유자는 나머지 각 필지 위에 전사된 자신 명의의 공유지분에 관하여 다른 공유자에 대한 관계에서 그 공유지분을 보관하는 자의 지위에 있다』(대판 2014.12.24. 2011도11084)☆.

(나) 3자간 명의신탁(중간생략형 명의신탁)

신탁자가 수탁자와 명의신탁약정을 맺고 신탁자가 매매계약의 당사자가 되어 매도인과 매매계약을 체결하되 그 등기명의는 매도인으로부터 수탁자 앞으로 직접 이전하는 명의신탁을 말한다. 이러한 점에서 중간생략등기형 명의신탁이라고 명하기도 한다.

> ✓ **3자간 명의신탁 : 서산시 답 명의신탁 사건** 표조 『명의신탁자가 매수한 부동산에 관하여 부동산실명법을 위반하여 명의수탁자와 맺은 명의신탁약정에 따라 매도인에게서 바로 명의수탁자 명의로 소유권이전등기를 마친 이른바 중간생략등기형 명의신탁을 한 경우, 명의신탁자는 신탁부동산의 소유권을 가지지 아니하고, 명의신탁자와 명의수탁자 사이에 위탁신임관계를 인정할 수도 없다. 따라서 명의수탁자가 명의신탁자의 재물을 보관하는 자라고 할 수 없으므로, 명의수탁자가 신탁받은 부동산을 임의로 처분하여도 명의신탁자에 대한 관계에서 횡령죄가 성립하지 아니한다』(대판[전] 2016.5.19. 2014도6992)★.

(다) 계약명의신탁

신탁자와 수탁자가 부동산의 매수위임과 함께 명의신탁약정을 맺고 수탁자가 계약의 당사자가 되어 매도인과 매매계약을 체결하고 수탁자명의로 등기이전하는 명의신탁을 말한다. 이 경우에는 중간생략형 명의신탁과는 달리 수탁자가 계약의 당사자가 되므로 매도인이 신탁자와 수탁자 사이의 명의신탁사실을 알고 있는 경우와 모르는 경우로 구별하여 검토할 필요가 있다.

1) 매도인이 명의신탁 사실을 모르는 경우(선의인 경우)

수탁자가 당사자가 되어 명의신탁 약정이 있다는 사실을 알지 못하는 소유자와 사이에서 부동산에 관한 매매계약을 체결한 후 그 매매계약에 기하여 당해 부동산의 소유권이전등기를 수탁자 명의로 경료한 경우에는, 부실법에 따라 명의신탁약정의 무효에도 불구하고 그 소유권이전등기에 의한 당해 부동산에 관한 물권변동은 유효하고, 수탁자는 전소유자인 매도인뿐만 아니라 신탁자에 대한 관계에서도 유효하게 당해 부동산의 소유권을 취득한 것이 되므로 수탁자는 타인의 재물을 보관하는 자라고 볼 수 없다. 따라서 횡령죄가 성립되지 않는다.

아울러 신탁자와 수탁자 사이에는 형법이 보호할 가치 있는 신뢰가 없으므로 배임죄의 성립도 부정된다.

> ✓ **매도인이 선의인 경우 : 임야 150평 계약명의신탁 사건** 표조 『횡령죄는 타인의 재물을 보관하는 자가 그 재물을 횡령하는 경우에 성립하는 범죄인바, 부동산실권리자명의등기에관한법률 제2조 제1호 및 제4조의 규정에 의하면, 신탁자와 수탁자가 명의신탁 약정을 맺고, 이에 따라 수탁자가 당사자가 되어 명의신탁 약정이 있다는 사실을 알지 못하는 소유자와 사이에서 부동산에 관한 매매계약을 체결한 후 그 매매계약에 기하여 당해 부동산의 소유권이전등기를 수탁자 명의로 경료한 경우에는, 그 소유권이전등기에 의한 당해 부동산에 관한 물권변동은 유효하고, 한편 신탁자와 수탁자 사이의 명의신탁 약정은 무효이므로, 결국 수탁자는 전소유자인 매도인뿐만 아니라 신탁자에 대한 관계에서도 유효하게 당해 부동산의 소유권을 취득한 것으로 보아야 할 것이고, 따라서 그 수탁자는 타인의 재물을 보관하는 자라고 볼 수 없다』(대판 2000.3.24. 98도4347 ; 2009.9.10. 2009도4501)★.

2) 매도인이 명의신탁 사실을 알고 있는 경우(악의인 경우)

수탁자 명의의 소유권이전등기는 무효이므로 그 소유권은 원소유자인 매도인이 그대로 보유하게 된다. 따라서 수탁자는 명의 신탁자와의 관계에서 타인의 재물을 보관하는 자의 지위에 있다고 할 수 없고, 타인의 사무를 처리하는 자의 지위에 있다고 할 수도 없어 횡령죄와 배임죄의 성립 모두 부정된다.

> ✔ **매도인이 악의인 경우 : 천안 땅 계약명의신탁 사건** 『명의신탁자와 명의수탁자가 이른바 계약명의신탁 약정을 맺고 명의수탁자가 당사자가 되어 명의신탁 약정이 있다는 사실을 알고 있는 소유자와 부동산에 관한 매매계약을 체결한 후 매매계약에 따라 부동산의 소유권이전등기를 명의수탁자 명의로 마친 경우에는 부동산 실권리자명의 등기에 관한 법률(이하 '부동산실명법'이라 한다) 제4조 제2항 본문에 의하여 수탁자 명의의 소유권이전등기는 무효이고 부동산의 소유권은 매도인이 그대로 보유하게 되므로, 명의수탁자는 부동산 취득을 위한 계약의 당사자도 아닌 명의신탁자에 대한 관계에서 횡령죄에서 '타인의 재물을 보관하는 자'의 지위에 있다고 볼 수 없고, 또한 명의수탁자가 명의신탁자에 대하여 매매대금 등을 부당이득으로 반환할 의무를 부담한다고 하더라도 이를 두고 배임죄에서 '타인의 사무를 처리하는 자'의 지위에 있다고 보기도 어렵다. … 말소등기의무의 존재나 명의수탁자에 의한 유효한 처분가능성을 들어 명의수탁자가 매도인에 대한 관계에서 횡령죄에서 '타인의 재물을 보관하는 자' 또는 배임죄에서 '타인의 사무를 처리하는 자'의 지위에 있다고 볼 수도 없다』(대판 2012.11.29. 2011도7361)★

3. 행 위

본죄의 행위는 「횡령행위」이다.

가. 의 의

횡령행위란 횡령하거나 반환을 거부하는 것으로 불법영득의사를 외부에 표현하는 행위를 말한다. 절도죄는 자기 또는 제3자의 점유로 옮기는 절취행위에 의하여 범죄가 실현되지만, 횡령죄의 경우는 행위자가 이미 재물을 점유하고 있으므로 영득의사를 객관적으로 인식할 수 있도록 외부에 표현되어야 한다.

나. 횡령행위의 방법

횡령행위는 사실행위(소비, 착복, 은닉 등)이건 법률행위(매매, 담보제공, 증여 등)이건 묻지 않는다. 횡령죄는 위험범이므로, 법률행위 등이 유효인가 무효인가 또는 취소할 수 있는 것인가의 여부와 관계없이 본권이 침해될 위험성만 있으면 성립한다. 부작위에 의하여도 영득의사가 표현될 수 있으므로 횡령행위는 부작위에 의하여도 가능하다.

> ✔ **법률행위가 무효인 경우 : 남의 기계 공장저당 사건** 『횡령죄는 다른 사람의 재물에 관한 소유권 등 본권을 그 보호법익으로 하고 본권이 침해될 위험성이 있으면 그 침해의 결과가 발생되지 아니하더라도 성립하는 이른바 위태범이므로, 다른 사람의 재물을 보관하는 사람이 그 사람의 동의 없이 함부로 이를 담보로 제공하는 행위는 불법영득의 의사를 표현하는 횡령행위로서 사법상 그 담보제공행위가 무효이거나 그 재물에 대한 소유권이 침해되는 결과가 발생하는지 여부에 관계없이 횡령죄를 구성한다』(대판 2002.11.13. 2002도2219)☆

(1) 단체·법인의 비용을 개인의 소송비용으로 소비한 경우

✔ **단체의 비용을 소비한 경우 : 재건축조합비용 변호사 선임료 사건** 『원칙적으로 단체의 비용으로 지출할 수 있는 변호사 선임료는 단체 자체가 소송당사자가 된 경우에 한하므로 단체의 대표자 개인이 당사자가 된 민·형사사건의 변호사 비용은 단체의 비용으로 지출할 수 없고, 예외적으로 분쟁에 대한 실질적인 이해관계는 단체에게 있으나 법적인 이유로 그 대표자의 지위에 있는 개인이 소송 기타 법적 절차의 당사자가 되었다거나 대표자로서 단체를 위해 적법하게 행한 직무행위 또는 대표자의 지위에 있음으로 말미암아 의무적으로 행한 행위 등과 관련하여 분쟁이 발생한 경우와 같이, 당해 법적 분쟁이 단체와 업무적인 관련이 깊고 당시의 제반 사정에 비추어 단체의 이익을 위하여 소송을 수행하거나 고소에 대응하여야 할 특별한 필요성이 있는 경우에 한하여 단체의 비용으로 변호사 선임료를 지출할 수 있다』(대판 2006.10.26. 2004도6280)☆.

✔ **횡령죄가 성립하는 경우 : 이사장 변호사 선임료 사건** 『법인의 구성원은 적법한 방법으로 그 법인을 위한 업무를 수행하여야 하므로, 법인의 구성원이 업무수행에 있어 관계 법령을 위반함으로써 형사재판을 받게 되었다면 그의 개인적인 변호사비용을 법인자금으로 지급한다는 것은 횡령에 해당하며, 그 변호사비용을 법인이 부담하는 것이 관례라고 하여도 그러한 행위가 사회상규에 어긋나지 않는다고 할 만큼 사회적으로 용인되어 보편화된 관례라고 할 수 없다』(대판 2003.5.30. 2002도235)☆.

✔ **횡령죄가 성립하지 않는 경우 : 직무집행정지 가처분 변호사 선임료 사건** 『법인의 이사를 상대로 한 이사직무집행정지가처분결정이 된 경우, 당해 법인의 업무를 수행하는 이사의 직무집행이 정지당함으로써 사실상 법인의 업무수행에 지장을 받게 될 것은 명백하므로 법인으로서는 이사 자격의 부존재가 객관적으로 명백하여 항쟁의 여지가 없는 경우가 아닌 한 가처분에 대항하여 항쟁할 필요가 있다고 할 것이고, 이와 같이 필요한 한도 내에서 법인의 대표자가 법인 경비에서 당해 가처분 사건의 피신청인인 이사의 소송비용을 지급하더라도 이는 법인의 업무수행을 위하여 필요한 비용을 지급한 것에 해당하고 법인의 경비를 횡령한 것이라고는 볼 수 없다』(대판 2009.3.12. 2008도10826)☆.

(2) 법인의 비용을 개인의 이익을 위해 소비한 경우

✔ **횡령죄가 성립하는 경우 : 컨테이너 회사 리베이트 사건** 『회사가 기업활동을 하면서 형사상의 범죄를 수단으로 하여서는 안 되므로 뇌물공여를 금지하는 법률 규정은 회사가 기업활동을 할 때 준수하여야 하고, 따라서 회사의 이사 등이 업무상의 임무에 위배하여 보관 중인 회사의 자금으로 뇌물을 공여하였다면 이는 오로지 회사의 이익을 도모할 목적이라기보다는 뇌물공여 상대방의 이익을 도모할 목적이나 기타 다른 목적으로 행하여진 것이라고 보아야 하므로, 그 이사 등은 회사에 대하여 업무상횡령죄의 죄책을 면하지 못한다. 그리고 특별한 사정이 없는 한 이러한 법리는 회사의 이사 등이 회사의 자금으로 부정한 청탁을 하고 배임증재를 한 경우에도 마찬가지로 적용된다』(대판 2013.4.25. 2011도9238)★.

✔ **횡령죄가 성립하는 경우 : 121억 가지급금 사건** 『회사의 대표이사가 회사를 위한 지출 이외의 용도로 거액의 회사 자금을 가지급금 등의 명목으로 인출, 사용하면서 이자나 변제기의 약정이 없음은 물론 이사회결의 등 적법한 절차도 거치지 아니하는 것은 통상 용인될 수 있는 범위를 벗어나 대표이사의 지위를 이용하여 회사 자금을 사적인 용도로 임의로 대여, 처분하는 것과 다름없어 횡령죄를 구성한다』(대판 2014.12.24. 2014도11263)★.

다. 반환 거부

반환거부란 소유자의 권리를 배제하는 의사표시로서 불법영득의사를 표현하는 것을 말한다. 다만 반환할 수 없는 사정이 있거나 반환을 거부할 수 있는 때에는 횡령죄가 성립하지 않는다.

> ✓ **반환을 거부할 수 있는 경우 : 개발부담금 반환 거부 사건** 『피고인들이 피해자 조합원들에 대하여 이 사건 예금계좌에 초과로 입금된 개발부담금의 반환을 거부한 것은 피해자 조합원들이 제기한 소송으로 인하여 조합이 입게 되는 손해에 대한 구상금채권의 집행 확보를 위한 것에 불과하고, 위 개발부담금을 영득하기 위한 것이라고 볼 수 없다고 판단하여 피고인들에 대하여 횡령죄가 성립하지 않는다』(대판 2008. 12.11. 2008도8279)☆.

라. 횡령죄의 기수와 미수

횡령죄는 보관자가 불법영득의사를 외부에 표현하는 행위를 하면 기수가 된다. 이미 재물을 점유하고 있고 위험범의 성격을 가지고 있으므로 영득의사가 실현되어 그 재물을 취득하였거나 소유자의 권리가 영구적으로 배제되었을 것을 필요로 하지 않는다. 소유자로서 처분하는 의사가 있는 이상 사후에 이를 반환하거나 변상 등을 하는 경우라도 이미 성립된 범죄에 영향을 주지 않는다.

> ✓ **기수 이후의 상환 등을 한 경우 : 상무대이전공사 사건** 『일단 불법영득의 의사로써 업무상 보관중인 타인의 금전을 횡령하여 범죄가 성립한 이상 횡령의 범행을 한 자가 물건의 소유자에 대하여 별도의 금전채권을 가지고 있음을 주장하고 이를 자동채권으로 하여 그 대등액에서 횡령액에 관하여 상계의 의사표시를 한다고 하더라도 이미 성립한 업무상횡령죄에 무슨 영향이 있는 것은 아니다』(대판 1995.3.14. 95도59)★.

횡령죄는 미수범 처벌규정을 두고 있지만 불법영득의사가 외부적·객관적으로 표현되기만 하면 바로 기수가 되므로 횡령죄의 미수는 이론상으로는 가능하지만 실제로 인정하기는 어렵다.

Ⅲ. 주관적 구성요건

1. 고 의

횡령죄는 자기가 보관하는 타인의 재물을 횡령한다는 사실에 대한 인식과 의사를 내용으로 하는 고의가 있어야 한다.

2. 불법영득의사

횡령이란 위탁된 타인의 물건을 불법하게 영득하는 것을 의미하는 것이므로, 횡령죄가 성립하기 위해서는 불법영득의사가 존재해야 한다. 횡령죄에 있어서 불법영득의사는 자기 또는 제3자의 이익을 위하여 타인의 재물을 보관하는 자가 위탁의 취지에 반하여 그 재물을 자기의 소유처럼 처분하는 의사를 말한다. 따라서 보관자가 소유자의 이익을 위해 처분하는 경우에는 불법영득의사가 부정되어 횡령죄가 성립되지 않는다.

> ✓ **불법영득의사의 내용 : 스판덱스 횡령 사건** 『횡령죄에서 불법영득의사는 타인의 재물을 보관하는 자가 자기 또는 제3자의 이익을 꾀할 목적으로 위탁의 취지에 반하여 타인의 재물을 자기의 소유인 것처럼 권한 없이 스스로 처분하는 의사를 의미한다. 따라서 보관자가 자기 또는 제3자의 이익을 위하여 소유자의

이익에 반하여 재물을 처분한 경우에는 재물에 대한 불법영득의사를 인정할 수 있으나, 그와 달리 소유자의 이익을 위하여 재물을 처분한 경우에는 특별한 사정이 없는 한 그 재물에 대하여는 불법영득의사를 인정할 수 없다』(대판 2016.8.30. 2013도658)★.

✔ **사후에 반환의사를 가지고 있는 경우 : 펀드출자금 회수의사 사건** 『자기 또는 제3자의 이익을 꾀할 목적으로 업무상의 임무에 위배하여 보관하는 타인의 재물을 자기의 소유인 경우와 같이 처분하는 의사를 말하고 사후에 이를 반환하거나 변상·보전하려는 의사가 있다 하더라도 불법영득의 의사를 인정함에 지장이 없다』(대판 2014.2.27. 2013도12155)☆.

✔ **비자금을 조성한 경우 : 비자금 경조사비·접대비 사용 사건** 표준 『법인의 회계장부에 올리지 않고 법인의 운영자나 관리자가 회계로부터 분리시켜 별도로 관리하는 이른바 비자금은, 법인을 위한 목적이 아니라 법인의 자금을 빼내어 착복할 목적으로 조성한 것임이 명백히 밝혀진 경우에는 조성행위 자체로써 불법영득의 의사가 실현된 것으로 볼 수 있다』(대판 2017.5.30. 2016도9027)★.

✔ **회사의 금전을 사용한 경우 : 장인명의 덤프트럭 사건** 『주식회사의 대표이사가 회사의 금원을 인출하여 사용하였는데 그 사용처에 관한 증빙자료를 제시하지 못하고 있고 그 인출사유와 금원의 사용처에 관하여 납득할 만한 합리적인 설명을 하지 못하고 있다면, 이러한 금원은 그가 불법영득의 의사로 회사의 금원을 인출하여 개인적 용도로 사용한 것으로 추단할 수 있다』(대판 2003.8.22. 2003도2807)★.

✔ **판공비를 사용한 경우 : S회장 판공비·업무추진비 임의 사용 사건** 최신3년 『법인이나 단체에서 임직원에게 업무를 수행하는 데에 드는 비용 명목으로 정관 기타의 규정에 의해 지급되는 이른바 판공비 또는 업무추진비가 직무수행에 드는 경비를 보전해 주는 실비변상적 급여의 성질을 가지고 있고, 정관이나 그 지급기준 등에서 업무와 관련하여 지출하도록 포괄적으로 정하고 있을 뿐 그 용도나 목적에 구체적인 제한을 두고 있지 않을 뿐만 아니라, 이를 사용한 후에도 그 지출에 관한 영수증 등 증빙자료를 요구하고 있지 않은 경우에는, 임직원에게 그 사용처나 규모, 업무와 관련된 것인지 여부 등에 대한 판단이 맡겨져 있고, 그러한 판단은 우선적으로 존중되어야 한다. 따라서 임직원이 판공비 등을 불법영득의 의사로 횡령한 것으로 인정하려면 판공비 등이 업무와 관련 없이 개인적인 이익을 위하여 지출되었다거나 업무와 관련되더라도 합리적인 범위를 넘어 과다하게 지출되었다는 점이 증명되어야 할 것이고, 단지 판공비 등을 사용한 임직원이 그 행방이나 사용처를 제대로 설명하지 못하거나 사후적으로 그 사용에 관한 증빙자료를 제출하지 못하고 있다고 하여 함부로 불법영득의 의사로 이를 횡령하였다고 추단하여서는 아니 된다』(대판 2016.1.14. 2014도3112)☆.

불법영득의사를 인정한 기출판례 정리

① ✔ **정치자금 기부 사건** 『회사의 대표이사가 보관 중인 회사 재산을 처분하여 그 대금을 정치자금으로 기부한 경우 그것이 회사의 이익을 도모할 목적으로 합리적인 범위 내에서 이루어졌다면 그 이사에게 횡령죄에 있어서 요구되는 불법영득의 의사가 있다고 할 수 없을 것이나, 그것이 회사의 이익을 도모할 목적보다는 후보자 개인의 이익을 도모할 목적이나 기타 다른 목적으로 행하여졌다면 그 이사는 회사에 대하여 횡령죄의 죄책을 면하지 못한다』(대판 2005.5.26. 2003도5519)☆.

② ✔ **정부출연금 횡령 사건** 『타인으로부터 용도가 엄격히 제한된 자금을 위탁받아 집행하면서 그 제한된 용도 이외의 목적으로 자금을 사용하는 것은, 그 사용이 개인적인 목적에서 비롯된 경우는 물론 결과적으로 자금을 위탁한 본인을 위하는 면이 있더라도, 그 사용행위 자체로서 불법영득의 의사를 실현한 것이 되어 횡령죄가 성립한다고 할 것이다』(대판 1999.7.9. 98도4088)☆.

③ ✔ **염료구입비 횡령 사건** 『회사의 경영자가 자금을 지출함에 있어 그 자금의 용도가 엄격히 제한되어 있는 경우 그 용도 외의 사용은 그것이 회사를 위한 것이라도 그 사용행위 자체로서 불법영득의 의사를 실현한 것이라 할 것이다』(대판 1997.4.22. 96도8)☆.

④ ✔ **우수상인유치비 사건** 『주상복합상가의 매수인들로부터 우수상인유치비 명목으로 금원을 납부받아 보관하던 중 그 용도와 무관하게 일반경비로 사용한 경우 횡령죄를 구성한다』(대판 2002.8.23. 2002도366)★.

⑤ ✔ **공사대금, 증축공사비 횡령 사건** 『사립학교법 제29조 및 같은 법 시행령에 의해 학교법인의 회계는 학교회계와 법인회계로 구분되고 학교회계 중 특히 교비회계에 속하는 수입은 다른 회계에 전출하거나 대여할 수 없는 등 용도가 엄격히 제한되어 있으므로 교비회계자금을 다른 용도에 사용하였다면 그 자체로서 횡령죄가 성립하고, 이는 사립학교법상 교비회계에 속하는 금원을 같은 학교법인에 속하는 다른 학교의 교비회계에 사용한 경우에도 마찬가지이다』(대판 2014.8.28. 2014도6286)☆.

⑥ ✔ **다른 회계 전출 사건** 『수개의 학교법인을 운영하는 자가 각 학교법인의 금원을 다른 학교법인을 위하여 사용한 경우, 각 학교법인은 별개의 법인격을 가진 소유의 주체로서 이를 실질적으로 1개의 학교법인이라고 볼 수 없으므로 각 학교법인의 금원을 다른 학교법인을 위하여 사용한 경우 이를 단순히 예산항목을 유용하거나 장부상의 분식이나 이동에 불과하다고 할 수 없고, 각 학교법인 사이에서의 자금이동이 단순한 대차관계에 불과하다고 할 수도 없다는 이유로 횡령죄의 성립을 인정한 사례이다』(대판 2000.12.8. 99도214)☆.

⑦ ✔ **국가보조금 횡령 사건** 『보조금의예산및관리에관한법률의 규정 취지에 비추어 보면, 위 법률에 의한 국가보조금은 그 용도가 엄격히 제한된 자금으로 봄이 상당하므로, 사립학교에서 이를 전용하여 학교법인의 수익용 자산 취득비용으로 사용한 경우, 횡령죄가 성립한다』(대판 2004.12.24. 2003도4570)☆.

⑧ ✔ **교비회계 전용 사건** 표준 『학교법인 이사장인 피고인이, 학교법인이 설치·운영하는 대학 산학협력단이 용도를 특정하여 교부받은 보조금 중 3억 원을 대학 교비계좌로 송금하여 교직원 급여 등으로 사용한 사안에서, 위 행위는 국고보조금으로 교부된 산학협력단 자금을 지정된 용도 외의 용도에 사용한 것으로서 업무상횡령죄에 해당한다』(대판 2011.10.13. 2009도13751)☆.

불법영득의사를 부정한 기출판례 정리

① ✔ **레이디 가장납입 사건** 표준 『당초부터 진실한 주금납입으로 회사의 자금을 확보할 의사 없이 형식상 또는 일시적으로 주금을 납입하고 이 돈을 은행에 예치하여 납입의 외형을 갖추고 주금납입증명서를 교부받아 설립등기나 증자등기의 절차를 마친 다음 바로 그 납입한 돈을 인출한 경우에는, 이를 회사를 위하여 사용하였다는 특별한 사정이 없는 한 실질적으로 회사의 자본이 늘어난 것이 아니어서 납입가장죄 및 공정증서원본불실기재죄와 불실기재공정증서원본행사죄가 성립하고, 실질적으로 회사의 자본을 증가시키는 것이 아니고 등기를 위하여 납입을 가장하는 편법에 불과하여 주금의 납입 및 인출의 전과정에서 회사의 자본금에는 실제 아무런 변동이 없다고 보아야 할 것이므로, 그들에게 회사의 돈을 임의로 유용한다는 불법영득의 의사가 있다고 보기 어렵다 할 것이고, 이러한 관점에서 상법상 납입가장죄의 성립을 인정하는 이상 회사 자본이 실질적으로 증가됨을 전제로 한 업무상횡령죄가 성립한다고 할 수는 없다』(대판[전] 2004.6.17. 2003도7645)☆.

② ✔ **가수금 채권 변제 사건** 『회사에 대하여 개인적인 채권을 가지고 있는 대표이사가 회사를 위하여 보관하고 있는 회사 소유의 금전으로 자신의 채권 변제에 충당하는 행위는 회사와 이사의 이해가 충돌하는 자기거래행위에 해당하지 아니하는 것이어서 대표이사가 이사회의 승인 등의 절차 없이 그와 같이 자신의 회사에 대한 채권을 변제하였더라도 이는 대표이사의 권한 내에서 한 회사 채무의 이행행위로서 유효하므로 불법영득의 의사가 인정되지 아니하고, 따라서 횡령죄의 죄책을 물을 수 없다』(대판 2014.2.27. 2013도12155)★.98)

③ ✔ **산학협력단 비자금 사건** 『법인의 운영자 또는 관리자가 법인의 자금을 이용하여 비자금을 조성하였다고 하더라도 그것이 당해 비자금의 소유자인 법인 이외의 제3자가 이를 발견하기 곤란하게 하기 위한 장부상의 분식에 불과하거나 법인의 운영에 필요한 자금을 조달하는 수단으로 인정되는 경우에는 불법영득의 의사를 인정하기 어렵다』(대판 2015.2.26. 2014도15182)☆.

④ ✔ **수업료 기타 납부금 사건** 『[1] 피고인이 갑 사립학교 경영자 을과 공모하여 학생이나 학부모가 납부한 수업료 기타 납부금을 교비회계 아닌 다른 회계에 임의로 사용하였다고 하여 구 특정경제범죄가중처벌 등에 관한 법률 위반(횡령)으로 기소된 사안에서, 갑 학교는 사인인 을 등이 설립하여 운영하는 학교로서 수업료 등으로 조성된 교비는 특별한 사정이 없는 한 갑 학교의 설치·경영자인 을 등의 소유에 속하므로, 피고인이 을과 공모하여 이를 임의로 사용하였더라도 사립학교법 위반죄가 성립하는 것 외에 따로 횡령죄가 성립하지 않는다.
[2] 학교법인 이사장인 피고인이 산하 대학의 건물 중 일부를 정관 기타 규정상 근거 없이 주거용으로 사용하다가 거실 확장 공사 및 인테리어 공사를 한 후 그 공사대금을 대학 교비회계에 속하는 수입으로 지급하게 하여 업무상횡령으로 기소된 사안에서, 위 비용 지출은 학교의 교육에 직접 필요한 용도가 아닌 다른 용도에 교비회계자금을 사용한 것이어서 사립학교법상 허용되는 교비회계의 세출에 포함되지 않는다고 보아 유죄를 인정한 원심판단을 수긍한 사례』(대판 2012.5.10. 2011도12408)☆.

⑤ ✔ **교비회계 차입금 상환 사건** 『사립학교에 있어서 학교교육에 직접 필요한 시설, 설비를 위한 경비 등과 같이 원래 교비회계에 속하는 자금으로 지출할 수 있는 항목에 관한 차입금을 상환하기 위하여 교비회계 자금을 지출한 경우, 이러한 차입금 상환행위에 관하여 교비회계 자금을 임의로 횡령하고자 하는 불법영득의 의사가 있다고 보기는 어렵다』(대판 2006.4.28. 2005도4085)☆.

Ⅳ. 공 범

횡령죄는 위탁관계에 의하여 타인의 재물을 점유하는 자만 정범이 될 수 있는 진정신분범이다. 따라서 비신분자는 본죄의 단독정범은 될 수 없고, 제33조에 따라 공동정범·교사범 또는 종범이 될 뿐이다. 정범의 횡령행위에 적극적으로 가담한 경우에는 공동정범의 죄책을 부담한다.

✔ **횡령죄의 공범 : 사이어스 주식 매도 사건** 『주식회사의 재산을 임의로 처분하려는 대표이사의 횡령행위를 주선하고 그 처분행위를 적극적으로 종용한 경우에는 대표이사의 횡령행위에 가담한 공동정범의 죄책을 면할 수 없다』(대판 2005.8.19. 2005도3045).

---

98) [비교판례] 『대표이사가 불법영득의 의사로써 업무상 보관중인 회사의 금전을 횡령하여 범죄가 성립한 이상 회사에 대하여 별도의 가수금채권을 가지고 있다는 사정만으로 금전을 사용할 당시 이미 성립한 업무상횡령죄에 무슨 영향이 있는 것은 아니다』(대판 2006.6.16. 2004도7585).

V. 죄수 및 타죄와의 관계

1. 죄 수

횡령죄의 죄수관계는 위탁관계의 수를 기준으로 판단한다. 따라서 1개의 행위로 수인으로부터 위탁받은 재물을 횡령한 때에는 수죄로서 상상적 경합이 되지만, 1인으로부터 위탁받은 수인 소유의 재물을 횡령한 경우에는 일죄가 된다.

> ✔ **수개의 위탁관계 : 렌탈 컴퓨터 · 모니터 횡령 사건** 『여러 개의 위탁관계에 의하여 보관하던 여러 개의 재물을 1개의 행위에 의하여 횡령한 경우 위탁관계별로 수개의 횡령죄가 성립하고, 그 사이에는 상상적 경합의 관계가 있는 것으로 보아야 한다』(대판 2013.10.31. 2013도10020)★

2. 사기죄와 횡령죄의 관계

외형상으로는 공소사실의 기초가 되는 행위자의 일련의 행위가 여러 개의 범죄에 해당되는 것 같지만 합쳐져서 하나의 사회적 사실관계를 구성하는 경우에 그에 대한 법률적 평가는 하나밖에 성립되지 않는 관계, 즉 일방의 범죄가 성립되는 때에는 타방의 범죄는 성립할 수 없고, 일방의 범죄가 무죄로 될 경우에만 타방의 범죄가 성립할 수 있는 비양립적인 관계가 있을 수 있다.

> ✔ **사기죄와 횡령죄의 판단 : 갤러리아 백화점 공사대금 양도 사건** 『피고인이 피해자 갑에게서 돈을 빌리면서 담보 명목으로 을에 대한 채권을 양도하였는데도 을에게 채권양도 통지를 하기 전에 이를 추심하여 임의로 소비한 사안에서, 차용금 편취의 점과 담보로 양도한 채권을 추심하여 임의 소비한 횡령의 점은 양도된 채권의 가치, 채권양도에 관한 피고인의 진정성 등의 사정에 따라 비양립적인 관계라 할 것이어서, 이러한 사정을 심리하여 피고인의 위 일련의 행위가 그 중 어느 죄에 해당하는지를 가렸어야 할 것인데도, 사기죄 및 횡령죄를 모두 인정한 원심판단에 법리오해 및 심리미진의 위법이 있다』(대판 2011.5.13. 2011도1442)☆

제3관 업무상횡령죄

> **제356조 ┃ 업무상 횡령 ┃**
> 업무상의 임무에 위배하여 제355조의 죄를 범한 자는 10년 이하의 징역 또는 3천만 원 이하의 벌금에 처한다.

업무상횡령죄는 업무상의 임무에 의하여 자기가 보관하는 타인의 재물을 횡령하는 범죄를 말한다. 위탁관계가 업무로 되어 있기 때문에 횡령죄에 대하여 책임이 가중되는 가중적 구성요건이다. 업무에 의하여 타인의 재물을 보관하는 때에는 횡령의 가능성과 그 피해범위가 더 크기 때문에 횡령죄 보다 형을 가중하는 것이다.

업무란 사회생활상의 지위에 기하여 계속 또는 반복하여 행하는 사무를 말한다. 계속성과 사회생활상의 지위를 요소로 한다는 점에서 업무상 과실치사상죄의 설명한 업무와 그 내용이 같지만, 생명·신체에 위험을 가져올 사무로 제한되지 않는다는 점에 차이가 있다.

> ✔ **업무의 의미 : 사실상 대표이사 사건** 『형법 제356조 소정의 업무는 직업 혹은 직무라는 말과 같아 법령, 계약에 의한 것 뿐만 아니라, 관례를 쫓거나 사실상이거나를 묻지 않고 같은 행위를 반복할 지위에 따른 사무를 가리킨다』(대판 1982.1.12. 80도1970)☆.

제4관 점유이탈물횡령죄

제360조 ┃ 점유이탈물횡령 ┃
① 유실물, 표류물 또는 타인의 점유를 이탈한 재물을 횡령한 자는 1년 이하의 징역이나 300만 원 이하의 벌금 또는 과료에 처한다.
② 매장물을 횡령한 자도 전항의 형과 같다.

점유이탈물횡령죄 유실물·표류물·매장물 기타 타인의 점유를 이탈한 재물을 횡령하는 범죄를 말한다. 타인의 점유에 속하지 않는 타인의 재물을 영득하는 죄라는 점에서는 횡령죄와 같지만, 위탁관계에 의하여 타인의 재물을 보관할 것을 요하지 않는다는 점에서 횡령죄와 구별되는 범죄이다.

제6절 배임의 죄

제1관 총설

I. 의의

배임의 죄란 타인의 사무를 처리하는 자가 그 임무에 위배하는 배신행위로 재산상의 이익을 취득하거나 제3자로 하여금 이를 취득케 하여 본인에게 손해를 가하는 것을 내용으로 하는 범죄이다. 배임죄의 보호법익은 전체로서의 재산권이다. 보호의 정도에 대해서는 견해의 대립이 있지만 판례는 위험범으로 보고 있다.

II. 본질

배임죄의 본질을 어떻게 이해할 것이냐에 대하여는 권한남용설과 배신설이 대립하고 있다.

1. 권한남용설

권한남용설은 타인의 재산을 처분할 법적 권한을 가지고 있는 자가 그 권한을 남용하여 본인에게 손해 발생을 야기한 점에 배임죄의 본질이 있다는 견해를 말한다.

2. 배신설

배신설은 타인의 재산을 보호할 의무 있는 자가 타인의 신뢰를 위배하는 배신행위를 하여 본인에게 손해발생을 야기하는 점에 배임죄의 본질이 있다는 견해를 말한다.

3. 판례

판례는 타인의 사무를 처리하는 자에게 대리권이 존재할 것을 요하지 않는다고 판시함으로써 배신설의 입장을 취하고 있다.

> ✔ **배임죄의 주체 : 호적상 친모 사건** 『배임죄의 주체로서 '타인의 사무를 처리하는 자'란 타인과의 대내관계에서 신의성실의 원칙에 비추어 그 사무를 처리할 신임관계가 존재한다고 인정되는 자를 의미하고, 반드시 제3자에 대한 대외관계에서 그 사무에 관한 대리권이 존재할 것을 요하지 않으며, 나아가 업무상 배임죄에서 업무의 근거는 법령, 계약, 관습의 어느 것에 의하건 묻지 않고, 사실상의 것도 포함한다』(대판 2002. 6.14. 2001도3534).

제2관 배임죄

> **제355조 | 배임 |**
> ② 타인의 사무를 처리하는 자가 그 임무에 위배하는 행위로써 재산상의 이익을 취득하거나 제3자로 하여금 이를 취득하게 하여 본인에게 손해를 가한 때에도 전항의 형과 같다.

Ⅰ. 객관적 구성요건

본죄는 객관적 구성요건으로 「타인의 사무를 처리하는 자가 그 임무에 위배하는 행위로써 재산상의 이익을 취득하고 본인에게 손해를 가할 것」을 요한다.

1. 주 체

주체는 「타인의 사무를 처리하는 자」이다. 따라서 본죄는 진정신분범이다. 타인의 사무를 처리하는 자란 타인과의 대내관계에서 신의성실의 원칙에 비추어 그 사무를 처리할 신임 관계가 존재하는 자를 말한다. 반드시 대외적으로 대리권이 존재할 것을 요하지 않는다.

가. 타인의 사무처리 판단기준

'타인의 사무를 처리하는 자'라고 하려면, 타인의 재산관리에 관한 사무의 전부 또는 일부를 타인을 위하여 대행하는 경우와 같이 당사자 관계의 전형적·본질적 내용이 통상의 계약에서의 이익대립관계를 넘어서 그들 사이의 신임관계에 기초하여 타인의 재산을 보호 또는 관리하는 데에 있어야 한다.

이익대립관계에 있는 통상의 계약관계에서 채무자의 성실한 급부이행에 의해 상대방이 계약상 권리의 만족 내지 채권의 실현이라는 이익을 얻게 되는 관계에 있다거나, 계약을 이행함에 있어 상대방을 보호하거나 배려할 부수적인 의무가 있다는 것만으로는 채무자를 타인의 사무를 처리하는 자라고 할 수 없고, 위임 등과 같이 계약의 전형적·본질적인 급부의 내용이 상대방의 재산상 사무를 일정한 권한을 가지고 맡아 처리하는 경우에 해당하여야 한다.

> ✔ **사무처리의 판단기준 : 단말기 가맹점 변경 사건** 『배임죄에 있어서 '타인의 사무를 처리하는 자'라 함은 타인과의 내부적인 관계에서 신의성실의 원칙에 비추어 타인의 사무를 처리할 신임관계에 있게 되어 그 관계에 기하여 타인의 재산적 이익 등을 보호·관리하는 것이 신임관계의 전형적·본질적 내용이 되는 지위에 있는 사람을 말한다. 그러나 그 사무의 처리가 오로지 타인의 이익을 보호·관리하는 것만을 내용으로 하여야 할 필요는 없고, 자신의 이익을 도모하는 성질도 아울러 가진다고 하더라도 타인을 위한 사무로서의 성질이 부수적·주변적인 의미를 넘어서 중요한 내용을 이루는 경우에는 여기서 말하는 '타인의 사무를 처리하는 자'에 해당한다』(대판 2012.5.10. 2010도3532)☆.

타인의 사무를 인정한 기출판례 정리

① ✔ **가맹점 관리대행계약(대리점 계약) 사건** 『신용카드 정보통신부가사업회사[통상 '밴(VAN, value added network의 약어) 사업자'라고도 한다]인 갑 주식회사와 가맹점 관리대행계약, 대리점계약, 단말기 무상임대차계약, 판매장려금계약을 각 체결하고 갑 회사의 대리점으로서 카드단말기의 판매 및 설치,

가맹점 관리업무 등을 수행하는 을 주식회사 대표이사인 피고인이, 그 임무에 위배하여 갑 회사의 기존 가입 가맹점을 갑 회사와 경쟁관계에 있는 다른 밴사업자 가맹점으로 임의로 전환하여 갑 회사에 재산상 손해를 가한 경우 피고인은 갑 회사와 신임관계에 기하여 갑 회사의 가맹점 관리업무를 대행하는 '타인의 사무를 처리하는 자'의 지위에 있다할 것이다』(대판 2012.5.10. 2010도3532)☆.

② ✔ **호적상 친모 사건** 『미성년자와 친생자관계가 없으나 호적상 친모로 등재되어 있는 자가 미성년자의 상속재산 처분에 관여한 경우, 배임죄에 있어서 타인의 사무를 처리하는 자의 지위에 있다』(대판 2002.6.14. 2001도3534)★.

③ ✔ **다방 운영권 임대 사건** 『다방영업 허가에 따르는 재산적 이익의 실질적 귀속자인 갑이 피고인에게 다방시설을 포함한 운영권 일체를 임대함에 있어서 임대기간 동안은 다방 영업허가 명의를 피고인 명의로 변경하고, 그 임대기간이 종료될 때에는 다시 갑 또는 갑이 지정하는 제3자 앞으로 명의를 변경하기로 약정하였다면, 피고인은 임대기간이 종료되면 위 약정대로 그 허가 명의를 변경할 수 있도록 협력할 의무가 있고, 이 의무이행은 피고인 자신의 사무인 동시에 갑의 사무라고 할 것인데, 피고인이 위 명의환원 약정을 부인하고 자신이 명실상부한 영업허가 명의자라고 주장하면서 영업장소를 이전하고 다방의 상호를 변경하고 갑의 명의변경 요구를 거부하는 소위는 배임죄에 해당한다』(대판 1981.8.20. 80도1176)☆.

④ ✔ **4.5톤 화물차 지입 사건** 『지입제는 자동차운송사업면허 등을 가진 운송사업자와 실질적으로 자동차를 소유하고 있는 차주간의 계약으로 외부적으로는 자동차를 운송사업자 명의로 등록하여 운송사업자에게 귀속시키고 내부적으로는 각 차주들이 독립된 관리 및 계산으로 영업을 하며 운송사업자에 대하여는 지입료를 지불하는 운송사업형태를 말한다.
따라서 지입차주가 자신이 실질적으로 소유하거나 처분권한을 가지는 자동차에 관하여 지입회사와 지입계약을 체결함으로써 지입회사에 자동차의 소유권등록 명의를 신탁하고 운송사업용 자동차로서 등록 및 그 유지 관련 사무의 대행을 위임한 경우에는, 특별한 사정이 없는 한 지입회사 측이 지입차주의 실질적 재산인 지입차량에 관한 재산상 사무를 일정한 권한을 가지고 맡아 처리하는 것으로서 당사자 관계의 전형적·본질적 내용이 그들 사이의 신임관계에 기초하여 타인의 재산을 보호 또는 관리하는 데에 있으므로, 지입회사 운영자는 지입차주와의 관계에서 '타인의 사무를 처리하는 자'의 지위에 있다』(대판 2021.6.30. 2015도19696)★.

타인의 사무를 부정한 기출판례 정리

① ✔ **할부대금 완납 전 지입버스 처분 사건** 최신3년 『지입차주가 자신이 실질적으로 소유하거나 처분권한을 가지는 자동차에 관하여 지입회사와 지입계약을 체결함으로써 지입회사에 자동차의 소유권등록 명의를 신탁하고 운송사업용 자동차로서 등록 및 유지 관련 사무의 대행을 위임한 경우에는, 특별한 사정이 없는 한 지입회사 측이 지입차주의 실질적 재산인 지입차량에 관한 재산상 사무를 일정한 권한을 가지고 맡아 처리하는 것으로서 당사자 관계의 전형적·본질적 내용이 통상의 계약에서의 이익대립관계를 넘어서 그들 사이의 신임관계에 기초하여 타인의 재산을 보호 또는 관리하는 데에 있으므로, 지입회사 운영자는 지입차주와의 관계에서 '타인의 사무를 처리하는 자'의 지위에 있다고 할 것이나, 지입차주가 지입회사로부터 할부로 지입회사 소유의 자동차를 매수하면서 해당 자동차에 관하여 지입계약을 체결한 경우에는 특별한 사정이 없는 한 지입차주가 그 할부대금을 완납하기 전까지는 지입차량을 지입차주의 실질적 재산이라고 보기 어려우므로, 지입계약이 체결되었다는 사실만으로 곧바로 지입회사 운영자가 지입차주와의 관계에서 지입차량에 관한 재산상 사무를 맡아 처리하는 '타인의 사무를 처리하는 자'의 지위에 있다고 보기 어렵다』(대판 2024.11.14. 2024도13000)★.

②	✔ **아울렛 매장 투자 사건** 『채무자가 투자금반환채무의 변제를 위하여 담보로 제공한 임차권 등의 권리를 그대로 유지할 계약상 의무가 있다고 하더라도, 이는 기본적으로 투자금반환채무의 변제의 방법에 관한 것이고, 성실한 이행에 의하여 채권자가 계약상 권리의 만족이라는 이익을 얻는다고 하여도 이를 가지고 통상의 계약에서의 이익대립관계를 넘어서 배임죄에서 말하는 신임관계에 기초하여 채권자의 재산을 보호 또는 관리하여야 하는 '타인의 사무'에 해당한다고 볼 수 없다』(대판 2015.3.26. 2015도1301)☆.
③	✔ **모친 소유 부동산 대물변제예약 사건** 표준 『채무자인 피고인이 채권자 갑에게 차용금을 변제하지 못할 경우 자신의 어머니 소유 부동산에 대한 유증상속분을 대물변제하기로 약정한 후 유증을 원인으로 위 부동산에 관한 소유권이전등기를 마쳤음에도 이를 제3자에게 매도함으로써 갑에게 손해를 입혔다고 하여 배임으로 기소된 사안에서, 피고인이 '타인의 사무를 처리하는 자'의 지위에 있다고 볼 수 없다』(대판[전] 2014.8.21. 2014도3363)★.
④	✔ **예금계좌 5천만 원 인출 사건** 표준 『[1] 이른바 보통예금은 은행 등 법률이 정하는 금융기관을 수치인으로 하는 금전의 소비임치 계약으로서, 그 예금계좌에 입금된 금전의 소유권은 금융기관에 이전되고, 예금주는 그 예금계좌를 통한 예금반환채권을 취득하는 것이므로, 금융기관의 임직원은 예금주로부터 예금계좌를 통한 적법한 예금반환 청구가 있으면 이에 응할 의무가 있을 뿐 예금주와의 사이에서 그의 재산관리에 관한 사무를 처리하는 자의 지위에 있다고 할 수 없다. [2] 임의로 예금주의 예금계좌에서 5,000만 원을 인출한 금융기관의 임직원에게 업무상배임죄가 성립하지 않는다』(대판 2008.4.24. 2008도1408)★.
⑤	✔ **리베라컨트리 클럽 특별회원 모집 사건** 『골프시설의 운영자가 일반회원들을 위한 회원의 날을 없애고, 일반회원들 중에서 주말예약에 대하여 우선권이 있는 특별회원을 모집함으로써 일반회원들의 주말예약권을 사실상 제한하거나 박탈하는 결과가 되었다고 하더라도, 이는 일반회원들에 대한 회원가입계약에 따른 민사상의 채무를 불이행한 것에 불과하고, 골프시설의 운영자가 일반회원들의 골프회원권이라는 재산관리에 관한 사무를 대행하거나 그 재산의 보전행위에 협력하는 지위에 있다고 할 수는 없으므로 배임죄의 주체인 타인의 사무를 처리하는 자에 해당하지 아니한다는 이유로 일반회원들에 대한 배임죄를 구성하지 아니한다』(대판 2003.9.26. 2003도763)☆.
⑥	✔ **자본조달 신주발행 사건** 『신주발행은 주식회사의 자본조달을 목적으로 하는 것으로서 신주발행과 관련한 대표이사의 업무는 회사의 사무일 뿐이므로 신주발행에 있어서 대표이사가 납입된 주금을 회사를 위하여 사용하도록 관리·보관하는 업무 역시 회사에 대한 선관주의의무 내지 충실의무에 기한 것으로서 회사의 사무에 속하는 것이고, 신주발행에 있어서 대표이사가 일반 주주들에 대하여 그들의 신주인수권과 기존 주식의 가치를 보존하는 임무를 대행한다거나 주주의 재산보전 행위에 협력하는 자로서 타인의 사무를 처리하는 자의 지위에 있다고는 볼 수 없을 뿐만 아니라, 신주발행에 있어서 대표이사가 납입의 이행을 가장한 경우에는 상법 제628조 제1항에 의한 가장납입죄가 성립하는 이외에 따로 기존 주주에 대한 업무상배임죄를 구성한다고 할 수 없다』(대판 2004.5.13. 2002도7340)☆.
⑦	✔ **청산의무 사건** 『청산회사의 대표청산인이 처리하는 채무의 변제, 재산의 환가처분 등 회사의 청산의무는 청산인 자신의 사무 또는 청산회사의 업무에 속하는 것이므로, 청산인은 회사의 채권자들에 대한 관계에 있어 직접 그들의 사무를 처리하는 자가 아니다』(대판 1990.5.25. 90도6)☆.
⑧	✔ **느티나무 증여 사건** 『서면에 의하지 아니한 증여계약이 행하여진 경우 당사자는 그 증여가 이행되기 전까지는 언제든지 이를 해제할 수 있으므로 증여자가 구두의 증여계약에 따라 수증자에 대하여 증여 목적물의 소유권을 이전하여 줄 의무를 부담한다고 하더라도 그 증여자는 수증자의 사무를 처리하는 자의 지위에 있다고 할 수 없다』(대판 2005.12.9. 2005도5962)★.[99]

⑨ ✔ **가전제품 회사 상표권 사건** 『상표권양도약정을 체결한 피고인은 양수인에 대하여 그 상표권에 관하여 양수인 명의로 이전등록하도록 협력할 의무가 있고 그 점에서 양수인의 사무를 처리하는 자의 지위를 가진다 할 것이지만, 피고인이 그 상표권이전등록의무의 이행을 거부하고 양수인과 동종생산업체를 설립하여 그 제품에 위 상표를 부착하여 사용하였다 하더라도 이는 상표권이전등록을 이행하여 자기의 양도행위를 완성하여야 하는 자기의 채무의 불이행에 불과한 것이고 그것이 양수인의 사무를 처리하는 자의 임무위배행위에 해당하여 배임죄를 구성하는 것이라고 할 수는 없다』(대판 1984.5.29. 83도2930)☆

⑩ ✔ **음식점 임대차계약 사건** 『음식점 임대차계약에 의한 임차인의 지위를 양도한 자는 양도사실을 임대인에게 통지하고 양수인이 갖는 임차인의 지위를 상실하지 않게 할 의무가 있다고 하여도, 이러한 임무는 임차권 양도인으로서 부담하는 채무로서 양도인 자신의 의무일 뿐이지 자기의 사무임과 동시에 양수인의 권리취득을 위한 사무의 일부를 이룬다고 볼 수 없으므로 양도인을 배임죄의 주체인 타인의 사무를 처리하는 자로 볼 수 없다』(대판 1991.12.10. 91도2184)☆

⑪ ✔ **경락 포기 약속 사건** 『부동산을 경락한 피고인이 그 경락허가결정이 확정 된 뒤에 그 경매부동산의 소유자들에게 대하여 그 경락을 포기하겠노라고 약속하여 놓고 그 경매법원에서 경락대금지급명령이 전달되자 위의 약속을 어기고 그 경락대금을 완납함으로써 그 경락부동산에 대한 소유권을 취득한 경우에 피고인은 본조 제2항에서 말하는 타인의 사무를 처리하는 자에 해당하지 아니한다』(대판 1969.2.25. 69도46)☆

⑫ ✔ **수분양권 담보제공 사건** 『매매와 같이 당사자 일방이 재산권을 상대방에게 이전할 것을 약정하고 상대방이 그 대금을 지급할 것을 약정함으로써 그 효력이 생기는 계약의 경우(민법 제563조), 쌍방이 그 계약의 내용에 좇은 이행을 하여야 할 채무는 특별한 사정이 없는 한 '자기의 사무'에 해당하는 것이 원칙이다.
또한 수분양권 매매계약의 매도인으로서는 원칙적으로 수분양자 명의변경에 관한 분양자 측의 동의 내지 승낙을 얻어 수분양자 명의변경절차를 이행하면 계약상 의무를 다한 것이 되고, 그 수분양권에 근거하여 목적물에 관한 소유권을 취득한 다음 매수인 앞으로 소유권이전등기를 마쳐 줄 의무까지는 없다. 따라서 특별한 사정이 없는 한 수분양권 매도인이 수분양권 매매계약에 따라 매수인에게 수분양권을 이전할 의무는 자신의 사무에 해당할 뿐이므로, 매수인에 대한 관계에서 '타인의 사무를 처리하는 자'라고 할 수 없다. 그러므로 수분양권 매도인이 위와 같은 의무를 이행하지 아니하고 수분양권 또는 이에 근거하여 향후 소유권을 취득하게 될 목적물을 미리 제3자에게 처분하였다고 하더라도 형법상 배임죄가 성립하는 것은 아니다』(대판 2021.7.8. 2014도12104)☆

⑬ ✔ **요양급여채권 담보제공 사건** 『금전채권채무 관계에서 채권자가 채무자의 급부이행에 대한 신뢰를 바탕으로 금전을 대여하고 채무자의 성실한 급부이행에 의해 채권의 만족이라는 이익을 얻게 된다 하더라도, 채권자가 채무자에 대한 신임을 기초로 그의 재산을 보호 또는 관리하는 임무를 부여하였다고 할 수 없고, 금전채무의 이행은 어디까지나 채무자가 자신의 급부의무의 이행으로서 행하는 것이므로 이를 두고 채권자의 사무를 맡아 처리하는 것으로 볼 수 없다. 따라서 금전채권채무의 경우 채무자는 채권자에 대한 관계에서 '타인의 사무를 처리하는 자'에 해당한다고 할 수 없다.
채무자가 기존 금전채무를 담보하기 위하여 다른 금전채권을 채권자에게 양도하는 경우에도 마찬가지이다. 채권양도담보계약에 따라 채무자가 부담하는 '담보 목적 채권의 담보가치를 유지·보전할 의무' 등은 담보 목적을 달성하기 위한 것에 불과하며, 채권양도담보계약의 체결에도 불구하고 당사자 관계의 전형적·본질적 내용은 여전히 피담보채권인 금전채권의 실현에 있다. 따라서 채무자가 채권양도담보계약에 따라 부담하는 '담보 목적 채권의 담보가치를 유지·보전할 의무'를 이행하는 것은 채무자 자신의 사무에 해당할 뿐이고, 채무자가 통상의 계약에서의 이익대립관계를 넘어서 채권자와의 신임관계에 기초하여 채권자의 사무를 맡아 처리한다고 볼 수 없으므로, 이 경우 채무자는 채권자에 대한 관계에서 '타인의 사무를 처리하는 자'에 해당한다고 할 수 없다』(대판 2021.7.15. 2015도5184)☆

(1) 계주의 계금지급의무

낙찰계의 계주가 계원들에게서 계불입금을 징수하지 않은 상태에서 부담하는 계금지급의무는 배임죄에서 말하는 '타인의 사무'에 해당하지 않겠지만 계주가 계불입금을 징수하게 되면 계주는 계원들에게 계금지급에 관한 의무로서 타인의 사무처리자가 된다.

> ✔ **계주의 계금지급의무 : 낙찰계 파계 사건** 『낙찰계의 계주가 계원들과의 약정에 따라 부담하는 계금지급의무가 배임죄에서 말하는 '타인의 사무'에 해당하려면 그 관계의 본질적 내용이 단순한 채권관계상의 의무를 넘어서 신임관계에 기초하여 타인의 재산을 보호 내지 관리하는 데 이르러야 하는바, 계주가 계원들로부터 계불입금을 징수하게 되면 그 계불입금은 실질적으로 낙찰계원에 대한 계금지급을 위하여 계주에게 위탁된 금원의 성격을 지니고 따라서 계주는 이를 낙찰·지급받을 계원과의 사이에서 단순한 채권관계를 넘어 신의칙상 그 계금지급을 위하여 위 계불입금을 보호 내지 관리하여야 하는 신임관계에 들어서게 되므로, 이에 기초한 계주의 계금지급의무는 배임죄에서 말하는 타인의 사무에 해당한다. 그러나 계주가 계원들로부터 계불입금을 징수하지 아니하였다면 그러한 상태에서 부담하는 계금지급의무는 위와 같은 신임관계에 이르지 아니한 단순한 채권관계상의 의무에 불과하여 타인의 사무에 속하지 아니하고, 이는 계주가 계원들과의 약정을 위반하여 계불입금을 징수하지 아니한 경우라 하여 달리 볼 수 없다』(대판 2009.8.20. 2009도3143)★.

> ✔ **계원과 계주의 관계 : 파계 거짓말 사건** 『[1] 계는 계원과 계주 간의 계약관계를 기초로 성립하여 유지되는 것이고, 계원과 계주의 권리의무는 상호 교환적인 것으로서 어느 한 쪽이 기본적인 약정을 성실하게 이행하여 왔다면 다른 한 쪽도 그에 대응하는 자신의 의무를 성실하게 이행할 임무가 있다.
> [2] 계가 정상적으로 운영되고 있음에도 불구하고 계주가 그 동안 성실하게 계불입금을 지급하여 온 계원에게 계가 깨졌다는 등의 거짓말을 하여 그 계원이 계에 참석하여 낙찰받아 계금을 탈 수 있는 기회를 박탈하여 손해를 가하였다면 계주의 위와 같은 임무위배는 그 계원에 대한 관계에 있어서 배임죄를 구성한다』(대판 1995.9.29. 95도1176).

(2) 채무자의 금전채무 이행의무 및 담보물 보관의무

금전채권채무 관계에서 채권자가 채무자의 급부이행에 대한 신뢰를 바탕으로 금전을 대여하고 채무자의 성실한 급부이행에 의해 채권의 만족이라는 이익을 얻게 된다 하더라도, 채권자가 채무자에 대한 신임을 기초로 그의 재산을 보호 또는 관리하는 임무를 부여하였다고 할 수 없고, 금전채무의 이행은 어디까지나 채무자가 자신의 급부의무의 이행으로서 행하는 것이므로 이를 두고 채권자의 사무를 맡아 처리하는 것으로 볼 수 없다. 따라서 채무자를 채권자에 대한 관계에서 '타인의 사무를 처리하는 자'에 해당한다고 할 수 없다.

> ✔ **채무자의 이행의무 : 버스 저당권 사건** 『채무자가 금전채무를 담보하기 위하여 '자동차 등 특정동산 저당법' 등에 따라 그 소유의 동산에 관하여 채권자에게 저당권을 설정해 주기로 약정하거나 저당권을 설정한 경우에도 마찬가지이다. 채무자가 저당권설정계약에 따라 부담하는 의무, 즉 동산을 담보로 제공할 의무, 담보물의 담보가치를 유지·보전하거나 담보물을 손상, 감소 또는 멸실시키지 않을 소극적 의무, 담보권 실행 시 채권자나 그가 지정하는 자에게 담보물을 현실로 인도할 의무와 같이 채권자의 담보권 실행에 협조할 의무 등은 모두 저당권설정계약에 따라 부담하게 된 채무자 자신의 급부의무이다. 또한 저당권설정계약은 피담보채권의 발생을 위한 계약에 종된 계약으로, 피담보채무가 소멸하면 저당권설정계약상의 권리

---

99) **보충설명** 서면에 의한 증여와 비교하자.

의무도 소멸하게 된다. 저당권설정계약에 따라 채무자가 부담하는 의무는 담보목적의 달성, 즉 채무불이행 시 담보권 실행을 통한 채권의 실현을 위한 것이므로 저당권설정계약의 체결이나 저당권 설정 전후를 불문하고 당사자 관계의 전형적·본질적 내용은 여전히 금전채권의 실현 내지 피담보채무의 변제에 있다. 따라서 채무자가 위와 같은 급부의무를 이행하는 것은 채무자 자신의 사무에 해당할 뿐이고, 채무자가 통상의 계약에서의 이익대립관계를 넘어서 채권자와의 신임관계에 기초하여 채권자의 사무를 맡아 처리한다고 볼 수 없으므로 채무자를 채권자에 대한 관계에서 배임죄의 주체인 '타인의 사무를 처리하는 자'에 해당한다고 할 수 없다. 그러므로 채무자가 담보물을 제3자에게 처분하는 등으로 담보가치를 감소 또는 상실시켜 채권자의 담보권 실행이나 이를 통한 채권실현에 위험을 초래하더라도 배임죄가 성립하지 아니한다.
위와 같은 법리는, 금전채무를 담보하기 위하여 '공장 및 광업재단 저당법'에 따라 저당권이 설정된 동산을 채무자가 제3자에게 임의로 처분한 사안에도 마찬가지로 적용된다』(대판[전] 2020.10.22. 2020도6258)★.

✔ **채무자의 이행의무 : 레이저 가공기 동산담보 사건** 『[1] 채무자가 금전채무를 담보하기 위하여 그 소유의 동산을 채권자에게 동산·채권 등의 담보에 관한 법률(이하 '동산채권담보법'이라 한다)에 따른 동산담보로 제공함으로써 채권자인 동산담보권자에 대하여 담보물의 담보가치를 유지·보전할 의무 또는 담보물을 타에 처분하거나 멸실, 훼손하는 등으로 담보권 실행에 지장을 초래하는 행위를 하지 않을 의무를 부담하게 되었더라도, 이를 들어 채무자가 통상의 계약에서의 이익대립관계를 넘어서 채권자와의 신임관계에 기초하여 채권자의 사무를 맡아 처리하는 것으로 볼 수 없다. 따라서 이러한 경우 채무자를 배임죄의 주체인 '타인의 사무를 처리하는 자'에 해당한다고 할 수 없고, 그가 담보물을 제3자에게 처분하는 등으로 담보가치를 감소 또는 상실시켜 채권자의 담보권 실행이나 이를 통한 채권실현에 위험을 초래하더라도 배임죄가 성립하지 아니한다
[2] 이 부분 공소사실의 요지는, 공소외 회사(이하 '이 사건 회사'라 한다)의 대표이사인 피고인이 주식회사 ○○은행(이하 '○○은행'이라 한다)으로부터 대출받으면서 ○○은행과 이 사건 회사 소유의 레이저 가공기 2대(이하 '이 사건 기계'라 한다)를 포함한 기계 17대에 대하여 동산담보설정계약을 체결하였으므로 위 계약에 따라 ○○은행이 그 담보의 목적을 달성할 수 있도록 동산담보로 제공된 이 사건 기계를 보관하여야 할 임무가 있었음에도, 피고인은 이 사건 기계를 처분함으로써 재산상 이익을 취득하고 ○○은행에 재산상 손해를 가하였다는 것이다. 앞서 본 법리에 비추어 보면, 이 사건 회사의 ○○은행에 대한 채무 담보를 목적으로 이 사건 기계에 관하여 동산담보설정계약이 체결되었더라도 이 사건 회사나 피고인이 ○○은행과의 신임관계에 기초하여 ○○은행의 사무를 맡아 처리하는 것으로 볼 수 없는 이상, 피고인을 ○○은행에 대한 관계에서 '타인의 사무를 처리하는 자'에 해당한다고 할 수 없다. 따라서 피고인이 공소사실 기재와 같이 이 사건 기계를 처분하였더라도 그러한 행위에 대하여 배임죄가 성립하지 아니한다. 그런데도 원심은 이와 달리 피고인이 이 사건 회사의 대표이사로서 ○○은행에 대한 채무 변제 시까지 이 사건 기계를 담보 목적에 맞게 보관하여야 할 임무를 부담하여 타인의 사무를 처리하는 자의 지위에 있음을 전제로 이 부분 공소사실을 유죄로 판단하였다. 이러한 원심판결에는 배임죄에 있어서 '타인의 사무를 처리하는 자' 등에 관한 법리를 오해한 잘못이 있다』(대판[전] 2020.8.27. 2019도14770)☆.

(3) 채권자의 담보물 보관의무

양도담보의 채무자는 채권자가 담보권의 실행을 위하여 양도담보의 목적물처분을 종료할 때까지 피담보채무를 변제하여 목적물을 다시 찾아올 수 있고 양도담보의 피담보채권이 채무자의 변제 등에 의하여 소멸하면 양도담보권자는 담보목적물의 소유자이었던 담보설정자에게 그 권리를 회복시켜 줄 의무를 부담하므로 그 이행은 타인의 재산을 보전하는 타인의 사무이다.

✔ **채권자의 담보물 보관의무 : 변제공탁 수령 사건** 『채무자가 채권자로부터 금원을 차용하면서 담보를 제공한 부동산 위에 채권자가 은행으로부터 금원을 차용하고서 설정한 저당권에 기하여 임의경매절차가 진행되고 있는 동안에 위 채무자가 차용원리금을 변제공탁한 것을 채권자가 아무런 이의도 없이 이를 수령하고서도 위 경매절차에 대하여 손을 쓰지 아니하는 바람에 타인에게 경락되게 하고 그 부동산의 경락잔금까지 받아간 경우, 양도담보의 채무자는 채권자가 담보권의 실행을 위하여 양도담보의 목적물처분을 종료할 때까지 피담보채무를 변제하여 목적물을 도로 찾아올 수 있고 양도담보의 피담보채권이 채무자의 변제 등에 의하여 소멸하면 양도담보권자는 담보목적물의 소유자이었던 담보설정자에게 그 권리를 회복시켜 줄 의무를 부담하게 함으로 그 이행은 타인의 재산을 보전하는 형법 제355조 제1항 소정의 **타인의 사무**라고 할 것이다』(대판 1988.12.13. 88도184)☆

나. 타인의 사무처리 근거

타인의 사무를 처리하는 근거는 법령의 규정, 계약, 기타 법률행위를 불문한다. 아울러 신의성실의 원칙에 의하여 신임관계가 인정된다면 관습 또는 사무관리도 사무처리의 근거가 될 수 있다.

✔ **신임관계의 발생 근거 : 주택조합 정산위원장 해임 사건** 『[1] 신임관계의 발생근거는 법령의 규정, 법률행위, 관습 또는 사무관리에 의하여도 발생할 수 있으므로, 법적인 권한이 소멸된 후에 사무를 처리하거나 그 사무처리자가 그 직에서 해임된 후 사무인계 전에 사무를 처리한 경우도 배임죄에 있어서의 사무를 처리하는 경우에 해당한다.
[2] 주택조합 정산위원회 위원장이 해임되고 후임 위원장이 선출되었는데도 업무 인계를 거부하고 있던 중 정산위원회를 상대로 제기된 소송의 소장부본 및 변론기일소환장을 송달받고도 그 제소사실을 정산위원회에 알려주지도 않고 스스로 응소하지도 않아 의제자백에 의한 패소확정판결을 받게 한 경우, 업무상배임죄의 성립을 인정한 사례이다』(대판 1999.6.22. 99도1095)☆

사무처리의 근거가 된 법률행위가 무효인 경우에 배임죄의 성립을 인정할 수 있는가에 대하여는 견해의 대립이 있다. 사무처리의 근거가 된 법률행위의 무효원인이 선량한 풍속 기타 사회질서에 반하는 것으로서 강행법규에 위반되는 경우에는 신임관계를 인정할 수 없으나, 그 이외의 무효사유인 경우에는 사실상의 신임관계가 인정될 수 있다.

✔ **강행법규위반으로 무효인 경우 : 토지거래허가지역 토지매매 사건** 『국토이용관리법 제21조의2 소정의 규제구역 내에 있는 토지를 매도하였으나 같은 법 소정의 거래허가를 받은 바가 없다면, 매도인에게 매수인에 대한 소유권이전등기에 협력할 의무가 생겼다고 볼 수 없고, 따라서 매도인이 배임죄의 주체인 타인의 사무를 처리하는 자에 해당한다고 할 수 없다』(대판 1996.8.23. 96도1514)☆

✔ **강행법규위반으로 무효인 경우 : 5살 연상 내연녀 불륜 사건** 『내연의 처와의 불륜관계를 지속하는 대가로서 부동산에 관한 소유권이전등기를 경료해 주기로 약정한 경우, 위 부동산 증여계약은 선량한 풍속과 사회질서에 반하는 것으로 무효이어서 위 증여로 인한 소유권이전등기의무가 인정되지 아니하는 이상 동인이 타인의 사무를 처리하는 자에 해당한다고 볼 수 없어 비록 위 등기의무를 이행하지 않는다 하더라도 배임죄를 구성하지 않는다』(대판 1986.9.9. 86도1382)☆

다. 사무처리의 독립성

배신설의 입장에 따르면 타인의 사무를 처리하는 자는 사무처리에 관한 법적권한이 있을 것을 요하지 않으므로 타인의 사무를 처리하는 자란 고유의 권한으로서 그 처리를 하는 자에 한하지 않고 그 자의 보조기관으로서 직접 또는 간접으로 그 처리에 관한 사무를 담당하는 자도 포함되는 것으로 해석되어야 한다.

> ✔ **보조기관의 주체성 : 부회장 겸 기획조정실장 사건** 『업무상 배임죄에 있어서 타인의 사무를 처리하는 자란 고유의 권한으로서 그 처리를 하는 자에 한하지 않고 그 자의 보조기관으로서 직접 또는 간접으로 그 처리에 관한 사무를 담당하는 자도 포함한다』(대판 2000.4.11. 99도334 ; 2004.6.24. 2004도520)☆.

2. 행 위

「임무에 위배되는 배임행위로써 재산상의 이익을 취득하여 본인에게 손해를 가하는 것」이다.

가. 배임행위

타인의 사무를 처리하는 자가 그 임무에 위배하여 신임관계를 져버리는 행위를 말한다. 임무에 위배하는 행위여부는 그 사무의 성질과 내용 및 행위시의 상황 등을 구체적으로 검토하여 신의성실의 원칙에 따라 판단한다.

> ✔ **배임행위의 의미 : BIS비율 조작 사건** 『업무상 배임죄는 타인의 사무를 처리하는 자가 그 임무에 위배하는 행위로서 재산상의 이익을 취득하거나 제3자로 하여금 이를 취득하게 하여 본인에게 손해를 가함으로써 성립하는바, 이 경우 그 임무에 위배하는 행위라 함은 처리하는 사무의 내용, 성질 등 구체적 상황에 비추어 법률의 규정, 계약의 내용 혹은 신의칙상 당연히 할 것으로 기대되는 행위를 하지 않거나 당연히 하지 않아야 할 것으로 기대하는 행위를 함으로써 본인과 사이의 신임관계를 저버리는 일체의 행위를 포함하는 것으로 그러한 행위가 법률상 유효한가 여부는 따져볼 필요가 없다』(대판 2002.7.22. 2002도1696)☆.

> ✔ **배임행위의 의미 : 종업원의 자사주 매입 사건** 『종업원지주제도는 회사의 종업원에 대한 편의제공을 당연한 전제로 하여 성립하는 것인 만큼, 종업원지주제도 하에서 회사의 경영자가 종업원의 자사주 매입을 돕기 위하여 회사자금을 지원하는 것 자체를 들어 회사에 대한 임무위배행위라고 할 수는 없을 것이나, 경영자의 자금지원의 주된 목적이 종업원의 재산형성을 통한 복리증진보다는 안정주주를 확보함으로써 경영자의 회사에 대한 경영권을 계속 유지하고자 하는 데 있다면, 그 자금지원은 경영자의 이익을 위하여 회사재산을 사용하는 것이 되어 회사의 이익에 반하므로 회사에 대한 관계에서 임무위배행위가 된다』(대판 1999.6.25. 99도1141)☆.

(1) 기업의 자금대여·보증의 경우

회사의 대표이사 등이 채무변제능력이 없는 타인에게 회사자금을 대여·지급 등을 하면서 적절한 담보를 제공받는 등 상당하고도 합리적인 채권회수조치를 취하지 아니한 경우에는 위 회사자금 대여행위에 대해 사실상 대주주의 양해를 얻고 이사회의 결의가 있더라도 회사에 대한 배임행위가 인정된다.[100]

---

100) **보충설명** 타인의 채무초과 상태만 가지고는 자금대여나 연대보증 행위 등이 곧바로 회사에 대한 배임행위가 된다고 단정하긴 어렵다.

✔ **회사자금을 대여한 경우 : 어음금채무 변제사용 사건** 『회사의 이사 등이 타인에게 회사자금을 대여할 때에 그 타인이 이미 채무변제능력을 상실하여 그에게 자금을 대여할 경우 회사에 손해가 발생하리라는 정을 충분히 알면서 이에 나아갔거나, 충분한 담보를 제공받는 등 상당하고도 합리적인 채권회수조치를 취하지 아니한 채 만연히 대여해 주었다면, 그와 같은 자금대여는 타인에게 이익을 얻게 하고 회사에 손해를 가하는 행위로서 회사에 대하여 배임행위가 되고, 회사의 이사 등은 단순히 그것이 경영상의 판단이라는 이유만으로 배임죄의 죄책을 면할 수는 없으며, 그 임무위배행위에 대하여 사실상 대주주의 양해를 얻었다거나, 이사회의 결의가 있었다고 하여 배임죄의 성립에 어떠한 영향이 있는 것이 아니다』(대판 2014.7.10. 2013도10516)★.

✔ **계열회사의 주식을 인수한 경우 : 500억 신주 인수대금 사건** 『대기업의 회장 등이 경영상의 판단이라는 이유로 갑 계열회사의 자금으로 재무구조가 상당히 불량한 상태에 있는 을 계열회사가 발행하는 신주를 액면가격으로 인수한 것이 그 자체로 업무상배임 행위임이 분명하고 배임에 대한 고의도 충분히 인정된다』(대판 2004.6.24. 2004도520)☆.

✔ **약속어음에 배서를 한 경우 : 항도종합금융 사건** 『[1] 주식회사의 이사가 타인 발행의 약속어음에 회사 명의로 배서할 경우 그 타인이 어음금의 지급능력이 없어 그 배서로 인하여 회사에 손해가 발생하리라는 점을 알면서 이에 나아갔다면, 이러한 약속어음의 배서행위는 타인에게 이익을 얻게 하고 회사에 손해를 가하는 행위로서 회사에 대하여 배임행위가 되고, 그것이 경영상의 판단이라는 이유만으로 배임죄의 죄책을 면할 수는 없다.
[2] 주식회사와 주주는 별개의 인격으로서 동일인이라고 볼 수 없으므로, 회사의 임원이 그 임무에 위배되는 행위로 재산상 이익을 취득하거나 제3자로 하여금 이를 취득하게 하여 회사에 손해를 가한 때에는 이로써 배임죄가 성립하고, 그 임무위배행위에 대하여 사실상 대주주의 양해를 얻었다고 하여 본인인 회사에 손해가 없다거나 또는 배임의 범의가 없다고도 볼 수 없다.
[3] 주식회사의 경영을 책임지는 이사는 이사회의 결의가 있더라도 그 결의 내용이 주주 또는 회사 채권자를 해하는 불법한 목적이 있는 경우에는 이에 맹종할 것이 아니라 회사를 위하여 성실한 직무수행을 할 의무가 있으므로, 이사가 임무에 위배하여 주주 또는 회사 채권자에게 손해가 될 행위를 하였다면, 회사 이사회의 결의가 있었다고 하여 그 배임행위가 정당화될 수 없다』(대판 2000.5.26. 99도2781)☆.

(2) 금융기관의 대출의 경우

금융기관이 부적격자에게 대출을 해주거나, 대출을 받는 자가 이미 채무변제능력을 상실하여 그에게 자금을 대여할 경우 회사 측에 손해가 발생하리라는 정을 충분히 알면서 대출을 해주는 경우에는 회사에 대한 배임행위가 인정된다. 아울러 담보제공 등 합리적인 회수조치를 취하지 않은 경우에는 회사 측에 재산상의 손해가 발생하게 된다.

✔ **기존 대출금에 신규대출을 새로 하지 않은 경우 : 기존 대출금 정리 사건** 『[1] 금융대출을 위한 차용인의 기망행위와 금융기관의 대출행위 사이에 인과관계를 인정할 수 없다고 보아 사기죄의 성립을 부정한 사례.
[2] 업무상배임죄가 성립하기 위하여는 임무위배행위로 인하여 본인에게 재산상의 손해가 발생하여야 할 것인바, 금융기관이 거래처의 기존 대출금에 대한 원리금 및 연체이자에 충당하기 위하여 위 거래처가 신규대출을 받은 것처럼 서류상 정리하였더라도 금융기관이 실제로 위 거래처에게 대출금을 새로 교부한 것이 아니라면 그로 인하여 금융기관에게 어떤 새로운 손해가 발생하는 것은 아니라고 할 것이므로 따로 업무상배임죄가 성립된다고 볼 수 없다』(대판 2000.6.27. 2000도1155)★.

✔ **동일인 대출한도를 초과한 경우 : 새마을금고 대출한도 초과 사건** 『동일인 대출한도를 초과하여 대출함으로써 구 새마을금고법을 위반하였다고 하더라도, 대출한도 제한규정 위반으로 처벌함은 별론으로 하고, 그 사실만으로 특별한 사정이 없는 한 업무상배임죄가 성립한다고 할 수 없고, 일반적으로 이러한 동일인 대출한도 초과대출이라는 임무위배의 점에 더하여 대출 당시의 대출채무자의 재무상태, 다른 금융기관으로부터의 차입금, 기타 채무를 포함한 전반적인 금융거래상황, 사업현황 및 전망과 대출금의 용도, 소요기간 등에 비추어 볼 때 채무상환능력이 부족하거나 제공된 담보의 경제적 가치가 부실해서 대출채권의 회수에 문제가 있는 것으로 판단되는 경우에 재산상 손해가 발생하였다고 보아 업무상배임죄가 성립한다』(대판 [전] 2008.6.19. 2006도4876)☆

(3) 회사의 영업비밀을 유출한 경우

회사직원이 재직 중에 영업비밀 또는 영업상 주요한 자산을 경쟁업체에 유출하거나 스스로의 이익을 위하여 이용할 목적으로 무단으로 반출하면 타인의 사무를 처리하는 자로서 배임행위가 인정된다.

✔ **영업비밀을 유출한 경우 : 영업비밀 소스코드 사건** 『업무상배임죄의 주체는 타인의 사무를 처리하는 지위에 있어야 한다. 따라서 회사직원이 재직 중에 영업비밀 또는 영업상 주요한 자산을 경쟁업체에 유출하거나 스스로의 이익을 위하여 이용할 목적으로 무단으로 반출하였다면 타인의 사무를 처리하는 자로서 업무상의 임무에 위배하여 유출 또는 반출한 것이어서 유출 또는 반출 시에 업무상배임죄의 기수가 된다. 또한 회사직원이 영업비밀 등을 적법하게 반출하여 반출행위가 업무상배임죄에 해당하지 않는 경우라도, 퇴사 시에 영업비밀 등을 회사에 반환하거나 폐기할 의무가 있음에도 경쟁업체에 유출하거나 스스로의 이익을 위하여 이용할 목적으로 이를 반환하거나 폐기하지 아니하였다면, 이러한 행위 역시 퇴사 시에 업무상배임죄의 기수가 된다.
그러나 회사직원이 퇴사한 후에는 특별한 사정이 없는 한 퇴사한 회사직원은 더 이상 업무상배임죄에서 타인의 사무를 처리하는 자의 지위에 있다고 볼 수 없고, 위와 같이 반환하거나 폐기하지 아니한 영업비밀 등을 경쟁업체에 유출하거나 스스로의 이익을 위하여 이용하더라도 이는 이미 성립한 업무상배임 행위의 실행행위에 지나지 아니하므로, 그 유출 내지 이용행위가 부정경쟁방지 및 영업비밀보호에 관한 법률 위반(영업비밀누설등)죄에 해당하는지는 별론으로 하더라도, 따로 업무상배임죄를 구성할 여지는 없다. 그리고 위와 같이 퇴사한 회사직원에 대하여 타인의 사무를 처리하는 자의 지위를 인정할 수 없는 이상 제3자가 위와 같은 유출 내지 이용행위에 공모·가담하였더라도 타인의 사무를 처리하는 자의 지위에 있다는 등의 사정이 없는 한 업무상배임죄의 공범 역시 성립할 수 없다』(대판 2017.6.29. 2017도3808)★

기타 배임죄를 인정한 기출판례 정리
① ✔ **전환사채 발행 사건** 『비등록·비상장 법인의 대표이사가 시세차익을 얻을 의도로 주식 시가보다 현저히 낮은 금액을 전환가격으로 한 전환사채를 발행하고 제3자의 이름을 빌려 이를 인수한 후 전환권을 행사하여 인수한 주식 중 일부를 직원들에게 전환가격 상당에 배분한 경우, 전환사채의 발행·인수로써 주식 시가와 전환가격의 차액 상당의 재산상의 이익을 취득하고 법인에게 손해를 가한 업무상배임죄가 성립하였다』(대판 2001.9.28. 2001도3191)☆
② ✔ **MB 대통령 사저 사건** 표준 『공무원인 피고인 1, 2가 공소외 1 대통령의 퇴임 후 사용할 사저부지와 그 경호부지를 일괄 매수하는 사무를 처리하면서 매매계약 체결 후 그 매수대금을 공소외 1 대통령의 아들 공소외 2와 국가에 배분함에 있어, 사저부지 가격을 높게 평가하면 경호부지 가격이 내려가고 경호부지 가격을 높게 평가하면 사저부지 가격이 내려가는 관계에 있으므로, 이러한 경우 다른 특별한

대체수단이 없는 이상 공익사업을 위한 토지 등의 취득 및 보상에 관한 법률에서 정한 복수의 감정평가업자의 평가액의 산술평균액을 기준으로 하여 그 비율을 정하여 배분하는 것이 가장 합리적이고 객관적인 방법이라 할 것인데, 이미 복수의 감정평가업자에게 감정평가를 의뢰하여 그 결과를 통보받았음에도 굳이 이를 무시하면서 인근 부동산업자들이나 인터넷, 지인 등으로부터의 불확실한 정보를 가지고 감정평가결과와 전혀 다르게 상대적으로 사저부지 가격을 낮게 평가하고 경호부지 가격을 높게 평가하여 매수대금을 배분한 것은 국가사무를 처리하는 자로서의 임무위배행위에 해당하고 위 피고인들에게 배임의 고의 및 불법이득의사도 인정된다고 판단하였다』(대판 2013.9.27. 2013도6835)☆.

기타 배임죄를 부정한 기출판례 정리

① ✔ **현금도난보험계약 사건** 『업무상 배임죄는 타인에 대한 신뢰관계에서 일정한 임무에 따라 사무처리를 할 법적의무가 있는 자가 당해사정하에서 당연히 할 것이 법적으로 기대되는 행위를 하지 않는 때에 성립하는 것이므로 보험계약 모집인이 보험회사로부터 자기가 모집하여 체결시킨 보험계약이 위험성이 크니 해약토록 하라는 지시를 받고 이를 이행하지 아니하는 사이 보험사고가 발생하여 보험회사가 그 계약에 따른 보험금을 지급하게 되었다 하더라도 위 보험모집인에게 보험계약자들을 설득하여 보험계약을 해약시켜야 할 법적 의무가 있다 할 수 없어 동인이 이를 이행하지 아니한 것이 업무상 임무에 위배된다고 할 수 없다』(대판 1986.8.19. 85도2144)☆.

나. 재산상의 손해 발생

① 배임죄는 배임행위로 인하여 본인에게 재산상의 손해가 발생하여야 성립한다. 여기서 재산상의 손해라 함은 본인의 전체재산가치의 감소로서 재산상태의 손실을 말한다. 적극적 손해(재산의 감소, 보증, 담보제공)이건 소극적 손해(이익을 얻지 못하는 재산증가의 방해)이건 불문한다. ② 손해가 발생하였는가는 법률적 판단에 의하지 않고 경제적 관점에서 판단되어야 한다. 따라서 대표이사의 배임행위가 법률상 당연무효인 경우에도 경제적 관점에서 회사에 재산상의 손해를 가한 때에는 배임죄는 기수가 된다. ③ 재산상의 손해는 사기죄와 동일하게 현실적인 손해를 가한 경우뿐만 아니라 재산상의 위험이 발생한 경우도 포함된다.101)

✔ **재산상 손해의 의미 : 안심용 약속어음 사건** 『배임죄에 있어 재산상의 손해를 가한 때라 함은 현실적인 손해를 가한 경우뿐만 아니라 재산상 실해 발생의 위험을 초래한 경우도 포함되고, 재산상 손해의 유무에 대한 판단은 본인의 전 재산 상태와의 관계에서 법률적 판단에 의하지 아니하고 경제적 관점에서 파악하여야 하며, 따라서 법률적 판단에 의하여 당해 배임행위가 무효라 하더라도 경제적 관점에서 파악하여 배임행위로 인하여 본인에게 현실적인 손해를 가하였거나 재산상 실해발생의 위험을 초래한 경우에는 재산상의 손해를 가한 때에 해당되어 배임죄를 구성한다』(대판 1995.12.22. 94도3013)★.

✔ **손해액이 산정되지 않은 경우 : 가압류 전 근저당권설정 사건** 『배임죄에서 본인에게 손해를 가한 때라 함은 총체적으로 보아 본인의 재산상태에 손해를 가한 경우를 말하고, 실해발생의 위험을 초래케 할 경우도 포함하는 것이므로 손해액이 구체적으로 명백하게 산정되지 않았더라도 배임죄의 성립에는 영향이 없다』(대판 1999.4.13. 98도4022)☆.

---

101) 관련판례 『부실대출에 의한 업무상배임죄가 성립하는 경우에는 담보물의 가치를 초과하여 대출한 금액이나 실제로 회수가 불가능하게 된 금액만을 손해액으로 볼 것은 아니고, 재산상 권리의 실행이 불가능하게 될 염려가 있거나 손해발생의 위험이 있는 대출금 전액을 손해액으로 보아야 할 것이다』(대판 2013.10.17. 2013도6826).

✔ **사후에 피해가 회복된 경우 : 대출담당자 불량대출 사건** 『배임죄에서 '재산상의 손해를 가한 때'라 함은 현실적인 손해를 가한 경우뿐만 아니라 재산상 실해 발생의 위험을 초래한 경우도 포함되고 일단 손해의 위험성을 발생시킨 이상 사후에 피해가 회복되었다 하여도 배임죄의 성립에 영향을 주는 것은 아니라 할 것이고, 일정 수의 보증인을 요구하는 은행의 대출규정은 그 정도의 보증인이 되어야 채권 회수에 문제가 없으리라는 판단에 근거한 것이므로, 그 중 1인이 흠결되거나, 자격이 미달되는 보증인을 세우고 대출을 하는 경우에는 비록 다른 보증인에 의하여 채권회수가 모두 이루어진다 하더라도, 은행의 입장에서는 그 대출 당시에 채권 회수가 곤란해질 위험에 처하게 된 것이라고 하지 아니할 수 없을 것이며, 융통어음의 할인을 금지하는 것도 진성어음의 경우와 달리 융통어음의 경우에는 어음금이 지급되지 아니할 위험성이 높아서 담보의 일종으로 취득한 어음이 전혀 가치가 없어질 가능성이 크다는 점에 기인한다 할 것이므로, 은행 규정에 위배하여 융통어음을 할인하여 준 경우에는 은행의 입장에서는 그 대출 당시에 채권 회수가 곤란해질 위험에 처하게 된 것이라고 하지 아니할 수 없다』(대판 2002.6.28. 2000도3716)☆.

✔ **위험발생의 정도 : 물품대금지급보증서 사건** 표준 『재산상 손해가 발생하였다고 평가될 수 있는 재산상 실해 발생의 위험이란 본인에게 손해가 발생할 막연한 위험이 있는 것만으로는 부족하고 경제적인 관점에서 보아 본인에게 손해가 발생한 것과 같은 정도로 구체적인 위험이 있는 경우를 의미한다』(대판 2015.9.10. 2015도6745)★.

✔ **구체적·현실적 위험이 발생하지 않은 경우 : 이사장 명의 지불각서 사건** 『배임행위가 법률상 무효이기 때문에 본인의 재산 상태가 사실상으로도 악화된 바가 없다면 현실적인 손해가 없음은 물론이고 실해가 발생할 위험도 없는 것이므로 본인에게 재산상의 손해를 가한 것이라고 볼 수 없다』(대판 2014.2.3. 2011도16763 ; 1987.11.10. 87도993)☆.

손해발생을 인정한 기출판례 정리

①	✔ **대출 후 근저당권설정등기 말소 사건** 『갑 조합의 대출업무 등 담당자인 피고인이 갑 조합에 처와 모친 소유의 토지를 담보로 제공하고 그들 명의로 대출을 받은 다음 위임장 등을 위조하여 담보로 제공된 위 토지에 설정된 근저당권설정등기를 말소하였다고 하여 특정경제범죄 가중처벌 등에 관한 법률 위반(배임)으로 기소된 사안에서, 등기 말소로 갑 조합에 손해가 발생하였다고 할 것임에도, 이와 달리 보아 무죄를 선고한 원심판결에 법리오해의 잘못이 있다고 한 사례이다』(대판 2014.6.12. 2014도2578)★.
②	✔ **사료첨가제 납품 사건** 『회사의 대표이사가 사료첨가제 납품업체와 가격협상을 함에 있어 유리한 위치에 있었음에도 사료첨가제 납품으로 발생하는 이익금을 자신 등이 얻기 위한 의도에서, 납품업자에게 가공의 납품업체를 만들어 사료첨가제를 납품하라고 지시하고 이를 납품받음으로써 통상적인 납품 가격과 가격협상을 통하여 더 낮은 수준에서 납품받을 수 있었던 납품가격의 차액 상당의 재산상 이익을 취득한 경우, 업무상배임죄가 성립하고, 이로 인하여 회사에는 '가액을 산정할 수 없는 손해'가 발생하였다』(대판 2009.10.15. 2009도5655)☆.
③	✔ **주식매수선택권 공소시효 사건** 『갑 주식회사 대표이사인 피고인이 주주총회 의사록을 허위로 작성하고 이를 근거로 피고인을 비롯한 임직원들과 주식매수선택권부여계약을 체결함으로써 갑 회사에 재산상 손해를 가하였다고 하며 특정경제범죄 가중처벌 등에 관한 법률 위반(배임)으로 기소된 사안에서, 임직원들이 이후 계약에 기초하여 갑 회사에 주식매수선택권을 행사하고, 피고인이 이에 호응하여 주식의 실질가치에 미달하는 금액만을 받고 신주를 발행해 줌으로써 비로소 갑 회사에 현실적 손해

가 발생하거나 그러한 실해 발생의 위험이 초래되었다고 볼 수 있으므로, 피고인에 대한 업무상배임죄는 피고인이 의도한 배임행위가 모두 실행된 때로서 최종적으로 주식매수선택권이 행사되고 그에 따라 신주가 발행된 시점에 종료되었다고 보아야 하는데도, 이와 달리 계약을 체결한 시점에 범행이 종료되었음을 전제로 공소시효가 완성되었다고 보아 면소를 선고한 원심판결에는 법리오해의 위법이 있다고 한 사례』(대판 2011.11.24. 2010도11394)☆.

④ ✔ **불교방송 이사장 기부금 대여 사건** 『재단법인의 이사장 직무대리인이 후원회 기부금을 정상 회계처리하지 않고 자신과 친분관계에 있는 신도에게 확실한 담보도 제공받지 아니한 채 대여한 경우, 그 신도가 이자금을 제때에 불입하고 나중에 원금을 변제하였다 하더라도 배임죄가 성립한다』(대판 2000.12.8. 99도3338)☆.

손해발생을 부정한 기출판례 정리

① ✔ **전세보증금 권리질권 사건** 표준 『타인에 대한 채무의 담보로 제3채무자에 대한 채권에 대하여 권리질권을 설정한 경우 질권설정자는 질권자의 동의 없이 질권의 목적된 권리를 소멸하게 하거나 질권자의 이익을 해하는 변경을 할 수 없다(민법 제352조). 또한 질권설정자가 제3채무자에게 질권설정의 사실을 통지하거나 제3채무자가 이를 승낙한 때에는 제3채무자가 질권자의 동의 없이 질권의 목적인 채무를 변제하더라도 이로써 질권자에게 대항할 수 없고, 질권자는 여전히 제3채무자에 대하여 직접 채무의 변제를 청구하거나 변제할 금액의 공탁을 청구할 수 있다(민법 제353조 제2항, 제3항). 그러므로 이러한 경우 질권설정자가 질권의 목적인 채권의 변제를 받았다고 하여 질권자에 대한 관계에서 타인의 사무를 처리하는 자로서 임무에 위배하는 행위를 하여 질권자에게 손해를 가하거나 손해 발생의 위험을 초래하였다고 할 수 없고, 배임죄가 성립하지도 않는다』(대판 2016.4.29. 2015도5665)★.

② ✔ **도서관 신축공사 사건** 『일반경쟁입찰에 의하여 체결하여야 할 공사도급계약을 수의계약에 의하여 체결하였다 하더라도 수의계약에 의한 공사대금이 적정한 공사대금의 수준을 벗어나 부당하게 과대하여 일반경쟁입찰에 의하여 공사도급계약을 체결할 경우 예상되는 공사대금의 범위를 벗어난 것이 아니라면 재산상의 손해를 가한 때에 해당한다고 할 수 없다』(대판 2005.3.25. 2004도5731)★.

③ ✔ **쌍용양회 지급보증 사건** 『이미 타인의 채무에 대하여 보증을 하였는데, 피보증인이 변제자력이 없어 결국 보증인이 그 보증채무를 이행하게 될 우려가 있고, 보증인이 피보증인에게 신규로 자금을 제공하거나 피보증인이 신규로 자금을 차용하는 데 담보를 제공하면서 그 신규자금이 이미 보증을 한 채무의 변제에 사용되도록 한 경우라면, 보증인으로서는 기보증채무와 별도로 새로 손해를 발생시킬 위험을 초래한 것이라고 볼 수 없다』(대판 2010.10.28. 2009도1149)☆.

④ ✔ **환지처분 전 체비지 사건** 최신3년 『갑 주식회사는 도시개발사업의 시행자인 을 조합으로부터 기성금 명목으로 체비지를 지급받은 다음 이를 다시 병에게 매도하였는데, 을 조합의 조합장인 피고인이 환지처분 전 체비지대장에 소유권 취득자로 등재된 갑 회사와 병의 명의를 임의로 말소함으로써 재산상 이익을 취득하고 병에게 손해를 가하였다는 배임의 공소사실로 기소된 사안에서, 을 조합이 시행한 도시개발사업은 도시개발법에 따라 이루어진 것이므로 체비지대장에의 등재가 환지처분 전 체비지 양수인이 취득하는 채권적 청구권의 공시방법이라고 볼 수 없다는 등의 이유로, 이와 다른 전제에서 피고인의 행위가 배임죄를 구성한다고 본 원심판결에 법리오해의 잘못이 있다고 한 사례』(대판 2022.10.14. 2018도13604)☆.

✔ **대표권남용과 손해발생 및 기수·미수 판단기준 : 29억 약속어음 배임 사건** 표준 　『[1] 주식회사의 대표이사가 대표권을 남용하는 등 그 임무에 위배하여 회사 명의로 의무를 부담하는 행위를 하더라도 일단 회사의 행위로서 유효하고, 다만 그 상대방이 대표이사의 진의를 알았거나 알 수 있었을 때에는 회사에 대하여 무효가 된다. 따라서 상대방이 대표권남용 사실을 알았거나 알 수 있었던 경우 그 의무부담행위는 원칙적으로 회사에 대하여 효력이 없고, 경제적 관점에서 보아도 이러한 사실만으로는 회사에 현실적인 손해가 발생하였다거나 실해 발생의 위험이 초래되었다고 평가하기 어려우므로, 달리 그 의무부담행위로 인하여 실제로 채무의 이행이 이루어졌다거나 회사가 민법상 불법행위책임을 부담하게 되었다는 등의 사정이 없는 이상 배임죄의 기수에 이른 것은 아니다. 그러나 이 경우에도 대표이사로서는 배임의 범의로 임무위배행위를 함으로써 실행에 착수한 것이므로 배임죄의 미수범이 된다. 그리고 상대방이 대표권남용 사실을 알지 못하였다는 등의 사정이 있어 그 의무부담행위가 회사에 대하여 유효한 경우에는 회사의 채무가 발생하고 회사는 그 채무를 이행할 의무를 부담하므로, 이러한 채무의 발생은 그 자체로 현실적인 손해 또는 재산상 실해 발생의 위험이라고 할 것이어서 그 채무가 현실적으로 이행되기 전이라도 배임죄의 기수에 이르렀다고 보아야 한다.
[2] 약속어음 발행의 경우 어음법상 발행인은 종전의 소지인에 대한 인적 관계로 인한 항변으로써 소지인에게 대항하지 못하므로(어음법 제17조, 제77조), 어음발행이 무효라 하더라도 그 어음이 실제로 제3자에게 유통되었다면 회사로서는 어음채무를 부담할 위험이 구체적·현실적으로 발생하였다고 보아야 하고, 따라서 그 어음채무가 실제로 이행되기 전이라도 배임죄의 기수범이 된다. 그러나 약속어음 발행이 무효일 뿐만 아니라 그 어음이 유통되지도 않았다면 회사는 어음발행의 상대방에게 어음채무를 부담하지 않기 때문에 특별한 사정이 없는 한 회사에 현실적으로 손해가 발생하였다거나 실해 발생의 위험이 발생하였다고도 볼 수 없으므로, 이때에는 배임죄의 기수범이 아니라 배임미수죄로 처벌하여야 한다』(대판[전] 2017.7.20. 2014도1104)★.

✔ **소극적 손해의 판단 : 금형제작 납품계약 사건** 표준 　『[1] 업무상배임죄에서 재산상 손해의 유무에 관한 판단은 법률적 판단에 의하지 아니하고 경제적 관점에서 실질적으로 판단하여야 하는데, 여기에는 재산의 처분 등 직접적인 재산의 감소, 보증이나 담보제공 등 채무 부담으로 인한 재산의 감소와 같은 적극적 손해를 야기한 경우는 물론, 객관적으로 보아 취득할 것이 충분히 기대되는데도 임무위배행위로 말미암아 이익을 얻지 못한 경우, 즉 소극적 손해를 야기한 경우도 포함된다. 이러한 소극적 손해는 재산증가를 객관적·개연적으로 기대할 수 있음에도 임무위배행위로 이러한 재산증가가 이루어지지 않은 경우를 의미하므로 임무위배행위가 없었다면 실현되었을 재산 상태와 임무위배행위로 말미암아 현실적으로 실현된 재산 상태를 비교하여 그 유무 및 범위를 산정하여야 한다.
[2] 피고인이, 갑이 운영하는 을 주식회사의 부사장으로 대외 영업활동을 하여 그 활동 및 계약을 을 회사에 귀속시키기로 갑과 약정하고도 을 회사에 알리지 않고 피고인 자신이 을 회사 대표인 것처럼 가장하거나 피고인이 별도로 설립한 병 주식회사 명의로 금형제작·납품계약을 체결함으로써 을 회사에 손해를 가하였다고 하여 업무상배임으로 기소된 사안에서, 을 회사의 재산상 손해는 피고인의 임무위배행위로 을 회사의 금형제작·납품계약 체결기회가 박탈됨으로써 발생하므로, 원칙적으로 계약을 체결한 때를 기준으로 금형제작·납품계약 대금에 기초하여 산정하여야 하며, 계약대금 중에서 사후적으로 발생되는 미수금이나 계약 해지로 받지 못하게 되는 나머지 계약대금 등은 특별한 사정이 없는 한 계약 대금에서 공제할 것이 아닌데도, 이와 달리 금형제작·납품계약 대금 중 미수금 및 계약 해지로 받지 못하게 된 부분은 피고인의 배임행위로 인한 재산상 손해로 인정할 수 없다고 본 원심판결에 업무상배임죄의 재산상 손해에 관한 법리를 오해한 잘못이 있다고 한 사례』(대판 2013.4.26. 2011도6798)☆.

다. 재산상이익의 취득

배임죄는 재산상의 손해발생 이외에 자기 또는 제3자가 재산상의 이익을 취득할 것을 요건으로 한다. 따라서 본인에게 손해가 발생한 경우에도 재산상이익을 취득한 사실이 없으면 배임죄는 성립하지 않는다. 여기서 재산상의 이익이란 적극적 이익이든 소극적 이익을 불문하는 개념으로 모든 재산적 가치의 증가를 의미한다.

✔ **재산상 이익과 손해의 관련성 : 금융상품 매입과 수수료 사건** 『[1] 업무상배임죄는 업무상 타인의 사무를 처리하는 자가 임무에 위배하는 행위를 하고 그러한 임무위배행위로 인하여 재산상의 이익을 취득하거나 제3자로 하여금 이를 취득하게 하여 본인에게 재산상의 손해를 가한 때 성립한다. 여기서 '재산상 이익 취득'과 '재산상 손해 발생'은 대등한 범죄성립요건이고, 이는 서로 대응하여 병렬적으로 규정되어 있다(형법 제356조, 제355조 제2항). 따라서 임무위배행위로 인하여 여러 재산상 이익과 손해가 발생하더라도 재산상 이익과 손해 사이에 서로 대응하는 관계에 있는 등 일정한 관련성이 인정되어야 업무상배임죄가 성립한다. [2] 업무상배임죄에서 본인에게 재산상 손해를 가한다 함은 총체적으로 보아 본인의 재산상태에 손해를 가하는 경우, 즉 본인의 전체적 재산가치의 감소를 가져오는 것을 말하고, 이와 같은 법리는 타인의 사무를 처리하는 자 내지 제3자가 취득하는 재산상 이익에 대하여도 동일하게 적용되는 것으로 보아야 한다. 또한 업무상배임죄는 본인에게 재산상 손해를 가하는 외에 임무위배행위로 인하여 행위자 스스로 재산상 이익을 취득하거나 제3자로 하여금 재산상 이익을 취득하게 할 것을 요건으로 하므로, 본인에게 손해를 가하였다고 할지라도 행위자 또는 제3자가 재산상 이익을 취득한 사실이 없다면 배임죄가 성립할 수 없다. [3] 갑 새마을금고 임원인 피고인이 새마을금고의 여유자금 운용에 관한 규정을 위반하여 금융기관으로부터 원금 손실의 위험이 있는 금융상품을 매입함으로써 갑 금고에 액수 불상의 재산상 손해를 가하고 금융기관에 수수료 상당의 재산상 이익을 취득하게 하였다고 하여 업무상배임으로 기소된 사안에서, 피고인의 임무위배행위로 인하여 본인인 갑 금고에 발생한 액수 불상의 재산상 손해와 금융기관이 취득한 수수료 상당의 이익 사이에 대응관계가 있는 등 관련성이 있다고 볼 수 없는 점, 금융기관에 지급된 수수료는 판매수수료로서 피고인이 금융상품을 매입하면서 금융기관으로부터 제공받은 용역에 대한 대가로 지급된 것이므로, 금융기관이 제공한 용역에 비하여 지나치게 과도한 수수료를 지급받았다는 등의 특별한 사정이 없는 한, 금융기관이 용역 제공의 대가로 정당하게 지급받은 위 수수료가 피고인의 임무위배행위로 인하여 취득한 재산상 이익에 해당한다고 단정하기 어려운 점 등을 종합하면, 피고인의 임무위배행위로 갑 금고에 액수 불상의 재산상 손해가 발생하였더라도 금융기관이 취득한 수수료 상당의 이익을 그와 관련성 있는 재산상 이익이라고 인정할 수 없고, 또한 위 수수료 상당의 이익은 배임죄에서의 재산상 이익에 해당한다고 볼 수도 없다는 이유로, 이와 달리 보아 공소사실을 유죄로 판단한 원심판결에 배임죄 성립에 관한 법리오해의 잘못이 있다고 한 사례』(대판 2021.11.25. 2016도3452)☆.

✔ **재산상 이익과 손해의 관련성(견련성의 법리) : 군위군수 20억 정기예금 중도해지 사건** 최신3년 『위원회의 재산을 유지 및 보존, 관리하여야 할 업무상 임무가 있는 甲이 ○○축협 조합원들이 ○○군에서 추진하던 신공항사업을 반대한다는 이유 등으로 ○○군 총무과장 등 직원들에게 지시하여 이 사건 위원회 명의로 ○○축협에 예치된 20억 원 상당의 정기예금을 중도해지하고 그 돈을 ○○농협에 재예치하도록 하였다면 이 사건 위원회의 재산상 손해와 ○○농협의 재산상 이익 사이에는 관련성이 없어 업무상배임죄가 성립하지 않는다』(대판 2022.8.25. 2022도3717)☆.[102]

---

102) 참고 ○○농협이 20억 원의 자금을 예치받아 이를 운용할 수 있는 기회를 획득한 것은 피고인의 임무위배행위로 인하여 제3자가 취득한 재산상 이익에 해당한다고 보아 이 사건 공소사실을 유죄로 판단하였다. 이러한 원심판결에는 배임죄에서 재산상 손해와 이익의 관계 등 업무상배임죄의 성립에 관한 법리를 오해하여 판결에 영향을 미친 잘못이 있다.

✔ **재산상 이익 : 외상대금 전산조작 사건** 『[1] 배임죄는 본인에게 재산상의 손해를 가하는 외에 배임행위로 인하여 행위자 스스로 또는 제3자로 하여금 재산상의 이익을 취득할 것을 요건으로 하므로, 본인에게 손해를 가하였다고 할지라도 재산상 이익을 행위자 또는 제3자가 취득한 사실이 없다면 배임죄가 성립하지 않는다. [2] 피해자 회사의 사업부 영업팀장인 피고인이 체인점들에 대한 전매입고 금액을 삭제하여 전산상 회사의 체인점들에 대한 외상대금채권이 줄어든 것으로 처리하는 전산조작행위를 한 사안에서, 전산상 외상대금채권이 자동 차감된다는 사정만으로 회사의 외상매출금채권이 감소할 우려가 생겼다고 판단하여 업무상 배임의 공소사실을 유죄로 인정한 원심판결을 파기한 사례』(대판 2006.7.27. 2006도3145)☆.

✔ **재산상 이익을 취득하지 못한 경우 : 덤핑판매 사건** 『피고인이 피해 회사의 승낙 없이 임의로 지정 할인율보다 더 높은 할인율을 적용하여 회사가 지정한 가격보다 낮은 가격으로 제품을 판매하는 이른바 '덤핑판매'로 제3자인 거래처에 재산상의 이익이 발생하였는지 여부는 경제적 관점에서 실질적으로 판단하여야 할 것인바, 피고인이 피해 회사가 정한 할인율 제한을 위반하였다 하더라도 시장에서 거래되는 가격에 따라 제품을 판매하였다면 지정 할인율에 의한 제품가격과 실제 판매시 적용된 할인율에 의한 제품가격의 차액 상당을 거래처가 얻은 재산상의 이익이라고 볼 수는 없다』(대판 2009.12.24. 2007도2484)☆.

라. 착수 및 기수시기

배임죄는 임무에 위배되는 배신행위를 개시한 때 실행의 착수가 인정되고, 재산상 손해가 발생한 때 기수가 된다.

✔ **기수시기 : 1인 주주 배임 사건** 『배임죄의 주체는 타인을 위하여 사무를 처리하는 자이며, 그의 임무위반 행위로써 그 타인인 본인에게 재산상의 손해를 발생케 하였을 때 이 죄가 성립되는 것인 즉, 소위 1인회사에 있어서도 행위의 주체와 그 본인은 분명히 별개의 인격이며, 그 본인인 주식회사에 재산상 손해가 발생하였을 때 배임죄는 기수가 되는 것이므로 궁극적으로 그 손해가 주주의 손해가 된다 하더라도 이미 성립한 죄에는 아무 소장이 없다』(대판[전] 1983.12.13. 83도2330)☆.

II. 주관적 구성요건

1. 고 의

배임죄는 타인의 사무를 처리하는 자로서의 임무에 위배하는 행위를 하여 자기 또는 제3자가 재산상의 이익을 취득하고, 본인에게 손해를 가한다는 인식과 의사를 내용으로 하는 고의가 있어야 한다.

✔ **배임죄의 고의 : 외환위기 회사채 인수 사건** 『배임죄에 있어서 배임의 범의는 배임행위의 결과 본인에게 재산상의 손해가 발생하거나 발생할 염려가 있다는 인식과 자기 또는 제3자가 재산상의 이득을 얻는다는 인식이 있으면 족하고 본인에게 재산상의 손해를 가하려는 의사나 자기 또는 제3자에게 재산상의 이득을 얻게 하려는 목적은 요하지 아니하며, 이러한 인식은 미필적 인식으로도 족한 것이다』(대판 2004.7.9. 2004도810)☆.

✔ **부작위범과 배임죄의 고의 : 고양시 도시개발 사건** 『업무상배임죄는 타인의 사무를 처리하는 자가 업무상의 임무에 위배되는 행위로써 재산상의 이익을 취득하거나 제3자로 하여금 이를 취득하게 하여 그 타인에게 손해를 가한 때에 성립한다. 형법 제18조는 부작위범의 성립 요건에 관하여 "위험의 발생을 방지할 의무가 있거나 자기의 행위로 인하여 위험발생의 원인을 야기한 자가 그 위험발생을 방지하지 아니한 때에는 그 발생된 결과에 의하여 처벌한다."라고 정하고 있다.

업무상배임죄는 타인과의 신뢰관계에서 일정한 임무에 따라 사무를 처리할 법적 의무가 있는 자가 그 상황에서 당연히 할 것이 법적으로 요구되는 행위를 하지 않는 부작위에 의해서도 성립할 수 있다. 그러한 부작위를 실행의 착수로 볼 수 있기 위해서는 작위의무가 이행되지 않으면 사무처리의 임무를 부여한 사람이 재산권을 행사할 수 없으리라고 객관적으로 예견되는 등으로 구성요건적 결과 발생의 위험이 구체화한 상황에서 부작위가 이루어져야 한다. 그리고 행위자는 부작위 당시 자신에게 주어진 임무를 위반한다는 점과 그 부작위로 인해 손해가 발생할 위험이 있다는 점을 인식하였어야 한다』(대판 2021. 5. 27. 2020도15529)☆.

✔ **경영상의 판단과 고의 : 보증보험사 경영판단 사건** 『경영상 판단과 관련하여 경영자에게 배임의 고의와 불법이득의 의사가 있었는지를 판단할 때에도, 문제된 경영상의 판단에 이르게 된 경위와 동기, 판단 대상인 사업의 내용, 기업이 처한 경제적 상황, 손실 발생과 이익 획득의 개연성 등의 여러 사정을 고려할 때 자기 또는 제3자가 재산상 이익을 취득한다는 인식과 본인에게 손해를 가한다는 인식하의 의도적 행위임이 인정되는 경우에 한하여 배임죄의 고의를 인정하여야 하고, 그러한 인식이 없는데도 본인에게 손해가 발생하였다는 결과만으로 책임을 묻거나 단순히 주의의무를 소홀히 한 과실이 있다는 이유로 책임을 물어서는 안 된다. 그러나 한편 경영자의 경영상 판단에 관한 위와 같은 사정을 모두 고려하더라도 법령의 규정, 계약 내용 또는 신의성실의 원칙상 구체적 상황과 자신의 역할·지위에서 당연히 하여야 할 것으로 기대되는 행위를 하지 않거나 하지 않아야 할 것으로 기대되는 행위를 함으로써 재산상 이익을 취득하거나 제3자로 하여금 이를 취득하게 하고 본인에게 손해를 가하였다면 그에 관한 고의 내지 불법이득의 의사는 인정된다』(대판 2011. 10. 27. 2009도14464 ; 2004. 7. 22. 2002도4229)☆.

✔ **기업경영자의 고의 : 해태야구단 인수 사건** 『기업의 경영자가 문제된 행위를 함에 있어 합리적으로 가능한 범위 내에서 수집한 정보를 근거로 하여 당해 기업이 처한 경제적 상황이나 그 행위로 인한 손실발생과 이익획득의 개연성 등의 제반 사정을 신중하게 검토하지 아니한 채, 당해 기업이나 경영자 개인이 정치적인 이유 등으로 곤란함을 겪고 있는 상황에서 벗어나기 위해서는 비록 경제적인 관점에서 기업에 재산상 손해를 가하는 결과가 초래되더라도 이를 용인할 수밖에 없다는 인식하에 의도적으로 그와 같은 행위를 하였다면 업무상배임죄의 고의는 있었다고 봄이 상당하다』(대판 2007. 3. 15. 2004도5742)☆.

✔ **법인카드를 개인적인 용도로 사용한 경우 : 법인카드 4장 임의 사용 사건** 『주식회사의 임원이 공적 업무수행을 위하여서만 사용이 가능한 법인카드를 개인 용도로 계속적, 반복적으로 사용한 경우 특별한 사정이 없는 한 임원에게는 임무위배의 인식과 그로 인하여 자신이 이익을 취득하고 주식회사에 손해를 가한다는 인식이 있었다고 볼 수 있으므로, 이러한 행위는 업무상배임죄를 구성한다. 위와 같은 법인카드 사용에 대하여 실질적 1인 주주의 양해를 얻었다거나 실질적 1인 주주가 향후 그 법인카드 대금을 변상, 보전해 줄 것이라고 일방적으로 기대하였다는 사정만으로는 업무상배임의 고의나 불법이득의 의사가 부정된다고 볼 수 없다』(대판 2014. 2. 21. 2011도8870)☆.

2. 불법영득의사

배임죄는 이득죄로서 자기 또는 제3자로 하여금 재산상의 이익을 취득케 한다는 불법영득(이득)의사가 있어야 한다. 따라서 본인의 이익을 위한 경우에는 불법영득의사가 없으므로 배임죄는 성립하지 않는다.

✔ **불법영득의사의 의미 : 탐진댐 사무소 사건** 『업무상배임죄에 있어서 불법영득의 의사라 함은 자기 또는 제3자의 이익을 꾀할 목적으로 업무상 임무에 위배된 행위를 하는 의사를 의미하고, 반드시 자기 스스로 재산상 이익을 취득해야만 하는 것은 아니다』(대판 2005. 7. 29. 2004도5685)☆.

✔ **불법영득의사를 부정한 경우 : 한빛 전주방송 사건** 『주식회사의 설립업무 또는 증자업무를 담당한 자와 주식인수인이 사전 공모하여 주금납입취급은행 이외의 제3자로부터 납입금에 해당하는 금액을 차입하여 주금을 납입하고 납입취급은행으로부터 납입금보관증명서를 교부받아 회사의 설립등기절차 또는 증자등기절차를 마친 직후 이를 인출하여 위 차용금채무의 변제에 사용하는 경우, 위와 같은 행위는 실질적으로 회사의 자본을 증가시키는 것이 아니고 등기를 위하여 납입을 가장하는 편법에 불과하여 주금의 납입 및 인출의 전 과정에서 회사의 자본금에는 실제 아무런 변동이 없다고 보아야 할 것이므로 그들에게 불법이득의 의사가 있다거나 회사에 재산상 손해가 발생한다고 볼 수는 없으므로, 업무상배임죄가 성립한다고 할 수 없다.』(대판 2005.4.29. 2005도856)☆.

Ⅲ. 공범관계

업무상배임죄의 실행으로 이익을 얻게 되는 수익자는 실행행위자의 행위가 피해자 본인에 대한 배임행위에 해당한다는 점을 인식한 상태에서 배임의 의도가 전혀 없었던 실행행위자에게 배임행위를 교사하거나 또는 배임행위의 전 과정에 관여하는 등으로 배임행위에 적극 가담한 경우에 한하여 배임의 실행행위자에 대한 공동정범으로 인정할 수 있다. 따라서 거래상대방이 배임행위임을 알면서 단순히 요구한 경우에는 배임죄의 공범이 성립하지 않는다.

✔ **적극 가담 한 경우 : 특별분양권 이중매매 사건** 『업무상 배임죄의 실행으로 인하여 이익을 얻게 되는 수익자 또는 그와 밀접한 관련이 있는 제3자를 배임의 실행행위자에 대한 공동정범으로 인정하기 위하여는, 우선 실행행위자의 행위가 피해자 본인에 대한 배임행위에 해당한다는 점을 인식하였어야 한다. 나아가 실행행위자의 배임행위를 교사하거나 또는 배임행위의 전 과정에 관여하는 등으로 배임행위에 적극 가담할 것을 필요로 한다.』(대판 2009.9.10. 2009도5630)★.

✔ **적극 가담하지 않은 경우 : 상속세 담보 가등기 사건** 『[1] 회사의 대표이사는 이사회 또는 주주총회의 결의가 있더라도 그 결의내용이 회사 채권자를 해하는 불법한 목적이 있는 경우에는 이에 맹종할 것이 아니라 회사를 위하여 성실한 직무수행을 할 의무가 있으므로 대표이사가 임무에 배임하는 행위를 함으로써 주주 또는 회사 채권자에게 손해가 될 행위를 하였다면 그 회사의 이사회 또는 주주총회의 결의가 있었다고 하여 그 배임행위가 정당화될 수는 없다.
[2] 1인 회사의 주주가 개인적 거래에 수반하여 법인 소유의 부동산을 담보로 제공한다는 사정을 거래상대방이 알면서 가등기의 설정을 요구하고 그 가등기를 경료받은 사안에서, 거래상대방이 배임행위의 방조범에 해당하지 않는다.』(대판 2005.10.28. 2005도4915)☆.

Ⅳ. 죄수 및 타죄와의 관계

1. 죄 수

배임죄의 죄수 관계는 신임관계의 수에 따라 판단한다. ① 배임죄가 성립한 이후에 새로운 법익을 침해한 경우나 침해한 법익의 양을 초과한 경우에는 별개의 배임죄가 성립한다. ② 수 개의 배임행위가 있는 경우에도 피해법익(신임관계)이 단일하고 단일한 범의에 기한 일련의 행위라면 포괄하여 일죄가 된다.

✔ **불가벌적 사후행위가 아닌 경우 : 상속세 담보 가등기 사건**   『배임죄는 재산상 이익을 객체로 하는 범죄이므로, 1인 회사의 주주가 자신의 개인채무를 담보하기 위하여 회사 소유의 부동산에 대하여 근저당권설정등기를 마쳐 주어 배임죄가 성립한 이후에 그 부동산에 대하여 새로운 담보권을 설정해 주는 행위는 선순위 근저당권의 담보가치를 공제한 나머지 담보가치 상당의 재산상 이익을 침해하는 행위로서 별도의 배임죄가 성립한다』(대판 2005.10.28. 2005도4915)★.

✔ **포괄일죄가 되는 경우 : 외환위기 회사채 인수 사건**   『수 개의 업무상 배임행위가 있더라도 피해법익이 단일하고 범죄의 태양이 동일할 뿐만 아니라, 그 수 개의 배임행위가 단일한 범의에 기한 일련의 행위라고 볼 수 있는 경우에는 그 수 개의 배임행위는 포괄하여 일죄를 구성한다』(대판 2004.7.9. 2004도810)☆.

2. 타죄와의 관계

(1) 횡령죄와의 관계

불가벌적 사후행위를 인정한 기출판례 정리
① ✔ **질권설정 후 인출동의 사건** 표준 『갑 주식회사 대표이사인 피고인이 자신의 채권자 을에게 차용금에 대한 담보로 갑 회사 명의 정기예금에 질권을 설정하여 주었는데, 그 후 을이 차용금과 정기예금의 변제기가 모두 도래한 이후 피고인의 동의하에 정기예금 계좌에 입금되어 있던 갑 회사 자금을 전액 인출하였다고 하여 구 특정경제범죄 가중처벌 등에 관한 법률 위반으로 기소된 사안에서, 민법 제353조에 의하면 질권자는 질권의 목적이 된 채권을 직접 청구할 수 있으므로, 피고인의 예금인출동의행위는 이미 배임행위로써 이루어진 질권설정행위의 사후조처에 불과하여 새로운 법익의 침해를 수반하지 않는 이른바 불가벌적 사후행위에 해당하고, 별도의 횡령죄를 구성하지 않는다』(대판 2012.11.29. 2012도10980)★.

불가벌적 사후행위를 부정한 기출판례 정리
① ✔ **연대보증 후 현금 지급 사건** 『갑 주식회사의 대표이사와 실질적 운영자인 피고인들이 공모하여, 자신들이 을에 대해 부담하는 개인채무 지급을 위하여 갑 회사로 하여금 약속어음을 공동발행하게 하고 위 채무에 대하여 연대보증하게 한 후에 갑 회사를 위하여 보관 중인 돈을 임의로 인출하여 을에게 지급하여 위 채무를 변제한 사안에서, 피고인들이 갑 회사의 돈을 보관하는 자의 지위에서 회사의 이익이 아니라 자신들의 채무를 변제하려는 의사로 회사 자금을 자기의 소유인 경우와 같이 임의로 인출한 후 개인채무의 변제에 사용한 행위는, 약속어음금채무와 연대보증채무 부담으로 인한 회사에 대한 배임죄와 다른 새로운 보호법익을 침해하는 것으로서 배임 범행의 불가벌적 사후행위가 되는 것이 아니라 별죄인 횡령죄를 구성한다』(대판 2011.4.14. 2011도277)★.
② ✔ **선지급 펀드출자금 사건** 『회사에 대한 관계에서 타인의 사무를 처리하는 자가 임무에 위배하는 행위로써 회사로 하여금 회사가 펀드 운영사에 지급하여야 할 펀드출자금을 정해진 시점보다 선지급하도록 하여 배임죄를 범한 다음, 그와 같이 선지급된 펀드출자금을 보관하는 자와 공모하여 펀드출자금을 임의로 인출한 후 자신의 투자금으로 사용하기 위하여 임의로 송금하도록 한 행위는 펀드출자금 선지급으로 인한 배임죄와는 다른 새로운 보호법익을 침해하는 행위로서 배임 범행의 불가벌적 사후행위가 되는 것이 아니라 별죄로서 횡령죄를 구성한다고 보아야 한다』(대판 2014.12.11. 2014도10036)☆.

(2) 사기죄와의 관계

상상적 경합을 인정한 기출판례 정리

① ✔ **신협협동조합 전무이사 사건** 『[1] 타인의 위탁에 의하여 사무를 처리하는 자가 그 사무처리상 임무에 위배하여 본인을 기망하고 착오에 빠진 본인으로부터 재물을 교부받은 경우에는 배임죄와 사기죄는 법조경합 관계가 아니라 상상적 경합관계에 있다.
[2] 업무상배임행위에 사기행위가 수반된 때의 죄수 관계에 관하여 보면, 사기죄는 사람을 기망하여 재물의 교부를 받거나 재산상의 이익을 취득하는 것을 구성요건으로 하는 범죄로서 임무위배를 그 구성요소로 하지 아니하고 사기죄의 관념에 임무위배 행위가 당연히 포함된다고 할 수도 없으며, 업무상배임죄는 업무상 타인의 사무를 처리하는 자가 그 업무상의 임무에 위배하는 행위로써 재산상의 이익을 취득하거나 제3자로 하여금 이를 취득하게 하여 본인에게 손해를 가하는 것을 구성요건으로 하는 범죄로서 기망적 요소를 구성요건의 일부로 하는 것이 아니어서 양 죄는 그 구성요건을 달리하는 별개의 범죄이고 형법상으로도 각각 별개의 장에 규정되어 있어, 1개의 행위에 관하여 사기죄와 업무상배임죄의 각 구성요건이 모두 구비된 때에는 양 죄를 법조경합 관계로 볼 것이 아니라 상상적 경합관계로 봄이 상당하다 할 것이고, 나아가 업무상배임죄가 아닌 단순배임죄라고 하여 양 죄의 관계를 달리 보아야 할 이유도 없다』(대판[전] 2002.7.18. 2002도669)★.

실체적 경합을 인정한 기출판례 정리

① ✔ **전세임대차계약 사건** 『[1] 본인에 대한 배임행위가 본인 이외의 제3자에 대한 사기죄를 구성한다 하더라도 그로 인하여 본인에게 손해가 생긴 때에는 사기죄와 함께 배임죄가 성립한다.
[2] 건물관리인이 건물주로부터 월세임대차계약 체결업무를 위임받고도 임차인들을 속여 전세임대차 계약을 체결하고 그 보증금을 편취한 경우, 사기죄와 별도로 업무상배임죄가 성립하고 두 죄가 실체적 경합범의 관계에 있다』(대판 2010.11.11. 2010도10690)★.

V. 이중매매와 이중저당

1. 이중매매

가. 의 의

이중매매란 甲이 乙에게 자기의 부동산을 매도하였으나 이전등기를 해 주지 않은 상태에서 이를 丙에게 다시 매도하고 丙에게 소유권이전등기를 경료해 준 경우를 말한다.

나. 부동산 이중매매

(1) 매도인의 형사책임

(가) 계약금만 수령한 경우

부동산 매매계약에서 계약금만 지급된 단계에서는 어느 당사자나 계약금을 포기하거나 그 배액을 상환함으로써 자유롭게 계약의 구속력에서 벗어날 수 있으므로, 매도인은 단순한 채무자로서 타인의 사무를 처리하는 자라고 할 수 없는 것이다. 따라서 매도인이 매매계약을 체결하고 계약금만을 받은 단계에서 이중으로 매도한 때에는 배임죄가 성립하지 않는다.

(나) 중도금 이상 수령한 경우

중도금이 지급되는 등 계약이 본격적으로 이행되는 단계에 이른 때에는 계약이 취소되거나 해제되지 않는 한 매도인은 매수인에게 부동산의 소유권을 이전해 줄 의무에서 벗어날 수 없으므로, 매도인은 매수인에 대하여 매수인의 재산보전에 협력하여 재산적 이익을 보호·관리할 신임관계에 있게 된다. 따라서 이러한 단계에서 매도인은 배임죄에서 말하는 '타인의 사무를 처리하는 자'에 해당한다.

✔ **중도금 이상 수령한 경우 : 지하1층 이중매매 사건** 표준 『[다수의견] 부동산 매매계약에서 계약금만 지급된 단계에서는 어느 당사자나 계약금을 포기하거나 그 배액을 상환함으로써 자유롭게 계약의 구속력에서 벗어날 수 있다. 그러나 중도금이 지급되는 등 계약이 본격적으로 이행되는 단계에 이른 때에는 계약이 취소되거나 해제되지 않는 한 매도인은 매수인에게 부동산의 소유권을 이전해 줄 의무에서 벗어날 수 없다. 따라서 이러한 단계에 이른 때에 매도인은 매수인에 대하여 매수인의 재산보전에 협력하여 재산적 이익을 보호·관리할 신임관계에 있게 된다. 그때부터 매도인은 배임죄에서 말하는 '타인의 사무를 처리하는 자'에 해당한다고 보아야 한다. 그러한 지위에 있는 매도인이 매수인에게 계약 내용에 따라 부동산의 소유권을 이전해 주기 전에 그 부동산을 제3자에게 처분하고 제3자 앞으로 그 처분에 따른 등기를 마쳐 준 행위는 매수인의 부동산 취득 또는 보전에 지장을 초래하는 행위이다. 이는 매수인과의 신임관계를 저버리는 행위로서 배임죄가 성립한다』(대판[전] 2018.5.17. 2017도4027)★.[103)104)]

✔ **가등기를 경료해준 경우 : 순위보전 가등기 설정 사건** 『부동산 매매계약에서 중도금이 지급되는 등 계약이 본격적으로 이행되는 단계에 이른 때에는 매도인은 매수인에 대하여 매수인의 재산보전에 협력하여 재산적 이익을 보호,관리할 신임관계에 있게 되고, 그때부터 매도인은 배임죄에서 말하는 '타인의 사무를 처리하는 자'에 해당하므로 매도인이 부동산을 제3자에게 처분하고 제3자 앞으로 등기를 마쳐 준 행위는 매수인의 부동산 취득 또는 보전에 지장을 초래하는 행위이므로 배임죄가 성립한다. 매도인이 매수인에게 순위보전의 효력이 있는 가등기를 마쳐 주었다고 하더라도 이는 향후 매수인에게 손해를 회복할 수 있는 방안을 마련하여 준 것일 뿐 그 자체로 물권변동의 효력이 있는 것은 아니어서 매도인으로서는 소유권을 이전하여 줄 의무에서 벗어날 수 없으므로 그와 같은 가등기로 인하여 매수인의 재산보전에 협력하여 재산적 이익을 보호,관리할 신임관계의 전형적,본질적 내용이 변경된다고 할 수 없다』(대판 2020.5.14. 2019도16228)★.

✔ **서면에 의한 증여 : 목장용지 증여 사건** 『부동산 이중매매 법리는 서면에 의한 부동산 증여계약에도 마찬가지로 적용된다. 서면으로 부동산 증여의 의사를 표시한 증여자는 계약이 취소되거나 해제되지 않는 한 수증자에게 목적부동산의 소유권을 이전할 의무에서 벗어날 수 없다. 그러한 증여자는 '타인의 사무를 처리하는 자'에 해당하고, 그가 수증자에게 증여계약에 따라 부동산의 소유권을 이전하지 않고 부동산을 제3자에게 처분하여 등기를 하는 행위는 수증자와의 신임관계를 저버리는 행위로서 배임죄가 성립한다』(대판 2018.12.13. 2016도19308)★.

---

103) 관련판례 부동산 매매계약에서 중도금이 지급되는 등 계약이 본격적으로 이행된 경우, 매도인이 매수인에게 순위보전의 효력이 있는 가등기를 마쳐주었더라도 가등기는 물권변동의 효력이 없으므로 매도인으로서는 소유권을 이전하여 줄 의무에서 벗어날 수 없으므로 배임죄가 성립한다.

104) 관련판례 이러한 법리는 부동산 교환계약에 있어서도 달리 볼 수 없다. 즉, 사회통념 내지 신의칙에 비추어 매매계약에서 중도금이 지급된 것과 마찬가지로 교환계약이 본격적으로 이행되는 단계에 이른 때에는 그 의무를 이행받을 당사자는 상대방의 재산보전에 협력하여 재산적 이익을 보호·관리할 신임관계에 있게 된다.

(다) 실행의 착수시기 · 기수시기

매도인이 제2차 매수인으로부터 계약금만을 지급받고 중도금을 수령한 바 없다면 위에서 살펴본 바와 같이 계약의 해제가 가능하므로 배임행위를 개시하였다고 볼 수 없다. 그러나 매도인이 제2차 매수인으로부터 계약금과 중도금까지 수령한 경우에는 배임의사가 드러난 것이고 이때부터 실행의 착수가 인정된다. 제2차 매수인 앞으로 이전등기를 마친 때 기수가 된다.

> ✔ **계약금만 지급 받은 경우** 『[1] 부동산의 이중양도에 있어서 매도인이 제2차 매수인으로부터 계약금만을 지급받고 중도금을 수령한 바 없다면 배임죄의 실행의 착수가 있었다고 볼 수 없다.
> [2] 피고인이 제1차 매수인으로부터 계약금 및 중도금 명목의 금원을 교부받은 후 제2차 매수인에게 부동산을 매도하기로 하고 계약금만을 지급받은 뒤 더 이상의 계약 이행에 나아가지 않았다면 배임죄의 실행의 착수가 있었다고 볼 수 없다』(대판 2003.3.25. 2002도7134)★.

> ✔ **중도금 이상 수령한 경우** 『부동산매도인이 매수인으로부터 계약금과 중도금까지 수령한 이상 특단의 약정이 없다면 잔금수령과 동시에 매수인 명의로의 소유권이전등기에 협력할 임무가 있으므로 이를 다시 제3자에게 처분함으로써 제1차 매수인에게 잔대금수령과 상환으로 소유권이전등기절차를 이행하는 것이 불가능하게 되었다면 배임죄의 책임을 면할 수 없다』(대판 1988.12.13. 88도750)★.

> ✔ **등기를 경료한 경우** 『피고인이 피해자에게 임야를 매도하고 일부 잔금까지 지급받았음에도, 다시 위 임야를 제3자에게 매도하여 계약금을 지급받고는 그 앞으로 소유권이전청구권 보전을 위한 가등기를 마쳐준 경우 특정경제범죄 가중처벌 등에 관한 법률 위반(배임)죄의 기수에 이르렀다』(대판 2008.7.10. 2008도3766)☆.

> ✔ **무허가 건물의 이중매매 : 채무변제 명목 미등기 건물 양도 사건** 『무허가건물의 양도인은 특별한 사정이 없는 한 대금수령과 동시에 양수인에게 그 건물을 인도할 의무가 있다 할 것이고, 무허가건물의 양수인은 양도인으로부터 무허가건물을 인도받아 점유함으로써 소유권에 준하는 사용 · 수익 처분의 포괄적인 권능을 가지게 되므로, 이와 같이 양수인에게 무허가건물을 인도할 의무를 부담하는 양도인이 중도금 또는 잔금까지 수령한 상태에서 양수인의 의사에 반하여 제3자에게 그 무허가건물을 이중으로 양도하고 중도금까지 수령하였다면 이는 양수인에 대한 관계에서 임무위배행위로서 배임죄의 실행의 착수가 있었다고 할 것이고, 더 나아가 제3자로부터 잔금을 수령하고 무허가건물을 인도하였다면 이는 배임죄의 기수에 해당한다』(대판 2005.10.28. 2005도5713)☆.

(라) 후매수인에 대한 배임죄 여부

매도인이 선매수인에게 소유권이전의무를 이행한 경우에는 자신의 의무를 이행한 것에 불과하므로 후매수인에 대한 관계에서 그가 임무를 위법하게 위배한 것이라고 할 수 없으므로 배임죄가 성립되지 않는다.

> ✔ **후매수인에 대한 죄책** 『부동산을 이중으로 매도한 경우에 매도인이 선매수인에게 소유권이전의무를 이행하였다고 하여 후매수인에 대한 관계에서 그가 임무를 위법하게 위배한 것이라고 할 수 없다』(대판 2009.2.26. 2008도11722)☆.

(2) 제2차 매수인의 형사책임

매수한 자를 해할 목적으로 양도를 교사하거나 기타 방법으로 적극가담 한 경우에는 양도인의 배임행위에 대한 공범이 성립된다.

> ✔ **적극 가담 한 경우** 『이미 타인에게 매도되었으나 소유권이전등기가 경료되지 아니하고 있는 부동산을 이중으로 매수 기타 양수하는 자에 대하여 배임죄의 죄책을 묻기 위하여는 이중으로 양수하는 자가 단지 그 부동산이 이미 타인에게 매도되었음을 알고 이중으로 양수하는 것만으로는 부족하고 먼저 매수한 자를 해할 목적으로 양도를 교사하거나 기타 방법으로 양도행위에 적극가담한 경우에 한하여 양도인의 배임행위에 대한 공범이 성립된다』(대판 1975.6.10. 74도2455)☆

다. 동산 이중매매

매매와 같이 당사자 일방이 재산권을 상대방에게 이전할 것을 약정하고 상대방이 그 대금을 지급할 것을 약정함으로써 그 효력이 생기는 계약의 경우(민법 제563조)에는 쌍방이 그 계약의 내용에 좇은 이행을 하여야 할 채무는 특별한 사정이 없는 한 '자기의 사무'에 해당하는 것이 원칙이다. 따라서 매매의 목적물이 동산인 경우에는 배임죄가 성립하지 않는다.

> ✔ **동산 이중매매 : 인쇄기 이중양도 사건** 『[1] 매매와 같이 당사자 일방이 재산권을 상대방에게 이전할 것을 약정하고 상대방이 그 대금을 지급할 것을 약정함으로써 그 효력이 생기는 계약의 경우(민법 제563조), 쌍방이 그 계약의 내용에 좇은 이행을 하여야 할 채무는 특별한 사정이 없는 한 '자기의 사무'에 해당하는 것이 원칙이다.
> [2] 매매의 목적물이 동산일 경우, 매도인은 매수인에게 계약에 정한 바에 따라 그 목적물인 동산을 인도함으로써 계약의 이행을 완료하게 되고 그때 매수인은 매매목적물에 대한 권리를 취득하게 되는 것이므로, 매도인에게 자기의 사무인 동산인도채무 외에 별도로 매수인의 재산의 보호 내지 관리 행위에 협력할 의무가 있다고 할 수 없다. 동산매매계약에서의 매도인은 매수인에 대하여 그의 사무를 처리하는 지위에 있지 아니하므로, 매도인이 목적물을 매수인에게 인도하지 아니하고 이를 타에 처분하였다 하더라도 형법상 배임죄가 성립하는 것은 아니다.
> [3] 피고인이 '인쇄기'를 갑에게 양도하기로 하고 계약금 및 중도금을 수령하였음에도 이를 자신의 채권자 을에게 기존 채무 변제에 갈음하여 양도함으로써 재산상 이익을 취득하고 갑에게 동액 상당의 손해를 입혔다는 배임의 공소사실에 대하여, 피고인은 갑에 대하여 그의 사무를 처리하는 지위에 있지 않다는 이유로 무죄를 선고한 원심판단을 수긍한 사례』(대판[전] 2011.1.20. 2008도10479)★

라. 기타 이중양도

> ✔ **주식의 이중양도 : 주식 3만주 이중양도 사건** 『주권발행 전 주식의 양도는 양도인과 양수인의 의사표시만으로 그 효력이 발생한다. 그 주식양수인은 특별한 사정이 없는 한 양도인의 협력을 받을 필요 없이 단독으로 자신이 주식을 양수한 사실을 증명함으로써 회사에 대하여 그 명의개서를 청구할 수 있다. 따라서 양도인이 양수인으로 하여금 회사 이외의 제3자에게 대항할 수 있도록 확정일자 있는 증서에 의한 양도통지 또는 승낙을 갖추어 주어야 할 채무를 부담한다 하더라도 이는 자기의 사무라고 보아야 하고, 이를 양수인과의 신임관계에 기초하여 양수인의 사무를 맡아 처리하는 것으로 볼 수 없다.
> 그러므로 주권발행 전 주식에 대한 양도계약에서의 양도인은 양수인에 대하여 그의 사무를 처리하는 지위에 있지 아니하여, 양도인이 위와 같은 제3자에 대한 대항요건을 갖추어 주지 아니하고 이를 타에 처분하였다 하더라도 형법상 배임죄가 성립하는 것은 아니다』(대판 2020.6.4. 2015도6057)★

✓ **권리의 이중양도 : 점포임차권 이중양도 사건** 『점포임차권양도계약을 체결한 후 계약금과 중도금까지 지급받았다 하더라도 잔금을 수령함과 동시에 양수인에게 점포를 명도하여 줄 양도인의 의무는 위 양도계약에 따르는 민사상의 채무에 지나지 아니하여 이를 타인의 사무로 볼 수 없으므로 비록 양도인이 위 임차권을 2중으로 양도하였다 하더라도 배임죄를 구성하지 않는다』(대판 1986.9.23. 86도811)☆.

2. 이중저당

이중저당이란 甲이 乙로부터 금전을 차용하고 1번 저당권을 설정하기로 약정하였으나 아직 등기가 경료되지 않았음을 이용하여 丙에게 다시 금전을 빌리고 1번 저당권을 경료한 경우를 말한다. 채무자가 저당권설정계약에 따라 채권자에 대하여 부담하는 저당권을 설정할 의무는 계약에 따라 부담하게 된 채무자 자신의 의무이므로 이중저당의 경우 배임죄가 성립되지 않는다.

✓ **이중저당 : 4순위 근저당권 사건** 『[1] 채무자가 저당권설정계약에 따라 채권자에 대하여 부담하는 저당권을 설정할 의무는 계약에 따라 부담하게 된 채무자 자신의 의무이다. 채무자가 위와 같은 의무를 이행하는 것은 채무자 자신의 사무에 해당할 뿐이므로, 채무자를 채권자에 대한 관계에서 '타인의 사무를 처리하는 자'라고 할 수 없다. 따라서 채무자가 제3자에게 먼저 담보물에 관한 저당권을 설정하거나 담보물을 양도하는 등으로 담보가치를 감소 또는 상실시켜 채권자의 채권실현에 위험을 초래하더라도 배임죄가 성립한다고 할 수 없다. 위와 같은 법리는, 채무자가 금전채무에 대한 담보로 부동산에 관하여 양도담보설정계약을 체결하고 이에 따라 채권자에게 소유권이전등기를 해 줄 의무가 있음에도 제3자에게 그 부동산을 처분한 경우에도 적용된다.
[2] 피고인이 갑으로부터 18억 원을 차용하면서 담보로 피고인 소유의 아파트에 갑 명의의 4순위 근저당권을 설정해 주기로 약정하였음에도 제3자에게 채권최고액을 12억 원으로 하는 4순위 근저당권을 설정하여 줌으로써 12억 원 상당의 재산상 이익을 취득하고 갑에게 같은 금액 상당의 손해를 가하였다고 하여 특정경제범죄 가중처벌 등에 관한 법률 위반(배임)으로 기소된 사안에서, 피고인이 갑에 대한 관계에서 '타인의 사무를 처리하는 자'에 해당하지 않는다』(대판[전] 2020.6.18. 2019도14340)★.

제3관 업무상 배임죄

제356조 | 업무상 배임 |
업무상의 임무에 위배하여 제355조의 죄를 범한 자는 10년 이하의 징역 또는 3천만 원 이하의 벌금에 처한다.

업무상배임죄는 업무상의 임무에 위배하여 재산상의 이익을 취득하거나 제3자로 하여금 이익을 취득하게 하고 이로 인하여 본인에게 손해를 가함으로써 성립하는 범죄이다. 타인의 사무를 처리하는 것이 업무로 되어 있기 때문에 배임죄에 대하여 책임이 가중되는 가중적 구성요건이다.

제4관 배임수증재죄

> **제357조 ｜배임수증재｜**
> ① 타인의 사무를 처리하는 자가 그 임무에 관하여 부정한 청탁을 받고 재물 또는 재산상의 이익을 취득하거나 제3자로 하여금 이를 취득하게 한 때에는 5년 이하의 징역 또는 1천만 원 이하의 벌금에 처한다.
> ② 제1항의 재물 또는 재산상 이익을 공여한 자는 2년 이하의 징역 또는 500만 원 이하의 벌금에 처한다.
> ③ 범인 또는 그 사정을 아는 제3자가 취득한 제1항의 재물은 몰수한다. 그 재물을 몰수하기 불가능하거나 재산상의 이익을 취득한 때에는 그 가액을 추징한다.

I. 서 설

1. 의 의

본조 제1항의 배임수재죄는 타인의 사무를 처리하는 자가 임무에 관하여 부정한 청탁을 받고 재물 또는 제3자로 하여금 이를 취득하게 함으로써 성립하는 범죄이다. 제2항의 배임증재죄는 타인의 사무를 처리하는 자에게 임무에 관하여 부정한 청탁을 하고 재물 또는 재산상의 이익을 공여함으로써 성립하는 범죄이다.

2. 배임죄와의 구별

타인의 사무를 처리하는 자가 주체이고,[105] 재산상의 이익을 취득한다는 점에서 배임죄와 공통점이 있지만, 본죄는 부정한 청탁을 받아야 하고 임무위배행위나 재산상 손해를 요건으로 하지 않는다는 점에 차이가 있다.

3. 뇌물죄와의 구별

배임수재죄와 배임증재죄는 수뢰죄(제129조)와 뇌물공여죄(제133조)와 유사한 측면이 있지만, 배임수재죄는 부정한 청탁을 통해 재물 또는 재산상의 이익을 현실적으로 취득해야 성립하나, 뇌물죄는 뇌물의 요구·약속만으로도 죄가 성립할 수 있다는 점에 차이가 있다.

4. 보호법익

본조의 보호법익을 어떻게 볼 것인가에 관하여 견해의 대립이 있지만, 통설·판례는 타인의 사무를 처리하는 자의 청렴성 또는 거래의 청렴성을 보호법익으로 보는 입장이다.

II. 성 격

배임죄와 같은 장에 규정되어 있지만 본죄는 그 성질상 공무원의 뇌물죄에 상응하는 것으로 타인의 사무를 처리하는 자에 관한 뇌물죄라 할 수 있다. 일종의 사적 뇌물죄라고 해석할 수 있다.

---

[105] **보충설명** 타인의 사무가 재산상 사무에 한정되지 않는다는 점에서는 배임죄와 구별된다.

Ⅲ. 배임수재죄

1. 주 체

배임수재죄의 주체는 타인의 사무를 처리하는 자로서 진정신분범이다. 타인의 사무를 처리하는 자라 함은 타인과의 대내관계에 있어서 신의성실의 원칙에 비추어 그 사무를 처리할 신임관계가 존재한다고 인정되는 자를 의미하고, 반드시 제3자에 대한 대외관계에서 그 사무에 관한 권한이 존재할 것을 요하지 않으며, 또 그 사무가 포괄적 위탁사무일 것을 요하는 것도 아니고, 사무처리의 근거, 즉 신임관계의 발생근거는 법령의 규정, 법률행위, 관습 또는 사무관리에 의하여도 발생할 수 있다.

> ✔ **신분을 가지지 않은 자의 범행 : 폐기물처리시설 평가위원 사건** 『형법 제357조 제1항에 정한 배임수재죄는 타인의 사무를 처리하는 자가 그 임무에 관하여 부정한 청탁을 받고 재물 또는 재산상의 이익을 취득한 경우에 성립하는 범죄로서 원칙적으로 타인의 사무를 처리하는 자라야 그 범죄의 주체가 될 수 있고, 그러한 신분을 가지지 아니한 자는 신분 있는 자의 범행에 가공한 경우에 한하여 그 주체가 될 수 있다』(대판 2010.7.22. 2009도12878)☆.

타인의 사무처리 자에 해당되는 기출판례 정리

① ✔ **화물자동차 연합회장 선거 사건** 『지역화물자동차운송사업협회 대표자인 피고인들이 갑으로부터 전국화물자동차운송사업연합회 회장 선거에서 자신을 지지해달라는 취지의 부정한 청탁을 받고 돈을 수수하였다고 하여 배임수재죄로 기소된 사안에서, 피고인들의 권한행사가 타인인 지역화물자동차운송사업협회의 사무를 처리하는 것이라고 본 원심판단의 결론이 정당하다고 한 사례』(대판 2011.8.25. 2009도5618)☆.

② ✔ **화이날 드라이브 사건** 『주식회사의 이사는 주주총회에서 선임되며, 회사와 이사의 관계는 위임에 관한 규정을 준용하고, 이사는 법령과 정관의 규정에 따라 회사를 위하여 그 직무를 충실하게 수행하여야 할 의무가 있으므로, 주식회사의 이사는 법률의 규정에 의하여 '타인의 사무를 처리하는 자'로서 배임수재죄의 주체가 될 수 있다』(대판 2002.4.9. 99도2165)☆.

> ✔ **수재시에 신분이 없는 경우 : 발전설비 사업 청탁 사건** 『형법 제357조 제1항의 배임수재죄는 타인의 사무를 처리하는 자의 청렴성을 보호법익으로 하는 것으로, 그 임무에 관하여 부정한 청탁을 받고 재물을 수수함으로써 성립하고 반드시 수재 당시에도 그와 관련된 임무를 현실적으로 담당하고 있음을 그 요건으로 하는 것은 아니므로, 타인의 사무를 처리하는 자가 그 임무에 관하여 부정한 청탁을 받은 이상 그 후 사직으로 인하여 그 직무를 담당하지 아니하게 된 상태에서 재물을 수수하게 되었다 하더라도, 그 재물 등의 수수가 부정한 청탁과 관련하여 이루어진 것이라면 배임수재죄가 성립한다』(대판 1997.10.24. 97도2042)★.[106]

2. 행 위

본죄의 행위는 「임무에 관하여 부정한 청탁을 받고 재물 또는 재산상의 이익을 취득하는 것」이다.

---

106) **보충설명** 배임수재죄는 타인의 사무처리를 처리 하는 자의 청렴성을 보호법익으로 하는 것이므로 부정한 청탁을 받은 후 신분을 취득한 경우에는 죄가 성립하지 않는다.

가. 임무관련성

타인의 사무를 처리하는 자가 임무에 관하여 부정한 청탁을 받아야 한다. 따라서 임무와 관계없는 부정한 청탁을 받는 경우에는 본죄는 성립하지 않는다. '임무에 관하여'란 타인의 사무를 처리하는 자가 위탁받은 사무뿐만 아니라 그 위탁관계로 인한 본래의 사무나 그와 밀접한 관계가 있는 범위 내의 사무도 포함된다.

✔ **임무관련성의 의미 : KBO 사무총장 사건** 『배임수재죄에 있어서 '임무에 관하여'라 함은 타인의 사무를 처리하는 자가 위탁받은 사무를 말하는 것이나, 이는 그 위탁관계로 인한 본래의 사무뿐만 아니라 그와 밀접한 관계가 있는 범위 내의 사무도 포함되고, 나아가 고유의 권한으로써 그 처리를 하는 자에 한하지 않고 그 자의 보조기관으로서 직접 또는 간접으로 그 처리에 관한 사무를 담당하는 자도 포함된다』(대판 2013. 11. 14. 2011도11174 ; 2006. 3. 24. 2005도6433)☆

✔ **임무관련성이 인정되는 경우 : SBS 예능국 PD 사건** 『타인의 사무를 처리하는 자가 그 신임관계에 기한 사무의 범위에 속한 것으로서 장래에 담당할 것이 합리적으로 기대되는 임무에 관하여 부정한 청탁을 받고 재물 또는 재산상 이익을 취득한 후 그 청탁에 관한 임무를 현실적으로 담당하게 되었다면 이로써 타인의 사무를 처리하는 자의 청렴성은 훼손되는 것이어서 배임수재죄의 성립을 인정할 수 있다』(대판 2010. 4. 15. 2009도4791)☆

나. 부정한 청탁

본죄가 성립하기 위해서는 부정한 청탁에 대한 대가로서 재물 또는 재산상 이익을 취득해야 한다. 여기서 '부정한 청탁'이란 반드시 업무상 배임의 내용이 되는 정도에 이를 필요는 없으며, 사회상규 또는 신의성실의 원칙에 반하는 내용의 것이면 충분하다. 부정한 청탁의 여부를 판단함에 있어서는 청탁의 내용 및 이에 관련한 대가의 액수, 형식, 보호법익인 거래의 청렴성 등을 종합적으로 고찰하여야 하고 그 청탁이 반드시 명시적일 필요는 없다.

✔ **부정한 청탁의 의미 : 초상권 사용권한 사건** 『배임수·증재죄에서 '부정한 청탁'은 반드시 업무상 배임의 내용이 되는 정도에 이를 필요는 없고, 사회상규 또는 신의성실의 원칙에 반하는 것을 내용으로 하면 충분하다. '부정한 청탁'에 해당하는지를 판단할 때에는 청탁의 내용 및 이에 관련한 대가의 액수, 형식, 보호법익인 거래의 청렴성 등을 종합적으로 고찰하여야 하고, 그 청탁이 반드시 명시적으로 이루어져야 하는 것은 아니며 묵시적으로 이루어지더라도 무방하다. 그리고 타인의 업무를 처리하는 사람에게 공여한 금품에 부정한 청탁의 대가로서의 성질과 그 외의 행위에 대한 사례로서의 성질이 불가분적으로 결합되어 있는 경우에는 그 전부가 불가분적으로 부정한 청탁의 대가로서의 성질을 갖는 것으로 보아야 한다』(대판 2015. 7. 23. 2015도3080)★

부정한 청탁을 인정한 기출판례 정리

① ✔ **대학병원 납품 로비 사건** 『대학병원 의사인 피고인이, 의약품 등을 지속적으로 납품할 수 있도록 해달라는 부정한 청탁 또는 의약품 등을 사용해 준 대가로 제약회사 등으로부터 명절 선물이나 골프접대 등 향응을 제공받았다고 하여 배임수재죄로 기소된 사안에서, 피고인에게 유죄를 인정한 원심판단을 수긍한 사례』(대판 2011. 8. 18. 2010도10290)☆

② ✔ **주말부킹권 판매 사건** 『회원제 골프장의 예약업무 담당자가 부킹대행업자의 청탁에 따라 회원에게 제공해야 하는 주말부킹권을 부킹대행업자에게 판매하고 그 대금 명목의 금품을 받은 것이 배임수재죄에 해당한다』(대판 2008.12.11. 2008도6987)☆

③ ✔ **화이날 드라이브 사건** 『방송은 공적 책임을 수행하고 그 내용의 공정성과 공공성을 유지하여야 하는 것이므로, 광고대행업무를 수행하는 주식회사의 대표이사에게, 방송사 관계자에게 사례비를 지급하여서라도 특정학원 소속 강사만을 채용하고 특정회사에서 출판되는 교재를 채택하여 특정회사의 이익을 위해 수능과외방송을 하는 내용의 방송협약을 체결해 달라고 부탁하는 것은 사회상규와 신의성실의 원칙에 반하는 것으로서 부정한 청탁에 해당된다』(대판 2002.4.9. 99도2165)☆

④ ✔ **공사하자 묵인 사건** 『한국전력공사 소속 송전배원으로 송전설비관리 및 송전선로공사의 현장감독 업무를 하던 피고인 갑이 송전선로 철탑이설공사를 도급받아 시공하는 피고인 을로부터 공사시공에 하자가 있더라도 묵인하여 달라는 취지의 청탁을 받고 금원을 수령한 경우, 피고인들을 배임수증죄로 의율한 사례이다』(대판 1991.11.26. 91도2418)☆

⑤ ✔ **KBS 라디오 PD 사건** 『방송국에서 프로그램의 제작연출 등의 사무를 처리하는 프로듀서가 특정 가수의 노래만을 편파적으로 선곡하여 계속 방송하여서는 아니되고 청취자들의 인기도, 호응도 등을 고려하여 여러 가수들의 노래를 공정성실하게 방송하여야 할 임무가 있음에도 담당 방송프로그램에 특정 가수의 노래만을 자주 방송하여 달라는 청탁은 사회상규나 신의성실의 원칙에 반하는 부정한 청탁이라 할 것이다』(대판 1991.1.15. 90도2257)★

부정한 청탁을 부정한 기출판례의 정리

① ✔ **임원 선임 대가 양도 사건** 『학교법인의 이사장 또는 사립학교경영자가 학교법인 운영권을 양도하고 양수인으로부터 양수인 측을 학교법인의 임원으로 선임해 주는 대가로 양도대금을 받기로 하는 내용의 '청탁'을 받았다 하더라도, 그 청탁의 내용이 당해 학교법인의 설립 목적과 다른 목적으로 기본재산을 매수하여 사용하려는 것으로서 학교법인의 존립에 중대한 위협을 초래할 것임이 명백하다는 등의 특별한 사정이 없는 한, 그 청탁이 사회상규 또는 신의성실의 원칙에 반하는 것을 내용으로 하는 것이라고 할 수 없으므로 이를 배임수재죄의 구성요건인 '부정한 청탁'에 해당한다고 할 수 없다』(대판 2014.1.23. 2013도11735)☆

② ✔ **최대한 선처 사건** 『청탁한 내용이 단순히 규정이 허용하는 범위내에서 최대한의 선처를 바란다는 내용에 불과하다면 사회상규에 어긋난 부정한 청탁이라고 볼 수 없고 따라서 이러한 청탁의 사례로 금품을 수수한 것은 배임증재 또는 배임수재에 해당하지 않는다』(대판 1982.9.28. 82도1656)★

배임수재죄는 배임증재죄와 통상 필요적 공범의 관계에 있는 범죄형태이나, 반드시 수재자와 증재자가 같이 처벌받아야 하는 것을 의미하는 것은 아니므로 증재자에게는 정당한 업무에 속하는 청탁이라도 수재자에게는 부정한 청탁이 될 수도 있다.

다. 재물 또는 재산상의 이익의 취득

(1) 부정한 청탁의 대가로서의 취득

부정한 청탁의 대가로서 재물 또는 재산상의 이익을 취득하는 행위를 하여야 한다. 여기서의 취득이란 현실적인 취득만을 의미하며 단순한 요구나 약속만을 한 경우는 포함되지 아니한다. 취득 당시 청탁과 관련한 임무를 담당하고 있음을 요하지 않으므로, 부정한 청탁을 받은 후 그 지위를 떠나거나 사직한 후 재물을 수수하여도 본죄는 성립한다.

✔ **취득의 의미 : 골프회원권 명의 사건** 『[1] 형법 제357조 제1항의 배임수재죄로 처벌하기 위하여는 타인의 사무를 처리하는 자가 부정한 청탁을 받아들이고 이에 대한 대가로서 재물 또는 재산상의 이익을 받은 데에 대한 범의가 있어야 할 것이고, 또 배임수재죄에서 말하는 '재산상의 이익의 취득'이라 함은 현실적인 취득만을 의미하므로 단순한 요구 또는 약속만을 한 경우에는 이에 포함되지 아니한다.
[2] 골프장 회원권에 관하여 피고인 명의로 명의변경이 이루어지지 아니한 이상 피고인이 현실적으로 재산상 이익을 취득하지 않았다는 이유로 배임수재죄의 성립을 부정한 사례』(대판 1999.1.29. 98도4182)★.

✔ **부정한 청탁을 받고 나서 사후에 청탁의 대가로 재물 또는 재산상의 이익을 취득한 경우, 배임수재죄가 성립하는지 여부** 『부정한 청탁을 받고 나서 사후에 재물 또는 재산상의 이익을 취득하였다고 하더라도 재물 또는 재산상의 이익이 청탁의 대가인 이상 배임수재죄가 성립되며, 또한 부정한 청탁의 결과로 상대방이 얻은 재물 또는 재산상 이익의 일부를 상대방으로부터 청탁의 대가로 취득한 경우에도 마찬가지이다』(대판 2013.11.14. 2011도11174)☆.

부정한 청탁의 대가를 부정한 기출판례의 정리
① ✔ **특허권 이전등록 사건** 『[1] 거래상대방의 대향적 행위의 존재를 필요로 하는 유형의 배임죄에서 거래상대방은 기본적으로 배임행위의 실행행위자와 별개의 이해관계를 가지고 반대편에서 독자적으로 거래에 임한다는 점을 고려하면, 업무상배임죄의 실행으로 이익을 얻게 되는 수익자는 배임죄의 공범이라고 볼 수 없는 것이 원칙이고, 실행행위자의 행위가 피해자 본인에 대한 배임행위에 해당한다는 점을 인식한 상태에서 배임의 의도가 전혀 없었던 실행행위자에게 배임행위를 교사하거나 또는 배임행위의 전 과정에 관여하는 등으로 배임행위에 적극 가담한 경우에 한하여 배임의 실행행위자에 대한 공동정범으로 인정할 수 있다. [2] 배임수재죄 및 배임증재죄에서 공여 또는 취득하는 재물 또는 재산상 이익은 부정한 청탁에 대한 대가 또는 사례여야 한다. 따라서 거래상대방의 대향적 행위의 존재를 필요로 하는 유형의 배임죄에서 거래상대방이 양수대금 등 거래에 따른 계약상 의무를 이행하고 배임행위의 실행행위자가 이를 이행받은 것을 두고 부정한 청탁에 대한 대가로 수수하였다고 쉽게 단정하여서는 아니 된다』(대판 2016.10.13. 2014도17211)★.
② ✔ **프로그램 조작 낙찰자 선정 사건** 『공동의 사기범행으로 인하여 얻은 돈을 공범자끼리 수수한 행위가 공동정범들 사이의 그 범행에 의하여 취득한 돈이나 재산상 이익의 내부적인 분배행위에 지나지 않는 것이라면 그 돈의 수수행위가 따로 배임수증재죄를 구성한다고 볼 수는 없다』(대판 2016.5.24. 2015도18795)★.

(2) 취득의 주체(제3자의 취득도 포함)

2016.5.29. 형법 개정으로 인해 제3자로 하여금 재물 또는 재산상 이익을 취득하게 하는 경우도 본죄가 성립하게 되었다.

✔ **취득의 주체 : 홍보성 기사 사건** 『개정 형법(2016. 5. 29. 법률 제14178호로 개정된 것) 제357조 제1항은 구법과 달리 배임수재죄의 구성요건을 '타인의 사무를 처리하는 자가 그 임무에 관하여 부정한 청탁을 받고 재물 또는 재산상의 이익을 취득하거나 제3자로 하여금 이를 취득하게 한 때'라고 규정함으로써 제3자로 하여금 재물이나 재산상 이익을 취득하게 하는 행위를 구성요건에 추가하였다. 그 입법 취지는 부패행위를 방지하고 'UN 부패방지협약' 등 국제적 기준에 부합하도록 하려는 것이다.
개정 형법 제357조의 보호법익 및 체계적 위치, 개정 경위, 법문의 문언 등을 종합하여 볼 때, 개정 형법이 적용되는 경우에도 '제3자'에는 다른 특별한 사정이 없는 한 사무처리를 위임한 타인은 포함되지 않는다고 봄이 타당하다』(대판 2021. 9. 30. 2019도17102)★.

✔ **취득의 주체 : 면세점 입점 청탁 사건**　『백화점 및 면세점의 입점업체 선정 업무를 총괄하는 피고인이 입점업체들로부터 추가 입점이나 매장 이동 등 입점 관련 편의를 제공해 달라는 청탁을 받고 그 대가로 매장 수익금 등을 지급 받는 방법으로 돈을 수수하였다고 하여 구 형법상 배임수재로 기소된 사안에서, 피고인이 입점업체 대표 갑으로부터 부정한 청탁을 받고 그 대가로 자신이 받아온 수익금을 딸에게 주도록 갑에게 지시하였다면 이는 피고인 자신이 수익금을 취득한 것과 같다고 평가하여야 하고, 피고인이 입점업체인 을 주식회사 대표이사 병으로부터 부정한 청탁을 받고 그 대가를 피고인이 아들 명의로 설립하여 자신이 지배하는 정 주식회사 계좌로 돈을 입금하도록 한 이상 사회통념상 피고인이 직접 받은 것과 동일하게 보아야 하는데도, 이와 달리 보아 이 부분 공소사실을 무죄로 판단한 원심판결에 배임수재죄에서 '재물 또는 재산상 이익을 취득한 자'의 의미에 관한 법리오해의 잘못이 있다고 한 사례』(대판 2017. 12. 7. 2017도12129)☆.

라. 기수시기

본죄는 배임죄와 달리 어떠한 임무 위배 행위를 하거나 본인에게 손해를 가하는 것을 요건하지 않으므로, 임무에 관하여 부정한 청탁을 받고 재물 또는 재산상 이익을 취득하면 배임수재죄는 기수가 된다.

✔ **기수시기 : 판교 아파트 중개 사건**　『[1] 임무에 관하여 부정한 청탁을 받고 재물 또는 재산상 이익을 취득하면 배임수재죄는 성립되고, 어떠한 임무위배 행위를 하거나 본인에게 손해를 가하는 것을 요건으로 하지 아니다.
[2] 주택조합아파트 시공회사 직원인 피고인들이 조합장으로부터 조합의 이중분양에 관한 민원을 회사에 보고하지 않고 묵인하거나 이중분양에 대한 조치를 강구할 때 조합의 입장을 배려하여 달라는 청탁을 받고 위 아파트 분양권을 취득한 사안에서, 피고인들에게 배임수재죄를 인정한 원심판단을 수긍한 사례』(대판 2013. 11. 14. 2011도11174 ; 2011. 2. 24. 2010도11784)★.

✔ **기아자동차 노동조합 간부 사건**　『형법 제357조 제1항에서 규정한 배임수재죄는 타인의 사무를 처리하는 자가 그 임무에 관하여 부정한 청탁을 받고 재물 또는 재산상의 이익을 취득한 경우에 성립하고, 재물 또는 이익의 취득만으로 바로 기수에 이르며, 그 청탁에 상응하는 부정행위 내지 배임행위에 나아갈 것이 요구되지 아니한다』(대판 2010. 9. 9. 2009도10681)☆.

3. 주관적 구성요건

타인의 사무를 처리하는 자로서 그 임무에 관하여 부정한 청탁이 있고 재물 또는 재산상 이익을 취득한다는 점에 대한 인식과 의사를 내용으로 하는 고의가 있어야 한다.

4. 몰수·추징

범인이 취득한 재물은 몰수하며, 이를 몰수하기가 불가능하거나 재산상의 이익을 취득한 때에는 그 가액을 추징한다(제357조 제3항). 필요적 몰수·추징이다.

✔ **필요적 몰수·추징과 그 대상 : 대표이사직 청탁 사건**　『형법(2016. 5. 29. 법률 제14178호로 개정되기 전의 것)은 제357조 제1항에서 배임수재죄를, 제2항에서 배임증재죄를 규정하고, 이어 제3항에서 "범인이 취득한 제1항의 재물은 몰수한다. 그 재물을 몰수하기 불능하거나 재산상의 이익을 취득한 때에는 그 가액

을 추징한다."라고 규정하고 있다. 배임수재죄와 배임증재죄는 이른바 대향범으로서 위 제3항에서 필요적 몰수 또는 추징을 규정한 것은 범행에 제공된 재물과 재산상 이익을 박탈하여 부정한 이익을 보유하지 못하게 하기 위한 것이므로, 제3항에서 몰수의 대상으로 규정한 '범인이 취득한 제1항의 재물'은 배임수재죄의 범인이 취득한 목적물이자 배임증재죄의 범인이 공여한 목적물을 가리키는 것이지 배임수재죄의 목적물만을 한정하여 가리키는 것이 아니다. 그러므로 수재자가 증재자로부터 받은 재물을 그대로 가지고 있다가 증재자에게 반환하였다면 증재자로부터 이를 몰수하거나 그 가액을 추징하여야 한다」(대판 2017. 4. 7. 2016도18104)★.

5. 죄수관계

타인의 사무를 처리하는 자가 동일인으로부터 그 직무에 관하여 부정한 청탁을 받고 여러 차례에 걸쳐 금품을 수수한 경우, 그것이 단일하고도 계속된 범의 아래 일정기간 반복하여 이루어진 것이고 그 피해법익도 동일한 때에는 이를 포괄일죄로 보아야 한다. 다만, 여러 사람으로부터 각각 부정한 청탁을 받고 그들로부터 각각 금품을 수수한 경우에는 비록 그 청탁이 동종의 것이라고 하더라도 단일하고 계속된 범의 아래 이루어진 범행으로 보기 어려워 그 전체를 포괄일죄로 볼 수 없다.

Ⅳ. 배임증재죄

배임증재죄는 타인의 사무를 처리하는 자에게 그 임무에 관한 부정한 청탁을 하고 재물 또는 재산상의 이익을 공여함으로써 성립하는 범죄이다(제357조 제2항).

1. 부정한 청탁

본죄도 수재죄와 마찬가지로 부정한 청탁을 하였을 것을 요건으로 한다. 그러나 앞서 설명한 바와 같이 수재죄와 증재죄는 필요적 공범이지만 수재자와 증재자가 항상 같이 처벌 받아야 한다는 것은 아니므로 수재자의 입장에서는 부정한 청탁일지라도 증재자의 입장에서는 부정한 청탁이라고 볼 수 없는 경우도 있을 수 있다. 이러한 경우에는 증재죄가 성립하지 않는다.

> ✔ **부정한 청탁의 상대성 : 가처분 취하 대가 송금 사건** 표준 「[1] 형법 제357조 제1항의 배임수재죄와 같은 조 제2항의 배임증재죄는 통상 필요적 공범의 관계에 있기는 하나, 이것은 반드시 수재자와 증재자가 같이 처벌받아야 하는 것을 의미하는 것은 아니고, 증재자에게는 정당한 업무에 속하는 청탁이라도 수재자에게는 부정한 청탁이 될 수도 있다.
> [2] 갑 주식회사를 사실상 관리하는 을이 갑 회사가 사업용 부지로 매수한 토지에 관하여 처분금지가처분등기를 마쳐두었는데, 토지를 매수하려는 병에게서 가처분을 취하해 달라는 청탁을 받고 돈을 수수하였다는 내용으로 기소된 사안에서, 을에게는 배임수재죄가 성립하나, 병이 돈을 교부한 행위는 사회상규에 위배되지 아니하여 배임증재죄를 구성할 정도의 위법성이 없다」(대판 2011. 10. 27. 2010도7624)★.

2. 업무상배임죄와 배임증재죄의 관계

업무상배임죄와 배임증재죄는 별개의 독립된 범죄이므로, 배임증재죄를 범한 자가 그와 별도로 타인의 사무를 처리하는 지위에 있는 사람에게 가담한 경우에는 공범으로서 업무상배임죄가 성립될 수 있다.

✓ **업무상배임죄와 배임증재죄 : 아파트 보수공사 시공업자 선정 사건** 『[1] 업무상배임죄와 배임증재죄는 별개의 범죄로서 배임증재죄를 범한 자라 할지라도 그와 별도로 타인의 사무를 처리하는 지위에 있는 사람과 공범으로서는 업무상배임죄를 범할 수도 있는 것이다.
[2] 업무상배임죄는 업무상 타인의 사무를 처리하는 지위에 있는 사람이 그 임무에 위배하는 행위로써 재산상의 이익을 취득하거나 제3자로 하여금 이를 취득하게 하여 본인에게 손해를 가한 때에 성립하는 것으로서, 이는 타인의 사무를 처리하는 지위라는 점에서 보면 신분관계로 인하여 성립될 범죄이고, 업무상 타인의 사무를 처리하는 지위라는 점에서 보면 단순배임죄에 대한 가중규정으로서 신분관계로 인하여 형의 경중이 있는 경우라고 할 것이므로, 그와 같은 신분관계가 없는 자가 그러한 신분관계가 있는 자와 공모하여 업무상배임죄를 저질렀다면 그러한 신분관계가 없는 자에 대하여는 형법 제33조 단서에 의하여 단순배임죄에 정한 형으로 처단하여야 할 것이다』(대판 1999.4.27. 99도883)☆.

제7절 장물의 죄

제1관 총 설

I. 개 설

1. 의 의

장물죄란 장물을 취득, 양도, 운반 또는 보관하거나 이러한 행위를 알선함으로써 성립하는 범죄를 말한다. 여기서 장물이란 재산범죄를 통해서 불법하게 영득한 재물을 말하고, 이러한 장물이 발생하게 된 원인 범죄 또는 그 범인을 장물범에 대한 본범이라고 한다.

2. 구성요건의 체계

본장에 규정된 장물의 죄의 체계는 기본적 구성요건으로 장물취득・양도・운반・보관죄 및 장물알선죄(본법 362조)가 규정되어 있고, 이의 가중적 구성요건으로 상습장물죄(제363조)가 규정되어 있다. 그리고 장물의 죄에는 업무상과실・중과실 장물취득죄 등과 같이 과실범 처벌규정을 두고 있다(제364조). 업무상과실・중과실만 처벌규정을 두고 있고, 단순과실 장물취득죄는 처벌규정을 두고 있지 않다는 점에 특징이 있다. 장물죄에 대해서는 친족상도례 규정이 준용된다(제365조 제1항).

II. 보호법익

장물죄의 보호법익은 피해자의 재산권이다.

III. 장물죄의 본질

장물죄는 장물을 취득・양도・운반・보관 내지 각 행위를 알선함으로써 본범의 피해자인 장물소유자의 그 물건에 대한 추구회복을 곤란하게 하고, 위법한 재산 상태를 유지시키는 범죄이다. 장물죄의 본질에 관하여는 견해의 대립이 있다. 판례의 입장에는 일관성은 없으나, 수험적으로는 추구권설[107]을 취한 경우만 기억하면 된다.

---

[107] **보충설명** 추구권설은 피해자가 점유를 상실한 장물에 대하여 추구・회복하는 것을 곤란케 하는 데에 장물죄의 본질이 있다고 보는 견해를 말한다. 여기에서 추구라 함은 소유권 기타 물권에 의한 반환청구권의 행사를 말하며, 장물범으로 인해 그 재물을 합법적인 본연의 상태로 회복되지 않게 함으로써 반환청구권의 행사를 곤란 내지 불가능하게 하는 일정한 행위를 말한다.

제2관 장물죄

> **제362조 ┃장물의 취득, 알선 등┃**
> ① 장물을 취득, 양도, 운반 또는 보관한 자는 7년 이하의 징역 또는 1천500만 원 이하의 벌금에 처한다.
> ② 전항의 행위를 알선한 자도 전항의 형과 같다.

I. 주 체

본죄는 타인(본범)이 불법하게 영득한 재물의 처분에 관여하는 범죄이므로 자기의 재산범죄로 인하여 영득한 재물의 처분은 재산범죄로부터 충분히 예상될 수 있는 범위이므로 불가벌적 사후행위에 해당되어 별도로 장물죄를 구성하지 않는다. 따라서 본범의 정범자(간접정범, 공동정범, 합동범을 포함)는 장물죄의 주체가 될 수 없고 본범의 정범자 이외의 자(교사범, 방조범을 포함)가 주체가 된다.

> ✔ **장물죄의 주체 : 특가법상 절도 교사 사건** 『장물죄는 타인(본범)이 불법하게 영득한 재물의 처분에 관여하는 범죄이므로 자기의 범죄에 의하여 영득한 물건에 대하여는 성립하지 아니하고 이는 불가벌적 사후행위에 해당하나 여기에서 자기의 범죄라 함은 정범자(공동정범과 합동범을 포함한다)에 한정되는 것이므로 평소 본범과 공동하여 수차 상습으로 절도등 범행을 자행함으로써 실질적인 범죄집단을 이루고 있었다 하더라도, 당해 범죄행위의 정범자(공동정범이나 합동범)로 되지 아니한 이상 이를 자기의 범죄라고 할 수 없고 따라서 그 장물의 취득을 불가벌적 사후행위라고 할 수 없다』(대판 1986.9.9. 86도1273)★

> ✔ **정범이외의 자 : 군용물 횡령 교사 취득 사건** 『횡령 교사를 한 후 그 횡령한 물건을 취득한 때에는 횡령교사죄와 장물취득죄의 경합범이 성립된다』(대판 1969.6.24. 69도692)★

II. 객 체

본죄의 객체는 「장물」이다.

1. 장물의 개념

장물이란 재산죄인 범죄행위에 의하여 영득된 재물로서 피해자가 반환청구권을 가지는 것을 말한다.

2. 장물의 재물성

장물은 재물을 의미하므로 재물이 아닌 재산상의 이익은 장물죄의 객체가 될 수 없다.

> ✔ **재물성이 부정되는 경우 : 신진기획 검사 사건** 비교 『컴퓨터등사용사기죄의 범행으로 예금채권을 취득한 다음 자기의 현금카드를 사용하여 현금자동지급기에서 현금을 인출한 경우, 현금카드 사용권한 있는 자의 정당한 사용에 의한 것으로서 현금자동지급기 관리자의 의사에 반하거나 기망행위 및 그에 따른 처분행위도 없었으므로, 별도로 절도죄나 사기죄의 구성요건에 해당하지 않는다 할 것이고, 그 결과 그 인출된 현금은 재산범죄에 의하여 취득한 재물이 아니므로 장물이 될 수 없다』(대판 2004.4.16. 2004도353)★

✓ **재물성이 부정되는 경우 : 전화가입권 사건** 『형법 제41장의 장물에 관한 죄에 있어서의 "장물"은 이른 바 "재물"을 말하는 것이고 그 "재물"은 원심이 판시한 바와 같이 물리적 관리 가능성이 있는 물건을 말하는 것이고, 설령 재산죄에 의하여 취득된 것이라 하더라도 재산상의 이익은 장물죄의 객체가 될 수 없다고 보아야 할 것이다. 이와 같은 견해로서 전화가입권의 실체는 가입권자가 전화관서로 부터 전화역무를 제공받을 하나의 채권적 권리이며, 이는 하나의 재산상의 이익은 될지언정 위에 말한 "장물"의 범주에 속하지 아니한다고 단정하여 피고인의 전화가입권매수행위를 업무상 과실 장물 취득죄로 처단할 수 없다고 판단하였음은 정당하다』(대판 1971. 2. 23. 70도2589)☆

3. 재산죄인 범죄행위로 인하여 영득된 재물

장물이라 함은 재산죄인 범죄행위에 의하여 영득된 물건을 말하는 것으로서 절도, 강도, 사기, 공갈, 횡령 등 영득죄에 의하여 취득된 물건이어야 한다. 따라서 재산범죄의 수단으로 제공된 물건은 영득된 물건이 아니므로 장물성이 부정된다.

✓ **재산범죄 : 주식회사 동해 횡령 사건** 『장물이라 함은 재산죄인 범죄행위에 의하여 영득된 물건을 말하는 것으로서 절도, 강도, 사기, 공갈, 횡령 등 영득죄에 의하여 취득된 물건이어야 한다』(대판 2004. 12. 9. 2004도5904)★.[108]

✓ **영득한 재물 : 주식회사 동해 횡령 사건** 『갑이 회사 자금으로 을에게 주식매각 대금조로 금원을 지급한 경우, 그 금원은 단순히 횡령행위에 제공된 물건이 아니라 횡령행위에 의하여 영득된 장물에 해당한다고 할 것이고, 나아가 설령 갑이 을에게 금원을 교부한 행위 자체가 횡령행위라고 하더라도 이러한 경우 갑의 업무상횡령죄가 기수에 달하는 것과 동시에 그 금원은 장물이 된다』(대판 2004. 12. 9. 2004도5904)★.

✓ **범죄의 수단으로 제공된 물건 : 부동산 이중매매 사건** 『형법상 장물죄의 객체인 장물이라 함은 재산권상의 침해를 가져 올 위법행위로 인하여 영득한 물건으로서 피해자가 반환청구권을 가지는 것을 말하고 본건 대지에 관하여 매수인 "갑"에게 소유권 이전등기를 하여 줄 임무가 있는 소유자가 그 임무에 위반하여 이를 "을"에게 매도하고 소유권이전등기를 경유하여 준 경우에는 위 부동산소유자가 배임행위로 인하여 영득한 것은 재산상의 이익이고 위 배임범죄에 제공된 대지는 범죄로 인하여 영득한 것 자체는 아니므로 그 취득자 또는 전득자에게 대하여 배임죄의 가공여부를 논함은 별문제로 하고 장물취득죄로 처단할 수 없다』(대판 1975. 12. 9. 74도2804)☆.[109]

4. 본범의 실현 정도

본범의 범죄행위는 구성요건에 해당하고 위법성 있는 행위이면 족하고 책임이 있을 것을 요하지 않는다. 본범의 행위가 우리 형법의 적용을 받지 않는 경우에 있는 경우에도 형법의 구성요건에 해당하는 위법행위인 이상 장물성이 인정된다. 단순히 형법이 적용되지 않는다는 것뿐이지 그 행위를 적법하다고 볼 수 있는 것은 아니기 때문이다.

---

108) 보충설명 장물죄의 장물이 되기 위하여는 본범이 절도, 강도, 사기, 공갈, 횡령 등 재산죄에 의하여 영득한 물건이면 족하고 그 중 어느 범죄에 의하여 영득한 것인지를 구체적으로 명시할 것을 요하지 않는다.
109) 보충설명 배임죄에 의하여 영득한 것은 재산상의 이익이고 부동산 배임죄에 제공된 것에 불과하므로 장물이 될 수 없다.

✓ **본범의 성립정도 : 미국 리스차량 수입 사건** 표준 『[1] '장물'이라 함은 재산죄인 범죄행위에 의하여 영득된 물건을 말하는 것으로서 절도·강도·사기·공갈·횡령 등 영득죄에 의하여 취득된 물건이어야 한다. 여기에서의 범죄행위는 절도죄 등 본범의 구성요건에 해당하는 위법한 행위일 것을 요한다. 그리고 본범의 행위에 관한 법적 평가는 그 행위에 대하여 우리 형법이 적용되지 아니하는 경우에도 우리 형법을 기준으로 하여야 하고 또한 이로써 충분하므로, 본범의 행위가 우리 형법에 비추어 절도죄 등의 구성요건에 해당하는 위법한 행위라고 인정되는 이상 이에 의하여 영득된 재물은 장물에 해당한다.
[2] 대한민국 국민 또는 외국인이 미국 캘리포니아주에서 미국 리스회사와 미국 캘리포니아주의 법에 따라 차량 이용에 관한 리스계약을 체결하면서 준거법에 관하여는 별도로 약정하지 아니하였는데, 이후 자동차 수입업자인 피고인이 리스기간 중 위 리스이용자들이 임의로 처분한 리스계약의 목적물인 차량들을 수입한 사안에서, 국제사법에 따라 위 리스계약에 적용될 준거법인 미국 캘리포니아주의 법에 의하면, 위 차량들의 소유권은 리스회사에 속하고, 리스이용자는 일정 기간 차량의 점유·사용의 권한을 이전받을 뿐이어서(미국 캘리포니아주 상법 제10103조 제a항 제10호도 참조), 리스이용자들은 리스회사에 대한 관계에서 위 차량들에 관한 보관자로서의 지위에 있으므로, 위 차량들을 임의로 처분한 행위는 형법상 횡령죄의 구성요건에 해당하는 위법한 행위로 평가되고 이에 의하여 영득된 위 차량들은 장물에 해당한다는 이유로, 피고인에게 장물취득죄를 인정한 원심판단의 결론을 정당하다고 한 사례』(대판 2011.4.28. 2010도15350)★.

✓ **절도·사기죄의 구성요건 해당성이 없는 경우 : 신진기획 컴사 사건** 표준 『[1] 형법 제41장의 장물에 관한 죄에 있어서의 '장물'이라 함은 재산범죄로 인하여 취득한 물건 그 자체를 말하므로, 재산범죄를 저지른 이후에 별도의 재산범죄의 구성요건에 해당하는 사후행위가 있었다면 비록 그 행위가 불가벌적 사후행위로서 처벌의 대상이 되지 않는다 할지라도 그 사후행위로 인하여 취득한 물건은 재산범죄로 인하여 취득한 물건으로서 장물이 될 수 있다.
[2] 컴퓨터등사용사기죄의 범행으로 예금채권을 취득한 다음 자기의 현금카드를 사용하여 현금자동지급기에서 현금을 인출한 경우, 현금카드 사용권한 있는 자의 정당한 사용에 의한 것으로서 현금자동지급기 관리자의 의사에 반하거나 기망행위 및 그에 따른 처분행위도 없었으므로, 별도로 절도죄나 사기죄의 구성요건에 해당하지 않는다 할 것이고, 그 결과 그 인출된 현금은 재산범죄에 의하여 취득한 재물이 아니므로 장물이 될 수 없다.
[3] 장물인 현금 또는 수표를 금융기관에 예금의 형태로 보관하였다가 이를 반환받기 위하여 동일한 액수의 현금 또는 수표를 인출한 경우에 예금계약의 성질상 그 인출된 현금 또는 수표는 당초의 현금 또는 수표와 물리적인 동일성은 상실되었지만 액수에 의하여 표시되는 금전적 가치에는 아무런 변동이 없으므로, 장물로서의 성질은 그대로 유지된다.
[4] 갑이 권한 없이 인터넷뱅킹으로 타인의 예금계좌에서 자신의 예금계좌로 돈을 이체한 후 그 중 일부를 인출하여 그 정을 아는 을에게 교부한 경우, 갑이 컴퓨터등사용사기죄에 의하여 취득한 예금채권은 재물이 아니라 재산상 이익이므로, 그가 자신의 예금계좌에서 돈을 인출하였더라도 장물을 금융기관에 예치하였다가 인출한 것으로 볼 수 없다는 이유로 을의 장물취득죄의 성립을 부정한 사례』(대판 2004.4.16. 2004도353)★.

5. 장물의 동일성

가. 원 칙

장물은 영득한 재물 그 자체 또는 그것과 동일성을 가진 물건을 말한다. 따라서 원형에 변형을 가한 경우에도 어느 정도 동일성이 인정되는 한 장물이다. 장물의 매각대금이나 장물의 교환물은 장물성이 인정될 수 없다.

> ✔ **매각대금 : 대체장물 사건** 『장물을 팔아서 얻은 돈은 장물이 아니다』(대판 1972.6.13. 72도971). 『장물이라함은 영득죄에 의하여 취득한 물건 자체를 말하는 것이므로 장물을 처분하여 얻어진 돈을 받았다고 하더라도 장물취득죄가 성립되지 않는다』(대판 1972.2.22. 71도2296).

대체장물은 장물이 될 수 없지만 그것이 다른 재산범죄에 의하여 취득한 것이라고 볼 수 있는 경우에는 장물이 될 수 있다. 예를 들어 절취한 장물을 처분하여 받은 돈은 절취에 의하여 영득된 장물 자체가 아니므로 장물이 될 수 없지만, 절취한 장물을 자기 것처럼 타인을 기망하여 금전을 교부받은 경우에는 사기죄를 구성하므로 이로 인해 취득한 금전은 장물이 될 수 있다.

나. 금전의 환전·교환

장물인 현금을 다른 통화로 환전하거나 수표로 교환 하는 경우에도 금전적 가치는 그대로 유지되므로 장물로서의 성질은 그대로 유지된다.

> ✔ **현금·수표의 동일성 : 감원대상 영업과장 사건** 표준 『장물이라 함은 재산범죄로 인하여 취득한 물건 그 자체를 말하고, 그 장물의 처분대가는 장물성을 상실하는 것이지만, 금전은 고도의 대체성을 가지고 있어 다른 종류의 통화와 쉽게 교환할 수 있고, 그 금전 자체는 별다른 의미가 없고 금액에 의하여 표시되는 금전적 가치가 거래상 의미를 가지고 유통되고 있는 점에 비추어 볼 때, 장물인 현금을 금융기관에 예금의 형태로 보관하였다가 이를 반환받기 위하여 동일한 액수의 현금을 인출한 경우에 예금계약의 성질상 인출된 현금은 당초의 현금과 물리적인 동일성은 상실되었지만 액수에 의하여 표시되는 금전적 가치에는 아무런 변동이 없으므로 장물로서의 성질은 그대로 유지된다고 봄이 상당하고, 자기앞수표도 그 액면금을 즉시 지급받을 수 있는 등 현금에 대신하는 기능을 가지고 거래상 현금과 동일하게 취급되고 있는 점에서 금전의 경우와 동일하게 보아야 한다』(대판 2000.3.10. 98도2579)★

Ⅲ. 행 위

본죄의 행위는 「장물의 취득, 양도, 운반, 보관 및 위 각 행위의 알선」이다.

1. 취 득

가. 사실상 처분권의 취득

장물취득죄에서의 취득이라고 함은 점유를 이전받음으로써 그 장물에 대하여 사실상의 처분권을 획득하는 것을 말한다. 따라서 단순히 본범을 위하여 장물을 일시 사용하거나 그와 같이 사용할 목적으로 장물을 건네받은 것만으로는 장물을 취득한 것으로 볼 수 없다.

> ✔ **취득의 의미 : 대포통장 입금 사건** 표준 『[1] 사기죄의 객체는 타인이 점유하는 '타인의' 재물 또는 재산상의 이익이므로, 피해자와의 관계에서 살펴보아 그것이 피해자 소유의 재물인지 아니면 피해자가 보유하는 재산상의 이익인지에 따라 '재물'이 객체인지 아니면 '재산상의 이익'이 객체인지 구별하여야 하는 것으로서, 이 사건과 같이 피해자가 본범의 기망행위에 속아 현금을 피고인 명의의 은행 예금계좌로 송금하였다면, 이는 재물에 해당하는 현금을 교부하는 방법이 예금계좌로 송금하는 형식으로 이루어진 것에 불과하여, 피해자의 은행에 대한 예금채권은 당초 발생하지 않는다.
> [2] 장물취득죄에서 '취득'이라 함은 장물의 점유를 이전받음으로써 그 장물에 대하여 사실상 처분권을 획득하는 것을 의미하는데, 이 사건의 경우 본범의 사기행위는 피고인이 예금계좌를 개설하여 본범에게 양도한

방조행위가 가공되어 본범에게 편취금이 귀속되는 과정 없이 피고인이 피해자로부터 피고인의 예금계좌로 돈을 송금받아 취득함으로써 종료되는 것이고, 그 후 피고인이 자신의 예금계좌에서 위 돈을 인출하였다 하더라도 이는 예금명의자로서 은행에 예금반환을 청구한 결과일 뿐 본범으로부터 위 돈에 대한 점유를 이전받아 사실상 처분권을 획득한 것은 아니므로, 피고인의 위와 같은 인출행위를 장물취득죄로 벌할 수는 없다. [3] 사기 범행에 이용되리라는 사정을 알고서도 자신의 명의로 새마을금고 예금계좌를 개설하여 갑에게 이를 양도함으로써 갑이 을을 속여 을로 하여금 1,000만 원을 위 계좌로 송금하게 한 사기 범행을 방조한 피고인이 위 계좌로 송금된 돈 중 140만 원을 인출하여 갑이 편취한 장물을 취득하였다는 공소사실에 대하여, 갑이 사기 범행으로 취득한 것은 재산상 이익이어서 장물에 해당하지 않는다는 원심판단은 적절하지 아니하지만, 피고인의 위와 같은 인출행위를 장물취득죄로 벌할 수는 없으므로, 위 '장물취득' 부분을 무죄로 선고한 원심의 결론을 정당하다』(대판 2010.12.9. 2010도6256)★.

✔ **보관과의 구별 : 습득 신용카드 일시사용 교부 사건** 『장물취득죄에서 '취득'이라고 함은 점유를 이전받음으로써 그 장물에 대하여 사실상의 처분권을 획득하는 것을 의미하는 것이므로, 단순히 보수를 받고 본범을 위하여 장물을 일시 사용하거나 그와 같이 사용할 목적으로 장물을 건네받은 것만으로는 장물을 취득한 것으로 볼 수 없다』(대판 2003.5.13. 2003도1366)★. ※ 판결이유 중 : 피고인이 A로부터 보수를 받는 조건으로 A가 습득하였다고 주장하는 신용카드들로 물품을 구입하여 주기로 하고 위 신용카드들을 교부받은 행위가 장물취득에 해당하지 아니한다. 장물보관죄가 성립한다.

나. 장물에 대한 인식

장물취득죄가 성립되기 위해서는 계약 체결 당시 장물인 정을 알았을 것을 요하지 않으나, 적어도 현실적으로 인도받거나 취득할 당시에는 장물인 정을 알고 있어야 한다.

✔ **장물취득죄의 고의 : 자전거 인도 사건** 표준 『장물취득죄는 취득당시 장물인 줄을 알면서 이를 취득하여야 성립하는 것이므로 피고인이 자전차의 인도를 받은 후에 비로서 장물이 아닌가 하는 의구심을 가졌다고 해서 그 자전차의 수수행위가 장물취득죄를 구성한다고는 할 수 없다』(대판 1971.4.20. 71도468)★.

2. 양 도

양도라 함은 장물인 정을 알지 못한 상태에서 취득한 이후에 장물인 정을 알면서 제3자에게 수여하는 것을 말한다. 장물의 현실적인 점유이전이 있음을 요한다.

✔ **장물양도 : 미등록 수입차량 양도 사건** 『피고인이 도난차량인 미등록 수입자동차를 취득하여 신규등록을 마친 후 위 자동차가 장물일지도 모른다고 생각하면서 이를 양도한 경우 피고인의 선의취득 주장을 배척하고 장물양도죄를 인정한 원심의 조치를 수긍한 사례』(대판 2011.5.13. 2009도3552)☆.

3. 운 반

운반이란 장물을 장소적으로 이전하는 것을 말한다. 본범과 공동하여 제3자가 장물을 운반한 때에 제3자에 대하여는 본죄가 성립한다.

✔ **운반죄가 성립하는 경우 : 절취한 씨에로 승용차 운반 사건** 『본범자와 공동하여 장물을 운반한 경우에 본범자는 장물죄에 해당하지 않으나 그 외의 자의 행위는 장물운반죄를 구성하므로, 피고인이 본범이

절취한 차량이라는 정을 알면서도 본범 등으로부터 그들이 위 차량을 이용하여 강도를 하려 함에 있어 차량을 운전해 달라는 부탁을 받고 위 차량을 운전해 준 경우, 피고인은 강도예비와 아울러 장물운반의 고의를 가지고 위와 같은 행위를 하였다고 봄이 상당하다』(대판 1999.3.26. 98도3030)☆.

4. 보 관

보관이란 위탁을 받아 장물을 자기의 점유 하에 두는 것을 말한다. 장물에 대한 사실상의 처분권이 없다는 점에서 취득과 구별된다. 취득죄와는 달리 장물보관죄가 성립하기 위해서는 보관을 개시할 때 장물에 대한 인식이 있어야 한다. 따라서 장물인 정을 모르고 보관하다가 그 후 그 정을 알고 나서 장물 반환이 불가능하지 않음에도 보관을 계속하는 경우에는 장물의 정을 알게 된 때부터 장물보관죄가 성립한다. 점유의 권원을 가지고 점유를 하는 경우에는 본죄가 성립하지 않는다.

✔ 보관죄가 성립하는 경우 : 도난 수표 사건 『장물인 정을 모르고 보관하던 중 장물인 정을 알게 되었고, 위 장물을 반환하는 것이 불가능하지 않음에도 불구하고 계속 보관함으로써 피해자의 정당한 반환청구권 행사를 어렵게하여 위법한 재산상태를 유지시킨 경우에는 장물보관죄에 해당한다』(대판 1987.10.13. 87도1633)☆.

✔ 보관죄가 성립하지 않는 경우 : 전당포 보석 사건 『장물인 정을 모르고 장물을 보관하였다가 그 후에 장물인 정을 알게 된 경우 그 정을 알고서도 이를 계속하여 보관하는 행위는 장물죄를 구성하는 것이나 이 경우에도 점유할 권한이 있는 때에는 이를 계속하여 보관하더라도 장물보관죄가 성립하지 않는다』(대판 1986.1.21. 85도2472)★.

5. 알 선

알선이란 장물의 취득, 양도, 운반, 보관 등 행위를 매개하거나 주선하는 것을 말한다. 장물알선죄의 성립시기에 관하여 견해의 대립이 있지만, 판례는 알선에 의하여 당사자 사이에 실제로 장물의 취득·양도·운반·보관에 관한 계약이 성립하지 아니하였거나 장물의 점유가 현실적으로 이전되지 아니한 경우에도 장물알선죄가 성립한다고 판시함으로써 알선행위시설의 입장을 취하고 있다.

✔ 알선죄의 기수시기 : 귀금속 알선 사건 표준 『[1] 형법 제362조 제2항에 정한 장물알선죄에서 '알선'이란 장물을 취득·양도·운반·보관하려는 당사자 사이에 서서 이를 중개하거나 편의를 도모하는 것을 의미한다. 따라서 장물인 정을 알면서, 장물을 취득·양도·운반·보관하려는 당사자 사이에 서서 서로를 연결하여 장물의 취득·양도·운반·보관행위를 중개하거나 편의를 도모하였다면, 그 알선에 의하여 당사자 사이에 실제로 장물의 취득·양도·운반·보관에 관한 계약이 성립하지 아니하였거나 장물의 점유가 현실적으로 이전되지 아니한 경우라도 장물알선죄가 성립한다.
[2] 장물인 귀금속의 매도를 부탁받은 피고인이 그 귀금속이 장물임을 알면서도 매매를 중개하고 매수인에게 이를 전달하려다가 매수인을 만나기도 전에 체포되었다 하더라도, 위 귀금속의 매매를 중개함으로써 장물알선죄가 성립한다』(대판 2009.4.23. 2009도1203)★.

Ⅳ. 고 의

장물죄는 고의범이므로 장물일지도 모른다는 의심을 가지는 정도의 미필적 인식이 있어야 한다.

> ✔ **고의의 내용 : 주식회사 동해 횡령 사건** 『장물취득죄에 있어서 장물의 인식은 확정적 인식임을 요하지 않으며 장물일지도 모른다는 의심을 가지는 정도의 미필적 인식으로서도 충분하고, 또한 장물인 정을 알고 있었느냐의 여부는 장물 소지자의 신분, 재물의 성질, 거래의 대가 기타 상황을 참작하여 이를 인정할 수밖에 없다』(대판 2004.12.9. 2004도5904)☆.

Ⅴ. 죄수 및 타죄와의 관계

1. 죄 수

장물을 취득한 후 양도·보관·운반 한 경우에 양도·보관·운반행위는 불가벌적 사후행위(또는 협의의 포괄일죄)이므로 장물취득죄만 성립한다.

2. 타죄와의 관계

장물의 보관을 의뢰받고 장물인 정을 알면서 보관하고 있다가 임의로 이를 처분한 경우에는 이미 장물보관죄가 성립하여 장물 소유자의 소유물추구권을 침해한 것이 된다. 따라서 그 후의 횡령행위는 불가벌적 사후행위에 불과하여 별도로 횡령죄를 구성하지 않는다.

> ✔ **횡령죄와의 관계 : 고려청자(향로) 횡령 사건** 『[1] 절도 범인으로부터 장물보관 의뢰를 받은 자가 그 정을 알면서 이를 인도받아 보관하고 있다가 임의 처분하였다 하여도 장물보관죄가 성립하는 때에는 이미 그 소유자의 소유물 추구권을 침해하였으므로 그 후의 횡령행위는 불가벌적 사후행위에 불과하여 별도로 횡령죄가 성립하지 않는다.
> [2] 피고인이 업무상 과실로 장물을 보관하고 있다가 처분한 행위는 업무상과실장물보관죄의 가벌적 평가에 포함되고 별도로 횡령죄를 구성하지 않는다고 한 원심의 판단을 수긍한 사례』(대판 2004.4.9. 2003도8219)★.

제3관 상습장물죄

> **제363조 ∥ 상습범**
> ① 상습으로 전조의 죄를 범한 자는 1년 이상 10년 이하의 징역에 처한다.
> ② 제1항의 경우에는 10년 이하의 자격정지 또는 1천500만 원 이하의 벌금을 병과 할 수 있다.

제4관 업무상과실·중과실장물죄

> **제364조 ┃ 업무상과실, 중과실 ┃**
> 업무상과실 또는 중대한 과실로 인하여 제362조의 죄를 범한 자는 1년 이하의 금고 또는 500만 원 이하의 벌금에 처한다.110)

업무상과실·중과실장물죄 업무상 과실 또는 중과실에 의하여 장물을 취득·운반·보관 또는 알선함으로써 성립하는 범죄이다. 본죄는 재산죄 가운데 과실범을 처벌하는 유일한 규정으로, 형법에는 단순과실에 의한 장물취득을 처벌하는 규정이 없으므로 업무상과실·중과실장물취득죄(제364조)는 업무자라는 신분으로 인하여 형이 가중되는 가중적 구성요건으로 볼 수 없다.

고물상 업자나 전당포주와 같이 중고품을 취급하는 업무에 종사하는 자는 장물을 취급하기 쉽기 때문에 그 업무처리상 장물여부를 확인해야 할 주의의무를 부담하게 되는 것이다.

✔ **주의의무의 내용 : 로렉스 손목시계 저당 사건** 『전당포주가 물품을 전당잡고자 할 때는 전당물주의 주소, 성명, 직업, 연령과 그 물품의 출처, 특징 및 전당잡히려는 동기, 그 신분에 상응한 소지인지의 여부 등을 알아 보아야 할 업무상의 주의의무가 있다 할 것이고 이를 게을리 하여 장물인 정을 모르고 전당잡은 경우에는 비록 주민등록증을 확인하였다 하여도 그 사실만으로는 업무상 과실장물취득의 죄책을 면할 수 없다』(대판 1985. 2. 26. 84도2732)☆.

✔ **주의의무의 내용 : 18k 큐빅반지 사건** 『금은방을 운영하는 자가 귀금속류를 매수함에 있어 매도자의 신원확인절차를 거쳤다고 하여도 장물인지의 여부를 의심할 만한 특별한 사정이 있거나 매수물품의 성질과 종류 및 매도자의 신원 등에 좀 더 세심한 주의를 기울였다면 그 물건이 장물임을 알 수 있었음에도 불구하고 이를 게을리하여 장물인 정을 모르고 매수하여 취득한 경우에는 업무상과실장물취득죄가 성립한다』(대판 2003. 4. 25. 2003도348)☆.

---

110) 보충설명 업무상과실장물취득죄(「형법」제364조)는 '업무'가 신분요소로 작용하는 경우로서, 업무자의 신분이 있는 경우에만 범죄가 성립하는 진정신분범이다.

제8절 손괴의 죄

제1관 총 설

I. 의 의

손괴의 죄는 타인의 재물·문서 또는 전자기록 등 특수매체기록을 손괴 또는 은닉 기타의 방법으로 그 효용을 해하는 범죄를 말한다.

II. 보호법익

손괴의 죄는 재물손괴죄와 공익건조물파괴죄 및 경계침범죄의 세 가지 독립된 구성요건으로 규정되어 있다.

1. 재물손괴죄의 보호법익

재물손괴죄(제366조)는 소유권 자체를 취득하고자 하는 범죄형태가 아니라, 불법영득의사 없이 소유권을 침해하는 범죄이다. 따라서 그 보호법익은 소유권의 이용가치이다.

2. 공익건조물파괴죄의 보호법익

공익건조물파괴죄(제367조)는 단순히 재물의 기능 자체를 보호하는 범죄이다. 자기의 소유물에 대하여도 본죄가 성립할 수 있기 때문에 공익에 공하는 건조물의 유지에 대한 공공의 이익을 보호법익으로 한다.

3. 경계침범죄의 보호법익

경계침범죄(제370조)는 권리와 중요한 관계를 가진 토지경계의 명확성을 보호법익으로 한다.

제2관 재물손괴죄

> **제366조 ㅣ재물손괴 등ㅣ**
> 타인의 재물, 문서 또는 전자기록 등 특수매체기록을 손괴 또는 은닉 기타 방법으로 기 효용을 해한 자는 3년 이하의 징역 또는 700만 원 이하의 벌금에 처한다.

I. 객 체

본죄의 객체는 「타인의 재물, 문서 또는 전자기록 등 특수매체기록」이다.

1. 재 물

재물이란 유체물 뿐만 아니라 물리적으로 관리 가능한 동력(제372조)으로서 동산, 부동산을 불문한다. 본조의 재물은 널리 재산권의 목적이 될 수 있는 일체의 물건을 말하는 것이므로 이용가치 내지 효용이 전혀 없는 물건은 재물성이 인정될 수 없다.

> ✔ **손괴죄의 객체 : 재건축 아파트 철거 사건** 비교 『[1] 본래의 사용목적에 공할 수 있거나, 다른 용도로라도 사용이 가능한 상태에 있다면, 재산적 이용가치 내지 효용이 있는 것으로서 재물손괴죄의 객체가 될 수 있다.
> [2] 재건축사업으로 철거예정이고 그 입주자들이 모두 이사하여 아무도 거주하지 않은 채 비어 있는 아파트라 하더라도, 그 객관적 성상이 본래 사용목적인 주거용으로 쓰일 수 없는 상태라거나 재물로서의 이용가치나 효용이 없는 물건이라고도 할 수 없어 재물손괴죄의 객체가 된다』(대판 2007.9.20. 2007도5207)☆

> ✔ **포도주 원액 부패 사건** 『포도주 원액이 부패하여 포도주 원료로서의 효용가치는 상실되었으나, 그 산도가 1.8도 내지 6.2도에 이르고 있어 식초의 제조 등 다른 용도에 사용할 수 있는 경우에는 재물손괴죄의 객체가 될 수 있다』(대판 1979.7.24. 78도2138).

2. 문 서

본조에서의 문서란 형법 제141조 제1항의 공용서류에 해당하지 않는 모든 문서를 말한다. 문서에 표시된 내용이 적어도 법률상 또는 사회생활상 중요한 사항에 관한 것이어야 한다. 자기명의로 작성된 문서라 할지라도 타인소유의 문서의 이용가치를 침해하는 경우에는 문서손괴죄가 성립한다.

> ✔ **효용가치가 없는 경우 : 장부 이기 사건** 『장부의 기재를 새로운 장부로 이기(移記)하는 과정에서 누계 등을 잘못 기재하다가 그 부분을 찢어버리고 계속하여 종전 장부의 기재내용을 모두 이기하였다면 새로운 경리장부는 아직 작성중에 있어서 손괴죄의 객체가 되는 문서로서의 경리장부가 아니라 할 것이고, 또 찢어버린 부분이 진실된 증빙내용을 기재한 것이었다는 등의 특별한 사정이 없는 한 이기과정에서 잘못 기재되어 찢어버린 부분 그 자체가 손괴죄의 객체가 되는 재산적 이용가치 내지 효용이 있는 재물이라고도 볼 수 없다』(대판 1989.10.24. 88도1296)☆

문서손괴죄가 성립하는 기출판례 정리

① ✔ **자기명의 자술서 손괴 사건** 『비록 자기명의의 문서라 할지라도 이미 타인(타기관)에 접수되어 있는 문서에 대하여 함부로 이를 무효화시켜 그 용도에 사용하지 못하게 하였다면 일응 형법상의 문서손괴죄를 구성한다 할 것이므로 그러한 내용의 범죄될 사실을 허위로 기재하여 수사기관에 고소한 이상 무고죄의 죄책을 면할 수 없다』(대판 1987.4.14. 87도177)☆

② ✔ **약속어음 지급일자 삭제 사건** 『약속어음의 수취인이 차용금의 지급담보를 위하여 은행에 보관시킨 약속어음을 은행지점장이 발행인의 부탁을 받고 그 지급기일란의 일자를 지움으로써 그 효용을 해한 경우에는 문서손괴죄가 성립한다』(대판 1982.7.27. 82도223)☆

③ ✔ **허위내용 확인서 사건** 『확인서가 소유자의 의사에 반하여 손괴된 것이라면 그 확인서가 피고인 명의로 작성된 것이고 또 그것이 진실에 반하는 허위내용을 기재한 것이라 하더라도 피고인은 문서손괴의 죄책을 면할 수 없다』(대판 1982.12.28. 82도1807)☆

3. 전자기록 등 특수매체기록

전자기록 등 특수매체기록이란 사람의 지각에 의하여 인식될 수 없는 방식에 의하여 작성되어 컴퓨터 등 정보처리장치에 의한 정보처리를 위하여 제공된 기록을 말한다. 전자기록 등은 기록으로서의 성질상 어느 정도의 영속성이 있어야 하므로 전송 중이거나 처리 중인 자료는 여기에 해당하지 않는다.

4. 타인의 소유

본죄의 객체는 타인 소유의 것에 한하므로, 재물, 문서 또는 전자기록 등 특수매체기록은 타인소유가 인정되어야 한다. 따라서 자기 소유물은 포함되지 않는다. 타인 소유인 이상 타인점유이든 자기점유이든 불문한다.

> ✔ **타인소유 : 전세금 영수증 사건** 『문서손괴죄의 객체는 타인소유의 문서이며 피고인 자신의 점유하에 있는 문서라 할지라도 타인소유인 이상 이를 손괴하는 행위는 문서손괴죄에 해당한다』(대판 1984.12.26. 84도2290)[111]☆

> ✔ **부동산에의 부합과 소유권 귀속 : 옹아나무 절단 사건** 최신3년 『피고인은 피해자 갑이 을로부터 매수한 토지의 경계 부분에 매수 전 자신이 식재하였던 수목 5그루를 전기톱을 이용하여 절단하였다고 하여 특수재물손괴의 공소사실로 기소된 사안에서, 제반 사정에 비추어 피고인이 수목을 식재할 당시 토지의 전 소유자 을로부터 명시적 또는 묵시적으로 승낙·동의를 받았거나 적어도 토지 중 수목이 식재된 부분에 관하여는 무상으로 사용할 것을 허락받았을 가능성을 배제하기 어렵고, 이는 민법 제256조에서 부동산에의 부합의 예외사유로 정한 '권원'에 해당한다고 볼 수 있어 수목은 토지에 부합하지 않고 이를 식재한 피고인에게 소유권이 귀속된다는 등의 이유로, 이와 달리 보아 공소사실을 유죄로 인정한 원심판결에 법리오해의 잘못이 있다고 한 사례』(대판 2023.11.16. 2023도11885)☆

II. 행위

본죄의 행위는 「손괴 또는 은닉 기타 방법으로 그 효용을 해하는 것」이다.

1. 손괴

손괴라 함은 재물의 전부 또는 일부에 직접 유형력을 행사하여 소유자의 이익에 반하는 물리적 훼손을 야기하는 일체의 행위를 말한다. 그 물건의 본래의 사용 목적에 공할 수 없게 하는 상태로 만드는 것은 물론 일시 그것을 이용할 수 없는 상태로 만드는 것이면 충분하다.

손괴를 인정한 기출판례 정리

① ✔ **철조망·경고판 사건** 『재물손괴죄에서의 효용을 해하는 행위에는 일시 물건의 구체적 역할을 할 수 없는 상태로 만드는 경우도 해당하므로 판결에 의하여 명도받은 토지의 경계에 설치해 놓은 철조망과 경고판을 치워 버림으로써 울타리로서의 역할을 해한 때에는 재물손괴죄가 성립한다』(대판 1982.7.13. 82도1057)☆

---

[111] 보충설명 피고인은 피해자 임재윤으로부터 전세금 2,000,000원을 받고 영수증을 작성교부한 뒤에 피해자에게 위 전세금을 반환하겠다고 말하여 피해자로부터 위 영수증을 교부받고 나서 전세금을 반환하기도 전에 이를 찢어버린 사실이 인정되므로, 피고인에게 문서손괴의 죄책을 인정한 원심 판단은 정당하고 아무런 위법이 없다.

② ✔ **자동문 수동문 개폐 사건** 『물질적인 파괴행위로 물건 등을 본래의 목적에 사용할 수 없는 상태로 만드는 경우뿐만 아니라 일시적으로 물건 등의 구체적 역할을 할 수 없는 상태로 만들어 효용을 떨어뜨리는 경우도 포함된다. 따라서 자동문을 자동으로 작동하지 않고 수동으로만 개폐가 가능하게 하여 자동잠금장치로서 역할을 할 수 없도록 한 경우에도 재물손괴죄가 성립한다』(대판 2016.11.25. 2016도9219)★.

③ ✔ **광고용 간판 백색페인트 사건** 『타인 소유의 광고용 간판을 백색페인트로 도색하여 광고문안을 지워버린 행위는 재물손괴죄를 구성한다』(대판 1991.10.22. 91도2090)☆.

④ ✔ **홍보용 배너 제거 사건** 『갑이 홍보를 위해 광고판(홍보용 배너와 거치대)을 1층 로비에 설치해 두었는데, 피고인이 을에게 지시하여 을이 위 광고판을 그 장소에서 제거하여 컨테이너로 된 창고로 옮겨 놓아 갑이 사용할 수 없도록 한 사안에서, 비록 물질적인 형태의 변경이나 멸실, 감손을 초래하지 않은 채 그대로 옮겼더라도 위 광고판은 본래적 역할을 할 수 없는 상태로 되었으므로 피고인의 행위는 재물손괴죄에서의 재물의 효용을 해하는 행위에 해당한다는 이유로, 이와 달리 본 원심판단에 재물손괴죄의 법리를 오해한 위법이 있다고 한 사례』(대판 2018.7.24. 2017도18807)☆.

손괴를 부정한 기출판례 정리

① ✔ **쓰레기 매립장 회신문서 제거 사건** 『소유자의 의사에 따라 어느 장소에 게시 중인 문서를 소유자의 의사에 반하여 떼어내는 것과 같이 소유자의 의사에 따라 형성된 종래의 이용상태를 변경시켜 종래의 상태에 따른 이용을 일시적으로 불가능하게 하는 경우에도 문서손괴죄가 성립할 수 있다. 그러나 문서손괴죄는 문서의 소유자가 문서를 소유하면서 사용하는 것을 보호하려는 것이므로, 어느 문서에 대한 종래의 사용상태가 문서 소유자의 의사에 반하여 또는 문서 소유자의 의사와 무관하게 이루어진 경우에 단순히 종래의 사용상태를 제거하거나 변경시키는 것에 불과하고 손괴, 은닉하는 등으로 새로이 문서 소유자의 문서 사용에 지장을 초래하지 않는 경우에는 문서의 효용, 즉 문서 소유자의 문서에 대한 사용가치를 일시적으로도 해하였다고 할 수 없어서 문서손괴죄가 성립하지 아니한다』(대판 2015.11.27. 2014도13083)★.

2. 은닉

은닉이라 함은 재물 등의 소재를 불분명하게 함으로써 발견을 곤란 또는 불가능하게 하여 그 효용을 해하는 것을 말한다.

✔ **은닉에 해당하는 경우 : 매출계산서 반환 거부 사건** 『회사의 경리사무 처리상 필요불가결한 매출계산서, 매출명세서 등의 반환을 거부함으로써 그 문서들을 일시적으로 그와 같은 용도에 사용할 수 없게 하는 것도 그 문서의 효용을 해한 경우에 해당한다』(대판 1971.11.23. 71도1576)☆.

3. 기타 방법에 의한 효용침해

손괴, 은닉 이외의 모든 방법으로 타인의 재물이 가지는 이용가치 또는 효용을 해하는 것을 말한다. 물리적 훼손을 야기하거나 또는 소재를 불명케 하는 것이 아닌 기타의 방법으로 본래의 용법에 따라 사용할 수 없는 상태에 이르게 하는 모든 경우를 말한다.

✔ **자동차의 효용 : 굴삭기 그러셔 주차 사건** 『형법 제366조는 "타인의 재물, 문서 또는 전자기록 등 특수매체기록을 손괴 또는 은닉 기타 방법으로 그 효용을 해한 자는 3년 이하의 징역 또는 700만 원 이하의 벌금에 처한다."라고 규정하고 있다. 여기에서 '기타 방법'이란 형법 제366조의 규정 내용 및 형벌법규의 엄격해석 원칙 등에 비추어 손괴 또는 은닉에 준하는 정도의 유형력을 행사하여 재물 등의 효용을 해하는 행위를 의미한다고 봄이 타당하고, '재물의 효용을 해한다.'고 함은 사실상으로나 감정상으로 그 재물을 본래의 사용목적에 제공할 수 없게 하는 상태로 만드는 것을 말하며, 일시적으로 그 재물을 이용할 수 없거나 구체적 역할을 할 수 없는 상태로 만드는 것도 포함한다.
피고인이 평소 자신이 굴삭기를 주차하던 장소에 갑의 차량이 주차되어 있는 것을 발견하고 갑의 차량 앞에 철근콘크리트 구조물을, 뒤에 굴삭기 크러셔를 바짝 붙여 놓아 갑이 17~18시간 동안 차량을 운행할 수 없게 된 사안에서, 차량 앞뒤에 쉽게 제거하기 어려운 구조물 등을 붙여 놓은 행위는 차량에 대한 유형력 행사로 보기에 충분하고, 차량 자체에 물리적 훼손이나 기능적 효용의 멸실 내지 감소가 발생하지 않았더라도 갑이 위 구조물로 인해 차량을 운행할 수 없게 됨으로써 일시적으로 본래의 사용목적에 이용할 수 없게 된 이상 차량 본래의 효용을 해한 경우라고 한 사례』(대판 2021.5.7. 2019도13764 ; 1982.7.13. 82도1057)★.

✔ **건조물의 효용 : 해고노동자 계란투척 사건** 표준 『[1] 형법 제366조 소정의 재물손괴죄는 타인의 재물을 손괴 또는 은닉하거나 기타의 방법으로 그 효용을 해하는 경우에 성립하는바, 여기에서 재물의 효용을 해한다고 함은 사실상으로나 감정상으로 그 재물을 본래의 사용목적에 제공할 수 없게 하는 상태로 만드는 것을 말하며, 일시적으로 그 재물을 이용할 수 없는 상태로 만드는 것도 여기에 포함된다. 특히, 건조물의 벽면에 낙서를 하거나 게시물을 부착하는 행위 또는 오물을 투척하는 행위 등이 그 건조물의 효용을 해하는 것에 해당하는지 여부는, 당해 건조물의 용도와 기능, 그 행위가 건조물의 채광·통풍·조망 등에 미치는 영향과 건조물의 미관을 해치는 정도, 건조물 이용자들이 느끼는 불쾌감이나 저항감, 원상회복의 난이도와 거기에 드는 비용, 그 행위의 목적과 시간적 계속성, 행위 당시의 상황 등 제반 사정을 종합하여 사회통념에 따라 판단하여야 한다.
[2] 해고노동자 등이 복직을 요구하는 집회를 개최하던 중 래커 스프레이를 이용하여 회사 건물 외벽과 1층 벽면 등에 낙서한 행위는 건물의 효용을 해한 것으로 볼 수 있으나, 이와 별도로 계란 30여 개를 건물에 투척한 행위는 건물의 효용을 해하는 정도의 것에 해당하지 않는다』(대판 2007.6.28. 2007도2590)★.

✔ **도로의 효용 : 도로에 래커 스프레이 사건** 『[1] 특히 도로 바닥에 낙서를 하는 행위 등이 도로의 효용을 해하는 것에 해당하는지 여부는, 당해 도로의 용도와 기능, 그 행위가 도로의 안전표지인 노면표시 기능 및 이용자들의 통행과 안전에 미치는 영향, 그 행위가 도로의 미관을 해치는 정도, 도로의 이용자들이 느끼는 불쾌감이나 저항감, 원상회복의 난이도와 거기에 드는 비용, 그 행위의 목적과 시간적 계속성, 행위 당시의 상황 등 제반 사정을 종합하여 사회통념에 따라 판단하여야 한다.
[2] 갑 주식회사의 직원인 피고인들이 유색 페인트와 래커 스프레이를 이용하여 갑 회사 소유의 도로 바닥에 직접 문구를 기재하거나 도로 위에 놓인 현수막 천에 문구를 기재하여 페인트가 바닥으로 배어 나와 도로에 배게 하는 방법으로 다중의 위력으로써 도로의 효용을 해하였다고 하여 특수재물손괴로 기소된 사안에서, 피고인들이 위와 같은 방법으로 도로 바닥에 여러 문구를 써놓은 행위가 위 도로의 효용을 해하는 정도에 이른 것이라고 보기 어렵다는 이유로, 이와 달리 보아 공소사실을 유죄로 판단한 원심판결에 재물손괴죄에 관한 법리를 오해하는 등의 잘못이 있다고 한 사례』(대판 2020.3.27. 2017도20455)☆.

✔ **토지의 효용 : 무단 신축 사건** 최신3년 『재물손괴죄(형법 제366조)는 다른 사람의 재물을 손괴 또는 은닉하거나 그 밖의 방법으로 그 효용을 해한 경우에 성립하는 범죄로, 행위자에게 다른 사람의 재물을 자기 소유물처럼 그 경제적 용법에 따라 이용·처분할 의사(불법영득의사)가 없다는 점에서 절도, 강도, 사기, 공

갈, 횡령 등 영득죄와 구별된다. 다른 사람의 소유물을 본래의 용법에 따라 무단으로 사용·수익하는 행위는 소유자를 배제한 채 물건의 이용가치를 영득하는 것이고, 그 때문에 소유자가 물건의 효용을 누리지 못하게 되었더라도 효용 자체가 침해된 것이 아니므로 재물손괴죄에 해당하지 않는다』(대판 2022.11.30. 2022도1410)[112]☆.

Ⅲ. 고 의

손괴죄는 손괴, 은닉 기타 방법으로 타인 소유의 재물, 문서 또는 전자기록 등 특수매체기록의 이용가치의 전부 또는 일부를 침해 한다는 인식과 의사를 내용으로 하는 고의가 있어야 한다. 반드시 계획적인 손괴의 의도가 있거나 물건의 손괴를 적극적으로 희망하여야 하는 것은 아니고, 소유자의 의사에 반하여 재물의 효용을 상실케 하는 데 대한 인식이 있으면 충분하다. 주관적 요건으로서 고의 외에 불법영득의 의사는 필요로 하지 않는다.

✔ **고의가 인정된 경우 : 공장 자재 철거 사건** 『피고인이 경락받은 농수산물 저온저장 공장건물 중 공냉식 저온창고를 수냉식으로 개조함에 있어 그 공장에 시설된 피해자 소유의 자재에 관하여 피해자에게 철거를 최고하는 등 적법한 조치를 취함이 없이 이를 일방적으로 철거하게 하여 손괴하였다면 이는 재물손괴의 범의가 없었다고 할 수 없고 이것이 사회상규상 당연히 허용되는 것이라고 할 수도 없다』(대판 1990.5.22. 90도700)☆.

✔ **고의가 인정되지 않은 경우 : 버스터미널 철조망 사건** 『갑 소유였다가 약정에 따라 을 명의로 이전되었으나 권리관계에 다툼이 생긴 토지상에서 갑이 버스공용터미널을 운영하고 있는 데 을이 갑의 영업을 방해하기 위하여 철조망을 설치하려 하자 갑이 위 철조망을 가까운 곳에 마땅한 장소가 없어 터미널로부터 약 200 내지 300미터 가량 떨어진 갑 소유의 다른 토지 위에 옮겨 놓았다면 갑의 행위에는 재물의 소재를 불명하게 함으로써 그 발견을 곤란 또는 불가능하게 하여 그 효능을 해하게 하는 재물은닉의 범의가 있다고 할 수 없다』(대판 1990.9.25. 90도1591)☆.

Ⅳ. 위법성 조각

1. 피해자의 승낙

재물이나 문서를 처분할 수 있는 자가 승낙을 한 경우에는 위법성이 조각된다. 밭에서 재배되었으나 미처 수확되지 않은 농작물의 소유권을 이전받기 위해서는 명인방법을 실시하여야 하므로, 쪽파의 매수인이 명인방법을 갖추기 전에 매도인의 승낙을 받은 자가 쪽파를 파헤쳐 훼손한 경우에는 재물손괴죄가 성립하지 않는다.

✔ **피해자의 동의 : 쪽파 사건** 『[1] 물권변동에 있어서 형식주의를 채택하고 있는 현행 민법하에서는 소유권을 이전한다는 의사 외에 부동산에 있어서는 등기를, 동산에 있어서는 인도를 필요로 함과 마찬가지로 이 사건 쪽파와 같은 수확되지 아니한 농작물에 있어서는 명인방법을 실시함으로써 그 소유권을 취득한다.

---

[112] **보충설명** 부지의 점유 권원 없는 건물 소유자였던 피고인은, 토지 소유자와의 철거 등 청구소송에서 패소하고 강제집행을 당했는데도 무단으로 새 건물을 지은 경우, 검사는 피고인이 토지의 효용을 해하였다고 하여 재물손괴죄로 기소했으나, 피고인의 행위는 토지를 본래의 용법에 따라 사용·수익함으로써 그 소유자로 하여금 효용을 누리지 못하게 한 것일 뿐 효용을 침해한 것이 아니라고 보아, 원심의 무죄판결에 대한 검사의 상고를 기각한 사안이다.

[2] 쪽파의 매수인이 명인방법을 갖추지 않은 경우, 쪽파에 대한 소유권을 취득하였다고 볼 수 없어 그 소유권은 여전히 매도인에게 있고 매도인과 제3자 사이에 일정 기간 후 임의처분의 약정이 있었다면 그 기간 후에 제3자가 쪽파를 손괴하였더라도 재물손괴죄가 성립하지 않는다』(대판 1996.2.23. 95도2754)☆.

2. 정당행위

어떠한 행위가 범죄구성요건에 해당하지만 정당행위라는 이유로 위법성이 조각된다는 것은 그 행위가 적극적으로 용인, 권장된다는 의미가 아니라 단지 특정한 상황 하에서 그 행위가 범죄행위로서 처벌대상이 될 정도의 위법성을 갖추지 못하였다는 것을 의미한다. 따라서 손괴행위가 사회통념상 허용되는 범위인 경우에는 정당행위로서 위법성이 조각되어 죄가 성립되지 않는다.

✓ **정당행위 : 소집공고문 삭제 사건** 『[1] 형법 제20조에 정하여진 '사회상규에 위배되지 아니하는 행위'란 법질서 전체의 정신이나 그 배후에 놓여 있는 사회윤리 내지 사회통념에 비추어 용인될 수 있는 행위를 말하므로, 어떤 행위가 그 행위의 동기나 목적의 정당성, 행위의 수단이나 방법의 상당성, 보호이익과 침해이익의 법익 균형성, 긴급성, 그 행위 이외의 다른 수단이나 방법이 없다는 보충성 등의 요건을 갖춘 경우에는 정당행위에 해당한다 할 것이다. 한편 어떠한 행위가 범죄구성요건에 해당하지만 정당행위라는 이유로 위법성이 조각된다는 것은 그 행위가 적극적으로 용인, 권장된다는 의미가 아니라 단지 특정한 상황 하에서 그 행위가 범죄행위로서 처벌대상이 될 정도의 위법성을 갖추지 못하였다는 것을 의미한다.
[2] 갑 아파트 입주자대표회의 회장인 피고인이 자신의 승인 없이 동 대표들이 관리소장과 함께 게시한 입주자대표회의 소집공고문을 뜯어내 제거함으로써 그 효용을 해하였다고 하여 재물손괴로 기소된 사안에서, 갑 아파트의 관리규약에 따르면 입주자대표회의는 회장이 소집하도록 규정되어 있으므로 입주자대표회의 소집공고문 역시 입주자대표회의 회장 명의로 게시되어야 하는 점, 위 공고문이 계속 게시되고 방치될 경우 적법한 소집권자가 작성한 진정한 공고문으로 오인될 가능성이 매우 높고, 이를 신뢰한 동대표들이 해당일시의 입주자대표회의에 참석할 것으로 충분히 예상되는 상황이었던 점, 게시판의 관리주체인 관리소장이 위 공고문을 게시하였더라도 소집절차의 하자가 치유되지 않는 점, 피고인이 위 공고문을 발견한 날은 공휴일 야간이었고 그다음 날이 위 공고문에서 정한 입주자대표회의가 개최되는 당일이어서 시기적으로 달리 적절한 방안을 찾기 어려웠던 점 등을 종합하면, 피고인이 위 공고문을 손괴한 조치는, 그에 선행하는 위법한 공고문 작성 및 게시에 따른 위법상태의 구체적 실현이 임박한 상황하에서 그 위법성을 바로잡기 위한 것으로 사회통념상 허용되는 범위를 크게 넘어서지 않는 행위로 볼 수 있다는 이유로, 이와 달리 본 원심판단에 정당행위에 관한 법리오해의 잘못이 있다고 한 사례』(대판 2021.12.30. 2021도9680)☆.[113]

✓ **정당행위 : 소송 중 재건축 아파트 철거 사건** 『재건축사업으로 철거가 예정되어 있는 아파트를 가집행선고부 판결을 받아 철거한 행위는 형법 제20조의 정당행위에 해당한다고 보아, 재물손괴의 공소사실을 유죄로 인정한 원심판단에 법리오해의 위법이 있다고 한 사례』(대판 2010.2.25. 2009도8473)☆. ※ 판결이유 중 : 조합이 이 사건 각 아파트를 철거하기 전에 관할구청장에게 그 신고를 하지 않았다 하더라도 이는 건축법에 따른 제재대상이 되는 것은 별론으로 하고 형법상 재물손괴죄의 성립 여부에는 영향을 미칠 수 없다고 할 것인바, 이와 같은 사정을 종합하면 피고인들이 위 가집행선고부 판결을 받아 이 사건 각 아파트를 철거한 것은 형법 제20조에 정한 정당행위라 할 것이니 이 사건 공소사실은 범죄로 되지 아니하는 경우에 해당한다 할 것이다.

---

113) **보충설명** 아파트 입주자대표회의 회장이자 회의 소집권자인 甲이 자신이 소집하지 않은 입주자대표회의 소집공고문을 공휴일 야간에 발견하였고 공고문에서 정한 입주자대표회의 개최일이 다음 날 이어서 시기적으로 다른 적절한 방법을 찾기 어려웠다면 위 공고문을 뜯어내 제거한 행위는 정당행위에 해당한다고 볼 수 있다.

제3관 공익건조물파괴죄

제367조 | 공익건조물파괴 |
공익에 공하는 건조물을 파괴한 자는 10년 이하의 징역 또는 2천만 원 이하의 벌금에 처한다.

제4관 중손괴죄 · 손괴치사상죄

제368조 | 중손괴 |
① 전2조의 죄를 범하여 사람의 생명 또는 신체에 대하여 위험을 발생하게 한 때에는 1년 이상 10년 이하의 징역에 처한다.
② 제366조 또는 제367조의 죄를 범하여 사람을 상해에 이르게 한 때에는 1년 이상의 유기징역에 처한다. 사망에 이르게 한 때에는 3년 이상의 유기징역에 처한다.

제5관 특수손괴죄

제369조 | 특수손괴 |
① 단체 또는 다중의 위력을 보이거나 위험한 물건을 휴대하여 제366조의 죄를 범한 때에는 5년 이하의 징역 또는 1천만 원 이하의 벌금에 처한다.
② 제1항의 방법으로 제367조의 죄를 범한 때에는 1년 이상의 유기징역 또는 2천만원 이하의 벌금에 처한다.

제6관 경계침범죄

제370조 | 경계침범 |
경계표를 손괴, 이동 또는 제거하거나 기타 방법으로 토지의 경계를 인식 불능하게 한 자는 3년 이하의 징역 또는 500만 원 이하의 벌금에 처한다.

I. 개 설

경계침범죄는 경계표를 손괴, 이동 또는 제거하거나 기타 방법으로 토지의 경계를 불명하게 하여 토지에 관한 권리관계의 안정을 침해하는 범죄를 말한다. 본죄의 보호법익은 토지에 관한 권리(소유권, 지상권 등)범위와 중요한 관계를 가진 토지 경계의 명확성이다. 손괴죄는 타인의 재물에 대한 '권리자체'를 보호하려는 데에 반하여, 경계침범죄는 토지에 대한 '권리범위의 명확성'을 보호하려는 것이다. 예를 들어 토지를 타인에 매도함에 있어서 일시적으로 경계표를 다른 곳으로 이동하여 자기의 토지를 넓게 보이도록 한 경우에 경계침범죄가 성립한다.

II. 구성요건

1. 객 체

본죄의 객체는 「토지의 경계」이다.

토지의 경계란 토지에 대한 소유권 등 권리의 장소적 한계를 나타내는 지표를 의미한다. 본조에 의하여 보호되는 경계는 반드시 진정한 법률관계를 표시하는 경계가 아니라 사실상 현존하는 경계를 의미하므로, 타인에 의하여 수년간 용인되어 온 경계나 이해관계자들의 명시적 또는 묵시적 합의에 의해 정해진 경계도 객체에 포함된다.

> ✔ **경계의 의미 : 나무심고 도랑 사건** 표준 『형법 제370조의 경계침범죄는 토지의 경계에 관한 권리관계의 안정을 확보하여 사권을 보호하고 사회질서를 유지하려는 데 그 목적이 있는 것으로서, 단순히 경계표를 손괴, 이동 또는 제거하는 것만으로는 부족하고 위와 같은 행위나 기타 방법으로 토지의 경계를 인식불능하게 함으로써 비로소 성립된다 할 것인데, 여기에서 말하는 경계는 법률상의 정당한 경계인지 여부와는 상관없이 종래부터 경계로서 일반적으로 승인되어 왔거나 이해관계인들의 명시적 또는 묵시적 합의가 존재하는 등 어느 정도 객관적으로 통용되어 오던 사실상의 경계를 의미한다 할 것이므로, 설령 법률상의 정당한 경계를 침범하는 행위가 있었다 하더라도 그로 말미암아 위와 같은 토지의 사실상의 경계에 대한 인식불능의 결과가 발생하지 않는 한 경계침범죄가 성립하지 아니한다 할 것이다.
> [2] 피고인이 피해자 소유의 인접한 토지를 침범하여 나무를 심고 도랑을 파내는 등의 행위를 하였다는 경계침범의 공소사실에 대하여, 피고인과 피해자 소유의 토지는 이전부터 경계구분이 되어 있지 않았고, 피고인의 행위로 새삼스럽게 토지경계에 대한 인식불능의 결과를 초래하였다고 볼 수 없다는 이유로 무죄를 선고한 원심판결을 수긍한 사례』(대판 2010.9.9. 2008도8973)★.

경계를 인정한 기출판례 정리
① ✔ **말뚝 · 철조망 사건** 『[1] 형법 제370조에서 말하는 경계는 반드시 법률상의 정당한 경계를 말하는 것이 아니고 비록 법률상의 정당한 경계에 부합되지 아니하는 경계라고 하더라도 이해관계인들의 명시적 또는 묵시적 합의에 의하여 정하여진 것이면 이는 이 법조에서 말하는 경계라고 할 것이다. [2] 형법 제370조에서 말하는 경계표는 그것이 어느 정도 객관적으로 통용되는 사실상의 경계를 표시하는 것이라면 영속적인 것이 아니고 일시적인 것이라도 이 죄의 객체에 해당한다』(대판 1999.4.9. 99도480)☆.
② ✔ **담장 더 쌓기 사건** 『종래 통용되어 오던 사실상의 경계가 법률상의 정당한 경계인지 여부에 대하여 다툼이 있다고 하더라도 사실상의 경계가 법률상 정당한 경계가 아니라는 점이 이미 판결로 확정되었다는 등 경계로서의 객관성을 상실하는 것으로 볼 만한 특단의 사정이 없는 한, 여전히 본조에서 말하는 경계에 해당되는 것이다』(대판 1992.12.8. 92도1682)☆.

2. 행 위

본죄의 행위는 「경계표를 손괴, 이동 또는 제거하거나 기타의 방법으로 토지의 경계를 인식불능하게 하는 것」이다.

가. 경계표

경계표란 토지의 경계를 확정하기 위하여 그 토지에 설정된 표지로서 반드시 담장 등과 같이 인위적으로 설치된 구조물만을 의미하는 것은 아니고, 수목이나 유수 등과 같이 종래부터 자연적으로 존재하던 것이라도 경계표지로 승인된 것이면 경계표에 해당한다. 타인 소유의 것에 한하지 않으며 자기의 물건이거나 무주물을 불문한다. 객관적으로 경계로서 통용되는 사실상의 경계를 표시하는 것이라면 경계표에 해당하겠지만, 당사자의 어느 한 쪽이 기존 경계를 무시하고 일방적으로 설치한 경계표는 실체적 권리관계와 관계없이 경계표에 해당되지 않는다.

> ✔ **경계표의 의미 : 소나무 경계표 사건**　『형법 제370조의 경계침범죄는 토지의 경계에 관한 권리관계의 안정을 확보하여 사권을 보호하고 사회질서를 유지하려는데 그 규정목적이 있으므로 비록 실체상의 경계선에 부합되지 않는 경계표라 할지라도 그것이 종전부터 일반적으로 승인되어 왔다거나 이해관계인들의 명시적 또는 묵시적 합의에 의하여 정하여진 것이라면 그와 같은 경계표는 위 법조 소정의 계표에 해당된다 할 것이고 반대로 기존경계가 진실한 권리상태와 맞지 않는다는 이유로 당사자의 어느 한쪽이 기존경계를 무시하고 일방적으로 경계측량을 하여 이를 실체권리관계에 맞는 경계라고 주장하면서 그 위에 계표를 설치하더라도 이와 같은 경계표는 위 법조에서 말하는 계표에 해당되지 않는다』(대판 1986.12.9. 86도1492)☆.

> ✔ **경계표에 해당되는 경우 : 조형 소나무 경계표 사건**　『수목이나 유수 등과 같이 종래부터 자연적으로 존재하던 것이라도 경계표지로 승인된 것이면 여기의 경계표에 해당한다고 할 것이다』(대판 2007.12.28. 2007도9181)☆.

나. 손괴·이동 또는 제거하거나 기타방법

① 손괴는 경계표를 물질적으로 파손하는 것을 말한다. ② 이동은 원래의 위치로부터 다른 장소로 옮기는 것을 말한다. ③ 제거는 원래의 설치된 장소로부터 취거하는 것을 말한다. ④ 기타 방법은 손괴·이동·제거에 준하는 방법으로 토지의 경계를 인식불능케 하는 일체의 행위를 말한다.

다. 토지경계의 인식불능

위와 같은 행위로 토지의 경계를 인식불능하게 하는 결과를 야기 해야 한다. 본죄는 미수범 처벌규정이 없으므로 경계를 침범하고자 하는 행위가 있었다 하더라도 그 행위로 인하여 토지경계 인식불능의 결과가 발생하지 않는 한 경계침범죄가 성립될 수 없다.

> ✔ **토지경계의 인식불능 : 담장 더 쌓기 사건**　『[1] 경계침범죄는 어떠한 행위에 의하여 토지의 경계가 인식불능하게 됨으로써 비로소 성립되는 것이어서, 경계를 침범하고자 하는 행위가 있었다 하더라도 그 행위로 인하여 토지경계 인식불능의 결과가 발생하지 않는 한 경계침범죄가 성립될 수 없다.
> [2] 기왕에 건립되어 있던 담벽의 연장선상에 추가로 담벽을 설치한 행위가 자신이 주장하는 경계를 보다 확실히 하고자 한 행위에 지나지 아니할 뿐 토지경계에 대한 인식불능의 결과를 초래한다고는 볼 수 없다는 이유로 경계침범죄의 성립을 부정한 사례』(대판 1992.12.8. 92도1682)★.

3. 고 의

경계침범죄는 고의범이므로 경계표의 손괴, 이동, 제거 기타 방법으로 토지의 경계를 인식불능케 한다는 인식과 의사를 내용으로 하는 고의가 있어야 한다.

제9절 권리행사를 방해하는 죄

제1관 총설

I. 의의

권리행사를 방해하는 죄란 타인의 점유 또는 권리의 목적이 된 자기의 물건에 대한 타인의 권리행사를 방해하거나, 강제집행을 면할 목적으로 채권자를 해하는 것을 내용으로 하는 범죄를 말한다.

II. 보호법익

권리행사를 방해하는 죄의 보호법익은 타인의 소유권이 아닌 타인의 재산권이다. 구체적으로 살펴보면 권리행사방해죄의 보호법익은 용익물권, 담보물권 등의 제한물권 또는 채권이고, 점유강취죄와 준점유강취죄의 보호법익은 자유권과 제한물권이며, 강제집행면탈죄의 보호법익은 국가의 강제집행권이 발동될 단계에 있는 채권자의 채권이다. 보호의 정도는 추상적 위험범이다.

III. 구성요건의 체계

권리행사를 방해하는 죄는 기본적 구성요건으로 권리행사방해죄(제323조), 점유강취죄·준점유강취죄(제325조) 및 강제집행면탈죄(제327조)를 규정하고 있다. 점유강취죄에 대하여는 결과적 가중범으로 중권리행사방해죄(제326조)를 규정하고 있다. 점유강취죄·준점유강취죄는 미수범 처벌규정을 두고 있다.

제2관 권리행사방해죄

> **제323조 ▮ 권리행사방해 ▮**
> 타인의 점유 또는 권리의 목적이 된 자기의 물건 또는 전자기록 등 특수매체기록을 취거, 은닉 또는 손괴하여 타인의 권리행사를 방해한 자는 5년 이하의 징역 또는 700만 원 이하의 벌금에 처한다.

I. 의의

권리행사방해죄는 타인의 점유 또는 권리의 목적이 된 자기의 물건 또는 전자기록 등 특수매체기록을 취거, 은닉 또는 손괴하여 타인의 권리행사를 방해하는 범죄를 말한다. 자기의 재물을 취거, 은닉, 손괴하는 범죄인 점에서 타인의 재물을 절취, 손괴하는 절도죄·손괴죄와 구별되고 자기소유·타인점유라는 점에서 횡령죄와 구별된다. 본죄는 타인의 소유권과 전체로서의 재산 외에 재산권(제한물권, 채권)을 보호하기 위한 범죄로서 보호의 정도는 위험범이다.

Ⅱ. 객관적 구성요건

1. 주 체

권리행사방해죄의 주체는 자기의 물건을 타인의 점유 또는 권리의 목적물로 제공한 「소유자」이다. 진정신분범이므로 소유자가 아닌 경우에는 본죄의 주체가 될 수 없다. 다만 소유자 아닌 제3자는 제33조에 따라 소유자와 공범이 성립될 수 있다.

> ✔ **권리행사방해죄의 주체 : BMW 리스회사 소유 차량 임의 취거 사건** 표준 『형법 제323조의 권리행사방해죄는 타인의 점유 또는 권리의 목적이 된 자기의 물건을 취거, 은닉 또는 손괴하여 타인의 권리행사를 방해함으로써 성립하므로 그 취거, 은닉 또는 손괴한 물건이 자기의 물건이 아니라면 권리행사방해죄가 성립할 수 없다.
> 물건의 소유자가 아닌 사람은 형법 제33조 본문에 따라 소유자의 권리행사방해 범행에 가담한 경우에 한하여 그의 공범이 될 수 있을 뿐이다. 그러나 권리행사방해죄의 공범으로 기소된 물건의 소유자에게 고의가 없는 등으로 범죄가 성립하지 않는다면 공동정범이 성립할 여지가 없다』(대판 2017.5.30. 2017도4578)★.114)

> ✔ **권리행사방해죄의 주체 : 도어락 비밀번호 교체 사건** 표준 최신3년 『도어락은 피고인 소유의 물건일 뿐 乙 소유의 물건은 아니다. 따라서 乙이 자기의 물건이 아닌 도어락의 비밀번호를 변경하였다고 하더라도 권리행사방해죄가 성립할 수 없고, 이와 같이 정범인 乙의 권리행사방해죄가 인정되지 않는 이상 교사자인 피고인에 대하여 권리행사방해교사죄도 성립할 수 없다』(대판 2022.9.15. 2022도5827)★.115)

2. 객 체

권리행사방해죄의 객체는 「타인의 점유 또는 권리의 목적이 된 자기의 물건 또는 전자기록 등 특수매체기록」이다.

가. 자기의 물건 또는 전자기록 등 특수매체기록

(1) 자기의 물건

자기의 물건이란 범인 소유의 물건을 말한다. 자기와 타인의 공유에 속하는 물건은 타인의 물건이므로 객체에 해당하지 않는다.

자기소유를 인정한 기출판례 정리
① ✔ **회사명의 버스 취거 사건** 『주식회사의 대표이사가 대표이사의 지위에 기하여 그 직무집행행위로서 타인이 점유하는 위 회사의 물건을 취거한 경우에는, 위 행위는 위 회사의 대표기관으로서의 행위라고 평가되므로, 위 회사의 물건도 권리행사방해죄에 있어서의 "자기의 물건"이라고 보아야 할 것이다』(대판 1992.1.21. 91도1170)☆.

---

114) 보충설명 甲이 乙과 공동으로 A의 권리행사를 방해한 혐의로 기소되었으나 물건의 소유자인 乙에게 권리행사방해죄의 고의가 없는 등으로 범죄가 성립하지 않는 경우에는 소유자 아닌 甲은 권리행사방해죄의 공동정범이 성립될 수 없다.
115) 보충설명 사업비용을 대납하는 것을 조건으로 甲소유의 건물 5층에 임시로 거주하고 있는 A가 그 비용을 입금하지 않자 甲이 A의 가족을 내쫓을 목적으로 5층 현관문에 설치된, 甲소유의 디지털 도어락의 비밀번호를 변경할 것을 乙(甲의 아들)에게 지시하여 도어락의 비밀번호를 乙이 변경한 경우에 乙에게는 권리행사방해죄가 성립할 수 없고, 甲의 권리행사방해교사죄도 성립할 수 없다.

② ✔ **주식회사 관리부장 사건** 『법인의 대표기관이 아닌 대리인이나 지배인이 대표기관과 공모 없이 한 행위라도 그 직무권한 범위 내에서 직무에 관하여 타인이 점유하는 법인의 물건을 취거한 경우에는 대표기관이 한 행위와 법률적·사실적 효력이 동일하고, 법인의 물건을 법인의 이익을 위해 취거하여 불법영득의사가 없는 점과 범의 내용 등에 관해서 실질적인 차이가 없으므로 권리행사방해죄가 규정하는 '자기의 물건을 취거한 경우'에 해당한다』(대판 2020.9.24. 2020도9801)☆.

자기소유를 부정한 기출판례 정리

① ✔ **BMW 담보제공 사건** 『피고인이 피해자에게 담보로 제공한 차량이 그 자동차등록원부에 타인 명의로 등록되어 있는 이상 그 차량은 피고인의 소유는 아니라는 이유로, 피고인이 피해자의 승낙 없이 미리 소지하고 있던 위 차량의 보조키를 이용하여 이를 운전하여 간 행위가 권리행사방해죄를 구성하지 않는다』(대판 2005.11.10. 2005도6604)☆.

② ✔ **레간자 택시 지입 사건** 『피고인이 택시를 회사에 지입하여 운행하였다고 하더라도, 피고인이 회사와 사이에 위 택시의 소유권을 피고인이 보유하기로 약정하였다는 등의 특별한 사정이 없는 한, 위 택시는 그 등록명의자인 회사의 소유이고 피고인의 소유는 아니라고 할 것이므로 회사의 요구로 위 택시를 회사 차고지에 입고하였다가 회사의 승낙을 받지 않고 이를 가져간 피고인의 행위는 권리행사방해죄에 해당하지 않는다』(대판 2003.5.30. 2000도5767)☆.

③ ✔ **흄관몰드 사건** 『회사를 사임한 전직 대표이사인 피고인이 A에 매도한 물건은 공소외 1주식회사 소유임이 명백하므로 같은 취지에서 피고인이 B에게 담보목적으로 양도한 위 물건을 A에 매도하여 취거한 사실은 인정되나 위 물건이 피고인 소유가 아니라고 하여 무죄의 선고를 한 원심조치는 정당하다』(대판 1985.5.28. 85도494)☆.

④ ✔ **회사 선박 취거 사건** 『이 사건 선박이 공소외 회사명의로 소유권등기가 경료된 것이라면 위 선박은 피고인의 소유라 할 수 없고 피고인이 위 회사의 과점주주라거나 부사장이라 하여도 피고인의 소유라 할 수 없는 것이므로, 피고인이 타인이 점유중인 위 선박을 취거하였다 하여도 이는 권리행사방해죄를 구성하지 아니한다』(대판 1984.6.26. 83도2413)☆.

⑤ ✔ **아들명의 오피스텔 매수 사건** 『피고인이, 갑 주식회사가 유치권을 행사 중인 건물을 강제경매를 통하여 자신의 아들 을 명의로 매수한 후 그 잠금장치를 변경하여 점유를 침탈함으로써 갑 회사의 유치권 행사를 방해하였다는 내용으로 기소된 사안에서, 부동산경매절차에서 부동산을 매수하려는 사람이 타인과의 명의신탁약정 아래 타인 명의로 매각허가결정을 받아 자신의 부담으로 매수대금을 완납한 때에는 경매목적 부동산의 소유권은 매수대금의 부담 여부와는 관계없이 그 명의인이 취득하게 되므로, 피고인이 위 건물에 대한 갑 회사의 점유를 침탈하였더라도 피고인의 물건에 대한 타인의 권리행사를 방해한 것으로 볼 수 없다는 이유로, 이와 달리 보아 유죄를 인정한 원심판단에 권리행사방해죄에서 '자기의 물건'에 관한 법리오해의 잘못이 있다』(대판 2019.12.27. 2019도14623)☆.

✔ **명의신탁재산의 소유관계 판단 : 처명의 명의신탁 빌딩 출입방해 사건** 『[1] 유효한 명의신탁이 되는 경우에도 제3자인 부동산의 임차인에 대한 관계에서는 명의신탁자는 소유자가 될 수 없으므로, 어느 모로 보나 신탁한 부동산이 권리행사방해죄에서 말하는 '자기의 물건'이라 할 수 없다.
[2] 피고인이 이른바 중간생략등기형 명의신탁 또는 계약명의신탁의 방식으로 자신의 처에게 등기명의를 신탁하여 놓은 점포에 자물쇠를 채워 점포의 임차인을 출입하지 못하게 한 경우, 그 점포가 권리행사방해죄의 객체인 자기의 물건에 해당하지 않는다』(대판 2005.9.9. 2005도626)☆.

(2) 전자기록 등 특수매체기록

전자기록 등 특수매체기록이란 사람의 지각에 의하여서는 인식할 수 없는 방식으로 만들어진 기록으로서 정보처리의 용도에 제공되는 것을 말한다.

나. 타인의 점유 또는 권리의 목적

자기의 물건이 타인의 점유 또는 권리의 목적이 되어야 한다.

(1) 타 인

타인이란 자기 이외의 자를 말한다. 자연인은 물론 법인이나 법인격 없는 단체를 불문한다. 타인의 점유의 목적이 된 물건이면 족하므로 자기와 타인이 공동점유하는 자기소유물도 포함된다.

(2) 점 유

타인의 점유라 함은 정당한 원인에 기하여 그 물건을 사실상 지배하는 것으로서 잠정적으로 보호할 가치 있는 점유는 모두 포함된다. 따라서 절도범인의 점유는 명백히 불법적인 점유로서 타인의 점유에 해당하지 않는다.

> ✔ **절도범인의 점유 : 가마솥 몰래 가져오기 사건** 『권리행사방해죄에 있어서의 타인의 점유라 함은 권원으로 인한 점유 즉 정당한 원인에 기하여 그 물건을 점유하는 권리 있는 자의 점유를 의미하는 것으로서 본권을 갖지 아니하는 절도범인의 점유는 여기에 해당하지 않는다』(대판 1994.11.11. 94도343)★.

> ✔ **권원의 존부가 밝혀질 때까지의 점유 : 공동대표 렌트카 회수 사건** 표준 『[1] 권리행사방해죄에서의 보호대상인 타인의 점유는 반드시 점유할 권원에 기한 점유만을 의미하는 것은 아니라, 일단 적법한 권원에 기하여 점유를 개시하였으나 사후에 점유 권원을 상실한 경우의 점유, 점유 권원의 존부가 외관상 명백하지 아니하여 법정절차를 통하여 권원의 존부가 밝혀질 때까지의 점유, 권원에 기하여 점유를 개시한 것은 아니나 동시이행항변권 등으로 대항할 수 있는 점유 등과 같이 법정절차를 통한 분쟁 해결시까지 잠정적으로 보호할 가치 있는 점유는 모두 포함된다고 볼 것이고, 다만 절도범인의 점유와 같이 점유할 권리 없는 자의 점유임이 외관상 명백한 경우는 포함되지 아니한다.
> [2] 렌트카회사의 공동대표이사 중 1인이 회사 보유 차량을 자신의 개인적인 채무담보 명목으로 피해자에게 넘겨 주었는데 다른 공동대표이사인 피고인이 위 차량을 몰래 회수하도록 한 경우, 위 피해자의 점유는 권리행사방해죄의 보호대상인 점유에 해당한다』(대판 2006.3.23. 2005도4455)★.

> ✔ **동시이행항변권으로 대항할 수 있는 점유 : 무효 경매절차 사건** 『형법 제323조의 권리행사방해죄에 있어서의 타인의 점유라 함은 권원으로 인한 점유 즉 정당한 원인에 기하여 그 물건을 점유하는 권리있는 점유를 의미하는 것으로서 본권을 갖지 아니한 절도범인의 점유는 여기에 해당하지 아니하나, 반드시 본권에 의한 점유만에 한하지 아니하고 동시이행항변권 등에 기한 점유와 같은 적법한 점유도 여기에 해당한다고 할 것이고, 한편, 쌍무계약이 무효로 되어 각 당사자가 서로 취득한 것을 반환하여야 할 경우, 어느 일방의 당사자에게만 먼저 그 반환의무의 이행이 강제된다면 공평과 신의칙에 위배되는 결과가 되므로 각 당사자의 반환의무는 동시이행 관계에 있다고 보아 민법 제536조를 준용함이 옳다고 해석되고, 이러한 법리는 경매절차가 무효로 된 경우에도 마찬가지라고 할 것이므로, 무효인 경매절차에서 경매목적물을 경락받아 이를 점유하고 있는 낙찰자의 점유는 적법한 점유로서 그 점유자는 권리행사방해죄에 있어서의 타인의 물건을 점유하고 있는 자라고 할 것이다』(대판 2003.11.28. 2003도4257)★.

(3) 타인의 권리의 목적

자기 소유물이 타인의 권리의 목적이 되어야 하는데, 권리에는 제한물권 뿐만 아니라 타인이 점유 하지 않고 자기가 점유하는 경우와 같이 점유를 수반하지 아니하는 채권도 포함된다.

> ✓ **권리의 범위 : 원목 불인도 사건** 『권리행사방해죄의 구성요건 중 타인의 '권리'란 반드시 제한물권만을 의미하는 것이 아니라 물건에 대하여 점유를 수반하지 아니하는 채권도 이에 포함된다』(대판 1991. 4. 26. 90도1958).

3. 행 위

권리행사방해죄의 행위는 「취거, 은닉 또는 손괴하여 타인의 권리행사를 방해하는 것」이다.

가. 취거, 은닉 또는 손괴

(1) 취 거

취거란 타인의 점유 또는 권리의 목적이 된 자기의 물건을 그 점유자의 의사에 반하여 그 점유자의 점유로부터 자기 또는 제3자의 점유로 옮기는 것을 말한다. 불법영득의 의사를 필요로 하지 않는다는 점에서 절취와 차이가 있다. 따라서 점유자의 의사나 그의 하자 있는 의사에 기하여 점유가 이전된 경우에는 취거로 볼 수 없다.

> ✓ **취거의 의미 : 맥콜 편취 사건** 『형법 제323조 소정의 권리행사방해죄에 있어서의 취거라 함은 타인의 점유 또는 권리의 목적이 된 자기의 물건을 그 점유자의 의사에 반하여 그 점유자의 점유로부터 자기 또는 제3자의 점유로 옮기는 것을 말하므로 점유자의 의사나 그의 하자있는 의사에 기하여 점유가 이전된 경우에는 여기에서 말하는 취거로 볼 수는 없다』(대판 1988. 2. 23. 87도1952)☆.

(2) 은 닉

은닉이란 타인의 점유 또는 권리의 목적이 된 자기 물건 등의 소재를 발견하기 불가능하게 하거나 또는 현저히 곤란한 상태에 두는 것을 말하고, 그로 인하여 권리행사가 방해될 우려가 있는 상태에 이르면 권리행사방해죄가 성립하고 현실로 권리행사가 방해되었을 것까지 필요로 하는 것은 아니다.

> ✓ **은닉의 의미 : 저당권 렌트카 사건** 『형법 제323조의 권리행사방해죄는 타인의 점유 또는 권리의 목적이 된 자기의 물건 또는 전자기록 등 특수매체기록을 취거, 은닉 또는 손괴하여 타인의 권리행사를 방해함으로써 성립한다. 여기서 '은닉'이란 타인의 점유 또는 권리의 목적이 된 자기 물건 등의 소재를 발견하기 불가능하게 하거나 또는 현저히 곤란한 상태에 두는 것을 말하고, 그로 인하여 권리행사가 방해될 우려가 있는 상태에 이르면 권리행사방해죄가 성립하고 현실로 권리행사가 방해되었을 것까지 필요로 하는 것은 아니다』(대판 2021. 1. 14., 2020도14735)☆. ※ 판결이유 중 : 피고인들의 가족관계와 공소외 1 주식회사에서의 지위 및 역할, 공소외 1 회사 부지의 소유관계, 공소외 1 회사가 공소외 2 협동조합 ○○○○○지점으로부터 대출을 받고 근저당권설정계약을 체결하는 과정에서 피고인들이 관여한 행위, 공소외 1 회사 소유로써 근저당권이 설정된 이 사건 건물과 기계・기구의 철거 및 양도 경위, 이 사건 건물 철거 후 신축된 예식장 건물의 소유관계 등을 인정한 다음 피고인들이 근저당권이 설정된 이 사건 건물을 철거한 뒤 멸실등기를 마치고, 이 사건 기계・기구를 양도함으로써 피해자의 권리의 목적이 된 피고인들의 물건을 손괴 또는 은닉하여 피해자의 권리행사를 방해하였다고 보아 유죄로 판단하였다.[116]

---

116) **보충설명** 甲이 A에 대한 채무를 담보하기 위하여 자기 소유의 건물과 기계・기구를 A의 근저당권의 목적물로 제공한

	은닉을 인정한 기출판례 정리
①	✔ **저당권 렌트카 사건** 『피고인들이 공모하여 렌트카 회사인 갑 주식회사를 설립한 다음 을 주식회사 등의 명의로 저당권등록이 되어 있는 다수의 차량들을 사들여 갑 회사 소유의 영업용 차량으로 등록한 후 자동차대여사업자등록 취소처분을 받아 차량등록을 직권말소시켜 저당권 등이 소멸되게 함으로써 을 회사 등의 저당권의 목적인 차량들을 은닉하는 방법으로 권리행사를 방해하였다는 내용으로 기소된 사안에서, 피고인들이 차량들을 은닉하였다고 단정할 수 없다는 이유로 무죄로 판단한 원심판결에 법리오해의 잘못이 있다고 한 사례이다』(대판 2017.5.17. 2017도2230)★
②	✔ **저당권 대포차 사건** 표도 『피고인이 차량을 구입하면서 피해자로부터 차량 매수대금을 차용하고 담보로 차량에 피해자 명의의 저당권을 설정해 주었는데, 그 후 대부업자로부터 돈을 차용하면서 차량을 대부업자에게 담보로 제공하여 이른바 '대포차'로 유통되게 한 사안에서, 피고인이 피해자의 권리의 목적이 된 피고인의 물건을 은닉하여 권리행사를 방해하였다고 본 원심판단이 정당하다고 한 사례』(대판 2016.11.10. 2016도13734)☆
③	✔ **선반기계 은닉 사건** 『공장근저당권이 설정된 선반기계 등을 이중담보로 제공하기 위하여 이를 다른 장소로 옮긴 경우, 이는 공장저당권의 행사가 방해될 우려가 있는 행위로서 권리행사방해죄에 해당한다』(대판 1994.9.27. 94도1439)☆

(3) 손 괴

손괴란 물건의 전부 또는 일부에 대한 이용가치·효용가치를 해하는 것을 말한다.

나. 권리행사방해

타인의 권리행사를 방해한다 함은 타인의 권리행사가 방해될 우려 있는 상태에 이른 것을 말한다. 현실로 권리행사가 방해되었을 것까지 필요로 하지 않는다(추상적 위험범).

Ⅲ. 주관적 구성요건

권리행사방해죄는 타인의 점유 또는 권리의 목적이 된 자기의 물건을 취거, 은닉 또는 손괴함으로써 타인의 권리행사를 방해한다는 인식과 의사를 내용으로 하는 고의가 있어야 한다. 영득죄가 아니므로 불법영득의사를 요하지는 않는다.

Ⅳ. 죄 수

여러 사람의 권리의 목적이 된 자기의 물건을 취거, 은닉 또는 손괴함으로써 그 여러 사람의 권리행사를 방해하였다면 권리자별로 각각 권리행사방해죄가 성립하고 각 죄는 서로 상상적 경합범의 관계에 있다.

> ✔ **권리행사방해죄의 죄수 : 유류분반환청구권 사건** 최신3년 『여러 사람의 권리의 목적이 된 자기의 물건을 취거, 은닉 또는 손괴함으로써 그 여러 사람의 권리행사를 방해하였다면 권리자별로 각각 권리행사방해죄가 성립하고 각 죄는 서로 상상적 경합범의 관계에 있다. 여러 명의 유류분권리자가 각자의 유류분반환청

경우에 甲이 담보유지의무를 위반하여 A의 근저당권의 목적이 된 건물을 철거 및 멸실등기하고, 기계·기구를 양도한 행위는 물건을 손괴 또는 은닉하여 A의 권리행사를 방해한 행위로 권리행사방해죄가 성립한다.

구권을 보전하기 위하여 부동산에 대한 가압류결정을 받아 가압류등기가 마쳐진 경우, 위 부동산은 유류분권리자들 각자의 유류분반환청구권 집행을 보전하기 위한 가압류의 목적이 되고 이는 유류분권리자들이 가압류를 개별적으로 신청하였는지 공동으로 신청하였는지에 따라 다르지 않다』(대판 2022.5.12. 2021도16876)★.

제3관 점유강취죄

제325조 ㅣ 점유강취ㅣ
① 폭행 또는 협박으로 타인의 점유에 속하는 자기의 물건을 강취(强取)한 자는 7년 이하의 징역 또는 10년 이하의 자격정지에 처한다.

제4관 준점유강취죄

제325조 ㅣ 준점유강취ㅣ
② 타인의 점유에 속하는 자기의 물건을 취거(取去)하는 과정에서 그 물건의 탈환에 항거하거나 체포를 면탈하거나 범죄의 흔적을 인멸할 목적으로 폭행 또는 협박한 때에도 제1항의 형에 처한다.
③ 제1항과 제2항의 미수범은 처벌한다.

제5관 중권리행사방해죄

제326조 ㅣ 중권리행사방해죄ㅣ
제324조 또는 제325조의 죄를 범하여 사람의 생명에 대한 위험을 발생하게 한 자는 10년 이하의 징역에 처한다.

제6관 강제집행면탈죄

제327조 ㅣ 강제집행면탈죄ㅣ
강제집행을 면할 목적으로 재산을 은닉, 손괴, 허위양도 또는 허위의 채무를 부담하여 채권자를 해한 자는 3년 이하의 징역 또는 1천만 원 이하의 벌금에 처한다.

Ⅰ. 의 의

강제집행면탈죄는 국가의 강제집행권이 발동될 단계에 있는 위험이 있는 상태에서 채무자가 강제집행을 면할 목적으로 재산을 은닉, 손괴, 허위양도 또는 허위의 채무를 부담하여 채권자를 해함으로써 성립하는 범죄이다.

구 형법에서는 공무의 집행을 방해하는 죄에 속해 있어서 국가의 작용으로서 적정한 강제집행권의 행사를 보호하는 데 중점이 있었으나 현행 형법에서는 채권자를 해한다는 요건이 추가되면서 채권자가 가지는 권리보호를 주된 보호법익으로 하는 범죄로서 권리행사를 방해하는 죄에 속해 있다.

Ⅱ. 보호법익

이와 같이 본죄는 개인적 법익을 보호하는 범죄로서 그 보호법익은 국가의 강제집행권이 발동될 단계에 있는 채권자의 채권이다. 판례는 강제집행면탈죄의 성립에 있어 채권자가 현실적으로 손해를 입을 것을 요하는 것이 아니라 채권자가 손해를 입을 위험성만 있으면 족하다고 판시함으로써 보호의 정도를 위험범으로 보고 있다.

> ✔ **보호법익 : 주유대금 은닉 사건** 『형법 제327조 의 강제집행면탈죄는 채권자의 권리보호를 주된 보호법익으로 하므로 강제집행의 기본이 되는 채권자의 권리, 즉 채권의 존재는 강제집행면탈죄의 성립요건이다』 (대판 2012.8.30. 2011도2252)★

Ⅲ. 객관적 구성요건

1. 주 체

강제집행면탈죄의 주체는 채권자로부터 강제집행을 당할 구체적인 위험이 있는 상태에 직면한 채무자이다. 견해의 대립이 있지만 다수설은 채무자와 동일한 지위에서 채무자의 재산을 처분할 수 있는 제3자도 주체가 될 수 있다는 입장이다.

2. 객 체

강제집행면탈죄의 객체는 강제집행의 대상이 되는 채무자의 재산을 말한다. 따라서 재산에는 동산·부동산뿐만 아니라 재산적 가치가 있어 민사집행법에 의한 강제집행 또는 보전처분이 가능한 것이면 모두 포함된다. 재물뿐만 아니라 권리도 포함되며, 채권은 물론이고 특허 내지 실용신안 등을 받을 수 있는 권리도 포함된다.

> ✔ **객체의 범위 : 명의신탁 아파트 사건** 『형법 제327조는 "강제집행을 면할 목적으로 재산을 은닉, 손괴, 허위양도 또는 허위의 채무를 부담하여 채권자를 해한 자"를 처벌함으로써 강제집행이 임박한 채권자의 권리를 보호하기 위한 것이므로, 강제집행면탈죄의 객체는 채무자의 재산 중에서 채권자가 민사집행법상 강제집행 또는 보전처분의 대상으로 삼을 수 있는 것이어야 한다』(대판 2009.5.14. 2007도2168)★

> ✔ **재산의 범위 : 특허권·지적재산권 양도 사건** 『강제집행면탈죄에 있어서 재산에는 동산·부동산뿐만 아니라 재산적 가치가 있어 민사소송법에 의한 강제집행 또는 보전처분이 가능한 특허 내지 실용신안 등을 받을 수 있는 권리도 포함된다』(대판 2001.11.27. 2001도4759)☆

✔ **채무자의 재산이 인정되지 않는 경우 : 명의신탁 아파트 사건** 『명의신탁자와 명의수탁자가 이른바 계약명의신탁 약정을 맺고 명의수탁자가 당사자가 되어 명의신탁 약정이 있다는 사실을 알지 못하는 소유자와 부동산에 관한 매매계약을 체결한 후 그 매매계약에 따라 당해 부동산의 소유권이전등기를 명의수탁자 명의로 마친 경우에는, 명의신탁자와 명의수탁자 사이의 명의신탁 약정의 무효에도 불구하고 부동산 실권리자명의 등기에 관한 법률 제4조 제2항 단서에 의하여 그 명의수탁자는 당해 부동산의 완전한 소유권을 취득한다. 이와 달리 소유자가 계약명의신탁 약정이 있다는 사실을 안 경우에는 수탁자 명의의 소유권이전등기는 무효이고 당해 부동산의 소유권은 매도인이 그대로 보유하게 된다. 어느 경우든지 명의신탁자는 그 매매계약에 의해서는 당해 부동산의 소유권을 취득하지 못하게 되어, 결국 그 부동산은 명의신탁자에 대한 강제집행이나 보전처분의 대상이 될 수 없다』(대판 2009.5.14. 2007도2168)☆.

강제집행의 대상을 인정한 기출판례 정리

① ✔ **배당금지급채권 사건** 『강제집행면탈죄의 객체인 재산은 채무자의 재산 중에서 채권자가 민사집행법상 강제집행 또는 보전처분의 대상으로 삼을 수 있는 것을 의미하는 바, 장래의 권리라도 채무자와 제3채무자 사이에 채무자의 장래청구권이 충분하게 표시되었거나 결정된 법률관계가 존재한다면 재산에 해당하는 것으로 보아야 한다』(대판 2011.7.28. 2011도6115)☆.

강제집행의 대상을 부정한 기출판례 정리

① ✔ **휴업급여 계좌변경 사건** 『압류금지채권의 목적물이 채무자의 예금계좌에 입금된 경우에는 그 예금채권에 대하여 더 이상 압류금지의 효력이 미치지 아니하므로 그 예금은 압류금지채권에 해당하지 않지만, 압류금지채권의 목적물이 채무자의 예금계좌에 입금되기 전까지는 여전히 강제집행 또는 보전처분의 대상이 될 수 없으므로, 압류금지채권의 목적물을 수령하는 데 사용하던 기존 예금계좌가 채권자에 의해 압류된 채무자가 압류되지 않은 다른 예금계좌를 통하여 그 목적물을 수령하더라도 강제집행이 임박한 채권자의 권리를 침해할 위험이 있는 행위라고 볼 수 없어 강제집행면탈죄가 성립하지 않는다』 (대판 2017.8.18. 2017도6229)★.

② ✔ **비의료기관 요양급여 사건** 『의료법에 의하여 적법하게 개설되지 아니한 의료기관에서 요양급여가 행하여졌다면 해당 의료기관은 국민건강보험법상 요양급여비용을 청구할 수 있는 요양기관에 해당되지 아니하여 해당 요양급여비용 전부를 청구할 수 없고, 해당 의료기관의 채권자로서도 위 요양급여비용 채권을 대상으로 하여 강제집행 또는 보전처분의 방법으로 채권의 만족을 얻을 수 없는 것이므로, 결국 위와 같은 채권은 강제집행면탈죄의 객체가 되지 아니한다』(대판 2017.4.26. 2016도19982)★.

③ ✔ **급여채권 가압류 사건** 『강제집행면탈죄의 객체는 채무자의 재산 중에서 채권자가 민사집행법상 강제집행 또는 보전처분의 대상으로 삼을 수 있는 것만을 의미하므로, '보전처분 단계에서의 가압류채권자의 지위' 자체는 원칙적으로 민사집행법상 강제집행 또는 보전처분의 대상이 될 수 없어 강제집행면탈죄의 객체에 해당한다고 볼 수 없고, 이는 가압류채무자가 가압류해방금을 공탁한 경우에도 마찬가지이다』(대판 2008.9.11. 2006도8721)★.

3. 행 위

강제집행면탈죄의 행위는「재산을 은닉, 손괴, 허위양도 또는 허위의 채무를 부담하여 채권자를 해하는 것」이다.

가. 은닉·손괴·허위양도 또는 허위의 채무부담

(1) 은 닉

은닉이란 강제집행을 실시하려는 자에 대하여 재산의 발견을 불능 또는 곤란하게 하는 것을 말하는 것으로, 재산의 소재를 불명하게 하는 경우는 물론 이고 그 소유관계를 불명하게 하는 경우도 포함된다.

> ✔ **은닉의 의미 : 금전등록기 명의 변경 사건** 『[1] 형법 제327조에 규정된 강제집행면탈죄에 있어서의 재산의 '은닉'이라 함은 강제집행을 실시하는 자에 대하여 재산의 발견을 불능 또는 곤란케 하는 것을 말하는 것으로서, 재산의 소재를 불명케 하는 경우는 물론 그 소유관계를 불명하게 하는 경우도 포함하나, 재산의 소유관계를 불명하게 하는 데 반드시 공부상의 소유자 명의를 변경하거나 폐업 신고 후 다른 사람 명의로 새로 사업자 등록을 할 것까지 요하는 것은 아니고, 강제집행면탈죄의 성립에 있어서는 채권자가 현실적으로 실제로 손해를 입을 것을 요하는 것이 아니라 채권자가 손해를 입을 위험성만 있으면 족하다.
> [2] 사업장의 유체동산에 대한 강제집행을 면탈할 목적으로 사업자 등록의 사업자 명의를 변경함이 없이 사업장에서 사용하는 금전등록기의 사업자 이름만을 변경한 경우, 강제집행면탈죄에 있어서 재산의 '은닉'에 해당한다』(대판 2003.10.9. 2003도3387)★

은닉을 인정한 기출판례 정리

①	✔ **제3자 이의의 소 제기 사건** 『강제집행면탈죄에 있어서 재산의 은닉이라 함은 재산의 소유관계를 불명케 하는 행위도 포함하는 것이므로, 채권자에 의하여 압류된 채무자 소유의 유체동산을 채무자의 모 소유인 것으로 사칭하면서 모의 명의로 제3자이의의 소를 제기하고, 집행정지결정을 받아 그 집행을 저지하였다면 이는 재산을 은닉한 경우에 해당한다』(대판 1992.12.8. 92도1653)☆
②	✔ **어음 되막기 사건** 『피고인이 회사의 어음 채권자들의 가압류 등을 피하기 위하여 회사의 예금계좌에 입금된 회사 자금을 인출하여 제3자 명의의 다른 계좌로 송금하였다면 강제집행면탈죄를 구성하는 것이고, 이른바 어음 되막기 용도의 자금 조성을 위하여 위와 같은 행위를 하였다는 사정만으로는 피고인의 강제집행면탈 행위가 정당행위에 해당한다고 볼 수 없다』(대판 2005.10.13. 2005도4522)☆
③	✔ **선박 9척 가등기 사건** 『피고인이 자신의 채권담보의 목적으로 채무자 소유의 선박들에 관하여 가등기를 경료하여 두었다가 채무자와 공모하여 위 선박들을 가압류한 다른 채권자들의 강제집행을 불가능하게 할 목적으로 정확한 청산절차도 거치지 않은 채 의제자백판결을 통하여 선순위 가등기권자인 피고인 앞으로 본등기를 경료함과 동시에 가등기 이후에 경료된 가압류등기 등을 모두 직권말소하게 하였음은 소유관계를 불명하게 하는 방법에 의한 '재산의 은닉'에 해당한다』(대판 2000.7.28. 98도4558)☆

은닉을 부정한 기출판례 정리

①	✔ **편의점 사업자등록 사건** 『형법 제327조에 규정된 강제집행면탈죄에서 재산의 '은닉'이란 강제집행을 실시하는 자에 대하여 재산의 발견을 불능 또는 곤란케 하는 것을 말하는 것으로서, 재산의 소재를 불명케 하는 경우는 물론 그 소유관계를 불명하게 하는 경우도 포함하나, 채무자가 제3자 명의로 되어 있던 사업자등록을 또 다른 제3자 명의로 변경하였다는 사정만으로는 그 변경이 채권자의 입장에서 볼 때 사업장 내 유체동산에 관한 소유관계를 종전보다 더 불명하게 하여 채권자에게 손해를 입게 할 위험성을 야기한다고 단정할 수 없다』(대판 2014.6.12. 2012도2732)★

(2) 손 괴

손괴란 재물을 물질적으로 훼손하거나 그 가치를 감소케 하는 일체의 행위를 의미한다.

(3) 허위양도

허위양도란 실제로 재산의 양도의 진의가 없음에도 불구하고 표면상 양도의 형식을 취하여 재산의 소유명의를 변경시키는 것을 말한다. 따라서 진의에 의하여 재산을 양도하였다면 설령 그것이 강제집행을 면탈할 목적으로 이루어진 것으로서 채권자의 불이익을 초래하는 결과가 되었다고 하더라도 강제집행면탈죄를 구성하지는 아니한다.

> ✔ **허위양도의 의미 : 난 농원 사건** 『강제집행면탈죄에 있어서 허위양도라 함은 실제로 양도의 진의가 없음에도 불구하고 표면상 양도의 형식을 취하여 재산의 소유명의를 변경시키는 것이고, 은닉이라 함은 강제집행을 실시하는 자가 채무자의 재산을 발견하는 것을 불능 또는 곤란하게 만드는 것을 말하는바, 진의에 의하여 재산을 양도하였다면 설령 그것이 강제집행을 면탈할 목적으로 이루어진 것으로서 채권자의 불이익을 초래하는 결과가 되었다고 하더라도 강제집행면탈죄의 허위양도 또는 은닉에는 해당하지 아니한다고 보아야 할 것이며, 한편 그와 같은 행위로 인하여 채권자를 해할 위험이 있으면 강제집행면탈죄가 성립하고 반드시 현실적으로 채권자를 해하는 결과가 야기되어야만 강제집행면탈죄가 성립하는 것은 아니다.』(대판 1998. 9. 8. 98도1949)★

> ✔ **진실한 양도인 경우 : 미등기부동산 대물변제계약 사건** 『피고인이 건물에 대하여 이미 피해자 A와 사이에 대물변제계약을 체결하였음에도 불구하고 그 집행을 면탈할 목적으로 이중으로 제3자 사이에 대물변제계약을 체결하였다고 하여도 후자의 대물변제계약이 진의에 의한 것이라고 인정되는 이상 이를 허위양도라고 볼 수 없음은 분명하므로 강제집행면탈죄는 성립하지 아니한다』(대판 1983. 9. 27. 83도1869)☆

(4) 허위의 채무부담

허위의 채무부담이란 채무가 없으면서도 제3자에게 채무가 부담하는 것처럼 가장하는 것을 말한다. 따라서 진실한 채무를 부담하는 경우에는 본죄는 성립하지 않는다.

허위의 채무부담을 인정한 기출판례 정리
① ✔ **재산분할 방지용 가등기 사건** 『이혼을 요구하는 처로부터 재산분할청구권에 근거한 가압류 등 강제집행을 받을 우려가 있는 상태에서 남편이 이를 면탈할 목적으로 허위의 채무를 부담하고 소유권이전청구권보전가등기를 경료한 경우, 강제집행면탈죄가 성립한다』(대판 2008. 6. 26. 2008도3184)☆ .117)
② ✔ **등록세 횡령 사건** 『피고인 甲은 1994. 10. 10. 경부터 같은 해 11. 16. 까지 실시된 감사원의 구청에 대한 감사 과정에서 위와 같이 등록세 등을 횡령한 사실이 적발되어 같은 해 11. 14.에는 그 횡령사실에 대한 확인서까지 작성·제출하였는데, 위 감사가 종료될 무렵을 전후하여 그 상급자인 구청 세무과장으로부터 횡령액을 변상하지 않으면 어차피 나라에서 환수조치를 할 것이니 빨리 변상조치를 하라고 권유 겸 독촉을 받고 자신 소유의 위 아파트에 대하여 채무담보조로 그러한 것처럼 다른 사람 앞으로 가등기를 경료해 두기로 마음먹고 가등기를 경료하였다. 이러한 사실관계에 비추어 보면, 피고인 甲은 현실적으로 강제집행을 받을 우려가 있는 상태에서 강제집행을 면탈할 목적으로 허위의 채무를 부담하였다 할 것이고(원심도 이를 부정하는 취지는 아니라고 보인다), 따라서 달리 특별한 사정이 없는 한 피고인 甲의 위와 같은 행위로 인하여 이 사건 세금횡령의 피해자로서 손해배상채권자인 지방자치단체나 국가를 해할 위험은 발생하였다고 봄이 상당하다 할 것이므로, 피고인 甲의 위와 같은 행위는 강제집행면탈죄를 구성한다고 보아야 할 것이다.』(대판 1996. 1. 26. 95도2526)☆

	허위의 채무부담을 부정한 기출판례 정리
①	✔ **가압류해방금 공탁 사건** 『채무자가 가압류채권자의 지위에 있으면서 가압류집행해제를 신청함으로써 그 지위를 상실하는 행위는 형법 제327조에서 정한 '은닉, 손괴, 허위양도 또는 허위채무부담' 등 강제집행면탈행위의 어느 유형에도 포함되지 않는 것이므로, 이러한 행위를 처벌대상으로 삼을 수 없다.』(대판 2008.9.11. 2006도8721)★
②	✔ **단순히 근저당권 설정 사건** 『피고인이 장래에 발생할 특정의 조건부채권을 담보하기 위한 방편으로 부동산에 대하여 근저당권을 설정한 것이라면, 특별한 사정이 없는 한 이는 장래 발생할 진실한 채무를 담보하기 위한 것으로서, 피고인의 위 행위를 가리켜 강제집행면탈죄 소정의 '허위의 채무를 부담'하는 경우에 해당한다고 할 수 없다.』(대판 1996.10.25. 96도1531)☆

나. 채권자를 해하는 것

채권자를 해한다는 것은 채권자를 해할 위험성을 의미하므로 반드시 채권자를 해하는 결과가 야기되거나 행위자가 어떤 이득을 취하여야 하는 것은 아니다. 본죄는 추상적 위험범이므로 채권자를 해하는 결과가 발생하지 않았더라도 그 위험이 발생하면 범죄가 성립하고 그 때부터 공소시효가 진행한다.

✔ **채권자를 해하는 것의 의미 및 기수시기 : 채권추심 공소시효 사건** 『[1] 형법 제327조의 강제집행면탈죄는 위태범으로서, 현실적으로 민사소송법에 의한 강제집행 또는 가압류·가처분의 집행을 받을 우려가 있는 객관적인 상태에서, 즉 채권자가 본안 또는 보전소송을 제기하거나 제기할 태세를 보이고 있는 상태에서 주관적으로 강제집행을 면탈하려는 목적으로 재산을 은닉, 손괴, 허위양도하거나 허위의 채무를 부담하여 채권자를 해할 위험이 있으면 성립하는 것이고, 반드시 채권자를 해하는 결과가 야기되거나 행위자가 어떤 이득을 취하여야 범죄가 성립하는 것은 아니다.
[2] 허위의 채무를 부담하는 내용의 채무변제계약 공정증서를 작성한 후 이에 기하여 채권압류 및 추심명령을 받은 때에, 강제집행면탈죄가 성립함과 동시에 그 범죄행위가 종료되어 공소시효가 진행한다.』(대판 2009.5.28. 2009도875)★

	위험성을 인정한 기출판례 정리
①	✔ **다액의 채무 사건** 『강제집행면탈죄는 이른바 위태범으로서 강제집행을 당할 구체적인 위험이 있는 상태에서 재산을 은닉, 손괴, 허위양도 또는 허위의 채무를 부담하면 바로 성립하는 것이고, 반드시 채권자를 해하는 결과가 야기되거나 이로 인하여 행위자가 어떤 이득을 취하여야 범죄가 성립하는 것은 아니며, 허위양도한 부동산의 시가액보다 그 부동산에 의하여 담보된 채무액이 더 많다고 하여 그 허위양도로 인하여 채권자를 해할 위험이 없다고 할 수 없다.』(대판 1999.2.12. 98도2474)☆
②	✔ **채권양수인과 가압류명령 우열 사건** 『채무자인 피고인이 채권자 갑의 가압류집행을 면탈할 목적으로 제3채무자 을에 대한 채권을 병에게 허위양도하였다고 하여 강제집행면탈로 기소된 사안에서, 가압류결정 정본이 제3채무자에게 송달된 날짜와 피고인이 채권을 양도한 날짜가 동일하므로 가압류결정 정본이 을에게 송달되기 전에 채권을 허위로 양도하였다면 강제집행면탈죄가 성립한다.』(대판 2012.6.28. 2012도3999)☆

---

117) **비교판례** 『피고인이 타인에게 채무를 부담하고 있는 양 가장하는 방편으로 피고인 소유의 부동산들에 관하여 소유권이전청구권보전을 위한 가등기를 경료하여 주었다 하더라도 그와 같은 가등기는 원래 순위보전의 효력밖에 없는 것이므로 그와 같이 각 가등기를 경료한 사실만으로는 피고인이 강제집행을 면탈할 목적으로 허위채무를 부담하여 채권자를 해한 것이라고 할 수 없다.』(대판 1987.8.18. 87도1260).

	위험성을 부정한 기출판례 정리
①	✔ **사실혼 배우자 재산분할청구 사건**　『피고인이 자신을 상대로 사실혼관계해소 청구소송을 제기한 갑에 대한 채무를 면탈하려고 피고인 명의 아파트를 담보로 10억 원을 대출받아 그 중 8억 원을 타인 명의 계좌로 입금하여 은닉하였다고 하여 강제집행면탈죄로 기소된 사안에서, 피고인의 재산은닉 행위 당시 갑의 재산분할청구권은 존재하였다고 보기 어렵고, 가사사건 제1심판결에 근거하여 위자료 4,000만 원의 채권이 존재한다는 사실이 증명되었다고 볼 여지가 있었을 뿐이므로, 피고인에게 위자료채권액을 훨씬 상회하는 다른 재산이 있었던 이상 강제집행면탈죄는 성립하지 않는다』(대판 2011.9.8. 2011도5165)★
②	✔ **가압류 설정된 관광버스 사건**　『가압류에는 처분금지적 효력이 있으므로 가압류 후에 목적물의 소유권을 취득한 제3취득자 또는 그 제3취득자에 대한 채권자는 그 소유권 또는 채권으로써 가압류권자에게 대항할 수 없다. 따라서 가압류 후에 목적물의 소유권을 취득한 제3취득자가 다른 사람에 대한 허위의 채무에 기하여 근저당권설정등기 등을 경료하더라도 이로써 가압류채권자의 법률상 지위에 어떤 영향을 미치지 않으므로, 강제집행면탈죄에 해당하지 아니한다』(대판 2008.5.29. 2008도2476)★

4. 상 황

강제집행면탈죄가 성립하기 위해서는 국가의 강제집행권이 발동될 구체적인 위험이 있는 상태가 존재해야 한다.

가. 의 미

국가의 강제집행권이 발동될 위험이 있는 상태란 현실적으로 민사소송법에 의한 강제집행 또는 가압류·가처분의 집행을 받을 우려가 있는 객관적인 상태, 즉 채권자가 본안 또는 보전소송을 제기하거나 제기할 태세를 보이고 있는 상태를 말한다. 강제집행을 당할 구체적인 위험이 있는 상태가 되기 위하여서는 우선 채권자의 입장에서 실체법적으로 채권이 존재하고 강제집행 할 수 있어야 한다.

> ✔ **강제집행을 당할 위험 : 채권양수인과 가압류명령 우열 사건**　『형법 제327조의 강제집행면탈죄는 위태범으로서 현실적으로 민사소송법에 의한 강제집행 또는 가압류·가처분의 집행을 받을 우려가 있는 객관적인 상태 아래, 즉 채권자가 본안 또는 보전소송을 제기하거나 제기할 태세를 보이고 있는 상태에서 주관적으로 강제집행을 면탈하려는 목적으로 재산을 은닉, 손괴, 허위양도하거나 허위의 채무를 부담하여 채권자를 해할 위험이 있으면 성립하고, 반드시 채권자를 해하는 결과가 야기되거나 행위자가 어떤 이득을 취하여야 범죄가 성립하는 것은 아니다』(대판 2012.6.28. 2012도3999)★

> ✔ **강제집행을 당할 위험이 없는 경우 : 채무변제 미도래 사건**　『피고인이 공소장기재와 같은 채무를 부담하고 있기는 하였으나 이행기가 도과되어 채권자들로부터 채무변제의 독촉을 받고 있는 상태는 아니었으며 채권자들 또한 피고인을 상대로 법적절차를 취하기 위한 준비를 하고 있었던 것도 아니어서 현실적으로 강제집행을 받을 위험이 있는 객관적 상태에 있지 아니 하였다는 것이므로 이러한 경우에는 객관적으로 강제 집행을 면탈할 상태가 아니어서 강제집행면탈죄가 성립되지 않는다는 원판결 판단에 위법이 있을 수 없다』(대판 1974.10.8. 74도1798)☆

나. 채권의 존재

강제집행면탈죄는 채권자의 권리보호를 위한 범죄이므로 실체법적으로 채권의 존재가 인정될 수 없는 경우라면 강제집행을 당할 구체적인 위험이 있는 상태는 존재할 수 없으므로 강제집행면탈죄는 성립하지 않는다.118)

> ✔ **주유소 단말기 사건** 『형법 제327조의 강제집행면탈죄는 채권자의 권리보호를 주된 보호법익으로 하므로 강제집행의 기본이 되는 채권자의 권리, 즉 채권의 존재는 강제집행면탈죄의 성립요건이다. 따라서 채권의 존재가 인정되지 않을 때에는 강제집행면탈죄는 성립하지 않는다. 그러므로 강제집행면탈죄를 유죄로 인정하기 위해서는 먼저 채권이 존재하는지에 관하여 심리·판단하여야 하고, 민사절차에서 이미 채권이 존재하지 않는 것으로 판명된 경우에는 다른 특별한 사정이 없는 한 이와 모순·저촉되는 판단을 할 수가 없다고 보아야 한다. 한편 상계의 의사표시가 있는 경우에는 각 채무는 상계할 수 있는 때에 소급하여 대등액에 관하여 소멸한 것으로 보게 된다. 따라서 상계로 인하여 소멸한 것으로 보게 되는 채권에 관하여는 상계의 효력이 발생하는 시점 이후에는 채권의 존재가 인정되지 않으므로 강제집행면탈죄가 성립하지 않는다』(대판 2012.8.30. 2011도2252) ★

다. 강제집행의 의미

강제집행면탈죄는 채권자의 채권을 보호하기 위한 범죄이므로 여기서 말하는 강제집행이란 민사집행법 제2편의 적용 대상인 '강제집행' 또는 가압류·가처분 등의 집행만을 의미한다.

> ✔ **규율대상에 포함되지 않는 경우 : 담보권 실행 등을 위한 경매 사건** 『형법 제327조의 강제집행면탈죄가 적용되는 강제집행은 민사집행법 제2편의 적용 대상인 '강제집행' 또는 가압류·가처분 등의 집행을 가리키는 것이고, 민사집행법 제3편의 적용 대상인 '담보권 실행 등을 위한 경매'를 면탈할 목적으로 재산을 은닉하는 등의 행위는 위 죄의 규율 대상에 포함되지 않는다』(대판 2015.3.26. 2014도14909) ★

> ✔ **규율대상에 포함되지 않는 경우 : 교부금 회수 강제집행 사건** 『강제집행면탈죄가 적용되는 강제집행은 민사집행법의 적용대상인 강제집행 또는 가압류·가처분 등의 집행을 가리키는 것이므로 국세징수법에 의한 체납처분을 면탈할 목적으로 재산을 은닉하는 등의 행위는 위 죄의 규율대상에 포함되지 않는다』(대판 2012.4.26. 2010도5693) ★

> ✔ **규율대상에 포함되는 경우 : 의사의 진술에 갈음하는 판결의 강제집행 : 교회 명의신탁 사건** 『강제집행면탈죄는 국가의 강제집행권이 발동될 단계에 있는 채권자의 권리를 보호하기 위한 범죄로서, 여기서의 강제집행에는 광의의 강제집행인 의사의 진술에 갈음하는 판결의 강제집행도 포함되고, 강제집행면탈죄의 성립요건으로서의 채권자의 권리와 행위의 객체인 재산은 국가의 강제집행권이 발동될 수 있으면 충분하다』(대판 2015.9.15. 2015도9883) ☆

---

118) **보충설명** 甲이 A와 공모하여, A의 B에 대한 채무를 면탈하기 위하여 A 소유의 부동산에 대하여 甲 앞으로 근저당권설정등기를 하였다고 하더라도, A의 B에 대한 채무가 존재하지 아니한다는 판결이 확정된 경우에는 강제집행면탈죄가 성립하지 않는다.

Ⅳ. 주관적 구성요건

강제집행면탈죄는 강제집행을 받을 우려 있는 객관적 상태에서 재산을 은닉, 손괴, 허위양도 또는 허위의 채무를 부담하여 채권자를 해한다는 인식과 의사를 내용으로 하는 고의가 있어야 한다. 목적범이므로 고의 이외에도 강제집행을 면할 목적이 있어야 한다.

Ⅴ. 죄수 및 타죄와의 관계

1. 죄 수

① 하나의 강제집행을 면할 목적으로 재산을 은닉, 손괴, 허위양도 등의 행위를 하는 경우에는 일죄가 되겠지만, 복수의 강제집행을 면할 목적으로 위와 같은 행위를 하는 경우에는 채권자별로 죄가 성립한다.
② 허위의 채무부담을 통해 본죄의 성립 이후 법익침해의 정도가 더 큰 후행행위를 하는 경우에는 불가벌적 사후행위가 될 수 없고 별도로 죄가 성립한다.

> ✔ **강제집행면탈죄의 죄수판단 : 전주 삼천동 부동산 허위양도 사건** 『채권자들에 의한 복수의 강제집행이 예상되는 경우 재산을 은닉 또는 허위양도함으로써 채권자들을 해하였다면 채권자별로 각각 강제집행면탈죄가 성립하고, 상호 상상적 경합범의 관계에 있다』(대판 2011.12.8. 2010도4129)★.

> ✔ **담보가등기 이후 본등기 사건** 『피고인 甲은 허위의 금전채권에 기하여 이를 담보하는 양 설정한 소유권이전등기청구권 보전을 위한 가등기를 A에게 양도해 주고, 피고인 乙로 하여금 본등기를 경료하게 함으로써 건물이 허위로 양도되게 하였음을 알 수 있는바, 담보가등기 설정행위를 강제집행면탈 행위로 본다고 하더라도, 그 가등기를 양도하여 본등기를 경료하게 함으로써 소유권을 상실케 하는 행위는 면탈의 방법과 법익침해의 정도가 훨씬 중하다는 점을 고려할 때 이를 불가벌적 사후행위로 볼 수는 없다고 할 것이다』(대판 2008.5.8. 2008도198)☆.

2. 횡령죄와의 관계

타인의 재물을 보관하는 자가 보관하고 있는 재물을 영득할 의사로 은닉한 경우에는 강제집행을 면하기 위해 은닉을 한 것이 아니므로 횡령죄만 성립하는 것이고 이와 별도로 강제집행면탈죄는 성립하지 않는다.

> ✔ **차명계좌 은닉사건** 『횡령죄의 구성요건으로서의 횡령행위란 불법영득의 의사, 즉 타인의 재물을 보관하는 자가 자기 또는 제3자의 이익을 꾀할 목적으로 위탁의 취지에 반하여 권한 없이 그 재물을 자기의 소유인 것처럼 사실상 또는 법률상 처분하려는 의사를 실현하는 행위를 말하고, 강제집행면탈죄에 있어서 은닉이라 함은 강제집행을 면탈할 목적으로 강제집행을 실시하는 자로 하여금 채무자의 재산을 발견하는 것을 불능 또는 곤란하게 만드는 것을 말하는 것으로서 진의에 의하여 재산을 양도하였다면 설령 그것이 강제집행을 면탈할 목적으로 이루어진 것으로서 채권자의 불이익을 초래하는 결과가 되었다고 하더라도 강제집행면탈죄의 허위양도 또는 은닉에는 해당하지 아니한다 할 것이며, 이와 같은 양죄의 구성요건 및 강제집행면탈죄에 있어 은닉의 개념에 비추어 보면 타인의 재물을 보관하는 자가 보관하고 있는 재물을 영득할 의사로 은닉하였다면 이는 횡령죄를 구성하는 것이고 채권자들의 강제집행을 면탈하는 결과를 가져온다 하여 이와 별도로 강제집행면탈죄를 구성하는 것은 아니다』(대판 2000.9.8. 2000도1447)★.

제7관 친족상도례

> **제328조 ┃ 친족간의 범행과 고소 ┃**
> ① 직계혈족, 배우자, 동거친족, 동거가족 또는 그 배우자간의 제323조의 죄는 그 형을 면제한다.[119]
> ② 제1항 이외의 친족간에 제323조의 죄를 범한 때에는 고소가 있어야 공소를 제기할 수 있다.
> ③ 전 2항의 신분관계가 없는 공범에 대하여는 전 2항을 적용하지 아니한다.

I. 친족상도례

1. 취지

친족상도례란 친족 사이에서 범해진 재산범죄에 있어 친족관계라는 특수한 사정을 고려하여 형을 면제하거나 고소가 있어야 죄를 논할 수 있게 하는 등 처벌에서 특별취급을 하는 것을 말한다.

2. 적용범위

형법은 권리행사방해죄와 관련하여 본조에서 친족상도례를 규정하면서, 이 규정을 강도죄, 손괴죄, 강제집행면탈죄, 경계침범죄를 제외한 다른 모든 재산죄(절도죄, 사기죄, 공갈죄, 횡령죄, 배임죄 등)에 준용하고 있다.[120] 특별법상의 재산범죄의 경우에도 제328조를 배제한다는 명시적인 규정이 없는 이상 적용된다.

> ✔ **특별법상의 재산범죄 : 삼촌 소주병 공갈 사건** 『흉기 기타 위험한 물건을 휴대하고 공갈죄를 범하여 '폭력행위 등 처벌에 관한 법률' 제3조 제1항, 제2조 제1항 제3호에 의하여 가중처벌되는 경우에도 형법상 공갈죄의 성질은 그대로 유지되는 것이고, 특별법인 위 법률에 친족상도례에 관한 형법 제354조, 제328조의 적용을 배제한다는 명시적인 규정이 없으므로, 형법 제354조는 '폭력행위 등 처벌에 관한 법률 제3조 제1항 위반죄'에도 그대로 적용된다』(대판 2010.7.29. 2010도5795)★.

> ✔ **특별법상의 재산범죄 : 상속부동산 편취 사건** 『형법 제354조, 제328조의 규정을 종합하면, 직계혈족, 배우자, 동거친족, 호주, 가족 또는 그 배우자 간의 사기 및 사기미수의 각 죄는 그 형을 면제하여야 하고, 그 외의 친족 간에는 고소가 있어야 공소를 제기할 수 있으며, 또한 형법상 사기죄의 성질은 특정경제범죄가중처벌등에관한법률 제3조 제1항에 의해 가중처벌되는 경우에도 그대로 유지되고, 특별법인 특정경제범죄가중처벌등에관한법률에 친족상도례에 관한 형법 제354조, 제328조의 적용을 배제한다는 명시적인 규정이 없으므로, 형법 제354조는 특정경제범죄가중처벌등에관한법률 제3조 제1항 위반죄에도 그대로 적용된다』(대판 2000.10.13. 99오1)★.

그리고 장물죄에 있어서는 별도로 장물범과 피해자 사이에 제328조 제1항, 제2항의 신분관계가 있는 때에는 형을 면제하거나 친고죄로 하고 있고(제365조 제1항), 장물범과 본범 사이에 제328조 제1항의 신분관계가 있는 때에는 그 형을 감경 또는 면제하는 것으로 정하고 있다.

---

119) **보충설명** 헌법재판소는 2024년 6월 27일 형법 제328조 제1항에 대한 헌법소원 심판 청구 사건에서 재판관 전원일치 의견으로 헌법불합치 결정하였다(2020헌마468). 이 조항의 적용은 즉시 중지됐으며 2025년 12월 31일까지 국회에서 개정하지 않으면 효력을 상실한다. 다만 형법 제328조 제2항에 대해선 합헌 결정하였다(2023헌바449).
120) **보충설명** 강제손괴(계)로 암기하자. 강도죄의 강, 강제집행면탈죄의 제, 손괴죄의 손, 경계침범죄의 계.

> **제365조 | 친족간의 범행 |**
> ① 전3조의 죄를 범한 자와 피해자간에 제328조 제1항, 제2항의 신분관계가 있는 때에는 동조의 규정을 준용한다.
> ② 전3조의 죄를 범한 자와 본범간에 제328조 제1항의 신분관계가 있는 때에는 그 형을 감경 또는 면제한다. 단, 신분관계가 없는 공범에 대하여는 예외로 한다.

Ⅱ. 친족의 의미

1. 일반론

친족의 범위는 민법의 규정에 의하여야 하는데, 민법 제767조는 배우자, 혈족 및 인척을 친족으로 한다고 규정하고 있고, 민법 제769조는 혈족의 배우자, 배우자의 혈족, 배우자의 혈족의 배우자만을 인척으로 규정하고 있을 뿐, 구 민법 제769조에서 인척으로 규정하였던 '혈족의 배우자의 혈족'을 인척에 포함시키지 않고 있다. 따라서 사기죄의 피고인과 피해자가 사돈지간이라고 하더라도 이를 민법상 친족으로 볼 수 없다.

> ✔ **사돈지간 : 백화점 입점 사기 사건** 『피고인이 백화점 내 점포에 입점시켜 주겠다고 속여 피해자로부터 입점비 명목으로 돈을 편취하였다며 사기로 기소된 사안에서, 피고인의 딸과 피해자의 아들이 혼인하여 피고인과 피해자가 사돈지간이라고 하더라도 민법상 친족으로 볼 수 없는데도, 2촌의 인척인 친족이라는 이유로 위 범죄를 친족상도례가 적용되는 친고죄라고 판단한 후 피해자의 고소가 고소기간을 경과하여 부적법하다고 보아 공소를 기각한 원심판결 및 제1심판결에 친족의 범위에 관한 법리오해의 위법이 있다고 하여 모두 파기한 사례』(대판 2011.4.28. 2011도2170)★.[121]

2. 직계혈족

직계혈족이란 직계존속과 직계비속을 말한다. 혼인 외의 자에게는 인지 전까지는 친족상도례가 적용되지 않는다. 타가에 입양된 사실이 있어도 생가를 중심으로 한 종전의 친족관계는 소멸되지 않지만, 친양자의 입양 전의 친족관계는 친양자 입양이 확정된 때 종료되므로 친생부모 사이에 친족상도례가 적용되지 않는다.

3. 배우자

배우자는 법률상의 배우자를 의미한다. 사실혼 관계에 있는 배우자는 민법 소정의 친족이라 할 수 없어 친족상도례가 적용되지 않는다.[122]

> ✔ **혼인관계가 무효인 경우 : 변호사 선임비 5천만원 편취 사건** 『형법 제354조, 제328조 제1항에 의하면 배우자 사이의 사기죄는 이른바 친족상도례에 의하여 형을 면제하도록 되어 있으나, 사기죄를 범하는 자가 금원을 편취하기 위한 수단으로 피해자와 혼인신고를 한 것이어서 그 혼인이 무효인 경우라면, 그러한 피해자에 대한 사기죄에서는 친족상도례를 적용할 수 없다』(대판 2015.12.10. 2014도11533)★.

---

121) 보충설명 가출 후 오랫동안 연락 없이 지내던 甲이 자신의 딸과 결혼한 사위 乙을 기망하여 백화점 입점비 명목으로 돈을 편취한 경우는 친족상도례가 적용된다.
122) 보충설명 범인도피죄, 증거인멸죄의 친족간의 특례조항에도 사실혼 관계에 있는 배우자는 친족에 포함되지 않는다.

4. 동거친족

동거친족이란 같은 주거에서 일상생활을 공동으로 하는 친족을 말한다. 따라서 일시적으로 숙박, 거주하는 경우에는 동거친족이라 할 수 없다.

5. 동거가족

동거가족이란 같은 주거에서 일상생활을 공동으로 하는 일가의 구성원을 말한다. 가족인 경우에도 동거하지 않으면 제2항에 따라 친고죄가 된다.

6. 또는 그 배우자

배우자는 직계혈족, 동거친족, 동거가족 모두를 수식하는 개념이다. 따라서 동거가족의 배우자만을 의미하는 것이 아니라, 직계혈족, 동거친족, 동거가족의 배우자를 의미한다.

> ✔ **그 배우자의 범위 : 직계혈족 배우자에 대한 상습사기 사건** 『형법 제354조에 의하여 준용되는 제328조 제1항에서 "직계혈족, 배우자, 동거친족, 동거가족 또는 그 배우자 간의 제323조의 죄는 그 형을 면제한다."고 규정하고 있는바, 여기서 '그 배우자'는 동거가족의 배우자만을 의미하는 것이 아니라, 직계혈족, 동거친족, 동거가족 모두의 배우자를 의미하는 것으로 볼 것이다』(대판 2011.5.13. 2011도1765)★.

Ⅲ. 친족관계의 범위

친족상도례가 적용되기 위하여 ① 친족관계가 누구와의 사이에 존재해야 하는가, ② 어느 시기부터 존재해야 하는가가 문제 된다.

1. 인적 범위

가. 일반론

재산범죄에서 친족상도례가 적용되기 위하여 친족관계는 행위자와 재물의 소유자 사이에 존재해야 한다는 견해, 행위자와 재물의 점유자 사이에 존재해야 한다는 견해, 행위자와 재물의 소유자, 점유자 모두 사이에 존재해야 한다는 견해가 대립하고 있다. 통설·판례는 소유자, 점유자 모두 사이에 친족관계가 존재해야 한다는 입장을 취하고 있다.

> ✔ **인적범위의 일반론 : 보석세공 조카 삼촌 사건** 표준 『친족상도례에 관한 규정은 범인과 피해물건의 소유자 및 점유자 모두 사이에 친족관계가 있는 경우에만 적용되는 것이고 절도범인이 피해물건의 소유자나 점유자의 어느 일방과 사이에서만 친족관계가 있는 경우에는 그 적용이 없다』(대판 1980.11.11. 80도131)★.

재물의 소유자가 수인인 경우에는 모든 소유자와 친족 관계가 있어야 한다.

> ✔ **소유자가 수인인 경우 : 당진군 임야 합유등기 사건** 『피고인 등이 공모하여 피해자 甲, 乙등을 기망하여 甲, 乙및 丙과 부동산매매계약을 체결하고 소유권을 이전받은 다음 잔금을 지급하지 않아 같은 금액 상당의 재산상 이익을 편취하였다는 내용으로 기소된 경우, 乙은 피고인의 8촌 혈족, 丙은 피고인의 부친이나 부동산이 甲, 乙, 丙의 합유로 등기되어 있다면 피고인에게 형법상 친족상도례 규정이 적용되지 않는다』(대판 2015.6.11. 2015도3160)☆.

나. 사기죄

사기죄에서는 피기망자와 피해자가 다른 사람일 경우가 있다. 이러한 경우 사기죄는 재산권과 신뢰를 보호하기 위한 범죄이므로 피해자와의 관계에서 친족관계가 인정되면 친족상도례가 적용된다.

✔ **친족상도례가 적용되는 경우 : 모녀사이 소송사기 사건** 『법원을 기망하여 제3자로부터 재물을 편취한 경우에 피기망자인 법원은 피해자가 될 수 없고 재물을 편취당한 제3자가 피해자라고 할 것이므로 피해자인 제3자와 사기죄를 범한 자가 직계혈족의 관계에 있을 때에는 그 범인에 대하여 형법 328조 1항을 준용하여 형을 면제하여야 한다』(대판 1976.4.13. 75도781 ; 2014.9.26. 2014도8076)★

✔ **친족상도례가 적용되지 않는 경우 : 할아버지 통장 이체 사건** 표준 『[1] 친척 소유 예금통장을 절취한 자가 그 친척 거래 금융기관에 설치된 현금자동지급기에 예금통장을 넣고 조작하는 방법으로 친척 명의 계좌의 예금 잔고를 자신이 거래하는 다른 금융기관에 개설된 자기 계좌로 이체한 경우, 그 범행으로 인한 피해자는 이체된 예금 상당액의 채무를 이중으로 지급해야 할 위험에 처하게 되는 그 친척 거래 금융기관이라 할 것이고, 거래 약관의 면책 조항이나 채권의 준점유자에 대한 법리 적용 등에 의하여 위와 같은 범행으로 인한 피해가 최종적으로는 예금 명의인인 친척에게 전가될 수 있다고 하여, 자금이체 거래의 직접적인 당사자이자 이중지급 위험의 원칙적인 부담자인 거래 금융기관을 위와 같은 컴퓨터 등 사용사기 범행의 피해자에 해당하지 않는다고 볼 수는 없으므로, 위와 같은 경우에는 친족 사이의 범행을 전제로 하는 친족상도례를 적용할 수 없다.
[2] 손자가 할아버지 소유 농업협동조합 예금통장을 절취하여 이를 현금자동지급기에 넣고 조작하는 방법으로 예금 잔고를 자신의 거래 은행 계좌로 이체한 사안에서, 위 농업협동조합이 컴퓨터 등 사용사기 범행 부분의 피해자라는 이유로 친족상도례를 적용할 수 없다』(대판 2007.3.15. 2006도2704)★

다. 횡령죄

재물의 소유자와 위탁자가 다른 경우라도 신뢰관계 위반을 본질로 하는 횡령죄에 있어서는 위탁자도 피해자로 보아야 하므로 소유자, 위탁자 쌍방 사이에 친족관계가 있어야 친족상도례가 적용될 수 있다.

✔ **친족상도례가 적용되지 않는 경우 : 삼촌 조카 2백만 원 가로채기 사건** 『횡령범인이 위탁자가 소유자를 위해 보관하고 있는 물건을 위탁자로부터 보관받아 이를 횡령한 경우에 형법 제361조에 의하여 준용되는 제328조 제2항의 친족간의 범행에 관한 조문은 범인과 피해물건의 소유자 및 위탁자 쌍방 사이에 같은 조문에 정한 친족관계가 있는 경우에만 적용되고, 단지 횡령범인과 피해물건의 소유자간에만 친족관계가 있거나 횡령범인과 피해물건의 위탁자간에만 친족관계가 있는 경우에는 적용되지 않는다』(대판 2008.7.24. 2008도3438)★

라. 권리행사방해죄

여러 사람의 권리의 목적이 된 자기의 물건을 취거, 은닉 또는 손괴함으로써 그 여러 사람의 권리행사를 방해하였다면 권리자별로 각각 권리행사방해죄가 성립하는 것이므로, 권리행사방해죄에서의 친족상도례 적용여부는 각 죄마다(피해자마다) 개별적으로 판단하여야 한다.

✔ **권리행사방해죄의 죄수 및 친족상도례 : 유류분반환청구권 사건** 최신3년 『[1] 여러 사람의 권리의 목적이 된 자기의 물건을 취거, 은닉 또는 손괴함으로써 그 여러 사람의 권리행사를 방해하였다면 권리자별로 각각 권리행사방해죄가 성립하고 각 죄는 서로 상상적 경합범의 관계에 있다. 여러 명의 유류분권리자가

각자의 유류분반환청구권을 보전하기 위하여 부동산에 대한 가압류결정을 받아 가압류등기가 마쳐진 경우, 위 부동산은 유류분권리자들 각자의 유류분반환청구권 집행을 보전하기 위한 가압류의 목적이 되고 이는 유류분권리자들이 가압류를 개별적으로 신청하였는지 공동으로 신청하였는지에 따라 다르지 않다.
[2] 한편 형법 제328조 제1항은 "직계혈족, 배우자, 동거친족, 동거가족 또는 그 배우자간의 제323조의 죄는 그 형을 면제한다."라고 정하고 있는데, 위 조항에 따른 형면제 요건에 해당하는지는 각 죄마다 살펴보아야 한다』(대판 2022.5.12. 2021도16876)☆.[123]

2. 시적 범위

친족관계는 원칙적으로 행위시에 존재하여야 한다. 행위시에 친족관계가 있는 이상 그 후에 친족관계가 없어진 경우에도 친족상도례는 적용된다. 다만 혼인 외의 출생자를 인지하는 경우에는 민법 제860조에 의하여 인지의 효력이 출생시에 소급하여 발생하므로 인지의 소급효는 친족상도례에 관한 규정에도 적용된다.

✔ **인지의 소급효 : 혼외자 대여금고 열기 사건** 『형법 제344조, 제328조 제1항 소정의 친족간의 범행에 관한 규정이 적용되기 위한 친족관계는 원칙적으로 범행 당시에 존재하여야 하는 것이지만, 부가 혼인 외의 출생자를 인지하는 경우에 있어서는 민법 제860조에 의하여 그 자의 출생시에 소급하여 인지의 효력이 생기는 것이며, 이와 같은 인지의 소급효는 친족상도례에 관한 규정의 적용에도 미친다고 보아야 할 것이므로, 인지가 범행 후에 이루어진 경우라고 하더라도 그 소급효에 따라 형성되는 친족관계를 기초로 하여 친족상도례의 규정이 적용된다』(대판 1997.1.24. 96도1731)★.

Ⅳ. 적용효과

제328조 제1항 이외의 친족간에 친족상도례가 적용되는 재산범죄를 범한 경우에는 고소가 있어야 공소를 제기할 수 있다. 고소 없이 공소가 제기된 경우에는 공소기각판결을 하여야 한다(형소법 제327조).

✔ **친고죄 : 고종사촌 형수 물건 절취 사건** 『절도피해자가 범인의 고모아들의 부인 즉 고종사촌 형수인 경우에는 범인과 피해자 사이에는 형법 제328조 제2항 소정의 친족관계가 있다』(대판 1980.3.25. 79도2874).
※ 친고죄에 해당하는 사안이므로 고소 없이 공소가 제기된 경우에는 공고기각판결을 하여야 한다(형소법 제327조).☆

---

[123] **보충설명** 부부인 피고인들이 공모하여 피고인들 공유의 건물을 철거함으로써 피고인들에 대한 각자의 유류분반환청구권을 보전하기 위하여 위 건물을 공동으로 가압류한 피해자 갑, 을의 권리행사를 방해한 사건에서, 권리자별로 피해자 갑에 대한 권리행사방해죄와 피해자 을에 대한 권리행사방해죄가 각각 성립하는 것을 전제로 하여 피해자 갑과 피고인들이 형법 제328조 제1항의 친족관계인 이상 피고인들에 대한 공소사실 중 피해자 갑에 대한 권리행사방해 부분에 관하여는 위 조항을 적용해서 형을 면제하여야 한다고 판단하여 검사의 상고를 기각한 사안이다.

CRIMINAL LAW

**문형석
형사법의
정석**

제 02 편

사회적 법익에 대한 죄

제1장 공공의 안전과 평온에 대한 죄
제2장 공공의 신용에 대한 죄
제3장 공중의 건강에 대한 죄
제4장 사회의 도덕에 대한 죄

제1장 공공의 안전과 평온에 대한 죄

제1절 공안을 해하는 죄

제1관 총설

I. 의의

공안을 해하는 죄란 공공의 법질서 또는 공공의 안전과 평온을 해하는 것을 내용으로 하는 범죄를 말한다. 공공의 평온과 안전을 보호하기 위한 범죄로서 보호의 정도는 추상적 위험범이다.

II. 규정체계

범죄단체조직죄(제114조), 소요죄(제115조), 다중불해산죄(제116조), 전시공수계약불이행죄(제117조), 공무원자격사칭죄(제118조)의 범죄를 규정하고 있다.

제2관 범죄단체 등 조직죄

> **제114조 ▎범죄단체 등의 조직▎**
> 사형, 무기 또는 장기 4년 이상의 징역에 해당하는 범죄를 목적으로 하는 단체 또는 집단을 조직하거나 이에 가입 또는 그 구성원으로 활동한 사람은 그 목적한 죄에 정한 형으로 처벌한다. 다만, 형을 감경할 수 있다.

I. 의의

범죄단체 등 조직죄는 사형, 무기 또는 장기 4년 이상의 징역에 해당하는 범죄를 목적으로 하는 단체나 집단을 조직 또는 이에 가입하거나 그 구성원으로 활동함으로써 성립하는 범죄이다. 폭력행위 등 처벌에 관한 법률 제4조는 특정 범죄를 목적으로 하는 범죄단체의 조직, 가입, 활동을 규율하고 있지만 본죄는 모든 범죄(사형, 무기, 장기 4년 이상의 징역에 해당하는) 행위를 목적으로 하는 단체 또는 집단의 조직, 가입, 활동을 그 목적한 범죄에 정한 형으로 처벌하도록 규정하고 있다.

본죄가 즉시범인지 계속범인지에 관하여는 견해의 대립이 있지만 판례는 즉시범으로 해석하고 있는 것으로 보인다.

✔ **의의 및 성립요건** 『형법 제114조 소정 범죄단체조직죄는 범죄를 목적으로 하는 단체를 조직함으로써 성립하는 것이고 그 후 목적한 범죄의 실행행위를 하였는가 여부는 위 죄의 성립에 영향이 없다』(대판 1975.9.23. 75도2321)☆.

✔ **법적 성격 : 조폭두목 변경 사건** 『폭력행위 등 처벌에 관한 법률 제4조에서 정한 단체 등의 구성죄는 같은 법에 규정된 범죄를 목적으로 한 단체 또는 집단을 구성함으로써 즉시 성립·완성되는 즉시범이므로 범죄성립과 동시에 공소시효가 진행되는 것이다』(대판 2013.10.17. 2013도6401)☆.

Ⅱ. 입법취지

범죄단체 또는 집단에 의하여 계획적·조직적으로 행하여지는 범죄로 인한 사회적 해악의 정도가 개인의 범죄보다 훨씬 중대하고, 범죄 단체 또는 집단이 존속·유지되는 한 범죄 실행 또는 실행의 위험성이 지속된다는 점에서 범죄의 실행 여부를 불문하고 그 범죄의 예비·음모의 성격을 갖는 범죄단체 또는 집단의 생성 및 존속 자체를 막으려는데 그 입법취지가 있다.

Ⅲ. 객관적 구성요건

1. 범 죄

범죄단체 등 조직죄는 「사형, 무기, 장기 4년 이상의 징역에 해당하는 범죄」를 범할 목적으로 단체 또는 집단을 생성하는 범죄이다.

2. 단체·집단

가. 단 체

'범죄를 목적으로 하는 단체'란 특정 다수인이 일정한 범죄를 수행한다는 공동목적 아래 구성한 계속적인 결합체로서 그 단체를 주도하거나 내부의 질서를 유지하는 최소한의 통솔체계를 갖춘 것을 의미한다. 단체가 될 수 있기 위하여는 최소한의 통솔체제를 갖춘 조직성과 어느 정도 시간적 계속성을 함께 갖고 있어야 한다.

✔ **단체의 의미 : 어음사기 공모 사건** 『형법 제114조 제1항 소정의 범죄를 목적으로 하는 단체라 함은 특정다수인이 일정한 범죄를 수행한다는 공동목적 아래 이루어진 계속적인 결합체로서 그 단체를 주도하는 최소한의 통솔체제를 갖추고 있음을 요한다』(대판 1985.10.8. 85도1515)★.

✔ **단체에 해당하는 경우 : 보이스피싱 사기 사건** 『사기범죄를 목적으로 구성된 다수인의 계속적인 결합체로서 총책을 중심으로 간부급 조직원들과 상담원들, 현금인출책 등으로 구성되어 내부의 위계질서가 유지되고 조직원의 역할 분담이 이루어지는 최소한의 통솔체계를 갖추고 있는 보이스피싱 사기조직은 형법상의 범죄단체에 해당한다』(대판 2017.10.26. 2017도8600)☆.

나. 집 단

'범죄를 목적으로 하는 집단'이란 특정 다수인이 사형, 무기 또는 장기 4년 이상의 범죄를 수행한다는 공동목적 아래 구성원들이 정해진 역할분담에 따라 행동함으로써 범죄를 반복적으로 실행할 수 있는 조직체계를 갖춘 계속적인 결합체를 의미한다. '범죄단체'에서 요구되는 '최소한의 통솔체계'를 갖출 필요는 없지만, 범죄의 계획과 실행을 용이하게 할 정도의 조직적 구조를 갖추어야 한다.

> ✔ **집단의 의미 : 무등록 중고차 매매상사 사건** 『형법 제114조에서 정한 '범죄를 목적으로 하는 집단'이란 특정 다수인이 사형, 무기 또는 장기 4년 이상의 범죄를 수행한다는 공동목적 아래 구성원들이 정해진 역할분담에 따라 행동함으로써 범죄를 반복적으로 실행할 수 있는 조직체계를 갖춘 계속적인 결합체를 의미한다. '범죄단체'에서 요구되는 '최소한의 통솔체계'를 갖출 필요는 없지만, 범죄의 계획과 실행을 용이하게 할 정도의 조직적 구조를 갖추어야 한다』(대판 2020.8.20. 2019도16263)★.

다. 조 직

'조직'이란 특정한 다수인이 의사의 연락에 의하여 집합체를 형성하는 것을 말한다.

라. 가 입

'가입'이란 조직된 단체나 집단에 구성원으로 참여하는 것을 말한다.

마. 활 동

'활동'이란 범죄단체 또는 집단의 내부 규율 및 통솔 체계에 따른 조직적, 집단적 의사 결정에 의하여 행하는 범죄단체 또는 집단의 존속·유지를 지향하는 적극적인 행위를 말한다.

3. 수 괴

폭력행위등처벌에관한법률 제4조 제1호 소정의 "수괴"라 함은 당해 범죄단체의 우두머리로 단체의 활동을 지휘, 통솔하는 자를 말하는 것으로서 반드시 1인일 필요는 없는 것이므로, 배후에서 일체의 조직활동을 지휘하는 자와 단체 구성원의 통솔을 담당하는 자 모두 수괴로 인정할 수 있다.

> ✔ **폭처법상 '수괴'의 인정 여부 : 남문파 사건** 『폭력행위등처벌에관한법률 제4조 제1호 소정의 "수괴"라 함은 당해 범죄단체의 우두머리로 단체의 활동을 지휘, 통솔하는 자를 말하는 것으로서 반드시 1인일 필요는 없는 것이므로 범죄단체인 "남문파"의 배후에서 일체의 조직활동을 지휘하는 자와 단체 구성원의 통솔을 담당하는 자로 역할을 분담하고 있는 경우 양인을 모두 "남문파"의 수괴로 인정할 수 있다』(대판 1991.9.13. 91도1515)☆.

Ⅲ. 죄수관계

범죄단체를 구성하거나 이에 가입한 자가 더 나아가 구성원으로 활동하는 경우 이는 포괄일죄 관계에 있다. 보이스피싱 범죄단체에 가입 후 활동으로 사기범죄를 행하는 경우에는 활동하는 행위와 사기행위는 별개의 구성요건을 충족하고, 양죄의 보호법익 또한 달라 별죄가 성립한다.

✔ **가입과 활동의 관계 : 범죄단체 가입 후 활동 사건** 표준 『범죄단체의 구성이나 가입은 범죄행위의 실행 여부와 관계없이 범죄단체 구성원으로서의 활동을 예정하는 것이고, 범죄단체 구성원으로서의 활동은 범죄단체의 구성이나 가입을 당연히 전제로 하는 것이므로, 양자는 모두 범죄단체의 생성 및 존속·유지를 도모하는, 범죄행위에 대한 일련의 예비·음모 과정에 해당한다는 점에서 범의의 단일성과 계속성을 인정할 수 있을 뿐만 아니라 피해법익도 다르지 않다. 따라서 범죄단체를 구성하거나 이에 가입한 자가 더 나아가 구성원으로 활동하는 경우, 이는 포괄일죄의 관계에 있다』(대판 2015.9.10. 2015도7081)★.

✔ **활동으로서 사기 : 보이스피싱 사기 범죄단체 사건** 표준 『피고인이 보이스피싱 사기 범죄단체에 가입한 후 사기범죄의 피해자들로부터 돈을 편취하는 등 그 구성원으로서 활동하였다는 내용의 공소사실이 유죄로 인정된 사안에서, 범죄단체 가입행위 또는 범죄단체 구성원으로서 활동하는 행위와 사기행위는 각각 별개의 범죄구성요건을 충족하는 독립된 행위이고 서로 보호법익도 달라 법조경합 관계로 목적된 범죄인 사기죄만 성립하는 것은 아니다』(대판 2017.10.26. 2017도8600)124)125)★.

Ⅳ. 처 벌

사형, 무기 또는 장기 4년 이상의 징역에 해당하는 범죄를 목적으로 하는 단체 또는 집단을 조직하거나 이에 가입 또는 그 구성원으로 활동한 사람은 그 목적한 죄에 정한 형으로 처벌하며, 다만 그 형을 감경할 수 있다. 예를 들어 살인을 목적으로 하는 단체 또는 집단을 조직하거나 이에 가입 또는 구성원으로 활동한 경우에는 살인죄에 정한 법정형으로 처벌하는 경우 등이다.

제3관 소요죄

> **제115조 | 소요**
> 다중이 집합하여 폭행, 협박 또는 손괴의 행위를 한 자는 1년 이상 10년 이하의 징역이나 금고 또는 1천500만원 이하의 벌금에 처한다.

---

124) 보충설명 보이스피싱 범행 공모자 중 일부가 구성요건 행위 중 일부를 직접 분담하여 실행하지 않은 경우라 할지라도, 전체 범죄에서 그가 차지하는 지위, 역할이나 범죄 경과에 대한 지배 내지 장악력 등을 종합해 볼 때 범죄에 대한 본질적 기여를 통한 기능적 행위지배가 존재한다고 인정된다면 공동정범으로서의 죄책을 진다.
125) 보충설명 甲이 보이스피싱 사기 범죄단체에 가입한 후 사기범죄의 피해자들로부터 돈을 편취하는 등 그 구성원으로서 활동한 경우, 범죄단체 가입행위 또는 범죄단체 구성원으로서 활동하는 행위와 사기행위는 독립된 행위이고 보호법익도 다르므로 법조경합 중 흡수관계에 해당하지 않는다.

제4관 다중불해산죄

> **제116조 | 다중불해산 |**
> 폭행, 협박 또는 손괴의 행위를 할 목적으로 다중이 집합하여 그를 단속할 권한이 있는 공무원으로부터 3회 이상의 해산명령을 받고 해산하지 아니한 자는 2년 이하의 징역이나 금고 또는 300만 원 이하의 벌금에 처한다.

제5관 전시공수계약불이행죄

> **제117조 | 전시공수계약불이행 |**
> ① 전쟁, 천재 기타 사변에 있어서 국가 또는 공공단체와 체결한 식량 기타 생활필수품의 공급계약을 정당한 이유없이 이행하지 아니한 자는 3년 이하의 징역 또는 500만 원 이하의 벌금에 처한다.
> ② 전항의 계약이행을 방해한 자도 전항의 형과 같다.
> ③ 전 2항의 경우에는 그 소정의 벌금을 병과 할 수 있다.

제6관 공무원자격사칭죄

> **제118조 | 공무원자격의 사칭 |**
> 공무원의 자격을 사칭하여 그 직권을 행사한 자는 3년 이하의 징역 또는 700만 원 이하의 벌금에 처한다.

Ⅰ. 의 의

공무원자격사칭죄는 공무원의 자격을 사칭하여 직권을 행사함으로써 성립하는 범죄이다. 보호법익은 공직에 의하여 수행되는 국가기능의 진정성이다. 그 보호 정도는 추상적 위험범이다.

Ⅱ. 구성요건

1. 공무원의 자격사칭

공무원의 자격사칭이란 자기에게 사칭하는 공무원의 자격이 있는 것처럼 타인을 오인시키는 일체의 행위를 말한다.

2. 직권을 행사

직권행사란 사칭한 당해 공무원의 직무에 관한 권한을 행사한다는 의미이다. 따라서 그 직권을 사칭한 당해 공무원의 고유권한사항에 속하는 것이 아닌 경우에는 본죄가 성립되지 않는다.

> ✔ **직권행사의 의미 : 합동수사반원 사칭 사건** 표준 　『공무원자격사칭죄가 성립하려면 어떤 직권을 행사할 수 있는 권한을 가진 공무원임을 사칭하고 그 직권을 행사한 사실이 있어야 하는바, 피고인들 이 그들이 위임받은 채권을 용이하게 추심하는 방편으로 합동수사반원임을 사칭하고 협박한 사실이 있다고 하여도 위 채권의 추심행위는 개인적인 업무이지 합동수사반의 수사업무의 범위에는 속하지 아니하므로 이를 공무원자격사칭죄로 처벌할 수 없다』(대판 1981. 9. 8. 81도1955)☆

제2절 폭발물에 관한 죄

제1관 총설

I. 의의

폭발물에 관한 죄는 폭발물을 사용하여 공중의 생명·신체 또는 재산을 해하거나 기타 공안을 문란하게 함으로써 성립하는 범죄이다. 폭발물사용죄(제119조 제1항), 전시폭발물사용죄(제119조 제2항), 폭발물·전시폭발물사용죄의 예비·음모·선동죄(제120조), 전시폭발물제조죄(제121조) 등을 규정하고 있다.

II. 보호법익

폭발물에 관한 죄의 보호법익은 사회의 안전과 질서, 공공의 안전과 평온이다. 그 보호의 정도는 구체적 위험범이다.

제2관 폭발물사용죄

> **제119조 ┃ 폭발물 사용 ┃**
> ① 폭발물을 사용하여 사람의 생명, 신체 또는 재산을 해하거나 그 밖에 공공의 안전을 문란하게 한 자는 사형, 무기 또는 7년 이상의 징역에 처한다.

I. 의의

폭발물사용죄는 폭발물을 사용하여 사람의 생명, 신체 또는 재산을 해하거나 기타 공안을 문란케 함으로써 성립하는 공공위험범죄로서 개인의 생명, 신체 등과 아울러 공공의 안전과 평온을 보호법익으로 한다.

II. 구성요건

1. 폭발물

폭발물이란 폭발작용의 위력이나 파편의 비산 등으로 사람의 생명, 신체, 재산 및 공공의 안전이나 평온에 직접적이고 구체적인 위험을 초래할 수 있는 정도의 강한 파괴력을 가지는 물건을 의미한다. 따라서 소주병이나, 위스키병에 휘발유와 모래를 넣어 만든 화염병이나 실탄은 폭발물이라 할 수 없다.

> ✔ **폭발물의 의미 : 사제폭탄 폭발 사건** 표준 『[1] 폭발물사용죄에서 말하는 폭발물이란 폭발작용의 위력이나 파편의 비산 등으로 사람의 생명, 신체, 재산 및 공공의 안전이나 평온에 직접적이고 구체적인 위험을 초래할 수 있는 정도의 강한 파괴력을 가지는 물건을 의미한다.
> [2] 피고인이 자신이 제작한 폭발물을 배낭에 담아 고속버스터미널 등의 물품보관함 안에 넣어 두고 폭발하게 함으로써 공안을 문란하게 하였다고 하여 폭발물사용으로 기소된 사안에서, 피고인이 제작한 물건의 구조, 그것이 설치된 장소 및 폭발 당시의 상황 등에 비추어, 위 물건은 폭발작용 자체에 의하여 공공의 안전을 문란하게 하거나 사람의 생명, 신체 또는 재산을 해할 정도의 성능이 없거나, 사람의 신체 또는 재산을 경미하게 손상시킬 수 있는 정도에 그쳐 사회의 안전과 평온에 직접적이고 구체적인 위험을 초래하여 공공의 안전을 문란하게 하기에는 현저히 부족한 정도의 파괴력과 위험성만을 가진 물건이므로 형법 제172조 제1항에 규정된 '폭발성 있는 물건'에는 해당될 여지가 있으나 이를 형법 제119조 제1항에 규정된 '폭발물'에 해당한다고 볼 수는 없다』(대판 2012.4.26. 2011도17254)☆.

2. 공안을 문란

공안을 문란이란 폭발물을 사용하여 한 지방의 질서를 교란할 정도에 이르는 것을 말한다.

3. 고 의

폭발물사용죄는 사람의 생명·신체 또는 재산을 해하고 공안을 문란케 한다는 점에 대한 인식과 의사를 내용으로 하는 고의가 있어야 한다.

제3관 전시폭발물사용죄

> **제119조** ｜ 폭발물사용 ｜
> ② 전쟁, 천재지변 그 밖의 사변에 있어서 제1항의 죄를 지은 자는 사형이나 무기징역에 처한다.
> ③ 제1항과 제2항의 미수범은 처벌한다.

제4관 폭발물사용 예비·음모·선동죄

> **제120조** ｜ 예비, 음모, 선동 ｜
> ① 전조 제1항, 제2항의 죄를 범할 목적으로 예비 또는 음모한 자는 2년 이상의 유기징역에 처한다. 단, 그 목적한 죄의 실행에 이르기 전에 자수한 때에는 그 형을 감경 또는 면제한다.
> ② 전조 제1항, 제2항의 죄를 범할 것을 선동한 자도 전항의 형과 같다.

제5관 전시폭발물 제조·수입·수출·수수·소지죄

제121조 ┃ 전시폭발물제조 ┃
전쟁 또는 사변에 있어서 정당한 이유 없이 폭발물을 제조, 수입, 수출, 수수 또는 소지한 자는 10년 이하의 징역에 처한다.

제3절 방화와 실화의 죄

제1관 총설

I. 의의 및 보호법익

방화와 실화죄는 고의로 불을 놓거나 과실로 화재를 일으켜 건조물 기타 물건을 소훼하는 것을 내용으로 하는 범죄이다. 이러한 화재는 그 성질상 단지 개인의 재산을 침해하는데 그치지 않고, 공중의 생명·신체·재산에 예측하지 못할 손해를 가할 위험이 있으므로 전형적인 공공위험죄에 해당한다.

II. 보호법익

방화와 실화죄는 1차적으로는 공공위험죄이나 개인에 대한 재산죄의 성격도 가지고 있다. 따라서 방화와 실화죄의 1차적인 보호법익은 공공의 안전이며, 2차적인 보호법익은 개인의 재산권이다.

> ✓ **보호법익과 기수 : 은봉암 사건** 『형법 제164조 전단의 현주건조물에의 방화죄는 공중의 생명, 신체, 재산 등에 대한 위험을 예방하기 위하여 공공의 안전을 그 제1차적인 보호법익으로 하고 제2차적으로는 개인의 재산권을 보호하는 것이라고 할 것이나, 여기서 공공에 대한 위험은 구체적으로 그 결과가 발생됨을 요하지 아니하는 것이고 이미 현주건조물에의 점화가 독립연소의 정도에 이르면 동 죄는 기수에 이르러 완료되는 것이다.』(대판 1983.1.18. 82도2341 ; 대판 1970.3.24. 70도330)☆

현주건조물 등 방화죄(제164조), 공용건조물 등 방화죄(제165조), 타인소유일반건조물방화죄(제166조 제1항)는 추상적 위험범이고, 자기소유일반건조물방화죄(제166조 제2항), 일반물건방화죄(제167조)는 구체적 위험범이다.

제2관 현주건조물 등 방화죄

> **제164조 ┃ 현주건조물 등 방화 ┃**
> ① 불을 놓아 사람이 주거로 사용하거나 사람이 현존하는 건조물, 기차, 전차, 자동차, 선박, 항공기 또는 지하채굴시설을 불태운 자는 무기 또는 3년 이상의 징역에 처한다.

I. 의의

현주건물방화죄는 불을 놓아 사람이 주거로 사용하거나 사람이 현존하는 건조물 등을 소훼함으로써 성립하는 범죄이다. 본조의 객체에 불을 놓아 화재가 일어나면 사람이 다치거나 사망할 가능성이 높기 때문에 방화죄 중에서 가장 무거운 형벌로 규정하고 있다. 제1항의 죄에 대하여는 미수범, 예비·음모 처벌 규정을 두고 있고(제174조, 제175조), 예비·음모를 벌하고 그 목적한 죄의 실행에 이르기 전에 자수한 때에는 필요적 감면 규정을 두고 있다(제175조).

Ⅱ. 객 체

현주건조물방화죄의 객체는 「사람이 주거로 사용하거나 사람이 현존하는 건조물, 기차, 전차, 자동차, 선박, 항공기 또는 광갱」이다.

1. 사람이 주거로 사용하거나 사람이 현존하는의 의미

가. 사 람

제1항의 입법취지가 사람(타인)의 생명, 신체에 대한 위험을 보호하기 위함이므로, 여기서 '사람'이란 범인 이외의 사람을 의미한다. 따라서 범인이 혼자 거주하고 있는 주택에 불을 놓아 소훼한 경우에는 본죄가 성립하지 않고 일반건조물방화죄(제166조)가 성립한다.

나. 주거로 사용

'주거로 사용'이란 범인 이외의 사람이 일상생활의 장소로 사용하는 것을 말한다. 따라서 밤낮으로 끊임없이 사람이 현존하거나, 침식에 사용하는 장소일 것을 요하는 것은 아니다.

다. 사람이 현존

'사람이 현존하는'이란 범인이 방화할 당시에 범인 이외의 자가 건조물 등의 내부에 존재하고 있는 것을 말한다.

2. 건조물, 기차, 전차, 자동차, 선박, 항공기 또는 광갱의 의미

가. 건조물

'건조물'이란 토지에 정착되고 벽 또는 기둥과 지붕 또는 천장으로 구성되어 사람이 내부에 기거하거나 출입할 수 있는 가옥 기타 공작물을 말한다. 반드시 사람의 주거용으로 사용되어야 하는 것은 아니지만 적어도 사람이 사실상 기거·취침에 사용할 수 있는 정도에 이르러야 한다.[126]

나. 기차, 전차

'기차'란 증기기관을 동력으로 궤도 위를 운행하는 차량을 말한다. '전차'란 전기를 동력으로 궤도 위를 진행하는 차량을 말한다.

다. 자동차, 선박, 항공기

'자동차'란 원동기를 사용하여 궤도 아닌 도로 위를 운행하는 차를 말한다. '선박'이란 항해용으로 사용되는 선박을 말한다. '항공기'란 공중을 운행하는 기기를 말한다.

라. 광 갱

'광갱'이란 광물을 채취하기 위하여 만든 지하시설(지하채굴시설)을 말한다.

---

[126] **보충설명** 지붕과 문짝 창문이 없고 담장과 일부 벽체가 붕괴된 철거대상 건물로서 사실상 기거·취침에 사용할 수 없는 상태의 폐가는 본법 제166조의 건조물이 아닌 본법 제167조의 물건에 해당될 뿐이다.

Ⅲ. 행 위

현주건조물방화죄의 행위는 「불을 놓아 목적물을 소훼」하는 것이다.

가. 불을 놓아

'불을 놓아'란 객체의 연소를 야기하는 행위, 즉 방화를 말한다. 방화의 방법에는 제한이 없다. 따라서 직접 목적물에 불을 놓는 경우뿐만 아니라 매개물에 불을 놓는 경우도 포함된다. 이때부터 방화죄의 실행의 착수가 인정된다.

> ✔ **실행의 착수 : 부부싸움 방화 사건** 표준 『[1] 매개물을 통한 점화에 의하여 건조물을 소훼함을 내용으로 하는 형태의 방화죄의 경우에, 범인이 그 매개물에 불을 켜서 붙였거나 또는 범인의 행위로 인하여 매개물에 불이 붙게 됨으로써 연소작용이 계속될 수 있는 상태에 이르렀다면, 그것이 곧바로 진화되는 등의 사정으로 인하여 목적물인 건조물 자체에는 불이 옮겨 붙지 못하였다고 하더라도, 방화죄의 실행의 착수가 있었다고 보아야 할 것이다.
> [2] 피고인이 방화의 의사로 뿌린 휘발유가 인화성이 강한 상태로 주택주변과 피해자의 몸에 적지 않게 살포되어 있는 사정을 알면서도 라이터를 켜 불꽃을 일으킴으로써 피해자의 몸에 불이 붙은 경우, 비록 외부적 사정에 의하여 불이 방화 목적물인 주택 자체에 옮겨 붙지는 아니하였다 하더라도 현존건조물방화죄의 실행의 착수가 있었다.』(대판 2002. 3. 26. 2001도6641)★

나. 목적물을 소훼

소훼란 일반적으로 화력에 의한 건조물 등이 손괴되는 것을 말한다. 본죄는 추상적 위험범이므로 소훼의 결과가 발생하면 곧 기수가 된다. 결국 불이 매개물을 떠나 목적물에 옮겨 붙어 독립하여 계속 연소할 수 있는 상태가 되면 소훼가 되어 방화죄의 기수가 되는 것이다. 반드시 목적물의 중요부분이 소실되어 본래의 효용가치를 상실케 할 필요가 없다.

> ✔ **기수시기 : 강간살인 후 방화 사건** 『피해자의 사체 위에 옷가지 등을 올려놓고 불을 붙인 천조각을 던져서 그 불길이 방안을 태우면서 천정에까지 옮겨 붙었다면 도중에 진화되었다고 하더라도 일단 천정에 옮겨 붙은 때에 이미 현주건조물방화죄의 기수에 이른 것이다.』(대판 2007. 3. 16. 2006도9164)★

> ✔ **기수시기 : 용돈 거절 사랑채 방화 사건** 표준 『방화죄는 화력이 매개물을 떠나 스스로 연소할 수 있는 상태에 이르렀을 때에 기수가 되고 반드시 목적물의 중요부분이 소실하여 그 본래의 효용을 상실한 때라야만 기수가 되는 것이 아니라고 할 것이다.』(대판 1970. 3. 24. 70도330)★

Ⅳ. 고 의

현주건조물방화죄는 불을 놓아 사람이 주거로 사용하거나 사람이 현존하는 건조물 등을 소훼한다는 사실에 대한 인식과 의사가 있어야 한다.

> ✔ **고의가 부정되는 경우 : 홧김에 방화 사건** 『피고인이 동거하던 공소외인과 가정불화가 악화되어 헤어지기로 작정하고 홧김에 죽은 동생의 유품으로 보관하던 서적 등을 뒷마당에 내어 놓고 불태워 버리려 했던 점이 인정될 뿐 피고인이 위 공소외인 소유의 가옥을 불태워 버리겠다고 결의하여 불을 놓았다고 볼 수 없다면 피고인의 위 소위를 가리켜 방화의 범의가 있었다고 할 수 없다.』(대판 1984. 7. 24. 84도1245)☆

제3관 현주건조물 등 방화치사상죄

> **제164조 ❘ 현주건조물 등 방화 ❘**
> 제1항의 죄를 지어 사람을 상해에 이르게 한 경우에는 무기 또는 5년 이상의 징역에 처한다. 사망에 이르게 한 경우에는 사형, 무기 또는 7년 이상의 징역에 처한다.

제4관 공용건조물 등 방화죄

> **제165조 ❘ 공용건조물 등 방화 ❘**
> 불을 놓아 공용으로 사용하거나 공익을 위해 사용하는 건조물, 기차, 전차, 자동차, 선박, 항공기 또는 지하채굴시설을 불태운 자는 무기 또는 3년 이상의 징역에 처한다.

제5관 일반건조물 등 방화죄

> **제166조 ❘ 일반건조물 등 방화 ❘**
> ① 불을 놓아 제164조와 제165조에 기재한 외의 건조물, 기차, 전차, 자동차, 선박, 항공기 또는 지하채굴시설을 불태운 자는 2년 이상의 유기징역에 처한다.
> ② 자기 소유인 제1항의 물건을 불태워 공공의 위험을 발생하게 한 자는 7년 이하의 징역 또는 1천만원 이하의 벌금에 처한다.

I. 의 의

일반건조물방화죄는 불을 놓아 현주건조물과 공용·공용건조물 이외의 건조물, 기차, 전차, 자동차, 선박, 항공기 또는 광갱을 소훼하거나, 자기소유에 속하는 제1항의 물건을 소훼하여 공공의 위험을 발생하게 함으로써 성립하는 범죄이다. 즉 본조는 현주건조물, 공용건조물이 아닌 일반건조물 등에 방화를 한 경우의 규정이다.

타인소유일반건조물방화죄(제1항)는 추상적 위험범이나 자기소유일반건조물방화죄(제2항)는 구체적 위험범이다.

Ⅱ. 객 체

일반건조물방화죄의 객체는「현주건조물과 공용·공용건조물 이외의 건조물, 기차, 전차, 자동차, 선박, 항공기 또는 광갱」이다.

가. 제1항

건조물 등이 타인소유에 속해야 한다. 자기소유에 해당되는 경우에는 본항의 죄는 성립될 수 없다. 다만 자기의 소유에 속하는 물건이라도 압류 기타 강제처분을 받거나 타인의 권리 또는 보험의 목적물이 된 때에는 본장의 규정의 적용에 있어서 타인의 물건으로 간주한다(제176조).

나. 제2항

건조물 등이 자기소유에 속해야 한다. 자기 소유에 속한다 함은 범인(공범자를 포함한다)의 소유에 속하는 것을 말한다.

> ✔ **영종도 폐가 방화 사건** 판들 『형법상 방화죄의 객체인 건조물은 토지에 정착되고 벽 또는 기둥과 지붕 또는 천장으로 구성되어 사람이 내부에 기거하거나 출입할 수 있는 공작물을 말하고, 반드시 사람의 주거용이어야 하는 것은 아니라도 사람이 사실상 기거·취침에 사용할 수 있는 정도는 되어야 한다』(대판 2013. 12.12. 2013도3950). ※ 판결이유 중 : 폐가의 내부와 외부에 쓰레기를 모아놓고 태워 그 불길이 이 사건 폐가 주변 수목 4~5그루를 태우고 폐가의 벽을 일부 그을리게 하는 정도만으로는 방화죄의 기수에 이르렀다고 보기 어려우며, 일반물건방화죄에 관하여는 미수범의 처벌 규정이 없다는 이유로 제1심의 유죄판결을 파기하고 피고인에게 무죄를 선고하였다. ☆

Ⅲ. 고 의

일반건조물방화죄는 불을 놓아 현주건조물, 공용건조물이 아닌 일반건조물 등을 소훼한다는 사실에 대한 인식과 의사가 있어야 한다. 타인소유일반건조물방화죄는 추상적 위험범이므로 공공의 위험에 대한 인식이 필요하지 않지만, 자기소유일반건조물방화죄는 구체적 위험범이므로 공공의 위험에 대한 인식이 필요하다.

제6관 일반물건방화죄

> **제167조 ┃ 일반물건 방화 ┃**
> ① 불을 놓아 제164조부터 제166조까지에 기재한 외의 물건을 불태워 공공의 위험을 발생하게 한 자는 1년 이상 10년 이하의 징역에 처한다.
> ② 제1항의 물건이 자기 소유인 경우에는 3년 이하의 징역 또는 700만 원 이하의 벌금에 처한다.

Ⅰ. 의 의

일반물건방화죄는 불을 놓아 제164조 내지 제166조에 기재한 이외의 물건을 소훼하여 공공의 위험을 발생하게 함으로써 성립하는 범죄이다. 본조의 죄는 구체적 위험범이기 때문에 공공의 위험의 발생을 필요로 한다. 따라서 불을 놓아 목적물을 소훼한 경우에도 공공위험성이 발생하지 않은 경우에는 본죄는 성립하지 않는다. 미수와 예비·음모 처벌규정이 없다.

Ⅱ. 객 체

일반물건방화죄의 객체는 「제164조 내지 제166조에 기재한 이외의 물건」이다. 소유자가 없는 물건인 무주물에 방화를 하는 경우에는 타인의 재산권을 침해하는 것이 아니므로 자기 소유에 속한 물건을 방화하는 경우와 마찬가지로 해석을 해야 한다.

> ✔ 무주물을 소훼한 경우 : 전봇대 쓰레기 소각 사건 ㅍㅈ 『노상에서 전봇대 주변에 놓인 재활용품과 쓰레기 등에 불을 놓아 소훼한 사안에서, 그 재활용품과 쓰레기 등은 '무주물'로서 형법 제167조 제2항에 정한 '자기 소유의 물건'에 준하는 것으로 보아야 하므로, 여기에 불을 붙인 후 불상의 가연물을 집어넣어 그 화염을 키움으로써 전선을 비롯한 주변의 가연물에 손상을 입히거나 바람에 의하여 다른 곳으로 불이 옮아붙을 수 있는 공공의 위험을 발생하게 하였다면, 일반물건방화죄가 성립한다』(대판 2009.10.15. 2009도7421) ★.

제7관 연소죄

> **제168조 | 연소 |**
> ① 제166조 제2항 또는 전조 제2항의 죄를 범하여 제164조, 제165조 또는 제166조 제1항에 기재한 물건에 연소한 때에는 1년 이상 10년 이하의 징역에 처한다.
> ② 전조 제1항의 죄를 범하여 전조 제1항에 기재한 물건에 연소한 때에는 5년 이하의 징역에 처한다.

연소죄는 자기소유일반건조물 또는 물건에 대한 방화가 확대되어 현주건조물이나 공용 또는 타인소유 일반건조물·물건을 연소한 경우에 성립하는 범죄이다. 본죄는 자기소유일반건조물방화죄(제166조 제2항) 또는 자기소유일반물건방화죄(제167조 제2항)의 결과적 가중범이다.

제8관 진화방해죄

> **제169조 | 진화방해 |**
> 화재에 있어서 진화용의 시설 또는 물건을 은닉 또는 손괴하거나 기타 방법으로 진화를 방해한 자는 10년 이하의 징역에 처한다.

제9관 실화죄

> **제170조 ▎실화 ▎**
> ① 과실로 제164조 또는 제165조에 기재한 물건 또는 타인 소유인 제166조에 기재한 물건을 불태운 자는 1천500만 원 이하의 벌금에 처한다.
> ② 과실로 자기 소유인 제166조의 물건 또는 제167조에 기재한 물건을 불태워 공공의 위험을 발생하게 한 자도 제1항의 형에 처한다.

 제1항의 객체는 제164조 또는 제165조에 기재한 물건 또는 타인의 소유에 속하는 제166조에 기재한 물건이다. 제2항의 객체를 어떻게 볼 것인가는 견해의 대립이 있지만, 판례는 자기의 소유에 속하는 제166조 또는 자기의 소유에 속하든, 타인의 소유에 속하든 불문하고 제167조에 기재한 물건이라고 해석하고 있다.

제10관 업무상실화·중실화죄

> **제171조 ▎업무상실화, 중실화 ▎**
> 업무상과실 또는 중대한 과실로 인하여 제170조의 죄를 범한 자는 3년 이하의 금고 또는 2천만 원 이하의 벌금에 처한다.

 업무상실화·중실화죄는 업무상 과실 또는 중대한 과실로 인하여 실화죄를 범함으로써 성립하는 범죄이다. 실화죄의 가중규정으로서 업무상실화죄는 업무자라는 신분으로 인해 실화죄에 비해 책임이 가중되는 범죄이고, 중실화죄는 중대한 과실로 인해 불법이 가중되는 범죄이다.

 형법상 업무상 과실에 있어서의 '업무'의 개념은 앞서 살펴본 바와 같이 사회생활상의 지위에 의거하여 반복·계속하여 수행하는 사무를 말한다고 할 수 있으나, 업무상 실화죄에 있어서의 업무는 '직무로서 화기로부터의 안전을 배려해야 할 사회생활상의 지위'를 의미한다.

> ✔ **업무의 의미 : 백열전구 전등갓 사건** 『[1] 업무상 실화죄에 있어서의 업무에는 그 직무상 화재의 원인이 된 화기를 직접 취급하는 것에 그치지 않고 화재의 발견 방지 등의 의무가 지워진 경우를 포함한다.
> [2] 공동의 과실이 경합되어 화재가 발생한 경우에 적어도 각 과실이 화재의 발생에 대하여 하나의 조건이 된 이상은 그 공동적 원인을 제공한 각자에 대하여 실화죄의 죄책을 물어야 한다』(대판 1983. 5. 10. 82도2279)☆

> ✔ **업무상실화의 인정 여부 : 유조차 석유 주유 사건** 『유조차운전사가 석유구판점의 위험물취급주임의 지시를 받아 유조차의 석유를 구판점 탱크로 급유하다가 급유호스가 탱크주입구에서 빠지는 바람에 분출된 석유가 화기에 인화되어 화재가 발생한 경우 운전수가 위험물취급주임이 탱크주입구 부분을 이탈하였음을 보고서도 유조차 운전석에 앉아 다른 일을 보고 있었다고 하여 운전사에게 화재발생에 대하여 과실이 있다고 책임을 물을 수는 없다』(대판 1990. 11. 13. 90도2011)☆

✓ **중실화의 인정 여부 : 전기석유난로 사건** 『전기석유난로를 켜 놓은 채 귀가하여 전기석유난로 과열로 화재가 발생하였다 하여 중실화를 유죄로 이정한 원심판결을 화재발생원인의 인정에 있어 심리미진의 위법이 있다 하여 파기한 사례』(대판 1994.3.11. 93도3001)☆.

제11관 폭발성물건파열죄 · 치사상죄

제172조 ┃ 폭발성물건파열 ┃
① 보일러, 고압가스 기타 폭발성 있는 물건을 파열시켜 사람의 생명, 신체 또는 재산에 대하여 위험을 발생시킨 자는 1년 이상의 유기징역에 처한다.
② 제1항의 죄를 범하여 사람을 상해에 이르게 한 때에는 무기 또는 3년 이상의 징역에 처한다. 사망에 이르게 한 때에는 무기 또는 5년 이상의 징역에 처한다.

제12관 가스 · 전기 등 방류죄 · 치사상죄

제172조의2 ┃ 가스 · 전기 등 방류 ┃
① 가스, 전기, 증기 또는 방사선이나 방사성 물질을 방출, 유출 또는 살포시켜 사람의 생명, 신체 또는 재산에 대하여 위험을 발생시킨 자는 1년 이상 10년 이하의 징역에 처한다.
② 제1항의 죄를 범하여 사람을 상해에 이르게 한 때에는 무기 또는 3년 이상의 징역에 처한다. 사망에 이르게 한 때에는 무기 또는 5년 이상의 징역에 처한다.

제13관 가스 · 전기 등 공급방해 · 치사상죄

제173조 ┃ 가스 · 전기 등 공급방해 ┃
① 가스, 전기 또는 증기의 공작물을 손괴 또는 제거하거나 기타 방법으로 가스, 전기 또는 증기의 공급이나 사용을 방해하여 공공의 위험을 발생하게 한 자는 1년 이상 10년 이하의 징역에 처한다.
② 공공용의 가스, 전기 또는 증기의 공작물을 손괴 또는 제거하거나 기타 방법으로 가스, 전기 또는 증기의 공급이나 사용을 방해한 자도 전항의 형과 같다.
③ 제1항 또는 제2항의 죄를 범하여 사람을 상해에 이르게 한 때에는 2년 이상의 유기징역에 처한다. 사망에 이르게 한 때에는 무기 또는 3년 이상의 징역에 처한다.

제14관 과실폭발성물건파열 등 죄

제173조의2 ┃ 과실폭발성물건파열 등 ┃
① 과실로 제172조 제1항, 제172조의2 제1항, 제173조 제1항과 제2항의 죄를 범한 자는 5년 이하의 금고 또는 1천500만 원 이하의 벌금에 처한다.
② 업무상과실 또는 중대한 과실로 제1항의 죄를 범한 자는 7년 이하의 금고 또는 2천만 원 이하의 벌금에 처한다.

제4절 일수와 수리에 관한 죄

제1관 총 설

　일수죄는 고의 또는 과실로 수해를 일으켜 공공의 안전을 해하는 것을 내용으로 하는 범죄이다. 공공의 평온을 보호법익으로 하는 공공위험죄이다. 보호의 정도는 추상적 위험범이다. 다만 자기물건일수죄는 구체적 위험범이다. 수리방해죄는 수리권을 보호법익으로 하는 범죄이며 추상적 위험범이다.

제2관 현주건조물일수죄·치사상죄

> **제177조 ▮ 현주건조물 등에의 일수 ▮**
> ① 물을 넘겨 사람이 주거에 사용하거나 사람이 현존하는 건조물, 기차, 전차, 자동차, 선박, 항공기 또는 광갱을 침해한 자는 무기 또는 3년 이상의 징역에 처한다.
> ② 제1항의 죄를 범하여 사람을 상해에 이르게 한 때에는 무기 또는 5년 이상의 징역에 처한다. 사망에 이르게 한 때에는 무기 또는 7년 이상의 징역에 처한다.

제3관 공용건조물 등 일수죄

> **제178조 ▮ 공용건조물 등에의 일수 ▮**
> 물을 넘겨 공용 또는 공익에 공하는 건조물, 기차, 전차, 자동차, 선박, 항공기 또는 광갱을 침해한 자는 무기 또는 2년 이상의 징역에 처한다.

제4관 일반건조물 등 일수죄

> **제179조 ▮ 일반건조물 등에의 일수 ▮**
> ① 물을 넘겨 전2조에 기재한 이외의 건조물, 기차, 전차, 자동차, 선박, 항공기 또는 광갱 기타 타인의 재산을 침해한 자는 1년 이상 10년 이하의 징역에 처한다.

> ② 자기의 소유에 속하는 전항의 물건을 침해하여 공공의 위험을 발생하게 한 때에는 3년 이하의 징역 또는 700만 원 이하의 벌금에 처한다.
> ③ 제176조의 규정은 본조의 경우에 준용한다.

제5관 방수방해죄

> **제180조 ▮ 방수방해 ▮**
> 수재에 있어서 방수용의 시설 또는 물건을 손괴 또는 은닉하거나 기타 방법으로 방수를 방해한 자는 10년 이하의 징역에 처한다.

제6관 과실일수죄

> **제181조 ▮ 과실일수 ▮**
> 과실로 인하여 제177조 또는 제178조에 기재한 물건을 침해한 자 또는 제179조에 기재한 물건을 침해하여 공공의 위험을 발생하게 한 자는 1천만 원 이하의 벌금에 처한다.

제7관 수리방해죄

> **제184조 ▮ 수리방해 ▮**
> 둑을 무너뜨리거나 수문을 파괴하거나 그 밖의 방법으로 수리를 방해한 자는 5년 이하의 징역 또는 700만 원 이하의 벌금에 처한다.

I. 의 의

수리방해죄는 제방을 결궤하거나 수문을 파괴하거나 기타 방법으로 수리를 방해함으로써 성립하는 범죄이다. 본죄는 타인의 수리권을 보호법익으로 하고 있는 추상적 위험범으로서, 일수죄와 달리 공공위험범이 아니다.

Ⅱ. 구성요건

수리방해죄는 수리를 방해함으로써 성립한다.

여기서 말하는 수리란 관개용·목축용·발전이나 수차 등의 동력용·상수도의 원천용 등 널리 물이라는 천연자원을 사람의 생활에 유익하게 사용하는 것을 가리킨다(다만, 제185조의 교통방해죄 또는 제195조의 수도불통죄의 경우 등 다른 규정에 의하여 보호되는 형태의 물의 이용은 제외될 것이다). 본죄는 추상적 위험범이므로 수리방해죄가 성립하기 위해서는 수리방해의 행위만 있으면 족하고 현실적으로 방해하는 결과를 필요로 하지 않는다고 해석할 수 있다. 그러나 판례는 규정된 행위방법으로써 수리를 방해할 것이 필요하다는 입장이다.

> ✔ **수리의 의미 : 농촌주택 PVC배수관 사건** 표준 『[1] 형법 제184조는 '제방을 결궤(무너뜨림)하거나 수문을 파괴하거나 기타 방법으로 수리를 방해'하는 것을 구성요건으로 하여 수리방해죄를 규정하고 있는바 여기서 수리라 함은, 관개용·목축용·발전이나 수차 등의 동력용·상수도의 원천용 등 널리 물이라는 천연자원을 사람의 생활에 유익하게 사용하는 것을 가리키고(다만, 형법 제185조의 교통방해죄 또는 형법 제195조의 수도불통죄의 경우 등 다른 규정에 의하여 보호되는 형태의 물의 이용은 제외될 것이다), 수리를 방해한다 함은 제방을 무너뜨리거나 수문을 파괴하는 등 위 조문에 예시된 것을 포함하여 저수시설, 유수로나 송·인수시설 또는 이들에 부설된 여러 수리용 장치를 손괴·변경하거나 효용을 해침으로써 수리에 지장을 일으키는 행위를 가리키며, 나아가 수리방해죄는 타인의 수리권을 보호법익으로 하므로 수리방해죄가 성립하기 위하여는 법령, 계약 또는 관습 등에 의하여 타인의 권리에 속한다고 인정될 수 있는 물의 이용을 방해하는 것이어야 한다.
> [2] 원천 내지 자원으로서의 물의 이용이 아니라, 하수나 폐수 등 이용이 끝난 물을 배수로를 통하여 내려보내는 것은 형법 제184조 소정의 수리에 해당한다고 할 수 없고, 그러한 배수 또는 하수처리를 방해하는 행위는, 특히 그 배수가 수리용의 인수와 밀접하게 연결되어 있어서 그 배수의 방해가 직접 인수에까지 지장을 초래한다는 등의 특수한 경우가 아닌 한, 수리방해죄의 대상이 될 수 없다.
> [3] 농촌주택에서 배출되는 생활하수의 배수관(소형 PVC관)을 토사로 막아 하수가 내려가지 못하게 한 경우, 수리방해죄에 해당하지 아니한다고 본 사례』(대판 2001.6.26. 2001도404)☆.

제5절 교통방해의 죄

제1관 총 설

교통방해죄는 교통로 또는 교통기관 등 교통설비를 손괴 또는 불통하게 하여 교통을 방해 하는 것을 내용으로 하는 범죄이다. 교통방해죄는 방화죄, 일수죄와 함께 공공위험죄이다.

본죄의 보호법익에 대하여는 견해의 대립이 있지만, 판례는 일반 공중의 교통안전을 보호법익으로 보는 입장이다. 보호의 정도는 추상적 위험범이다.

제2관 일반교통방해죄

> **제185조 ∥ 일반교통방해 ∥**
> 육로, 수로 또는 교량을 손괴 또는 불통하게 하거나 기타 방법으로 교통을 방해한 자는 10년 이하의 징역 또는 1천500만 원 이하의 벌금에 처한다.

Ⅰ. 의 의

일반교통방해죄는 육로, 수로 또는 교량을 손괴 또는 불통하게 하거나 기타 방법으로 교통을 방해함으로써 성립하는 범죄이다. 본조는 육상 및 수상의 교통을 방해행위를 처벌하는 규정으로서 교통방해죄의 기본적 구성요건이다.

Ⅱ. 객 체

일반교통방해죄의 객체는 육로, 수로 또는 교량이다.

1. 육 로

'육로'란 사실상 일반 공중의 왕래에 공용되는 육상의 통로를 널리 일컫는 것으로서 그 부지의 소유관계나 통행권리관계 또는 통행인의 많고 적음 등은 가리지 않는 것이다. 즉 불특정다수인 또는 차마가 자유롭게 통행할 수 있는 공공성을 지닌 장소를 의미한다.

> ✔ **육로의 의미 : 합천댐 모래적치장 사건** 『[1] 형법 제185조의 일반교통방해죄는 일반공중의 교통의 안전을 보호법익으로 하는 범죄로서 여기서의 '육로'라 함은 사실상 일반 공중의 왕래에 공용되는 육상의 통로를 널리 일컫는 것으로서 그 부지의 소유관계나 통행권리관계 또는 통행인의 많고 적음 등을 가리지 않는다.
> [2] 불특정 다수인의 통행로로 이용되어 오던 도로의 토지 일부의 소유자라 하더라도 그 도로의 중간에 바위를 놓아두거나 이를 파헤침으로써 차량의 통행을 못하게 한 행위는 일반교통방해죄 및 업무방해죄에 해당한다고 한 사례』(대판 2002.4.26. 2001도6903)★

육로를 인정한 기출판례 정리

① ✔ **구리시 철거명령 사건** 『피고인 소유의 토지를 포함한 구도로 옆으로 신도로가 개설되었으나 여전히 사실상 도로로서의 필요성이 있으며 신도로에 의하여 대체될 수 없는 상태로 되어 있어 여전히 일반인 및 차량이 통행하고 있는 사실을 알 수 있는 바, 이와 같은 점에 비추어 보면 구도로는 여전히 형법 제185조 소정의 '육로'에 해당한다』(대판 1999. 7. 27. 99도1651)☆.

② ✔ **말뚝 50개 사건** 『도로가 농가의 영농을 위한 경운기나 리어카 등의 통행을 위한 농로로 개설되었다 하더라도 그 도로가 사실상 일반 공중의 왕래에 공용되는 도로로 된 이상 경운기나 리어카 등만 통행할 수 있는 것이 아니고 다른 차량도 통행할 수 있는 것이므로 이러한 차량의 통행을 방해한다면 이는 일반교통방해죄에 해당한다』(대판 1995. 9. 15. 95도1475)☆.

③ ✔ **골목길 담장 설치 사건** 『주민들에 의하여 공로로 통하는 유일한 통행로로 오랫동안 이용되어 온 폭 2m의 골목길을 자신의 소유라는 이유로 폭 50 내지 75cm 가량만 남겨두고 담장을 설치하여 주민들의 통행을 현저히 곤란하게 하였다면 일반교통방해죄를 구성한다』(대판 1994. 11. 4. 94도2112)☆.

육로를 부정한 기출판례 정리

① ✔ **가드레일 설치 사건** 『공로에 출입할 수 있는 다른 도로가 있는 상태에서 토지 소유자로부터 일시적인 사용승낙을 받아 통행하거나 토지 소유자가 개인적으로 사용하면서 부수적으로 타인의 통행을 묵인한 장소에 불과한 도로는 위 규정에서 말하는 육로에 해당하지 않는다』(대판 2017. 4. 7. 2016도12563)☆.

② ✔ **일시 지름길 사건** 『토지의 소유자가 자신의 토지의 한쪽 부분을 일시 공터로 두었을 때 인근주민들이 위 토지의 동서쪽에 있는 도로에 이르는 지름길로 일시 이용한 적이 있다 하여도 이를 일반공중의 내왕에 공용되는 도로하고 할 수 없으므로 형법 제185조 소정의 육로로 볼 수 없다』(대판 1984. 11. 13. 84도2192)☆.

③ ✔ **목장 내 임도 사건** 『목장 소유자가 목장운영을 위해 목장용지 내에 임도를 개설하고 차량 출입을 통제하면서 인근 주민들의 일부 통행을 부수적으로 묵인한 경우, 위 임도는 공공성을 지닌 장소가 아니어서 일반교통방해죄의 '육로'에 해당하지 않는다』(대판 2007. 10. 11. 2005도7573)☆.

2. 수로·교량

'수로'란 선박의 항해에 공용되는 하천·운하·항구 등을 말한다. '교량'이란 공중의 왕래에 제공된 다리를 말한다.

Ⅲ. 행 위

일반교통방해죄의 행위는 「손괴 또는 불통하게 하거나 기타 방법으로 교통을 방해」하는 것이다.

1. 손괴·불통·기타방법

'손괴'란 교통시설물에 유형력을 행사하여 그 효용을 상실하게 하는 것을 말한다. '불통하게 하는 행위'란 장애물을 사용하여 왕래를 방해하는 일체의 행위를 말한다. '기타 방법'이란 손괴 또는 불통하게 하는 행위에 준하는 행위로서 교통방해가 초래될 위험이 있는 행위를 말한다.

2. 교통을 방해

'교통을 방해'란 교통을 불가능하게 하는 경우뿐만 아니라 교통을 현저히 곤란하게 하는 것을 말한다. 따라서 교통이 불가능하거나 또는 현저히 곤란한 상태가 발생하면 교통방해의 결과가 현실적으로 발생하지 않은 경우에도 본죄는 기수가 된다.

> ✔ **기수시기 : 화물차로 도로 막기 사건** 『일반교통방해죄는 이른바 추상적 위험범으로서 교통이 불가능하거나 또는 현저히 곤란한 상태가 발생하면 바로 기수가 되고 교통방해의 결과가 현실적으로 발생하여야 하는 것은 아니다.』(대판 2005.10.28. 2004도7545)★.

> ✔ **집회와 교통방해죄 : 세월호 1주기 추모제 사건** 표준 『[1] 집회 및 시위에 관한 법률에 따른 신고 없이 이루어진 집회에 참석한 참가자들이 차로 위를 행진하는 등으로 도로 교통을 방해함으로써 통행을 불가능하게 하거나 현저하게 곤란하게 하는 경우에 일반교통방해죄가 성립한다. 그러나 이 경우에도 참가자 모두에게 당연히 일반교통방해죄가 성립하는 것은 아니고, 실제로 참가자가 집회·시위에 가담하여 교통방해를 유발하는 직접적인 행위를 하였거나, 참가자의 참가 경위나 관여 정도 등에 비추어 참가자에게 공모공동정범의 죄책을 물을 수 있는 경우라야 일반교통방해죄가 성립한다.
> [2] 일반교통방해죄는 이른바 추상적 위험범으로서 교통이 불가능하거나 또는 현저히 곤란한 상태가 발생하면 바로 기수가 되고 교통방해의 결과가 현실적으로 발생하여야 하는 것은 아니다. 또한 일반교통방해죄에서 교통방해 행위는 계속범의 성질을 가지는 것이어서 교통방해의 상태가 계속되는 한 위법상태는 계속 존재한다. 따라서 교통방해를 유발한 집회에 참가한 경우 참가 당시 이미 다른 참가자들에 의해 교통의 흐름이 차단된 상태였더라도 교통방해를 유발한 다른 참가자들과 암묵적·순차적으로 공모하여 교통방해의 위법상태를 지속시켰다고 평가할 수 있다면 일반교통방해죄가 성립한다.』(대판 2018.5.11. 2017도9146)★.

> ✔ **집회와 교통방해죄 : 전국민주노동조합총연맹 집회 사건** 『집회 또는 시위가 신고 된 범위 내에서 행해졌거나 신고된 내용과 다소 다르게 행해졌어도 신고된 범위를 현저히 일탈하지 않는 경우에는, 그로 인하여 도로의 교통이 방해를 받았다고 하더라도 특별한 사정이 없는 한 형법 제185조의 일반교통방해죄가 성립한다고 볼 수 없다. 그러나 그 집회 또는 시위가 당초 신고된 범위를 현저히 일탈하거나 구 집회 및 시위에 관한 법률 제12조에 의한 조건을 중대하게 위반하여 도로 교통을 방해함으로써 통행을 불가능하게 하거나 현저하게 곤란하게 하는 경우에는 일반교통방해죄가 성립한다.』(대판 2008.11.13. 2006도755)★.

> ✔ **교통방해를 인정한 경우 : 소공동 포장마차 사건** 『서울 중구 소공동의 왕복 4차로의 도로 중 편도 3개 차로 쪽에 차량 2, 3대와 간이테이블 수십개를 이용하여 길가쪽 2개 차로를 차지하는 포장마차를 설치하고 영업행위를 한 것은, 비록 행위가 교통량이 상대적으로 적은 야간에 이루어졌다 하더라도 형법 제185조의 일반교통방해죄를 구성한다.』(대판 2007.12.14. 2006도4662)☆.

> ✔ **교통방해를 부정한 경우 : 공항터미널 주차금지 사건** 『공항 여객터미널 버스정류장 앞 도로 중 공항리무진 버스 외의 다른 차의 주차가 금지된 구역에서 밴 차량을 40분간 불법주차하고 호객행위를 한 것이, 다른 차량들의 통행을 불가능하거나 현저히 곤란하게 한 것으로 볼 수 없어 형법 제185조의 일반교통방해죄를 구성하지 않는다.』(대판 2009.7.9. 2009도4266)☆.

Ⅳ. 죄수관계

피고인의 금지된 야간시위 참가로 인하여 교통이 방해된 경우, 집회 및 시위에 관한 법률위반죄와 일반교통방해죄는 구성요건과 보호법익을 달리하고 집회 및 시위에 관한 법률위반죄의 성립에 교통방해행위가 일반적, 전형적으로 수반되는 것도 아니므로, 양죄는 별죄가 되고 상상적 경합관계에 있다.

> ✔ **교통방해죄와의 관계 : 1차 희망버스 사건** 『피고인이 야간옥외집회에 참가하여 교통을 방해하였다는 취지로 공소제기 된 사안에서, 집회 및 시위와 그로 인하여 성립하는 일반교통방해는 상상적 경합관계에 있다고 보는 것이 타당하므로, 이와 달리 피고인에 대한 '집회 및 시위에 관한 법률 위반죄'와 '일반교통방해죄'가 실체적 경합관계에 있다는 전제에서 각 별개의 형을 정한 원심판결에 죄수에 관한 법리오해의 위법이 있다』(대판 2011. 8. 25. 2008도10960 ; 2017. 12. 22. 2017도17738)★

제3관 기차·선박 등 교통방해죄

> **제186조 ┃ 기차, 선박 등의 교통방해 ┃**
> 궤도, 등대 또는 표지를 손괴하거나 기타 방법으로 기차, 전차, 자동차, 선박 또는 항공기의 교통을 방해한 자는 1년 이상의 유기징역에 처한다.

제4관 기차 등 전복죄

> **제187조 ┃ 기차 등의 전복 등 ┃**
> 사람의 현존하는 기차, 전차, 자동차, 선박 또는 항공기를 전복, 매몰, 추락 또는 파괴한 자는 무기 또는 3년 이상의 징역에 처한다.

Ⅰ. 의 의

기차 등 전복죄는 사람의 현존하는 기차, 전차, 자동차, 선박 또는 항공기를 전복, 매몰, 추락 또는 파괴함으로써 성립하는 범죄이다. 본조는 사람이 현존하는 기차 등에 대하여 전복·매몰·추락·파괴라고 하는 실해를 발생하게 한다는 점에서 기차·선박 등 교통방해죄 보다 무겁게 처벌하는 규정이다.

Ⅱ. 행 위

기차 등 전복죄의 행위는 전복·매몰·추락·파괴이다.

'파괴'의 의미에 관하여는 견해의 대립이 있지만, 판례는 본죄에서의 '파괴'란 공공위험죄인 본질에 비추어 불특정 다수인의 생명·신체에 위험을 생기게 할 정도의 손괴를 의미하는 것이 아니라, 다른 구성요건 행위인 전복, 매몰, 추락 등과 같은 수준으로 인정할 수 있을 만큼 교통기관으로서의 기능·용법의 전부나 일부를 불가능하게 할 정도의 파손을 의미한다는 입장이다.

> ✔ **파손의 의미 : 허베이호 파손 사건** 표준 『형법 제187조에서 정한 '파괴'란 다른 구성요건 행위인 전복, 매몰, 추락 등과 같은 수준으로 인정할 수 있을 만큼 교통기관으로서의 기능·용법의 전부나 일부를 불가능하게 할 정도의 파손을 의미하고, 그 정도에 이르지 아니하는 단순한 손괴는 포함되지 않는다』(대판 2009. 4. 23. 2008도11921)☆.

제5관 교통방해치사상죄

> **제188조 ┃ 교통방해치사상 ┃**
> 제185조 내지 제187조의 죄를 범하여 사람을 상해에 이르게 한 때에는 무기 또는 3년 이상의 징역에 처한다. 사망에 이르게 한 때에는 무기 또는 5년 이상의 징역에 처한다.

제6관 과실·업무상과실·중과실교통방해죄

> **제189조 ┃ 과실, 업무상과실, 중과실 ┃**
> ① 과실로 인하여 제185조 내지 제187조의 죄를 범한 자는 1천만 원 이하의 벌금에 처한다.
> ② 업무상과실 또는 중대한 과실로 인하여 제185조 내지 제187조의 죄를 범한 자는 3년 이하의 금고 또는 2천만 원 이하의 벌금에 처한다.

> ✔ **업무상 과실자동차추락죄와의 관계 : 성수대교 붕괴 사건** 표준 『업무상과실로 인하여 교량을 손괴하여 자동차의 교통을 방해하고 그 결과 자동차를 추락시킨 경우에는 구 형법(1995. 12. 29. 법률 제5057호로 개정되기 전의 것) 제189조 제2항, 제185조 소정의 업무상과실일반교통방해죄와 같은 법 제189조 제2항, 제187조 소정의 업무상과실자동차추락죄가 성립하고, 위 각 죄는 형법 제40조 소정의 상상적 경합관계에 있다』(대판 1997. 11. 28. 97도1740)☆.

제2장 공공의 신용에 대한 죄

제1절 통화에 관한 죄[127)]

제1관 총 설

I. 의 의

통화에 관한 죄란 행사할 목적으로 통화를 위조·변조하거나 위조·변조한 통화를 행사·수입·수출 또는 취득하거나, 통화유사물을 제조함으로써 성립하는 범죄이다. 통화에 관한 죄는 문서에 관한 죄의 특별관계에 해당하므로, 통화에 관한 죄가 성립하는 때에는 문서에 관한 죄는 별도로 성립하지 않는다.

II. 보호법익과 적용범위

통화에 관한 죄의 보호법익은 통화에 대한 공공의 신용이다. 보호의 정도는 추상적 위험범이다. 통화에 관한 죄는 세계주의가 적용되어 외국인의 국외범도 본법이 적용되어 처벌 하도록 규정되어 있다(제5조 제4호).

제2관 내국통화 위조·변조죄

> **제207조 ┃통화의 위조 등┃**
> ① 행사할 목적으로 통용하는 대한민국의 화폐, 지폐 또는 은행권을 위조 또는 변조한 자는 무기 또는 2년 이상의 징역에 처한다.

I. 의 의

내국통화 위조·변조죄는 행사할 목적으로 통용하는 대한민국의 화폐·지폐 또는 은행권을 위조 또는 변조함으로써 성립하는 범죄이다.

---

127) **보충설명** 통화, 유가증권, 문서, 인장의 죄에 공통적으로 적용되는 위조의 분류와 개념을 알고 있어야 한다.

Ⅱ. 구성요건

1. 객관적 구성요건

가. 객 체

내국통화 위조·변조죄의 객체는 「통용하는 대한민국의 통화」이다.

(1) 통 화

'통화'란 국가 또는 국가에 의하여 발행권한이 부여된 기관에 의해 발행된 금액이 표시된 지불수단으로서 강제통용력이 인정된 것을 말한다.

(2) 통용하는

'통용하는'이란 법률에 의하여 강제통용력(강제적 교환수단)이 인정되는 것을 말한다. 이와 달리 제207조 제2항에서의 '유통하는'이란 강제통용력은 없지만 사실상 거래의 수단으로 사용되는 것을 말한다.

나. 행 위

내국통화 위조·변조죄의 행위는 「위조 또는 변조」이다.

(1) 위 조

'통화위조'란 통화의 발행권자가 아닌 사람이 진정한 통화의 외관을 가진 물건을 만드는 것을 말한다. 위조의 정도가 반드시 진물에 흡사하여야 한다거나 누구든지 쉽게 그 진부를 식별하기가 불가능한 정도의 것일 필요는 없으나 진정한 통화인 것이라고 오인할 정도의 외관을 갖추고 있어야 한다.

> ✔ **위조의 정도 : 흑백 복사 만원 사건** 표준 『위조통화행사죄의 객체인 위조통화는 객관적으로 보아 일반인으로 하여금 진정통화로 오신케 할 정도에 이른 것이면 족하고 그 위조의 정도가 반드시 진물에 흡사하여야 한다거나 누구든지 쉽게 그 진부를 식별하기가 불가능한 정도의 것일 필요는 없으나, 이 사건 위조지폐인 한국은행 10,000원권과 같이 전자복사기로 복사하여 그 크기와 모양 및 앞뒤로 복사되어 있는 점은 진정한 통화와 유사하나 그 복사된 정도가 조잡하여 정밀하지 못하고 진정한 통화의 색채를 갖추지 못하고 흑백으로만 되어 있어 객관적으로 이를 진정한 것으로 오인할 염려가 전혀 없는 정도의 것인 경우에는 위조통화행사죄의 객체가 될 수 없다』(대판 1985.4.23. 85도570)★

(2) 변 조

'통화변조'란 진정한 통화에 가공을 가하여 실질가치를 변경시키는 것을 말한다. 변조는 진정한 통화를 전제로 하여 진화에 가공을 가하지만 그 외관이나 동일성이 상실되지 않는다는 점에서 위조와 구별된다. 변조도 위조와 마찬가지로 일반인으로 하여금 진정한 통화로 오신하게 할 정도의 외관을 갖추고 있어야 한다.

> ✔ **변조의 정도 : 500원 주화 사건** 표준 『피고인들이 한국은행발행 500원짜리 주화의 표면 일부를 깎아내어 손상을 가하였지만 그 크기와 모양 및 대부분의 문양이 그대로 남아 있어, 이로써 기존의 500원짜리 주화의 명목가치나 실질가치가 변경되었다거나, 객관적으로 보아 일반인으로 하여금 일본국의 500¥짜리 주화로 오신케 할 정도의 새로운 화폐를 만들어 낸 것이라고 볼 수 없고, 일본국의 자동판매기 등이 위와

같이 가공된 주화를 일본국의 500¥짜리 주화로 오인한다는 사정만을 들어 그 명목가치가 일본국의 500 ¥으로 변경되었다거나 일반인으로 하여금 일본국의 500¥짜리 주화로 오신케 할 정도에 이르렀다고 볼 수도 없다』(대판 2002.1.11. 2000도3950)☆.

2. 주관적 구성요건

내국통화 위조·변조죄는 통용하는 대한민국의 화폐·지폐 또는 은행권을 위조 또는 변조한다는 고의가 있어야 하고, 고의 이외에 행사할 목적이 있어야 한다. 행사할 목적이란 위조·변조한 통화를 진정한 통화로서 유통에 놓겠다는 것을 말한다. 따라서 자신의 신용력을 증명하기 위하여 또는 타인을 안심시키기 위해 보일 목적으로 통화를 위조한 경우는 지불수단으로 사용할 목적을 가지고 있다고 할 수 없다.

✔ **행사할 목적 : 친구 안심용 위조지폐 사건** 표준 『형법 제207조에서 정한 '행사할 목적'이란 유가증권위조의 경우와 달리 위조·변조한 통화를 진정한 통화로서 유통에 놓겠다는 목적을 말하므로, 자신의 신용력을 증명하기 위하여 타인에게 보일 목적으로 통화를 위조한 경우에는 행사할 목적이 있다고 할 수 없다』(대판 2012.3.29. 2011도7704)★.

제3관 내국유통 외국통화 위조·변조죄

> **제207조 ∥통화의 위조 등∥**
> ② 행사할 목적으로 내국에서 유통하는 외국의 화폐, 지폐 또는 은행권을 위조 또는 변조한 자는 1년 이상의 유기징역에 처한다.

내국유통 외국통화 위조·변조죄는 행사할 목적으로 내국에서 유통되는 외국의 화폐·지폐·은행권을 위조 또는 변조함으로써 성립하는 범죄이다.

'내국'이란 본법 제2조의 '대한민국 영역 내'를 말한다. '유통하는'이란, 같은 조 제1항, 제3항 소정의 '통용하는'과 달리, 강제통용력이 없이 사실상 거래 대가의 지급수단이 되고 있는 상태를 가리킨다.

✔ **유통의 의미 : 스위스 프랑 구권 사건** 표준 『[1] 형법 제207조 제2항 소정의 내국에서 '유통하는'이란, 같은 조 제1항, 제3항 소정의 '통용하는'과 달리, 강제통용력이 없이 사실상 거래 대가의 지급수단이 되고 있는 상태를 가리킨다.
[2] 스위스 화폐로서 1998년까지 통용되었으나 현재는 통용되지 않고 다만 스위스 은행에서 신권과의 교환이 가능한 진폐가 형법 제207조 제2항 소정의 내국에서 '유통하는' 외국의 화폐에 해당하지 아니한다고 한 사례』(대판 2003.1.10. 2002도3340)☆.

제4관 외국통용 외국통화 위조·변조죄

> **제207조 ▎통화의 위조 등▎**
> ③ 행사할 목적으로 외국에서 통용하는 외국의 화폐, 지폐 또는 은행권을 위조 또는 변조한 자는 10년 이하의 징역에 처한다.[128]

외국통용 외국통화 위조·변조죄의 객체는 외국에서 통용하는 외국의 통화이다. '외국에서 통용하는'이란 외국에서 강제통용력이 있는 상태를 말한다. 따라서 외국에서 강제통용력을 가지지 아니하는 통화는 객체가 될 수 없다. 유추해석금지의 원칙상 실제 통용되고 있는 통화일 것을 요하므로, 일반인의 관점에서 통용할 것이라고 오인할 가능성이 있다고 하더라도 객체에 해당되지 않는다.

✓ **통용의 의미 : 10만 달러 100만 달러 사건** 표준 『형법 제207조 제3항은 "행사할 목적으로 외국에서 통용하는 외국의 화폐, 지폐 또는 은행권을 위조 또는 변조한 자는 10년 이하의 징역에 처한다."고 규정하고 있는바, 여기에서 외국에서 통용한다고 함은 그 외국에서 강제통용력을 가지는 것을 의미하는 것이므로 외국에서 통용하지 아니하는 즉, 강제통용력을 가지지 아니하는 지폐는 그것이 비록 일반인의 관점에서 통용할 것이라고 오인할 가능성이 있다고 하더라도 위 형법 제207조 제3항에서 정한 외국에서 통용하는 외국의 지폐에 해당한다고 할 수 없고, 만일 그와 달리 위 형법 제207조 제3항의 외국에서 통용하는 지폐에 일반인의 관점에서 통용할 것이라고 오인할 가능성이 있는 지폐까지 포함시키면 이는 위 처벌조항을 문언상의 가능한 의미의 범위를 넘어서까지 유추해석 내지 확장해석하여 적용하는 것이 되어 죄형법정주의의 원칙에 어긋나는 것으로 허용되지 않는다』(대판 2004.5.14. 2003도3487)★.

✓ **변조의 정도 : 미화 1달러, 2달러 사건** 『진정한 통화인 미화 1달러 및 2달러 지폐의 발행연도, 발행번호, 미국 재무부를 상징하는 문양, 재무부장관의 사인, 일부 색상을 고친 것만으로는 통화가 변조되었다고 볼 수 없다고 한 사례』(대판 2004.3.26. 2003도5640)☆.

제5관 위조·변조통화 행사 등 죄

> **제207조 ▎통화 위조 등▎**
> ④ 위조 또는 변조한 전3항 기재의 통화를 행사하거나 행사할 목적으로 수입 또는 수출한 자는 그 위조 또는 변조의 각 죄에 정한 형에 처한다.

I. 의 의

위조·변조통화행사 등 죄는 위조 또는 변조된 통화를 행사하거나 행사할 목적으로 이를 수입 또는 수출함으로써 성립하는 범죄이다.

---

128) **보충설명** 「형법」은 행사할 목적으로 외국에서 유통하는 외국의 화폐, 지폐 또는 은행권을 위조 또는 변조한 자에 대한 처벌규정을 두고 있지는 않다.

Ⅱ. 객관적 구성요건

1. 객체

위조·변조통화행사 등 죄의 객체는「위조 또는 변조된 내국통화, 내국유통 외국통화 및 외국통용 외국통화」이다. 따라서 위조·변조된 통화가 외국에서 강제통용력이 없고 또한 국내에서 사실상 거래대가의 지급수단이 되지 않는 경우에는 위조통화행사죄가 성립되지 않는다. 다만 위조사문서행사죄 또는 위조사도화행사죄가 성립될 수 있을 뿐이다.

> ✔ **행사죄의 객체 : 10만 파운드 사건** 표준 『형법상 통화에 관한 죄는 문서에 관한 죄에 대하여 특별관계에 있으므로 통화에 관한 죄가 성립하는 때에는 문서에 관한 죄는 별도로 성립하지 않는다. 그러나 위조된 외국의 화폐, 지폐 또는 은행권이 강제통용력을 가지지 않는 경우에는 형법 제207조 제3항에서 정한 '외국에서 통용하는 외국의 화폐 등'에 해당하지 않고, 나아가 그 화폐 등이 국내에서 사실상 거래 대가의 지급수단이 되고 있지 않는 경우에는 형법 제207조 제2항에서 정한 '내국에서 유통하는 외국의 화폐 등'에도 해당하지 않으므로, 그 화폐 등을 행사하더라도 형법 제207조 제4항에서 정한 위조통화행사죄를 구성하지 않는다고 할 것이고, 따라서 이러한 경우에는 형법 제234조에서 정한 위조사문서행사죄 또는 위조사도화행사죄로 의율할 수 있다고 보아야 한다』(대판 2013.12.12. 2012도2249)☆.

2. 행위

위조·변조통화행사 등 죄의 행위는「행사하거나 수입 또는 수출」하는 것이다.

(1) 행사

'행사'란 위조·변조된 통화를 진정한 통화로서 유통하는 것을 말한다. 위조통화임을 알고 있는 상대방에게 위조통화임을 알려주며 교부하는 것은 특별한 사정이 없는 한 행사에 해당하지 않는다. 그러나 위조통화를 교부할 당시에 피교부자가 이를 유통시키리라는 것을 예상하거나 인식한 경우에는 그 교부행위로 인해 통화에 대한 공공의 신용을 해할 위험이 있으므로 위조통화행사죄가 성립한다.

> ✔ **위조된 사실을 아는 자에 대한 행사 : 디나르 위폐 행사 사건** 『위조통화임을 알고 있는 자에게 그 위조통화를 교부한 경우에 피교부자가 이를 유통시키리라는 것을 예상 내지 인식하면서 교부하였다면, 그 교부행위 자체가 통화에 대한 공공의 신용 또는 거래의 안전을 해할 위험이 있으므로 위조통화행사죄가 성립한다』(대판 2003.1.10. 2002도3340)★.

(2) 수입·수출

'수입'이란 국외에서 국내로 반입하는 것을 말한다. '수출'이란 국내에서 국외로 반출하는 것을 말한다.

제6관 위조·변조통화취득죄

제208조 ▮ 위조통화의 취득 ▮
행사할 목적으로 위조 또는 변조한 제207조 기재의 통화를 취득한 자는 5년 이하의 징역 또는 1천500만 원 이하의 벌금에 처한다.

제7관 위조통화취득후지정행사죄

제210조 ▮ 위조통화 취득 후의 지정행사 ▮
제207조에 기재한 통화를 취득한 후 그 사정을 알고 행사한 자는 2년 이하의 징역 또는 500만 원 이하의 벌금에 처한다.

제8관 통화유사물제조·수입·수출죄

제211조 ▮ 통화유사물의제조 등 ▮
① 판매할 목적으로 내국 또는 외국에서 통용하거나 유통하는 화폐, 지폐 또는 은행권에 유사한 물건을 제조, 수입 또는 수출한 자는 3년 이하의 징역 또는 700만 원 이하의 벌금에 처한다.
② 전항의 물건을 판매한 자도 전항의 형과 같다.

제9관 통화위조·변조 예비·음모죄

제213조 ▮ 예비, 음모 ▮
제207조 제1항 내지 제3항의 죄를 범할 목적으로 예비 또는 음모한 자는 5년 이하의 징역에 처한다. 단, 그 목적한 죄의 실행에 이르기 전에 자수한 때에는 그 형을 감경 또는 면제한다.

제2절 유가증권・인지와 우표에 관한 죄

제1관 총 설

I. 의 의

유가증권에 관한 죄란 행사할 목적으로 유가증권을 위조・변조 또는 허위작성하거나 위조・변조・허위작성한 유가증권을 행사・수입 또는 수출함으로써 성립하는 범죄이다. 유가증권은 재산적 권리・의무에 관한 문서의 일종이지만, 강한 유통성으로 인하여 통화에 유사한 기능을 가지고 있다.

II. 보호법익

유가증권에 관한 죄의 보호법익은 유가증권의 진정에 대한 공공의 신용 및 거래의 안전이다. 그 보호의 정도는 추상적 위험범이다. 유가증권은 통화와 마찬가지로 광범위한 국제적 유통성이 있기 때문에 그 진정을 해하는 행위에 대하여는 국제적인 단속과 처벌을 필요로 하고 있다. 이러한 점을 고려하여 우리나라의 유가증권이나 외국의 유가증권을 구별하지 않고 그 진정을 해하는 행위를 처벌하는 규정을 두고 있고, 외국인의 국외범의 경우에도 우리 형법이 적용된다.(제5조 제5호)

제2관 유가증권 위조・변조죄

> **제214조 | 유가증권의 위조 |**
> ① 행사할 목적으로 대한민국 또는 외국의 공채증서 기타 유가증권을 위조 또는 변조한 자는 10년 이하의 징역에 처한다.
> ② 행사할 목적으로 유가증권의 권리의무에 관한 기재를 위조 또는 변조한 자도 전항의 형과 같다.

I. 의 의

유가증권 위조・변조죄는 행사할 목적으로 대한민국 또는 외국의 공채증서 기타 유가증권을 위조 또는 변조함으로써 성립하는 범죄이다. 본죄는 유가증권에 관한 죄의 기본적 구성요건이다.

II. 객관적 구성요건

1. 객 체

유가증권 위조・변조죄의 객체는 「대한민국 또는 외국의 공채증서 기타 유가증권」이다.

가. 유가증권

(1) 개 념

제214조 내지 제217조는 '대한민국 또는 외국의 공채증서 기타의 유가증권'에 관한 범죄를 규정하고 있다. 유가증권이란 증권상에 표시된 재산상의 권리의 행사와 처분에 그 증권의 점유를 필요로 하는 것을 총칭하는 것을 말한다. 대표적으로 어음·수표·선하증권·주권·상품권·리프트탑승권·공중전화카드 등이 있다.

> ✔ **유가증권에 해당하는 경우 : 선불식 공중전화카드(폐공중전화카드) 사건** 표준 『폐공중전화카드의 자기기록 부분에 전자정보를 기록하여 사용가능한 공중전화카드를 만든 행위를 유가증권위조죄로 의율한 원심판결을 수긍한 사례』(대판 1998.2.27. 97도2483)☆

> ✔ **유가증권에 해당하지 않는 경우 : 후불식 공중전화카드 사건** 『사용자에 관한 각종 정보가 전자기록되어 있는 자기띠가 카드번호와 카드발행자 등이 문자로 인쇄된 플라스틱 카드에 부착되어 있는 전화카드의 경우 그 자기띠 부분은 카드의 나머지 부분과 불가분적으로 결합되어 전체가 하나의 문서를 구성하므로, 전화카드를 공중전화기에 넣어 사용하는 경우 비록 전화기가 전화카드로부터 판독할 수 있는 부분은 자기띠 부분에 수록된 전자기록에 한정된다고 할지라도, 전화카드 전체가 하나의 문서로서 사용된 것으로 보아야 하고 그 자기띠 부분만 사용된 것으로 볼 수는 없으므로 절취한 전화카드를 공중전화기에 넣어 사용한 것은 권리의무에 관한 타인의 사문서를 부정행사한 경우에 해당한다』(대판 2002.6.25. 2002도461)☆

유가증권에 관한 죄에서의 유가증권은 그 원본을 말하는 것으로서 전자복사기 등을 사용하여 기계적으로 복사한 유가증권의 사본은 본죄의 유가증권에 해당하지 않는다.

> ✔ **유가증권의 사본 : 약속어음금 청구 사건** 표준 『위조유가증권행사죄에 있어서의 유가증권이라 함은 위조된 유가증권의 원본을 말하는 것이지 전자복사기 등을 사용하여 기계적으로 복사한 사본은 이에 해당하지 않는다』(대판 1998.2.13. 97도2922)★

(2) 요 건

(가) 제1요건 : 재산권이 화체된 증권

유가증권에 해당하기 위해서는 먼저 재산권이 증권에 화체되어 있어야 한다. 대표적으로 어음·수표·상품권 등이 있다.

(나) 제2요건 : 증권의 점유를 필요

유가증권에 해당하기 위해서는 재산권이 증권에 화체되어 있어야 할 뿐만 아니라 그 권리의 행사와 처분을 위해서 증권의 점유를 필요로 하는 것이어야 한다.

> ✔ **유가증권의 요건 : 문방구 약속어음 용지 사건** 표준 『형법 제214조의 유가증권이란 증권상에 표시된 재산상의 권리의 행사와 처분에 그 증권의 점유를 필요로 하는 것을 총칭하는 것으로서 재산권이 증권에 화체된다는 것과 그 권리의 행사와 처분에 증권의 점유를 필요로 한다는 두 가지 요소를 갖추면 족하지 반드시 유통성을 가질 필요는 없고, 또한 위 유가증권은 일반인이 진정한 것으로 오신할 정도의 형식과 외관을 갖추고 있으면 되므로 증권이 비록 문방구 약속어음 용지를 이용하여 작성되었다고 하더라도 그 전체적인 형식·내용에 비추어 일반인이 진정한 것으로 오신할 정도의 약속어음 요건을 갖추고 있으면 당연히 형법상 유가증권에 해당한다』(대판 2001.8.24. 2001도2832)★

(3) 발행자

유가증권의 발행권자는 사인·국가·지방 자치단체 기타의 공공단체를 묻지 않는다. 유가증권의 거래에 대한 일반인의 신용은 명의인의 실재 여부와는 무관하므로, 유가증권 발행명의인이 반드시 실재할 것을 요하지 않는다. 따라서 외형상 일반인으로 하여금 진정한 유가증권으로 오신하게 할 정도로 작성된 경우라면 그 발행명의인이 사자 또는 허무인인 경우에도 상관없다.

> ✔ **발행자의 실존여부 : 망인명의 약속어음 사건** 표준 『[1] 약속어음과 같이 유통성을 가진 유가증권의 위조는 일반거래의 신용을 해하게 될 위험성이 매우 크다는 점에서 적어도 행사할 목적으로 외형상 일반인으로 하여금 진정하게 작성된 유가증권이라고 오신케 할 수 있을 정도로 작성된 것이라면 그 발행명의인이 가령 실재하지 않은 사자 또는 허무인이라 하더라도 그 위조죄가 성립된다고 해석함이 상당하다.
> [2] 사자 명의로 된 약속어음을 작성함에 있어 사망자의 처로부터 사망자의 인장을 교부받아 생존 당시 작성한 것처럼 약속어음의 발행일자를 그 명의자의 생존 중의 일자로 소급하여 작성한 때에는 발행명의인의 승낙이 있었다고 볼 수 없다』(대판 2011.7.14. 2010도1025)★.

2. 행 위

유가증권 위조·변조죄의 행위는 「위조 또는 변조」하는 것이다.

가. 위 조

(1) 개 념

'위조'란 유가증권을 작성할 권한 없는 자가 타인명의를 모용(사칭)하여 유가증권을 작성하는 행위를 말한다. 따라서 회사를 대표하여 문서를 작성할 권한이 있는 대표이사 또는 작성권한을 위임받은 자가 유가증권을 작성하는 경우에는 본죄가 성립하지 않는다.

(2) 정 도

위조의 정도는 외형상 일반인으로 하여금 진정한 유가증권으로 오신할 정도로 작성되어야 한다. 따라서 앞에서 살펴본바와 같이 이른바 문방구 약속어음 용지를 이용하여 작성되었다고 하더라도 그 전체적인 형식·내용에 비추어 일반인이 진정한 것으로 오신할 정도의 약속어음 요건을 갖추고 있으면 형법상 유가증권에 해당한다.

(3) 방 법

위조의 방법에는 특별한 제한이 없다.

> ✔ **위조죄가 성립하는 경우 : 목용탕 설비공사 사건** 『백지어음에 대하여 취득자가 발행자와의 합의에 의하여 정하여진 보충권의 한도를 넘어 보충을 한 경우에는 발행인의 서명날인 있는 기존의 약속 어음용지를 이용하여 새로운 약속어음을 발행하는 것에 해당하므로 위와 같은 보충권의 남용행위는 유가증권위조죄를 구성하는 것이다』(대판 1989.12.12. 89도1264)★.[129]

---

129) 관련판례 「약속어음의 액면금액란에 자의로 합의된 금액의 한도를 엄청나게 넘는 금액을 기입하는 것은 백지보충권의 범위를 초월하여 서명날인 있는 약속어음 용지를 이용한 새로운 약속어움의 발행에 해당하는 것으로서 그 소위가 유가증권위조죄를 구성한다』(대판 1972.6.13. 72도897).

✔ **위조죄가 성립하는 경우 : 위조 백지어음 매도 사건** 『타인이 위조한 액면과 지급기일이 백지로 된 약속어음을 구입하여 행사의 목적으로 백지인 액면란에 금액을 기입하여 그 위조어음을 완성하는 행위는 백지어음 형태의 위조행위와는 별개의 유가증권위조죄를 구성한다』(대판 1982. 6. 22. 82도677)★.

나. 변 조

'변조'란 진정하게 성립한 유가증권을 권한 없는 사람이 그 유가증권의 동일성을 해치지 않는 범위 내에서 그 내용에 변경을 가하는 행위를 말한다. 대표적으로 발행일, 지급기일, 액면금액 등의 변경 등을 예로 들 수 있다. 다만 내용 변경으로 인하여 유가증권의 동일성이 상실된 경우에는 유가증권위조죄가 성립한다. 발행인의 성명이 변경된 경우가 대표적인 예이다.

✔ **위조 · 변조된 유가증권을 변경한 경우 : 변조된 지급기일 변경 사건** 『유가증권변조죄에서 '변조'는 진정하게 성립된 유가증권의 내용에 권한 없는 자가 유가증권의 동일성을 해하지 않는 한도에서 변경을 가하는 것을 의미하고, 이와 같이 권한 없는 자에 의해 변조된 부분은 진정하게 성립된 부분이라 할 수 없다. 따라서 유가증권의 내용 중 권한 없는 자에 의하여 이미 변조된 부분을 다시 권한 없이 변경하였다고 하더라도 유가증권변조죄는 성립하지 않는다』(대판 2012. 9. 27. 2010도15206)★.

✔ **위조 · 변조된 유가증권을 변경한 경우 : 위조 약속어음 변경 사건** 『유가증권변조죄에 있어서 변조라 함은 진정으로 성립된 유가증권의 내용에 권한 없는 자가 그 유가증권의 동일성을 해하지 않는 한도에서 변경을 가하는 것을 말하므로, 이미 타인에 의하여 위조된 약속어음의 기재사항을 권한 없이 변경하였다고 하더라도 유가증권변조죄는 성립하지 아니한다』(대판 2006. 1. 26. 2005도4764)☆.

✔ **위조 · 변조된 유가증권을 변경한 경우 : 보충권 행사 후 증액 사건** 『갑이 백지 약속어음의 액면란 등을 부당 보충하여 위조한 후 을이 갑과 공모하여 금액란을 임의로 변경한 사안에서, 을의 행위는 유가증권위조나 변조에 해당하지 않는다』(대판 2008. 12. 24. 2008도9494)☆.

권한 없이 변경한 경우라면 설령 진실에 합치하도록 변경한 것이라 하더라도 변조에 해당되고, 그 정을 모르는 제3자를 통하여 간접정범의 형태로도 유가증권변조죄가 성립할 수 있다.

✔ **변조죄의 간접정범 : 양화점 점원 이용 사건** 『유가증권변조죄에 있어서 변조는 그 정을 모르는 제3자를 통하여 간접정범의 형태로도 범할 수 있는 것인 바, 신용카드를 제시받은 상 점점원이 그 카드의 금액란을 정정기재하였다 하더라도 그것이 카드소지인이 위 점원에게 자신이 위 금액을 정정기재 할 수 있는 권리가 있는 양 기망하여 이루어졌다면 이는 간접정범에 의한 유가증권변조로 봄이 상당하다』(대판 1984. 11. 27. 84도1862)☆.

Ⅲ. 주관적 구성요건

유가증권위조 · 변조죄는 유가증권을 위조 또는 변조한다는 점에 대한 고의와 초과주관적 구성요건요소로서 행사할 목적이 있어야 한다. 행사 목적이란 타인으로 하여금 진정한 유가증권으로 오신하게 하여 사용할 목적을 의미한다. 그러나 본죄와 달리 부정수표단속법상의 수표위조변조죄는 행사할 목적을 요하지 않는다.

✓ **부정수표단속법상의 위조·변조 : 위조수표 성매매대금 사건** 『유가증권위조·변조죄에 관한 형법 제214조 제1항은 "행사할 목적으로 대한민국 또는 외국의 공채증서 기타 유가증권을 위조 또는 변조한 자는 10년 이하의 징역에 처한다"라고 규정하고 있는 반면, 수표위조·변조죄에 관한 부정수표단속법 제5조는 "수표를 위조 또는 변조한 자는 1년 이상의 유기징역과 수표금액의 10배 이하의 벌금에 처한다"라고 규정하고 있는바, 이러한 부정수표단속법 제5조의 문언상 본조는 수표의 강한 유통성과 거래수단으로서의 중요성을 감안하여 유가증권 중 수표의 위·변조행위에 관하여는 범죄성립요건을 완화하여 초과주관적 구성요건인 '행사할 목적'을 요구하지 아니한다』(대판 2008.2.14. 2007도10100)☆.

✓ **관련판례 유가증권위조·변조죄와 부정수표 단속법 위반죄의 관계 : 사채업자 당좌수표 배서인란 임의 기재 사건** 『형법 제214조에서 발행에 관한 위조·변조는 대상을 '유가증권'으로, 배서 등에 관한 위조·변조는 대상을 '유가증권의 권리의무에 관한 기재'로 구분하여 표현하고 있는데, 구 부정수표 단속법 제5조는 위조·변조 대상을 '수표'라고만 표현하고 있다. 구 부정수표 단속법 제5조는 유가증권에 관한 형법 제214조 제1항 위반행위를 가중처벌하려는 규정이므로, 그 처벌범위가 지나치게 넓어지지 않도록 제한적으로 해석할 필요가 있다.
따라서 구 부정수표 단속법 제5조에서 처벌하는 행위는 수표의 발행에 관한 위조·변조를 말하고, 수표의 배서를 위조·변조한 경우에는 수표의 권리의무에 관한 기재를 위조·변조한 것으로서, 형법 제214조 제2항에 해당하는지 여부는 별론으로 하고 구 부정수표 단속법 제5조에는 해당하지 않는다』(대판 2019.11.28. 2019도12022)☆.

IV. 죄 수

유가증권마다 그 진정에 대한 공공의 신용을 보호할 필요가 있으므로, 유가증권위조·변조죄의 죄수는 위조·변조된 유가증권의 수를 기준으로 판단한다.

제3관 자격모용에 의한 유가증권작성죄

> **제215조 ┃ 자격모용에 의한 유가증권의 작성 ┃**
> 행사할 목적으로 타인의 자격을 모용하여 유가증권을 작성하거나 유가증권의 권리 또는 의무에 관한 사항을 기재한 자는 10년 이하의 징역에 처한다.

자격모용에 의한 유가증권작성죄는 대리권 또는 대표권이 없는 자가 행사할 목적으로 대표권자인 것처럼 자격을 모용하여 유가증권을 작성하거나 유가증권의 권리·의무에 관한 사항을 기재함으로써 성립하는 범죄이다. '타인의 자격을 모용한다'는 것은 대리권이나 대표권이 없는 사람이 타인의 대리권자 또는 대표권자인 것처럼 그 자격을 사칭하는 것을 말한다.

✓ **타인의 자격모용 : 전임 대표이사 명판 사건** 표준 『주식회사 대표이사로 재직하던 피고인이 대표이사가 타인으로 변경되었음에도 불구하고 이전부터 사용하여 오던 피고인 명의로 된 위 회사 대표이사의 명판

을 이용하여 여전히 피고인을 위 회사의 대표이사로 표시하여 약속어음을 발행, 행사하였다면, 설사 약속어음을 작성, 행사함에 있어 후임 대표이사의 승낙을 얻었다거나 위 회사의 실질적인 대표이사로서의 권한을 행사하는 피고인이 은행과의 당좌계약을 변경하는데에 시일이 걸려 잠정적으로 전임 대표이사인 그의 명판을 사용한 것이라 하더라도 이는 합법적인 대표이사로서의 권한 행사라 할 수 없어 자격모용유가증권작성 및 동행사죄에 해당한다」(대판 1991.2.26. 90도577)☆

제4관 허위유가증권작성죄

> **제216조 ❙ 허위유가증권의 작성 등 ❙**
> 행사할 목적으로 허위의 유가증권을 작성하거나 유가증권에 허위사항을 기재한 자는 7년 이하의 징역 또는 3천만원 이하의 벌금에 처한다.

Ⅰ. 의 의

허위유가증권작성죄는 유가증권을 작성할 권한 있는 사람이 행사할 목적으로 허위의 유가증권을 작성하거나 유가증권에 허위의 사항을 기재함으로써 성립하는 범죄이다.

Ⅱ. 객관적 구성요건

1. 객 체

허위유가증권작성죄의 객체는 유가증권이다.

2. 행 위

허위유가증권작성죄의 행위는 「유가증권을 작성하거나 기재할 권한 있는 자가 허위의 유가증권을 작성하거나 허위의 사항을 기재」하는 것이다. 본죄는 작성 또는 기재의 권한을 가진 자를 전제로 하는 범죄라는 점에서 작성권한이 없는 자가 허위의 유가증권을 작성한 경우에 성립되는 유가증권위조죄 또는 자격모용에 의한 유가증권작성죄와 구별된다.

가. 허위의 유가증권을 작성

'허위의 유가증권 작성'이란 작성권한 있는 자가 작성명의를 모용하지 않고 자기 명의로 기본적 증권행위를 하면서 유가증권의 효력에 영향을 미칠 기재사항에 관하여 허위의 내용을 기재하는 것을 말한다.

나. 허위사항을 기재

'허위사항의 기재'란 기재권한 있는 자가 기존의 유가증권의 부수적 증권행위에 허위의 내용을 기재하는 것을 말한다.

	허위작성을 인정한 기출판례의 정리
①	✔ **선하증권 사건** 『선하증권 기재의 화물을 인수하거나 확인하지도 아니하고 또한 선적할 선편조차 예약하거나 확보하지도 않은 상태에서 수출면장만을 확인한 채 실제로 선적한 일이 없는 화물을 선적하였다는 내용의 선하증권을 발행, 교부하였다면 피고인들은 위 선하증권을 작성하면서 진실에 반하는 허위의 기재를 하였음이 명백할 뿐만 아니라 위 선하증권이 허위라는 사실을 인식하였다고 볼 것이므로 허위유가증권작성죄의 죄책을 면할 수 없다』(대판 1995.9.29. 95도803)☆.

	허위작성을 부정한 기출판례의 정리
①	✔ **발행인 명의 자기앞수표 사건** 『형법 제216조 전단의 허위유가증권작성죄는 작성권한 있는 자가 자기 명의로 기본적 증권행위를 함에 있어서 유가증권의 효력에 영향을 미칠 기재사항에 관하여 진실에 반하는 내용을 기재하는 경우에 성립하는바, 자기앞수표의 발행인이 수표의뢰인으로부터 수표자금을 입금받지 아니한 채 자기앞수표를 발행하더라도 그 수표의 효력에는 아무런 영향이 없으므로 허위유가증권작성죄가 성립하지 아니한다』(대판 2005.10.27. 2005도4528)☆.
②	✔ **발행인의 다른 인장 사건** 표준 『은행을 통하여 지급이 이루어지는 약속어음의 발행인이 그 발행을 위하여 은행에 신고된 것이 아닌 발행인의 다른 인장을 날인하였다 하더라도 그것이 발행인의 인장인 이상 그 어음의 효력에는 아무런 영향이 없으므로 허위유가증권작성죄가 성립하지 아니한다』(대판 2000.5.30. 2000도883)☆.
③	✔ **허위주소 배서 사건** 표준 『배서인의 주소기재는 배서의 요건이 아니므로 약속어음 배서인의 주소를 허위로 기재하였다고 하더라도 그것이 배서인의 인적 동일성을 해하여 배서인이 누구인지를 알 수 없는 경우가 아닌 한 약속어음상의 권리관계에 아무런 영향을 미치지 않는다 할 것이고, 따라서 약속어음상의 권리에 아무런 영향을 미치지 않는 사항은 그것을 허위로 기재하더라도 형법 제216조 소정의 허위유가증권작성죄에 해당되지 않는다』(대판 1986.6.24. 84도547)☆.

제5관 위조 등 유가증권 행사·수입·수출죄

제217조 ㅣ 위조유가증권 등의 행사 ㅣ
위조, 변조, 작성 또는 허위기재한 전3조 기재의 유가증권을 행사하거나 행사할 목적으로 수입 또는 수출한 자는 10년 이하의 징역에 처한다.

I. 의 의

위조 등 유가증권 행사·수입·수출죄는 위조·변조한 유가증권, 자격모용에 의하여 작성·기재한 유가증권, 허위작성·기재한 유가증권을 행사하거나 행사할 목적으로 수입 또는 수출함으로써 성립하는 범죄이다.

II. 구성요건

1. 객 체

위조 등 유가증권 행사·수입·수출죄의 객체는 「위조·변조·작성 또는 허위기재한 유가증권」이다. 본죄의 유가증권은 위조·변조·허위작성된 유가증권의 원본을 의미하며 유가증권의 사본은 객체에 해당하지 않는다.

2. 행 위

위조 등 유가증권 행사·수입·수출죄의 행위는 「행사·수입·수출」하는 것이다.

가. 행 사

'행사'란 위조·변조·작성·허위기재한 유가증권을 그 용법에 따라서 진정한 것으로서 사용하는 것을 말한다. 위조통화행사죄의 행사와는 달리 반드시 유통에 놓을 것을 요하지 않으므로 위조 등 유가증권을 비치·열람·제출·제시·교부·비치하는 행위도 행사에 포함된다.

위조유가증권행사죄의 처벌목적이 유가증권의 유통질서를 보호하고자 함에 있으므로 단순히 문서의 신용성을 보호하고자 하는 위조 공·사문서행사죄의 경우와는 달리 교부자가 진정한 유가증권인 것처럼 위조유가증권을 행사하였을 경우뿐만 아니라 위조 또는 허위 작성된 유가증권임을 알고 있는 자에게 교부하였더라도 피교부자가 이를 유통시킬 것임을 인식하고 교부하였다면, 그 교부행위 그 자체에 유가증권의 유통질서를 해할 우려가 있으므로 위조유가증권행사죄가 성립한다 할 것이다.

> ✔ **행사의 의미: 봉투 속 위조수표 사건** 표조 『위조유가증권행사죄의 처벌목적은 <u>유가증권의 유통질서를 보호하는 데</u> 있는 만큼 단순히 문서의 신용성을 보호하고자 하는 위조공·사문서행사죄의 경우와는 달리 <u>교부자가 진정 또는 진실한 유가증권인 것처럼 위조유가증권을 행사하였을 때뿐만 아니라 위조유가증권임을 알고 있는 자에게 교부하였더라도 피교부자가 이를 유통시킬 것임을 인식하고 교부하였다면, 그 교부행위 그 자체가 유가증권의 유통질서를 해할 우려가 있어 처벌의 이유와 필요성이 충분히 있으므로 위조유가증권행사죄가 성립한다고 보아야 할 것이지만</u>, 위조유가증권의 교부자와 피교부자가 서로 유가증권위조를 공모하였거나 위조유가증권을 타에 행사하여 그 이익을 나누어 가질 것을 공모한 공범의 관계에 있다면, 그들 사이의 위조유가증권 교부행위는 그들 이외의 자에게 행사함으로써 범죄를 실현하기 위한 전단계의 행위에 불과한 것으로서 위조유가증권은 아직 <u>범인들의 수중에 있다고 볼 것이지 행사되었다고 볼 수는 없다</u>』
> (대판 2010.12.9. 2010도12553)[130] ★

---

[130] **보충설명** 甲과 乙은 乙이 甲으로부터 1,000만 원을 차용하는 것처럼 가장하여 乙의 연인 A로 하여금 이를 변제하도록 협박하기로 공모한 후, A를 보증인으로 하는 차용증을 작성하는 자리에서 甲이 위조된 100만 원권 자기앞수표 10장이 들어 있는 봉투를 乙에게 교부하면서 그 자기앞수표 자체를 봉투에서 꺼내거나 그 자기앞수표의 위조 사실을 모르는 A에게 보여주지 않은 경우, 甲에게 위조유가증권행사죄가 성립하지 않는다.

제6관 인지·우표 위조·변조죄

제218조 ┃인지·우표의 위조 등┃
① 행사할 목적으로 대한민국 또는 외국의 인지, 우표 기타 우편요금을 표시하는 증표를 위조 또는 변조한 자는 10년 이하의 징역에 처한다.

제7관 위조·변조 인지·우표 행사·수입·수출죄

제218조 ┃인지·우표의 위조 등┃
② 위조 또는 변조된 대한민국 또는 외국의 인지, 우표 기타 우편요금을 표시하는 증표를 행사하거나 행사할 목적으로 수입 또는 수출한 자도 제1항의 형과 같다.

제8관 위조·변조 인지·우표 취득죄

제219조 ┃위조인지·우표 등의 취득┃
행사할 목적으로 위조 또는 변조한 대한민국 또는 외국의 인지, 우표 기타 우편요금을 표시하는 증표를 취득한 자는 3년 이하의 징역 또는 1천만 원 이하의 벌금에 처한다.

✔ **행사의 의미 : 위조 우표 전매 사건** 『[1] 위조우표취득죄 및 위조우표행사죄에 관한 형법 제219조 및 제218조 제2항 소정의 "행사"라 함은 위조된 대한민국 또는 외국의 우표를 진정한 우표로서 사용하는 것으로 반드시 우편요금의 납부용으로 사용하는 것에 한정되지 않고 우표수집의 대상으로서 매매하는 경우도 이에 해당된다.
[2] 위조된 우표를 그 정을 알고 있는 자에게 교부하더라도 그 자가 이를 진정하게 발행된 우표로서 사용할 것이라는 정을 인식하면서 교부한다면 위조우표행사죄의 "행사할 목적"에 해당된다』(대판 1989.4.11. 88도1105)☆

제9관 소인말소죄

제221조 │ 소인말소 │
행사할 목적으로 대한민국 또는 외국의 인지, 우표 기타 우편요금을 표시하는 증표의 소인 기타 사용의 표지를 말소한 자는 1년 이하의 징역 또는 300만 원 이하의 벌금에 처한다.

제10관 인지 · 우표유사물 제조 · 수입 · 수출죄

제224조 │ 인지 · 우표유사물 제조 등 │
① 판매할 목적으로 대한민국 또는 외국의 공채증서, 인지, 우표 기타 우편요금을 표시하는 증표와 유사한 물건을 제조, 수입 또는 수출한 자는 2년 이하의 징역 또는 500만 원 이하의 벌금에 처한다.
② 전항의 물건을 판매한 자도 전항의 형과 같다.

제3절 문서에 관한 죄

제1관 총 설

Ⅰ. 의 의

문서에 관한 죄는 행사할 목적으로 문서를 위조 또는 변조하거나, 허위내용의 문서를 작성하거나 또는 위조·변조 또는 허위작성된 문서를 행사하거나 문서를 부정행사하는 것을 내용으로 하는 범죄이다.

Ⅱ. 보호법익

문서에 관한 죄의 보호법익은 문서의 진정에 대한 공공의 신용과 거래의 안전이다. 따라서 문서에 관한 죄가 구체적으로 보호하고자 하는 것은 문서 자체가 아니라 문서의 증명력과 문서에 들어 있는 의사표시의 안정과 신용이라 할 수 있다. 그 보호의 정도는 추상적 위험범이다.

Ⅲ. 본 질

1. 서 설

문서에 관한 죄는 문서의 위조행위 등을 처벌함으로써 문서의 증명력에 대한 신용을 보호하고자 하는 것이고, 위조개념을 어떻게 해석 할 것인가에 대해 유형위조와 무형위조가 대립되어 있다.

2. 유형위조와 무형위조

유형위조란 문서를 작성할 권한이 없는 자가 타인의 명의를 모용(사칭)하여 타인명의의 문서를 작성하는 것을 말한다. 이에 반하여 무형위조란 문서를 작성할 권한이 있는 자가 진실에 반하는 허위내용의 문서를 작성하는 것을 말한다. 우리 형법은 유형위조는 「위조」, 무형위조는 「작성」이라고 표시하여 양자를 구별하고 있다. 유형위조는 공문서·사문서를 불문하고 모두 처벌하는 규정을 두고 있으나, 무형위조는 공문서와 달리 사문서에서 허위진단서작성죄의 경우만 예외적으로 처벌하는 규정을 두고 있을 뿐이다.

> ✔ **사문서의 무형위조 : 이사회 회의록 사건** 『이사회를 개최함에 있어 공소외 이사들이 그 참석 및 의결권의 행사에 관한 권한을 피고인에게 위임하였다면 그 이사들이 실제로 이사회에 참석하지도 않았는데 마치 참석하여 의결권을 행사한 것처럼 피고인이 이사회 회의록에 기재하였다 하더라도 이는 이른바 사문서의 무형위조에 해당할 따름이어서 처벌대상이 되지 아니한다』(대판 1985.10.22. 85도1732)☆.

Ⅳ. 문서의 개념

문서에 관한 죄의 객체는 문서이다.

1. 문서의 의의

문서에 관한 죄에 있어서 문서라 함은, 문자 또는 이에 대신할 수 있는 가독적 부호로 계속적으로 물체상에 기재된 의사 또는 관념의 표시인 원본 또는 이와 사회적 기능, 신용성 등을 동시할 수 있는 기계적 방법에 의한 복사본으로서 그 내용이 법률상, 사회생활상 주요 사항에 관한 증거로 될 수 있는 것을 말한다. 문서에 관한 죄의 객체로서 문서로 인정되기 위해서는 계속적 기능, 증명적 기능, 보장적 기능을 구비해야 한다.

가. 계속적 기능

문서는 문자 또는 문자를 대신할 수 있는 가독적 부호로서 구체적 의사가 계속적으로 표시된 물체이어야 한다. 이것을 문서의 계속적 기능이라고 한다. 따라서 모래위에 쓴 글자나, 이미지 파일은 계속적 기능을 구비하지 못한 경우로서 문서라 할 수 없다.

✔ **계속적 표시** 『형법상 문서에 관한 죄에 있어서 문서라 함은, 문자 또는 이에 대신할 수 있는 가독적 부호로 계속적으로 물체상에 기재된 의사 또는 관념의 표시인 원본 또는 이와 사회적 기능, 신용성 등을 동일시할 수 있는 기계적 방법에 의한 복사본으로서 그 내용이 법률상, 사회생활상 주요 사항에 관한 증거로 될 수 있는 것을 말하고, 컴퓨터 모니터 화면에 나타나는 이미지는 이미지 파일을 보기 위한 프로그램을 실행할 경우에 그때마다 전자적 반응을 일으켜 화면에 나타나는 것에 지나지 않아서 계속적으로 화면에 고정된 것으로는 볼 수 없으므로, 형법상 문서에 관한 죄에 있어서의 '문서'에는 해당되지 않는다고 할 것이다.』 (대판 2008.4.10. 2008도1013)☆

문서를 부정한 기출판례의 정리

① ✔ **공인중개사 이미지 파일 사건** 『컴퓨터 스캔 작업을 통하여 만들어낸 공인중개사 자격증의 이미지 파일이 형법상 문서에 관한 죄의 '문서'에 해당하지 않는다』(대판 2008.4.10. 2008도1013)☆

② ✔ **졸업증명서 파일 사건** 『국립대학교 교무처장 명의의 '졸업증명서 파일'을 위조하였다는 공소사실에 대하여, 위 파일이 형법상의 문서에 해당하지 않는다』(대판 2010.7.15. 2010도6068)☆

③ ✔ **미애 주민등록증 스캔 사건** 『자신의 이름과 나이를 속이는 용도로 사용할 목적으로 주민등록증의 이름·주민등록번호란에 글자를 오려붙인 후 이를 컴퓨터 스캔 장치를 이용하여 이미지 파일로 만들어 컴퓨터 모니터로 출력하는 한편 타인에게 이메일로 전송한 사안에서, 컴퓨터 모니터 화면에 나타나는 이미지는 형법상 문서에 관한 죄의 문서에 해당하지 않으므로 공문서위조 및 위조공문서행사죄를 구성하지 않는다』(대판 2007.11.29. 2007도7480)★

나. 증명적 기능

문서에 기재된 내용은 일정한 법률관계 또는 거래상 중요한 사실을 증명할 수 있는 것이어야 한다. 이것을 문서의 증명적 기능이라고 한다. 따라서 생각을 표시한 시가·소설 등 예술작품 등은 문서에 해당하지 않는다.

다. 보장적 기능

문서에는 의사 또는 관념을 표시한 작성명의인의 존재해야 한다. 이것을 문서의 보장적 기능이라고 한다. 문서에 본인의 성명이나 호칭 등을 반드시 기재할 필요는 없고, 형식과 내용에 비추어 누가 작성했는지를 알 수 있는 정도이면 그것으로 충분하다.

문서의 명의인이 반드시 실존하고 있어야 하는지에 대하여 견해의 대립이 있지만, 판례는 명의인이 실재하지 않는 허무인이거나 또는 문서의 작성일자 전에 이미 사망하였다고 하더라도 그러한 문서 역시 공공의 신용을 해할 위험성이 있으므로 문서위조죄가 성립한다고 판시함으로써 공문서나 사문서를 불문하고 명의인의 실재성은 필요 없다는 입장을 취하고 있다.

> ✔ **명의인의 실재성 : 강남한의원 임상경력증명서 사건** 표조 『문서위조죄는 문서의 진정에 대한 공공의 신용을 그 보호법익으로 하는 것이므로 행사할 목적으로 작성된 문서가 일반인으로 하여금 당해 명의인의 권한 내에서 작성된 문서라고 믿게 할 수 있는 정도의 형식과 외관을 갖추고 있으면 문서위조죄가 성립하는 것이고, 위와 같은 요건을 구비한 이상 그 명의인이 실재하지 않는 허무인이거나 또는 문서의 작성일자 전에 이미 사망하였다고 하더라도 그러한 문서 역시 공공의 신용을 해할 위험성이 있으므로 문서위조죄가 성립한다고 봄이 상당하며, 이는 공문서뿐만 아니라 사문서의 경우에도 마찬가지라고 보아야 한다』(대판[전] 2005.2.24. 2002도18)★.

2. 복사한 문서의 문서성

문서는 확정적으로 의사표시된 것임을 요하므로 문서의 원본이 아닌 등본·초본·사본을 문서라고 볼 수 있을 것인가에 관해 문제가 있었으나, 우리 형법은 전자복사기, 모사전송기 기타 이와 유사한 기기를 사용하여 복사한 문서 또는 그 사본도 문서에 해당한다는 규정을 신설하여[131] 복사문서에 관한 문제를 입법적으로 해결하였다.

> ✔ **복사한 문서의 문서성** 『사진기나 복사기 등을 사용하여 기계적인 방법에 의하여 원본을 복사한 문서, 이른바 복사문서는 사본이더라도 필기의 방법 등에 의한 단순한 사본과는 달리 복사자의 의식이 개재할 여지가 없고, 그 내용에서부터 규모, 형태에 이르기까지 원본을 실제 그대로 재현하여 보여주므로 관계자로 하여금 그와 동일한 원본이 존재하는 것으로 믿게 할 뿐만 아니라 그 내용에 있어서도 원본 그 자체를 대하는 것과 같은 감각적 인식을 가지게 하고, 나아가 오늘날 일상거래에서 복사문서가 원본에 대신하는 증명수단으로서의 기능이 증대되고 있는 실정에 비추어 볼 때 이에 대한 사회적 신용을 보호할 필요가 있으므로 복사한 문서의 사본은 문서위조 및 동행사죄의 객체인 문서에 해당한다』(대판[전] 1989.9.12. 87도506)★.

> ✔ **주민등록 사본의 사진란 사건** 표조 『[1] 형법 제237조의2에 따라 전자복사기, 모사전송기 기타 이와 유사한 기기를 사용하여 복사한 문서의 사본도 문서원본과 동일한 의미를 가지는 문서로서 이를 다시 복사한 문서의 재사본도 문서위조죄 및 동 행사죄의 객체인 문서에 해당한다 할 것이고, 진정한 문서의 사본을 전자복사기를 이용하여 복사하면서 일부 조작을 가하여 그 사본 내용과 전혀 다르게 만드는 행위는 공공의 신용을 해할 우려가 있는 별개의 문서사본을 창출하는 행위로서 문서위조행위에 해당한다.
> [2] 타인의 주민등록증사본의 사진란에 피고인의 사진을 붙여 복사하여 행사한 행위가 공문서위조죄 및 동 행사죄에 해당한다고 한 사례』(대판 2000.9.5. 2000도2855)★.

3. 도 화

도화란 상형적 부호로써 사람의 관념 내지 의사가 화체되어 표현된 물체를 말한다. 예를 들어 지적도, 인체도, 담뱃갑 등이 있다.

---

[131] 보충설명 전자복사기, 모사전송기 기타 이와 유사한 기기를 사용하여 복사한 문서 또는 도화의 사본도 문서 또는 도화로 본다(제237조의2).

✓ **도화 : 담뱃갑 도안 사건** 『담뱃갑의 표면에 그 담배의 제조회사와 담배의 종류를 구별·확인할 수 있는 특유의 도안이 표시되어 있는 경우에는 일반적으로 그 담뱃갑의 도안을 기초로 특정 제조회사가 제조한 특정한 종류의 담배인지 여부를 판단하게 된다는 점에 비추어서도 그 담뱃갑은 적어도 그 담뱃갑 안에 들어 있는 담배가 특정 제조회사가 제조한 특정한 종류의 담배라는 사실을 증명하는 기능을 하고 있으므로, 그러한 담뱃갑은 문서 등 위조의 대상인 도화에 해당한다』(대판 2010.7.29. 2010도2705)☆

V. 문서의 종류

1. 공문서와 사문서

가. 공문서

공문서란 공무소 또는 공무원이 그 직무에 관하여 작성한 문서를 말한다. 즉, 작성명의인이 공무소 또는 공무원인 문서이다. 작성명의인이 공무소·공무원인 경우에도 직무상 작성한 것이 아닌 경우에는 공문서가 아니다.

공문서를 인정한 기출판례 정리
① ✓ **십지지문 지문대조표 사건** 『십지지문 지문대조표는 수사기관이 피의자의 신원을 특정하고 지문대조조회를 하기 위하여 직무상 작성하는 서류로서 비록 자서란에 피의자로 하여금 스스로 성명 등의 인적사항을 기재하도록 하고 있다 하더라도 이를 사문서로 볼 수는 없다』(대판 2000.8.22. 2000도2393)☆
② ✓ **검사조서 사건** 『지방자치단체의 장 또는 계약담당자가 그 검사를 위임받아 수행한 전문기관으로부터 검사결과를 검사조서로 작성·보고받고 이를 확인하여 승인하는 의미로 검사조서에 결재하였다면 그와 같이 결재된 검사조서는 공무원이 그 직무권한 내에서 작성한 문서로서 허위공문서작성죄의 객체인 공문서에 해당한다』(대판 2010.4.29. 2010도875)☆
③ ✓ **금융감독원 대출정보내역 사건** 『금융위원회법 제29조, 제69조 제1항에서 정한 금융감독원 집행간부인 금융감독원장 명의의 문서를 위조, 행사한 행위는 사문서위조, 위조사문서행사죄에 해당하는 것이 아니라 공문서위조죄, 위조공문서행사죄에 해당한다』(대판 2021.3.11. 2020도14666)☆.132)
④ ✓ **등기사항전부증명서 사건** 『피고인이 등기사항전부증명서의 열람일시를 삭제하여 복사한 행위는 변경 전 등기사항전부증명서가 나타내는 관리·사실관계와 다른 새로운 증명력을 가진 문서를 만든 것에 해당하고 그로 인하여 공공적 신용을 해할 위험성도 발생하였다는 이유로, 피고인의 위와 같은 행위로 인하여 공공적 신용을 해할 정도의 새로운 증명력이 작출되었다고 볼 수 없다고 판단한 원심을 파기한 사례』(대판 2021.2.25. 2018도19043)☆.133)

---

132) **보충설명** 甲과 乙은 공모하여 행사할 목적으로 금융감독원장 명의의 '금융감독원 대출정보내역'이라는 사실증명에 관한 문서1장을 위조하고, 공범 乙에게 기망당하여 위조 사실을 모르는 A에게 위 문서를 교부한 경우 甲에게는 공문서위조죄 및 공조사문서행사죄가 성립한다.

133) **보충설명** 피고인이 인터넷을 통하여 열람·출력한 등기사항전부증명서 하단의 열람 일시 부분을 수정 테이프로 지우고 복사한 행위는 등기사항전부증명서가 나타내는 권리·사실관계와 다른 새로운 증명력을 가진 문서를 만든 것에 해당하고 그로 인하여 공공적 신용을 해할 위험성도 발생한 경우에 해당하므로 공문서변조죄가 성립한다.

	공문서를 부정한 기출판례 정리
①	✔ **세금수납 영수증 사건** 『지방세의 수납업무를 일부 관장하는 시중은행의 직원이나 은행이 형법 제225조 소정의 공무원 또는 공무소가 되는 것이 아니고 세금수납영수증도 공문서에 해당하지 않는다는 이유로 공문서변조죄 및 동 행사죄를 유죄로 인정한 원심판결을 파기한 사례』(대판 1996.3.26. 95도3073)★
②	✔ **검수결과보고서 사건** 표로 『식당의 주·부식 구입 업무를 담당하는 공무원이 계약 등에 의하여 공무소의 주·부식 구입·검수 업무 등을 담당하는 조리장·영양사 등의 명의를 위조하여 검수결과보고서를 작성한 경우, 공문서위조죄의 성립을 부인한 사례』(대판 2008.1.17. 2007도6987)☆

나. 사문서

사문서란 사인의 명의로 작성된 것으로서 권리·의무 또는 사실증명에 관한 문서를 말한다.

2. 복합문서·생략문서

가. 복합문서

복합문서란 1통의 또는 수통의 용지에 2개 이상의 다른 종류의 문서가 병존되어 있는 문서를 말한다.

> ✔ **공문서·사문서의 병존 : 이혼신고서 허위기재 사건** 『가정법원의 서기관 등이 이혼의사확인서등본을 작성한 뒤 이를 이혼의사확인신청 당사자 쌍방에게 교부하면서 이혼신고서를 확인서등본 뒤에 첨부하여 그 직인을 간인하였다고 하더라도, 그러한 사정만으로 이혼신고서가 공문서인 이혼의사확인서등본의 일부가 되었다고 볼 수 없다. 따라서 당사자가 이혼의사확인서등본과 간인으로 연결된 이혼신고서를 떼어내고 원래 이혼신고서의 내용과는 다른 이혼신고서를 작성하여 이혼의사확인서등본과 함께 호적관서에 제출하였다고 하더라도, 공문서인 이혼의사확인서등본을 변조하였다거나 변조된 이혼의사확인서등본을 행사하였다고 할 수 없다』(대판 2009.1.30. 2006도7777)☆

> ✔ **공문서·사문서의 병존 : 인감증명서 사용용도란 변경 사건** 『인감의 증명을 신청함에 있어서 그 용도가 부동산매도용일 경우에는 부동산매수자란에 매수자의 성명(법인인 경우에는 법인명), 주소 및 주민등록번호를 기재하여 신청하여야 하지만 그 이외의 경우에는 신청 당시 사용용도란을 기재하여야 하는 것은 아니고, 필요한 경우에 신청인이 직접 기재하여 사용하도록 되어 있으며, 사용용도에 따른 인감증명서의 유효기간에 관한 종전의 규정도 삭제되어 유효기간의 차이도 없으므로 인감증명서의 사용용도란의 기재는 증명청인 동장이 작성한 증명문구에 의하여 증명되는 부분과는 아무런 관계가 없다고 할 것이므로, 권한 없는 자가 임의로 인감증명서의 사용용도란의 기재를 고쳐 썼다고 하더라도 공무원 또는 공무소의 문서 내용에 대하여 변경을 가하여 새로운 증명력을 작출한 경우라고 볼 수 없으므로 공문서변조죄나 이를 전제로 하는 변조공문서행사죄가 성립되지는 않는다』(대판 2004.8.20. 2004도2767)★

> ✔ **공문서·사문서의 병존 : 교원실태조사카드 사건** 『공립학교 교사가 작성하는 교원의 인적사항과 전출 희망사항 등을 기재하는 부분과 학교장이 작성하는 학교장의견란 등으로 구성되어 있는 교원실태조사카아드는 학교장의 작성명의 부분은 공문서라고 할 수 있으나, 작성자가 교사 명의로 된 부분은 개인적으로 전출을 희망하는 의사표시를 한 것에 지나지 아니하여 이것을 가리켜 공무원이 직무상 작성한 공문서라고 할 수는 없을 것이므로 위 카드의 교사 명의 부분을 명의자의 의사에 반하여 작성하였다고 하여도 공문서를 위조한 것이라고 할 수 없다』(대판 1991.9.24. 91도1733)☆

나. 생략문서

생략문서란 내용의 표시가 부분적으로 생략되어 있는 문서를 말한다. 사람 등의 동일성을 나타내는 데에 그치지 않고 법률상 중요성을 갖는 사실을 증명하는 한 생략문서도 문서이다.

> ✓ **생략문서 : 신용장 접수일부인 사건** 『신용장에 날인된 은행의 접수일부인은 사실증명에 관한 사문서에 해당되므로 신용장에 허위의 접수인을 날인한 것은 사문서위조에 해당된다』(대판 1979. 10. 30. 77도1879).

제2관 사문서위조·변조죄

> **제231조 │ 사문서 등의 위조·변조 │**
> 행사할 목적으로 권리·의무 또는 사실증명에 관한 타인의 문서 또는 도화를 위조 또는 변조한 자는 5년 이하의 징역 또는 1천만 원 이하의 벌금에 처한다.

Ⅰ. 의 의

사문서위조·변조죄는 행사할 목적으로 권리·의무 또는 사실증명에 관한 타인의 문서 또는 도화를 위조 또는 변조함으로써 성립하는 범죄이다. 문서에 관한 죄 중에서 가장 기본적인 구성요건이다.

Ⅱ. 객 체

사문서위조·변조죄의 객체는 권리·의무 또는 사실증명에 관한 타인의 문서 또는 도화이다. 사문서는 공문서보다 객관적 신용을 더욱 보장할 필요가 있으므로 증명기능이 강조된다. 따라서 권리의무에 관한 것과 사실증명에 관한 문서로 객체가 제한되어 있다.

가. 권리·의무에 관한 문서

권리·의무에 관한 문서란 권리의무의 발생·변경·소멸에 관한 사항을 기재한 문서를 의미한다. 예를 들어 매매계약서, 차용증서, 영수증 등이 여기에 해당한다.

나. 사실증명에 관한 문서

사실증명에 관한 문서란 권리·의무에 관한 문서 이외의 문서로서 거래상 중요한 사실을 증명하는 문서를 말한다. 예를 들어 신분증, 추천서, 은행의 접수일부인 등이 여기에 해당한다.

> ✓ **문서의 의미 및 판단 기준 : 허무인 명의 윤석열 후보자 지지 서명부 사건** 최신3년 『사문서위조 및 동행사죄의 객체인 사문서는 권리·의무 또는 사실증명에 관한 타인의 문서 또는 도화를 가리키고, '권리·의무에 관한 문서'는 권리 또는 의무의 발생·변경·소멸에 관한 사항이 기재된 것을 말하며, '사실증명에 관한 문서'는 권리·의무에 관한 문서 이외의 문서로서 거래상 중요한 사실을 증명하는 문서를 의미한다. '거래상 중요한 사실을 증명하는 문서'는 법률관계의 발생·존속·변경·소멸의 전후 과정을 증명하는 것이

주된 취지인 문서뿐만 아니라 법률관계에 간접적으로만 연관된 의사표시 또는 권리·의무의 변동에 사실상으로만 영향을 줄 수 있는 의사표시를 내용으로 하는 문서도 포함될 수 있지만, 문서의 주된 취지가 단순히 개인적·집단적 의견의 표현에 불과한 것이어서는 아니 되고, 적어도 실체법 또는 절차법에서 정한 구체적인 권리·의무와의 관련성이 인정되는 경우이어야 한다.
'거래상 중요한 사실을 증명하는 문서'에 해당하는지 여부는 문서 제목만을 고려할 것이 아니라 문서 내용과 더불어 문서 작성자의 의도, 문서가 작성된 객관적인 상황, 문서에 적시된 사항과 그 행사가 예정된 상대방과의 관계 등을 종합적으로 고려하여 판단하여야 한다』(대판 2024.1.4. 2023도1178)★.134)

✔ **사실증명에 관한 문서를 인정한 경우 : 호소문 송달 사건** 『방송작가협회 회원이 타인의 명의를 도용하여 협회 교육원장을 비방하는 내용의 호소문을 작성한 후 이를 협회 회원들에게 우편으로 송달한 경우, 사문서위조죄와 명예훼손죄가 성립하고 이는 실체적 경합관계에 있다』(대판 2009.4.23. 2008도8527)☆.

Ⅲ. 행 위

사문서위조·변조죄의 행위는 「위조 또는 변조」하는 것이다.

1. 위 조

위조란 작성권한 없는 자가 타인명의를 모용하여 문서를 작성하는 것을 말한다.

가. 권한 없는 자

위조란 권한 없는 자가 타인명의의 문서를 작성하는 것을 의미하므로 문서의 내용을 기재할 정당한 권한이 없는 자가 내용을 기재하거나 또는 권한을 위임받은 자가 권한을 초과하여 내용을 기재하여 날인자의 의사에 반하는 사문서를 작성한 경우에 본죄는 성립하게 한다.

(1) 주식회사의 지배인·대표이사의 경우

주식회사의 지배인·대표이사는 회사의 영업에 관하여 재판상 또는 재판 외의 모든 행위를 할 권한을 가지고 있는 자이므로 위조나 자격모용사문서작성죄가 성립될 수 없다.

✔ **지배인의 경우 : 골재채취업자 차용증 사건** 『[1] 원래 주식회사의 지배인은 회사의 영업에 관하여 재판상 또는 재판 외의 모든 행위를 할 권한이 있으므로, 지배인이 직접 주식회사 명의 문서를 작성하는 행위는 위조나 자격모용사문서작성에 해당하지 않는 것이 원칙이고, 이는 그 문서의 내용이 진실에 반하는 허위이거나 권한을 남용하여 자기 또는 제3자의 이익을 도모할 목적으로 작성된 경우에도 마찬가지이다.
[2] 주식회사의 지배인이 자신을 그 회사의 대표이사로 표시하여 연대보증채무를 부담하는 취지의 회사 명의의 차용증을 작성·교부한 경우, 그 문서에 일부 허위 내용이 포함되거나 위 연대보증행위가 회사의 이익에 반하는 것이더라도 사문서위조 및 위조사문서행사에 해당하지 않는다』(대판 2010.5.13. 2010도1040)★.

✔ **대표이사의 경우 : 대평레미콘 사건** 『주식회사의 대표이사가 실질적 운영자인 1인 주주의 구체적인 위임이나 승낙을 받지 않고 이미 퇴임한 전 대표이사를 대표이사로 표시하여 회사 명의의 문서를 작성한

---

134) [참고] 피고인이 허무인 명의로 작성한 이 사건 서명부 21장은 주된 취지가 특정한 대통령후보자에 대한 정치적인 지지 의사를 집단적 형태로 표현하고자 한 것일 뿐, 실체법 또는 절차법에서 정한 구체적인 권리·의무에 관한 문서 내지 거래상 중요한 사실을 증명하는 문서에 해당한다고 보기 어려우므로, 형법상 사문서위조의 객체가 되는 '문서'에 해당되지 않는다.

사안에서, 문서위조죄의 성립을 부정한 사례』(대판 2008.11.27. 2006도9194)☆. ※ 판결이유 중 : 주식회사 대표이사의 대표권도 정관이나 주주총회 또는 이사회 결의 등에 의하여 적법하게 제한할 수 있는 것이지만, 회사의 운영을 실질적으로 장악·통제하고 있는 1인 주주가 적법한 대표이사의 권한 행사를 사실상 제한하고 있다는 것만으로는 대표이사의 대표권에 적법한 제한이 설정되었다고 할 수 없고, 대표이사가 권한을 행사하는 과정에서 단순히 그 1인 주주의 위임 또는 승낙을 받지 않았다고 하여 그 대표권 행사가 권한을 넘어서는 행위가 되는 것은 아니다.

그러나 회사 내부규정 등에 의하여 각 지배인이 회사를 대리할 수 있는 행위의 종류, 내용, 상대방 등을 한정하여 권한을 제한한 경우에 제한된 권한 범위를 벗어나서 회사 명의의 문서를 작성하였다면, 이는 자기 권한 범위 내에서 권한 행사의 절차와 방식 등을 어긴 경우와 달리 문서위조죄에 해당한다.

✔ **지배인의 권한을 제한한 경우 : 대출채권양수도약정서 사건** 『[1] 원래 주식회사의 지배인은 회사의 영업에 관하여 재판상 또는 재판 외의 모든 행위를 할 권한이 있으므로, 지배인이 직접 주식회사 명의 문서를 작성하는 행위는 위조나 자격모용사문서작성에 해당하지 않는 것이 원칙이고, 이는 문서의 내용이 진실에 반하는 허위이거나 권한을 남용하여 자기 또는 제3자의 이익을 도모할 목적으로 작성된 경우에도 마찬가지이다. 그러나 회사 내부규정 등에 의하여 각 지배인이 회사를 대리할 수 있는 행위의 종류, 내용, 상대방 등을 한정하여 권한을 제한한 경우에 제한된 권한 범위를 벗어나서 회사 명의의 문서를 작성하였다면, 이는 자기 권한 범위 내에서 권한 행사의 절차와 방식 등을 어긴 경우와 달리 문서위조죄에 해당한다.
[2] 갑 은행의 지배인으로 등기되어 있는 피고인이, 신용이나 담보가 부족한 차주 회사가 저축은행 등 대출기관에서 대출을 받는 데 사용하도록 지급보증의 성질이 있는 갑 은행 명의의 대출채권양수도약정서와 사용인감계를 작성하였다고 하여 사문서위조로 기소된 사안에서, 제반 사정에 비추어 갑 은행의 내부규정은 지급보증 등 여신에 관하여 금액 규모 등에 따라 전결권자를 구분하고 나아가 여신 결재가 이루어진 것을 전제로 인감관리자의 결재를 받아 사용인감계를 작성하도록 하는 등으로 지급보증 등의 의사결정 권한을 상위 결재권자에게 부여하고 있으므로, 위와 같은 문서작성 행위는 제한된 지배인의 대리권한을 넘는 경우에 해당하여 사문서위조죄가 성립한다고 본 원심판단을 정당하다고 한 사례』(대판 2012.9.27. 2012도7467)☆.

주식회사의 적법한 대표이사라 하더라도 그 권한을 포괄적으로 위임하여 다른 사람으로 하여금 대표이사의 업무를 처리하게 하는 것은 허용될 수 없으므로 대표이사로부터 포괄적으로 권한 행사를 위임받은 사람이 주식회사 명의로 문서를 작성하는 행위는 원칙적으로 권한 없는 사람의 문서 작성행위로서 위조 또는 자격모용사문서작성에 해당된다.

✔ **대표이사의 경우 : 오피스텔 투자 사기 사건** 표준 『[1] 원래 주식회사의 적법한 대표이사는 회사의 영업에 관하여 재판상 또는 재판외의 모든 행위를 할 권한이 있으므로, 대표이사가 직접 주식회사 명의 문서를 작성하는 행위는 자격모용사문서작성 또는 위조에 해당하지 않는 것이 원칙이다. 이는 그 문서의 내용이 진실에 반하는 허위이거나 대표권을 남용하여 자기 또는 제3자의 이익을 도모할 목적으로 작성된 경우에도 그러하다.
[2] 주식회사의 적법한 대표이사라 하더라도 그 권한을 포괄적으로 위임하여 다른 사람으로 하여금 대표이사의 업무를 처리하게 하는 것은 허용되지 않는다. 따라서 대표이사로부터 포괄적으로 권한 행사를 위임받은 사람이 주식회사 명의로 문서를 작성하는 행위는 원칙적으로 권한 없는 사람의 문서 작성행위로서 자격모용사문서작성 또는 위조에 해당하고, 대표이사로부터 개별적·구체적으로 주식회사 명의의 문서 작성에 관하여 위임 또는 승낙을 받은 경우에만 예외적으로 적법하게 주식회사 명의로 문서를 작성할 수 있다.
[3] A회사의 대표이사 갑이 B회사의 대표이사 을로부터 포괄적 위임을 받아 두 회사의 대표이사 업무를 처리하면서 두 회사 명의로 허위 내용의 영수증과 세금계산서를 작성한 사안에서, B회사 명의 부분은 을의 개별적·구체적 위임 또는 승낙 없는 행위로서 사문서위조 및 위조사문서행사죄가 성립하지만, A회사 명의 부분은 이미 퇴직한 종전의 대표이사를 승낙 없이 대표이사로 표시하였더라도 이에 해당하지 않는다』(대판 2008.11.27. 2006도2016)★.

(2) 명의의 승낙 또는 위임이 있는 경우

문서의 위조라고 하는 것은 작성 권한 없는 자가 타인명의를 모용하여 문서를 작성하는 것을 말하는 것이므로 문서의 작성에 있어 그 명의자의 명시적이거나 묵시적인 승낙·위임이 있는 경우에는 작성권한 있는 자에 해당하므로 사문서위조에 해당될 수 없다.

✔ **승낙을 인정한 경우 : 연대보증 차용증 사건** 『피해자들이 일정한도액에 관한 연대보증인이 될 것을 허락하고 이에 필요한 문서를 작성하는데 쓰일 인감도장과 인감증명서(대출보증용)를 채무자에게 건네준 취지는 채권자에 대해 동액상당의 채무를 부담하겠다는 내용의 문서를 작성하도록 허락한 것으로 보아야 할 것이므로 비록 차용금증서에 동 피해자들을 연대보증인으로 하지 않고 직접 차주로 하였을 지라도 그 문서는 정당한 권한에 기하여 그 권한의 범위 안에서 적법하게 작성된 것으로 보아야 한다』(대판 1984.10.10. 84도1566)☆.

✔ **승낙을 인정한 경우 : 주식 명의신탁 사건** [최신3년] 『신탁자에게 아무런 부담이 지워지지 않은 채 재산이 수탁자에게 명의신탁된 경우에는 특별한 사정이 없는 한 재산의 처분 기타 권한행사에 관해서 수탁자가 자신의 명의사용을 포괄적으로 신탁자에게 허용하였다고 보아야 하므로, 신탁자가 수탁자 명의로 신탁재산의 처분에 필요한 서류를 작성할 때에 수탁자로부터 개별적인 승낙을 받지 않았더라도 사문서위조·동행사죄가 성립하지 않는다. 이에 비하여 수탁자가 명의신탁 받은 사실을 부인하여 신탁자와 수탁자 사이에 신탁재산의 소유권에 관하여 다툼이 있는 경우 또는 수탁자가 명의신탁 받은 사실 자체를 부인하지 않더라도 신탁자의 신탁재산 처분권한을 다투는 경우에는 신탁재산에 관한 처분 기타 권한행사에 관해서 신탁자에게 부여하였던 수탁자 명의사용에 대한 포괄적 허용을 철회한 것으로 볼 수 있어 명의사용이 허용되지 않는다』(대판 2022.3.31. 2021도17197)☆.

행위 당시 명의자의 현실적 승낙은 없었지만 행위 당시의 모든 객관적 사정을 종합하여 명의자가 행위 당시 그 사실을 알았다면 당연히 승낙했을 것이라고 추정되는 경우에는 추정적 승낙이 인정되어 사문서위조죄가 성립하지 않는다. 그러나 단순히 명의자가 문서작성 사실을 알았다면 승낙하였을 것이라고 기대하거나 예측한 것만으로는 그 승낙이 추정된다고 단정할 수 없으므로 사문서 위조가 성립할 수 있다.

✔ **추정적 승낙이 인정되지 않는 경우 : 망부 명의 위임장 사건** 『[1] 명의인이 문서의 작성일자 전에 이미 사망하였더라도 그러한 문서 역시 공공의 신용을 해할 위험성이 있으므로 사문서위조죄가 성립한다. 위와 같이 사망한 사람 명의의 사문서에 대하여도 문서에 대한 공공의 신용을 보호할 필요가 있다는 점을 고려하면, 문서명의인이 이미 사망하였는데도 문서명의인이 생존하고 있다는 점이 문서의 중요한 내용을 이루거나 그 점을 전제로 문서가 작성되었다면 이미 문서에 관한 공공의 신용을 해할 위험이 발생하였다 할 것이므로, 그러한 내용의 문서에 관하여 사망한 명의자의 승낙이 추정된다는 이유로 사문서위조죄의 성립을 부정할 수는 없다.
[2] 피고인이 자신의 부 갑에게서 갑 소유 부동산의 매매에 관한 권한 일체를 위임받아 이를 매도하였는데, 그 후 갑이 갑자기 사망하자 부동산 소유권 이전에 사용할 목적으로 갑이 자신에게 인감증명서 발급을 위임한다는 취지의 인감증명 위임장을 작성한 후 주민센터 담당직원에게 이를 제출한 사안에서, 갑의 사망으로 포괄적인 명의사용의 근거가 되는 위임관계 내지 포괄적인 대리관계는 종료된 것으로 보아야 하므로 특별한 사정이 없는 한 피고인은 더 이상 위임받은 사무처리와 관련하여 갑의 명의를 사용하는 것이 허용된다고 볼 수 없고, 피고인이 명의자 갑이 승낙하였을 것이라고 기대하거나 예측한 것만으로는 사망한 갑의 승낙이 추정된다고 단정할 수 없다』(대판 2011.9.29. 2011도6223)★.

✔ **추정적 승낙이 인정되지 않는 경우 : 결혼정보회사 월급통장 사건** 『[1] 사문서의 위·변조죄는 작성권한 없는 자가 타인 명의를 모용하여 문서를 작성하는 것을 말하므로 사문서를 작성·수정할 때 명의자의 명시적이거나 묵시적인 승낙이 있었다면 사문서의 위·변조죄에 해당하지 않고, 한편 행위 당시 명의자의 현실적인 승낙은 없었지만 행위 당시의 모든 객관적 사정을 종합하여 명의자가 행위 당시 그 사실을 알았다면 당연히 승낙했을 것이라고 추정되는 경우 역시 사문서의 위·변조죄가 성립하지 않는다고 할 것이나, 명의자의 명시적인 승낙이나 동의가 없다는 것을 알고 있으면서도 명의자가 문서작성 사실을 알았다면 승낙하였을 것이라고 기대하거나 예측한 것만으로는 그 승낙이 추정된다고 단정할 수 없다.
[2] 피고인이 행사할 목적으로 권한 없이 갑 은행 발행의 피고인 명의 예금통장 기장내용 중 특정 일자에 을 주식회사로부터 지급받은 월급여의 입금자 부분을 화이트테이프로 지우고 복사하여 통장 1매를 변조한 후 그 통장사본을 법원에 증거로 제출하여 행사하였다는 내용으로 기소된 사안에서, 관련 민사소송에서 피고인이 언제부터 을 회사에서 급여를 받았는지가 중요한 사항이었는데 2006.4.25.자 입금자 명의를 가리고 복사하여 이를 증거로 제출함으로써 2006.5.25.부터 을 회사에서 급여를 수령하였다는 새로운 증명력이 작출되었으므로 공공적 신용을 해할 위험성이 있었다고 볼 수 있고, 제반 사정을 종합할 때 통장 명의자인 갑 은행장이 행위 당시 그러한 사실을 알았다면 이를 당연히 승낙했을 것으로 추정된다고 볼 수 없다』(대판 2011.9.29. 2010도14587)☆.

(3) 권한을 초월 또는 남용한 경우

문서의 작성권한자로부터 그 명의의 문서 작성을 위임받은 자가 위임 된 권한을 초월하여 내용을 기재한 경우에는 작성권한을 일탈한 것으로서 사문서위조죄가 성립한다. 그러나 단지 위임받은 권한의 범위 내에서 이를 남용하여 문서를 작성한 것에 불과하다면 사문서위조죄가 성립하지 않는다.

✔ **권한 초월과 남용** 『문서의 위조라고 하는 것은 작성권한 없는 자가 타인 명의를 모용하여 문서를 작성하는 것을 말하는 것이므로 사문서를 작성함에 있어 그 명의자의 명시적이거나 묵시적인 승낙 내지 위임이 있었다면 이는 사문서위조에 해당한다고 할 수 없을 것이지만, 문서 작성권한의 위임이 있는 경우라고 하더라도 그 위임을 받은 자가 그 위임받은 권한을 초월하여 문서를 작성한 경우는 사문서위조죄가 성립하고, 단지 위임받은 권한의 범위 내에서 이를 남용하여 문서를 작성한 것에 불과하다면 사문서위조죄가 성립하지 아니한다고 할 것이다』(대판 2006.9.28. 2006도1545)★.

사문서위조를 인정한 기출판례 정리	
①	✔ **단독대표 법인등기 사건** 『공동대표이사로 법인등기를 하기로 하여 이사회의사록 작성 등 그 등기절차를 위임받았음에도 단독대표이사 선임의 이사회의사록을 작성하여 단독대표이사로 법인등기한 행위가 사문서위조, 동행사, 공정증서원본불실기재, 동행사의 죄에 해당한다』(대판 1994.7.29. 93도1091)☆.
②	✔ **이의신청취하서 작성 사건** 『타인으로부터 약속어음 작성에 사용하라고 인장을 교부받았음에도 그 인장을 사용하여 그 타인 명의의 지급명령 이의신청취하서를 작성한 경우에는 사문서위조죄가 성립한다』(대판 1970.9.22. 70도1623)☆.
③	✔ **홍콩 국제운전면허증 사건** 『문서위조죄는 문서의 진정에 대한 공공의 신용을 그 보호법익으로 하는 것이므로, 피고인이 위조하였다는 국제운전면허증이 그 유효기간을 경과하여 본래의 용법에 따라 사용할 수는 없게 되었다고 하더라도, 이를 행사하는 경우 그 상대방이 유효기간을 쉽게 알 수 없도록 되어 있거나 위 문서 자체가 진정하게 작성된 것으로서 피고인이 명의자로부터 국제운전면허를 받은 것으로 오신하기에 충분한 정도의 형식과 외관을 갖추고 있다면 피고인의 행위는 문서위조죄에 해당한다』

(대판 1998.4.10. 98도164, 98감도12)☆. ※ 판결이유 중 : 국제운전면허증은 비록 유효기간을 일정기간 경과하였기는 하지만, 이를 행사할 경우 그 상대방이 유효기간에 관한 기재를 쉽게 인식할 수 없다고 보일 뿐 아니라, 그 문서의 형식과 외관으로 볼 때 이는 명의자인 홍콩 당국이 피고인에게 국제운전면허를 부여하였음을 증명하는 내용의 진정한 문서라고 오신할 위험성이 충분하다고 할 것이다.[135]

(4) 서명날인자의 의사에 반하는 경우

서명날인이 정당하게 성립된 경우에도 명의인을 기망하여 문서를 작성하게 하는 경우에는 서명날인자의 의사에 반하는 문서를 작성한 이상 사문서위조죄가 성립한다.

✔ **서명날인자의 의사에 반하는 경우 : 문중총회 회의록 서명 사건** 표준 『명의인을 기망하여 문서를 작성케 하는 경우는 서명, 날인이 정당히 성립된 경우에도 기망자는 명의인을 이용하여 서명 날인자의 의사에 반하는 문서를 작성케 하는 것이므로 사문서위조죄가 성립한다』(대판 2000.6.13. 2000도778)★.[136]

✔ **서명날인자의 의사에 반하지 않는 경우 : 공사실적 허위증명원 제출 사건** 『어느 문서의 작성권한을 갖는 공무원이 그 문서의 기재 사항을 인식하고 그 문서를 작성할 의사로써 이에 서명날인하였다면, 설령 그 서명날인이 타인의 기망으로 착오에 빠진 결과 그 문서의 기재사항이 진실에 반함을 알지 못한 데 기인한다고 하여도, 그 문서의 성립은 진정하며 여기에 하등 작성명의를 모용한 사실이 있다고 할 수는 없으므로, 공무원 아닌 자가 관공서에 허위 내용의 증명원을 제출하여 그 내용이 허위인 정을 모르는 담당공무원으로부터 그 증명원 내용과 같은 증명서를 발급받은 경우 공문서위조죄의 간접정범으로 의율할 수는 없다』(대판 2001.3.9. 2000도938)★.

나. 타인의 명의를 모용한 경우

타인의 명의모용이란 타인의 명의를 모용(사칭)하여 타인이 기재한 것처럼 허위의 내용을 기재하는 것을 말한다.

사문서위조를 인정한 기출판례 정리
① ✔ **주취운전자 적발보고서 사건** 『주취운전자 적발보고서 및 주취운전자 정황진술보고서의 각 운전자란에 타인의 서명을 한 다음 이를 경찰관에게 제출한 것은 사문서위조 및 동행사죄에 해당한다』(대판 2004.12.23. 2004도6483)★.
② ✔ **동거청산 만남 거절 사건** 『혼인신고 당시에는 피해자가 피고인과의 동거관계를 청산하고 피고인을 만나주지 아니하는 등으로 피하여 왔다면 당초에는 피해자와 사실혼 관계에 있었고 또 피해자에게 혼인의 의사가 있었다 하더라도 위 혼인신고 당시에는 그 혼인의사가 철회되었다고 보아야 할 것이므로 피고인이 일방적으로 혼인신고서를 작성하여 혼인신고를 한 소위는 설사 혼인신고서 용지에 피해자 도장이 미리 찍혀 있었다 하더라도 사문서 위조 기타 관계법조의 범죄에 해당한다』(대판 1987.4.11. 87도399)☆.

---

135) 보충설명 유효기간이 경과한 홍콩 교통국장 명의의 국제운전면허증에 첨부된 사진을 바꾸어 붙여 이를 행사하는 경우 그 상대방이 유효기간을 쉽게 알 수 없도록 되어 있거나 진정하게 작성된 것으로서 명의자로부터 국제운전면허를 받은 것으로 오신하기에 충분한 정도의 형식과 외관을 갖추고 있다면 사문서위조죄에 해당한다.
136) 보충설명 피고인이 정기문중총회 회의록을 임의로 작성하고는 종중원들을 찾아다니면서 서명, 날인을 받았는데, 이 때 종중원들에게 임야의 등기, 매도권한을 피고인에게 일임하고 매도금액 3분의 1을 문중에 반납하고 나머지를 피고인에게 소송대행비용으로 준다는 회의록의 내용 등에 관하여 제대로 알려 주지 아니한 채, 단지 임야에 관하여 문중 명의로 소유권이전등기를 하는 데 필요하다는 정도로만 얘기하면서 서명, 날인을 받은 사안이다.

사문서위조를 부정한 기출판례 정리

① ✔ **세금계산서 사건** 『세금계산서는, 원심이 적절히 설시한 바와 같이, 부가가치세 과세사업자가 재화나 용역을 공급하는 때에 이를 공급받은 자에게 작성·교부하여야 하는 계산서이므로(부가가치세법 제16조 제1항), 그 작성권자는 어디까지나 재화나 용역을 공급하는 공급자라고 보아야 할 것이고, 공급받는 자의 상호, 성명, 주소는 필요적 기재사항이 아닌 임의적 기재사항에 불과하여(부가가치세법 시행령 제53조 제1항) 공급받는 자의 상호, 성명, 주소가 기재되어 있지 않은 세금계산서라도 그 효력에는 영향이 없으며, 공급자가 세금계산서를 작성함에 있어 공급받은 자의 동의나 협조가 요구되지도 않는 점 등에 비추어 세금계산서상의 공급받는 자는 그 문서 내용의 일부에 불과할 뿐 세금계산서의 작성명의인은 아니라 할 것이니, 공급받는 자 란에 임의로 다른 사람을 기재하였다 하여 그 사람에 대한 관계에서 사문서위조죄가 성립된다고 할 수 없다』(대판 2007.3.15. 2007도169)☆.

다. 문서를 작성

(1) 전자복사기로 복사를 하는 경우

문서원본을 컬러복사기를 이용하여 복사본을 만들면서 진정한 원본처럼 행사하는 경우나 위조된 문서 원본을 단순히 전자복사기로 복사하여 그 사본을 만드는 행위도 공공의 신용을 해할 우려가 있는 별개의 문서 사본을 작성(창출)하는 행위로서 문서위조행위에 해당한다.

✔ **문서의 복사 : 경유증표 복사 사건** 표준 『[1] 문서위조 및 동행사죄의 보호법익은 문서에 대한 공공의 신용이므로 '문서가 원본인지 여부'가 중요한 거래에서 문서의 사본을 진정한 원본인 것처럼 행사할 목적으로 다른 조작을 가함이 없이 문서의 원본을 그대로 컬러복사기로 복사한 후 복사한 문서의 사본을 원본인 것처럼 행사한 행위는 사문서위조죄 및 동행사죄에 해당한다.
[2] 변호사인 피고인이 대량의 저작권법 위반 형사고소 사건을 수임하여 피고소인 30명을 각 형사고소하기 위하여 20건 또는 10건의 고소장을 개별적으로 수사관서에 제출하면서 각 하나의 고소위임장에만 소속 변호사회에서 발급받은 진정한 경유증표 원본을 첨부한 후 이를 일체로 하여 컬러복사기로 20장 또는 10장의 고소위임장을 각 복사한 다음 고소위임장과 일체로 복사한 경유증표를 고소장에 첨부하여 접수한 사안에서, … 이를 주의 깊게 관찰하지 아니하면 그것이 원본이 아닌 복사본임을 알아차리기 어려울 정도이므로 일반인이 명의자의 진정한 사문서로 오신하기에 충분한 정도의 형식과 외관을 갖추었다는 이유로, 피고인의 행위가 사문서위조죄 및 동행사죄에 해당한다』(대판 2016.7.14. 2016도2081)★.

✔ **문서의 복사 : 타인의 주민등록증사본 복사 사건** 『[1] 형법 제237조의2에 따라 전자복사기, 모사전송기 기타 이와 유사한 기기를 사용하여 복사한 문서의 사본도 문서원본과 동일한 의미를 가지는 문서로서 이를 다시 복사한 문서의 재사본도 문서위조죄 및 동 행사죄의 객체인 문서에 해당한다 할 것이고, 진정한 문서의 사본을 전자복사기를 이용하여 복사하면서 일부 조작을 가하여 그 사본 내용과 전혀 다르게 만드는 행위는 공공의 신용을 해할 우려가 있는 별개의 문서사본을 창출하는 행위로서 문서위조행위에 해당한다.
[2] 타인의 주민등록증사본의 사진란에 피고인의 사진을 붙여 복사하여 행사한 행위가 공문서위조죄 및 동행사죄에 해당한다』(대판 2000.9.5. 2000도2855)★.

(2) 진정한 문서를 이용한 경우

기존의 진정문서를 이용하여 문서의 중요 부분에 변경을 가하여 새로운 증명력을 가지는 별개의 문서를 작성하는 경우에도 위조에 해당한다.

> ✔ **진정한 문서의 이용 : 주민등록증 사진부착 사건** 『피고인이 행사할 목적으로 타인의 주민등록증에 붙어있는 사진을 떼어내고 그 자리에 피고인의 사진을 붙였다면 이는 기존 공문서의 본질적 또는 중요 부분에 변경을 가하여 새로운 증명력을 가지는 별개의 공문서를 작성한 경우에 해당하므로 **공문서위조죄를 구성한다**』(대판 1991.9.10. 91도1610)☆.

(3) 작성의 정도

문서위조죄는 문서의 진정에 대한 공공의 신용을 그 보호법익으로 하는 것이므로 그 작성된 문서가 일반인으로 하여금 당해 명의인의 권한 내에서 작성된 것이라고 믿을 수 있는 정도의 형식과 외관을 구비해야 한다. 반드시 명의자의 서명이나 날인이 있을 필요는 없다.

> ✔ **위조의 정도** 『사문서위조죄는 그 명의자가 작성한 진정한 사문서로 볼 수 있는 정도의 형식과 외관을 갖추어 일반인이 진정한 명의자의 사문서로 오신하기에 충분하면 성립되는 것이고 반드시 그 작성명의자의 서명이나 날인이 있어야 하는 것은 아니라고 할 것이나, 일반인이 진정한 명의자의 사문서로 오신하기에 충분한 것인지의 여부는 그 문서의 형식과 외관은 물론 그 문서의 종류, 내용, 일반거래에 있어서 그 문서가 가지는 기능 등 제반사정을 종합적으로 참작하여 판단하여야 한다』(대판 1988.3.22. 88도3)★.

사문서위조죄를 인정한 기출판례 정리

① ✔ **위탁자 출금청구서 사건** 『피고인이 근무하던 증권회사에서는 위탁자의 서명이 있으면 날인이 누락된 위탁자 출금청구서라 하여도 출금이 가능하였으므로 권한 없이 위탁자 본인의 의사에 의한 것처럼 가장하여 위탁자의 서명만 있고 날인이 없는 위탁자 출금청구서를 작성, 행사한 피고인의 소위를 사문서위조 동행사죄로 의률 처단하였음은 정당하다』(대판 1982.10.12. 81도3176)☆.

② ✔ **인장 없는 사문서 사건** 『사문서의 작성명의자의 인장이 압날되지 아니하고 주민등록번호가 기재되지 않았더라도, 일반인으로 하여금 그 작성명의자가 진정하게 작성한 사문서로 믿기에 충분할 정도의 형식과 외관을 갖추었으면 사문서위조죄 및 동행사죄의 객체가 되는 사문서라고 보아야 한다』(대판 1989.8.8. 88도2209)☆.

2. 변 조

변조란 권한 없는 자가 이미 진정하게 성립된 타인명의의 문서내용에 그 동일성을 해하지 않는 정도의 변경을 가하는 것을 말한다.

가. 권한 없는 자

문서의 내용을 기재할 정당한 권한이 없는 자가 내용을 기재하거나 또는 권한을 위임받은 자가 권한을 초과하여 내용을 기재하여 날인자의 의사에 반하는 사문서를 작성한 경우에 본죄는 성립하게 한다.

> ✔ **부동산 공동매수인 사건** 『문서에 2인 이상의 작성명의인이 있는 때에 그 명의자의 한사람이 타명의자와 합의없이 행사할 목적으로 그 문서의 내용을 변경하였을 때는 사문서변조죄가 성립된다』(대판 1977.7.12. 77도1736)☆.

(1) 명의의 승낙 또는 위임이 있는 경우

문서의 변조란 작성권한 없는 자가 타인명의를 모용하여 문서를 작성하는 것을 말하는 것이므로 문서의 작성에 있어 그 명의자의 명시적이거나 묵시적인 승낙·위임이 있는 경우에는 작성권한 있는 자에 해당하므로 사문서변조에 해당될 수 없다.

행위 당시 명의자의 현실적 승낙은 없었지만 행위 당시의 모든 객관적 사정을 종합하여 명의자가 행위 당시 그 사실을 알았다면 당연히 승낙했을 것이라고 추정되는 경우에는 추정적 승낙이 인정되어 사문서변조죄가 성립하지 않는다.

> ✔ **추정적 승낙 : 종중대표 부기 사건** 『사문서변조죄는 권한 없는 자가 이미 진정하게 성립된 타인 명의의 사문서 내용을 동일성을 해하지 않을 정도로 변경하여 새로운 증명력을 만드는 경우에 성립한다. 그러므로 사문서를 수정할 때 명의자가 명시적이거나 묵시적으로 승낙을 하였다면 사문서변조죄가 성립하지 않고, 행위 당시 명의자가 현실적으로 승낙하지는 않았지만 명의자가 그 사실을 알았다면 당연히 승낙했을 것이라고 추정되는 경우에도 사문서변조죄가 성립하지 않는다』(대판 2015.11.26. 2014도781)☆.

나. 타인명의의 문서

문서의 변조는 진정하게 만들어진 타인 명의의 문서에 변경을 가하는 것이므로, 이미 허위로 작성된 문서나 자기 명의의 문서에 변경을 가하는 것은 변조죄가 성립되지 않는다. 다만, 그 문서가 타인의 소유에 있는 경우 문서손괴죄가 성립 될 수 있을 뿐이다.

> ✔ **진정하게 성립된 타인명의 문서 : 경영정상화 이행 계획서 사건** 『사문서변조죄는 권한 없는 자가 이미 진정하게 성립된 타인 명의의 문서 내용에 대하여 동일성을 해하지 않을 정도로 변경을 가하여 새로운 증명력을 작출케 함으로써 공공적 신용을 해할 위험성이 있을 때 성립한다. 따라서 이미 진정하게 성립된 타인 명의의 문서가 존재하지 않는다면 사문서변조죄가 성립할 수 없다』(대판 2017.12.5. 2014도14924)☆.

다. 변조의 정도

변조는 권한 없는 자가 이미 진정하게 성립된 타인 명의의 문서 내용에 대하여 동일성을 해하지 않을 정도로 변경을 가하여 새로운 증명력을 작출케 함으로써 공공적 신용을 해할 위험성이 있을 때 성립한다. 따라서 그 내용에 전혀 영향을 미치지 않을 정도로 문자를 변경한 것에 불과한 경우에는 변조죄를 구성하지 않는다. 명의인의 명시적·묵시적 승낙 없이 한 것이면 변조된 문서가 명의인에게 유리하여 결과적으로 그 의사에 합치한다 하더라도 사문서변조죄의 구성요건을 충족한다.

> ✔ **변조의 정도 : 이사회 회의록 변조 사건** 『이사회 회의록에 관한 이사의 서명권한에는 서명거부사유를 기재하고 그에 대해 서명할 권한이 포함된다. 이사가 이사회 회의록에 서명함에 있어 이사장이나 다른 이사들의 동의를 받을 필요가 없는 이상 서명거부사유를 기재하고 그에 대한 서명을 함에 있어서도 이사장 등의 동의가 필요 없다고 보아야 한다. 따라서 이사가 이사회 회의록에 서명 대신 서명거부사유를 기재하고 그에 대한 서명을 하면, 특별한 사정이 없는 한 그 내용은 이사회 회의록의 일부가 되고, 이사회 회의록의 작성권한자인 이사장이라 하더라도 임의로 이를 삭제한 경우에는 이사회 회의록 내용에 변경을 가하여 새로운 증명력을 가져오게 되므로 사문서변조에 해당한다』(대판 2018.9.13. 2016도20954)☆.

✓ **변조의 정도 : 사직서 수리 사건** 표준 『사문서변조에 있어서 그 변조 당시 명의인의 명시적, 묵시적 승낙없이 한 것이면 변조된 문서가 명의인에게 유리하여 결과적으로 그 의사에 합치한다 하더라도 사문서변조죄의 구성요건을 충족한다』(대판 1985.1.22. 84도2422)☆.

Ⅳ. 죄 수

문서에 관한 죄는 원칙적으로 명의인의 수에 따라 죄수관계를 판단한다. 하나의 문서에 2인 이상의 연명으로 위조를 하는 경우에 명의인의 수에 따라 수개의 위조죄가 성립하고, 자연적의미로서 수개의 행위처럼 보이는 경우에도 사회통념상 1개의 행위라고 판단되는 경우 양 죄는 상상적 경합관계에 있다.

✓ **연이어 서명 사건** 『문서에 2인 이상의 작성명의인이 있을 때에는 각 명의자 마다 1개의 문서가 성립되므로 2인 이상의 연명으로 된 문서를 위조한 때에는 작성명의인의 수대로 수개의 문서위조죄가 성립하고 또 그 연명문서를 위조하는 행위는 자연적 관찰이나 사회통념상 하나의 행위라 할 것이어서 위 수개의 문서위조죄는 형법 제40조가 규정하는 상상적 경합범에 해당한다』(대판 1987.7.21. 87도564)☆.

제3관 자격모용에 의한 사문서작성죄

제323조 | 자격모용에 의한 사문서의 작성 |
행사할 목적으로 타인의 자격을 모용하여 권리·의무 또는 사실증명에 관한 문서 또는 도화를 작성한 자는 5년 이하의 징역 또는 1천만원 이하의 벌금에 처한다.

자격모용에 의한 사문서작성죄는 행사할 목적으로 타인의 자격을 모용하여 권리·의무 또는 사실증명에 관한 문서 또는 도화를 작성함으로써 성립하는 범죄이다. 본죄는 대리권 또는 대표권을 가지지 아니하는 자가 타인의 대리자격 또는 대표자격이 있는 것으로 사칭하여 문서를 작성하는 경우를 처벌하기 위한 것이다.

✓ **타인의 범위 : 부동산중개소 대표자 사건** 표준 『[1] 자격모용에 의한 사문서작성죄는 문서위조죄와 마찬가지로 문서의 진정에 대한 공공의 신용을 그 보호법익으로 하는 것으로서, 행사할 목적으로 타인의 자격을 모용하여 작성된 문서가 일반인으로 하여금 당해 명의인의 권한 내에서 작성된 문서라고 믿게 할 수 있는 정도의 형식과 외관을 갖추고 있으면 성립하는 것이고, 자격모용에 의한 사문서작성죄에서의 '타인'에는 자연인뿐만 아니라 법인, 법인격 없는 단체를 비롯하여 거래관계에서 독립한 사회적 지위를 갖고 활동하고 있는 존재로 취급될 수 있으면 여기에 해당된다.
[2] 부동산중개사무소를 대표하거나 대리할 권한이 없는 사람이 부동산매매계약서의 공인중개사란에 '○○부동산 대표 △△△(피고인의 이름)'라고 기재한 사안에서, '○○부동산'이라는 표기는 단순히 상호를 가리키는 것이 아니라 독립한 사회적 지위를 가지고 활동하는 존재로 취급될 수 있으므로 자격모용사문서작성죄의 '명의인'에 해당한다』(대판 2008.2.14. 2007도9606)☆.

✔ **권한이 있는 경우 : 토지매수 5천만 원 착복 사건** 『[1] 자격모용 사문서작성죄를 구성하는지 여부는 그 문서를 작성함에 있어 타인의 자격을 모용하였는지 아닌지의 형식에 의하여 결정하여야 하고, 그 문서의 내용이 진실한지 아닌지는 이에 아무런 영향을 미칠 수 없으므로, 타인의 대표자 또는 대리자가 그 대표 또는 대리명의로 문서를 작성할 권한을 가지는 경우에 그 지위를 남용하여 단순히 자기 또는 제3자의 이익을 도모할 목적으로 문서를 작성하였다 하더라도 자격모용 사문서작성죄는 성립하지 아니한다.
[2] 토지매수권한을 위임받은 대리인이 매도인측 대표자와 공모하여 매매대금 일부를 착복하기로 하고 위임받은 특정 매매금액보다 낮은 금액을 허위로 기재한 매매계약서를 작성한 경우, 자격모용 사문서작성죄를 구성하지 않는다』(대판 2007.10.11. 2007도5838)☆

'행사할 목적'이라 함은 다른 사람으로 하여금 그 문서가 정당한 권한에 기하여 작성된 것으로 오신하게 할 목적을 말하므로, 사문서를 작성하는 자가 다른 사람의 대리인 또는 대표자로서의 자격을 모용하여 문서를 작성한다는 것을 인식·용인하면서 이를 진정한 문서로서 어떤 효용에 쓸 목적으로 사문서를 작성하였다면, 자격모용에 의한 사문서작성죄의 행사의 목적과 고의가 있는 것으로 보아야 한다.

✔ **행사할 목적 : 시영아파트 재건축조합장 사건** 『재건축조합의 조합장이 아닌 사람이 재건축조합 조합장의 직함을 사용하여 재건축사업에 관한 계약서를 작성하였다면, 계약의 상대방이 자격모용사실을 알고 있었다거나 그 계약서에 조합장의 직인이 아닌 다른 인장을 날인하였더라도 자격모용에 의한 사문서작성죄의 범의와 행사의 목적이 인정된다』(대판 2007.7.27. 2006도2330)☆

제4관 사전자기록 위작·변작죄

제323조의2 ┃ 사전자기록위작·변작 ┃
사무처리를 그르치게 할 목적으로 권리·의무 또는 사실증명에 관한 타인의 전자기록등 특수매체기록을 위작 또는 변작한 자는 5년 이하의 징역 또는 1천만원 이하의 벌금에 처한다.

Ⅰ. 의 의

사전자기록 위작·변작죄란 사무처리를 그르치게 할 목적으로 권리·의무 또는 사실증명에 관한 타인의 전자기록 등 특수매체기록을 위작 또는 변작함으로써 성립하는 범죄이다.

Ⅱ. 객 체

사전자기록 위작·변작죄의 객체는 권리·의무 또는 사실증명에 관한 전자기록 등 특수매체기록이다. 전자기록이란 일정한 매체에 전기적·자기적 방식으로 저장된 기록을 말한다. 특수매체기록에는 전자기록 이외에 광기술이나 레이저기술을 이용한 기록이 포함된다. 기록은 계속성을 가져야 하므로 모니터에 화상의 형태로만 존재하는 데이터도 기록에 해당하지 않는다.

✔ **전자기록 : 램 사건** 『컴퓨터의 기억장치 중 하나인 램(RAM, Random Access Memory)이 임시기억장치 또는 임시저장매체이기는 하지만, 형법이 전자기록위·변작죄를 문서위·변조죄와 따로 처벌하고자 한 입법취지, 저장매체에 따라 생기는 그 매체와 저장된 전자기록 사이의 결합강도와 각 매체별 전자기록의 지속성의 상대적 차이, 전자기록의 계속성과 증명적 기능과의 관계, 본죄의 보호법익과 그 침해행위의 태양 및 가벌성 등에 비추어 볼 때, 위 램에 올려진 전자기록 역시 사전자기록위작·변작죄에서 말하는 전자기록 등 특수매체기록에 해당한다』(대판 2003.10.9. 2000도4993)☆.

Ⅲ. 행 위

사전자기록 위작·변작죄의 행위는 「위작 또는 변작」하는 것이다. 위작 또는 변작은 권한 없는 자가 전자기록을 작성·변경하거나 권한 있는 자가 그 권한 범위를 남용하여 전자기록을 작성·변경하는 것을 말한다.

✔ **위작의 의미 : 가상화폐 허위 포인트 사건** 『형법 제227조의2의 공전자기록등위작죄는 사무처리를 그르치게 할 목적으로 공무원 또는 공무소의 전자기록 등 특수매체기록을 위작 또는 변작한 경우에 성립한다. 대법원은, 형법 제227조의2에서 위작의 객체로 규정한 전자기록은 그 자체로는 물적 실체를 가진 것이 아니어서 별도의 표시·출력장치를 통하지 아니하고는 보거나 읽을 수 없고, 그 생성 과정에 여러 사람의 의사나 행위가 개재됨은 물론 추가 입력한 정보가 프로그램에 의하여 자동으로 기존의 정보와 결합하여 새로운 전자기록을 작출하는 경우도 적지 않으며, 그 이용 과정을 보아도 그 자체로서 객관적·고정적 의미를 가지면서 독립적으로 쓰이는 것이 아니라 개인 또는 법인이 전자적 방식에 의한 정보의 생성·처리·저장·출력을 목적으로 구축하여 설치·운영하는 시스템에서 쓰임으로써 예정된 증명적 기능을 수행하는 것이므로, 위와 같은 시스템을 설치·운영하는 주체와의 관계에서 전자기록의 생성에 관여할 권한이 없는 사람이 전자기록을 작출하거나 전자기록의 생성에 필요한 단위정보의 입력을 하는 경우는 물론 시스템의 설치·운영 주체로부터 각자의 직무 범위에서 개개의 단위정보의 입력 권한을 부여받은 사람이 그 권한을 남용하여 허위의 정보를 입력함으로써 시스템 설치·운영 주체의 의사에 반하는 전자기록을 생성하는 경우도 형법 제227조의2에서 말하는 전자기록의 '위작'에 포함된다고 판시하였다. 위 법리는 형법 제232조의2의 사전자기록등위작죄에서 행위의 태양으로 규정한 '위작'에 대해서도 마찬가지로 적용된다』(대판[전] 2020.8.27. 2019도11294)★.[137]

Ⅳ. 목 적

사전자기록 위작·변작죄가 성립하기 위하여는 고의 이외에 사무처리를 그르치게 할 목적이 있어야 한다. 사무처리를 그르치게 할 목적이란 위작·변작된 특수매체기록이 사용됨으로써 사무처리가 잘못되도록 할 목적을 말한다.

---

137) **보충설명** ■ 다수의견은 시스템의 설치·운영 주체로부터 각자의 직무 범위에서 개개의 단위 정보의 입력 권한을 부여받은 사람이 그 권한을 남용해 허위의 정보를 입력함으로써 시스템 설치·운영 주체의 의사에 반하는 전자기록을 생성하는 경우도 '위작'에 포함된다는 입장이다.
■ 하지만 반대의견은 "사전자기록의 '위작'에 유형위조는 물론 권한남용적 무형위조도 포함하는 것은 '위작'이라는 사전적 의미에 맞지 않다"며 "유형위조와 무형위조를 엄격히 구분하고 있는 우리 형법 체계에서 일반인이 예견하기 어려운 해석이어서 받아들이기 어렵고" 불명확한 용어를 피고인에게 불리하게 해석하는 것일 뿐만 아니라 합리적 이유 없이 문언의 의미를 확장하여 처벌범위를 지나치게 넓히는 것이어서, 형사법의 대원칙인 죄형법정주의의 원칙에 반한다는 입장이다.

✔ **사무처리를 그르치게 할 목적의 의미 : 가상화폐 허위 포인트 사건** 『형법 제232조의2에서 말하는 '사무처리를 그르치게 할 목적'이란 위작 또는 변작된 전자기록이 사용됨으로써 전자적 방식에 의한 정보의 생성・처리・저장・출력을 목적으로 구축・설치한 시스템을 운영하는 주체인 개인 또는 법인의 사무처리를 잘못되게 하는 것을 말한다』(대판[전] 2020.8.27. 2019도11294)☆.

✔ **목적을 부정한 경우 : 새마을금고 상조금 입금 사건** 표준 『새마을금고의 예금 및 입・출금 업무를 총괄하는 직원이 전 이사장 명의 예금계좌로 상조금이 입금되자 전 이사장에 대한 금고의 채권확보를 위해 내부 결재를 받아 금고의 예금 관련 컴퓨터 프로그램에 접속하여 전 이사장 명의 예금계좌의 비밀번호를 동의 없이 입력한 후 위 금원을 위 금고의 가수금계정으로 이체한 사안에서, 위 금고의 내부규정이나 여신거래기본약관의 규정에 비추어 이는 위 금고의 업무에 부합하는 행위로서 피해자의 비밀번호를 임의로 사용한 잘못이 있다고 하더라도 사전자기록위작・변작죄의 '사무처리를 그르치게 할 목적'을 인정할 수 없다』(대판 2008.6.12. 2008도938)☆.

제5관 공문서위조・변조죄

> **제225조 | 공문서위조・변조죄 |**
> 행사할 목적으로 공무원 또는 공무소의 문서 또는 도화를 위조 또는 변조한 자는 10년 이하의 징역에 처한다.

공문서위조・변조죄는 행사할 목적으로 공무원 또는 공무소의 문서 또는 도화를 위조 또는 변조함으로써 성립하는 범죄이다. 본죄는 사문서위조・변조죄에 대하여 객체가 공문서이기 때문에 불법이 가중된 가중적 구성요건이다. 이하 문서에 관한 죄 총론과 사문서 위조・변조죄에서 서술한 부분은 설명을 생략하기로 한다.

✔ **위조・변조의 정도 : 콘도미니엄 운영위원회 사건** 『중국인인 피고인이 콘도미니엄 입주민들의 모임인 甲 시설운영위원회의 대표로 선출된 후 甲 위원회가 대한민국 정부 기관에서 실체를 인정받아 직인이 등록되고 자신은 단체 대표로 인증을 받았다는 등 甲 위원회가 대표성을 갖춘 단체라는 외양을 작출 할 목적으로, 주민센터에서 가져온 행정용 봉투의 좌측 상단에 미리 제작해 둔 甲 위원회 한자 직인과 한글 직인을 날인한 다음 주민센터에서 발급받은 피고인의 인감증명서 중앙에 있는 '용도'란 부분에 이를 오려 붙이는 방법으로 인감증명서 1매를 작성하고, 이를 휴대전화로 촬영한 사진 파일을 갑 위원회에 가입한 입주민들이 참여하는 메신저 단체대화방에 게재하였다고 하여 공문서위조 및 위조공문서행사로 기소된 사안에서, 위조 여부, 즉 공문서의 형식과 외관을 갖추었는지는 피고인이 만든 문서를 기준으로, 그리고 평균 수준의 사리분별력을 갖는 일반인을 기준으로 판단하여야 하고, 피고인이 행사의 상대방으로 구체적으로 예정한 사람을 판단의 기준으로 삼을 수 없으므로, 피고인이 만든 문서 자체를 평균 수준의 사리분별력을 갖춘 일반인이 보았을 때 진정한 문서로 오신할 만한 공문서의 외관과 형식을 갖추었다고 볼 수 있는지를 판단해야 하는데, 피고인이 만든 문서의 용도란은 인감증명서의 다른 부분과 재질과 색깔이 다른 종이가 붙어 있음이 눈에 띄고, 글자색과 활자체도 다르며, 인감증명서의 피고인 인감은 검정색인 반면 피고인이 용도란에 날인한 한자 직인과 한글 직인은 모두 붉은색이어서 평균 수준의 사리분별력을 갖는 사람이 조금만 주의를 기울여 살펴보면 피고인이 만든 문서는 공무원 또는 공무소가 갑 위원회를 등록된 단체라거나 피고인이 위 단체

의 대표임을 증명하기 위해 작성한 문서가 아님을 쉽게 알아볼 수 있는 점 등을 종합하면, 피고인이 만든 문서가 공문서로서의 외관과 형식을 갖추었다고 인정하기 어렵고, 공문서위조죄가 성립한다고 보기 어려운 이상 이를 사진촬영한 파일을 단체대화방에 게재한 행위가 위조공문서행사죄에 해당할 수도 없다』(대판 2020.12.24. 2019도8443)★.138)

✓ **승낙에 의한 경우 : 진지 이전 공사 사건** 『공문서의 위조라 함은 행사할 목적으로 공무원 또는 공무소의 문서를 정당한 작성권한 없는 자가 작성권한 있는 자의 명의로 작성하는 것을 말하므로, 공문서인 기안문서의 작성권한자가 직접 이에 서명하지 않고 피고인에게 지시하여 자기의 서명을 흉내내어 기안문서의 결재란에 대신 서명케 한 경우라면 피고인의 기안문서 작성행위는 작성권자의 지시 또는 승낙에 의한 것으로서 공문서위조죄의 구성요건해당성이 조각된다』(대판 1983.5.24. 82도1426)★.

✓ **변조의 의미 : 허위 폐품반납서 사건** 『공문서변조라 함은 권한 없이 이미 진정하게 성립된 공무원 또는 공무소명의의 문서내용에 대하여 그 동일성을 해하지 아니할 정도로 변경을 가하는 것을 말한다 할 것이므로 이미 허위로 작성된 공문서는 형법 제225조 소정의 공문서변조죄의 객체가 되지 아니한다』(대판 1986.11.11. 86도1984)☆.

✓ **실행의 착수 : 종량제 쓰레기봉투 사건** 『종량제 쓰레기봉투에 인쇄할 시장 명의의 문안이 새겨진 필름을 제조하는 행위에 그친 경우에는 아직 위 시장 명의의 공문서인 종량제 쓰레기봉투를 위조하는 범행의 실행의 착수에 이르지 아니한 것으로서 그 준비단계에 불과한 것으로 보아 무죄를 선고한 원심판결을 수긍한 사례이다』(대판 2007.2.23. 2005도7430)☆.

제6관 자격모용에 의한 공문서작성죄

제226조 │ 자격모용에 의한 공문서 등의 작성 │
행사할 목적으로 공무원 또는 공무소의 자격을 모용하여 문서 또는 도화를 작성한 자는 10년 이하의 징역에 처한다.

자격모용에 의한 공문서작성죄는 행사할 목적으로 공무원 또는 공무소의 자격을 모용하여 문서 또는 도화를 작성함으로써 성립하는 범죄이다. 자격모용에 의한 사문서 작성죄에 대한 가중적 구성요건이다.

✓ **과장 자격을 모용한 경우 : 경찰서 후생계 사건** 『식당의 주·부식 구입 업무를 담당하는 공무원이 주·부식구입요구서의 과장결재란에 권한 없이 자신의 서명을 한 경우, 자격모용공문서작성죄가 성립하고 공문서위조죄는 문제되지 않는다』(대판 2008.1.17. 2007도6987)☆.

---

138) **보충설명** 위조문서행사죄에서 행사란 위조된 문서를 진정한 문서인 것처럼 그 문서의 효용방법에 따라 이를 사용하는 것을 말하고, 위조된 문서를 진정한 문서인 것처럼 사용하는 한 행사의 방법에 제한이 없으므로 위조된 문서를 스캐너 등을 통해 이미지화한 다음 이를 전송하여 컴퓨터 화면상에서 보게 하는 경우도 행사에 해당하지만, 이는 문서의 형태로 위조가 완성된 것을 전제로 하는 것이므로, 공문서로서의 형식과 외관을 갖춘 문서에 해당하지 않아 공문서위조죄가 성립하지 않는 경우에는 위조공문서행사죄도 성립할 수 없다.

✓ **구청장 자격을 모용한 경우 : 전보 구청장 결재 사건** 『갑 구청장이 을 구청장으로 전보된 후 갑 구청장의 권한에 속하는 건축허가에 관한 기안용지의 결재란에 서명을 한 것은 자격모용에 의한 공문서작성죄를 구성한다』(대판 1993.4.27. 92도2688)☆.

제7관 공전자기록 위작·변작죄

제227조의2 | **공전자기록위작·변작죄** |
사무처리를 그르치게 할 목적으로 공무원 또는 공무소의 전자기록등 특수매체기록을 위작 또는 변작한 자는 10년 이하의 징역에 처한다.

Ⅰ. 의 의

공전자기록 위작·변작죄란 사무처리를 그르치게 할 목적으로 공무원 또는 공무소의 전자기록 등 특수매체기록을 위작 또는 변작함으로써 성립하는 범죄이다.

Ⅱ. 객 체

공전자기록 위작·변작죄의 객체는 공무원 또는 공무소의 전자기록 등 특수매체기록이다. 공무원 또는 공무소의 전자기록이란 공무원 또는 공무소의 직무를 수행하는 과정에 만들어지거나 만들어진 전자기록 등 특수매체기록을 말한다.

✓ **공전자기록과 유추해석금지 : 한국환경공단 임직원(올바로 시스템) 사건** 『형법 제227조의2(공전자기록위작·변작)는 "사무처리를 그르치게 할 목적으로 공무원 또는 공무소의 전자기록 등 특수매체기록을 위작 또는 변작한 자는 10년 이하의 징역에 처한다."라고 규정하고 있다. 여기에서 '공무원'이란 원칙적으로 법령에 의해 공무원의 지위를 가지는 자를 말하고, '공무소'란 공무원이 직무를 행하는 관청 또는 기관을 말하며, '공무원 또는 공무소의 전자기록'은 공무원 또는 공무소가 직무상 작성할 권한을 가지는 전자기록을 말한다. 따라서 그 행위주체가 공무원과 공무소가 아닌 경우에는 형법 또는 특별법에 의하여 공무원 등으로 의제되는 경우를 제외하고는 계약 등에 의하여 공무와 관련되는 업무를 일부 대행하는 경우가 있더라도 공무원 또는 공무소가 될 수 없다. 형벌법규의 구성요건인 공무원 또는 공무소를 법률의 규정도 없이 확장해석하거나 유추해석하는 것은 죄형법정주의 원칙에 반하기 때문이다』(대판 2020.3.12. 2016도19170)★.[139]

---

139) **보충설명** 한국환경공단은 환경부장관의 위탁을 받아 건설폐기물 인계·인수에 관한 내용 등의 전산처리를 위한 전자정보처리프로그램인 올바로시스템을 구축·운영하고 있더라도, 그 업무를 수행하는 한국환경공단 임직원은 공전자기록의 작성권한자인 공무원에 해당하지 않고, 한국환경공단은 공무소에 해당하지 않는다.

Ⅲ. 행 위

공전자기록 위작·변작죄의 행위는 위작 또는 변작하는 것이다. 위작과 변작에는 시스템 운영주체의 의사에 반하여 권한 없는 자가 전자기록을 작성·변경하거나, 권한 있는 자가 그 권한을 남용하여 전자기록을 작성하거나 변경한 경우뿐만 아니라 공무원이 허위내용의 전자기록을 만드는 경우도 포함된다.

> ✔ **위작의 의미 : 허위 검찰송치 입력 사건** 표준 『[1] 시스템을 설치·운영하는 주체와의 관계에서 전자기록의 생성에 관여할 권한이 없는 사람이 전자기록을 작출하거나 전자기록의 생성에 필요한 단위 정보의 입력을 하는 경우는 물론 시스템의 설치·운영 주체로부터 각자의 직무 범위에서 개개의 단위정보의 입력 권한을 부여받은 사람이 그 권한을 남용하여 허위의 정보를 입력함으로써 시스템 설치·운영 주체의 의사에 반하는 전자기록을 생성하는 경우도 형법 제227조의2에서 말하는 전자기록의 '위작'에 포함된다.
> [2] 경찰관이 고소사건을 처리하지 아니하였음에도 경찰범죄정보시스템에 그 사건을 검찰에 송치한 것으로 허위사실을 입력한 행위가 공전자기록위작죄에서 말하는 위작에 해당한다』(대판 2005.6.9. 2004도6132)☆.

제8관 허위진단서 등 작성죄

> **제233조 | 허위진단서 등의 작성 |**
> 의사, 한의사, 치과의사 또는 조산사가 진단서, 검안서 또는 생사에 관한 증명서를 허위로 작성한 때에는 3년 이하의 징역이나 금고, 7년 이하의 자격정지 또는 3천만 원 이하의 벌금에 처한다.

Ⅰ. 의 의

허위진단서작성죄는 의사·한의사·치과의사 또는 조산사가 진단서·검안서 또는 생사에 관한 증명서를 허위로 작성함으로써 성립하는 범죄이다. 의사·한의사·치과의사 등이 작성하는 진단서는 사문서에 해당하지만 전문직에 종사하는 사람들이 그 지식과 경험을 기재하는 문서이므로 신빙도가 높다는 것을 고려하여 작성권한 있는 자가 허위내용의 문서를 작성하는 경우를 처벌하는 것이다.

Ⅱ. 객관적 구성요건

1. 주 체

허위진단서작성죄의 주체는 의사·한의사·치과의사 또는 조산사이다. 본죄는 이러한 신분을 가지고 있는 자만이 주체가 될 수 있으므로 신분을 가지고 있지 않은 자가 의사명의를 모용하여 진단서를 작성한 경우에는 문서위조죄가 성립한다.

> ✔ **신분 없는 자의 작성행위 : 국립경찰병원장 명의 진단서 사건** 『일반인으로 하여금 공무원 또는 공무소의 권한 내에서 작성된 문서라고 믿을 수 있는 형식과 외관을 구비한 문서를 작성하면 공문서위조죄가 성립되므로, 피고인이 국립경찰병원장 명의의 진단서에 직인과 계인을 날인하고 환자의 성명과 병명 및 향후치료소견을 기재하였다면 비록 진단서 발행번호나 의사의 서명날인이 없더라도 이는 공문서로서 형식과 외관을 구비하였으므로 공문서위조죄가 성립한다』(대판 1987.9.22. 87도1443)★.

2. 객 체

허위진단서작성죄의 객체는 진단서·검안서 또는 생사에 관한 증명서이다.

진단서란 의사가 진찰의 결과에 대한 판단을 표시하여 사람의 건강상태를 증명하기 위하여 작성하는 문서를 말한다. 검안서란 의사가 사람의 신체에 대하여 검안한 바를 기재한 문서를 말한다. 생사에 관한 증명서란 출생 또는 사망사실을 증명하는 문서를 말한다.

> ✔ **진단서의 의미 : 입퇴원 확인서 사건** 『[1] 형법 제233조의 허위진단서작성죄에서 '진단서'란 의사가 진찰의 결과에 관한 판단을 표시하여 사람의 건강상태를 증명하기 위하여 작성하는 문서를 말하고, 위 조항에서 규율하는 진단서에 해당하는지 여부는 서류의 제목, 내용, 작성목적 등을 종합적으로 고려하여 판단하여야 한다.
> [2] 의사인 피고인이 환자의 인적사항, 병명, 입원기간 및 그러한 입원사실을 확인하는 내용이 기재된 '입퇴원 확인서'를 허위로 작성하였다고 하여 허위진단서작성으로 기소된 사안에서, 위 '입퇴원 확인서'는 문언의 제목, 내용 등에 비추어 의사의 전문적 지식에 의한 진찰이 없더라도 확인 가능한 환자들의 입원 여부 및 입원기간의 증명이 주된 목적인 서류로서 환자의 건강상태를 증명하기 위한 서류라고 볼 수 없어 허위진단서작성죄에서 규율하는 진단서로 보기 어려운데도, 이와 달리 보아 유죄를 인정한 원심판결에 허위진단서작성죄의 진단서에 관한 법리를 오해한 위법이 있다고 한 사례이다.』(대판 2013.12.12. 2012도3173)☆

3. 행 위

허위진단서작성죄의 행위는 허위로 문서를 작성하는 것이다. 허위진단서 작성에 해당하는 허위의 기재는 (사실에 관한 것이건 판단에 관한 것이건) 불문하므로, 현재의 진단명과 증상에 관한 기재뿐만 아니라 현재까지의 진찰 결과로서 발생 가능한 합병증과 향후 치료에 대한 소견을 기재한 경우에도 그로써 환자의 건강상태를 나타내고 있는 이상 허위진단서 작성의 대상이 될 수 있다.

Ⅲ. 주관적 구성요건

허위진단서작성죄가 성립하기 위해서는 진단서·검안서 또는 생사에 관한 증명서에 허위의 내용을 기재한다는 인식을 필요로 한다. 다만 행사의 목적을 요하지는 않는다. 의사가 진찰을 소홀히 하거나 오진하여 진실에 반하는 기재를 한 때에는 허위작성의 고의를 인정할 수 없으므로 본죄가 성립하지 않는다.

> ✔ **허위내용의 인식 : MRI 누락 진단서 사건** 표준 『형법 제233조의 허위진단서작성죄가 성립하기 위하여는 진단서의 내용이 실질상 진실에 반하는 기재여야 할 뿐 아니라 그 내용이 허위라는 의사의 주관적 인식이 필요하고, 의사가 주관적으로 진찰을 소홀히 한다던가 착오를 일으켜 오진한 결과로 객관적으로 진실에 반한 진단서를 작성하였다면 허위진단서작성에 대한 인식이 있다고 할 수 없으므로 허위진단서작성죄가 성립하지 아니한다.』(대판 2006.3.23. 2004도3360)☆

제9관 허위공문서작성죄

> **제227조 ㅣ허위공문서작성 등ㅣ**
> 공무원이 행사할 목적으로 그 직무에 관하여 문서 또는 도화를 허위로 작성하거나 변개한 때에는 7년 이하의 징역 또는 2천만 원 이하의 벌금에 처한다.

Ⅰ. 의 의

허위공문서작성죄는 공무원이 행사할 목적으로 그 직무에 관하여 문서 또는 도화를 허위로 작성하거나 변개함으로써 성립하는 범죄이다. 공문서위조죄와 달리 문서에 기재된 내용의 진실을 보호하는 범죄이다.

Ⅱ. 객관적 구성요건

1. 주 체

허위공문서작성죄의 주체는 직무에 관하여 문서 또는 도화를 작성할 권한이 있는 공무원이다. 본죄는 공무원만이 그 주체가 될 수 있는 신분범이나, 공무원이라 할지라도 문서의 작성 권한이 없는 자는 본죄의 주체가 될 수 없다.

> ✔ **허위공문서작상죄 및 동행사죄의 주체 : 영상물등급위원회 임직원 사건** 『허위공문서작성죄 및 그 행사죄는 "공무원"만이 그 주체가 될 수 있는 신분범이라 할 것이므로, 신분상 공무원이 아님이 분명한 피고인들을 허위공문서작성죄 및 그 행사죄로 처벌하려면 그에 관한 특별규정이 있어야 할 것이고, 그들의 업무가 국가의 사무에 해당한다거나, 그들이 소속된 영상물등급위원회의 행정기관성이 인정된다는 사정만으로는 피고인들을 위 죄로 처벌할 수 없다고 할 것이다』(대판 2009.3.26. 2008도93)☆

2. 객 체

허위공문서작성죄의 객체는 공문서 또는 도화이다. 공문서란 공무소 또는 공무원이 직무에 관하여 작성한 문서를 말한다. 따라서 사문서에 대하여는 본죄가 성립할 여지가 없다. 작성명의인이 명시되어 있지 아니한 경우에도 문서의 형식·내용 등 그 문서 자체에 의하여 누가 작성하였는지를 추측하여 알 수 있는 경우에는 본죄의 객체가 된다.

> ✔ **객체에 해당하는 경우 : 자생식물원 검사조서 사건** 『지방자치단체를 당사자로 하는 계약의 이행완료에 관한 검사는 지방자치단체의 장 또는 계약담당자의 직무권한에 속하는 사항으로서 이를 전문기관에 위임하여 수행하게 한다고 하여 그 직무 소관이 달라지는 것은 아니고 다만 이때에는 전문기관으로부터 검사결과를 문서로 통보받아 확인하는 방법으로 그 직무를 집행하게 되는 것이므로, 지방자치단체의 장 또는 계약담당자가 그 검사를 위임받아 수행한 전문기관으로부터 검사결과를 검사조서로 작성·보고받고 이를 확인하여 승인하는 의미로 검사조서에 결재하였다면 그와 같이 결재된 검사조서는 공무원이 그 직무권한 내에서 작성한 문서로서 허위공문서작성죄의 객체인 공문서에 해당한다』(대판 2010.4.29. 2010도875)☆

> ✔ **작성명의인이 없는 경우 : 국정원 수사방해 사건** 『허위공문서작성죄의 객체가 되는 문서는 문서상 작성명의인이 명시된 경우뿐 아니라 작성명의인이 명시되어 있지 않더라도 문서의 형식, 내용 등 문서 자체에 의하여 누가 작성하였는지를 추지할 수 있을 정도의 것이면 된다』(대판 2019.3.14. 2018도18646)★.

허위공문서작성죄에 있어서의 '직무에 관한 문서'라 함은 공무원이 그 직무권한 내에서 작성하는 문서를 말하고, 그 문서는 대외적인 것이거나 내부적인 것(대내적인 기안문서인 예산품의서)을 구별하지 아니하며, 그 직무권한이 반드시 법률상 근거가 있음을 필요로 하는 것이 아니고, 널리 명령, 내규 또는 관례에 의한 직무집행의 권한으로써 작성하는 경우를 포함한다.140)

3. 행위

허위공문서작성죄의 행위는 문서・도화를 허위로 작성하거나 변개하는 것이다.

가. 허위작성

허위작성이란 작성권한 있는 문서에 진실에 반하는 허위내용을 기재하는 것을 말한다. 작성권한 없는 자의 허위기재는 본죄가 아니라 위조죄가 된다.

	허위작성을 인정한 기출판례 정리
①	✔ **투기목적 농지취득 사건** 『농지법 제8조 제1항 소정의 농지취득자격증명은 농지를 취득하는 자가 그 소유권에 관한 등기를 신청할 때에 첨부하여야 할 서류로서, 농지를 취득하는 자에게 농지취득의 자격이 있다는 것을 증명하는 것이므로, 신청인에게 농업경영능력이나 영농의사가 없음을 알거나 이를 제대로 알지 못하면서도 농지취득자격에 아무런 문제가 없다는 내용으로 농지취득자격증명통보서를 작성하였다면, 허위공문서작성죄가 성립한다』(대판 2007.1.25. 2006도3996)☆.
②	✔ **대출용 인감증명서 사건** 『인감증명서 발급업무를 담당하는 공무원이 발급을 신청한 본인이 직접 출두한 바 없음에도 불구하고 본인이 직접 신청하여 발급받은 것처럼 인감증명서에 기재하였다면, 이는 공문서위조죄가 아닌 **허위공문서작성죄를 구성한다**』(대판 1997.7.11. 97도1082)☆.
③	✔ **등기 누락 사건** 『허위공문서라 함은 문서를 작성할 권한이 있는 공무원이 그 내용이 허위라는 사실을 인식하면서 진실에 반하는 기재를 하여 작성한 공문서인바, 부동산등기법 제53조 제1항, 제54조 및 1994.1.1.부터 시행된 등기예규 제13조의 규정에 의하면, 소유권이전등기와 근저당권설정등기의 신청이 동시에 이루어지고 그와 함께 등본의 교부신청이 있는 경우에는, 등기공무원은 소유권이전등기와 근저당권설정등기 모두에 관하여 등기부에의 기입을 마치고 그에 따른 등기부등본을 교부하여야 함에도 불구하고, 등기공무원이 소유권이전등기만 기입하고 근저당권설정등기는 기입하지 아니한 채 등기부등본을 발급하였다면 비록 그 등기부등본의 기재가 등기부의 기재와 일치한다 하더라도, 그 등기부등본은 이미 접수된 신청서에 따라 기입하여야 할 사항 중 일부를 고의로 누락한 채 작성되어 내용이 진실하지 아니한 것으로서 허위공문서에 해당한다』(대판 1996.10.15. 96도1669)☆.
④	✔ **세대별 주민등록표 사건** 『지방공무원인 피고인이 甲으로부터 부탁을 받고 1989.4.15.까지는 甲이 세대주이고 처인 乙은 동거가족에 불과하였음에도 불구하고 마치 1988.3.26.부터 乙이 세대주인 것처럼 된 세대별 주민등록표 1장을 작성하여 동사무소의 주민등록표 보관함에 비치한 행위는 **허위공문서작성 및 동행사죄에 해당한다**』(대판 1990.10.16. 90도1199)☆.

---

140) **보충설명** 대판 1981.12.8. 81도943 참조.

⑤ ✔ **인감증명서 대리인신청 사건** 『형법상 문서에 관한 죄에 있어서 문서라 함은 문자 또는 이에 대신할 수 있는 가독적 부호로 계속적으로 물체상에 기재된 의사 또는 관념의 표시로서 그 내용은 법률상, 사회생활상 주요사항에 관한 증거로 될 수 있는 것을 말하며 공문서허위작성죄에 있어서 허위라 함은 표시된 내용과 진실이 부합하지 아니하여 그 문서에 대한 공공의 신용을 위태롭게 하는 경우를 말하는 바 작성권한있는 공무원이 인감증명서를 발행함에 있어 인감증명서의 인적사항과 인감 및 그 용도를 일치하게 기재하였어도 본인이 아닌 대리인에 의한 신청임에도 그 증명서의 본인란에 O표를 하였다면 그 사항에 관하여는 허위기재한 것으로 보아야 할 것이다』(대판 1985.6.25. 85도758)☆.

⑥ ✔ **원본대조필 사건** 『공무원인 피고인이 그 직무에 관하여 이 건 문제로 된 사문서 사본에 "원본대조필 토목기사 피고인"이라 기재하고 도장을 날인하였다면 그 기재 자체가 공문서로 되고, 이 경우 피고인이 실제로 원본과 대조함이 없이 "원본대조필"이라고 기재한 이상 그것만으로 곧 허위공문서작성죄가 성립하는 것이다』(대판 1981.9.22. 80도3180)☆.

허위작성을 부정한 기출판례 정리

① ✔ **청소년수련원 건축허가서 사건** 『[1] 허위공문서작성죄란 공문서에 진실에 반하는 기재를 하는 때에 성립하는 범죄이므로, 고의로 법령을 잘못 적용하여 공문서를 작성하였다고 하더라도 그 법령적용의 전제가 된 사실관계에 대한 내용에 거짓이 없다면 허위공문서작성죄가 성립될 수 없다.
[2] 건축 담당 공무원이 건축허가신청서를 접수·처리함에 있어 건축법상의 요건을 갖추지 못하고 설계된 사실을 알면서도 기안서인 건축허가통보서를 작성하여 건축허가서의 작성명의인인 군수의 결재를 받아 건축허가서를 작성한 경우, 건축허가서는 그 작성명의인인 군수가 건축허가신청에 대하여 이를 관계 법령에 따라 허가한다는 내용에 불과하고 위 건축허가신청서와 그 첨부서류에 기재된 내용(건축물의 건축계획)이 건축법의 규정에 적합하다는 사실을 확인하거나 증명하는 것은 아니라 할 것이므로 군수가 위 건축허가통보서에 결재하여 위 건축허가신청을 허가하였다면 위 건축허가서에 표현된 허가의 의사표시 내용 자체에 어떠한 허위가 있다고 볼 수는 없다 할 것이어서, 이러한 건축허가에 그 요건을 구비하지 못한 잘못이 있고 이에 담당 공무원의 위법행위가 개입되었다 하더라도 그 위법행위에 대한 책임을 추궁하는 것은 별론으로 하고 위 건축허가서를 작성한 행위를 허위공문서작성죄로 처벌할 수는 없다』(대판 2000.6.27. 2000도1858)★.

② ✔ **세액계산서 사건** 『허위공문서작성죄란 공문서에 진실에 반하는 기재를 하는 때에 성립하는 범죄이므로, 고의로 법령을 잘못 적용하여 공문서를 작성하였다고 하더라도 그 법령적용의 전제가 된 사실관계에 대한 내용에 거짓이 없다면 허위공문서작성죄가 성립될 수 없는바 당사자로부터 뇌물을 받고 고의로 적용하여서는 안될 조항을 적용하여 과세표준을 결정하고 그 과세표준에 기하여 세액을 산출하였다고 하더라도, 그 세액계산서에 허위내용의 기재가 없다면 허위공문서작성죄에는 해당하지 않는다』(대판 1996.5.14. 96도554)★.

나. 변 개

변개란 작성권한 있는 공무원이 기존문서를 허위로 고치는 것을 말한다. 진정한 문서를 전제로 한다는 점에서는 변조와 유사하나, 작성권한 있는 자의 행위를 필요로 한다는 점에서 양자는 구별된다.

다. 기수시기

허위공문서작성죄는 문서에 허위사실을 기재한 때 기수가 된다. 문서로서의 형식과 외관을 갖춘 이상 반드시 명의인의 날인을 명시할 것을 요하지 않는다.

Ⅲ. 주관적 구성요건

허위공문서작성죄가 성립하기 위해서는 공무원이 직무에 관하여 허위의 문서를 작성하거나 변개한다는 인식을 내용으로 하는 고의와 행사의 목적이 있어야 한다.

> ✔ '허위'의 의미 및 허위에 대한 인식 : 재수사 결과서 허위작성 사건 최신3년 『[1] 문서에 관한 죄의 보호법익은 문서의 증명력과 문서에 들어 있는 의사표시의 안정·신용으로, 일정한 법률관계 또는 거래상 중요한 사실에 관한 관계를 표시함으로써 증거가 될 만한 가치가 있는 문서를 대상으로 한다. 그 중 공무소 또는 공무원이 직무에 관하여 진실에 반하는 허위 내용의 문서를 작성할 경우 허위공문서작성죄가 성립하고, 이는 공문서에 특별한 증명력과 신용력이 인정되기 때문에 성립의 진정뿐만 아니라 내용의 진실까지 보호하기 위함이다. 허위공문서작성죄에서 허위란 표시된 내용과 진실이 부합하지 아니하여 그 문서에 대한 공공의 신용을 위태롭게 하는 경우를 말하고, 허위공문서작성죄는 허위공문서를 작성하면서 그 내용이 허위라는 사실을 인식하면 성립한다.
> [2] 사법경찰관인 피고인이 검사로부터 '교통사고 피해자들로부터 사고 경위에 대해 구체적인 진술을 청취하여 운전자 갑의 도주 여부에 대해 재수사할 것'을 요청받고, 재수사 결과서의 '재수사 결과'란에 피해자들로부터 진술을 청취하지 않았음에도 진술을 듣고 그 진술내용을 적은 것처럼 기재함으로써 허위공문서를 작성하였다는 내용으로 기소된 사안에서, 피해자들 진술로 기재된 내용 중 일부가 결과적으로 사실과 부합하는지, 재수사 요청을 받은 사법경찰관이 검사에 의하여 지목된 참고인이나 피의자 등에 대한 재조사 여부와 재조사 방식 등에 대해 재량을 가지는지 등과 무관하게 피고인의 행위는 허위공문서작성죄를 구성하고, 그에 관한 범의도 인정된다고 한 사례』(대판 2023.3.30. 2022도6886)☆.

고의를 인정한 기출판례 정리

① ✔ **호적부 허위기재 사건** 『신고사항이 허위인 것이 명백한 경우에는 호적리는 그 기재를 거부할 수 있다고 해석할 것이므로 허위임을 알고 있으면서 이를 호적부에 기재하였다면 허위공문서 작성죄가 성립한다』(대판 1977.12.27. 77도2155)☆.

② ✔ **불법건축물 원상복구 사건** 『피고인이 실제로 현장확인을 하지 않고 동료 청원경찰인 B에게 원상복구 여부에 대한 현장확인을 부탁한 다음, B가 작성한 출장복명서가 진실한 것인지를 제대로 알지도 못하면서 자신이 직접 현장확인을 하여 보니 원상복구가 완료되었다는 내용의 출장복명서에 자신의 서명을 함으로써 출장복명서를 완성하여 그 정을 모르는 담당공무원에게 제출하였다면 이는 허위공문서작성죄 및 허위작성공문서행사죄에 해당한다』(대판 2013.10.24. 2013도5752)☆.

고의를 부정한 기출판례 정리

① ✔ **사업예정지 현지실태조사 사건** 『공무원이 여러 차례의 출장반복의 번거로움을 회피하고 민원사무를 신속히 처리한다는 방침에 따라 사전에 출장조사한 다음 출장조사내용이 변동없다는 확신하에 출장복명서를 작성하고 다만 그 출장일자를 작성일자로 기재한 것이라면 허위공문서작성의 범의가 있었다고 볼 수 없다』(대판 2001.1.5. 99도4101)☆.

Ⅳ. 간접정범의 성부

작성권한 없는 자가 작성권한 있는 다른 공무원을 이용하여 허위공문서를 작성한 경우에 본죄의 간접정범이 성립될 수 있는가가 문제된다.

1. 공무원 아닌 자의 경우

공무원 아닌 자가 공무원을 이용한 경우에 간접정범으로 본죄가 성립될 수 있는가에 대하여 견해의 대립이 있지만 판례는 간접정범의 성립을 부정하고 있는 입장이다. 공무원 아닌 자는 본죄의 정범이 될 수 있는 자격(정범적격)이 없기 때문 제33조에 의해 본죄의 교사범, 방조범이나 공동정범은 될 수 있어도 간접정범은 될 수 없다.

> ✔ **비공무원이 가담한 경우 : 농작물피해조사대장 사건** 『공무원이 아닌 자는 형법 제228조의 경우를 제외하고는 허위공문서작성죄의 간접정범으로 처벌할 수 없으나, 공무원이 아닌 자가 공무원과 공동하여 허위공문서작성죄를 범한 때에는 공무원이 아닌 자도 형법 제33조, 제30조에 의하여 허위공문서작성죄의 공동정범이 된다』(대판 2006.5.11. 2006도1663)★

2. 공무소 내의 공무원(보조공무원)인 경우

문서의 작성권한은 없지만 해당 사무를 담당하는 공무원이나 보조공무원이 작성권한 있는 공무원을 이용하여 허위공문서를 작성한 경우에 판례는 본죄의 간접정범 성립을 긍정하고 있는 입장이다.[141]

> ✔ **보조공무원이 가담한 경우 : 호병계장 사건** 『허위공문서작성죄의 주체는 직무상 그 문서를 작성할 권한이 있는 공무원에 한하고 작성권자를 보조하는 직무에 종사하는 공무원은 허위공문서작성죄의 주체가 되지 못하나 이러한 보조직무에 종사하는 공무원이 허위공문서를 기안하여 허위인 정을 모르는 작성권자에게 제출하고 그로 하여금 그 내용이 진실한 것으로 오신케 하여 서명 또는 기명날인케 함으로써 공문서를 완성한 때에는 허위공문서작성죄의 간접정범이 성립된다 할 것인바, 면의 호적계장이 정을 모른 면장의 결재를 받아 허위내용의 호적부를 작성한 경우 허위공문서작성, 동행사죄의 간접정범이 성립된다』(대판 1990.10.30. 90도1912)★

그러나 작성권자를 보조하는 직무에 종사하는 공무원이 작성권자의 결재를 받지 않고 직인 등을 보관하는 담당자를 기망하여 작성권자의 직인을 날인한 경우에는 공문서위조죄가 성립한다.

> ✔ **권한자를 이용하지 않은 경우 : 전투비행단 관리사장 사건** 표조 『허위공문서작성죄의 주체는 문서를 작성할 권한이 있는 명의인인 공무원에 한하고 그 공무원의 문서작성을 보조하는 직무에 종사하는 공무원은 허위공문서작성죄의 주체가 될 수 없다. 따라서 보조 직무에 종사하는 공무원이 허위공문서를 기안하여 허위임을 모르는 작성권자의 결재를 받아 공문서를 완성한 때에는 허위공문서작성죄의 간접정범이 될 것이지만, 이러한 결재를 거치지 않고 임의로 작성권자의 직인 등을 부정 사용함으로써 공문서를 완성한 때에는 공문서위조죄가 성립한다. 이는 공문서의 작성권한 없는 사람이 허위공문서를 기안하여 작성권자의 결재를 받지 않고 공문서를 완성한 경우에도 마찬가지이다. 나아가 작성권자의 직인 등을 보관하는 담당자는 일반적으로 작성권자의 결재가 있는 때에 한하여 보관 중인 직인 등을 날인할 수 있을 뿐이다. 이러한 경우 다른 공무원 등이 작성권자의 결재를 받지 않고 직인 등을 보관하는 담당자를 기망하여 작성권자의 직인을 날인하도록 하여 공문서를 완성한 때에도 공문서위조죄가 성립한다』(대판 2017.5.17. 2016도13912)★

---

141) **보충설명** 문서의 작성명의인 또는 권한자는 아니지만 기안을 담당하는 보조공무원은 사실상 또는 실질적으로 작성권한을 가지고 있으므로 간접정범의 성립을 긍정하고 있다.

V. 타죄와의 관계

공무원인 의사가 공무소의 명의로 허위진단서를 작성한 경우에는 허위공문서작성죄만이 성립하고 허위진단서작성죄는 별도로 성립하지 않는다.

> ✔ **공무원인 의사의 허위진단서 : 보건복지부 소속 의무서기관 사건** 『형법이 제225조 내지 제230조에서 공문서에 관한 범죄를 규정하고, 이어 제231조 내지 제236조에서 사문서에 관한 범죄를 규정하고 있는 점 등에 비추어 볼 때 형법 제233조 소정의 허위진단서작성죄의 대상은 공무원이 아닌 의사가 사문서로서 진단서를 작성한 경우에 한정되고, 공무원인 의사가 공무소의 명의로 허위진단서를 작성한 경우에는 허위공문서작성죄만이 성립하고 허위진단서작성죄는 별도로 성립하지 않는다』(대판 2004.4.9. 2003도7762)★.

제10관 공정증서원본 등 부실기재죄

> **제228조 | 공정증서원본 등의 부실기재 |**
> ① 공무원에 대하여 허위신고를 하여 공정증서원본 또는 이와 동일한 전자기록등 특수매체기록에 부실의 사실을 기재 또는 기록하게 한 자는 5년 이하의 징역 또는 1천만 원 이하의 벌금에 처한다.
> ② 공무원에 대하여 허위신고를 하여 면허증, 허가증, 등록증 또는 여권에 부실의 사실을 기재하게 한 자는 3년 이하의 징역 또는 700만 원 이하의 벌금에 처한다.

I. 의 의

공정증서원본부실기재죄는 공무원에 대하여 허위신고를 하여 공정증서원본 또는 이와 동일한 전자기록 등 특수매체기록에 부실의 사실을 기재 또는 기록하거나, 공무원에 대하여 허위신고를 하여 면허증, 허가증, 등록증 또는 여권에 부실의 사실을 기재함으로써 성립하는 범죄이다. 앞서 살펴본 바와 같이 허위공문서작성죄는 작성권한 있는 공무원을 주체로 하는 진정신분범이므로 신분이 없는 자가 가담한 경우에는 간접정범이 성립되지 않는다. 허위공문서작성죄에 의한 처벌의 흠결을 보충하기 위해 간접정범의 형태에 의한 허위공문서작성죄를 특별히 규정한 범죄라고 할 수 있다.

II. 구성요건

1. 주 체

공정증서원본부실기재죄의 주체에는 제한이 없다. 공무원도 주체가 될 수 있다.

2. 객 체

공정증서원본부실기재죄의 객체는 공정증서원본 또는 이와 동일한 전자기록 등 특수매체기록, 면허증·허가증·등록증 또는 여권이다.

가. 공정증서원본

공정증서란 공무원이 직무상 작성하는 문서로서 권리·의무에 관한 사실을 증명하는 효력을 가진 것을 말한다. 예를 들어 가족관계등록부, 부동산등기부, 상업등기부, 합동법률사무소 명의로 작성된 공정증서, 화해조서 등이 있다.

> ✔ 공정증서에 해당하는 경우 : 가장납입 상업등기부 사건 『공정증서원본불실기재죄는 공무원에 대하여 허위신고를 하여 공정증서원본에 진실에 반하는 사실을 기재하게 함으로써 성립하는 것이므로, 유상증자 등기의 신청시 발행주식 총수 및 자본의 총액이 증가한 사실이 허위임을 알면서 증자등기를 신청하여 상업등기부원본에 그 기재를 하게 한 이상, 등기신청서류로 제출된 주금납입금보관증명서가 위조된 것임을 몰랐다고 하더라도 공정증서원본불실기재죄가 성립한다』(대판 2006.10.26. 2006도5147)☆.

> ✔ 공정증서에 해당하는 경우 : 전처 명의 차용증 사건 『형법 제228조 제1항이 규정하는 공정증서원본부실기재죄는 특별한 신빙성이 인정되는 공문서에 대한 공공의 신용을 보장함을 보호법익으로 하는 범죄로서 공무원에 대하여 진실에 반하는 허위신고를 하여 공정증서원본 또는 이와 동일한 전자기록 등 특수매체기록에 실체관계에 부합하지 아니하는 부실의 사실을 기재 또는 등록하게 함으로써 성립하는 것이므로, 실제로는 채권·채무관계가 존재하지 아니함에도 공증인에게 허위신고를 하여 가장된 금전채권에 대하여 집행력이 있는 공정증서원본을 작성하고 이를 비치하게 한 것이라면 공정증서원본부실기재죄 및 부실기재공정증서원본행사죄의 죄책을 면할 수 없다고 할 것이다』(대판 2008.12.24. 2008도7836)★.

그러나 주민등록부, 인감대장, 토지대장, 가옥대장, 자동차운전면허대장, 사서증서는 권리·의무관계를 증명하는 공문서가 아니므로 공정증서에 해당하지 않는다. 아울러 공정증서의 원본임을 요하므로 등본, 사본, 초본, 정본은 본죄의 객체에 포함되지 않는다.

> ✔ 공정증서에 해당하지 않는 경우 : 토지대장 사건 『형법 제228조에서 말하는 공정증서란 권리의무에 관한 공정증서만을 가리키는 것이고 사실증명에 관한 것은 이에 포함되지 아니하므로 권리의무에 변동을 주는 효력이 없는 토지대장은 위에서 말하는 공정증서에 해당하지 아니한다』(대판 1988.5.24. 87도2696)☆.

> ✔ 공정증서에 해당하지 않는 경우 : 자동차운전면허대장 사건 『자동차운전면허대장은 운전면허 행정사무집행의 편의를 위하여 범칙자, 교통사고유발자의 인적사항·면허번호 등을 기재하거나 운전면허증의 교부 및 재교부 등에 관한 사항을 기재하는 것에 불과하며, 그에 대한 기재를 통해 당해 운전면허 취득자에게 어떠한 권리의무를 부여하거나 변동 또는 상실시키는 효력을 발생하게 하는 것으로 볼 수는 없고, 따라서 자동차운전면허대장은 사실증명에 관한 것에 불과하므로 형법 제228조 제1항에서 말하는 공정증서원본이라고 볼 수 없다』(대판 2010.6.10. 2010도1125)☆.

> ✔ 공정증서에 해당하지 않는 경우 : 사서증서 사건 『형법 제228조에서 말하는 공정증서란 권리의무에 관한 공정증서를 가리키는 것이라 할 것이므로 공증인이 인증한 사서증서는 위 법조에서 말하는 공정증서원본이 될 수 없다』(대판 1984.10.23. 84도1217)☆.

공정증서는 그 성질상 허위신고에 의해 불실한 사실이 그대로 기재될 수 있는 공문서를 의미하므로 조정조서는 공정증서원본에 해당하지 않는다.

> ✔ **공정증서에 해당하지 않는 경우 : 조정조서 사건** 표준 『법원에 허위 내용의 조정신청서를 제출하여 판사로 하여금 조정조서에 불실의 사실을 기재하게 하였다는 취지의 공정증서원본 불실기재의 공소사실에 대하여, 민사조정법상 조정신청에 의한 조정제도는 원칙적으로 조정신청인의 신청 취지에 구애됨이 없이 조정담당판사 등이 제반 사정을 고려하여 당사자들에게 상호 양보하여 합의하도록 권유·주선함으로써 화해에 이르게 하는 제도인 점에 비추어, 그 조정절차에서 작성되는 조정조서는 그 성질상 허위신고에 의해 불실한 사실이 그대로 기재될 수 있는 공문서로 볼 수 없어 공정증서원본에 해당하는 것으로 볼 수 없다』 (대판 2010.6.10. 2010도3232) ★.

나. 면허증

면허증이란 특정된 사람에게 일정한 행위를 할 수 있는 권리를 부여하는 증명서를 말한다. 예를 들어 의사면허증, 운전면허증, 수렵면허증 등이 있다.

다. 허가증 · 등록증

허가증은 일정한 사업이나 영업을 허가하는 공무소가 발행하는 증서를 말한다. 등록증은 공무원이 작성한 모든 등록증을 말하는 것이 아니라, 일정한 자격이나 요건을 갖춘 자에게 그 자격이나 요건에 상응하는 활동을 할 수 있는 권능 등을 인정하기 위한 증서를 말한다. 예를 들어 변호사 등록증, 변리사 등록증 등이 있다. 그러나 사업자등록증은 부가가치세법상 관할세무서장이 교부하는 단순한 사업사실의 등록을 증명하는 증서에 불과하므로 등록증에 해당하지 않는다.

> ✔ **등록증에 해당되지 않는 경우 : 사업자등록증 부실기재 사건** 표준 『사업자등록증은 단순한 사업사실의 등록을 증명하는 증서에 불과하고 그에 의하여 사업을 할 수 있는 자격이나 요건을 갖추었음을 인정하는 것은 아니라고 할 것이어서 형법 제228조 제1항에 정한 '등록증'에 해당하지 않는다』 (대판 2005.7.15. 2003도6934) ★.

라. 여 권

여권은 공무소가 일정한 사람에게 외국을 여행할 수 있음을 허가하는 증명서를 말한다.

3. 행 위

공정증서원본부실기재죄의 행위는 공무원에 대하여 허위신고를 하여 부실의 사실을 기재하게 하는 것이다. 따라서 허위신고에 의하지 않고 법원의 촉탁에 의하여 부실의 등기가 이루어진 경우에는 본죄가 성립되지 않는다.

> ✔ **촉탁에 의한 허위기재 사건** 『공정증서원본불실기재죄에 있어서의 불실의 기재는 당사자의 허위신고에 의하여 이루어져야 하므로 법원의 촉탁에 의하여 이루어진 경우에는 가령 그 전제절차에 허위적 요소가 있다 하더라도 그것은 법원의 촉탁에 의하여 이루어진 것이지 당사자의 허위신고에 의하여 이루어진 것이 아니므로 공정증서원본불실기재죄를 구성하지 않는다』 (대판 1983.12.27. 83도2442) ☆.

가. 허위신고

허위신고란 일정한 사실에 대하여 진실에 반하는 신고를 하는 것을 말한다. 내용이 허위인 경우뿐만 아니라 신고인이 자격을 사칭하는 경우를 포함한다.

허위신고를 인정한 기출판례 정리
① ✔ **가압류 대비용 약속어음 공증 사건** 『발행인과 수취인이 통모하여 진정한 어음채무 부담이나 어음채권 취득에 관한 의사 없이 단지 발행인의 채권자에게서 채권 추심이나 강제집행을 받는 것을 회피하기 위하여 형식적으로만 약속어음의 발행을 가장한 경우 이러한 어음발행행위는 통정허위표시로서 무효이므로, 이와 같이 발행인과 수취인 사이에 통정허위표시로서 무효인 어음발행행위를 공증인에게는 마치 진정한 어음발행행위가 있는 것처럼 허위로 신고함으로써 공증인으로 하여금 어음발행행위에 대하여 집행력 있는 어음공정증서원본을 작성케 하고 이를 비치하게 하였다면, 이러한 행위는 공정증서원본불실기재 및 불실기재공정증서원본행사죄에 해당한다고 보아야 한다』(대판 2012.4.26. 2009도5786)★.
② ✔ **지적공부 소실 사건** 『등기부의 기재가 확정판결에 의하여 되었다 하더라도 피고인이 그 확정판결의 내용이 진실에 반하는 것임을 알면서 이에 기하여 등기공무원에게 등기신청을 하는 것은 형법 제228조의 소위 공무원에 대하여 허위신고를 하는 것에 해당한다』(대판 1996.5.31. 95도1967)☆.

허위신고를 부정한 기출판례 정리
① ✔ **허위채권 양도 사건** 『양도인이 허위의 채권에 관하여 그 정을 모르는 양수인과 실제로 채권양도의 법률행위를 한 이상, 공증인에게 그러한 채권양도의 법률행위에 관한 공정증서를 작성하게 하였다고 하더라도 그 공정증서가 증명하는 사항에 관하여는 불실의 사실을 기재하게 하였다고 볼 것은 아니고, 따라서 공정증서원본불실기재죄가 성립한다고 볼 수 없다』(대판 2004.1.27. 2001도5414)★.

나. 부실의 사실 기재

(1) 의 의

'부실의 사실을 기재하게 한다'란 권리의무관계에 중요한 의미를 갖는 사항에 있어 진실에 반하는 내용을 기재하게 하는 것을 말한다.

> ✔ **부실의 사실의 의미 : 7천만 원 증액 신고 사건** 『[1] 형법 제228조 제1항이 규정하는 공정증서원본불실기재죄나 공전자기록등불실기재죄는 특별한 신빙성이 인정되는 권리의무에 관한 공문서에 대한 공공의 신용을 보장함을 보호법익으로 하는 범죄로서 공무원에 대하여 진실에 반하는 허위신고를 하여 공정증서원본 또는 이와 동일한 전자기록 등 특수매체기록에 그 증명하는 사항에 관하여 실체관계에 부합하지 아니하는 '부실(불실)의 사실'을 기재 또는 기록하게 함으로써 성립하므로, 여기서 '부실의 사실'이란 권리의무관계에 중요한 의미를 갖는 사항이 객관적인 진실에 반하는 것을 말한다.
> [2] 부동산등기부에 기재되는 거래가액은 당해 부동산의 권리의무관계에 중요한 의미를 갖는 사항에 해당한다고 볼 수 없다. 따라서 부동산의 거래당사자가 거래가액을 시장 등에게 거짓으로 신고하여 신고필증을 받은 뒤 이를 기초로 사실과 다른 내용의 거래가액이 부동산등기부에 등재되도록 하였다면, '공인중개사의 업무 및 부동산 거래신고에 관한 법률'에 따른 과태료의 제재를 받게 됨은 별론으로 하고, 형법상의 공전자기록등불실기재죄 및 불실기재공전자기록등행사죄가 성립하지는 아니한다』(대판 2013.1.24. 2012도12363)★.

따라서 권리의무관계에 중요한 부분을 사실과 달리 기재하거나 허위로 기재한 경우에는 부실기재로서 본죄가 성립한다.

부실기재를 인정한 기출판례 정리
① ✓ **허위 증자등기 사건** 『유상증자 등기의 신청시 발행주식 총수 및 자본의 총액이 증가한 사실이 허위임을 알면서 증자등기를 신청하여 상업등기부원본에 그 기재를 하게 한 경우, 등기신청서류로 제출된 주금납입금보관증명서가 위조된 것임을 몰랐다고 하더라도 공정증서원본불실기재죄가 성립한다』 (대판 2006.10.26. 2006도5147)☆
② ✓ **종중대표자 가장 사건** 『종중 소유의 부동산은 종중 총회의 결의를 얻어야 유효하게 처분할 수 있다 하더라도 거래 상대방으로서는 부동산등기부상에 표시된 종중 대표자를 신뢰하고 거래하는 것이 일반적이라는 점 등에 비추어 보면, 종중 대표자의 기재는 당해 부동산의 처분권한과 관련된 중요한 부분의 기재로서 이에 대한 공공의 신용을 보호할 필요가 있으므로 이를 허위로 등재한 경우에는 공정증서원본불실기재죄의 대상이 되는 불실의 기재에 해당한다』 (대판 2006.1.13. 2005도4790)☆
③ ✓ **망자 명의 근저당설정계약서 사건** 『근저당권은 근저당물의 소유자가 아니면 설정할 수 없으므로 타인의 부동산을 자기 또는 제3자의 소유라고 허위의 사실을 신고하여 소유권이전등기를 경료한 후 나아가 그 부동산이 자기 또는 당해 제3자의 소유인 것처럼 가장하여 그 부동산에 관하여 자기 또는 당해 제3자 명의로 채권자와의 사이에 근저당권설정등기를 경료한 경우에는 공정증서원본불실기재 및 동행사죄가 성립한다』 (대판 1997.7.25. 97도605)☆

부실기재를 부정한 기출판례 정리
① ✓ **상속으로 인한 이전등기 사건** 『재산상속인은 피상속인의 사망으로 인하여 상속개시된 때로부터 피상속인의 재산에 관한 포괄적 권리의무를 승계하게 되므로 어떤 부동산에 관하여 피상속인에게 실체상의 권리가 없었다 하더라도 재산상속인이 상속을 원인으로 한 소유권이전등기를 경료한 경우에는 그 등기는 당시의 등기부상의 권리관계를 나타내는 것에 불과하므로 그와 같은 등기절차를 밟았다 하여 공정증서원본불실기재나 동행사죄가 성립할 수 없다』 (대판 1987.4.14. 85도2661)☆
② ✓ **신주발행 무효 사건** 『주식회사의 신주발행의 경우 신주발행에 법률상 무효사유가 존재한다고 하더라도 그 무효는 신주발행무효의 소에 의해서만 주장할 수 있고, 신주발행무효의 판결이 확정되더라도 그 판결은 장래에 대하여만 효력이 있으므로(상법 제429조, 제431조 제1항), 그 신주발행이 판결로써 무효로 확정되기 이전에 그 신주발행사실을 담당 공무원에게 신고하여 공정증서인 법인등기부에 기재하게 하였다고 하여 그 행위가 공무원에 대하여 허위신고를 한 것이라거나 그 기재가 불실기재에 해당하는 것이라고 할 수는 없다』 (대판 2007.5.31. 2006도8488)☆

(2) 부실기재의 일반적인 판단기준

공정증서원본부실기재죄는 공무원에 대하여 허위신고를 함으로써 공정증서원본에 부실의 사실을 기재하게 하는 경우에 성립하는 범죄이므로, 공정증서원본에 기재된 사항이 부존재하거나 외관상 존재한다고 하더라도 무효에 해당되는 하자가 있다면 그 기재는 부실기재에 해당하는 것이나, 기재된 사항이나 그 원인된 법률행위가 객관적으로 존재하고 다만 거기에 취소사유인 하자가 있을 뿐인 경우 취소되기 전에 공정증서원본에 기재된 이상 그 기재는 공정증서원본의 부실기재에 해당하지는 않는다.

	부실기재를 인정한 기출판례 정리
①	✔ **승낙 전제 등기이전 사건** 『부동산 매수인이 매도인과 사이에 부동산의 소유권이전에 관한 물권적 합의가 없는 상태에서, 소유권이전등기신청에 관한 대리권이 없이 단지 소유권이전등기에 필요한 서류를 보관하고 있을 뿐인 법무사를 기망하여 매수인 명의의 소유권이전등기를 신청하게 한 경우, 이는 단지 소유권이전등기신청절차에 하자가 있는 것에 불과한 것이 아니라 허위의 사실을 신고한 것이라고 보아야 하고, 위 소유권이전등기는 원인무효의 등기로서 불실기재에 해당한다는 이유로, 공정증서원본불실기재죄가 성립한다.』(대판 2006.3.10. 2005도9402)☆

	부실기재를 부정한 기출판례 정리
①	✔ **잔금 지급 거짓말 사건** 『피고인과 매도인과의 사이에 매매계약이 이루어졌고 그 계약금과 대부분의 중도금이 지급되었으며 매도인이 법무사에게 소유권이전등기에 필요한 서류 일체를 맡기고 나중에 잔금지급이 되면 그 등기신청을 하도록 위임하였는데, 피고인이 법무사를 기망하였고 그가 피고인에게 기망당하여 잔금이 모두 지급된 것으로 잘못 알고 등기신청을 하여 그 소유권이전등기를 경료한 것이라면 위 법무사의 등기신청 행위에 하자가 있다고 할 수는 있으나(위 신청이 무효라고는 할 수 없다), 위 소유권이전등기의 원인이 되는 법률관계인 매매 내지는 물권적 합의가 객관적으로 존재하지 아니하는 것이라고는 할 수 없으니, 피고인이 위 법무사를 통하여 등기공무원에게 허위의 사실을 신고하여 등기부에 부실의 사실을 기재하게 한 것이라고는 할 수 없다』(대판 1996.6.11. 96도233)☆
②	✔ **동신아파트 재건축조합 사건** 『재건축조합 임시총회의 소집절차나 결의방법이 법령이나 정관에 위반되어 임원개임결의가 사법상 무효라고 하더라도, 실제로 재건축조합의 조합총회에서 그와 같은 내용의 임원개임결의가 이루어졌고 그 결의에 따라 임원변경등기를 마쳤다면 공정증서원본불실기재죄가 성립하지 아니한다.』(대판 2004.10.15. 2004도3584)☆
③	✔ **대포통장 회사 설립 사건** 『주식회사의 발기인 등이 상법 등 법령에 정한 회사설립의 요건과 절차에 따라 회사설립등기를 함으로써 회사가 성립하였다고 볼 수 있는 경우 회사설립등기와 그 기재 내용은 특별한 사정이 없는 한 공정증서원본 불실기재죄나 공전자기록 등 불실기재죄에서 말하는 불실의 사실에 해당하지 않는다. 발기인 등이 회사를 설립할 당시 회사를 실제로 운영할 의사 없이 회사를 이용한 범죄의도나 목적이 있었다거나, 회사로서의 인적·물적 조직 등 영업의 실질을 갖추지 않았다는 이유만으로는 불실의 사실을 법인등기부에 기록하게 한 것으로 볼 수 없다』(대판 2020.2.27. 2019도9293)★

(3) 혼인신고와 부실기재

법률상 부부라는 신분관계를 설정할 의사는 있었다고 볼 수 있는 경우라도 그것이 위장결혼 등과 같이 다른 목적을 달성하기 위한 방편에 불과한 것이라면 그들 사이에는 참다운 부부관계의 설정을 바라는 효과의사가 없다 볼 것이어서 혼인관계는 무효이므로 그 기재는 부실기재에 해당한다.

✔ **부실기재에 해당하는 경우: 국내취업 위장결혼 사건** 『피고인들이 중국 국적의 조선족 여자들과 참다운 부부관계를 설정할 의사 없이 단지 그들의 국내 취업을 위한 입국을 가능하게 할 목적으로 형식상 혼인하기로 한 것이라면, 피고인들과 조선족 여자들 사이에는 혼인의 계출에 관하여는 의사의 합치가 있었으나 참다운 부부관계의 설정을 바라는 효과의사는 없었다고 인정되므로 피고인들의 혼인은 우리 나라의 법에 의하여 혼인으로서의 실질적 성립요건을 갖추지 못하여 그 효력이 없고, 따라서 피고인들이 중국에서 중국의 방식에 따라 혼인식을 거행하였다고 하더라도 우리 나라의 법에 비추어 그 효력이 없는 혼인의 신고를

한 이상 피고인들의 행위는 공정증서원본불실기재 및 동행사 죄의 죄책을 면할 수 없다』(대판 1996.11.22. 96도2049)☆.

✔ **부실기재에 해당하는 경우 : 미국이주 목적 위장결혼 사건**   『당사자간에 일응 법률상의 부부라는 신분관계를 설정할 의사는 있었다고 인정되는 경우라도 그것이 단지 다른 목적을 달성하기 위한 방편에 불과한 것으로서 그들간에 참다운 부부관계의 설정을 바라는 효과의사가 없는 경우에는 그 혼인은 무효라고 할 것이어서 해외이주의 목적으로 위장결혼을 하고 혼인신고를 하여 그 사실이 호적부에 기재되었다면 공정증서원본불실기재죄를 구성한다』(대판 1985.9.10. 85도1481)☆.

(4) 취소사유에 불과한 경우

기재된 사항이나 그 원인된 법률행위가 객관적으로 존재하고 다만 거기에 취소사유인 하자가 있을 뿐인 경우에는 그 기재는 공정증서원본의 불실기재에 해당하지는 않는다.

✔ **부실기재에 해당하지 않는 경우 : 주주총회 소집결의 하자 사건**   『[1] 공정증서원본에 기재된 사항이 외관상 존재하는 사실이라 하더라도, 이에 무효나 부존재에 해당되는 흠이 있다면 그 기재는 부실기재에 해당된다. 그러나 그것이 객관적으로 존재하는 사실이고 이에 취소사유에 해당되는 하자가 있을 뿐인 경우에는 그 취소 전에 그 사실의 내용이 공정증서원본에 기재된 이상, 그 기재가 공정증서원본불실기재죄를 구성하지 않는다.
[2] 주주총회의 소집절차 등에 관한 하자가 주주총회결의의 취소사유에 불과하여 그 취소 전에 주주총회의 결의에 따른 감사변경등기를 한 것이 공정증서원본불실기재죄를 구성하지 않는다』(대판 2009.2.12. 2008도10248)★.

✔ **부실기재에 해당하지 않는 경우 : 기망에 의한 이혼 사건**   『협의상 이혼의 의사표시가 기망에 의하여 이루어진 것일지라도 그것이 취소되기까지는 유효하게 존재하는 것이므로, 협의상 이혼의사의 합치에 따라 이혼신고를 하여 호적에 그 협의상 이혼사실이 기재되었다면, 이는 공정증서원본불실기재죄에 정한 불실의 사실에 해당하지 않는다』(대판 1997.1.24. 95도448)☆.

✔ **부실기재에 해당하지 않는 경우 : 기망 이혼심판 사건**   『이혼심판은 형성판결로서 그에 기한 이혼신고는 보고적 신고에 불과하고 피고인이 비록 사위의 방법에 의하여 이혼심판을 받았다 하더라도 그 확정판결이 재심청구에 의하여 취소되지 아니하는 이상 혼인해소의 효력에는 영향이 없다 할 것이므로 그 확정판결에 기한 이혼신고 및 이에 따른 호적부등재와 그 비치행위가 공정증서원본불실기재 및 그 행사죄를 구성한다고 할 수 없다』(대판 1983.8.23. 83도1430)☆.

(5) 당사자의 의사나 실체관계에 부합하는 경우

비록 기재절차에 흠이 있는 경우라 할지라도 기재내용이 당사자의 의사나 실체권리관계와 일치하는 때에는 부실기재라고 할 수 없다.

부실기재를 인정한 기출판례 정리
① ✔ **당사자의 의사에 부합하지 않는 경우 : 사망한 이사 사임 사건**   『1인회사에 있어서 1인주주의 의사는 바로 주주총회나 이사회의 의사와 같은 것이어서 가사 주주총회나 이사회의 결의나 그에 의한 임원변경등기가 불법하게 되었다 하더라도 그것이 1인주주의 의사에 합치되는 이상 이를 가리켜 의사록을

위조하거나 불실의 등기를 한 것이라고는 볼 수 없다 하겠으나 한편 임원의 사임서나 이에 따른 이사사임등기는 위와 같은 주주총회나 이사회의 결의 또는 1인주주의 의사와는 무관하고 오로지 당해 임원의 의사에 따라야 하는 것이므로 당해 임원의 의사에 기하지 아니한 사임서의 작성이나 이에 기한 등기부의 기재를 하였다면 이는 사문서위조 및 공정증서원본불실기재의 죄책을 면할 수 없다』(대판 1992.9.14. 92도1564)☆.

② ✔ **허가 대상 토지 증여 사건** 『토지거래 허가구역 안의 토지에 관하여 실제로는 매매계약을 체결하고서도 처음부터 토지거래허가를 잠탈하려는 목적으로 등기원인을 '증여'로 하여 소유권이전등기를 경료한 경우, 비록 매도인과 매수인 사이에 실제의 원인과 달리 '증여'를 원인으로 한 소유권이전등기를 경료할 의사의 합치가 있더라도, 허위신고를 하여 공정증서원본에 불실의 사실을 기재하게 한 때에 해당한다』(대판 2007.11.30. 2005도9922)★.

부실기재를 부정한 기출판례 정리

① ✔ **가장매매 이전등기 사건** 『피고인이 부동산에 관하여 가장매매를 원인으로 소유권이전등기를 경료하였더라도, 그 당사자 사이에는 소유권이전등기를 경료시킬 의사는 있었다고 할 것이므로 공정증서원본불실기재죄 및 동행사죄는 성립하지 않고, 또한 등기의무자와 등기권리자(피고인)간의 소유권이전등기신청의 합의에 따라 소유권이전등기가 된 이상, 등기의무자 명의의 소유권이전등기가 원인이 무효인 등기로서 피고인이 그 점을 알고 있었다고 하더라도, 특별한 사정이 없는 한 바로 피고인이 등기부에 불실의 사실을 기재하게 하였다고 볼 것은 아니다』(대판 1991.9.24. 91도1164)★.

② ✔ **제3자를 채무자로 하는 근저당설정계약 사건** 『근저당설정등기는 등기권리자인 채권자와 등기의무자인 근저당권설정자와의 합의를 기초로 이루어지는 것이므로 설사 등기의 편의상 진정한 채무자가 아닌 제3자를 채무자로 등기부상 등재케 하였다 하더라도 그것이 계약당사자간의 합의에 의하여 이루어진 것이라면 당사자 사이에 이와 같은 등기를 경료하게 할 의사가 있었던 것이므로 이 경우 공정증서원본불실기재죄는 성립되지 않는다』(대판 1985.10.8. 84도2461)☆.

③ ✔ **자본주 오인 사건** 『부동산의 소유자로 하여금 근저당권자를 자금주라고 믿도록 속여서 근저당권설정등기를 경료케 한 경우라도 정당한 권한 있는 자에 의하여 작성된 문서를 제출하여 그 등기가 이루어진 것이라면 당사자의 의사에 합치되는 등기라 할 것이므로 공정증서원본 불실기재죄가 성립하지 않는다』(대판 1982.7.13. 82도39)☆.

(6) 중간생략등기의 경우

중간생략등기는 등기부의 기재내용이 당사자의 의사 또는 실체법률관계와 일치하므로 본죄가 성립하지 않는다.

다. 착수와 기수시기

공정증서원본부실기재죄의 착수시기는 허위신고를 한 때이다.

✔ **실행의 착수시기 : 결혼사진 서류만 준비한 사건** 『위장결혼의 당사자 및 브로커와 공모한 피고인이 허위로 결혼사진을 찍고 혼인신고에 필요한 서류를 준비하여 위장결혼의 당사자에게 건네준 것만으로는 공전자기록등불실기재죄의 실행에 착수한 것으로 볼 수 없다』(대판 2009.9.24. 2009도4998)★.

실체관계와 부합여부는 등기 경료당시를 기준으로 판단하여야 하고, 허위신고에 의하여 공정증서원본 등에 부실의 기재가 된 때에 본죄는 기수에 이르게 된다. 부실의 기재를 한 후에 기재내용이 객관적 권리관계와 일치하게 되거나, 사후에 동의 또는 추인으로 실체권리관계에 부합하는 경우에도 본죄의 성립에 영향이 없다.

> ✔ **기수시기 : 양도 양수 상속인 사건** 『[1] 소유권이전등기가 절차상 하자가 있거나 등기원인이 실제와 다르다 하더라도 그 등기가 실체적 권리관계에 부합하게 하기 위한 것이거나 실체적 권리관계에 부합하는 유효한 등기인 경우에는 공정증서원본불실기재 및 동행사죄가 성립되지 않는다고 할 것이나, 이는 소유권이전등기 경료 당시를 기준으로 그 등기가 실체권리관계에 부합하여 유효한 경우에 한정되는 것이다.
> [2] 소유권이전등기 경료 당시에는 실체권리관계에 부합하지 아니한 등기인 경우에는 사후에 이해관계인들의 동의 또는 추인 등의 사정으로 실체권리관계에 부합하게 된다 하더라도 공정증서원본불실기재 및 동행사죄의 성립에는 아무런 영향이 없다』(대판 1998.4.14. 98도16)★.

> ✔ **가등기 경료 후 추인 사건** 『사문서위조나 공정증서원본 불실기재가 성립한 후, 사후에 피해자의 동의 또는 추인 등의 사정으로 문서에 기재된 대로 효과의 승인을 받거나, 등기가 실체적 권리관계에 부합하게 되었다 하더라도, 이미 성립한 범죄에는 아무런 영향이 없다』(대판 1999.5.14. 99도202)★.

4. 고 의

공정증서원본부실기재죄는 허위신고를 통해 부실의 사실을 기재한다는 점에 대한 인식을 내용으로 하는 고의가 있어야 한다.

제11관 위조·변조·작성 사문서행사죄

> **제234조 ┃ 위조사문서등의 행사 ┃**
> 제231조 내지 제233조의 죄에 의하여 만들어진 문서, 도화 또는 전자기록 등 특수매체기록을 행사한 자는 그 각 죄에 정한 형에 처한다.

I. 의 의

위조 등 사문서행사죄는 사문서 등 위조·변조죄, 자격모용에 의한 사문서작성죄, 사전자기록위작·변작죄, 허위진단서 등 작성죄에 의하여 만들어진 문서, 도화 또는 전자기록 등 특수매체기록을 행사함으로써 성립하는 범죄이다. 위조 등 문서행사죄의 기본적 구성요건이다.

Ⅱ. 객관적 구성요건

1. 주 체

위조 등 사문서행사죄의 주체에는 제한이 없다. 반드시 사문서를 위조·변조 또는 작성한 범인이 행사할 것을 요하지 않는다.

2. 객 체

위조 등 사문서행사죄의 객체는 위조·변조 또는 자격모용에 의하여 작성된 사문서와 허위로 작성한 진단서, 검안서 또는 생사에 관한 증명서, 위작·변작된 전자기록 등 특수매체기록이다.

3. 행 위

위조 등 사문서행사죄의 행위는 행사하는 것이다.

가. 의 의

행사라는 것은 위조된 문서 등을 진정한 문서 또는 내용이 진실한 문서인 것처럼 그 문서의 효용방법에 따라 이를 사용하는 것을 말하는 것으로서 반드시 범인 자신이 스스로 직접 이를 제시하는 것만을 의미하는 것은 아니다.

나. 상대방

행사의 상대방에는 제한이 없다. 위조된 문서의 작성 명의인도 행사의 상대방이 될 수 있다. 다만 본죄는 위조, 변조, 허위작성 된 문서를 진정한 것 또는 그 내용이 진실한 것으로 사용하는 것을 말하는 것이므로, 그 문서가 위조, 변조, 허위작성 되었다는 정을 아는 공범자 등에게 제시, 교부하는 경우에는 본죄가 성립하지 않는다. 즉 행사의 상대방은 위조 등의 사실을 모르는 자일 것을 요한다. 그러나 간접정범을 통한 위조문서행사범행에 있어 도구로 이용 된 자라고 하더라고 문서가 위조된 것임을 알지 못하는 자에게 행사한 경우에는 위조문서행사죄가 성립한다.

✔ **행사의 상대방 : 강제퇴점 입점자각서 송부사건** 『위조문서행사죄에 있어서의 행사는 위조된 문서를 진정한 것으로 사용함으로써 문서에 대한 공공의 신용을 해칠 우려가 있는 행위를 말하므로, 행사의 상대방에는 아무런 제한이 없고 위조된 문서의 작성 명의인이라고 하여 행사의 상대방이 될 수 없는 것은 아니다』(대판 2005.1.28. 2004도4663)★.

✔ **전문건설업등록증 이미지파일 출력 사건** 표준 『[1] 위조문서행사죄에 있어서 행사는 위조된 문서를 진정한 것으로 사용함으로써 문서에 대한 공공의 신용을 해칠 우려가 있는 행위를 말하므로 그 행사의 상대방에는 아무런 제한이 없고, 다만 문서가 위조된 것임을 이미 알고 있는 공범자 등에게 행사하는 경우에는 위조문서행사죄가 성립할 수 없으나, 간접정범을 통한 위조문서행사범행에 있어 도구로 이용된 자라고 하더라고 문서가 위조된 것임을 알지 못하는 자에게 행사한 경우에는 위조문서행사죄가 성립한다.
[2] 피고인이 위조·변조한 공문서의 이미지 파일을 갑 등에게 이메일로 송부하여 프린터로 출력하게 함으로써 '행사'하였다는 내용으로 기소되었는데, 갑 등은 출력 당시 위 파일이 위조된 것임을 알지 못한 사안에서, 피고인의 행위가 위조·변조공문서행사죄를 구성한다』(대판 2012.2.23. 2011도14441)★.

✓ **철거보조금지급신청 사건** 『위조, 변조, 허위작성된 문서의 행사죄는 이와 같은 문서를 진정한 것 또는 그 내용이 진실한 것으로 각 사용하는 것을 말하는 것이므로, 그 문서가 위조, 변조, 허위작성되었다는 정을 아는 공범자등에게 제시, 교부하는 경우등에 있어서는 행사죄가 성립할 여지가 없다』(대판 1986.2.25. 85도2798)☆.

다. 방법

행사의 방법에 제한이 없다. 상대방이 인식할 수 있는 상태에 두는 행위라면 족하고, 교부 또는 제시뿐만 아니라 등기부와 같이 비치하여 열람할 수 있는 상태에 두는 것도 행사에 포함된다.

✓ **행사의 방법 : 휴대폰 가입신청서 스캔 사건** 『[1] 위조문서행사죄에 있어서 행사라 함은 위조된 문서를 진정한 문서인 것처럼 그 문서의 효용방법에 따라 이를 사용하는 것을 말하고, 위조된 문서를 제시 또는 교부하거나 비치하여 열람할 수 있게 두거나 우편물로 발송하여 도달하게 하는 등 위조된 문서를 진정한 문서인 것처럼 사용하는 한 그 행사의 방법에 제한이 없다. 또한, 위조된 문서 그 자체를 직접 상대방에게 제시하거나 이를 기계적인 방법으로 복사하여 그 복사본을 제시하는 경우는 물론, 이를 모사전송의 방법으로 제시하거나 컴퓨터에 연결된 스캐너(scanner)로 읽어 들여 이미지화한 다음 이를 전송하여 컴퓨터 화면상에서 보게 하는 경우도 행사에 해당하여 위조문서행사죄가 성립한다.
[2] 휴대전화 신규 가입신청서를 위조한 후 이를 스캔한 이미지 파일을 제3자에게 이메일로 전송한 사안에서, 이미지 파일 자체는 문서에 관한 죄의 '문서'에 해당하지 않으나, 이를 전송하여 컴퓨터 화면상으로 보게 한 행위는 이미 위조한 가입신청서를 행사한 것에 해당하므로 위조사문서행사죄가 성립한다』(대판 2008.10.23. 2008도5200)★.

✓ **전세계약서 보증금액 변조 사건** 『甲이 운영하는 A회사 사무실에서 행사할 목적으로 권한 없이 임대인 乙과 甲이 작성한 사무실전세계약서 원본을 스캐너로 복사하여 컴퓨터 화면에 띄운 후 포토샵을 이용하여 보증금액 "일천만 원, 10,000,000원"을 지워 보증금액을 공란으로 만든 후 그 자리에서 사무실전세계약서를 프린터로 출력하고, 검정색 볼펜으로 보증금액 공란에 "삼천만 원, 30,000,000원"으로 기재하여 丙에게 출력한 사무실 전세계약서를 팩스로 송부한 경우에는 변조사문서행사죄가 성립한다』(대판 2011.11.10. 2011도10468)☆.

라. 기수시기

행사는 문서를 상대방에게 인식할 수 있는 상태에 둠으로써 기수가 된다. 상대방이 문서의 내용을 현실적으로 인식할 것을 요하지 않는다. 따라서 위조된 문서를 우송한 경우에는 그 문서가 상대방에게 도달한 때에 기수가 된다.

✓ **기수시기 : 강제퇴점 입점자각서 송부사건** 『위조사문서의 행사는 상대방으로 하여금 위조된 문서를 인식할 수 있는 상태에 둠으로써 기수가 되고 상대방이 실제로 그 내용을 인식하여야 하는 것은 아니므로, 위조된 문서를 우송한 경우에는 그 문서가 상대방에게 도달한 때에 기수가 되고 상대방이 실제로 그 문서를 보아야 하는 것은 아니다』(대판 2005.1.28. 2004도4663)★.

Ⅲ. 주관적 구성요건

위조 등 사문서행사죄는 위조·변조·자격모용에 의하여 작성된 사문서 또는 허위작성된 진단서 등에 대한 인식과 이를 행사한다는 점에 대한 고의가 있어야 한다. 행사의 목적을 필요로 하지 않는다.

제12관 위조·변조 등 공문서행사죄

> **제229조 ▎위조 등 공문서의 행사 ▎**
> 제225조 내지 제228조의 죄에 의하여 만들어진 문서, 도화, 전자기록 등 특수매체기록, 공정증서원본, 면허증, 허가증, 등록증 또는 여권을 행사한 자는 그 각 죄에 정한 형에 처한다.

위조 등 공문서행사죄는 위조·변조한 공문서, 자격모용에 의하여 작성한 공문서, 허위작성한 공문서 또는 부실기재 한 공정증서원본 등을 행사함으로써 성립하는 범죄이다. 본죄는 객체가 공문서라는 점에서 위조 등 사문서행사죄에 비해서 형을 가중한 범죄이다.

> ✔ **행사의 방법 : 공사감독일지 비치 사건** 『허위공문서작성죄에 있어서 행사의 목적이라 함은 허위내용의 문서를 그 내용이 진실한 문서인 것처럼 그 문서의 효용에 따라 사용할 목적이 있는 것을 말하는 것이고 그러한 공문서를 관청에 비치하는 경우도 허위공문서의 행사로 인정된다』(대판 1989.12.12. 89도1253)☆.

제13관 사문서부정행사죄

> **제236조 ▎사문서의 부정행사 ▎**
> 권리·의무 또는 사실증명에 관한 타인의 문서 또는 도화를 부정행사한 자는 1년 이하의 징역이나 금고 또는 300만 원 이하의 벌금에 처한다.

사문서부정행사죄는 권리·의무 또는 사실증명에 관한 타인의 문서 또는 도화를 부정행사함으로써 성립하는 범죄이다.

본죄는 사용권한자와 용도가 특정되어 작성된 권리의무 또는 사실증명에 관한 타인의 사문서 또는 사도화를 사용권한 없는 자가 사용권한이 있는 것처럼 가장하여 부정한 목적으로 행사하거나 또는 권한 있는 자라도 정당한 용법에 반하여 부정하게 행사하는 경우에 성립하는 범죄이다.

> ✔ **권한자와 용도가 특정되지 않은 사문서 : 차용증 및 이행각서 사건** 『실질적인 채권채무관계 없이 당사자 간의 합의로 작성한 '차용증 및 이행각서'는 그 작성명의인들이 자유의사로 작성한 문서로 그 사용권한자가 특정되어 있다고 할 수 없고 또 그 용도도 다양하므로, 설령 피고인이 그 작성명의인들의 의사에 의하지 아니하고 위 '차용증 및 이행각서'상의 채권이 실제로 존재하는 것처럼 그 지급을 구하는 민사소

송을 제기하면서 소지하고 있던 위 '차용증 및 이행각서'를 법원에 제출하였다고 하더라도 그것이 사문서부정행사죄에 해당하지 않는다』(대판 2007.3.30. 2007도629)★.

✔ **부정행사에 해당하지 않는 경우 : 실효된 문서 제출 사건** 『형법 제236조 소정의 사문서부정행사죄에 있어서 부정행사란 사용할 권한 없는 자가 문서명의자로 가장 행세하여 이를 사용하거나 또는 사용할 권한이 있더라도 그 문서를 본래의 작성목적 이외의 다른 사실을 직접 증명하는 용도에 이를 사용하는 것을 말하므로 실효된 문서를 증거로 제출하는 행위는 부정행사에 해당하지 아니한다』(대판 1978.2.14. 77도2645)☆.

제14관 공문서부정행사죄

> **제230조 │ 공문서 등의 부정행사 │**
> 공무원 또는 공무소의 문서 또는 도화를 부정행사한 자는 2년 이하의 징역이나 금고 또는 500만원 이하의 벌금에 처한다.

Ⅰ. 의 의

공문서부정행사죄는 공무원 또는 공무소의 문서 또는 도화를 부정행사함으로써 성립하는 범죄이다.

✔ **의의 및 법적성격 : 장애인사용자동차표지 사건** 최신3년 『형법 제230조의 공문서부정행사죄는 공문서의 사용에 대한 공공의 신용을 보호법익으로 하는 범죄로서 추상적 위험범이다』(대판 2022.9.29. 2021도14514)☆.

Ⅱ. 구성요건

1. 객 체

공문서부정행사죄의 객체는 진정하게 작성된 공문서라는 점에서 위조공문서행사죄와 구별된다. 사문서부정행사죄와 마찬가지로 사용권한자와 용도가 특정된 공문서이어야 한다.

✔ **권한자와 용도가 특정되지 않은 공문서 : 주민등록표등본 사건** 『주민등록표등본은 시장·군수 또는 구청장이 주민의 성명, 주소, 성별, 생년월일, 세대주와의 관계 등 주민등록법 소정의 주민등록사항이 기재된 개인별·세대별 주민등록표의 기재 내용 그대로를 인증하여 사본·교부하는 문서로서 그 사용권한자가 특정되어 있다고 할 수 없고, 또 용도도 다양하며, 반드시 본인이나 세대원만이 사용할 수 있는 것이 아니므로, 타인의 주민등록표등본을 그와 아무런 관련 없는 사람이 마치 자신의 것처럼 행사하였다고 하더라도 공문서부정행사죄가 성립되지 아니한다』(대판 1999.5.14. 99도206)☆.

✔ **권한자와 용도가 특정되지 않은 공문서 : 신원증명서 사건** 『신원증명서는 금치산 또는 한정치산의 선고를 받고 취소되지 않은 사실의 해당 여부를 증명하는 문서로서 사용권한자가 특정되어 있다고 할 수 없고 또 용도도 다양하며 반드시 피증명인만이 사용할 수 있는 것이 아니므로 문서상의 피증명인의 의사에 의하지 아니하고 사용하였다 하더라도 그것이 문서 본래의 취지에 따른 용도에 합치되는 이상 공문서부정행사죄는 성립되지 아니한다』(대판 1993.5.11. 93도127)☆

✔ **권한자와 용도가 특정되지 않은 공문서 : 신원금고 인감증명서 사건** 『공문서등 부정행사죄는 그 사용권한자와 용도가 특정되어 작성된 공문서 또는 공도화를 사용권한없는 자가 그 사용권한있는 것처럼 가장하여 부정한 목적으로 행사하거나 또는 그 권한있는 자라도 그 정당한 용법에 반하여 부정하게 행사하는 경우에만 성립하므로, 인감증명서와 같이 사용권한자가 특정되어 있지도 않고 그 용도도 다양한 공문서는 그 명의자 아닌 자가 그 명의자의 의사에 반하여 함부로 행사하더라도 문서 본래의 취지에 따른 용도에 합치된다면 공문서등 부정행사죄는 성립되지 않는다』(대판 1983.6.28. 82도1985)☆

2. 행 위

공문서부정행사죄의 행위는 부정행사하는 것이다.

부정행사란 사용목적이 특정되어 있는 공문서를 권한 있는 자가 본래의 용법에 맞지 않게 부정하게 사용하는 경우와 사용권한 없는 자가 본래의 용법에 맞게 사용하는 경우를 말한다.

가. 권한 있는 자의 사용

(1) 본래 용도 내의 사용

사용권한 있는 자가 그 문서의 본래의 용법에 맞게 사용한 경우에는 본죄가 성립하지 않는다.

✔ **용도에 맞게 사용한 경우 : 선박국적증서 · 검사증서 사건** 『선박국적증서는 선박이 한국선박임을 증명하고, 법률상 항행할 수 있는 자격이 있음을 증명하기 위하여 선박소유자에게 교부되어 사용되는 것이다. 따라서 어떤 선박이 사고를 낸 것처럼 허위로 사고신고를 하면서 그 선박의 선박국적증서와 선박검사증서를 함께 제출하였다고 하더라도, 선박국적증서와 선박검사증서는 위 선박의 국적과 항행할 수 있는 자격을 증명하기 위한 용도로 사용된 것일 뿐 그 본래의 용도를 벗어나 행사된 것으로 보기는 어려우므로, 이와 같은 행위는 공문서부정행사죄에 해당하지 않는다』(대판 2009.2.26. 2008도10851)★

(2) 본래 용도 외의 사용

사용권한 있는 자가 그 문서의 본래의 용법에 맞지 않게 사용한 경우에는 본죄가 성립한다.

나. 권한 없는 자의 사용

(1) 본래 용도 내의 사용

사용권한 없는 자가 그 문서의 본래 용법에 맞게 사용한 경우에는 본죄가 성립한다.

✔ **용도에 맞게 사용한 경우 : 타인 운전면허증 제시 사건** 『운전면허증은 운전면허를 받은 사람이 운전면허시험에 합격하여 자동차의 운전이 허락된 사람임을 증명하는 공문서로서, 운전면허증에 표시된 사람이 운전면허시험에 합격한 사람이라는 '자격증명'과 이를 지니고 있으면서 내보이는 사람이 바로 그 사람이라는 '동일인증명'의 기능을 동시에 가지고 있다. 주민등록증을 제시하지 아니한 사람에 대하여 신원을 증명하는 증표

나 기타 방법에 의하여 신분을 확인하도록 규정하는 등으로 다른 문서의 신분증명서로서의 기능을 예상하고 있다. 현실적으로 운전면허증은 주민등록증과 대등한 신분증명서로 널리 사용되고 있다. 따라서, 제3자로부터 신분확인을 위하여 신분증명서의 제시를 요구받고 다른 사람의 운전면허증을 제시한 행위는 그 사용목적에 따른 행사로서 공문서부정행사죄에 해당한다고 보는 것이 옳다』(대판[전] 2001. 4. 19. 2000도1985)★.[142]

(2) 본래 용도 외의 사용

사용권한 없는 자가 그 문서의 본래 용법에 맞지 않게 사용한 경우에는 본죄가 성립하지 않는다.

✔ **용도에 맞지 않게 사용한 경우 : 이동전화 가입신청 사건** 표준 『[1] 사용권한자와 용도가 특정되어 있는 공문서를 사용권한 없는 자가 사용한 경우에도 그 공문서 본래의 용도에 따른 사용이 아닌 경우에는 형법 제230조의 공문서부정행사죄가 성립되지 아니한다. [2] 피고인이 기왕에 습득한 타인의 주민등록증을 피고인 가족의 것이라고 제시하면서 그 주민등록증상의 명의 또는 가명으로 이동전화 가입신청을 한 경우, 타인의 주민등록증을 본래의 사용용도인 신분확인용으로 사용한 것이라고 볼 수 없어 공문서부정행사죄가 성립하지 않는다』(대판 2003. 2. 26. 2002도4935)★.

✔ **용도에 맞지 않게 사용한 경우 : 운전면허증 이미지 파일사건** 『도로교통법에 의하면, 운전면허증을 발급받은 사람은 자동차 등을 운전할 때 운전면허증 등을 지니고 있어야 하고(제92조 제1항), 운전자는 운전 중에 교통안전이나 교통질서 유지를 위하여 경찰공무원이 운전면허증 등을 제시할 것을 요구할 때에는 이에 응하여야 한다(제92조 제2항). 도로교통법이 자동차 등의 운전자에 대하여 위와 같은 의무를 부과하는 취지는 경찰공무원으로 하여금 교통안전 등을 위하여 현장에서 운전자의 신원과 면허조건 등을 법령에 따라 발급된 운전면허증의 외관만으로 신속하게 확인할 수 있도록 하고자 하는 데 있다. 만일 경찰공무원이 자동차 등의 운전자로부터 운전면허증의 이미지파일 형태를 제시받는 경우에는 그 입수 경위 등을 추가로 조사·확인하지 않는 한 이러한 목적을 달성할 수 없을 뿐만 아니라, 그 이미지파일을 신용하여 적법한 운전면허증의 제시가 있었던 것으로 취급할 수도 없다. 이 경우 자동차 등의 운전자가 경찰공무원에게 다른 사람의 운전면허증 자체가 아니라 이를 촬영한 이미지파일을 휴대전화 화면 등을 통하여 보여주는 행위는 운전면허증의 특정된 용법에 따른 행사라고 볼 수 없는 것이어서 그로 인하여 경찰공무원이 그릇된 신용을 형성할 위험이 있다고 할 수 없으므로, 이러한 행위는 결국 공문서부정행사죄를 구성하지 아니한다』(대판 2019. 12. 12. 2018도2560)★.

✔ **용도에 맞지 않게 사용한 경우 : 장애인사용자동차표지 사건** 최신3년 『장애인사용자동차표지는 장애인이 이용하는 자동차에 대한 조세감면 등 필요한 지원의 편의를 위하여 장애인이 사용하는 자동차를 대상으로 발급되는 것이고, 장애인전용주차구역 주차표지가 있는 장애인사용자동차표지는 보행상 장애가 있는 사람이 이용하는 자동차에 대한 지원의 편의를 위하여 발급되는 것이다. 따라서 장애인사용자동차표지를 사용할 권한이 없는 사람이 장애인전용주차구역에 주차하는 등 장애인사용자동차에 대한 지원을 받을 것으로 합리적으로 기대되는 상황이 아니라면 단순히 이를 자동차에 비치하였더라도 장애인사용자동차표지를 본래의 용도에 따라 사용했다고 볼 수 없어 공문서부정행사죄가 성립하지 않는다』(대판 2022. 9. 29. 2021도14514)★.

---

142) **동지판례** 『공문서부정행사죄는 그 사용권한자와 용도가 특정되어 작성된 공문서 또는 공도화를 사용권한 없는 자가 그 사용권한 있는 것처럼 가장하여 부정한 목적으로 행사한 때 또는 형식상 그 사용권한이 있는 자라도 그 정당한 용법에 반하여 부정하게 행사한 때에 성립한다고 해석할 것인바, 피고인이 공소외 (갑)인 양 허위신고하여 피고인의 사진과 지문이 찍힌 공소외(갑)명의의 주민등록증을 발급받은 이상 주민등록증의 발행목적상 피고인에게 위 주민등록증에 부착된 사진의 인물이 공소외 (갑)의 신원 상황을 가진 사람이라는 허위사실을 증명하는 용도로 이를 사용할 수 있는 권한이 없다는 사실을 인식하고 있었다고도 할 것이므로 이를 검문경찰관에게 제시하여 이러한 허위사실을 증명하는 용도로 사용한 것은 공문서 부정행사죄를 구성한다』(대판 1982. 9. 28. 82도1297).

제4절 인장에 관한 죄

제1관 총 설

I. 의의 및 보호법익

인장에 관한 죄란 행사할 목적으로 인장·서명·기명 또는 기호를 위조 또는 부정사용하거나, 위조 또는 부정사용한 인장·서명 등을 행사하는 것을 내용으로 하는 범죄를 말한다. 인장에 관한 죄의 보호법익은 인장·서명 등의 진정에 대한 공공의 신용이다.

인장에 관한 죄는 문서에 관한 죄와 법조경합관계에 있다. 인장·서명의 위조는 대개 문서위조의 수단으로 행하여지므로 문서위조죄가 성립할 때에는 인장에 관한 죄는 흡수되어 별도로 죄가 성립하지 않는다.

II. 인장·서명·기명·기호의 개념

본죄는 인장·서명·기명 또는 기호를 객체로 한다.

1. 인 장

인장이란 특정인의 인격과 그 동일성을 증명하기 위하여 사용되는 상형을 말한다. 상형으로는 일반적으로 성명을 사용하지만 반드시 성명임을 요하지 않는다. 따라서 인격의 동일성을 증명하는 지장 또는 무인도 인장에 포함된다.

가. 인영과 인과

인영이란 일정한 사항을 증명하기 위하여 물체상에 현출시킨 문자 기타 부호의 영적을 말한다. 인과란 인영을 현출시키는데 필요한 문자 기타의 부호를 조각한 물체를 말한다.

나. 인장위조의 대상

인장이란 인영을 의미하는가 또는 인과를 포함하는가에 대하여 견해의 대립이 있지만, 판례는 인영의 위조뿐만 아니라 인과의 위조도 인장위조로 인정하고 있는 입장이다.

2. 서명·기명

서명이란 특정인이 자기를 표시하는 문자로서 자서를 말한다. 성명을 표시하는 것이 일반적이나, 성 또는 이름을 표시하거나 상호 또는 아호를 표시하는 경우도 포함한다. 기명이란 특정인의 주체를 표시하는 문자로서 자서가 아닌 것을 말한다.

3. 기 호

기호란 물건에 압날하여 그 동일성을 증명하는 문자 또는 부호를 말한다. 인장은 인격의 동일성을 증명하는 것을 말하는 것이고, 기호는 기타의 사항을 증명함을 목적으로 하는 부호를 말하는 것이다.

제2관 사인 등 위조·부정사용죄

> **제239조 ┃ 사인 등의 위조, 부정사용 ┃**
> ① 행사할 목적으로 타인의 인장, 서명, 기명 또는 기호를 위조 또는 부정사용한 자는 3년 이하의 징역에 처한다.

Ⅰ. 의 의

사인 등 위조·부정사용죄는 행사할 목적으로 타인의 인장, 서명, 기명 또는 기호를 위조 또는 부정사용함으로써 성립하는 범죄이다. 인장위조죄의 기본적 구성요건이다.

Ⅱ. 객관적 구성요건

1. 객 체

사인 등 위조·부정사용죄의 객체는 타인의 인장·서명·기명 또는 기호이다.

2. 행 위

사인 등 위조·부정사용죄의 행위는 위조 또는 부정사용하는 것이다.

가. 위 조

위조란 권한 없이 타인의 인장·서명·기명 또는 기호를 작성 내지 기재하여 일반인으로 하여금 명의인의 진정한 인장·서명·기명 또는 기호로 오신케 하는 것을 말한다. 다만, 명의자로부터 명시적 또는 묵시적 승낙 내지 위임을 받은 경우에는 인장위조죄가 성립하지 않는다.

> ✔ **위조에 해당하는 경우 : 피의자신문조서 허위서명 사건** 표준 『[1] 어떤 문서에 권한 없는 자가 타인의 서명 등을 기재하는 경우에는 그 문서가 완성되기 전이라도 일반인으로서는 그 문서에 기재된 타인의 서명 등을 그 명의인의 진정한 서명 등으로 오신할 수도 있으므로, 일단 서명 등이 완성된 이상 문서가 완성되지 아니한 경우에도 서명 등의 위조죄는 성립한다.
> [2] 피고인이 타인 행세를 하며 피의자로서 조사를 받은 다음 경찰관에 의하여 작성된 피의자신문조서의 말미에 타인의 서명 및 무인을 하고, 타인의 이름이 기재된 수사과정확인서에 무인을 한 사안에서, 피고인에게 사서명 등 위조죄 및 위조사서명 등 행사죄의 유죄를 인정한 원심판단을 수긍한 사례이다』(대판 2011.3.10. 2011도503)★.

> ✔ **위조에 해당하는 경우 : PDA 동생서명 사건** 『사서명(私署名) 등 위조죄가 성립하려면 서명 등이 일반인으로 하여금 특정인의 진정한 서명 등으로 오신하게 할 정도에 이르러야 하고, 일반인이 특정인의 진정한 서명 등으로 오신하기에 충분한 정도인지 여부는 서명 등의 형식과 외관, 작성 경위뿐만 아니라 서명 등이 기재된 문서에 서명 등을 할 필요성, 문서의 작성 경위, 종류, 내용 그리고 일반거래에서 문서가 가지는 기능 등도 함께 고려하여 판단하여야 한다.
> 피고인이 음주운전으로 단속되자 동생 갑의 이름을 대며 조사를 받다가 경찰관으로부터 음주운전 단속내역이 입력된 휴대용정보단말기(PDA)에 전자 서명할 것을 요구받자, 갑이라는 성명 옆에 서명을 하고 이를 경찰

전산망에 전송하게 하여 사서명위조 및 위조사서명행사로 기소된 사안에서, 피고인이 휴대용정보단말기 (PDA)에 표시된 음주운전단속결과통보 중 운전자 갑의 서명란에 갑의 이름 대신 의미를 알 수 없는 부호 (본문내 삽입된 이미지)를 기재한 행위가 갑의 서명을 위조한 것에 해당한다』(대판 2020.12.30. 2020도14045)★.[143]

✔ **위조에 해당하는 경우 : 고려대 교무처장 직인 사건** 『아파트 주민대표회 간부들이, 동대표로 당선된 공소외 갑이 사실은 대학을 졸업하지 않았음이 사립대학 교무처장 명의로 된 학력조회 회보서를 통해 확인되자, 갑의 허위학력 사실을 아파트 주민들에게 공고문 형식으로 알리면서 그 공고문의 신뢰성 제고를 위해 공고문 안에 대학 교무처장 명의의 직인을 함께 나타내어 사인장인 위 직인을 위조하였다는 공소사실에 대하여, 위 직인을 대학 교무처장의 정당한 인장인 것처럼 가장하기 위해서 현출하였다거나 위 직인을 위조하여 행사할 의사가 있었다고 볼 수는 없다고 판단한 원심판결에 사인위조죄의 성립 요건에 관한 법리오해의 위법이 있다고 한 사례이다』(대판 2010.1.14. 2009도5929)☆.

✔ **위임을 받은 경우 : 공대출 사건** 표준 『형법 제239조 제1항의 사인위조죄는 그 명의인의 의사에 반하여 위법하게 행사할 목적으로 권한 없이 타인의 인장을 위조한 경우에 성립하므로, 타인의 인장을 조각할 당시에 그 명의자로부터 명시적이거나 묵시적인 승낙 내지 위임을 받았다면 인장위조죄가 성립하지 않는다』(대판 2014.9.26. 2014도9213).

나. 부정사용

부정사용이란 인장 등을 권한 없는 자가 사용하거나 권한 있는 자가 그 권한을 남용하여 부당하게 사용하는 것을 말한다.

Ⅲ. 주관적 구성요건

사인 등 위조·부정사용죄가 성립하기 위하여는 고의 이외에 행사의 목적이 있어야 한다. 행사의 목적이란 위조인장을 진정한 인장으로 사용하려는 의사를 말한다. 따라서 인장을 조각하여 명의인의 승낙을 얻은 후에 사용할 의도였으나 승낙을 얻지 못하여 사용하지 않고 돌려준 때에는 행사의 목적이 부정된다.

제3관 위조사인 등 행사죄

제239조 ❙ 사인 등의 위조, 부정사용 ❙
② 위조 또는 부정사용한 타인의 인장, 서명, 기명 또는 기호를 행사한 때에도 전항의 형과 같다.

---

143) **보충설명** 피고인이 음주운전으로 단속되자 동생 甲의 이름을 대며 조사를 받다가 휴대용정보단말기(PDA)에 표시된 음주운전단속결과통보 중 운전자 甲의 서명란에 甲의 이름 대신 의미를 알 수 없는 부호를 기재한 행위는 甲의 서명을 위조한 것에 해당한다.

위조사인 등 행사죄는 위조 또는 부정사용한 타인의 인장, 서명, 기명 또는 기호를 행사함으로써 성립하는 범죄이다. 여기서 행사란 위조된 인장을 진정한 것처럼 용법에 따라 사용하는 것을 말한다. 따라서 위조된 인영을 타인에게 열람할 수 있는 상태에 두거나, 인과를 날인하여 일반인이 열람할 수 있는 상태에 두면 그것으로 행사가 된다.

> ✔ **행사의 의미 : 직인 1개·계인 1개 사건** 『형법 제239조 제2항의 위조인장행사죄에 있어서 행사라 함은 위조된 인장을 진정한 것처럼 용법에 따라 사용하는 행위를 말한다 할 것이므로 위조된 인영을 타인에게 열람할 수 있는 상태에 두든지, 인과의 경우에는 날인하여 일반인이 열람할 수 있는 상태에 두면 그것으로 행사가 되는 것이고, 위조된 인과 그 자체를 타인에게 교부한 것만으로는 위조인장행사죄를 구성한다고 할 수 없다』(대판 1984.2.28. 84도90)☆

제4관 공인 등 위조·부정사용죄

> **제238조 ▮공인 등의 위조, 부정사용▮**
> ① 행사할 목적으로 공무원 또는 공무소의 인장, 서명, 기명 또는 기호를 위조 또는 부정사용한 자는 5년 이하의 징역에 처한다.

공인 등 부정사용죄는 행사할 목적으로 공무원 또는 공무소의 인장, 서명, 기명 또는 기호를 위조 또는 부정사용함으로써 성립하는 범죄이다. 본죄는 객체가 공무원 또는 공무소의 인장·서명 등이기 때문에 사인위조죄에 대하여 불법이 가중되는 가중적 구성요건이다.

> ✔ **공기호에 해당되기 위한 요건 : 검찰 업무표장 사건** 최신3년 『[1] 형법상 인장에 관한 죄에서 인장은 사람의 동일성을 표시하기 위하여 사용하는 일정한 상형을 의미하고, 기호는 물건에 압날하여 사람의 인격상 동일성 이외의 일정한 사항을 증명하는 부호를 의미한다. 그리고 형법 제238조의 공기호는 해당 부호를 공무원 또는 공무소가 사용하는 것만으로는 부족하고, 그 부호를 통하여 증명을 하는 사항이 구체적으로 특정되어 있고 해당 사항은 그 부호에 의하여 증명이 이루어질 것이 요구된다.
> [2] 피고인이 온라인 구매사이트에서 ① 검찰 업무표장(에서 '검찰'을 제외한 부분) 아래 '검찰 PROSECUTION SERVICE'라고 기재하고 그 아래 피고인의 전화번호를 기재한 주차표지판 1개, ② 검찰 업무표장() 아래 '검찰 PROSECUTION OFFICE'라고 기재하고 그 아래 피고인의 차량번호를 표시한 표지판 1개, ③ 검찰 업무표장() 아래 '검찰 PROSECUTION SERVICE'라고 기재하고 그 아래 '공무수행'이라고 표시한 표지판 1개를 주문하여 배송받음으로써 행사할 목적으로 공기호인 검찰청 업무표장을 각각 위조하고, 이를 자신의 승용차에 부착하고 다님으로써 위조된 공기호인 검찰청 업무표장을 행사하였다는 공소사실로 기소된 사안에서, 위 각 표지판에 사용된 검찰 업무표장은 검찰수사, 공판, 형의 집행부터 대외 홍보 등 검찰청의 업무 전반 또는 검찰청 업무와의 관련성을 나타내기 위한 것으로 보일 뿐, 이것이 부착된 차량은 '검찰 공무수행 차량'이라는 것을 증명하는 기능이 있다는 등 이를 통하여 증명을 하는 사항이 구체적으로 특정되어 있다거나 그 사항이 이러한 검찰 업무표장에 의하여 증명된다고 볼 근거가 없고, 일반인들이 위 각 표지판이 부착된 차량을 '검찰 공무수행 차량'으로 오인할 수 있다고 해도 위 각 검찰 업무표장이 위와 같은 증명적 기능을 갖추지 못한 이상, 이를 공기호라고 볼 수 없음에도, 이와 달리 보아 공소사실을 유죄로 인정한 원심판단에 법리오해 등의 잘못이 있다고 한 사례』(대판 2024.1.4. 2023도11313)☆

✓ **부정사용의 의미 : 절취 번호판 주행 사건** 표준 『[1] 형법 제238조 제1항에서 규정하고 있는 공기호인 자동차등록번호판의 부정사용이라 함은 진정하게 만들어진 자동차등록번호판을 권한 없는 자가 사용하든가, 권한 있는 자라도 권한을 남용하여 부당하게 사용하는 행위를 말하는 것이고, 같은 조 제2항에서 규정하고 있는 그 행사죄는 부정사용한 공기호인 자동차등록번호판을 마치 진정한 것처럼 그 용법에 따라 사용하는 행위를 말하는 것으로 그 행위개념을 달리하고 있다.
[2] 부정사용한 공기호인 자동차등록번호판의 용법에 따른 사용행위인 행사라 함은 이를 자동차에 부착하여 운행함으로써 일반인으로 하여금 자동차의 동일성에 관한 오인을 불러일으킬 수 있는 상태 즉 그것이 부착된 자동차를 운행함을 의미한다고 할 것이고, 그 운행과는 별도로 부정사용한 자동차등록번호판을 타인에게 제시하는 등 행위가 있어야 그 행사죄가 성립한다고 볼 수 없다.
[3] 부정사용한 공기호인 자동차등록번호판의 용법에 따른 사용행위인 행사라 함은 이를 자동차에 부착하여 운행함으로써 일반인으로 하여금 자동차의 동일성에 관한 오인을 불러일으킬 수 있는 상태 즉 그것이 부착된 자동차를 운행함을 의미한다고 할 것이고, 그 운행과는 별도로 부정사용한 자동차등록번호판을 타인에게 제시하는 등 행위가 있어야 그 행사죄가 성립한다고 볼 수 없다』(대판 1997. 7. 8. 96도3319) ☆.

제5관 위조공인 등 행사죄

제238조 ┃공인 등의 위조, 부정사용┃
② 위조 또는 부정사용한 공무원 또는 공무소의 인장, 서명, 기명 또는 기호를 행사한 자도 전항의 형과 같다.

제3장 공중의 건강에 대한 죄

제1절 먹는 물에 관한 죄

제1관 총설

먹는 물에 관한 죄란 사람의 음용에 사용하는 정수 또는 그 수원에 오물·독물 기타 건강을 해할 물건을 혼입하거나, 수도 기타의 시설을 손괴 또는 기타의 방법으로 불통하게 하여 공중의 음용수의 이용과 그 안전을 위태롭게 함으로써 성립하는 범죄를 말한다. 본죄는 보호법익은 공중의 건강 또는 공중의 보건이다. 그 정도는 추상적 위험범이다.

제2관 먹는물사용방해죄

> **제192조 ｜ 먹는 물의 사용방해 ｜**
> ① 일상생활에서 먹는 물로 사용되는 물에 오물을 넣어 먹는 물로 쓰지 못하게 한 자는 1년 이하의 징역 또는 500만 원 이하의 벌금에 처한다.
> ② 제1항의 먹는 물에 독물(毒物)이나 그 밖에 건강을 해하는 물질을 넣은 사람은 10년 이하의 징역에 처한다.

제3관 수돗물사용방해죄

> **제193조 ｜ 수돗물의 사용방해 ｜**
> ① 수도(水道)를 통해 공중이 먹는 물로 사용하는 물 또는 그 수원(水原)에 오물을 넣어 먹는 물로 쓰지 못하게 한 자는 1년 이상 10년 이하의 징역에 처한다.
> ② 제1항의 먹는 물 또는 수원에 독물 그 밖에 건강을 해하는 물질을 넣은 자는 2년 이상의 유기징역에 처한다.

제4관 먹는물혼독치사상죄

> **제194조 ┃ 먹는 물 혼독치사상 ┃**
> 제192조 제2항 또는 제193조 제2항의 죄를 지어 사람을 상해에 이르게 한 경우에는 무기 또는 3년 이상의 징역에 처한다. 사망에 이르게 한 경우에는 무기 또는 5년 이상의 징역에 처한다.

제5관 수도불통죄

> **제195조 ┃ 수도불통 ┃**
> 공중이 먹는 물을 공급하는 수도 그 밖의 시설을 손괴하거나 그 밖의 방법으로 불통(不通)하게 한 자는 1년 이상 10년 이하의 징역에 처한다.

제2절 아편에 관한 죄

제1관 총 설

아편에 관한 죄는 아편을 흡식하거나, 아편 또는 아편흡식기구를 제조·수입·판매 또는 소지하는 것을 내용으로 하는 범죄이다. 아편에 관한 죄의 보호법익은 공중의 건강이다. 보호의 정도는 추상적 위험범이다.

제2관 아편흡식죄

> **제201조 | 공아편흡식 등, 동장소제공 |**
> ① 아편을 흡식하거나 몰핀을 주사한 자는 5년 이하의 징역에 처한다.

제3관 아편흡식장소제공죄

> **제201조 | 공아편흡식 등, 동장소제공 |**
> ② 아편흡식 또는 몰핀 주사의 장소를 제공하여 이익을 취한 자도 전항의 형과 같다.

제4관 아편 등 제조·수입·판매·판매목적소지죄

> **제198조 | 아편 등의 제조 등 |**
> 아편, 몰핀 또는 그 화합물을 제조, 수입 또는 판매하거나 판매할 목적으로 소지한 자는 10년 이하의 징역에 처한다.

제5관 아편흡식기 제조·수입·판매·판매목적소지죄

제199조 ▮ 아편흡식기의 제조 등 ▮
아편을 흡식하는 기구를 제조, 수입 또는 판매하거나 판매할 목적으로 소지한 자는 5년 이하의 징역에 처한다.

제6관 세관공무원의 아편 등 수입·수입허용죄

제200조 ▮ 세관 공무원의 아편 등의 수입 ▮
세관의 공무원이 아편, 몰핀이나 그 화합물 또는 아편흡식기구를 수입하거나 그 수입을 허용한 때에는 1년 이상의 유기징역에 처한다.

제7관 상습아편흡식·제조·수입·판매죄

제203조 ▮ 상습범 ▮
상습으로 전5조의 죄를 범한 때에는 각조에 정한 형의 2분의 1까지 가중한다.

제8관 아편 등 소지죄

제205조 ▮ 아편 등의 소지 ▮
아편, 몰핀이나 그 화합물 또는 아편흡식기구를 소지한 자는 1년 이하의 징역 또는 500만 원 이하의 벌금에 처한다.

제4장 사회의 도덕에 대한 죄

제1절 성풍속에 관한 죄

제1관 총설

성풍속에 관한 죄란 성도덕 또는 건전한 성적 풍속을 보호하기 위한 범죄를 말한다. 음행매개죄의 주된 보호법익은 선량한 성풍속이며, 부수적 보호법익은 개인의 성적 자유이다. 보호의 정도는 침해범이다. 음란물죄와 공연음란죄의 보호법익은 선량한 성풍속이다. 보호의 정도는 추상적 위험범이다.

제2관 음행매개죄

> **제242조** ▮ 음행매개 ▮
> 영리의 목적으로 사람을 매개하여 간음하게 한 자는 3년 이하의 징역 또는 1천500만 원 이하의 벌금에 처한다.

음행매개죄는 영리의 목적으로 사람을 매개하여 간음하게 함으로써 성립하는 범죄이다. 본죄의 객체는 사람이다. 남녀를 불문하며, 음행의 상습 유무를 불문한다.

제3관 음화 등 반포·판매·임대·공연전시죄

> **제243조** ▮ 음화반포 등 ▮
> 음란한 문서, 도화, 필름 기타 물건을 반포, 판매 또는 임대하거나 공연히 전시 또는 상영한 자는 1년 이하의 징역 또는 500만 원 이하의 벌금에 처한다.

I. 의의

음화 등 반포·판매·임대·공연전시죄는 음란한문서, 도화, 필름 기타 물건을 반포·판매 또는 임대하거나 공연히 전시 또는 상영함으로써 성립하는 범죄이다. 선량한 성풍속을 보호하기 위한 추상적 위험범이다.

Ⅱ. 구성요건

1. 객 체

음화 등 반포·판매·임대·공연전시죄의 객체는 「음란한 문서·도화·필름 기타 물건」이다

가. 음란성

(1) 의 의

문서·도화·필름 기타 물건은 음란성이 인정되어야 한다. '음란'이란 사회통념상 일반 보통인의 성욕을 자극하여 성적 흥분을 유발하고 정상적인 성적 수치심을 해하여 성적 도의관념에 반하는 것을 의미한다. 따라서 어떠한 물건을 음란하다고 평가하려면 그 물건을 전체적으로 관찰·평가하여 볼 때 단순히 저속하다거나 문란한 느낌을 주는 정도를 넘어 사람의 존엄성과 가치를 심각하게 훼손·왜곡하였다고 평가할 수 있을 정도로 노골적인 방법에 의하여 성적 부위 등을 적나라하게 표현 또는 묘사하는 것이어야 하고, 음란 여부를 판단함에 있어서는 행위자의 주관적 의도 등이 아니라 그 사회의 평균인의 입장에서 그 시대의 건전한 사회통념에 따라 객관적이고 규범적으로 평가하여야 한다.

> ✔ **음란문자 유포 사건** 『표현물의 음란 여부를 판단함에 있어서는 표현물 제작자의 주관적 의도가 아니라 그 사회의 평균인의 입장에서 그 시대의 건전한 사회통념에 따라 객관적이고 규범적으로 평가하여야 한다』 (대판 2019.1.10. 2016도8783)☆.

(2) 판단기준

음란이란 개념 자체가 사회와 시대적 변화에 따라 변동하는 상대적이고도 유동적인 것이고, 규범적 개념이므로 음란의 여부는 종국적으로 법원이 판단해야 한다.

> ✔ **음란의 판단** 표준 『형법 제243조 소정의 "음란"이라는 개념 자체가 사회와 시대적 변화에 따라 변동하는 상대적이고도 유동적인 것이고, 그 시대에 있어서 사회의 풍속, 윤리, 종교 등과도 밀접한 관계를 가지는 추상적인 것이므로 결국 구체적인 판단에 있어서는 사회통념상 일반 보통인의 정서를 그 판단의 규준으로 삼을 수밖에 없다고 할지라도, 이는 법관이 일정한 가치판단에 의하여 내릴 수 있는 규범적인 개념이라 할 것이어서 그 최종적인 판단의 주체는 어디까지나 당해 사건을 담당하는 법관이라 할 것이다』(대판 1995.2.10. 94도2266)☆.

> ✔ **음란성을 인정한 경우 : 사방지 포스터 사건** 『공연윤리위원회의 심의를 마친 영화작품이라 하더라도 이것을 영화관에서 상영하는 것이 아니고 관람객을 유치하기 위하여 영화장면의 일부를 포스타나 스틸사진 등으로 제작하였고, 제작된 포스타 등 도화가 그 영화의 예술적 측면이 아닌 선정적 측면을 특히 강조하여 그 표현이 과도하게 성감을 자극시키고 일반인의 정상적인 성적 정서를 해치는 것이어서 건전한 성풍속이나 성도덕 관념에 반하는 것이라면 그 포스타 등 광고물은 음화에 해당한다』(대판 1990.10.16. 90도1485)☆.

(3) 과학서·예술작품과 음란성

과학서나 문예작품의 과학성과 예술성이 음란성과 양립할 수 있는가에 대하여는 견해의 대립이 있다. 판례는 과학성·예술성과 음란성은 차원을 달리하는 관념이므로 과학작품 또는 예술작품이라고 하여 음란성이 당연히 부정되는 것은 아니라는 입장을 취하고 있다.

✔ **예술성과 음란성의 관계 : 소설 A 사건** 『문학성 내지 예술성과 음란성은 차원을 달리하는 관념이므로 어느 문학작품이나 예술작품에 문학성 내지 예술성이 있다고 하여 그 작품의 음란성이 당연히 부정되는 것은 아니라 할 것이고, 다만 그 작품의 문학적·예술적 가치, 주제와 성적 표현의 관련성 정도 등에 따라서는 그 음란성이 완화되어 결국은 형법이 처벌대상으로 삼을 수 없게 되는 경우가 있을 수 있을 뿐이다』(대판 2000.10.27. 98도679)☆.

✔ **음란성을 인정한 경우 : 발기된 성기사진 사건** 『[1] 음란물이 그 자체로는 하등의 문학적·예술적·사상적·과학적·의학적·교육적 가치를 지니지 아니하더라도, 음란성에 관한 논의의 특수한 성격 때문에, 그에 관한 논의의 형성·발전을 위해 문학적·예술적·사상적·과학적·의학적·교육적 표현 등과 결합되는 경우가 있다. 이러한 경우 음란 표현의 해악이 이와 결합된 위와 같은 표현 등을 통해 상당한 방법으로 해소되거나 다양한 의견과 사상의 경쟁메커니즘에 의해 해소될 수 있는 정도라는 등의 특별한 사정이 있다면, 이러한 결합 표현물에 의한 표현행위는 공중도덕이나 사회윤리를 훼손하는 것이 아니어서, 법질서 전체의 정신이나 그 배후에 놓여 있는 사회윤리 내지 사회통념에 비추어 용인될 수 있는 행위로서 형법 제20조에 정하여진 '사회상규에 위배되지 아니하는 행위'에 해당된다.
[2] 방송통신심의위원회(이하 '위원회'라고 한다) 심의위원인 피고인이 자신의 인터넷 블로그에 위원회에서 음란정보로 의결한 '남성의 발기된 성기 사진'을 게시함으로써 정보통신망을 통하여 음란한 화상 또는 영상인 사진을 공공연하게 전시하였다고 하여 정보통신망 이용촉진 및 정보보호 등에 관한 법률 위반(음란물유포)으로 기소된 사안에서, 피고인의 게시물은 다른 블로그의 화면 다섯 개를 갈무리하여 옮겨온 남성의 발기된 성기 사진 8장(이하 '사진들'이라 한다)과 벌거벗은 남성의 뒷모습 사진 1장을 전체 게시면의 절반을 조금 넘는 부분에 걸쳐 게시하고, 이어서 정보통신에 관한 심의규정 제8조 제1호를 소개한 후 피고인의 의견을 덧붙이고 있으므로 사진들과 음란물에 관한 논의의 형성·발전을 위한 학술적, 사상적 표현 등이 결합된 결합 표현물로서, … 사진들의 음란성으로 인한 해악은 이에 결합된 학술적, 사상적 표현들과 비판 및 논증에 의해 해소되었고, 결합 표현물인 게시물을 통한 사진들의 게시는 목적의 정당성, 수단이나 방법의 상당성, 보호법익과 침해법익 간의 법익균형성이 인정되어 법질서 전체의 정신이나 그 배후에 놓여 있는 사회윤리 내지 사회통념에 비추어 용인될 수 있는 행위에 해당하므로, 원심이 게시물의 전체적 맥락에서 사진들을 음란물로 단정할 수 없다고 본 것에는 같은 법 제74조 제1항 제2호 및 제44조의7 제1항 제1호가 규정하는 '음란'에 관한 법리오해의 잘못이 있으나, 공소사실을 무죄로 판단한 것은 결론적으로 정당하다고 한 사례』(대판 2017.10.26. 2012도13352)☆.

나. 문서·도화·필름 기타 물건

문서나 도화는 앞서 설명한 문서위조죄의 개념과 같다. 필름이란 사진이나 영화 등으로 인화하거나 재생할 수 있는 물체를 말한다. 판례는 기타 물건에 컴퓨터 프로그램파일이 포함되지 않는다는 입장이다.

✔ **컴퓨터 프로그램파일 : BIG 사설 게시판 사건** 『형법 제243조는 음란한 문서, 도화, 필름 기타 물건을 반포, 판매 또는 임대하거나 공연히 전시 또는 상영한 자에 대한 처벌 규정으로서 컴퓨터 프로그램파일은 위 규정에서 규정하고 있는 문서, 도화, 필름 기타 물건에 해당한다고 할 수 없으므로, 음란한 영상화면을 수록한 컴퓨터 프로그램파일을 컴퓨터 통신망을 통하여 전송하는 방법으로 판매한 행위에 대하여 전기통신기본법 제48조의2의 규정을 적용할 수 있음은 별론으로 하고, 형법 제243조의 규정을 적용할 수 없다』(대판 1999.2.24. 98도3140)★.

2. 행 위

음화 등 반포·판매·임대·공연전시죄의 행위는 반포·판매·임대하거나 공연전시 또는 상영하는 것이다.

가. 반포·판매·임대

반포란 불특정 또는 다수인에게 무상으로 교부하는 것을 말한다. 판매란 불특정 또는 다수인에 대한 유상으로 양도하는 것을 말한다. 임대란 유상으로 대여하는 것을 말한다.

나. 공연전시 또는 상영

공연히 전시한다는 것은 불특정 또는 다수인이 관람할 수 있는 상태에 두는 것을 말한다. 유상인가 무상인가를 불문한다. 상영이란 불특정 또는 다수인에게 필름을 영사하여 공개하는 것을 말한다.

> ✔ 공연전시에 해당하는 경우 : 팬티신문 사건 『음란한 부호 등으로 링크를 해 놓는 행위가 불특정·다수인이 이러한 링크를 이용하여 별다른 제한 없이 음란한 부호 등에 바로 접할 수 있는 상태가 실제로 조성되었다면, 그러한 행위는 전체로 보아 음란한 부호 등을 공연히 전시한다는 구성요건을 충족한다』(대판 2003. 7. 8. 2001도1335)☆

> ✔ 공연전시에 해당하는 경우 : 집단 성행위 게시 사건 『인터넷사이트에 집단 성행위 목적의 카페를 개설, 운영한 자가 남녀 회원을 모집한 후 특별모임을 빙자하여 집단으로 성행위를 하고 그 촬영물이나 사진 등을 카페에 게시한 사안에서, 카페가 회원제로 운영되는 등 제한적이고 회원들 상호간에 음란물을 게시, 공유해 온 사정이 있다고 하더라도, 위 카페의 회원수에 비추어 위 게시행위가 음란물을 공연히 전시한 것에 해당한다』(대판 2009. 5. 14. 2008도10914)☆.[144]

3. 고 의

음화 등 반포·판매·임대·공연전시죄가 성립하기 위하여는 문서·도화·필름 기타 물건을 반포·판매·임대하거나 공연전시 또는 상영한다는 점에 대한 인식을 내용으로 하는 고의가 있어야 한다.

> ✔ 나체 카드 사건 『피고인들은 본건 그림의 음란성을 인식하지 못하였다 하여도 그 음란성의 유무는 그 그림 자체로서 객관적으로 판단해야 할 것이고, 그 제조자나 판매자의 주관적인 의사에 따라 좌우되는 것은 아니라 할 것이며, 그 음화의 제조 내지 판매죄의 범의성립에 있어서도 그러한 그림이 존재한다는 것과 이를 제조나 판매하고 있다는 것을 인식하고 있으면 되고, 그 이상 더 나아가서 그 그림이 음란한 것인가 아닌가를 인식할 필요는 없다 할 것이다』(대판 1970. 10. 30. 70도1879)☆.

---

144) [보충설명] 인터넷 카페의 회원수가 226명으로 다수인에 해당하는 사안이다.

제4관 음화 등 제조·소지·수입·수출죄

> **제244조 ▮음화제조 등▮**
> 제243조의 행위에 공할 목적으로 음란한 물건을 제조, 소지, 수입 또는 수출한 자는 1년 이하의 징역 또는 500만 원 이하의 벌금에 처한다.

음화 등 제조·소지·수입·수출죄는 반포·판매·임대하거나 공연전시 또는 상영할 목적으로 음란한 물건을 제조·소지·수입 또는 수출함으로써 성립하는 범죄이다. 음화 등 반포·판매·임대·공연전시 또는 상영죄의 예비의 성격을 지니는 독립된 구성요건이다. 음화판매 등의 죄를 범할 목적이 있어야 하는 목적범이다.

본죄의 객체는 음란한 물건이다. 음란한 물건이란 음란한 문서와 도화를 포함하는 개념이다.

> ✔ **음란한 물건에 해당하지 않는 경우 : 해면체비대기 사건** 『남성 성기확대기구인 해면체비대기는 그 기구자체가 성욕을 자극, 흥분 혹은 만족시키게 하는 음란물건이라고 할 수 없다』(대판 1978.11.14. 78도2327).

제5관 공연음란죄

> **제245조 ▮공연음란▮**
> 공연히 음란한 행위를 한 자는 1년 이하의 징역, 500만 원 이하의 벌금, 구류 또는 과료에 처한다.

I. 의 의

공연음란죄는 공연히 음란한 행위를 함으로써 성립하는 범죄이다. 본죄는 음란한 행위 자체를 처벌하는 범죄로서 거동범의 성격을 가지고 있다.

II. 구성요건

1. 행 위

공연음란죄의 행위는 공연히 음란한 행위를 하는 것이다.

가. 공연히

공연성이란 불특정 또는 다수인이 인식 할 수 있는 상태를 의미한다. 현실적으로 불특정 또는 다수인이 음란행위를 인식할 필요는 없다.

나. 음란한 행위

음란행위란 성욕을 자극 또는 흥분시킴으로서 성적 수치심과 성적 도의관념에 반하는 행위를 말한다. 단순히 다른 사람에게 부끄러운 느낌이나 불쾌감을 주는 정도에 불과한 경우에는 경범죄처벌법 위반죄가 성립할 뿐 본죄는 성립하지 않는다.

> ✔ **음란성의 판단기준 : 연극 제5장 사건** 표준 『연극공연행위의 음란성의 유무는 그 공연행위 자체로서 객관적으로 판단해야 할 것이고, 그 행위자의 주관적인 의사에 따라 좌우되는 것은 아니다.』(대판 1996.6.11. 96도980)★

음란한 행위를 인정한 기출판례 정리

①	✔ **중부고속도로 알몸 사건** 『고속도로에서 승용차를 손괴하거나 타인에게 상해를 가하는 등의 행패를 부리던 자가 이를 제지하려는 경찰관에 대항하여 공중 앞에서 알몸이 되어 성기를 노출한 경우, 음란한 행위에 해당하고 그 인식도 있었다고 한 사례』(대판 2000.12.22. 2000도4372)☆
②	✔ **요구르트 누드모델 사건** 표준 『요구르트 제품의 홍보를 위하여 전라의 여성 누드모델들이 일반 관람객과 기자 등 수십명이 있는 자리에서, 알몸에 밀가루를 바르고 무대에 나와 분무기로 요구르트를 몸에 뿌려 밀가루를 벗겨내는 방법으로 알몸을 완전히 드러낸 채 음부 및 유방 등이 노출된 상태에서 무대를 돌며 관람객들을 향하여 요구르트를 던진 행위가 공연음란죄에 해당한다』(대판 2006.1.13. 2005도1264)☆
③	✔ **참전비 엉덩이 노출 사건** 『[1] 형법 제245조 공연음란죄에서의 '음란한 행위'란 일반 보통인의 성욕을 자극하여 성적 흥분을 유발하고 정상적인 성적 수치심을 해하여 성적 도의관념에 반하는 행위를 가리키는 것이고, 그 행위가 반드시 성행위를 묘사하거나 성적인 의도를 표출할 것을 요하는 것은 아니다. [2] 경범죄 처벌법 제3조 제1항 제33호가 '공개된 장소에서 공공연하게 성기·엉덩이 등 신체의 주요한 부위를 노출하여 다른 사람에게 부끄러운 느낌이나 불쾌감을 준 사람'을 처벌하도록 규정하고 있는 점 등에 비추어 볼 때, 성기·엉덩이 등 신체의 주요한 부위를 노출한 행위가 있었을 경우 그 일시와 장소, 노출 부위, 노출 방법·정도, 노출 동기·경위 등 구체적 사정에 비추어, 그것이 단순히 다른 사람에게 부끄러운 느낌이나 불쾌감을 주는 정도에 불과하다면 경범죄 처벌법 제3조 제1항 제33호에 해당할 뿐이지만, 그와 같은 정도가 아니라 일반 보통인의 성욕을 자극하여 성적 흥분을 유발하고 정상적인 성적 수치심을 해하는 것이라면 형법 제245조의 '음란한 행위'에 해당한다고 할 수 있다 [3] '음란'이라는 개념 자체는 사회와 시대적 변화에 따라 변동하는 상대적이고도 유동적인 것이고, 그 시대에 있어서 사회의 풍속, 윤리, 종교 등과도 밀접한 관계를 가지는 추상적인 것이므로, 결국 음란성을 구체적으로 판단함에 있어서는 행위자의 주관적 의도가 아니라 사회 평균인의 입장에서 그 전체적인 내용을 관찰하여 건전한 사회통념에 따라 객관적이고 규범적으로 평가하여야 한다』(대판 2020.1.16. 2019도14056)☆

음란한 행위를 부정한 기출판례 정리

① ✔ **술은 똥구멍으로 먹었냐 사건** 표준 『[1] 경범죄처벌법 제1조 제41호가 '여러 사람의 눈에 뜨이는 곳에서 함부로 알몸을 지나치게 내놓거나 속까지 들여다 보이는 옷을 입거나 또는 가려야 할 곳을 내어 놓아 다른 사람에게 부끄러운 느낌이나 불쾌감을 준 사람'을 처벌하도록 규정하고 있는 점 등에 비추어 볼 때, 신체의 노출행위가 있었다고 하더라도 그 일시와 장소, 노출 부위, 노출 방법·정도, 노출 동기·경위 등 구체적 사정에 비추어, 그것이 일반 보통인의 성욕을 자극하여 성적 흥분을 유발하고 정상적인 성적 수치심을 해하는 것이 아니라 단순히 다른 사람에게 부끄러운 느낌이나 불쾌감을 주는 정도에 불과하다고 인정되는 경우 그와 같은 행위는 경범죄처벌법 제1조 제41호에 해당할지언정, 형법 제245조의 음란행위에 해당한다고 할 수 없다.
[2] 말다툼을 한 후 항의의 표시로 엉덩이를 노출시킨 행위가 음란한 행위에 해당한다고 판단한 원심판결을 파기한 사례이다』(대판 2004.3.12. 2003도6514)★.

2. 고 의

공연음란죄가 성립하기 위해서는 공연히 음란한 행위를 한다는 인식과 의사가 있어야 한다. 주관적으로 성욕의 흥분 또는 만족 등의 성적인 목적이 있어야 하는 것은 아니다.

✔ **술은 똥구멍으로 먹었냐 사건** 『형법 제245조 소정의 '음란한 행위'라 함은 일반 보통인의 성욕을 자극하여 성적 흥분을 유발하고 정상적인 성적 수치심을 해하여 성적 도의관념에 반하는 것을 가리킨다고 할 것이고, 위 죄는 주관적으로 성욕의 흥분, 만족 등의 성적인 목적이 있어야 성립하는 것은 아니고 그 행위의 음란성에 대한 의미의 인식이 있으면 족하다』(대판 2004.3.12. 2003도6514)☆.

제2절 도박과 복표에 관한 죄

제1관 총설

도박과 복표에 관한 죄란 도박하거나 도박을 개장하거나 복표를 발매·중개 또는 취득함으로써 성립하는 범죄이다. 본죄는 승패의 우연성에 의하여 재산의 득실을 다투는 것을 내용으로 하는 범죄이다. 복표도 도박의 일종이라고 볼 수 있으므로 넓은 의미의 도박죄라고 할 수 있다.

도박과 복표에 관한 죄의 보호법익은 국민일반의 건전한 근로관념과 공공의 미풍양속이다. 보호의 정도는 추상적 위험범이다.

제2관 도박죄

> **제246조 │ 도박 │**
> ① 도박을 한 사람은 1천만 원 이하의 벌금에 처한다. 다만, 일시오락 정도에 불과한 경우에는 예외로 한다.

Ⅰ. 의 의

도박죄는 도박을 함으로써 성립하는 범죄이다. 본죄는 도박의 죄의 기본적 구성요건이다. 미수범 처벌규정을 규정하고 있지 않다.

Ⅱ. 구성요건

1. 주 체

도박죄의 주체에는 제한이 없다. 다만 범죄를 범하기 위해서는 2인 이상의 자가 필요하므로 본죄는 필요적 공범에 해당한다.

2. 행 위

도박죄의 행위는 「도박」하는 것이다.

가. 도박의 의의

도박이란 재물 또는 재산상 이익을 걸고 우연한 승패에 의하여 그 득실을 결정하는 것을 말한다. 여기서 우연이란 당사자가 확실히 예견하거나 영향을 미칠 수 없는 사정을 말한다. 따라서 승패가 확실히 예상되거나 결정되는 것은 도박이 될 수 없다.

나. 경기와 도박

경기란 어느 정도의 우열을 예상할 수는 있으나, 경기에 참석한 자들의 육체적·정신적 능력 또는 기량에 의하여 승패가 결정된다. 당사자의 능력이 승패의 결과에 영향을 미친다고 하더라도 다소라도 우연성의 사정에 의하여 영향을 받게 되는 때에는 도박죄가 성립할 수 있다.

> ✔ **경기의 도박성 : 내기 골프 사건** 표준 『형법 제246조에서 도박은 '재물을 걸고 우연에 의하여 재물의 득실을 결정하는 것'을 의미하는바, 여기서 '우연'이란 주관적으로 '당사자에 있어서 확실히 예견 또는 자유로이 지배할 수 없는 사실에 관하여 승패를 결정하는 것'을 말하고, 객관적으로 불확실할 것을 요구하지 아니한다. 따라서, 당사자의 능력이 승패의 결과에 영향을 미친다고 하더라도 다소라도 우연성의 사정에 의하여 영향을 받게 되는 때에는 도박죄가 성립할 수 있다.
> [2] 피고인들이 각자 핸디캡을 정하고 홀마다 또는 9홀마다 별도의 돈을 걸고 총 26 내지 32회에 걸쳐 내기 골프를 한 행위가 도박에 해당한다』(대판 2008.10.23. 2006도736)★

다. 편면적 도박

편면적 도박이란 우연성이 당사자 일방에게만 있는 경우를 말한다. 사기도박을 하는 경우에는 우연한 승패에 의해 그 재물의 득실이 결정되는 것이 아니라 일방이 사기의 수단으로서 승패를 지배하는 것이므로 우연성이 결여되어 사기죄만 성립하고 도박죄는 성립하지 않는다.

> ✔ **사기도박 : 몰래카메라 사기도박 사건** 표준 『[1] 도박이란 2인 이상의 자가 상호간에 재물을 도하여 우연한 승패에 의하여 그 재물의 득실을 결정하는 것이므로, 이른바 사기도박과 같이 도박당사자의 일방이 사기의 수단으로써 승패의 수를 지배하는 경우에는 도박에서의 우연성이 결여되어 사기죄만 성립하고 도박죄는 성립하지 아니한다.
> [2] 사기죄는 편취의 의사로 기망행위를 개시한 때에 실행에 착수한 것으로 보아야 하므로, 사기도박에서도 사기적인 방법으로 도금을 편취하려고 하는 자가 상대방에게 도박에 참가할 것을 권유하는 등 기망행위를 개시한 때에 실행의 착수가 있는 것으로 보아야 한다.
> [3] 피고인 등이 사기도박에 필요한 준비를 갖추고 그러한 의도로 피해자들에게 도박에 참가하도록 권유한 때 또는 늦어도 그 정을 알지 못하는 피해자들이 도박에 참가한 때에는 이미 사기죄의 실행에 착수하였다고 할 것이므로, 피고인 등이 그 후에 사기도박을 숨기기 위하여 얼마간 정상적인 도박을 하였더라도 이는 사기죄의 실행행위에 포함되는 것이어서 피고인에 대하여는 피해자들에 대한 사기죄만이 성립하고 도박죄는 따로 성립하지 아니함에도, 이와 달리 피해자들에 대한 사기죄 외에 도박죄가 별도로 성립하는 것으로 판단하고 이를 유죄로 인정한 원심판결에 사기도박에 있어서의 실행의 착수시기 등에 관한 법리오해의 위법이 있다고 한 사례.
> [4] 피고인 등이 피해자들을 유인하여 사기도박으로 도금을 편취한 행위는 사회관념상 1개의 행위로 평가하는 것이 타당하므로, 피해자들에 대한 각 사기죄는 상상적 경합의 관계에 있다』(대판 2011.1.13. 2010도9330)★

라. 기수시기

도박죄는 도박행위에 착수하면 기수에 이르며, 승패가 결정되거나 현실로 재물 또는 재산상의 이익의 득실을 요하지 않는다.

Ⅲ. 위법성

도박이 일시 오락의 정도에 그치는 경우에는 위법성이 조각되어 본죄가 성립하지 않는다. 일시 오락의 정도에 불과한 것인가는 도박의 시간과 장소, 도박에 건 재물의 가액, 도박에 가담한 자들의 사회적 지위나 재산정도 및 도박으로 인한 이득의 용도 등 여러 가지 사정을 참작하여 판단한다.

✓ **일시오락에 불과한 경우 : 음식내기 화투놀이 사건** 『피고인들이 서로 친숙한 사이로서 이 사건 당일 우연히 다방에서 만나게 되어, 약 3,000원 상당의 음식내기 화투놀이를 약 30분간 한 소위는 피고인들의 친분관계, 화투놀이의 시간과 장소, 도박의 경위 및 그 금액의 근소성에 비추어 일시 오락의 정도에 불과하고 도박죄를 구성하지 않는다』(대판 1984.4.10. 84도194)☆.

제3관 상습도박죄

제246조 | 상습도박 |
② 상습[145]으로 제1항의 죄를 범한 사람은 3년 이하의 징역 또는 2천만 원 이하의 벌금에 처한다.

제4관 도박장소 등 개설죄

제247조 | 도박장소 등 개설 |
영리의 목적으로 도박을 하는 장소나 공간을 개설한 사람은 5년 이하의 징역 또는 3천만 원 이하의 벌금에 처한다.

Ⅰ. 의 의

도박장소 등 개설죄는 영리의 목적으로 도박을 하는 장소나 공간을 개설함으로써 성립하는 범죄이다. 본죄는 도박행위를 준비시키는 예비행위에 불과하나, 도박범을 유인하거나 도박행위를 촉진시킨다는 점에서 도박죄보다 가중하여 처벌하고 있다.

Ⅱ. 구성요건

도박장소 등 개설죄는 영리의 목적으로 도박을 하는 장소나 공간을 개설하는 행위를 필요로 한다. 도박하는 장소를 개설한다는 것은 스스로 주재자가 되어 그 지배하에 도박의 장소를 여는 것을 말한다. 본죄는 고의 이외에 영리의 목적을 필요로 하는 목적범이다. 영리의 목적이란 도박개장의 대가로 불법한 재산상의 이익을 얻을 목적을 말한다. 현실로 이득을 얻었을 것을 요하지는 않는다.

---

[145] **보충설명** 『상습도박죄에 있어서의 상습성이라 함은 반복하여 도박행위를 하는 습벽으로서 행위자의 속성을 말하는데, 이러한 습벽의 유무를 판단함에 있어서는 도박의 전과나 도박횟수 등이 중요한 판단자료가 되나 도박전과가 없다 하더라도 도박의 성질과 방법, 도금의 규모, 도박에 가담하게 된 태양 등의 제반 사정을 참작하여 도박의 습벽이 인정되는 경우에는 상습성을 인정하여도 무방하다』(대판 1995.7.11. 95도955).

✔ **도박장소 개설의 의미 : 실내낚시터 경품지급 사건** 『[1] 형법 제247조의 도박개장죄는 영리의 목적으로 스스로 주재자가 되어 그 지배하에 도박장소를 개설함으로써 성립하는 것으로서, 도박죄와는 별개의 독립된 범죄이다. 이때 '도박'이란 참여한 당사자가 재물을 걸고 우연한 승부에 의하여 재물의 득실을 다투는 것을 의미하고, '영리의 목적'이란 도박개장의 대가로 불법한 재산상의 이익을 얻으려는 의사를 의미한다. 반드시 도박개장의 직접적 대가가 아니라 도박개장을 통하여 간접적으로 얻게 될 이익을 위한 경우에도 영리의 목적이 인정되고, 또한 현실적으로 그 이익을 얻었을 것을 요하지는 않는다.
[2] 유료낚시터를 운영하는 사람이 입장료 명목으로 요금을 받은 후 물고기에 부착된 시상번호에 따라 경품을 지급한 사안에서, 도박개장죄를 인정한 사례』(대판 2009.2.26. 2008도10582)☆.

✔ **고스톱대회 사건** 『인터넷 고스톱게임 사이트를 유료화하는 과정에서 사이트를 홍보하기 위하여 고스톱대회를 개최하면서 참가자들로부터 참가비를 받고 입상자들에게 상금을 지급한 행위에 대하여 도박개장죄를 인정한 사례이다』(대판 2002.4.12. 2001도5802)☆.

도박장소 등 개설죄는 영리의 목적으로 도박을 개장하면 기수에 이르고, 현실로 도박이 행하여졌음은 묻지 않는다.

✔ **기수시기 : 인터넷 도박게임 프로그램 설치(머니머니썬) 사건** 『[1] 형법 제247조의 도박개장죄는 영리의 목적으로 도박을 개장하면 기수에 이르고, 현실로 도박이 행하여졌음은 묻지 않는다. 현실적으로 게임이용자들로부터 돈을 받고 게임머니를 제공하고 게임이용자들이 위 도박게임 사이트에 접속하여 도박을 하여, 위 게임으로 획득한 게임머니를 현금으로 환전해 주는 방법 등으로 게임이용자들과 게임회사 사이에 있어서 재물이 오고갈 수 있는 상태에 있으면, 게임이용자가 위 도박게임 사이트에 접속하여 실제 게임을 하였는지 여부와 관계없이 도박개장죄는 '기수'에 이른다.
[2] 가맹점을 모집하여 인터넷 도박게임이 가능하도록 시설 등을 설치하고 도박게임 프로그램을 가동하던 중 문제가 발생하여 더 이상의 영업으로 나아가지 못한 것으로 볼 여지가 있다면 이로써 도박개장죄는 이미 '기수'에 이르렀다고 볼 수 있고, 나아가 피고인이 모집한 피씨방의 업주들이 그곳을 찾은 이용자들에게 피고인이 개설한 도박게임 사이트에 접속하여 도박을 하게 한 사실이 없다고 하여 도박개장죄의 성립이 부정된다고 할 수 없다』(대판 2009.12.10. 2008도5282)★.

Ⅲ. 타죄와의 관계

무허가 카지노영업으로 인한 관광진흥법위반죄와 도박개장죄는 상상적 경합범 관계에 있다.

제5관 복표발매·중개·취득죄

제248조 ┃복표의 발매 등┃
① 법령에 의하지 아니한 복표를 발매한 사람은 5년 이하의 징역 또는 3천만 원 이하의 벌금에 처한다.
② 제1항의 복표발매를 중개한 사람은 3년 이하의 징역 또는 2천만 원 이하의 벌금에 처한다.
③ 제1항의 복표를 취득한 사람은 1천만 원 이하의 벌금에 처한다.

제3절 신앙에 관한 죄

제1관 총 설

    신앙에 관한 죄란 공중의 종교적 평온과 종교감정을 침해하는 것을 내용으로 하는 범죄를 말한다. 신앙에 관한 죄의 보호법익은 사회풍속으로서의 종교적 감정과 종교적 평온이다.

제2관 장례식 등 방해죄

> **제158조 ▮ 장례식 등의 방해 ▮**
> 장례식, 제사, 예배 또는 설교를 방해한 자는 3년 이하의 징역 또는 500만 원 이하의 벌금에 처한다.

> ✔ **장례식방해죄의 법적성격** 『장례식방해죄는 장례식의 평온과 공중의 추모감정을 보호법익으로 하는 이른바 추상적 위험범으로서 범인의 행위로 인하여 장례식이 현실적으로 저지 내지 방해되었다고 하는 결과의 발생까지 요하지 않는다』(대판 2013.2.14. 2010도13450)☆.

> ✔ **예배방해죄의 성립요건 : 예배당 침입 사건** 『[1] 형법 제158조에 규정된 예배방해죄는 공중의 종교생활의 평온과 종교감정을 그 보호법익으로 하는 것이므로, 예배중이거나 예배와 시간적으로 밀접불가분의 관계에 있는 준비단계에서 이를 방해하는 경우에만 성립한다.
> [2] 교회의 교인이었던 사람이 교인들의 총유인 교회 현판, 나무십자가 등을 떼어 내고 예배당 건물에 들어가 출입문 자물쇠를 교체하여 7개월 동안 교인들의 출입을 막은 사안에서, 장기간 예배당 건물의 출입을 통제한 위 행위는 교인들의 예배 내지 그와 밀접불가분의 관계에 있는 준비단계를 계속하여 방해한 것으로 볼 수 없어 예배방해죄가 성립하지 않는다고 한 사례』(대판 2008.2.1. 2007도5296)☆.[146]

제3관 사체 등 오욕죄

> **제159조 ▮ 시체 등의 오욕 ▮**
> 시체, 유골 또는 유발을 오욕한 자는 2년 이하의 징역 또는 500만원 이하의 벌금에 처한다.

---

146) **보충설명** 손괴죄와 건조물침입죄의 실체적 경합이 인정되는 사안이다

제4관 분묘발굴죄

제160조 ┃분묘의 발굴┃
분묘를 발굴한 자는 5년 이하의 징역에 처한다.

제5관 사체 등 손괴·유기·은닉·영득죄

제161조 ┃사체 등의 유기 등┃
① 시체, 유골, 유발 또는 관 속에 넣어 둔 물건을 손괴, 유기, 은닉 또는 영득한 자는 7년 이하의 징역에 처한다.
② 분묘를 발굴하여 제1항의 죄를 지은 자는 10년 이하의 징역에 처한다.

제6관 변사체검시방해죄

제163조 ┃변사체 검시 방해┃
변사자의 사체 또는 변사의 의심 있는 사체를 은닉 또는 변경하거나 기타 방법으로 검시를 방해한 자는 700만원 이하의 벌금에 처한다.

✔ **변사체검시방해죄의 객체 : 범죄로 사망 사건**　『형법 제163조의 변사자라 함은 부자연한 사망으로서 그 사인이 분명하지 않은 자를 의미하고 그 사인이 명백한 경우는 변사자라 할 수 없으므로, 범죄로 인하여 사망한 것이 명백한 자의 사체는 같은 법조 소정의 변사체검시방해죄의 객체가 될 수 없다』(대판 2003.6.27. 2003도1331)☆.

CRIMINAL LAW

문형석
형사법의
정석

제 03 편

국가적 법익에 대한 죄

제1장　국가의 존립과 권위에 대한 죄
제2장　국가의 기능에 대한 죄

제 1 장 국가의 존립과 권위에 대한 죄

제1절 내란의 죄

제1관 총설

내란의 죄란 국가의 내부로부터 헌법의 기본질서를 침해하여 국가의 존립을 위태롭게 하는 것을 내용으로 하는 범죄로서, 보호법익은 국가존립과 헌법질서를 포함한 국가의 내적 안전이다.

제2관 내란죄

> **제87조 | 내란 |**
> 대한민국 영토의 전부 또는 일부에서 국가권력을 배제하거나 국헌을 문란하게 할 목적으로 폭동을 일으킨 자는 다음 각 호의 구분에 따라 처벌한다.
> 1. 우두머리는 사형, 무기징역 또는 무기금고에 처한다.
> 2. 모의에 참여하거나 지휘하거나 그 밖의 중요한 임무에 종사한 자는 사형, 무기 또는 5년 이상의 징역이나 금고에 처한다. 살상, 파괴 또는 약탈 행위를 실행한 자도 같다.
> 3. 부화수행하거나 단순히 폭동에만 관여한 자는 5년 이하의 징역이나 금고에 처한다.

Ⅰ. 의의 및 성격

본죄는 국토를 참절하거나 국헌을 문란할 목적으로 폭동함으로써 성립하는 범죄로서 필요적 공범 중 집합범에 속한다. 본죄는 구체적 위험범이라는 견해와 추상적 위험범이라는 견해가 대립하며, 목적범이다.

Ⅱ. 객관적 구성요건

1. 주 체

내란죄의 주체에는 제한이 없다. 자연인이면 누구나 주체가 될 수 있다. 내국인·외국인을 불문한다. 다만, 성질상 영토의 일부를 점거하거나 헌법질서를 파괴할 수 있을 정도의 상당한 정도의 조직화된 다수인일 것을 요한다.

2. 행 위

내란죄의 행위는 폭동하는 것이다. 폭동이란 다수인이 결합하여 폭행·협박·파괴·방화·약탈·납치·살상 등의 행위를 하는 것을 말한다. 폭행·협박은 최광의의 개념으로서 적어도 한 지방의 평온을 해할 정도의 것이어야 한다.

폭행·협박이 일부 지방의 평온을 해할 정도에 이른 때 기수가 된다(상태범).

> ✔ **기수시기 : 5.18 비상계엄 전국확대 사건** 표준 『내란죄는 국토를 참절하거나 국헌을 문란할 목적으로 폭동한 행위로서, 다수인이 결합하여 위와 같은 목적으로 한 지방의 평온을 해할 정도의 폭행·협박행위를 하면 기수가 되고, 그 목적의 달성 여부는 이와 무관한 것으로 해석되므로, 다수인이 한 지방의 평온을 해할 정도의 폭동을 하였을 때 이미 내란의 구성요건은 완전히 충족된다고 할 것이어서 상태범으로 봄이 상당하다』(대판[전] 1997.4.17. 96도3376)☆.

Ⅲ. 주관적 구성요건

내란죄는 다수인이 폭동한다는 고의 이외에 국토를 참절하거나 국헌을 문란할 목적이 있어야 한다(목적범). 목적에 대한 인식은 미필적 인식으로 족하다.

> ✔ **김재규 내란음모 사건** 표준 『내란죄가 목적범으로서 목적범 일반에 관한 원칙이 적용된다 할 것인바, 그 목적은 엄격한 증명사항에 속하고, 직접적임을 요하나, 결과발생의 희망, 의욕임을 필요로 한다고는 할 수 없고, 또 확정적 인식임을 요하지 아니하며, 다만 미필적인식이 있으면 족하다 할 것이다』(대판 1980.5.20. 80도306)☆.

Ⅳ. 죄 수

폭동 중에 살인, 상해, 강도, 손괴, 방화 등의 행위를 한 경우 이러한 행위가 폭동에 수반하여 일어난 경우에는 내란 목적을 달성하기 위한 수단에 불과하므로 내란죄에 흡수되나, 폭동에 수반하여 일어난 것이 아니라 그것 자체가 의도적으로 실행된 경우에는 별개의 범죄가 성립한다.

> ✔ **5.18 비상계엄 전국확대 사건** 『형법 제88조의 내란목적살인죄는 국헌을 문란할 목적을 가지고 직접적인 수단으로 사람을 살해함으로써 성립하는 범죄라 할 것이므로, 국헌문란의 목적을 달성함에 있어 내란죄가 '폭동'을 그 수단으로 함에 비하여 내란목적살인죄는 '살인'을 그 수단으로 하는 점에서 두 죄는 엄격히 구별된다 할 것이다. 그러므로 내란의 실행과정에서 폭동행위에 수반하여 개별적으로 발생한 살인행위는 내란행위의 한 구성요소를 이루는 것이므로 내란행위에 흡수되어 내란목적살인의 별죄를 구성하지 아니하나, 특정인 또는 일정한 범위내의 한정된 집단에 대한 살해가 내란의 와중에 폭동에 수반하여 일어난 것이 아니라 그것 자체가 의도적으로 실행된 경우에는 이러한 살인행위는 내란에 흡수될 수 없고 내란목적살인의 별죄를 구성한다』(대판[전] 1997.4.17. 96도3376)☆.

제3관 내란목적살인죄

> **제88조 | 내란목적의 살인 |**
> 대한민국 영토의 전부 또는 일부에서 국가권력을 배제하거나 국헌을 문란하게 할 목적으로 사람을 살해한 자는 사형, 무기징역 또는 무기금고에 처한다.

제4관 내란예비·음모·선동·선전죄

> **제90조 | 예비, 음모, 선동, 선전 |**
> ① 제87조 또는 제88조의 죄를 범할 목적으로 예비 또는 음모한 자는 3년 이상의 유기징역이나 유기금고에 처한다. 단, 그 목적한 죄의 실행에 이르기 전에 자수한 때에는 그 형을 감경 또는 면제한다.
> ② 제87조 또는 제88조의 죄를 범할 것을 선동 또는 선전한 자도 전항의 형과 같다.

내란예비·음모·선동·선전죄는 내란죄나 내란목적살인죄를 범할 목적으로 예비 또는 음모하거나, 선동 또는 선전함으로써 성립하는 범죄이다. 선동이란 일반대중을 자극하여 범죄실행을 결의하거나 촉구하는 것을 말하고, 선전이란 내란의 취지를 불특정·다수인에게 설명하여 찬동을 얻어내기 위한 일체의 행위를 말한다.

✔ **내란선동·음모죄의 성립요건 : 이석기 의원 사건** 표8 『[1] [다수의견] 내란선동죄는 내란이 실행되는 것을 목표로 선동함으로써 성립하는 독립한 범죄이고, 선동으로 말미암아 피선동자들에게 반드시 범죄의 결의가 발생할 것을 요건으로 하지 않는다. 내란을 실행시킬 목표를 가지고 있다 하여도 단순히 특정한 정치적 사상이나 추상적인 원리를 옹호하거나 교시하는 것만으로는 내란선동이 될 수 없고, 그 내용이 내란에 이를 수 있을 정도의 폭력적인 행위를 선동하는 것이어야 하고, 나아가 피선동자의 구성 및 성향, 선동자와 피선동자의 관계 등에 비추어 피선동자에게 내란 결의를 유발하거나 증대시킬 위험성이 인정되어야만 내란선동으로 볼 수 있다.
다만 선동행위는 선동자에 의하여 일방적으로 행해지고, 그 이후 선동에 따른 범죄의 결의 여부 및 그 내용은 선동자의 지배영역을 벗어나 피선동자에 의하여 결정될 수 있으며, 내란선동을 처벌하는 근거가 선동행위 자체의 위험성과 불법성에 있다는 점 등을 전제하면, 내란선동에 있어 시기와 장소, 대상과 방식, 역할분담 등 내란 실행행위의 주요 내용이 선동 단계에서 구체적으로 제시되어야 하는 것은 아니고, 또 선동에 따라 피선동자가 내란의 실행행위로 나아갈 개연성이 있다고 인정되어야만 내란선동의 위험성이 있는 것으로 볼 수도 없다.
[2] 내란음모가 성립하였다고 하기 위해서는 개별 범죄행위에 관한 세부적인 합의가 있을 필요는 없으나, 공격의 대상과 목표가 설정되어 있고, 그 밖의 실행계획에 있어서 주요 사항의 윤곽을 공통적으로 인식할 정도의 합의가 있어야 한다. 나아가 합의는 실행행위로 나아간다는 확정적인 의미를 가진 것이어야 하고, 단순히 내란에 관한 생각이나 이론을 논의한 것으로는 부족하다. 또한, 내란음모가 단순히 내란에 관한 생각이나 이론을 논의 내지 표현한 것인지 실행행위로 나아간다는 확정적인 의미를 가진 합의인지를 구분하기가 쉽지 않다는 점을 고려하면, 내란음모죄에 해당하는 합의가 있다고 하기 위해서는 단순히 내란에 관한 범죄결심을 외부에 표시·전달하는 것만으로는 부족하고 객관적으로 내란범죄의 실행을 위한 합의라는 것이 명백히 인정되고, 그러한 합의에 실질적인 위험성이 인정되어야 한다』(대판[전] 2015. 1. 22. 2014도10978)★.

제2절 외환의 죄

제1관 총 설

외환의 죄는 외환을 유치하거나 대한민국에 항적하거나 적국에 인적·물적 이익을 제공하여 국가의 존립·안전을 위태롭게 하는 범죄를 말한다. 외환의 죄의 보호법익은 국가의 외적 안전이다. 보호의 정도는 구체적 위험범이다.

제2관 외환유치죄

> **제92조 ㅣ 외환유치 ㅣ**
> 외국과 통모하여 대한민국에 대하여 전단을 열게 하거나 외국인과 통모하여 대한민국에 항적한 자는 사형 또는 무기징역에 처한다.

제3관 여적죄

> **제93조 ㅣ 여적 ㅣ**
> 적국과 합세하여 대한민국에 항적한 자는 사형에 처한다.

제4관 간첩죄

> **제98조 ㅣ 간첩 ㅣ**
> ① 적국을 위하여 간첩하거나 적국의 간첩을 방조한 자는 사형, 무기 또는 7년 이상의 징역에 처한다.
> ② 군사상의 기밀을 적국에 누설한 자도 전항의 형과 같다.

I. 의 의

간첩죄는 적국을 위하여 간첩하거나 적국의 간첩을 방조하거나 또는 군사상의 기밀을 적국에 누설함으로써 성립하는 범죄이다.

II. 객관적 구성요건

1. 간 첩

가. 의 의

간첩이라 함은 적국을 위하여 적국의 지령·사주·기타 의사의 연락 하에 군사상 기밀사항 또는 도서·물건을 탐지·수집하는 것을 의미하는 것이므로 북괴의 지령·사주·기타 의사의 연락 없이 편면적으로 지득하였던 군사상의 기밀사항을 북괴에 납북된 상태 하에서 제보한 경우에는 간첩죄에 해당하지 아니한다.

> ✔ **간첩행위 : 북괴공작원 보고 사건** 『형법 제98조 제1항의 간첩행위는 적국에 제보하기 위하여 은밀히 또는 묘계로써 우리나라의 군사상은 물론 정치, 경제, 사회, 문화, 사상 등 기밀에 속한 사항 또는 도서 물건을 탐지 모집함을 말한다. 따라서 이미 모집하거나 지득하고 있는 사항을 제보 또는 누설하는 행위 자체는 간첩행위에 해당하지 아니한다』(대판 1981.9.22. 81도1944)☆.

> ✔ **편면적 간첩 : 북괴납북 후 찬양 사건** 『형법 제98조 제1항의 간첩이라 함은 적국을 위하여 적국의 지령 사주 기타 의사의 연락하에 군사상 기밀사항 또는 도서 물건을 탐지 모집하는 것을 의미하는 것이므로 북괴의 지령사주 기타의 의사의 연락없이 단편적으로 지득하였던 군사상의 기밀사항을 북괴에 납북된 상태 하에서 제보한 행위는 위 법조 소정의 간첩죄에 해당하지 아니하고 다만 반공법 제4조 제1항 소정의 반국가단체를 이롭게 하는 행위에 해당한다』(대판 1975.9.23. 75도1773)☆.

나. 국가기밀

국가기밀이란 제한된 범위의 사람에게만 알려져 있고 대한민국의 외적 안전에 대한 중대한 불이익을 초래할 위험을 방지하기 위하여 적국에 대하여 비밀로 하여야 할 사실, 대상 또는 지식을 말한다.

> ✔ **국가기밀의 범위 : 하숙 학생 포섭 사건** 『[1] 간첩죄의 군사상 기밀은 순전한 군사상 기밀에만 국한할 것이 아니고 정치, 경제, 사회, 문화 등 각 방면에 걸쳐 북한괴뢰집단의 지, 부지에 불구하고 우리나라 국방정책상 동 집단에 알리지 아니하거나 확인되지 아니함을 대한민국의 이익으로 하는 모든 군사기밀을 포함한다.
> [2] 일간신문에 보도되는 사항이라 하더라도 북한괴뢰집단에 대하여 비밀로 하는 것이 대한민국의 이익을 위하여 필요하다고 생각되는 군사에 관계되는 정보라면 그것을 수집탐지하는 것도 간첩행위가 된다』(대판 1983.4.26. 83도416)☆.

> ✔ **공지의 사실 : 범민련 재판내용 사건** 『현행 국가보안법 제4조 제1항 제2호 (나)목에 정한 기밀을 해석함에 있어서 그 기밀은 정치, 경제, 사회, 문화 등 각 방면에 관하여 반국가단체에 대하여 비밀로 하거나 확인되지 아니함이 대한민국의 이익이 되는 모든 사실, 물건 또는 지식으로서, 그것들이 국내에서의 적법한

절차 등을 거쳐 이미 일반인에게 널리 알려진 공지의 사실, 물건 또는 지식에 속하지 아니한 것이어야 하고, 또 그 내용이 누설되는 경우 국가의 안전에 위험을 초래할 우려가 있어 기밀로 보호할 실질가치를 갖춘 것이어야 한다』(대판[전] 1997.7.16. 97도985)☆.

다. 실행의 착수시기 및 기수시기

(1) 실행의 착수시기

간첩목적으로 국내에 잠입 또는 상륙한 때 실행의 착수가 인정된다.

(2) 기수시기

간첩죄는 국가기밀을 탐지 또는 수집한 때 기수가 된다. 따라서 탐지·수집한 국가기밀을 지령자·접선자에게 전달하지 못하고 체포되었다고 하더라도 간첩죄는 기수가 된다.

2. 간첩방조

적국의 간첩을 방조한다는 것은 적국의 간첩임을 알면서 그의 간첩활동을 용이하게 하도록 원조하는 일체의 행위를 말한다. 국가기밀을 탐지·수집하는 간첩행위를 방조해야 한다. 따라서 간첩임을 알면서도 숙식을 제공한 경우, 간첩의 무전기 매몰을 망보아 준 경우는 간첩방조라고 볼 수 없다.

✔ **방조가 부정되는 경우 : 무전기 매몰 사건** 『간첩이란 적국을 위하여 국가기밀 사항을 탐지 수집하는 행위를 지칭하는 것이므로 무전기를 매몰하는 행위를 간첩행위로 볼 수 없다 하겠으니 이를 망보아 준 행위는 간첩방조죄를 구성하지 않는다』(대판 1983.4.26. 83도416)☆.

제2장 국가의 기능에 대한 죄

제1절 공무원의 직무에 관한 죄

제1관 총설

공무원의 직무에 관한 죄란 공무원이 직무에 위배되거나 직권을 남용하거나 뇌물을 수수함으로써 성립하는 범죄이다. 본죄의 보호법익은 국가의 기능이다.

제2관 직무유기죄

> **제122조 │ 직무유기 │**
> 공무원이 정당한 이유 없이 그 직무수행을 거부하거나 그 직무를 유기한 때에는 1년 이하의 징역이나 금고 또는 3년 이하의 자격정지에 처한다.

I. 의의

직무유기죄는 공무원이 정당한 이유 없이 그 직무수행을 거부하거나 그 직무를 유기함으로써 성립하는 범죄이다. 본죄의 보호법익은 국가의 기능이고 보호의 정도는 구체적 위험범이다. 직무유기죄는 그 구성요건이 작위와 부작위 모두에 의해 실현될 수 있는 부진정부작위범에 해당한다.

> ✔ **직무유기죄의 성격 : 도박사건 미조치 사건** 『직무유기죄는 이른바 부진정부작위범으로서 구체적으로 그 직무를 수행하여야 할 작위의무가 있는데도 불구하고 이러한 직무를 버린다는 인식하에 그 작위의무를 수행하지 아니함으로써 성립하는 것이다』(대판 1983.3.22. 82도3065)☆

작위의무를 수행하지 아니하는 위법한 부작위 상태가 계속되는 한 가벌적 위법 상태는 계속 존재 하고 있다고 할 것이므로 계속범이다.

> ✔ **직무유기죄의 성격 : 중부경찰서 사고처리반 사건** 표준 『직무유기죄는 그 직무를 수행하여야 하는 작위의무의 존재와 그에 대한 위반을 전제로 하고 있는바, 그 작위의무를 수행하지 아니함으로써 구성요건에 해당하는 사실이 있었고 그 후에도 계속하여 그 작위의무를 수행하지 아니하는 위법한 부작위상태가 계속되는 한 가벌적 위법상태는 계속 존재하고 있다고 할 것이며 형법 제122조 후단은 이를 전체적으로 보아 1죄로 처벌하는 취지로 해석되므로 이를 즉시범이라고 할 수 없다』(대판 1997.8.29. 97도675)★

Ⅱ. 객관적 구성요건

1. 주 체

직무유기죄의 주체는 국가의 기능을 수행하는 공무원이다.

> ✔ **직무유기죄의 주체 : 병가 중 공무원 사건** 『직무유기죄는 구체적으로 그 직무를 수행하여야 할 작위의무가 있는데도 불구하고 이러한 직무를 버린다는 인식하에 그 작위의무를 수행하지 아니함으로써 성립하는 것이고, 또 그 직무를 유기한 때라 함은 공무원이 법령, 내규 등에 의한 추상적인 충근의무를 태만히 하는 일체의 경우를 이르는 것이 아니고, 직장의 무단이탈, 직무의 의식적인 포기 등과 같이 그것이 국가의 기능을 저해하며 국민에게 피해를 야기시킬 가능성이 있는 경우를 말하는 것이므로, 병가중인 자의 경우 구체적인 작위의무 내지 국가기능의 저해에 대한 구체적인 위험성이 있다고 할 수 없어 직무유기죄의 주체로 될 수는 없다』(대판 1997.4.22. 95도748)★.

2. 행 위

직무유기죄의 행위는 정당한 이유 없이 직무수행을 거부하거나 직무를 유기하는 것이다.

가. 직 무

직무란 공무원이 공무원법에 따라 수행해야 할 본래의 직무 또는 고유한 직무를 말하는 것으로 형사소송법상의 고발 의무나 통고처분의 건의 의무와 같이 공무원 신분으로 인하여 부수적·파생적으로 발생하는 직무는 본죄의 직무가 아니다. 또한 본죄의 직무는 추상적 권한에 속하는 모든 직무가 아니고, 법령에 근거가 있거나 특별한 지시·명령이 있기 때문에 적시에 수행해야 할 구체적 직무이어야 한다.

> ✔ **부수적·파생적 직무 : 군산세무서 사건** 『통고처분이나 고발을 할 권한이 없는 세무공무원이 그 권한자에게 범칙사건 조사 결과에 따른 통고처분이나 고발조치를 건의하는 등의 조치를 취하지 않았다고 하더라도, 구체적 사정에 비추어 그것이 직무를 성실히 수행하지 못한 것이라고 할 수 있을지언정 그 직무를 의식적으로 방임 내지 포기하였다고 볼 수 없다』(대판 1997.4.11. 96도2753)☆.

나. 직무 거부

직무거부란 직무를 능동적으로 수행해야 할 의무 있는 공무원이 직무를 수행하지 않는 것을 말하는 것으로 부작위뿐만 아니라 작위에 의해서도 가능하다.

다. 직무 유기

직무유기란 직무를 의식적으로 방임하거나 포기하는 행위를 말한다. 따라서 공무원이 태만, 분망, 착각 등으로 인하여 직무를 성실히 수행하지 아니한 경우나 형식적으로 또는 소홀히 직무를 수행한 경우에는 본죄가 성립하지 않는다.

> ✔ **직무유기의 의미 : 인화물질 훈방 조치 사건** 『공무원이 직무를 유기한 때라 함은 공무원이 법령 내규 또는 지시 통첩에 의한 추상적인 충근의무를 게을리한 일체의 경우를 지칭하는 것이 아니라 주관적으로 직무집행의사를 포기하고 객관적으로 정당한 이유없이 직무집행을 하지 아니하는 부작위상태가 있어 국가기능을 저해하는 경우를 말한다』(대판 1982.6.8. 82도117)☆.

✓ **직무유기의 의미 : 중부경찰서 사고처리반 사건** 『형법 제122조 후단 소정의 공무원이 정당한 이유 없이 직무를 유기한 때라 함은 직무에 관한 의식적인 방임 내지 포기 등 정당한 사유 없이 직무를 수행하지 아니한 경우를 의미하는 것이므로 공무원이 태만, 분망, 착각 등으로 인하여 직무를 성실히 수행하지 아니한 경우나 형식적으로 또는 소홀히 직무를 수행하였기 때문에 성실한 직무수행을 못한 것에 불과한 경우에는 직무유기죄는 성립하지 아니한다』(대판 1997.8.29. 97도675)☆.

✓ **직무유기의 의미 : 불법게임장 묵인 사건** 표준 『직무유기죄는 공무원이 법령·내규 등에 의한 추상적 충근의무를 태만히 하는 일체의 경우에 성립하는 것이 아니라, 직장의 무단이탈이나 직무의 의식적인 포기 등과 같이 국가의 기능을 저해하고 국민에게 피해를 야기시킬 구체적 위험성이 있고 불법과 책임비난의 정도가 높은 법익침해의 경우에 한하여 성립하는 것이므로, 어떠한 형태로든 직무집행의 의사로 자신의 직무를 수행한 경우에는 그 직무집행의 내용이 위법한 것으로 평가된다는 점만으로 직무유기죄의 성립을 인정할 것은 아니고, 공무원이 태만·분망·착각 등으로 인하여 직무를 성실히 수행하지 아니한 경우나 형식적으로 또는 소홀히 직무를 수행하였기 때문에 성실한 직무수행을 못한 것에 불과한 경우에도 직무유기죄는 성립하지 아니한다』(대판 2012.8.30. 2010도13694)★.

✓ **직무유기의 성립여부 : 강화도 기간제 교사 사건** 최신3년 『무단이탈로 인한 직무유기죄 성립 여부는 결근 사유와 기간, 담당하는 직무의 내용과 적시 수행 필요성, 결근으로 직무수행이 불가능한지, 결근 기간에 국가기능의 저해에 대한 구체적인 위험이 발생하였는지 등을 종합적으로 고려하여 신중하게 판단해야 한다. 특히 근무기간을 정하여 임용된 공무원의 경우에는 근무기간 안에 특정 직무를 마쳐야 하는 특별한 사정이 있는지 등을 고려할 필요가 있다』(대판 2022.6.30. 2021도8361)★.

직무유기죄를 인정한 기출판례 정리

① ✓ **도박혐의자 석방 사건** 『피고인들을 비롯한 경찰관들이 현행범으로 체포한 도박혐의자 17명에 대해 현행범인체포서 대신에 임의동행동의서를 작성하게 하고, 그나마 제대로 조사도 하지 않은 채 석방하였으며, 현행범인 석방사실을 검사에게 보고도 하지 않았고, 석방일시·사유를 기재한 서면을 작성하여 기록에 편철하지도 않았으며, 압수한 일부 도박자금에 관하여 압수조서 및 목록도 작성하지 않은 채 검사의 지휘도 받지 않고 반환하였고, 일부 도박혐의자의 명의도용 사실과 도박 관련 범죄로 수회 처벌받은 전력을 확인하고서도 아무런 추가조사 없이 석방한 사안에서, 이는 단순히 업무를 소홀히 수행한 것이 아니라 정당한 사유 없이 의도적으로 수사업무를 방임 내지 포기한 것이라고 봄이 상당하다는 이유로, 피고인들에 대하여 직무유기죄의 성립을 부정한 원심판단에 법리오해 또는 사실오인의 잘못이 있다고 한 사례』(대판 2010.6.24. 2008도11226)☆.

② ✓ **방치된 오토바이 사건** 『경찰관이 장기간에 걸쳐 여러 번 오토바이를 오토바이 상회 운영자에게 보관시키고도 경찰관 스스로 소유자를 찾아 반환하도록 처리하거나 상회 운영자에게 반환 여부를 확인한 일이 전혀 없고, 상회 운영자로부터 오토바이를 보내준 대가 또는 그 처분대가로 돈까지 지급받았다면, 경찰관의 이와 같은 행위는 습득물을 단순히 상회 운영자에게 보관시키거나 소유자를 찾아서 반환하도록 협조를 구한 정도를 벗어나 상회 운영자에게 그 습득물에 대한 임의적인 처분까지 용인한 것으로서 습득물 처리 지침에 따른 직무를 의식적으로 방임 내지 포기하고 정당한 사유 없이 직무를 수행하지 아니한 경우에 해당한다』(대판 2002.5.17. 2001도6170)☆.

③ ✔ **육군 중위 화투놀이 사건** 『당직사관으로 주번근무를 하던 육군 중위가 당직근무를 함에 있어서 훈육관실에서 학군사관후보생 2명과 함께 술을 마시고 내무반에서 학군사관후보생 2명 및 애인 등과 함께 화투놀이를 한 다음 애인과 함께 자고 난 뒤 교대할 당직근무자에게 당직근무의 인계, 인수도 하지 아니한 채 퇴근하였다면 직무유기죄가 성립된다』(대판 1990.12.21. 90도2425)☆.

④ ✔ **차량번호판 재교부 사건** 『차량번호판의 교부담당직원은 자동차운수사업법 제32조 제1항의 규정에 비추어 행정처분에 의하여 자동차의 사용이 정지된 경우에는 특별한 사정이 없는 한 그 번호판을 재교부하여서는 안되는 직무상의 의무가 있다고 보는 것이 상당하다』(대판 1972.6.27. 72도969)☆.

직무유기죄를 부정한 기출판례 정리

① ✔ **전북교육감 징계유보 사건** 『교육기관·교육행정기관·지방자치단체 또는 교육연구기관의 장이 징계의결을 집행하지 못할 법률상·사실상의 장애가 없는데도 징계의결서를 통보받은 날로부터 법정시한이 지나도록 집행을 유보하는 모든 경우에 직무유기죄가 성립하는 것은 아니고, 그러한 유보가 직무에 관한 의식적인 방임이나 포기에 해당한다고 볼 수 있는 경우에 한하여 직무유기죄가 성립한다고 보아야 한다』(대판 2014.4.10. 2013도229)★.

② ✔ **시국선언 사건** 『지방자치단체의 교육기관 등의 장이 국가위임사무인 교육공무원에 대한 징계사무를 처리함에 있어 주무부장관의 직무이행명령을 받은 경우에도 이의가 있으면 대법원에 소를 제기할 수 있다 할 것이므로, 수사기관 등으로부터 징계사유를 통보받고도 징계요구를 하지 아니하여 주무부장관으로부터 징계요구를 하라는 직무이행명령을 받았다 하더라도 그에 대한 이의의 소를 제기한 경우에는, 수사기관 등으로부터 통보받은 자료 등으로 보아 징계사유에 해당함이 객관적으로 명백한 경우 등 특별한 사정이 없는 한 징계사유를 통보받은 날로부터 1개월 내에 징계요구를 하지 않았다는 것만으로 곧바로 직무를 유기한 것에 해당한다고 볼 수는 없다』(대판 2013.6.27. 2011도797)☆.

③ ✔ **2M 거리 새우잠 사건** 『피고인이 순찰 및 검사 등을 하지 아니하고 잠을 잔 것은 일직사관으로서의 직무를 성실하게 수행하지 아니하여 충근의무에 위반한 허물이 있다고 하겠으나 근무장소에서 유사시에 깨어 직무수행에 임할 수 있는 상황(상황실로부터 피고인이 누운 침상까지는 2미터 정도의 거리로서 판자 칸막이가 있는데 불과함)에서 잠을 잔 것이므로 피고인이 고의로 일직사관으로서의 직무를 포기하거나 직장을 이탈한 것이라고는 볼 수 없다』(대판 1984.3.27. 83도3260)☆.

Ⅲ. 주관적 구성요건

직무유기죄는 직무수행을 거부하거나 직무를 의식적으로 방임 또는 포기한다는 인식과 의사를 내용으로 하는 고의가 있어야 한다.

✔ **직무유기죄의 고의 : 병역비리 묵인 사건** 『직무유기죄는 구체적으로 그 직무를 수행하여야 할 작위의무가 있는데도 불구하고 이러한 직무를 버린다는 인식하에 그 작위의무를 수행하지 아니하면 성립하는 것이다』(대판 1999.11.26. 99도1904)☆.

Ⅳ. 죄수 및 타죄와의 관계

1. 죄 수

직무유기교사죄는 피교사자인 공무원별로 1개의 죄가 성립된다.

> ✔ **철도청 검수원 사건** 『직무유기교사죄는 피교사자인 공무원별로 1개의 죄가 성립된다』(대판 1997. 8. 22. 95도984)★.

2. 타죄와의 관계

가. 허위공문서작성죄와의 관계

공무원이 어떠한 위법사실을 발견하고도 직무상 의무에 따른 적절한 조치를 취하지 아니하고 위법사실을 적극적으로 은폐할 목적으로 허위공문서를 작성·행사한 경우에는 직무위배의 위법상태는 허위공문서작성 당시부터 그 속에 포함되는 것으로 작위범인 허위공문서작성, 동행사죄만이 성립하고 부작위범인 직무유기죄는 따로 성립하지 아니한다. 은폐할 목적이 없는 경우에는 허위공문서작성죄와 직무유기죄가 성립하고 양 죄는 실체적 경합관계에 있다.

> ✔ **당진군 농지전용허가 사건** 『[1] 농지사무를 담당하고 있는 군직원으로서는 그 관내에서 발생한 농지불법전용 사실을 알게 되었으면 군수에게 그 사실을 보고하여 군수로 하여금 원상회복을 명하거나 나아가 고발을 하는 등 적절한 조치를 취할 수 있도록 하여야 할 직무상 의무가 있는 것이므로 농지불법전용 사실을 외면하고 아무런 조치를 취하지 아니한 것은 자신의 직무를 저버린 행위로서 농지의 보전·관리에 관한 국가의 기능을 저해하며 국민에게 피해를 야기시킬 가능성이 있어 직무유기죄에 해당한다.
> [2] 공무원이 어떠한 위법사실을 발견하고도 직무상 의무에 따른 적절한 조치를 취하지 아니하고 위법사실을 적극적으로 은폐할 목적으로 허위공문서를 작성·행사한 경우에는 직무위배의 위법상태는 허위공문서작성 당시부터 그 속에 포함되는 것으로 작위범인 허위공문서작성, 동행사죄만이 성립하고 부작위범인 직무유기죄는 따로 성립하지 아니한다.
> [3] 복명서 및 심사의견서를 허위작성한 것이 농지일시전용허가를 신청하자 이를 허가하여 주기 위하여 한 것이라면 직접적으로 농지불법전용 사실을 은폐하기 위하여 한 것은 아니므로 위 허위공문서작성, 동행사죄와 직무유기죄는 실체적 경합범의 관계에 있다』(대판 1993. 12. 24. 92도3334)★.

> ✔ **직무유기죄가 성립하지 않는 경우 : 도박혐의 묵인 사건** 『공무원이 어떠한 위법사실을 발견하고도 직무상 의무에 따른 적절한 조치를 취하지 아니하고 위법사실을 적극적으로 은폐할 목적으로 허위공문서를 작성, 행사한 경우에는 직무위배의 위법상태는 허위공문서작성 당시부터 그 속에 포함되는 것으로 작위범인 허위공문서작성, 동행사죄만이 성립하고 부작위범인 직무유기죄는 따로 성립하지 아니한다』(대판 1999. 12. 24. 99도2240)★.

> ✔ **직무유기죄가 성립하는 경우 : 지동시장 사건** 『[1] 경찰관이 불법체류자의 신병을 출입국관리사무소에 인계하지 않고 훈방하면서 이들의 인적사항조차 기재해 두지 아니하였다면 직무유기죄가 성립한다.
> [2] 하나의 행위가 부작위범인 직무유기와 작위범인 허위공문서작성·행사죄의 구성요건을 동시에 충족하는 경우, 공소제기권자는 재량에 의하여 작위범인 허위공문서작성·행사죄로 공소를 제기하지 않고 부작위범인 직무유기죄로만 공소를 제기할 수 있다』(대판 2008. 2. 14. 2005도4202)★.

나. 증거인멸죄와의 관계

직무위배의 위법상태가 증거인멸행위 속에 포함되어 있는 경우에는 작위범인 증거인멸죄만이 성립하고 부작위범인 직무유기죄는 별도로 성립하지 않는다.

> ✔ **오락실 기판 돌려주기 사건** 『경찰서 방범과장이 부하직원으로부터 음반·비디오물 및 게임물에 관한 법률 위반 혐의로 오락실을 단속하여 증거물로 오락기의 변조 기판을 압수하여 사무실에 보관중임을 보고받아 알고 있었음에도 그 직무상의 의무에 따라 위 압수물을 수사계에 인계하고 검찰에 송치하여 범죄 혐의의 입증에 사용하도록 하는 등의 적절한 조치를 취하지 않고, 오히려 부하직원에게 위와 같이 압수한 변조 기판을 돌려주라고 지시하여 오락실 업주에게 이를 돌려준 경우, 작위범인 증거인멸죄만이 성립하고 부작위범인 직무유기(거부)죄는 따로 성립하지 아니한다』(대판[전] 2006.10.19. 2005도3909)★

제3관 피의사실공표죄

> **제126조 ┃ 피의사실공표 ┃**
> 검찰, 경찰 그 밖에 범죄수사에 관한 직무를 수행하는 자 또는 이를 감독하거나 보조하는 자가 그 직무를 수행하면서 알게 된 피의사실을 공소제기 전에 공표(公表)한 경우에는 3년 이하의 징역 또는 5년 이하의 자격정지에 처한다. [24 경찰2차]

제4관 공무상비밀누설죄

> **제127조 ┃ 공무상 비밀의 누설 ┃**
> 공무원 또는 공무원이었던 자가 법령에 의한 직무상 비밀을 누설한 때에는 2년 이하의 징역이나 금고 또는 5년 이하의 자격정지에 처한다.

Ⅰ. 의의 및 보호법익

공무상비밀누설죄는 공무원 또는 공무원이었던 자가 법령에 의한 직무상 비밀을 누설함으로써 성립하는 범죄이다. 본죄는 기밀 그 자체를 보호하는 것이 아니라 공무원의 비밀엄수의무의 침해에 의하여 위험하게 되는 이익, 즉 비밀의 누설에 의하여 위협받는 국가의 기능을 보호하기 위한 것이다.

> ✔ **보호법익 : 사건내용 알아보기 사건** 표준 『직무상 비밀이란 반드시 법령에 의하여 비밀로 규정되었거나 비밀로 분류 명시된 사항에 한하지 아니하고, 정치, 군사, 외교, 경제, 사회적 필요에 따라 비밀로 된 사항은 물론 정부나 공무소 또는 국민이 객관적, 일반적인 입장에서 외부에 알려지지 않는 것에 상당한 이익이 있는 사항도 포함하나, 실질적으로 그것을 비밀로서 보호할 가치가 있다고 인정할 수 있는 것이어야

하고, 한편, 공무상비밀누설죄는 기밀 그 자체를 보호하는 것이 아니라 공무원의 비밀엄수의무의 침해에 의하여 위험하게 되는 이익, 즉 비밀의 누설에 의하여 위협받는 국가의 기능을 보호하기 위한 것이다』(대판 2007.6.14. 2004도5561)★.

✔ **직무집행의 일환으로 전달한 경우 : 수사기록 보고 사건** 『형법 제127조는 공무원 또는 공무원이었던 자가 법령에 의한 직무상 비밀을 누설하는 것을 구성요건으로 하고 있다. 여기서 '법령에 의한 직무상 비밀'이란 반드시 법령에 의하여 비밀로 규정되었거나 비밀로 분류 명시된 사항에 한하지 않고, 정치·군사·외교·경제·사회적 필요에 따라 비밀로 된 사항은 물론 정부나 공무소 또는 국민이 객관적·일반적인 입장에서 외부에 알려지지 않는 것에 상당한 이익이 있는 사항도 포함하나, 실질적으로 그것을 비밀로서 보호할 가치가 있다고 인정할 수 있는 것이어야 한다.
그리고 '누설'이란 비밀을 아직 모르는 다른 사람에게 임의로 알려주는 행위를 의미한다. 한편 공무상비밀누설죄는 공무상 비밀 그 자체를 보호하는 것이 아니라 공무원의 비밀엄수의무의 침해에 의하여 위험하게 되는 이익, 즉 비밀누설에 의하여 위협받는 국가의 기능을 보호하기 위한 것이다. 따라서 공무원이 직무상 알게 된 비밀을 그 직무와의 관련성 혹은 필요성에 기하여 해당 직무의 집행과 관련 있는 다른 공무원에게 직무집행의 일환으로 전달한 경우에는, 관련 각 공무원의 지위 및 관계, 직무집행의 목적과 경위, 비밀의 내용과 전달 경위 등 여러 사정에 비추어 비밀을 전달받은 공무원이 이를 그 직무집행과 무관하게 제3자에게 누설할 것으로 예상되는 등 국가기능에 위험이 발생하리라고 볼 만한 특별한 사정이 인정되지 않는 한, 위와 같은 행위가 비밀의 누설에 해당한다고 볼 수 없다』(대판 2021.12.30. 2021도11924)☆.

Ⅱ. 객관적 구성요건

1. 주 체

공무상비밀누설죄의 주체는 공무원 또는 공무원이었던 자이다. 따라서 진정신분범이다.

2. 객 체

공무상비밀누설죄의 객체는 법령에 의한 직무상 비밀이다.

가. 직무상 비밀

(1) 의 의

직무상 비밀이란 본죄의 주체가 직무수행 중 알게 된 비밀로서 외부에 알려지지 않는 것이 국가에 이익이 되는 사실을 말한다.

✔ **비밀의 의미 : 성남도시개발사업 사건** 『형법 제127조 소정의 "법령에 의한 직무상 비밀"이란 반드시 법령에 의하여 또는 인위적으로 비밀로 분류 명시된 사항뿐만 아니라 정치적, 경제적, 군사적, 외교적, 또는 사회적 필요에 따라 비밀로 된 사항은 물론 정부나 공무소 또는 국민이 객관적 일반적인 입장에서 외부에 알려지지 않는 것에 상당한 이익이 있는 사항을 포함한다고 해석하여야 한다』(대판 1981.7.28. 81도1172)☆.

공무상 비밀을 인정한 기출판례 정리

① ✔ **수사지휘서 교부 사건** 『검사가 수사의 대상, 방법 등에 관하여 사법경찰관리에게 지휘한 내용을 기재한 수사지휘서는 당시까지 진행된 수사의 내용뿐만 아니라 향후 수사의 진행방향까지 가늠할 수 있게 하는 수사기관의 내부문서이다. 수사기관이 특정 사건에 대하여 내사 또는 수사를 진행하고 있는 상태에서 수사지휘서의 내용이 외부에 알려질 경우 피내사자나 피의자 등이 증거자료를 인멸하거나 수사기관에서 파악하고 있는 내용에 맞추어 증거를 준비하는 등 수사기관의 증거 수집 등 범죄수사 기능에 장애가 생길 위험이 있다. 또한 수사지휘서의 내용이 누설된 경로에 따라서는 사건관계인과의 유착 의혹 등으로 수사의 공정성과 신뢰성이 훼손됨으로써 수사의 궁극적인 목적인 적정한 형벌권 실현에 지장이 생길 우려도 있다. 그러므로 수사지휘서의 기재 내용과 이에 관계된 수사상황은 해당 사건에 대한 종국적인 결정을 하기 전까지는 외부에 누설되어서는 안 될 수사기관 내부의 비밀에 해당한다』(대판 2018.2.13. 2014도11441)☆.

② ✔ **사건 내용 알아보기 사건** 표준 『[1] 검찰 등 수사기관이 특정 사건에 대하여 수사를 진행하고 있는 상태에서, 수사기관이 현재 어떤 자료를 확보하였고 해당 사안이나 피의자의 죄책, 신병처리에 대하여 수사책임자가 어떤 의견을 가지고 있는지 등의 정보는, 그것이 수사의 대상이 될 가능성이 있는 자 등 수사기관 외부로 누설될 경우 피의자 등이 아직까지 수사기관에서 확보하지 못한 자료를 인멸하거나, 수사기관에서 파악하고 있는 내용에 맞추어 증거를 조작하거나, 허위의 진술을 준비하는 등의 방법으로 수사기관의 범죄수사 기능에 장애를 초래할 위험이 있는 점에 비추어 보면, 해당 사건에 대한 종국적인 결정을 하기 전까지는 외부에 누설되어서는 안 될 수사기관 내부의 비밀에 해당한다.
[2] 검찰의 고위 간부가 특정 사건에 대한 수사가 계속 진행중인 상태에서 해당 사안에 관한 수사책임자의 잠정적인 판단 등 수사팀의 내부 상황을 확인한 뒤 그 내용을 수사 대상자 측에 전달한 행위가 형법 제127조에 정한 공무상 비밀누설에 해당한다』(대판 2007.6.14. 2004도5561)☆.

공무상 비밀을 부정한 기출판례 정리

① ✔ **경찰청 차량 차적조회 사건** 『구청에서 체납차량 영치 및 공매 등의 업무를 담당하던 공무원인 피고인이 갑의 부탁을 받고 차적 조회 시스템을 이용하여 범죄 현장 부근에서 경찰의 잠복근무에 이용되고 있던 경찰청 소속 차량의 소유관계에 관한 정보를 알아내 갑에게 알려줌으로써 공무상비밀을 누설하였다는 내용으로 기소된 사안에서, 위 정보가 공무상비밀누설죄의 '법령에 의한 직무상 비밀'에 해당한다고 볼 수 없다』(대판 2012.3.15. 2010도14734)☆.

② ✔ **국정원 감찰실장 사건** 『국가정보원 내부의 감찰과 관련하여 감찰조사 개시시점, 감찰대상자의 소속 및 인적 사항을 일부 누설한 사실만으로 국가정보원의 정상적인 정보수집활동 등의 기능에 지장을 초래할 것도 아니고, 달리 국가 또는 국가정보원의 기능에 위협이 있을 것이라고 볼 수도 없어 위 누설 사실들은 비밀로서의 가치가 없다』(대판 2003.11.28. 2003도5547)☆.

제5관 직권남용죄

> **제123조 | 직권남용 |**
> 공무원이 직권을 남용하여 사람으로 하여금 의무 없는 일을 하게 하거나 사람의 권리행사를 방해한 때에는 5년 이하의 징역, 10년 이하의 자격정지 또는 1천만 원 이하의 벌금에 처한다

I. 의의 및 보호법익

직권남용죄는 공무원이 직권을 남용하여 사람으로 하여금 의무 없는 일을 하게 하거나 사람의 권리행사를 방해함으로써 성립하는 범죄이다. 본죄의 보호법익은 국가기능의 공정한 행사이다. 보호정도는 추상적 위험범이다.

II. 구성요건

1. 주 체

직권남용죄의 주체는 공무원이다. 여기서 공무원이 법률상 강제력을 수반할 수 있는 직무를 행하는 자로 한정될 것인가에 대하여 견해의 대립이 있으나, 판례는 법률적 강제력을 수반할 필요가 없다는 입장이다.

> ✔ **개인적 친분 대출 사건** 『직권남용죄는 공무원이 그 일반적 직무권한에 속하는 사항에 관하여 직권의 행사에 가탁하여 실질적, 구체적으로 위법·부당한 행위를 한 경우에 성립하고, 그 일반적 직무권한은 반드시 법률상의 강제력을 수반하는 것임을 요하지 아니하며, 그것이 남용될 경우 직권행사의 상대방으로 하여금 법률상 의무 없는 일을 하게 하거나 정당한 권리행사를 방해하기에 충분한 것이면 된다』(대판 2004.5.27. 2002도6251)★.

2. 행 위

직권을 남용하여 사람으로 하여금 의무 없는 일을 행하게 하거나 권리행사를 방해하는 것이다.

가. 직권남용

(1) '직권'의 의미

직권남용이란 공무원이 그의 '일반적 권한에 속하는 사항'에 관하여 그것을 불법하게 행사하는 것, 즉 형식적 외형적으로는 직무집행으로 보이나 그 실질은 정당한 권한 이외의 행위를 하는 경우를 의미한다. 다시 말하면 공무원이 일반적 직무권한에 속하는 사항에 관하여 직권의 행사에 가탁하여 실질적 구체적으로 위법·부당한 행위를 하는 경우를 말한다. 따라서 직권남용은 공무원이 그의 일반적 권한에 속하지 않는 행위를 하는 경우인 지위를 이용한 불법행위와는 구별된다.

> ✔ **직권남용의 의미 : 고 박종철 고문치사 사건** 『직권남용죄의 "직권남용"이란 공무원이 그의 일반적 권한에 속하는 사항에 관하여 그것을 불법하게 행사하는 것, 즉 형식적, 외형적으로는 직무집행으로 보이나

그 실질은 정당한 권한 이외의 행위를 하는 경우를 의미하고, 따라서 직권남용은 공무원이 그의 일반적 권한에 속하지 않는 행위를 하는 경우인 지위를 이용한 불법행위와는 구별되며, 또 직권남용죄에서 말하는 "의무"란 법률상 의무를 가리키고, 단순한 심리적 의무감 또는 도덕적 의무는 이에 해당하지 아니한다』(대판 1991.12.27. 90도2800)★.[147]

✓ **일반적 직무권한의 근거 : 전경련 보수단체 자금지원 사건** 『[1] 직권남용권리행사방해죄는 공무원이 일반적 직무권한에 속하는 사항에 관하여 직권을 행사하는 모습으로 실질적, 구체적으로 위법·부당한 행위를 한 경우에 성립한다. '직권남용'이란 공무원이 일반적 직무권한에 속하는 사항에 관하여 그 권한을 위법·부당하게 행사하는 것을 뜻한다. 어떠한 직무가 공무원의 일반적 직무권한에 속하는 사항이라고 하기 위해서는 그에 관한 법령상 근거가 필요하다. 법령상 근거는 반드시 명문의 규정만을 요구하는 것이 아니라 명문의 규정이 없더라도 법령과 제도를 종합적, 실질적으로 살펴보아 그것이 해당 공무원의 직무권한에 속한다고 해석되고, 이것이 남용된 경우 상대방으로 하여금 사실상 의무 없는 일을 하게 하거나 권리를 방해하기에 충분한 것이라고 인정되는 경우에는 직권남용죄에서 말하는 일반적 직무권한에 포함된다. 남용에 해당하는가를 판단하는 기준은 구체적인 공무원의 직무행위가 본래 법령에서 그 직권을 부여한 목적에 따라 이루어졌는지, 직무행위가 행해진 상황에서 볼 때 필요성·상당성이 있는 행위인지, 직권행사가 허용되는 법령상의 요건을 충족했는지 등을 종합하여 판단하여야 한다.
[2] 공무원이 한 행위가 직권남용에 해당한다고 하여 그러한 이유만으로 상대방이 한 일이 '의무 없는 일'에 해당한다고 인정할 수는 없다. '의무 없는 일'에 해당하는지는 직권을 남용하였는지와 별도로 상대방이 그러한 일을 할 법령상 의무가 있는지를 살펴 개별적으로 판단하여야 한다. 직권남용 행위의 상대방이 일반 사인인 경우 특별한 사정이 없는 한 직권에 대응하여 따라야 할 의무가 없으므로 그에게 어떠한 행위를 하게 하였다면 '의무 없는 일을 하게 한 때'에 해당할 수 있다.
[3] 직권남용권리행사방해죄는 공무원에게 직권이 존재하는 것을 전제로 하는 범죄이고, 직권은 국가의 권력작용에 의해 부여되거나 박탈되는 것이므로, 공무원이 공직에서 퇴임하면 해당 직무에서 벗어나고 그 퇴임이 대외적으로도 공표된다. 공무원인 피고인이 퇴임한 이후에는 위와 같은 직권이 존재하지 않으므로, 퇴임 후에도 실질적 영향력을 행사하는 등으로 퇴임 전 공모한 범행에 관한 기능적 행위지배가 계속되었다고 인정할 만한 특별한 사정이 없는 한, 퇴임 후의 범행에 관하여는 공범으로서 책임을 지지 않는다고 보아야 한다.
[4] 강요죄는 폭행 또는 협박으로 사람의 권리행사를 방해하거나 의무 없는 일을 하게 하는 범죄이다. 여기에서 협박은 객관적으로 사람의 의사결정의 자유를 제한하거나 의사실행의 자유를 방해할 정도로 겁을 먹게 할 만한 해악을 고지하는 것을 말한다. 이와 같은 협박이 인정되기 위해서는 발생 가능한 것으로 생각할 수 있는 정도의 구체적인 해악의 고지가 있어야 한다. 행위자가 직업이나 지위에 기초하여 상대방에게 어떠한 이익 등의 제공을 요구하였을 때 그 요구 행위가 강요죄의 수단으로서 해악의 고지에 해당하는지 여부는 행위자의 지위뿐만 아니라 그 언동의 내용과 경위, 요구 당시의 상황, 행위자와 상대방의 성행·경력·상호관계 등에 비추어 볼 때 상대방으로 하여금 그 요구에 불응하면 어떠한 해악에 이를 것이라는 인식을 갖게 하였다고 볼 수 있는지, 행위자와 상대방이 행위자의 지위에서 상대방에게 줄 수 있는 해악을 인식하거나 합리적으로 예상할 수 있었는지 등을 종합하여 판단해야 한다. 공무원인 행위자가 상대방에게 어떠한 이익 등의 제공을 요구한 경우 위와 같은 해악의 고지로 인정될 수 없다면 직권남용이나 뇌물 요구 등이 될 수는 있어도 협박을 요건으로 하는 강요죄가 성립하기는 어렵다.

---

147) **보충설명** 『치안본부장이 국립과학수사연구소 법의학1과장에게 고문치사자의 사인에 관하여 기자간담회에 참고할 메모를 작성하도록 요구한 경우에 있어서 위 과장의 메모작성행위가 국립과학수사연구소의 행정업무에 관한 행정상 보고의무라고 할 수 없고 치안본부장이 위 과장에게 메모를 작성토록 한 행위가 그 일반적 권한에 속하는 사항이라고도 볼 수 없으며 또 위 과장이 그 요청에 따라 작성해 준 메모는 정식 부검소견서가 아니어서 동인이 위 메모를 작성하여 줄 법률상 의무가 있는 것도 아닐 뿐만 아니라, 그와 같은 메모를 작성하여 준 것도 단순한 심리적 의무감 또는 스스로의 의사에 기한 것으로 볼 수 있을 뿐이어서 법률상 의무에 기인한 것이라고 인정할 수도 없으므로, 치안본부장이 동인에게 메모의 작성을 요구하고 이를 동인이 내심의 의사에 반하여 두번이나 고쳐 작성하도록 하였다 하여도 이를 의무 없는 일을 하게 한 것이라고 볼 수 없어 직권남용죄는 성립되지 아니한다』(대판 1991.12.27. 90도2800).

[5] 대통령비서실장 및 정무수석비서관실 소속 공무원들인 피고인들이, 2014~2016년도의 3년 동안 각 연도별로 전국경제인연합회(이하 '전경련'이라 한다)에 특정 정치성향 시민단체들에 대한 자금지원을 요구하고 그로 인하여 전경련 부회장 갑으로 하여금 해당 단체들에 자금지원을 하도록 하였다고 하여 직권남용권리행사방해 및 강요의 공소사실로 기소된 사안에서, 피고인들이 위와 같이 자금지원을 요구한 행위는 대통령비서실장과 정무수석비서관실의 일반적 직무권한에 속하는 사항으로서 직권을 남용한 경우에 해당하고, 갑은 위 직권남용 행위로 인하여 전경련의 해당 보수 시민단체에 대한 자금지원 결정이라는 의무 없는 일을 하였다는 등의 이유로 직권남용권리행사방해죄가 성립한다고 본 원심판단을 수긍하고, 한편 대통령비서실 소속 공무원이 그 지위에 기초하여 어떠한 이익 등의 제공을 요구하였다고 해서 곧바로 그 요구를 해악의 고지라고 평가할 수 없는 점, 요구 당시 상대방에게 그 요구에 따르지 않으면 해악에 이를 것이라는 인식을 갖게 하였다고 평가할 만한 언동의 내용과 경위, 요구 당시의 상황, 행위자와 상대방의 성행·경력·상호관계 등에 관한 사정이 나타나 있지 않은 점, 전경련 관계자들이 대통령비서실의 요구를 받고도 그에 따르지 않으면 정책 건의 무산, 전경련 회원사에 대한 인허가 지연 등의 불이익을 받는다고 예상하는 것이 합리적이라고 볼 만한 사정도 제시되지 않은 점 등 여러 사정을 종합하면 피고인들의 위와 같은 자금지원 요구를 강요죄의 성립 요건인 협박, 즉 해악의 고지에 해당한다고 단정할 수 없다는 이유로, 이와 달리 본 원심판단에 강요죄의 협박에 관한 법리를 오해한 잘못이 있다고 한 사례』(대판 2020.2.13. 2019도5186)★

'직권남용'이란 공무원이 그 일반적 직무권한에 속하는 사항에 관하여 직권의 행사에 가탁하여 실질적, 구체적으로 위법·부당한 행위를 하는 경우를 의미하므로, 공무원이 직무와는 상관없이 단순히 개인적인 친분에 근거하여 협조를 의뢰한 것에 불과한 경우에는 직권남용에 해당한다고 할 수 없다.

✔ **변양균 정책실장 사건** 『공무원이 직무와는 상관없이 단순히 개인적인 친분에 근거하여 문화예술 활동에 대한 지원을 권유하거나 협조를 의뢰한 것에 불과한 경우까지 직권남용에 해당한다고 할 수는 없다』(대판 2009.1.30. 2008도6950)☆

(2) 법령상 근거의 요부

법령상의 근거가 필요한지 여부에 대하여 견해의 대립이 있지만, 판례는 법령상의 근거가 필요하지만, 명문이 없는 경우라도 법·제도를 종합적, 실질적으로 관찰해서 그것이 해당 공무원의 직무권한에 속한다고 해석할 수 있다.

나. 의무 없는 일

의무는 법률상의 의무이므로 단순한 심리적 또는 도덕적인 의무를 포함하지 않는다.

✔ **의무 없는 일의 의미 : 3배수 추천 지시 사건** 『형법 제123조의 직권남용권리행사방해죄에서 '직권의 남용'이란 공무원이 일반적 직무권한에 속하는 사항을 불법하게 행사하는 것, 즉 형식적, 외형적으로는 직무집행으로 보이나 그 실질은 정당한 권한 이외의 행위를 하는 경우를 의미하고, 남용에 해당하는가의 판단 기준은 구체적인 공무원의 직무행위가 그 목적, 그것이 행하여진 상황에서 볼 때의 필요성·상당성 여부, 직권행사가 허용되는 법령상의 요건을 충족했는지 등의 제반 요소를 고려하여 결정하여야 한다. 그리고 직권남용권리행사방해죄에서 '의무 없는 일을 하게 한 때'란 '사람'으로 하여금 법령상 의무 없는 일을 하게 하는 때를 의미하는바, 공무원이 자신의 직무권한에 속하는 사항에 관하여 실무 담당자로 하여금 그 직무집행을 보조하는 사실행위를 하도록 하더라도 이는 공무원 자신의 직무집행으로 귀결될 뿐이므로 원칙적으로 직권남용권리행사방해죄에서 말하는 '의무 없는 일을 하게 한 때'에 해당한다고 할 수 없으나, 직무집행의 기준과 절차가 법령에 구체적으로 명시되어 있고 실무 담당자에게도 직무집행의 기준을 적용하고 절차에

관여할 고유한 권한과 역할이 부여되어 있다면 실무 담당자로 하여금 그러한 기준과 절차에 위반하여 직무집행을 보조하게 한 경우에는 '의무 없는 일을 하게 한 때'에 해당한다』(대판 2011.2.10. 2010도13766)☆.

다. 권리행사 방해

권리행사를 방해한다 함은 법령상 행사할 수 있는 권리의 정당한 행사를 방해하는 것을 말한다. 권리행사를 방해한다 함은 법령상 행사할 수 있는 권리의 정당한 행사를 방해하는 것을 말한다고 할 것이므로 이에 해당하려면 구체화된 권리의 현실적인 행사가 방해되어야 한다.

> ✔ **광역수사대 이첩 사건** 『[1] 형법 제123조의 직권남용권리행사방해죄에서 말하는 '권리'는 법률에 명시된 권리에 한하지 않고 법령상 보호되어야 할 이익이면 족한 것으로서, 공법상의 권리인지 사법상의 권리인지를 묻지 않는다고 봄이 상당하다.
> [2] 경찰관 직무집행법의 관련 규정을 근거로 경찰관은 범죄를 수사할 권한을 가지고 있다고 인정한 다음, 이러한 범죄수사권은 직권남용권리행사방해죄에서 말하는 '권리'에 해당한다고 인정한 원심판결을 정당하다고 수긍한 사례.
> [3] 상급 경찰관이 직권을 남용하여 부하 경찰관들의 수사를 중단시키거나 사건을 다른 경찰관서로 이첩하게 한 경우, 일단 '부하 경찰관들의 수사권 행사를 방해한 것'에 해당함과 아울러 '부하 경찰관들로 하여금 수사를 중단하거나 사건을 다른 경찰관서로 이첩할 의무가 없음에도 불구하고 수사를 중단하게 하거나 사건을 이첩하게 한 것'에도 해당된다고 볼 여지가 있다. 그러나 이는 어디까지나 하나의 사실을 각기 다른 측면에서 해석한 것에 불과한 것으로서, '권리행사를 방해함으로 인한 직권남용권리행사방해죄'와 '의무 없는 일을 하게 함으로 인한 직권남용권리행사방해죄'가 별개로 성립하는 것이라고 할 수는 없다. 따라서 위 두 가지 행위 태양에 모두 해당하는 것으로 기소된 경우, '권리행사를 방해함으로 인한 직권남용권리행사방해죄'만 성립하고 '의무 없는 일을 하게 함으로 인한 직권남용권리행사방해죄'는 따로 성립하지 아니하는 것으로 봄이 상당하다』(대판 2010.1.28. 2008도7312)☆.

라. 기수시기

직권남용권리행사방해죄는 단순히 공무원이 직권을 남용하는 행위를 하였다는 것만으로 곧바로 성립하는 것이 아니다. 직권을 남용하여 현실적으로 다른 사람이 법령상 의무 없는 일을 하게 하였거나 다른 사람의 구체적인 권리행사를 방해하는 결과가 발생하여야 하고, 그 결과의 발생은 직권남용 행위로 인한 것이어야 한다.

> ✔ **기수시기 : 정보과 순경 도청 사건** 『형법 제123조의 타인의 권리행사방해죄가 기수에 이르려면 행위에 결과가 발생한 것을 필요로 하므로 공무원의 직권남용이 있다 하여도 현실적으로 권리행사의 저해가 없다면 기수를 인정할 수 없다』(대판 1978.10.10. 75도2665)☆.

3. 주관적 구성요건

직권남용죄가 성립하기 위해서는 행위자가 자신이 공무원으로 직권을 남용한다는 점에 대한 인식과, 타인으로 하여금 의무 없는 일을 하게 하거나 타인의 권리행사를 방해 한다는 점에 대한 인식과 의사가 있어야 한다.

✔ **고의의 내용 : 접견권 거부 사건** 『형법 제123조의 죄에 관한 주관적 구성요건으로서의 범의에는 권리행사를 방해한다는 인식 이외에 직권을 남용한다는 인식도 포함되는 것이므로 교도소에서 접견업무를 담당하던 교도관이 접견신청에 대하여 행형법 제18조 제2항 소정의 "필요한 용무"가 있는 때에 해당하지 아니한다고 판단하여 그 접견신청을 거부하였다면, 단지 접견신청거부행위의 위법성에 대한 인식이 없었던 것에 불과한 것이 아니라 애초부터 직권남용에 대한 범의 자체가 없어 위 범죄를 구성하지 아니한다』(대판 1993. 7. 26. 92모29) ☆

4. 죄수 관계

동일 죄명에 해당하는 수 개의 행위를 단일하고 계속된 범의로 일정 기간 계속하여 행하고 그 피해법익도 동일한 경우에는 이들 각 행위를 통틀어 포괄일죄로 처단하여야 한다.

✔ **사람의 의미 및 죄수관계 : 국정원 특명팀 사건** 『[1] 직권남용으로 인한 국가정보원법 위반죄의 객체인 '사람'은 행위자와 공범자 이외의 모든 타인을 말하므로, 행위자의 부하 공무원은 물론 기타 공무원도 거기에 포함될 수 있다.
[2] 동일 죄명에 해당하는 수 개의 행위를 단일하고 계속된 범의로 일정 기간 계속하여 행하고 그 피해법익도 동일한 경우에는 이들 각 행위를 통틀어 포괄일죄로 처단하여야 하고, 그 경우 공소시효는 최종의 범죄행위가 종료한 때로부터 진행한다.
[3] 형법상 직권남용권리행사방해죄는 국가기능의 공정한 행사라는 국가적 법익을 보호하는 데 주된 목적이 있고, 직권남용으로 인한 국가정보원법 위반죄도 마찬가지이다. 따라서 국가정보원 직원이 동일한 사안에 관한 일련의 직무집행 과정에서 단일하고 계속된 범의로 일정 기간 계속하여 저지른 직권남용행위에 대하여는 설령 그 상대방이 수인이라고 하더라도 포괄일죄가 성립할 수 있다고 봄이 타당하다. 다만 각 직권남용 범행이 포괄일죄가 되느냐 경합범이 되느냐에 따라 공소시효의 완성 여부, 기판력이 미치는 범위 등이 달라질 수 있으므로, 개별 사안에서 포괄일죄의 성립 여부는 직무집행 대상의 동일 여부, 범행의 태양과 동기, 각 범행 사이의 시간적 간격, 범의의 단절이나 갱신 여부 등을 세밀하게 살펴 판단하여야 한다』(대판 2021. 3. 11. 2020도12583) ☆

제6관 불법체포, 불법감금

제124조 ‖ 불법체포, 불법감금 ‖
① 재판, 검찰, 경찰 기타 인신구속에 관한 직무를 행하는 자 또는 이를 보조하는 자가 그 직권을 남용하여 사람을 체포 또는 감금한 때에는 7년 이하의 징역과 10년 이하의 자격정지에 처한다.
② 전항의 미수범은 처벌한다.

I. 의 의

불법체포·감금죄는 인신구속에 관한 직무를 행하는 공무원이 직권을 남용하여 사람을 체포 또는 감금하는 행위나 그 체포 또는 감금이 미수에 그친 행위를 처벌하는 규정이다. 본죄의 보호법익은 인신구속에 관한 형사사법의 적법성과 신체의 자유이다.

Ⅱ. 행 위

직권을 남용한다는 것은 재판, 검찰, 경찰 기타 인신구속에 관한 직무를 행하는 자 또는 이를 보조하는 자가 그의 일반적 권한에 속하는 사항을 불법으로 행사하는 것을 의미한다.

> ✔ **불온삐라 사건** 『수사기관이 피의자를 수사하는 과정에서 구속영장없이 피의자를 함부로 구금하여 피의자의 신체의 자유를 박탈하였다면 직권을 남용한 불법감금의 죄책을 면할 수 없고, 수사의 필요상 피의자를 임의동행한 경우에도 조사 후 귀가시키지 아니하고 그의 의사에 반하여 경찰서 조사실 또는 보호실 등에 계속 유치함으로써 신체의 자유를 속박하였다면 이는 구금에 해당한다.』(대판 1985.7.29. 85모16)☆

> ✔ **직권남용 변호사 체포 사건** 『현행범인 체포의 요건을 갖추었는지에 관한 검사나 사법경찰관 등의 판단에는 상당한 재량의 여지가 있으나, 체포 당시 상황으로 보아도 요건 충족 여부에 관한 검사나 사법경찰관 등의 판단이 경험칙에 비추어 현저히 합리성을 잃은 경우 그 체포는 위법하다. 그리고 범죄의 고의는 확정적 고의뿐만 아니라 결과 발생에 대한 인식이 있고 이를 용인하는 의사인 이른바 미필적 고의도 포함하므로, 피고인이 인신구속에 관한 직무를 집행하는 사법경찰관으로서 체포 당시 상황을 고려하여 경험칙에 비추어 현저하게 합리성을 잃지 않은 채 판단하면 체포 요건이 충족되지 아니함을 충분히 알 수 있었는데도, 자신의 재량 범위를 벗어난다는 사실을 인식하고 그와 같은 결과를 용인한 채 사람을 체포하여 권리행사를 방해하였다면, 직권남용체포죄와 직권남용권리행사방해죄가 성립한다.』(대판 2017.3.9. 2013도16162)☆

제7관 폭행·가혹행위죄

> **제125조 | 폭행, 가혹행위 |**
> 재판, 검찰, 경찰 그 밖에 인신구속에 관한 직무를 수행하는 자 또는 이를 보조하는 자가 그 직무를 수행하면서 형사피의자나 그 밖의 사람에 대하여 폭행 또는 가혹행위를 한 경우에는 5년 이하의 징역과 10년 이하의 자격정지에 처한다.

제8관 뇌물죄의 전론

Ⅰ. 의의·보호법익

뇌물죄란 공무원 또는 중재인이 그 직무행위에 대한 대가로 불법한 이익을 취득하거나 공무원 또는 중재인에게 이러한 이익을 지급하는 것을 내용으로 하는 범죄이다. 뇌물죄는 직무집행의 공정성과 이에 대한 사회의 신뢰에 기하여 직무행위의 불가매수성을 보호법익으로 한다. 보호의 정도는 추상적 위험범이다.

> ✔ **뇌물죄의 보호법익 : 재건축조합 진정 사건** 표준 『뇌물죄는 직무집행의 공정과 이에 대한 사회의 신뢰 및 직무행위의 불가매수성을 그 보호법익으로 하고 있고, 직무에 관한 청탁이나 부정한 행위를 필요로 하는 것은 아니기 때문에 수수된 금품의 뇌물성을 인정하는 데 특별한 청탁이 있어야만 하는 것은 아니고, 또한 금품이 직무에 관하여 수수된 것으로 족하고 개개의 직무행위와 대가적 관계에 있을 필요는 없으며, 그 직무행위가 특정된 것일 필요도 없다. 또한 공무원이 얻는 어떤 이익이 직무와 대가관계가 있는 부당한 이익으로서 뇌물에 해당하는지 여부는 당해 공무원의 직무의 내용, 직무와 이익제공자와의 관계, 쌍방간에 특수한 사적인 친분관계가 존재하는지의 여부, 이익의 다과, 이익을 수수한 경위와 시기 등의 제반 사정을 참작하여 결정하여야 할 것이고, 뇌물죄가 직무집행의 공정과 이에 대한 사회의 신뢰 및 직무행위의 불가매수성을 그 보호법익으로 하고 있음에 비추어 볼 때, 공무원이 그 이익을 수수하는 것으로 인하여 사회일반으로부터 직무집행의 공정성을 의심받게 되는지 여부도 뇌물죄의 성부를 판단함에 있어서의 판단 기준이 된다』 (대판 2007.4.27. 2005도4204)★.

Ⅱ. 구성체계

뇌물죄는 크게 수뢰죄와 증뢰죄로 나누어 진다.

수뢰죄는 제129조 제1항(단순수뢰죄)이 기본적 구성요건이고, 제129조 제2항(사전수뢰죄)은 감경적 구성요건, 제131조 제1항(수뢰후부정처사죄), 제131조 제2항(부정처사후수뢰죄)은 가중적 구성요건, 제130조(제3자뇌물제공죄), 제131조 제3항(사후수뢰죄)과 제132조(알선수뢰죄)는 변형된 구성요건이다.

증뢰죄는 제133조 제1항(단순증뢰죄)과 제2항(증뢰물전달죄)을 각각 독립적 구성요건으로 하고 있다.

Ⅲ. 뇌물의 개념

1. 이 익

가. 뇌물이 되는 이익

뇌물죄의 객체는 뇌물이다. 형법은 뇌물이라고만 규정하고 있어 문언의 해석상 재물만을 의미하는 것이라고 볼 여지가 있으나 일반적으로 '공무원의 직무와 대가관계가 있는 부당한 이익'이라고 해석된다.

뇌물의 개념에 포함되는 이익과 관련하여, 판례는 뇌물의 내용인 이익은 금전 물품 기타의 재산적 이익뿐만 아니라 사람의 수요, 욕망을 충족시키기에 족한 일체의 유형, 무형의 이익을 포함한다고 판시함으로써 그 이익이 재산상 이익에 국한되지 아니함은 물론, 그 가치가 반드시 객관적으로 측정 될 수 있어야 할 필요도 없다는 입장을 취하고 있다.

> ✔ **이익의 의미 : 유사성행위 검사 사건** 『뇌물죄에서 뇌물의 내용인 이익이라 함은 금전, 물품 기타의 재산적 이익뿐만 아니라 사람의 수요·욕망을 충족시키기에 족한 일체의 유형·무형의 이익을 포함하며, 제공된 것이 성적 욕구의 충족이라고 하여 달리 볼 것이 아니다』(대판 2014.1.29. 2013도13937)★.

> ✔ **이익의 의미 : 매각 기회 제공 사건** 최신3년 『뇌물죄에서 뇌물의 내용인 이익은 금전, 물품 기타의 재산적 이익뿐만 아니라 사람의 수요 욕망을 충족시키기에 족한 일체의 유형·무형의 이익을 포함하므로, 장기간 처분하지 못하던 재산을 처분함으로써 생기는 무형의 이익 역시 뇌물의 내용인 이익에 해당된다』(대판 2023.6.15. 2023도1985)☆.

자동차를 뇌물로 제공한 경우 자동차등록원부에 뇌물수수자가 그 소유자로 등록되지 않아 민법상 소유권의 이전이 이루어지지 않은 경우라 할지라도 자동차의 사실상 소유자로서 자동차에 대한 실질적인 사용 및 처분권한이 있다면 그 자동차 자체를 뇌물로 취득한 것으로 볼 수 있다.

✔ **사용권한 이익 : 시의원 BMW735 사건** 『자동차를 뇌물로 제공한 경우 자동차등록원부에 뇌물수수자가 그 소유자로 등록되지 않았다고 하더라도 자동차의 사실상 소유자로서 자동차에 대한 실질적인 사용 및 처분권한이 있다면 자동차 자체를 뇌물로 취득한 것으로 보아야 한다.』(대판 2006.4.27. 2006도735)☆.

경제적 이익 창출이 가능한 기회를 제공하는 것도 이익에 해당한다. 예를 들어 조합아파트 가입권에 붙은 프리미엄 상당의 이익, 액수 미상의 프리미엄이 예상되는 조합아파트를 분양받는 계약의 체결에 따른 무형의 이익, 투기적 사업에 참여할 기회 제공 등이 여기에 해당한다.

✔ **기대이익 : 프리미엄 조합아파트 분양 사건** 『[1] 뇌물죄에서 뇌물의 내용인 이익이라 함은 금전, 물품 기타의 재산적 이익뿐만 아니라 사람의 수요 욕망을 충족시키기에 족한 일체의 유형, 무형의 이익을 포함한다고 해석되고, 투기적 사업에 참여할 기회를 얻는 것도 이에 해당한다.
[2] 공무원이 뇌물로 투기적 사업에 참여할 기회를 제공받은 경우, 뇌물수수죄의 기수 시기는 투기적 사업에 참여하는 행위가 종료된 때로 보아야 하며, 그 행위가 종료된 후 경제사정의 변동 등으로 인하여 당초의 예상과는 달리 그 사업 참여로 아무런 이득을 얻지 못한 경우라도 뇌물수수죄의 성립에는 영향이 없다.
[3] 재개발주택조합의 조합장이 그 재직 중 고소하거나 고소당한 사건의 수사를 담당한 경찰관에게 액수 미상의 프리미엄이 예상되는 그 조합아파트 1세대를 분양해 준 경우, 그 아파트가 당첨자의 분양권 포기로 조합에서 임의분양하기로 된 것으로서 예상되는 프리미엄의 금액이 불확실하였다고 하더라도, 조합, 즉 조합장이 선택한 수분양자가 되어 분양계약을 체결한 것 자체가 경제적인 이익이라고 볼 수 있으므로 뇌물공여죄에 해당한다고 한 사례.』(대판 2002.11.26. 2002도3539)☆.

소비대차 방식으로 공무원이 그 직무관련자로부터 금전을 무기한 무이자로 차용한 경우에는 금융이익 상당액이 뇌물이 된다.

✔ **무상 차용 : 1억 8천 무상차용 사건** 표준 『금품의 무상대여를 통하여 위법한 재산상 이익을 취득한 경우 범인이 받은 부정한 이익은 그로 인한 금융이익 상당액이라 할 것이므로 추징의 대상이 되는 것은 무상으로 대여받은 금품 그 자체가 아니라 위 금융이익 상당액이라고 봄이 상당하다. 한편 여기에서 추징의 대상이 되는 금융이익 상당액은 객관적으로 산정되어야 할 것인데, 범인이 금융기관으로부터 대출받는 등 통상적인 방법으로 자금을 차용하였을 경우 부담하게 될 대출이율을 기준으로 하거나 그 대출이율을 알 수 없는 경우에는 금품을 제공받은 피고인의 지위에 따라 민법 또는 상법에서 규정하고 있는 법정이율을 기준으로 하여, 변제기나 지연손해금에 관한 약정이 가장되어 무효라고 볼 만한 사정이 없는 한 금품수수일로부터 약정된 변제기까지 금품을 무이자로 차용하여 얻은 금융이익의 수액을 산정한 뒤 이를 추징하여야 한다. 나아가 그와 같이 약정된 변제기가 없는 경우에는, 판결 선고일 전에 실제로 차용금을 변제하였다거나 대여자의 변제 요구에 의하여 변제기가 도래하였다는 등의 특별한 사정이 없는 한, 금품수수일로부터 판결 선고시까지 금품을 무이자로 차용하여 얻은 금융이익의 수액을 산정한 뒤 이를 추징하여야 할 것이다.』(대판 2014.5.16. 2014도1547)★.

✔ **고등학교 간부 무상차용 사건** 『공소시효는 범죄행위를 종료한 때로부터 진행하는 것인데(형사소송법 제252조 제1항), 공무원이 그 직무에 관하여 금전을 무이자로 차용한 경우에는 그 차용 당시에 금융이익 상당의 뇌물을 수수한 것으로 보아야 하므로, 그 공소시효는 금전을 무이자로 차용한 때로부터 기산한다.』(대판 2012.2.23. 2011도7282)☆.

✔ **150만원 당좌수표 사건** 『뇌물로 공여된 당좌수표가 수수후 부도가 되었다 하더라도 뇌물죄의 성립에는 아무런 소장이 없다』(대판 1983.2.22. 82도2964).

나. 뇌물의 가액

공무원이 뇌물을 받으면서 그 취득을 위하여 상대방에게 뇌물의 가액에 상당하는 금액의 일부를 비용 명목으로 출연하거나 그 밖에 경제적 이익을 제공한 경우에도, 그것이 뇌물을 받는데 지출한 부수적 비용에 불과하다면 이로 인하여 공무원이 받은 뇌물이 그 뇌물의 가액에서 위와 같은 지출액을 공제한 나머지 가액 상당의 이익으로 한정되지 않는다.

✔ **토지취득 비용지출 사건** 『공무원이 뇌물을 받음에 있어서 그 취득을 위하여 상대방에게 뇌물의 가액에 상당하는 금원의 일부를 비용의 명목으로 출연하거나 그 밖에 경제적 이익을 제공하였다 하더라도, 이는 뇌물을 받는 데 지출한 부수적 비용에 불과하다고 보아야 할 것이지, 이로 인하여 공무원이 받은 뇌물이 그 뇌물의 가액에서 위와 같은 지출액을 공제한 나머지 가액에 상당한 이익에 한정되는 것이라고 볼 수는 없으므로, 그 공무원으로부터 뇌물죄로 얻은 이익을 몰수·추징함에 있어서는 그 받은 뇌물 자체를 몰수하여야 하고, 그 뇌물의 가액에서 위와 같은 지출을 공제한 나머지 가액에 상당한 이익만을 몰수·추징할 것은 아니다』(대판 1999.10.8. 99도1638)★.

✔ **심학봉 의원 사건** 『공무원이 뇌물을 받는 데에 필요한 경비를 지출한 경우 그 경비는 뇌물수수의 부수적 비용에 불과하여 뇌물의 가액과 추징액에서 공제할 항목에 해당하지 않는다. 뇌물을 받는 주체가 아닌 자가 수고비로 받은 부분이나 뇌물을 받기 위하여 형식적으로 체결된 용역계약에 따른 비용으로 사용된 부분은 뇌물수수의 부수적 비용에 지나지 않는다. 뇌물을 받는다는 것은 영득의 의사로 금품을 받는 것을 말하므로, 뇌물인지 모르고 받았다가 뇌물임을 알고 즉시 반환하거나 또는 증뢰자가 일방적으로 뇌물을 두고 가므로 나중에 기회를 보아 반환할 의사로 어쩔 수 없이 일시 보관하다가 반환하는 등 영득의 의사가 없었다고 인정되는 경우라면 뇌물을 받았다고 할 수 없다. 그러나 피고인이 먼저 뇌물을 요구하여 증뢰자로부터 돈을 받았다면 피고인에게는 받은 돈 전부에 대한 영득의 의사가 인정된다』(대판 2017.3.22. 2016도21536)★.

✔ **용역가장 뇌물 사건** 『뇌물수수의 공범자들 사이에 직무와 관련하여 금품이나 이익을 수수하기로 하는 명시적 또는 암묵적 공모관계가 성립하고 그 공모 내용에 따라 공범자 중 1인이 금품이나 이익을 수수하였다면, 사전에 특정 금액 이하로만 받기로 약정하였다든가 수수한 금액이 공모 과정에서 도저히 예상할 수 없는 고액이라는 등과 같은 특별한 사정이 없는 한, 그 수수한 금품이나 이익 전부에 관하여 특정범죄가중법 위반(뇌물)죄 또는 뇌물수수죄의 공모공동정범이 성립하며, 수수할 금품이나 이익의 규모나 정도 등에 대하여 사전에 서로 의사의 연락이 있거나 수수한 금품 등의 구체적 금액을 공범자가 알아야 공모공동정범이 성립하는 것은 아니라고 할 것이다』(대판 2014.12.24. 2014도10199)☆.

뇌물을 수수한 자가 자신의 편의에 따라 그 후 그 중 일부를 타인에게 교부한 금원 혹은 뇌물을 받는 주체가 아닌 자에게 수고비로 지급된 금원 등도 뇌물수수의 부수적 비용에 불과하다.

✔ **용역계약 가장 뇌물수수 사건** 『여러 사람이 공동으로 뇌물을 수수한 경우 그 가액을 추징하려면 실제로 분배받은 금품만을 개별적으로 추징하여야 하고 수수금품을 개별적으로 알 수 없을 때에는 평등하게 추징하여야 하며 공동정범뿐 아니라 교사범 또는 종범도 뇌물의 공동수수자에 해당할 수 있으나, 공동정범이 아닌 교사범 또는 종범의 경우에는 정범과의 관계, 범행 가담 경위 및 정도, 뇌물 분배에 관한 사전약정의 존재 여부, 뇌물공여자의 의사, 종범 또는 교사범이 취득한 금품이 전체 뇌물수수액에서 차지하는 비

중 등을 고려하여 공동수수자에 해당하는지를 판단하여야 한다. 그리고 뇌물을 수수한 자가 공동수수자가 아닌 교사범 또는 종범에게 뇌물 중 일부를 사례금 등의 명목으로 교부하였다면 이는 뇌물을 수수하는 데 따르는 부수적 비용의 지출 또는 뇌물의 소비행위에 지나지 아니하므로, 뇌물수수자에게서 수뢰액 전부를 추징하여야 한다.』(대판 2011.11.24. 2011도9585)★.

✔ **수뢰자와 증뢰자가 함께 향응을 즐긴 경우 : 골프회동 접대 사건** 『피고인이 증뢰자와 함께 향응을 하고 증뢰자가 이에 소요되는 금원을 지출할 경우 이에 관한 피고인의 수뢰액을 인정함에 있어서는 먼저 피고인의 접대에 요한 비용과 증뢰자가 소비한 비용을 가려내어 전자의 수액을 가지고 피고인의 수뢰액으로 하여야 하고 만일 각자에 요한 비용액이 불명할 때에는 이를 평등하게 분할한 액을 가지고 피고인의 수뢰액으로 인정하여야 할 것이고, 피고인이 향응을 제공받는 자리에 피고인 스스로 제3자를 초대하여 함께 접대를 받은 경우에는, 그 제3자가 피고인과는 별도의 지위에서 접대를 받는 공무원이라는 등의 특별한 사정이 없는 한 그 제3자의 접대에 요한 비용도 피고인의 접대에 요한 비용에 포함시켜 피고인의 수뢰액으로 보아야 한다.』(대판 2001.10.12. 99도5294)☆.

공무원이 수수한 이익 중에 직무행위에 대한 대가 부분과 그 외의 부분이 함께 포함되어 있고 두 가지 성질이 혼재되어 나눌 수 없는 경우, 즉 직무행위에 대한 대가로서의 성질과 직무 외의 행위에 대한 사례로서의 성질이 불가분적으로 결합되어 있는 경우에는 그 전부가 직무행위에 대한 대가의 성질을 가진 것으로 본다.

✔ **직무관련성의 판단방법 : 체비지 매각 사건** 최신3년 『뇌물죄에서의 수뢰액은 그 많고 적음에 따라 범죄구성요건이 되므로 엄격한 증명의 대상이 된다. 이때 공무원이 수수한 금품에 직무행위에 대한 대가로서의 성질과 직무 외의 행위에 대한 대가로서의 성질이 불가분적으로 결합되어 있는 경우에는 그 수수한 금품 전부가 불가분적으로 직무행위에 대한 대가로서의 성질을 가진다. 다만 그 금품의 수수가 수회에 걸쳐 이루어졌고 각 수수 행위별로 직무 관련성 유무를 달리 볼 여지가 있는 경우에는 그 행위마다 직무와의 관련성 여부를 가릴 필요가 있다. 그리고 공무원이 아닌 사람과 공무원이 공모하여 금품을 수수한 경우에도 각 수수자가 수수한 금품별로 직무 관련성 유무를 달리 볼 수 있다면, 각 금품마다 직무와의 관련성을 따져 뇌물성을 인정하는 것이 책임주의 원칙에 부합한다.』(대판 2024.3.12. 2023도17394)☆.

2. 직 무

뇌물죄가 성립하기 위해서는 공무원에 대한 금품 등의 수수가 직무에 관하여 이루어져야 하므로 먼저 수뢰자의 직무의 범위와 내용을 확정해야 한다.

가. 직무의 범위

뇌물죄에서 말하는 '직무'에는 법령에 정하여진 직무뿐만 아니라 그와 밀접한 관련이 있는 직무, 장래 담당할 직무, 사무분장에 따라 현실적으로 담당하지 않지만 법령상 일반적인 직무권한에 속하는 직무, 관례상 혹은 사실상 소관하는 직무 및 결정권자를 보좌하거나 영향을 줄 수 있는 직무 등 공무원이 그 지위에 수반하여 공무로서 처리하는 일체의 직무를 포함한다.

직무관련성을 인정한 기출판례 정리

① ✔ **서울대 교수 수뢰 사건** 『[1] 공무원의 직무와 관련하여 금품을 수수하였다면 그 수수한 금품은 뇌물이 되는 것이고, 그것이 사교적 의례의 형식을 사용하고 있다 하여도 직무행위의 대가로서의 의미를 가질 때에는 뇌물이 된다.
[2] 뇌물죄에 있어서의 직무라 함은 공무원이 법령상 관장하는 직무 그 자체뿐만 아니라 그 직무와 밀접한 관계가 있는 행위 또는 관례상이나 사실상 소관하는 직무행위 및 결정권자를 보좌하거나 영향을 줄 수 있는 직무행위도 포함된다.』(대판 1999.1.29. 98도3584)★

② ✔ **경비과 교통지도계 사건** 『음주운전을 적발하여 단속에 관련된 제반 서류를 작성한 후 운전면허 취소업무를 담당하는 직원에게 이를 인계하는 업무를 담당하는 경찰관이 피단속자로부터 운전면허가 취소되지 않도록 하여 달라는 청탁을 받고 금원을 교부받은 경우, 뇌물수수죄가 성립한다.』(대판 1999.11.9. 99도2530)☆

③ ✔ **의료보험공단 뇌물 사건** 『공무원이 그 직무의 대상이 되는 사람으로부터 금품 기타 이익을 받은 때에는 그것이 그 사람이 종전에 공무원으로부터 접대 또는 수수받은 것을 갚는 것으로서 사회상규에 비추어 볼 때에 의례상의 대가에 불과한 것이라고 여겨지거나, 개인적인 친분관계가 있어서 교분상의 필요에 의한 것이라고 명백하게 인정할 수 있는 경우 등 특별한 사정이 없는 한 직무와의 관련성이 없는 것으로 볼 수 없고, 공무원의 직무와 관련하여 금품을 수수하였다면 비록 사교적 의례의 형식을 빌어 금품을 주고 받았다 하더라도 그 수수한 금품은 뇌물이 된다.』(대판 2002.7.26. 2001도6721)★

직무관련성을 부정한 기출판례 정리

① ✔ **넥슨 사건** 『공무원이 장래에 담당할 직무에 대한 대가로 이익을 수수한 경우에도 뇌물수수죄가 성립할 수 있지만, 그 이익을 수수할 당시 장래에 담당할 직무에 속하는 사항이 그 수수한 이익과 관련된 것임을 확인할 수 없을 정도로 막연하고 추상적이거나, 장차 그 수수한 이익과 관련지을 만한 직무권한을 행사할지 자체를 알 수 없다면, 그 이익이 장래에 담당할 직무에 관하여 수수되었다거나 그 대가로 수수되었다고 단정하기 어렵다.』(대판 2017.12.22. 2017도12346)★

② ✔ **중국 선사 운항허가 부탁 사건** 『구 해양수산부 소속 공무원인 피고인이 갑 해운회사의 대표이사 등에게서 중국의 선박운항허가 담당부서가 관장하는 중국 국적선사의 선박에 대한 운항허가를 받을 수 있도록 노력해 달라는 부탁을 받고 돈을 받은 사안에서, 직무관련성이 없어 뇌물수수죄가 성립하지 않는다.』(대판 2011.5.26. 2009도2453)☆

③ ✔ **대전지법 참여주사 사건** 『법원의 참여주사가 공판에 참여하여 양형에 관한 사항의 심리내용을 공판조서에 기재한다고 하더라도 이를 가지고 형사사건의 양형이 참여주사의 직무와 밀접한 관계가 있는 사무라고는 할 수 없으므로 참여주사가 형량을 감경케하여 달라는 청탁과 함께 금품을 수수하였다고 하더라도 뇌물수수죄의 주체가 될 수 없다.』(대판 1980.10.14. 80도1373)☆

④ ✔ **외국인산업연수생 관리업체 선정 뇌물 사건** 『경찰청 정보과 근무 경찰관의 직무와 중소기업협동조합중앙회장의 외국인산업연수생에 대한 국내 관리업체 선정업무는 직무관련성이 없다.』(대판 1999.6.11. 99도275)☆

⑤ ✔ **왕진 대가 사례금 사건** 『서울대학교 의과대학 교수 겸 서울대학교병원 의사가 구치소로 왕진을 나가 진료하고 진단서를 작성해 주거나 법원의 사실조회에 대하여 회신을 해주는 것은 의사로서의 진료

업무이지 교육공무원인 서울대학교 의과대학 교수의 직무와 밀접한 관련 있는 행위라고 할 수 없다는 이유로 뇌물수수의 공소사실에 대하여 무죄를 선고한 원심의 조치를 수긍한 사례』(대판 2006.6.15. 2005도1420)☆.

나. 직무의 내용

직무행위는 공무원 등의 직무와 관련하여 이루어진 것인 이상 그 구체적인 내용이 국고작용이거나 행정사법작용이라도 상관없다.

3. 대가관계

현행 형법상 뇌물수수죄의 성립요건으로 금품 등의 공여 및 직무와의 관련성만을 규정하고 있을 뿐, 대가관계에 대하여 별도로 규정하고 있지 않으므로 직무와 금품공여 사이에 인과관계가 존재하는 것만으로 뇌물죄가 성립한다는 해석도 이론상 가능하지만, 판례는 그 공여된 금품 등의 뇌물성의 핵심적인 징표로 대가관계가 필요하다는 입장이다.

다만, 뇌물죄는 공무원의 직무집행의 공정과 이에 대한 사회의 신뢰 및 직무 행위의 불가매수성을 보호법익으로 하고 직무에 관한 청탁이나 부정한 행위를 반드시 필요로 하는 것은 아니기 때문에 수수된 금품의 뇌물성, 즉 대가성을 인정하는데 의무위반행위 여부나 특별한 청탁의 유무, 금품수수 시기와 직무집행 행위의 선후 등을 가리지 아니하며, 나아가 금품이 직무에 관하여 수수된 것으로 족하고 개개의 직무행위와 대가적 관계가 있을 필요는 없다. 다만 직무와 대가관계가 없이 순수히 사교적 의례로서의 증여는 뇌물로 보지 않는다.

✔ **대가관계 : 한보 비자금 사건** 『공무원의 직무와 금원의 수수가 전체적으로 대가관계에 있으면 뇌물수수죄가 성립하고, 특별히 청탁의 유무, 개개의 직무행위의 대가적 관계를 고려할 필요가 없으며, 또한 그 직무행위가 특정된 것일 필요도 없다 할 것이고, 국회의원이 그 직무권한의 행사로서의 의정활동과 전체적·포괄적으로 대가관계가 있는 금원을 교부받았다면 그 금원의 수수가 어느 직무행위와 대가관계에 있는 것인지 특정할 수 없다고 하더라도 이는 국회의원의 직무에 관련된 것으로 보아야 하고, 한편 국회의원이 다른 의원의 직무행위에 관여하는 것이 국회의원의 직무행위 자체라고 할 수는 없으나, 국회의원이 자신의 직무권한인 의안의 심의·표결권 행사의 연장선상에서 일정한 의안에 관하여 다른 동료의원에게 작용하여 일정한 의정활동을 하도록 권유·설득하는 행위 역시 국회의원이 가지고 있는 위 직무권한의 행사와 밀접한 관계가 있는 행위로서 그와 관련하여 금원을 수수하는 경우에도 뇌물수수죄가 성립한다』(대판 1997.12.26. 97도2609)☆.

✔ **정치자금의 뇌물성 : 한보 비자금 사건** 『정치자금·선거자금 등의 명목으로 이루어진 금품의 수수라 하더라도 그것이 정치인인 공무원의 직무행위에 대한 대가로서의 실체를 가지는 한 뇌물로서의 성격을 잃지 아니하고, 설령 수수된 금품 중 순수한 정치자금의 성격이 일부 포함되어 있는 경우가 있다고 하더라도 이를 뇌물로 보는 데에는 지장이 없으며, 다만 그 금품의 수수가 수회에 걸쳐 이루어졌고 각 수수 행위별로 직무관련성 유무를 달리 볼 여지가 있는 경우에는 그 행위마다 직무와의 관련성 여부를 가릴 필요가 있을 뿐이다』(대판 2012.1.12. 2011도12642 ; 1997.12.26. 97도2609)☆.

> ✔ **심학봉 의원 사건** 『정치자금의 기부행위는 정치활동에 대한 재정적 지원행위이고, 뇌물은 공무원의 직무행위에 대한 위법한 대가로서, 양자는 별개의 개념이다. 정치자금의 명목으로 금품을 주고받았고 정치자금법에 정한 절차를 밟았다고 할지라도, 정치인의 정치활동 전반에 대한 지원의 성격을 갖는 것이 아니라 공무원인 정치인의 특정한 구체적 직무행위와 관련하여 금품 제공자에게 유리한 행위를 기대하거나 또는 그에 대한 사례로서 금품을 제공함으로써 정치인인 공무원의 직무행위에 대한 대가로서의 실체를 가진다면 뇌물성이 인정된다』(대판 2017.3.22. 2016도21536)☆

제9관 수뢰죄 · 사전수뢰죄

> **제129조 | 수뢰, 사전수뢰 |**
> ① 공무원 또는 중재인이 그 직무에 관하여 뇌물을 수수, 요구 또는 약속한 때에는 5년 이하의 징역 또는 10년 이하의 자격정지에 처한다.
> ② 공무원 또는 중재인이 될 자가 그 담당할 직무에 관하여 청탁을 받고 뇌물을 수수, 요구 또는 약속한 후 공무원 또는 중재인이 된 때에는 3년 이하의 징역 또는 7년 이하의 자격정지에 처한다.

Ⅰ. 단순수뢰죄

단순수뢰죄는 공무원 또는 중재인이 그 직무에 관하여 뇌물을 수수, 요구 또는 약속한 때에 성립하는 범죄이다. 수뢰죄의 기본적 구성요건이다.

1. 구성요건

수뢰죄의 객관적 구성요건 중 뇌물의 개념, 직무와의 관련성 및 대가관계 부분은 뇌물죄 전론에서 살펴본 바와 같다.

가. '공무원 또는 중재인'

수뢰죄의 주체는 공무원 또는 중재인이다. 현재 공무원 또는 중재인의 지위에 있는 자만이 본죄의 주체가 된다.

공무원 지위를 인정한 기출판례 정리

① > ✔ **임용무효 행정서기 사건** 『형법이 뇌물죄에 관하여 규정하고 있는 것은 공무원의 직무집행의 공정과 그에 대한 사회의 신뢰 및 직무행위의 불가매수성을 보호하기 위한 것이다. 법령에 기한 임명권자에 의하여 임용되어 공무에 종사하여 온 사람이 나중에 그가 임용결격자이었음이 밝혀져 당초의 임용행위가 무효라고 하더라도, 그가 임용행위라는 외관을 갖추어 실제로 공무를 수행한 이상 공무 수행의 공정과 그에 대한 사회의 신뢰 및 직무행위의 불가매수성은 여전히 보호되어야 한다. 따라서 이러한 사람은 형법 제129조에서 규정한 공무원으로 봄이 타당하고, 그가 그 직무에 관하여 뇌물을 수수한 때에는 수뢰죄로 처벌할 수 있다』(대판 2014.3.27. 2013도11357)★

② ✔ **정비사업조합 임원 사건** 『정비사업조합의 임원이 정비구역 안에 있는 토지 또는 건축물의 소유권 또는 지상권을 상실함으로써 조합 임원의 지위를 상실한 경우나 임기가 만료된 정비사업조합의 임원이 관련 규정에 따라 후임자가 선임될 때까지 계속하여 직무를 수행하다가 후임자가 선임되어 직무수행권을 상실한 경우, 그 조합 임원이 그 후에도 조합의 법인 등기부에 임원으로 등기되어 있는 상태에서 계속하여 실질적으로 조합 임원으로서의 직무를 수행하여 왔다면 직무수행의 공정과 그에 대한 사회의 신뢰 및 직무행위의 불가매수성은 여전히 보호되어야 한다. 따라서 그 조합 임원은 임원의 지위 상실이나 직무수행권의 상실에도 불구하고 도시정비법 제84조에 따라 형법 제129조 내지 제132조의 적용에서 공무원으로 보아야 한다』(대판 2016.1.14. 2015도15798)★.

③ ✔ **도시개발조합 임직원 뇌물수수 사건** 『도시개발법 제84조는 "조합의 임직원, 제20조에 따라 그 업무를 하는 감리원은 형법 제129조부터 제132조까지의 규정에 따른 벌칙을 적용할 때 공무원으로 본다."고 규정하고 있으므로, 도시개발구역의 토지 소유자가 도시개발을 위하여 설립한 조합(이하 '도시개발조합'이라 한다)의 임직원 등은 형법 제129조 내지 제132조가 정한 죄의 주체가 된다. 이에 따라 도시개발조합의 임직원 등이 그 직무에 관하여 부당한 이익을 얻었다면 그러한 이익도 형법 제133조 제1항에 규정된 "제129조 내지 제132조에 기재한 뇌물"에 해당하므로, 그 뇌물을 약속, 공여 또는 공여의 의사를 표시한 자에게는 형법 제133조 제1항에 의한 뇌물공여죄가 성립한다』(대판 2014.6.12. 2014도2393)☆.

수수할 당시에 공무원의 지위를 가지고 있어야 되므로 장차 공무원이 될 자나 공무원의 지위가 상실된 자는 사전수뢰죄 혹은 사후수뢰죄의 주체가 될 수 있을 뿐이다.

✔ **신분의 존재시기 : 퇴임 총재 사무실 등 제공 사건** 『뇌물수수죄는 공무원 또는 중재인이 그 직무에 관하여 뇌물을 수수한 때에 성립하는 것이어서 그 주체는 현재 공무원 또는 중재인의 직에 있는 자에 한정되므로, 공무원이 직무와 관련하여 뇌물수수를 약속하고 퇴직 후 이를 수수하는 경우에는, 뇌물약속과 뇌물수수가 시간적으로 근접하여 연속되어 있다고 하더라도, 뇌물약속죄 및 사후수뢰죄가 성립할 수 있음은 별론으로 하고, 뇌물수수죄는 성립하지 않는다』(대판 2008.2.1. 2007도5190)★.

중재인이라 함은 사실상 중재행위를 하는 자를 의미하는 것이 아니라 법에 근거를 가지고 중재의 직무를 담당하는 자를 말한다. 노동조합 및 노동관계조정법에 의한 중재위원, 중재법에 의한 중재인 등이 여기에 속한다.

나. '수수, 요구 또는 약속'

(1) 수 수

뇌물의 수수란 뇌물을 받는 것을 말한다. 뇌물죄는 공여자의 출연에 의한 수뢰자의 영득의사의 실현으로서, 금품이나 재산상 이익 등이 반드시 공여자와 수뢰자 사이에 직접 수수될 필요는 없다. 유형의 이익인 때에는 점유의 이전이나 취득으로 수수가 이루어지며, 무형의 이익인 때에는 이를 현실로 받은 때에 수수가 된다.

✔ **수수에 해당하는 경우 : 영광군수 사건** 『뇌물공여죄와 뇌물수수죄는 필요적 공범관계에 있다고 할 것이나, 필요적 공범이라는 것은 법률상 범죄의 실행이 다수인의 협력을 필요로 하는 것을 가리키는 것으로서 이러한 범죄의 성립에는 행위의 공동을 필요로 하는 것에 불과하고 반드시 협력자 전부가 책임이 있음을 필요로 하는 것은 아니므로, 오로지 공무원을 함정에 빠뜨릴 의사로 직무와 관련되었다는 형식을 빌려 그 공무원에게 금품을 공여한 경우에도 공무원이 그 금품을 직무와 관련하여 수수한다는 의사를 가지고 받아들이면 뇌물수수죄가 성립한다』(대판 2008.3.13. 2007도10804)★.

✔ **수수에 해당하는 경우 : 택배이용 새우젓 선물사건** 『[1] 뇌물죄는 공여자의 출연에 의한 수뢰자의 영득의사의 실현으로서, 공여자의 특정은 직무행위와 관련이 있는 이익의 부담 주체라는 관점에서 파악하여야 할 것이므로, 금품이나 재산상 이익 등이 반드시 공여자와 수뢰자 사이에 직접 수수될 필요는 없다.
[2] 공무원인 피고인 甲은 피고인 乙로부터 "선물을 할 사람이 있으면 새우젓을 보내 주겠다."라는 말을 듣고 이를 승낙한 뒤 새우젓을 보내고자 하는 329명의 명단을 피고인 乙에게 보내 주고 피고인 乙로 하여금 위 사람들에게 피고인 甲의 이름을 적어 마치 피고인 甲이 선물을 하는 것처럼 총 11,186,000원 상당의 새우젓을 택배로 발송하게 하고 그 대금을 지급하지 않는 방법으로 직무에 관하여 뇌물을 교부받고, 피고인 乙은 피고인 甲에게 뇌물을 공여하였다는 내용으로 기소된 사안에서, … 피고인 乙과 피고인 甲 사이에 새우젓 제공에 관한 의사의 합치가 존재하고 위와 같은 제공방법에 관하여 피고인 甲이 양해하였다고 보이므로, 피고인 乙의 새우젓 출연에 의한 피고인 甲의 영득의사가 실현되어 형법 제129조 제1항의 뇌물공여죄 및 뇌물수수죄가 성립하고, 공여자와 수뢰자 사이에 직접 금품이 수수되지 않았다는 사정만으로 이와 달리 볼 수 없다는 이유로, 그럼에도 사회통념상 위 329명이 새우젓을 받은 것을 피고인 甲이 직접 받은 것과 같이 평가할 수 있는 관계라고 인정하기에 부족하다고 보아 피고인들에게 무죄를 선고한 원심판단에 뇌물죄의 성립에 관한 법리오해 등의 위법이 있다고 한 사례』(대판 2020.9.24. 2017도12389)★.

수수죄가 성립하기 위해서는 영득의사가 있어야 한다. 따라서 반환하기 위해서 일시 보관하고 있는 경우에는 영득의 의사가 없으므로 수수죄가 성립되지 않는다. 일단 피고인이 영득의 의사로 뇌물을 수령한 것으로 인정되는 이상, 후에 이를 반환하였다고 하더라도 뇌물죄의 성립에 영향이 없다.

✔ **현금 1억 가방 사건** 『뇌물을 수수한다는 것은 영득의 의사로 금품을 수수하는 것을 말하므로, 뇌물인지 모르고 이를 수수하였다가 뇌물임을 알고 즉시 반환하거나, 증뢰자가 일방적으로 뇌물을 두고 가므로 후일 기회를 보아 반환할 의사로 어쩔 수 없이 일시 보관하다가 반환하는 등 그 영득의 의사가 없었다고 인정되는 경우라면 뇌물을 수수하였다고 할 수 없겠지만, 피고인이 먼저 뇌물을 요구하여 증뢰자가 제공하는 돈을 받았다면 피고인에게는 받은 돈 전부에 대한 영득의 의사가 인정된다고 하지 않을 수 없고, 이처럼 영득의 의사로 뇌물을 수령한 이상 그 액수가 피고인이 예상한 것보다 너무 많은 액수여서 후에 이를 반환하였다고 하더라도 뇌물죄의 성립에는 영향이 없다』(대판 2007.3.29. 2006도9182)★.

✔ **노동청 해외근로국장 뇌물수수 사건** 『피고인이 소외 (갑)으로부터 입력송출의 부탁과 함께 사례조로 교부받은 자기앞수표를 약 2주일후 반환하여 주었다 하더라도, 위 수표를 일단 피고인의 은행구좌에 예치시켰다가 그 뒤 동료직원들에게 위 (갑)에 대하여 탐문해 본 결과 믿을 수 없다고 하므로 후환을 염려하여 (갑)에게 반환한 것이라면 피고인에게 뇌물수수의 고의가 있었다고 할 것이다』(대판 1984.4.10. 83도1499)☆.

(2) 요 구

뇌물의 요구는 뇌물을 수수할 의사로 상대방에 대하여 교부를 청구하는 것이다.

(3) 약 속

뇌물의 약속은 증뢰자와 수뢰자 사이에 뇌물을 주고 받기로 하는 합의를 말한다. 뇌물약속죄가 성립하기 위해서는 장차 공무원의 직무와 관련하여 뇌물을 주고받겠다는 양 당사자의 의사표시가 확정적으로 합치해야 한다. 뇌물을 약속한다고 함은 뇌물의 수수를 장래에 기약하는 것을 말하므로, 뇌물의 목적물인 이익은 약속 당시에 현존할 필요는 없고, 약속 당시에 예견할 수 있는 것이라도 무방하며, 그 가액이나 이행기가 확정되어 있지 않아도 뇌물약속죄가 성립하는 데에 지장이 없다.

> ✔ **용인도시공사 협상대상자 선정 사건** 『뇌물약속죄에서 뇌물의 약속은 직무와 관련하여 장래에 뇌물을 주고받겠다는 양 당사자의 의사표시가 확정적으로 합치하면 성립하고, 뇌물의 가액이 얼마인지는 문제되지 아니한다. 또한 뇌물의 목적물이 이익인 경우에 그 가액이 확정되어 있지 않아도 뇌물약속죄가 성립하는 데에는 영향이 없다』(대판 2016.6.23. 2016도3753) ★.

> ✔ **퇴임 후 연수비용 사건** 『형법 제129조의 구성요건인 뇌물의 '약속'은 양 당사자의 뇌물수수의 합의를 말하고, 여기에서 '합의'란 그 방법에 아무런 제한이 없고 명시적일 필요도 없지만, 장래 공무원의 직무와 관련하여 뇌물을 주고 받겠다는 양 당사자의 의사표시가 확정적으로 합치하여야 한다』(대판 2012.11.15. 2012도9417) ★.

2. 타죄와의 관계

가. 사기죄와의 관계

뇌물을 수수함에 있어 공여자를 기망한 점이 있다 하여도 직무와 관련하여 대가를 받는다는 인식이 있으면 뇌물수수죄의 성립에는 영향이 없으므로, 사기죄와 수뢰죄의 상상적 경합범이 성립한다.

> ✔ **총기부족 오인 사건** 『뇌물을 수수함에 있어서 공여자를 기망한 점이 있다 하여도 뇌물수수죄, 뇌물공여죄의 성립에는 영향이 없고, 이 경우 뇌물을 수수한 공무원에 대하여는 한 개의 행위가 뇌물죄와 사기죄의 각 구성요건에 해당하므로 형법 제40조에 의하여 상상적 경합으로 처단하여야 할 것이다』(대판 2015.10.29. 2015도12838 ; 1977.6.7. 77도1069) ★.

나. 횡령죄와의 관계

공무원이 관공서에 필요한 공사의 시행이나 물품의 구입을 위하여 공사업자 등과 수의계약을 체결하면서 적정한 금액 이상으로 계약금액을 부풀려 계약하고 그 대가로 돈을 수수한 경우, 그 실질에 있어 공금을 착복한 것이므로 그 돈의 성격은 횡령금이라고 보아야 한다.

> ✔ **뇌물성이 부정되는 경우 : 수의계약 횡령 사건** 『수의계약을 체결하는 공무원이 해당 공사업자와 적정한 금액 이상으로 계약금액을 부풀려서 계약하고 부풀린 금액을 자신이 되돌려 받기로 사전에 약정한 다음 그에 따라 수수한 돈은 성격상 뇌물이 아니고 횡령금에 해당한다』(대판 2007.10.12. 2005도7112) ★.

다. 범죄수익규제법위반죄와의 관계

경찰관 甲이 乙로부터 뇌물을 수수하면서, 乙의 자녀 명의 은행 계좌에 관한 현금카드를 받은 뒤 乙이 위 계좌에 돈을 입금하면 甲이 현금카드로 돈을 인출하는 방법으로 범죄수익의 취득에 관한 사실을 가장한 경우, 범죄수익은닉의 규제 및 처벌 등에 관한 법률위반죄와 '특정범죄 가중처벌 등에 관한 법률위반(뇌물)죄가 성립하고 두 죄가 상상적 경합범이 된다.

> ✔ **범죄수익규제법위반죄와의 관계 : 사행성 게임장 단속 뇌물 사건** 『경찰서 생활질서계에 근무하는 피고인 甲이 사행성 게임장 업주인 乙로부터 뇌물을 수수하면서, 乙의 자녀 명의 은행 계좌에 관한 현금카드를 받은 뒤 乙이 계좌에 돈을 입금하면 甲이 현금카드로 돈을 인출하는 방법으로 범죄수익의 취득에 관한 사실을 가장한 경우, 범죄수익규제법위반죄와 특가법위반(뇌물)죄가 성립하고 두 죄는 실체적 경합범 관계에 있다』(대판 2012.9.27. 2012도6079) ☆.

Ⅱ. 사전수뢰죄

사전수뢰죄는 공무원 또는 중재인이 될 자가 그 담당할 직무에 관하여 청탁을 받고 뇌물을 수수, 요구 또는 약속한 후 공무원 또는 중재인이 되는 것이다.

제10관 제3자뇌물제공죄

> **제130조 ∥ 제3자뇌물제공 ∥**
> 공무원 또는 중재인이 그 직무에 관하여 부정한 청탁을 받고 제3자에게 뇌물을 공여하게 하거나 공여를 요구 또는 약속한 때에는 5년 이하의 징역 또는 10년 이하의 자격정지에 처한다.

Ⅰ. 의 의

제3자뇌물제공죄는 공무원 또는 중재인이 그 직무에 관하여 부정한 청탁을 받고 제3자에게 뇌물을 공여하게 하거나 공여를 요구 또는 약속함으로써 성립하는 범죄이다.

Ⅱ. 부정한 청탁

단순수뢰죄의 경우 공무원의 직무와 뇌물 수수가 전체적으로 대가관계에 있으면 성립하지만, 제3자뇌물제공죄의 경우에는 '부정한 청탁'을 범죄성립요건으로 규정하고 있다. 부정한 청탁은 명시적인 의사표시뿐만 아니라 묵시적인 의사표시로도 가능하며 청탁의 대상인 직무행위의 내용도 구체적일 필요가 없다.

> ✔ **부정한 청탁의 의미 : 사찰시주 사건** 『[1] 형법 제130조의 제3자 뇌물공여죄에 있어서 '부정한 청탁'이라 함은, 그 청탁이 위법하거나 부당한 직무집행을 내용으로 하는 경우는 물론, 비록 청탁의 대상이 된 직무집행 그 자체는 위법·부당한 것이 아니라 하더라도 당해 직무집행을 어떤 대가관계와 연결시켜 그 직무집행에 관한 대가의 교부를 내용으로 하는 청탁이라면 이는 의연 '부정한 청탁'에 해당한다고 보아야 한다. [2] 공정거래위원회 위원장인 피고인이 이동통신회사가 속한 그룹의 구조조정본부장으로부터 당해 이동통신회사의 기업결합심사에 대하여 선처를 부탁받으면서 특정 사찰에의 시주를 요청하여 시주금을 제공케 한 사안에서, 그 부탁한 직무가 피고인의 재량권한 내에 속하더라도 형법 제130조에 정한 '부정한 청탁'에 해당하고, 위 시주는 기업결합심사와 관련되어 이루어진 것이라고 판단하여 제3자뇌물수수의 죄책을 인정한 원심의 조치를 수긍한 사례』(대판 2006.6.15. 2004도3424)☆.

> ✔ **묵시적 청탁의 요건 : 신정아 · 변양균 사건** 표준 『형법 제130조의 제3자뇌물공여죄에서 '부정한 청탁'을 요건으로 하는 취지는 처벌의 범위가 불명확해지지 않도록 하기 위한 것으로서, 이러한 '부정한 청탁'은 명시적인 의사표시에 의한 것은 물론 묵시적인 의사표시에 의한 것도 가능하다. 묵시적인 의사표시에 의한 부정한 청탁이 있다고 하기 위하여는, 당사자 사이에 청탁의 대상이 되는 직무집행의 내용과 제3자에게 제공되는 금품이 그 직무집행에 대한 대가라는 점에 대하여 공통의 인식이나 양해가 존재하여야 하고, 그러한

인식이나 양해 없이 막연히 선처하여 줄 것이라는 기대에 의하거나 직무집행과는 무관한 다른 동기에 의하여 제3자에게 금품을 공여한 경우에는 묵시적인 의사표시에 의한 부정한 청탁이 있다고 보기 어렵다』(대판 2009.1.30. 2008도6950)★.

Ⅲ. 제3자

제3자는 행위자와 공동정범 이외의 자를 의미하는데, 다만 행위자와 제3자가 공동정범 관계에 있지 않더라도 양자의 이해관계가 직접적이고 실질적으로 연결되어 있는 경우에는 행위자가 직접 뇌물을 받은 것과 같이 평가할 수 있으므로 본죄가 성립하지 않고 단순수뢰죄가 성립한다.

✔ **실질적 회사 운영자 사건** 『공무원이 직접 뇌물을 받지 아니하고 증뢰자로 하여금 다른 사람에게 뇌물을 공여하도록 한 경우, 그 다른 사람이 공무원의 사자 또는 대리인으로서 뇌물을 받은 경우나 그 밖에 예컨대, 평소 공무원이 그 다른 사람의 생활비 등을 부담하고 있었다거나 혹은 그 다른 사람에 대하여 채무를 부담하고 있었다는 등의 사정이 있어서 그 다른 사람이 뇌물을 받음으로써 공무원은 그만큼 지출을 면하게 되는 경우 등 사회통념상 그 다른 사람이 뇌물을 받은 것을 공무원이 직접 받은 것과 같이 평가할 수 있는 관계가 있는 경우에는 형법 제130조의 제3자 뇌물제공죄가 아니라, 형법 제129조 제1항의 뇌물수수죄가 성립한다』(대판 2004.3.26. 2003도8077)★.

✔ **주식회사 코드원 사건** 『공무원으로 의제되는 정비사업전문관리업자의 임·직원이 직무에 관하여 자신이 아닌 정비사업전문관리업자에 뇌물을 공여하게 하는 경우, 위 임·직원이 법인인 정비사업전문관리업자를 사실상 1인 회사로서 개인기업과 같이 운영하거나, 사회통념상 정비사업전문관리업자에 뇌물을 공여한 것이 곧 그 임·직원에게 공여한 것과 같다고 볼 수 있을 정도로 경제적·실질적 이해관계를 같이하는 것으로 평가되는 경우에 한하여 형법 제129조 제1항의 뇌물수수죄가 성립한다』(대판 2008.9.25. 2008도2590)☆.

앞서 본 바와 같이 제3자와 공무원인 행위자가 공동정범의 관계에 있는 경우에는 제3자의 뇌물 수수는 행위자가 직접 받은 것과 동일시된다. 따라서 공무원이 아닌 사람이 공무원과 공동가공의 의사와 이를 기초로 한 기능적 행위지배를 통하여 공무원의 직무에 관하여 뇌물을 수수하는 범죄를 실행하였다면 공무원이 직접 뇌물을 받은 것과 동일하게 평가할 수 있으므로 공무원과 비공무원에게 형법 제129조 제1항에서 정한 뇌물수수죄의 공동정범이 성립한다.

✔ **국정농단 사건** 최신3년 『[다수의견] [1] 신분관계가 없는 사람이 신분관계로 인하여 성립될 범죄에 가공한 경우에는 신분관계가 있는 사람과 공범이 성립한다(형법 제33조 본문 참조). 이 경우 신분관계가 없는 사람에게 공동가공의 의사와 이에 기초한 기능적 행위지배를 통한 범죄의 실행이라는 주관적·객관적 요건이 충족되면 공동정범으로 처벌한다. 공동가공의 의사는 공동의 의사로 특정한 범죄행위를 하기 위하여 일체가 되어 서로 다른 사람의 행위를 이용하여 자기의 의사를 실행에 옮기는 것을 내용으로 한다. 따라서 공무원이 아닌 사람(이하 '비공무원'이라 한다)이 공무원과 공동가공의 의사와 이를 기초로 한 기능적 행위지배를 통하여 공무원의 직무에 관하여 뇌물을 수수하는 범죄를 실행하였다면 공무원이 직접 뇌물을 받은 것과 동일하게 평가할 수 있으므로 공무원과 비공무원에게 형법 제129조 제1항에서 정한 뇌물수수죄의 공동정범이 성립한다.
[2] 형법은 제130조에서 제129조 제1항 뇌물수수죄와는 별도로 공무원이 그 직무에 관하여 뇌물공여자로 하여금 제3자에게 뇌물을 공여하게 한 경우에는 부정한 청탁을 받고 그와 같은 행위를 한 때에 뇌물수수죄와 법정형이 동일한 제3자뇌물수수죄로 처벌하고 있다. 제3자뇌물수수죄에서 뇌물을 받는 제3자가 뇌물임

을 인식할 것을 요건으로 하지 않는다. 그러나 공무원이 뇌물공여자로 하여금 공무원과 뇌물수수죄의 공동정범 관계에 있는 비공무원에게 뇌물을 공여하게 한 경우에는 공동정범의 성질상 공무원 자신에게 뇌물을 공여하게 한 것으로 볼 수 있다. 공무원과 공동정범 관계에 있는 비공무원은 제3자뇌물수수죄에서 말하는 제3자가 될 수 없고, 공무원과 공동정범 관계에 있는 비공무원이 뇌물을 받은 경우에는 공무원과 함께 뇌물수수죄의 공동정범이 성립하고 제3자뇌물수수죄는 성립하지 않는다.

뇌물수수죄의 공범들 사이에 직무와 관련하여 금품이나 이익을 수수하기로 하는 명시적 또는 암묵적 공모관계가 성립하고 공모 내용에 따라 공범 중 1인이 금품이나 이익을 주고받았다면, 특별한 사정이 없는 한 이를 주고받은 때 그 금품이나 이익 전부에 관하여 뇌물수수죄의 공동정범이 성립하고, 금품이나 이익의 규모나 정도 등에 대하여 사전에 서로 의사의 연락이 있거나 금품 등의 구체적 금액을 공범이 알아야 공동정범이 성립하는 것은 아니다. 금품이나 이익 전부에 관하여 뇌물수수죄의 공동정범이 성립한 이후에 뇌물이 실제로 공동정범인 공무원 또는 비공무원 중 누구에게 귀속되었는지는 이미 성립한 뇌물수수죄에 영향을 미치지 않는다. 공무원과 비공무원이 사전에 뇌물을 비공무원에게 귀속시키기로 모의하였거나 뇌물의 성질상 비공무원이 사용하거나 소비할 것이라고 하더라도 이러한 사정은 뇌물수수죄의 공동정범이 성립한 이후 뇌물의 처리에 관한 것에 불과하므로 뇌물수수죄가 성립하는 데 영향이 없다.

[3] 뇌물수수죄에서 말하는 '수수'란 받는 것, 즉 뇌물을 취득하는 것이다. 여기에서 취득이란 뇌물에 대한 사실상의 처분권을 획득하는 것을 의미하고, 뇌물인 물건의 법률상 소유권까지 취득하여야 하는 것은 아니다. 뇌물수수자가 법률상 소유권 취득의 요건을 갖추지는 않았더라도 뇌물로 제공된 물건에 대한 점유를 취득하고 뇌물공여자 또는 법률상 소유자로부터 반환을 요구받지 않는 관계에 이른 경우에는 그 물건에 대한 실질적인 사용·처분권한을 갖게 되어 그 물건 자체를 뇌물로 받은 것으로 보아야 한다.

뇌물수수자가 뇌물공여자에 대한 내부관계에서 물건에 대한 실질적인 사용·처분권한을 취득하였으나 뇌물수수 사실을 은닉하거나 뇌물공여자가 계속 그 물건에 대한 비용 등을 부담하기 위하여 소유권 이전의 형식적 요건을 유보하는 경우에는 뇌물공여자와 뇌물수수자 사이에서는 소유권을 이전받은 경우와 다르지 않으므로 그 물건을 뇌물로 받았다고 보아야 한다. 뇌물수수자가 교부받은 물건을 뇌물공여자에게 반환할 것이 아니므로 뇌물수수자에게 영득의 의사도 인정된다」(대판[전] 2019.8.29. 2018도2738 ; 2019.8.29. 2018도13792)★.

다만, 공동정범의 경우와 달리 교사자나 방조자는 제3자에 해당한다. 공무원 또는 중재인이 부정한 청탁을 받고 제3자에게 뇌물을 제공하게 하고 제3자가 그러한 공무원 또는 중재인의 범죄행위를 알면서 방조한 경우에는 그에 대한 별도의 처벌규정이 없더라도 방조범에 관한 형법총칙의 규정이 적용되어 제3자뇌물수수방조죄가 인정될 수 있다.

✔ **이천시 건축과 공무원 사건** 표준 『[1] 제3자뇌물수수죄에서 제3자란 행위자와 공동정범 이외의 사람을 말하고, 교사자나 방조자도 포함될 수 있다. 그러므로 공무원 또는 중재인이 부정한 청탁을 받고 제3자에게 뇌물을 제공하게 하고 제3자가 그러한 공무원 또는 중재인의 범죄행위를 알면서 방조한 경우에는 그에 대한 별도의 처벌규정이 없더라도 방조범에 관한 형법총칙의 규정이 적용되어 제3자뇌물수수방조죄가 인정될 수 있다.
[2] 공무원이 직무관련자에게 제3자와 계약을 체결하도록 요구하여 계약 체결을 하게 한 행위가 제3자뇌물수수죄의 구성요건과 직권남용권리행사방해죄의 구성요건에 모두 해당하는 경우에는, 제3자뇌물수수죄와 직권남용권리행사방해죄가 각각 성립하되, 이는 사회 관념상 하나의 행위가 수 개의 죄에 해당하는 경우이므로 두 죄는 형법 제40조의 상상적 경합관계에 있다」(대판 2017.3.15. 2016도19659)★.

제11관 수뢰후부정처사죄 · 사후수뢰죄

> **제131조** │ **수뢰후부정처사, 사후수뢰** │
> ① 공무원 또는 중재인이 전2조의 죄를 범하여 부정한 행위를 한 때에는 1년 이상의 유기징역에 처한다.
> ② 공무원 또는 중재인이 그 직무상 부정한 행위를 한 후 뇌물을 수수, 요구 또는 약속하거나 제삼자에게 이를 공여하게 하거나 공여를 요구 또는 약속한 때에도 전항의 형과 같다.
> ③ 공무원 또는 중재인이었던 자가 그 재직 중에 청탁을 받고 직무상 부정한 행위를 한 후 뇌물을 수수, 요구 또는 약속한 때에는 5년 이하의 징역 또는 10년 이하의 자격정지에 처한다.
> ④ 전3항의 경우에는 10년 이하의 자격정지를 병과할 수 있다.

수뢰후부정처사죄는 공무원 또는 중재인이 제129조와 제130조의 죄를 범한 후 부정한 행위를 함으로써 성립하는 범죄이다.

> ✔ **수뢰후부정처사죄가 성립하는 경우 : 예비군 출석부 사건** 『허위공문서작성죄와 동행사죄가 수뢰후부정처사죄와 각각 상상적 경합관계에 있을 때에는 허위공문서작성죄와 동행사죄 상호간은 실체적 경합범관계에 있다고 할지라도 상상적 경합범관계에 있는 수뢰후 부정처사죄와 대비하여 가장 중한 죄에 정한 형으로 처단하면 족한 것이고 따로이 경합가중을 할 필요가 없다』(대판 1983.7.26. 83도1378) ☆

> ✔ **수뢰후부정처사죄가 성립하지 않는 경우 : 부산 부동산 취득세 사건** 『과세 대상에 관한 규정이 명확하지 않고 그에 관한 확립된 선례도 없었던 경우, 공무원이 주식회사로부터 뇌물을 받은 후 관계 법령에 대한 충분한 연구, 검토 없이 위 회사에 유리한 쪽으로 법령을 해석하여 감액처분하였더라도 위 감액처분이 위법하지 않으면 그 공무원이 수뢰 후 '부정한 행위'를 한 것으로서 수뢰후부정처사죄를 범하였다고 볼 수는 없다』(대판 1995.12.12. 95도2320) ☆

사후수뢰죄는 공무원 또는 중재인이었던 자가 그 재직 중에 청탁을 받고 직무상 부정한 행위를 한 후 뇌물을 수수, 요구 또는 약속함으로써 성립하는 범죄이다.

> ✔ **위촉이 종료된 후 수수한 경우 : 한시적 위원 위촉 사건** 『[1] 뇌물죄에서 직무란 공무원이 그 지위에 수반하여 공무로서 처리하는 일체의 직무를 말하며, 과거에 담당하였거나 또는 장래 담당할 직무 및 사무분장에 따라 현실적으로 담당하지 않는 직무라고 하더라도 법령상 일반적인 직무권한에 속하는 직무 등 공무원이 그 직위에 따라 공무로 담당할 일체의 직무를 말한다. 다만 형법은 공무원이었던 자가 재직 중에 청탁을 받고 직무상 부정한 행위를 한 후 뇌물을 수수, 요구 또는 약속을 한 때에는 제131조 제3항에서 사후수뢰죄로 처벌하도록 규정하고 있으므로, 뇌물의 수수 등을 할 당시 이미 공무원의 지위를 떠난 경우에는 제129조 제1항의 수뢰죄로는 처벌할 수 없고 사후수뢰죄의 요건에 해당할 경우에 한하여 그 죄로 처벌할 수 있을 뿐이다.
> [2] 국가공무원이 지방자치단체의 업무에 관하여 전문가로서 위원 위촉을 받아 한시적으로 직무를 수행하는 경우와 같이 공무원이 그 고유의 직무와 관련이 없는 일에 관하여 별도의 위촉절차 등을 거쳐 다른 직무를 수행하게 된 경우에는 그 위촉이 종료되면 그 위원 등으로서 새로 보유하였던 공무원 지위는 소멸한다고 보아야 하므로, 그 이후에 종전에 위촉받아 수행한 직무에 관하여 금품을 수수하더라도 이는 사후수뢰죄에 해당할 수 있음은 별론으로 하고 일반 수뢰죄로 처벌할 수는 없다』(대판 2013.11.28. 2013도10011) ★

제12관 알선수뢰죄

> **제132조 | 알선수뢰 |**
> 공무원이 그 지위를 이용하여 다른 공무원의 직무에 속한 사항의 알선에 관하여 뇌물을 수수, 요구 또는 약속한 때에는 3년 이하의 징역 또는 7년 이하의 자격정지에 처한다.

I. 의 의

알선수뢰죄는 공무원이 그 지위를 이용하여 다른 공무원의 직무에 속한 사항의 알선에 관하여 뇌물을 수수, 요구 또는 약속함으로써 성립하는 범죄이다. 알선 및 수뢰 행위의 주체인 공무원이 해당 직무의 직접적인 담당자는 아니라도 그 지위나 영향력을 이용하여 다른 공무원의 직무에 속한 사항에 관하여 알선하고 수뢰함으로써 직무의 공정성이 침해될 수 있는 가능성을 막고자 하는 데에 본죄의 목적이 있다.

II. 구성요건

1. 주 체

알선수뢰죄의 주체는 공무원이다. 수뢰죄의 경우와 달리 중재인은 주체가 아니다.

2. 행 위

알선수뢰죄의 행위는 「그 지위를 이용하여 다른 공무원의 직무에 속한 사항의 알선에 관하여 뇌물을 수수·요구·약속」하는 것이다.

가. 그 지위를 이용하여

그 지위를 이용한다는 의미는 다른 공무원이 취급하는 사무의 처리에 법률상 혹은 사실상 영향을 줄 수 있는 관계에 있는 공무원이 그 지위를 이용하는 것을 말한다. 따라서 공무원이 친구, 친족 등 사적인 관계를 이용하는 경우는 이에 해당하지 않는다. 다른 공무원과의 사이에 상하관계, 협동관계, 감독권한 등의 특수한 관계가 있을 것을 요하지 않는다.

> ✔ **지위이용의 의미 : 시의원 BMW735 사건** 표준 『알선수뢰죄는 공무원이 그 지위를 이용하여 다른 공무원의 직무에 속한 사항의 알선에 관하여 뇌물을 수수, 요구 또는 약속하는 것을 그 성립요건으로 하고 있고, 여기서 '공무원이 그 지위를 이용하여'라 함은 친구, 친족관계 등 사적인 관계를 이용하는 경우에는 이에 해당한다고 할 수 없으나, 다른 공무원이 취급하는 사무의 처리에 법률상이거나 사실상으로 영향을 줄 수 있는 관계에 있는 공무원이 그 지위를 이용하는 경우에는 이에 해당하고, 그 사이에 상하관계, 협동관계, 감독권한 등의 특수한 관계가 있음을 요하지 않는다고 할 것이고, '다른 공무원의 직무에 속한 사항의 알선행위'는 그 공무원의 직무에 속하는 사항에 관한 것이면 되는 것이지 그것이 반드시 부정행위라거나 그 직무에 관하여 결재권한이나 최종 결정권한을 갖고 있어야 하는 것이 아니다』(대판 2006.4.27. 2006도735)★

나. 다른 공무원의 직무에 속한 사항·알선에 관하여

본죄가 성립하려면 최소한 알선할 사항이 다른 공무원의 직무에 속하고 금품 등의 수수 명목이 그 사항의 알선에 관한 것임은 어느 정도 구체적으로 나타나야 한다. 다만 다른 공무원의 직무에 속한 사항을 알선한다는 명목으로 금품 등을 수수함에 있어 반드시 알선의 상대방인 공무원이나 직무내용이 구체적으로까지 특정될 필요는 없다.

> ✔ **유흥주점 영업허가 사건** 『형법 제132조에서 말하는 '다른 공무원의 직무에 속한 사항의 알선에 관하여 뇌물을 요구한다'고 함은, 다른 공무원의 직무에 속한 사항을 알선한다는 명목으로 뇌물을 요구하는 행위로서 반드시 알선의 상대방인 다른 공무원이나 그 직무의 내용이 구체적으로 특정될 필요까지는 없지만, 알선뇌물요구죄가 성립하려면 알선할 사항이 다른 공무원의 직무에 속하는 사항으로서 뇌물요구의 명목이 그 사항의 알선에 관련된 것임이 어느 정도 구체적으로 나타나야 한다. 단지 상대방으로 하여금 뇌물을 요구하는 자에게 잘 보이면 그로부터 어떤 도움을 받을 수 있다거나 손해를 입을 염려가 없다는 정도의 막연한 기대감을 갖게 하는 정도에 불과하고, 뇌물을 요구하는 자 역시 상대방이 그러한 기대감을 가질 것이라고 짐작하면서 뇌물을 요구하였다는 정도의 사정만으로는 알선뇌물요구죄가 성립한다고 볼 수 없다. 한편, 여기서 말하는 알선행위는 장래의 것이라도 무방하므로, 알선뇌물요구죄가 성립하기 위하여는 뇌물을 요구할 당시 반드시 상대방에게 알선에 의하여 해결을 도모하여야 할 현안이 존재하여야 할 필요는 없다』(대판 2009.7.23. 2009도3924)★.

제13관 증뢰죄(뇌물공여죄)

> **제133조 ┃ 뇌물공여 등 ┃**
> ① 제129조부터 제132조까지에 기재한 뇌물을 약속, 공여 또는 공여의 의사를 표시한 자는 5년 이하의 징역 또는 2천만 원 이하의 벌금에 처한다.
> ② 제1항의 행위에 제공할 목적으로 제3자에게 금품을 교부한 자 또는 그 사정을 알면서 금품을 교부받은 제3자도 제1항의 형에 처한다.

Ⅰ. 의 의

제1항의 뇌물공여죄(증뢰죄)는 제129조 내지 제132조에 기재한 뇌물을 약속, 공여 또는 공여의 의사를 표시함으로써 성립하는 범죄이고, 제2항의 증뢰물전달죄는 증뢰자가 그와 같은 행위에 공할 목적으로 제3자에게 금품을 교부하거나(증뢰물교부죄), 그 정을 알면서 교부를 받음으로써(증뢰물취득죄) 성립하는 범죄이다.

Ⅱ. 구성요건

1. 행 위

본죄의 행위는 약속, 공여, 공여의 의사표시(증뢰죄) 또는 교부(증뢰물전달죄)나 그 정을 알면서 교부받는 것이다(증뢰물취득죄).

✔ **공여에 해당하지 않는 경우 : 제주특별자치도 민자유치위원 사건** 『처음에 배임증재로 무상 대여할 당시에 정한 사용기간을 추가로 연장해 주는 등 새로운 이익을 제공한 것으로 평가할 만한 사정이 없다면, 이는 종전에 이미 제공한 이익을 나중에 와서 뇌물로 하겠다는 것에 불과할 뿐 새롭게 뇌물로 제공되는 이익이 없어 뇌물공여죄가 성립하지 않는다』(대판 2015.10.15. 2015도6232)☆.

상대방 측의 수뢰죄가 반드시 성립할 필요는 없으므로, 공무원이 증뢰자가 제공한 물건의 뇌물성을 미처 인식하지 못한 경우 등과 같이 수뢰죄는 성립하지 않는 경우에도 증뢰죄가 성립할 수 있다.

✔ **굴비상자 즉시 신고 사건** 『뇌물공여죄가 성립하기 위하여는 뇌물을 공여하는 행위와 상대방측에서 금전적으로 가치가 있는 그 물품 등을 받아들이는 행위가 필요할 뿐 반드시 상대방측에서 뇌물수수죄가 성립하여야 함을 뜻하는 것은 아니다』(대판 2006.2.24. 2005도4737)[148]★.

본조 제2항 증뢰물전달죄는 증뢰자나 수뢰자가 아닌 제3자(전달자)가 증뢰자로부터 수뢰자에게 전달될 금품인 점을 알면서 그 금품을 교부받으면 바로 기수가 된다. 따라서 제3자가 그 금품을 실제로 수뢰자에게 전달하였을 것을 요하지 않는다.

✔ **기수시기 : 이천시 건축사사무실 사건** 『형법 제133조 제2항은 증뢰자가 뇌물에 공할 목적으로 금품을 제3자에게 교부하거나 또는 그 정을 알면서 교부받는 증뢰물전달행위를 독립한 구성요건으로 하여 이를 같은 조 제1항의 뇌물공여죄와 같은 형으로 처벌하는 규정으로서, 제3자의 증뢰물전달죄는 제3자가 증뢰자로부터 교부받은 금품을 수뢰할 사람에게 전달하였는지 여부에 관계 없이 제3자가 그 정을 알면서 금품을 교부받음으로써 성립하는 것이며, 나아가 제3자가 그 교부받은 금품을 수뢰할 사람에게 전달하였다고 하여 증뢰물전달죄 외에 별도로 뇌물공여죄가 성립하는 것은 아니다』(대판 1997.9.5. 97도1572)★.

---

148) **보충설명** 필요적 공범이라는 것은 법률상 범죄의 실행이 다수인의 협력을 필요로 하는 것을 가리키는 것으로서 이러한 범죄의 성립에는 행위의 공동을 필요로 하는 것에 불과하고 반드시 협력자 전부가 책임이 있음을 필요로 하는 것은 아니다.

제2절 공무방해에 관한 죄

제1관 총 설

 공무방해에 관한 죄는 국가 또는 공공기관이 행사하는 기능을 방해하는 행위를 처벌함으로써 이러한 기능을 보호하기 위한 범죄이다. 보호의 정도는 추상적 위험범이다.

제2관 공무집행방해죄

> **제136조 ▮공무집행방해▮**
> ① 직무를 집행하는 공무원에 대하여 폭행 또는 협박한 자는 5년 이하의 징역 또는 1천만 원 이하의 벌금에 처한다.

Ⅰ. 공무집행방해죄

1. 의 의

 공무집행방해죄는 직무를 집행하는 공무원에 대하여 폭행 또는 협박을 함으로써 성립하는 범죄이다. 본죄의 보호법익은 공무이고 공무원은 행위객체에 불과하다. 본죄는 추상적 위험범에 해당한다.

> ✔ **보호의 정도 : 112신고처리 방해 사건** 표동 『형법 제136조에서 정한 공무집행방해죄는 직무를 집행하는 공무원에 대하여 폭행 또는 협박한 경우에 성립하는 범죄로서 여기서의 폭행은 사람에 대한 유형력의 행사로 족하고 반드시 그 신체에 대한 것임을 요하지 아니하며, 또한 추상적 위험범으로서 구체적으로 직무집행의 방해라는 결과발생을 요하지도 아니한다』(대판 2018.3.29. 2017도21537)★

2. 객 체

 공무집행방해죄의 객체는 직무를 집행하는 공무원이다. 공무원이란 법령에 의하여 국가 또는 공공기관의 공무에 종사하는 자를 의미한다. 형법상 공무원이란 국가 또는 지방자치단체 및 이에 준하는 공법인의 사무에 종사하는 자로서 그 노무의 내용이 단순한 기계적·육체적인 것에 한정되어 있지 아니한 자를 말한다.

> ✔ **공무원의 범위 : 국민권익위원회 기간제근로자 사건** 『피고인이, 국민권익위원회 운영지원과 소속 기간제근로자로서 청사 안전관리 및 민원인 안내 등의 사무를 담당한 갑의 공무집행을 방해하였다는 내용으로 기소된 사안에서, 갑은 국민권익위원회 위원장과 계약기간 1년의 근로계약을 체결한 점, 공무원으로 임용된 적이 없고 공무원연금이 아니라 국민연금에 가입되어 있는 점, 국민권익위원회 훈령으로 '무기계약근로자 및 기간제근로자 관리운용 규정'이 있으나 국민권익위원회 내부규정으로 그 내용도 채용, 근로조건

및 퇴직 등 인사에 관한 일반적인 사항을 정하는 것에 불과하고, 달리 갑이 법령의 근거에 기하여 위 사무에 종사한 것이라고 볼 만한 자료가 없는 점 등 제반 사정에 비추어 갑은 법령의 근거에 기하여 국가 등의 사무에 종사하는 형법상 공무원이라고 보기 어려운데도, 갑이 공무집행방해죄에서 공무원에 해당한다고 단정한 원심판단에 형법상 공무원에 관한 법리오해의 잘못이 있다』(대판 2015.5.29. 2015도3430)☆.

✔ **공무원의 범위 : 사회복지담당 공무원 복지도우미 사건** 『피고인이 국민기초생활 보장법상 '자활근로자'로 선정되어 주민자치센터 사회복지담당 공무원의 복지도우미로 근무하던 甲을 협박하여 그 직무집행을 방해하였다는 내용으로 기소된 사안에서, 甲이 공무원으로서 공무를 담당하고 있었다고 볼 수 없다고 판단한 원심판결을 수긍한 사례』(대판 2011.1.27. 2010도14484)☆.

가. 직무집행의 의의

'직무를 집행하는'이란 공무원이 직무상 취급할 수 있는 각종 사무를 행하는 것을 의미한다. 국가 또는 공공기관의 의사를 강제적으로 실현하는 강제적·권력적 사무에 한정할 것은 아니고, 국가 또는 공공기관이 공권력주체가 아니라 사경제주체에 불과한 경우에도 공무소 또는 공무원에 의하여 행하는 직무에 해당한다.

✔ **직무집행의 범위 : 감척어선 입찰 사건** 『공무원의 직무집행이란 법령의 위임에 따른 공무원의 적법한 직무집행인 이상 공권력의 행사를 내용으로 하는 권력적 작용뿐만 아니라 사경제주체로서의 활동을 비롯한 비권력적 작용도 포함되는 것으로 봄이 상당하다』(대판 2003.12.26. 2001도6349)★.

나. 직무집행의 시간적 한계

공무집행방해죄에 있어서 '직무를 집행하는'이라 함은 공무원이 직무수행에 직접 필요한 행위를 현실적으로 행하고 있는 때만을 가리키는 것이 아니라 공무원이 직무수행을 위하여 근무 중인 상태에 있는 때를 포괄하는 개념이다.

✔ **직무집행의 의미 : 근로감독관 폭행 사건** 『[1] 형법 제136조 제1항에 규정된 공무집행방해죄에서 '직무를 집행하는'이라 함은 공무원이 직무수행에 직접 필요한 행위를 현실적으로 행하고 있는 때만을 가리키는 것이 아니라 공무원이 직무수행을 위하여 근무중인 상태에 있는 때를 포괄하고, 직무의 성질에 따라서는 그 직무수행의 과정을 개별적으로 분리하여 부분적으로 각각의 개시와 종료를 논하는 것이 부적절하고 여러 종류의 행위를 포괄하여 일련의 직무수행으로 파악함이 상당한 경우가 있으며, 나아가 현실적으로 구체적인 업무를 처리하고 있지는 않다 하더라도 자기 자리에 앉아 있는 것만으로도 업무의 집행으로 볼 수 있을 때에는 역시 직무집행 중에 있는 것으로 보아야 하고, 직무 자체의 성질이 부단히 대기하고 있을 것을 필요로 하는 것일 때에는 대기 자체를 곧 직무행위로 보아야 할 경우도 있다.
[2] 노동조합관계자들과 사용자측 사이의 다툼을 수습하려 하였으나 노동조합측이 지시에 따르지 않자 경비실 밖으로 나와 회사의 노사분규 동향을 파악하거나 파악하기 위해 대기 또는 준비 중이던 근로감독관을 폭행한 행위는 공무집행방해죄를 구성한다』(대판 2002.4.12. 2000도3485)☆.

✔ **불법주차 단속원 폭행 사건** 『불법주차 차량에 불법주차 스티커를 붙였다가 이를 다시 떼어 낸 직후에 있는 주차단속 공무원을 폭행한 경우, 폭행 당시 주차단속 공무원은 일련의 직무수행을 위하여 근무중인 상태에 있었다고 보아야 한다는 이유로 공무집행방해죄의 성립을 인정한 사례』(대판 1999.9.21. 99도383)★.

다. 직무집행의 적법성

(1) 적법성의 요부

형법은 본죄의 보호대상이 되는 직무집행이 적법성을 요건으로 하는지에 관하여 아무런 명문의 규정을 두고 있지 않고 있으나, 판례는 공무원의 직무집행이 적법한 경우에 한하여 공무집행방해죄가 성립한다고 판시함으로써 직무집행의 적법성을 요구하는 입장이다.149)

(2) 적법성의 요건

직무집행이 적법하기 위하여는 그 행위가 당해 공무원의 추상적 직무권한에 속할 뿐 아니라 구체적으로도 그 권한 내에 있어야 하고 또한 직무행위로서의 중요한 방식을 갖추어야 한다.

> ✔ **당원명부 서버 압수수색 사건** 표준 『공무집행방해죄는 공무원의 직무집행이 적법한 경우에 성립하는 것이고, 여기서 적법한 공무집행이란 그 행위가 공무원의 추상적 권한에 속할 뿐 아니라 구체적으로도 그 권한 내에 있어야 하며, 직무행위로서의 요건과 방식을 갖추어야 하고, 공무원의 어떠한 공무집행이 적법한지 여부는 행위 당시의 구체적 상황에 기하여 객관적·합리적으로 판단하여야 한다』(대판 2014.5.29. 2013도2285)★.

(3) 적법성의 판단기준 및 시점

공무원의 추상적인 권한에 속하는 어떠한 직무집행이 적법한지는 행위 당시의 구체적 상황에 기하여 객관적·합리적으로 판단하여야 하고 사후적으로 순수한 객관적 기준에서 판단할 것은 아니다.

적법성을 부정한 기출판례 정리
① ✔ **불심검문 욕설 사건(경찰관 모욕 체포 사건)** 『피고인이 경찰관의 불심검문을 받아 운전면허증을 교부한 후 경찰관에게 큰 소리로 욕설을 하였는데, 경찰관이 피고인을 모욕죄의 현행범으로 체포하려고 하자 피고인이 반항하면서 경찰관에게 상해를 가한 사안에서, 위 행위가 정당방위에 해당한다는 이유로, 피고인에 대한 '상해' 및 '공무집행방해'의 공소사실을 무죄로 인정한 원심판단을 수긍한 사례이다』(대판 2011.5.26. 2011도3682)☆.
② ✔ **검사실 몸싸움 사건** 『형법 제136조가 규정하는 공무집행방해죄는 공무원의 직무집행이 적법한 경우에 한하여 성립하고, 여기서 적법한 공무집행은 그 행위가 공무원의 추상적 권한에 속할 뿐 아니라 구체적 직무집행에 관한 법률상 요건과 방식을 갖춘 경우를 가리키므로, 검사나 사법경찰관이 수사기관에 자진출석한 사람을 긴급체포의 요건을 갖추지 못하였음에도 실력으로 체포하려고 하였다면 적법한 공무집행이라고 할 수 없고, 자진출석한 사람이 검사나 사법경찰관에 대하여 이를 거부하는 방법으로써 폭행을 하였다고 하여 공무집행방해죄가 성립하는 것은 아니다』(대판 2006.9.8. 2006도148)☆.
③ ✔ **경장 뒷머리 발로 차 사건** 『현행범인으로서의 요건을 갖추고 있다고 인정되지 않는 상황에서 경찰관들이 동행을 거부하는 자를 체포하거나 강제로 연행하려고 하였다면, 이는 적법한 공무집행이라고 볼 수 없고, 그 체포를 면하려고 반항하는 과정에서 경찰관에게 상해를 가한 것은 불법 체포로 인한 신체에 대한 현재의 부당한 침해에서 벗어나기 위한 행위로서 정당방위에 해당하여 위법성이 조각된다』(대판 2002.5.10. 2001도300)☆.

---

149) 보충설명 형법 제136조가 정하는 공무집행방해죄는 공무원의 직무집행이 적법한 경우에 한하여 성립하는 것으로, 이러한 적법성이 결여된 직무행위를 하는 공무원에게 대항하여 폭행이나 협박을 가하였다고 하더라도 공무집행방해죄가 성립하지 않는다.

④ ✔ **5만원 이하 벌금 사건** 『공소외인의 행위가 법정형 5만 원 이하의 벌금, 구류 또는 과료에 해당하는 경미한 범죄에 불과한 경우 비록 그가 현행범인이라고 하더라도 영장 없이 체포할 수는 없고, 또한 범죄의 사전 진압이나 교통단속의 목적만을 이유로 그에게 임의동행을 강요할 수도 없다 할 것이므로, 경찰관이 그의 의사에 반하여 강제로 연행하려고 한 행위는 적법한 공무집행이라고 볼 수 없고, 따라서 피고인이 위 경찰관의 행위를 제지하기 위하여 경찰관에게 폭행을 가하였다고 하여도 이는 공무집행방해죄를 구성하지 아니한다』(대판 1992. 5. 22. 92도506)☆.

⑤ ✔ **교장실 식칼 행패 사건** 『현행범인으로서의 요건을 갖추고 있었다고 인정되지 않는 상황에서 경찰관들이 동행을 거부하는 자를 체포하거나 강제로 연행하려고 하였다면, 이는 적법한 공무집행이라고 볼 수 없으므로 강제연행을 거부하는 자를 도와 경찰관들에 대하여 폭행을 하는 등의 방법으로 그 연행을 방해하였다고 하더라도, 공무집행방해죄는 성립되지 않는다』(대판 1991. 9. 24. 91도1314)☆.

⑥ ✔ **쌍용자동차사태 변호사 사건** 『[1] 형법 제136조가 규정하는 공무집행방해죄는 공무원의 직무집행이 적법한 경우에 한하여 성립한다. 이때 적법한 공무집행은 그 행위가 공무원의 추상적 권한에 속할 뿐 아니라 구체적 직무집행에 관한 법률상 요건과 방식을 갖춘 경우를 가리키므로, 경찰관이 적법절차를 준수하지 않은 채 실력으로 현행범인을 연행하려 하였다면 적법한 공무집행이라고 할 수 없다. [2] 어떠한 행위가 정당방위로 인정되려면 그 행위가 자기 또는 타인의 법익에 대한 현재의 부당한 침해를 방어하기 위한 것으로서 상당성이 있어야 하므로, 위법하지 않은 정당한 침해에 대한 정당방위는 인정되지 않는다. 이때 방위행위가 사회적으로 상당한 것인지는 침해행위에 의해 침해되는 법익의 종류와 정도, 침해의 방법, 침해행위의 완급, 방위행위에 의해 침해될 법익의 종류와 정도 등 일체의 구체적 사정들을 참작하여 판단하여야 한다. 또한 자기의 법익뿐 아니라 타인의 법익에 대한 현재의 부당한 침해를 방위하기 위한 행위도 상당한 이유가 있으면 형법 제21조의 정당방위에 해당하여 위법성이 조각된다』(대판 2017. 3. 15. 2013도2168)☆.

⑦ ✔ **서울 시청 집회 참석 사건** 『위법한 집회·시위가 장차 특정지역에서 개최될 것이 예상된다고 하더라도, 이와 시간적·장소적으로 근접하지 않은 다른 지역에서 그 집회·시위에 참가하기 위하여 출발 또는 이동하는 행위를 함부로 제지하는 것은 경찰관직무집행법 제6조 제1항의 행정상 즉시강제인 경찰관의 제지의 범위를 명백히 넘어 허용될 수 없다. 따라서 이러한 제지 행위는 공무집행방해죄의 보호대상이 되는 공무원의 적법한 직무집행이 아니다』(대판 2008. 11. 13. 2007도9794)☆.

⑧ ✔ **형집행장 미소지 사건** 『경찰관이 벌금형에 따르는 노역장 유치의 집행을 위하여 형집행장을 소지하지 아니한 채 피고인을 구인할 목적으로 그의 주거지를 방문하여 임의동행의 형식으로 데리고 가다가, 피고인이 동행을 거부하며 다른 곳으로 가려는 것을 제지하면서 체포·구인하려고 하자 피고인이 이를 거부하면서 경찰관을 폭행한 사안에서, 위와 같이 피고인을 체포·구인하려고 한 것은 노역장 유치의 집행에 관한 법규정에 반하는 것으로서 적법한 공무집행행위라고 할 수 없으며, 또한 그 경우에 형집행장의 제시 없이 구인할 수 있는 '급속을 요하는 경우'(형사소송법 제85조 제3항)에 해당한다고 할 수 없고, 이는 피고인이 벌금미납자로 지명수배 되었다고 하더라도 달리 볼 것이 아니라는 이유로, 위 공무집행방해의 공소사실에 대하여 무죄를 선고한 원심판단을 수긍한 사례』(대판 2010. 10. 14. 2010도8591)☆.

⑨ ✔ **군산경찰서 노래연습장 검색 사건** 『경찰관들이 노래연습장에서의 주류 판매여부를 확인하기 위하여 법관이 발부한 영장 없이 노래연습장을 검색한 행위가 적법한 직무집행이라고 볼 수 없어 그 검색행위를 방해하였다고 하더라도 공무집행방해죄를 구성하지 않는다』(대판 2005. 10. 28. 2004도4731)☆.

⑩ ✔ **서울광장 사건** 『도심광장으로서 '서울특별시 서울광장의 사용 및 관리에 관한 조례'에 의하여 관리되고 있는 '서울광장'에서, 서울시청 및 중구청 공무원들이 행정대집행법이 정한 계고 및 대집행영장에 의한 통지절차를 거치지 아니한 채 위 광장에 무단설치된 천막의 철거대집행에 착수하였고, 이에 피고

인들을 비롯한 '광우병위험 미국산 쇠고기 전면 수입을 반대하는 국민대책회의' 소속 단체 회원들이 몸싸움을 하거나 천막을 붙잡고 이를 방해한 사안에서, 위 서울광장은 비록 공부상 지목이 도로로 되어 있으나 도로법 제65조 제1항 소정의 행정대집행의 특례규정이 적용되는 도로법상 도로라고 할 수 없으므로 위 철거대집행은 구체적 직무집행에 관한 법률상 요건과 방식을 갖추지 못한 것으로서 적법성이 결여되었고 따라서 피고인들이 위 공무원들에 대항하여 폭행·협박을 가하였더라도 특수공무집행방해죄는 성립되지 않는다는 이유로, 같은 취지에서 피고인들에 대해 무죄를 선고한 원심판단을 수긍한 사례』(대판 2010.11.11. 2009도11523)☆.

적법성을 인정한 기출판례 정리

① ✔ **쌍용자동차 희생자 추모 사건** 『피고인들을 포함한 '갑 주식회사 희생자 추모와 해고자 복직을 위한 범국민대책위원회'(약칭 '대책위')가 덕수궁 대한문 화단 앞 인도('농성 장소')를 불법적으로 점거한 뒤 천막·분향소 등을 설치하고 농성을 계속하다가 관할 구청이 행정대집행으로 농성 장소에 있던 물건을 치웠음에도 대책위 관계자들이 이에 대한 항의의 일환으로 기자회견 명목의 집회를 개최하려고 하자, 출동한 경찰 병력이 농성 장소를 둘러싼 채 대책위 관계자들의 농성 장소 진입을 제지하는 과정에서 피고인들이 경찰관을 밀치는 등으로 공무집행을 방해하였다는 내용으로 기소된 사안에서, 경찰의 농성 장소에 대한 점거와 대책위의 집회 개최를 제지한 직무집행이 '위법한 공무집행'이라고 본 원심판단에 법리오해의 잘못이 있다고 한 사례』(대판 2021.10.14. 2018도2993)☆.

② ✔ **보도에서 철야농성 사건** 『피고인이 갑 시청 옆 도로의 보도에서 철야농성을 위해 천막을 설치하던 중 이를 제지하는 갑 시청 소속 공무원들에게 폭행을 가한 사안에서, 도로관리권에 근거한 공무집행을 하는 공무원에 대하여 폭행을 가한 피고인의 행위는 공무집행방해죄를 구성한다』(대판 2014.2.13. 2011도10625)☆.

③ ✔ **역전지구대 날치기 범인 사건** 『검문 중이던 경찰관들이, 자전거를 이용한 날치기 사건 범인과 흡사한 인상착의의 피고인이 자전거를 타고 다가오는 것을 발견하고 정지를 요구하였으나 멈추지 않아, 앞을 가로막고 소속과 성명을 고지한 후 검문에 협조해 달라는 취지로 말하였음에도 불응하고 그대로 전진하자, 따라가서 재차 앞을 막고 검문에 응하라고 요구하였는데, 이에 피고인이 경찰관들의 멱살을 잡아 밀치거나 욕설을 하는 등 항의하여 공무집행방해 등으로 기소된 사안에서, 범행의 경중, 범행과의 관련성, 상황의 긴박성, 혐의의 정도, 질문의 필요성 등에 비추어 경찰관들은 목적 달성에 필요한 최소한의 범위 내에서 사회통념상 용인될 수 있는 상당한 방법을 통하여 경찰관직무집행법 제3조 제1항에 규정된 자에 대해 의심되는 사항을 질문하기 위하여 정지시킨 것으로 보아야 하는데도, 이와 달리 경찰관들의 불심검문이 위법하다고 보아 피고인에게 무죄를 선고한 원심판결에 불심검문의 내용과 한계에 관한 법리오해의 위법이 있다고 한 사례이다』(대판 2012.9.13. 2010도6203)☆.

④ ✔ **잠복근무 중 조우 사건** 『사법경찰관리가 벌금형을 받은 사람을 그에 따르는 노역장유치의 집행을 위하여 구인하려면 검사로부터 발부받은 형집행장을 그 상대방에게 제시하여야 하지만(형사소송법 제85조 제1항 참조), 형집행장을 소지하지 아니한 경우에 급속을 요하는 때에는 그 상대방에 대하여 형집행사유와 형집행장이 발부되었음을 고하고 집행할 수 있다(형사소송법 제85조 제3항 참조). 그리고 형집행장의 제시 없이 구인할 수 있는 '급속을 요하는 때'란 애초 사법경찰관리가 적법하게 발부된 형집행장을 소지할 여유가 없이 형집행의 상대방을 조우한 경우 등을 가리킨다』(대판 2013.9.12. 2012도2349)☆.

---

150) **보충설명** 음주운전 신고를 받고 출동한 경찰관 A는 만취한 상태로 시동이 걸린 차량 운전석에 앉아있는 甲을 발견하고 음주측정을 위해 하차를 요구하였고, 甲이 차량을 운전하지 않았다고 다투자 지구대로 가서 차량 블랙박스를 확인하자고 하였다. 이에 甲이 명시적인 거부 의사표시 없이 도주하자, A가 甲을 10m 정도 추격하여 앞을 막고 제지하는 과정에서 甲이 A를 폭행하였다면 공무집행방해죄가 성립한다.

⑤ ✔ **음주측정 거부 도주 사건** 『음주운전 신고를 받고 출동한 경찰관이 만취한 상태로 시동이 걸린 차량 운전석에 앉아있는 피고인을 발견하고 음주측정을 위해 하차를 요구함으로써 도로교통법 제44조 제2항이 정한 음주측정에 관한 직무에 착수하였다고 할 것이고, 피고인이 차량을 운전하지 않았다고 다투자 경찰관이 지구대로 가서 차량 블랙박스를 확인하자고 한 것은 음주측정에 관한 직무 중 '운전' 여부 확인을 위한 임의동행 요구에 해당하고, 피고인이 차량에서 내리자마자 도주한 것을 임의동행 요구에 대한 거부로 보더라도, 경찰관이 음주측정에 관한 직무를 계속하기 위하여 피고인을 추격하여 도주를 제지한 것은 앞서 본 바와 같이 도로교통법상 음주측정에 관한 일련의 직무집행 과정에서 이루어진 행위로써 정당한 직무집행에 해당한다』(대판 2020.8.20. 2020도7193)☆.150)

⑥ ✔ **지하주차장 접촉사고 사건** 『피고인이 갑과 주차문제로 언쟁을 벌이던 중, 112 신고를 받고 출동한 경찰관 을이 갑을 때리려는 피고인을 제지하자 자신만 제지를 당한 데 화가 나서 손으로 을의 가슴을 밀치고, 피고인을 현행범으로 체포하며 순찰차 뒷좌석에 태우려고 하는 을의 정강이 부분을 양발로 걷어차는 등 폭행함으로써 경찰관의 112 신고처리에 관한 직무집행을 방해하였다는 내용으로 기소된 사안에서, 공소사실을 무죄라고 판단한 원심판결에 공무집행방해죄의 폭행이나 직무집행, 현행범 체포의 요건 등에 관한 법리오해 등의 잘못이 있다고 한 사례』(대판 2018.3.29. 2017도21537)☆.

⑦ ✔ **개새끼야 꺼져라 사건** 『피고인은 평소 집에서 심한 고성과 욕설, 시끄러운 음악 소리 등으로 이웃 주민들로부터 수회에 걸쳐 112신고가 있어 왔던 사람인데, 피고인의 집이 소란스럽다는 112신고를 받고 출동한 경찰관 甲, 乙이 인터폰으로 문을 열어달라고 하였으나 욕설을 하였고, 경찰관들이 피고인을 만나기 위해 전기차단기를 내리자 화가 나 식칼을 들고 나와 욕설을 하면서 경찰관들을 향해 찌를 듯이 협박함으로써 甲, 乙의 112신고 업무 처리에 관한 직무집행을 방해하였다고 하여 특수공무집행방해로 기소된 사안에서, 공소사실을 무죄로 판단한 원심판결에 필요한 심리를 다하지 않은 채 논리와 경험의 법칙에 반하여 자유심증주의의 한계를 벗어나거나 경찰관 직무집행법의 해석과 적용, 공무집행의 적법성 등에 관한 법리를 오해한 잘못이 있다고 한 사례』(대판 2018.12.13. 2016도19417)☆.

⑧ ✔ **씨발놈들아 호로새끼야 사건** [최신3년] 『시청 청사 내 주민생활복지과 사무실에 술에 취한 상태로 찾아가 소란을 피우던 피고인을 소속 공무원 갑과 을이 제지하며 밖으로 데리고 나가려 하자, 피고인이 갑과 을의 멱살을 잡고 수회 흔든 다음 휴대전화를 휘둘러 갑의 뺨을 때림으로써 시청 공무원들의 주민생활복지에 대한 통합조사 및 민원 업무에 관한 정당한 직무집행을 방해하였다는 공소사실로 기소된 사안에서, 피고인의 행위는 시청 소속 공무원들의 적법한 직무집행을 방해한 행위에 해당하므로 공무집행방해죄를 구성한다고 한 사례』(대판 2022.3.17. 2021도13883)☆.

⑨ ✔ **마스터키 모텔방 방문 사건** 『경찰관들이 미란다 원칙상 고지사항의 일부만 고지하고 신원확인절차를 밟으려는 순간 범인이 유리조각을 쥐고 휘둘러 이를 제압하려는 경찰관들에게 상해를 입힌 경우, 그 제압과정 중이나 후에 지체 없이 미란다 원칙을 고지하면 되는 것이므로 위 경찰관들의 긴급체포업무에 관한 정당한 직무집행을 방해한 경우라고 본 사례』(대판 2007.11.29. 2007도7961).

⑩ ✔ **술값 시비 불심검문 사건** 『경찰관직무집행법(이하 '법'이라 한다) 제3조 제4항은 경찰관이 불심검문을 하고자 할 때에는 자신의 신분을 표시하는 증표를 제시하여야 한다고 규정하고, 경찰관직무집행법 시행령 제5조는 위 법에서 규정한 신분을 표시하는 증표는 경찰관의 공무원증이라고 규정하고 있는데, 불심검문을 하게 된 경위, 불심검문 당시의 현장상황과 검문을 하는 경찰관들의 복장, 피고인이 공무원증 제시나 신분 확인을 요구하였는지 여부 등을 종합적으로 고려하여, 검문하는 사람이 경찰관이고 검문하는 이유가 범죄행위에 관한 것임을 피고인이 충분히 알고 있었다고 보이는 경우에는 신분증을 제시하지 않았다고 하여 그 불심검문이 위법한 공무집행이라고 할 수 없다』(대판 2014.12.11. 2014도7976)☆.

3. 행 위

공무집행방해죄의 행위는 직무를 집행하는 공무원에 대하여 폭행 또는 협박을 하는 것이다. 본죄에 있어서의 폭행·협박은 광의의 폭행·협박 개념을 의미한다.

가. 폭 행

본죄에서 폭행이란 공무원에 대한 직·간접적인 유형력의 행사를 의미한다. 따라서 본죄의 폭행은 공무원의 신체에 대한 유형력의 행사로 한정되는 것이 아니다. 공무원에 대한 것인 이상 직접적인 유형력의 행사일 필요는 없고, 물건 또는 제3자를 통한 간접적인 유형력의 행사도 포함된다.

폭행을 인정한 기출판례 정리

① ✔ **인분 투척 사건** 『공무집행방해죄에 있어서 폭행에는 공무원에 대하여 유형력을 행사하는 행위를 말하는 것으로 그 폭행은 공무원에 직접적으로나 간접적으로 하는 것을 포함한다. 파출소 사무실의 바닥에 인분이 들어있는 물통을 집어던지고 책상위에 있던 재떨이에 인분을 퍼담아 사무실 바닥에 던지는 행위는 동 경찰관에 대한 폭행이다』(대판 1981.3.24. 81도326)★.

② ✔ **관악산지구대 소란 사건** 『피고인이 지구대 내에서 약 1시간 40분 동안 큰 소리로 경찰관을 모욕하는 말을 하고, 그곳 의자에 드러눕거나 다른 사람들에게 시비를 걸고 그 과정에서 경찰관들이 피고인을 내보낸 뒤 문을 잠그자 다시 들어오기 위해 출입문을 계속해서 두드리거나 잡아당기는 등 소란을 피운 사안에서, 피고인이 밤늦은 시각에 술에 취해 위와 같이 한참 동안 소란을 피운 행위는 그 정도에 따라 공무원에 대한 간접적인 유형력의 행사로서 형법 제136조에서 규정한 '폭행'에 해당할 여지가 있는데도, 이와 달리 보아 공무집행방해의 점을 무죄로 판단한 원심판결에 법리오해 등 잘못이 있다고 한 사례』(대판 2013.12.26. 2013도11050)☆.

③ ✔ **시위과정 소음발생 사건** 『공무원의 직무 수행에 대한 비판이나 시정 등을 요구하는 집회·시위 과정에서 일시적으로 상당한 소음이 발생하였다는 사정만으로는 이를 공무집행방해죄에서의 음향으로 인한 폭행이 있었다고 할 수는 없다. 그러나 의사전달수단으로서 합리적 범위를 넘어서 상대방에게 고통을 줄 의도로 음향을 이용하였다면 이를 폭행으로 인정할 수 있다』(대판 2009.10.29. 2007도3584)☆.

폭행을 부정한 기출판례 정리

① ✔ **윤활유 미리 뿌려 놓기 사건** 『피고인이 노조원들과 함께 경찰관인 피해자들이 파업투쟁 중인 공장에 진입할 경우에 대비하여 그들의 부재 중에 미리 윤활유나 철판조각을 바닥에 뿌려 놓은 것에 불과하고, 위 피해자들이 이에 미끄러져 넘어지거나 철판조각에 찔려 다쳤다는 것에 지나지 않은 사안에서, 피고인 등이 위 윤활유나 철판조각을 위 피해자들의 면전에서 그들의 공무집행을 방해할 의도로 뿌린 것이라는 등의 특별한 사정이 있는 경우는 별론으로 하고 이를 가리켜 위 피해자들에 대한 유형력의 행사, 즉 폭행에 해당하는 것으로 볼 수 없는데도, 피고인의 위 행위를 특수공무집행방해치상죄로 의율한 원심의 조치에 법리오해 또는 사실오인의 위법이 있다』(대판 2010.12.23. 2010도7412)☆.

② ✔ **바로 앞이 처가 사건** 『차량을 일단 정차한 다음 경찰관의 운전면허증 제시요구에 불응하고 다시 출발하는 과정에서 경찰관이 잡고 있던 운전석 쪽의 열린 유리창 윗부분을 놓지 않은 채 어느 정도 진행하다가 차량속도가 빨라지자 더 이상 따라가지 못하고 손을 놓아버렸다면 이러한 사실만으로는 피고인의 행위가 공무집행방해죄에 있어서의 폭행에 해당한다고 할 수 없다』(대판 1996.4.26. 96도281)☆.

나. 협박

본죄에서 협박이란 상대방에게 공포심을 일으키게 할 목적으로 해악을 고지하는 것을 의미한다. 고지하는 해악의 내용은 그 경위, 주위상황, 행위자의 성향, 행위자와 상대방과의 친숙의 정도, 지위 등 상호관계를 비롯한 행위 당시의 여러 사정을 종합하여 객관적으로 상대방으로 하여금 공포심을 일으키기에 족한 정도이면 충분하다. 다만 그 협박이 경미하여 상대방이 전혀 개의치 아니할 정도인 경우에는 협박에 해당하지 아니한다.

> ✔ **공무원노조 욕설 사건** 『공무집행방해죄에 있어서 협박이라 함은 상대방에게 공포심을 일으킬 목적으로 해악을 고지하는 행위를 의미하는 것으로서 고지하는 해악의 내용이 그 경위, 행위 당시의 주위 상황, 행위자의 성향, 행위자와 상대방과의 친숙함의 정도, 지위 등의 상호관계 등 행위당시의 여러 사정을 종합하여 객관적으로 상대방으로 하여금 공포심을 느끼게 하는 것이어야 하고, 상대방이 현실로 공포심을 품게 될 것까지 요구되는 것은 아니며, 다만 그 협박이 경미하여 상대방이 전혀 개의치 않을 정도인 경우에는 협박에 해당하지 않는다』(대판 2006.1.13. 2005도4799)☆

> ✔ **협박을 인정한 경우 : 전과 12범 폭언 사건** 『폭력행위 등 전과 12범인 피고인이 그 경영의 술집에서 떠들며 놀다가 주민의 신고를 받고 출동한 경찰로부터 조용히 하라는 주의를 받은 것 뿐인데 그후 새벽 4시의 이른 시각에 파출소에까지 뒤쫓아가서 "우리 집에 무슨 감정이 있느냐, 이 순사새끼들 죽고 싶으냐"는 등의 폭언을 하였다면, 이는 단순한 불만의 표시나 감정적인 욕설에 그친다고 볼 수 없고, 경찰이 계속하여 단속하는 경우에 생명, 신체에 어떤 위해가 가해지리라는 것을 통보함으로써 공포심을 품게 하려는데 그 목적이 있었다고 할 것이고, 또 이는 객관적으로 보아 상대방으로 하여금 공포심을 느끼게 하기에 족하다고 할 것이다』(대판 1989.12.26. 89도1204)☆

> ✔ **협박을 인정하지 않은 경우 : 변사사건 임의동행 사건** 『피고인이 문을 잠근 방안에서 면도칼로 앞가슴 등을 그어 피를 보이면서 자신이 죽어버리겠다고 불온한 언사를 농하였다 하여도 이는 자해자학행위는 될지언정 위 경찰관에 대한 유형력의 행사나 해악의 고지표시가 되는 폭행 또는 협박으로 볼 수 없다』(대판 1976.3.9. 75도3779)☆

다. 기수시기

본죄는 추상적 위험범으로서 공무원에 대한 폭행이나 협박을 하면 곧바로 기수가 된다. 따라서 폭행이나 협박으로 인하여 공무방해의 결과나 구체적 위험이 발생할 것을 요하지 아니한다.

4. 고 의

공무집행방해죄에 있어서의 범의는 상대방이 직무를 집행하는 공무원이라는 사실, 그리고 이에 대하여 폭행 또는 협박을 한다는 사실을 인식하는 것을 그 내용으로 하고 그 직무집행을 방해할 의사를 필요로 하지 않는다.

> ✔ **가두행진 사건** 『공무집행방해죄에 있어서의 범의는 상대방이 직무를 집행하는 공무원이라는 사실, 그리고 이에 대하여 폭행 또는 협박을 한다는 사실을 인식하는 것을 그 내용으로 하고, 그 인식은 불확정적인 것이라도 소위 미필적 고의가 있다고 보아야 하며, 그 직무집행을 방해할 의사를 필요로 하지 아니한다』(대판 1995.1.24. 94도1949)★

5. 죄 수

동일한 공무를 집행하는 여러 명의 공무원에 대하여 폭행·협박 행위가 이루어진 경우에는 공무를 집행하는 공무원의 수에 따라 여러 개의 공무집행방해죄가 성립하고, 위와 같은 폭행·협박 행위가 동일한 장소에서 동일한 기회에 이루어진 것으로서 사회관념상 1개의 행위로 평가되는 경우에는 여러 개의 공무집행방해죄는 상상적 경합의 관계에 있다.

> ✔ **제지 경찰관 연이어 폭행 사건** 『[1] 동일한 공무를 집행하는 여럿의 공무원에 대하여 폭행·협박 행위를 한 경우에는 공무를 집행하는 공무원의 수에 따라 여럿의 공무집행방해죄가 성립하고, 위와 같은 폭행·협박 행위가 동일한 장소에서 동일한 기회에 이루어진 것으로서 사회관념상 1개의 행위로 평가되는 경우에는 여럿의 공무집행방해죄는 상상적 경합의 관계에 있다.
> [2] 범죄 피해 신고를 받고 출동한 두 명의 경찰관에게 욕설을 하면서 차례로 폭행을 하여 신고 처리 및 수사 업무에 관한 정당한 직무집행을 방해한 사안에서, 동일한 장소에서 동일한 기회에 이루어진 폭행 행위는 사회관념상 1개의 행위로 평가하는 것이 상당하다는 이유로, 위 공무집행방해죄는 형법 제40조에 정한 상상적 경합의 관계에 있다』(대판 2009.6.25. 2009도3505)★.

공무집행 중인 공무원에게 상해를 입힌 경우에는 공무집행방해죄와 상해죄의 상상적 경합관계 인정된다.

> ✔ **경찰관 팔 물어뜯기 사건** 『공사현장 출입구 앞 도로 한복판을 점거하고 공사차량의 출입을 방해하던 피고인의 팔과 다리를 잡고 도로 밖으로 옮기려고 한 경찰관의 행위를 적법한 공무집행으로 보고 경찰관의 팔을 물어뜯은 피고인에 대한 공무집행방해 및 상해의 공소사실을 모두 유죄로 인정한 원심의 판단은 정당하다』(대판 2013.9.26. 2013도643)★.

제3관 위계에 의한 공무집행방해죄

> **제137조 ❘ 위계에 의한 공무집행방해 ❘**
> 위계로써 공무원의 직무집행을 방해한 자는 5년 이하의 징역 또는 1천만 원 이하의 벌금에 처한다.

Ⅰ. 의 의

위계에 의한 공무집행방해죄는 위계로써 공무원의 직무집행을 방해하는 것을 내용으로 하는 범죄이다. 본죄가 구체적 위험범에 해당한다는 견해가 있으나, 추상적 위험범에 해당한다는 견해가 통설이다.

Ⅱ. 객 체

위계에 의한 공무집행방해죄의 객체는 공무원의 직무집행이다. 위계에 의한 공무집행방해죄는 행위목적을 이루기 위하여 상대방에게 오인, 착각, 부지를 일으키게 하여 이를 이용함으로써 법령에 의하여 위임된 공무원의 적법한 직무에 관하여 그릇된 행위나 처분을 하게 하는 경우에 성립하고, 여기에서 공무원의 직무집행이란 법령의 위임에 따른 공무원의 적법한 직무집행인 이상 공권력의 행사를 내용으로 하는 권력적 작용뿐만 아니라 사경제주체로서의 활동을 비롯한 비권력적 작용도 포함된다.

> ✔ **감척어선 입찰 사건** 『위계에 의한 공무집행방해죄에서 공무원의 직무집행이란 법령의 위임에 따른 공무원의 적법한 직무집행인 이상 공권력의 행사를 내용으로 하는 권력적 작용뿐만 아니라 사경제주체로서의 활동을 비롯한 비권력적 작용도 포함되는 것으로 봄이 상당하다』(대판 2003.12.26. 2001도6349)☆

Ⅲ. 행 위

위계에 의한 공무집행방해죄의 행위는 위계로써 공무집행을 방해하는 것이다.

1. 위계의 의의

'위계란 행위자가 어떠한 행위목적을 이루기 위하여 상대방에 대하여 오인이나 착각 또는 부지를 일으키게 하여 이를 이용하는 것을 의미한다. 직무를 담당하는 공무원뿐만 아니라 제3자를 기망하여 공무원의 직무집행을 방해하는 것도 본죄를 구성한다.

2. 재판이나 수사과정 또는 관청의 인·허가처분

재판이나 수사과정 또는 관청의 인·허가처분과 관련하여 허위진술, 허위신고 또는 허위자료 제출 등의 행위가 있는 경우 반드시 본죄가 성립하는 것은 아니다.

재판에서의 실체적 진실발견은 법관의 고유임무이고 수사과정에서의 실체적 진실발견은 수사기관의 고유임무이며 재판이나 수사절차에 참여하는 이해관계인으로서는 법적으로 진실만을 말할 의무가 있는 것이 아니기 때문이다.

> ✔ **검사 앞 허위진술 사건** 『수사기관이 범죄사건을 수사함에 있어서는 피의자나 피의자로 자처하는 자 또는 참고인의 진술여하에 불구하고 피의자를 확정하고 그 피의사실을 인정할 만한 객관적인 제반증거를 수집 조사하여야 할 권리와 의무가 있는 것이라고 할 것이므로 피의자나 참고인이 아닌 자가 자발적이고 계획적으로 피의자를 가장하여 수사기관에 대하여 허위사실을 진술하였다 하여 바로 이를 위계에 의한 공무집행방해죄가 성립된다고 할 수 없다』(대판 1977.2.8. 76도3685)★

> ✔ **집배원 허위진술 사건** 『수사기관에 대하여 피의자가 허위자백을 하거나 참고인이 허위의 진술을 한 것만으로는 위계에 의한 공무집행방해죄가 성립된다고 할 수 없다』(대판 1971.3.9. 71도186)★

> ✔ **천일염 가처분 신청 사건** 『법원은 당사자의 허위 주장 및 증거 제출에도 불구하고 진실을 밝혀야 하는 것이 그 직무이므로, 가처분신청 시 당사자가 허위의 주장을 하거나 허위의 증거를 제출하였다 하더라도 그것만으로 법원의 구체적이고 현실적인 어떤 직무집행이 방해되었다고 볼 수 없으므로 이로써 바로 위계에 의한 공무집행방해죄가 성립한다고 볼 수 없다』(대판 2012.4.26. 2011도17125)★

행정관청의 인·허가 처분은 신청사유가 사실과 부합하지 아니하는 경우가 있을 수 있음을 전제로 그 인·허가 요건을 심사 결정하는 것이므로 행정관청이 사실을 충분히 확인하지 아니한 채 사실에 부합하지 아니하는 신청인 제출의 신청사유나 소명자료를 가볍게 믿고 인·허가를 하였다면, 이는 행정관청의 불충분한 심사에 기인한 것이지 신청인의 위계에 의한 것이라고 볼 수 없기 때문에 본죄가 성립하지 않는다.

당사자가 행정관청에 사실과 다른 신청사유를 제출하면서 이에 부합하는 허위의 소명자료를 첨부한 경우 행정관청이 관계법령에 따라 인·허가 요건에 해당 하는지 충분히 심사하였음에도 신청사유와 소명자료가 허위임을 발견하지 못하여 인·허가 처분을 하게 되었다면 이는 행정관청의 불충분한 심사로 인한 것이 아니라 신청인의 위계에 의한 것이라 할 수 있으므로, 본죄가 성립한다.

> ✓ **개인택시면허 양도·양수 허위 진단서 사건** 『[1] 행정관청이 출원에 의한 인·허가처분을 함에 있어서는 그 출원사유가 사실과 부합하지 아니하는 경우가 있음을 전제로 하여 인·허가할 것인지의 여부를 심사, 결정하는 것이므로 행정관청이 사실을 충분히 확인하지 아니한 채 출원자가 제출한 허위의 출원사유나 허위의 소명자료를 가볍게 믿고 인가 또는 허가를 하였다면 이는 행정관청의 불충분한 심사에 기인한 것으로서 출원자의 위계가 결과 발생의 주된 원인이었다고 할 수 없어 위계에 의한 공무집행방해죄를 구성하지 않는다고 할 것이지만, 출원자가 행정관청에 허위의 출원사유를 주장하면서 이에 부합하는 허위의 소명자료를 첨부하여 제출한 경우 허가관청이 관계 법령이 정한 바에 따라 인·허가요건의 존부 여부에 관하여 나름대로 충분히 심사를 하였으나 출원사유 및 소명자료가 허위임을 발견하지 못하여 인·허가처분을 하게 되었다면 이는 허가관청의 불충분한 심사가 그의 원인이 된 것이 아니라 출원인의 위계행위가 원인이 된 것이어서 위계에 의한 공무집행방해죄가 성립된다.
> [2] 피고인이 개인택시 운송사업면허를 받은 지 5년이 경과되지 아니하여 원칙적으로 개인택시 운송사업을 양도할 수 없는 사람 등과 사이에 마치 그들이 1년 이상의 치료를 요하는 질병으로 인하여 직접 운전할 수 없는 것처럼 가장하여 개인택시 운송사업의 양도·양수인가를 받기로 공모한 후, 질병이 있는 노숙자들로 하여금 그들이 개인택시 운송사업을 양도하려고 하는 사람인 것처럼 위장하여 의사의 진료를 받게 한 다음, 그 정을 모르는 의사로부터 환자가 개인택시 운송사업의 양도인으로 된 허위의 진단서를 발급받아 행정관청에 개인택시 운송사업의 양도·양수 인가신청을 하면서 이를 소명자료로 제출하여 진단서의 기재 내용을 신뢰한 행정관청으로부터 인가처분을 받은 경우, 위계에 의한 공무집행방해죄가 성립한다』(대판 2002.9.4. 2002도2064)★.

> ✓ **허위의 호구부 사건** 『[1] 외국 주재 한국영사관의 비자발급업무와 같이, 상대방으로부터 신청을 받아 일정한 자격요건 등을 갖춘 경우에 한하여 그에 대한 수용 여부를 결정하는 업무에 있어서는 신청서에 기재된 사유가 사실과 부합하지 않을 수 있음을 전제로 하여 그 자격요건 등을 심사·판단하는 것이므로, 그 업무담당자가 사실을 충분히 확인하지 아니한 채 신청인이 제출한 허위의 신청사유나 소명자료를 가볍게 믿고 이를 수용하였다면, 이는 업무담당자의 불충분한 심사에 기인한 것으로서 위계에 의한 공무집행방해죄를 구성하지 않는다. 그러나 신청인이 업무담당자에게 허위의 주장을 하면서 이에 부합하는 허위의 소명자료를 첨부하여 제출한 경우, 그 수리 여부를 결정하는 업무담당자가 관계 규정이 정한 바에 따라 그 요건의 존부에 관하여 나름대로 충분히 심사를 하였으나 신청사유 및 소명자료가 허위임을 발견하지 못하여 그 신청을 수리하게 될 정도에 이르렀다면, 이는 업무담당자의 불충분한 심사가 아니라 신청인의 위계행위에 의한 것으로서 위계에 의한 공무집행방해죄가 성립한다.
> [2] 범죄행위로 인하여 강제출국당한 전력이 있는 사람이 외국 주재 한국영사관 담당직원에게 허위의 호구부 및 외국인등록신청서 등을 제출하여 사증 및 외국인등록증을 발급받은 사안에서, 위계에 의한 공무집행방해죄가 성립한다』(대판 2009.2.26. 2008도11862)★.

> ✓ **산업기능요원 부정편입 사건** 『구 병역법상의 지정업체에서 산업기능요원으로 근무할 의사가 없음에도 해당 지정업체의 장과 공모하여 허위내용의 편입신청서를 제출하여 관할관청으로부터 산업기능요원 편입을 승인받고, 나아가 관할관청의 실태조사를 회피하기 위하여 허위서류를 작성·제출하는 등의 방법으로 파견근무를 신청하여 관할관청으로부터 파견근무를 승인받았다면, 이러한 파견근무의 승인 등은 관할관청의 불충분한 심사가 원인이 된 것이 아니라 출원인의 위계행위가 원인이 된 것이어서 위계에 의한 공무집행방해죄가 성립한다』(대판 2009.3.12. 2008도1321)☆.

✔ **용도변경신청 승인 사건** 『담당자가 아닌 공무원이 출원인의 청탁을 들어줄 목적으로 자신의 업무 범위에 속하지도 않는 업무에 관하여 그 일부를 담당공무원을 대신하여 처리하면서 위계를 써서 담당공무원으로 하여금 오인, 착각, 부지를 일으키게 하고 그 오인, 착각, 부지를 이용하여 인·허가 처분을 하게 하였다면, 이는 허가관청의 불충분한 심사가 그의 원인이 된 것이 아니라 담당자가 아닌 공무원의 위계행위가 원인이 된 것이어서 위계에 의한 공무집행방해죄가 성립한다.』(대판 2008.3.13. 2007도7724)☆

✔ **등기확인서면 허위 작성 사건** 표준 『[1] 위계에 의한 공무집행방해죄는 상대방의 오인, 착각, 부지를 일으키고 이를 이용하는 위계에 의하여 상대방이 그릇된 행위나 처분을 하게 함으로써 공무원의 구체적이고 현실적인 직무집행을 방해하는 경우에 성립한다. 따라서 행정청에 대한 일방적 통고로 효과가 완성되는 '신고'의 경우에는 신고인이 신고서에 허위사실을 기재하거나 허위의 소명자료를 제출하였더라도, 그것만으로는 담당 공무원의 구체적이고 현실적인 직무집행이 방해받았다고 볼 수 없어 특별한 사정이 없는 한 허위 신고가 위계에 의한 공무집행방해죄를 구성한다고 볼 수 없다.
[2] 등기신청은 단순한 '신고'가 아니라 신청에 따른 등기관의 심사 및 처분을 예정하고 있으므로, 등기신청인이 제출한 허위의 소명자료 등에 대하여 등기관이 나름대로 충분히 심사를 하였음에도 이를 발견하지 못하여 등기가 마쳐지게 되었다면 위계에 의한 공무집행방해죄가 성립할 수 있다. 등기관이 등기신청에 대하여 부동산등기법상 등기신청에 필요한 서면이 제출되었는지 및 제출된 서면이 형식적으로 진정한 것인지를 심사할 권한은 갖고 있으나 등기신청이 실체법상의 권리관계와 일치하는지를 심사할 실질적인 심사권한은 없다고 하여 달리 보아야 하는 것은 아니다.』(대판 2016.1.28. 2015도17297)★

피의자나 참고인이 피의자의 무고함을 증명할 목적으로 적극적으로 허위의 증거를 조작하여 제출하였고, 그 결과 수사기관이 그 진위에 관하여 나름대로 충실한 수사를 하였음에도 제출된 증거가 허위로 조작된 것임을 발견하지 못하여 잘못된 결론을 내리게 될 정도에 이르렀다면 이는 위계에 의하여 수사기관의 수사행위를 적극적으로 방해한 것으로서 본죄가 성립한다.

✔ **타인 혈액 제출 사건** 『[1] 수사기관이 범죄사건을 수사함에 있어서는 피의자나 참고인의 진술 여하에 불구하고 피의자를 확정하고 그 피의사실을 인정할 만한 객관적인 제반 증거를 수집·조사하여야 할 권리와 의무가 있는 것이고, 한편, 피의자는 진술거부권과 자기에게 유리한 진술을 할 권리와 유리한 증거를 제출할 권리가 있지만 수사기관에 대하여 진실만을 진술하여야 할 의무가 있는 것은 아니며, 또한 수사기관에서의 참고인은 형사소송절차에서 선서를 한 증인이 허위로 공술을 한 경우에 위증죄가 성립하는 것과 달리 반드시 진실만을 말하도록 법률상의 의무가 부과되어 있는 것은 아니므로, 피의자나 참고인이 피의자의 무고함을 입증하는 등의 목적으로 수사기관에 대하여 허위사실을 진술하거나 허위의 증거를 제출하였다 하더라도, 수사기관이 충분한 수사를 하지 아니한 채 이와 같은 허위의 진술과 증거만으로 잘못된 결론을 내렸다면, 이는 수사기관의 불충분한 수사에 의한 것으로서 피의자 등의 위계에 의하여 수사가 방해되었다고 볼 수 없어 위계에 의한 공무집행방해죄가 성립된다고 할 수 없을 것이나, 피의자나 참고인이 피의자의 무고함을 입증하는 등의 목적으로 적극적으로 허위의 증거를 조작하여 제출하였고 그 증거 조작의 결과 수사기관이 그 진위에 관하여 나름대로 충실한 수사를 하더라도 제출된 증거가 허위임을 발견하지 못하여 잘못된 결론을 내리게 될 정도에 이르렀다면, 이는 위계에 의하여 수사기관의 수사행위를 적극적으로 방해한 것으로서 위계에 의한 공무집행방해죄가 성립된다.
[2] 음주운전을 하다가 교통사고를 야기한 후 그 형사처벌을 면하기 위하여 타인의 혈액을 자신의 혈액인 것처럼 교통사고 조사 경찰관에게 제출하여 감정하도록 한 행위는, 단순히 피의자가 수사기관에 대하여 허위사실을 진술하거나 자신에게 불리한 증거를 은닉하는 데 그친 것이 아니라 수사기관의 착오를 이용하여 적극적으로 피의사실에 관한 증거를 조작한 것으로서 위계에 의한 공무집행방해죄가 성립한다.』(대판 2003.7.25. 2003도1609)★

✔ **타인 소변 제출 사건** 『타인의 소변을 마치 자신의 소변인 것처럼 수사기관에 건네주어 필로폰 음성반응이 나오게 한 경우, 수사기관의 착오를 이용하여 적극적으로 피의사실에 관한 증거를 조작한 것이므로 위계에 의한 공무집행방해죄가 성립한다고 한 사례』(대판 2007.10.11. 2007도6101)☆.

3. 법령에서 금지한 행위를 한 경우

법령에서 어떤 행위의 금지를 명하면서 이를 위반하는 행위에 대한 벌칙을 두는 한편 공무원으로 하여금 그 금지규정의 위반 여부를 감시, 단속하게 하고 있는 경우 그 공무원에게는 금지규정 위반행위의 유무를 감시하여 확인하고 단속할 권한과 의무가 있으므로, 단순히 공무원의 감시와 단속을 피하여 금지규정에 위반하는 행위를 한 것에 불과하다면 그에 대하여 벌칙을 적용하는 것은 별론으로 하고 본죄가 성립하지는 않는다.

✔ **파워매직세이퍼 사건** 『[1] 법령에서 어떤 행위의 금지를 명하면서 이를 위반하는 행위에 대한 벌칙을 두는 한편, 공무원으로 하여금 그 금지규정의 위반 여부를 감시·단속하게 하고 있는 경우 그 공무원에게는 금지규정 위반행위의 유무를 감시하여 확인하고 단속할 권한과 의무가 있다 할 것인데, 만약 어떠한 행위가 공무원이 관계 법령이 정한 바에 따라 금지규정 위반행위의 유무를 충분히 감시하여 확인하고 단속하더라도 이를 발견하지 못할 정도에 이른 것이라면 이는 위계에 의하여 공무원의 감시·단속업무를 적극적으로 방해한 것으로서 위계에 의한 공무집행방해죄가 성립된다고 할 것이지만, 그와 같은 행위가 이에 이르지 않고 단순히 공무원의 감시·단속을 피하여 금지규정에 위반하는 행위를 한 것에 불과하다면 이는 공무원의 불충분한 감시·단속에 기인한 것이지, 행위자 등의 위계에 의하여 공무원의 감시·단속에 관한 직무가 방해되었다고 할 수 없을 것이어서 위계에 의한 공무집행방해죄가 성립된다고 할 수 없다.
[2] 과속단속카메라에 촬영되더라도 불빛을 반사시켜 차량 번호판이 식별되지 않도록 하는 기능이 있는 제품('파워매직세이퍼')을 차량 번호판에 뿌린 상태로 차량을 운행한 행위만으로는, 교통단속 경찰공무원이 충실히 직무를 수행하더라도 통상적인 업무처리과정 하에서 사실상 적발이 어려운 위계를 사용하여 그 업무집행을 하지 못하게 한 것으로 보기 어렵다』(대판 2010.4.15. 2007도8024)★.

✔ **서울구치소 흡연 사건** 『수용자가 교도관의 감시, 단속을 피하여 규율위반행위를 하는 것만으로는 단순히 금지규정에 위반되는 행위를 한 것에 지나지 아니할 뿐 이로써 위계에 의한 공무집행방해죄가 성립한다고는 할 수 없고, 수용자가 아닌 자가 교도관의 검사 또는 감시를 피하여 금지물품을 교도소 내로 반입되도록 하였다고 하더라도 교도관에게 교도소 등의 출입자와 반출·입 물품을 단속, 검사하거나 수용자의 거실 또는 신체 등을 검사하여 금지물품 등을 회수하여야 할 권한과 의무가 있는 이상, 그러한 수용자 아닌 자의 행위를 위계에 의한 공무집행방해죄에 해당하는 것으로는 볼 수 없으며, 교도관이 수용자의 규율위반행위를 알면서도 이를 방치하거나 도와주었더라도, 이를 다른 교도관 등에 대한 관계에서 위계에 의한 공무집행방해죄가 성립하는 것으로 볼 수는 없다』(대판 2003.11.13. 2001도7045)★.

✔ **그것이 알고 싶다 사건** 최신3년 『1. 법령에서 일정한 행위를 금지하면서 이를 위반하는 행위에 대한 벌칙을 정하고 공무원으로 하여금 금지규정의 위반 여부를 감시·단속하도록 한 경우 공무원에게는 금지규정 위반행위의 유무를 감시하여 확인하고 단속할 권한과 의무가 있으므로 구체적이고 현실적으로 감시·단속 업무를 수행하는 공무원에 대하여 위계를 사용하여 업무집행을 못하게 하였다면 위계에 의한 공무집행방해죄가 성립하지만, 단순히 공무원의 감시·단속을 피하여 금지규정을 위반한 것에 지나지 않는다면 그에 대하여 벌칙을 적용하는 것은 별론으로 하고 그 행위가 위계에 의한 공무집행방해죄에 해당한다고 할 수 없다.

피고인이 금지규정을 위반하여 감시·단속을 피하는 것을 공무원이 적발하지 못하였다면 이는 공무원이 감시·단속이라는 직무를 소홀히 한 결과일 뿐 위계로 공무집행을 방해한 것이라고 볼 수 없다.
2. 관리자에 의해 출입이 통제되는 건조물이더라도 관리자의 승낙을 받아 통상적인 출입방법으로 들어갔다면 특별한 사정이 없는 한 건조물침입죄에서 규정하는 침입행위에 해당하지 않는다. 행위자가 관리자의 승낙을 받아 건조물에 들어갔으나 범죄 등을 목적으로 한 출입이거나 관리자가 행위자의 실제 출입 목적을 알았더라면 출입을 승낙하지 않았을 것이라는 사정이 인정되는 경우 행위자의 출입행위가 건조물침입죄에서 규정하는 침입행위에 해당하려면, 출입하려는 건조물 등의 형태와 용도·성질, 외부인에 대한 출입의 통제·관리 방식과 상태, 행위자의 출입 경위와 방법 등을 종합적으로 고려하여 행위자의 출입 당시 객관적·외형적으로 드러난 행위 태양에 비추어 사실상 평온상태를 해치는 방법으로 건조물에 들어갔다고 평가되어야 한다』(대판 2022.4.28. 2020도8030 ; 2022.3.31. 2018도15213)☆.151)

✔ **증권거래 단말기 반입 사건** 『변호사가 접견을 핑계로 수용자를 위하여 휴대전화와 증권거래용 단말기를 구치소 내로 몰래 반입하여 이용하게 한 행위가 위계에 의한 공무집행방해죄에 해당한다고 한 원심의 판단을 수긍한 사례』(대판 2005.8.25. 2005도1731)★.

본죄가 성립하는 기출판례 정리

① ✔ **원동기 면허 대리응시 사건** 『피고인이 마치 그의 형 인양 시험감독자를 속이고 원동기장치 자전거 운전면허시험에 대리로 응시하였다면 피고인의 소위는 위계에 의한 공무집행방해죄가 성립한다』(대판 1986.9.9. 86도1245)☆.

② ✔ **고등학교 추천서 조작 사건** 『위계에 의한 공무집행방해죄에 있어서의 소위 위계라 함은 행위자의 행위목적을 이룩하기 위하여 상대방에 오인, 착각 또는 부지를 일으키게 하여 이를 이용하는 것을 말하며 상대방이 이에 따라 그릇된 행위나 처분을 하였다면 위계에 의한 공무집행방해죄가 성립된다고 할 것이므로 고등학교 입학원서 추천서란을 사실과 다르게 조작허위기재하여 그 추천서 성적이 고등학교 입학전형의 자료가 되었다면 위계에 의하여 고등학교입학전형업무를 방해한 것이다』(대판 1983.9.27. 83도1864)☆.

본죄가 성립하지 않는 기출판례 정리

① ✔ **사회교육과 전임교원 사건** 『국립대학교의 전임교원 공채심사위원인 학과장 갑이 지원자 을의 부탁을 받고 이미 논문접수가 마감된 학회지에 을의 논문이 게재되도록 도운 행위는 다소 부적절한 행위라고 볼 수 있지만, 그 후 갑이 연구실적심사의 기준을 강화하자고 제안한 것은 해당 학과의 전임교원 임용 목적에 부합하는 것으로서 공정한 경우에 해당하므로, 설사 갑의 행위가 결과적으로는 을에게 유리한 결과가 되었다 하더라도 형법 제137조에서 말하는 '위계'에 해당하지 않는다』(대판 2009.4.23. 2007도1554)☆.

---

151) [보충설명] 피고인들이 접견신청인으로서 서울남부구치소의 관리자인 구치소장으로부터 구치소에 대한 출입관리를 위탁받은 교도관의 현실적인 승낙을 받아 통상적인 출입방법으로 구치소의 접견실에 들어갔으므로 사실상의 평온상태를 해치는 행위 태양으로 접견실에 들어갔다고 볼 수 없고, 피고인들이 구치소에 수용 중인 사람을 취재하고자 구치소장의 허가 없이 접견내용을 촬영·녹음할 목적으로 안경 모양으로 제작된 녹음·녹화장비를 착용하고 접견실에 들어간다는 사정을 구치소장이나 교도관이 알았더라면 피고인들이 위 녹음·녹화장비를 착용한 채 접견실에 출입하는 것을 승낙하지 않았을 것으로 보이나, 그러한 사정만으로는 사실상의 평온상태를 해치는 행위 태양으로 접견실에 출입하였다고 평가할 수 없다.

② ✔ **여동생 앞으로 송달 사건** 『민사소송을 제기함에 있어 피고의 주소를 허위로 기재하여 법원공무원으로 하여금 변론기일소환장 등을 허위주소로 송달케 하였다는 사실만으로는 이로 인하여 법원공무원의 구체적이고 현실적인 어떤 직무집행이 방해되었다고 할 수는 없으므로, 이로써 바로 위계에 의한 공무집행방해죄가 성립한다고 볼 수는 없다』(대판 1996.10.11. 96도312)★.

③ ✔ **여관 임대차계약서 제시 사건** 『건물점유자로서 명도집행을 저지할 수 있는 정당한 기능이 있는 자가 그 점유사실을 입증하기 위한 수단으로 임대차계약서 사본을 제시하면서 그 실효된 사실을 고지하지 아니하고 자신이 정당한 임차인인 것처럼 주장하였다고 하더라도 이로써 형법 제137조 소정의 위계에 해당한다고는 볼 수 없다』(대판 1984.1.31. 83도2290)☆.

④ ✔ **구의회 의장 추대 사건** 『특정 정당 소속 지방의회의원인 피고인들 등이 지방의회 의장 선거를 앞두고 '甲을 의장으로 추대'하기로 서면합의하고 그 이행을 확보하기 위해 투표용지에 가상의 구획을 설정하고 각 의원별로 기표할 위치를 미리 정하기로 구두합의하는 방법으로 선거를 사실상 기명·공개 투표로 치르기로 공모한 다음 그 정을 모르는 임시의장 乙이 선거를 진행할 때 사전공모에 따라 투표하여 단독 출마한 甲이 의장에 당선되도록 하여 위계로써 乙의 무기명투표 관리에 관한 직무집행을 방해하였다는 내용으로 기소된 사안에서, 피고인들에게 유죄를 인정한 원심판결에 위계에 의한 공무집행방해죄에서 위계의 실행행위와 공무집행방해의 결과 및 그 고의에 관한 법리 등을 오해한 잘못이 있다고 한 사례』(대판 2021.4.29. 2018도18582)☆.

4. 기수시기

본죄는 상대방이 그릇된 행위나 처분을 하게 함으로써 공무원의 구체적이고 현실적인 직무집행을 방해하는 경우에 성립한다.

✔ **기수시기 : 폐기물이전 매립공사 입찰 사건** 『위계에 의한 공무집행방해죄에 있어서 위계라 함은 행위자의 행위목적을 이루기 위하여 상대방에게 오인, 착각, 부지를 일으키게 하여 그 오인, 착각, 부지를 이용하는 것을 말하는 것으로 상대방이 이에 따라 그릇된 행위나 처분을 하여야만 이 죄가 성립하는 것이고, 만약 범죄행위가 구체적인 공무집행을 저지하거나 현실적으로 곤란하게 하는 데까지는 이르지 아니하고 미수에 그친 경우에는 위계에 의한 공무집행방해죄로 처벌할 수 없다』(대판 2003.2.11. 2002도4293)★.

Ⅳ. 고 의

위계에 의한 공무집행방해죄가 성립되려면 자기의 위계행위로 인하여 공무집행을 방해하려는 의사가 있어야 한다.

✔ **허위로 간첩자수 사건** 『위계에 의한 공무집행방해죄가 성립되려면 자기의 위계행위로 인하여 공무집행을 방해하려는 의사가 있을 경우에 한한다고 보는 것이 상당하다 할 것이므로 피고인이 경찰관서에 허구의 범죄를 신고한 까닭은 피고인이 생활에 궁하여 오로지 직장을 구하여 볼 의사로서 허위로 간첩이라고 자수를 한 데 불과하고 한 걸음 더 나아가서 그로 말미암아 공무원의 직무집행을 방해하려는 의사까지 있었던 것이라고는 인정되지 아니한다』(대판 1970.1.27. 69도2260)☆.

V. 타죄와의 관계

작위범인 본죄의 구성요건과 부작위범인 직무유기죄의 구성요건이 동시에 충족되는 경우에는 본죄만이 성립하고 직무유기죄는 성립하지 아니한다.

> ✔ **어업허가 기안문 결재 사건** 표준 『피고인이, 출원인이 어업허가를 받을 수 없는 자라는 사실을 알면서도 그 직무상의 의무에 따른 적절한 조치를 취하지 않고 오히려 부하직원으로 하여금 어업허가 처리기안문을 작성하게 한 다음 피고인 스스로 중간결재를 하는 등 위계로써 농수산국장의 최종결재를 받았다면, 직무위배의 위법상태가 위계에 의한 공무집행방해행위 속에 포함되어 있는 것이라고 보아야 할 것이므로, 이와 같은 경우에는 작위범인 위계에 의한 공무집행방해죄만이 성립하고 부작위범인 직무유기죄는 따로 성립하지 아니한다』(대판 1997. 2. 28. 96도2825)☆.

제4관 공무상 봉인 등 표시무효죄

> **제140조 ┃ 공무상비밀표시무효 ┃**
> ① 공무원이 그 직무에 관하여 실시한 봉인 또는 압류 기타 강제처분의 표시를 손상 또는 은닉하거나 기타 방법으로 그 효용을 해한 자는 5년 이하의 징역 또는 700만 원 이하의 벌금에 처한다.

Ⅰ. 의 의

공무원이 그 직무에 관하여 실시한 봉인 또는 압류 기타 강제처분의 표시를 손상 또는 은닉하거나 기타 방법으로 그 효용을 해함으로써 성립하는 범죄이다. 본죄는 봉인 또는 압류 기타 강제처분의 표시의 기능을 보호법익으로 한다. 대법원은 본죄의 보호법익을 공무원의 직무에 관하여 행하여진 공무 그 자체라고 보았다. 본죄는 침해범으로 보아야 한다.

Ⅱ. 구성요건

1. 객 체

본죄의 객체는 공무원이 그 직무에 관하여 실시한 봉인 또는 압류 기타 강제처분의 표시이다. 본죄가 성립하기 위하여는 ① 집행관이 봉인 또는 물건을 자기의 점유로 옮기는 등의 구체적인 집행행위가 있어야 한다.

> ✔ **현수막 설치대 가처분 사건** 『형법 제140조 제1항의 공무상 표시무효죄는 공무원이 그 직무에 관하여 봉인, 동산의 압류, 부동산의 점유 등과 같은 구체적인 강제처분을 실시하였다는 표시를 손상 또는 은닉하거나 기타 방법으로 그 효용을 해함으로써 성립하는 범죄이다. 따라서 집행관이 법원으로부터 피신청인에 대하여 부작위를 명하는 가처분이 발령되었음을 고시하는 데 그치고 나아가 봉인 또는 물건을 자기의 점유로 옮기는 등의 구체적인 집행행위를 하지 아니하였다면, 단순히 피신청인이 위 가처분의 부작위명령을 위반하였다는 것만으로는 공무상 표시의 효용을 해하는 행위에 해당하지 않는다』(대판 2008. 12. 24. 2006도1819)☆.

✔ **문학컨벤션센터 사건** 『집행관이 영업방해금지 가처분결정의 취지를 고시한 공시서를 게시하였을 뿐 어떠한 구체적 집행행위를 하지 않은 상태에서 위 가처분에 의하여 부과된 부작위명령을 피고인이 위반한 사안에서, 공무상 표시의 효용을 해하는 행위를 하였다고 볼 수 없다고 하여, 공무상표시무효의 공소사실에 대하여 무죄를 선고한 원심판단을 수긍한 사례』(대판 2010.9.30. 2010도3364)☆.

② 행위 당시에 봉인 또는 압류 기타 강제처분의 표시가 현존하고 있어야 한다.

✔ **가처분결정문 미존재 사건** 『공무상표시무효죄가 성립하기 위하여는 행위 당시에 강제처분의 표시가 현존할 것을 요한다』(대판 1997.3.11. 96도2801)☆.

③ 강제처분의 표시가 유효해야 한다. 봉인 또는 압류 기타 강제처분의 표시가 법률상 당연무효이거나 부존재한다고 볼 수 있는 경우에는 형법상 보호할 필요성이 없어 본죄의 객체가 되지 않는다.

✔ **비육돈 임의 처분 사건** 『공무원이 그 직권을 남용하여 위법하게 실시한 봉인 또는 압류 기타 강제처분의 표시임이 명백하여 법률상 당연무효 또는 부존재라고 볼 수 있는 경우에는 그 봉인 등의 표시는 공무상 표시무효의 객체가 되지 아니하여 이를 손상 또는 은닉하거나 기타 방법으로 그 효용을 해한다 하더라도 공무상표시무효죄가 성립하지 아니한다 할 것이지만 공무원이 실시한 봉인 등의 표시에 절차상 또는 실체상의 하자가 있다고 하더라도 객관적·일반적으로 그것이 공무원이 그 직무에 관하여 실시한 봉인 등으로 인정할 수 있는 상태에 있다면 적법한 절차에 의하여 취소되지 아니하는 한 공무상표시무효죄의 객체로 된다』(대판 2001.1.16. 2000도1757)☆.

✔ **특허권 침해 가처분 사건** 『가처분집행은 피고인이 이 사건 특허권을 침해하였다는 소명이 있다는 이유로 행하여졌으나 후일 그 본안소송에서 위 특허가 무효라는 취지의 대법원 판결이 선고되어 그 피보전권리의 부존재가 확정되었다 하더라도 피고인에 대한 이 사건 판시 공무상표시무효죄가 성립함에는 아무런 영향이 없다』(대판 2007.3.15. 2007도312)☆.

다만 강제집행이 완결되어 강제처분 상태가 종료된 경우에는 본죄가 성립되지 않는다.

✔ **강제집행 완결 후 침범 사건** 『집달관이 채무자 겸 소유자의 건물에 대한 점유를 해제하고 이를 채권자에게 인도한 후 채무자의 출입을 봉쇄하기 위하여 출입문을 판자로 막아둔 것을 채무자가 이를 뜯어내고 그 건물에 들어갔다 하더라도 이는 강제집행이 완결된 후의 행위로서 채권자들의 점유를 침범하는 것은 별론으로 하고 공무상 표시무효죄에 해당하지는 않는다』(대판 1985.7.23. 85도1092)☆.

2. 행 위

본죄의 행위는 봉인 또는 압류 기타 강제처분의 표시를 손상 또는 은닉하거나 기타 방법으로 그 효용을 해하는 것이다.

손상이란 직접 유형력을 가하여 물질적으로 파손 또는 훼손하거나 효용을 감소 또는 상실하게 하는 것을 의미한다. 봉인 또는 압류 기타 강제처분의 표시의 외표를 파괴하거나 훼손하는 것에 한정되지 아니하고 그 전부를 분리하여 그것이 실시된 위치로부터 이동시키는 것을 포함한다.

✔ **골프장 모노레일 사건** 『압류된 골프장시설을 보관하는 회사의 대표이사가 위 압류시설의 사용 및 봉인의 훼손을 방지할 수 있는 적절한 조치 없이 골프장을 개장하게 하여 봉인이 훼손되게 한 경우, 부작위에 의한 공무상표시무효죄의 성립을 인정한 사례』(대판 2005.7.22. 2005도3034)☆.

은닉이란 소재를 불분명하게 하여 발견을 어렵게 하는 것을 의미한다.

기타 방법으로 그 효용을 해하는 것은 손상이나 은닉 외의 방법으로 봉인 또는 압류 기타 강제처분의 표시의 사실상의 효력을 감소 또는 상실하게 하는 것을 의미한다.

✔ **유체동산 이전 변호사 자문 사건** 『[1] 압류물을 집달관의 승인 없이 임의로 그 관할구역 밖으로 옮긴 경우에는 압류집행의 효용을 해하게 된다고 할 것이므로 공무상비밀표시무효죄가 성립한다.
[2] 위 [1]의 행위를 하면서 변호사 등에게 문의하여 자문을 받았다는 사정만으로는 자신의 행위가 죄가 되지 않는다고 믿는 데에 정당한 이유가 있다고 할 수 없다』(대판 1992.5.26. 91도894)★.

봉인 또는 압류 기타 강제처분의 표시 내용에 반하는 행위가 그 표시의 효용을 해하는 행위가 되기 위하여는 행위자가 봉인 또는 압류 기타 강제처분의 채무자에 해당하여야 한다. 채무자 외의 자가 봉인 또는 압류 기타 강제처분의 표시 내용에 반하는 행위를 한 경우는 이러한 표시의 효용을 해하는 행위에 해당하지 않는다.

✔ **온천수 사용금지 가처분 사건** 『[1] 가처분은 가처분 채무자에 대한 부작위 명령을 집행하는 것이므로 가처분의 채무자가 아닌 제3자가 그 부작위 명령을 위반한 행위는 그 가처분집행 표시의 효용을 해한 것으로 볼 수 없다.
[2] 온천수 사용금지 가처분결정이 있기 전부터 온천이용허가권자인 가처분 채무자로부터 이를 양수하고 임대차계약의 형식을 빌어 온천수를 이용하여 온 제3자가 위 금지명령을 위반하여 계속 온천수를 사용한 경우, 위 제3자가 위 가처분 사건 당사자 사이의 권리관계 내용을 잘 알고 있었다거나 그가 실질적으로는 가처분 채무자와 같은 당사자 위치에 있었다는 등의 사정이 있다 하여도 위 위반행위가 공무상표시무효죄를 구성하지 않는다』(대판 2007.11.16. 2007도5539)★.

공무상표시무효죄를 인정한 기출판례 정리
① ✔ **방1칸 월세 사건** 『직접 점유자에 대한 점유이전금지가처분결정이 집행된 후 그 피신청인인 직접점유자가 가처분 목적물의 간접점유자에게 그 점유를 이전한 경우에는 그 가처분표시의 효용을 해한 것이 된다』(대판 1980.12.23. 80도1963)☆.

공무상표시무효죄를 부정한 기출판례 정리
① ✔ **자동차용품점 이동 사건** 『집행관이 그 점유를 옮기고 압류표시를 한 다음 채무자에게 보관을 명한 유체동산에 관하여 채무자가 이를 다른 장소로 이동시켜야 할 특별한 사정이 있고, 그 이동에 앞서 채권자에게 이동사실 및 이동장소를 고지하여 승낙을 얻은 때에는 비록 집행관의 승인을 얻지 못한 채 압류물을 이동시켰다 하더라도 형법 제140조 제1항 소정의 '기타의 방법으로 그 효용을 해한' 경우에 해당한다고 할 수 없다』(대판 2004.7.9. 2004도3029)☆.

② ✔ **채권자 승낙 출입 사건** 『출입금지가처분은 그 성질상 가처분 채권자의 의사에 반하여 건조물 등에 출입하는 것을 금지하는 것이므로 비록 가처분결정이나 그 결정의 집행으로서 집행관이 실시한 고시에 그러한 취지가 명시되어 있지 않다고 하더라도 가처분 채권자의 승낙을 얻어 그 건조물 등에 출입하는 경우에는 출입금지가처분 표시의 효용을 해한 것이라고 할 수 없다』(대판 2006.10.13. 2006도4740)☆.

3. 고 의

본죄가 성립하기 위해서는 공무원이 그 직무에 관하여 실시한 봉인 또는 압류 기타 강제 처분의 표시인 것에 대한 인식과 이를 손상 또는 은닉하거나 기타 방법으로 그 효용을 해한다는 것에 대한 인식이 있어야 한다.

✔ **착오 : 가압류 무효 오인 사건** 『공무원이 그 직무에 관하여 실시한 봉인 등의 표시를 손상 또는 은닉 기타의 방법으로 그 효용을 해함에 있어서 그 봉인 등의 표시가 법률상 효력이 없다고 믿은 것은 법규의 해석을 잘못하여 행위의 위법성을 인식하지 못한 것이라고 할 것이므로 그와 같이 믿은 데에 정당한 이유가 없는 이상, 그와 같이 믿었다는 사정만으로는 공무상표시무효죄의 죄책을 면할 수 없다고 할 것이다』(대판 2000.4.21. 99도5563)★.

제5관 부동산강제집행효용침해죄

> **제140조의2 ┃ 부동산강제집행효용침해 ┃**
> 강제집행으로 명도 또는 인도된 부동산에 침입하거나 기타 방법으로 강제집행의 효용을 해한 자는 5년 이하의 징역 또는 700만 원 이하의 벌금에 처한다.

부동산강제집행효용침해죄는 강제집행으로 명도 또는 인도된 부동산에 침입하거나 기타 방법으로 강제집행의 효용을 해함으로써 성립하는 범죄이다. 본죄의 객체는 강제집행으로 명도 또는 인도된 부동산이다. 강제집행으로 퇴거집행된 부동산도 포함된다.

✔ **퇴거집행된 지상주차장 사건** 『형법 제140조의2 부동산강제집행효용침해죄의 입법취지와 체제 및 내용과 구조를 살펴보면, 부동산강제집행효용침해죄의 객체인 강제집행으로 명도 또는 인도된 부동산에는 강제집행으로 퇴거집행된 부동산을 포함한다고 해석된다』(대판 2003.5.13. 2001도3212)☆.

제6관 공용서류 등 무효죄

> **제141조 | 공용서류 등의 무효 |**
> ① 공무소에서 사용하는 서류 기타 물건 또는 전자기록등 특수매체기록을 손상 또는 은닉하거나 기타 방법으로 그 효용을 해한 자는 7년 이하의 징역 또는 1천만원 이하의 벌금에 처한다.

공용서류 등 무효죄는 공무소에서 사용하는 서류 기타 물건 또는 전자기록 등 특수매체기록을 손상·은닉 기타 방법으로 효용을 해함으로써 성립하는 범죄이다. 본죄의 객체는 공무소에서 사용하는 서류 또는 물건은 공무소에서 보관하고 있는 일체의 물건을 말한다.

✔ **대통령기록물 사건** 『형법 제141조 제1항은 공무소에서 사용하는 서류 기타 물건 또는 전자기록 등 특수매체기록을 손상 또는 은닉하거나 기타 방법으로 그 효용을 해한 자를 처벌하도록 규정하고 있다. '공무소에서 사용하는 서류 기타 전자기록'에는 공문서로서의 효력이 생기기 이전의 서류라거나, 정식의 접수 및 결재 절차를 거치지 않은 문서, 결재 상신 과정에서 반려된 문서 등을 포함하는 것으로, 미완성의 문서라고 하더라도 본죄의 성립에는 영향이 없다』(대판 2020.12.10. 2015도19296)☆.

✔ **PC방 갈취 사건** 『형법 제141조 제1항이 규정하고 있는 공용서류은닉죄에 있어서의 범의란 피고인에게 공무소에서 사용하는 서류라는 사실과 이를 은닉하는 방법으로 그 효용을 해한다는 사실의 인식이 있음으로써 족하고, 경찰이 작성한 진술조서가 미완성이고 작성자와 진술자가 서명·날인 또는 무인한 것이 아니어서 공문서로서의 효력이 없다고 하더라도 공무소에서 사용하는 서류가 아니라고 할 수는 없다』(대판 2006.5.25. 2003도3945).

그러나 형사사건을 조사하던 경찰관이 스스로의 판단에 따라 자신이 보관하던 진술서를 피고인에게 넘겨준 경우에는 보관책임자인 경찰관이 폐기할 의도로 처분한 것이라고 보아야 하므로 객체에 포함되지 않는다.

✔ **찢어버린 진술서 사건** 『형법 제141조 제1항에 규정한 공용서류무효죄는 공문서나 사문서를 묻지 아니하고 공무소에서 사용 중이거나 사용할 목적으로 보관하는 서류 기타 물건을 그 객체로 하므로, 형사사건을 조사하던 경찰관이 스스로의 판단에 따라 자신이 보관하던 진술서를 임의로 피고인에게 넘겨준 것이라면, 위 진술서의 보관책임자인 경찰관은 장차 이를 공무소에서 사용하지 아니하고 폐기할 의도하에 처분한 것이라고 보아야 할 것이므로, 위 진술서는 더 이상 공무소에서 사용하거나 보관하는 문서가 아닌 것이 되어 공용서류로서의 성질을 상실하였다고 보아야 한다』(대판 1999.2.24. 98도4350)☆.

본죄가 성립하기 위해서는 공무소에서 사용하는 서류 또는 물건이라는 사실과 이를 손상 또는 은닉하거나 기타 방법으로 그 효용을 해한다는 사실에 대한 인식이 있어야 한다.

✔ **유죄 입증 증거 은닉 사건** 『형법 제141조 제1항의 '공무소에서 사용하는 서류'란 공무소에서 사용 또는 보관 중인 서류이면 족하고, 그 범의란 피고인에게 공무소에서 사용하는 서류라는 사실과 이를 은닉하는 방법으로 그 효용을 해한다는 사실의 인식이 있음으로써 충분하며 반드시 그에 관한 계획적인 의도나 적극적인 희망이 있어야 하는 것은 아니다』(대판 2013.11.28. 2011도5329)☆.

제3절 도주와 범인은닉의 죄

제1관 총설

도주의 죄는 법률에 의해 체포 또는 구금된 자가 스스로 도주하거나 피구금자를 탈취 또는 도주케 함으로써 성립하는 범죄이다. 범인은닉의 죄는 벌금 이상의 형에 해당하는 죄를 범한 자를 은닉 또는 도피하게 함으로써 성립하는 범죄로서, 국가의 수사권·재판권 또는 형의 집행권의 행사를 그 보호법익으로 하고 있다.

제2관 도주죄, 집합명령위반죄

> **제145조 ▮ 도주, 집합명령위반 ▮**
> ① 법률에 따라 체포되거나 구금된 자가 도주한 경우에는 1년 이하의 징역에 처한다.
> ② 제1항의 구금된 자가 천재지변이나 사변 그 밖에 법령에 따라 잠시 석방된 상황에서 정당한 이유 없이 집합명령에 위반한 경우에도 제1항의 형에 처한다.

Ⅰ. 도주죄

1. 의 의

도주죄는 법률에 의하여 체포 또는 구금된 자가 도주함으로써 성립하는 범죄이다. 범죄의 주체는 "법률에 의하여 체포 또는 구금된 자"로 한정된다(진정신분범). 즉시범이므로 범인이 간수자의 실력적 지배를 이탈한 상태에 이르렀을 때에 기수가 되고 도주행위는 종료한다.

2. 주 체

도주죄의 주체는 법률에 의하여 체포 또는 구금된 자이다.

'법률에 의하여'란 체포·구금의 권한이 법률에 근거하고, 법률이 정한 요건을 갖춘 적법한 절차에 따른 것임을 의미한다. 따라서 법률에 의거하지 아니한 상태에서 구속당하고 있는 자는 본죄의 주체에 포함되지 아니한다. 체포·구금의 적법성은 공무집행방해죄에서 직무집행의 적법성과 마찬가지로 형식적 적법성을 의미하며 실질적 적법성까지를 요하는 것은 아니다.

> ✔ **불법 체포된 경우 : 절도피의자 강제연행 사건** 『사법경찰관이 피고인을 수사관서까지 동행한 것이 사실상의 강제연행, 즉 불법 체포에 해당하고, 불법 체포로부터 6시간 상당이 경과한 후에 이루어진 긴급체포 또한 위법하므로 피고인이 불법체포된 자로서 형법 제145조 제1항에 정한 '법률에 의하여 체포 또는 구금된 자'가 아니어서 도주죄의 주체가 될 수 없다』(대판 2006.7.6. 2005도6810)☆.

3. 행 위

도주죄의 행위는 도주하는 것이다. 도주란 체포 또는 구금으로부터 이탈하는 것을 말한다. 수단·방법을 불문한다.

Ⅱ. 집합명령위반죄

집합명령위반죄는 법률에 의하여 구금된 자가 천재, 사변 기타 법령에 의하여 잠시 해금된 경우에 정당한 이유 없이 그 집합명령에 위반함으로써 성립하는 범죄이다.

제3관 특수도주죄

> **제146조 ｜ 특수도주 ｜**
> 수용설비 또는 기구를 손괴하거나 사람에게 폭행 또는 협박을 가하거나 2인 이상이 합동하여 전조 제1항의 죄를 범한 자는 7년 이하의 징역에 처한다.

제4관 도주원조죄

> **제147조 ｜ 도주원조 ｜**
> 법률에 의하여 구금된 자를 탈취하거나 도주하게 한 자는 10년 이하의 징역에 처한다.

Ⅰ. 의 의

도주원조죄는 법률에 의하여 구금된 자를 탈취하거나 도주하게 함으로써 성립하는 범죄이다. 본죄는 도주죄에 대한 교사 또는 방조행위를 독립된 구성요건으로 규정한 것이다. 도주죄의 필요적 공범에 해당한다. 구금된 자를 탈취 또는 도주하게 하는 행위는 구금된 자가 스스로 도주하는 행위에 비하여 적법행위의 기대가능성이 높으므로 그에 대한 비난책임에 따라 단순도주죄에 비하여 법정형이 훨씬 무겁게 규정되어 있다. 예비·음모의 처벌규정을 두고 있다. ☆

Ⅱ. 객 체

도주원조죄의 객체는 「법률에 의하여 구금된 자」이다. 도주행위를 하여 간수자의 실력적 지배를 벗어난 경우에는 본죄의 객체가 될 수 없다. 그 이후 도피를 도와주는 행위는 범인도피죄에 해당될 수 있을 뿐 도주원조죄는 성립하지 않는다.

✔ **용병원 탈출 사건** 표준 『도주죄는 즉시범으로서 범인이 간수자의 실력적 지배를 이탈한 상태에 이르렀을 때에 기수가 되어 도주행위가 종료하는 것이고, 도주원조죄는 도주죄에 있어서의 범인의 도주행위를 야기시키거나 이를 용이하게 하는 등 그와 공범관계에 있는 행위를 독립한 구성요건으로 하는 범죄이므로, 도주죄의 범인이 도주행위를 하여 기수에 이르른 이후에 범인의 도피를 도와 주는 행위는 범인도피죄에 해당할 수 있을 뿐 도주원조죄에는 해당하지 아니한다』(대판 1991.10.11. 91도1656)★.

제5관 간수자의 도주원조죄

제148조 ｜ 간수자의 도주원조 ｜
법률에 의하여 구금된 자를 간수 또는 호송하는 자가 이를 도주하게 한 때에는 1년 이상 10년 이하의 징역에 처한다.

제6관 범인은닉죄와 친족간의 특례

제151조 ｜ 범인은닉과 친족간의 특례 ｜
① 벌금 이상의 형에 해당하는 죄를 범한 자를 은닉 또는 도피하게 한 자는 3년 이하의 징역 또는 500만 원 이하의 벌금에 처한다.
② 친족 또는 동거의 가족이 본인을 위하여 전항의 죄를 범한 때에는 처벌하지 아니한다.

I. 범인은닉죄

1. 의의 및 성격

범인은닉죄란 벌금 이상의 형에 해당하는 죄를 범한 자를 은닉 또는 도피하게 함으로써 성립하는 범죄이다. 본죄는 형사사법의 기능을 방해하는 결과의 발생을 요하지 않고 방해할 위험성만 있으면 충분하다(추상적 위험범). 범인을 은닉 또는 도파하게 함으로써 본죄는 기수에 이르게 되지만 도피행위가 계속되는 한 본죄는 종료되지 아니하고 계속되어 행위가 끝났을 때 범죄행위는 종료된다(계속범).

✔ **히로뽕 기소중지자 사건** 『범인도피죄는 범인은닉 이외의 방법으로 범인에 대한 수사, 재판 및 형의 집행 등 형사사법의 작용을 곤란 또는 불가능하게 하는 행위를 말하는 것으로서, 그 방법에는 어떠한 제한이 없고, 위험범으로서 현실적으로 형사사법의 작용을 방해하는 결과가 초래될 것이 요구되지 아니한다』
(대판 2004.3.26. 2003도8226)★.

2. 주 체

가. 자기은닉·도피

범인은닉죄의 주체는 범인 이외의 자이다. 따라서 범인이 스스로 은닉·도피하는 행위는 본죄의 구성요건해당성이 없으므로 본죄가 성립하지 않는다.152) 범인 이외의 자라면 누구나 주체가 될 수 있으므로 공동정범 중 1인이 다른 공동정범을 도피시키는 경우에도 본죄는 성립한다.

> ✔ **범인도피와 공범종속 : 콜라텍 강제집행면탈 사건** 표준 『형법 제151조가 정한 범인도피죄에서 '도피하게 하는 행위'란 은닉 이외의 방법으로 범인에 대한 수사, 재판, 형의 집행 등 형사사법의 작용을 곤란하게 하거나 불가능하게 하는 일체의 행위를 말한다.
> 범인도피죄는 타인을 도피하게 하는 경우에 성립할 수 있는데, 여기에서 타인에는 공범도 포함되나 범인 스스로 도피하는 행위는 처벌되지 않는다. 또한 공범 중 1인이 그 범행에 관한 수사절차에서 참고인 또는 피의자로 조사받으면서 자기의 범행을 구성하는 사실관계에 관하여 허위로 진술하고 허위 자료를 제출하는 것은 자신의 범행에 대한 방어권 행사의 범위를 벗어난 것으로 볼 수 없다. 이러한 행위가 다른 공범을 도피하게 하는 결과가 된다고 하더라도 범인도피죄로 처벌할 수 없다. 이때 공범이 이러한 행위를 교사하였더라도 범죄가 될 수 없는 행위를 교사한 것에 불과하여 범인도피교사죄가 성립하지 않는다』(대판 2018.8.1. 2015도20396)★. ※ 판결이유 중 : 피고인들이 강제집행면탈죄의 공동정범으로서 한 범인도피교사 행위와 범인도피 행위는 자신들의 범행 은폐과 밀접불가분 관계에 있어 자기도피와 마찬가지로 적법행위에 대한 기대가능성이 없고, 방어권 남용으로 보기 어렵다.

> ✔ **범인도피죄의 공범 : 보이스피싱 허위자백 사건** 표준 『[1] 범인도피죄는 범인을 도피하게 함으로써 기수에 이르지만, 범인도피행위가 계속되는 동안에는 범죄행위도 계속되고 행위가 끝날 때 비로소 범죄행위가 종료된다. 따라서 공범자의 범인도피행위 도중에 그 범행을 인식하면서 그와 공동의 범의를 가지고 기왕의 범인도피상태를 이용하여 스스로 범인도피행위를 계속한 경우에는 범인도피죄의 공동정범이 성립하고, 이는 공범자의 범행을 방조한 종범의 경우도 마찬가지이다.
> [2] 갑이 수사기관 및 법원에 출석하여 을 등의 사기 범행을 자신이 저질렀다는 취지로 허위자백하였는데, 그 후 갑의 사기 피고사건 변호인으로 선임된 피고인이 갑과 공모하여 진범 을 등을 은폐하는 허위자백을 유지하게 함으로써 범인을 도피하게 하였다는 내용으로 기소된 사안에서, 진범을 은폐하는 허위자백을 적극적으로 유지하게 한 행위가 변호인의 비밀유지의무에 의하여 정당화될 수 없다고 하면서, 한편으로 피고인의 행위는 정범인 갑에게 결의를 강하게 한 방조행위로 평가될 수 있다는 이유로 범인도피방조죄를 인정한 원심판단을 정당하다고 한 사례이다』(대판 2012.8.30. 2012도6027)★.

나. 자기은닉·도피의 교사

범인이 자기를 은닉하거나 스스로 도피하는 것이 범죄를 구성하지 않는 것은 본조의 문리상 당연하다. 그러나 나아가 범인이 타인을 교사하여 자기를 은닉·도피하게 한 경우에 있어서 본죄의 교사범을 구성하는가에 대해서는 견해의 대립이 있다. 판례는 원칙적으로 본죄의 교사범이 성립할 수 있다는 입장을 취하고 있다. 다만 범인이 도피를 위하여 타인에게 도움을 요청하는 행위가 자기 스스로 도피하는 행위로 볼 수 있는 경우에는 교사범이 성립될 수 없다.

---

152) 보충설명 판례는 적법행위에 대한 기대가능성이 부정되어 죄가 성립하지 않는다는 입장이다.

✓ **교사죄가 성립하는 경우 : 범인도피 허위 자백 사건** 표준 『범인이 자신을 위하여 타인으로 하여금 허위의 자백을 하게 하여 범인도피죄를 범하게 하는 행위는 방어권의 남용으로 범인도피교사죄에 해당한다』 (대판 2000.3.24. 2000도20)★.

✓ **교사죄가 성립하지 않는 경우 : 대포폰 구해주기 사건** 『범인 스스로 도피하는 행위는 처벌되지 아니하므로, 범인이 도피를 위하여 타인에게 도움을 요청하는 행위 역시 도피행위의 범주에 속하는 한 처벌되지 아니하며, 범인의 요청에 응하여 범인을 도운 타인의 행위가 범인도피죄에 해당한다고 하더라도 마찬가지이다. 다만 범인이 타인으로 하여금 허위의 자백을 하게 하는 등으로 범인도피죄를 범하게 하는 경우와 같이 그것이 방어권의 남용으로 볼 수 있을 때에는 범인도피교사죄에 해당할 수 있다. 이 경우 방어권의 남용이라고 볼 수 있는지 여부는, 범인을 도피하게 하는 것이라고 지목된 행위의 태양과 내용, 범인과 행위자의 관계, 행위 당시의 구체적인 상황, 형사사법의 작용에 영향을 미칠 수 있는 위험성의 정도 등을 종합하여 판단하여야 한다』(대판 2014.4.10. 2013도12079 ; 2023.10.26 2023도9560)★.

3. 객 체

범인은닉죄의 객체는 벌금 이상의 형에 해당하는 죄를 범한 자이다.

가. 벌금 이상의 형

벌금 이상의 형이란 법정형에 벌금 또는 그 이상의 형이 포함되어 있는 범죄를 말한다. 형법각칙에 규정된 모든 범죄는 벌금형 이상의 형으로 규정되어 있다.

나. 죄를 범한 자

죄를 범한 자란 정범뿐 아니라 교사범과 종범을 불문한다. 죄를 범한 자가 진범으로 한정되어야 하는가에 대하여는 견해의 대립이 있으나, 판례는 죄를 범한 자란 범죄의 혐의를 받아 수사대상이 되어 있는 사람이라면 진범인지 여부를 묻지 않는다는 입장을 취하고 있다.

✓ **죄를 범한 자의 의미 : 유사석유 판매 사건** 표준 『형법 제151조의 범인도피죄는 수사, 재판 및 형의 집행 등에 관한 국권의 행사를 방해하는 행위를 처벌하려는 것이므로 형법 제151조 제1항에서 정한 '죄를 범한 자'는 범죄의 혐의를 받아 수사대상이 되어 있는 사람이면 그가 진범인지 여부를 묻지 않고 이에 해당한다』(대판 2014.3.27. 2013도152)★.

✓ **구속수사 무혐의 석방 사건** 『범인은닉죄는 형사사법에 관한 국권의 행사를 방해하는 자를 처벌하고자 하는 것이므로 형법 제151조 제1항 소정의 '죄를 범한 자'라 함은 범죄의 혐의를 받아 수사 대상이 되어 있는 자를 포함한다. 따라서 구속수사의 대상이 된 소송외인이 그 후 무혐의로 석방되었다 하더라도 위 죄의 성립에 영향이 없다』(대판 1982.1.26. 81도1931)☆.

4. 행 위

범인은닉죄의 행위는 은닉 또는 도피하게 하는 것이다.

가. 은닉

'은닉'이란 장소를 제공하여 수사기관으로부터 범인을 감추어 주는 것을 뜻한다.

✔ **은닉의 의미 및 성립요건 : 석유사업법 위반 사건** 『범인은닉죄라 함은 죄를 범한 자임을 인식하면서 장소를 제공하여 체포를 면하게 하는 것만으로 성립한다 할 것이고, 죄를 범한 자에게 장소를 제공한 후 동인에게 일정 기간 동안 경찰에 출두하지 말라고 권유하는 언동을 하여야만 범인은닉죄가 성립하는 것이 아니며, 또 그 권유에 따르지 않을 경우 강제력을 행사하여야만 한다거나, 죄를 범한 자가 은닉자의 말에 복종하는 관계에 있어야만 범인은닉죄가 성립하는 것은 더욱 아니다』(대판 2002.10.11. 2002도3332)☆.

나. 도피하게 하는 행위

'도피하게 한다'는 것은 은닉 이외의 방법으로 범인에 대한 수사 재판 및 형의 집행 등 형사사법의 작용을 곤란 내지 불가능하게 하는 일체의 행위를 뜻한다. 은닉행위에 비견될 정도로 수사기관의 발견·체포를 곤란하게 하는 행위, 즉 직접 범인을 도피시키는 행위 또는 도피를 직접적으로 용이하게 하는 행위에 한정된다.

✔ **도피하게 하는 행위 : 체포영장 발부자 명단 누설 사건** 『형법 제151조의 범인도피죄에서 '도피하게 하는 행위'는 은닉 이외의 방법으로 범인에 대한 수사, 재판 및 형의 집행 등 형사사법 작용을 곤란 또는 불가능하게 하는 일체의 행위로서 그 수단과 방법에는 아무런 제한이 없다. 또한 위 죄는 위험범으로서, 현실적으로 형사사법 작용을 방해하는 결과를 초래할 필요는 없으나 적어도 함께 규정되어 있는 은닉행위에 비견될 정도로 수사기관의 발견·체포를 곤란하게 하는 행위, 즉 직접 범인을 도피시키는 행위 또는 도피를 직접적으로 용이하게 하는 행위에 이르러야 성립하므로, 그 자체로는 도피시키는 것을 직접적인 목적으로 하였다고 보기 어려운 어떤 행위를 한 결과 간접적으로 범인이 안심하고 도피할 수 있게 한 경우는 여기에 포함되지 않는다』(대판 2011.4.28. 2009도3642)★.

✔ **신원보증서 허위작성 사건** 『[1] 원래 수사기관은 범죄사건을 수사함에 있어서 피의자나 참고인의 진술 여하에 불구하고 피의자를 확정하고 그 피의사실을 인정할 만한 객관적인 제반 증거를 수집·조사하여야 할 권리와 의무가 있는 것이므로, 참고인이 수사기관에서 범인에 관하여 조사를 받으면서 그가 알고 있는 사실을 묵비하거나 허위로 진술하였다고 하더라도, 그것이 적극적으로 수사기관을 기만하여 착오에 빠지게 함으로써 범인의 발견 또는 체포를 곤란 내지 불가능하게 할 정도의 것이 아니라면 범인도피죄를 구성하지 않는다. [2] 수사절차에서 작성되는 신원보증서는 체포된 피의자 석방의 필수적인 요건이거나 어떠한 법적 효력이 있는 것은 아니고, … 신원보증서를 작성하여 수사기관에 제출하는 보증인이 피의자의 인적 사항을 허위로 기재하였다고 하더라도, 그로써 적극적으로 수사기관을 기망한 결과 피의자를 석방하게 하였다는 등 특별한 사정이 없는 한, 그 행위만으로 범인도피죄가 성립되지 않는다』(대판 2003.2.14. 2002도5374)★.

✔ **게임장 바지사장 사건** 『게임산업진흥에 관한 법률 위반, 도박개장 등의 혐의로 수사기관에서 조사받는 피의자가 사실은 게임장·오락실·피씨방 등의 실제 업주가 아니라 그 종업원임에도 불구하고 자신이 실제 업주라고 허위로 진술하였다고 하더라도, 그 자체만으로 범인도피죄를 구성하는 것은 아니다. 다만, 그 피의자가 실제 업주로부터 금전적 이익 등을 제공받기로 하고 단속이 되면 실제 업주를 숨기고 자신이 대신하여 처벌받기로 하는 역할(이른바 '바지사장')을 맡기로 하는 등 수사기관을 착오에 빠뜨리기로 하고, 단순히 실제 업주라고 진술하는 것에서 나아가 게임장 등의 운영 경위, 자금 출처, 게임기 등의 구입 경위, 점포의 임대차계약 체결 경위 등에 관해서까지 적극적으로 허위로 진술하거나 허위 자료를 제시하여 그 결과 수사

기관이 실제 업주를 발견 또는 체포하는 것이 곤란 내지 불가능하게 될 정도에까지 이른 것으로 평가되는 경우 등에는 범인도피죄를 구성할 수 있다』(대판 2010.1.28. 2009도10709)★.

은닉·도피죄를 인정한 기출판례 정리

① ✔ **히로뽕 기소중지자 사건** 『범인이 기소중지자임을 알고도 범인의 부탁으로 다른 사람의 명의로 대신 임대차계약을 체결해 준 경우, 비록 임대차계약서가 공시되는 것은 아니라 하더라도 수사기관이 탐문수사나 신고를 받아 범인을 발견하고 체포하는 것을 곤란하게 하여 범인도피죄에 해당한다』(대판 2004.3.26. 2003도8226)★.

② ✔ **피고인 가장 허위진술 사건** 『범인 아닌 자가 수사기관에서 범인임을 자처하고 허위사실을 진술하여 진범의 체포와 발견에 지장을 초래하게 한 행위는 범인은닉죄에 해당한다』(대판 1996.6.14. 96도1016)☆.

은닉·도피죄를 부정한 기출판례 정리

① ✔ **목격한 절도범인 허위진술 사건** 『참고인이 범인 아닌 다른 자를 진범이라고 내세우는 경우 등과 같이 적극적으로 허위의 사실을 진술하여 수사관을 기만, 착오에 빠지게 함으로써 범인의 발견 체포에 지장을 초래케 하는 경우와 달리 참고인이 수사기관에서 진술을 함에 있어 단순히 범인으로 체포된 사람과 동인이 목격한 범인이 동일함에도 불구하고 동일한 사람이 아니라고 허위진술을 한 정도의 것만으로는 참고인의 그 허위진술로 말미암아 증거가 불충분하게 되어 범인을 석방하게 되는 결과가 되었다 하더라도 바로 범인도피죄를 구성한다고는 할 수 없다』(대판 1987.2.10. 85도897)☆.

② ✔ **게임장 바지사장 사건** 『수사기관은 범죄사건을 수사함에 있어서 피의자나 참고인의 진술 여하에 불구하고, 피의자를 확정하고 그 피의사실을 인정할 만한 객관적인 제반 증거를 수집·조사하여야 할 권리와 의무가 있으므로, 참고인이 수사기관에서 범인에 관하여 조사를 받으면서 그가 알고 있는 사실을 묵비하거나 허위로 진술하였다고 하더라도, 그것이 적극적으로 수사기관을 기만하여 착오에 빠지게 함으로써 범인의 발견 또는 체포를 곤란 내지 불가능하게 할 정도가 아닌 한 범인도피죄를 구성하지 않는 것이고, 이러한 법리는 피의자가 수사기관에서 공범에 관하여 묵비하거나 허위로 진술한 경우에도 그대로 적용된다』(대판 2010.2.11. 2009도12164)☆.

③ ✔ **공범들 이름 묵비 사건** 『피고인이 절도사건과 관련하여 사법경찰리로부터 조사받는 과정에서 공범인 상피고인들(갑, 을)의 이름을 단순히 묵비하였다 하여 절도범인을 도피하게 하였다고는 볼 수 없다』(대판 1984.4.10. 83도3288)☆.

④ ✔ **몸조심 해라 안부인사 사건** 『범인도피죄에 있어서의 '도피'란 은닉 이외의 방법으로 수사기관의 발견, 체포를 곤란 내지 불가능하게 하는 일체의 행위를 뜻하는 것으로, 단순히 안부를 묻거나 통상적인 인사말 등만으로는 범인을 도피하게 한 것이라고 할 수 없을 것인바, 주점 개업식 날 찾아 온 범인에게 '도망다니면서 이렇게 와 주니 고맙다. 항상 몸조심하고 주의하여 다녀라. 열심히 살면서 건강에 조심하라.'고 말한 것은 단순히 안부인사에 불과한 것으로 범인을 도피하게 한 것으로 볼 수 없다』(대판 1992.6.12. 92도736)☆.

⑤ ✔ **이언중(허무인) 이름 사건** 『폭행사건 현장의 참고인이 출동한 경찰관에게 범인의 이름 대신 허무인의 이름을 대면서 구체적인 인적사항에 대한 언급을 피한 사안에서, 범인도피죄가 성립하지 않는다고 한 사례』(대판 2008.6.26. 2008도1059)☆.

5. 고 의

범인은닉죄는 벌금 이상의 형에 해당하는 죄를 범한 자를 인식하고, 그러한 자를 은닉, 도피시킨다는 데 대한 인식을 가지고 있어야 한다. 벌금 이상의 형에 해당하는 범죄를 범한 자라는 것을 인식하면 족하고, 법정형이 벌금 이상이라는 것까지 알 필요는 없다.

> ✔ **고의의 내용 : 박종철 고문치사 사건** 『[1] 범인도피죄에 있어서 벌금 이상의 형에 해당하는 자에 대한 인식은 실제로 벌금 이상의 형에 해당하는 범죄를 범한 자라는 것을 인식함으로써 족하고 그 법정형이 벌금 이상이라는 것까지 알 필요는 없는 것이고 범죄의 구체적인 내용이나 범인의 인적 사항 및 공범이 있는 경우 공범의 구체적 인원수 등까지 알 필요는 없다.
> [2] 공범이 더 있다는 사실을 숨긴 채 허위보고를 하고 조사를 받고 있는 범인에게 다른 공범이 더 있음을 실토하지 못하도록 하는 등의 행위를 하였다면 도피행위에 대한 고의가 있었다』(대판 1995.12.26. 93도904)★

> ✔ **고의를 부정한 경우 : 사귀어보자 추근 사건** 『참고인이 실제의 범인이 누군지도 정확하게 모르는 상태에서 수사기관에서 실제의 범인이 아닌 어떤 사람을 범인이 아닐지도 모른다고 생각하면서도 그를 범인이라고 지목하는 허위의 진술을 한 경우에는 참고인의 허위 진술에 의하여 범인으로 지목된 사람이 구속기소됨으로써 실제의 범인이 용이하게 도피하는 결과를 초래한다고 하더라도 그것만으로는 그 참고인에게 적극적으로 실제의 범인을 도피시켜 국가의 형사사법의 작용을 곤란하게 할 의사가 있었다고 볼 수 없어 그 참고인을 범인도피죄로 처벌할 수는 없다』(대판 1997.9.9. 97도1596)★

6. 타죄와의 관계

범인도피죄와 직무유기죄가 경합하는 경우에 범인을 도피케 한 경우 직무위배의 위법상태는 범인도피행위에 포함되므로 작위범인 범인도피죄만 성립하고 부작위범인 직무유기죄는 따로 성립하지 않는다.

> ✔ **직무유기죄와의 관계 : 지명수배자 도피 사건** 『경찰공무원이 지명수배 중인 범인을 발견하고도 직무상 의무에 따른 적절한 조치를 취하지 아니하고 오히려 범인을 도피하게 하는 행위를 하였다면, 그 직무위배의 위법상태는 범인도피행위 속에 포함되어 있다고 보아야 할 것이므로, 이와 같은 경우에는 작위범인 범인도피죄만이 성립하고 부작위범인 직무유기죄는 따로 성립하지 아니한다』(대판 2017.3.15. 2015도1456)★

Ⅱ. 친족간의 특례

1. 의 의

친족간의 특례란 친족 또는 동거의 가족이 본인을 위하여 범인은닉·도피죄를 범한 경우 가족간의 정의에 비추어 적법행위에 대한 기대가능성이 없으므로 별도로 처벌하지 않는 것을 말한다.

2. 주 체

범인은닉·도피행위의 주체는 친족 또는 동거의 가족이다. 그 범위는 민법의 규정에 의한다. 사실혼관계에 있는 배우자는 위 조항 소정의 친족에 포함되지 않는다.

> ✔ **사실혼 배우자 출국 사건** 『[1] 형법 제151조에서 규정하는 범인도피죄는 위험범으로서 현실적으로 형사사법의 작용을 방해하는 결과가 초래될 것이 요구되지 아니하므로, 형법 제151조 제1항의 이른바, 죄를

범한 자라 함은 범죄의 혐의를 받아 수사대상이 되어 있는 자를 포함하며, 나아가 벌금 이상의 형에 해당하는 죄를 범한 자라는 것을 인식하면서도 도피하게 한 경우에는 그 자가 당시에는 아직 수사대상이 되어 있지 않았다고 하더라도 범인도피죄가 성립한다고 할 것이고, 한편, 증거인멸죄에 관한 형법 제155조 제1항의 이른바 타인의 형사사건이란 인멸행위시에 아직 수사절차가 개시되기 전이라도 장차 형사사건이 될 수 있는 것까지 포함한다.
[2] 형법 제151조 제2항 및 제155조 제4항은 친족, 호주 또는 동거의 가족이 본인을 위하여 범인도피죄, 증거인멸죄 등을 범한 때에는 처벌하지 아니한다고 규정하고 있는바, 사실혼관계에 있는 자는 민법 소정의 친족이라 할 수 없어 위 조항에서 말하는 친족에 해당하지 않는다』(대판 2003.12.12. 2003도4533)★.

3. 공 범

범인이 친족을 교사하여 처벌되지 않는 친족을 이용하여 도피한 경우도 방어권의 남용으로서 범인에게 범인도피교사죄가 성립한다.

> ✔ **친족을 교사한 경우 : 무면허 프라이드 운전(동생 허위 자백) 사건** 『[1] 범인이 자신을 위하여 타인으로 하여금 허위의 자백을 하게 하여 범인도피죄를 범하게 하는 행위는 방어권의 남용으로 범인도피교사죄에 해당하는바, 이 경우 그 타인이 형법 제151조 제2항에 의하여 처벌을 받지 아니하는 친족, 호주 또는 동거 가족에 해당한다 하여 달리 볼 것은 아니다.
> [2] 무면허 운전으로 사고를 낸 사람이 동생을 경찰서에 대신 출두시켜 피의자로 조사받도록 한 행위는 범인도피교사죄를 구성한다』(대판 2006.12.7. 2005도3707)★.

제4절 위증과 증거인멸의 죄

제1관 총 설

I. 위증죄

위증죄란 법률에 의하여 선서한 증인이 허위의 진술을 하거나, 법률에 의하여 선서한 감정인·통역인 또는 번역인이 허위의 감정·통역 또는 번역을 함으로써 성립하는 범죄를 말한다. 위증죄의 보호법익은 국가의 사법기능이다.

II. 증거인멸의 죄

증거인멸죄는 타인의 형사사건 또는 징계사건에 관한 증거를 인멸·은닉·위조 또는 변조하거나, 위조 또는 변조한 증거를 사용하거나, 타인의 형사사건 또는 징계사건에 관한 증인을 은닉 또는 도피하게 하여 국가의 심판기능을 방해하는 것을 내용으로 하는 범죄이다. 증거인멸죄는 사법작용에 대한 국가의 기능을 보호법익으로 하는 추상적 위험범이라는 점에서 위증죄와 본질을 같이한다.

제2관 위증죄, 모해위증죄

> **제152조 | 위증, 모해위증 |**
> ① 법률에 의하여 선서한 증인이 허위의 진술을 한 때에는 5년 이하의 징역 또는 1천만 원 이하의 벌금에 처한다.
> ② 형사사건 또는 징계사건에 관하여 피고인, 피의자 또는 징계혐의자를 모해할 목적으로 전항의 죄를 범한 때에는 10년 이하의 징역에 처한다.

I. 위증죄

1. 의의 및 보호법익

위증죄는 법률에 의하여 선서한 증인이 허위의 진술을 함으로써 성립하는 범죄이다. 본죄의 보호법익은 국가의 사법기능이다. 증인의 허위 진술에 의하여 국가의 사법기능이 침해될 위험이 발생하면 범죄가 성립하는 추상적 위험범이다. 따라서 허위증언이 판결이나 징계결정 등에 영향을 미쳤는지 여부는 위증죄의 성립에 영향을 주지 않는다.

2. 주 체

가. 신분범

위증죄의 주체는 「법률에 의하여 선서한 증인」이다. 따라서 증인이 스스로 허위의 진술을 한 경우에만 본죄가 성립하고 간접정범 형태로는 범죄가 성립될 수 없는 자수범이다.

나. 법률에 의하여

「법률에 의하여」란 법률에 근거가 있을 것을 의미한다. 따라서 선서가 법률상 근거가 없는 경우에는 허위의 진술을 한 경우에도 본죄는 성립하지 않는다.

> ✔ **선서의 법률상 근거가 없는 경우 : 그것이 알고 싶다 방영금지가처분 사건** 『가처분사건이 변론절차에 의하여 진행될 때에는 제3자를 증인으로 선서하게 하고 증언을 하게 할 수 있으나 심문절차에 의할 경우에는 법률상 명문의 규정도 없고, 또 구 민사소송법(2002. 1. 26. 법률 제6626호로 전문 개정되기 전의 것)의 증인신문에 관한 규정이 준용되지도 아니하므로 선서를 하게 하고 증언을 시킬 수 없다고 할 것이고, 따라서 제3자가 심문절차로 진행되는 가처분 신청사건에서 증인으로 출석하여 선서를 하고 진술함에 있어서 허위의 공술을 하였다고 하더라도 그 선서는 법률상 근거가 없어 무효라고 할 것이므로 위증죄는 성립하지 않는다』(대판 2003. 7. 25. 2003도180)★.

다. 선 서

(1) 유효한 선서

「선서」는 법령에 정해진 절차에 따라 유효하게 이루어져야 한다.

(2) 증언거부권 고지

모든 국민은 형사상 자기에게 불리한 진술을 강요당하지 아니하고(헌법 제12조 제2항), 자기가 공소제기를 당하거나 유죄판결을 받을 사실이 발로될 염려 있는 증언은 거부할 수 있고(형사소송법 제148조), 재판장은 그러한 증언은 거부할 수 있음을 증인신문 전에 미리 설명하여 증언거부권을 고지하여야 한다(형사소송법 제160조). 그럼에도 증언거부권을 고지하지 아니하고 증언하게 하였다면, 그 진술은 적법한 절차에 따라 법률에 의하여 선서한 증인의 진술이 아니므로 그 진술 내용이 허위인 경우에도 위증죄로 처벌할 수 없는 것이 원칙이다.

(가) 증언거부권을 고지하였으나 행사하지 않은 경우

증언거부권을 고지한 경우에는 적법한 절차에 따라 선서한 증인으로서 진술거부권을 침해하였다고 볼 수 없으므로 증언거부권을 행사하지 아니한 채 허위로 진술을 한 경우에는 위증죄가 성립한다.

> ✔ **증언거부권을 고지한 경우 : 특수강간 허위진술 사건** 『형사소송법 제148조는 피고인의 자기부죄거부특권을 보장하기 위하여 자기가 유죄판결을 받을 사실이 발로될 염려 있는 증언을 거부할 수 있는 권리를 인정하고 있고, 그와 같은 증언거부권 보장을 위하여 형사소송법 제160조는 재판장이 신문 전에 증언거부권을 고지하여야 한다고 규정하고 있으므로, 소송절차가 분리된 공범인 공동피고인에 대하여 증인적격을 인정하고 그 자신의 범죄사실에 대하여 신문한다 하더라도 피고인으로서의 진술거부권 내지 자기부죄거부특권을 침해한다고 할 수 없다. 따라서 증인신문절차에서 형사소송법 제160조에 정해진 증언거부권이 고지되었음에도 불구하고 위 피고인이 자기의 범죄사실에 대하여 증언거부권을 행사하지 아니한 채 허위로 진술하였다면 위증죄가 성립된다고 할 것이다』(대판 2012. 10. 11. 2012도6848)★.

(나) 증언거부권을 고지하지 않은 경우

① 판례는 증언거부권자가 증언거부권을 고지 받지 못함으로써 증언거부권에 사실상 장애가 초래된 경우에는 위증죄가 성립하지 않는다는 입장이다.

> ✔ **사실상 장애가 초래된 경우 : 쌍방 상해 변론분리 사건** 표준 『[1] 위증죄와 형사소송법의 취지, 정신과 기능을 고려하여 볼 때, 형법 제152조 제1항에서 정한 '법률에 의하여 선서한 증인'이라 함은 '법률에 근거하여 법률이 정한 절차에 따라 유효한 선서를 한 증인'이라는 의미이고, 그 증인신문은 법률이 정한 절차 조항을 준수하여 적법하게 이루어진 경우여야 한다고 볼 것이다.
> [2] 위증죄의 의의 및 보호법익, 형사소송법에 규정된 증인신문절차의 내용, 증언거부권의 취지 등을 종합적으로 살펴보면, 증인신문절차에서 법률에 규정된 증인 보호를 위한 규정이 지켜진 것으로 인정되지 않은 경우에는 증인이 허위의 진술을 하였다고 하더라도 위증죄의 구성요건인 "법률에 의하여 선서한 증인"에 해당하지 아니한다고 보아 이를 위증죄로 처벌할 수 없는 것이 원칙이다. 다만, 법률에 규정된 증인 보호절차라 하더라도 개별 보호절차 규정들의 내용과 취지가 같지 아니하고, 당해 신문 과정에서 지키지 못한 절차 규정과 그 경위 및 위반의 정도 등 제반 사정이 개별 사건마다 각기 상이하므로, 이러한 사정을 전체적·종합적으로 고려하여 볼 때, 당해 사건에서 증인 보호에 사실상 장애가 초래되었다고 볼 수 없는 경우에까지 예외 없이 위증죄의 성립을 부정할 것은 아니라고 할 것이다.
> [3] 증언거부권 제도는 증인에게 증언의무의 이행을 거절할 수 있는 권리를 부여한 것이고, 형사소송법상 증언거부권의 고지 제도는 증인에게 그러한 권리의 존재를 확인시켜 침묵할 것인지 아니면 진술할 것인지에 관하여 심사숙고할 기회를 충분히 부여함으로써 침묵할 수 있는 권리를 보장하기 위한 것임을 감안할 때, 재판장이 신문 전에 증인에게 증언거부권을 고지하지 않은 경우에도 당해 사건에서 증언 당시 증인이 처한 구체적인 상황, 증언거부사유의 내용, 증인이 증언거부사유 또는 증언거부권의 존재를 이미 알고 있었는지 여부, 증언거부권을 고지 받았더라도 허위진술을 하였을 것이라고 볼 만한 정황이 있는지 등을 전체적·종합적으로 고려하여 증인이 침묵하지 아니하고 진술한 것이 자신의 진정한 의사에 의한 것인지 여부를 기준으로 위증죄의 성립 여부를 판단하여야 한다. 그러므로 헌법 제12조 제2항에 정한 불이익 진술의 강요금지 원칙을 구체화한 자기부죄거부특권에 관한 것이거나 기타 증언거부사유가 있음에도 증인이 증언거부권을 고지받지 못함으로 인하여 그 증언거부권을 행사하는 데 사실상 장애가 초래되었다고 볼 수 있는 경우에는 위증죄의 성립을 부정하여야 할 것이다.』(대판[전] 2010.1.21. 2008도942)★.

② 다만 증언거부권을 고지 받지 못한 경우라도 증언거부권을 행사함에 사실상의 장애가 초래되지 않은 경우에는 위증죄가 성립한다. 증언거부권이 사실상 침해당한 것으로 평가할 수는 없기 때문이다.

> ✔ **사실상 장애가 초래된 경우 : 쌍방 상해 변론분리 사건** 표준 『재판장이 선서할 증인에 대하여 선서 전에 위증의 벌을 경고하지 않았다는 등의 사유는 그 증인신문절차에서 증인 자신이 위증의 벌을 경고하는 내용의 선서서를 낭독하고 기명날인 또는 서명한 이상 위증의 벌을 몰랐다고 할 수 없을 것이므로 증인 보호에 사실상 장애가 초래되었다고 볼 수 없고, 따라서 위증죄의 성립에 지장이 없다고 보아야 한다』(대판[전] 2010.1.21. 2008도942)☆.

> ✔ **사실상 장애가 초래되지 않은 경우 : 전 남편 음주운전 전 처 위증 사건** 『전 남편에 대한 도로교통법 위반(음주운전) 사건의 증인으로 법정에 출석한 전처가 증언거부권을 고지받지 않은 채 공소사실을 부인하는 전 남편의 변명에 부합하는 내용을 적극적으로 허위 진술한 사안에서, 증인으로 출석하여 증언한 경위와 그 증언 내용, 증언거부권을 고지받았더라도 그와 같이 증언을 하였을 것이라는 취지의 진술 내용 등을 전체적·종합적으로 고려할 때 선서 전에 재판장으로부터 증언거부권을 고지받지 아니하였다 하더라도 이로 인하여 증언거부권이 사실상 침해당한 것으로 평가할 수는 없다는 이유로 위증죄의 성립을 긍정한 사례이다』(대판 2010.2.25. 2007도6273)☆.

한편, 민사소송에서는 재판장에게 증언거부권 고지의무가 없으므로, 민사소송절차에서 재판장이 증인에게 증언거부권을 고지하지 아니하였다 하여 절차위반의 위법이 있다고 할 수 없다. 따라서 적법한 선서절차를 마치고도 허위진술을 한 경우에는 위증죄가 성립한다.

> ✔ **민사소송 증언거부권 사건** 『민사소송절차에 증인으로 출석한 피고인이 재판장으로부터 증언거부권을 고지받지 않은 상태에서 허위의 증언을 한 사안에서, 증인으로서 적법하게 선서를 마치고도 허위진술을 한 피고인의 행위는 위증죄에 해당한다』(대판 2011.7.28. 2009도14928)★.

라. 증 인

(1) 의 의

증인이란 소송의 당사자 이외의 제3자를 의미한다.

(2) 증인능력이 없는 자

소송의 당사자는 증인적격이 없으므로 위증죄의 주체가 될 수 없다. 따라서 피고인이 자신의 형사사건에 대하여 허위의 진술을 한 경우나, 민사소송의 당사자가 신문절차에서 선서하고 허위 진술한 경우에는 위증죄가 성립되지 않는다.

> ✔ **소송의 당사자 : 건축사 사무소 대표 허위진술 사건** 『민사소송의 당사자는 증인능력이 없으므로 증인으로 선서하고 증언하였다고 하더라도 위증죄의 주체가 될 수 없고, 이러한 법리는 민사소송에서의 당사자인 법인의 대표자의 경우에도 마찬가지로 적용된다』(대판 1998.3.10. 97도1168 ; 2012.12.13. 2010도14360)★.

(3) 공동피고인

공범자인 공동피고인은 소송의 당사자이므로 증인적격이 없으므로 위증죄의 주체가 될 수 없다. 다만, 공범인 공동피고인도 소송절차가 분리되면 제3자가 되어 증인이 될 수 있다.

> ✔ **공동피고인의 증인적격 : 불법게임장 영업 사건** 『[1] 공범인 공동피고인은 당해 소송절차에서는 피고인의 지위에 있으므로 다른 공동피고인에 대한 공소사실에 관하여 증인이 될 수 없으나, 소송절차가 분리되어 피고인의 지위에서 벗어나게 되면 다른 공동피고인에 대한 공소사실에 관하여 증인이 될 수 있다.
> [2] 게임장의 종업원이 그 운영자와 함께 게임산업진흥에 관한 법률 위반죄의 공범으로 기소되어 공동피고인으로 재판을 받던 중, 운영자에 대한 공소사실에 관한 증인으로 증언한 내용과 관련하여 위증죄로 기소된 사안에서, 소송절차가 분리되지 않은 이상 위 종업원은 증인적격이 없어 위증죄가 성립하지 않는다』(대판 2008.6.26. 2008도3300)★.

3. 행 위

위증죄의 행위는 「허위의 진술」을 하는 것이다.

가. 허위의 의미

「허위」가 무엇을 의미하는지에 대하여는 견해의 대립이 있으나, 판례는 허위의 진술이란 그 객관적 사실이 허위라는 것이 아니라 스스로 체험한 사실을 기억에 반하여 진술하는 것을 뜻한다고 판시함으로써 주관설의 입장을 취하고 있다. 따라서 기억에 반하는 진술을 한 때에는 그 진술 내용이 진실과 일치하는 경우에도 허위의 진술에 해당한다.

> ✔ **허위의 진술 : 임야 관리 사건** 『위증죄에 있어서의 허위의 공술이란 증인이 자기의 기억에 반하는 사실을 진술하는 것을 말하는 것으로서 그 내용이 객관적 사실과 부합한다고 하여도 위증죄의 성립에 장애가 되지 않는다』(대판 1989.1.17. 88도580)★.

> ✔ **보험증권(계약금) 전달 사건** 『타인으로부터 전해들은 금품의 전달사실을 마치 증인 자신이 전달한 것처럼 진술한 것은 증인의 기억에 반하는 허위진술이라고 할 것이므로 그 진술부분은 위증에 해당한다』(대판 1990.5.8. 90도448)☆.

나. 허위의 판단

증인의 진술이 기억에 반하는 허위진술인지 여부는 그 증언의 단편적인 구절에 구애될 것이 아니라 당해 신문절차에 있어서의 증언 전체를 일체로 파악하여 판단하여야 한다. 따라서 증언의 전체적 취지가 객관적 사실과 일치되고 그것이 기억에 반하는 진술이 아니라면 사소한 부분에 관하여 기억과 불일치하는 부분이 있더라도 본죄는 성립하지 않는다.

> ✔ **허위의 판단 : 외제만년필 행상 사건** 『증인의 증언이 기억에 반하는 허위진술인지 여부는 그 증언의 단편적인 구절에 구애될 것이 아니라 당해 신문절차에 있어서의 증언 전체를 일체로 파악하여 판단하여야 할 것이고, 그 진술이 객관적 사실과 부합하지 않는다고 하여 그 증언이 곧바로 기억에 반하는 진술이라고 단정할 수는 없다』(대판 1996.3.12. 95도2864)★.

> ✔ **허위의 판단 : 화장품 공급 사건** 『위증죄에서 증인의 증언이 기억에 반하는 허위의 진술인지 여부를 가릴 때에는 그 증언의 단편적인 구절에 구애될 것이 아니라 당해 신문 절차에서 한 증언 전체를 일체로 파악하여야 하고, 그 결과 증인이 무엇인가 착오에 빠져 기억에 반한다는 인식 없이 증언하였음이 밝혀진 경우에는 위증의 범의를 인정할 수 없으며, 증언의 의미가 그 자체로 불분명하거나 다의적으로 이해될 수 있는 경우에는 언어의 통상적인 의미와 용법, 문제된 증언이 나오게 된 전후문맥, 신문의 취지, 증언이 행하여진 경위 등을 종합하여 당해 증언의 의미를 명확히 한 다음 허위성을 판단하여야 한다』(대판 2001.12.27. 2001도5252 ; 2007.9.20. 2005도9590)☆.

> ✔ **농지보상금 반환 사건** 『위증죄는 법률에 의하여 선서한 증인이 자기의 기억에 반하는 사실을 진술함으로써 성립하는 것이므로 경험을 통하여 기억하고 있는 사실을 진술한 이상, 그 진술이 객관적 진실에 부합하지 아니하거나, 경험한 사실에 기초한 주관적 평가나 그 법률적 효력에 관한 견해를 부연한 진술부분에 다소의 오류나 모순이 있다고 하여도 위증죄가 성립하지 아니한다』(대판 1981.8.25. 80도2019 ; 2009.3.12. 2008도11007)☆.

다. 진술의 대상

진술이란 증인이 경험한 사실을 이야기 하는 것을 말한다. 증인진술서에 기재된 내용이 사실대로라고 이야기 하거나 수사기록의 내용에 이상이 없다고 이야기하는 것은 자기가 진술한 부분에 대해서 이야기 하는 것이므로 자기 기억과 경험에 부합하는 것으로서 허위의 진술이라고 볼 수 없다.

✔ **허위 증인진술서 사건** 『증인이 법정에서 선서 후 증인진술서에 기재된 구체적인 내용에 관하여 진술함이 없이 단지 그 증인진술서에 기재된 내용이 사실대로라는 취지의 진술만을 한 경우에는 그것이 증인진술서에 기재된 내용 중 특정 사항을 구체적으로 진술한 것과 같이 볼 수 있는 등의 특별한 사정이 없는 한 증인이 그 증인진술서에 기재된 구체적인 내용을 기억하여 반복 진술한 것으로는 볼 수 없으므로, 가사 거기에 기재된 내용에 허위가 있다 하더라도 그 부분에 관하여 법정에서 증언한 것으로 보아 위증죄로 처벌할 수는 없다』(대판 2010.5.13. 2007도1397)☆

✔ **페인트 도색대금 사건** 『판사가 증인이 경찰과 검사에게 진술한 내용이 사실이냐고 묻고 수사기록을 제시하고 그 요지를 고지한 즉 증인이 사실대로 진술하였으며 그 내용도 상위없다고 답변하였을 뿐이라면 증인이 수사기록에 있는 그의 진술조서에 기재된 내용을 기억하여 반복 진술한 것이라고 할 수는 없으므로 설사 그 진술조서에 기재된 내용 중 증인의 기억에 반하는 부분이 있다고 하여도 그 기재내용을 상위없다고 하는 진술자체가 위증이 될 수 있음은 별론으로 하고 그 진술기재내용을 위증한 것이라고 할 수는 없다』(대판 1989.9.12. 88도1147)☆

라. 진술의 내용

증인신문의 대상이 되는 것이면 족하므로, 요증사실이거나 판결에 영향을 미치는 진술일 것을 요하지 않는다.

✔ **대여금 청구소송 사건** 『위증죄는 법률에 의하여 선서한 증인이 허위의 공술을 한 때에 성립하는 것으로서, 그 공술의 내용이 당해 사건의 요증사실에 관한 것인지의 여부나 판결에 영향을 미친 것인지의 여부는 위증죄의 성립과 아무런 관계가 없다』(대판 1990.2.23. 89도1212 ; 1987.3.24. 85도2650)★

4. 기수시기

위증죄의 기수시기에 대하여 견해의 대립이 있으나, 판례는 증인의 증언은 당해 신문절차에서의 증언 전체를 포괄적으로 하나의 행위로 파악하여야 하므로, 증인에 대한 신문절차가 종료한 때에 기수가 된다는 입장을 취하고 있다.

✔ **기수시기 : 종전 선서 위증 사건** 『[1] 증인의 증언은 그 전부를 일체로 관찰·판단하는 것이므로 선서한 증인이 일단 기억에 반하는 허위의 진술을 하였더라도 그 신문이 끝나기 전에 그 진술을 철회·시정한 경우 위증이 되지 아니한다고 할 것이나, 증인이 1회 또는 수회의 기일에 걸쳐 이루어진 1개의 증인신문절차에서 허위의 진술을 하고 그 진술이 철회·시정된 바 없이 그대로 증인신문절차가 종료된 경우 그로써 위증죄는 기수에 달하고, 그 후 별도의 증인 신청 및 채택 절차를 거쳐 그 증인이 다시 신문을 받는 과정에서 종전 신문절차에서의 진술을 철회·시정한다 하더라도 그러한 사정은 형법 제153조가 정한 형의 감면사유에 해당할 수 있을 뿐, 이미 종결된 종전 증인신문절차에서 행한 위증죄의 성립에 어떤 영향을 주는 것은 아니다. 위와 같은 법리는 증인이 별도의 증인신문절차에서 새로이 선서를 한 경우뿐만 아니라 종전 증인신문절차에서 한 선서의 효력이 유지됨을 고지 받고 진술한 경우에도 마찬가지로 적용된다.
[2] 피고인으로부터 위증의 교사를 받은 갑이 관련사건의 제1심 제9회 공판기일에 증인으로 출석하여 한 허위 진술이 철회·시정된 바 없이 증인신문절차가 그대로 종료되었다가, 그 후 증인으로 다시 신청·채택된 갑이 위 관련사건의 제21회 공판기일에 다시 출석하여 종전 선서의 효력이 유지됨을 고지받고 증언하면서 종전 기일에 한 진술이 허위 진술임을 시인하고 이를 철회하는 취지의 진술을 한 사안에서, 갑의 위증죄

는 이미 기수에 이른 것으로 보아야 하고, 그 후 다시 증인으로 신청·채택되어 종전 신문절차에서 한 허위진술을 철회하였더라도 이미 성립한 위증죄에 영향을 미친다고 볼 수는 없음에도, 이와 달리 본 원심판단에 법리오해의 위법이 있다』(대판 2010.9.30. 2010도7525)★.

5. 주관적 구성요건

위증죄가 성립하기 위하여는 진술내용이 자신의 기억에 반하는 사실이라는데 대한 인식이 있어야 한다.

> ✔ **오해 진술 사건** 『증언 당시 판사의 신문취지를 오해 내지 착각하고 진술한 것이라면 위증의 고의가 있었다고 보기 어렵다』(대판 1986.7.8. 86도1050)☆.

6. 교사범

형사피고인이 자신의 피고사건에 관하여 다른 사람을 교사하여 허위의 진술을 하게 한 경우, 위증교사죄가 성립할 수 있는지에 대하여는 견해의 대립이 있다. 판례는 피고인이 자기의 형사사건에 관하여 허위의 진술을 하는 행위는 형사소송에 있어 피고인의 방어권을 인정하는 취지에서 처벌의 대상이 되지 않으나, 자기의 형사사건에 관하여 타인을 교사하여 위증죄를 범하게 하는 것은 방어권을 남용하는 것이라고 판시함으로써 교사죄의 성립을 긍정하고 있는 입장이다.

> ✔ **위증의 교사 : 사기미수재판 위증교사 사건** 표준 『피고인이 자기의 형사사건에 관하여 허위의 진술을 하는 행위는 피고인의 형사소송에 있어서의 방어권을 인정하는 취지에서 처벌의 대상이 되지 않으나, 법률에 의하여 선서한 증인이 타인의 형사사건에 관하여 위증을 하면 형법 제152조 제1항의 위증죄가 성립되므로 자기의 형사사건에 관하여 타인을 교사하여 위증죄를 범하게 하는 것은 이러한 방어권을 남용하는 것이라고 할 것이어서 교사범의 죄책을 부담케 함이 상당하다』(대판 2004.1.27. 2003도5114)★.

7. 죄 수

하나의 사건에 관하여 한 번 선서한 증인이 단일한 고의를 가지고 기억에 반하는 허위의 진술을 반복한 경우에는 하나의 범죄의사에 의하여 계속하여 허위의 진술을 한 것으로서 포괄하여 1개의 위증죄가 성립한다.

> ✔ **위증교사사건 중 허위진술 사건** 『하나의 사건에 관하여 한 번 선서한 증인이 같은 기일에 여러 가지 사실에 관하여 기억에 반하는 허위의 공술을 한 경우 이는 하나의 범죄의사에 의하여 계속하여 허위의 공술을 한 것으로서 포괄하여 1개의 위증죄를 구성하는 것이고 각 진술마다 수개의 위증죄를 구성하는 것이 아니다』(대판 1992.11.27. 92도498)★.

> ✔ **제3차 변론기일 무죄 사건** 『같은 심급에서 변론기일을 달리하여 수차 증인으로 나가 수 개의 허위진술을 하더라도 최초 한 선서의 효력을 유지시킨 후 증언한 이상 1개의 위증죄를 구성함에 그친다』(대판 2007.3.15. 2006도9463)★.

Ⅱ. 모해위증죄

모해위증죄는 형사사건 또는 징계사건에 관하여 피고인·피의자 또는 징계혐의자를 모해할 목적으로 법률에 의하여 선서한 증인이 허위의 진술함으로써 성립하는 범죄이다. 모해할 목적이라 함은 피고인·피의자 또는 징계혐의자를 불리하게 할 일체의 목적을 뜻한다. 이러한 모해의 목적은 허위의 진술을 함으로써 피고인에게 불리하게 될 것이라는 인식이 있으면 충분하고 그 결과의 발생까지 희망할 필요는 없다.

> ✓ **모해할 목적의 의미 : 실용신안등록출원 사건** 『형법 제152조 제2항의 모해위증죄에 있어서 '모해할 목적'이란 피고인·피의자 또는 징계혐의자를 불리하게 할 목적을 말하고, 허위진술의 대상이 되는 사실에는 공소 범죄사실을 직접, 간접적으로 뒷받침하는 사실은 물론 이와 밀접한 관련이 있는 것으로서 만일 그것이 사실로 받아들여진다면 피고인이 불리한 상황에 처하게 되는 사실도 포함된다. 그리고 이러한 모해의 목적은 허위의 진술을 함으로써 피고인에게 불리하게 될 것이라는 인식이 있으면 충분하고 그 결과의 발생까지 희망할 필요는 없다』(대판 2007.12.27. 2006도3575)☆.

제3관 자백, 자수의 특례

> **제153조** ▮ 자백, 자수 ▮
> 전조의 죄를 범한 자가 그 공술한 사건의 재판 또는 징계처분이 확정되기 전에 자백 또는 자수한 때에는 그 형을 감경 또는 면제한다.

본죄는 자백이나 자수를 장려하여 위증에 의한 잘못된 재판이나 징계처분을 사전에 방지하기 위한 정책적 규정이다. 자백 또는 자수에 대한 형의 감경 또는 면제는 필요적이므로, 피고인의 주장이 없더라도 법원이 직권으로 그 형을 감경 또는 면제하여야 한다.

> ✓ **자백의 절차와 개념** 『형법 제153조 소정의 위증죄를 범한자가 자백, 자수를 한 경우의 형의 감면규정은 재판 확정전의 자백을 형의 필요적 감경 또는 면제사유로 한다는 것이며, 또 위 자백의 절차에 관하여는 아무런 제한이 없으므로 그가 공술한 사건을 다루는 기관에 대한 자발적인 고백은 물론, 위증사건의 피고인 또는 피의자로서 법원이나 수사기관의 심문에 의한 고백도 위 자백의 개념에 포함된다』(대판 1973.11.27. 73도1639)☆.

제4관 허위의 감정·통역·번역죄

> **제154조** ▮ 허위의 감정, 통역, 번역 ▮
> 법률에 의하여 선서한 감정인, 통역인 또는 번역인이 허위의 감정, 통역 또는 번역을 한 때에는 전2조의 예에 의한다.

허위감정·통역·번역죄는 법률에 의하여 선서한 감정인, 통역인 또는 번역인이 허위의 감정, 통역 또는 번역을 함으로써 성립하는 범죄이다. 허위감정·통역·번역죄에 해당하는 경우에는 본법 제152조와 제153조와 동일하게 취급한다. 따라서 재판 또는 징계처분이 확정되기 전에 자백 또는 자수한 때에는 형이 감경 또는 면제된다.

> ✔ **죄수관계 : 욕실 허위감정 사건** 표준 『하나의 소송사건에서 동일한 선서 하에 이루어진 법원의 감정명령에 따라 감정인이 동일한 감정명령사항에 대하여 수차례에 걸쳐 허위의 감정보고서를 제출하는 경우에는 각 감정보고서 제출행위시마다 각기 허위감정죄가 성립한다 할 것이나, 이는 단일한 범의 하에 계속하여 허위의 감정을 한 것으로서 포괄하여 1개의 허위감정죄를 구성한다』(대판 2000.11.28. 2000도1089)★.

제5관 증거인멸죄 등과 친족간의 특례

> **제155조 ┃ 증거인멸 등과 친족간의 특례 ┃**
> ① 타인의 형사사건 또는 징계사건에 관한 증거를 인멸, 은닉, 위조 또는 변조하거나 위조 또는 변조한 증거를 사용한 자는 5년 이하의 징역 또는 700만 원 이하의 벌금에 처한다.
> ② 타인의 형사사건 또는 징계사건에 관한 증인을 은닉 또는 도피하게 한 자도 제1항의 형과 같다.
> ③ 피고인, 피의자 또는 징계혐의자를 모해할 목적으로 전2항의 죄를 범한 자는 10년 이하의 징역에 처한다.
> ④ 친족 또는 동거의 가족이 본인을 위하여 본조의 죄를 범한 때에는 처벌하지 아니한다.

Ⅰ. 증거인멸죄

1. 의의 및 보호법익

증거인멸죄는 타인의 형사사건 또는 징계사건에 관한 증거를 인멸·은닉·위조 또는 변조하거나, 위조 또는 변조된 증거를 사용함으로써 성립하는 범죄이다. 국가의 사법기능을 그 보호법익으로 한다.

2. 객 체

증거인멸죄의 객체는 「타인의 형사사건·징계사건에 관한 증거」이다

가. 타 인

"타인"의 형사사건 또는 징계사건에 관한 증거이므로 자기의 형사사건 또는 징계사건에 관한 증거는 증거인멸죄의 객체가 될 수 없다. 자기의 형사사건 또는 징계사건에 관한 증거인 동시에 타인의 형사사건 또는 징계사건에 관한 증거를 인멸한 경우 증거인멸죄가 성립하는지 여부에 관하여 견해의 대립이 있으나 판례는 부정설의 입장을 취하고 있다.

> ✔ **자기와 타인의 증거 : 정원초과운항 확인서 소각 사건** 표준 『증거인멸죄는 타인의 형사사건 또는 징계사건에 관한 증거를 인멸하는 경우에 성립하는 것으로서, 피고인 자신이 직접 형사처분이나 징계처분을 받게 될 것을 두려워한 나머지 자기의 이익을 위하여 그 증거가 될 자료를 인멸하였다면, 그 행위가 동시에

다른 공범자의 형사사건이나 징계사건에 관한 증거를 인멸한 결과가 된다고 하더라도 이를 증거인멸죄로 다스릴 수 없고, 이러한 법리는 그 행위가 피고인의 공범자가 아닌 자의 형사사건이나 징계사건에 관한 증거를 인멸한 결과가 된다고 하더라도 마찬가지이다』(대판 1995.9.29. 94도2608)★.

✔ **자기와 타인의 증거 : 노동조합 지부장 업무상횡령 사건**   『노동조합 지부장인 피고인 갑이 업무상횡령 혐의로 조합원들로부터 고발을 당하자 피고인 을과 공동하여 조합 회계서류를 무단 폐기한 후 폐기에 정당한 근거가 있는 것처럼 피고인 을로 하여금 조합 회의록을 조작하여 수사기관에 제출하도록 교사한 사안에서, 회의록의 변조·사용은 피고인들이 공범관계에 있는 문서손괴죄 형사사건에 관한 증거를 변조·사용한 것으로 볼 수 있어 피고인 을에 대한 증거변조죄 및 변조증거사용죄가 성립하지 않으며, 피교사자인 피고인 을이 증거변조죄 및 변조증거사용죄로 처벌되지 않은 이상 피고인 갑에 대하여 공범인 교사범은 물론 그 간접정범도 성립하지 않는다고 본 원심판단을 수긍한 사례』(대판 2011.7.14. 2009도13151)☆.

타인을 교사하여 자기의 형사사건에 관한 증거를 인멸한 경우에는 방어권의 남용에 해당되므로 교사범이 성립될 수 있다. 그러나 자기의 형사사건에 관한 증거를 은닉하기 위해 타인에게 단순히 도움을 요청하는 행위는 자기은닉에 불과하다고 볼 수 있으므로 교사범이 성립되지 않는다.

✔ **교사범이 성립하는 경우 : 타인교사 증거인멸 사건**   『본법 제155조 제1항의 증거인멸죄는 국가형벌권의 행사를 저해하는 일체의 행위를 처벌의 대상으로 하고 있으나 범인 자신이 한 증거인멸의 행위는 피고인의 형사소송에 있어서의 방어권을 인정하는 취지와 상충하므로 처벌의 대상이 되지 아니한다. 그러나 타인이 타인의 형사사건에 관한 증거를 그 이익을 위하여 인멸하는 행위를 하면 본법 제155조 제1항의 증거인멸죄가 성립되므로 자기의 형사사건에 관한 증거를 인멸하기 위하여 타인을 교사하여 죄를 범하게 한 자에 대하여도 교사범의 죄책을 부담케 함이 상당할 것이다』(대판[전] 1965.12.10. 65도826)★.

✔ **교사범이 성립하지 않는 경우 : 안마의자 운반 사건** 표준   『증거은닉죄는 타인의 형사사건이나 징계사건에 관한 증거를 은닉할 때 성립하고 자신의 형사사건에 관한 증거은닉 행위는 형사소송에 있어서 피고인의 방어권을 인정하는 취지와 상충하여 처벌의 대상이 되지 아니하므로 자신의 형사사건에 관한 증거은닉을 위하여 타인에게 도움을 요청하는 행위 역시 원칙적으로 처벌되지 아니하나, 다만 그것이 방어권의 남용이라고 볼 수 있을 때는 증거은닉교사죄로 처벌할 수 있다』(대판 2016.7.29. 2016도5596)★.

나. 형사사건 또는 징계사건

증거는 타인의 "형사사건 또는 징계사건"에 관한 것이어야 한다. 수사개시 전의 사건도 포함될 것인지에 대하여 견해의 대립이 있으나, 판례는 증거은닉죄에 있어서 타인의 형사사건 또는 징계사건은 은닉행위시에 아직 수사 또는 징계절차가 개시되기 전이라도 장차 형사 또는 징계사건이 될 수 있는 것까지를 포함한다는 입장을 취하고 있다.

✔ **형사사건의 범위 : 석유난로 은닉 사건**   『증거은닉죄에 있어서 "타인의 형사사건 또는 징계사건"이란 은닉행위시에 아직 수사 또는 징계절차가 개시되기 전이라도 장차 형사 또는 징계사건이 될 수 있는 것까지를 포함한다』(대판 1982.4.27. 82도274)★.

징계사건은 국가의 징계사건에 한정되고 사인간의 징계사건은 포함되지 아니한다.

> ✔ **징계사건의 범위 : 서일시스템 징계해고 사건** 『형법 제155조 제1항은 '타인의 형사사건 또는 징계사건에 관한 증거를 인멸, 은닉, 위조 또는 변조하거나 위조 또는 변조한 증거를 사용한 자'를 처벌한다고 규정하고 있는바, 증거인멸 등 죄는 위증죄와 마찬가지로 국가의 형사사법작용 내지 징계작용을 그 보호법익으로 하므로, 위 법조문에서 말하는 '징계사건'이란 국가의 징계사건에 한정되고 사인 간의 징계사건은 포함되지 않는다.』(대판 2007.11.30. 2007도4191)☆

다. 증거

"증거"란 형사사건 또는 징계사건에 관하여 그 성립여부에 관한 것뿐만 아니라 형 또는 징계의 경중에 관계있는 일체의 자료를 말한다(양형사유도 포함). 타인에게 유리한 것이건 불리한 것이건 가리지 아니한다.

> ✔ **증거의 의미 : 구재단 학교 찾기 사건** 『형법 제155조 제1항의 증거위조죄에서 '증거'라 함은 타인의 형사사건 또는 징계사건에 관하여 수사기관이나 법원 또는 징계기관이 국가의 형벌권 또는 징계권의 유무를 확인하는 데 관계있다고 인정되는 일체의 자료를 의미하고, 타인에게 유리한 것이건 불리한 것이건 가리지 아니하며 또 증거가치의 유무 및 정도를 불문하는 것이고, 여기서의 '위조'란 문서에 관한 죄에 있어서의 위조 개념과는 달리 새로운 증거의 창조를 의미하는 것이다.』(대판 2007.6.28. 2002도3600)★

> ✔ **증거위조죄에서의 증거 및 위조의 개념 : 3억 5천 입금확인증 사건** 『[1] 형법 제155조 제1항의 증거위조죄에서 말하는 '증거'란 타인의 형사사건 또는 징계사건에 관하여 수사기관이나 법원 또는 징계기관이 국가의 형벌권 또는 징계권의 유무를 확인하는 데 관계있다고 인정되는 일체의 자료를 뜻한다. 따라서 범죄 또는 징계사유의 성립 여부에 관한 것뿐만 아니라 형 또는 징계의 경중에 관계있는 정상을 인정하는 데 도움이 될 자료까지도 본조가 규정한 증거에 포함된다.
> [2] 형법 제155조 제1항은 타인의 형사사건 또는 징계사건에 관한 증거를 인멸, 은닉, 위조 또는 변조하거나 위조 또는 변조한 증거를 사용한 자를 처벌하고 있고, 여기서의 '위조'란 문서에 관한 죄의 위조 개념과는 달리 새로운 증거의 창조를 의미한다. 그러나 사실의 증명을 위해 작성된 문서가 그 사실에 관한 내용이나 작성명의 등에 아무런 허위가 없다면 '증거위조'에 해당한다고 볼 수 없다. 설령 사실증명에 관한 문서가 형사사건 또는 징계사건에서 허위의 주장에 관한 증거로 제출되어 그 주장을 뒷받침하게 되더라도 마찬가지이다.』(대판 2021.1.28. 2020도2642) ※ 판결이유 중 : 그 자체에는 아무런 허위가 없는 증거라도 허위의 주장과 결합되어 허위의 사실을 일부 뒷받침하게 되는 경우가 있다. 그리고 그와 같은 목적으로 원래는 다른 사실을 증명하는 증거가 작성되도록 하는 경우도 있다. 그런데 허위 사실을 뒷받침하는 데 사용되었다는 이유만으로 내용과 작성명의에 아무런 허위가 없는 증거를 증거위조에 해당한다고 보는 것은 법률 문언이 가진 통상적인 의미를 넘어 부당하게 처벌범위를 확대하는 것이어서 허용되지 않는다.

3. 행위

본죄의 행위는 증거를 인멸·은닉·위조 또는 변조하거나 위조 변조한 증거를 사용하는 것이다.

① "인멸"은 증거 자체를 물리적으로 없애 버리거나 그 증거 가치를 멸실 또는 감소하게 하는 행위를 말한다.

② "은닉"은 증거의 소재를 불명하게 하여 그 발견을 곤란하게 하는 일체의 행위를 말한다.

③ "위조"는 존재하지 않는 증거를 이전부터 존재하고 있는 것처럼 사물 또는 실체로 만들어 내는 것을 말한다.

✓ **위조죄가 성립하지 않는 경우 : 강간 목격 허위진술 사건** 『형법 제155조 제1항에서 타인의 형사사건에 관한 증거를 위조한다 함은 증거 자체를 위조함을 말하는 것이고, 참고인이 수사기관에서 허위의 진술을 하는 것은 이에 포함되지 아니한다』(대판 1995.4.7. 94도3412)★.

✓ **위조죄가 성립하지 않는 경우 : 선양 영사 허위의 사실확인서 사건** 『참고인이 타인의 형사사건 등에서 직접 진술 또는 증언하는 것을 대신하거나 그 진술 등에 앞서서 허위의 사실확인서나 진술서를 작성하여 수사기관 등에 제출하거나 또는 제3자에게 교부하여 제3자가 이를 제출한 것은 존재하지 않는 문서를 이전부터 존재하고 있는 것처럼 작출하는 등의 방법으로 새로운 증거를 창조한 것이 아닐뿐더러, 참고인이 수사기관에서 허위의 진술을 하는 것과 차이가 없으므로, 증거위조죄를 구성하지 않는다고 할 것이다』(대판 2015.10.29. 2015도9010)★.

✓ **위조죄가 성립하는 경우 : 친딸 성폭행 후 허위녹취록 사건** 표준 『참고인이 타인의 형사사건 등에 관하여 제3자와 대화를 하면서 허위로 진술하고 위와 같은 허위 진술이 담긴 대화 내용을 녹음한 녹음파일 또는 이를 녹취한 녹취록을 만들어 수사기관 등에 제출하는 것은, 참고인이 타인의 형사사건 등에 관하여 수사기관에 허위의 진술을 하거나 이와 다를 바 없는 것으로서 허위의 사실확인서나 진술서를 작성하여 수사기관 등에 제출하는 것과는 달리, 증거위조죄를 구성한다』(대판 2013.12.26. 2013도8085)★.

✓ **증거위조와 문서위조 : 변호사 탈세 조사 사건** 『[1] 형법 제155조 제1항의 증거위조죄에서 '위조'란 문서에 관한 죄에 있어서의 위조 개념과는 달리 새로운 증거의 창조를 의미하는 것이므로 존재하지 아니한 증거를 이전부터 존재하고 있는 것처럼 작출하는 행위도 증거위조에 해당하며, 증거가 문서의 형식을 갖는 경우 증거위조죄에 있어서의 증거에 해당하는지 여부가 그 작성권한의 유무나 내용의 진실성에 좌우되는 것은 아니다.
[2] 타인의 형사사건과 관련하여 수사기관이나 법원에 제출하거나 현출되게 할 의도로 법률행위 당시에는 존재하지 아니하였던 처분문서, 즉 그 외형 및 내용상 법률행위가 그 문서 자체에 의하여 이루어진 것과 같은 외관을 가지는 문서를 사후에 그 작성일을 소급하여 작성하는 것은, 가사 그 작성자에게 해당 문서의 작성권한이 있고, 또 그와 같은 법률행위가 당시에 존재하였다거나 그 법률행위의 내용이 위 문서에 기재된 것과 큰 차이가 없다 하여도 증거위조죄의 구성요건을 충족시키는 것이라고 보아야 하고, 비록 그 내용이 진실하다 하여도 국가의 형사사법기능에 대한 위험이 있다는 점은 부인할 수 없다』(대판 2007.6.28. 2002도3600)★.

④ "변조"는 진정한 증거를 변경하여 증거가치나 그 효과를 변경하는 것을 말한다.
⑤ "사용"은 위조·변조된 증거를 진정한 것처럼 법원 등에 제공하는 것을 말한다.

II. 증인은닉죄

증인은닉죄는 타인의 형사사건 또는 징계사건에 관한 증인을 은닉 또는 도피하게 함으로써 성립하는 범죄이다. 증인은닉죄는 타인의 형사사건 또는 징계사건에 관한 증인을 은닉 또는 도피하게 한 경우에 성립하므로, 피고인 자신이 직접 형사처분이나 징계처분을 받게 될 것을 두려워한 나머지 자기의 이익을 위하여 증인이 될 사람을 도피하게 한 경우에는 그 행위가 동시에 다른 공범자의 형사사건이나 징계사건에 관한 증인을 도피하게 한 결과가 된다고 하더라도 이를 증인도피죄로 처벌할 수 없다.

Ⅲ. 모해증거인멸죄, 모해증인은닉죄

피고인·피의자 또는 징계혐의자를 모해할 목적으로 타인의 형사사건 또는 징계사건에 관한 증거를 인멸·은닉·위조 또는 변조하거나, 위조 또는 변조한 증거를 사용한 자 및 타인의 형사사건 또는 징계사건에 관한 증인을 은닉 또는 도피하게 한 자에 대한 가중처벌규정이다. 본죄에서 말하는 '피의자'에는 수사개시 이전의 단계에서 장차 형사입건 될 가능성이 있는 대상자는 포함되지 않는다.

Ⅳ. 친족간의 특례

증거인멸죄·증인은닉죄를 범한 경우라도 친족 또는 동거의 가족이 본인을 위하여 한 것이라면 특례조항에 따라 처벌하지 않는다.

제5절 무고의 죄

제1관 총설

무고죄는 타인으로 하여금 형사처분 또는 징계처분을 받게 할 목적으로 공무소 또는 공무원에 대하여 허위의 사실을 신고함으로써 성립하는 범죄이다. 무고죄의 주된 보호법익은 국가의 심판기능의 적정한 행사이며, 부수적 보호법익은 부당하게 수사 또는 징계절차의 대상이 되지 아니할 개인(피무고자)의 법적 안정성이다. 그 보호의 정도는 추상적 위험범이다.

제2관 무고죄

> **제156조 | 무고 |**
> 타인으로 하여금 형사처분 또는 징계처분을 받게 할 목적으로 공무소 또는 공무원에 대하여 허위의 사실을 신고한 자는 10년 이하의 징역 또는 1천500만 원 이하의 벌금에 처한다.

Ⅰ. 의의

무고죄는 타인으로 하여금 형사처분 또는 징계처분을 받게 할 목적으로 공무소 또는 공무원에 대하여 허위의 사실을 신고함으로써 성립하는 범죄이다. 본죄는 국가의 심판기능의 적정한 행사를 주된 보호법익으로 하면서, 피무고자의 법적 안정성과 이익도 부수적으로 보호하는 이중적 성격을 가지는 범죄로서 목적범이다.

> ✔ **보호법익 : 합의 주선용 고소장 사건** 『무고죄는 국가의 형사사법권 또는 징계권의 적정한 행사를 주된 보호법익으로 하고 다만, 개인의 부당하게 처벌 또는 징계받지 아니할 이익을 부수적으로 보호하는 죄이므로, 설사 무고에 있어서 피무고자의 승낙이 있었다고 하더라도 무고죄의 성립에는 영향을 미치지 못한다 할 것이다』(대판 2005.9.30. 2005.2712)☆.

Ⅱ. 객관적 구성요건

1. 주체

무고죄의 주체에는 아무런 제한이 없다. 외관상으로는 타인 명의의 고소장을 대리하여 작성하고 제출하는 형식으로 고소가 이루어진 경우라 하더라도 그 명의자는 고소의 의사 없이 이름만 빌려준 것에 불과하고 명의자를 대리한 자가 실제 고소의 의사를 가지고 고소행위를 주도한 경우라면 그 명의자를 대리한 자를 신고자로 보아야 한다.

> ✔ **신 도명의 대리 고소 사건** 『비록 외관상으로는 타인 명의의 고소장을 대리하여 작성하고 제출하는 형식으로 고소가 이루어진 경우라 하더라도 그 명의자는 고소의 의사가 없이 이름만 빌려준 것에 불과하고 명의

자를 대리한 자가 실제 고소의 의사를 가지고 고소행위를 주도한 경우라면 그 명의자를 대리한 자를 신고자로 보아 무고죄의 주체로 인정하여야 할 것이다』(대판 2007.3.30. 2006도6017)☆.

2. 행 위

무고죄의 행위는 「허위사실을 신고」하는 것이다.

가. 허위의 사실

허위의 사실이란 객관적 진실에 반하는 사실을 말한다. 신고한 사실이 진실인 경우에는 국가의 심판기능을 저해할 우려가 없기 때문에 위증죄에서의 허위가 주관적인 기억을 기준으로 하는 것과 달리, 무고죄에서 허위 사실 여부는 객관적 진실에 반하는지 여부를 기준으로 판단한다. 따라서 행위자가 신고 내용이 허위라고 믿은 경우라도 그것이 객관적 진실에 부합하면 무고죄는 성립하지 아니한다.

✔ **허위사실의 의미 : 보일러 세관수 사건** 『무고죄는 타인으로 하여금 형사처분 등을 받게 할 목적으로 신고한 사실이 객관적 진실에 반하는 허위사실인 경우에 성립되는 범죄로서, 신고자가 그 신고내용을 허위라고 믿었다 하더라도 그것이 객관적으로 진실한 사실에 부합할 때에는 허위사실의 신고에 해당하지 않아 무고죄는 성립하지 않는 것이며, 한편 위 신고한 사실의 허위 여부는 그 범죄의 구성요건과 관련하여 신고사실의 핵심 또는 중요내용이 허위인가에 따라 판단하여 무고죄의 성립 여부를 가려야 한다』(대판 1991.10.11. 91도1950)☆.

✔ **허위사실의 증명 : 광일프라자 약속어음 배서 위조 사건** 『무고죄는 타인으로 하여금 형사처분이나 징계처분을 받게 할 목적으로 신고한 사실이 객관적 진실에 반하는 허위사실인 경우에 성립되는 범죄이므로 신고한 사실이 객관적 사실에 반하는 허위사실이라는 요건은 적극적인 증명이 있어야 하며, 신고사실의 진실성을 인정할 수 없다는 소극적 증명만으로 곧 그 신고사실이 객관적 진실에 반하는 허위사실이라고 단정하여 무고죄의 성립을 인정할 수는 없다』(대판 2004.1.27. 2003도5114)★.

성폭행 등의 사건에서 피해를 입었다는 신고사실에 관하여 불기소처분 내지 무죄판결이 내려졌다고 하여, 그 자체를 무고를 하였다는 적극적인 근거로 삼아 신고내용을 허위라고 단정하여서는 아니 된다.

✔ **허위사실의 증명 : 방송국 선배 추행 사건** 『성폭행이나 성희롱 사건의 피해자가 피해사실을 알리고 문제를 삼는 과정에서 오히려 피해자가 부정적인 여론이나 불이익한 처우 및 신분 노출의 피해 등을 입기도 하여 온 점 등에 비추어 보면, 성폭행 피해자의 대처 양상은 피해자의 성정이나 가해자와의 관계 및 구체적인 상황에 따라 다르게 나타날 수밖에 없다. 따라서 개별적, 구체적인 사건에서 성폭행 등의 피해자가 처하여 있는 특별한 사정을 충분히 고려하지 않은 채 피해자 진술의 증명력을 가볍게 배척하는 것은 정의와 형평의 이념에 입각하여 논리와 경험의 법칙에 따른 증거판단이라고 볼 수 없다.
위와 같은 법리는, 피해자임을 주장하는 자가 성폭행 등의 피해를 입었다고 신고한 사실에 대하여 증거불충분 등을 이유로 불기소처분되거나 무죄판결이 선고된 경우 반대로 이러한 신고내용이 객관적 사실에 반하여 무고죄가 성립하는지 여부를 판단할 때에도 마찬가지로 고려되어야 한다. 따라서 성폭행 등의 피해를 입었다는 신고사실에 관하여 불기소처분 내지 무죄판결이 내려졌다고 하여, 그 자체를 무고를 하였다는 적극적인 근거로 삼아 신고내용을 허위라고 단정하여서는 아니 됨은 물론, 개별적, 구체적인 사건에서 피해자임을 주장하는 자가 처하였던 특별한 사정을 충분히 고려하지 아니한 채 진정한 피해자라면 마땅히 이렇게 하였을 것이라는 기준을 내세워 성폭행 등의 피해를 입었다는 점 및 신고에 이르게 된 경위 등에 관한 변소를 쉽게 배척하여서는 아니 된다』(대판 2019.7.11. 2018도2614)★.

신고사실이 허위인지 여부는 신고사실의 핵심 또는 중요내용이 객관적 진실과 부합하느냐에 따라 판단한다.

✓ **친구 부동산 고소장 사건** 『피고인 자신이 상대방의 범행에 공범으로 가담하였음에도 자신의 가담사실을 숨기고 상대방만을 고소한 경우, 피고인의 고소내용이 상대방의 범행 부분에 관한 한 진실에 부합하므로 이를 허위의 사실로 볼 수 없고, … 무고죄가 성립하지 않는다』(대판 2008.8.21. 2008도3754)☆.

✓ **도박자금 용도 허위 신고 사건** 『도박자금으로 대여한 금전의 용도에 대하여 허위로 신고한 것이 무고죄의 허위신고에 해당한다』(대판 2004.1.16. 2003도7178)☆.

✓ **차용금 사기 고소장 사건** 『피고인이 돈을 갚지 않는 갑을 차용금 사기로 고소하면서 대여금의 용도에 관하여 '도박자금'으로 빌려준 사실을 감추고 '내비게이션 구입에 필요한 자금'이라고 허위 기재하고, 대여의 일시·장소도 사실과 달리 기재하여 갑을 무고하였다는 내용으로 기소된 사안에서, 피고인의 고소 내용은 갑이 변제의사와 능력도 없이 차용금 명목으로 돈을 편취하였으니 사기죄로 처벌하여 달라는 것이고, 갑이 차용금의 용도를 속이는 바람에 대여하게 되었다는 취지로 주장한 사실은 없으며, 수사기관으로서는 차용금의 용도와 무관하게 다른 자료들을 토대로 갑이 변제의사나 능력 없이 돈을 차용하였는지를 조사할 수 있는 것이므로, 비록 피고인이 도박자금으로 대여한 사실을 숨긴 채 고소장에 대여금의 용도에 관하여 허위로 기재하고 대여 일시·장소 등 변제의사나 능력의 유무와 관련성이 크지 아니한 사항에 관하여 사실과 달리 기재한 사정만으로는 사기죄 성립 여부에 영향을 줄 정도의 중요한 부분을 허위 신고하였다고 보기 어렵다』(대판 2011.9.8. 2011도3489)☆.153)154)

따라서 신고사실이 객관적 사실에 기초하여 그 정황을 과장한 데 지나지 아니할 때에는 본죄가 성립되지 않는다.

✓ **이마에 상처 사건** 『고소의 내용이 사실과 다소 다르더라도 그것이 정황의 과장에 지나지 않는다면 이로써 허위의 사실을 들어 고소하였다고 볼 수는 없다』(대판 1985.4.9. 85도283)★.

✓ **보험료 10만원 사건** 『고소인이 갑에게 대여하였다가 이미 변제받은 금원에 관하여 갑이 이를 수개월간 변제치 않고 있었던 점을 들어 위 금원을 착복하였다는 표현으로 고소장에 기재하였다 하여도 이것이 갑으로 부터 아직 변제받지 못한 나머지 금원에 관한 고소내용의 정황을 과장한 것이거나 또는 주관적 법률평가

---

153) [보충설명] 차용금의 용도를 속였다고 차용인을 고소 한 경우
   1. 甲이 A에게 「도박하기 위해 돈이 필요하다. 1000만원만 빌려 달라」라고 하여 A는 甲에게 1000만원을 빌려주었다. 단, 甲은 A에게 용도를 속인 적이 없다. 2. 변제기일이 지나도 돈을 갚지 않자 A는 「甲이 사업이 망해서 급전이 필요하다고 하여 돈을 대여해 주었는데, 알고 보니 그것은 거짓말이었다. 돈을 변제받지 못하고 있으니 甲을 사기죄로 처벌해 달라」라고 甲을 경찰서에 고소하였다. 3. A가 고소한 내용대로 하면 甲의 행위는 용도를 속인 사기죄(용도사기)에 해당하므로 甲은 사기죄로 처벌된다. 따라서 사기죄로 처벌되지 않는 甲이 A의 허위신고에 의해 사기죄로 처벌되므로, A는 무고죄에 해당한다.

154) [보충설명] 변제의사와 능력을 속였다고 차용인을 고소 한 경우
   1. 甲이 A에게 「도박하기 위해 돈이 필요하다. 1000만원만 빌려 달라」라고 하여 A는 甲에게 1000만원을 빌려주었다. 단, 甲은 A에게 용도를 속인 적이 없다. 2. 변제기일이 지나도 돈을 갚지 않자 A는 「甲이 변제할 의사와 능력도 없으면서 금원을 편취한 것이니 사기죄로 처벌해 달라」라고 甲을 경찰서에 고소하였다. 3. 기망은 행위당시를 기준으로 판단하는 것이므로 차용당시 甲에게 변제의사나 능력이 없었다고 판단되면 甲은 사기죄로 처벌되고, 변제의사나 능력이 있었다고 판단되면 甲은 사기죄로 처벌되지 않는다. 따라서 甲은 사기죄로 처벌될 수도 있고, 안될 수도 있는 것이므로 A의 고소를 허위사실의 신고로 볼 수 없어 무고죄에 해당하지 않는다.

를 잘못하였음에 지나지 아니한 것이라면 특별의 사정이없는한 이로써 허위의 사실을 들어 고소하였다고 단정할 수는 없다』(대판 1987.6.9. 87도1029)☆.

✔ **상해 허위고소 사건** 『강간을 당하여 상해를 입었다는 고소내용은 하나의 강간행위에 대한 고소사실이고, 이를 분리하여 강간에 관한 고소사실과 상해에 관한 고소사실의 두 가지 고소내용이라고 볼 수는 없으므로, 피고인이 공소외(갑)으로 부터 강간을 당한 것이 사실인 이상 이를 고소함에 있어서 강간으로 입은 것이 아닌 상해사실을 포함시켰다 하더라도 이는 고소내용의 정황을 과장한 것에 지나지 아니하여 따로이 무고죄를 구성하지 아니한다』(대판 1983.1.18. 82도2170)☆.

신고사실이 객관적 사실과 일치하는 경우에 이를 토대로 한 나름대로의 법률적 평가나 죄명을 잘못 적은 정도는 허위사실의 신고로 볼 수 없다. 따라서 권리행사방해나 횡령을 절도로 잘못 신고하였다고 하더라도 무고가 되지 않는다.

✔ **아파트 3세대 가등기 차용 사건** 『무고죄의 성립에는 타인으로 하여금 형사 및 징계처분을 받게할 목적으로 진실함의 확신없는 사실을 신고함으로써 족하고 신고자가 그 신고사실이 허위라는 것을 확신할 것까지 요하지 아니하나 한편, 신고자가 객관적 사실관계를 사실 그대로 신고한 이상 그 객관적 사실을 토대로 한 나름대로의 주관적 법률평가를 잘못하고 이를 신고하였다 하여 그 사실만을 가지고 허위사실을 신고한 것에 해당하여 무고죄가 성립한다고 할 수 없다』(대판 1985.6.25. 83도3245)☆.

그러나 범죄의 성립을 조각하는 사유가 있음을 알면서도 이를 숨기고 범죄가 되는 사실만 신고한 때에는 허위의 사실을 신고한 것으로 무고죄가 성립할 수 있다. 예를 들어 위법성조각사유가 있어 처벌할 수 없음을 알면서도 적극적으로 처벌되어야 한다고 주장하며 고소한 경우가 여기에 해당한다.

✔ **K동작구청장 사건** 『피고인이 위법성조각사유가 있음을 알면서도 '피고소인이 허위사실을 공표하였다.'고 고소함으로써 결국 적극적으로 피고소인을 공직선거및부정선거방지법 제251조 단서 소정의 위법성조각사유가 적용되지 않는 같은 법 제250조의 허위사실공표죄로 처벌되어야 한다고 주장한 것과 같다고 할 것이고, 따라서 원심이 피고인의 판시 각 무고죄의 범죄사실을 인정한 조치는 정당하다』(대판 1998.3.24. 97도2956)☆.

나. 형사처분 또는 징계처분의 원인이 될 수 있는 사실

신고한 허위의 사실은 형사처분 또는 징계처분의 원인이 될 수 있는 사실이어야 한다. 형벌권이나 징계권 행사를 위한 조사가 전혀 필요 없음이 명백한 경우에는 국가기관의 수사・징계조사권의 적정한 행사를 그르치게 할 위험이 없으므로 설령 형사처분 또는 징계처분을 받게 할 목적으로 신고하더라도 무고죄에 해당한다고 볼 수 없기 때문이다.

✔ **송이 채취권 이중양도 사건** 『[1] 타인에게 형사처분을 받게 할 목적으로 '허위의 사실'을 신고한 행위가 무고죄를 구성하기 위하여는 신고된 사실 자체가 형사처분의 원인이 될 수 있어야 할 것이어서, 가령 허위의 사실을 신고하였다 하더라도 그 사실 자체가 형사범죄로 구성되지 아니한다면 무고죄는 성립하지 아니한다. [2] "피고소인이 송이의 채권권을 이중으로 양도하여 손해를 입었으니 엄벌하여 달라"는 내용의 고소사실이 횡령죄나 배임죄 기타 형사범죄를 구성하지 않는 내용의 신고에 불과하여 그 신고 내용이 허위라고 하더라도 무고죄가 성립할 수 없다고 한 사례(대판 2007.4.13. 2006도558)★

✔ **고소 후 배임죄 판례변경 사건** 『무고죄는 부수적으로 개인이 부당하게 처벌받거나 징계를 받지 않을 이익도 보호하나, 국가의 형사사법권 또는 징계권의 적정한 행사를 주된 보호법익으로 한다. 허위로 신고한 사실이 무고행위 당시 형사처분의 대상이 될 수 있었던 경우에는 국가의 형사사법권의 적정한 행사를 그르치게 할 위험과 부당하게 처벌받지 않을 개인의 법적 안정성이 침해될 위험이 이미 발생하였으므로 무고죄는 기수에 이르고, 이후 그러한 사실이 형사범죄가 되지 않는 것으로 판례가 변경되었더라도 특별한 사정이 없는 한 이미 성립한 무고죄에는 영향을 미치지 않는다』(대판 2017.5.30. 2015도15398)★.

✔ **고소기간이 경과한 경우 : 같은 학교 교사 강간 고소 사건** 『타인으로 하여금 형사처분을 받게 할 목적으로 공무소에 대하여 허위의 사실을 신고하였다고 하더라도, 그 사실이 친고죄로서 그에 대한 고소기간이 경과하여 공소를 제기할 수 없음이 그 신고내용 자체에 의하여 분명한 때에는 당해 국가기관의 직무를 그르치게 할 위험이 없으므로 이러한 경우에는 무고죄는 성립하지 아니한다』(대판 1998.4.14. 98도150)★.

✔ **공소시효가 완성된 경우 : 기증약정서(사문서)위조 고소 사건** 『타인으로 하여금 형사처분을 받게 할 목적으로 공무소에 대하여 허위사실을 신고하였다고 하더라도, 신고된 범죄사실에 대한 공소시효가 완성되었음이 신고 내용 자체에 의하여 분명한 경우에는 형사처분의 대상이 되지 않는 것이므로 무고죄가 성립하지 아니한다』(대판 1994.2.8. 93도3445)★.[155][156]

허위사실 적시의 정도는 수사관서 또는 감독관서에 대하여 수사권 또는 징계권의 발동을 촉구하는 정도의 것이면 충분하고 반드시 범죄구성요건 사실이나 징계요건 사실을 구체적으로 명시하여야 하는 것은 아니다.

✔ **수원시 지구당 운영비 사건** 『무고죄에 있어서 허위사실 적시의 정도는 수사관서 또는 감독관서에 대하여 수사권 또는 징계권의 발동을 촉구하는 정도의 것이면 충분하고 반드시 범죄구성요건 사실이나 징계요건 사실을 구체적으로 명시하여야 하는 것은 아니다』(대판 2006.5.25. 2005도4642)★.

다. 신 고

신고란 자발적으로 사실을 고지하는 것으로, 구두에 의하든 서면에 의하든 그 방법에 제한이 없고, 그 방식에 있어서도 일정한 절차나 양식에 따를 필요가 없다. 신고는 자발적인 것이어야 하므로 수사기관 등의 추문에 대한 대답으로서 허위의 진술을 하는 것은 무고죄를 구성하지 아니한다.

✔ **신고의 방법 : 진정서 검찰총장 제출 사건** 『무고죄에 있어서 허위사실의 신고방식은 구두에 의하건 서면에 의하건 관계가 없을 뿐 아니라, 서면에 의하는 경우 그 신고내용이 타인으로 하여금 형사처분 또는 징계처분을 받게 할 목적의 허위사실이면 족한 것이지 그 명칭을 반드시 고소장이라고 하여야만 무고죄가 성립하는 것은 아니다』(대판 1985.12.10. 84도2380)★.

---

155) **비교판례** 『객관적으로 고소사실에 대한 공소시효가 완성되었더라도 고소를 제기하면서 마치 공소시효가 완성되지 아니한 것처럼 고소한 경우에는 국가기관의 직무를 그르칠 염려가 있으므로 무고죄를 구성한다』(대판 1995.12.5. 95도1908).
156) **비교판례** 『범행일시를 특정하지 않은 고소장을 제출한 후, 고소보충진술시에 범죄사실의 공소시효가 아직 완성되지 않은 것으로 진술한 피고인이 그 이후 검찰이나 제1심 법정에서 다시 범죄의 공소시효가 완성된 것으로 정정 진술한 사안에서, 이미 고소보충진술시에 무고죄가 성립하였다고 본 사례』(대판 2008.3.27. 2007도11153).

✓ **신고의 자발성 : 인감증명서 위조 은폐 사건** 『피고인이 수사기관에 한 진정 및 그와 관련된 부분을 수사하기 위한 검사의 추문에 대한 대답으로서 진정내용 이외의 사실에 관하여 한 진술은 피고인의 자발적 진정내용에 해당되지 아니하므로 무고죄를 구성하지 않는다』(대판 1990.8.14. 90도595)☆

✓ **신고의 자발성 : 사기죄 구속 조사 사건** 『무고죄는 당국의 추문을 받음이 없이 자진하여 타인으로 하여금 형사처분 등을 받게 할 목적으로 공무소 또는 공무원에 대하여 허위의 사실을 신고한 경우에 성립되는 것이므로 공동피고인중 1인이 타범죄로 조사를 받는 과정에서 사법경찰관 및 검사의 심문에 따라 다른 공동피고인의 범죄사실을 진술한 경우라면 가사 위 진술내용이 허위라 하더라도 이를 무고라고는 할 수 없다』(대판 1985.7.26. 85모14)☆

라. 기수시기

무고죄는 허위신고가 공무소나 공무원에게 도달한 때에 기수가 된다. 허위 내용의 고소장을 경찰관에게 제출하였다가 되돌려 받았다고 하더라도 이미 허위사실의 신고가 수사기관에 도달되어 무고죄의 기수에 이른 것이므로 본죄의 성립에는 아무런 영향이 없다.

✓ **횡령 착복 한 자 사건** 『피고인이 최초에 작성한 허위내용의 고소장을 경찰관에게 제출하였을 때 이미 허위사실의 신고가 수사기관에 도달되어 무고죄의 기수에 이른 것이라 할 것이므로 그 후에 그 고소장을 되돌려 받았다 하더라도 이는 무고죄의 성립에 아무런 영향이 없다』(대판 1985.2.8. 84도2215)★

Ⅲ. 주관적 구성요건

1. 고 의

무고죄는 행위자가 공무소 또는 공무원에게 허위의 사실을 신고한다는 점에 대한 인식과 의사를 내용으로 하는 고의가 있어야 한다. 따라서 신고사실이 허위인 경우에도 신고자가 진실이라고 인식한 경우에는 본죄는 성립하지 않는다.

무고죄의 범의는 반드시 확정적 고의일 필요가 없고 미필적 고의로도 충분하므로, 신고자가 허위라고 확신한 사실을 신고한 경우뿐만 아니라 진실하다는 확신 없는 사실을 신고하는 경우에도 그 범의를 인정할 수 있다. ① 무고죄에서 형사처분을 받게 할 목적은 허위신고를 하면서 다른 사람이 그로 인하여 형사처분을 받게 될 것이라는 인식이 있으면 충분하고 그 결과의 발생을 희망할 필요까지는 없으므로, 신고자가 허위 내용임을 알면서도 신고한 이상 그 목적이 필요한 조사를 해 달라는 데에 있다는 등의 이유로 무고의 범의가 없다고 할 수 없다. ② 신고자가 알고 있는 객관적인 사실관계에 의하더라도 신고사실이 허위라거나 또는 허위일 가능성이 있다는 인식을 하지 못하였다면 무고의 고의를 부정할 수 있으나, 이는 알고 있는 객관적 사실관계에 의하여 신고사실이 허위라거나 허위일 가능성이 있다는 인식을 하면서도 그 인식을 무시한 채 무조건 자신의 주장이 옳다고 생각하는 경우까지 포함하는 것은 아니다.[157]

---

157) 참고 최신3년 대판 2022.6.30. 2022도3413.

✔ **자취물산(주) 금전대차 사건** 표준 『허위사실의 신고라 함은 신고사실이 객관적 사실에 반한다는 것을 확정적이거나 미필적으로 인식하고 신고하는 것을 말하는 것으로서, 설령 고소사실이 객관적 사실에 반하는 허위의 것이라 할지라도 그 허위성에 대한 인식이 없을 때에는 무고에 대한 고의가 없다 할 것이고, 고소내용이 터무니없는 허위사실이 아니고 사실에 기초하여 그 정황을 다소 과장한 데 지나지 아니한 경우에는 무고죄가 성립하지 아니한다』(대판 2003.1.24. 2002도5939)★.

✔ **동양화가 모작 고소 사건** 『무고죄에 있어서 그 주관적 구성요건으로서의 범의는 확정적 고의를 요하지 아니하고 미필적 고의로서 족하다 할 것이므로 무고죄는 신고자가 진실하다는 확신없는 사실을 신고함으로써 성립하고 그 신고사실이 허위라는 것을 확신함을 필요로 하지 않는다』(대판 1986.3.11. 86도133)☆.

고의를 인정한 기출판례 정리
① ✔ **학원 승합차 운전사 사건** 『무고죄의 허위신고에 있어서 다른 사람이 그로 인하여 형사처분 또는 징계처분을 받게 될 것이라는 인식이 있으면 족하므로, 고소당한 범죄가 유죄로 인정되는 경우에, 고소를 당한 사람이 고소인에 대하여 '고소당한 죄의 혐의가 없는 것으로 인정된다면 고소인이 자신을 무고한 것에 해당하므로 고소인을 처벌해 달라'는 내용의 고소장을 제출하였다면 설사 그것이 자신의 결백을 주장하기 위한 것이라고 하더라도 방어권의 행사를 벗어난 것으로서 고소인을 무고한다는 범의를 인정할 수 있다』(대판 2007.3.15. 2006도9453)☆.
② ✔ **영업장부 비리 조사 사건** 『피고인이 고소를 한 목적이 피고소인들을 처벌받도록 하는 데에 있지 아니하고 단지 회사 장부상의 비리를 밝혀 정당한 정산을 구하는 데에 있다 하여 무고의 범의가 없다 할 수 없다』(대판 1991.5.10. 90도2601)☆.

2. 목 적

무고죄는 고의 외에 주관적 불법요소로서 타인으로 하여금 형사처분 또는 징계처분을 받게 할 목적을 필요로 하는 목적범이다.

가. 타 인

(1) 범 위

"타인"은 자연인, 법인 모두를 포함하며, 특정되고 인식할 수 있는 살아있는 사람을 말한다. 따라서 특정되지 않은 이름을 알 수 없는 사람(성명불상자)에 대한 무고죄는 성립하지 않는다.

✔ **성명불상자 고소 사건** 최신3년 『특정되지 않은 성명불상자에 대한 무고죄는 성립하지 않는다. 공무원에게 무익한 수고를 끼치는 일은 있어도 심판 자체를 그르치게 할 염려가 없으며 피무고자를 해할 수도 없기 때문이다』(대판 2022.9.29. 2020도11754)☆.

(2) 자기무고

무고죄는 "타인으로 하여금 형사처분 또는 징계처분을 받게 할 목적"이 있어야 성립하므로, 자기 자신으로 하여금 형사처분 등을 받게 할 목적으로 허위의 사실을 신고하는 행위, 즉 자기 자신을 무고하는 행위는 무고죄를 구성하지 아니한다.

> ✔ **자기무고 공모 사건** 『형법 제156조에서 정한 무고죄는 타인으로 하여금 형사처분 또는 징계처분을 받게 할 목적으로 허위의 사실을 신고하는 것을 구성요건으로 하는 범죄이다. 자기 자신으로 하여금 형사처분 또는 징계처분을 받게 할 목적으로 허위의 사실을 신고하는 행위, 즉 자기 자신을 무고하는 행위는 무고죄의 구성요건에 해당하지 않아 무고죄가 성립하지 않는다. 따라서 자기 자신을 무고하기로 제3자와 공모하고 이에 따라 무고행위에 가담하였더라도 이는 자기 자신에게는 무고죄의 구성요건에 해당하지 않아 범죄가 성립할 수 없는 행위를 실현하고자 한 것에 지나지 않아 무고죄의 공동정범으로 처벌할 수 없다』(대판 2017.4.26. 2013도12592)★

이와 관련하여 제3자인 타인을 교사·방조하여 자기를 무고하도록 한 경우에 무고의 교사·방조범이 성립할 수 있는지가 문제된다. 판례는 제3자를 교사, 방조하여 자신에 대한 허위사실을 신고하게 되면 제3자의 행위는 무고죄의 구성요건에 해당하여 무고죄를 구성하고, 제3자를 교사·방조한 피무고자에 대하여는 교사·방조범이 성립한다는 입장이다.

> ✔ **자기무고 방조 사건** 『형법 제156조의 무고죄는 국가의 형사사법권 또는 징계권의 적정한 행사를 주된 보호법익으로 하는 죄이나, 스스로 본인을 무고하는 자기무고는 무고죄의 구성요건에 해당하지 아니하여 무고죄를 구성하지 않는다. 그러나 피무고자의 교사·방조 하에 제3자가 피무고자에 대한 허위의 사실을 신고한 경우에는 제3자의 행위는 무고죄의 구성요건에 해당하여 무고죄를 구성하므로, 제3자를 교사·방조한 피무고자도 교사·방조범으로서의 죄책을 부담한다』(대판 2008.10.23. 2008도4852)★

(3) 피무고자의 승낙

피무고자의 동의나 승낙을 받아 타인을 무고한 경우에 무고죄가 성립 하는지 여부가 문제된다. 무고죄의 본질을 국가적 법익 외에 부수적으로 개인적 법익을 침해하는 것으로 보는 판례의 견해에 의하면 피무고자의 승낙이 있다고 하더라도 국가의 사법작용이나 징계권의 행사를 그르칠 위험성이 있는 이상 무고죄의 성립에 영향을 미치지 않는다고 보아야 한다.

> ✔ **합의 주선용 고소장 사건** 표준 『[1] 무고죄에 있어서 형사처분 또는 징계처분을 받게 할 목적은 허위신고를 함에 있어서 다른 사람이 그로 인하여 형사 또는 징계처분을 받게 될 것이라는 인식이 있으면 족한 것이고 그 결과발생을 희망하는 것까지를 요하는 것은 아니므로, 고소인이 고소장을 수사기관에 제출한 이상 그러한 인식은 있었다고 보아야 한다.
> [2] 피무고자의 승낙을 받아 허위사실을 기재한 고소장을 제출하였다면 피무고자에 대한 형사처분이라는 결과발생을 의욕한 것은 아니라 하더라도 적어도 그러한 결과발생에 대한 미필적인 인식은 있었던 것으로 보아야 한다』(대판 2005.9.30. 2005도2712)★

나. 형사처분 또는 징계처분

(1) 형사처분

형사처분에는 형벌뿐만 아니라 보안처분이나 소년법상의 보호처분을 포함된다.

(2) 징계처분

무고죄의 보호법익을 국가의 심판기능 또는 형사사법권과 징계권의 적정한 행사를 뜻한다고 본다면, 본죄의 징계처분은 공법상의 감독관계에 기초한 제재라고 해석되어야 한다.

✔ **징계처분의 의미 : 사립학교 교원 징계 사건** 표조 『[1] 형법 제156조는 타인으로 하여금 형사처분 또는 징계처분을 받게 할 목적으로 공무소 또는 공무원에 대하여 허위의 사실을 신고한 자를 처벌하도록 정하고 있다. 여기서 '징계처분'이란 공법상의 감독관계에서 질서유지를 위하여 과하는 신분적 제재를 말한다. [2] 피고인이 사립대학교 교수인 피해자들로 하여금 징계처분을 받게 할 목적으로 국민권익위원회에서 운영하는 범정부 국민포털인 국민신문고에 민원을 제기한 사안에서, 피해자들은 사립학교 교원이므로 피고인의 행위가 무고죄에 해당하지 않는다』(대판 2014.7.24. 2014도6377)★.

✔ **변호사 징계(변호사회 진정서) 사건** 『[1] 구 변호사법 제93조, 제94조, 제101조의2 등은 판사 2명과 검사 2명이 위원으로 참여하여 대한변호사협회 변호사징계위원회나 법무부의 변호사징계위원회를 구성하고, … 변호사에 대한 징계처분은 형법 제156조에서 정하는 '징계처분'에 포함된다고 봄이 상당하고, 구 변호사법 제97조의2 등 관련 규정에 의하여 그 징계 개시의 신청권이 있는 지방변호사회의 장은 형법 제156조에서 정한 '공무소 또는 공무원'에 포함된다.
[2] 피고인이 변호사인 피해자로 하여금 징계처분을 받게 할 목적으로 서울지방변호사회에 위 변호사회 회장을 수취인으로 하는 허위 내용의 진정서를 제출한 사안에서, 무고죄를 인정한 원심판단을 수긍한 사례』(대판 2010.11.25. 2010도10202)★.

다. 목적의 인식정도

무고죄에서 "형사처분을 받게 할 목적"이란 허위신고를 함에 있어서 다른 사람이 그로 인하여 형사처분을 받게 될 것이라는 인식이 있으면 충분하고 그 결과 발생을 희망하는 것까지는 필요하지 않다.

✔ **목적의 인식 정도 : 케이티씨텔레콤 발행 약속어음 사건** 『무고죄에 있어서 형사처분 또는 징계처분을 받게 할 목적은 '허위신고를 함에 있어서 다른 사람이 그로 인하여 형사 또는 징계처분을 받게 될 것이라는 인식이 있으면 족한 것이고 그 결과발생을 희망하는 것까지를 요하는 것은 아니므로, 고소인이 고소장을 수사기관에 제출한 이상 그러한 인식은 있었다고 보아야 한다』(대판 2006.8.25. 2006도3631)☆. ※ 판결이유 중 : 피고인의 주장과 같이 실제 고소를 한 공소외 2가 고소장을 접수하더라도 수사기관의 고소인 출석요구에 응하지 않음으로써 그 단계에서 수사가 중지되고 고소가 각하될 것으로 의도하고 있었고, 더 나아가 피고소인들에 대한 출석요구와 피의자신문 등의 수사권까지 발동될 것은 의욕하지 않았다고 하더라도 피고인들이 위 공소외 2와 공모하여 공소외 2로 하여금 그러한 허위 사실이 기재된 고소장을 수사기관에 제출하도록 한 이상 피고인들에게는 그 피고소인들이 그로 인하여 형사처분을 받게 될 수도 있다는 점에 대한 인식이 있었다고 보아야 하고, 또 그 고소장 접수 당시에 이미 국가의 형사사법권의 적정한 행사가 저해될 위험도 발생하였다고 보아야 한다.[158]

---

158) 보충설명 고소인이 고소장을 접수하더라도 수사기관의 고소인 출석요구에 응하지 않음으로써 그 단계에서 수사중지를 의도하고 있었고, 더 나아가 피고소인들에 대한 출석요구와 피의자신문 등의 수사권까지 발동될 것은 의욕하지 않았다고 하더라도 고소장을 수사기관에 제출한 이상 무고죄는 성립한다.

제3관 자백·자수의 특례

> **제157조 ㅣ 자백, 자수 ㅣ**
> 제153조는 전조에 준용한다.

I. 의 의

본조는 국가의 적정한 심판작용의 침해라는 결과를 사전에 방지하기 위한 정책적인 규정으로서, 앞서 설명한 제153조와 같은 취지이다. 그 효과는 필요적 감면이다.

II. 구성요건

본조에서 자백이라 함은 타인으로 하여금 형사처분 또는 징계처분을 받게 할 목적으로 공무소 또는 공무원에 대하여 허위의 사실을 신고하였음을 자인하는 것을 말하고, 단순히 그 신고한 내용이 객관적 사실에 반한다고 인정함에 불과한 것은 해당하지 아니한다.

> ✔ **자백의 의미 : 착오 고소 사건** 『무고죄에 있어서 형의 필요적 감면사유에 해당하는 자백이란 자신의 범죄사실, 즉 타인으로 하여금 형사처분 또는 징계처분을 받게 할 목적으로 공무소 또는 공무원에 대하여 허위의 사실을 신고하였음을 자인하는 것을 말하고, 단순히 그 신고한 내용이 객관적 사실에 반한다고 인정함에 지나지 아니하는 것은 이에 해당하지 아니한다』(대판 1995.9.5. 94도755)☆.

> ✔ **자백의 시기 : 사기 무고 사건** 표준 『[1] 형법 제157조, 제153조는 무고죄를 범한 자가 그 신고한 사건의 재판 또는 징계처분이 확정되기 전에 자백 또는 자수한 때에는 그 형을 감경 또는 면제한다고 하여 이러한 재판확정 전의 자백을 필요적 감경 또는 면제사유로 정하고 있다. 위와 같은 자백의 절차에 관해서는 아무런 법령상의 제한이 없으므로 그가 신고한 사건을 다루는 기관에 대한 고백이나 그 사건을 다루는 재판부에 증인으로 다시 출석하여 전에 그가 한 신고가 허위의 사실이었음을 고백하는 것은 물론 무고 사건의 피고인 또는 피의자로서 법원이나 수사기관에서의 신문에 의한 고백 또한 자백의 개념에 포함된다.
> [2] 형법 제153조에서 정한 '재판이 확정되기 전'에는 피고인의 고소사건 수사 결과 피고인의 무고 혐의가 밝혀져 피고인에 대한 공소가 제기되고 피고소인에 대해서는 불기소결정이 내려져 재판절차가 개시되지 않은 경우도 포함된다』(대판 2018.8.1. 2018도7293)★.

MEMO

CRIMINAL LAW

CRIMINAL LAW

문형석
형사법의
정석

제 04 편

판례색인

▶ 대법원 판결
▶ 헌법재판소 결정례

대법원 판결

대판[전] 1965.12.10. 65도826 ·················· 533
대판[전] 1973.11.13. 73도1553 ················ 193
대판[전] 1983.12.13. 83도2330 ················ 291
대판[전] 1985.11.26. 85도1493 ················ 259
대판[전] 1989.9.12. 87도506 ·················· 394
대판[전] 1997.4.17. 96도3376 ················· 459
대판[전] 1997.7.16. 97도985 ··················· 463
대판[전] 2001.4.19. 2000도1985 ·············· 433
대판[전] 2002.7.18. 2002도669 ················ 295
대판[전] 2004.6.17. 2003도7645 ·············· 271
대판[전] 2004.11.18. 2004도5074 ············ 192
대판[전] 2005.2.24. 2002도18 ·················· 394
대판[전] 2006.4.7. 2005도9858 ················ 226
대판[전] 2006.10.19. 2005도3909 ············ 469
대판[전] 2007.4.19. 2005도7288 ·············· 218
대판[전] 2007.9.28. 2007도606 ·················· 43
대판[전] 2008.6.19. 2006도4876 ·············· 285
대판[전] 2009.11.19. 2009도4166 ············ 129
대판[전] 2010.1.21. 2008도942 ················ 526
대판[전] 2010.2.25. 2010도93 ·················· 251
대판[전] 2011.1.20. 2008도10479 ············ 298
대판[전] 2011.3.17. 2007도482 ················ 133
대판[전] 2013.5.16. 2012도14788 ·············· 75
대판[전] 2013.6.20. 2010도14328 ·············· 66
대판[전] 2014.8.21. 2014도3363 ·············· 278
대판[전] 2015.1.22. 2014도10978 ············ 460
대판[전] 2015.6.25. 2015도1944 ·············· 253
대판[전] 2016.5.19. 2014도6992 ·············· 266
대판[전] 2017.2.16. 2016도13362 ············ 215
대판[전] 2017.7.20. 2014도1104 ·············· 289
대판[전] 2018.5.17. 2017도4027 ·············· 296
대판[전] 2018.7.19. 2017도17494 ············ 253
대판[전] 2019.8.29. 2018도13792 ············ 490
대판[전] 2019.8.29. 2018도2738 ·············· 490
대판[전] 2020.2.20. 2019도9756 ·············· 260
대판[전] 2020.6.18. 2019도14340 ····· 258, 299
대판[전] 2020.8.27. 2015도9436 ················ 89
대판[전] 2020.8.27. 2019도11294 ····· 408, 409
대판[전] 2020.8.27. 2019도14770 ············ 281
대판[전] 2020.10.22. 2020도6258 ············ 281
대판[전] 2020.11.19. 2020도5813 ······· 93, 95
대판[전] 2021.2.18. 2016도18761 ············ 265
대판[전] 2021.9.9. 2020도12630 ·············· 152
대판[전] 2021.9.9. 2020도6085 ················ 149
대판[전] 2022.3.24. 2017도18272 ············ 154

대판[전] 2022.4.21. 2019도3047 ················ 73
대판[전] 2022.4.28. 2022도1717 ·············· 154
대판[전] 2022.6.23. 2017도3829 ·············· 264
대판[전] 2022.12.22. 2020도8682 ············ 260
대판[전] 2023.9.21. 2018도13877 ·············· 78

대판 1948.5.14. 4281형상38 ······················· 3
대판 1955.12.23. 4288형상25 ·················· 147
대판 1962.2.8. 4294형상470 ···················· 261
대판 1966.1.31. 65도1178 ······················· 171
대판 1968.10.29. 68도1222 ····················· 171
대판 1969.2.25. 69도46 ··························· 279
대판 1969.3.11. 69도161 ·························· 16
대판 1969.6.24. 69도692 ························· 309
대판 1970.1.27. 69도2260 ······················· 509
대판 1970.3.24. 70도330 ················· 359, 361
대판 1970.9.22. 70도1623 ······················· 401
대판 1970.10.30. 70도1879 ····················· 446
대판 1971.2.23. 70도2589 ······················· 310
대판 1971.3.9. 71도186 ··························· 504
대판 1971.4.20. 71도468 ························· 313
대판 1971.11.23. 71도1576 ····················· 320
대판 1972.2.22. 71도2296 ······················· 312
대판 1972.6.13. 72도897 ························· 384
대판 1972.6.13. 72도971 ························· 312
대판 1972.6.27. 72도863 ··························· 36
대판 1972.6.27. 72도969 ························· 467
대판 1972.8.29. 72도1565 ························· 48
대판 1972.11.28. 72도2201 ······················· 23
대판 1973.11.27. 73도1639 ····················· 531
대판 1974.10.8. 74도1798 ······················· 340
대판 1975.5.13. 75도855 ··························· 85
대판 1975.6.10. 74도2455 ······················· 298
대판 1975.9.23. 75도1773 ······················· 462
대판 1975.9.23. 75도2321 ······················· 351
대판 1975.10.7. 74도2727 ························· 47
대판 1975.12.9. 74도2804 ······················· 310
대판 1976.1.27. 74도3442 ······················· 163
대판 1976.2.10. 74도1519 ························· 90
대판 1976.3.9. 75도3779 ························· 502
대판 1976.4.13. 75도781 ························· 346
대판 1976.4.27. 75도2818 ······················· 244
대판 1976.9.14. 76도2072 ························· 68
대판 1977.1.11. 76도3419 ························· 36
대판 1977.2.8. 76도3685 ························· 504
대판 1977.2.8. 76도3758 ··························· 22
대판 1977.5.24. 76도4180 ······················· 259
대판 1977.6.7. 77도1069 ················· 229, 487

대판 1977. 7. 12. 77도1736 ······················· 404
대판 1977. 7. 26. 77도1802 ······················· 180
대판 1977. 11. 8. 77도1715 ······················· 261
대판 1977. 12. 27. 77도2155 ······················ 417
대판 1978. 2. 14. 77도2645 ······················· 431
대판 1978. 10. 10. 75도2665 ······················ 475
대판 1978. 11. 14. 78도2327 ······················ 447
대판 1979. 7. 24. 78도2138 ······················· 318
대판 1979. 9. 25. 79도1735 ······················· 185
대판 1979. 10. 30. 77도1879 ······················ 397
대판 1980. 2. 12. 79도1349 ························ 59
대판 1980. 3. 25. 79도2874 ······················· 347
대판 1980. 5. 20. 80도306 ························ 459
대판 1980. 6. 24. 80도726 ·························· 36
대판 1980. 9. 9. 80도1731 ···························· 7
대판 1980. 9. 24. 79도1387 ························· 38
대판 1980. 10. 14. 80도1373 ······················ 482
대판 1980. 11. 11. 80도131 ······················· 345
대판 1980. 12. 9. 80도1177 ······················· 230
대판 1980. 12. 23. 80도1963 ······················ 512
대판 1981. 3. 24. 81도326 ························ 501
대판 1981. 3. 24. 81도409 ························ 190
대판 1981. 7. 28. 81도1172 ······················· 470
대판 1981. 7. 28. 81도529 ························ 210
대판 1981. 8. 20. 80도1176 ······················· 277
대판 1981. 8. 20. 81도1638 ······················· 208
대판 1981. 8. 25. 80도2019 ······················· 528
대판 1981. 9. 8. 81도1955 ························ 355
대판 1981. 9. 22. 80도3180 ······················· 416
대판 1981. 9. 22. 81도1944 ······················· 462
대판 1981. 10. 13. 81도2394 ······················ 177
대판 1981. 10. 13. 81도2466 ·························· 7
대판 1982. 1. 12. 80도1970 ······················· 274
대판 1982. 1. 26. 81도1931 ······················· 519
대판 1982. 3. 9. 81도3396 ················· 169, 171
대판 1982. 4. 27. 82도186 ·························· 67
대판 1982. 4. 27. 82도274 ························ 533
대판 1982. 6. 8. 82도117 ························· 465
대판 1982. 6. 22. 82도677 ························ 385
대판 1982. 7. 13. 82도1057 ················· 319, 321
대판 1982. 7. 13. 82도1352 ······················· 191
대판 1982. 7. 13. 82도39 ························· 426
대판 1982. 7. 27. 82도1160 ······················· 224
대판 1982. 7. 27. 82도223 ························ 318
대판 1982. 9. 28. 82도1297 ······················· 433
대판 1982. 9. 28. 82도1656 ······················· 303
대판 1982. 10. 12. 81도2621 ·························· 3
대판 1982. 10. 12. 81도3176 ······················ 404

대판 1982. 10. 12. 82도2183 ······················· 85
대판 1982. 11. 9. 82도1256 ······················· 102
대판 1982. 12. 28. 82도1807 ······················ 318
대판 1982. 12. 28. 82도2058 ······················ 172
대판 1982. 12. 28. 82도2588 ························ 15
대판 1983. 1. 18. 81도824 ························ 142
대판 1983. 1. 18. 82도2170 ······················· 540
대판 1983. 1. 18. 82도2341 ······················· 359
대판 1983. 2. 8. 82도2486 ························ 124
대판 1983. 2. 8. 82도2714 ························ 242
대판 1983. 2. 22. 82도2964 ······················· 480
대판 1983. 2. 22. 82도3236 ······················· 256
대판 1983. 3. 8. 82도1363 ························ 148
대판 1983. 3. 8. 82도2944 ························ 174
대판 1983. 3. 22. 82도3065 ······················· 464
대판 1983. 3. 22. 83도231 ·························· 17
대판 1983. 4. 12. 82도2938 ······················· 203
대판 1983. 4. 26. 82도3079 ······················· 230
대판 1983. 4. 26. 83도416 ················· 462, 463
대판 1983. 4. 26. 83도524 ·························· 17
대판 1983. 5. 10. 82도2279 ······················· 365
대판 1983. 5. 24. 82도1426 ······················· 410
대판 1983. 6. 14. 82도2713 ························· 33
대판 1983. 6. 28. 82도1985 ······················· 432
대판 1983. 6. 28. 83도996 ·························· 17
대판 1983. 7. 26. 83도1378 ······················· 491
대판 1983. 8. 23. 80도1161 ······················· 256
대판 1983. 8. 23. 83도1017 ······················· 104
대판 1983. 8. 23. 83도1430 ······················· 425
대판 1983. 9. 13. 80도277 ·························· 58
대판 1983. 9. 27. 83도1864 ······················· 508
대판 1983. 9. 27. 83도1869 ······················· 338
대판 1983. 10. 11. 83도2222 ······················· 96
대판 1983. 10. 25. 83도1520 ······················ 213
대판 1983. 10. 25. 83도2190 ······················· 97
대판 1983. 11. 8. 83도1798 ······················· 135
대판 1983. 12. 27. 83도2442 ······················ 421
대판 1984. 1. 31. 83도2290 ······················· 509
대판 1984. 2. 14. 83도2995 ······················· 203
대판 1984. 2. 14. 83도3186 ························· 22
대판 1984. 2. 28. 83도3321 ······················· 193
대판 1984. 2. 28. 83도891 ·························· 96
대판 1984. 2. 28. 84도38 ························· 169
대판 1984. 2. 28. 84도90 ························· 437
대판 1984. 3. 27. 83도3260 ······················· 467
대판 1984. 4. 10. 83도1499 ······················· 486
대판 1984. 4. 10. 83도3288 ······················· 521
대판 1984. 4. 10. 84도194 ························ 452

대판 1984.4.10. 84도353 ·················· 26
대판 1984.4.24. 83도1429 ················ 148
대판 1984.5.15. 84도655 ·················· 59
대판 1984.5.29. 83도2930 ················ 279
대판 1984.6.5. 84도460 ·················· 190
대판 1984.6.26. 83도2413 ················ 330
대판 1984.6.26. 84도648 ·················· 49
대판 1984.6.26. 84도970 ················· 195
대판 1984.7.10. 84도638 ················· 131
대판 1984.7.24. 84도1245 ················ 361
대판 1984.10.10. 84도1566 ··············· 400
대판 1984.10.23. 84도1217 ··············· 420
대판 1984.11.13. 84도2192 ··············· 372
대판 1984.11.27. 84도1862 ··············· 385
대판 1984.12.26. 84도2290 ··············· 319
대판 1985.1.15. 84도2397 ················ 195
대판 1985.1.22. 84도2422 ················ 406
대판 1985.2.8. 84도2215 ················· 542
대판 1985.2.26. 84도2732 ················ 316
대판 1985.3.9. 85도951 ·················· 202
대판 1985.3.26. 84도1613 ················ 176
대판 1985.3.26. 84도301 ················· 208
대판 1985.3.26. 84도3024・84감도474 ······ 169
대판 1985.3.26. 85도122 ················· 148
대판 1985.4.9. 85도283 ·················· 539
대판 1985.4.23. 85도431 ·················· 96
대판 1985.4.23. 85도570 ················· 377
대판 1985.5.14. 84도2751 ················ 212
대판 1985.5.14. 85도619 ················· 190
대판 1985.5.28. 85도494 ················· 330
대판 1985.5.28. 85도682 ················· 195
대판 1985.6.11. 84도2527 ·················· 30
대판 1985.6.25. 83도3245 ················ 540
대판 1985.6.25. 84도2083 ············ 54, 58
대판 1985.6.25. 85도758 ················· 416
대판 1985.7.9. 84도822 ··················· 33
대판 1985.7.23. 85도1092 ················ 511
대판 1985.7.26. 85모14 ·················· 542
대판 1985.7.29. 85모16 ·················· 477
대판 1985.8.13. 85도1170 ················ 187
대판 1985.9.10. 85도1481 ················ 425
대판 1985.10.8. 84도2461 ················ 426
대판 1985.10.8. 84도2642 ················ 224
대판 1985.10.8. 85도1515 ················ 351
대판 1985.10.8. 85도1851 ·················· 50
대판 1985.10.22. 85도1629 ················· 99
대판 1985.10.22. 85도1732 ··············· 392
대판 1985.11.26. 85도2037 ················· 97
대판 1985.12.10. 84도2380 ··············· 541
대판 1986.1.21. 85도2472 ················ 314
대판 1986.2.11. 85도2513 ················ 254
대판 1986.2.25. 85도2773 ··················· 4
대판 1986.2.25. 85도2798 ················ 429
대판 1986.3.11. 86도133 ················· 543
대판 1986.6.24. 84도547 ················· 388
대판 1986.7.8. 84도2922 ·················· 39
대판 1986.7.8. 85도2042 ·················· 16
대판 1986.7.8. 86도1050 ················· 530
대판 1986.7.8. 86도843 ·················· 182
대판 1986.7.22. 86도1140 ·················· 46
대판 1986.8.19. 85도2144 ················ 286
대판 1986.8.19. 86도1093 ················ 171
대판 1986.9.9. 86도1245 ················· 508
대판 1986.9.9. 86도1273 ················· 309
대판 1986.9.9. 86도1382 ················· 282
대판 1986.9.23. 86도811 ················· 299
대판 1986.10.14. 86도1796 ················· 22
대판 1986.11.11. 86도1984 ··············· 410
대판 1986.12.9. 86도1492 ················ 326
대판 1986.12.23. 86도1372 ··············· 127
대판 1987.1.20. 86도2199・86감도245 ······ 174
대판 1987.1.20. 86도2395 ··················· 9
대판 1987.2.10. 85도897 ················· 521
대판 1987.3.24. 85도2650 ················ 529
대판 1987.4.11. 87도399 ················· 402
대판 1987.4.14. 85도2661 ················ 423
대판 1987.4.14. 87도177 ················· 318
대판 1987.5.12. 87도3 ··················· 148
대판 1987.5.12. 87도739 ·················· 93
대판 1987.6.9. 87도1029 ················· 540
대판 1987.7.21. 87도564 ················· 406
대판 1987.8.18. 87도1260 ················ 339
대판 1987.9.22. 87도1443 ················ 412
대판 1987.9.22. 87도1592 ················ 196
대판 1987.10.13. 87도1633 ··············· 314
대판 1987.10.13. 87도1778 ··············· 254
대판 1987.10.26. 87도1662 ··············· 194
대판 1987.10.26. 87도1880 ················· 87
대판 1987.11.10. 87도1760 ··············· 148
대판 1987.11.10. 87도993 ················ 287
대판 1987.12.8. 87도1959 ················ 175
대판 1988.2.9. 87도2460 ················· 193
대판 1988.2.23. 87도1952 ················ 332
대판 1988.3.22. 88도3 ··················· 404
대판 1988.4.25. 88도409 ················· 169
대판 1988.5.24. 87도2696 ················ 420

대판 1988.8.9. 86도225 ······ 38	대판 1991.4.26. 90도1958 ······ 332
대판 1988.9.13. 88도55 ······ 226	대판 1991.5.10. 90도2102 ······ 48
대판 1988.9.20. 86도628 ······ 255	대판 1991.5.10. 90도2601 ······ 543
대판 1988.11.8. 88도1580 ······ 59	대판 1991.5.14. 91도420 ······ 100
대판 1988.11.22. 88도1557 ······ 189	대판 1991.6.11. 91도753 ······ 151
대판 1988.12.13. 88도184 ······ 282	대판 1991.8.13. 91도1184 ······ 65
대판 1988.12.13. 88도750 ······ 297	대판 1991.8.27. 91도1604 ······ 58
대판 1989.1.17. 88도580 ······ 528	대판 1991.9.10. 91도1610 ······ 404
대판 1989.2.14. 88도899 ······ 114	대판 1991.9.13. 91도1515 ······ 352
대판 1989.2.28. 87도690 ······ 244	대판 1991.9.24. 91도1164 ······ 426
대판 1989.3.14. 88도1397 ······ 99	대판 1991.9.24. 91도1314 ······ 498
대판 1989.3.28. 89도108 ······ 29	대판 1991.9.24. 91도1733 ······ 396
대판 1989.4.11. 88도1105 ······ 390	대판 1991.10.11. 91도1656 ······ 517
대판 1989.4.11. 88도906 ······ 261	대판 1991.10.11. 91도1950 ······ 538
대판 1989.8.8. 88도2209 ······ 404	대판 1991.10.22. 91도1832 ······ 87
대판 1989.9.12. 88도1147 ······ 529	대판 1991.10.22. 91도2090 ······ 320
대판 1989.9.12. 89도1153 ······ 174	대판 1991.10.22. 91도2174 ······ 5
대판 1989.10.24. 88도1296 ······ 318	대판 1991.11.12. 91도2156 ······ 197
대판 1989.10.24. 89도1605 ······ 230	대판 1991.11.12. 91도2241 ······ 198
대판 1989.12.12. 89도1253 ······ 430	대판 1991.11.22. 91도2296 ······ 188
대판 1989.12.12. 89도1264 ······ 384	대판 1991.11.26. 91도2418 ······ 303
대판 1989.12.26. 89도1204 ······ 502	대판 1991.12.10. 91도2184 ······ 279
대판 1990.1.23. 87도2625 ······ 140	대판 1991.12.27. 90도2800 ······ 473
대판 1990.2.13. 89도1406 ······ 23	대판 1992.1.21. 91도1170 ······ 329
대판 1990.2.23. 89도1212 ······ 529	대판 1992.3.31. 92도58 ······ 131
대판 1990.2.27. 89도2532 ······ 189	대판 1992.4.24. 92도118 ······ 176
대판 1990.3.13. 90도173 ······ 157	대판 1992.5.12. 92도280 ······ 175
대판 1990.3.27. 89도813 ······ 262	대판 1992.5.22. 91다39320 ······ 146
대판 1990.4.24. 90도193 ······ 190	대판 1992.5.22. 92도506 ······ 498
대판 1990.5.8. 90도448 ······ 528	대판 1992.5.26. 91도894 ······ 512
대판 1990.5.22. 90도700 ······ 322	대판 1992.6.9. 91도2221 ······ 130
대판 1990.5.25. 90도6 ······ 278	대판 1992.6.9. 92도77 ······ 238
대판 1990.8.14. 90도595 ······ 542	대판 1992.6.12. 92도736 ······ 521
대판 1990.9.11. 90도1021 ······ 168	대판 1992.7.14. 92도753 ······ 259
대판 1990.9.25. 90도1591 ······ 322	대판 1992.7.28. 92도917 ······ 188
대판 1990.9.25. 90도873 ······ 117	대판 1992.9.8. 91도3149 ······ 175
대판 1990.10.16. 90도1199 ······ 415	대판 1992.9.8. 92도1650 ······ 174
대판 1990.10.16. 90도1485 ······ 444	대판 1992.9.14. 91도2994 ······ 210
대판 1990.10.30. 90도1912 ······ 418	대판 1992.9.14. 92도1506 ······ 246
대판 1990.11.13. 90도2011 ······ 365	대판 1992.9.14. 92도1564 ······ 426
대판 1990.12.21. 90도2425 ······ 467	대판 1992.11.27. 92도498 ······ 530
대판 1991.1.11. 90도2180 ······ 216	대판 1992.12.8. 92도1653 ······ 337
대판 1991.1.15. 90도2257 ······ 303	대판 1992.12.8. 92도1682 ······ 325, 326
대판 1991.1.29. 90도2153 ······ 22	대판 1992.12.22. 92도2218 ······ 227
대판 1991.1.29. 90도2445 ······ 50	대판 1993.3.9. 92도2999 ······ 251
대판 1991.2.26. 90도577 ······ 387	대판 1993.3.16. 92도3170 ······ 170
대판 1991.4.9. 91도288 ······ 77	대판 1993.3.23. 92도455 ······ 95
대판 1991.4.23. 91도476 ······ 179	대판 1993.4.13. 92도234 ······ 111

| 대판 1993. 4. 27. 92도2688 ·········· 411
| 대판 1993. 5. 11. 93도127 ············ 432
| 대판 1993. 7. 26. 92모29 ············· 476
| 대판 1993. 7. 27. 93도901 ············ 53
| 대판 1993. 9. 28. 93도1941 ·········· 222
| 대판 1993. 9. 28. 93도2143 ·········· 171
| 대판 1993. 12. 24. 92도3334 ········ 468
| 대판 1994. 2. 8. 93도3445 ············ 541
| 대판 1994. 2. 22. 93도428 ············ 186
| 대판 1994. 3. 8. 93도2272 ············ 258
| 대판 1994. 3. 11. 93도3001 ·········· 366
| 대판 1994. 4. 12. 93도3535 ·········· 101
| 대판 1994. 6. 28. 93도696 ············ 100
| 대판 1994. 7. 29. 93도1091 ·········· 401
| 대판 1994. 8. 12. 94도1487 ·········· 173
| 대판 1994. 9. 9. 94도1522 ············ 174
| 대판 1994. 9. 27. 94도1439 ·········· 333
| 대판 1994. 10. 11. 94도1481 ········ 170
| 대판 1994. 10. 11. 94도1575 ········ 216
| 대판 1994. 10. 11. 94도1991 ········ 161
| 대판 1994. 11. 4. 94도2112 ·········· 372
| 대판 1994. 11. 11. 94도343 ·········· 331
| 대판 1994. 11. 25. 94도2432 ········ 168
| 대판 1994. 12. 22. 94도2528 ········ 247
| 대판 1995. 1. 20. 94도2760 ·········· 252
| 대판 1995. 1. 24. 94도1949 ·········· 502
| 대판 1995. 2. 10. 94도2266 ·········· 444
| 대판 1995. 3. 10. 94도2422 ·········· 246
| 대판 1995. 3. 14. 95도59 ······· 257, 269
| 대판 1995. 3. 28. 95도91 ············· 186
| 대판 1995. 4. 7. 94도3412 ············ 535
| 대판 1995. 4. 14. 95도12 ············· 157
| 대판 1995. 6. 30. 94도3136 ·········· 128
| 대판 1995. 6. 30. 95도1010 ·········· 109
| 대판 1995. 7. 11. 95도955 ············ 452
| 대판 1995. 7. 25. 94도1351 ·········· 87
| 대판 1995. 7. 28. 95도1157 ·········· 210
| 대판 1995. 7. 28. 95도997 ············ 238
| 대판 1995. 9. 5. 94도3033 ············ 172
| 대판 1995. 9. 5. 94도755 ······· 543, 546
| 대판 1995. 9. 15. 94도2561 ·········· 156
| 대판 1995. 9. 15. 94도3336 ·········· 147
| 대판 1995. 9. 15. 95도1475 ·········· 372
| 대판 1995. 9. 29. 94도2187 ·········· 49
| 대판 1995. 9. 29. 94도2608 ·········· 533
| 대판 1995. 9. 29. 95도1176 ·········· 280
| 대판 1995. 9. 29. 95도803 ············ 388
| 대판 1995. 10. 12. 94도2076 ········ 172

| 대판 1995. 10. 12. 95도1589 ········ 126
| 대판 1995. 11. 24. 95도1923 ········ 262
| 대판 1995. 12. 5. 94도1520 ·········· 126
| 대판 1995. 12. 5. 95도1908 ·········· 541
| 대판 1995. 12. 12. 95도2320 ········ 491
| 대판 1995. 12. 22. 94도3013 ········ 286
| 대판 1995. 12. 26. 93도904 ·········· 522
| 대판 1996. 1. 26. 95도2526 ·········· 338
| 대판 1996. 2. 23. 95도2754 ·········· 323
| 대판 1996. 2. 27. 95도2828 ·········· 211
| 대판 1996. 2. 27. 95도2980 ·········· 67
| 대판 1996. 3. 12. 95도2864 ·········· 528
| 대판 1996. 3. 22. 95도2824 ·········· 256
| 대판 1996. 3. 22. 96도313 ············ 181
| 대판 1996. 3. 26. 95도3073 ·········· 396
| 대판 1996. 4. 9. 95도2466 ············ 236
| 대판 1996. 4. 12. 94도3309 ····· 97, 112
| 대판 1996. 4. 26. 96도281 ············ 501
| 대판 1996. 5. 14. 96도410 ············ 254
| 대판 1996. 5. 14. 96도554 ············ 416
| 대판 1996. 5. 31. 95도1967 ·········· 422
| 대판 1996. 6. 11. 96도233 ············ 424
| 대판 1996. 6. 11. 96도980 ············ 448
| 대판 1996. 6. 14. 96도1016 ·········· 521
| 대판 1996. 7. 12. 96도1007 ·········· 95
| 대판 1996. 7. 12. 96도1181 ····· 177, 238
| 대판 1996. 7. 30. 94도2708 ·········· 131
| 대판 1996. 8. 23. 94도3191 ·········· 115
| 대판 1996. 8. 23. 96도1265 ·········· 223
| 대판 1996. 8. 23. 96도1514 ·········· 282
| 대판 1996. 9. 10. 95도2747 ·········· 163
| 대판 1996. 9. 20. 95도1728 ·········· 239
| 대판 1996. 9. 24. 96도2151 ·········· 247
| 대판 1996. 10. 11. 96도312 ····· 496, 509
| 대판 1996. 10. 15. 96도1669 ········ 415
| 대판 1996. 10. 15. 96도2227 ········ 173
| 대판 1996. 10. 25. 95도1473 ········ 114
| 대판 1996. 10. 25. 96도1531 ········ 339
| 대판 1996. 11. 12. 96도2214 ········ 127
| 대판 1996. 11. 22. 96도2049 ········ 425
| 대판 1996. 12. 10. 96도2529 ········ 15
| 대판 1996. 12. 23. 96도2673 ········ 16
| 대판 1997. 1. 21. 96도2715 ·········· 237
| 대판 1997. 1. 24. 95도448 ············ 425
| 대판 1997. 1. 24. 96도1731 ·········· 347
| 대판 1997. 2. 25. 96도3411 ·········· 165
| 대판 1997. 2. 28. 96도2825 ·········· 510
| 대판 1997. 3. 11. 96도2801 ·········· 511

대판 1997. 3. 28. 96도2625 ······ 202	대판 1999. 3. 12. 98도3443 ······ 211
대판 1997. 4. 11. 96도2753 ······ 465	대판 1999. 3. 26. 98도3030 ······ 314
대판 1997. 4. 22. 95도748 ······ 465	대판 1999. 4. 9. 99도480 ······ 325
대판 1997. 4. 22. 96도8 ······ 271	대판 1999. 4. 9. 99도519 ······ 177
대판 1997. 5. 30. 97도597 ······ 26	대판 1999. 4. 13. 98도4022 ······ 286
대판 1997. 6. 13. 97도877 ······ 58	대판 1999. 4. 27. 99도883 ······ 307
대판 1997. 7. 8. 96도3319 ······ 438	대판 1999. 5. 14. 98도3767 ······ 135
대판 1997. 7. 11. 97도1082 ······ 415	대판 1999. 5. 14. 99도202 ······ 427
대판 1997. 7. 25. 97도1095 ······ 203	대판 1999. 5. 14. 99도206 ······ 431
대판 1997. 7. 25. 97도605 ······ 423	대판 1999. 6. 8. 99도1543 ······ 114
대판 1997. 8. 22. 95도984 ······ 468	대판 1999. 6. 11. 99도275 ······ 255, 482
대판 1997. 8. 29. 97도675 ······ 464, 466	대판 1999. 6. 22. 99도1095 ······ 282
대판 1997. 9. 5. 97도1572 ······ 494	대판 1999. 6. 25. 98도3891 ······ 205
대판 1997. 9. 9. 97도1561 ······ 209	대판 1999. 6. 25. 99도1141 ······ 283
대판 1997. 9. 9. 97도1596 ······ 522	대판 1999. 7. 9. 98도4088 ······ 271
대판 1997. 9. 26. 97도1520 ······ 263	대판 1999. 7. 9. 99도857 ······ 176
대판 1997. 10. 24. 97도2042 ······ 301	대판 1999. 7. 27. 99도1651 ······ 372
대판 1997. 11. 28. 97도1740 ······ 375	대판 1999. 9. 17. 98도2036 ······ 255
대판 1997. 12. 23. 97도2430 ······ 223	대판 1999. 9. 21. 99도383 ······ 496
대판 1997. 12. 26. 97도2609 ······ 483	대판 1999. 10. 8. 99도1638 ······ 480
대판 1998. 2. 13. 97도2922 ······ 383	대판 1999. 11. 9. 99도2530 ······ 482
대판 1998. 2. 27. 97도2483 ······ 383	대판 1999. 11. 26. 99도1904 ······ 467
대판 1998. 2. 27. 97도2786 ······ 225	대판 1999. 11. 26. 99도3929·99감도97 ······ 241
대판 1998. 3. 10. 97도1168 ······ 527	대판 1999. 11. 26. 99도3963 ······ 170
대판 1998. 3. 10. 98도70 ······ 45	대판 1999. 12. 10. 99도2213 ······ 227
대판 1998. 3. 24. 97도2956 ······ 540	대판 1999. 12. 10. 99도3487 ······ 131
대판 1998. 4. 10. 98도164·98감도12 ······ 402	대판 1999. 12. 10. 99도3711 ······ 32
대판 1998. 4. 14. 98도150 ······ 541	대판 1999. 12. 24. 99도2240 ······ 468
대판 1998. 4. 14. 98도16 ······ 427	대판 2000. 1. 14. 99도5187 ······ 84
대판 1998. 4. 14. 98도292 ······ 257	대판 2000. 1. 28. 99도2884 ······ 208
대판 1998. 4. 24. 97도3425 ······ 166	대판 2000. 2. 11. 99도3048 ······ 107
대판 1998. 5. 26. 98도1036 ······ 69	대판 2000. 2. 11. 99도4579 ······ 96
대판 1998. 6. 23. 98도700 ······ 163	대판 2000. 2. 11. 99도4979 ······ 257
대판 1998. 7. 10. 98도126 ······ 168	대판 2000. 2. 25. 98도4355 ······ 83
대판 1998. 9. 8. 98도1949 ······ 338	대판 2000. 2. 25. 99도5775 ······ 163
대판 1998. 11. 10. 98도2642 ······ 176	대판 2000. 3. 10. 98도2579 ······ 312
대판 1998. 11. 24. 98도2967 ······ 164	대판 2000. 3. 23. 99도3099 ······ 15
대판 1998. 12. 8. 98도3263 ······ 206	대판 2000. 3. 24. 2000도102 ······ 142
대판 1999. 1. 15. 98도663 ······ 125	대판 2000. 3. 24. 2000도20 ······ 519
대판 1999. 1. 26. 98도3732 ······ 15	대판 2000. 3. 24. 98도4347 ······ 266
대판 1999. 1. 29. 98도3240 ······ 136	대판 2000. 3. 28. 2000도493 ······ 175
대판 1999. 1. 29. 98도3584 ······ 482	대판 2000. 4. 11. 2000도565 ······ 251
대판 1999. 1. 29. 98도4182 ······ 304	대판 2000. 4. 11. 99도334 ······ 283
대판 1999. 2. 12. 98도2474 ······ 339	대판 2000. 4. 21. 99도5563 ······ 513
대판 1999. 2. 24. 98도3140 ······ 445	대판 2000. 4. 25. 2000도223 ······ 40
대판 1999. 2. 24. 98도4350 ······ 514	대판 2000. 5. 12. 99도5734 ······ 95
대판 1999. 2. 26. 98도3321 ······ 191	대판 2000. 5. 16. 99도5622 ······ 95
대판 1999. 3. 9. 99도242 ······ 187	대판 2000. 5. 26. 98도3257 ······ 83

대판 2000. 5. 26. 99도2781 …… 284
대판 2000. 5. 30. 2000도883 …… 388
대판 2000. 6. 9. 2000도1253 …… 75, 76
대판 2000. 6. 13. 2000도778 …… 402
대판 2000. 6. 27. 2000도1155 …… 284
대판 2000. 6. 27. 2000도1858 …… 416
대판 2000. 7. 6. 99도4079 …… 140
대판 2000. 7. 28. 98도4558 …… 337
대판 2000. 8. 18. 2000도1856 …… 252
대판 2000. 8. 18. 2000도2231 …… 5
대판 2000. 8. 22. 2000도2393 …… 395
대판 2000. 9. 5. 2000도2855 …… 394, 403
대판 2000. 9. 8. 2000도1447 …… 342
대판 2000. 9. 8. 2000도258 …… 257
대판 2000. 10. 10. 99도5407 …… 103
대판 2000. 10. 13. 2000도3655 …… 175
대판 2000. 10. 13. 99오1 …… 343
대판 2000. 10. 27. 98도679 …… 445
대판 2000. 11. 10. 2000도3013 …… 256
대판 2000. 11. 28. 2000도1089 …… 532
대판 2000. 12. 8. 99도214 …… 271
대판 2000. 12. 8. 99도3338 …… 288
대판 2000. 12. 22. 2000도4372 …… 448
대판 2001. 1. 5. 99도4101 …… 417
대판 2001. 1. 16. 2000도1757 …… 511
대판 2001. 2. 9. 2000도4700 …… 140
대판 2001. 3. 9. 2000도938 …… 402
대판 2001. 4. 24. 2001도1092 …… 151
대판 2001. 6. 26. 2001도404 …… 370
대판 2001. 7. 13. 2001도1289 …… 216
대판 2001. 8. 21. 2001도3447 …… 193
대판 2001. 8. 24. 2001도2832 …… 383
대판 2001. 9. 7. 2001도2917 …… 134
대판 2001. 9. 25. 2001도3625 …… 240
대판 2001. 9. 28. 2001도3191 …… 285
대판 2001. 10. 9. 2001도3594 …… 113
대판 2001. 10. 12. 99도5294 …… 481
대판 2001. 10. 23. 2001도2991 …… 165
대판 2001. 10. 23. 2001도4142 …… 191
대판 2001. 11. 27. 2001도4759 …… 335
대판 2001. 11. 30. 2001도2015 …… 128
대판 2001. 12. 11. 2001도5005 …… 31
대판 2001. 12. 27. 2001도5252 …… 528
대판 2002. 1. 11. 2000도1881 …… 223
대판 2002. 1. 11. 2000도3950 …… 378
대판 2002. 2. 8. 2000도3245 …… 46
대판 2002. 2. 8. 2001도6425 …… 196
대판 2002. 3. 26. 2001도6641 …… 361
대판 2002. 4. 9. 2001도6601 …… 33
대판 2002. 4. 9. 99도2165 …… 301, 303
대판 2002. 4. 12. 2000도3485 …… 496
대판 2002. 4. 12. 2001도5802 …… 453
대판 2002. 4. 23. 2001도6570 …… 219
대판 2002. 4. 26. 2001도2417 …… 79
대판 2002. 4. 26. 2001도6903 …… 371
대판 2002. 5. 10. 2001도300 …… 497
대판 2002. 5. 17. 2001도6170 …… 466
대판 2002. 6. 14. 2001도3534 …… 275, 277
대판 2002. 6. 25. 2002도461 …… 383
대판 2002. 6. 28. 2000도3045 …… 108
대판 2002. 6. 28. 2000도3716 …… 287
대판 2002. 6. 28. 2001도1610 …… 222
대판 2002. 7. 12. 2002도2134 …… 232, 238
대판 2002. 7. 12. 2002도745 …… 163
대판 2002. 7. 22. 2002도1696 …… 283
대판 2002. 7. 26. 2001도6721 …… 482
대판 2002. 8. 23. 2001도5592 …… 127, 128
대판 2002. 8. 23. 2002도366 …… 271
대판 2002. 9. 4. 2002도2064 …… 505
대판 2002. 9. 6. 2002도3465 …… 177
대판 2002. 9. 24. 2002도2243 …… 158
대판 2002. 10. 11. 2002도2939 …… 262
대판 2002. 10. 11. 2002도3332 …… 520
대판 2002. 10. 11. 2002도4315 …… 57
대판 2002. 10. 25. 2002도4089 …… 5
대판 2002. 11. 13. 2002도2219 …… 267
대판 2002. 11. 22. 2000도4419 …… 213
대판 2002. 11. 22. 2002도4291 …… 262
대판 2002. 11. 26. 2002도3539 …… 479
대판 2002. 12. 10. 2001도7095 …… 244
대판 2003. 1. 10. 2000도5716 …… 23
대판 2003. 1. 10. 2002도2363 …… 231
대판 2003. 1. 10. 2002도3340 …… 378, 380
대판 2003. 1. 24. 2002도5939 …… 543
대판 2003. 2. 11. 2002도4293 …… 509
대판 2003. 2. 11. 2002도7115 …… 64
대판 2003. 2. 14. 2002도5374 …… 520
대판 2003. 2. 26. 2002도4935 …… 433
대판 2003. 2. 28. 2002도7335 …… 27
대판 2003. 3. 25. 2002도7134 …… 297
대판 2003. 4. 25. 2003도348 …… 316
대판 2003. 5. 13. 2001도3212 …… 513
대판 2003. 5. 13. 2002도7420 …… 101
대판 2003. 5. 13. 2003도1178 …… 232
대판 2003. 5. 13. 2003도1366 …… 313
대판 2003. 5. 16. 2001도1825 …… 217

대판 2003.5.30. 2000도5767	330	대판 2004.6.24. 2004도520	283, 284
대판 2003.5.30. 2002도235	268	대판 2004.6.25. 2004도1751	229
대판 2003.5.30. 2003도1256	86	대판 2004.7.9. 2002도631	138
대판 2003.6.13. 2003도1279	211	대판 2004.7.9. 2004도3029	512
대판 2003.6.24. 2003도1985	173	대판 2004.7.9. 2004도810	291, 294
대판 2003.6.27. 2003도1331	455	대판 2004.7.22. 2002도4229	292
대판 2003.7.8. 2001도1335	446	대판 2004.7.22. 2003도6412	205
대판 2003.7.22. 2003도1951	225	대판 2004.8.20. 2004도2767	396
대판 2003.7.25. 2003도1609	506	대판 2004.10.15. 2004도3584	424
대판 2003.7.25. 2003도180	525	대판 2004.10.15. 2004도4467	136
대판 2003.7.25. 2003도2252	217	대판 2004.10.28. 2004도1256	126
대판 2003.7.25. 2003도2316	192	대판 2004.12.9. 2004도5904	249, 310, 315
대판 2003.8.22. 2003도2807	270	대판 2004.12.23. 2004도6483	402
대판 2003.9.26. 2002도3924	140, 141, 142	대판 2004.12.24. 2003도4570	271
대판 2003.9.26. 2003도763	53, 278	대판 2005.1.28. 2004도4663	428, 429
대판 2003.10.9. 2000도4993	408	대판 2005.2.18. 2002도2822	258
대판 2003.10.9. 2003도3387	337	대판 2005.3.10. 2004도341	134
대판 2003.10.24. 2003도4417	156, 179	대판 2005.3.25. 2003도5004	134
대판 2003.11.13. 2001도7045	507	대판 2005.3.25. 2004도5731	288
대판 2003.11.28. 2003도3972	119	대판 2005.4.15. 2004도8701	126
대판 2003.11.28. 2003도4257	331	대판 2005.4.29. 2002도7262	217
대판 2003.11.28. 2003도5547	471	대판 2005.4.29. 2003도2137	108
대판 2003.12.12. 2003도4533	523	대판 2005.4.29. 2005도741	230
대판 2003.12.26. 2001도6349	496, 504	대판 2005.4.29. 2005도856	293
대판 2003.12.26. 2003도4914	228	대판 2005.5.26. 2003도5519	270
대판 2004.1.16. 2003도7178	539	대판 2005.5.26. 2005도1039	87
대판 2004.1.27. 2001도5414	422	대판 2005.5.27. 2004도8447	134
대판 2004.1.27. 2003도5114	530, 538	대판 2005.6.9. 2004도6132	412
대판 2004.2.13. 2003도7393	157	대판 2005.6.9. 2004도7218	160
대판 2004.3.12. 2002도5090	168	대판 2005.6.10. 2005도1373	10
대판 2004.3.12. 2003도333	220	대판 2005.6.10. 2005도2316	109
대판 2004.3.12. 2003도6514	449	대판 2005.7.15. 2003도6934	421
대판 2004.3.25. 2003도7700	221	대판 2005.7.15. 2004도1565	243
대판 2004.3.26. 2003도5640	379	대판 2005.7.22. 2005도3034	512
대판 2004.3.26. 2003도8077	489	대판 2005.7.29. 2004도5685	292
대판 2004.3.26. 2003도8226	517, 521	대판 2005.8.19. 2004도6859	236
대판 2004.4.9. 2003도7762	419	대판 2005.8.19. 2005도3045	272
대판 2004.4.9. 2003도7828	208, 216	대판 2005.8.25. 2005도1731	508
대판 2004.4.9. 2003도8219	315	대판 2005.9.9. 2005도3108	33
대판 2004.4.9. 2004도340	104	대판 2005.9.9. 2005도626	330
대판 2004.4.16. 2004도353	235, 309, 311	대판 2005.9.15. 2003도5382	211
대판 2004.4.16. 2004도52	80	대판 2005.9.29. 2005도4738	245
대판 2004.5.13. 2002도7340	278	대판 2005.9.29. 2005도4809	252
대판 2004.5.14. 2003도3487	379	대판 2005.9.30. 2005도2712	544
대판 2004.5.27. 2002도6251	472	대판 2005.9.30. 2005도5236	205
대판 2004.5.27. 2003도6988	250	대판 2005.9.30. 2005도5869	239
대판 2004.6.24. 2002도4151	225	대판 2005.10.7. 2005도5351	151
대판 2004.6.24. 2004도1098	187	대판 2005.10.13. 2005도4522	337

| 대판 2005.10.27. 2005도4528 ········· 388
| 대판 2005.10.28. 2004도4731 ········· 498
| 대판 2005.10.28. 2004도7545 ········· 373
| 대판 2005.10.28. 2005도4915 ····· 293, 294
| 대판 2005.10.28. 2005도5713 ········· 297
| 대판 2005.11.10. 2005도6604 ········· 330
| 대판 2005.12.9. 2004도2880 ·········· 96
| 대판 2005.12.9. 2005도5962 ········· 278
| 대판 2005.12.9. 2005도7527 ·········· 18
| 대판 2006.1.13. 2005도1264 ········· 448
| 대판 2006.1.13. 2005도4790 ········· 423
| 대판 2006.1.13. 2005도4799 ········· 502
| 대판 2006.1.13. 2005도6791 ·········· 85
| 대판 2006.1.26. 2005도4764 ········· 385
| 대판 2006.2.24. 2005도4737 ········· 494
| 대판 2006.3.9. 2003도6733 ········· 263
| 대판 2006.3.9. 2005도7819 ········· 176
| 대판 2006.3.10. 2005도382 ········· 138
| 대판 2006.3.10. 2005도9402 ········· 424
| 대판 2006.3.23. 2004도3360 ········· 413
| 대판 2006.3.23. 2005도4455 ········· 331
| 대판 2006.3.24. 2005도3516 ········· 232
| 대판 2006.3.24. 2005도6433 ········· 302
| 대판 2006.4.27. 2006도735 ····· 479, 492
| 대판 2006.4.28. 2005도4085 ········· 272
| 대판 2006.5.11. 2006도1663 ········· 418
| 대판 2006.5.12. 2004다35199 ········· 104
| 대판 2006.5.25. 2003도3945 ········· 514
| 대판 2006.5.25. 2005도4642 ········· 541
| 대판 2006.6.9. 2005도8498 ········· 141
| 대판 2006.6.15. 2004도3424 ········· 488
| 대판 2006.6.15. 2005도1420 ········· 483
| 대판 2006.6.16. 2004도7585 ········· 272
| 대판 2006.7.6. 2005도6810 ········· 515
| 대판 2006.7.6. 2006도654 ········· 237
| 대판 2006.7.27. 2006도3126 ····· 173, 233
| 대판 2006.7.27. 2006도3145 ····· 290, 291
| 대판 2006.8.25. 2006도3631 ········· 545
| 대판 2006.8.25. 2006도546 ·········· 48
| 대판 2006.8.25. 2006도648 ····· 110, 111
| 대판 2006.9.8. 2006도148 ········· 497
| 대판 2006.9.14. 2006도2824 ····· 156, 179
| 대판 2006.9.14. 2006도4127 ········· 234
| 대판 2006.9.28. 2006도1545 ········· 401
| 대판 2006.9.28. 2006도2963 ········· 172
| 대판 2006.10.13. 2006도4740 ········· 513
| 대판 2006.10.26. 2004도6280 ········· 268
| 대판 2006.10.26. 2006도5147 ····· 420, 423

| 대판 2006.10.27. 2004도6503 ····· 207, 231
| 대판 2006.11.10. 2006도5811 ········· 225
| 대판 2006.11.23. 2006도6795 ········· 227
| 대판 2006.12.7. 2005도3707 ········· 523
| 대판 2006.12.7. 2006도3400 ········· 124
| 대판 2006.12.8. 2006도6155 ·········· 47
| 대판 2006.12.22. 2004도2581 ········· 141
| 대판 2007.1.11. 2006도4498 ····· 167, 208
| 대판 2007.1.12. 2006도6599 ········· 128
| 대판 2007.1.25. 2004도45 ········· 205
| 대판 2007.1.25. 2006도3996 ········· 415
| 대판 2007.1.25. 2006도5979 ······ 76, 78
| 대판 2007.1.25. 2006도7470 ········· 218
| 대판 2007.1.26. 2004도1632 ········· 102
| 대판 2007.2.23. 2005도7430 ········· 410
| 대판 2007.3.15. 2004도5742 ········· 292
| 대판 2007.3.15. 2006도2704 ········· 346
| 대판 2007.3.15. 2006도9338 ········· 169
| 대판 2007.3.15. 2006도9453 ······ 85, 543
| 대판 2007.3.15. 2006도9463 ········· 530
| 대판 2007.3.15. 2007도169 ········· 403
| 대판 2007.3.15. 2007도312 ········· 511
| 대판 2007.3.16. 2006도9164 ········· 361
| 대판 2007.3.29. 2006도9182 ········· 486
| 대판 2007.3.29. 2006도9307 ········· 160
| 대판 2007.3.30. 2006도6017 ········· 538
| 대판 2007.3.30. 2007도629 ········· 431
| 대판 2007.4.12. 2007도967 ········· 211
| 대판 2007.4.13. 2006도558 ········· 540
| 대판 2007.4.27. 2005도4204 ········· 478
| 대판 2007.4.27. 2006도7634 ········· 219
| 대판 2007.5.10. 2007도1375 ········· 239
| 대판 2007.5.11. 2007도2318 ·········· 67
| 대판 2007.5.31. 2006도3493 ·········· 30
| 대판 2007.5.31. 2006도8488 ····· 227, 423
| 대판 2007.5.31. 2007도1082 ········· 254
| 대판 2007.6.1. 2006도1125 ·········· 47
| 대판 2007.6.14. 2004도5561 ····· 470, 471
| 대판 2007.6.28. 2002도3600 ····· 534, 535
| 대판 2007.6.28. 2007도2590 ········· 321
| 대판 2007.6.29. 2005도3832 ··········· 4
| 대판 2007.6.29. 2006도3839 ········· 131
| 대판 2007.7.12. 2005도9221 ········· 214
| 대판 2007.7.27. 2006도2330 ········· 407
| 대판 2007.8.23. 2007도2595 ········· 163
| 대판 2007.9.6. 2006도3591 ········· 223
| 대판 2007.9.20. 2005도9590 ········· 528
| 대판 2007.9.20. 2007도5207 ········· 318

대판 2007.9.20. 2007도5507 ·················· 213	대판 2008.6.12. 2008도938 ·················· 409
대판 2007.10.11. 2005도7573 ·················· 372	대판 2008.6.26. 2008도1059 ·················· 521
대판 2007.10.11. 2007도5838 ·················· 407	대판 2008.6.26. 2008도3184 ·················· 338
대판 2007.10.11. 2007도6101 ·················· 507	대판 2008.6.26. 2008도3300 ·················· 527
대판 2007.10.12. 2005도7112 ·················· 487	대판 2008.7.10. 2007도9885 ·················· 25
대판 2007.10.25. 2006도346 ·················· 111	대판 2008.7.10. 2008도1433 ·················· 119
대판 2007.10.25. 2007도5077 ·················· 99	대판 2008.7.10. 2008도3252 ·················· 172
대판 2007.11.15. 2007도6990 ·················· 159	대판 2008.7.10. 2008도3766 ·················· 297
대판 2007.11.16. 2005도1796 ·················· 31	대판 2008.7.24. 2008도3438 ·················· 346
대판 2007.11.16. 2007도5539 ·················· 512	대판 2008.8.21. 2008도3754 ·················· 539
대판 2007.11.29. 2007도7480 ·················· 393	대판 2008.9.11. 2006도8721 ··········· 336, 339
대판 2007.11.29. 2007도7961 ·················· 500	대판 2008.9.25. 2008도2590 ·················· 489
대판 2007.11.29. 2007도8549 ·················· 205	대판 2008.10.9. 2007도1220 ············ 98, 101
대판 2007.11.30. 2005도9922 ·················· 426	대판 2008.10.9. 2007도2511 ·················· 255
대판 2007.11.30. 2007도4191 ·················· 534	대판 2008.10.23. 2006도736 ·················· 451
대판 2007.12.13. 2007도7247 ·················· 151	대판 2008.10.23. 2008도4852 ·················· 544
대판 2007.12.13. 2007도7601 ·················· 184	대판 2008.10.23. 2008도5200 ·················· 429
대판 2007.12.14. 2006도2074 ·················· 113	대판 2008.10.23. 2008도6080 ·········· 164, 181
대판 2007.12.14. 2006도4662 ·················· 373	대판 2008.10.23. 2008도6515 ·················· 104
대판 2007.12.27. 2005도6404 ·················· 131	대판 2008.10.23. 2008도6940 ·················· 17
대판 2007.12.27. 2006도3575 ·················· 531	대판 2008.11.13. 2006도755 ·················· 373
대판 2007.12.28. 2007도9181 ·················· 326	대판 2008.11.13. 2007도9794 ·················· 498
대판 2008.1.17. 2007도6987 ············ 396, 410	대판 2008.11.13. 2008도6342 ·················· 112
대판 2008.1.17. 2007도8485 ·················· 68	대판 2008.11.27. 2006도4263 ·················· 167
대판 2008.1.31. 2007도8011 ·················· 64	대판 2008.11.27. 2006도9194 ·················· 399
대판 2008.2.1. 2007도5190 ·················· 485	대판 2008.11.27. 2007도5312 ·················· 102
대판 2008.2.1. 2007도5296 ·················· 454	대판 2008.11.27. 2008도6728 ·················· 99
대판 2008.2.14. 2005도4202 ·················· 468	대판 2008.11.27. 2008도7018 ·················· 52
대판 2008.2.14. 2007도10100 ·················· 386	대판 2008.11.27. 2008도7303 ·················· 200
대판 2008.2.14. 2007도3952 ·················· 37	대판 2008.11.27. 2008도7820 ·················· 182
대판 2008.2.14. 2007도8155 ·················· 95	대판 2008.11.27. 2008도9071 ·················· 144
대판 2008.2.14. 2007도8767 ·················· 237	대판 2008.12.11. 2008도6987 ·················· 303
대판 2008.2.14. 2007도9606 ·················· 406	대판 2008.12.11. 2008도8279 ·················· 269
대판 2008.3.13. 2007도10050 ·················· 80	대판 2008.12.11. 2008도8917 ·················· 118
대판 2008.3.13. 2007도10804 ·················· 485	대판 2008.12.11. 2008도8922 ·················· 44
대판 2008.3.13. 2007도7724 ·················· 506	대판 2008.12.24. 2006도1819 ·················· 510
대판 2008.3.14. 2006도6049 ·················· 113	대판 2008.12.24. 2007도9287 ·················· 140
대판 2008.3.14. 2007도7568 ·················· 263	대판 2008.12.24. 2008도7836 ·········· 399, 420
대판 2008.3.27. 2007도11153 ·················· 541	대판 2008.12.24. 2008도9494 ·················· 385
대판 2008.3.27. 2008도917 ·················· 179	대판 2009.1.30. 2006도7777 ·················· 396
대판 2008.4.10. 2008도1013 ·················· 393	대판 2009.1.30. 2008도10308 ·················· 186
대판 2008.4.10. 2008도1464 ·················· 156	대판 2009.1.30. 2008도6950 ········· 132, 474, 489
대판 2008.4.24. 2008도1408 ·················· 278	대판 2009.1.30. 2008도9985 ·················· 220
대판 2008.5.8. 2007도11322 ·················· 155	대판 2009.2.12. 2008도10248 ·················· 425
대판 2008.5.8. 2008도198 ·················· 342	대판 2009.2.12. 2008도10971 ·················· 261
대판 2008.5.15. 2008도1097 ·················· 54	대판 2009.2.12. 2008도11804 ·················· 168
대판 2008.5.29. 2008도2476 ·················· 340	대판 2009.2.26. 2008도10582 ·················· 453
대판 2008.6.12. 2008도2440 ············ 173, 234	대판 2009.2.26. 2008도10851 ·················· 432

대판 2009.2.26. 2008도11722 ·················· 297
대판 2009.2.26. 2008도11862 ·················· 505
대판 2009.3.12. 2008도10826 ·················· 268
대판 2009.3.12. 2008도11007 ·················· 528
대판 2009.3.12. 2008도1321 ···················· 505
대판 2009.3.26. 2008도6641 ···················· 214
대판 2009.3.26. 2008도93 ························ 414
대판 2009.4.9. 2008도11978 ···················· 139
대판 2009.4.9. 2009도128 ······················· 226
대판 2009.4.23. 2007도1554 ···················· 508
대판 2009.4.23. 2008도11921 ·················· 375
대판 2009.4.23. 2008도8527 ···················· 398
대판 2009.4.23. 2009도1203 ···················· 314
대판 2009.5.14. 2007도2168 ············· 335, 336
대판 2009.5.14. 2008도10914 ·················· 446
대판 2009.5.14. 2008도11361 ·················· 141
대판 2009.5.28. 2008도11857 ·················· 107
대판 2009.5.28. 2008도4665 ···················· 228
대판 2009.5.28. 2009도1040 ······················ 30
대판 2009.5.28. 2009도875 ······················· 339
대판 2009.6.23. 2008도1697 ···················· 212
대판 2009.6.25. 2009도3505 ···················· 503
대판 2009.7.9. 2009도2390 ························ 30
대판 2009.7.9. 2009도295 ························ 228
대판 2009.7.9. 2009도3816 ························ 66
대판 2009.7.9. 2009도4266 ······················ 373
대판 2009.7.23. 2009도1934 ······················ 87
대판 2009.7.23. 2009도2384 ···················· 218
대판 2009.7.23. 2009도3924 ···················· 493
대판 2009.8.20. 2009도3143 ···················· 280
대판 2009.8.20. 2009도3452 ···················· 151
대판 2009.9.10. 2009도3580 ······················ 74
대판 2009.9.10. 2009도4335 ···················· 151
대판 2009.9.10. 2009도4501 ···················· 266
대판 2009.9.10. 2009도4772 ···················· 135
대판 2009.9.10. 2009도5630 ···················· 293
대판 2009.9.24. 2009도2576 ······················ 85
대판 2009.9.24. 2009도4998 ···················· 426
대판 2009.9.24. 2009도5595 ···················· 174
대판 2009.9.24. 2009도5900 ···················· 226
대판 2009.9.24. 2009도6687 ···················· 100
대판 2009.10.15. 2009도5655 ·················· 287
대판 2009.10.15. 2009도7421 ·················· 364
대판 2009.10.29. 2007도3584 ·················· 501
대판 2009.10.29. 2009도5704 ···················· 71
대판 2009.10.29. 2009도7052 ·················· 229
대판 2009.12.10. 2008도5282 ·················· 453
대판 2009.12.10. 2009도9982 ·················· 226

대판 2009.12.24. 2007도2484 ·················· 291
대판 2009.12.24. 2009도9667 ············ 158, 182
대판 2010.1.14. 2009도5929 ···················· 436
대판 2010.1.28. 2008도7312 ···················· 475
대판 2010.1.28. 2009도10709 ·················· 521
대판 2010.2.11. 2009도12164 ·················· 521
대판 2010.2.25. 2007도6273 ···················· 526
대판 2010.2.25. 2008도9049 ···················· 129
대판 2010.2.25. 2009도13716 ···················· 80
대판 2010.2.25. 2009도8473 ···················· 323
대판 2010.3.11. 2009도12609 ·················· 150
대판 2010.3.11. 2009도5008 ···················· 157
대판 2010.3.25. 2009도8506 ···················· 130
대판 2010.4.8. 2009도11827 ···················· 172
대판 2010.4.15. 2007도8024 ···················· 507
대판 2010.4.15. 2009도4791 ···················· 302
대판 2010.4.29. 2007도7064 ······················ 53
대판 2010.4.29. 2009도14554 ·················· 182
대판 2010.4.29. 2009도14643 ·················· 150
대판 2010.4.29. 2009도7070 ······················ 31
대판 2010.4.29. 2010도2328 ······················ 10
대판 2010.4.29. 2010도87 ······················· 395
대판 2010.4.29. 2010도875 ····················· 414
대판 2010.4.29. 2010도930 ······················· 26
대판 2010.5.13. 2007도1397 ···················· 529
대판 2010.5.13. 2010도1040 ···················· 398
대판 2010.5.27. 2009도9008 ···················· 177
대판 2010.5.27. 2010도2680 ······················ 24
대판 2010.5.27. 2010도3498 ···················· 214
대판 2010.6.10. 2010도1125 ···················· 420
대판 2010.6.10. 2010도1777 ···················· 228
대판 2010.6.10. 2010도3232 ···················· 421
대판 2010.6.24. 2008도11226 ·················· 466
대판 2010.6.24. 2009도9242 ···················· 251
대판 2010.7.15. 2010도1017 ······················ 45
대판 2010.7.15. 2010도6068 ···················· 393
대판 2010.7.22. 2009도12878 ·················· 301
대판 2010.7.22. 2010도1911 ······················ 31
대판 2010.7.29. 2010도2705 ···················· 395
대판 2010.7.29. 2010도5795 ···················· 343
대판 2010.9.9. 2008도128 ······················· 233
대판 2010.9.9. 2008도8973 ····················· 325
대판 2010.9.9. 2009도10681 ··················· 305
대판 2010.9.30. 2010도3364 ···················· 511
대판 2010.9.30. 2010도7525 ···················· 530
대판 2010.10.14. 2010도4940 ·················· 141
대판 2010.10.14. 2010도8591 ·················· 498
대판 2010.10.28. 2009도1149 ·················· 288

대판 2010.11.11. 2009도11523 ········· 499	대판 2011.9.29. 2010도14587 ········· 401
대판 2010.11.11. 2010도10256 ········· 26	대판 2011.9.29. 2011도6223 ········· 400
대판 2010.11.11. 2010도10690 ········· 295	대판 2011.10.13. 2009도13751 ········· 271
대판 2010.11.11. 2010도8265 ········· 96	대판 2011.10.13. 2011도7081 ········· 128
대판 2010.11.25. 2010도10202 ········· 545	대판 2011.10.27. 2009도14464 ········· 292
대판 2010.11.25. 2010도9186 ········· 135	대판 2011.10.27. 2010도7624 ········· 306
대판 2010.12.9. 2010도12553 ········· 389	대판 2011.11.10. 2011도10468 ········· 429
대판 2010.12.9. 2010도6256 ········· 313	대판 2011.11.10. 2011도9919 ········· 202
대판 2010.12.9. 2010도891 ········· 254	대판 2011.11.24. 2010도11394 ········· 288
대판 2010.12.9. 2010도9630 ········· 185, 198	대판 2011.11.24. 2010도5014 ········· 256
대판 2010.12.23. 2010도7412 ········· 501	대판 2011.11.24. 2011도12302 ········· 37
대판 2011.1.13. 2010도9330 ········· 451	대판 2011.11.24. 2011도9585 ········· 481
대판 2011.1.27. 2010도14316 ········· 48	대판 2011.12.8. 2010도4129 ········· 342
대판 2011.1.27. 2010도5124 ········· 208	대판 2011.12.22. 2008도11847 ········· 111
대판 2011.2.10. 2010도13284 ········· 257	대판 2011.12.22. 2010도10130 ········· 117
대판 2011.2.10. 2010도13766 ········· 475	대판 2012.1.12. 2011도12642 ········· 483
대판 2011.2.24. 2010도11784 ········· 305	대판 2012.1.26. 2011도15179 ········· 208
대판 2011.3.10. 2011도503 ········· 435	대판 2012.1.27. 2011도16044 ········· 245
대판 2011.3.24. 2010도17396 ········· 252	대판 2012.2.23. 2011도14441 ········· 428
대판 2011.4.14. 2010도10104 ········· 32	대판 2012.2.23. 2011도7282 ········· 479
대판 2011.4.14. 2011도277 ········· 294	대판 2012.3.15. 2010도14734 ········· 471
대판 2011.4.14. 2011도300 ········· 178	대판 2012.3.29. 2011도7704 ········· 378
대판 2011.4.28. 2009도3642 ········· 520	대판 2012.4.13. 2011도2989 ········· 209
대판 2011.4.28. 2010도15350 ········· 311	대판 2012.4.13. 2012도1101 ········· 202
대판 2011.4.28. 2011도2170 ········· 344	대판 2012.4.26. 2009도5786 ········· 422
대판 2011.5.13. 2009도3552 ········· 313	대판 2012.4.26. 2010도11771 ········· 167
대판 2011.5.13. 2009도5549 ········· 123	대판 2012.4.26. 2010도5693 ········· 341
대판 2011.5.13. 2011도1442 ········· 273	대판 2012.4.26. 2010도6334 ········· 169
대판 2011.5.13. 2011도1765 ········· 345	대판 2012.4.26. 2011도17125 ········· 504
대판 2011.5.26. 2009도2453 ········· 482	대판 2012.4.26. 2011도17254 ········· 357
대판 2011.5.26. 2010도17506 ········· 31	대판 2012.5.10. 2010도3532 ········· 276, 277
대판 2011.5.26. 2011도2412 ········· 50	대판 2012.5.10. 2011도12408 ········· 272
대판 2011.5.26. 2011도3682 ········· 497	대판 2012.5.24. 2009도4141 ········· 136
대판 2011.7.14. 2009도13151 ········· 533	대판 2012.5.24. 2010도12732 ········· 225
대판 2011.7.14. 2010도1025 ········· 384	대판 2012.6.28. 2012도3999 ········· 339, 340
대판 2011.7.28. 2009도11104 ········· 129	대판 2012.6.28. 2012도4773 ········· 214
대판 2011.7.28. 2009도14928 ········· 527	대판 2012.7.12. 2012도1132 ········· 177
대판 2011.7.28. 2011도5299 ········· 210	대판 2012.7.12. 2012도4031 ········· 75
대판 2011.7.28. 2011도6115 ········· 336	대판 2012.7.26. 2011도8805 ········· 81
대판 2011.8.18. 2010도10290 ········· 302	대판 2012.8.17. 2011도10451 ········· 45
대판 2011.8.18. 2011도6904 ········· 99, 100	대판 2012.8.30. 2010도13694 ········· 466
대판 2011.8.25. 2008도10960 ········· 374	대판 2012.8.30. 2011도2252 ········· 335, 341
대판 2011.8.25. 2009도5618 ········· 301	대판 2012.8.30. 2012도6027 ········· 518
대판 2011.9.8. 2009도13959 ········· 32	대판 2012.8.30. 2012도6157 ········· 243
대판 2011.9.8. 2010도7497 ········· 96	대판 2012.9.13. 2010도6203 ········· 499
대판 2011.9.8. 2011도3489 ········· 539	대판 2012.9.27. 2010도15206 ········· 385
대판 2011.9.8. 2011도5165 ········· 340	대판 2012.9.27. 2011도282 ········· 203
대판 2011.9.8. 2011도7262 ········· 222	대판 2012.9.27. 2012도6079 ········· 487

| 대판 2012.9.27. 2012도7467 399
| 대판 2012.10.11. 2012도6848 525
| 대판 2012.11.15. 2012도9417 487
| 대판 2012.11.15. 2012도9603 224
| 대판 2012.11.29. 2010도1233 53
| 대판 2012.11.29. 2011도7361 267
| 대판 2012.11.29. 2012도10392 110
| 대판 2012.11.29. 2012도10980 294
| 대판 2012.12.13. 2010도14360 527
| 대판 2013.1.10. 2012도13189 103
| 대판 2013.1.16. 2011도7164 80
| 대판 2013.1.24. 2012도12363 422
| 대판 2013.1.31. 2012도3475 127
| 대판 2013.2.14. 2010도13450 454
| 대판 2013.2.28. 2011도16718 134
| 대판 2013.2.28. 2012도15303 167
| 대판 2013.3.14. 2010도410 133
| 대판 2013.3.28. 2012도16191 262
| 대판 2013.4.11. 2010도13774 244
| 대판 2013.4.25. 2011도9238 268
| 대판 2013.4.26. 2011도10797 204
| 대판 2013.4.26. 2011도6798 289
| 대판 2013.5.23. 2011도12440 133
| 대판 2013.6.14. 2013도3829 126
| 대판 2013.6.27. 2011도797 467
| 대판 2013.9.12. 2012도2349 499
| 대판 2013.9.26. 2013도5856 80
| 대판 2013.9.26. 2013도643 503
| 대판 2013.9.27. 2013도6835 286
| 대판 2013.10.17. 2013도6401 351
| 대판 2013.10.17. 2013도6826 286
| 대판 2013.10.24. 2013도5752 417
| 대판 2013.10.31. 2013도10020 273
| 대판 2013.11.14. 2011도11174 302, 304, 305
| 대판 2013.11.14. 2011도4440 233
| 대판 2013.11.28. 2011도5329 514
| 대판 2013.11.28. 2011도7229 217
| 대판 2013.11.28. 2013도10011 491
| 대판 2013.11.28. 2013도5117 130, 135
| 대판 2013.12.12. 2012도2249 380
| 대판 2013.12.12. 2012도3173 413
| 대판 2013.12.12. 2013도3950 363
| 대판 2013.12.26. 2013도11050 501
| 대판 2013.12.26. 2013도8085 535
| 대판 2014.1.23. 2013도11735 303
| 대판 2014.1.29. 2013도13937 478
| 대판 2014.2.3. 2011도16763 287
| 대판 2014.2.13. 2011도10625 499

| 대판 2014.2.13. 2011도6907 83
| 대판 2014.2.21. 2011도8870 292
| 대판 2014.2.21. 2013도14139 176
| 대판 2014.2.27. 2013도12155 270, 272
| 대판 2014.3.13. 2013도12430 106
| 대판 2014.3.13. 2013도16099 234
| 대판 2014.3.13. 2014도212 247
| 대판 2014.3.27. 2011도15631 103
| 대판 2014.3.27. 2013도11357 484
| 대판 2014.3.27. 2013도152 519
| 대판 2014.4.10. 2012도11361 33
| 대판 2014.4.10. 2013도12079 519
| 대판 2014.4.10. 2013도229 467
| 대판 2014.4.24. 2013다74837 104
| 대판 2014.4.30. 2013도8799 257
| 대판 2014.5.16. 2014도1547 479
| 대판 2014.5.16. 2014도2521 189
| 대판 2014.5.29. 2013도2285 497
| 대판 2014.6.12. 2012도2732 337
| 대판 2014.6.12. 2014도2393 485
| 대판 2014.6.12. 2014도2578 287
| 대판 2014.6.26. 2009도14407 32
| 대판 2014.7.10. 2013도10516 284
| 대판 2014.7.24. 2014도6377 545
| 대판 2014.8.28. 2014도6286 271
| 대판 2014.9.4. 2012도13718 100
| 대판 2014.9.26. 2014도8076 346
| 대판 2014.9.26. 2014도9213 436
| 대판 2014.9.26. 2014도9567 195
| 대판 2014.12.11. 2014도10036 294
| 대판 2014.12.11. 2014도7976 500
| 대판 2014.12.24. 2011도11084 266
| 대판 2014.12.24. 2014도10199 480
| 대판 2014.12.24. 2014도11263 268
| 대판 2015.2.12. 2014도10086 224
| 대판 2015.2.12. 2014도11501·2014전도197 72
| 대판 2015.2.26. 2014도15182 272
| 대판 2015.3.26. 2014도14909 341
| 대판 2015.3.26. 2015도1301 278
| 대판 2015.5.29. 2015도3430 496
| 대판 2015.6.11. 2015도3160 345
| 대판 2015.7.9. 2014도11843 204
| 대판 2015.7.23. 2015도3080 302
| 대판 2015.7.23. 2015도6905 204
| 대판 2015.9.10. 2015도2229 118
| 대판 2015.9.10. 2015도6745 287
| 대판 2015.9.10. 2015도6980 79
| 대판 2015.9.10. 2015도7081 353

대판 2015.9.10. 2015도8592 ······ 230	대판 2017.5.11. 2016도19255 ······ 98
대판 2015.9.15. 2015도9883 ······ 341	대판 2017.5.17. 2016도13912 ······ 418
대판 2015.10.15. 2015도6232 ······ 494	대판 2017.5.17. 2017도2230 ······ 333
대판 2015.10.15. 2015도8169 ······ 158	대판 2017.5.30. 2015도15398 ······ 541
대판 2015.10.15. 2015도9049 ······ 158	대판 2017.5.30. 2016도18858 ······ 132
대판 2015.10.29. 2015도12838 ······ 229, 487	대판 2017.5.30. 2016도21713 ······ 229
대판 2015.10.29. 2015도7559 ······ 180	대판 2017.5.30. 2016도9027 ······ 270
대판 2015.10.29. 2015도9010 ······ 535	대판 2017.5.30. 2017도4578 ······ 329
대판 2015.11.26. 2014도781 ······ 405	대판 2017.5.31. 2017도3894 ······ 230
대판 2015.11.27. 2014도13083 ······ 320	대판 2017.6.15. 2016도8557 ······ 113
대판 2015.12.10. 2014도11533 ······ 344	대판 2017.6.29. 2016도18194 ······ 27
대판 2015.12.24. 2015도6622 ······ 118	대판 2017.6.29. 2017도3196 ······ 87
대판 2016.1.14. 2014도3112 ······ 270	대판 2017.6.29. 2017도3808 ······ 285
대판 2016.1.14. 2015도15798 ······ 485	대판 2017.7.11. 2017도4044 ······ 159
대판 2016.1.28. 2015도17297 ······ 506	대판 2017.8.18. 2017도6229 ······ 336
대판 2016.3.24. 2015도17452 ······ 205	대판 2017.8.18. 2017도7134 ······ 59
대판 2016.3.24. 2015도8621 ······ 32	대판 2017.8.29. 2016도18986 ······ 210
대판 2016.4.2. 2012도14516 ······ 219	대판 2017.9.26. 2017도8449 ······ 210
대판 2016.4.29. 2015도5665 ······ 288	대판 2017.10.12. 2016도16948·2016전도156 ···· 76
대판 2016.5.24. 2015도18795 ······ 304	대판 2017.10.26. 2012도13352 ······ 445
대판 2016.6.9. 2015도18555 ······ 219	대판 2017.10.26. 2017도8600 ······ 351, 353
대판 2016.6.23. 2016도3753 ······ 487	대판 2017.11.9. 2016도12460 ······ 204
대판 2016.7.14. 2015도20233 ······ 212	대판 2017.11.29. 2015도18253 ······ 263
대판 2016.7.14. 2016도2081 ······ 403	대판 2017.12.5. 2014도14924 ······ 405
대판 2016.7.29. 2016도5596 ······ 533	대판 2017.12.5. 2017도15628 ······ 98
대판 2016.8.30. 2013도658 ······ 270	대판 2017.12.7. 2017도12129 ······ 305
대판 2016.10.13. 2014도17211 ······ 304	대판 2017.12.22. 2017도12346 ······ 482
대판 2016.10.13. 2016도9674 ······ 117	대판 2017.12.22. 2017도17738 ······ 374
대판 2016.10.27. 2016도9302 ······ 22	대판 2017.12.22. 2017도690 ······ 149
대판 2016.11.10. 2016도13734 ······ 333	대판 2018.2.13. 2014도11441 ······ 471
대판 2016.11.25. 2016도15018 ······ 15	대판 2018.2.28. 2017도21249 ······ 57
대판 2016.11.25. 2016도9219 ······ 320	대판 2018.3.29. 2017도21537 ······ 495, 500
대판 2016.12.27. 2014도15290 ······ 103	대판 2018.4.12. 2017도21196 ······ 218
대판 2016.12.27. 2016도16676 ······ 71	대판 2018.4.24. 2017도10956 ······ 27
대판 2017.2.15. 2013도14777 ······ 263	대판 2018.4.24. 2017도21663 ······ 27
대판 2017.3.9. 2013도16162 ······ 477	대판 2018.5.11. 2017도9146 ······ 373
대판 2017.3.15. 2013도2168 ······ 498	대판 2018.5.15. 2017도19499 ······ 125
대판 2017.3.15. 2015도1456 ······ 522	대판 2018.5.30. 2016도20890 ······ 118
대판 2017.3.15. 2016도19659 ······ 490	대판 2018.6.15. 2018도4200 ······ 104
대판 2017.3.22. 2016도21536 ······ 480, 484	대판 2018.7.24. 2017도18807 ······ 320
대판 2017.4.7. 2016도12563 ······ 372	대판 2018.8.1. 2015도20396 ······ 518
대판 2017.4.7. 2016도18104 ······ 306	대판 2018.8.1. 2017도20682 ······ 212
대판 2017.4.26. 2013도12592 ······ 544	대판 2018.8.1. 2018도7293 ······ 546
대판 2017.4.26. 2016도18024 ······ 105	대판 2018.9.13. 2016도20954 ······ 405
대판 2017.4.26. 2016도18035 ······ 255	대판 2018.11.29. 2017도2661 ······ 116
대판 2017.4.26. 2016도19982 ······ 336	대판 2018.12.13. 2016도19308 ······ 296
대판 2017.4.26. 2017도1405 ······ 207	대판 2018.12.13. 2016도19417 ······ 500
대판 2017.4.28. 2017도1544 ······ 214	대판 2019.1.10. 2016도8783 ······ 444

대판 2019.2.14. 2018도19493 ·················· 246	대판 2021.5.27. 2020도15529 ·················· 292
대판 2019.3.14. 2018도18646 ·················· 415	대판 2021.6.30. 2015도19696 ·················· 277
대판 2019.5.30. 2019도1839 ···················· 206	대판 2021.6.30. 2018도18010 ·················· 251
대판 2019.6.13. 2019도3341 ······················ 88	대판 2021.7.8. 2014도12104 ···················· 279
대판 2019.7.11. 2018도2614 ···················· 538	대판 2021.7.15. 2015도5184 ···················· 279
대판 2019.11.28. 2019도12022 ·················· 386	대판 2021.8.12. 2020도17796 ····················· 73
대판 2019.12.12. 2018도2560 ···················· 433	대판 2021.8.12. 2021도7035 ······················· 72
대판 2019.12.24. 2019도2003 ···················· 200	대판 2021.8.19. 2020도14576 ·················· 122
대판 2019.12.24. 2019도9773 ···················· 256	대판 2021.8.26. 2021도6416 ···················· 113
대판 2019.12.27. 2015도10570 ·················· 205	대판 2021.9.9. 2016도88 ·························· 120
대판 2019.12.27. 2019도14623 ·················· 330	대판 2021.9.9. 2019도16421 ······················ 65
대판 2020.1.16. 2019도14056 ···················· 448	대판 2021.9.9. 2021도8468 ······················ 207
대판 2020.2.13. 2019도5186 ············· 52, 474	대판 2021.9.30. 2019도17102 ·················· 305
대판 2020.2.27. 2019도9293 ···················· 424	대판 2021.10.14. 2018도2993 ·················· 499
대판 2020.3.2. 2018도15868 ···················· 110	대판 2021.10.28. 2021도7538 ····················· 81
대판 2020.3.12. 2016도19170 ···················· 411	대판 2021.10.28. 2021도9051 ····················· 72
대판 2020.3.12. 2017도5769 ······················ 40	대판 2021.11.11. 2021도9855 ·················· 203
대판 2020.3.26. 2019도15994 ······················ 81	대판 2021.11.25. 2016도3452 ·················· 290
대판 2020.3.27. 2017도20455 ···················· 321	대판 2021.11.25. 2018도1346 ····················· 52
대판 2020.5.14. 2019도16228 ···················· 296	대판 2021.12.10. 2019도13818 ·················· 153
대판 2020.5.28. 2019도12750 ···················· 110	대판 2021.12.30. 2021도11924 ·················· 470
대판 2020.6.4. 2015도6057 ······················· 298	대판 2021.12.30. 2021도9680 ·················· 323
대판 2020.7.9. 2020도5646 ······················· 91	대판 2022.1.27. 2021도15507 ·················· 150
대판 2020.8.20. 2019도16263 ···················· 352	대판 2022.2.11. 2021도12394 ·················· 130
대판 2020.8.20. 2020도7193 ···················· 500	대판 2022.3.17. 2021도13883 ·················· 500
대판 2020.9.3. 2020도7625 ······················ 40	대판 2022.3.31. 2018도15213 ············ 152, 508
대판 2020.9.24. 2017도12389 ···················· 486	대판 2022.3.31. 2021도17197 ·················· 400
대판 2020.9.24. 2017도19283 ············ 131, 132	대판 2022.4.14. 2021도17744 ·················· 105
대판 2020.9.24. 2020도9801 ···················· 330	대판 2022.4.28. 2020도8030 ···················· 508
대판 2020.10.15. 2020도6422 ······················ 40	대판 2022.5.12. 2021도16876 ············ 334, 347
대판 2020.11.5. 2020도10806 ····················· 74	대판 2022.5.13. 2020도15642 ····················· 98
대판 2020.12.10. 2015도19296 ·················· 514	대판 2022.6.30. 2021도8361 ···················· 466
대판 2020.12.24. 2019도8443 ···················· 410	대판 2022.6.30. 2022도3413 ···················· 542
대판 2020.12.30. 2020도14045 ·················· 436	대판 2022.6.30. 2022도4108 ···················· 204
대판 2021.1.14. 2020도14735 ···················· 332	대판 2022.7.28. 2020도8336 ······················ 94
대판 2021.1.28. 2020도2642 ···················· 534	대판 2022.8.31. 2019도7370 ············· 116, 118
대판 2021.2.4. 2018도9781 ······················· 83	대판 2022.9.15. 2022도5827 ···················· 329
대판 2021.2.25. 2016도4404·2016전도49 ······ 72	대판 2022.9.29. 2021도14514 ············ 431, 433
대판 2021.2.25. 2018도19043 ···················· 395	대판 2022.10.14. 2018도13604 ·················· 288
대판 2021.2.25. 2020도12927 ···················· 264	대판 2022.11.30. 2022도1410 ···················· 322
대판 2021.3.11. 2018도12270 ···················· 121	대판 2022.12.15. 2017도19229 ·················· 120
대판 2021.3.11. 2020도12583 ···················· 476	대판 2022.12.16. 2022도10629 ·················· 237
대판 2021.3.11. 2020도14666 ···················· 395	대판 2022.12.29. 2022도12494 ·················· 213
대판 2021.3.25. 2016도14995 ······················ 98	대판 2023.1.12. 2017도14104 ·················· 206
대판 2021.3.25. 2017도17643 ···················· 120	대판 2023.2.2. 2022도13425 ···················· 113
대판 2021.4.29. 2018도18582 ···················· 509	대판 2023.2.2. 2022도4719 ···················· 117
대판 2021.4.29. 2021도2778 ······················· 72	대판 2023.3.16. 2021도16482 ·················· 127
대판 2021.5.7. 2019도13764 ···················· 321	대판 2023.3.30. 2022도6886 ···················· 417

대판 2023. 6. 1. 2020도2884 ·············· 258
대판 2023. 6. 15. 2020도927 ·············· 24
대판 2023. 6. 15. 2023도1985 ·············· 478
대판 2023. 6. 29. 2023도3351 ·············· 149
대판 2023. 8. 31. 2021도17151 ·············· 132
대판 2023. 10. 12. 2023도5757 ·············· 73
대판 2023. 10. 26. 2022도90 ·············· 205
대판 2023. 10. 26. 2023도9560 ·············· 519
대판 2023. 11. 16. 2023도11885 ·············· 319
대판 2023. 12. 14. 2023도9350 ·············· 160
대판 2023. 12. 21. 2023도13514 ·············· 229
대판 2024. 1. 4. 2022도14571 ·············· 116
대판 2024. 1. 4. 2022도15955 ·············· 155
대판 2024. 1. 4. 2023도11313 ·············· 437
대판 2024. 1. 4. 2023도1178 ·············· 398
대판 2024. 1. 25. 2020도10330 ·············· 221
대판 2024. 2. 8. 2023도16595 ·············· 154
대판 2024. 3. 12. 2023도17394 ·············· 481
대판 2024. 3. 12. 2023도9571 ·············· 155
대판 2024. 4. 25. 2023도18971 ·············· 219
대판 2024. 6. 13. 2023도18812 ·············· 19
대판 2024. 6. 27. 2021도2340 ·············· 222
대판 2024. 11. 14. 2024도13000 ·············· 277

헌법재판소 결정례

헌재 2024. 6. 27. 2020헌마468 ·············· 343
헌재 2024. 6. 27. 2023헌바449 ·············· 343

Criminal Law
형사법의 정석

제2권 형법각론

편저자 문형석

● 약력
- 前) 부평 윌비스고시학원 일반경찰 형법 전임
  고시뱅크 경찰승진 형법 전임
- 現) 윌비스한림법학원 법원직 형법 전임
  윌비스한림법학원 검찰직 형법 전임
  윌비스한림법학원 변호사시험 형법 전임
  윌비스경찰간부학원 형법 전임
- 한라대학교 특강

● 주요저서
- 경찰직 형사법의 정석 (윌비스)
- 법원직 형법동행 (윌비스)
- 법원직 형법 W 지문연습 (윌비스)
- 문형석 경찰간부 형법 기출해결 (윌비스)
- 문형법 법원직 진도별 기출모의고사 (윌비스)
- 문형법 법원직 핵심지문총정리 (윌비스)
- 문형법 경찰직 핵심지문총정리 (윌비스)
- 문형법 최근 3개년 판례정리 (윌비스)
- 검찰직 형법·형소법 최신 3개년 판례&중요기출 OX (윌비스)
- 문형석 HYBRID 형사법 경찰직 기출 지문연습 [형법(총론+각론)] (윌비스)
- 문형석 HYBRID 형사법 경찰직 기출 지문연습 [형사소송법 (수사·증거)] (윌비스)

형사법의 정석 [제2권 형법각론] (2026년판)

2022년판 발행 2021년 12월 22일

2026년판 인쇄 2025년 10월 24일
2026년판 발행 2025년 10월 31일

편저자 문 형 석
발행인 송 주 호
발행처 ㈜윌비스
등 록 119-85-23089
주 소 서울시 관악구 신림로 129-1
전 화 02) 883-0202 / Fax 02) 883-0208

저자와의 협의에 의해 인지를 생략합니다.

ISBN 979-11-7561-018-7 / 13360   **정 가** 36,000원

이 책은 도서출판 윌비스가 저작권자와의 계약에 따라 발행하였습니다.
저작권법에 의해 보호를 받는 저작물이므로 본사의 허락 없는 무단 전재와 무단 복제를 금합니다.

Criminal Law
형사법의 정석

제2권 형법각론